Fabian David Scheidel
Schönheitsdiskurse in der Literatur des Mittelalters

Literatur | Theorie | Geschichte

Beiträge zu einer kulturwissenschaftlichen Mediävistik

Herausgegeben von
Udo Friedrich, Bruno Quast und Monika Schausten

Band 23

Fabian David Scheidel

Schönheitsdiskurse in der Literatur des Mittelalters

—

Die Propädeutik des Fleisches
zwischen ‚aisthesis' und Ästhetik

DE GRUYTER

Die freie Verfügbarkeit der E-Book-Ausgabe dieser Publikation wurde durch 39 wissenschaftliche Bibliotheken ermöglicht, die die Open-Access-Transformation in der Deutschen Literaturwissenschaft fördern.

ISBN 978-3-11-152180-0
e-ISBN (PDF) 978-3-11-071944-4
e-ISBN (EPUB) 978-3-11-071946-8
ISSN 2363-7978
DOI https://doi.org/10.1515/9783110719444

Dieses Werk ist lizenziert unter der Creative Commons Namensnennung - Keine Bearbeitung 4.0 International Lizenz. Weitere Informationen finden Sie unter https://creativecommons.org/licenses/by-nd/4.0/.

Library of Congress Control Number: 2022932641

Bibliografische Information der Deutschen Nationalbibliothek
Die Deutsche Nationalbibliothek verzeichnet diese Publikation in der Deutschen Nationalbibliografie; detaillierte bibliografische Daten sind im Internet über http://dnb.dnb.de abrufbar.

© 2022 bei den Autoren, publiziert von Walter de Gruyter GmbH, Berlin/Boston
Dieser Band ist text- und seitenidentisch mit der 2022 erschienenen gebundenen Ausgabe.
Dieses Buch ist als Open-Access-Publikation verfügbar über www.degruyter.com

Einbandabbildung: Ausschnitt aus Wolfram von Eschenbach: Parzival, Burgerbibliothek Bern, Cod. AA 91, f. 59v.
Satz: Integra Software Services Pvt. Ltd.

www.degruyter.com

Open-Access-Transformation in der Literaturwissenschaft

Open Access für exzellente Publikationen aus der Deutschen Literaturwissenschaft: Dank der Unterstützung von 39 wissenschaftlichen Bibliotheken können 2021 insgesamt neun literaturwissenschaftliche Neuerscheinungen transformiert und unmittelbar im Open Access veröffentlicht werden, ohne dass für Autorinnen und Autoren Publikationskosten entstehen.

Folgende Einrichtungen haben durch ihren Beitrag die Open-Access-Veröffentlichung dieses Titels ermöglicht:

Universitätsbibliothek Augsburg
Universitätsbibliothek Bayreuth
University of California, Berkeley Library
Staatsbibliothek zu Berlin – Preußischer Kulturbesitz
Universitätsbibliothek der Freien Universität Berlin
Universitätsbibliothek der Humboldt-Universität zu Berlin
Universitätsbibliothek Bielefeld
Universitäts- und Landesbibliothek Bonn
Universitätsbibliothek Braunschweig
Staats- und Universitätsbibliothek Bremen
Universitätsbibliothek der Technischen Universität Chemnitz
Universitäts- und Landesbibliothek Darmstadt
Sächsische Landesbibliothek – Staats- und Universitätsbibliothek Dresden
Universitätsbibliothek Duisburg-Essen
Universitäts- und Landesbibliothek Düsseldorf
Universitätsbibliothek Johann Christian Senckenberg, Frankfurt a. M.
Bibliothek der Pädagogischen Hochschule Freiburg
Niedersächsische Staats- und Universitätsbibliothek Göttingen
Universitätsbibliothek Greifswald
Universitätsbibliothek der FernUniversität in Hagen
Universitäts- und Landesbibliothek Sachsen-Anhalt, Halle (Saale)
Staats- und Universitätsbibliothek Hamburg Carl von Ossietzky
Gottfried Wilhelm Leibniz Bibliothek – Niedersächsische Landesbibliothek, Hannover
Universitäts- und Landesbibliothek Tirol, Innsbruck
Universitätsbibliothek Kassel – Landesbibliothek und Murhardsche Bibliothek der Stadt Kassel
Universitätsbibliothek der Universität Koblenz-Landau
Zentral- und Hochschulbibliothek Luzern
Universitätsbibliothek Marburg
Universitätsbibliothek der Ludwig-Maximilians-Universität München
Universitäts- und Landesbibliothek Münster
Bibliotheks- und Informationssystem der Carl von Ossietzky Universität Oldenburg
Landesbibliothek Oldenburg
Universitätsbibliothek Osnabrück
Universitätsbibliothek Trier
Universitätsbibliothek Vechta

Herzogin Anna Amalia Bibliothek, Weimar
Herzog August Bibliothek Wolfenbüttel
Universitätsbibliothek Wuppertal
Zentralbibliothek Zürich

LABORem habens INTUS

Infinitus est librorum numerus, tu noli sequi infinita.
(Hugo von St. Viktor: *Didascalicon*)

ich bin eins dinges worden innen,
daz man sich verdenket gar
die wîl man tihtet, daz ist wâr,
sô man kûme gebâren kan,
wan man gedenket vil dar an.
(Thomasîn von Zerklaere: *Der Welsche Gast*)

Vorwort und Dank

Sie wankt – sie sinkt – und wie ein Licht
Im giftigen Hauche des Schachts
Verlischt, so plötzlich bricht
Ihr holdes Auge – –
(Emil Flechsig/Robert Schumann: *Das Paradies und die Peri*, 1843)

... the death, then, of a beautiful woman is,
unquestionably, the most poetical topic in the world ...
(Edgar Allen Poe: *Philosophy of Composition*, 1846)

Am 27. April 2015 brachte die BILD-Zeitung in ihrem Kölner Lokalteil eine kurze Meldung, die den Unfalltod einer neunzehnjährigen Studentin zum Thema hatte. Über den Unfall selbst – der in den Kölner Zeitungen einige Aufmerksamkeit erfahren hatte – war bereits berichtet worden.[1] Auch zum Tod der jungen Frau drei Tage später war eine knappe Meldung erschienen. Die dritte Meldung nun, die an einem Montag erschien, hatte die am Wochenende zuvor in den Kölner Lokalzeitungen abgedruckte Todesanzeige zum Anlass, aus der die BILD-Zeitung erneut einen – wenn auch kleinen – emotiven Aufhänger generieren konnte. Unter dem Titel „Bewegender Abschied von Raser-Opfer Miriam" und dem Übertitel „Die 19-Jährige wurde bei einem Strassenrennen totgefahren" erschien neben der Abbildung der Traueranzeige, auf der alle Namen verpixelt waren, folgender Text:

> Köln – Das Portrait zeigt eine schöne junge Frau im Sonnenlicht. Darunter ist zu lesen: „ ... Eigentlich war alles perfekt ... "
>
> Es ist Kölns erschütterndste Todesanzeige. Aufgegeben von Angehörigen der 19-jährigen Miriam S. Die Studentin kam vor zwei Wochen ums Leben, weil sich zwei PS-Rambos (21, 22) auf dem Auenweg ein illegales Autorennen lieferten.
>
> **Miriam S. hatte keine Chance, als in Sekundenschnelle ein Fahrzeug ins Schleudern geriet und geradewegs auf sie zuraste. Der BMW erfasste die 19-Jährige auf dem Radweg.**
>
> „Unsere geliebte Miri", heißt es in der Parte, „war auf dem Weg von der Uni zu uns nach Hause". Dort kam sie jedoch nie an. Im Krankenhaus kämpften Ärzte drei Tage um das Leben der jungen Frau – vergeblich.
>
> **Die Polizei geht nun gezielt gegen die Raser-Szene vor. Allein vergangenen Freitag wurden 2642 Autos in Köln kontrolliert.**[2]

Birgt die Traueranzeige an sich – im Lichte der tragischen Umstände, die sie dokumentiert – eigentlich genug Erschütterndes, so offenbart doch die Versprachlichung derselben durch den kurzen Artikel den Versuch einer Fixierung des tragischen Gehalts in Worten, wenn nicht gar den Versuch einer erneuten Steigerung dieser Tragik. Erreicht

---

[1] Unter dem Titel: „Raser-Rambo rammt Frau vom Radweg."
[2] Hervorhebungen im Original.

wird diese, indem auf ein altes, offenbar ubiquitäres Denkmuster referiert wird: Der Tod rückt in ein antithetisch-paradoxes Verhältnis zur schönen Jugend, wobei die Schönheit nicht allein zum Signum der Jugend zu werden scheint. Auf diesen Topos hat bereits Matthäus von Vendôme in seiner *Ars versificatoria* referiert, wenn es hier heißt, dass, um das Mitleid mit einem im Kampf sterbenden Jüngling plausibel zu machen, dessen Schönheit dargestellt werden könne (Ars versificatoria I,68). Die entstehende Frage lautet: Was ist tragischer am Tod einer schönen jungen Studentin als am Tod einer hässlichen? Warum erzeugt Schönheit Fallhöhe? Wieso infiltriert dieses Denken, das die Schönen und Klugen unter uns bevorzugt – und doch so oft durch die Erzählung von ihrem Tod zugleich radikal benachteiligt –, auch (und gerade) die untersten Niederungen noch des gegenwärtigen Diskurses?

Der folgende Versuch, zur Erhellung dieser Fragen ein Weniges beizutragen, verdankt vielen Menschen Vieles. Das vorliegende Buch stellt dabei eine geringfügig überarbeitete Fassung der Arbeit dar, die im Sommersemester 2020 von der Philosophischen Fakultät der Universität zu Köln unter dem Titel *Evas Kinder und die Propädeutik des Fleisches. Schönheitsdiskurse in der Literatur des Mittelalters zwischen ‚aisthesis' und Ästhetik* als Dissertation angenommen wurde. Tag der Disputation war der 1. Juli 2020.

Unter den Menschen, denen diese Arbeit ihr Entstehen verdankt, ist zunächst meine Doktormutter, Prof. Dr.' Monika Schausten, zu nennen, die mich mit viel Geduld und Nachsicht besonders auch in der schwierigen Phase des Beginnens begleitet hat, welche ausgerechnet in die Zeit zweier schwerer privater Schläge fiel. Ihrem Willen und ihrer Energie, ihrer Fürsprache und Freundschaftlichkeit, ihrem offenen Ohr und auch ihrem beherzten Engagement verdanke ich viel. Ähnliches, eigentlich Komplementäres, gilt für den Zweitgutachter meiner Arbeit, Prof. Dr. Hans-Joachim Ziegeler, dessen schier unglaublicher Belesenheit und Sachlichkeit, dessen Unerschütterlichkeit und Ruhe, dessen freundlicher und freundschaftlicher Beratung ich viel verdanke. Des Weiteren sind meine Kolleg*innen zu nennen, die ich jedoch nur in alphabetischer Reihenfolge nennen kann, weil ihre Beiträge zu meinem Schreiben und meinem allgemeinen Wohlbefinden jeweils so groß sind, dass der Versuch einer Gewichtung scheitern müsste: Ich danke also Dr.' Susanne Bürkle für fundamentales Sparring mit harten Bandagen, Dr. Daniel Eder für beharrliche Einwände und hilfreiche Beratung bei obskurem Mittellatein, Prof. Dr. Udo Friedrich für pointierten Zu- und Widerspruch, Elias Friedrichs für Fröhlichkeit beim Forschen, Felix Güßfeld für die Erfüllung einer Marianischen Queste in Paris, Prof. Dr. Andreas Hammer für Gespräche über Heiligkeiten und Adam, Sarah Jancigaj für Teamgeist und Kameradinnenschaft, Dr.' Christiane Krusenbaum-Verheugen für die bewundernswürdige Personifizierung von Menschlichkeit, Disziplin, Kraft und unvergleichlicher Sachkompetenz, Dr. Adrian Meyer für assoziativ-fruchtbares Cross-Nerding, Dr.' Anica Schumann für hilfreiche Methoden und freundliche Beratung, Dr. Michael Schwarzbach-Dobson für Freundschaft, freundschaftlichen Beistand, ein bis zwei offene Ohren sowie lebendige Ermahnung zum Pragmatismus, Dr.' Julia Stiebritz-Banischewski für Kekse, Kaffee, Rauchwaren, Gespräche und engen, doktorschwesterlichen Austausch über zwei Forschungsgegenstände, die sehr unterschiedlich und sehr ähnlich waren (Danke, Kollegi!), sowie Prof.' Dr.' Franziska Wenzel für Gespräche über das Vor-Augen-Stellen und Ḥayy ibn Yaqẓān. Ihnen insgesamt danke ich für Scherzen und Lachen und für ein Arbeitsumfeld, in dem ich gerne gearbeitet habe. Felix, Julia, Michael und Susanne danke ich zudem für geduldiges und konstruktives Korrekturlesen! Bei der Erstellung des Druckmanuskripts halfen mit Korrekturen Lucas Eigel sowie Paul Bank, Marisa Gallego Galvez, Amelie Murtfeldt und Eva Schmitz – auch Ihnen gilt mein herzlichster Dank!

Prof. Dr. Peter Orth danke ich für ein Gespräch über mittellateinische Poetiken in den Straßen Torontos. Auch für die Mitwirkung in meiner Disputationskommission möchte ich ihm sowie Prof. Dr. Nicolas Pethes und Prof. Dr. Wilhelm Voßkamp danken. Prof. Dr. Dr. h.c. Andreas Speer danke ich für spontane, offene und freundliche Gesprächsbereitschaft in Fragen der Ästhetik und des Schönen, als ich unangekündigt in seinem Büro aufgetaucht bin. Udo Friedrich, Bruno Quast und Monika Schausten danke ich für die Aufnahme der Arbeit in die Reihe „Literatur – Theorie – Geschichte".

Nicht zuletzt möchte ich Susanne Couturier für Hilfe und Verständnis in allen Lebenslagen und auch ihr für ihre Fröhlichkeit danken. Elisabeth Schönfeldt danke ich für Literaturbeschaffung in letzter Minute, die wiederholte und nützliche Ermahnung, in die Sonne zu gehen, sowie herzliche Anteilnahme im Alltag.

Ich danke Dr. Nikolaos Gazeas für sein beherztes Engagement, das mir geholfen hat, die geistige Ruhe wiederzufinden, die eine solche Arbeit benötigt.

Für die Kraft und Unterstützung, die er mir in all der Zeit hat angedeihen lassen, für die Akzeptanz und Toleranz, den Beistand in Höhen und Tiefen, für seine Liebe und Zuneigung bin ich Max Christian Derichsweiler von Herzen dankbar. Er musste meinetwegen mehr ertragen, als er sollte. Natürlich danke ich all meinen Freund*innen, denn sie bereichern mein Leben. Dr.' Helena Batoulis und Lars Hoffmann-Batoulis danke ich außerdem besonders für Hilfestellungen bei naturwissenschaftlichen Fragen, letzterem besonders auch für drei Blutstropfen im Schnee und die Sonne Griechenlands. Dr. Marco Mattheis danke ich für seine genuine Freude am Altgriechischen und Lateinischen, seine Übersetzungen und die große Hilfe beim Verständnis schwieriger Texte, Max Wemhöner für ausführliche Beratung zu kunsthistorischen Nebenschauplätzen meiner Arbeit. Sotirios Kimon Mouzakis exzellierte bei oftmals tröstlichen, täglichen, oftmals müßigen, sehr lebhaft unterstützenden Telefonaten – Best Buddy!

Den Beitrag meiner Familie kann ich gar nicht hoch genug schätzen. Ich danke meinen Eltern, Marita und Thomas Scheidel, ganz besonders. Gedenken möchte ich auch des unschätzbaren Beitrags, den meine Großmutter, Maria Wientgen, in finanzieller wie ideeller Hinsicht geleistet hat, wobei ich – ohne dass der erstere gering gewesen wäre – doch besonders für letzteren unendlich dankbar bin. Sie hat leider nur den Beginn der Arbeiten erleben können. Ursprünglich sollte ihr die Widmung dieser Arbeit, in der es zu Beginn noch viel häufiger um eine gewisse Maria hatte gehen sollen, zukommen.

Widmen möchte ich das fertige Buch jedoch dem Andenken jener schönen jungen Frau, die am 14. April 2015 in einen brutalen Unfall mit einem Rennen fahrenden PKW verwickelt war und die am darauffolgenden 17. April 2015 offiziell ihren Verletzungen erlegen ist, nachdem sie bereits an der Unfallstelle klinisch tot war und drei Tage lang wie Schneewittchen im Krankenhaus gelegen hatte – äußerlich kaum verletzt, aber innerlich vollkommen zerstört. Miriam S. war meine kleine Schwester. Ich durfte sie neunzehn Jahre lang begleiten. Das ist Anlass genug für Dankbarkeit. Sie fehlt uns schrecklich.

Für Miriam
(15. März 1996 – 17. April 2015)

»mêdiâ vîtâ
in morte sûmus«.
das bediutet sich alsus,
daz wir in dem tôde sweben,
sô wir aller bast wænen leben.
(Hartmann von Aue: *Der arme Heinrich*, Vv. 92–96)

Er schreitet durch die blumigen Wiesen,
Verheerend mit den ehernen Füßen.
(Emil Flechsig/Robert Schumann: *Das Paradies und die Peri*, 1843)

Inhaltsverzeichnis

Vorwort und Dank —— IX

I Einleitung: Über Maß und Symmetrie, Maßlosigkeit und Polymorphie —— 1

II Überlegungen zur diskursiven Verfasstheit eines totalen sozialen Phänomens —— 8
II.1 *De pulchro …* – Literaturwissenschaft und Schönheit: (1) Schönheitsideal, (2) Ästhetik, (3) Anthropologie —— 8
II.2 *… et de apto* —— 48
II.2.1 Das totale Spiel der Worte: Sprachkritik und Diskursanalyse (Wittgenstein, Foucault, Bourdieu) —— 48
II.2.2 Die große Antithese: Homologe Dichotomien als Grundlage des christlichen Schönheitsdiskurses (Bourdieu) —— 71
II.2.2.1 *bina bina*: Dichotomisierung und Relationierbarkeit als Effekt des Schöpfungswerkes bei Augustinus —— 74
II.2.2.2 *inquantum*: Logik der Relationierbarkeit bei Ulrich von Straßburg —— 81

III Schönheit, Tugend, Wahrheit: Aitiologien einer Signifikation —— 96
III.1 Gräzismus: Die sogenannte ‚Kalokagathie' —— 108
III.1.1 Die Tradition der antiken *kalokagathía* (καλοκαγαθία) —— 116
III.1.2 Die ‚germanistisch-mediävistische Kalokagathie': Schönheit als Zeichen —— 124
III.2 Die Beziehung des Körpers zu den Wahrheitsspielen —— 135
III.2.1 Einschreibung aus dem Inneren: Lavater, *Gedihte von der physonomie*, Wernher der Schweizer: *Marienleben* —— 136
III.2.2 Genesis I: Evas Entscheidung bei Hans Sachs —— 149
III.3 Die Beziehung der Schönheit zur Tugend —— 158
III.3.1 Aitiologien einer Ethik —— 158
III.3.1.1 Genesis II: Die Frucht, die Flut, die Wahl und die Wahrheit —— 158
III.3.1.2 Genesis III: Der Schönste der Engel —— 175
III.3.2 Schönheit als Anlass zur Tugend: Formierung einer Ethik —— 183
III.3.2.1 Der Käfer im Netz: Schönheit und Selbstsorge (Stricker, Thomasîn) —— 184
III.3.2.2 *Formosa sum, sed nigra* – Enite als *materia operationis* des männlichen Subjekts —— 197
III.3.2.2.1 Enites Schönheit als Werk Gottes —— 203
III.3.2.2.2 Die marianische Stilisierung Enites – Positivierung, Kontrastierung —— 212

III.3.2.2.3 Enites Körper und seine Wahrheitsfähigkeit —— 225
III.3.2.2.4 Enites Schönheit und Ethisierung —— 229
III.3.2.2.5 Schönheit als ‚der âventiure meine': Chrétien vs. Hartmann —— 235
III.3.2.2.6 Das Verhältnis der Figur Enite zu ihrer Schönheit —— 245
III.4 Noch einmal: καλοκάγαθία und der narrative Zusammenhang von Schönheit und Gutheit —— 251
III.4.1 Schönheit als ethisches Problem bei Xenophon —— 252
III.4.2 ‚kalokagathía' bei Walther von der Vogelweide —— 259
III.5 Fazit —— 265

IV *Priapus erit* – Form, Ort und Funktion der Schönheitsbeschreibung —— 273
IV.1 Die Schönheitsbeschreibung in den lateinischen Poetiken —— 276
IV.1.1 Das Gesetz der Gliedmaßen: Der *descriptio*-Begriff und der doppelte Mensch bei Matthäus von Vendôme —— 284
IV.1.2 Die protonarrative Rahmung des Schönheitsdiskurses in der *descriptio membrorum* bei Matthäus von Vendôme, Galfred von Vinsauf und Gervasius von Melkley —— 311
IV.1.3 Exkurs zu narrativer Evidenz: Die *descriptio*, die *demonstratio* und das Sichtbarkeitsparadigma —— 326
IV.2 Die *descriptio membrorum* in der lateinischen und volkssprachlichen Dichtung —— 338
IV.2.1 Die Einzige ihres Geschlechts – Marianische Schönheit als Grenzphänomen körperlicher Schönheit bei Johannes von Garlandia und in der Tradition der Marienleben —— 340
IV.2.2 Die Schönheit der Prokreation – Die *descriptio membrorum* und das *Natura*-Prinzip in den Allegorien des Alanus ab Insulis und in der deutschsprachigen Alanus-Rezeption —— 354
IV.2.2.1 Alanus ab Insulis: *De planctu naturae* —— 355
IV.2.2.2 Alanus ab Insulis: *Anticlaudianus* —— 367
IV.2.2.3 Alanus-Re-Texte: Heinrich von Neustadt – Heinrich von Mügeln —— 383
IV.2.3 Die Schönheit der Venus im *Architrenius* des Johannes von Hauvilla —— 396
IV.2.4 Rosenbrechen. Verschweigen und Benennen der schönen Vulva (*Roman de la Rose, Der Kittel, Das Lob der guten Fut*) —— 401
IV.3 Rückkopplung: Organe und Organisationen – Der diskursive ‚Ort' der *descriptio pulcre puelle* in der Anthropologie des Mikrokosmos (Bernardus Silvestris) —— 421
IV.4 Resümee und Ausblick —— 445

V	**Die (Selbst-)Erkenntnis des ‚aisthetischen' Subjekts: Das schöne Fleisch als Subjektivierungsform —— 451**
V.1	Der schöne Körper und die Wahrnehmung des Schönen (*aisthesis*): Erkenntnis von Kreatur und Kreator im *Parzival* —— 453
V.1.1	Die falsche Transzendenz: Erfolglose *aisthesis* in Chrétiens *Conte du Graal* und Wolframs *Parzival* —— 455
V.1.2	Die Verehrung der schönen *crêatiure* im *Parzival*: Erfolglose *aisthesis* in der Blutstropfenszene —— 469
V.1.3	*aisthesis* und *anagogé*: Die Notwendigkeit der Anrufung bei Augustinus —— 474
V.1.4	Die schweigende Schönheit der Welt: ‚Erleuchtung' als Voraussetzung gelingender *aisthesis* bei Hugo von Sankt Viktor und Johannes Scotus Eriugena —— 481
V.1.5	Verkündigung und Erleuchtung als Voraussetzung erfolgreicher *aisthesis* in Rudolfs von Ems *Barlaam und Josaphat* —— 488
V.1.6	Fazit: Warum Parzival nicht erkennt, was er sieht —— 492
V.2	*cognosce te ipsum*: Sinnliche Wahrnehmung und Bekenntnis (ausgehend vom Beispiel Parzivals) —— 494
V.2.1	Die Grenzen aisthetischer (Selbst-)Erkenntnis im *Welschen Gast* Thomasîns von Zerklære —— 501
V.2.2	*ob er sich erkennen wolde*: Die Wendung des *cognosce te ipsum* ins Exemplarische bei Thomasîn —— 516
V.2.3	Fazit und Ausblick: *ich bin ein man der sünde hât* (Pz 456,30) – Selbsterkenntnis als Fleischesmensch —— 523
V.3	Exkurs: Das heidnische Fleisch und die fleischliche Häresie: Superpositionen des Eigenen und des Anderen als Subjektivierungs- und Kollektivierungsform —— 530
V.3.1	Das christliche Subjekt und sein heidnisches Fleisch: Christentum als verstetigte Überwindung des Anderen —— 540
V.3.2	Narrative Superpositionen des Eigenen und des Anderen zwischen Subjektivierungs- und Kollektivierungsform —— 548
V.3.2.1	Die Entstehung des Anderen aus dem Eigenen: Die mittellateinischen Mohammeds-Viten als diskursiver Kontext —— 549
V.3.2.2	Das heidnische Gesetz diesseits des Meeres: Kreuznahme gegen das innere Heidentum im *Welschen Gast* Thomasîns von Zerklære —— 558
V.3.2.3	Die Präsenz der schönen Anderen im Eigenen: *Die Königin von Mohrenland* (Stricker) —— 563
V.3.3	Fazit und Ausblick: Heidentum, Schönheit, Erkenntnis —— 566
V.4	Selbsterkenntnis als Kampf: Fleisch, Schönheit und Heidentum im *Parzival* —— 567
V.4.1	Fleisch und Schönheit im *Parzival* —— 573

V.4.2 Heidentum im *Parzival*: Parzival tauft sein schönes Selbst —— 584
V.5 Fazit: Eine säkulare Ästhetik der Existenz —— 602

VI Propädeutik, Poetik und Ästhetik – Fazit —— 606
VI.1 Die aphasische Reihe I: Die Kunst, die Dichtung, die Körper und das Heidentum —— 607
VI.1.1 Der schöne Götze der weltlichen Gelehrsamkeit bei Alanus ab Insulis (*De clericis ad theologiam non accedentibus*) —— 607
VI.1.2 Der heidnische Ursprung der *artes* bei Hugo von Sankt Viktor (*Didascalicon*) —— 613
VI.1.3 Die Schönheiten der Dichtung: Fleischlichkeit und Weiblichkeit der *Philosophia* und der *Poesis* bei Matthäus von Vendôme (*Ars versificatoria*) und Eberhard dem Deutschen (*Laborintus*) —— 619
VI.1.4 Die Selbstoffenbarung der Welt durch weltliche Dichtung: Konrads von Würzburg *Der Welt Lohn* und *der slecht weg zuo dem himelrich* —— 630
VI.2 Die aphasische Reihe II: Das christliche Fleisch, die *aisthesis* und die Ästhetik —— 640
VI.3 Gâwâns Mantel: Fazit —— 647

VII Literaturverzeichnis —— 655

Personen-, Verfasser- und Textregister —— 697

Sach- und Figurenregister —— 705

E1 Erratum zu: Kapitel I „Einleitung: Über Maß und Symmetrie, Maßlosigkeit und Polymorphie" —— 709

I Einleitung: Über Maß und Symmetrie, Maßlosigkeit und Polymorphie

Es gibt ohne Zweifel wenig Worte, deren sich die Menschen häufiger bedienen, als des Wortes schön, und gleichwohl ist nichts so unbestimmt und schwankend als die Bedeutung und der Begriff desselben. (*Abhandlung vom Schönen.* Aus dem Französischen des Herrn Crousaz[1])

Wahrscheinlich war Plato der erste, der dem Menschen jenen Wunsch in die Seele legte, der bis heute keine Befriedigung gefunden hat, den Zusammenhang zwischen Schönheit und Wahrheit zu erkennen. (Oscar Wilde: *Der Künstler als Kritiker*)

So „unbestimmt und schwankend" (Crousaz) der Gehalt des Wortes ‚schön' auch sein mag, so banal erscheinen doch in der Regel die – teils nur impliziten – Definitionen, die auf eine Abstraktion allgemeingültiger Prinzipien der ‚Schönheit' zielen. Karl Rosenkranz bringt in seiner *Ästhetik des Häßlichen* (1853)[2] das Schöne als Gegenstück zum Komischen in Stellung, zwischen welche er das ‚Hässliche' als „Mitte" setzt. Dieses Hässliche nun führt er ganz umstandslos in „Amorphie und Asymmetrie",

---

[1] Johann Nicolaus Forkel (Hrsg.): Musikalisch-kritische Bibliothek. Bd. 1. Gotha 1778, S. 3.
[2] Karl Rosenkranz: Ästhetik des Häßlichen. Hrsg. u. mit einem Nachwort von Dieter Kliche. Stuttgart 2015.

Anmerkung: Zu Beginn seien einige Anmerkungen zur Sprachform der vorliegenden Arbeit gemacht: Im Folgenden versuche ich eine trennscharfe Benennung von Personenkollektiven durchzuführen; sollte mir dies nicht in allen Fällen gelungen sein, so bitte ich um Nachsicht. Aus diesem Grund wird auf unbestimmte Kollektive der Gegenwart bspw. in der Form ‚Wissenschaftler*innen' referiert, um nicht-binären Identitäten Rechnung zu tragen. Wenn jedoch im Folgenden von ‚dem Subjekt' etc. im Rahmen einer vormodernen Wissensordnung die Rede ist und hierbei Formen des generischen Maskulinums genutzt werden, so trägt dies dem Umstand Rechnung, dass sich die entsprechenden Entwürfe (theologischer, ethischer etc. Art) tatsächlich und relativ ausschließlich an ein als männlich gedachtes ethisches Subjekt richten. Der ‚Mensch', der beispielsweise in der patristischen Theologie entworfen ist, ist als männliches (bzw. zumindest implizit männliches) Subjekt verfasst. Sind derartige Aussagen auch auf ‚die Frau' übertragbar, so wird dies eigens markiert. Insofern wird auf entsprechende Kollektive – im Unterschied zu Personenkollektiven der Gegenwart – bspw. als „AkteurInnen des höfischen Personenverbandes" referiert, sofern diese als aus Männern *und* Frauen zusammengesetzt gedacht werden. Dem liegen die Annahmen zugrunde, dass (1) in den normativen Diskursen der christlichen Vormoderne, die hier in Rede stehen, ein prinzipiell binäres Geschlechtermodell existierte, dass (2) eine Identifizierung als männlich oder weiblich – in der Regel – notwendige Bedingung für den Eintritt in und die Teilhabe am Diskurs, mithin an jeder Form der Sozialität, war und dass (3) mangelnde Identifizierung oder Identifizierbarkeit – umgekehrt – die Macht des Ausschlusses, im Extremfall die Macht der Auslöschung von Leben hatte (und noch hat); vgl. hierzu bspw. Judith Butler: Die Macht der Geschlechternormen und die Grenzen des Menschlichen. Frankfurt a. M. 2011 (original als: Undoing Gender. Abingdon-on-Thames 2004), hier besonders S. 61–69.

in „der unendlichen Mannigfaltigkeit der Desorganisation des Schönen"³ zusammen. So impliziert er denkbar einfache Leitbegriffe für eine ‚Ästhetik des Schönen', welche dementsprechend *ex negativo* in ‚Morphie' und ‚Symmetrie', in Einheit und Organisiertheit besteht. ‚Ästhetik' nun begreift Rosenkranz dabei als einen

> Kollektivname[n] für eine große Gruppe von Begriffen [...], die sich wieder in drei besondere Klassen teilt. Die eine derselben hat es mit der Idee des Schönen, die zweite mit dem Begriff seiner Produktion, d. h. mit der Kunst, die dritte mit dem System der Künste, mit der Darstellung der Idee des Schönen durch die Kunst in einem bestimmten Medium zu tun. Die Begriffe, die zur ersten Klasse gehören, pflegen wir unter dem Titel der Metaphysik des Schönen zusammenzufassen. Wird aber die Idee des Schönen auseinandergesetzt, so ist die Untersuchung des Häßlichen davon unzertrennlich. Der Begriff des Häßlichen als des Negativschönen macht also einen Teil der Ästhetik aus. Es gibt keine andere Wissenschaft, welcher derselbe überwiesen werden könnte, und es ist also richtig, von der Ästhetik des Häßlichen zu sprechen.⁴

Die hier angedeuteten Möglichkeiten, sich mit der Existenzform des ‚Schönen' auseinanderzusetzen, sind im Wesentlichen diejenigen, welche auch von der mediävistischen und näherhin germanistisch-mediävistischen Forschung gewählt worden sind, um sich analytisch der Darstellung von körperlicher Schönheit in mittelalterlicher (und enger: mittelhochdeutscher) Literatur zu widmen. Im Folgenden wird von der Hypothese ausgegangen, dass dies zwar eine Herangehensweise ist, die durch den Gegenstand selbst nahegelegt wird, dass diese jedoch keinesfalls zwingend, nicht ‚natürlich', sondern naturalisiert ist. Schon für das vormoderne Erzählen kann gezeigt werden, dass Hässlichkeit nicht das Gegenstück zu Schönheit ist: auf der Ebene der Narration sind Schönheit und Hässlichkeit vielmehr zwei Modi derselben Sache, nämlich: der spezifischen Markierung des erzählten Körpers als sinntragendes Zeichen in einem sprachlichen Zeichengefüge. Narrativ – und mithin diskursiv – muss das Gegenstück zur Markierung des Körpers als schön/hässlich die Nichtmarkierung desselben sein. Vor diesem Hintergrund soll hier nicht der ‚Inhalt' dessen, was ‚schön' genannt worden ist, in den Fokus rücken, das heißt: es wird nicht im Sinne einer Ontologie oder Metaphysik des Schönen/der Schönheit danach gefragt, was das Schöne sei und nach welchen Parametern es sich definieren lässt. Das, was die Ästhetiker*innen des Mittelalters (Edgar de Bruyne, Rosario Assunto, Władysław Tatarkiewicz, Wilhelm Perpeet, Umberto Eco) und ihre Schüler*innen gefragt haben, soll hier nicht erneut gefragt werden, und zwar auch nicht in Form der – von ihnen präferierten, historisch vermittelten und weniger transhistorisch-universalistischen – Variante derselben Frage, die – im Sinne einer ‚Geschichte der Ästhetik' – danach fragt, was man in welcher Epoche für das Schöne *gehalten* habe beziehungsweise nach welchen Regeln sich dieses Schöne jeweils habe bemessen lassen. Die immer gleichen Antworten – die ungefähr lauten:

---

3 Ebd., S. 6.
4 Ebd., S. 5.

Proportion, Maß, Regelmäßigkeit, Ordnung usw.[5] – sollen hier, wenn überhaupt, auf ihre Beziehung zur Wahrheit hin befragt werden. Diese Beziehung indessen, die zwischen dem als schön markierten Körper und der ‚Wahrheit' herrscht, ist eine, die im Anschluss an Michel Foucault als diskursiv gestiftet verstanden werden kann und mithin beständig die Form von Narrationen annimmt.[6] Insofern soll im Folgenden – aus streng konstruktivistischer Sicht – auch der Fokus darauf gelegt werden, inwiefern sich Rosenkranz' Aussage, die Ästhetik habe „es mit der Idee des Schönen [...] zu tun", als eine Naturalisierung dessen erweist, was Nietzsche den „Platonismus für's ‚Volk'"[7] genannt hat. Rosenkranz sieht als gegeben an, dass es eine ‚Idee' des Schönen *per se* gebe, und viele Denker*innen folgen dieser Annahme bis heute, sei es, dass sie die Ursache für das von ihnen angenommene Universalium der Wahrnehmung von Schönheit (besonders auch des menschlichen Körpers) und der Existenz bestimmter abstrakter Prinzipien dahinter an die Erfordernisse einer universalen Ethik,[8] eines (Retro-)Katholizismus,[9] der modernen Biologie[10] oder an andere Ideologeme zu binden versuchen. Gemeinsam ist jenen Ansätzen, dass sie immergleiche narrative Muster mit der ihnen jeweils eigenen Perspektive zu ontologisieren beziehungsweise zu naturalisieren suchen. Die Möglichkeit einer diskursiven (beziehungsweise sozialen) Sinnstiftung rückt in Hinblick auf das ‚Schöne' und die ‚Schönheit' bislang eher am Rande – nämlich besonders in der impliziten Klassenkritik der „Feinen Unterschiede" Bourdieus und hier vornehmlich als Phänomen der Kunstrezeption[11] – in den Blick

---

5 Man vgl. hierzu etwa Władysław Tatarkiewicz: Geschichte der Ästhetik. Bd. 2: Die Ästhetik des Mittelalters. Deutsch von Alfred Loepfe. Basel/Stuttgart 1980 (original: Historia Estetyki. II. Estetyka Sredniowieczna. Warschau 1962), S. 59–73, der in der von ihm angenommenen „Ästhetik des Augustinus" (ebd., S. 59) einerseits die Summe antiker Vorstellungen zur Ästhetik und die Grundlage der gesamten ‚Ästhetik des Mittelalters' sieht (vgl. ebd., bes. S. 67 u. 71). Die gewählten Leitbegriffe dieser augustinischen ‚Ästhetik' sind bei Tatarkiewicz „Mass und Zahl" (ebd., S. 60), „Rhythmus" (ebd., S. 62) sowie „Gleichheit und Kontrast" (ebd.).
6 Wahrheit ist dabei für Foucault über Regeln des Diskurses, die bestimmte Aussagen ermöglichen und wahrheitsförmig werden lassen, gestiftet. Vgl. zum Überblick: Michael Ruoff: Foucault-Lexikon. 3. Aufl. München 2013, S. 261–267.
7 Friedrich Nietzsche: Jenseits von Gut und Böse. Hrsg. von Claus-Artur Scheier. Hamburg 2013 (= Friedrich Nietzsche: Philosophische Werke in sechs Bänden I; Philosophische Bibliothek 651), S. 4 (Vorwort).
8 Vgl. Roger Scruton: Schönheit. Eine Ästhetik. München 2012 (original als: Roger Scruton: Beauty. Oxford 2009).
9 Vgl. Frank Berzbach: Die Form der Schönheit. Über eine Quelle der Lebenskunst. Köln 2018.
10 Vgl. Winfried Menninghaus: Das Versprechen der Schönheit. Frankfurt a. M. 2007.
11 Pierre Bourdieu: Die feinen Unterschiede. Kritik der gesellschaftlichen Urteilskraft. 22. Aufl. Frankfurt a. M. 2012 (zuerst als: La distinction. Critique sociale du jugement. Paris 1979), zu einer Kritik der Ästhetik des Kunstwerks hier bes. S. 31–115, sowie erneut ders.: Die Regeln der Kunst. Genese und Struktur des literarischen Feldes. 5. Aufl. Frankfurt a. M. 2010 (= Les règles de l'art. Genèse et structure du champ littéraire. Paris 1992), mit besonderem Bezug zur Ästhetik der Literatur hier S. 449–489.

und wird auch dann noch auf allgemeingültige, transhistorisch und transkulturell gültige Prinzipien zurückzuführen versucht.

Diesem kritischen Ansatz entsprechend wählt die vorliegende Arbeit, welche sich mit der Imagination körperlicher Schönheit hauptsächlich anhand von Figuren narrativer Dichtung des Mittelalters beschäftigt, einen dezidiert anderen Zugang. Anstatt von einer solchermaßen tradierten Ästhetik oder – implizit – von ihren Prämissen her zu denken, macht sie sich einen letztlich sprachkritisch-konstruktivistischen Ansatz zu eigen, welcher – von Nietzsche her über Wittgenstein und Foucault – versucht, den „Wortspielen", den „Verführungen der Grammatik" (Nietzsche[12]) und den „Sprachspielen" (Wittgenstein[13]) nachzuspüren, die jene Ästhetik grundieren, mithin also nach denjenigen Diskursen und epistemischen Formatierungen zu fragen, welche jener Ästhetik eingeschrieben sind, die seit dem 18. Jahrhundert so naturalisiert zur philosophischen Dogmatik gehört, dass sie ihre eigenen Konstitutionsbedingungen verschleiert hat. Insofern Fragen einer solchen Ästhetik berührt werden, soll die vorliegende Arbeit weniger Beitrag zu einer positiven ‚Geschichte der Ästhetik' sein, als vielmehr der Versuch einer – mit Foucault gedachten – ‚Genealogie der Ästhetik',[14] welche nicht die ‚Inhalte' einer Ästhetik nachzuzeichnen sucht, sondern die Ermöglichungsbedingungen der ‚modernen' Ästhetik in der *aisthesis* des christlich konzeptualisierten Körpers. Es gilt – wiederum mit Nietzsche – zu fragen, wie sich neben „Plato's Erfindung vom reinen Geiste und vom Guten an sich" die Erfindung des Schönen, ja der ‚Schön*heit* an sich' formiert hat und in welcher Verbindung diese zum (fiktional konstruierten) menschlichen Körper steht beziehungsweise inwiefern sie mit demselben in eine ‚Beziehung der Wahrheit' (in Anlehnung an Foucault)[15] eintritt. Es gilt mithin die von Nietzsche (*Jenseits von Gut und Böse*) in Bezug auf die Wahrheit des Kantischen Apriori formulierte Kritik für die Kategorie der Schönheit zu reformulieren, nämlich: Die Frage „Was ist schön und was ist

---

12 Nietzsche, Jenseits von Gut und Böse, S. 3 (Vorwort).
13 Vgl. hierzu im Folgenden Kap. II.2.1.
14 Genealogie verstehe ich hier im Sinne des Foucault'schen Projektes einer Genealogie, welche „die Erschließung jener Machtmechanismen, die an der Entstehung von Wissensordnungen, Wissenssubjekten und insbesondere der Humanwissenschaften" (Joseph Vogl: Art. Genealogie. In: Foucault-Handbuch. Leben – Werk – Wirkung. Hrsg. von Clemens Kammler, Rolf Parr, Ulrich Johannes Schneider. Stuttgart/Weimar 2014, S. 255–258, hier S. 255) verfolgt und sich „der Auflösung begrifflicher Konstanten und überhistorischer Perspektiven, die durch ihre teleologischen Implikationen" (ebd.) gekennzeichnet sind, widmet. In diesem Sinne soll auch hier eine Perspektive eingenommen werden, die „den Rückgriff auf globale Konzepte und Kategorien und insbesondere auf anthropologische, philosophische oder politische ‚Universalien' meidet, reduziert oder skrupulös kontrolliert" (ebd., S. 256).
15 Zur spezifischen Faktur dieser ‚Wahrheit', die in der christlichen Matrix immer in letzter Instanz mit Gott identisch ist und in ihm ruht, und zur Beziehung des fleischlichen Menschen zu dieser Wahrheit in einem Akt des ‚Wahrsprechens' (*parrhesia*) vgl. bes. Michel Foucault: Die Geständnisse des Fleisches. Sexualität und Wahrheit 4. Hrsg. v. Frédéric Gros. Berlin 2019, S. 79–112, hier bes. S. 81, 85, 101, 105, sowie S. 241.

Schönheit?" ist durch die Frage zu ersetzen, „Warum ist der Glaube an diese (metaphysischen) Kategorien nötig?" Die hieran anschließenden Fragen sind: In welchen textuellen Sinngefügen ist die Schönheit des menschlichen Körpers eingespannt? Wie wird sie poetologisch wirksam? Wie organisiert und formiert sie Narrationen, Motivationen und Argumente? Wie trägt sie zur Markierung von Figuren und ihrem Handeln bei? Nicht zuletzt: Wie hängen diese Erzählungen der europäischen Kultur(en) noch mit gegenwärtigen Wahrnehmungsmustern und sozial wirksamen Zuweisungen zusammen? Kurz: Wie prägen die Diskurse vom schönen menschlichen Körper die mittelalterliche Literatur und in welchem Wechselverhältnis steht die Forschung, die diese Literatur aufarbeitet, zu den ästhetischen Diskursen der Neuzeit?

Der Blick wird dabei zunächst – Kapitel II: „Überlegungen zur Verfasstheit eines totalen sozialen Phänomens" – auf die bisherigen und gängigsten Ansätze zum Schönheitsideal und zu einer ‚mittelalterlichen' Ästhetik zurückzurichten sein. Es werden hier wichtige Abgrenzungen getroffen werden, insofern exemplarisch Positionen der Forschung und der Ästhetik reflektiert werden. Zugleich werden hier wesentliche (diskursiv-narrative) Themenkomplexe, die im ästhetischen Diskurs an die körperliche Schönheit angelagert sind, identifiziert, um sie im Folgenden in Hinblick auf ihre Verbindung zum Körper und auf ihre (poetologische) Wirksamkeit in der Formierung narrativer Texte hin befragen zu können. Zum anderen soll hier die Funktionsweise jener verborgenen Ontologisierung der ‚Schönheit' *und* ihrer Narrationen vorgeführt werden, welche ein gemeinsames Merkmal nicht nur der ästhetisch, sondern sogar noch der biolog(ist)isch geprägten Beschäftigung mit Schönheit ist. Die Diskurse der Schönheit haben jenen niemals vollständig vollzogenen epistemischen Wandel, den Michel Foucault in der *Ordnung der Dinge* ansetzt,[16] überdauert und umlagern selbst noch die modernen Naturwissenschaften, zumindest aber deren geisteswissenschaftliche Rezeption.

Kapitel III – „Schönheit als Zeichen. Ätiologien einer Signifikation" – widmet sich einem der Kernthemen, welches mit der Wahrheitsfähigkeit der körperlichen Schönheit verbunden worden ist, nämlich der Vorstellung von ihrem Zeichencharakter. Es wird gefragt, wie die Forschung dieses Zeichenverhältnis, in welchem der schöne Körper die Funktion eines Zeichens gegenüber einem nicht völlig eindeutig zu definierenden Bezeichneten einnehmen soll, verstanden hat. Hierbei soll gezeigt werden, dass die gegebenen Antworten nur oberflächlich einfach waren und dass umgekehrt eine fundamentale Dysfunktionalität dieser Zeichenrelation konstatiert werden muss. Schließlich soll argumentiert werden, dass die – zu einfache – Gleichung von Schönheit und ‚Gutheit' ein ‚Märchen'-Narrativ ist, das zwar dem epistemischen Wandel der Moderne vorausgeht,

---

16 Michel Foucault: Die Ordnung der Dinge. Eine Archäologie der Humanwissenschaften. 21. Aufl. Frankfurt a. M. 2009 (zuerst als: Les mots et les choses. Paris 1966), S. 27, beschreibt „in der Wende des neunzehnten Jahrhunderts die Schwelle einer Modernität, aus der wir immer noch nicht herausgekommen sind". Es darf wohl konstatiert werden, dass die epistemische Umwälzung, die Foucault zu skizzieren versucht, auch ein halbes Jahrhundert nach der Publikation der *Ordnung der Dinge* nicht vollzogen ist.

das jedoch – in seiner (Grimm'schen) Simplizität – keinesfalls ein ‚mittelalterliches' ist, sondern eines, das „die Romantik, die boshafte Fee, hineinblies, hineinsang, damals, als man ‚finden' und ‚erfinden' noch nicht auseinander zu halten wusste!" (Nietzsche)[17] Es kann gezeigt werden, dass das (antike) Konzept der *kalokagathía*, welches in der germanistisch-mediävistischen Forschung zumeist im Sinne einer Kongruenz von ‚äußerer' körperlicher Schönheit und ‚innerer' Gutheit aufgefasst worden ist, das Konzept der (körperlichen und nicht-körperlichen) Schönheit (seit Xenophon) vor allem über eine Ethik in Verbindung zur Wahrheit bringt. Dies wird exemplarisch anhand ausgewählter Texte erarbeitet, nämlich anhand von *Die ungleichen Kinder Eve* von Hans Sachs, hiervon ausgehend anhand weiterer Genesis-(Re-)Texte und -Allegoresen sowie dreier gemeinhin dem Stricker zugeordneten Reimpaarbispel, anhand von Thomasîns von Zerklære Traktat *Der welsche Gast* und schließlich Hartmanns von Aue *Erec*.

Kapitel IV – „*Priapus erit*. Form, Ort und Funktion der Schönheitsbeschreibung" – legt den Fokus auf die poetorhetorische Form der Schönheitsdarstellung, indem die mittellateinischen Poetiken und die hieraus ableitbaren Regeln zur *descriptio* in Hinblick auf ihre narrative Struktur und ihre diskursive Valenz befragt werden. Es soll hier dargelegt werden, dass das Zeichen ‚Schönheit' in Form der *descriptio* vor allem Fleischlichkeit, Prokreation und entsprechende, auf dieselben hinzielende Handlungsketten impliziert. Dies wird, von den Poetiken (Matthäus von Vendôme, Galfred von Vinsauf, Gervasius von Melkley, Eberhard der Deutsche) ausgehend, vor allem an allegorischen Texten (Alanus ab Insulis, Johannes de Hauvilla, Johannes de Garlandia, Jean de Meun/Guillaume de Lorris, Minnereden) durchgeführt. Schließlich ist in der Zusammenschau der *Ars versificatoria* des Matthäus von Vendôme mit der *Cosmographia* des Bernardus Silvestris zu zeigen, dass die sogenannte *descriptio pulchritudinis* einen spezifischen diskursiven Ort in der – lateinischen – Tradition hat: Sie ist rückgebunden an die Ordnung des Mikrokosmos und erfüllt – auch in der volkssprachlichen Literatur – eine spezifische anthropologische Systemstelle.

Kapitel V – „Die (Selbst-)Erkenntnis des ‚aisthetischen' Subjekts: Das schöne Fleisch als Subjektivierungsform" – überführt schließlich die gewonnenen Themen und Thesen zur körperlichen Schönheit zurück in einen ‚ästhetischen' Diskurs, insofern hier erörtert werden soll, inwiefern die christliche Konzeption des Fleisches – wiederum in Anlehnung an Überlegungen Michel Foucaults – die Grundlage für eine Subjektivierungsstrategie des säkularen Subjektes sowie für die ästhetischen Konzepte der Neuzeit (Kap. VI) darstellt. Ausgehend von Joachim Bumkes einflussreichen Überlegungen zur ästhetischen (Selbst-)Erkenntniskraft des schönen Körpers anhand der sogenannten Blutstropfenszene aus Wolframs von Eschenbach *Parzival* werden in Kapitel V theologische und volkssprachliche Diskurse der ‚*aisthesis*' erarbeitet. Hierbei wird besonders anhand von Hugos von Sankt Viktor *Expositiones in hierarchiam cœlestem* und unter Rekurs auf Augustinus (*De vera religione*) einerseits sowie

---

[17] Nietzsche, Jenseits von Gut und Böse, S. 17.

Wolframs von Eschenbach *Parzival* und den *Welschen Gast* Thomasîns von Zerklære andererseits die Möglichkeit einer anagogischen ästhetischen/aisthetischen Erkenntnis geprüft. Es wird argumentiert, dass diese Erkenntnis über die sinnliche Wahrnehmung des Fleisches nur mittelbar, nämlich durch die Anrufung der *auctoritas* und die Annahme der *sacramenta*, zu erreichen ist. Die Aufstiegsbewegung von der schönen Immanenz zur Schönheit der Transzendenz ist nicht unmittelbar, wie es in Anlehnung an eine platonisch gedachte *anagogé* häufig aufgefasst worden ist. Statt einer Erkenntnis der Transzendenz ist hier, so wird argumentiert werden, der Zwischenschritt der immanenten *Selbst*erkenntnis des christlichen Subjektes eingezogen, welche als Voraussetzung der *conversio* und des rechten Glaubens inszeniert ist. Diese (Selbst-)Erkenntnis richtet sich, so wird argumentiert, auf das Fleisch der sinnlichen Erkenntnis, das Schönheit wahrnehmen und selbst schön sein kann und das von Diskursen umstellt ist, die es konstitutiv als ‚Anderes' fassen. Dieses ‚Andere' indessen nimmt regelmäßig die Form des ‚Weiblichen' und des ‚Heidnischen' an, wie unter Rückgriff auf mittellateinische Mohammedsviten, ein weiteres Stricker-Bispel (*Die Königin von Mohrenland*), und – zum Ausgangspunkt zurückkehrend – wiederum anhand von Wolframs *Parzival* aufgezeigt werden soll.

Im abschließenden VI. Kapitel – „Propädeutik, Poetik und Ästhetik" – werden die bisherigen Erkenntnisse zur ‚aisthesis' wieder für eine ‚Ästhetik' im modernen Sinne geöffnet. Hierbei soll argumentiert werden, dass körperliche Schönheit zum Signum des *sæcularis* und seiner ‚Fleischesexistenz' (nämlich: als adeliger Weltmensch) sowie zum Signum der ihm eigenen spezifischen Subjektivierungsformen und beschränkten Erkenntnisfähigkeit wird. Es kann dabei gezeigt werden, dass die volkssprachliche und die lateinische Dichtung eine vorsichtig optimistische Haltung gegenüber der – stark beschränkten und daher vorläufigen – Erkenntniskraft des Fleisches einnimmt, insofern die trivialen *artes* und die *Poesis* selbst als fleischlich gedacht und als schön markiert werden, wodurch der fleischlichen Schönheit selbst wiederum ein privilegierter aber ambivalenter, zunächst streng restringierter Platz in einer Propädeutik des (laikalen/fleischlichen) Subjektes zugewiesen wird. Die Erkenntniskraft des (potentiell schönen und heidnischen) Fleisches sowie seine poetologischen Implikationen werden wiederum anhand von Hugos von Sankt Viktor *Didascalicon*, dem *Laborintus* Eberhards des Deutschen, einer Predigt des Alanus ab Insulis (*De clericis ad theologiam non accedentibus*) und Konrads von Würzburg *Der Weltlohn* (sowie einem anonymen Retext desselben aus dem ‚Oberrheinischen Erbauungsbuch') erarbeitet, bevor abschließend – vom schönen Körper ausgehend – die Perspektive auf weitere Gegenstände der ‚Ästhetik' geöffnet wird. Hierbei wird argumentiert, dass die diskursive Ausformung des christlichen Fleisches und seiner *aisthesis* der Ermöglichungshorizont der modernen ‚Ästhetik' ist, in welcher der (schöne) Körper gewissermaßen den Nullpunkt der schönen Dichtung, der schönen Natur, der schönen Kunst und der übrigen immanenten *pulchra* darstellt.

II Überlegungen zur diskursiven Verfasstheit eines totalen sozialen Phänomens

> *It is, as far as he knows, the only way of coming downstairs, but sometimes he feels that there really is another way, if only he could stop bumping for a moment and think of it.*
>
> (A.A. Milne: *Winnie-the-Pooh*, Ch. 1)

II.1 *De pulchro* ... – Literaturwissenschaft und Schönheit: (1) Schönheitsideal, (2) Ästhetik, (3) Anthropologie

Eine Arbeit, die sich mit den Diskursen von physischer Schönheit beschäftigt, muss zunächst genauer Rechenschaft darüber ablegen, was sie *nicht* zu leisten beansprucht und warum.

(1) Die vorliegende Arbeit beschäftigt sich nicht mit dem körperlichen *Schönheitsideal* ‚des‘ Mittelalters oder auch nur eines Ausschnittes desselben.

Diese Arbeit ist seit über hundert Jahren oft geleistet worden und kommt letztlich über die quellenkundlich orientierte Rekonstruktion eines dem Mittelalter vermeintlich eigenen schlichten Schönheitsideals nicht hinaus. Bereits 1866 hat Alwin Schultz (1838–1909) mit einer zweiunddreißigseitigen, lateinischen Arbeit unter dem Titel *Quid perfecta corporis humani pulchritudine Germani saeculi XII^{mi} et XIII^{mi} senserit* (erschienen in Breslau) eine Stellensammlung mittelhochdeutscher, aber auch lateinischer Texte zusammengetragen.[1] Beim Erstellen von Katalogen jener Merkmale, die als Ausdruck eines zeittypischen ‚Ideals‘ aufgefasst worden sind, ist es in der Folgezeit zunächst geblieben; mehrere größere Arbeiten verfahren so, darunter Jean Loubier (1890) mit einer Arbeit, die zum einen Schultz' Vorarbeiten und zum anderen Jules Houdoys Arbeit zur weiblichen Schönheit in französischen Texten (1876)[2] *expressis verbis* ergänzen möchte, indem sie den Fokus einerseits auf altfranzösische Dichtung und andererseits – entgegen der „Natur der Sache" (Loubier) – auf das männliche Schönheitsideal legt.[3] Auch die 1930 gedruckte Arbeit von Anna Köhn, *Das weibliche Schönheitsideal in der ritterlichen Dichtung*, versammelt einen Katalog einschlägiger Stellen, nur um dem Ganzen die etwas ernüchternde Einschätzung vorwegzuschicken, man dürfe nicht überrascht sein,

---

1 Diese Ergebnisse fließen wiederum in Schultz' größere, breiter rezipierte Arbeit *Das höfische Leben zur Zeit der Minnesänger* (Bd. 1, 2. Aufl. Leipzig 1889) ein, hier zu „Schönheitsideal" und „Hässlichkeitsideal" bes. S. 211–221.
2 Jules Houdoy: La beauté des femmes dans la littérature et dans l'art du XIIe au XVIe siècle. Analyse du livre de A. Niphus Du beau et de l'amour. Paris 1876.
3 Vgl. Jean Loubier: Das Ideal der männlichen Schönheit bei den altfranzösischen Dichtern des XII. und XIII. Jahrhunderts. Halle 1890, S. 13.

wenn alle die Frauen, denen wir in der höfischen Dichtung begegnen, und deren Schönheit in einzelnen Zügen beschrieben wird, sich auf den ersten Blick so ähnlich sehen. Sie sind alle blond und hellhäutig, licht und rosig, alle von vollkommener Schönheit, denn jede stellt dasselbe Idealbild der höfischen Frau dar, und das Lob ihrer Schönheit ist eine Huldigung, die dem ganzen Geschlecht dargebracht wird.[4]

Ihr kurzes Resümee akzentuiert ein schlichtes, scheinbar historisch invariantes Ideal:

> Zusammenfassend stelle ich fest:
> Das weibliche Schönheitsideal der ritterlichen Dichtung vom Ende des 12. bis in die ersten Jahrzehnte des 14. Jahrhunderts bleibt in seinen Einzelzügen während der ganzen Zeit dasselbe, sowohl in höfischer Epik als im Minnesang. Auch das Heldenepos schließt sich nach Inhalt und Darstellungsform eng dem höfischen Idealbild an. Der Stil der Darstellung wandelt sich vom einfachen knappen, flächenhaften Stil der Frühzeit zur ausführlich detaillierten Beschreibung der Spätzeit, besonders deutlich im höfischen Epos, aber auch im Minnesang und im Heldenepos.[5]

Gleichwohl ein solches Analyseergebnis daran zu appellieren scheint, jede weitere Beschäftigung mit dem Schönheitsideal, wenn nicht mit physischer Schönheit überhaupt, einzustellen, hat Martha Busenkell 1941 – unter nationalsozialistischer Doktrin – eine erneute Arbeit zu diesem Thema vorgelegt, welche die hauptsächlich katalogartige Stellensammlung[6] zugunsten des Abschreitens einer diachronen Perlenschnur kanonischer Autoren und Texte[7] aufgibt und um eine – freilich unbrauchbar gewordene – geistesgeschichtliche Betrachtung ergänzt, in der sie versucht, die Schönheitsdarstellung literarischer Figuren mit gleichzeitigen Entwicklungen der Kunstgeschichte und allgemeinen geistesgeschichtlichen Entwicklungen zusammenzubringen.[8] Ähnliches hatte bereits

---

4 Anna Köhn: Das weibliche Schönheitsideal in der ritterlichen Dichtung. Leipzig 1930 (Form und Geist 14; zugl. Univ.-Diss. Greifswald 1929), S. 3.
5 Ebd., S. 109.
6 Ein geradezu positivistisches Extrem an Katalogisierung von Textstellen liefert – allerdings in Hinblick auf Beschreibungstechnik – zuvor noch einmal Duncan M. Mennie: Die Personenbeschreibung im höfischen Epos der mhd. Epigonenzeit. Kiel 1933 (Univ.-Diss. Kiel).
7 Der *Heliand* und Otfrid stehen ihr für die „karolingische Zeit" ein, Hrotsvith von Gandersheim, *Waltharius* und *Ruodlieb* für die „ottonische" die „salische Zeit" differenziert sie nach geistlicher Dichtung, weltlicher Epik geistlicher Dichter und Spielmannsepik, die „staufische Epoche" schließlich nach „frühhöfisch-staufischer Dichtung" und „staufischer Klassik" und zieht hierfür Eilhart, Veldeke, Herbort von Fritzlar, Albrecht von Halberstadt, *Athis und Prophilius* sowie Hartmann, Wolfram und Gottfried heran.
8 Martha Busenkell: Das Schönheitsideal innerhalb der deutschen erzählenden Literatur von der karolingischen bis zur staufischen Epoche. Bonn 1941 (Univ.-Diss., masch.-schriftl., Exemplar der Universitätsbibliothek Bonn). – Die verschiedenen methodischen Schwächen dieser Arbeit, welche über die offensichtliche Abhängigkeit einiger Stellen von nationalsozialistischer Ideologie hinausreichen, haben die spätere Forschung nicht davon abgehalten, Busenkells Analysen als wahre Fakten zu reproduzieren; so bspw. Timothy R. Jackson, der in seinem 2003 erschienen Buch zu *Typus und Poetik. Studien zur Bedeutungsvermittlung in der Literatur des deutschen Mittelalters* (Heidelberg) als Kapitel 3, „Zwei Frauenideale – zwei Schönheitsideale. Zu *Tristan und Isold* 10885–11020 und *Engelhard* 2955–3102" (dort S. 161–220), einen älteren Aufsatz einarbeitet, in welchem er unkritisch auf Busenkell referiert.

1923 Georg Usadel durchgeführt,[9] dessen Arbeit jedoch nicht die Frage nach einem Schönheitsideal, sondern diejenige nach der Technik der „Personenbeschreibung" zum Gegenstand hatte.[10] In beiden Fällen indessen wird das, was als Schönheitsideal zu bezeichnen ist, an eine historische Entwicklung gebunden, die in ihrer Veränderung und Konstanz nachzuverfolgen sich die jeweiligen Arbeiten zum Ziel setzen.[11]

In ähnlicher Gestalt haben die Vorstellungen von einem an literarische Modelle der Poetorhetoriken zurückgebundenen ‚Schönheitsideal' Eingang in die jüngere germanistisch-mediävistische Forschung der letzten drei Dekaden gefunden, welche nicht zuletzt maßgeblich von Joachim Bumke geprägt ist, der – gleichwohl mit der ihm eigenen, differenzierenden Vorsicht – in seiner klassisch und einflussreich gewordenen Darstellung *Höfische Kultur. Literatur und Gesellschaft im*

---

9 Georg Usadel: Die Personenbeschreibung in der altdeutschen Epik bis Gottfried von Strassburg. Königsberg 1923 (Univ.-Diss., masch.-schriftl., Digitalisat des Exemplars Preußischer Kulturbesitz, MS 24/6289). – Auch Usadel, der ab 1930 NSDAP-Reichstagskandidat, später SA-Oberführer und Ministerialrat im Reichsministerium für Wissenschaft, Erziehung und Volksbildung sowie Lektor im Amt Rosenberg war und 1941 als Wehrmachtssoldat in Russland gestorben ist, wird von Jackson, Typus und Poetik (2003), unkritisch zitiert.

10 Usadels Begriff der „Personenbeschreibung" ist nicht deckungsgleich mit dem Begriff der *descriptio*, welcher in der germanistischen Mediävistik gegenwärtig – und auch in der vorliegenden Arbeit – unter Rekurs auf die mittellateinischen Poetiken Verwendung findet; vgl. hierzu im Folgenden Kap. IV.

11 Dies gilt auch noch für weniger alte Beiträge wie Alexandru Cizek: Das Bild von der idealen Schönheit in der lateinischen Dichtung des Mittelalters. In: Mittellateinisches Jahrbuch. Internationale Zeitschrift für Mediävistik 26 (1991), S. 5–35, oder Fritz Peter Knapp: Das weibliche Schönheitsideal in den Liedern Oswalds von Wolkenstein. In: ZfdA 131 (2002), S. 181–194, die hier beispielhaft genannt seien. Während ersterer ein ‚Schönheitsideal' zwar *en passant* einspielt, mit dem „Bild von der idealen Schönheit" jedoch im Ganzen eine verschobene Perspektive einnimmt, welche weniger nach einem allgemeinen Ideal als vielmehr nach einer idealisierenden literarischen Technik fragt, spricht letzterer ganz konventionell vom Schönheitsideal *per se*. Dieses bettet Knapp – wie schon Busenkell und Usadel – nicht nur in eine ‚klassische' Entwicklungslinie ein (Walther von der Vogelweide tut bestimmte Dinge „noch", der Tannhäuser hebt sich „schon" hiervon ab; ebd., S. 181), sondern bindet es zudem an kunstgeschichtliche Kategorien (die „frühgotische Plastik"; ebd., S. 182: „Dies ist deshalb von Bedeutung, da das frühgotische Schönheitsideal um 1200 dem bei Walther und bei dem Tannhäuser grundsätzlich entspricht", sowie: „Das entspricht genau den frühgotischen Frauenplastiken, zarten, schlanken, jedoch in S-Form geschwungenen Körpern, so daß die Bauchpartie in jedem Falle hervortritt [mit Verweis auf Abb. der personifizierten *Synagoga* am Straßburger Dom; F. D. S.].") und an literarische Modelle (die als Abbildung des Schönheitsideals und Vorschrift zugleich verstandene *Ars versificatoria* des Matthäus von Vendôme; ebd.: „Matthäus von Vendôme, ‚Ars versificatoria' I, §§ 56 f., schreibt vor: frei fallendes, goldenes Haar; eine hohe Stirn; schwarze, deutlich getrennte Augenbrauen; sternenklare Augen; weißrote Wangen; eine maßvoll vorstehende Nase; einen rosigen Kußmund; mäßig schwellende Lippen; elfenbeinerne, regelmäßige Zähne; einen schneeweißen Hals; kleine Füße; gerade Glieder; fleischige Schenkel; glatte Hände"; ebd.) zurück, um es schließlich zwischen Zeitalterkategorien („Übersteigerung der Spätgotik" vs. „Vorgeschmack der Renaissance"; ebd., S, 194) aufzuspannen.

hohen Mittelalter (1986)[12] ein „Das Schönheitsideal" genanntes Unterkapitel bietet. Hier heißt es:

> Der Schönheitspreis der Dichter zielte nicht auf individuelle Züge, sondern auf ein Ideal, das sich in einem festen Kanon von Schönheitsprädikaten manifestierte. Man folgte dabei meistens den Vorschriften der Rhetorik, die eine Beschreibung von oben nach unten empfahl, vom Kopf bis zu den Füßen. Das Gesicht bot die reichste Gelegenheit, Schönheitsmerkmale zu benennen: das blond gelockte Haar, die weiße Stirn, die wie ein Pinselstrich gezogenen Brauen, die herrlich strahlenden Augen, die kleinen Ohren, die gerade Nase, das Rot der Wangen lieblich gemischt mit dem Weiß der Haut, der rote Mund, die weißen Zähne, das runde Kinn, die weiße durchsichtige Kehle, der schöne Hals. Von dort sprang die Schönheitsbeschreibung auf die weißen Hände und die kleinen Füße; von der Form des Körpers erfuhr man nur in allgemeinen Wendungen. Arme und Beine waren, wenn sie überhaupt erwähnt wurden, weiß, rund und glatt, der Busen klein, die Taille schmal. Vielfach ging der Schönheitspreis schon am Hals in eine ausführliche Körperbeschreibung über.
>
> In der körperlichen Schönheit offenbarte sich die innere Tugendhaftigkeit der Frau. [...] Die Harmonie von Schönheit und moralischer Vollkommenheit war ein wesentlicher Aspekt des höfischen Frauenbildes. [...] Nur wenn die Frage gestellt wurde, ob höfische Vorbildlichkeit sich mehr in den äußeren oder mehr in den inneren Werten manifestierte, geriet die Schönheit gegenüber der Tugendhaftigkeit in eine nachgeordnete Position. [...]
>
> Als Inbegriff der Schönheit und der moralischen Vollkommenheit erfüllte die höfische Dame eine wichtige gesellschaftliche Funktion, indem sie die Werte, die sie repräsentierte, an den Mann vermittelte. [...] Die Frau konnte diese hohe Aufgabe erfüllen, weil sie durch ihre Schönheit und Vollkommenheit im Mann die Kraft der hohen Minne weckte.[13]

Doch jenseits dessen findet ‚das' (weibliche) Schönheitsideal, das die Forschung in bewundernswerter Einmütigkeit immer wieder entlang der Maßgaben der einmal beschriebenen *descriptiones* – eine analytische Tautologie in sich! – entwickelt hat,[14] auch Eingang in die Beiträge zu einer mittelalterlichen Ästhetik, wenn beispielsweise Umberto Eco in seinem 1987 erschienenen *Arte e bellezza nell'estetica medievale* folgenden, in vielerlei Hinsicht problematischen Passus formuliert:

> Beispielsweise bildet ein Thema wie die weibliche Schönheit für das Mittelalter ein vielbenutztes Repertoire. Wenn Matthäus von Vendôme in seiner *Ars versificatoria* Regeln für eine schöne Beschreibung einer schönen Frau angibt, so ist das nicht sonderlich interessant; es handelt sich einerseits um ein rhetorisches und gelehrtes Spiel, um eine Nachahmung der an-

---

12 Die ungewöhnliche Breitenwirkung einer im Kern germanistisch-mediävistisch zentrierten Arbeit zeigt sich auch in dem Umstand, dass ich den Text in seiner 11. Auflage (!) (München 2005) zitiere.
13 Bumke, Höfische Kultur, S. 452 f.
14 Noch in der 2015 wiederaufgelegten Einführung von Dorothea Klein: Mittelalter. Lehrbuch Germanistik. 2. Aufl. Stuttgart 2015 (1. Auflage: 2006), S. 42, heißt es mit Blick auf die sogenannte „*descriptio a capite ad calcem*": „Zudem haben sich Lyriker und Epiker für ihre Beschreibungen an den historisch verbindlichen Schönheitsstandards orientiert, weshalb alle Frauen Augen wie Sterne, eine weiße Haut, gerötete Wangen, rote Lippen und Zähne wie Perlen haben." Dieser Erklärungsmodus scheint ob seiner Zirkelschlüssigkeit dazu angetan, jede weitere Interpretation erlöschen zu lassen. – Die tautologische Stellensammlung ist spätestens 1889 vorgeprägt bei Alwin Schultz (vgl. Schultz, Zeit der Minnesinger, S. 211–221).

tiken Klassiker; und andererseits ist verständlich, daß die Dichter, wie die ganze lateinische Dichtung des Mittelalters bezeugt, ein unverklemmteres Verhältnis zur Natur haben. Wenn aber die scholastischen Autoren das Hohelied Salomos kommentieren und sich über die Schönheit der Braut auslassen, offenbaren sie, obwohl es ihnen um die allegorischen Bedeutungen des Bibeltextes und die übernatürlichen Entsprechungen jedes einzelnen physischen Details [...] geht, immer, wenn sie zu didaktischen Zwecken ihr jeweiliges Ideal von weiblicher Schönheit beschreiben, ein spontanes, unmittelbares, keusches, aber irdisches Empfinden für sie. [...] Das Schönheitsideal, das hier sichtbar wird, entspricht sehr genau dem der mittelalterlichen Literaturen [...].[15]

Im Gegensatz zu solch verallgemeinernden und höchst subjektiven Aussagen dazu, welcher Art das Verhältnis ‚des' Mittelalters zur ‚Natur' gewesen sei und was die Autoren empfunden haben sollen, wenn sie etwas Schönes ‚wahrgenommen' oder ‚ausgedrückt' haben, gilt hier weiterhin:

(2) Die vorliegende Arbeit ist dezidiert *kein Beitrag zur Ästhetik*.

Dies hat seinen Grund nicht allein darin, dass die Ästhetik und ihre Fragestellung ein Produkt der Moderne sind, welches nur um den Preis der Ahistorizität auf die Vormoderne anzuwenden ist. Hierauf hat bereits Rosario Assunto in seiner *Theorie des Schönen im Mittelalter* (1963) hingewiesen,[16] nur um zugleich einen „in den täglichen, auch nichtphilosophischen Sprachgebrauch" eingegangenen Begriff von Ästhetik einzuführen, welcher „all das [kennzeichne], was die Kunst, das Schöne, das sinnlich Gegenwärtige" betreffe und den er im Folgenden als „mittelalterliche ‚Ästhetik'" bezeichnet.[17] In demselben Sinne, wie die vorliegende Arbeit kein Beitrag zur Ästhetik ist, ist sie auch kein Beitrag zu einer durch Anführungszeichen legitimierten (*Vulgär-*),*Ästhetik'* der Prägung Assuntos, welche eine Praxis vor der Theorie, eine Ästhetik *avant la lettre* veranschlagt.[18]

---

15 Umberto Eco: Kunst und Schönheit im Mittelalter. 8. Aufl. München 2011, S. 26 f.
16 Vgl. Rosario Assunto: Die Theorie des Schönen im Mittelalter. 2. Aufl. Köln 1987, S. 17 f. – Für die germanistische Mediävistik findet sich diese Einschränkung früh bspw. bei Max Wehrli: Literatur im deutschen Mittelalter. Eine poetologische Einführung. Stuttgart 1984, im Kapitel „Schönheit und Schönheitskunst", S. 143–162, hier: S. 143, wobei es Wehrli vor allem darum geht, die Ansprüche einer modernen Literaturästhetik für das Mittelalter zu relativieren (ebd., S. 144), und er „ästhetische Erfahrung" (ebd., S. 143) dennoch als Universalium behandelt, welches er jedoch für eine „Natur"-Erfahrung und die hieraus folgende Gotteserkenntnis reserviert (ebd.). Gleichwohl versteht er die Künste und auch „Literatur" als den Ort und Raum, Schönheit als Wert zu entwerfen: „[W]enn in der weltlichen und auch in der geistlichen Kunst immer wieder schöne Menschen, schöne Landschaften, schöne und kostbare Dinge, nicht zuletzt Kunstdinge, mit besonderer Liebe geschildert werden, so werden damit nicht nur klassische Vorbilder, ‚Topoi', artistisch wiederholt, sondern bestimmte Schönheitsideale entwickelt und letztlich eine Idee des Schönen selbst erstrebt."
17 Assunto, Theorie des Schönen, S. 18.
18 Ebd., S. 18 f. – Walter Haug: Gibt es eine mittelalterliche Ästhetik aus platonischer Tradition? In: ders.: Positivierung von Negativität. Letzte kleine Schriften. Hrsg. von Ulrich Barton. Tübingen 2008, S. 251–270, konstatiert die Verwendung eines „erweiterten Begriffs" von Ästhetik (ebd., S. 251) und warnt zugleich, dass „die Gefahr besteht, daß man dabei ins Uferlose gerät" (ebd.).

Ganz ähnlich wie Assunto operiert auch Eco (1987) mit seinem ‚Arbeitsbegriff' von Ästhetik:

> Eben weil es sich [bei Ecos *Kunst und Schönheit im Mittelalter*, Anm. d. Verf.] um eine historische Darstellung handelt, habe ich nicht die Absicht, in auch heute akzeptierbaren Begriffen wieder einmal zu definieren, was eine ästhetische Theorie ist. [...] Als ästhetische Theorie werden wir also jeden Diskurs bezeichnen, der sich einigermaßen systematisch und unter Verwendung philosophischer Begriffe mit Phänomenen befaßt, die in Zusammenhang stehen mit der Schönheit, der Kunst und den Bedingungen für das Hervorbringen und Beurteilen von Kunstwerken, den Beziehungen zwischen Kunst und anderen Aktivitäten sowie zwischen Kunst und Moral, der Funktion des Künstlers, den Begriffen des Angenehmen, des Ornamentalen, des Stils, den Geschmacksurteilen wie auch der Kritik dieser Urteile und mit den Theorien und Praktiken der Interpretation von verbalen und nichtverbalen Texten, also mit der hermeneutischen Frage [...]. Anstatt von einer modernen Definition der Ästhetik auszugehen und dann zu prüfen, ob sie für eine vergangene Epoche anwendbar ist (was zu sehr schlechten Werken über die Ästhetik geführt hat), geht man besser von einer möglichst synkretistischen und toleranten Definition aus und sieht dann zu, wie weit man mit ihr kommt.[19]

In diesem Sinne freilich ist die vorliegende Arbeit auch kein Beitrag zu einer *historischen Darstellung der ästhetischen Theorie*. Es wird sich zeigen, dass die Sprache der Ästhetik nicht die Sprache der Analyse ist, sondern die Komplizin des zu analysierenden Diskursfeldes, ja: sie ist selbst sein Produkt.

Zur Komplizin wird die Ästhetik vor allem deshalb, weil sie in ihrer Frage nach der Wesensbestimmung von Schönheit – von Anbeginn an – konstant jene Kategorien

---

19 Eco, Kunst und Schönheit, S. 10. – Eine fundamentale Kritik der ästhetisch ausgerichteten Mediävistik leistet anhand von Ecos Arbeitsbegriff von Ästhetik Andreas Speer: Kunst und *Schönheit*. Kritische Überlegungen zur mittelalterlichen Ästhetik. In: Scientia und ars im Hoch- und Spätmittelalter. Hrsg. von Ingrid Craemer. 2. Halbbd. Berlin/New York 1994, S. 945–966, hier bes. 945–949. Speer zeichnet die Entwicklung eines Begriffs von Ästhetik über Baumgarten und Hegel nach, welchen auch Eco nicht verabschiedet. Ecos Ausführungen lassen, nach Speer, „eben das vermuten, was Eco eigenem Bekunden nach nicht möchte, nämlich ‚von einer modernen Definition der Ästhetik auszugehen und dann zu prüfen, ob sie für eine vergangene Epoche anwendbar ist'. Andererseits spricht Eco somit aber aus, was andernorts meist unreflektiert vorausgesetzt wird: daß jenes ästhetisch genannte Theoriefeld, das sich gewissermaßen durch zwei Subjekte auszeichnet – durch das Schöne und durch die Kunst –, die jedoch in Wirklichkeit einen gemeinsamen Gegenstand wissenschaftlicher Betrachtung bilden, zu allen Zeiten der Geistesgeschichte in vergleichbarer Weise Gegenstand philosophischer Reflexion gewesen ist. [...] Ein Blick auf jene Kategorien zeigt jedoch die ganze Problematik einer homologen Rede vom Schönen und von den Künsten, so als besäßen diese Kategorien von der Gegenwart bis zur Antike die gleiche Gültigkeit. Wie steht es beispielsweise mit der fast ebenso ausnahmslos wie selbstverständlich vorgenommenen Bedeutungszuweisung von ‚Kunstschönheit', ‚Kunst', und ‚Künstlertum' an die lateinischen Termini *‚pulchrum'*, *‚pulchritudo'*, ‚ars' und ‚artifex', die den Ausgangs- und Mittelpunkt aller Überlegungen zu einer mittelalterlichen Ästhetik bilden? Die gleiche kritische Anfrage muß auch für die Verknüpfung beider Begriffsfelder gelten, die mit der Vorgabe geschieht, im Schnittfeld von *ars* und *pulchrum* jene Phänomene anzutreffen, die wir heute als Kunstwerke bezeichnen" (ebd., S. 947 f.). Die hieran anschließende Diskussion der Semantik von *ars* und *artifex* findet sich ebd., S. 952–958.

mischt, welche die Analyse zerlegen müsste. Sie vermischt das Materielle (belebte und unbelebte Körper) mit dem Diskursiven (Sprache und Literatur;[20] siehe das erste Zitat von Eco), das Dingliche (unbelebte Körper) mit dem Fleischlichen (belebte Körper), die menschlichen Körper (Frauen und Männer) mit den tierischen (Pfau), die männlichen Körper mit den weiblichen Körpern und – schließlich – alles miteinander. Dies ist nicht etwa darum problematisch, weil hier Kategorien gemischt würden, die nach meiner Auffassung ontologisch verschieden wären, sondern deshalb, weil sie entgegen dem Diskurs – welcher sie üblicherweise in saubere Dichotomien isoliert, was zugleich die Bedingung ihrer Existenz ist – miteinander überblendet werden. Dieser Diskurs indessen ist es, der hier analysiert werden soll, weswegen seine Kategoriebildungen nachvollzogen werden müssen und nicht ausgeblendet werden können, wie es gemeinhin in der Ästhetik geschieht. Es ist – das sei hier bereits mit Pierre Bourdieu[21] angemerkt – ein Naturalisierungseffekt des Diskurses, seine Kategoriebildungen zu verschleiern. Nicht zuletzt in dieser Hinsicht ist die Ästhetik, die dabei hilft, die etablierten Dichotomisierungen vergessen zu machen, eine Komplizin der Segregation, welche Gleichheit und Gleichwertigkeit nur vortäuscht, wenn ihr nämlich die Frage nach der Wirkung der Bildhauerei (Plastik) – am ewigen Beispiel des Pygmalion – zur Frage nach der schönen Frau wird oder – in Lessings ‚Analyse' der Laokoon-Gruppe – zur Frage nach dem schönen Mann.[22] Konstant werden einerseits die menschlichen Körper nach Geschlecht segregiert (in der historischen Summe diskutieren männliche Denker weibliche Körper), konstant müssen andererseits diese geschlechtlich binär markierten Körper als allgemein menschlicher Körper *eo ipso* herhalten. Der menschliche Körper wiederum wird der Ästhetik zum Gradmesser der Schönheit des Kunstwerkes.[23]

---

20 Früh hat bspw. Henning Brinkmann: Schönheitsauffassung und Dichtung vom Mittelalter bis zum Rokoko. In: DVjs 11 (1933), S. 230–250, das literarische Kunstwerk ins Zentrum einer ästhetischen Betrachtung rücken wollen, das in seiner Überblendung freilich noch ein Stück weiter geht, indem es nicht nur den Unterschied zwischen belebten und unbelebten Körpern negiert, sondern die Code-Ebene des Sprachzeichens völlig ausblendet.
21 Vgl. etwa Pierre Bourdieu: Die männliche Herrschaft. 5. Aufl. Frankfurt a. M. 2010 (original: La domination masculine. Paris 1998).
22 Gleiches gilt natürlich für die Malerei, wenn bspw. Roger Scruton: Schönheit. Eine Ästhetik. München 2012, S. 198, über Tizians *Venus von Urbino* (ca. 1538) schreiben kann: „Und auf mysteriöse Weise sind die Schönheit des Gemäldes und die Schönheit der Frau das Gleiche", wogegen er über Édouard Manets Tizian-Kontrafaktur *Olympia* (1863) zu sagen weiß: „Es ist dies eine schönes Bild, aber seine Schönheit ist nicht die Schönheit der Frau, die mit ihren Pantoffeln sich in ihrem Laken räkelt" (ebd., S. 200).
23 So liest man beispielsweise bei Jean-Marc Pastré: Versuch einer vergleichenden Ästhetik: Die Kunst des Porträts bei Chrétien und einigen deutschen Bearbeitern des 12. und 13. Jahrhunderts. In: Chrétien de Troyes and the German Middle Ages. Papers from an International Symposium. Hrsg. von Martin H. Jones, Roy Wisbey. Cambridge/London 1993, S. 295–309, hier: S. 295: „Wie die Ästhetik des Mittelalters ausdrücklich bezeugt, besteht die hauptsächliche Funktion der Beschreibung der Frau im Lob ihrer Schönheit", wobei er ausdrücklich auf die *Ars versificatoria* des Matthäus von Vendôme referiert, als sei sie ein Text der mittelalterlichen Ästhetik und beinhalte diese Regel, was indessen nicht der Fall ist. Anschließend will er vor allem den „ornamentalen" Charakter der

In dieser wechselseitigen Verbindung von Materiellem und Diskursivem, von Dinglichem und Körperlichem diskutiert auch der Gründungsvater einer Ästhetik für das Mittelalter, Edgar de Bruyne, in seinen *Études d'esthétique médiévale* (1946) körperliche, spezifischer weibliche Schönheit, welche ihn nur insofern interessiert, als er von der literarischen Technik ihrer Beschreibung Schlüsse auf die Ästhetik der Kunst und der Natur ableiten zu können glaubt.[24] Obwohl er in seinem kurzen Unterkapitel zu weiblicher Schönheit – welches indessen fast ausschließlich auf Schriftquellen referiert![25] – viele wesentliche Aspekte anreißt, die auch im Rahmen der Folgenden Arbeit zentrale Punkte der Diskussion und Analyse darstellen werden (genannt seien hier vor allem der Verdacht, der im geistlich geprägten Diskurs spätestens seit Augustinus und seiner Pauluslektüre auf die körperliche Schönheit fällt, sowie das Spannungsverhältnis von weltlichem und geistlichem Schrifttum[26]), so sind de Bruynes Ausführungen doch ganz wesentlich von einer subjektiven – eben ästhetischen – Sichtweise geprägt, welche hinter jeder Äußerung des Diskurses zu weiblicher Schönheit zuvörderst einen schöpferischen Dichter veranschlagt und betrachtet, der – im Spannungsfeld zwischen poetorhetorischen Präskripten und individuellem Erleben – subjektiv empfindend Dichtung forme:

Frauenbeschreibungen gegenüber ihrem „funktionellen" betont wissen, was er vor allem bei Chrétien de Troyes verwirklicht sieht, der „beide Funktionen im gleichen Maße" beachte (Pastré, Versuch, S. 297). Unauffällig wird hier weibliche Schönheit in der literarischen Form ihres Lobes zu einer ästhetischen Qualität des sprachlichen Kunstwerkes verschoben. Es wird sich im Folgenden (Kap. IV) zeigen, dass die Poetorhetoriken, die um 1200 entstehen – Matthäus von Vendôme, Galfred von Vinsauf, Gervasius von Melkley, Johannes von Garlandia, Eberhardus Alemannus –, eben gerade keine Ästhetiken sind, obgleich sie von der Forschung immer wieder als Quellen für Fragen der Ästhetik genutzt worden sind, vgl. bspw. Assunto, Theorie des Schönen, S. 210 f. u. 215–219. Stattdessen soll hier gezeigt werden, wie sie einerseits narrativen und damit implizit diskursiven Modellen verpflichtet und – als textproduktionsanleitende Texte – selbst diskursive Formierungen erzeugen. Auch der von Pastré bereits im Titel seines Beitrages eingeführte Begriff des „Porträts" erscheint als problematisch.
24 Edgar de Bruyne: Études d'esthétique médiévale. Bd. II. L'époque romane. Brügge 1946, S. 173–202: Kap. „La Beauté féminine", hier: S. 173: „Bornons nous dans ce chapitre à un thème symbolique: celui de la beauté physique de la femme, telle que la conçoivent quelques auteurs représentatifs des XIe et XIIe siècles. Sans doute, il s'agira ici d'une transposition poétique du sentiment immédiat: ce sera la femme vue à travers une technique artistique que le Moyen-Age nous présentera. Mais ce sera tout profit, du point de vue esthétique, puisque les termes, les images, les procédés de la description nous permettront de tirer quelques conclusions concernant à la fois l'esthétique de l'art et celle de la nature."
25 Lediglich an einer Stelle bindet de Bruyne, Études II, S. 182, weibliche Schönheit an die Plastik, indem er auf die Figur der Synagoga am Straßburger Münster referiert, welche auch Knapp, Das weibliche Schönheitsideal, S. 182, anführt, ohne jedoch auf de Bruyne zu verweisen.
26 Vgl. de Bruyne, Études II, S. 194–202.

> C'est à l'initiative de l'imagination individuelle, riche, d'expériences uniques, nourrie de désirs et de rêves personnels, qu'il appartient de faire ‚vivre' concrètement l'idéale beauté que le poète dépeint sous des traits typiques et essentiels.[27]

Diese Vorstellung von der Individualität des Dichters und seinem subjektiven Schönheitserleben als Basis seines Dichtens, welche der Schönheitsdarstellung ihre individuelle Spezifik gibt und dabei ein Ideal konkretisiert, wird sofort weiter geöffnet, sodass nicht mehr nur von einem poetischen Ideal – im Sinne eines poetorhetorischen Präzeptes, der Anleitung zur richtigen *descriptio* –, sondern – geradezu platonisch – von einem Ideal im Sinne einer Idee die Rede ist:

> Car tous nous portons en nous l'idéal de la beauté parfaite comme aussi le reflet des autres ‚raisons éternelles'. Comme la joie de la perception nous élève à l'idée, ainsi la musique du vers nous transporte dans un monde idéal dont le souvenir illumine nos images concrètes. Les variations que la fantaisie individuelle de chaque auditeur brode sur le thème fondamental, correspondent d'ailleurs aux variations littéraires que chaque poète réussit en jonglant d'une manière personnelle avec des lieux communs, des clichés reçus, des images toutes faites.
> Que cette esthétique du ‚symbole' ne s'identifie pas avec la nôtre, c'est là un fait à constater. Mais c'est une esthétique.[28]

Nach dieser ‚ideellen' Schönheit, danach, ob sie universal sei oder epochenspezifisch, soll hier nicht gefragt werden. Obgleich es mittlerweile differenziertere Ansätze zu der Fragestellung gibt, „was der Begriff Ästhetik, bezogen auf das Mittelalter, eigentlich meinen kann" (Manuel Braun),[29] so muss doch gleichwohl vermerkt werden, dass die Forschung auch bis in die jüngste Gegenwart hinein ganz wesentlichen von den ‚ästhetischen' Schriften Assuntos und Ecos geprägt ist, welche wiederum substantiell auf den ästhetischen Ansatz de Bruynes zurückgehen, sofern man nicht noch direkt auf dessen Schriften zurückgreift.[30] Problematisch wird dieses Verfahren besonders da, wo die von

---

27 Ebd., S. 188.
28 Ebd. – Nach dieser Idee von Schönheit fragt im Fahrwasser de Bruynes bspw. auch Pastré, Versuch, S. 308, woran sich deutlich zeigt, welche analytischen Folgen die von den *Études* vorgezeichneten Bahnen zeitigen: „Für das Porträt von fiktiven Figuren hatte nach dieser Auffassung das Bild dem universellen Schönheitsideal zu gleichen: Es handelte sich nicht um ein Porträt einer Schönheit, sondern der Schönheit überhaupt".
29 Manuel Braun: Kristallworte, Würfelworte. Probleme und Perspektiven eines Projekts ‚Ästhetik mittelalterlicher Literatur'. In: Das fremde Schöne. Dimensionen des Ästhetischen in der Literatur des Mittelalters. Hrsg. von dems., Christopher Young. Berlin/New York 2007 (Trends in Medieval Philology 12), S. 1–40, hier: S. 2.
30 Eco, Kunst und Schönheit, S. 9: „Ich hätte diese Arbeit nicht in Angriff nehmen können, wenn nicht 1946 zwei grundlegende Werke erschienen wären, die *Etudes* [sic] *d'esthétique médiévale* von Edgard [sic] de Bruyne und die von D. H. Puillon zusammengestellte Sammlung von Texten über die Metaphysik des Schönen. Man kann wohl unbedenklich sagen, daß alles, was vor diesen beiden Büchern geschrieben wurde, unvollständig und alles nach ihnen Geschriebene von ihnen abhängig ist." Bei der erwähnten Schrift von Pouillon handelt es sich um eine Stellensammlung von Passagen scholastischer Texte, welche Schönheit thematisieren, also keine ästhetisch ausgerichtete Ar-

de Bruyne aus den Quellen isolierten und neu – eben zu seiner Ästhetik – montierten Belegstellen nur noch nach de Bruyne zitiert werden. So verfahren sowohl Assunto als auch Eco, welche selbst für die deutschsprachige Forschung wiederum geradezu *loci classici* letztbegründender Referenz geworden sind. Besonders Assuntos *Theorie der Schönheit* hat in der deutschsprachigen Forschung diese Funktion von der älteren Arbeit de Bruynes übernommen, was nicht zuletzt dem Umstand geschuldet sein wird, dass dessen dreibändige *Études d'esthétique médiévale* zum einen nicht übersetzt worden sind und sich zum anderen bei Assunto – aber auch Eco – noch einmal deutlich kondensierter aufgearbeitet finden.[31] Hinter de Bruynes – zweifellos großer, aber eben synthetisierender – Leistung, aus der Menge der mittelalterlichen Texte eine Ästhetik

---

beit, nämlich: Dom Henri Pouillon: La beauté, propriété transcendantale. Chez les scolastiques (1220–1270). In: Archives d'histoire doctrinale et littéraire du moyen age 15 (1946), S. 263–328. – Auch Braun, Kristallworte, S. 7 f., Anm. 23–29., bezieht sich substantiell, wenngleich kritisch, auf de Bruyne, Assunto und Eco. – Besonders im anglophonen Raum hat de Bruyne seinen Status als Klassiker nicht eingebüßt; ein Beispiel für die isolierende Lektüre kann ein Beitrag von Sarah-Grace Heller: Light as Glamour: The Luminiscent Ideal of Beauty in the *Roman de la Rose*. In: Speculum 76 (2001), S. 934–959, geben, welche ihren Beitrag mit einer allgemeinen Setzung beginnt – „In the thirteenth century one of the most important qualities constituting beauty was luminescence." –, die sie sofort mit einem isolierten Satz von Robert Grosseteste belegt („,Light is truly the principle of all beauty,' said Robert Grosseteste (c. 1245); ,light, as the principle of color, is the beauty and ornament of all that is visible.'"), für welchen sie als Herkunft auf de Bruyne, Études III, S. 23, verweist, wo er sich fast im Wortlaut findet: „*C'est donc vraiment la lumière qui est le principe de toute beauté*, comme le dit Robert Grosseteste dans son *Hexaëmeron* (Lond. Bibl. Reg. 6. E.V., fol. 147^{v}.): ,La lumière est en tant que principe de couleur la beauté et l'ornement de tout visible'." Heller leitet von hier aus zu einer weiteren Setzung jenes Typus über, wie sie hier im Folgenden bewusst vermieden werden soll: „Like cathedrals with their stained glass and gilt altars, to be beautiful – and thereby attractive, influential, and prestigious – meant emitting light from one's person" (Heller, Glamour, S. 934), was hier indessen nicht einmal für Figuren schriftliterarischer Texte, sondern mit einem alltagsweltlichen Bezug aufzufassen ist.

31 Von hier aus dringt die Verkürzung der theologischen Theoriebildungen zu einer ‚Ästhetik', welche nun ganz auf die Schönheit des Immanenten, der Körper und Gegenstände – in den Worten der Theologie: der Kreatur – bezogen wird, auch in Nachschlagewerke und Lehrbücher ein. So entwickelt bspw. Konrad Paul Liessmann: Schönheit. Wien 2009, den kurzen Abschnitt seines Büchleins, den er dem Mittelalter widmet (ebd., S. 22–24), fast gänzlich aus Assunto und Eco. Der mittelalterliche Diskurs zur ‚Schönheit' schrumpft hier auf die bei Augustinus vergebenen Merkmale ‚Symmetrie' und ‚Proportion' (ebd., S. 22) sowie eine – an Eco angelehnte – „Ästhetik des Lichts" (ebd., S. 23) zusammen, wobei der – fast pantheistisch anmutende – Eindruck entsteht, dass alle Schönheit in der Kreatur als unmittelbar aus Gott ausfließend gedacht werde: „Es entsteht das emanatistische Bild einer Welt, die aus einem Strom, einem Ausfluss (Emanation) von Lichtenergie entstand und darin den Grund ihrer Schönheit hat." (Ebd.) Die in der Theologie so bedeutende, schon bei Augustinus verankerte kategoriale Unterscheidung von physischem (bei Augustinus: „fleischlichem", *carnalis*) und wahrem (göttlichem) Licht, das mit diesem gerade nicht identisch ist, findet hierbei keine Beachtung (vgl. im Folgenden Kap. II.2.2 u. V.1), sodass der Eindruck entsteht, dass das von Gott ausströmende Licht im Mittelalter mit dem immanenten Licht (bspw. der Sonne) identisch gedacht werde. Sie endet Liessmann in der Zusammenfassung, das Mittelalter ergänze einerseits „die antiken Konzepte also zuerst durch die Plotin'sche Formel vom ‚Ebenmaß und Glanz' als

zu entwickeln, geraten indessen seine Quellen aus dem Blick. Diese Quellen wären jedoch in Hinblick auf ihren Aussagewert, welchen de Bruyne – und mit ihm Assunto, Eco und viele weitere – nachhaltig auf einen ästhetischen fixiert haben, dringend zu re-evaluieren. Das gilt selbst dort noch, wo die alten Arbeiten nicht mehr in Hinblick auf ihre Thesenbildungen wörtlich genommen, sondern nur noch als Steinbruch, als Florilegien der lateinischen Tradition genutzt werden.[32] Auch dieses Vorgehen ist gleichermaßen problematisch, denn es ist nicht nur die explizite Theoriebildung dieser Autoren, welche nach ‚ästhetischen' Gesichtspunkten entwickelt ist, sondern auch der Modus ihrer Zitation: Die Isolierung einzelner Passus aus ihrem Herkunftszusammenhang selbst ist von ihrer ästhetischen Perspektive geprägt, sodass die Vorauswahl ihrer Texte auch dann, wenn sie nur als Materialsammlung dienen sollen, eine ästhetische Lesart begünstigt und reproduziert. Die Grenze der von ihnen gewählten Zitate, ihre Technik der Fragmentierung ist – ebenso wie ihre Technik der Rekombination – selbst

---

die Bestimmungsstücke des Schönen" und andererseits – aus Władysław Tatarkiewicz: Geschichte der sechs Begriffe. Kunst, Schönheit, Form, Kreativität, Mimesis, Ästhetisches Erlebnis. Frankfurt a. M. 2003, S. 186, zitierend – um eine „metaphysische Konzeption der vollkommenen Schönheit', die den Glanz des Schönen auf den Schöpfergott selbst zurückführte." (Liessmann, Schönheit, S. 23 f.) Das Mittelalter halte „an der antiken Vorstellung fest, dass Schönheit die ‚Anschaubarkeit' des Wahren und Guten sei" (ebd., S. 24), womit „Gott aber auch zur letzten Ursache und zum letzten Bestimmungsgrund des Schönen" werde (ebd.). – Von Władysław Tatarkiewicz (1886–1980) stammt eine weitere große Überblicksdarstellung zur Ästhetik in drei Bänden, deren zweiter Band dem Mittelalter gewidmet ist (ders.: Historia Estetyki. II. Estetyka Sredniowieczna. Warschau 1962 [englisch: ders.: A History of Aesthetics. Den Haag/Paris 1970–74; auf Deutsch als: Geschichte der Ästhetik. Basel/Stuttgart 1979–1987]), welche sich insgesamt wesentlich stärker historisch als theoretisch gibt und für ‚das' Mittelalter die Existenz einer positiven Grundhaltung gegenüber der ‚ästhetisch wahrgenommenen' Kreatur tendenziell negiert. Diese – letztlich ältere – Ästhetik ist in der germanistischen Mediävistik nicht breit rezipiert worden.

32 Bspw. Braun, Kristallworte, S. 7, hat auf diesen Umstand nachdrücklich hingewiesen: „Aussagen zum Schönen bilden, und das ist der entscheidende Einwand gegen die Annahme einer mittelalterlichen theologischen Ästhetik, zudem keinen eigenen thematischen Zusammenhang, sondern stehen stets in übergeordneten Kontexten, worauf die Aufbereitung in den verbreiteten Darstellungen und Quellensammlungen leicht hinwegtäuscht." – Auch Speer, Kunst und Schönheit, S. 961 f., warnt davor, dass „kontextunabhängigen Interpretationen isolierter Textfragmente gemäß der methodisch nur ungenügend reflektierten Vormeinung einer allgemeinen Ästhetik, [...] weit weniger zu einem Verständnis der betreffenden Epoche oder des jeweiligen Autors führen, als daß sie die vorgefaßten Interpretationsperspektiven des jeweiligen Interpreten offenlegen." Er diskutiert dies anhand des häufig zitierten Satzes von Thomas von Aquino – *pulchra enim dicuntur, quae visa placent* – und zeigt, dass die hieran angebundenen Reflexionen nicht auf eine ‚Ästhetik' zielen (ebd., S. 949–952). – Wehrli, Literatur im deutschen Mittelalter, S. 317, hat Assuntos Arbeit noch geradezu als „Darstellung und praktische Textsammlung" nachfolgenden Generationen anempfohlen. – Entsprechend verfährt bspw. auch Benedikt Konrad Vollmann: *Pulchrum et verum convertuntur.* Zur Wahrheit des Ästhetischen in der Poetik des Mittelalters. In: Mittelalterliche Poetik in Theorie und Praxis. Festschrift für Fritz Peter Knapp. Hrsg. von Thordis Hennings, Manuela Niesner, Christoph Roth u. a. Berlin 2009, S. 169–178, S. 170 f., hier bes. Anm. 4, der nach „Mario Assunto" [sic] pauschal mehrere Texte als Beleg dafür zitiert, dass im Mittelalter die Aussage „schön gleich wahr" gelte.

eine ästhetische!³³ Wie diese fragmentierende Lesart kritisch zu hinterfragen ist, wird im Folgenden immer wieder Gegenstand der Diskussion sein.

Vor allem an dem berühmten und vielbemühten Augustinus-Zitat, dass körperliche Schönheit im „richtigen Verhältnis der Teile zueinander in Verbindung mit einer gewissen Lieblichkeit der Farben" bestehe (*Quid est corporis pulchritudo? Congruentia partium cum quadam coloris suavitate.*), welches schon de Bruyne „la fameuse formule de Saint Augustin"³⁴ nennt und in dem Eco – nach dem hier Latein und Übersetzung (noch) zitiert sind³⁵ – die antike Grundlage für das sieht, woraus er sein Kapitel „Die Ästhetiken der Proportion" herleitet, lässt sich gut verfolgen, welche Auswirkungen eine solche verkürzte Lektüre hat.³⁶ Hier heißt es, dass

> [d]iese Formulierung [...] die Wiederaufnahme einer beinahe gleichlautenden Formulierung bei Cicero [sei] (*Corporis est quaedam apta figura membrorum cum coloris quadam suavitate, eaque dicitur pulchritudo,* Tusculanae IV, 31, 31 [sic]), die ihrerseits die durch die Diade *chrôma kaì symmetrìa* ausgedrückte stoische und ganz allgemein antike Tradition resümiert.³⁷

Eco verschweigt jedoch – und alle, die die Stelle bei ihm oder de Bruyne entnehmen tun es ingleichen –, dass es an keiner der beiden zitierten Stellen, weder bei Cicero noch bei Augustinus, eigentlich um Schönheit oder eigentlich um den Körper geht. In beiden Texten geht es – jedoch bedingt durch den Hiatus zwischen stoischer und christlicher Lehre mit durchaus unterschiedlicher Ausrichtung – um die Seele. Während Cicero den Körper lediglich als Vergleich nutzt, um die Eigenschaften der Seele zu erklären,³⁸ erläutert Augustinus die Suprematie der Seele (und ihrer Schönheit) über den Körper (und seine Schönheit) in einer für seine Theologie typischen Verla-

---

33 Wie willkürlich bspw. de Bruyne seine Quellen im Hinblick auf ihren ästhetischen Aussagewert beschneidet, zeigt sich eben in jenem Kapitel zur weiblichen Schönheit. Hier unterschlägt er bewusst jene Passagen der von ihm angeführten *descriptio* des Matthäus von Vendôme, die seiner Lesart entgegenstehen mussten. Vgl. hierzu im Folgenden: Kap. IV.1.1, S. 299, Anm. 89.
34 De Bruyne, Études II, S. 173.
35 Eco, Kunst und Schönheit, S. 49.
36 Auch die Poetiken sind ähnlich verkürzend gelesen worden: So dekontextualisiert bspw. Pastré, Versuch, S. 301, einen Passus aus dem Galfred von Vinsauf zugeschriebenen *Documentum de modo et arte dictandi et versificandi*, welcher sich auf den Wortschmuck bezieht, und präsentiert ihn als eine die Schönheitsbeschreibung betreffende Anweisung. Vgl. bspw. auch ebd., S. 299, wo Pastré Passagen aus den *Etymologien* des Isidor von Sevilla nach de Bruyne zitiert.
37 Eco, Kunst und Schönheit, S. 49.
38 Die *Tusculanae disputationes* sind im Wesentlichen eine – besonders im vierten Buch stoische – Seelenlehre. Die von Eco zitierte Stelle dieses Buches (IV,30/31) lautet im Kontext: *Atque ut in malis attingit animi naturam corporis similitudo, sic in bonis. sunt enim in corpore praecipua pulchritudo, vires, valetudo, firmitas, velocitas, sunt item in animo.* ⟨ut⟩ *enim corporis temperatio, cum ea congruunt inter se e quibus constamus, sanitas, sic animi dicitur, cum eius iudicia opinionesque concordant, eaque animi est virtus quam alii ipsam temperantiam dicunt esse, alii obtemperantem temperantiae praeceptis, et eam subsequentem nec habentem ullam speciem suam, sed, sive hoc sive illud sit, in solo esse sapiente. est autem quaedam animi sanitas quae in insipientem etiam cadat, cum curatione et purgatione medicorum conturbatio mentis aufertur.* | [31] *Et ut corporis est quaedam apta figura*

gerung der Leib-Seele-Differenz in eine christliche Aufspaltung von Immanenz (der Körper und seine Lüste im Diesseits) und Transzendenz (die Seele und ihre Errettung bei Gott). In einem auf das Jahr 387 u.Z., also ein Jahr nach Augustins Bekehrung, datierten Brief ist die Formulierung erstmalig dokumentiert:

> Vnde constamus? Ex animo et corpore. Quid horum melius? Videlicet animus. Quid laudatur in corpore? Nihil aliud uideo quam pulchritudinem. *Quid est corporis pulchritudo? Congruentia partium cum quadam coloris suauitate.* Haec forma ubi uera melior an ubi falsa? Quis dubitet ubi uera est esse meliorem? Ubi ergo uera est? In animo scilicet. Animus igitur magus amandus quam corpus. Sed in qua parte animi est ista ueritas? In mente atque intelligentia. Quid huic aduersatur? Sensus. Resistendum ergo sensibus totis animi uiribus liquet. Quid si sensibilia nimium delectant? Fiat ut non delectent. Unde fit? Consuetudine his carendi appetendique meliora. Quid si moritur animus? Ergo moritur ueritas, aut non est intelligentia ueritas, aut intelligentia non est in animo aut potest mori aliquid in quo aliquid immortale est. Nihil autem horum fieri posse Soliloquia nostra iam continent, satisque persuasum est[.]
> (Augustinus, Epistula 3: Nebridio Augustinus, Z. 70–84)[39]

---

membrorum cum coloris quadam suavitate, eaque dicitur pulchritudo, *sic in animo opinionum iudiciorumque aequabilitas et constantia cum firmitate quadam et stabilitate virtutem subsequens aut virtutis vim ipsam continens pulchritudo vocatur. itemque viribus corporis et nervis et efficacitati similes similibus ⟨quo-⟩que verbis animi vires nominantur. velocitas autem corporis celeratis appelatur, quae eadem ingeni etiam laus habetur propter animi multarum rerum brevi tempore percursionem* (Der Text wird hier und im Folgenden zitiert nach: Marcus Tullius Cicero: Gespräche in Tusculum. Tusculanae disputationes. Hrsg. u. übers. von Olof Gigon. 7. Aufl. Düsseldorf/Zürich 1998, hier S. 268 f.; Hervorhebung hier und in der Übers. von mir, F. D. S. – Übers. [Gigon]: „Wie nun bei den [zuvor diskutierten, Anm. F. D. S.] Übeln der Vergleich mit dem Körper sich auf die Natur der Seele bezieht, so auch bei den Gütern. Am Körper handelt es sich dabei vor allem um Schönheit, Kraft, Gesundheit, Festigkeit, Schnelligkeit. Ebenso bei der Seele: Die Gleichmäßigkeit des Körpers, wenn das miteinander übereinstimmt, woraus wir zusammengesetzt sind, ist die Gesundheit; ebenso redet man bei der Seele, wenn ihre Urteile und Meinungen miteinander übereinstimmen, und nennt dies jene Tüchtigkeit der Seele, die die einen eben als Gleichmäßigkeit bezeichnen, die anderen als einen Gehorsam den Vorschriften der Gleichmäßigkeit gegenüber und eine Folge von dieser, ohne daß sie eine eigene Form hat. In jedem Falle, mag es so sein oder anders, gibt es dies, wie sie sagen, nur beim Weisen. Es gibt allerdings auch eine Art Gesundheit der Seele beim Toren, wenn durch die ärztliche Pflege und Reinigung die Verwirrung des Geistes beseitigt wird. | [31] *Wie es ferner beim Körper eine angemessene Zusammenordnung der Glieder gibt und eine angenehme Farbe dazu und man dies Schönheit nennt, so gibt es auch beim Geiste eine Gleichmäßigkeit der Meinungen und Urteile* und eine Beständigkeit und Festigkeit und Sicherheit, die der Tugend nachfolgt oder die Kraft der Tugend selbst in sich enthält, und dies nennt man Schönheit. Ebenso wird mit demselben Wort von den Kräften der Seele gesprochen, die man mit den Kräften, Muskeln und der Spannkraft des Körpers vergleicht. Die Schnelligkeit des Körpers nennt man Behendigkeit und diesen Vorzug rühmt man auch an der Seele, wenn der Geist in kurzer Zeit viele Dinge zu durchlaufen fähig ist.") – Für einen Überblick über den Inhalt der *Gespräche im Tusculum* vgl. das Nachwort der zitierten Ausgabe.

[39] Die Briefe Augustins werden hier und im Folgenden zitiert nach: Aurelius Augustinus: Epistvlae I-LV. Hrsg. von Kl. D. Daur. Turnhout 2004 (CCSL 31). Kursivierung hier und in der Übers. von mir, F. D. S.; Übersetzung nach: Des heiligen Kirchenvaters Aurelius Augustinus ausgewählte Briefe. Aus dem Lateinischen mit Benutzung der Übers. von Kranzfelder übers. von Alfred Hoffmann,

Diese Ciceronianische ‚Definition' von Schönheit kehrt sehr ähnlich in Augustins Spätschrift, genauer im zweiundzwanzigsten Buch des *Gottesstaates* wieder, in welchem die Stelle lautet: *Omnis enim corporis pulchritudo est partium congruentia cum quadam coloris suauitate* (Augustinus: De civitate Dei XXII.19.41 f.).[40] Dabei ist indessen zu berücksichtigen, dass dieser Passus des *Gottesstaates* den Zustand des menschlichen Leibes nach der Auferstehung zum Gegenstand hat und eine ideale Verfasstheit desselben – nicht zu dünn, nicht zu dick; dreißigjährig[41] – postuliert. Diese Schönheit aber ist die Schönheit einer offenbar ‚platonisch' gedachten Transzendenz, die die Auferstandenen in einem Zustand erlangen, in welchem sie eher als Idee ihrer selbst bei Gott sind, denn als mängelbehaftete Form (Kreatur) in der Welt der Immanenz. Die allgemeine Ablehnung körperlicher, kreatürlicher Schönheit, die für das Augustinische Textkorpus kennzeichnend ist, findet sich auch hier, wenn in Bezug auf die Seligen differenziert wird, dass ihre für Christus erlittenen Wundmale zu Ehrenzeichen einer Schönheit würden, welche nicht eine körperliche, sondern eine tugendmäßige sei.[42] Es ist dies, die Tren-

---

Kempten/München 1917 (Des heiligen Kirchenvaters Aurelius Augustinus ausgewählte Schriften Bd. 9–10; Bibliothek der Kirchenväter, 1. Reihe, Band 29–30): „Woraus bestehen wir? Aus Leib und Seele. Was von diesen ist das Bessere? Offenbar die Seele. Was lobt man am Leibe? Nichts anderes, soweit ich sehe, als seine Schönheit. *Worin besteht die Schönheit des Körpers? In dem Ebenmaß seiner Teile, verbunden mit einer gewissen Anmut der Farbe.* Wo ist nun diese Schönheit größer, dort wo sie wahr oder wo sie falsch ist? Wer könnte auch nur zweifeln, daß sie dort größer ist, wo sie wahr ist? Wo ist sie nun wahr? Natürlich an der Seele. Die Seele ist also mehr zu lieben als der Körper. Aber in welchem Teile der Seele befindet sich diese Wahrheit? Im Geiste und in der Erkenntnis. Was arbeitet dieser entgegen? Die Sinnlichkeit. Also muß man der Sinnlichkeit aus aller Kraft Widerstand leisten? Offenbar. Wenn aber der Reiz, den die sinnlichen Dinge ausüben, übermächtig wird? Dann muß man dafür sorgen, daß sie ihn verlieren. Wie geschieht dies? Dadurch, daß man sich dauernd von ihnen fernhält und nach Höherem strebt. Wenn aber die Seele stirbt? Dann stirbt also auch die Wahrheit, oder aber die Erkenntnis ist nicht die Wahrheit, oder (drittens) die Erkenntnis ist nicht in der Seele, oder (viertens) es kann etwas sterben, worin sich etwas Unsterbliches befindet. Daß aber diese Möglichkeiten ausgeschlossen sind, das enthalten schon meine ‚Alleingespräche', und davon sind wir hinreichend überzeugt."
40 *De civitate Dei* wird hier und im Folgenden zitiert nach: Aurelius Augustinus: De civitate Dei libri. 2 Bd. Hrsg. von Bernard Dombart, Alfons Kalb. Turnhout 1955 (CCSL 47/48). – Die Übers. hier und im Folgenden nach: Aurelius Augustinus: Vom Gottesstaat (De civitate Dei). Vollständige Ausgabe in einem Band. Übers. von Wilhelm Thimme, eingeleitet und kommentiert von Carl Andresen. München 2007: „Alle Schönheit des Leibes besteht ja im Ebenmaß der Teile nebst ansprechender Farbe." – Von hier aus, nicht aus dem augustinischen Brief, erfolgt eine breite, langanhaltende Rezeption. So zitiert bspw. Ulrich Engelbert von Straßburg in seinem Traktat *De pulchro* aus seiner Schrift *De summo bono* explizit den Gottesstaat, wenn er Schönheit zweifach (nach ihrer *forma essentialis* und *accidentalis* sowie nach den Kriterien *spiritualis* [die Seele betreffend] und *corporalis* [den Körper betreffend] differenziert). Hier zeigt sich in einer Beischrift in einer der Hss. auch, dass die Formulierung des Augustinus tatsächlich als gnomisch isolierte *diffinitio pulchritudinis* begriffen worden ist; vgl. hierzu im Folgenden: Kap. II.2.2.
41 Augustinus: De civitate Dei XXII.19; XXII.15.
42 Augustinus: De civitate Dei XXII.19,66–71: *Nescio quo autem modo sic afficimur amore martyrum beatorum, ut uelimus in illo regno in eorum corporibus uidere uulnerum cicatrices, quae pro Christi nomine pertulerant; et fortasse uidebimus. Non enim deformitas in eis, sed dignitas erit, et quaedam,*

nung von Leib und Seele und die Inferiorisierung des immanent Leiblichen, der Ermöglichungsrahmen der vermeintlichen ‚Ästhetik' des – bekehrten – Augustinus. Von einer positiven Ästhetik der Proportion kann hier kaum die Rede sein, auch wenn die Definition bereits bei Cicero aus einer offenbar konsensuellen Allgemeingültigkeit herrührt und damit den negativierenden Argumentationsrahmen in beiden Fällen zugleich übersteigt.[43] Auch im retrospektiven Sinnentwurf der *Confessiones* erhält das Schöne – in der Form derselben ‚Definition' – seinen Platz als Niederes, Defizientes zugewiesen, wenn Augustinus im Rahmen des vierten Buches ausführt, dass er sich damals – vor seiner Bekehrung – zu den *pulchra inferiora*, dem niederen Schönen, hingezogen gefühlt habe (Confessiones IV.13.20). Er habe die Frage *Et quid est pulchritudo?* (Confessiones IV.13.20) – dieselbe Frage also, welche auch in der Epistel an Nebridius gestellt wird – wiederholt seinen Freunden gestellt und sich dem Gegenstand der Proportion gewidmet.[44] Diese Beschäftigung indessen wird retrospektiv in ihrer Gesamtheit zu einer eitlen und unwürdigen, was sich nicht zuletzt darin zeigt, dass der Verlust seiner hieraus entstandenen Schrift *De pulchro et apto* mit Gleichgültigkeit und Vergessen inszeniert wird: *et scripsi libros ‚De Pulchro et Apto' puto, duos aut tres; tu scis, deus: nam excidit mihi. Non enim habemus eos, sed aberraverunt a nobis nescio quo modo* (Confessiones IV.13.20).[45] Fragen der Proportion, wenngleich sie offenbar zum Marker der Frage nach Schönem und Schönheit werden, sind also hier, sofern sie die Immanenz betreffen, immer schon *per se* Fragen nach etwas Defizientem.

Die spezifischen Probleme, welche durch diese Verkürzungen entstehen, lassen sich auch an Wilhelm Perpeets *Ästhetik im Mittelalter* (1977) zeigen. Von diesem ist Au-

---

quamuis in corpore, non corporis, sed uirtutis pulchritudo fulgebit (Übers. [Thimme]: „Wie es zugeht, weiß ich nicht, aber in unserer großen Liebe zu den Märtyrern möchten wir gern in jenem Reiche an den Leibern der Seligen die Narben der Wunden sehen, die sie um des Namens Christi willen erlitten, und vielleicht werden wir sie auch sehen. Denn sie verunstalten nicht, sondern verleihen Würde und lassen eine Schönheit erstrahlen, die, obschon am Leibe, doch eine Schönheit nicht des Leibes, sondern der Tugend ist.").

43 Insofern mag Eco, Kunst und Schönheit, S. 49, natürlich weiterhin recht haben, wenn er verallgemeinert, hier werde die „ganz allgemein antike Tradition resümiert[ ]".

44 Hier wird das Problem der Proportion *expressis verbis* auf den menschlichen Körper bezogen; Confessiones IV.13.20: *Et animadvertebam et videbam in ipsis corporibus aliud esse quasi totum et ideo pulchrum, aliud autem, quod ideo deceret, quoniam apte accomoderatur alicui, sicut pars corporis ad universum suum aut calciamentum ad pedem et similia.* (Übers. [Flasch, Mojsisch]: „Mit gesteigerter Aufmerksamkeit sah ich, dass es in eben diesen Körpern etwas gibt, das gleichsam eine Ganzheit darstellt und deshalb schön ist, andererseits etwas, das deshalb anmutig wirkt, weil es genau zu etwas passt, so ein Körperteil zum ganzen Körper, das Schuhwerk zum Fuß und dergleichen." – Die *Confessiones* werden hier und im Folgenden unter Beigabe der Übersetzung zitiert nach: Augustinus: Confessiones / Bekenntnisse. Lateinisch / Deutsch. Übers., hrsg. und komm. von Kurt Flasch, Burkhard Mojsisch. Stuttgart 2016.

45 Übers. (Flasch, Mojsisch): „[...] ich schrieb ein Buch mit dem Titel *Das Schöne* [pulchrum] *und das Angemessene* [aptum], ich glaube, es waren zwei oder drei Kapitel. Du, Gott, weißt es, denn mir ist es entfallen. Ich besitze es nicht mehr, es ist mir abhanden gekommen, wie, weiß ich nicht."

gustinus, nach Assuntos *Theorie des Schönen im Mittelalter*, erneut eindrücklich, aber weniger einflussreich, einer ästhetischen Lektüre unterzogen worden. Er verwendet gut ein Viertel seines schmalen Büchleins auf „Augustins trinitarische Schönheitslehre".[46] Dabei geht Perpeet insgesamt recht differenziert vor, insofern er die Aussagen zum Schönen und zur Schönheit eben nicht gänzlich dekontextualisiert, sondern in den Horizont einer Theologie stellt; gleichwohl bleibt auch seine Lektüre dezidert ästhetisch: Perpeet versteht Augustinus gegenüber früheren Autoren, namentlich Seneca, Tertullian und Origenes, als eigentlichen Gründungsvater einer christlichen und damit mittelalterlichen Ästhetik.[47] Er führt aus, dass Senecas Stoizismus eine Abwertung des Schönen tradiere,[48] Tertullian in seiner Schrift *De cultu feminarum* („Über den weiblichen Putz") jede Form von diesseitig-kreatürlicher Schönheit und besonders der Schönheitspraxis (d. h. Herstellung von Schönheit) als dem Teufel zugehörig ansehe[49] und Origenes fordere, „[m]an solle sich hüten und schämen [...], unter Schönheit die eines Weibes, eines Jünglings oder eines Mannes zu verstehen (De orat., n. 171)",[50] wohingegen die einzig akzeptable Schönheit diejenige Gottes – auch des menschgewordenen Gottes – selbst sei.[51] Hieraus entstehe „[d]as Problem der mittelalterlichen Ästhetik"[52] an sich, da die „Einschränkung der Schönheit auf den Weltschöpfergott"[53] Schwierigkeiten bereite. Demgegenüber sei Augustinus dem Schönen zugewandt, die „apologetische Verdächtigung des Schönen" und seine „Einschränkung auf Gott",[54] welche sich bei Tertullian und Origenes finde, „verfliege" bei ihm.[55] „Wenn auch des Teufels, – sinnlich Schönes ist schön", resümiert Perpeet seine Augustinus-Exegese gleich zu Beginn in einer nicht gut erklärlichen Formel. Die in Hinblick auf eine Stelle in *De vera religione* formulierte Ansicht, dass es „[f]ür Augustinus [...] Schönes, das von sich aus schön und darum erfreulich ist (De vera rel. 32, 59)",[56] gebe, lässt sich für kaum eine der von Perpeet diskutierten Passagen aus den Schriften des Augustinus halten. Das zehnte Buch der *Confessiones* liest er insofern hauptsächlich als Dokument einer ‚Erfahrung' – und wohl vor allem

---

46 Wilhelm Perpeet: Ästhetik im Mittelalter. Freiburg/München 1977, das gleichnamige Augustinus-Kapitel hier: S. 26–64.
47 Vgl. ebd., S. 26. – Diese Gründungsrolle schreibt Perpeet einerseits dem Wirken Augustins und andererseits den Schriften des Pseudo-Dionysius Areopagita zu, welche ihm zufolge zusammen die Grundlage für eine Ästhetik des gesamten Mittelalters bilden, die durch die Scholastiker nur noch kommentierend variiert, aber im Kern nicht mehr angetastet worden sei, vgl. ebd, S. 81 f.
48 Vgl. ebd., S. 11–16.
49 Vgl. ebd., S. 16–19.
50 Ebd., S. 20.
51 Vgl. ebd., S. 19 f.
52 Vgl. das gleichnamige Kapitel, ebd., S. 20–25.
53 Ebd., S. 20.
54 Vgl. ebd., S. 20 u. 26.
55 Ebd., S. 26.
56 Ebd., S. 30.

in diesem Sinne als Dokument des ‚Ästhetikers' Augustinus, insofern Ästhetik Wahrnehmung des Schönen bedeutet:

> Schon die Art, wie er den homo interior[57] anspricht, verrät den sinnlichen Außenbezug: es erlauschen die Ohren des Herzens die süße Melodie der Wahrheit, ‚da strahlt ein Licht, das keine Welt faßt', Düfte und Wohlgerüche werden geatmet, ‚die kein Wind verweht', Speisen, die kein Hunger verzehrt, werden geschmeckt, da ‚lacht ein Glück vereinter Liebe, dem ein Überdruß nicht folgt'. (Conf. X, 6)[58]

Eine solche Lektüre bedeutet aber zugleich eine radikale Verkürzung. Das zehnte Buch der *Confessiones* unterbricht die Lebenserzählung des Augustinus, welche im neunten Buch mit dem Tod der Mutter geendet hatte, um Selbstbetrachtungen einzuschalten, die sich „mit seinem [= Augustins, F. D. S.] augenblicklichen inneren Zustand" beschäftigen und diesen mit der Frage nach „der Möglichkeit der Gotteserkenntnis"[59] verbinden. Diesem Kontext entstammt die von Perpeet paraphrasierte Stelle, welche aus der Liebe zu Gott heraus die Frage entwickelt: *Quid autem amo, cum te amo?* – „Was liebe ich denn, indem ich dich liebe?" Diese wird in einem Zweischritt beantwortet:

> Non speciem corporis nec decus temporis non candorem lucis ecce istis amicum oculis, non dulces melodias cantilenarum omnimodarum, non florum ut ungentorum et aromatum suaviolentiam, non manna et mella, non membra acceptabilia carnis amplexibus: non haec amo, cum amo deum meum. (Augustinus: Confessiones X.6.8)[60]

Den äußeren, weltlichen Dingen, die an den Menschen über die Sinne herantreten, wird nun in uneigentlicher Rede gegenübergestellt, *was* das Ich liebt:

> Et tamen amo quandam lucem et quandam vocem et quendam odorem et quendam cibum et quendam amplexum, cum amo deum meum, lucem, vocem, odorem, cibum, amplexum interioris hominis mei, ubi fulget animae meae, quod non capit locus, et ubi sonat, quod non rapit tempus, et ubi olet, quod non spargit flatus, et ubi sapit, quod non minuit edacitas, et ubi haeret, quod non divellit satietas. Hoc est quod amo, cum deum meum amo.
> (Augustinus: Confessiones X.6.8)[61]

---

57 Gerade der Begriff des *homo interior* und sein Widerpart, der *homo exterior*, sind von besonderem Interesse, insofern sie in den kommenden Analysen wieder auftauchen werden (vgl. Kap. IV.1.1 und Kap IV.3). Sie gehören zu den zentralen augustinischen Prägungen, welche einen nachhaltigen Einfluss auf die Theologie vieler Jahrhunderte gehabt haben.
58 Perpeet, Ästhetik im Mittelalter, S. 28.
59 Vgl. den Kommentar von Flasch und Mojsisch zur Sonderstellung des zehnten Buches im Rahmen der *Confessiones* in Augustinus: Confessiones, S. 797 f., Anm. 3.
60 Übers. (Flasch, Mojsisch): „Es ist nicht die Schönheit eines Leibes, nicht die Anmut eines Lebensalters, nicht der Glanz des Lichtes, den unsere leiblichen Augen so lieben, nicht süße Melodien von Gesängen aller Art, nicht lockenden Duft von Blüten, Salbölen und Gewürzen, nicht Manna oder Honig, nicht die Glieder fleischlicher Umarmung: Nichts von alledem liebe ich, wenn ich meinen Gott liebe."
61 Übers. (Flasch, Mojsisch): „Und doch liebe ich, indem ich meinen Gott liebe, eine Art Licht, eine Art Stimme, eine Art Wohlgeruch, eine Art Speise und Umarmung, denn er ist Licht, Stimme, Wohlgeruch, Speise und Umarmung meines inneren Menschen. Hier leuchtet meiner Seele etwas auf, das kein Raum fasst. Hier erklingt eine Stimme, die keine Zeit wegreißt, hier strömt ein Wohlge-

Dass dieses uneigentliche Sprechen vor allen Dingen metaphorisch ist, insofern es über sich selbst hinausweisend das an Gott Geliebte als sprachlich Uneinholbares, als dasjenige, welches alles Denkbare übersteigt, fasst, und dass es die sinnliche Erfahrung des „äußeren Menschen" (*homo exterior*) gerade nicht aufwertet, zeigt sich auch daran, dass im Folgenden die Suche des *homo exterior* im Diesseits der Schöpfung (*creatur*) als zwecklos geschildert wird. Alle Teile der Schöpfung hat der Körper befragt und sie haben ihm offenbart, nicht Gott zu sein: *Et dixi omnibus his, quae circumstant fores carnis meae: ‚Dicite mihi de deo meo, quod vos non estis, dicite mihi de illo alliquid'. Et exclamaverunt voce magna: ‚Ipse fecit nos'* (Augustinus: Confessiones X.6.9).[62] Hierauf vollzieht das Ich eine (dichotome) Selbstdifferenzierung – *Et direxi me ad me et dixi mihi: ‚Tu quis es?' Et respondi: ‚Homo'. Et ecce corpus et anima in me mihi praesto sunt, unum exterius et alterum interius.* (Augustinus: Confessiones X.6.9)[63] – und ein Rückzug ins Innere, in den inneren Menschen (*homo interior*), das heißt: die Seele, in welcher es alleine nach Gott zu suchen in der Lage ist. Hieran wiederum schließt eine Seelenlehre an, welche vor allem auch eine Kognitionslehre ist, insofern die „Halle des Gedächtnisses" (*aula memoriae*; Confessiones X.7.14) durchschritten wird, welche über das vermittelst der Sinne Wahrgenommene, über das Kreatürliche hinausreicht und präformierte Ideen (wie die Mathematik) als ein Apriori-Wissen, enthält, welches nicht auf Empirie und Sinnlichkeit beruht und insofern – ‚platonisch' gedacht – auf eine Existenz jenseits aller Kreatur, nämlich auf Gott, verweist (vgl. Confessiones X.10.17–12.19). Insofern es explizit um die Übersteigung sinnlicher Wahrnehmung geht, kann hier auch nicht von einer positiven Ästhetik die Rede sein: *Transcendi enim partes eius, quas habent et bestiae, cum te recordarer, quia non ibi te inveniebam inter imagines rerum corporalium* (Confessiones X.26.36).[64] In diesem Gedächtnis der Körperdinge gibt es keinen Ort, an dem sich Gott findet. Dieser, der die Schönheit (*pulchritudo*) selbst ist und das Schöne der Kreatur geschaffen hat,

---

ruch, den kein Windhauch zerstreut, hier schmeckt etwas, das keine Essgier mindert, hier ist eine Umarmung, die keine Befriedigung trennt. Das ist es, was ich liebe, indem ich meinen Gott liebe."
62 Übers. (Flasch, Mojsisch): „Und ich sagte zu all diesen Dingen, die vor den Türen meiner Sinne [genauer: „meines Fleisches", F. D. S.] stehen: ‚Sagt mir etwas von dem Gott, der ihr nicht seid, sagt mir etwas über ihn!' Und sie riefen mit mächtiger Stimme: ‚Er hat uns gemacht!'"
63 Übers. (Flasch, Mojsisch): „Daraufhin wandte ich mich an mich selbst und fragte mich: ‚Du, was bist denn du?' Und ich gab mir die Antwort: ‚Ein Mensch.' Ein Körper und eine Seele sind mir in mir gegeben, das eine außen, das andere innen."
64 Übers. (Flasch, Mojsisch): „Indem ich die Erinnerung an dich wachrief, überstieg ich die Teile des Gedächtnisses, die ich mit den Tieren gemeinsam habe, denn dort unter den Bildern von Körperdingen fand ich dich nicht."

ist zwar als höchste Schönheit der Maßstab des Schönen und zeigt sich insofern in demselben, das Schöne ist indessen zugleich Ablenkung von der apriorischen Schönheit, von welcher es herrührt:

> Sero te amavi, pulchritudo tam antiqua et tam nova, sero te amavi! Et ecce intus eras et ego foris et ibi te quaerebam et in ista formosa, quae fecisti, deformis inruebam. Mecum eras, et tecum non eram. Ea me tenebant longe a te, quae si in te non essent, non essent.
> (Augustinus: Confessiones X.27.38)[65]

Von dieser Blindheit im Sehen heilt das Ich erst die Gnade, dass Gott „[w]ie ein Blitz" – also in Form eines Damaskus-Erlebnisses – über dem Ich aufleuchtet (*splenduisti et fugasti caecitatem meam*; Augustinus: Confessiones X.27.38) und den Saulus-Zustand des Augustinus, mit offenen Augen nichts zu sehen (*apertisque oculis nihil videbat*; Act 9,8), beendet. Damit beantwortet sich zugleich die Frage, welche Augustinus zu Beginn gestellt hatte: *Nonne omnibus, quibus integer sensus est, apparet haec species? Cur non omnibus eadem loquitur?* (Augustinus: Confessiones X.6.10; Übers. [Flasch, Mojsisch]: „Zeigt diese Schönheit [der Kreatur, F. D. S.] sich nicht allen, die heile Sinne haben? Warum aber sagt sie nicht allen dasselbe?") Im Folgenden werden all jene Sinnenerlebnisse, in denen Perpeet eine positive Einstellung des Augustinus zur sinnlichen Wahrnehmung sieht, separat zum Anlass einer *confessio* des Ich genommen, welches jeweils Rechenschaft darüber gibt, welcher Sünden es sich nach seiner Bekehrung schuldig gemacht hat.[66] Die Erkenntnis Gottes leitet sich bei Augustinus gerade *nicht* aus der Betrachtung des kreatürlichen Schönen ab, aus welchem auf die göttliche Schönheit zurückgeschlossen werden kann, sondern es ist – ganz im Gegenteil – die innerliche, in der Seele stattfindende Erkenntnis der göttlichen Schönheit als Apriorisches, welche zu Gott und zur richtigen Lektüre der Welt führt. Erst die vorausgehende Erkenntnis der göttlichen Schönheit lässt das kreatürliche Schöne überhaupt auf Gottes Schönheit hin transparent werden. Die innere Erkenntnis Gottes ist die Voraussetzung dafür, die schöne Kreatur als auf Gottes Schönheit verweisendes Zeichen überhaupt erst lesen zu können. Die Kreatur führt nicht von sich aus zu Gott; sie ist ein Zeichen nur für

---

65 Übers. (Flasch, Mojsisch): „Spät erst hab ich dich geliebt, du Schönheit, ewig alt und ewig neu, spät erst hab ich dich geliebt. Sieh, du warst innen, ich war draußen. Dort habe ich dich gesucht. Gestaltlos [*deformis* = hässlich, F. D. S.] stürzte ich mich in die Gestaltenpracht [*in ista formosa* = in diese schönen Dinge, F. D. S.], die du gemacht hast. Du warst bei mir, ich war nicht bei dir. Das Schöne [*Ea* mit Bezug auf *ista formosa*, wörtlich eher: „Dies", F. D. S.], das es gar nicht gäbe, wäre es nicht in dir, hielt mich fern von dir."

66 Vgl. die entsprechenden Abschnitte: Confessiones X.30.41: Fleischeslust; X.31.43: Essen und Trinken; X.32.48: Gerüche; X.33.49: Genüsse des Hörens (*voluptas aurium*); X.34.51: Wollust der Augen (*Pulchras formas et varias, nitidos et amoenos colores amant oculi.* – „Die Augen lieben schöne und abwechslungsreiche Formen, leuchtende und angenehme Farben." [Übers. von Flasch, Mojsisch]), woran zuletzt Ausführungen über die Augenlust und „Neugierde nach eitlen Erkenntnissen" (Confessiones X.37.60: *curiositas supervacanea cognoscendi.* – Übers. von Flasch, Mojsisch) anschließen.

denjenigen, der bereits zu lesen weiß und das Bezeichnete kennt. Der geoffenbarte Gott hingegen führt zur Erkenntnis des göttlichen Wirkens in der Kreatur.[67] Die Brücke zwischen Offenbarung und Glauben ist für Augustinus dabei nicht die Kreatur selbst, sondern allenfalls die menschliche *auctoritas*, welche in Form der Religionslehre an das Individuum herantritt und den Bruch der Erkenntnis zu schließen in der Lage ist.[68]

---

[67] Einen umgekehrten, von der Kreatur zu Gott aufsteigenden – und damit geradezu platonisch inspirierten – Erkenntnisweg, veranschlagt die mediävistische Forschung – auch die germanistische Mediävistik – gemeinhin. Sie wird bei de Bruyne, Assunto und Eco vorgefunden. Ausformuliert findet sie sich bspw. bei Lenka Karfíková: Per visibilia ad invisibilia. Schönheit als Weg zu Gott bei Augustin und Hugo von Sankt Viktor. In: Von Augustin zu Abaelard. Studien zum christlichen Denken. Hrsg. von ders. Fribourg 2015 (Paradosis 58), S. 100–121. Zum selben Thema aus anderer Perspektive bereits Peter Czerwinski: *per visibilia ad invisibilia*. Texte und Bilder vor dem Zeitalter von Kunst und Literatur. In: Internationales Archiv für Sozialgeschichte der deutschen Literatur (IASL) 25,1 (2000), S. 1–94. – Auch für Ulrich Engelbert von Straßburg, als den gewichtigsten vermeintlichen ‚Ästhetiker' des 13. Jahrhunderts, wird diese ‚anagogische' Bewegung veranschlagt, vgl. bspw. schon Josef Yoitiro Kumada: Licht und Schönheit. Eine Interpretation des Artikels „De pulchro" aus der Summa de bono, lib. II, tract. 3, cap. 4 des Ulrich Engelbert von Straßburg. Würzburg [1966], S. 80 f.: „Der Mensch erkennt die erscheinende Schönheit, z. B. in der schönen Farbe einer Blume oder dem schönen Gesicht eines Menschen. Er freut sich darüber und genießt sie. Doch kann der Mensch nicht ständig bei diesem akzidentiellen Schönen verweilen. Die Schönheit zieht uns an und läßt uns doch immer weiter suchen. Die unwiderstehlich anziehende Kraft, die auch die Schönheit im niedrigsten Seienden besitzt, verrät die höhere Herkunft (nobilitas formalis) der Schönheit. Das körperliche akzidentelle Schöne setzt im Menschen den Anfang. Wir werden nun dazu getrieben, die ganze Substanz statt eines Akzidenz zu suchen. Wir suchen nach dem substantiellen Schönen, nach der Schönheit der substantiellen Form." Es bliebe zu diskutieren – wofür hier nicht der Raum ist – ob diese Interpretation, welche Ulrichs Schönheitsbegriff(e) unauffällig transhistorisch zu aktualisieren sucht und nicht zuletzt deshalb in das verdächtige Kollektivum („wir") fällt, eine angemessene Interpretation darstellt. Sie steht freilich im Einklang mit den neuzeitlichen ‚Ästhetiker*innen des Mittelalters'. Zwar stellt Kumada – in Abgrenzung zu der vom Körperlichen zum Geistigen aufsteigenden Bewegung des ‚platonischen' Eros aus der Rede Diotimas im *Symposion* (vgl. ebd., S. 85) und mit Blick auf die *Confessiones* Augustins – richtig fest: „Beim christlichen Denken aber kommt die personale Liebe und Offenbarung Gottes zuerst in den Blick – und das Suchen des Menschen ist als Antwort auf den Ruf Gottes zu verstehen. Zweitens ist in christlicher Sicht der Mensch heilsbedürftig. Der Mensch allein kann nicht einmal anfangen, Gott zu suchen. Damit der Mensch Gott suchen kann, muß Christus, der Mittler, sein Werk schon getan haben." (Ebd., S. 87) Nichtsdestoweniger beharrt er auf dem aufsteigenden, von der Kreatur ausgehenden Suchen nach Gott: „Die Struktur von christlichem Suchen und platonischem Eros ist insofern analog, als sie von den körperlichen vergänglichen Schönheiten ausgehen, sich zur geistigen Schönheit erheben, bis sie schließlich, nur durch einen Sprung, die Schönheit selbst [= Gott, F. D. S.] erreichen." (Ebd.) Dies halte ich – gerade im Hinblick auf die Theologie(n) des Augustinus – für platonisch und ästhetisch inspiriertes Wunschdenken. Die (post-)augustinische Theologie – und damit letztlich auch der bei Kumada in Rede stehende Ulrich Engelbert – betont meiner Auffassung nach explizit den unüberwindbaren Bruch im Erkenntnisvorgang, welcher nur durch Verkündigung, Gnade und Glauben – als „Sprung" jenseits der empirischen und theoretischen Erkenntnis – zu schließen ist. Vgl. zu Ulrich Engelbert von Straßburg im Folgenden auch Kap. II.2.2.

[68] Vgl. hierzu Augustinus: De vera religione XXVI.49.134; hier und im Folgenden im Lat. und in der Übers. zitiert nach: Aurelius Augustinus: De vera religione. Über die wahre Religion. Lateinisch/Deutsch. Übers. und mit Anm. vers. von Wilhelm Thimme. Stuttgart 2006.

Sofern eine ‚kreatürliche' Vermittlungsinstanz hier überhaupt möglich ist, ist diese in der christlichen Lehre und deren aktiver Ausdeutung aller Kreatur zu sehen, nicht jedoch in der Schönheit der Kreatur selbst. Sie läuft schließlich in einem erkenntnistheoretischen Imperativ zusammen, ohne den der ‚ästhetische' Sprung nicht zu machen ist: *Si placent corpora, deum ex illis lauda et in artificem eorum retorque amorem, ne in his, quae tibi placent, tu displiceas* (Augustinus: Confessiones IV.12.18; Übers. [Flasch, Mojsisch]: „Wenn dir Körper gefallen, lobe Gott um ihretwillen und kehre deine Liebe dem, der sie kunstvoll gestaltete, zu, damit du nicht in dem, was dir gefällt, missfällst!").[69]

Auch die lange Passage, die Perpeet aus *De civitate Dei* anführt, in welcher von den ‚Naturphänomenen' der Schöpfung die Rede ist,[70] bleibt dort nicht als die positive Welterfahrung stehen, als welche sie in Perpeets *Ästhetik* erscheint, sondern mündet – ganz im Gegenteil – in eine Relativierung aller Kreatur: *Et haec omnia miserorum sunt damnatorumque solacia, non praemia beatorum* (Augustinus: De civitate Dei XXII.24,198 f.; Übers. [Schröder]: „Und all das sind nur Tröstungen für Unselige und Verdammte, nicht Belohnungen der Seligen."). Anstelle dieser Relativierung, welche in *De civitate Dei* unmittelbar an den bei Perpeet zitierten Passus anschließt, setzt dieser indessen seine eigene ästhetische Verzückung: „Wenn Tertullian das gelesen hätte! Aber Augustin ist eben wacher und nüchterner. Warum in Gottes Namen sich den Sinn für Schönes vergällen, wenn ‚schon' Tiere ihn haben?"[71] Dass es für Augustin Schönes gebe, das von sich

---

69 Auf die Rolle der *auctoritas* wird im Folgenden zurückzukommen sein; vgl. hierzu Kap. V.1.3, S. 475 f.
70 Perpeet, Ästhetik des Mittelalters, S. 29 f.
71 Ebd., S. 30. – Auf die Idee, Augustinus als Kronzeugen für die Schönheitsthematik heranzuziehen, sind selbstverständlich bereits andere gekommen. Als einer der ersten hat Emmanuel Chapman: Saint Augustine's Philosophy of Beauty. New York/London 1939, in einer kurzen Monographie eine augustinische Schönheitslehre aus dessen Schriften destilliert. Chapman geht ausdrücklich der Frage nach, was schön und was Schönheit sei (vgl. ebd., S. XI), und schließt mit einem Nachwort, das „Modern Painting in the Light of the Augustinian Aesthetic" (ebd., S. 83–90) betrachtet. Chapman referiert die bei Perpeet in Rede stehende Passage aus dem 22. Buch *De civitate Dei* gleichfalls (ebd., S. 47 f.) und auch er lässt die *conclusio*, dass die Belohnung der Seligen in der Ewigkeit umso größer sein müssten, programmatisch aus. Er führt stattdessen seine eigene – ebenfalls bei Augustinus vorbildlose – Definition wieder ein, dass die ästhetische Erfahrung („aesthetic experience"; vgl. dazu bes. Kap. I, ebd., S. 1–12) das Schöne um seiner selbst willen, also interesselos, genieße und dieses also vom Nützlichen getrennt sei (vgl. ebd., S. 2–4). Er behauptet daran anschließend: „the time will come when the beauty of bodies will be enjoyed without concupiscence" (ebd., S. 48). Damit führt er die Aussage Augustins weiter, dass die Auferstehungsleiber vollkommen, nämlich entsprechend ihrer ‚forma', schön seien und dass im Jenseits keine weitere Zeugung notwendig sei, weshalb – wie bereits im Paradies – keine Wollust herrsche, mit dem Unterschied, dass im Paradies Zeugung möglich gewesen wäre, die jedoch ohne Wollust hätte erfolgen können. (Vgl. hierzu Augustinus: De civitate Dei XIV.16–24; diese Lehre wird unter veränderten Rahmenbedingungen weitergeführt und findet sich bspw. noch bei Thomas von Aquino: Summa theologica I.98.2 oder ders.: Summa contra gentiles IV.83. Die Vorstellung jedoch, dass diese ‚interesselosen' Körper des Jenseits „genossen" [„enjoyed"] werden würden, ist bei Chapman im Verhältnis zu Augustin im Sinne einer modernen, an der „aesthetic experience" selbst interessierten Ästhetik überbetont. Wie gefährlich nah selbst dieses ‚interesselose' Lustprinzip des Jenseitsleibes an Irrlehren grenzt, lässt sich wiederum an der stark augustinisch geprägten *Summa contra gentiles* [IV,83]

aus schön und erfreulich ist, lässt sich auch im Rahmen von *De vera religione* nicht halten, worauf Perpeet sich für diese Aussage – wie oben zitiert – beruft. Ganz im Gegenteil dient der entsprechende Passus dort unter anderem dazu, das Erkennen von Schönem in der Welt – hierin der Mathematik ähnlich – als ein aus Apriori-Wissen herrührendes Urteil darzulegen, welches auf die Schönheit selbst, also Gott, als Maßstab verweist, durch den alles, was schön genannt werden kann, ‚einheitlich' und ‚symmetrisch' ist.[72] Nicht nur werden hier – dem Feld des Apriorischen gemäß – mathematisch-geometrische Begriffe aufgerufen, sondern zugleich wird die Uneinholbarkeit der Differenz zwischen Immanenz und Transzendenz betont, insofern auch der schönste denkbare Körper nicht zur höchsten – nämlich göttlich-transzendenten – Einheit gelange:

> Quod si ita est – nam quis non admonitus videat neque ullam speciem neque ullum omnino esse corpus quod non habeat unitatis qualecumque vestigium, neque quantumvis pulcherrimum corpus, cum intervallis locorum necessario aliud alibi habeat, posse assequi eam quam sequitur unitatem? (Augustinus: De vera religione XXXII.60.168)[73]

Es zeigt sich, dass gewisse Ansätze eines ‚Idealismus', im Sinne einer platonisch inspirierten ‚Ideenlehre', bei Augustinus zwar vorhanden sind; sie dienen aber dazu, jene Demarkationslinie, die sie umspielen, nämlich die radikale Unterscheidung zwischen dem Reich der Kreatur (Immanenz) und dem Reich der Idee (Transzendenz), überhaupt erst entstehen zu lassen. Das beständige Umspielen dieser Grenze, das Changieren zwischen einer eigentlichen und einer uneigentlichen Sprechweise ratifiziert den Bruch: Hier wird weniger Gott an die Kreatur zurückgebunden, als vielmehr die unüberbrückbare Alterität von Transzendenz und Immanenz vorgeführt und begründet.[74]

---

zeigen, wo das Prinzip der Lusterzeugung im Jenseits zum Kernbestand von abzulehnenden Häresien wird.) Chapmans durch und durch modernes Interesse an Augustinus führt dazu, dass er abschließend zu der Bewertung findet: „This new art" – er spricht hier von einer rezenten Strömung seiner Zeit, in welcher eine Vereinigung des Fauvismus und des Kubismus stattfinde – „is one of the effective realizations of St. Augustine's aesthetic principles. These fecund Augustinian principles, let it be hoped, will inspire many future realizations of beauty" (ebd., S. 90). – Die *Summa contra gentiles* wird hier und im Folgenden zitiert nach: Thomae Aquinatis Summae contra gentiles libri quattuor. Hrsg., übers. und mit Anm. versehen von Karl Albert, Karl Allgeier, Leo Dümpelmann, Paul Engelhardt, Leo Gerken, Markus Wörner. 4. Aufl. Darmstadt 2013.
72 Von hier aus gedacht erweist sich auch die „Proportion" in der „fameuse formule de Saint Augustin" (de Bruyne) als ein Verweis auf das Apriorisch-Transzendente, auf die Schönheit Gottes, und nicht als innerweltliche Anleitung zur Herstellung von Schönem.
73 Übers. (Thimme): „Denn wer sieht nicht, wenn man ihn aufmerksam macht, daß es zwar keine Gestalt, überhaupt keinen Körper gibt, der nicht irgendeine Spur der Einheit an sich trägt, daß aber nicht einmal der denkbar schönste Körper die erstrebte Einheit wirklich erreicht, schon darum nicht, weil er mit seinen Teilen unweigerlich räumlich ausgedehnt ist?"
74 Auf das Sprachproblem – das Problem des uneigentlichen Sprechens in der Anverwandlung präexistenter Sprache durch das Paradoxon christlicher Lehre – ist natürlich sattsam hingewiesen wor-

Und so kann Walter Haug sicherlich zu Recht konstatieren, dass Augustins

> Bildtheorie [...] in einer Semiotik auf[geht], die dezidert auf die Differenz zielt und dabei alles Ästhetische zurückläßt, obschon das Schöne in seiner Analogielehre, also in seinem Konzept von der unähnlichen Ähnlichkeit zwischen dem Irdischen und dem Göttlichen, durchaus eine Rolle spielt, freilich eine überraschende Rolle,[75]

wobei er – angesichts des von ihm herangezitierten Beispiels der Betrachtung der Leiche eines Gehängten aus *De civitate Dei* (XIX.12) – betont, „wie radikal der semiotische Sprung alle Ähnlichkeit zurückläßt."[76] Dies gilt insbesondere für die im engeren Sinne mit erkenntnistheoretischen – und damit auch vermeintlich ‚ästhetischen' – Fragen befassten Texte Augustins wie den frühen Traktat *De vera religione liber unus* und die späteren *De trinitate libri XV*. Insofern hier die rationale gegen die sinnliche Erkenntnisfähigkeit abgegrenzt wird, um vermittels ersterer zu einer – immerhin näherungsweisen – Erkenntnis Gottes zu gelangen, was letzterer verwehrt bleiben muss, wird freilich auch diskutiert, wie weit – in positiver Umkehrung – die Erkenntniskraft des Sinnlichen gehen kann.

Es sei im Folgenden anhand eines – zugegebenermaßen – willkürlich herausgegriffenen, aber einflussreichen Vertreters einer Gegenwartsästhetik dargestellt, welche Stellung körperliche Schönheit im ästhetischen Diskurs einnehmen kann. Obgleich – mit Manuel Braun – „die Frage, welchen Raum die idealistische Ästhetik des 18. und 19. Jahrhunderts in der Erforschung mittelalterlicher Ästhetik, ja in der Ästhetik überhaupt beanspruchen kann",[77] nicht geklärt ist und diese zudem „einen dramatischen Plausibilitätsverlust erlitten"[78] hat, sind die Vertreter*innen jener Wissenschaft, die – mit dem von Braun zitierten Wittgenstein[79] – auch „erklären, welche Sorte Kaffee gut

---

den; vgl. zur „Paradoxie eines christlichen Schönheitsbegriffs" z. B. bereits Wehrli, Literatur im deutschen Mittelalter, S. 155–158. Es stellt sich hier die Frage, wie weit die Kreise sind, welche dieses Grundproblem christlichen Sprechens zieht. Wehrli setzt eine tendenzielle Entproblematisierung im volkssprachlichen Raum an, für den er eine – letztlich als ‚höfisch' gedachte – Eigengesetzlichkeit reklamiert. Das Lob der Schönheit Mariens (ebd., S. 157 f.) belegt für ihn, dass „[i]m Raum gläubiger Frömmigkeit [...] somit irdische Schönheit ohne großes Bedenken für eine überirdische und unsichtbare stehen [kann], trotz allem Wissen um die Grenzen und die Pervertierbarkeiten des schönen Bildes" (ebd., S. 158). Es zeigt sich gerade an der von ihm als unproblematisch herangezogenen Schönheit Mariens immer wieder die nachhaltige Wirksamkeit eines Bewusstseins für die radikalen Alteritäten eigentlichen und uneigentlichen Sprechens bzw. für die Störung des Transzendenten durch das Immanente; hierauf wird im Folgenden zurückzukommen sein, vgl. Kap. III.2.1.
75 Haug, Gab es eine mittelalterlich Ästhetik?, S. 254.
76 Ebd. – Ähnliches gilt sicherlich auch für das „Lob des Wurmes" (*laus vermiculi*), das sich in *De vera religione* (XLI.77.217–219) findet und verdeutlicht, wie unähnlich die in Gottes Vorsehung gründende, verstandesmäßig zu erschließende ‚Schönheit' der Dinge von demjenigen ist, was gemeinhin als über sinnliche Wahrnehmung und Lust vermittelte leibliche Schönheit angesehen wird.
77 Braun, Kristallworte, S. 10.
78 Ebd., S. 11.
79 Das vollständige Zitat lautet: „Man könnte glauben, Ästhetik sei eine Wissenschaft, die uns sagt, was schön ist – beinahe zu lächerlich für Worte. Ich nehme an, sie müßte auch erklären, welche Sorte

schmeckt", diesseits und jenseits des Feuilletons mindestens ebenso lebendig und kreativ wie die Konstruktivist*innen und Dekonstruktivist*innen. Vorkämpfer einer solchen ontologischen Ästhetik – wie sie bei de Bruyne oben angeklungen ist, welcher von der Frage nach einem Schönheits*ideal* zur Frage nach einer Schönheits*idee* gelangt – ist beispielsweise der publizistisch umtriebige Roger Scruton.[80] Dieser – 1972

Kaffee gut schmeckt." Es stammt aus: Vorlesungen und Gespräche über Ästhetik, Psychoanalyse und religiösen Glauben. Zusammengestellt und hrsg. aus Notizen von Yorick Smythies, Rush Rhees, James Taylor von Cyril Barrett. 2. Aufl. Düsseldorf/Bonn 1996 (original als: Lectures and Conversations on Aesthetics, Psychology and Religious Belief. Oxford 1966), und ist im strengen Sinne keine Äußerung Wittgensteins, sondern lediglich eine Überlieferung aus Wittgensteins Schülerumfeld. Der Herausgeber betont, „daß nichts [in diesem Buch] von Wittgenstein selbst geschrieben worden ist. Die hier publizierten Aufzeichnungen sind [...] Mitschriften seiner Studenten, die er weder gesehen noch geprüft hat" (ebd., S. 9). – Auf die *Vorlesungen* werde ich dennoch im Folgenden zurückkommen, vgl. S. 48 f.

80 Es ist in der Tat nicht notwendig, in einer germanistisch-mediävistischen Arbeit ausgerechnet die Thesen Roger Scrutons zu referieren und die Wahl fällt zugegebenermaßen willkürlich auf dieselben. Allerdings lassen sich an seinen Ideen einige wesentliche Felder des Diskurses von Schönheit aufzeigen, welche die ästhetische Beschäftigung mit demselben von jeher umgetrieben haben. Insofern steht Scrutons ‚Ästhetik' hier *pars pro toto* für eine ältere, in ihren Verzweigungen kaum zu überschauende Tradition ein, welche nicht im Detail nachvollzogen werden kann und soll, sondern die hier einzig in ihren Kernthemen – welche sich auch in der anschließenden Abgrenzung von der Frage nach den anthropologischen Grundlagen von ‚Schönheit' wiederfinden – abgesteckt wird. Scruton repräsentiert hier sicherlich keinen *common sense* einer modernen Ästhetik, gleichwohl figurieren bei ihm die wesentlichen Elemente ästhetischer Beschäftigung, weshalb er hier als eine Art ‚Vulgärästhetik' einstehen kann. – Ähnliches hätte sich indessen auch aus dem Schreiben anderer Autor*innen entwickeln lassen. Zu denken wäre hier beispielsweise an Byung-Chul Han: Die Errettung des Schönen. 4. Aufl. Frankfurt a. M. 2016, welcher eine ästhetisch fundierte Kultur- und Konsumkritik im Modus einer *laudatio temporis acti* entwickelt, in welcher er „das Glatte" als das Signum moderner Kunst und moderner Konsumgüter bestimmt, dessen von jeder „Negativität", „Erschütterung" und „Verletzung" befreite Schönheit (vgl. ebd., S. 15) er als „pornographisch" (ebd., S. 16) versteht, indem er – so könnte man wohl sagen – sowohl die Schönheit des Glatten als auch Pornographie selbst denunziert. Gegen diese Glattheit und ‚Pornographisierung' der Ästhetik im ‚Heute' – er behauptet: „Die Ästhetik des Schönen ist ein genuin neuzeitliches Phänomen." (ebd., S. 25) – stellt er ein ‚Damals', in welchem er erratisch bspw. Pseudo-Longinus (ebd.), Platon (ebd., S. 26) oder Augustinus (ebd., S. 40) als Vertreter einer anderen Schönheit heroisiert, welche ‚Negativität des Überwältigenden' (Ps.-Longinus), ‚Erschütterung durch Erhabenheit' (Platon), ‚Verhüllung' (Augustinus) und damit letztlich so etwas wie ‚Tiefe' gegenüber von Oberflächlichkeit habe. Am Ende läuft dies in einer aphoristischen These zusammen: „Heute befinden wir uns insofern in einer *Krise des Schönen*, als das Schöne zu einem Objekt des Gefallens, das *Like* zum Beliebigen und Behaglichen geglättet wird. Errettung des Schönen ist Errettung des Verbindlichen" (ebd., S. 97). Deutlich ist hier, wie stark Hans Text von einem vorgängigen ästhetischen Diskurs abhängig ist und auf dessen Topoi und Setzungen aufbaut, was sich nicht zuletzt darin zeigt, dass er eine große Zahl von Denker*innen aller Zeiten heranzitiert, jedoch kaum einmal, indem er ihre Argumentationen nachzeichnet, sondern stets im reihenden Modus aphoristischer Dekontextualisierung und Fragmentierung. Insofern Hans Essay auf einem präexistenten Metapherngefüge aufbaut, das sich rund um den Sinn herum verselbstständigt hat und diesen einspinnt und gefangen hält, eignet es sich für die hier angestrebte Entwicklung ‚klassischer' Themenfelder des ästhetischen Diskurses indessen weitaus weniger als die systematischere Darstellung Scrutons. Es ließe sich, so denke ich, plausibel machen, dass

mit einer Arbeit über Ästhetik promoviert, zuletzt zum Ritter geschlagen (2016) und Sprachrohr eines intellektuellen, nationalen und ethischen (Paläo-)Konservativismus – eröffnet noch 2009 in seinem Buch mit dem schlichten Titel *Beauty* (deutsch als: *Schönheit. Eine Ästhetik*, München 2012) eine idealistisch-ontologische Perspektive auf das Phänomen ‚Schönheit', in welcher sie zu einem Universalium erhoben wird:

> Wir kennen die Schönheit von Dingen und die Schönheit abstrakter Ideen, wir sprechen von der Schönheit der Natur und der Kunst. Wir sehen Schönheit in Tieren, Objekten und Menschen, in Eigenschaften und Handlungen. Die Liste ließe sich fortführen, bis praktisch jede ontologische Kategorie darin aufscheint (es gibt schöne Aussagen und auch schöne Welten, schöne Beweisführungen aber auch schöne Schlangen, selbst schöne Krankheiten und einen schönen Tod kann man sich vorstellen).[81]

Er setzt bekenntnishaft nach: „Der Begriff ‚schön' aber, so wie wir ihn normalerweise verwenden, ist keine Metapher, auch wenn er auf eine Vielzahl völlig unterschiedlicher Objekte angewendet werden kann",[82] wodurch der Gegenstand seines Buches auf die Klärung der Fragen: „Warum also nennen wir etwas schön? Worum geht es dabei und welchen inneren Zustand bringen wir damit zum Ausdruck?",[83] zugerichtet wird. Obgleich er zum Ende seiner Ausführungen resümiert, er habe „an keiner Stelle gesagt [...], was Schönheit ist",[84] ist sein Kernargument, dass „[a]lles, was ich über die Erfahrung des Schönen gesagt habe, impliziert, dass es eine vernunftgemäße Grundlage besitzt".[85] Diese Entsprechung zwischen – empirisch – gewonnener

---

Hans Text und seine betont neuzeitliche Paradoxie vom widerständigen Schönen seine Wurzeln – ohne sich selbst darüber Rechenschaft geben zu können – im christlichen Diskurs hat (vgl. hierzu etwa Kap. VI.1 u. VI.2).
81 Roger Scruton, Schönheit, S. 11. – Im Jahr der englischen Erstausgabe von Scrutons Buch hat das *British Journal of Aesthetics* seiner ‚Ästhetik' einen Sonderband gewidmet (BJAesthetics 49 [2009]: Special Issue. Roger Scruton's Aesthetics), worin Scruton sich nicht nur zu seinen Kritiker*innen äußert, sondern diverse Beiträger*innen seinen „Cultural Conservatism" (Christopher Stevens: Embracing Scruton's Cultural Conservatism. In: BJAesthetics 49 [2009], S. 371–388) und seine elitistische „Philosophy of Culture" verteidigen (Andy Hamilton: Scruton's Philosophy of Culture: Elitism, Populism, and Classic Art. In: BJAesthetics 49 [2009], S. 389–404). – Mit dieser Art von Universalisierung und Ontologisierung ist Scruton selbstverständlich nicht alleine; er dient hier lediglich als rezenter Exponent in einer langen Tradition. Ähnliches findet sich bspw. auch schon im Artikel „Schönheit" der Theologischen Realenzyklopädie, wenn Wolfgang Janke: Art. Schönheit. Platonisch-ästhetisch. In: TRE 30 (Berlin/New York 1999), S. 235–239, hier S. 238, gegen Nietzsche schreibt: „Indessen, Nietzsches Angriff auf die Ästhetik verfehlen das Urphänomen der Schönheit, seine antiplatonischen Umwertungen von Wahrheit und Schönheit vergreifen sich an Urbezügen menschlicher Existenz." Die weiteren Ausführungen dieses kurzen Artikels geraten Janke zu einem veritablen Credo, das immer wieder suggestiv von rhetorischen Fragen durchzogen ist („Aber trifft uns Schönheit nicht unmittelbar und ursprünglich?", ebd.; „Aber geht nicht das Urphänomen der Schönheit unser Dasein weiter und tiefer an?", ebd., S. 239).
82 Scruton, Schönheit, S. 12.
83 Ebd.
84 Ebd., S. 245.
85 Ebd., S. 247.

Erfahrung und vernunftgemäßer Grundlage ist das Ziel seiner Argumentation, an dem aus seiner Ästhetik zugleich eine Ethik wird, indem man sehe,

> dass es für ein freies Wesen ein richtiges Gefühl, eine richtige Erfahrung und eine richtige Art der Freude ebenso gibt wie richtige Handlungen. Urteile über das Schöne ordnen die Empfindungen und Wünsche desjenigen, der sie fällt. Sie sind Ausdruck von Freude und Geschmack: aber es ist die Freude an den Werten und Idealen, zu denen man steht.[86]

Hierin freilich gleicht seine Argumentationsfigur derjenigen Augustins, welcher – platonisch – in der Fähigkeit des menschlichen Verstandes zur Beurteilung des Schönen ein implizites Wissen um die Schönheit und damit um deren höchste Ausformung, nämlich Gott, sieht.[87] Insofern haben wir es hier mit einer metaphysisch zu nennenden Ästhetik – und Ethik! – zu tun. Der Glaube daran, dass dem Schönen in der Welt überall dasselbe (Erkenntnis-)Prinzip zugrunde liegt, führt bei Scruton zu einer Kapitelreihung, in welcher, ausgehend von der menschlichen Schönheit (Kap. 2), die Naturschönheit (Kap. 3), Schönheit im Alltag (Kap. 4) und Schönheit in der Kunst (Kap. 5) besprochen werden, bevor diesen Betrachtungen die Perspektive einer im Kern metaphysischen Ethik des Schönen (Kap. 6: „Geschmack und soziale Ordnung", Kap. 7: „Kunst und Eros", Kap. 8: „Die Flucht vor dem Schönen") angeschlossen werden. Auf diese Art entwickelt Scruton, der im 21. Jahrhundert die Lehren der Evolutionsbiologie nicht mehr ignorieren kann, aus einer quasi-biologischen Fundierung der Wahrnehmung von menschlicher Schönheit heraus eine Lehre des ethisch Interesselosen, die konstant damit beschäftigt ist, ein Begehren von Schönheit zu formulieren, welches sexuellem Begehren möglichst unähnlich sein soll. Gleichwohl ist er über weite Strecken seiner Ausführungen damit befasst, genau diese Verbindung zwischen Begehren der Schönheit, das er interesselos nennt, und Begehren des Körpers als Sexualobjekt zu entkoppeln. Während er, von evolutionsbiologischen Prämissen ausgehend, zunächst noch fragen muss: „Sollten wir also zwei Arten von Schönheit unterscheiden – die Schönheit der Kunst und die Schönheit des Menschen?",[88] verabschiedet er diese Frage nur wenig später, indem er dieses Begehren als minderwertig ausschließt: „Wenn man, getrieben von sexuellem Begehren, den Partner in kontemplativer Haltung betrachtet, tritt man gleichsam vom eigenen Begehren zurück, sodass es auf ein anderes, größeres und weniger unmittelbar sinnliches Ziel gerichtet ist."[89] Der Kontemplation von Schönheit als

---

86 Ebd., S. 248.
87 Scruton differenziert – im Gegensatz zur platonischen Tradition, zu Augustinus und mit diesem bspw. Wilhelm Perpeet – nicht trennscharf zwischen dem „Schönen" (*pulchrum*) – als innerweltliche Ausformung am Objekt – und der „Schönheit" (*pulchritudo*) – als transzendentes, das innerweltliche Schöne definierendes Prinzip –, welche bei Platon ins Reich der Idee, bei Augustinus in die höchste Schönheit Gottes verlegt wird und bei Scruton das Prinzip des Ethischen hätte repräsentieren können. – Vgl. De vera religione XXXII.59.167: Hier wird die Frage, ob man schön nenne, was gefalle, oder ob einem gefalle, was schön sei, dahingehend beantwortet, dass Schönheit Ursache des Gefallens sei.
88 Scruton, Schönheit, S. 61, im Unterkapitel „Schönheit und Begehren".
89 Ebd., S. 64.

ethischer Haltung wird als Missbrauch von körperlicher Schönheit das sexuell motivierte Begehren entgegen gesetzt. Während ersteres an der Person interessiert sei, führe letzteres zur Objektifizierung des Gegenübers: „Es gibt eine uns allen bekannte Differenz der Interessen – einmal am Körper einer Person und einmal an der Person als verkörpertem Wesen."[90] Aus der – als Setzung eingeführten – Prämisse, dass Obszönität „uns" – in diesem suggestiven Kollektivum formuliert Scruton unablässig – abstoße, wird als Lehre „über die körperliche Schönheit" gezogen: „Die besondere Schönheit des menschlichen Körpers leitet sich von seiner Beschaffenheit als Verkörperung ab",[91] was zu der Konsequenz führt: „Menschliche Schönheit, egal ob sie Begehren weckt oder wir sie kontemplativ genießen, lässt sich nur in Begriffen der Person erfassen."[92] Der Umstand, dass Interesse an Schönheit jenseits von sexuellem Begehren – beispielsweise im Anerkennen der Schönheit eines Kindes, das als sexuell Begehrtes nicht in Frage komme[93] – existieren könne, beweist für Scruton die postulierte Unabhängigkeit der Wahrnehmung von Schönheit von diesem Begehren, worin er eine Verbindung zum „tief sitzenden Respekt[]"[94] vor der Jungfräulichkeit" sieht, von welchem er insinuiert, er sei eine menschliche Universalie, da er „uns nicht nur in klassischen und biblischen Texten" begegne, „sondern darüber hinaus in den literarischen Manifestationen nahezu aller Religionen."[95]

Diese Trennung von Schönheit und sexueller Attraktion ermöglicht es Scruton im Folgenden zwar nicht, zu bestimmen, ‚welcher Kaffee gut schmeckt', aber sie lässt ihn die Wahrnehmung schöner menschlicher Körper ebenso wie die Wahrnehmung von Alltäglichem auf eine konsensuelle ethische Grundlage festlegen, welche für ihn eine menschliche Gemeinschaft (Gesellschaft) überhaupt erst ermöglicht und welche geradezu identitäre Züge annimmt, wenn es in der Einleitung zum Kapitel „Schönheit im Alltag" (*Everyday Beauty*) einleitend heißt: „Der beste Ausgangspunkt für die Erforschung des Schönen im Alltag ist der Garten. Hier kommen Entspannung, Erkenntnis und Schönheit in der angenehmen Empfindung heimatlicher Gefühle zusammen."[96] Diese – wie es im englischen Original leicht anders heißt – „liberating experience of home",[97] die „befreiende Erfahrung von Heimat", verbindet sich im Folgenden zwanglos mit anderen Alltagsgegenständen.[98]

---

90 Ebd., S. 69.
91 Ebd., S. 71.
92 Ebd., S. 72.
93 Vgl. ebd., S. 77–79.
94 Ebd., S. 78.
95 Ebd.
96 Scruton, Schönheit, S. 109.
97 Scruton, Beauty, S. 80.
98 So diskutiert Scurton beispielsweise der Schönheit einer georgianischen Tür, welche er gegen die Erfordernisse barrierefreien Bauens zugunsten von Rollstuhlfahrer*innen in Schutz zu nehmen sich bemüßigt fühlt, die die Schönheit von Türen praktisch verunmöglichen (vgl. Scruton, Schönheit, S. 111–114). Scruton befindet, „dass Kant sich hätte solcher Beispiele bedienen sollen"

Das Fundament der geteilten Werte, welche sich im ästhetischen Konsens äußern, ist damit bei Scruton wesentlich als exklusives und nicht als inklusives bestimmt. Er bindet dies an ein *argumentum ex auctoritate*, nämlich an ein Platon-Zitat, zurück: „In einem wohlgeordneten Gemeinwesen sollten seiner [= Platons, F. D. S.] Meinung nach nur jene Arten von Musik erlaubt sein, die einer tugendhaften Seele angemessen sind. Das ist eine bemerkenswerte und auf ihre Art plausible Forderung".[99] Scruton postuliert im Folgenden für jene Maßstäbe, die er unter anderem am westeuropäischen Garten und an einer georgianischen Tür entwickelt hat, „kulturübergreifende Universalien" und behauptet: „all das scheint dauerhaft in der menschlichen Psyche verankert zu sein",[100] wodurch er den Bogen zu seinen auf Evolutionsbiologie beruhenden anthropologischen Prämissen geschlagen und sein Projekt einer ästhetischen Vergemeinschaftung nach westeuropäischen Standards an die menschliche Natur zurückgebunden hat: „Letztlich sind unsere Urteile über das Schöne so objektiv wie die über Laster und Tugend. Schönheit ist daher ebenso fest in der Ordnung der Dinge verwurzelt, wie Güte und richtiges Handeln."

Damit bin ich, vom Feld der Ästhetik ausgehend, längst bei der nächsten wichtigen Einschränkung angelangt:

(3) Die vorliegende Arbeit ist kein Beitrag zu universalistisch ausgerichteten *anthropologischen*, *kognitionspsychologischen* und *(evolutions-)biologischen Fragestellungen*.[101]

Die Frage nach der Wahrnehmung von Schönheit, welche als Kernthema im Zentrum ästhetischer Überlegungen steht, ist – wie sich an Scruton gezeigt hat – also längst nicht mehr von der Grundlage moderner Kognitionstheorie zu entkoppeln, welche indessen keine Lehre vom menschlichen Geist mehr ist, sondern eine Lehre von Kognition als neurobiologischem Vorgang, der auf seine physiologischen Grund-

---

(ebd., S. 113) und bedient sich damit – scheinbar unwissentlich – eines jener Beispiele aus den Wittgensteinschen *Lectures* (Wittgenstein, Vorlesungen, S. 25–27). Zwar heißt es später: „Unserem Schönheitssinn liegt implizit eine Idee von Gemeinschaft zugrunde – die Idee gemeinsam geteilter Meinungen, die das soziale Leben erträglich und lebenswert machen" (Scruton, Schönheit, S. 175), diese „geteilten Meinungen" und die hieraus entstehende „Gemeinschaft" beziehen sich indessen einzig auf ästhetische Werte und nicht etwa auf Respekt vor den Bedürfnissen anderer Individuen. Während zuvor die „gängigen modernen Bauvorschriften" (ebd., S. 112) als unästhetisches Diktat angeprangert worden sind, führt diese Kritik nämlich paradoxerweise im hier direkt anschließenden Satz nicht etwa zu einem Plädoyer für die Freiheit – hier: die Freiheit, auch rollstuhl*un*gerechte Türen bauen zu dürfen –, sondern im Gegenteil zu einer Reminiszenz an eine eher faschistoid anmutende Baugesetzgebung: „Dies ist einer der Gründe, warum es eine Baugesetzgebung gibt, die in den besseren Zeiten der westlichen Zivilisation extrem rigide war" (ebd., S. 175).
99 Ebd., S. 177.
100 Ebd., S. 184.
101 Für Beratung in Hinblick auf Fragen der (Evolutions-)Biologie danke ich sehr von Herzen Dr.' Helena Batoulis und Lars Hoffmann-Batoulis. Missverständnisse meinerseits, die in der vorliegenden Fassung dieser Arbeit erhalten geblieben sein sollten, gehen vollständig auf meine, nicht auf ihre Rechnung.

lagen und damit, wie jeder Gegenstand der Biologie, auf seinen evolutionären Ursprung verweist. Nicht nur prägt diese Grundannahme gegenwärtige Ästhetiken, und zwar – wie sich bei Scruton zeigt – selbst die konservativen unter ihnen, sondern sie findet ihren Niederschlag zugleich im Feld der Soziologie und Anthropologie sowie in einer Literaturwissenschaft, welche für deren Fragen anschlussfähig geworden ist. Exponent einer solchen literaturwissenschaftlichen Beschäftigung mit den evolutionären, anthropologischen und kognitionspsychologischen Bedingungen von Literatur ist – für die deutschsprachige Literaturwissenschaft zumal – der Initiator des Max-Planck-Instituts für empirische Ästhetik, Winfried Menninghaus, welcher mit seiner *Das Versprechen der Schönheit* (2007) betitelten Studie angetreten ist zu erklären, dass „[d]ie Macht der Schönheit [...] wesentlich die Macht eines ihrer Wahrnehmung eingeschriebenen Versprechens"[102] sei, dass „eine Geschichte, ja sogar eine Natur- und Urgeschichte"[103] habe.

Menninghaus rahmt seine evolutionsbiologischen, psychologischen und kulturkritischen Darstellungen mit Ausführungen zur Adonis-Mythe,[104] welche er anhand von antiken Versionen derselben sowie anhand von Shakespeares kurzer versepischer Dichtung *Venus and Adonis* (1593) behandelt. Von dieser Mythe ausgehend rekonstruiert Menninghaus zunächst wesentliche thematische Bereiche, welche er anschließend in seinen Ausführungen zu „Darwins Ästhetik" (aus dessen *The Descent of Man, and Selection in Relation to Sex*, 1871),[105] zu modernen Modifikationen der Darwinschen Evolutionstheorie im Hinblick auf Ästhetik,[106] zu Freuds Ideen von Kultur als Sublimierungsleistung,[107] zur Ästhetik Kants[108] und in seinen allgemeinen Ausführungen über den ‚Schönheitskult' des 20./21. Jahrhunderts[109] wiederkehren lässt, nämlich zum Beispiel die „Merkmallosigkeit" von Schönheit, Schönheit als (sexuelles) Begehren induzierende Kraft, Schönheit als angenehme Wahrnehmung und Schönheit als Auslöserin von Hybris und Hochmut sowie eine Neigung von Schönheit zum Tode,[110] aber auch die Verbindung von Schön-

---

102 Winfried Menninghaus: Das Versprechen der Schönheit. Frankfurt a. M. 2007, S. 8.
103 Ebd.
104 Ebd., S. 13–65 (Kapitel I: „‚Wegen der Schönheit': Glanz und Elend des Adonis") u. S. 288–316 („Anhang. Die Deutung des Adonis").
105 Ebd., S. 66–137 (Kap. II: „Evolution nach der Mode: Darwins Theorie ästhetischer Selektion").
106 Ebd., S. 138–198 (Kap. III: „Zur Evolutionstheorie attraktiven Aussehens nach Darwin").
107 Ebd., S. 199–215 (Kap. IV: „Freuds Hypothese: die ursprüngliche Kulturalität menschlicher Schönheit").
108 Ebd., S. 216–233 (Kap. V: „Sexuelle ‚Wahl' und philosophische Ästhetik").
109 Ebd., S. 234–255 (Kap. VI: „Das Sein bestimmt das Bewußtsein: Persönlichkeitseffekte des guten Aussehens"), S. 256–280 (Kap. VII: „Zur heutigen Signatur von Schönheitsarbeit und ästhetischer Selbstbegründung") u. S. 281–287 (Kap. VIII: „Trauerarbeit am Schönen").
110 Vgl. hierzu ebd. die Unterkapitel des ersten Kapitels.

heit und Virginität,[111] Schönheit und Untreue,[112] Schönheit als Täuschung,[113] weibliche Schönheit als geheime Macht über das männliche Geschlecht[114] sowie – nicht zuletzt – Schönheit als Versprechen des Guten. Die Ausführungen zur Evolutionstheorie Darwin'scher Provenienz, welche sich hieran anschließen und welche bereits rein vom Umfang her den Kern der Arbeit bilden, gruppieren sich rund um diese leitmotivischen Themenkomplexe, die aber – zumindest in Menninghaus' Referat der Darwin'schen Schriften – gleichsam die Kerninteressen der ‚Evolutions-Erzählung'[115] Darwins zu repräsentieren scheinen. Hierbei ist Menninghaus' Interpretation in der Regel darauf beschränkt, an bestimmte Aussagen von Evolutionstheoretiker*innen Parallelen aus Literatur, philosophischer Ästhetik oder (moderner) Alltagspraxis zu koppeln, welche dann biologische Tatsachen abbilden und die biologische Theoriebildung bestätigt. Dieser allegorische Lektüre-Modus findet sich bei den wenigen verstreuten Aussagen, die Menninghaus überhaupt zu Literatur macht, immer wieder.[116] Auf diese Art werden die (modernen) kulturellen Modi der Schönheitswahrnehmung – also Themen wie Schönheit und Tod, Untreue, Täuschung, Gutes etc. –

---

111 Vgl. ebd., S. 163–169 u. 173.
112 Vgl. bspw. ebd., S. 180 f.
113 Vgl. bspw. ebd. S. 172 u. 181 sowie – verbunden mit dem Konzept der als transkulturelles Universalium begriffenen *femme fatale* – S. 214 f.
114 Vgl. bspw. ebd., S. 184.
115 Menninghaus selbst fasst die Rekonstruktionsversuche von Evolutionstheoretikern (Darwin u. a.) mehrfach – und sicherlich nicht zu Unrecht – unter den Begriff der ‚Erzählung' (vgl. bspw. S. 81, 103, 111 f., 170: „Familienroman der Evolutionstheorie", 177, 216 f.; bes. S. 140: „Ohne ein hohes Maß an Einbildungskraft, Interpolation fehlender Daten, maximaler Auslegung vorhandener Daten und narrativer Synthetisierung hätte Darwin keine einzige seiner bahnbrechenden Einsichten gewinnen und formulieren können."). Es wäre zu fragen, ob aus diesem Verständnis der intrikaten Verflochtenheit von Erkenntnis und Narration weitreichendere Konsequenzen abzuleiten wären, als Menninghaus es tut. Hierauf wird zurückzukommen sein.
116 Z. B. ebd. S. 92: „[M]odisch-ästhetische Unterscheidungen – gerade unter eng verwandten Wesen – machen viele Spezies erst buchstäblich zu dem, was sie sind. Die Evolutionstheorie vermag daher zu erklären, warum etwa Burke feststellen konnte: ‚In den Augen der Menschheit gibt es wenig Tiere, die geringer an Schönheit wären als die Affen', oder warum in Goethes *Wahlverwandtschaften* Affen die nur scheinbar paradoxe Doppelattribution als ‚menschenähnlich' und gleichzeitig ästhetisch ‚abscheulich' erfahren. Es geht dabei um die ästhetische Verwerfung einer eigenen ehemaligen Körpermode, die nunmehr als absolut ‚uncool' wahrgenommen wird – genauso wie Benjamin die Textilmode der eigenen Eltern als ‚das gründlichste Antiaphrodisiacum' der jeweiligen Nachfolgegeneration bestimmt hat." – Im Rekurs auf Freud, ebd. S. 208 f.: „Anders als bei Darwin löst Schönheit das Problem eines asymmetrischen Selektionsrisikos aber nicht allein dadurch, daß sie Chancen des Gewähltwerdens durchs andere Geschlecht erhöht. Sie stellt – auch und zumindest in bestimmten Konstellationen – eine narzißtische Kompensation für die eigene Ohnmacht dar, einen trotzigen Weg in die ‚Selbstgenügsamkeit' angesichts der fehlenden ‚power of choice'. In dieser selbstbezüglichen Funktion ist sie ‚einer ordentlichen Objektliebe ungünstig.' Was Shakespeare als den eigentlichen Satz des Adonis gegeißelt hat, ist insofern ein Grundtext menschlicher Körperschönheit: ‚I know not love›, quoth he, ›nor will not know it‹ (409)."

an Aussagen der Evolutionsbiologie gekoppelt, welche sich nun (in Hinblick auf die ‚Moderne') besonders auf weibliche Schönheit und Schönheitspraktiken beziehen. Zwar registriert Menninghaus selbst, dass „alle Themen der Misogynie [...] damit ihren angestammten Ort in der Soziobiologie"[117] hätten, schwankt aber selbst zwischen einer Haltung beiläufiger Naturalisierung der als biologisch verursacht gedachten – und in Alltag, Literatur und Philosophie abgebildeten – Handlungsmuster einerseits und der expliziten Betonung, dass im Rahmen der menschlichen Kultur kein genetischer Determinismus existiere, andererseits:

> Weil der Mensch – und nur er – auf den Wandel der zunehmend selbstgeschaffenen Umwelt überwiegend nicht mehr mit natürlichen, sondern nur mehr mit intellektgestützten kulturellen Adaptionen reagiert, können genetisch fixierte archaische Verhaltensmuster um so ungestörter, weil von Veränderungsdruck entlastet, fortbestehen, auch wenn sie ihre einstmalige Adaptivität längst eingebüßt haben. Das heißt keineswegs, daß es in irgendeinem Einzelfall einen genetischen Determinismus des Verhaltens gibt. Es heißt allein, daß unter den vielen Variablen, die konkretes Verhalten in einzelnen Situationen steuern, auch mit unbewußten archaischen Adaptionen zu rechnen ist. Diese können unverbunden neben ganz neuen, kulturell erworbenen Mechanismen weiterwirken oder auch mehr oder weniger erfolgreich einer Kontrolle, ja, sogar Verboten unterworfen werden.[118]

Es ist diese Schnittstelle zwischen der biologischen Grundtatsache der sexuellen Selektion und dem hieraus – über Vermittlungsstufen entstehenden und durch die menschliche Kultur veränderten – (ästhetischen) Wahrnehmungsvermögen von Schönheit (des menschlichen Körpers und hieran anschließend der Kunst, der Natur etc.), welches Menninghaus zentral interessiert. Zu Beginn seines fünften Kapitels („Sexuelle ‚Wahl' und philosophische Ästhetik") gibt er noch einmal relativ pointiert eine Zusammenfassung jener Theoriebildungen (von Darwin, Darwin-Nachfolger*innen und Freud), welche er in den vorangehenden Kapiteln referiert hat, die hier ausführlich zitiert sei:

> Aus der Sichtung der Evolutionstheorie sexueller ‚Wahl' von Darwin bis heute ergibt sich folgende ‚Erzählung': Anders als es ein langer und noch heute vorherrschender Anthropozentrismus wahrhaben möchte, ist das Vermögen ästhetischer Unterscheidungen tendenziell im gesamten Tierreich entwickelt und mithin als archaische Erbschaft auf den Menschen gekommen. Sein primärer Anwendungsbereich sind körperliche Merkmale der eigenen Gattung, namentlich die sexuellen Dimorphismen des zur Fortpflanzungsfähigkeit herangereiften Körpers. Sein binärer Code ist die Unterscheidung von attraktiv vs. weniger attraktiv. Und seine Funktion ist die Steuerung von Paarungsverhalten und Reproduktionserfolg. Der adaptive ‚Vorteil', den die ästhetische ‚Wahl' verschafft, besteht dabei nicht – oder allenfalls in zweiter Linie – in der Beziehung zu dem besonders attraktiven Sexualobjekt. Es handelt sich vielmehr um einen rein selbstbezüglichen Vorteil – unabhängig davon, ob die Paarung gar kein, nur ein kurzes oder ein längeres Zusammenleben begründet. Die weibliche Wahl des schönsten Pfaus erfolgt, weil die Pfauendame darin *ihren eigenen* Vorteil sucht, weil die ästhetischen Vorzüge des männlichen

---

117 Ebd., S. 183.
118 Ebd., S. 192 f.

Tiers auch *für sie selbst* ein Versprechen größeren Reproduktionserfolgs sind. Oder anders: das ‚schöne Objekt' wird nicht um seiner selbst willen gewählt, sondern weil es ein besonders vielversprechendes Gefäß für die Selbstfortsetzung des Wählenden ist. [...]

Beim Menschen scheint sich schon in Urzeiten eine breitere Streuung sowohl von Anwendungsbereich als auch Funktion des ästhetischen Urteilsvermögens herausgebildet zu haben. Kulturell hergestellte Ornamente – Bemalungen, Kleidung, Schmuckstücke – unterstützen künftig die Sichtbarkeit des Körpers und werden Teil der sozialen Kommunikation. Doch nicht nur diese näheren, auch entferntere Metonymien von Körper und Selbst – tendenziell die gesamte Gestaltung der eigenen Lebenswelt – unterliegen zunehmend ästhetischer Besetzung. Schließlich kann die Entfernung vom primären Sexualobjekt so weit gehen, daß der Zusammenhang zwischen ästhetischer Beurteilung mit sexuellen Selektionsvorteilen immer indirekter und immer brüchiger wird. In der evolutionstheoretischen Perspektive Freuds ist dies geradezu die Grundtendenz der ‚Kultur': die Entmachtung direkter Genitalreize zugunsten sublimerer Formen von Schönheitsorientierung.[119]

Das kardinale Beispiel seiner Ausführung, das im Folgenden – und auch im eben zitierten Passus – immer wieder herangezogen wird, ist für Menninghaus dabei die Schönheit des Pfaus, in welcher er wiederum eines der „kardinalen Beispiele" Darwins sieht.[120] Dessen körperliche Merkmale zählten zu den Fällen, „in denen Darwin körperliche Mutationen nicht – oder zumindest nicht direkt – als Vermehrung umweltangepasster ‚fitness' erklären konnte."[121] Die Pfauenfedern, die im direkten Überlebenskampf eher Hindernis als Vorzug seien,[122] müssten ihren Wert für das Pfauenweibchen also – so die Überlegung – in sich selbst haben. Die „attraktive[] Form impliziert buchstäblich einen Berg von Leichen, von Opfern der natürlichen und sexuellen Selektion",[123] Darwins Analyse verschränke mithin „von Beginn an Schönheit und gesteigertes Todesrisiko",[124] was sich allein daraus erklären lasse, dass Pfauenweibchen einen Schönheitssinn entwickelt haben müssen.[125] Dabei muss aber auch festgehalten werden, dass gerade diese Übertragung distinkter „Themen der Schönheit", wie die Verwandtschaft von Schönheit und Tod, bei Darwin keinesfalls so pathetisch formuliert werden, wie Menninghaus sie zu reformulieren geneigt ist. Menninghaus' Verständnis des Pfauenbeispiels zeigt zugleich seine eigene Konstruktionsleistung, indem er offensiv reformuliert, was bei Darwin nur indirekt angelegt ist:

---

[119] Ebd., S. 216 f.
[120] Ebd., S. 68.
[121] Ebd., S. 67.
[122] Vgl. ebd., S. 68.
[123] Ebd.
[124] Ebd.
[125] Vgl., ebd., S. 69.

> Darwins Modell impliziert etwa folgende Erzählung: Vor vielen Millionen Jahren waren der spektakuläre Pfau und sein unscheinbares ‚Weibchen' zunächst nur wenig verschieden. Gleichwohl bemerkten die weiblichen Tiere an einigen männlichen Tieren – wie es aufgrund des fluktuierenden genetischen Polymorphismus innerhalb aller Gattungen jederzeit möglich ist – etwas verlängerte und/oder etwas stärker kolorierte Schwanzfedern als an anderen. Wenn die weiblichen Tiere zur Paarungszeit eine Chance zur Auswahl unter mehreren männlichen Tieren hatten, gaben sie vielfach den etwas auffallenden Exemplaren den Vorzug. Dieses konnte ihre vererbbaren körperlichen Eigenschaften – einschließlich des leicht auffälligen Gefieders – daher überproportional an die nächsten Generationen weitergeben. Die weibliche Präferenz für eine geringfügige relative Übertreibung der Schwanzfedern begünstigte, da sie von Generation zu Generation stetig erhöhte Normwerte vorfand, immer extremere absolute Werte des begehrten Merkmals. Diese Koevolution von Präferenz und Merkmal schaukelte sich endlich bis zur vollen Ausprägung und genetischen Fixierung des prachtvollen Pfauenrades hoch, das im täglichen Leben nicht sehr nützlich ist, aber doch gelegentlich die wichtige Leistung vollbringt ‚to excite or charm the female'. (II 99)[126]

Diese grundsätzliche, der generellen ‚fitness' zuwiderlaufende Emergenz sexuell attraktiver Merkmale ist für Menninghaus die Geburtsstunde des Ornaments, der Ästhetik, des Schönheitssinns *per se*. Von hier aus rekonstruiert er im Folgenden die Entstehung menschlicher Ästhetik aus dem Urgrund der evolutionären Entwicklung des Menschen, für dessen Abstammung vom Affen ein der Entwicklung des Pfaus analoger Effekt angenommen wird, und überbrückt dabei beispielsweise Lücken dieser Genealogie der Ästhetik mit Theoriebildungen Sigmund Freuds (Kapitel IV: „Freuds Hypothese: die ursprüngliche Kulturalität menschlicher Schönheit"). Die Ausbildung eines allgemeinen Sinnes für Ästhetik jenseits des menschlichen Körpers selbst verläuft dabei über die als ‚schön' wahrgenommenen Merkmale des Körpers, ihre künstliche Verstärkung durch kosmetische Eingriffe, ihre Ausweitung auf dem Körper externe Dinge durch die Applikation von Ornamentierungen und dinglichem Schmuck hin zum als schön wahrgenommenen, vom Körper entkoppelten Ding selbst, von wo aus die Wahrnehmung von ‚Schönheit' freigesetzt erscheint und auf Natur, Dinge, Bauwerke, ja, sogar Ideen übertragbar wird. Dabei ist festzuhalten, dass Menninghaus den Begriff ‚schön' – wie auch der von ihm ausgelegte Darwin – sehr, vielleicht zu frühzeitig einführt, indem er ihn suggestiv nicht erst im Rahmen der „selbstgeschaffenen Kultur"[127] ansetzt. Mag man auch die rekonstruierte Kette der Entwicklung des ‚ästhetischen Empfindens' für plausibel halten, so erscheint es doch fraglich, die Perzeption eines sexuelle Attraktion auslösenden Merkmals durch das Pfauenweibchen mit der Wahrnehmung von ‚Schönheit' gleichzusetzen, insofern das Pfauenweibchen, anders als der Mensch, die Merk-

---

[126] Ebd. S. 81 f. – Es bleibt zu fragen – und weder Darwin noch Menninghaus thematisieren dies –, wie auf der dem Pfauenmännchen entgegengesetzten Seite, in der Wahrnehmung des Pfauenweibchens, die Evolution einer kognitiven Disposition zu erklären ist, welche die Männchen mit den farbigen Schwanzfedern bevorzugt.
[127] Vgl. etwa ebd., S. 129.

male, die es anziehen, nicht als ‚schön' benennt und nicht nach analogen Phänomenen beim Zebrafinken, bei Blumen oder beim Menschen fragt, die es anschließend unter demselben Begriff zu versammeln bestrebt ist.[128] Der Wahrnehmung des sexuellen Attraktors fehlt zudem die Summe der diskursiven Implikationen und Konnotationen des Epithetons ‚schön' und des zugehörigen Substantivs ‚Schönheit' (nämlich: Schönheit und das Gute/der Tod/die Untreue/die Täuschung/die Virginität), welche Menninghaus beständig mitführt und zum Fragegenstand macht, auf den er von der Evolutionsbiologie eine Antwort zu erhalten hofft.

Es ist dabei zudem auffällig, dass in Menninghaus' eigener Erzählung, die den Fokus stärker als Darwin auf die Übertragbarkeit evolutionsbiologischer Erkenntnisse auf menschliche Kultur legt, diese kulturellen Betrachtungen zum einen im Wesentlichen eurozentristisch bleiben,[129] zum anderen jedoch die europäische Kultur aus antiken Mythologemen einerseits und – bei Shakespeare wieder einsetzend – ‚moderner' Literatur, Philosophie und Alltagswelt andererseits zusammensetzen, sobald sie den Boden der tierischen und der frühmenschlichen Evolution verlassen haben. Dass in dieser Genealogie europäischer Kultur und Schönheitswahrnehmung ausgerechnet das

---

[128] Ähnlich verfährt beispielsweise der Ornithologe Josef H. Reichholf: Der Ursprung der Schönheit. Darwins großes Dilemma. München 2011, der wiederum Menninghaus rezipiert hat (vgl. ebd., S. 285), wenn er (ebd., S. 10) betont: „Niemand wird ernstlich bezweifeln wollen, das Rad eines Pfauenhahns hätte nichts [sic] mit Schönheit zu tun, weil die Henne als Vogel kein Empfinden dafür haben kann. Man mag über den Begriff ‚Schönheit' unterschiedlicher Meinung sein. An der Besonderheit des Pfauenrades ändert das nichts. Wie hätte ein so luxuriöses Gebilde ohne besondere Bedeutung für die Pfauenhenne zustande kommen können?" Während hier zwar ein latentes Bewusstsein für die Differenz zwischen nicht-menschlicher Wahrnehmung und menschlicher Semantik erkennbar ist, wird diese Unterscheidung bedenkenlos vom Tisch gewischt. Schon Karl Eibl: Rez. Josef H. Reichholf: Der Ursprung der Schönheit. Darwins größtes Dilemma. In: Arbitrium 30 (2012), S. 14–19, hat einerseits auf den „verunglückten Satzbau" (ebd. S. 19) der zitierten Stelle und andererseits auf die Notwendigkeit der Differenzierung hingewiesen: „Zu unterscheiden wäre insbesondere zwischen Attraktivität und Schönheit, und sei es auch nur, um den Zusammenhang zwischen beiden genauer beschreiben zu können" (ebd., S. 18). Auch bei Reichholf muss die latent anthropomorphisierende Sprache auffallen, insofern er nicht nur bereit ist, Attraktion umstandslos mit Schönheit zusammenzudenken, sondern in Hinblick auf den Pfau auch von „unverständlichem Luxus" (Reichholf, Ursprung, S. 11) spricht, die ‚Sexuelle Selektion' eine „Damenwahl" (ebd., S. 10) nennt, in Hinblick auf den Hirsch vom „‚Kommentkampf', wie bei alten Ritterturnieren" (ebd., S. 82) schreibt und das Aussterben des Riesenhirsches gar auf eine Art von impliziter Sündenfallerzählung zurückführt: „Sein Ende drückt aus, wohin eine allzu übertriebene Sexuelle Selektion führt. Den Weibchen des Riesenhirsches geriet ihre eigene Wahl gleichsam außer Kontrolle. Die von ihnen bewirkte Selektion lief ihnen selbst davon. ‚Runaway selection' wurde ein solcher Vorgang genannt" (ebd., S. 73).

[129] Der Blick fällt immer dann auf nicht-europäische Kulturen, wenn die rezipierte Forschung ihn dorthin lenkt, wie es beispielsweise bereits in Darwins Kapiteln zu Schönheits- und Kosmetikpraktiken verschiedenster Völker und „Rassen" geschieht. Ansonsten werden mehrfach die zusammengeschnürten Füße chinesischer Frauen erwähnt oder es wird bspw. ohne nähere Belegstellen universalisiert, dass „fast alle Kulturen Mythologien der verderbenbringenden Schönheit vom Typ der *femme fatale* hervorgebracht haben" (Menninghaus, Versprechen, S. 214).

Zeitalter dazwischen, das ‚Mittelalter' im Wortsinn, kommentarlos übersprungen wird, muss angesichts des in der Mediävistik allseits konzedierten Schönheitskultes jener hier fehlenden Jahrhunderte erstaunen. Diese stellen in Menninghaus' Darstellung indessen nicht einmal ein von ihm unerforschtes aber zu erforschendes ‚missing link' und Desiderat dar.[130]

Bei Menninghaus' Übertragungen zwischen evolutionsbiologischen Erklärungen und Literatur bleibt zu fragen, welchen interpretatorischen Mehrwert sie für die Analyse (vormoderner) Texte zeitigen, bieten sie doch – gesetzt den Fall, sie lassen sich im Einzelfall in ihrer Beweisführung halten – eine Erklärung von solch erschlagender Universalität an, dass sie im Detail – das heißt: am Text – nichts mehr zu erklären vermögen. Die maximale explikative Kraft lässt die Interpretation im Detail erlöschen. Polemisch verkürzt: Es mag wahr sein, dass die Antwort auf die Frage nach der Ursache eines beliebigen Phänomens in der Regel und zu Recht „Physik und/oder Evolution" lauten kann; diese Antwort ist jedoch nicht in der Lage, die komplexen diskursiven Konstruktionen zu analysieren und zu rekonstruieren, welche menschliche Kultur rund um die – als vorkulturell verstandenen – Kernbestände der physischen Verfasstheit, der Existenz und der fortlaufenden, variierenden

---

130 Im Ganzen figuriert „das Mittelalter" – soweit ich sehe – in Menninghaus' Text nur ein einziges Mal und zwar in einer beiläufig eingeführten Genealogie der Kunst, welche Charakteristika moderner Kunst von älterer abzuheben versucht, nämlich Menninghaus, Versprechen (2007), S. 286: „Die Schönheit der Kunst gehört nicht weniger der Vergangenheit an, allen voran die griechische Antike, aber auch andere vergangene Zeiten (Rom, das Mittelalter, die Renaissance)." Dabei wäre es in der Tat einfach, Menninghaus' Ergebnisse und seinen Analysemodus auf mittelalterliche Literatur zu übertragen. Die – oben zitierte – Einschätzung Anna Köhns, dass man sich nicht wundern solle, „wenn alle die Frauen, denen wir in der höfischen Dichtung begegnen, und deren Schönheit in einzelnen Zügen beschrieben wird, sich auf den ersten Blick so ähnlich sehen" (Köhn, Schönheitsideal, S. 3), ließe sich an die bei Menninghaus breit diskutierten Ergebnisse empirischer Attraktivitätsforschung anbinden, welche ergeben haben, dass „durchschnittliche Körperformen" als besonders schön wahrgenommen werden (Menninghaus, Versprechen, S. 185–188). Die in mittelhochdeutschen *descriptiones* wiederkehrende Leerformel, dass bestimmte Körperteile *ze mâze* lang oder groß seien, ließe sich umstandslos mit der Erkenntnis verbinden, dass synthetisch erstellte Abbildungen von Gesichtern, welche aus einer Vielzahl von realen Photographien gemittelt worden sind, als besonders schön wahrgenommen werden (ebd.). Auch die offenbare Vorliebe für die Kombination von Rot und Weiß als Zeichen weiblicher Schönheit ließe sich – ebenso zwanglos – an existierende Überlegungen dazu anschließen, dass es eine scheinbar universelle menschlichen Tendenz gibt, die gegebene Physiognomie zu verstärken (ebd., S. 77, hier mit Zitat aus Darwins *The Descent of Man*: „[M]an admires and often tries to exaggerate whatever characters nature may have given him", verbunden mit der Feststellung: „until recently European women added to their naturally bright colours by rouge and white cosmetics"). Ebenfalls wäre sie anschließbar an die These zur Verschiebung der Funktion der genitalen Labia auf die erogenen Lippen beim weiblichen Menschen (ebd., S. 212 – die Funktion der männlichen Lippen bleibt offen) oder die These, dass rote Lippen und Wangen ein Gesundheitssignal seien (ebd., S. 152). Die grundsätzliche Identifizierung weiblicher Schönheit mit körperlich-sexueller Attraktion lässt sich – einfacher als alles andere – an die Idee sexueller Selektion rückkoppeln.

Reproduktion evolvierender Organismen errichtet hat. Für das Verständnis des Textes, der Kultur, welche ihn produziert hat, und der Diskursmuster ihrer Subjektivierungsformen bietet etwa der Verweis auf die evolutionäre Herkunft der roten Wangen Enites im *Erec* keinerlei Aufschluss. Evolutionstheorie mag erklären können, warum sich Enites Wangen rot und nicht gelb färben, sie kann jedoch nicht darstellen, welche Implikationen das Körperzeichen der Röte im Rahmen des – von einem in soziale und diskursive Netze eingebundenen, dichtenden Subjekt entworfenen – Sprachzeichens ‚*Erec*' trägt, dem jede Einsicht in die Evolutionsbiologie – Gnade/ Fluch der frühen Dichtung! – verwehrt ist. Wenn auch die Bedingung jeder menschlichen Aktivität in der Herkunft seiner Physis aus dem Prozess der Evolution liegt, welche den Ermöglichungsrahmen seiner Existenz und seiner Intelligenz bildet, so bildet doch nicht jedes Produkt dieser Intelligenz wiederum selbst die Regeln der sexuellen Selektion und der Evolution ab.

Es ist letztlich – entgegen der Lektüre bei Menninghaus – schon Darwin selbst, der noch 1872 in einer Wiederauflage von *The Origin of Species* die Wahrnehmung von ‚Schönheit' ins Reich des menschlichen Denkens verweist, wenn er – einen neuen Passus einfügend – bemerkt, „that the sense of beauty obviously depends on the nature of the mind, irrespective of any real quality in the admired object; and that the idea of what is beautiful, is not innate or unalterable."[131] Zwar nutzt Darwin den Begriff der Schönheit für die Tierwelt, es zeigt sich aber zugleich, dass der Begriff, den er offenbar anfangs durchaus als *common sense*-Begriff genutzt hat, umso stärkere Beachtung und Differenzierung, ja, Skepsis erfährt, je länger er mit ihm konfrontiert ist; je mehr Auflagen seine Texte erleben, desto vorsichtiger und umsichtiger fasst Darwin selbst den Schönheitsbegriff in Hinblick auf die Tierwelt und fügt in das Vogelkapitel einer Wiederauflage von *The Descent of Man* (1875) beispielsweise den Satz ein: „In man, however, when cultivated, the sense of beauty is manifestly a far more complex feeling, and is associated with various intellectual

---

131 Charles Darwin: The Origin of Species, 6. Aufl. London 1872, S. 160. – Zwar nennt Darwin im Folgenden ‚schön', was menschlicher Wahrnehmung als schön erscheint, er führt jedoch demonstrativ Beispiele niederer Lebewesen ins Feld, die sich – anders als der Pfau – der Wahrnehmung durch potentiell ebenfalls ‚ästhetisch' wahrnehmende Artgenossen entziehen – nämlich die prähistorischen, fossilen Ammoniten in menschlichen Naturkundesammlungen, die nur unter dem menschlichen Mikroskop wahrnehmbaren Kieselalgen und Blumen, welche ihre ‚schönen' Charakteristika im Wechselspiel mit der Wahrnehmung durch Insekten erlangt haben – und differenziert diese menschliche Wahrnehmung stets sorgsam gegen die Funktion, die die als ‚schön' wahrgenommenen Merkmale haben, nämlich: anlocken, Aufmerksamkeit erzeugen, Begehren auslösen. Er konstatiert, ebd. S. 162: „How the sense of beauty in its simplest form – that is, the reception of a peculiar kind of pleasure from certain colours, forms and sounds – was first developed in the mind of man and of the lower animals, is a very obscure subject." In Bezug auf Säugetiere wie Elefanten vermerkt Darwin, Descent (1981), S. II.295, vorsichtiger: „Quadrupeds manifestly take notice of colour." Der qualitative Unterschied zwischen „Farbwahrnehmung" und „Ästhetik" ist manifest.

ideas"[132] – dieser Satz ist in der von Menninghaus konsultierten und zitierten („Urtext'-)Ausgabe[133] allerdings nicht vorhanden.

Zusammenfassend lässt sich vielleicht konstatieren, dass Menninghaus sicherlich einen Beitrag zur Darstellung des ‚Versprechens der Attraktivität' – verstanden als die Potenz körperlicher Merkmale, sexuelle Anziehung in einem anderen Individuum auszulösen – leistet, vielleicht sogar zu der Frage, wie ein Sinn für ‚Ästhetik' – als kulturierte Wahrnehmung Begehren auslösender Merkmale – entstanden ist. Die Frage aber, an welchem Punkt jene Attraktivitätsmerkmale im diskursiven Rahmen menschlicher Kultur als ‚schön' enunziert[134] werden und so in einen Diskurs über ‚das Schöne' und ‚Schönheit' eintreten, in diesem verspannt und mit anderen Diskursgegenständen (‚Kunst', ‚Natur', ‚Ethik' usw.) in Kontakt gebracht, verknüpft und überblendet werden, welche *per se* so unähnlich sind, dass ihre ‚Vergleichbarkeit' mit menschlicher, körperlicher Attraktivität nur als Leistung eines metaphorischen Denkens *sui generis* verstehbar sind,[135] bleibt ebenso ungeklärt wie die hieran anschließende Frage, was „Schönheit" – welche anders als ‚Attraktivität' nur im Rahmen eben dieses diskursiven Netzes und konnotativen Rahmens verstehbar bleibt – denn nun für ein „Versprechen" bereithält.

(4) Es steht die Frage im Raum, welchen Zweck das Referat der verschiedenen Ansätze bis hierher hat, da es sich hier offenbar nicht um einen Forschungsüberblick im engeren Sinne handelt.

Die Forschung zum Schönheitsideal ist alt und in ihrem Aussagwert durch unüberbrückbare Hürden stark begrenzt, insofern die poetorhetorische Durchformung der als Quellenmaterial dienenden Texte vielleicht einerseits von vorne herein Befunde produziert, die jenseits dessen liegen, was hier erfragt werden soll, und die andererseits gerade in ihrer stark konventionalisierten Selbstbeschränkung keine wirklich konkreten Inhalte, sondern allenfalls Hohlformen entwickelt, die lediglich Schlüsse auf allgemein(st)e Prinzipien, nicht jedoch auf konkrete, soziologisch relevante Vorstellungen von Schönheit verweisen. Die katalogartige Sammlung von Schönheitsmerkmalen oder von geistesgeschichtlichen Prinzipien, wie beispiels-

---

132 Charles Darwin: The Descent of Man, and Selection in Relation to Sex, New York 1875, S. 359 (Kap. 13: Secondary Sexual Characters of Birds).
133 Menninghaus zitiert nach: Charles Darwin: The Descent of Man, and Selection in Relation to Sex. Hrsg. von John Tyler Bonner, Robert M. May. Princeton 1981, die entsprechende Stelle dort S. II.39.
134 Vgl. hierzu bspw. in Daniel Wrana et al. (Hrsg.): DiskursNetz. Wörterbuch der interdisziplinären Diskursforschung. Frankfurt a. M. 2014, die Lemmata „Äußerung" (S. 43 f.) und „Aussage" (S. 45 f.).
135 Es würde sich – im Umkehrschluss – vielleicht lohnen zu fragen, welche evolutionäre Leistung die Entstehung des metaphorischen/metonymischen Denkens darstellt und die Frage nach den wesentlichen dieser Metaphern und Metonymien in unserer Kultur mit dem Konzept der ‚Schönheit' zu verbinden.

weise der Bedeutung, welche Leitbegriffen wie *mâze* zukommt, scheint im Ganzen ausgeschritten zu sein.

Eine Perspektive auf körperliche Schönheit über die Frage nach einer mittelalterlichen Ästhetik zu entwickeln, kann zwar auf eine gewisse Verankerung in der Forschungsgeschichte der letzten achtzig Jahre zurückblicken, sie stellt jedoch gleichfalls keinesfalls einen rezenten Ansatz dar. Besonders die Einführung zweier so widersprüchlicher und gegensätzlicher ‚Theoretiker' wie Scruton und Menninghaus, welche – zweifelsfrei – ohne Not und willkürlich geschehen ist, bedarf wohl einer Rechtfertigung.

Zum Stand der Forschung lässt sich sagen, dass das bisherige Referat alter und ältester Positionen demselben – leider – nach wie vor gerecht wird. Was in Textkommentaren oder randständigen Fußnoten als *common sense*-Wissen perpetuiert wird, hat sich grundsätzlich nicht von gewissen topischen Reflexen entfernt, deren Grundlegung die Kernaussagen einer alten Forschung zum Schönheitsideal und zur Ästhetik gestiftet haben. Die Einführung von Scruton und Menninghaus in das alte Feld der Ästhetik diente hier vor allem einem explorativen Zweck: Wenngleich auch im Folgenden ihre theoretische Grundlage und ihr methodisches Vorgehen nicht adaptiert werden sollen, so lassen sich doch an ihren Positionen mustergültig und zwanglos gewisse Kernfragen, mit welchen das – diskursive, nicht ontologische – Phänomen körperlicher Schönheit umstellt wird, ableiten. Wie sich bei Scruton zeigt – und das ist zunächst sehr banal –, ist eines der Kernthemen der Beschäftigung mit Schönheit – ganz gleich ob mit humaner oder non-humaner – an die Frage nach ihrem Wert gebunden, sei es, dass Schönheit das Gute abbilden oder bezeichnen soll, sei es, dass – ontologisch gedacht – Schönheit selbst für Gutheit gehalten werde.

Die erste Frage, die sich also ganz offenbar ergibt, ist diejenige, wie der Zusammenhang zwischen Schönheit und Gutheit gestiftet werde, und die zweite, direkt abzuleitende Frage muss sein, was überhaupt als ‚Gutheit' begriffen wird und warum, mithin: warum dieses jeweilige Gute in einen Bezug zu einer – wo auch immer vorzufindenden – Schönheit gesetzt wird (vgl. hierzu Kap. III). Hieran schließt die Frage an, warum und inwiefern eine Allianz zwischen Schönheit und der ‚Vernunft' gestiftet wird, die sowohl Scruton als auch Menninghaus auf je unterschiedliche Art stiften. Die Beschäftigung mit Scruton und Menninghaus hat weiterhin gezeigt, dass es konstant zu einer Vermischung der verschiedensten Gegenstandsbereiche kommt und es stellt sich – im Umkehrschluss – die Frage, wie sich eigentlich Schönheit im Hinblick auf jene Teilbereiche organisiert, was also die Spezifik des Sprechens über Schönheit ausmacht, wenn von einem Menschen, von Natur, Kunst oder anderem die Rede ist. Wie kommt es, dass mit Schönheit offenbar eine Form von Begehren verknüpft ist, welches sich auf den schönen ‚Gegenstand' – human oder nicht human – richtet? Wieso nimmt dieses Begehren einmal die Form des sexuellen Begehrens (menschlicher Körper) und einmal des nichtsexuellen Begehrens (Kunst, Natur etc.) an? Warum wird Schönheit – in der modernen Ästhetik zumindest – vom Verdacht der ‚Unkeuschheit' befreit, insofern diese ein ‚interesseloses Wohlgefallen' einfordert, das gerade keinen Zweck verfolgt, und eine analoge Struktur auch für menschmenschliches Begehren errichtet, indem hier – wie bei Scruton argumentiert – das Begehren weg vom Körper hin auf die ‚Person' gerichtet wird? Warum entsteht ein Zusammenhang zwischen Jungfräulichkeit und Schönheit? Wieso also wird Schönheit eine Begehrensstruktur zugeordnet und weshalb nimmt dieses Begehren den Modus des (ethischen, moralischen) Problems an? Warum und inwiefern ist Schönheit, wenn sie als wahrheitsfähig gilt, mit dem Vorwurf der Täuschung konfrontiert? Ist dieser Vorwurf der Täuschung gegen einige Formen von Schönheit nicht vielleicht Effekt des Bemühens, die Wahrheitsfähigkeit anderer Formen von Schönheit weiterhin behaupten zu können? Können in der Art und Weise, wie über Schönheit des menschlichen Körpers gesprochen wird, geschlechtsspezifische Unterschiede identifiziert werden? Wieso tritt zu Beginn des 21. Jahrhunderts u.Z. ein Wissenschaftler an, mithilfe evolutionsbiologischer Herkunftserzählungen eine Verbindung zwischen sexuellem und nichtsexuellem ‚ästhetischem' Begehren zu stiften? Wieso sucht er im Humangenom nach einer Erklärung für die Themen, die ihm die Literatur anbietet, wie der Zusammenhang von Schönheit und Tod, Schönheit und Untreue, Schönheit und Täuschung, Schönheit als Auslöserin von Hochmut und Hybris, Schönheit als Versprechen eines – hier genetisch(!), dann, daraus folgend, ethisch definierten – Guten? Inwiefern, so lässt sich in Hinblick auf Scruton zudem fragen, ist das Sprechen über Schönheit eben auch ein sozialer, vergemeinschaftender Code, der eine spezifische Ethik stiftet? Warum nimmt die Reflexion über Schönheit so oft die Form einer *laudatio temporis acti*, des Lobs einer nicht vergangenen, aber anderen, alternativen Zeit an? Warum ist das Schöne so häufig das Andere?

Es können also neben den Kernfragen und -themen in deren Reformulierung zugleich Kernprobleme des Sprechens über Schönheit – diesseits und jenseits der mediävistischen Germanistik – gezeigt werden. Die Einführung diente bis zu diesem Punkte also vor allem auch dazu, auf gewisse blinde Flecken des traditionellen Sprechens über Schönheit hinzuweisen, nämlich auf die vielen unhinterfragten Prämissen, die blinden Flecken und stillschweigenden Naturalisierungen und Ontologisierungen. Indem diese aufgezeigt werden, wird der Blick auf diejenige Ebene freigegeben, auf der ihre Verwirrungen und Überblendungen, ihre pathetischen Erzählungen stattfinden: der Blick wird frei auf die Ebene des Diskurses.

Am Ende müssen sich sowohl Menninghaus als auch Scruton fragen lassen, was die Verbindung zwischen dem guten Kaffee (Wittgenstein), der Tür (Scruton), dem Zebrafinken (Menninghaus),[136] der Tulpe (Kant)[137] und der weiblichen Brust über-

---

136 Vgl. Menninghaus, Versprechen, S. 188–192.
137 Immanuel Kant: Die Kritik der Urteilskraft. Hrsg. von Manfred Frank, Véronique Zanetti. Frankfurt a. M. 2009, hier S. 564, Z. 26.

haupt stiftet.¹³⁸ Welche Kraft ist es, die diese seltsame Allianz zwischen dem Kaffee und der Brust begründet, welche entfernt an die Systematik der Tiere in jener bei Michel Foucault zitierten „gewissen chinesischen Enzyklopädie" aus einem Text von Jorge Luis Borges erinnert: „a) Tiere, die dem Kaiser gehören, b) einbalsamierte Tiere, c) gezähmte, d) Milchschweine, e) Sirenen, f) Fabeltiere, g) herrenlose Hunde, h) in diese Gruppierung gehörige, i) die sich wie Tolle gebärden, k) die mit einem ganz feinen Pinsel aus Kamelhaar gezeichnet sind, l) und so weiter, m) die den Wasserkrug zerbrochen haben, n) die von weitem wie Fliegen aussehen"?¹³⁹ Welche aphasische Leistung¹⁴⁰ gruppiert die unähnlichsten Gegenstände entsprechend einer jeweils aus ihnen selbst beziehungsweise aus der jeweiligen inhärenten Korrespondenz ihrer je

---

138 Wie menschlich, allzumenschlich die Reihen wider jede Logik und Systematik, ganz nach präformierten epistemischen Ordnungen gebildet werden, lässt sich leicht zeigen. Das für Menninghaus so zentrale Argument Darwins – „On the whole, birds appear to be the most æsthetic of animals, excepting of course man, and they have nearly the same taste of the beautiful as we have. This is shewn by our enjoyment of the singing of birds, and by our women, both civilizes and savage, decking their heads with borrowed plumes, and using gems which, are hardly more brilliantly coloured than the naked skin and wattles of certain birds.", (Darwin, Descent [1981], S. II.39) – kann nicht greifen. Der Mensch schmückt sich auch mit Nerz- und Fuchsfellen; gleichwohl ist die evolutionäre Ästhetik nicht auf die Idee verfallen, dem Fuchs oder dem Nerz einen dem Menschen homologen Sinn für Schönes zu unterstellen, obgleich er doch ein ‚schönes' Fell hervorgebracht hat. Dieses Argument verfängt in Hinblick auf das ‚schöne Geschlecht' der „geflügelten Bürger beblätterter Zweige" (Barthold Hinrich Brockes) allein deshalb, weil die Vögel mit dem anthropomorphisierenden Schönheitsdiskurs längst verflochten worden sind. Auch der Pavian hat ein distinktes Äußeres, welches von seinem Gegenüber als sexuell ‚attraktiv' wahrgenommen werden muss, um eine Paarung zu ermöglichen; indessen wird sozialbiologische Attraktivitätsforschung am Pavian nicht unter dem Schlagwort der Schönheit des Pavians durchgeführt und der Einfluss des exquisiten, dekorativen, prächtigen, ja: des *schönen* roten Genitalbereichs der weiblichen Paviane auf das Paarungsverhalten nicht in diesen Worten erfragt, obgleich männliche Paviane sich hier visuell orientieren. Menschen untersuchen ‚Schönheit' und ihre Wirkung *innerhalb* des Tierreiches offenkundig in der Regel dort, wo sie selbst Schönheit identifizieren, nicht jedoch überall dort, wo Tiere optisch (sexuelle) ‚Attraktion' erfahren.
139 Zitiert nach Foucault, Ordnung der Dinge, S. 17.
140 Foucault, Ordnung der Dinge, S. 20 f.: „Es scheint, daß bestimmte Aphasiker nicht auf kohärente Weise die mehrfarbigen Wolldocken ordnen können, die man ihnen auf einem Tisch vorweist, als könne dieses Rechteck nicht als homogener und neutraler Raum dienen, in dem die Dinge die zusammenhängende Ordnung ihrer Identitäten oder Unterschiede und das semantische Feld ihrer Bezeichnung gleichzeitig manifestieren. Sie bilden in diesem abgegrenzten Raum, in dem die Dinge sich normalerweise aufteilen und bezeichnen, eine Multiplizität kleiner klumpiger und fragmentarischer Gebiete, in denen namenlose Ähnlichkeiten zusammen die Dinge in diskontinuierlichen Inselchen agglutinieren. In eine Ecke stellen sie die hellsten Docken, in eine andere die roten, woandershin die, die von wolliger Konsistenz sind, dann die längeren, entweder die, die ins Violette gehen, oder die, die zu einem Knäuel zusammengeknüpft sind. Kaum sind die Gruppierungen skizziert, lösen sie sich schon wieder auf, weil die Identitätsfläche, durch die sie gestützt werden, sei sie auch noch so eng, doch zu weit ausgedehnt ist, um nicht unstabil zu sein. Und bis ins Unendliche sammelt der Kranke zusammen und trennt, häuft er die verschiedenen Ähnlichkeiten auf, zerstört er die evidentesten und verstreut die Identitäten, überlagert die verschiedenen Kriterien, gerät in Erregung, beginnt von neuem, wird unruhig und gelangt schließlich an den Rand der Angst."

eigenen, mit einander in Beziehung stehenden Merkmale[141] abgeleiteten Qualität namens ‚Schönheit' so zusammen, dass sie gemeinsam an einer abstrakten, ideellen Klasse, dem ‚Schönen', zu partizipieren beginnen?

II.2 ... et de apto

> *Ein völlig anderes Spiel wird zu verschiedenen Zeiten gespielt.*
> ([Wittgenstein:] *Vorlesungen über Ästhetik*, S. 20)
>
> *„‚I wasn't always smart, I was actually very stupid in school [...] [T]here was a boy who was very attractive who was even stupider than I was. And in order to ingratiate myself with this boy who was very beautiful, I began to do his homework for him – and that's how I became smart [...]. In a sense,'" Foucault concluded with a flourish, „‚all the rest of my life I've been trying to do intellectual things that would attract beautiful boys.'"*
> (Michel Foucault[142])

Welche Sorte Beitrag – wenn die Erarbeitung eines Schönheitsideals, das Ausarbeiten einer ästhetischen Theorie oder die Analyse anthropologischer, psychologischer oder biologischer Fragestellungen bereits ausgeschlossen sind – welche Sorte Beitrag also *will* die vorliegende Arbeit leisten? Welches Feld der Betätigung bleibt ihr noch? Die Stoßrichtung ist bereits angeklungen – die vorliegende Arbeit betritt das *Feld der Diskursanalyse*, mithin der *Wissensarchäologie* im Foucault'schen Sinne –, die Antwort bleibt indessen zu differenzieren.

II.2.1 Das totale Spiel der Worte: Sprachkritik und Diskursanalyse (Wittgenstein, Foucault, Bourdieu)

Aus den 1966 posthum nach Mitschriften seiner Schüler veröffentlichen *Lectures and Conversations on Aesthetics, Psychology and Religious Belief* Ludwig Wittgensteins (1889–1951)[143] ist zwar keine kohärente Lehre zu Fragen der Ästhetik oder der Schönheit zu entnehmen, nichtsdestoweniger ist in ihnen der starke sprachskeptische Ansatz erkennbar, welcher in ästhetischen Fragen, so wie sie gestellt werden, Verwicklungen

---

[141] Modi der Merkmalbeziehung, welche in der westeuropäischen Kultur besonders häufig zur Qualifikation eines Gegenstandes als ‚schön' führen, sind bspw. ‚Proportion' und ‚Symmetrie'.
[142] James Miller: The Passion of Michel Foucault. New York 1993, S. 56. – Miller zitiert hier aus einem Interview mit dem Schriftsteller Edmund White vom 12. März 1990.
[143] Die Vorlesungen zur Ästhetik haben im kleinen Kreis in Wittgensteins Privaträumen im Jahr 1938 stattgefunden (vgl. ebd., S. 9).

und Verlockungen einer Sprache und ihrer Grammatik erkennt. Im eigengesetzlichen Spiel der Sprache werde der Gegenstand ‚Ästhetik' überhaupt erst ontologisiert, wohingegen ihm keine Referenz jenseits der Sprache zukomme:

> Der Gegenstand (Ästhetik) ist sehr umfassend und wird, wie mir scheint, völlig mißverstanden. Der Gebrauch eines Wortes wie ‚schön' führt sogar noch eher zu Mißverständnissen, wenn man die linguistische Form der Sätze, in denen es auftaucht, betrachtet. ‚Schön' [und ‚gut' – R.[144]] ist ein Adjektiv, und so könntest du versucht sein zu sagen: „Dies hat eine bestimmte Qualität, nämlich die, schön zu sein."[145]

Es ist hier nicht weiter erheblich, inwieweit diese Gedanken auf Wittgenstein selbst oder das produktive Umfeld einer Gruppe denkender, in gedanklichem Austausch stehender Menschen zurückgeht, wichtig ist der Steinbruch der Idee(n) und was sich aus ihm entwickeln lässt, denn der Ansatz, Sprache als etwas zu verstehen, was uns „völlig neue Streiche" spielt,[146] führt zu einem veränderten Blick auf das oben exemplarisch referierte Postulat Scrutons und die evolutionsbiologische (Re-) Konstruktion Menninghaus', dass man ebenso von Dingen wie von abstrakten Ideen, von Natur und von Kunst, von Tieren, Objekten und Menschen, Eigenschaften und Handlungen, Aussagen, Welten, Beweisführungen, Schlangen, Krankheiten und dem Tod, ja, „praktisch jede[r] ontologische[n] Kategorie"[147] als ‚schön' reden könne. Letztlich nimmt die Vorstellung, dass hier eine sprachliche „Verwirrung"[148] den Anschein der ontologischen Essenz ‚hinter' der Menge der Bezeichnungsakte als sprachliche Suggestion entstehen lässt, jene Idee ernst, welche Scruton selbst als Einwand abwehrt, wenn er beteuert, dass gerade hier *kein* metaphorisches Sprechen vorliege, „auch wenn [der Begriff ‚schön'] auf eine Vielzahl völlig unterschiedlicher Objekte angewendet werden kann."[149] Diese Idee der *Lectures* dreht sogar jenes Feld, das für Scruton zu einem Akt elitistischer, potentiell chauvinistischer Selbstverständigung einer exklusiven (hoch-)kulturellen Kommunikationsgemeinschaft wird, nämlich das Feld der ästhetischen „Kennerschaft", um. Scruton unternimmt den Versuch, einerseits die ontologischen Dimensionen der Ästhetik zu bewahren und diese andererseits mit der Dimension sozialer Kommunikativität von Ästhetik (Bourdieu, *Die feinen Unterschiede. Kritik der gesellschaftlichen Urteilskraft*[150]) zu verbinden, und bewerkstelligt dies, indem er Ontologie *und* Habitus gleichermaßen zur Grundlage einer notwendigen Selbstverständigung und Selbstvergewisserung der sozialen Gruppe erklärt, welche zuallererst das friedliche,

---

144 Hinter dem „R." verbirgt sich einer der Studenten, aus dessen Notizen die ‚Vorlesungen' zusammengestellt sind, nämlich Rush Rhees, bei welchem der Konnex zwischen ‚schön' und ‚gut' überliefert ist.
145 Wittgenstein, Vorlesungen, S. 11.
146 Ebd.
147 Scruton, Schönheit, S. 11.
148 Wittgenstein, Vorlesungen, S. 11.
149 Scruton, Schönheit, S. 12.
150 Siehe ebd., S. 90 u. 256.

das humane, das ethische Überleben einer Gesellschaft sicherten. Dieses Argument ist freilich ein sozial exklusives, hinter dem die Idee steht, dass Kultur und Gesellschaft – als Garanten der friedlichen Koexistenz einer Gruppe von Individuen – alleine dann denkbar sind, wenn sie homogen *bleiben*, was durch ästhetische Eichung als Grundlage (universaler) sittlicher Entscheidungen einerseits[151] und – konsequent weiter gedacht – durch Ausschlussbewegungen (gegenüber Populärkultur ebenso wie gegenüber ‚fremder' Kultur) andererseits geschieht.[152] Demgegenüber verweisen die Wittgenstein'schen *Lectures* versuchsweise auf eine deskriptive Ebene, welche soziale Felder sprachlichen Sinns umreißt: „Es ist nicht nur schwierig zu beschreiben, worin Kennerschaft besteht, sondern unmöglich. Um zu beschreiben, worin sie besteht, müßten wir die ganze Umgebung beschreiben."[153] Es ist bezeichnend, dass die *Lectures* Beispiele ins Feld führen, die auch Scruton herbeizitiert, nämlich einerseits die Aktivität des Schneiders (Mode)[154] und andererseits die Maße der idealen Tür.[155] Die Konsequenz ist allerdings eine völlig andere: Die *Lectures* gehen davon aus, dass es „außerordentlich viele Fälle von Kennerschaft"[156] gibt, welche nach Gegenstand und Expertentum differenzierbar sind (Kleidung, Musik, Architektur) und dass zudem eine sprachliche Täuschung in der Zuordnung von ‚schön' und ästhetischem Objekt liege, insofern der konkrete Perzeptionsakt solcher Gegenstände eher von Enunziationen der Form „zu kurz"/ „zu lang" (Kleidung), „richtig"/„falsch" (Architektur), „reizend"/ „fein"/„großartig"/„charmant"/„nett" begleitet sei:[157]

---

151 Vgl. ebd., S. 118–124 u. bes. 174–176.
152 Impliziert wird hier zunächst, dass Kultur und Gesellschaft einmal homogen gewesen *seien*. Von diesem implizierten Phantasma ausgehend wird – im Modus einer *laudatio temporis acti* – die Rückkehr zur verlorenen Identität gefordert. Die Vorstellung, dass das Erlernen neuer kultureller Muster, dass Transformation von Kultur, ebenfalls zu Stabilität führen kann, dass also Homogenität durch Veränderung *werden* könne, lehnt Scruton als falschen Relativismus ab (vgl. Scruton, Schönheit, S. 88–91 u. 213–244). Mithin dreht er die Analysen Bourdieus um. Während dieser allein beschreibt, dass „kulturelles Kapital" diese einerseits integrative und andererseits exklusive Funktion hat, dies jedoch unabhängig von der konkreten Ausgestaltung der Kultur, so ist es für Scruton allein eine bestimmte (Hoch-)Kultur, welche – hier kommt ontologisches Denken ins Spiel – in der Lage ist, eine freiheitliche Zivilisation zu stiften. Während Bourdieu die Entstehung und die Kohäsion (*irgend-*)*einer* Gesellschaft beschreibt, propagiert Scruton die Schaffung einer klar umfriedeten (westeuropäisch-elitistischen) Gesellschaft, die er für erstrebenswert befindet, ohne jedoch zu erklären, wie diese an ihren Grenzen (im Sinne eines doppelten Kultur-Begriffs: intern zu Populär-/ Massenkultur, extern zu Kontakt mit anderen Kulturen) beschaffen sein soll.
153 Wittgenstein, Vorlesungen, S. 18.
154 Ebd., S. 18, 21 f. u. 25 f.
155 Ebd., S. 26 f. – Es ist bezeichnend, indessen kein Zufall. Scruton, Schönheit, S. 111–114, entwickelt sein Unterkapitel zu „Handwerk und Schreinerkunst", ganz offenbar als dezidierten Gegenentwurf zu den *Lectures*, welche in einer Anmerkung zum entsprechenden Kapitel genannt werden (vgl. ebd., S. 258).
156 Wittgenstein, Vorlesungen, S. 18.
157 Vgl. ebd., S. 19 f.

> Die Wörter, die wir Ausdrücke von ästhetischen Urteilen nennen, spielen eine sehr komplizierte, aber genau festgelegte Rolle in der Kultur einer Epoche. Um ihren Gebrauch zu beschreiben, oder um zu beschreiben, was mit kultiviertem Geschmack gemeint ist, muß man eine Kultur beschreiben.[158]

Den von Darwin in *The Descent of Man* vorgezeichneten Weg, gehen die *Lectures* insofern weiter, als sie nicht nur – wie Darwin – konstatieren, dass Schönheit und Geschmack offenbar nicht transkulturell identisch und also variabel, das heißt kulturell geprägt, sind, sondern indem sie sogar die direkte intersprachliche Übertragbarkeit bereits auf der Wortebene bezweifeln, welche Darwin noch nicht problematisiert hat.[159] Vielmehr sehen die *Lectures* das „Spiel" der Worte als mit der Sprache erworben an.[160] Die hieraus gezogene Konsequenz ist nicht zuletzt eine mit soziologischen Implikationen:

> Um dir über ästhetische Begriffe klar zu werden, mußt du Lebensweisen beschreiben. Wir glauben, wir müssen über ästhetische Urteile wie ‚Das ist schön' reden, aber wir haben gesehen, daß diese Ausdrücke gar nicht auftauchen, wenn wir über ästhetische Urteile reden, sondern ein Wort etwa so wie eine Geste benutzt wird, die eine komplizierte Handlung begleitet.[161]

Demgegenüber dehnt Scruton seine – implizit gegen die *Lectures* gewandte – Vernunft-Ontologie auch und gerade über die Alltagsgegenstände aus. Scruton könnte sich hier dabei zusehen, wie er das metaphorische Netz spinnt, an welches er nicht glaubt, wenn er im letzten Unterkapitel seines Kapitels „Schönheit im Alltag" seine Ontologie in Form einer Setzung formuliert, die wieder auf eine – ideologische – Heimat hinausläuft:

> Aber wir haben bisher noch nicht über Schönheit gesprochen, und auch der Zimmermann, der uns durch dieses Kapitel begleitet hat, hätte wohl kaum einen Gebrauch für dieses Wort im Rahmen seiner Arbeit. Aber wenn wir uns unseren ursprünglichen Platituden wieder zuwenden, wird schnell klar, dass die in diesem Kapitel zur Debatte stehende Form des Urteils ein Urteil über das Schöne ist. Wenn etwas passt, dann ist es erfreulich, erfreut die Sinne. [...] Wenn etwas passt, so kann es das mehr oder weniger tun, ebenso wie das Schöne in Abstufungen existiert. Was wir in diesem Kapitel also behandelt haben, ist so etwas wie die ‚minimale Schönheit', an der vernunftbegabte Wesen ein dauerhaftes Interesse haben, wenn sie nach Ordnung in ihrer Umgebung streben und in der Welt beheimatet sein wollen.[162]

---

158 Ebd., S. 20.
159 Vgl. ebd., S. 13. – In diesem Sinne müsste auch gefragt werden, ob im Rahmen der hier in Rede stehenden Sprachen die verschiedenen Wörter für ‚schön' – lat. *pulcher*, mhd. *schœne*, afrz. *biauz* – sich überhaupt direkt entsprechen.
160 Vgl. ebd., S. 12.
161 Ebd., S. 23. – Die soziologischen Implikationen des Geschmackurteils hat wegweisend Pierre Bourdieu: Die feinen Unterschiede. Kritik der gesellschaftlichen Urteilskraft. 22. Aufl. Frankfurt a. M. 2012, erarbeitet, bei dem mit Bezug auf Wittgenstein zu lesen ist (ebd., S. 46): „Völlig ungehemmt aber verfährt das substantialistische Denken, das, in Wittgensteins Sicht, umstandslos vom Substantiv zur Substanz, von der Konstanz des Substantivs zur Konstanz der Substanz übergleitet".
162 Scruton, Schönheit, S. 126 f. – Im Englischen (Scruton, Beauty, S. 96) lautet hier der letzte Satz: „In short what I have been describing in this chapter is that very ‚minimal beauty' which is a

Dieses Spiel der Überblendungen, der sprachlichen Suggestionen, der „Verwirrungen", von dem die *Lectures* sprechen und welches sich bei einem Autor wie Scruton mustergültig manifestiert, ist es, welches die vorliegende Arbeit ernstnehmen will. Es zeigt sich, dass Schönheit als sprachliches und diskursiv verfasstes Phänomen in den Blick genommen werden muss.[163] Insofern die – durchaus performativ zu verstehende – Qualifikation eines beliebigen grammatikalischen Subjekts als ‚schön' scheinbar unabänderlich zu jenen Zuschreibungen zählt, mit denen der Diskurs die ihn umgebende Welt überzieht, um sie zu rastern, zu zergliedern und intelligibel zu machen, insofern diese Qualifikation in ein homologes Gefüge dichotomer Polarisierungen wie *gut/böse, gut/schlecht, oben/unten, innen/außen, hart/weich, männlich/weiblich* etc. eingelassen ist, in welchem sie nicht nur ihren Widerpart (hässlich), sondern auch ihre Entsprechungen (gut, oben, innen etc.) findet, insofern diese relationale Rasterungen von hier aus die Sprache und das Denken durchdringen und gliedern und jedem Individuum helfen, zum einen die Welt um sich herum ordnen und zum anderen sich in dieser Welt zu verorten, insofern die Reproduktion dieser vorgängigen Raster und Schemata durch das Individuum dasselbe Individuum in seine Welt überhaupt erst als ein intelligentes und zugleich intelligibles eingliedern, insofern möchte ich – in Anlehnung an Marcel Mauss – von dem Phänomen ‚Schönheit' als einem *totalen sozialen Phänomen* der Kultur sprechen. In diesem sprachlichen System wird der als ‚schön' oder ‚hässlich' qualifizierte menschliche Körper in eine Relation zum Ethischen, zum Sozialen und Politischen, selbst zum ‚Ästhetischen' im ideologischen Sinne, überhaupt erst gebracht.[164]

---

permanent interest of rational beings, as they strive to achieve order in their surroundings and to be at home in their common world."

163 Diesen Weg scheint partiell Sarah-Grace Heller, Glamour, S. 936, zu gehen. Obgleich sie keinerlei weitere methodische Kontextualisierung vornimmt und terminologisch insgesamt vage bleibt, versucht sie folgende, Schönheit tentativ als soziales Phänomen fassende Definition, in der besonderer Wert auf die Konvention des zugrundeliegenden Kommunikationssystems (Zeichen/Repräsentation) gelegt wird: „Beauty might be defined as the possession of certain rare qualities conforming to a socially defined ideal. Beauty is the thing that everyone wants – indeed, the thing that all are instructed to want by the conventions of representation – but that all cannot have. One such rare quality is luminescence." Eine solche Art der ‚Definition' von Schönheit ist der ontologischen als analytischer Arbeitsbegriff entgegenzusetzen. Allerdings soll es hier im Weiteren nicht – wie bei Heller – darum gehen, welches die erlernten „qualities" sind, die als ‚schön' begriffen werden – bei Heller eben: „luminescence" –, sondern darum, wie die „conventions of representation" strukturiert sind.

164 Zu den möglichen Ausschlusseffekten, welche die Wahrnehmung von Menschen als schön oder hässlich auf die Strukturierung des sozialen Stratums hat, vgl. bspw.: (1) Otto Penz et al.: Schönheit als Praxis. Über klassen- und geschlechtsspezifische Körperlichkeit. Frankfurt a. M./New-York 2010 (Politik der Geschlechter-Verhältnisse 42); (2) Ulrich Rosar, Markus Klein: Mein(schöner) Prof.de. Die physische Attraktivität des akademischen Lehrpersonals und ihr Einfluss auf die Ergebnisse studentischer Lehrevaluationen. In: Kölner Zeitschrift für Soziologie und Sozialpsychologie 61 (2009), S. 621–645; (3) Imke Dunkake, Thomas Kiechle, Markus Klein, Ulrich Rosar: Schöne Schüler, schöne Noten? Eine empirische Untersuchung zum Einfluss der physischen Attraktivität von Schülern auf die Notenvergabe durch Lehrpersonal. In: Zeitschrift für Soziologie 41,2 (2012), S. 142–161, hier: S. 152: „Im Titel der Abhandlung haben wir die Frage aufgeworfen, ob die Vergabe

Im Zentrum der vorliegenden Arbeit steht damit die Annahme, dass Menschen nicht – wie es Menninghaus und Scruton auf je eigene Art plausibel zu machen suchen – dasjenige begehren, was sie schön finden, sondern dass sie – ganz im Gegenteil – dazu geneigt sind, dasjenige als ‚schön' zu enunzieren, was sie – auf irgendeine Art – ‚begehren'.[165] Damit wird es zugleich notwendig, jenen gewissen –

---

von Schulnoten positiv durch physische Attraktivität der Schüler beeinflusst wird. Diese Frage muss auf der Grundlage unserer Analysebefunde bejaht werden: Schöne Schüler erhalten die ‚schöneren' Noten! Der Einfluss des äußeren Erscheinungsbildes erwies sich im Rahmen unserer empirischen Analysen als durchgängig signifikant."; (4) Ulrich Rosar, Markus Klein, Jörg Hagenah: Physische Attraktivität und soziale Ungleichheit. Einige grundsätzliche Anmerkungen zu einem in der soziologischen Forschung kaum beachteten Prädikator sozialer Ungleichheit. In: Analyse & Kritik (1/2014), S. 177–207, verweisen auf die grundsätzlich uneindeutige Rolle von Kultur im Zusammenhang mit der Zuschreibung ‚schön', vgl. ebd. S. 183; (5) Satoshi Kanazawa, Mary C. Still: Is there Really a Beauty Premium or an Ugliness Penalty on Earnings. In: Journal of Business and Psychology 33,2 (2017), S. 249–262, können aufgrund ihrer Daten einen Zusammenhang zwischen körperlicher Attraktivität und positivem Feedback in sozialer Interaktion erkennen, welcher bei attraktiven Menschen zur Ausbildung von gesundem Lebensstil, Selbstbewusstsein, Extrovertiertheit sowie verhältnismäßig unneurotischem Verhalten führten und damit insgesamt zu beruflichen Vorteilen und besserem Einkommen. – Es lässt sich also *summa summarum* zeigen, dass das Phantasma des schönen Körpers konkrete soziale In- und Exklusionseffekte mit sich bringt.

165 Insofern steht die vorliegende Arbeit auch älteren ‚ontologisierenden' Ansätzen entgegen, wie sie sich beispielsweise bei Kumada, Licht und Schönheit, S. 91, zeigen, welcher im Hinblick auf den theologischen Schönheitsbegriff Ulrich Engelberts von Straßburg formuliert: „Jede Schönheit ist der Ruf des personalen Gottes. Wenn eine akzidentielle Schönheit, z. B. die Farbe einer Blume, vor dem Menschen erscheint und der Mensch sie als schön erkennt, zieht sie uns unvermeidlich an." Diesem simplen Satz liegen mehrere unauffällige, hier nicht geteilte Setzungen zugrunde, deren erste sich freilich in dem vergemeinschaftenden Personalpronomen „uns" ausdrückt, welches die Grenzen zwischen der Analyse eines historischen Gegenstandes und universeller Gültigkeit des Analysierten verwischt. Aber auch in der Vorstellung, dass man einen Gegenstand der Wahrnehmung, hier „die Farbe einer Blume", welche sich dem Blick darbietet, als schön „erkennen" könne, steckt freilich eine Setzung, welche auf der Prämisse einer universal gültigen, allen Menschen verfügbaren, ontologischen Kategorie ‚Schönheit' gründet. Dieser wird hier die Vorstellung entgegengesetzt, dass der vermeintliche Akt des ‚Erkennens' vielmehr ein performativer Akt ist, welcher den Wert ‚schön' überhaupt erst zuweist und der höchstens insofern ein Akt des Erkennens ist, als er eingelassen ist in ein sozial formiertes System, einen beständig sich ratifizierenden Diskurs, in dessen Rahmen die verbindlichen Standards dieses Diskurses iteriert und im ‚Erkennen' und ‚Anerkennen' derselben überhaupt erst ratifiziert werden. Der Gedankengang ist freilich verwandt mit Judith Butlers Auffassung zur Performanz des Geschlechts (vgl. Judith Butler, Macht der Geschlechternormen). – Die Ausstrahlung, welche die entgegengesetzte ‚ontologisierende' Auffassung trotz ihrer Aporien hat, lässt sich gut bis ins Feuilleton hinein beobachten; so beispielsweise in der Rezension zu Menninghaus, Versprechen (2007), von Gustav Falke: Der Pfau kommt ganz gut rüber. FAZ 231/2003, S. 41, welcher *expressis verbis* bestimmt: „[D]as Schöne [ist] nicht schön, weil es begehrt wird, sondern es wird begehrt, weil es schön ist." Die inhärenten Aporien indessen, die nur im Modus der Denunziation vorgetragen werden, fechten den Rezensenten nicht an: „Wir begreifen mit Darwin, warum das Schöne entsteht, nicht jedoch, was es ist. Allenfalls könnte man sagen, schön ist das Erotisierende. Doch das ist entweder unplausibel: Manche Leute werden durch Dampflokomotiven oder benutzte Damenunterwäsche erotisiert, während es umgekehrt nicht leichtfällt, an der Schönheit

diskursiven – Mehrwert zu bestimmen, den das Epitheton ‚schön' gegenüber dem Begehren hat, sei dieses aufgrund biologischer Gegebenheiten zugrundeliegend, sei es vom Diskurs implementiert. Es geht also darum, den sich um dieses ‚Begehren' herum organisierenden Diskurs zu analysieren: Wie verknüpft die Enunziation eines Gegenstandes als ‚schön' den so bezeichneten Gegenstand mit all jenen Themen, Motiven, Narrativen und anderen Gegenständen, welche noch Menninghaus als derart natürliche Bestandteile von Schönheit erscheinen, dass er, um sie zu erklären, das Humangenom aufsucht? Was ist der sprachliche Modus der Naturalisierung des Schönen?

Wenn hier von einem diskursanalytischen Zugang die Rede ist, so bedeutet dies zunächst eher die tentative Übernahme einer gewissen Grundhaltung als die Übernahme eines strengen methodologischen oder terminologischen Systems. Es geht weniger um die ‚Anwendung'[166] Foucault'scher Analyse oder Analysemuster als vielmehr um die versuchsweise Problematisierung konventionellen, diskursiven Wissens einer Wissenschaft,[167] um die Konfrontation dieses Wissens und seiner Terminologien mit einer an-

---

einer Messe von Josquin oder der uckermärkischen Landschaft Erotisches auszumachen. Oder es bedeutet die Kapitulation des Denkens vor den Gegenständen: Schön ist, was als schön empfunden wird." (Ebd.) Deutlich wird hierbei, wie vehement die konstruktivistische, sprachskeptische Alternative gemieden wird, sodass mit vollem Ernst konstatiert werden kann: „Das ästhetische Urteil erhebt Anspruch auf allgemeine Zustimmung" (ebd.). Dem Menschen, der die Dampflok begehrt und/oder sie ‚schön' findet und nennt, diese Schönheit abzusprechen mit dem Verweis auf eine universale Kategorie Schönheit, der die Dampflok *per se* nicht angehören könne, ist freilich ein Akt diskursiver Herrschaft. Gleiches muss wohl für szene- und subkulturspezifische Formen von ‚Schönheit' gelten – zu denken wäre etwa an Praktiken von Bodymodification oder die homosexuelle Bären- oder allgemein die Fetischszene(n) –, welche nur von einer relativ kleinen Gruppe von Individuen geteilt werden und die einem breiteren gesellschaftlichen Konsens und damit einer Diskursmacht gegenüberstehen. Der konventionelle ästhetische Diskurs, der normativ agiert, muss diese Arten von Schönheit als Devianzen ausgrenzen, um die eigene Universalität weiterhin behaupten zu können; ein Anerkennen der sozialen Dimension der Aushandlung von Schönheit und Schönheitswahrnehmung von Subgruppen einer Gesellschaft müsste notwendig zur Relativierung der eigenen Position führen.

166 Foucault selbst hat seine Arbeiten weder als Theorie noch als Methodologie verstanden; zur Aporie einer ‚Anwendung' von Foucaults Ideen vgl. Frank Bezner: Michel Foucault. ‚Ich' als Kalkül. Abaelards ‚Historia calamitatum' diesseits des Autobiographischen. In: Abaelards ‚Historia calamitatum'. Text – Übersetzung – literaturwissenschaftliche Modellanalysen. Hrsg. von Dag Nikolaus Haase. Berlin et al. 2002, S. 140–177, hier bes. S. 172 f. – Auch Gavin Kendall, Gary Wickham: Using Foucault's Methods. London/Thousand Oaks/New Delhi 1999, werben weniger für konkrete Methoden als für allgemeinen Skeptizismus. Im gleichen Sinne ist die vorliegende Arbeit auch den Ideen Pierre Bourdieus oder Judith Butlers verpflichtet. Es geht hier darum, bestimmte Modi des Denkens zu übertragen und mit literaturwissenschaftlicher Analyse zusammenzuführen bzw. zu zeigen, inwiefern sie sich auf literaturwissenschaftliche Analysen auswirken.

167 Zur Abgrenzung von Wissen und Wissenschaft vgl. Michel Foucault: Archäologie des Wissens. 15. Aufl. Frankfurt a. M. 2011 (original als: L'Archéologie du savoir. Paris 1969), S. 253–279.

dersartigen, quer verlaufenden Rasterung. Zuvörderst macht sich die vorliegende Arbeit also den Versuch zu eigen, „den Rückgriff auf globale Konzepte und Kategorien und insbesondere auf anthropologische, philosophische oder politische ‚Universalien'" zu meiden, zu reduzieren und zu kontrollieren.[168] Es geht darum, in der Arbeit an den Texten ihren Status als Werk und ihren Bezug auf den Autor als Einheit stiftende, psychisch-historische Instanz zurückzudrängen.[169] Es soll versucht werden, den sich im Medium der Schrift darbietenden Diskurs nicht – ideengeschichtlich – als seltsames Kompositprodukt zwischen radikal differenten kulturellen Einheiten, Gruppen, Personenverbänden und Traditionen zu begreifen, sondern seine Widersprüche als Teil eines einerseits kohärenten und andererseits transformierbaren Ganzen[170] lesen zu lernen.

Daher kann es im Folgenden nicht darum gehen, das Sprechen von körperlicher Schönheit als Besonderheit eines weltlich-höfischen Systems zu verstehen und diesem starr ein geistliches System entgegenzustellen, welches dieselbe Schönheit problematisiert. Es geht darum, probehalber das Kontinuum dem Konglomerat vorzuziehen und dabei „das Kontinuierliche und das Diskontinuierliche gegeneinander auszuspielen: zu zeigen, wie das Kontinuierliche aufgrund derselben Bedingungen und nach denselben Regeln gebildet wird wie die Dispersion".[171] Zu einfach ist die Gleichung, dass die Darstellung körperlicher Schönheit ein Element höfischer Literatur sei, welches auf die höfische Praxis und Schönheitspraktiken rekurriere. Der Hinweis, eine Figur werde entsprechend einem höfischen Schönheits- und Verhaltensideal vermittels einer sogenannten ‚*descriptio pulchritudinis*' dargestellt, den man oft in Textkommentaren findet, ist insofern tautologisch, als er von einer (ahistorischen, rein heuristischen) Zuschreibung – „Der vorliegende Text ist ein höfischer Text, seine Elemente sind also höfische." – ausgehend eine Kategorie bildet.[172] Diese kann angesichts von analogen

---

168 Vgl. Vogl, Genealogie, S. 255–258, hier S. 256.
169 Vgl. hierzu Michel Foucault: Die Ordnung des Diskurses. 13. Aufl. Frankfurt a. M. 2014 (= Antrittsvorlesung am Collège de France, 2. Dezember 1970), S. 20–22.
170 Vgl. ebd., S. 45.
171 Foucault, Archäologie des Wissens, S. 248 f.
172 So kann beispielsweise Klaus Schreiner: ‚Hof' (*curia*) und ‚höfische Lebensführung' (*vita curialis*) als Herausforderung an die christliche Theologie und Frömmigkeit. In: Höfische Literatur. Hofgesellschaft. Höfische Lebensformen um 1200. Kolloquium am Zentrum für Interdisziplinäre Forschung der Universität Bielefeld (3. bis 5. November 1983). Hrsg. von Gert Kaiser, Jan-Dirk Müller. Düsseldorf 1986, S. 67–139, hier: S. 136, in Hinblick auf einen „Traktat des Franziskanertheologen Marquard von Lindau (†1392) *De nobilitate corporis et animae Christi*", in welchem Christus ein auf wundersame Weise „schöner" (*speciosissimus*) und „adeliger" (*nobilissimus*) Körper zugeschrieben wird, schreiben: „Der schöne Christus entsprach den ästhetischen Bedürfnissen einer höfisch-ritterlichen Gesellschaft" (ebd., S. 137). – Mit einer ähnlichen Denkfigur identifiziert Henrike Manuwald: *Nu sprechent wie er was gestalt! Der ‚Blick' auf Jesus im Marienleben Wernhers des Schweizers*. In: Sehen und Sichtbarkeit in der Literatur des deutschen Mittelalters: XXI. Anglo-German Colloquium London 2009. Hrsg. von Ricarda Bauschke, Sebastian Coxon, Martin H. Jones. Tübingen 2011, S. 311–330, in der Beschreibung Jesu bei Wernher dem Schweizer zunächst höfische Elemente, indem sie Elementen der Jesus-Beschreibung Beispiele aus höfischen Romanen gegenüberstellt (Ebd., S. 316: „Auch sonst

‚*descriptiones*' in ‚geistlichen Texten', beispielsweise in Marienleben und Legenden aber auch in Allegorien (bspw. dem *Anticlaudianus* des Alanus ab Insulis), nur damit gerettet werden, das Eindringen ‚höfischer' Elemente in dieselben zu konstatieren, welche infolge dessen als Modeerscheinung und als ‚Höfisierung' gelten dürfen. Es stellt sich jedoch die Frage, warum die *descriptiones*, welche als Musterstück höfischer Literatur gelten, auch in der lateinischen Dichtungspraxis und -theorie figurieren. Die Poetiken, auf welche im Zusammenhang mit *descriptiones* stets pauschal verwiesen wird, sind weder eine dezidiert höfische ‚Gattung', noch sind sie offenbar ursprünglich dazu gedacht volkssprachliche, ‚höfische' Dichtung anzuleiten, obwohl sie unzweifelhaft Präzepte bereithalten, die sich hier angewandt finden. Auch in den Poetiken jedoch dienen sie offenkundig nicht der ‚höfischen' Repräsentation, keinem ‚höfischen' Interesse. Welche Funktion also haben sie dann? Wie lässt sich ihr Erscheinen quer durch die verschiedensten Literaturen und Gattungen, ihre Applikation auf die verschiedensten Gegenstände anders erklären, als über die vermeintliche Prunksucht und die Neigung zur Darstellung höfischer Freude?[173] Woher, so muss gefragt werden, kommt die Identifikation von Schönheit und Adel gegen jede empirische Wahrscheinlichkeit?[174]

Nicht in den Blick rücken sollen dabei die ‚Außenverhältnisse' des Diskurses,[175] in welchem er im Rahmen eines Dispositivs mit Institutionen verknüpft ist. So soll es im Folgenden nicht oder nur indirekt um ‚Institutionen' wie ‚Hof' und ‚Kloster' oder die Rolle des ‚Schreibens' und des ‚Schreibenden' zwischen solchen – nur vermeintlich – polaren Institutionen gehen, sondern es soll mit dem Spannungsfeld zwischen *clerici* und *saeculares* – im Gegenteil – der ‚reine' Diskurs in den Blick genommen werden, welcher im Medium der Schrift eine solche ideologische Differenz überhaupt erst ratifiziert. Dies ist insofern konsequent, als im Folgenden Schönheit des menschlichen Körpers nicht als soziale Praxis in den Blick rückt, sondern einzig

---

lassen sich inhaltliche Parallelen zur höfischen Dichtung finden, beispielsweise die sternengleichen Augen."), um anschließend zu fragen: „Ist die *descriptio* also insgesamt als höfisch zu klassifizieren?" Während sie die Frage im Ganzen problematisierend verneint, werden in der Analyse weiterhin ‚höfische' gegen ‚geistliche' Elemente geführt.
173 Hierzu im Folgenden bes. Kap. IV.3.
174 Vgl. bspw. Niklas Luhmann: Liebe als Passion. Zur Codierung von Intimität. 11. Aufl. Frankfurt a. M. 2010, S. 36: „Solange es in der Liebe primär auf seltene Eigenschaften des/der Geliebten, auf Reichtum und Jugend, Schönheit und Tugend ankam, lief die Steigerung in Richtung auf diese Seltenheitswerte und suchte an ihnen Bestätigung. Diese [...] Auffassung hätte, ernst genommen, in unlösbare Verteilungsprobleme führen müssen; denn wer wäre zum Zuge gekommen, wo Ungewöhnlichkeit von Eigenschaften Prämisse ist und es nur sehr wenige wirklich schöne und tugendhafte Damen und Herren gibt." – Vgl. hierzu im Folgenden Kap. V.5, S. 602–605.
175 Vgl. bspw. Michael Ruoff: Foucault-Lexikon. 3. Aufl. München 2013, S. 101 und S. 109 f.

als versprachlichte Aushandlung imaginierter sozialer Praktiken.[176] Nach einem Übertrag im Sinne einer Sozial- oder Institutionengeschichte wäre eigens zu fragen. Hier kann die vorliegende Arbeit nicht mehr, als das skizzierte Problem zur weiterführenden Diskussion und Überprüfung freizugeben.

Wenn indessen die Konturierung eines Diskurstyps notwendig ist und damit zugleich auch die vorsichtige Frage nach einem Dispositiv, an welches dieser eine, von anderen unterschiedene Typ von Diskurs angebunden zu denken sei, im Raum steht, so müsste die Antwort lauten, dass dieses Dispositiv die von der christlichen Latinität geprägte Schrift selbst ist.[177] Dieses fächert sich auf – um eine Reihe stereotyper Kategorien von ‚mittelalterlicher Institution' zu exemplifizieren – in ein Netz verschiedener institutioneller Orte wie die Schule, in der die Schrift wiederum im Medium ‚klassischer' Latinität und autoritativer Doktrin erlernt wird, das Kloster, in dem beides konserviert und tradiert wird, die Universität, an welcher die Tradition transformativ gelehrt wird, den Hof, der von Ehre und Rittertum spricht, die (Reichs-)Kanzlei, die Rechtsakte kodifiziert. Die Schrift vereint verschiedene Diskurse und ist in ein Netz verschiedenartiger

---

176 Zum problematischen Verhältnis von Literatur und außerliterarischem Referenzrahmen vgl. bspw. den perspektivenreichen Ansatz von Jan-Dirk Müller: Höfische Kompromisse. Acht Kapitel zur höfischen Epik. Tübingen 2007, hier bes. die Einleitung, ebd., S. 6–45.

177 Mit Bezug auf einen anderen Typ von Schriftlichkeit hat Jan Assmann: Das kulturelle Gedächtnis. Schrift, Erinnerung und politische Identität in frühen Hochkulturen. 6. Aufl. München 2007, S. 268, formuliert: „Die Schrift ist in erster Linie, mit Foucault zu reden, ein ‚Dispositiv der Macht' und ein Organ der Weisung." – Zu einem weiteren Begriff von ‚Literatur' – nicht ‚lateinischer Schriftlichkeit' – als Institution vgl. Müller, Höfische Kompromisse (2007), S. 35–41. – Vgl. zudem Peter Strohschneider: Institutionalität. Zum Verhältnis von literarischer Kommunikation und sozialer Interaktion in mittelalterlicher Literatur. Eine Einleitung. In: Literarische Kommunikation und soziale Interaktion. Studien zur Institutionalität mittelalterlicher Literatur. Hrsg. von Beate Kellner, Ludger Lieb, Peter Strohschneider. Frankfurt a. M./Berlin/Bern et al. 2001 (Mikrokosmos. Beiträge zur Literaturwissenschaft und Bedeutungsforschung 64), S. 1–26. – Nicht stark beachtet hat Karl Bertau: Schrift – Macht – Heiligkeit in den Literaturen des jüdisch-christlich-muslimischen Mittelalters Hrsg. von Sonja Glauch. Berlin/New York 2005, in einer breit angelegten, transhistorischen, transeuropäischen und interkulturell ausgerichteten Vorlesungsreihe die Wirkmacht der lateinischen Schrift und ihrer Übertragung auf andere Sprachen als das Lateinische beleuchtet. Er geht dabei von einer schriftgebundenen „Kultur-Sakralität" aus, welche neben die „Kult-Sakralität" trete (ebd., S. 2): „Als die heiligen Texte des Christentums aus dem Hebräischen ins Griechische und dann auch ins Römische übersetzt wurden, traten diese Übersetzungen an die Stelle der heidnischen Kult-Sakralität. Die heidnische Kultur-Sakralität bestand daneben weiter. [...] Das von Rom aus verbreitete Christentum trug beide Formen unter die Heiden, nicht eine, sondern zwei Sakralitäten." (Ebd.) Insofern Bertau so die immer wieder zu beobachtende quasi-auratische Autorität, welche auch von volkssprachlicher lateinischer Schriftlichkeit ausgeht, erklären kann, leistet sein literaturgeschichtliches Modell einen Versuch, über die klassische Dichotomie klösterlich-schulischen vs. höfischen Schreibens hinaus zu gelangen. Gleichwohl gibt es auch in den Begriffen Kultur-Sakralität und Kult-Sakralität eine Basisdifferenz, die sich aus der Gegenüberstellung von weltlichen (hier: antik-heidnischen) und geistlichen Elementen speist. Im Folgenden soll dagegen argumentiert werden, dass auch die Kultur-Sakralität, sofern man sie denn annehmen möchte, ihre Legitimation immer aus der Anbindung an die Kult-Sakralität ziehen muss, dass also die Trennung nach ‚weltlich' und ‚geistlich' hier gerade nicht deckungsgleich ist.

Praktiken eingebunden, welche sich um sie herum gruppieren. Dieses Dispositiv aus Diskursen, Institutionen und Praktiken ist die lateinische Schrift selbst, die quer zu allem verläuft und die Anteil an allem hat. Ihre Träger, die *litterati*, fluktuieren zwischen jenen sozialhistorisch differenzierten Orten (Schule, Kloster, weltlicher/geistlicher Hof, Kanzlei etc.), deren Personalverbände so schwer voneinander zu differenzieren sind, weil sie sich in alle Richtungen durchmischen.[178] Gegen diese Topographie der Institutionen, gegen die übergreifenden Verwandtschafts- und Beziehungsstrukturen ihrer AkteurInnen steht die Schrift, die alleine greifbar bleibt. Es soll hier also nicht, wie beispielsweise Gert Hübner es getan hat, versucht werden, die Widersprüche in Aussagetypen gegeneinander abzugrenzen und sie einem ‚Ort' in einer institutionellen Topographie zuzuschreiben, sodass Aussagen eines Textes nach einer relativ simplen Ähnlichkeitslogik zusammen gruppiert werden und mal „dem

---

178 Zu dieser Mischung vgl. wiederum Schreiner, Hof, S. 80–88, am Bsp. des erzbischöflichen Hofes zu Köln. Vgl. ebenso Rüdiger Schnell: Die höfische Kultur des Mittelalters zwischen Ekel und Ästhetik. In: Frühmittelalterliche Studien 39 (2005), S. 1–100. – Jan-Dirk Müller: Episches Erzählen. Erzählformen früher volkssprachiger Schriftlichkeit. Berlin 2017 (Philologische Studien und Quellen 259), S. 25, schreibt in Hinblick auf die Entwicklung zwischen Früh- und Hochmittelalter: „Die Einschätzung der Träger volkssprachiger Literatur hat sich in den letzten Jahrzehnten einschneidend geändert, indem sie nicht mehr als homogene, von den *clerici* scharf abgegrenzte Gruppe gefasst werden, sondern als vielfältig mit diesen vernetzt, teils mit ihnen identisch, teils durch die gleichen Bildungsinstitutionen geprägt. In der frühmittelalterlichen Gesellschaft gibt es eine sektorale und eine stratifikatorische Differenzierung, d. h. einerseits die Differenzierung in viele gleich strukturierte Einheiten wie Grundherrschaften und andererseits die Differenzierung nach Ständen. Quer zu beiden und beide übergreifend gibt es die Differenzierung in *laici* und *clerici*: Die *clerici* sind durch die (freilich sehr stark abgestufte) Teilhabe an der Schriftkultur definiert, gleichzeitig aber in die ständischen Strukturen integriert, Amtsträger in der Institution der Kirche wie Träger vielfältiger Funktionen auf unterschiedlichen Ebenen der Laiengesellschaft. Die *laici* sind im frühen Mittelalter überwiegend illiterat. Jedoch deckt sich die Grenze zwischen beiden nicht mit der Grenze zwischen Mündlichkeit und Schriftlichkeit. Zwar ist dem überwiegenden Teil der Laiengesellschaft der aktive Schriftgebrauch verschlossen, doch haben sie Zugang zur Schriftlichkeit über klerikal ausgebildete Helfer." Weiterhin heißt es ebd, S. 26: „Der laikale Adel, der bis in 13. Jahrhundert vor allem Träger volkssprachiger Literarität ist, hat zwar regionale Besonderheiten ausgebildet, ist aber über spätere ‚nationale' Grenzen hinweg in ein gemeinsames Stratum eingebunden. Aus ihm rekrutiert sich überwiegend auch der hohe Klerus; ein Teil des niederen Klerus steht in seinen Diensten. Laikale und klerikale Traditionen greifen deshalb von Anfang an ineinander. Auch, was lange Zeit als genuin ‚laikale' Tradition einem ‚laikal-höfischen' Publikum zugewiesen wurde, richtet sich immer auch an ‚ein klerikal gebildetes Publikum aus den Schichten der geistlichen Führungselite des Reichs' [zitiert aus: Jürgen Wolf: Narrative Historisierungsstrategien in Heldenepos und Chronik – vorgestellt am Beispiel von ‚Kaiserchronik' und ‚Klage'. In: Wolfram-Studien 18 (2004), S. 323–346, hier S. 336, Anm. 40]. Die gelehrte Kultur ist deshalb, wie die jüngere Forschung immer wieder herausgearbeitet hat, im 12. Jahrhundert allenthalben in der volkssprachigen Literatur präsent, und sie hat, wie an jenen Transformationen ablesbar, die Weiterentwicklung von deren Strukturen maßgeblich beeinflusst."

geistlichen Diskurs", mal „dem medizinischen",[179] „dem höfischen" oder „dem gewohnheitsrechtlichen Diskurs"[180] zugeschlagen werden können. Es kann und soll nicht darum gehen, bestimmte Aussagen zu isolieren, sie in bestimmten Texten quantitativ zu erheben und diese Texte schließlich – wie es bisher geschehen ist – als ‚geistlich' oder ‚höfisch' zu etikettieren. Dieses Verfahren ist ein ideengeschichtliches. Es steht vermutlich einer ‚höfischen' Textpraxis ohnehin entgegen, in der sich, wie Thomas Bein vermutet, jene Typen von Texten gemischt haben, welche die Forschung als ‚höfisch' und ‚geistlich' auseinander zu dividieren gewohnt ist

---

179 Gert Hübner hat in einem Kapitel mit dem Titel „Kulturelle Wissensordnungen: Diskurs und Diskursanalyse" im Rahmen eines Einführungswerkes (Gert Hübner: Ältere deutsche Literatur. Eine Einführung. 2. Aufl. Tübingen 2015, S. 235–265), auf Erläuterungen zum Foucault'schen Diskursbegriff und zur Diskursanalyse (ebd., S. 235–248) ein Beispiel für seine allgemeinen Ausführungen folgen lassen. Er liest das Problem, welches er in der Handlungssequenz vom unehelichen Beischlaf zwischen Engelhard und Engeltrud in Konrads von Würzburg *Engelhard* sieht, als eines, das sich rund um die widersprüchliche Bewertung von „Geschlechtsverkehr" entwickelt. Hübner differenziert hier vier distinkte Diskurse, nämlich den „theologischen und kirchenrechtlichen Diskurs" (ebd., S. 248–253), den „medizinischen Diskurs" (ebd., S. 253–256), den „höfischen Diskurs" (ebd., S. 256–262) und den „gewohnheitsrechtlichen Diskurs" (ebd., S. 262–265). Diesen verschiedenen Diskursinstitutionen ordnet er jeweils bestimmte Typen von Aussagen zu, wobei er sie untereinander abgrenzt, indem er beispielsweise schreibt: „Medizinische Traktate des 12. und 13. Jahrhunderts behandelten den Geschlechtsverkehr in völlig anderer Weise, weil der Diskurs, auf dem sie beruhten, andere Grundbegriffe und Vorannahmen hatte. Die einzige wichtige Kategorie, die medizinischer und theologischer Diskurs teilten, war die der Fortpflanzung als Zweck des Geschlechtsverkehrs, aber selbst in dieser Hinsicht argumentierten die Mediziner nicht wie die Theologen" (ebd., S. 253). Diese Grundannahme beruht auf einem historischen Narrativ, das – ganz im Gegensatz zu Foucaults ursprünglichem Diskurs-Begriff bspw. in der *Archäologie des Wissens* – nicht anders denn als ideengeschichtlich bezeichnet werden kann. So geht Hübner davon aus, dass in der Schriftkultur Diskurse leicht zu unterscheiden seien, „weil die Kirche von der Spätantike unterscheidbare Wissensordnungen erbte, unter denen einige seit dem Hochmittelalter immer deutlicher die institutionelle Gestalt von Fachgebieten erhielten." Die Gegenüberstellung, die Hübner stark macht, lautet schlicht, dass Lust für die Theologie ein Problem sei, für die Mediziner hingegen eine Zweckmäßigkeit: „Wenn aber alles in der Natur einem Zweck dient, gilt das auch für das Lustempfinden beim Geschlechtsverkehr. Die Vorannahme des Diskurses führte so zu einer Argumentation, die in einem grundsätzlichen Widerspruch zu derjenigen der Theologen stand. Die Lust hat bei den Medizinern zwar keinen Wert an sich, aber einen funktionalen Wert, der in der Naturordnung verankert ist. Der theologische und der medizinische Diskurs hatten, wie man sieht, nicht denselben Begriff von ‚Natur'" (ebd., S. 253). Dass dies eine unzulässige und tendenziöse Verengung ist, lässt sich leicht etwa am Beispiel der *Summa contra gentiles* (IV.83; Band IV, S. 502 f.) des Thomas von Aquino zeigen. Diese verspannt das Argument von der Notwendigkeit der Lust durchaus selbstverständlich im Rahmen einer auf Erbsünde und Inkriminierung des Fleisches basierenden Theologie. Hübner müsste nun argumentieren, dass Thomas in einem theologischen Text einen medizinischen Diskurs aktualisiere. Demgegenüber stellt sich die Frage, ob es nicht einen anderen Modus der Erklärung gebe, in welchem davon ausgegangen werden könnte, dass der christliche Matrixdiskurs verschiedenste Formen der Aussage über unterschiedlichste Gegenstände ermöglicht, indem er einer spezifischen Episteme gehorchend verschiedensten diskursiven Formationen Raum gibt, wobei er sich auch nicht-christliche Wissensbestände transformativ aneignen kann.
180 Es bliebe zu fragen, wie das durch den Herrscher ausgeübte Gewohnheitsrecht vom „Hof" zu trennen wäre.

und die insofern alle ‚höfisch' sind oder sein können.[181] Zwischen allem, zwischen der Institution ‚Hof', an der sich neben Adeligen auch Unfreie und Kleriker, nämlich ungeweihte *litterati* und geweihte Geistliche, aufhalten und die sich ohnehin sowohl um Laienfürsten wie um geistliche Fürsten herum organisiert haben, und zwischen der Institution Kirche/Kloster, in welcher adelige Söhne und Töchter in großer Zahl in Ämtern eingebunden sind, zwischen all diesen aufgrund ihrer personellen Verflechtungen nur schwer auseinander zu differenzierenden Orten in der sozialen Topographie, liegt die Schrift als verbindendes ‚Dispositiv', das allein einen Diskurs trägt, der bis heute zugänglich ist.[182]

Die Schrift muss als eines jener diskursiven „Verknappungssysteme" gelten, welches historisch wirksam geworden ist, weil „ein großer, unbegrenzter, kontinuierlicher und schweigsamer Diskurs", der „unterhalb" derselben verlaufen ist,[183] still verschwunden ist, während die Texte in den Modus einer kommentierenden Verlängerung,[184] einer „zerdehnten Situation"[185] eingetreten sind und dabei die Funktion der Autorität angenommen haben. Von hier muss die Analyse ausgehen, nicht von der im Schriftmedium immer wieder als sehr polar entworfenen sozialen Topographie, welche nur mühsam mit sozialgeschichtlichen Befunden in Deckung zu bringen ist. Die Frage ist nicht: Welche Aussagen/Aussagenfelder sind höfisch oder geistlich? Die Frage ist: Wie strukturiert die Institution der an die christliche Latinität gebundenen Schrift gewisse Aussagen *als* höfisch oder geistlich und warum? Was ist die Ursache dieser Dichotomisierung, was ist ihr Zweck? Weil möglicherweise mitzudenkende Diskurse jenseits dieser Schrift(-lichkeit)

---

181 Thomas Bein: Der ‚offene' Text – Überlegungen zu Theorie und Praxis. In: Quelle – Text – Edition. Ergebnisse der österreichisch-deutschen Fachtagung der Arbeitsgemeinschaft für germanistische Edition in Graz vom 28. Februar bis 3. März 1996. Hrsg. von Anton Schwob, Erwin Streitfeld. Tübingen 1997, S. 21–35, hier: S. 34, hat – offenbar von einer spekulativen höfischen Aufführungssituation ausgehend – formuliert: „Man müßte – als Experiment – einmal versuchen, das Repertoire für eine literarische Sequenz an einem Hof zu rekonstruieren: hohe Minne, Obszönes, Komisches, ein Schwank, ein Artusroman, schließlich ein besinnlicher Marienleich zum Abschluß. So mag wohl die Realität ausgesehen haben – aber freilich: Darüber wissen wir nichts!" – Obwohl wir über dergleichen nichts wissen, wäre doch zu fragen, ob nicht viele jener gemeinhin als geistlich verstandenen Gattungen – Legenden, Bibelepik, *reden* – und Dichtungen, die als ‚didaktische' verstanden werden – Thomasîn von Zerklaere, Bispel (Stricker) usw. – gleichfalls in einer solchen „literarischen Sequenz" – sei sie nun eine Performanz oder schlicht das am Hof vorhandene Textmaterial – eingebunden zu denken wären.
182 Ähnlich, aber mit einer anderen Rahmung, hat sich bspw. Harald Haferland: Höfische Interaktion. Interpretationen zur höfischen Epik und Didaktik um 1200. München 1988 (Forschungen zur Geschichte der älteren deutschen Literatur 10), S. 10 f., für die Bewertung derjenigen Rolle, die „höfischer Literatur" zukommt, ausgesprochen.
183 Michel Foucault, Die Ordnung des Diskurses, S. 34; vgl. zudem ebd., S. 26–30.
184 Vgl. ebd., S. 17–20.
185 Vgl. Jan Assmann: Religion und kulturelles Gedächtnis. Zehn Studien. München 2000, S. 124–147.

fehlen, weil ‚der Hof' (und andere Institutionen) als diskursives Dispositiv[186] nicht mehr in gleichem Maße zu uns spricht, wie es für Foucault ‚das Gefängnis' und ‚die Klinik' tun, weil jenseits der Schrift, die uns diese Diskurse und Institutionen nur noch simuliert, ohne dass wir ausreichend Informationen über ihre Praxis hätten, das Schweigen der versunkenen Diskursanteile liegt und andere Diskursformationen, die orale gewesen sein mögen, sich dem Zugriff entziehen, wird sich die folgende Arbeit einzig der Frage widmen, wie der an die lateinische Schrift – nicht an das lateinische Schreiben! – gebundene Diskurs strukturiert ist und welche Subtypen er ausbildet.

Da der Analysegegenstand, gleich ob in der Volkssprache oder auf Latein geschrieben, immer schon im Medium, in der Institution der christlichen, lateinischen Schriftlichkeit abgelegt ist, soll nicht die Frage nach einer sozialhistorisch inspirierten, philologischen Archäologie gestellt werden, welche unter dem Label der Erzählmotive, des Mythos oder – im Modus der Realgeschichte – vermittels der Differenz zwischen laienadeliger Feudalkultur und klösterlicher Askese vor-/unchristliche Elemente von christlicher Überformung zu trennen versucht, um etwa auf die Logik des vorchristlichen ‚Feenmärchens', des ‚keltischen Mythos' oder hypostasierter Werte und Normen oraler ‚Vor'-Zeiten einer illiteraten, feudaladeligen Kriegerschicht jenseits der christlichen Doktrin zurück zu schließen. Paradoxien in und zwischen Aussagen sollen nicht mit diesem genetischen Verweis auf eine fundamentale genetische Spaltung zwischen ‚dem Adel' und ‚der Kirche' abgetan werden, sondern umgekehrt als Emergenzen derselben Schriftlichkeit, desselben christlichen Matrixdiskurses betrachtet werden, welcher – in seiner Funktion als Medium der Verknappung und des Ausschlusses – eine Kohärenz stiften muss. Anstatt mit präformierten Kategorien von ‚christlich und unchristlich', ‚geistlich und weltlich', ‚Klerus und Adel' Aussagen und Diskurselemente auseinander zu dividieren, die der Diskurs zusammenschließt und zirkulieren lässt, wird es dabei darauf ankommen zu beobachten, wie der Diskurs, welcher in der lateinischen Schrift stattfindet, die Zuschreibungen distribuiert (vgl. hierzu im Folgenden Kap. V.5 u. VI.1). Es wird sich zeigen, dass das Thema der körperlichen Schönheit an neuralgischen Punkten dieser Verteilung verspannt ist und so eine Selbstverständigung über wesentliche Koordinaten, eine Verortung im Diskurs ermöglicht, ja, wie sie selbst zu einer Zuschreibungskategorie wird, an der sich eine interne Differenzierung des Matrixdiskurses in Subdiskurse vollzieht, die analoge und kohärente, nicht jedoch identische oder einfältige, Formationen des Sprechens von Schönheit ausbilden. Mit Foucault lässt sich formulieren: Nicht wie die theologische Tradition den Sinn und die Form des säkularen Sprechens über Schönheit bestimmt hat, will die vorliegende Analyse zeigen,

---

[186] Zum Begriff ‚Dispositiv' vgl. einführend Jürgen Link: Art. Dispositiv. In: Foucault-Handbuch. Leben – Werk – Wirkung. Hrsg. von Clemens Kammler, Rolf Parr, Ulrich Johannes Schneider. Stuttgart/Weimar 2014, S. 237–242.

sondern wie und in welcher Eigenschaft sie zu den Bedingungen seines Auftauchens, seiner Einbeziehung und seines Funktionierens gehört.[187]

Die Frage der vorliegenden Arbeit muss also mit Bezug auf einen engen Zeitausschnitt, welcher üblicherweise jenseits der Ästhetikgeschichte liegt und bei Menninghaus das ‚missing link' zwischen Antike und Moderne darstellt (Texte des Zeitraumes vom 12. bis zum 15. Jahrhundert), sein: Was sind die Ermöglichungsbedingungen des Sprechens über Schönheit? Welchen Anteil hat die Literatur an diesem Sprechen und wie formt der Diskurs von Schönheit – *vice versa* – die literarischen Produkte? Gerade deshalb werde ich im Folgenden – zum Zwecke der Entwirrung – die Perspektive zunächst radikal auf einen Gegenstand verengen, wodurch sie – fast automatisch – keine ästhetische mehr ist: Es geht der vorliegenden Arbeit zunächst nicht um eine alle Gegenstandsbereiche umfassende ‚Schönheit im Mittelalter' im Sinne Assuntos und Ecos, sondern es geht ihr allein um physische Schönheit, das heißt: die Schönheit des menschlichen Körpers. Zudem muss einer weiteren, weitverbreiteten Vermischung begegnet werden, indem die geschlechtliche Markierung der als schön enunzierten Körper ernstgenommen und im Folgenden berücksichtigt wird, dass ‚der menschliche Körper' in der Regel in zwei Klassen – das Männliche und das Weibliche – gegliedert diskursiviert wird und dass das Universalmenschliche eben nicht gleichbedeutend mit einem weiblichen Körper ist, sondern in der Regel als ein unmarkiertes Männliches gedacht wird. Insofern ist auch der analytische Zugriff all jener Beiträge, die die Schönheit männlicher Körper umstandslos mit der Schönheit weiblicher Körper gleichsetzen, von vornherein limitiert, da hier eine wesentliche analytische Differenzierung übersehen wird.[188]

Das Vorgehen ist also im Ganzen zweischrittig: Die Überblendungen des ‚menschlichen' Körpers mit den Fragen nach dem ‚Kunstschönen' oder ‚Naturschönen' oder jedem beliebigen weiteren, angelagerten Gegenstand von ‚Schönheit' wird bewusst aufgegeben (Kap. III u. IV) und im Folgenden erst dann wieder aufgegriffen,

---

187 Vgl. den Wortlaut in Foucault, Archäologie des Wissens, S. 233.
188 Eine Arbeit wie etwa Hanspeter Mario Huber: Licht und Schönheit in Wolframs ‚Parzival'. Zürich 1981, produziert m. E. blinde Stellen, indem sie einerseits die geschlechtlichen Markierungen nicht ernstnimmt und andererseits die verschiedenen Propositionen des *Parzival* zu körperlicher Schönheit aus ihrem narrativen Zusammenhang herauslöst und dekontextualisiert, wodurch ihre Einbindung in eine Axiologie unberücksichtigt bleibt. – Vgl. auch bspw. Rupprecht Rohr: Die Schönheit des Menschen in der mittelalterlichen Dichtung Frankreichs. In: Schöne Frauen – Schöne Männer. Literarische Schönheitsbeschreibungen. 2. Kolloquium der Forschungsstelle für europäische Literatur des Mittelalters. Hrsg. von Theo Stemmler. Mannheim 1988, S. 89–107. Auch in jüngeren oder für die Forschungsgeschichte einflussreicheren Aufsätzen findet diese Überblendung umstandslos statt, so gibt es bspw. in Ingrid Hahns einflussreichem Aufsatz zu Parzivals Schönheit (1975) diese analytische Differenz nicht, sondern Hahn spricht ganz allgemein von „menschlicher Schönheit" (vgl. bspw. Ingrid Hahn: Parzivals Schönheit. Zum Problem des Erkennens und Verkennens im ‚Parzival'. In: Verbum et signum. Beiträge zur mediävistischen Bedeutungsforschung. Studien zu Semantik und Sinntradition im Mittelalter. Bd. 2. Hrsg. von Hans Fromm, Wolfgang Harms, Uwe Ruberg. München 1975, S. 203–232, hier S. 208). Vgl. hierzu im Folgenden auch Kap. III.1.2, S. 124–135.

wenn explikative Querverweise geboten erscheinen, weil der schöne Körper in ein diskursives Netz eingebunden erscheint, in welchem er über sich selbst hinaus zu weisen beginnt (Kap. V. u. VI).[189] Wenn größere Netze eröffnet werden – in Kap. V: die Frage der *aisthesis*, des Fleisches und des Heidentums; in Kap. VI: die Dichtung und ‚aphasische Reihe' der Ästhetik –, so werden diese stets über die Perspektive des schönen menschlichen Körpers entwickelt oder laufen auf die Frage zu, wie dieser innerhalb derselben zu verorten ist. Dabei wird aber – anders als in der traditionellen Ästhetik – gerade nicht das eine *durch* das andere erklärt werden, sondern der Fokus vielmehr auf die Ausbildung homologer Formationen gerichtet sein, welche überhaupt erst eine Nähe zwischen den Gegenstandsbereichen (also dem menschlichen Körper und beispielsweise Kunst oder ‚Natur') stiften. Die übergeordnete Frage ist: Wie errichtet das Denken eine Beziehung zwischen der Frau und der Blume? Was ist die Ermöglichungsbedingung der kulturell realisierten Analogien? Es geht also darum, zu analysieren, was die ‚Verwirrung' begründet, wie die verdeckten Sympathien erzeugt werden, und nicht darum zu erkennen, wo vermeintlich ontologische Ähnlichkeiten liegen.

Diese Verwirrung der Ebenen, welche in der Ästhetik geschieht, ist die Grundbedingung des kulturellen Zeichen- und Bedeutungsgewebes einerseits, sie setzt sich jedoch andererseits – gebunden an die Methodik und Perspektive der Analyse – in der Materialbasis fort: Da vor den Ästhetikern keine ästhetischen Schriften verfasst worden sind, ziehen jene, wenn sie über vor-ästhetische Zeiten sprechen wollen, ihre Belegstellen aus einem breiten Spektrum nicht-ästhetischer Texte. Gerade weil diese Texte jedoch keine ästhetischen sind, bilden sie zugleich das Reservoir für andere – teils näherliegende – Lektüren. Die Texte, aus denen Perpeet eine Ästhetik des Augustinus destilliert, sind zugleich diejenigen, aus denen sich natürlich zuvörderst eine[190] augustinische Theologie

---

189 Einen anderen Weg, als den von mir vorgeschlagenen de- und rekontextualisierenden, ist Rüdiger Schnell, Ekel und Ästhetik, mit einem Beitrag von stupender Materialfülle gegangen, welcher breit einen Zusammenhang zwischen Schönheit, schönem Handeln (Tischzuchten und Verhaltenslehren), schönen Dingen und einer ‚Ästhetik' und Identität der oberen Stände herstellt. Dieser Ansatz erweist sich – selbstverständlich – als tragfähig. Auch hier lassen sich indessen auf dem Weg, den die vorliegende Arbeit zu gehen beabsichtigt, im Detail Probleme und Reibungspunkte reformulieren und neu perspektivieren. – Der Beitrag ist auch deswegen von Interesse, weil er für die Problemstellung des Ekels ebenfalls auf Ideen von Winfried Menninghaus: Ekel. Theorie und Geschichte einer starken Empfindung. Frankfurt a. M. 1999, zurückgreift, womit im Rahmen des Beitrags ein konzeptioneller Gegenpol zur ‚Ästhetik' geschaffen wird. Hierin gibt es Nähen zu dem zeitgleich erschienen Aufsatz von Rüdiger Schnell: Ekel und Emotionsforschung. Mediävistische Überlegungen zur ‚Aisthetik' des Häßlichen. In: DVjs 79 (2005), S. 359–432.
190 Kurt Flasch: Augustin. Einführung in sein Denken. 4. Aufl. Stuttgart 2013 (original: 1980), S. 8 f., bezweifelt schon – und dies sicherlich mit guten Gründen –, dass es *eine* Theologie des Augustinus gebe. Gleichwohl die biographische Erklärung, die in den verschiedenen Schriften Augustins Entwicklungsstadien eines suchenden Denkers sieht, plausibel ist und Brüche, die im Versuch der Synchronisierung der augustinischen Ideen entstehen würden, erklären kann, so ignoriert sie doch, dass dieses auf Historisierung angelegte Argument nicht nur der modernen theologischen Augustinus-

präparieren lässt. (Nicht zufällig nennt Perpeet die Ästhetik, die er vorzufinden glaubt, eine trinitarische.) Die Materialbasis für eine ästhetische Lektüre ist indessen beispielsweise auch eine ähnliche für Michel Foucaults *Histoire de la sexualité 4: Les aveux de la chair* (*Die Geständnisse des Fleisches. Sexualität und Wahrheit 4*, 2018, original 1984); sie unterscheidet sich einzig in der Wahl der aus dieser Materialbasis isolierten Belegstellen und ihrer Rekombination. Es muss im Folgenden auch darum gehen, diese – sehr verschiedenen – (Re-)Konstruktionen von Diskurslinien, welche in den Quellen untrennbar verwoben sind, wieder miteinander ins Gespräch zu bringen, sie wieder miteinander zu konfrontieren, insofern sich zeigen wird, dass eine Festlegung allein auf die ästhetische Perspektive zu reduktionistisch vorgegangen ist. Die Idee des menschlichen Körpers zumal (vgl. Kap. IV.3, S. 421–455), um den es hier gehen soll, erscheint dabei – gerade bei Augustinus und den (vulgär-)augustinisch geprägten Jahrhunderten nach ihm – als die Schnittstelle des Diskurses, an dem sich sowohl Erfahrungen des Fleisches[191] als auch Erfahrungen der Schönheit des Fleisches und sogar die Seele selbst, in welcher die Suche nach Gott ihren Platz hat, anlagern (vgl. Kap. V). Andersherum: Erst in der Schnittmenge all jener Erfahrungswerte und Selbsttechniken entsteht ein Verständnis für das, was den Körper – und damit auch den *schönen* Körper – jahrhundertelang ausgemacht hat. Das heißt nicht, dass dieser Körper jahrhundertelang – für Menschen verschiedener Zeiten und Stände – selbstidentisch war, es heißt jedoch, dass die Bedingungen der Ermöglichung seines Verständnisses im Feld der an das lateinische Alphabet gebundenen, an christlichen Schulen gelehrten Schrift jahrhundertelang von sehr ähnlichen – oder sehr ähnlich bleibenden – Prämissen grundiert worden sind (vgl. Kap. VI.1, S. 607–640).

Dabei muss zudem sofort eingeschränkt werden: Es geht im Rahmen der vorliegenden Arbeit natürlich nicht um den ‚realen' menschlichen Körper – oder seine Subjektivierung –, es geht mithin nicht einmal um die in schriftliterarischen Texten imaginierten Körper selbst, sondern um den Modus der textuellen (besonders auch narrativen) Imagination und Enunziation menschlicher Körper als ‚schön'. Diese Imagination ließe sich positivistisch abfragen, womit man wiederum – leicht verschoben – bei der Frage nach

---

Rezeption fremd ist, gegen die Flasch anschreibt, sondern selbst ahistorisch ist, wenn es darum geht, Jahrhunderte von Augustinus-Rezeption zu erklären, für welche die Auflösung der augustinischen Theologie in eine diachrone Unfestigkeit, in die „genetische Betrachtung" (ebd., S. 8) als Rezeptionsmodus nicht anzunehmen ist. Dies gilt umso mehr für das, was im Rahmen der vorliegenden Arbeit von Interesse sein muss, in welcher es nicht um intrikate theologische Debatten geht, wie die Scholastik sie geführt hat, sondern um allgemeine Rahmenbedingungen des Denkens, welche vielmehr an eine ‚vulgär-augustinische' Theologie, an ihre großen Leitlinien zurückgekoppelt gedacht werden muss. Während Flasch konstatiert: „Die verschiedenen Entwicklungsstadien Augustins boten der mittelalterlichen und frühneuzeitlichen Philosophie und Theologie divergierende Ausgangspunkte und gewährten so einen breiten Spielraum" (ebd., S. 8 f.), so soll es hier demgegenüber vielmehr um die starke normative Kraft der zentralen Lehren einer bei Augustinus bezeugten und von ihm aus breit rezipierten Diskursformation jenseits von Philosophie und Theologie gehen.
191 Zur spezifischen Form der ‚Erfahrung' vgl. Foucault, Sexualität und Wahrheit 2, S. 10 sowie bes. S. 55.

einem ‚literarisch-imaginären Schönheitsideal' wäre, was gegenüber den alten Arbeiten zum Schönheitsideal immerhin schon eine Differenzierung einbrächte, insofern von den Texten nicht unmittelbar auf eine Referenz in der Lebenswelt geschlossen, sondern eine vermittelte, eine spezifisch ‚literarische' Transposition in Rechnung gestellt würde. Diese Imagination menschlicher Schönheit, verspannt in Narrationen und textuelle Zeichengewebe, lässt sich aber auch – und dies *ist* der Gegenstand der vorliegenden Arbeit – als Diskursphänomen begreifen. Es geht also um das diskursive Arrangement, in welches physische Schönheit eingelassen ist, und um die Frage, wie sich dieses in textuelle/narrative Arrangements übersetzt und welche Valenzen letztere erzeugen.

Weiterhin rücken spezifisch literaturwissenschaftliche Erkenntnisinteressen in den Vordergrund. Es muss darum gehen, welche spezifischen Auswirkungen der Diskurs von Schönheit auf die Faktur schriftliterarischer Texte der Vormoderne hat.[192] Dies betrifft die Produktionsseite der Literatur (Poetorhetorik) ebenso wie die Narrationen, die Frage nach der Wahrheitsfähigkeit ‚höfischer' Literatur – im weitesten anzunehmenden Sinne – ebenso wie ihren ideologischen Horizont als Medium der Selbstverständigung einer Herrschaftselite. Die vorliegende Arbeit ist – so häufig sie auch auf lateinische theologische Texten und Problemstellungen von der Patristik bis zur Scholastik sowie auf mittellateinische und altfranzösische Dichtung Bezug nimmt – im Kern eine, die um eine germanistisch-mediävistische Problemstellung herum gruppiert ist. Es stellt sich die Frage, ob sie aus Sicht der Philosophiegeschichte, der Romanistik, der Latinistik überhaupt einen Gegenstand hätte, da ihr Erkenntnisinteresse doch primär aus den konstitutiven Randbezirken des altgermanistischen Fachdiskurses ihren Sinn bezieht, die zu überprüfen sie sich zum Ziel gesetzt hat. Sie kann nicht beanspruchen zu den anderen genannten Fachgebieten substantiell beizutragen und sie muss sich eine gewisse karnivore Haltung zu deren Gegenständen sicherlich vorwerfen lassen. Es geht ihr indessen vor allem darum, jene Quellen und Diskurse kritisch zu befragen, welche über diverse Vermittlungsinstanzen (beispielsweise de Bruyne, Assunto, Eco) längst in den Forschungsdiskurs einer notwendig sich interdisziplinär orientierenden germanistischen Mediävistik eingedrungen sind und die – wie oben gezeigt worden ist – teils geradezu topisch und reflexhaft als externe, auf die Volkssprache applizierte Erklärungsmodelle herangezogen werden. Es zeigt sich, dass – gerade in Hinblick auf das Thema der körperlichen Schönheit – viele dieser am Rande, in Textkommentaren und Fußnoten zirkulierenden Prämissen von erheblichem Alter und dringend neu zu evaluieren sind, weil sie das *common sense*-Verständnis einer Fachdisziplin und damit auch das Wissen darüber, was volkssprachliche Literatur im Mittelalter ist, ja was das „Mittelalter" ist, in erheblichem Ausmaß prägen. Die vorliegende

---

192 Mit Hübner, Einführung, S. 245, nehme ich an, dass „[d]as empirische Material, aus dem Diskurse erschlossen werden, [...] Texte [sind]. Texte stellen die Quellen der Diskursanalyse dar, nicht ihre eigentlichen Gegenstände; der Gegenstand ist der Diskurs ‚hinter' den Texten. Die Ergebnisse der Diskursanalyse lassen sich aber umgekehrt dazu benutzen, die thematische Ordnung von Texten zu erklären."

Arbeit versucht insofern eine – weit ausgreifende – Antwort auf Fragen, die sich in der germanistischen Mediävistik stellen.

Das hier skizzierte und – bis hierher und im Folgenden – an Gründungstexten des christlichen Europas plausibilisierte analytische Vorgehen, welches an Michel Foucaults (und weiterhin partiell auch an Pierre Bourdieus[193]) Schreiben orientiert ist und hierher seine Grundausrichtung eher als sein analytisches Instrumentarium bezieht, bedarf zwar einer Begründung in Hinblick auf seine Anwendbarkeit; eine grundsätzliche Rechtfertigung dieses letzthin kulturwissenschaftlich zu nennenden Arbeitens ist nicht mehr zu leisten. Die Legitimität allgemeiner kulturwissenschaftlicher Fragestellungen an Literatur hat beispielsweise Monika Schausten im Rekurs auf die Debatte zwischen Walter Haug und Gerhard von Graevenitz ausführlich begründet.[194] Sie rechtfertigt sich nicht zuletzt daraus, dass die derart getroffenen Analysen eben immer auch auf die ‚literaturwissenschaftliche Analyse im engeren Sinne' zurückfällt; wie sich zeigen wird, verändern die hier gemachten Beobachtungen – so global sie zunächst verortet sein mögen – doch letztlich auch im Detail das Verständnis von der Faktur der Texte, welches sich eben nicht alleine aus einer werkimmanenten Beschreibung herleiten lässt. Deren Voraussetzungen sind – so oft sie sich auch objektiv und voraussetzungslos gibt – allzu häufig doch nur verschleiert vorausgesetztes *common sense*-Wissen, eine implizite Erzählung von ‚dem Mittelalter', welche dringend zu re-evaluieren wäre. Demgegenüber lässt sich zeigen, wie der Diskursrahmen, der epistemische Untergrund, auch die Ausgestaltung gewisser narrativer Kerne und Muster sowie hieran gebundener diskursiver Valenzen begünstigt. Diese kulturwissenschaftliche Analyse, welche mit dem Analyseinstrument der Sprache den sprachlichen Analysegegenstand zu erfassen sucht, muss den Versuch wagen, die Texte zum „Sprechen" zu bringen, wie Schausten formuliert.[195] Hierzu erscheint es zweckdienlich, den Analysegegenstand, welcher seine eigenen sprachlichen Formationen, Relationen und Metaphoriken ausgebildet hat, versuchsweise in eine andere

---

[193] Andreas Reckwitz: Habitus oder Subjektivierung? Subjektanalyse nach Bourdieu und Foucault. In: Pierre Bourdieu und die Kulturwissenschaften. Zur Aktualität eines undisziplinierten Denkens. Hrsg. von Daniel Šuber, Hilmar Schäfer, Sophia Prinz. Konstanz 2011, S. 41–61, konstatiert – bei allen Unterschieden in der Terminologie – doch: „In einem ersten Zugriff teilen Habitusanalyse und die Subjektivierungsanalyse einige generelle Gemeinsamkeiten, die ihre Perspektive auf das Individuum und dessen sozial- und kulturwissenschaftliche Analyse betreffen" (ebd., S. 42). In diesem Sinne sollen im Folgenden Elemente des terminologischen Inventars Bourdieus mit der Subjektivierungsanalyse Foucaults zusammengedacht werden.

[194] Vgl. bspw. Monika Schausten: Suche nach Identität. Das „Eigene" und das „Andere" in Romanen des Spätmittelalters und der Frühen Neuzeit. Köln 2006 (Kölner Germanistische Studien N.F. 7), hier besonders die Einleitung. – Die Anverwandlung von polemisierenden Argumenten gegen eine Kulturwissenschaft, welche sich Jan-Dirk Müller, Höfische Kompromisse (2007), hier S. 2, in den ‚Vorbemerkungen' zu seinem Buch in einem prekären Wechselspiel von Affirmation und Negation teils zu eigen macht, um sich gegen sie abzugrenzen, teile ich dezidiert nicht.

[195] Schausten, Suche nach Identität, S. 240.

Sprachform zu überführen.¹⁹⁶ Die Terminologien der Diskursanalyse, der Wissensarchäologie und Soziologie stellen letztlich ein je eigenes, im Kern metaphorisches Sprechen bereit, wenn von ‚Rastern' und ‚Rasterungen', ‚Feldern' und ‚Netzen', eben von ‚Diskursen', ‚Episteme' und ‚Dispositiven' sowie von deren ‚Errichtung' die Rede ist. Insofern aber geisteswissenschaftliche Analyse – und kulturwissenschaftliche Analyse zumal – immer eine Frage von Sprache ist, insofern geht es hier vor allem darum, demjenigen Sprachfeld, der bisher das Sprechen über das Semem ‚Schönheit' für sich beansprucht hat – nämlich: dem ästhetischen Diskurs –, diese selbstbehauptete Zuständigkeit zu entziehen und ihm, im Gegenteil, mit der Sprache und den Metaphern der Diskurstheorie, der Wissensarchäologie und der Soziologie ein neues Sprachnetz entgegenzustellen, das die vorhandenen sprachlich-metaphorischen Strukturen anderes rastert, anders strukturiert und quer zu seinen Stromlinien verläuft. Auf diese Weise sollen seine Konturen explizit werden, indem das neu zu etablierende Sprachnetz sich gegen den dem Gegenstand eignenden Diskurs richtet, indem es nicht mitläuft, sondern desertiert, indem es sich nicht in die vorfindlichen Formen einpasst, sondern sie in seiner Widerständigkeit erst sichtbar macht, indem es nicht zur Naturalisierung des schon Bestehenden beiträgt, sondern den Naturalisierungseffekt durch Verfremdung hervortreten lässt.¹⁹⁷ Letztlich geht es darum, zu einem Sprechen von Schönheit zu gelangen, welches nicht schon als Komplize seines Gegenstandes vorausgesetzt ist. Es geht um den Versuch, einem im Kern ontologisch verfahrenden Sprechen über Schönheit¹⁹⁸ probehalber ein konstruktivistisches Sprechen

---

196 Auch Reckwitz, Habitus oder Subjektivierung?, S. 43, sieht implizit die Leistung der beiden Theoretiker Foucault und Bourdieu nicht zuletzt in der Bereitstellung von „zwei sehr unterschiedlich ausgerichtete[n] Vokabulare[n]", anhand derer sich die Analysen ausrichten. – Zum Phänomen grundsätzlicher Metaphorizität allen Sprechens vgl. bspw. George Lakoff, Mark Johnson: Leben in Metaphern. Konstruktion und Gebrauch von Sprachbildern. 7. Aufl. Heidelberg 2011. Kritisch zu Lakoff/Johnson sowie affirmativ zur Metaphorizität von Sprache vgl. bspw. Verena Haser: Metaphor, Metonymy, and Experientialist Philosophy. Challenging Cognitive Semantics. Berlin et al. 2005.
197 Auch Müller, Höfische Kompromisse, S. 4, bedient sich einer Metaphorik, die er der Erzählung „Der Schatten des Körpers des Kutschers" von Peter Weiss entlehnt, um sein Vorgehen zu rechtfertigen: „Peter Weiss hat für die Erkenntnis solcher Strukturen das schöne Bild gebraucht, daß man sich Salz in die Augen streuen müsse, so daß sich in den Tränen die Kontur der Einzeldinge auflöst und neue Konturen und Muster entstehen. Nun ist das Salz im Auge, da es den Blick verzerrt, eine gefährliche Metapher für eine wissenschaftliche Untersuchung. Hier geht es eher um die Erzeugung eines ‚anderen Blicks', der von den Linien, die verbinden, absieht, um andere Linien und Verbindungen zu entdecken. Mit der Erprobung dieses anderen Blicks soll nicht die Besonderheit des einzelnen literarischen Textes in Frage gestellt, sondern eine Folie geschaffen werden, vor deren Hintergrund sie schärfer wahrnehmbar ist. Faßt man die höfische Epik von bestimmten thematischen und narrativen Rekurrenzen aus in den Blick, dann ergeben sich erstaunliche Zusammenhänge zwischen Texten, die die Literaturgeschichtsschreibung ganz unterschiedlich klassifiziert." Einer solchen Positionierung ist eine gewisse intuitive Nähe zur ‚Methodik' der Diskursanalyse sicherlich nicht abzusprechen.
198 Und es hat sich gezeigt, dass selbst in dem Versuch, Schönheit naturwissenschaftlich zu verorten und evolutionsbiologisch zu fundieren, eine ontologische Dimension zugrunde liegt.

entgegenzusetzen, was zumindest in Hinblick auf die stets ‚gemachten' menschlichen Kulturleistungen angemessen erscheint.

Schließlich und endlich geht es hier eben auch um das große Projekt der Sichtbarmachung jener gewissen produktiven, enharmonischen Verwechslungen des Diskurses, welche Foucault in seiner großangelegten *Histoire de la sexualité* hat erarbeiten wollen.[199] Foucault hat beispielsweise plausibel zu machen gesucht, dass Vorschriften, welche die Regulierung des Sexes betreffen, sich zwar in der klassischen griechischen Antike (*Der Gebrauch der Lüste. Sexualität und Wahrheit 2*), in ihren römischen Transformationsstufen (*Die Sorge um sich. Sexualität und Wahrheit 3*) und im frühen, stoisch beeinflussten christlichen Schrifttum (*Die Geständnisse des Fleisches. Sexualität und Wahrheit 4*) an der Oberfläche des Wortes, nicht jedoch in der Tiefe des Sinnes ähneln.

> Die Weise, in der die sexuelle Aktivität als eine moralische Angelegenheit konstituiert, anerkannt, organisiert wurde, ist nicht schon darum identisch, weil das, was erlaubt oder verboten ist, was empfohlen oder wovon abgeraten wird, identisch ist.[200]
>
> [V]on dieser Analogie darf man sich nicht täuschen lassen. Diese Moralen werden [im späteren Christentum, F. D. S.] andere Modalitäten des Selbstbezuges definieren: eine Charakterisierung der ethischen Substanz, ausgehend von der Endlichkeit, dem Sündenfall und dem Übel; eine Unterwerfungsweise in der Form des Gehorsams gegen ein allgemeines Gesetz, welches gleichzeitig Wille eines persönlichen Gottes ist [...]. Die Gesetzeselemente hinsichtlich der Ökonomie der Lüste, der ehelichen Treue, der Beziehungen unter Männern mögen durchaus analog bleiben. Sie werden auf einer tiefgehend umgebildeten Ethik beruhen – und auf einer anderen Weise, sich selbst als Moralsubjekt seiner sexuellen Verhaltensweisen zu konstituieren.[201]

Ähnliches kann hier für den Diskurs der Schönheit nachvollziehbar gemacht werden, welcher mit dem Diskurs des Sexes zumindest partiell Überschneidungen hat, insofern in ihm die Verbindung von Lust und körperlicher Schönheit immer impliziert bleibt. Die Ähnlichkeit, welche bereits zwischen antiken Vorstellungen von Schön-

---

199 Schon in der *Archäologie des Wissens* findet sich die Vorstellung, dass Propositionen zwar identisch, die in ein diskursives Feld eingelassene Aussage, die an sie geknüpft ist, jedoch different sein kann; vgl. Foucault, Archäologie des Wissens, S. 115–127. Vgl. hierzu auch Joseph Vogl: Art. Aussage. In: Foucault Handbuch, S. 225–227, der die Aussage als „Beschreibungsebene, die den Bezug auf teleologische, globale oder universelle Kategorien unterbricht" (ebd., S. 225), bestimmt und weiterhin zusammenfasst: „Jede Aussage erhält ihre Besonderung – über einzelne Texte und Textsorten hinweg – durch ein wechselseitiges Abhängigkeitsverhältnis mit einem Aussageraster, der ihre Verknüpfbarkeit, ihren Status, ihre diskursiven Voraussetzungen und Konsequenzen bestimmt" (ebd., S. 227). Das bedeutet: „Der Satz ‚Die Erde ist rund' etwa weist vor und nach Kopernikus eine jeweils andere materielle Konsistenz auf – und das nicht, weil sich der Sinn seiner Wörter geändert hätte, sondern weil der Bezug zu anderen Behauptungen, Beweisverfahren, Beobachtungsverhältnissen ein anderer geworden ist" (ebd.). – Vgl. zudem Ruoff, Foucault-Lexikon, S. 182 f., Lemma „Korrelationsraum", hier S. 183: „Die foucaultsche Aussage verfügt mit dem Korrelationsraum über eine bemerkenswerte Eigenschaft: Sie kann Referenten im Sinne des Neuen erzeugen."
200 Michel Foucault: Der Gebrauch der Lüste. Sexualität und Wahrheit 2. 10. Aufl. Frankfurt a. M. 2008, S. 314.
201 Michel Foucault: Die Sorge um sich. Sexualität und Wahrheit 3. 11. Aufl. Frankfurt a. M. 2012, S. 306 f.

heit, scholastischer Schönheitstheologie, volkssprachlichem ‚Schönheitspreis' und ‚moderner' (neuzeitlicher) Ästhetik, ja sogar Anthropologie besteht, darf nicht darüber hinwegtäuschen, dass im Zentrum eines an der Diskursoberfläche assonierenden Sprechens über Schönheit völlig veränderte Sinnangebote, radikal differente Diskurstiefen stehen. Die Ideenlehre Plotins ist bei Augustinus nicht mehr dieselbe und diejenige des Ulrich von Straßburg ist wiederum nicht mehr mit derjenigen Augustins identisch (Kap. II.2.2). Das theologische Sprechen über Licht assoniert nur oberflächlich mit dem beständigen Strahlen und Glänzen, das schönen Leibern in volkssprachlichen Erzählungen attribuiert wird (Kap. V.1). Dieser enharmonischen Verwechslung im Sprechen über Schönheit, der veränderten Bedeutung, Funktion, dem veränderten *telos* und Kontext des oberflächlich selbstidenischen Zeichens, der Verschiebung seiner Tiefendimension gilt es auf die Spur zu kommen.

Erarbeitet werden sollen diese bisher nur grob skizzierten Linien anhand eines Textkorpus, dessen Zusammenstellung sich einzig nach den sich eröffnenden thematischen Feldern strukturiert. Es orientiert sich einerseits an den durch die Forschung vergebenen Vorgaben (Stichwort: *common sense*) und folgt andererseits den Sinnangeboten der Texte, die untersucht werden. Im Fokus stehen also einerseits Texte, die Schönheit explizit zu ihrem Gegenstand machen, wie etwa der *Erec* Hartmanns von Aue oder der *Parzival* Wolframs von Eschenbach. Andererseits folgt die Textauswahl der vorgängigen Forschung, insofern sie in Hinblick auf die Darstellungskonventionen körperlicher Schönheit in volkssprachlicher Epik die zumeist veranschlagte anleitende Funktion der lateinischen Poetiken (Matthäus von Vendôme: *Ars versificatoria*, Galfred von Vinsauf: *Poetria nova*, Gervasius von Melkley: *Ars poetica*, Johannes von Garlandia: *Poetria de arte prosaica, metrica et rithmica* sowie Eberhardus Alemannus: *Laborintus*) ernstnimmt. Es gilt, diese Texte, deren Auswertung einen *common sense* für die mediävistische Forschung bildet – und über deren Verständnis wiederum ein *common sense* besteht –, neu zu evaluieren. Dabei tauchen Themen auf, die mit dem Konzept körperlicher Schönheit verknüpft sind, welche es weiter zu verfolgen gilt, nicht etwa, weil es in den jeweiligen Texten primär um Schönheit ginge, sondern weil ihre Erarbeitung notwendig wird, um wiederum die diskursiven Ränder des Phänomens plastisch zu machen.

So war es geboten, ausgehend von den Poetiken ebenso wie von der ‚ästhetisch' geprägten Forschung, patristische Theologie einzubeziehen. Von den Poetiken aus erschien es außerdem notwendig, diejenigen Texte aufzusuchen, die oftmals als Vorbilder und letztlich als eine Art von ‚Vermittlungsstufe' zwischen den Poetiken und den ambitionierten volkssprachlichen Romanen verstanden werden, nämlich die lateinischen Allegorien, also das *Epithalamium beate virginis Marie* des Johannes de Garlandia (Kap. IV.2.1), den *Planctus naturae* und den *Anticlaudianus* des Alanus ab Insulis (Kap. IV.2.2) sowie den *Architrenius* des Johannes von Hauvilla (Kap. IV.2.3). Dabei wird es hier im Folgenden nicht darum gehen, für diese Texte eine Vermittlungsfunktion zwischen der lateinischen Dichtungslehre und der volkssprachlichen Dichtung zu behaupten, sondern es wird darauf ankommen, in den jeweiligen Feldern die Schönheit des menschlichen Körpers zu fokussieren, die Felder jedes für sich zu vermessen und in der Zusammenschau zu analysieren. Den Spuren der Allegorien wiederum wird bis in deutschsprachige Retexte hinein (Heinrich von Neustadt: *Von Gottes Zukunft*, Heinrich von Mügeln: *Der meide kranz*; Kap. IV.2.2) und in analoge volkssprachliche Gattungen (den *Roman de la Rose* und deutschsprachigen Minnereden andererseits; Kap. IV.2.4) zu folgen sein.

Die gewonnenen Erkenntnisse werden anschließend wiederum in klassische Fragen der ‚ästhetischen' Beschäftigung mit Schönheit zurückgelenkt. Hier wird die Funktion der Wahrnehmung von Schönheit und ihr Zusammenhang zur Theorie der Erkenntnis diskutiert (Kap. V). Auch dies geschieht – in Hinblick auf den *Parzival* Wolframs von Eschenbach und den *Welschen Gast* Thomasîns von Zerklære und entsprechend der Forschungstradition – unter Hinzuziehung theologischer Perspektiven (Kap. V.1 u. V.2). Im Anschluss wird der Zusammenhang von ‚Eigenem' und ‚Anderem', von Heidentum, Weiblichkeit und Schönheit diskutiert (Stricker; Kap. V.3.2) und als Subjektivierungsform des christlichen Subjektes ausgedeutet (Kap. V.4). Schließlich und endlich wird das Feld der körperlichen Schönheit auf andere Diskurse zurückprojiziert, die es grundiert, nämlich auf das Feld der *artes liberales* und der Dichtung (Kap. VI.1) sowie – allgemein – auf die fleischförmige Immanenz, in der sich das christliche Subjekt bewegt und die die ‚aphasische Reihe' hervorbringt, in welcher die weibliche Brust, die Musik, die Dichtung, die ‚Natur' und sogar der Kaffee am selben (fleischlichen, nicht transzendenten; diskursiven, nicht ontologischen!) Schönen zu partizipieren beginnen (Kap. VI.2).

Vermutlich ist zu Schönheit – zumindest an der enharmonisch verwechselbaren Oberfläche des Diskurses – bereits alles schon einmal irgendwie (vielleicht in anderen Worten), irgendwo (vielleicht nicht in der germanistischen Mediävistik oder in einem versteckten Aufsatz) und irgendwann (vielleicht von klugen Menschen anderer Jahrhunderte) gesagt worden. Insofern muss sich die vorliegende Arbeit nicht zuletzt damit begnügen, ihrerseits aus der Menge der getätigten Äußerungen eine – hoffentlich originelle – Synthese herzustellen, einige – hoffentlich einleuchtende und gewinnbringende – Beobachtungen im Detail zu machen und in der spezifischen Rekombination eine – hoffentlich – stringente Perspektive auf einen alten, zu oft bemühten Gegenstand zu eröffnen und damit wiederum Anlass zu weiterer Diskussion zu geben. Es geht – um die wissenstheoretische Allegorie des eingangs zitierten Winnie-the-Pooh zum ‚Bispel' zu erweitern – darum, die Treppe, welche die Ästhetik errichtet hat, auf andere Art hinunterzugehen, für einen Moment nicht weiter von der Tradition am Bein gezogen zu werden und nicht mehr mit dem Kopf auf die Stufen der Konvention zu schlagen, um die Möglichkeit zu eröffnen, den Akt des Gehens auf dieser abschüssigen Treppe neu zu durchdenken, deren Gefälle „das unsere Kultur zweifellos charakterisiert", „die diskursiven Formationen [...] unaufhörlich epistemologisiert".[202] Denn dies, so denke ich, ist

---

[202] Der – hier hochgradig variierte – Wortlaut findet sich bei Foucault, Archäologie des Wissens, S. 278.

die Tugend der Differenzierung, des Aushandelns und des immer wieder Infragestellens, dies ist die kulturwissenschaftliche Aufgabe in jener Geschichte, die Clio dichtet.

II.2.2 Die große Antithese: Homologe Dichotomien als Grundlage des christlichen Schönheitsdiskurses (Bourdieu)

> ... because when you are a Bear of Very Little Brain, and you
> Think of Things, you find sometimes that a Thing which
> seemed very Thingish inside you is quite different when it
> gets out into the open and has other people looking at it.
> (A.A. Milne: *The House at Pooh Corner*, Ch. 6)

Die Beobachtung jenes Sprachspieles (Wittgenstein), in welches das verbale Performativum, die Geste der Enunziation eines grammatikalischen Subjektes als ‚schön', eingespannt ist, und die Analyse derjenigen Diskurse, welche an diesen Akt der Enunziation angeschlossen sind, führt umgehend zu der Notwendigkeit, das entstehende sprachliche Netz zu strukturieren, um es der Analyse zugänglich zu machen. Es bietet sich hierbei – wie bereits angeklungen ist – an, als vordergründiges Analyseinstrument Pierre Bourdieus Konzept der *homologen Dichotomien* zu übernehmen, da dieses die Möglichkeit bietet, bestehende sprachliche Netze in ihrer Konstruiertheit zu beschreiben.[203] Es entfaltet hierbei eine besondere explikative Kraft, insofern es nicht nur in der Lage ist darzustellen, wie einander bedingende, relational-oppositionale Kategorien (Dichotomien; bspw. ‚schön – hässlich') entstehen, sondern auch zu erklären vermag, wie arbiträre Gegenstände miteinander in Beziehung gebracht werden können. Grundlegend ist, dass die entstehenden Dichotomierelationen zueinander in eine Homologiebeziehung gesetzt werden können und so aufeinander projizierbar werden (Homologie der Dichotomien; bspw. ‚schön – hässlich' zu ‚gut – schlecht'). Diese Beziehung kann so stark sein, dass sie bis zur Substituierbarkeit homologer Elemente (bspw. ‚schön' für ‚gut') geht. Die diskursiven Basisbeziehungen, welche homologe Paarungen des Musters ‚schön – hässlich', ‚gut – schlecht', ‚adelig – bäurisch' sind, sowie die hieran anschließenden Interferenzen lassen sich auf diese Art beschreiben und – besonders im Hinblick auf ihre Paradoxien – darstellen.

Das Bourdieu'sche Instrumentarium erscheint dabei bewusst zeitlich und räumlich weit ausgreifend auf einen Mittelmeerkulturraum ausgedehnt, in welchem verschiedenste, miteinander in Kontakt stehende und/oder genealogisch verwandte Kulturen

---

203 Pierre Bourdieu hat sich selbst dahingehend geäußert, dass sein Dichotomie-Konzept unproduktiv sei (vgl. Gerhard Fröhlich, Boike Rehbein [Hrsg.]: Bourdieu-Handbuch. Leben – Werk – Wirkung. Stuttgart/Weimar 2009, S. 410). Die soziologische Produktivität, welche hier avisiert ist, ist nicht gleichsetzbar mit der analytischen Produktivität, welche das Konzept im Rahmen der hier vorgenommenen diskursiven Analysen als deskriptives Element entfaltet.

in Hinblick auf ihre fundamentalen ideologischen Gemeinsamkeiten zusammengeschlossen werden.[204]

Es stellt sich die Frage, ob dies analytisch legitim ist. Tatsächlich lässt sich ein solcher, von Bourdieu veranschlagter ‚Mittelmeerkulturraum' gerade in Hinblick auf das christliche Europa[205] plausibel machen, insofern die zentralen Vertreter der patristischen Gründungsgeneration(en) im Spannungsfeld zwischen griechisch beeinflusster römischer Kultur einerseits, dem römisch dominierten nordafrikanischen Kulturraum andererseits und dem als vierte Komponente in ihre heilige(n) Schrift(en) eingeschriebenen nahöstlichen Raum, dem ‚Heiligen Land', wirken. Ihr Schreiben vereinigt – zumal in Hinblick auf ihren universellen Anspruch an sich selbst – aktiv die vier ge-

---

[204] Bourdieu, Männliche Herrschaft, begründet die Kohärenz eines mediterranen Kulturraumes wie folgt: „Bei diesem [Laborversuch, F. D. S.] soll die ethnographische Analyse der objektiven Strukturen und der kognitiven Formen einer besonderen geschichtlichen Gesellschaft, exotisch und nah, fremd und vertraut zugleich, die der Berber der Kabylei, als Instrument einer Sozioanalyse des androzentrischen Unbewußten behandelt werden, mit dem sich die Objektivierung der Kategorien dieses Unbewußten durchführen läßt. Die Bergbauern der Kabylei haben, über alle Eroberungen und Bekehrungen hinweg und wohl als Reaktion auf diese, bis auf den heutigen Tag Strukturen bewahrt [...], wie sie allen mediterranen Gesellschaften gemeinsam und heute noch, wenn auch nur unvollständig und unzusammenhängend, in unseren kognitiven und sozialen Strukturen lebendig sind. Für die Wahl der Kabylei spricht also zweierlei: Zum einen stellt die kulturelle Tradition, die sich dort behauptet hat, eine paradigmatische Realisation der mediterranen Tradition dar. [...] Zum anderen partizipiert die ganze europäische Kultur unzweifelhaft an dieser Tradition" (ebd., S. 14 f.). Bourdieu führt diese geographische Ausdehnung ausdrücklich auch historisch bis zur griechischen Antike zurück, wenn er, den zweiten Band von Michel Foucaults *Histoire de la sexualité. L'usage des plaisirs* kritisierend, auf dessen Textkorpus rekurriert und – über dieses hinausgehend – den ihnen noch vorgängigen „alte[n] mediterrane[n] Untergrund" (ebd., S. 17) sichtbar machen will.

[205] Dass es ‚das' christliche Europa gegeben haben soll, ist sicherlich ebenso zweifelhaft wie die Inanspruchnahme des Begriffes ‚Mittelalter' für eine tausendjährige kulturelle Entwicklung. Hübner, Einführung, S. 287 f., hat zu Recht darauf verweisen, dass die „romantische Idee vom Mittelalter als einer jeden Einzelnen integrierenden christlichen Einheitskultur" (ebd.) nicht tragfähig ist und demgegenüber mit einer Pluralität von Wissen und Wissenssystemen, Wirklichkeitskonstruktionen und Bedeutungspraktiken zu rechnen ist. Gleichwohl muss konstatiert werden, dass gerade der Bereich der schriftlich überlieferten Kulturerzeugnisse – und ausschließlich um diesen kann es hier gehen – von einer erheblichen diskursiven Durchformung betroffen ist, welche am Medium der Schrift selbst hängt. Mit dem Erlernen lateinischer Schrift anhand lateinischer Sprache geht stets der Kontakt mit einem – in sich wiederum durchaus inhomogenen – lateinischen Schriftdiskurs einher, in welchem unterhalb der christlichen Matrix verschiedenste Textsorten zusammengeschlossen werden. Im Schulbetrieb stehen neben der Patristik und zeitgenössischer Dichtung und Theologie auch heidnische Texte im Zentrum der Grammatik- und Rhetorikstudien. Diese Überführung von Pluralität in die Einheit eines zweifellos christlich geprägten Schulbetriebes zeitigt sicherlich – wenn auch zumeist implizit – Pluralisierungseffekte. Auch auf Seiten der christlichen Matrix selbst sind – wie im Folgenden, Kap. VI, S. ###, gezeigt werden wird – Pluralisierungstendenzen systemimmanent und -konstitutiv. Nichtsdestoweniger ist der gesamte schriftliterarische Bereich durch und durch von diesem lateinischen Diskurs geprägt, sodass hier eine relative Homogenität veranschlagt werden darf, was die normativen Leitlinien angeht. Inwiefern hier Residuen vorgängiger nicht-schriftlicher Systeme eingegangen sind, kann und muss nicht bewertet werden.

nannten geographischen und ideologischen Räume und Traditionen (griechisch, römisch, ‚israelisch' und nordafrikanisch), welche sie unter der Maßgabe der von ihnen erarbeiteten christlichen Doktrin und ‚Philosophie' unter einem Dach zusammenzubinden versuchen. Der von den mediävistischen Ästhetikern – Władysław Tatarkiewicz, Rosario Assunto, Wilhelm Perpeet, Umberto Eco[206] – so vielbeschworene Augustinus darf hier einerseits nicht zuletzt auch deshalb als zentrale Figur einstehen, weil er in vorgängiger Forschung als solche verstanden worden ist und daher für die Aufarbeitung der bisher geleisteten Arbeit wiederum zentral sein muss. Das Denken Augustins gibt andererseits für Generationen von Theologen die Folie und den Maßstab ihres Denkens und ihrer letztbegründenden Referenz.[207] Wenngleich theologische Debatten in Detailfragen hochdifferenziert und durchaus auch gegen patristische (beziehungsweise augustinische) Positionen (fort-)geführt werden, so muss doch konzediert werden, dass es die Generation Augustins (und dieser im Besonderen) ist, welche den Rahmenlinien christlichen Denkens – um nicht zu sagen: einer ‚Vulgärtheologie' – jene Konturen verleiht, auf die die folgenden Jahrhunderte christlich geprägten Denkens unumgänglich rekurrieren müssen. In dieser – und sei es kritischen – Auseinandersetzung stabilisieren sie die patristischen Leitlinien zugleich. Insofern muss gerade für den so breit rezipierten Augustinus aufgearbeitet werden, inwiefern sein Denken an den Diskursen von Schönheit partizipiert.[208]

Hier nun kann gezeigt werden, wie sich Bourdieus Konzept der homologen Dichotomien zwanglos mit den durch die augustinische Patristik geprägten und weit-

---

206 Bei Edgar de Bruyne, Études I, hingegen spielt Augustinus noch keine Rolle. Kritisch vermerkt hierzu bspw. Tatarkiewicz, Geschichte der Ästhetik II, S. 12, hierzu: „Das von de Bruyne gesammelte Material enthält die Ästhetik des Ostchristentums nicht, und die Ästhetik des westlichen Mittelalters lässt er nach Augustinus beginnen."
207 Joachim Bumke: Die Blutstropfen im Schnee. Über Wahrnehmung und Erkenntnis im ‚Parzival' Wolframs von Eschenbach. Tübingen 2001 (Hermea 94), S. 12, formuliert als Begründung dafür, warum er glaubt, mit den Schriften Augustins eine Folie für das Denken im 12. Jahrhundert zu haben, geradezu ein Credo: „[I]ch glaube, daß die Hauptschriften von Augustinus und die Grundzüge seiner Lehre den Gebildeten im 12. Jahrhundert allgemein zugänglich waren." Dem schließe ich mich an.
208 Aus dem augustinischen Textkorpus ist nach Augustins eigener Aussage in den *Confessiones* (VI.13.20) eine Frühschrift mit dem Titel *De Pulchro et Apto* verloren gegangen, welche sich noch vorchristlich (vermutlich manichäisch und platonisch geprägt) mit Schönheit auseinandergesetzt hat. – Neben den bereits genannten Ästhetikern ist hier vor allen Dingen die Dissertation von Paul Michel: ‚Formosa deformitas'. Bewältigungsformen des Hässlichen in mittelalterlicher Literatur. Bonn 1976 (Studien zur Germanistik, Anglistik und Komparatistik 57), zu beachten, in welcher der Autor breit – und ohne in die vulgärästhetische Falle zu tappen – patristische, besonders augustinische Positionen zum Schönen und zur Schönheit aus der Perspektive der Hässlichkeit aufarbeitet. Es scheint, als habe der veränderte Fokus, der vom Hässlichen aus zu fragen beginnt, es Michel ermöglicht, einen neuen Blick auf ein altes Thema zu gewinnen, in welchem erstmals auch die dichotome, die oppositionelle Logik voll aufscheint, welche zuvor zugunsten einer auf Schönheit beschränkten und an Hässlichkeit nicht interessierten Perspektive verstellt geblieben war. In dieser Emanzipation gelingen ihm Beobachtungen zur ‚Hässlichkeit', welche zugleich Beobachtungen zur ‚Schönheit' sein müssen.

hin epistemologisierten Diskursmustern zusammendenken lässt, denn hier werden all jene Vermischungen ausgestaltet, errichtet und ratifiziert, welche die vorliegende Arbeit zu analysieren sucht.

II.2.2.1 *bina bina*: Dichotomisierung und Relationierbarkeit als Effekt des Schöpfungswerkes bei Augustinus

Die Dichotomisierung der Welt wird in Augustins *De civitate Dei* prominent – und über Jahrhunderte breit rezipiert – dem Schöpfungsakt Gottes selbst zugeschrieben, insofern hier ausgeführt wird, dass die binäre Ordnung, die paarweise Komplementarität aller Dinge eben keine durch den Menschen über sprachliche Rasterung erzeugte Strukturierungsleistung von Welt sei, sondern – im Gegenteil – die willentliche Einrichtung der *creatur* durch den *creator*. Die Dichotomisierungsarbeit reicht dabei bis auf den ersten Moment der Schöpfung, auf den Beginn der Heiligen Schrift selbst zurück, in welchem Gott Himmel und Erde scheidet und anschließend die Finsternis aus dem Licht ausscheidet. Diese beiden Unterscheidungen stellen bei Augustinus zum einen die in der Dichotomie von *caelum* und *terra* aufgehobene Totalität der Schöpfung[209] und zum anderen die Unterscheidung von Gut und Böse dar, insofern – in einer allegoretischen Operation – das der Finsternis entgegengesetzte Licht die guten Engel und die Finsternis die gefallenen Engel bezeichnet.[210] Dass die Ganzheit sich binär beziehungsweise dichotom organisiert, führt dazu, dass auch die negativen Oppositionswerte in die *per se* gute und schöne Schöpfung Gottes integriert werden müssen:

> Neque enim Deus ullum, non dico angelorum, sed uel hominum crearet, quem malum futurum esse praescisset, nisi pariter nosset quibus eos bonorum usibus commodaret atque ita ordinem saeculorum tamquam pulcherrimum carmen etiam ex quibusdam quasi *antithetis* honestaret. Antitheta enim quae appellantur in ornamentis elocutionis sunt decentissima, quae Latine appellantur *opposita*, uel, quod expressius dicitur, *contraposita*, non est apud nos huius uocabuli consuetudo, cum tamen eisdem ornamentis locutionis etiam sermo Latinus utatur, immo linguae omnium gentium. (Augustinus: De civitate Dei XI.18.1–10)[211]

---

209 Vgl. Augustinus: De civitate Dei XI.33.54–60: *In principio fecit Deus caelum et terram; quibus nominibus uniuersalis est significata creatura, uel spiritalis et corporalis, quod est credibilius, uel magnae duae mundi partes, quibus omnia quae creata sunt continentur, ut primitus eam totam proponeret ac deinde partes eius secundum mysticum dierum numerum exsequeretur* (Übers. [Thimme]: „Mit den Worten Himmel und Erde aber ist die ganze Schöpfung bezeichnet, entweder, was wahrscheinlicher ist, der geistige und der körperliche, oder nur die beiden großen Teile der irdischen Welt, in denen alles, was geschaffen ward, enthalten ist. In diesem Falle wäre zuerst das Ganze genannt, sodann auch seine Teile nach der geheimnisvollen Zahl der Tage aufgeführt.").
210 Vgl. Augustinus: De civitate Dei XI.9 u. XI.32–33.
211 Hervorhebung hier und i. d. Übers. von mir; F. D. S. – Übers. (Thimme): „Gott würde ja keinen Menschen geschaffen haben und erst recht keinen Engel, dessen künftige Schlechtigkeit er vorausgesehen hätte, wüßte er nicht ebenso, wie er sich ihrer zum Nutzen der Guten bedienen und so das geordnete Weltganze wie ein herrliches Gedicht gewissermaßen mit allerlei Antithesen ausschmücken würde. Solche sogenannten Antithesen, die man auf lateinisch *opposita* – Gegensätze, oder

Dass die hässlichen Teile integraler Bestandteil der Schönheit des Ganzen sind, findet sich bei Augustinus in einem Vergleich zur *pictura* ausgedrückt: *quoniam sicut pictura cum colore nigro loco suo posito, ita uniuersitas rerum, si quis possit intueri, etiam cum peccatoribus pulchra est, quamuis per se ipsos consideratos sua deformitas turpet* (Augustinus: De civitate Dei XI.23.28–31).[212]

Beispiele für die Antithese findet Augustinus in den Schriften des Paulus ebenso wie im Buch Ekklesiastikus (Jesus Sirach 33,15), welches die Binarität *expressis verbis* der Ordnung Gottes zuschreibt:

---

besser *contraposita* – *Gegenüberstellungen* nennen könnte, obschon diese Bezeichnung bei uns nicht gebräuchlich ist, bilden nämlich den ansprechendsten Schmuck der Rede. Auch die lateinische Sprache, ja aller Völker Sprachen, bedienen sich dieses Schmuckes gern."

212 Übers. (Thimme): „Denn wie ein Gemälde mit der schwarzen an rechter Stelle angebrachten Farbe, so ist das Weltall, könnte man es nur überschauen, auch mit den Sündern schön, wie sehr ihnen auch, für sich allein betrachtet, ihre Häßlichkeit Schande macht." – Diese Augustinusstelle ist immens einflussreich. Sie gehört zu denjenigen patristischen Wissensbeständen, die bis in die Volkssprache hinein vermittelt werden. Dies dokumentiert beispielsweise die *Christherre-Chronik*, in der das *pictura*-Argument – wie bereits in Augustins *De civitate Dei* selbst – in die Explikation des Engelssturzes zu Beginn der Schöpfung und die explizite Frage nach der Möglichkeit des Bösen in Gottes guter Schöpfung eingebunden ist: *HI mac uns wachsin vrage(n)s vil | Ein man uil lichte vragin will | Vnd sprichet lichte / wi was Got | So wunderlich / daz sin gebot | Den bosen engel werden hiz | Daz er in nicht blieben liz | Vngescheftic. der er in | Vnrechte wiste vnd sinin sin | Daz muste irgen durch sulch(n) rat | Daz di reine hantgetat | Gezirde dar mite neme | So die eine widerczeme | Wurden / vnd hin getan | Daz di rechten musten han | Deste richer clarheit | Mit werndem libe sundir leit | Ein meler dem gemelde sin | Gibit deste richeren schin | Also daz iz schöne richet | Swener vnderstrichet | Nach eigenlichem vlize | Mit swarczer varwe daz wize | So hat di wize deste me. | Schon. vn(d) wirt schoner danne e | Were niman tumb. wer were wis | Wer hette dan an witzen pris | Tet al di werlt des wunschis recht | Were beide here vnd der knecht | Al gliche wol rechte gemut | Wer were dan ubil odir gut | Sus creftigit sich des guten mut | So das ubele vnrechte tut* (zitiert nach: Christherre-Chronik. Text der Göttinger Handschrift 2° Cod. Ms. philol. 188/10 Cim. [olim Gotha, Membr. I 88]. Transkribiert von Monika Schwabbauer. Trier 1991, hier: Vv. 869–900). Zwar verläuft die Vermittlung hier grundsätzlich über den Prätext der *Christherre-Chronik*, also das *Pantheon* Gottfrieds von Viterbo, das Insistieren auf der Schönheit des Ganzen und die ausgreifende Profilierung des Guten über das Schlechte, überhaupt der Anschluss weiterer *opposita* (Herr – Knecht), scheint darauf hinzudeuten, dass hier der Augustinische Text verfügbar war. Vergleicht man nämlich die die einzige im Druck zugängliche (erste) Fassung des *Pantheon* (*Pantheon sive Universitatis libri qui chronici appellantur XX*, gedruckt bei Jacobus Parcus [Jakob Kündig], Basel 1559), so fällt im Vergleich zur Christherre-Chronik deren Knappheit auf: *Sed fortè dices, ô lector, Quare creauit Deus diabolum, cùm sciret eum, malum esse futurum? Respo(n)deo quia propter operis sui ornatum. Sicut pictor nigrum colorem substernit, ut albus apparentior fiat: sic per præuaricationem malorum, iusti clariores fiunt* (ebd., Sp. 22, Übers. [F. D. S.]: „Wenn du aber nun vielleicht fragst, o Leser: Warum hat Gott den Teufel geschaffen, wenn er wusste, dass er in der Zukunft böse werden würde, antworte ich: aufgrund des Schmucks seines Werkes. Wie der Maler schwarze Farbe untermischt, damit das Weiße besser hervorscheint, so erscheinen durch die Überschreitungen der Sünden die Gerechten strahlender."). Die ‚Schönheit' des Ganzen, die bei Augustinus zentrales Argument ist, kommt hier höchstens implizit zum Tragen, wird jedoch in der *Christherre-Chronik* breit ausgespielt.

> Apertissime hoc positum est in libro Ecclesiastico isto modo: Contra malum bonum est et contra mortem uita; sic contra pium peccator. Et sic intuere in omnia opera Altissimi, bina bina, unum contra unum [Eccli 33,15].
> (Augustinus: De civitate Dei XI.18.21–24)[213]

Die Welt – von Gott also *bina bina, unum contra unum* geordnet – zeigt sich in ihrer Einrichtung jedoch nicht nur im Hinblick auf die Dichotomisierung als Werk des Schöpfers, sondern auch die Homologisierung dieser *opposita* wird von Gott selbst ratifiziert, insofern „Gott sah, daß das Licht gut war" (*vidit Deus lucem quod esset bona*, Gen 1,4) und so die dichotomen Paare (gut vs. böse, Himmel vs. Erde, Licht vs. Finsternis, Leben vs. Tod, Gläubigen vs. Ungläubigen, Schönheit vs. Hässlichkeit) qua Homologie an zwei Klassen (Positivum: gut – Himmel – Licht – Leben – Gläubig – Schönheit vs. Negativum: böse – Erde – Finsternis – Tod – Ungläubig – Hässlichkeit) partizipieren, die sich selbst als Ganze oppositionell gegenüberstehen.[214] Letztlich organisieren diese auch die Grundstruktur der augustinischen Schrift von den ‚zwei Staaten', insofern sie die Totalität der Schöpfung in die Zweiheit von *civitas Dei* und *civitas terrena* einteilt. Zwischen den einzelnen *opposita* entsteht so in der Schöpfungserzählung eine kohäsive Sympathie, die hilft, die zugrundeliegende Sprachstruktur vermittels eines Ursprungsmythos zu naturalisieren.

Gleichzeitig ist dem Schöpfungsmythos – mit dem Theodizeeproblem selbst – ein strukturelles Paradoxon eingeschrieben, das unlösbar ist und das Sprechen vermittels der Rasterung homologer Dichotomien[215] nachhaltig verkompliziert: Die von

---

213 Sperrung d. Schriftzitates i. Original; F. D. S. – Übers. (Thimme): „Das kommt zu klarstem Ausdruck im Buche Sirach, wo es heißt: ‚Das Gute ist wider das Böse und das Leben wider den Tod und der Gottesfürchtige wieder den Gottlosen. So betrachtest du alle Werke des Höchsten; sie sind paarweise geordnet, eins wieder das andere.'"

214 Auch vorchristliche Mythen erzeugen eine Homologisierung von ‚gut' und ‚schön'. Ein solcher Moment von *kalokagathía* findet sich bspw. in Platons *Timaios* (hier zitiert nach: Platon: Timaios. Griechisch/Deutsch. Übers., Anm. und Nachwort von Thomas Paulsen, Rudolf Rehn. Stuttgart 2009), wenn es heißt: „Wenn der Kosmos [κόσμος] schön [καλός, *kalos*] ist und der Meister [δημιουργός, demiourgos] gut [ἀγαθός, *agathos*], dann ist es offenkundig, dass er auf das Ewige geblickt hat" (Timaios 29a, S.36/37). Der Grund für die Schöpfung durch diesen guten „Meister" – und dieser Gedanke hält sich bis in den augustinischen und scholastischen Platonismus hinein – ist seine Gutheit selbst: „Wir wollen also darstellen, aus welchem Grund der Schöpfer das Werden und dieses All in Gang gesetzt hat. Er war gut [ἀγαθός, *agathos*] und in einem Guten erwächst niemals in irgendeiner Hinsicht Missgunst. Frei von diesem Gefühl wollte er, dass alles ihm so ähnlich wie möglich würde" (ebd., S. 38/39). Die epistemische Reichweite und die diskursiven Implikationen sind im Christentum, das diese Lehre mit der Heiligen Schrift und dem Sündenfall zusammenbringen muss, allerdings grundlegend different. – Zum Sprachproblem von ‚gut' (*agathos*) und ‚schön' (*kalos*) vgl. im Folgenden Kap. III.1, S. 119 f.

215 In der dem Bourdieu'schen Konzept konstitutiv eignenden Projizierbarkeit der Homologien aufeinander sind diese vielleicht den ‚binären Codes' der Systemtheorie nach Luhmann überlegen, welche isoliert und starr bleiben. Die binären Codes bilden höchstens Subsysteme aus, während der alle Ebenen durchdringenden Homologie der Dichotomien eine ‚mythische' Dimension eigen ist, welche die Verbindung zwischen Kulturprodukten und Kultur als sozialem Phänomen selbst zu stiften in der Lage ist. Bourdieu kann so eben erklären, wie die Einrichtung des Hauses mit den

Gott installierte Ordnung, welche eine gute sein muss, da sie von Gott stammt, der nur Gutes wollen kann, kann nur durch die Willensfreiheit, welche ebenfalls gut ist, jedoch zugleich den bösen Willen zulässt, kompromittiert werden. Das Böse, das Augustinus als Mangel des Guten definiert, kann nur aus dem Guten selbst entstehen, da ja dessen Mangel für das Böse konstitutiv ist, wobei die Homologisierung weiterentwickelt wird:

> Natura igitur contraria non est Deo, sed uitium quia malum est contrarium est bono. Quis autem neget Deum summe bonum? Vitium ergo contrarium est Deo, tamquam malum bono. Porro autem bonum est et natura quam uitiat; unde et huic bono utique contrarium est; sed Deo tantummodo tamquam bono malum, naturae uero, quam uitiat, non tantum malum, sed etiam noxium. Nulla quippe mala Deo noxia, sed mutabilibus corruptibilibusque naturis, bonis tamen ipsorum quoque testimonio uitiorum. Si enim bonae non essent, eis uitia nocere non possent. Nam quid eis nocendo faciunt, nisi adimunt integritatem pulchritudinem, salutem uirtutem, et quidquid boni naturae per uitium detrahi siue minui consueuit? Quod si omnino desit, nihil boni adimendo non nocet ac per hoc nec vitium est.
> (Augustinus: De civitate Dei XII.3.7–21)[216]

Bezogen auf den Fall des Engels bedeutet dies: *in mala natura uoluntas mala esse non poterat, sed in bona, mutabili tamen, cui uitium hoc posset nocere* (Augustinus: De civitate Dei XII.6.34 f.).[217] Insofern nun der negative Pol der Binäroppositionen bei Augustinus stets als Defizienz des positiven Pols definiert ist, erhält zum einen das Negative Anteil am Positiven und ist umgekehrt das Positive – sofern es nicht bei Gott selbst und dadurch im schlechthin Positiven aufgehoben ist – stets durch den Verlust, die Kompromittierung seiner selbst, bedroht. Die Logik des Sündenfalls und die Uni-

---

Mythen und der in ihnen abgelegten Einrichtung des Kosmos korrespondiert, vgl. Pierre Bourdieu: Das Haus oder die verkehrte Welt. In: ders.: Entwurf einer Theorie der Praxis Frankfurt a. M. 2012 (dt. Erstausgabe: 1972; original: La maison kabyle ou le monde renversé. Paris 1963/63), S. 48–65.
216 Übers. (Thimme): „Also ist keine Natur Gott entgegengesetzt, sondern die Verfehlung ist, weil böse, dem Guten entgegengesetzt. Wer leugnet aber, daß Gott zuhöchst gut ist? Also ist die Verfehlung auch Gott entgegengesetzt, die böse dem Guten. Aber auch die Natur, an der die Verfehlung sich auswirkt, ist etwas Gutes. So ist die Verfehlung auch diesem Gute entgegengesetzt, Gott jedoch nur insofern, wie dem Guten das Böse entgegentritt, der eigenen Natur dagegen nicht nur als böse, sondern auch als schädlich. Denn nichts Böses kann Gott schaden, wohl aber den wandelbaren und dem Verderben ausgesetzten Naturen, die nichtsdestoweniger gut sind, wie die eigenen Fehler es bezeugen. Denn wären sie nicht gut, könnten ihnen die Fehler auch nicht schaden. Sie schaden ihnen aber, indem sie ihnen Unversehrtheit, Schönheit, Wohlsein und Kraft entziehen, sowie alles, was sonst noch natürlich Gutem durch Verfehlung weggenommen oder abgezogen zu werden pflegt. Fehlte all das, könnte auch kein Schaden durch Wegnahme von Gutem angerichtet werden, gäbe es also auch keinen Fehler."
217 Übers. (Thimme): „Folglich konnte der böse Wille in keiner bösen Natur sein, sondern nur in einer guten, wenn auch wandelbaren, der dieser Fehler schaden konnte."

versalität des zugleich allmächtigen und ‚allguten' Gottes[218] diktiert die Integration des Bösen ins Gute und bringt das aufwendig stabilisierte Raster der sorgfältig isolierten und in Homologierelation zueinander geordneten Dichotomien zum Kollabieren, insofern sich die Relation zwischen den Dichotomieelementen nun eben nicht mehr allein auf Homologisierbarkeit beschränkt, sondern zusätzlich die Möglichkeit ihrer Integrierbarkeit geschaffen werden muss. Die binäre Hierarchie zwischen Positivum und Negativum, wird so zu einer wiederum hierarchisierbaren, da das *per se* Positive nun selbst positiv oder negativ sein kann, was *vice versa* auch für das das *per se* Negative gilt. In diesem Moment der gegenseitigen Integrierbarkeit der Dichotomierelationen ist ein Kontingenzmoment enthalten, ein gewisses Moment aleatorischer Kombinatorik, welches zum einen die kategoriale Binarität aller Ordnung – das Positivum Gottes vs. das Negativum des Gottesabfalls – festigt, in der wechselseitigen und (re-)kombinatorischen Hierarchisierbarkeit jedoch andererseits eine definitive Ordnung des Immanenten gerade nicht zulässt. In einem auf den Sündenfall bezogenen Passus aus *De vera religione* wird die Relativität der Wertigkeiten expliziert:

> Est igitur quoddam *bonum*, quod si diligat anima rationalis, peccat, quia *infra* illam ordinatum est. Quare ipsum peccatum malum est, non ea substantia quae peccando diligitur. Non ergo arbor illa malum est, quae in medio paradiso plantata scribitur, sed divini praecepti transgressio.
> (Augustinus: De vera religione XX.38.102)[219]

Die Hierarchisierbarkeit der Güter (*bona*) selbst, welche wiederum homolog an eine weitere Dichotomie (oben – unten) angeschlossen wird, lässt aus dem *bonum* das *malum* als Wirkung aus seiner relativen Inferiorität entstehen.

Die oben zitierte Strategie, die Existenz des Bösen in der Welt im Status des Vergleichs als rhetorisches Schmuckmittel der Antithese im Rahmen eines Weltgedichtes zu rechtfertigen, welches nicht trotz, sondern gerade aufgrund der in ihm enthaltenen *opposita* als Ganzes ‚schön' sei, ist so erkennbar selbst ein rhetorischer Trick wie diese Idee doch bei Augustinus auch in aller sprachontologischer Ernsthaftigkeit durchgeführt wird:

> Ceterum uitia pecorum et arborum aliarumque rerum mutabilium atque mortalium uel intellectu uel sensu uel vita omnino carentium, quibus eorum dissolubilis natura corrumpitur, damnabilia putare ridiculum est, cum istae creaturae eum modum nutu Creatoris acceperint,

---

218 Augustinus verwendet einige Mühe darauf, in Abgrenzung zu Lehren (wie bspw. dem Manichäismus), die ein dem Guten (Gott) gleichgewichtiges, äquivalentes, der Schöpfung vorgängiges Böses annehmen und die er als Häresien verwirft, die Allmacht des einen Gottes als einzige wirkende und verursachende Kraft zu begründen und die Frage nach der Herkunft des Bösen dennoch vom Willen Gottes zu entkoppeln und diesen von der Schuld hierfür frei zu halten.

219 Kursivierung im lat. Text von mir; F. D. S. – Übers. (Thimme): „Es gibt also auch ein Gut [*bonum*; F. D. S.], durch dessen Liebe die vernünftige Seele sich versündigt, weil es tiefer [*infra*, F. D. S.] steht als sie selber. Darum ist die Sünde selbst, nicht das Wesen, das sie sündigend liebt, ein Übel. Nicht jener Baum, der nach der Schrift mitten im Paradiese gepflanzt wurde, ist übel, sondern die Übertretung des göttlichen Gebotes."

ut cedendo ac succedendo peragant infimam pulchritudinem temporum in genere suo istius mundi partibus congruentem. Neque enim caelestibus fuerant terrena coaequanda, aut ideo uniuersitati deesse ista debuerunt, quoniam sunt illa meliora. [...] Cuius ordinis decus nos propterea non delectat, quoniam parti eius pro condicione nostrae mortalitatis intexti uniuersum, cui particulae, quae nos offendunt, satis apte decenterque conueniunt, sentire non possumus. (Augustinus: De civitate Dei XII.4.1-16)[220]

Im Rahmen dieser „niederen Schönheit" (*pulchritudo infima*) werden nun auch der menschliche Körper und seine Schönheit verortet. Diese *per se* niedere Schönheit ist auch selbstverständlich insofern gut, als sie ein gottgegebenes *bonum* darstellt, schlecht aber allein insofern, als sie in der Wahrnehmung durch einen anderen Menschen auf dessen – freien – bösen Willen trifft. Hier wird ein Fall konstruiert, der an die Umkehrung der Entscheidungssituation des sogenannten ‚buridanischen Esels' erinnert und zugleich ein Modell rechter und falscher Wahrnehmung – *aisthesis* im Wortsinn[221] – darstellt:

Si enim aliqui duo aequaliter affecti animo et corpore uideant unius corporis pulchritudinem, qua uisa unus eorum ad inlicite fruendum moueatur, alter in uoluntate pudica stabilis perseueret, quid putamus esse causae, ut in illo fiat, in illo non fiat uoluntas mala? Quae illam res fecit, in quo facta est? *Neque enim pulchritudo illa corporis; nam eam non fecit in ambobus, quando quidem amborum non dispariliter occurit aspectibus.* An caro intuentis in causa est? cur non et illius? An vero animus? cur non utriusque? Ambos enim et animo et corpore aequaliter affectos fuisse praediximus. An dicendum est alterum eorum occulta maligni spiritus suggestione temptatum, quasi non eidem suggestioni et qualicumque suasioni propria uoluntate consenserit? Hanc igitur consensionem, hanc malam quam male suadenti adhibuit uoluntatem quae in eo res fecerit, quærimus. Nam ut hoc quoque inpedimentum ab ista quaestione tollatur, si eadem temptatione ambo temptentur, et unus ei cedat atque consentiat, alter idem qui fuerat perseueret: quid aliud apparet, nisi unum noluisse, alterum uoluisse a castitate deficere? Vnde, nisi propria uoluntate, ubi eadem fuerat in utroque corporis et animi affectio? *Amborum oculis pariter uisa est eadem pulchritudo, ambobus pariter institit occulta temptatio*; propriam igitur in uno eorum uoluntatem malam res quae fecerit scire uolentibus, si bene intueantur, nihil occurrit. Si enim dixerimus quod ipse eam fecerit, quid erat ipse ante uoluntatem malam nisi natura bona, cuius auctor Deus, qui est inmutabile bonum? Qui ergo dicit eum, qui consensit temptanti atque suadenti, cui non consensit alius, ad inlicite utendum pul-

---

220 Übers. (Thimme): „Lächerlich wäre es jedoch, wollte man Fehler an Tieren, Bäumen oder anderen wandelbaren und vergänglichen Dingen, denen Verstand oder Empfindung, vielleicht auch das Leben abgeht, Fehler, die ihre der Auflösung verfallenen Natur schädigen, für verdammlich halten. Denn diese Geschöpfe haben auf den Wink des Schöpfers die Bestimmung empfangen, kommend und gehend die niedere Schönheit des Weltlaufs darzustellen, wie sie in ihrer Art den Teilen dieser Welt entspricht. Denn das Irdische sollte nicht dem Himmlischen gleichen, durfte aber dem Weltall deswegen nicht fehlen, weil das Himmlische edler ist. [...] Die Schönheit dieser Ordnung gefällt uns deshalb nicht, weil wir ihr selber unserer Sterblichkeit entsprechend an einer bestimmten Stelle eingefügt sind und das Weltall nicht übersehen können, zu dem auch die Teilstücke, die uns ärgern, wohlangebracht und trefflich passen."
221 Versuchsweise soll im Folgenden zwischen *aisthesis* und Ästhetik unterschieden werden, insofern mit letzterem eine philosophische Disziplin bezeichnet wird, welche seit dem 18. Jahrhundert geprägt worden ist, und mit ersterem der Wahrnehmungsakt der äußeren Welt.

chro corpore, quod uidendum ambobus pariter adfuit, cum ante illam uisionem ac temptationem similes ambo animo et corpore fuerint, ipsum sibi fecisse uoluntatem malam, qui utique bonus ante uoluntatem malam fuerit: quaerat cur eam fecerit, utrum quia natura est, an quia ex nihilo facta est, et inueniet uoluntatem malam non ex eo esse incipere quod natura est, sed ex eo quod de nihilo natura facta est. Nam si natura causa est uoluntatis malae, quid aliud cogimur dicere, nisi a bono fieri malum et bonum esse causam mali? si quidem a natura bona fit uoluntas mala. Quod unde fieri potest, ut natura bona, quamuis mutabilis, antequam habeat uoluntatem malam, faciat aliquid mali, hoc est impsam uoluntatem malam?

(Augustinus: De civitate Dei XII.6.58–99)[222]

Das *bonum* körperlicher Schönheit wird nun bei Augustinus ausdrücklich vom *malum* freigehalten:

nec luxuria uitium est pulchrorum suauiumque corporum, sed animae peruerse amantis corporeas uoluptates neglecta temperantia, qua rebus spiritualiter pulchrioribus, et incorruptibiliter

---

222 Kursivierung hier und in der Übers. (Thimme) von mir, F.D.S: „Nehmen wir an, daß zwei Menschen, die geistig und leiblich in gleicher Verfassung sind, denselben schönen Leib erblicken, und daß der eine durch diesen Anblick zu unerlaubtem Genuß verlockt wird, während der andere unentwegt in keuschem Willen verharrt, was sollen wir da als Ursache ansehen, daß wohl in dem einen, aber nicht in dem anderen böser Wille entsteht. Was verursacht ihn in dem erstgenannten? *Doch nicht die Schönheit des Leibes, denn sie fiel beiden in gleicher Weise in die Augen, hatte aber nicht die gleiche Wirkung bei beiden.* Oder war etwas das Fleisch des einen Betrachters die Ursache? Warum dann nicht auch das des andern? Oder war's der Geist? Warum denn nicht beider Geist? Wir setzten ja voraus, sie seien beide geistig und leiblich in gleicher Verfassung gewesen. Oder sollen wir sagen, der eine sei durch geheime Einflüsterung eines boshaften Geistes versucht worden? Als ob er nicht dieser Einflüsterung, diesem Zureden, wie man es sich auch denken mag, mit eigenem Willen zugestimmt hätte! Was diese Zustimmung, diesen bösen Willen, der dem schlimmen Zureden nachgab, in dem Manne hervorgebracht hat, danach fragen wir. Denn wir nehmen an, um auch diese Schwierigkeit aus dem Weg zu räumen, daß beide in derselben Weise versucht werden und der eine nachgibt und einwilligt, während der andere standhaft bleibt, der er war. Da zeigt sich doch klar, daß der eine von der Keuschheit nicht lassen wollte, der andere aber es wollte. Was war der Grund? Doch nur der eigene Wille, da ja in beiden die körperliche und geistige Beschaffenheit die gleich war. *Beider Augen sahen in gleicher Weise die Schönheit, beiden machte die gleiche geheime Versuchung* [= occulta tentatio, F. D. S.] *zu schaffen*. Wollen wir eine Ursache ausfindig machen, die in dem einen den eigenen bösen Willen hervorgebracht habe, finden wir auch bei genauem Zusehen nichts. Sagen wir nämlich, er selbst sei die Ursache – nun was war er selbst vor seinem bösen Willen anderes als eine gute Natur, geschaffen von Gott, dem unwandelbaren Gut? Wer also sagt, derjenige, der dem Versucher und bösen Berater im Unterschied von dem anderen zustimmte, sich des schönen Leibes zu bemächtigen, der beiden körperlich und geistig gleichgestimmten Männern vor Augen stand, habe seinen bösen Willen selbst hervorgebracht, obwohl er vor seinem bösen Willen gut gewesen sei, der frage weiter, warum er ihn hervorgebracht hat. Darum, weil er eine Natur ist, oder weil er eine aus nichts erschaffene Natur ist? Er wird finden, daß der böse Wille nicht darin seinen Ursprung hat, daß der Sünder ein Naturwesen ist, sondern darin, daß es eine aus nichts geschaffene Natur ist. Denn wenn die Natur Ursache des bösen Willens wäre, müßten wir unweigerlich sagen, daß vom Guten Böses bewirkt werde, Gutes die Ursache des Bösen sei – falls nämlich die gute Natur den bösen Willen hervorbrächte. Aber wie kann das geschehen, daß eine gute, wenn auch wandelbare Natur, ehe sie bösen Willen hat, etwas Böses hervorbringt, nämlich den bösen Willen selbst?"

suauioribus coaptamur [...]. Ac per hoc qui peruerse amat cuiuslibet naturae bonum, etiamsi adipiscatur, ipse fit in bono malus et miser meliore priuatus.

(Augustinus: De civitate Dei XII.8.14–24)[223]

Es ist offenkundig, wie sich dieser – in sich wiederum dichotomisierte – Moment der *aisthesis* von jener Aufstiegsästhetik unterscheidet, die Wilhelm Perpeet aus den *Confessiones* abgeleitet hat,[224] wie zwanglos er sich jedoch andererseits mit einer dezidiert nicht-ästhetischen Lesart derselben Passagen verbindet. *aisthesis* bei Augustinus meint hier wie dort nämlich ausdrücklich nicht das – in der modernen Ästhetik zumeist zugrunde gelegte – ‚platonische' Aufstiegsmodell, in welchem diesseitiges Schönes auf eine jenseitige, höhere Schönheit geradezu notwendig verweist.[225] Wenngleich der schöne Körper auch hier einerseits entlastet wird, insofern er nur den Anlass, nicht jedoch die Ursache für eine falsche Liebe – wörtlich: *amor perversus* (Augustinus: De civitate Dei XII.8) – darstellt, so zeigen sich hier in der Bewertung doch einige Inkonsequenzen und Interferenzen, insofern die von den Augen „in gleicher Weise [gesehene] Schönheit" eben auch „die gleiche geheime Versuchung" (*occulta tentatio*) mit sich bringt.

II.2.2.2 *inquantum*: Logik der Relationierbarkeit bei Ulrich von Straßburg

Diese Paradoxie, die durch die gleichzeitige Homologisier- und Integrierbarkeit der Binäroppositionen entsteht, setzt sich bis in die Theologie des 13. Jahrhunderts fort. Exemplarisch können die Verwicklungen in Ulrichs von Straßburg (ca. 1220–1277) *De summo bono* nachvollzogen werden. Ulrich, ein Dominikaner und Schüler Alberts des Großen,[226] widmet das vierte Kapitel des dritten Traktats im zweiten Buch *De summo bono* dem Schönen (*De pulchro*). Hierbei kann vermerkt werden, dass er sich – neben der neu einsetzenden Aristoteles-Rezeption – vor allen Dingen der Schriften Augustins als autoritativer Referenz bedient. Die Ausführungen in *De pulchro* sind in eine veränderte Diskussion eingebunden, die hier nicht im Detail nachvollzogen werden muss, in-

---

223 Übers. (Thimme): „Die Zuchtlosigkeit ist auch nicht ein Fehler schöner und lieblicher Körper, sondern der Seele, die in verkehrter Weise leibliche Genüsse liebt und darüber das Maßhalten vernachlässigt, das uns für Güter von weit höherer geistiger Schönheit und unvergänglicher Lieblichkeit empfänglich machen würde. [...] Darum, wer verkehrt irgend etwas liebt, mag es auch seiner Natur nach gut sein, er wird, auch wenn er's erlangt, durch das Gut schlecht und elend, weil ihm darüber etwas Besseres verloren geht." – Parallelen, die im Folgenden wieder zur Sprache kommen werden (vgl. Kap. V.1), finden sich bspw. auch in *De vera religione*, hier bes. XXXVI.66.185–67.189, wo explizit wird, dass die Dinge an sich – und hierunter zählen auch menschliche Körper – nicht trügerisch sind, sondern dass der Modus, in welchem das Subjekt der Kreatur entgegen tritt und der von der Erbsünde geprägt ist, entscheidend ist.
224 Vgl. hierzu in der vorliegenden Einleitung, Kap. II.1.2, S. 22–30. – Vgl. Perpeet, Ästhetik, S. 26–64.
225 Zum bereits diskutierten, insgesamt gar nicht so eindeutigen ‚platonischen' Aufstiegsmodell, vgl. oben Kap. V.1.3 u. V.1.4, S. 474–488.
226 Zum Vergleich Alberts mit seinen Schülern Ulrich und Thomas von Aquino siehe Tatarkiewicz, History, S. 240–263.

sofern es mir hier vor allen Dingen um eine systematisierende Detailbeobachtung geht, welche auf ihre epistemischen Grundlagen verweist.

Die Auszugsedition des Kapitels *De pulchro*, welche Martin Grabmann bereits in den 1920er Jahren vorgelegt hat, dokumentiert im Apparat auch eine zeitgenössische Abstraktion zu Ulrichs Text in Form eines Diagrammes (Abb. 1), welches als Randglosse in Grabmanns Leithandschrift, dem *Cod. Vat. lat. 1311* (14. Jahrhundert), enthalten ist:[227]

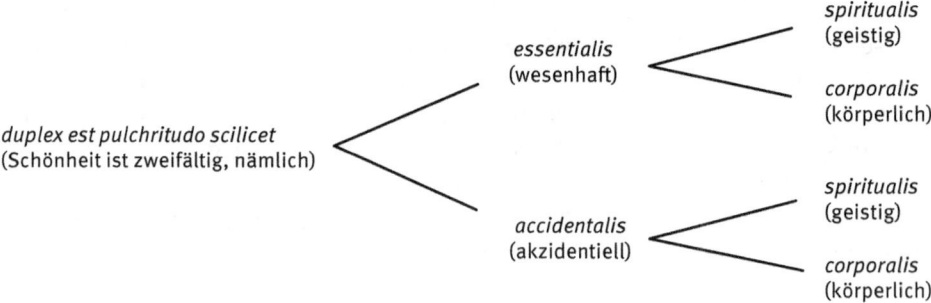

Abb. 1: Einteilung der *pulchritudo* nach einer Randglosse zu Ulrichs von Straßburg *De summo bono* (II.3.4.5), *Cod. Vat. lat. 1311*, fol. 10ʳ.

Illustriert wird durch dieses Diagramm folgender Passus:

> Cum autem sint formae substantiales et accidentales, praeter increatam pulchritudinem est duplex pulchritudo, scilicet essentialis et accidentalis. Et harum pulchritudinem utraque est duplex. Nam essentialis est spiritualis, ut anima est pulchritudo animalis, vel intellectualis, ut est pulchritudo angeli, vel est corporalis, ut natura sive forma naturalis est pulchritudo materiae. Similiter forma accidentalis vel est spiritualis, ut scientia et gratia et virtutes sunt pulchritudo animae et ignorantia vel peccata sunt eius deformitates, vel est corporalis, quam describit Augustinus XII *De civitate Dei* dicens [sic; Augustinus: De civitate Dei XXII.19.41 f.; F.D.S.]: ‚Pulchritudo est partium congruentia cum quadam suavitate coloris'.
>
> Quia etiam omne, quod arte divina factum est, speciem aliquam habet, qua formatur, ut dicit Augustinus in VI *De Trinitate* [cf. Aug., De Trin. VI 10,n.12], sequitur, quod pulchrum sicut et bonum convertitur cum ente secundum supposita, sed secundum essentiam addit super ipsum supra dictam rationem formalitatis [cf. Alb., Summa theol. I 6 26 1].
>
> (Ulrich von Straßburg: De summo bono II.3.4.5; S. 56,63–57,77)[228]

---

227 Martin Grabmann: Des Ulrich Engelberti von Strassburg O. Pr. († 1277) Abhandlung De pulchro. Untersuchungen und Texte. Vorgetragen am 7. November 1925. In: Sitzungsberichte der Bayerischen Akademie der Wissenschaften. Philosophisch-philologische und historische Klasse. Jahrgang 1925,5. Abhandlung. München 1926. – Die Handschrift kann online abgerufen werden unter: https://digi.vatlib.it/view/MSS_Vat.lat.1311, dort fol. 10ʳ. Sie ist die früheste überlieferte Hs. von *De summo bono*.

228 Das Kapitel *De pulchro* aus *De summo bono* wird hier und im Folgenden unter Beigabe der in den dortigen Anmerkungen nachgewiesenen Zitatquellen zitiert nach: Ulrich von Strassburg: De summo

Eine Einführung in die Grundproblematik der scholastischen Terminologien (*forma, forma naturalis,* [*forma prima,*] *materia, esse, ens, essentia,* [*substantia,*] *accidens* usw.) und die dahinter sich verbergende Spannung zwischen platonischer Ideenlehre und aristotelischer Kategorienlehre kann hier einerseits nicht geleistet werden, ist jedoch andererseits auch nicht angestrebt. Im Rahmen der vorliegenden Arbeit geht es nicht um die strenge (Re-)Konstruktion eines hypostasierten scholastischen Schönheitsbegriffes und – daran notwendig anschließend – einer Theologie und Ontologie.[229] Dieser Schönheitsbegriff wäre auf die volkssprachliche Literatur ohnehin nur gewaltsam übertragbar. Es geht hier vielmehr darum, gewisse epistemische Grundbedingungen des in homologen Dichotomien organisierten Sprechens über Schönheit aufzuzeigen, welche die komplexen Gedankengänge Ulrichs und seiner Zeitgenossen (Albert der Große, Thomas von Aquino) in Hinblick auf die von ihnen aufgenommene Tradition (augustinischer Platonismus, Ps.-Dionysius) ebenso organisieren wie – so die weitreichende und zu beweisende These – jedes andere Sprechen von Schönheit in den der christlichen Latinität verwandten europäischen Diskursen.

Pulchritudo wird – nicht allein bei Ulrich – als streng relationale Kategorie entworfen. Sie wird nicht nur – wie *De summo bono* es entwickelt – *per se* einem Oppositum (*foeditas, deformitas*: Hässlichkeit/Formlosigkeit) entgegengesetzt und von einem transzendenten

---

bono. Liber 2, Tractatus 1–4. Hrsg. von Alain de Libera, Hamburg 1987 (Corpus Philosophorum Teutonicorum Medii Aevi I,2[1]). – Die Übers. wird hier und im Folgenden beigegeben nach Grabmann, De Pulchro: „Da es substantielle und akzidentielle Formen gibt, deshalb besteht außer der ungeschaffenen göttlichen Schönheit eine doppelte geschöpfliche Schönheit: eine essentielle und eine akzidentielle. Und jede von diesen ist wieder doppelt: Entweder eine geistige Schönheit, wie die Seele die Schönheit des Menschen ist und dem Engel reingeistige Schönheit eignet, oder eine körperliche Schönheit wie die Natur oder die Form der Natur die Schönheit der Materie darstellt. In gleicher Weise ist auch die akzidentielle Schönheit doppelt, sie ist entweder geistig wie die Wissenschaft, die Gnade und die Tugenden Schönheit der Seele sind, und die Unwissenheit und Sünde deren Entstellungen, oder körperliche Schönheit, welche Augustinus [im 22. Buch des *Gottesstaates*; Anm. F. D. S.] also bestimmt: die Schönheit ist Ebenmaß der Teile mit einer gewissen Lieblichkeit der Farben. | Da alles[,] was durch die göttliche Kunst geschaffen ist, eine species besitzt, wodurch es formiert wird, wie Augustinus im 6. Buche De trinitate sagt, deshalb ist das Schöne wie das Gute mit dem Sein vertauschbar. Das Schöne ist mit dem Sein, was das beiden gemeinsame, tragende Subjekt und die Wesenheit betrifft, ein und dasselbe und fügt zum Sein nur die ratio formalitatis hinzu (den Gesichtspunkt der über den Stoff oder sonst Gestaltbares Glanz und Licht ausstrahlenden Form)."

229 Ein basaler Überblick über die Grundlagen von Theologie und Ontologie sowie über ihre Terminologien, mit welchen sich die hochmittelalterliche Scholastik konfrontiert sieht und mit denen sie im Hinblick auf die vorfindliche Tradition operiert, findet sich gut lesbar – wenngleich hin und wieder pauschal epochenpsychologisch gefärbt – bei Kurt Flasch: Das philosophische Denken im Mittelalter. Von Augustin zu Machiavelli. 3. Aufl. Stuttgart 2013, hier bes. S. 95–136, bes. zu „Sein – Wesen – Substanz – Sache": S. 109–113, zu „Stoff – Form – Ziel": S. 113–116.

Absolutum (*pulchritudo increata*: ungeschaffene Schönheit = Gott) abhängig gedacht,[230] sondern – und dies zeigt das Diagramm – sie ist, insofern sie eine immanente Kategorie ist, in sich selbst differenzierbar und so wiederum in oppositionale Subkategorien zerlegbar. Die binäre Differenzierung (*pulchritudo est duplex*), welche die Diagramm-Glosse ausdrücklich vornimmt, bleibt insofern hinter ihrer eigenen Abstraktionsleistung zurück, als *pulchritudo* eben nicht bloß in *pulchritudo essentialis* und *pulchritudo accidentalis* aufgeteilt wird, sondern beide Kategorien jeweils im Hinblick auf eine weitere Binäropposition (*spiritualis – corporalis*) untergliedert werden, sodass am Ende eine Differenzierung steht, in der sich *pulchritudo* nicht als *duplex* sondern als *quadruplex* darstellt. Während die Glosse hier die einleitende Formulierung des Haupttextes einfach übernimmt und so explizit eine binäre Ordnung ratifiziert, dokumentiert sie zugleich die potentielle Potenzierung der Differenzierung durch Anlagerung weiterer Binäroppositionen. Es zeigt sich in der impliziten Entgrenzung der oberflächlichen Binarität eine tieferliegende Kombinatorik, die auch sprachlich nachvollzogen werden kann, insofern Ulrich ausformuliert, was das Diagramm unterschlägt, dass nämlich beide Arten von Schönheit, die substantielle und die akzidentielle, jeweils wiederum zweifältig seien ([*E*]*st duplex pulchritudo, scilicet et essentialis et accidentalis. Et harum pulchritudinem utraque est duplex*.).

Die entstehenden vier Kategorien offenbaren dabei eine absteigende hierarchische Ordnung, welche sich auch in der graphischen Oben-Unten-Zuordnung des Diagrammes reflektiert findet, das – sinnfällig – nicht nur die *pulchritudo essentialis* (I) oberhalb der *pulchritudo accidentalis* (II) anordnet, sondern auch die Kategorie *spiritualis* (1) über der Kategorie *corporalis* (2), sodass eine Rangfolge entsteht, in welcher die *pulchritudo essentialis spiritualis* (I.1) über der *pulchritudo essentialis corporalis* (I.2) steht und beide den akzidentiellen Schönheitskategorien übergeordnet sind, wobei auch hier wiederum die *pulchritudo accidentalis spiritualis* (II.1) der *pulchritudo accidentalis corporalis* (II.2) übergeordnet ist. Implizit werden hier also die in Rede stehenden Dichotomien (*essentialis – accidentalis, spiritualis – corporalis*) qua graphisch realisierter Homologisierung durch eine weitere Dichotomierelation (oben – unten) semantisiert. Die Form des Diagrammes selbst, in welchem Ulrichs Passus zur vierfältigen *pulchritudo* abstrahiert wird, öffnet also das Feld der Binäroppositionen implizit für (mindestens) eine weitere homologe Relation. Jenseits des Diagrammes finden sich – implizit und aus Ulrichs Abhandlung abgeleitet – zudem das Oppositum *deformitas* sowie das Absolutum, die *pulchritudo increata*.

Die rekursive Kombinierbarkeit aller Kategorien ist ermöglicht durch die gleichzeitige absolute Stabilität, welche ihren Maßstab im Demiurgen selbst hat. Alles Geschaffene (Immanenz) ist relativ, die von all dem radikal differente und völlig inkommensurable Ungeschaffenheit (Transzendenz) steht jenseits aller Relativität.

---

230 Auf die bereits angesprochene Metapher des vom durch Antithesen geschmückten Weltgedichts aus Augustins *Gottesstaat* referiert Ulrich andernorts ausdrücklich, nämlich im vorangehenden Kapitel *De bono universi*; vgl. Grabmann, De Pulchro, S. 66–69.

Deshalb trennt Ulrich schärfer als der von ihm zitierte Ps.-Dionysius und fasst das Relative lediglich als „das Schöne" (*pulchrum*), das Absolute hingegen als „die ungeschaffene Schönheit" (*pulchritudo increata*):

> Item ‚nec est in aliqua parte' suae essentiae ‚pulchrum, in aliqua autem turpe' [Dion., De div. nom. 4 7], sicut sunt omnia pulchra creata, quae secundum propinquitatem similitudinis ad primum pulchrum sunt pulchra, sed secundum distantiam imperfectionis ab ipso et appropinquationem ad nihil turpia sunt [cf. Dion., D dev. nom. 4 20]; quod esse non potest in eo, cuius essentia est pulchritudo, quia, licet pulchrum possit esse turpe, non tamen ipsa pulchritudo.
> (Ulrich von Straßburg: De summo bono II.3.4.11; S. 61,200–205)[231]

> Item ‚neque est ad hoc quidem pulchrum, ad aliud autem turpe' [Dion., De div. nom. 4 7], sicut omnes creaturae habent comparativam turpitudinem. Nam minus formosa est turpis respectu pulchrioris et pulcherrima in genere creaturae est turpis respectu increatae pulchritudinis.
> (Ulrich von Straßburg: De summo bono, II.3.4.11; S. 61,214–217)[232]

Die Relationierung der *opposita* innerhalb von dichotomen Paarungen wirkt zwar einerseits verbindend, ratifiziert aber andererseits vor allem auch die kategorialen Differenzen der so relationierten Elemente. Die vier *pulchritudines*, die Ulrich ableitet, sind voneinander radikal verschieden. Die Schönheit der Kreatur – das heißt: des Menschen und der ‚Natur' –, welche stets im Fokus des konventionellen ‚ästhetisch' inspirierten Frageinteresses gestanden hat, hat hieran nur einen geringen Anteil.[233] Diese Art von Schönheit fällt einzig in die vierte – im Diagramm: die unterste – von Ulrich entwickelte Kategorie, diejenige der *pulchritudo accidentalis corporalis* (II.2), für welche hier tatsächlich die augustinische Definition – *pulchritudo est partium congruentia cum quadam suavitate coloris* – aus dem 22. Buch *De civitate Dei* herangezogen wird.

Die andere ‚körperliche' Schönheitskategorie, die *pulchritudo essentialis corporalis*, kann zeigen, wie grundverschieden der hier angelegte Schönheitsbegriff von einem

---

231 Die Stellennachweise aus *De divinis nominibus* sind entsprechend der Fußnoten bei de Libera, Ulrich von Straßburg, S. 61, eingefügt. – Übers. (Grabmann): „Dann ist das göttliche Schöne nicht in einem Teile seiner Wesenheit schön und in einem anderen Teile häßlich wie das alles geschaffene Schöne ist. Denn dieses ist wegen der annähernden Aehnlichkeit mit dem Erst- und Urschönen schön und ist wegen des in seiner Unvollkommenheit begründeten Abstandes vom Urschönen und wegen der Verwandtschaft mit dem Nichts zugleich auch sehr häßlich. Dies kann aber nicht der Fall sein bei dem, dessen Wesenheit die Schönheit ist. Das Schöne kann wohl häßlich sein, nicht aber kann die Schönheit selbst hässlich sein."

232 Übers. (Grabmann): „Auch ist das göttliche Schöne nicht in Bezug und im Vergleich mit dem einen schön und im Vergleich mit etwas anderem häßlich wie alle geschaffenen Dinge nur eine vergleichsweise relative Schönheit haben. Denn das weniger wohlgestaltete Ding ist häßlich im Vergleich mit einem schönen Wesen und das Schönste im Bereich des Geschöpflichen ist mit Gottes unerschaffener Schönheit verglichen häßlich."

233 Es ließe sich wohl mit einigem Recht polemisieren, das das, was das hauptsächliche Interesse der Ästhetik war – sofern es überhaupt in den scholastischen Schriften vorhanden ist –, lediglich einen Überschuss, ein Abfallprodukt theologischer bzw. ontologischer Bemühungen darstellt, nicht jedoch eine Fragestellung eigenen Interesses und Rechts.

populärästhetischen ist: [*pulchritudo essentialis*] *est corporalis ut natura sive forma naturalis est pulchritudo materie* (Ulrich von Straßburg: De summo bono 77.2 f.).[234] Die ‚essentielle', ‚körperliche' Schönheit ist also diejenige der *natura* beziehungsweise der *forma naturalis*, womit zurück auf den – vielzitierten[235] – Beginn des Kapitels *De pulchro* verwiesen wird, wo es heißt:

> Sicut forma est bonitas cuiuslibet rei, inquantum est perfectio desiderata a perfectibili, sic ipsa etiam est pulchritudo omnis rei, inquantum est per suam formalem nobilitatem, ut lux splendens super formatum secundum Dionysium [cf. Dion., De div. nom. 4 7], ut patet per hoc, quod materia ratione privationis formae ‚turpis' vocatur a philosophis [cf. Arist., Phys. I 9] et desiderat formam sicut turpe bonum sive pulchrum.
> (Ulrich von Straßburg: De summo bono II.3.4.1; S. 54,1–6)[236]

Hier sind bereits verschiedenste Konzepte miteinander überblendet worden: die konventionellen Homologe für *pulchritudo* – *bonitas* und *nobilitas* – werden hier in eine Spannung zu *forma, perfectio* und *lux* gebracht und bleiben – angebunden an das vorangehende Kapitel der *Summa de bono,* welches von der Gutheit des Universums (Lib. II, Tract. III, Cap. 4: *De bono universi*) handelt – auf den demiurgischen Akt bezogen. Insofern sie sich nicht auf Innerweltliches beziehen, welches als ‚akzidentiell' und ‚körperlich' einzustufen wäre, sondern auf die Totalität der geschaffenen Materie in ihrer Potentialität, also auf die in Gott ruhende Schöpfung, gelten alle angelegten Kategorien – *pulchritudo, bonitas, nobilitas, forma, lux* und *perfectio* – im absoluten Sinne. Diese transzendenten Absolutheiten sind aus Sicht der Sprache, in der sie ausgesprochen werden, zugleich uneigentlich: insofern die *lux* eben keine *lux corporalis*

---

234 Übers. (Grabmann): *pulchritudo essentialis* ist „eine körperliche Schönheit wie die Natur oder die Form der Natur die Schönheit der Materie darstellt."

235 Vgl. de Bruyne, Études III, S. 263, Anm. 1, u. Assunto, Theorie, S. 227.

236 Übers. (Grabmann): „Die Form ist die Güte [= *bonitas*, F. D. S.] jedweden Dinges, da sie eine von einem Wesen, das vervollkommnungs- und ergänzungsbedürftig ist, ersehnte Vollkommenheit darstellt. Aehnlich ist die Form auch die Schönheit jedweden Dinges, insofern sie, wie Dionysius sagt, durch ihren formgebenden Adel wie ein über das Formierte hinstrahlendes Licht ist. | Es ergibt sich dies auch daraus, daß die Materie, insofern sie von der Form entblößt ist, von Aristoteles [= *philosophus*; Anm. F. D. S.] als häßlich bezeichnet wird und nach der Form verlangt wie das Häßliche nach dem Guten und Schönen sich sehnt." – Der Zusammenhang zwischen Form und Schönheit, welchen Grabmann, De Pulchro, S. 74, Anm. 1, als Übernahme aus *De divinis nominibus* des Ps.-Dionysius nachweist, sowie die Vorstellung, dass der Mangel an Form Hässlichkeit sei, welchen Ulrich auf Aristoteles bezieht (*vocatur a philosophis*) und Grabmann, ebd., Anm. 2, in dessen *Physica* nachweist, findet sich als Ganzes bereits bei Plotin, *Über das Schöne* (En. I,6,2; zitiert nach: Plotin: Ausgewählte Schriften. Hrsg., übers. u. komm. von Christian Tornau. Stuttgart 2011, hier: S. 49), wo es heißt, dass das Immanente schön sei „durch Teilhabe an einer Form. Denn alles Gestaltlose, seiner Natur nach aber zur Aufnahme von Gestalt und Form Bestimmte ist, insofern es keinen Teil an rationaler Struktur und Gestalt hat, häßlich und steht außerhalb der göttlichen rationalen Gestaltung. Dies ist das in jeder Hinsicht Häßliche." – Zum (teils indirekten) Einfluss Plotins als Vermittler platonischer Lehren auf Augustinus und Ps.-Dionysius vgl. Flasch, Philosophie, S. 368 f., hier bes. das Schema S. 369.

ist, sondern gleichbedeutend mit Gott, *qui solus est ,vera lux, quae illuminat omnem hominem' etc.*, Ioann. 1 (Ulrich von Straßburg: De summo bono II.3.4.2; S. 55,14 f.),[237] ist sie eben kein physikalisches (*corporalis*) Licht, sondern das wahre Licht (*vera lux*).[238] Die intrikaten Gedankengebäude rund um die Verfasstheit des Seins und des Seienden unterscheiden dieserart zwischen einem eigentlichen (alltagssprachlichen, auf die Immanenz bezogenen) und einem absoluten (übertragenen, auf die Transzendenz bezogenen) Gebrauch von Prädikaten (*bonum, pulchrum, nobilius*).

Auch zwischen verschiedenen Ebenen der Schöpfung selbst wird hierbei unterschieden, wodurch dem ‚Wesen' (*essentia*) eine andere Wertigkeit zukommt als seinen ‚Eigenschaften' (Akzidentien). Jede einzelne Kreatur ist dabei singulär und vergänglich und durch die ihr zukommenden Akzidentien individuiert. Ein solches Akzidens kann beispielsweise die von Augustinus übernommene Schönheitsdefinition für immanente Körper – also „Ebenmaß der Teile" (*congruentia partium*) und „Lieblichkeit der Farben" (*suavitas coloris*) – sein. Hinter jeder einzelnen Kreatur steht die *essentia*, also hinter einem einzelnen Menschen – sei er oder sie schön oder hässlich – das ‚Wesen' des Menschen. Diese *essentia* nun ist nicht nach einem immanenten, akzidentiellen Kriterium, wie der Zusammenstimmung der Teile und der Lieblichkeit der Farben, schön, sondern sie ist schön, so „wie die Natur oder die Form der Natur die Schönheit der Materie darstellt" (*ut natura sive forma naturalis est pulchritudo materie*). Hier wirken offenbar aristotelische Kategorienlehre und platonische Ideenlehre ineinander, insofern das ‚Wesen' (*essentia*) einer in Gott geschaffenen und ruhenden, ideellen Sphäre angehörig und der einzelnen, singulären, aus ihr hervorgehenden, immanent-akzidentiellen Kreatur vorgeordnet ist. Auf dieser Ebene der essentiell-körperlichen Schönheit (*pulchritudo essentialis corporalis*) ist ‚körperliche' Schönheit radikal anders definiert als in der Immanenz des

---

237 Übers. (F. D. S.): Gott, „der allein das wahre Licht ist, das jeden Menschen erleuchtet, der kommt etc. Joh. 1." – Der Vulgata-Vers Io 1,9: *Erat lux vera quae inluminat omnem hominem venientem in mundum*, wird in der Regel ähnlich übersetzt, wie ihn die *Jerusalemer Bibel* auffasst, nämlich als: „Das wahre Licht, das jeden Menschen erleuchtet, / kam in die Welt." Zu Übersetzungsmöglichkeiten: ebd., S. 1511, Anm. zu 19: „Andere mögliche Übersetzungen: ‚Es (das Wort) war das wahre Licht, das jeden Menschen erleuchtet; es (das Wort) kam in die Welt' [...], oder: ‚Es (das Wort) war das wahre Licht, das jeden Menschen erleuchtet, der in die Welt kommt' [...], oder: ‚Es (das Wort) war das wahre Licht, das jeden Menschen erleuchtet, (das Licht), das in Welt kam'."

238 Die kategoriale Differenz zwischen körperlich-kreatürlichem Licht und göttlichem Licht hat bereits Augustinus im *Gottesstaat* nachdrücklich betont vgl. Augustinus: De vera religione XX.39. 106–110. Hier wird die Verwechslung des körperlichen Lichtes mit der *lux sapientiae*, dem Weisheitslicht, und seine falsche Verehrung als Aberglaube (*superstitio*) charakterisiert. Diese Differenz darf hier vorausgesetzt werden. In Hinblick auf den Lichtbegriff bei Thomas von Aquino, dem anderen wichtigen Albert-Schüler, formuliert Tatarkiewicz, History, S. 252: „This extended concept, covering physical as well as spiritual radiance, fitted neatly into the scholastic system, but it had the weakness of connecting different things because they were linked by a common word." Die Folgen dieser Doppelsinnigkeit desselben Wortes, sei es Licht oder Schönheit, zeigen sich im Forschungsdiskurs bis heute. Es ist zu erwägen, ob sie bereits zeitgenössisch zu produktivem Missverstehen geführt haben mögen. In Hinblick auf höfische Literatur soll die sogenannte ‚Lichtästhetik' im folgenden Kapitel partiell diskutiert werden.

Diesseits, nämlich durch die demiurgische Potenz Gottes, durch die *forma naturalis* selbst. Dies heißt vor allem, dass auch ein Körper, der nach den immanent-fleischlichen Kriterien – „Ebenmaß der Teile" und „Lieblichkeit der Farben" – hässlich ist, im Hinblick auf sein Wesen, das heißt seine Herkunft aus und seine Teilhabe an dem formgebenden Prinzip selbst, auf ‚körperlicher' Ebene des ‚Wesens' (*essentia*) schön sein kann.[239]

Für dieses Prinzip gilt auch die Umkehrung:

> Unde si aliquod bonum non est pulchrum, sicut multa bona delectabilia sensui sunt turpia, hoc est tantum, *inquantum* deficiunt ab aliqua boni natura, et e converso, si aliquod pulchrum dicitur non bonum, sicut dicitur *Prov.* ultimo [Prov. 31,30], quod ‚pulchritudo est gratia fallax et vana', hoc est, *inquantum* est occasio peccati.
> (Ulrich von Straßburg: Summa de bono II.3.4.4; S. 56,58–62)[240]

Die Beziehung der kombinatorischen Integrierbarkeit zwischen den Dichotomien (hier: *pulchrum – turpe*; *bonum – malum*) findet ihren direkten Ausdruck in der konjunktionalen Fügung der beständig wiederkehrenden *inquantum*-Formel („insofern", „insoweit"), welche Ulrichs Ausführungen prägt und die Relativität des Gesagten konstant vergegenwärtigt.[241] Sie findet ihre Fortsetzung in wiederkehrenden Formeln des Vergleichs (*ut, sicut*), die jeweils eine übertragene Sinnbeziehung und damit Uneigentlichkeit des Sprechens indizieren, das zugleich analogiestiftend wirkt, indem es getrennte Gegenstandsbereiche miteinander in eine Ähnlichkeitsbeziehung setzt.

Auch die Beziehung des Schönen zum Guten ist eine Beziehung des *inquantum*:

> Est ergo pulchritudo realiter idem, quod bonitas, ut dicit Dionysius [cf. Dion., De div. nom. 4 7], scilicet ipsa forma rei, sed ratione differunt, quia forma *inquantum* perfectio est bonitas rei, sed *inquantum* est forma habens in se lumen formale et intellectuale splendens super materiam vel aliquid formabile, quod est ut materia, sic est pulchritudo. Sic enim ‚omnia erant in Deo vita et lux', *Ioann.* 1 [Ioann. 1,4]: vita, *inquantum* sunt perfectiones dantes esse completum, lux vero, *inquantum* ut lux diffusae in formato pulchrificant ipsum; quapropter omne pulchrum *inquantum* huiusmodi est bonum.   (Ulrich von Straßburg: Summa de bono II.3.4.4; S. 56,51–58)[242]

---

239 Es sei noch einmal auf das „Lob des Wurmes" bei Augustinus: De vera religione XLI.77. 217–219, verwiesen, wo die ‚Schönheit' im Rahmen der göttlichen Schöpfungsordnung sinnfällig vom oberflächlichen körperlichen Schönsein abgegrenzt wird.
240 Die Kursivierung des *inquantum* im lateinischen Text stammt von mir; F. D. S. – Übers. (Grabmann): „Wenn daher manches, was gut ist, nicht schön ist wie vieles, was den Sinnen angenehm ist, häßlich ist, so rührt dies davon her, daß doch etwas von der Natur des Guten fehlt. Umgekehrt, wenn ein Schönes nicht gut genannt wird, wie in Sprichw. 30,31 [sic; korrekt: Sprichw. 31,30; F. D. S.] die körperliche Schönheit als trügerisch und eitel bezeichnet wird, so ist dies in dem Sinne gemeint, daß die Schönheit Gelegenheit zur Sünde sein kann."
241 Die sehr freie Übersetzung des Erstherausgebers Grabmann nivelliert im Falle des hier zuletzt zitierten Passus und an vielen weiteren Stellen diese beständig wiederkehrende *inquantum*-Formel und setzt offenbar Varianz im sprachlichen Ausdruck über die systematische Strenge des lateinischen Textes. Grabmann verschleiert damit zugleich eine wesentliche Eigenschaft der Methodik Ulrichs.
242 Die Kursivierung des *inquantum* im lateinischen Text und des „insofern" in der Übersetzung stammt wiederum jeweils von mir, F. D. S. Die folgende Übersetzung stammt von Grabmann, ist je-

Die Gutheit (*bonitas*) wird also hier in Form einer *inquantum*-Beziehung an die Schönheit (*pulchritudo*) angebunden, welche sie an weitere Parameter vermittelt.[243] Diese Vermittlungsbeziehung ermöglicht eine Integration widersprüchlicher, ja sogar paradoxer gnomischer Aussagen zu Schönheit (beziehungsweise auch enger gefasst: zu körperlicher Schönheit). Auf diese Art schafft es der kurze Kapitel *De pulchro* aus Ulrichs *De summo bono*, verschiedenste, aus den unterschiedlichsten Traditionszusammenhängen stammende gnomische Lehrsätze, miteinander zu vermitteln, nämlich:
- Gott ist vollkommen schön und die höchste Schönheit, weil er Wirkursache, Exemplarursache und Zweckursache aller Schönheit ist.
- Schönheit ist Gutheit (Ps.-Dionysius).
- Schönheit des Guten entsteht relational durch Vergleich (*comparatio*, 78,30) zum Schlechten (Augustinus, *Enchiridion/Confessiones*).
- Schönheit ist Harmonie und Strahlen (*consonantia et claritas*; Ps.-Dionysius)
- Schönheit ist das Ebenmaß der Teile mit einer gewissen Lieblichkeit der Farben (Augustinus, *De civitate Dei*).[244]
- Schönheit ist das, was durch seine Gewalt uns zieht und durch seine Lieblichkeit uns an sich lockt (Cicero, *De officiis/De inventione*).[245]
- Schönheit ist trügerisch und eitel (Sprichw. 31,30).

---

doch im Hinblick auf die letzte *inquantum*-Formel von mir verändert, wo Grabmann sie nicht übersetzt: „Es ist also die Schönheit real, sachlich dasselbe wie die Gutheit, wie Dionysius sagt, nämlich die Form des Dinges, aber beide unterscheiden sich gedanklich. Denn die Form, *insofern* sie Vollkommenheit ist, ist die Gutheit eines Dinges, aber *insofern* sie Form ist d. h. insofern sie das formale (eidetische) und intellektuelle über die Materie oder etwas Gestaltbares, das sich wie die Materie verhält, hinstrahlende Licht in sich besitzt, in diesem Sinne ist die Form Schönheit. So ist alles nach Joh. 1,14 in Gott Leben und Licht: Leben, *insofern* es sich um Vollkommenheiten handelt, die ein vollendetes Sein verleihen, Licht, *insofern* sie wie Licht über das Formierte hingegossen sind und dasselbe verschönen. Deshalb ist auch alles Schöne als solches [*insofern*] auch ein Gutes."
243 Zu einfach ist die Gleichung bei Bumke, Höfische Kultur, S. 423, gezogen, wenn er den Beginn des vorangehenden Passus mit einem Übertrag auf die höfische Dichtung zitiert und schreibt: „Daß die menschliche Schönheit von Gott geschaffen war, konnten die Dichter von den Theologen lernen; und aus derselben Quelle stammte die Vorstellung, daß die Schönheit des Menschen als ein Spiegel seiner inneren Vollkommenheit angesehen werden kann. Für die scholastische Ästhetik war Schönheit die Anschaubarkeit des Wahren und Guten. ‚Die Schönheit ist also wesenhaft der Güte gleich [= *Est ergo pulchritudo realiter idem, quod bonitas*; F. D. S.].' Daher ließ sich aus der äußeren Schönheit der Dinge ihre innere Schönheit erkennen." Die umstandslose Gleichsetzung des Schön*seins* Parzivals, welches zuvor (ebd., S. 422) angeführt wird, und der *descriptio* Flores bei Konrad Fleck im Folgenden (ebd., S. 423) mit dem theologischen Schön*heits*begriff bei Ulrich von Straßburg (und anschließend bei Hugo von Sankt Viktor) ist meiner Ansicht nach nicht zu halten.
244 Den Lehrsatzcharakter des Augustinus-Zitats dokumentiert die Randglosse einer Handschrift aus dem 15. Jahrhundert, die lautet: *diffinitio pulchritudinis*, vgl. Grabmann, De Pulchro (1926), S. 77, Anm. c.
245 Die korrespondierende Stelle bei Ulrich lautet: *Et ideo Tullius in libro* De officiis [recte Cic., De inv. II 52] *attribuit ei descriptionem honesti, scilicet quod pulchrum est, quod ‚sua vi nos trahit et sua suavitate nos allicit'* (Ulrich von Straßburg: *De summo bono* II.3.4.3; S. 56,48–50). Grabmann über-

Diese Lehrsätze – Propositionen, die jede für sich eine autoritative Wahrheit verbürgen – konfligieren miteinander auf mehreren Ebenen. Dass Schönheit Gutheit sei,

---

setzt: „Und deshalb teilt Cicero in der Schrift De officiis dem Schönen die Begriffsbestimmung des honestum zu, indem er schreibt: Schön ist das[,] was durch seine Gewalt uns zieht und durch seine Lieblichkeit uns an sich lockt." Es ist in mir nicht völlig klar, worauf sich die Formulierung Ulrichs hier bezieht. Grabmann, De pulchro, S. 76, Anm. 1, gibt – entgegen der Zuweisung im Text – an: „Cicero, De inventione rhetorica, II, 158", wobei ein Fehler vorliegt, insofern er in seiner einleitenden Abhandlung (Grabmann, De pulchro, S. 56), eine im Wortlaut korrespondierende Stelle aus *De inventione*: II.157 angibt, die er jedoch selbst verfremdet zitiert und die auch sachlich nichts mit Schönheit (und auch nicht direkt mit *honestum*) zu tun hat. Auf dieselbe Stelle verweist auch de Libera, Ulrich von Straßburg (1987) in seiner Ausgabe: *Nam est quiddam, quod sua vi nos alliciat ad sese, non emolumento captans aliquo, sed trahens sua dignitate, quod genus virtus, scientia, veritas* (Übers. [Nüßlein]: „Denn es gibt etwas, was uns durch seine eigene Bedeutung anlockt, indem es uns nicht durch irgendeinen Nutzen zu gewinnen sucht, sondern durch seine eigene Kraft an sich zieht, von der Art wie z. B. sittliche Vollkommenheit, Wissen, Wahrhaftigkeit." – Latein u. Übers. hier und im Folgenden zitiert nach: M. Tullius Cicero: De inventione – Über die Auffindung des Stoffes. De optimo genere oratorum – Über die beste Gattung von Rednern. Hrsg. u. übers. von Theodor Nüßlein. Düsseldorf/Zürich 1998). Abgesehen von dem offenbar recht ähnlichen Wortlaut der Formulierung, hat der Satz jedoch inhaltlich mit demjenigen Ulrichs nicht viel gemein. Grabmann, De pulchro, S. 56, führt entschuldigend die Möglichkeit an, dass Ulrich sich hinsichtlich seiner Angabe, er beziehe sich auf *De officiis*, eventuell auf Cicero-Florilegien gestützt haben könnte, wodurch offenbar die inhaltliche Diskrepanz erklärt werden soll. Es scheint mir jedoch naheliegend, dass Ulrich sich hier – in einer sehr freien und verknappenden, einen aus *De inventione* bekannten Cicero-Satz imitierenden Paraphrase – tatsächlich auf *De officiis* bezieht. Hier findet sich relativ zu Beginn des ersten Buches ein Passus, in welchem Sinneswahrnehmung, kognitive Fähigkeiten und Ethik des Menschen gegenüber den mit Tieren geteilten körperlichen Grundbedürfnissen (Nahrung, Unterschlupf, Fortpflanzung) als überlegen abgegrenzt werden, insofern der Mensch in der Lage ist, die Zukunft und Vergangenheit zu bedenken und zudem nach Wahrheit strebt. Hierbei wird differentiell ein Vorgang der ‚*aisthesis*' beschrieben, in dem nicht nur Schönheit, sondern auch die Kategorie des ‚*honestum*' eine Rolle spielt: *Nec vero illa parva vis naturae est rationisque, quod unum hoc animal sentit, quid sit ordo, quid sit quod deceat, in factis dictisque qui modus. Itaque eorum ipsorum, quae aspectu sentiuntur, nullum aliud animal pulchritudinem, venustatem, convenientiam partium sentit; quam similitudinem natura ratioque ab oculis ad animum transferens multo etiam magis pulchritudinem, constantiam, ordinem in consiliis factisque conservandam putat cavetque ne quid indecore effeminateve faciat, tum in omnibus et opinionibus et factis ne quid libidinose aut faciat aut cogitet. Quibus ex rebus conflatur et efficitur id, quod quaerimus, honestum* (*De officiis* wird hier und im Folgenden zitiert nach: Marcus Tullius Cicero: Vom rechten Handeln. Hrsg. u. übers. von Karl Büchner. 4. Aufl. Düsseldorf/Zürich 2001, hier: I,14; Übers. [Büchner]: „Erst recht nicht gering ist jene Kraft seiner [= des Menschen; F. D. S.] Natur und Vernunft, daß dieses Lebewesen allein empfindet, was Ordnung ist, was es ist, was sich ziemt, was das Maß in Taten und Worten. Daher empfindet schon bei dem, was durch den Anblick wahrgenommen wird, kein anderes Lebewesen Schönheit, Anmut und Harmonie der Teile. Die Ähnlichkeit hierin überträgt seine Natur und Vernunft von den Augen auf den Geist, glaubt, daß noch viel mehr Schönheit, Beständigkeit und Ordnung in Entschlüssen und Taten gewahrt sein müsse und hütet sich, etwas unschön oder weibisch auszuführen, dann überhaupt in allen Vorstellungen und Taten etwas zügellos zu tun oder zu denken. Hieraus bildet sich und entwickelt sich das, was wir suchen, das Ehrenhafte [= *honestum*, F. D. S.]".). – Der hier dargestellte Vorgang hat zwar oberflächlich Ähnlichkeiten zum pla-

hat offenbar nur sehr indirekt mit Proportion und Farbigkeit zu tun und kann auf diese auch nur bezogen werden, *insofern* man letztere Kategorien als eine Form von Gutheit auffasst. Dass Schönheit Gutheit sei, steht in direktem Widerspruch zu der Warnung, dass Schönheit trügerisch und eitel sei. Beide Aussagen können miteinander vermittelt werden, insofern letztere – wie im sogenannten „Lob der tüchtigen" Frau im biblischen *Buch der Sprichwörter (Proverbia)* – auf die körperliche Schönheit der Frau bezogen wird und damit eine andere Schönheit darstellt als die transzendente Kategorie ‚*pulchritudo*'. Sie beginnen erneut zu konfligieren durch die Annahme, dass alle Schönheit, auch die körperliche, von Gott herrühre, der sowohl die höchste Schönheit als auch das höchste Gut ist und damit nicht Ursache von Schlechtem sein kann. Dieser Konflikt kann beigelegt werden, insofern Schönheit Anlass zur Sünde sein kann (*occasio peccati*; 76,24) und damit nicht ganz schön ist, sondern einen Mangel an Schönheit hat. Insofern umgekehrt die *deformitas* (Hässlichkeit/Formlosigkeit) Anlass zu Schönheit des Guten sein kann, wird der Konflikt über Relationalität aufgelöst:

> Malum ergo primo modo sumptum quantum ad suum subiectum est pulchrum, sed inquantum malum per se est deformitas. Sed per accidens, id est ex comparatione boni ad ipsum, est *occasio pulchritudinis boni sive virtutis* non secundum rem, sed secundum apparentiam.
> (Ulrich von Straßburg: De summo bono II.3.4.7; S. 58,110–114)[246]

Obgleich diese isolierten Propositionen einander auf vielfältige Weise widersprechen, beanspruchen sie doch alle für sich autoritative Wahrheit und können über eine vermittelte Relationierung, durch jeweilige Einschränkung des Geltungsbereiches vermittels der *inquantum*-Formel in ihrem Wahrheitsanspruch nicht nur bestä-

---

tonischen Aufstieg vom Schönen zum absoluten Schönen, funktioniert aber – in stoischer Tradition – eher umgekehrt, insofern nicht ein Besseres erschlossen, sondern das Individuum zu einem in seinem eigenen Denken angenommenen Besseren gemahnt wird. Auch dieses Bessere stellt sich als ‚Schönheit' in einem übertragenen Sinne dar. – Auf diese Stelle aus *De officiis* scheint auch Thomas von Aquino in seiner *Summa theologica* (I, q. 91, a. 3, ad 3) zu referieren, wenn er hervorhebt, dass der Mensch allein über die niederen Bedürfnisse hinaus in der Lage sei, Schönheit vermittels seiner kognitiven Kraft zu erkennen. – Es bleibt zu vermerken, dass – sollte dies der Bezugspunkt für Ulrichs *De summo bono* sein – hiervon im vorliegenden Fall dennoch allein die Kernidee erhalten ist: Schönheit zieht an.

246 Kursivierung im lat. Text und in der Übers. von mir; F. D. S. – Übers. (Grabmann): „Das Übel im ersten Sinne genommen als Sünde ist, wenn man das Subjekt, das tätige Prinzip und Vermögen betrachtet, etwas Schönes, aber insofern es ein Uebel ist, ist es per se Häßlichkeit, Entstellung, aber per accidens d. h. wegen der Beziehung des Guten zu ihm, ist es *eine Gelegenheit zur Entfaltung der Schönheit des Guten und der Tugend*, nicht der Wirklichkeit nach, sondern der Erscheinung nach." – Hierfür findet sich wiederum bei Augustinus ein Vorbild, für welchen das Schlechte ein Anlass zur Besserung, der Erkenntnis des Falschen sein kann. So kräftigt die Erkenntnis der Häresie das Christentum (vgl. De vera religione VI.10.30–32) und der Umstand, dass auch böse Menschen schön sind, führt zu der Einsicht, dass Schönheit nicht für ein hohes Gut gehalten werden solle, sondern für ein niederes (vgl. De civitate Dei XV.22).

tigt werden, sondern einander sogar wechselseitig stützen. Sie werden in eine Diskursformation überführt, welche sie zu Aussagen zusammenbindet, die ihren propositionalen Gehalt auf der Wortebene übersteigen.[247]

Es steht zu erwarten, dass die anhand Ulrichs vorgeführte Relationierbarkeit isolierter, gnomischer Propositionen zur Schönheit auch andernorts den Diskurs bestimmt. Und in der Tat ließen sich zahllose Beispiele aus volksprachlichen Texten finden, in welchen gnomische Lehrsätze über Schönheit getätigt werden oder anhand derer sich gnomische Lehrsätze über (körperliche) Schönheit – implizit, beispielsweise anhand von Narrativen – bilden ließen. Es ist beispielsweise in narrativen Texten damit zu rechnen, dass die modale Beziehung des *inquantum* hierbei in verschiedene Ebenen des Textes aufgelöst wird, sodass beispielsweise die punktuelle Figurenzeichnung über Epitheta und andere deskriptive Mittel gegenüber der narrativen Sinnstiftung dynamisiert wird und die Ebenen auseinandertreten können. Derart können verschiedene, gegensätzliche Zuschreibungen an dasselbe Phänomen problemlos nebeneinander figurieren.

Jenseits von Ulrichs scholastischem Überbau – der diffizilen Frage nach *causa formalis*, *exemplaris* und *finalis*, des ganzen theologischen Ziels der *Summa de bono* – lässt sich an seinen Ausführungen also vor allen Dingen prägnant darstellen, was die epistemische Formation des Schönheitsdiskurses ist. Tatsächlich erscheint die schwache Logik des *inquantum* nicht nur ein wesentliches Merkmal von Ulrichs Theologie – und der scholastischen Methode – zu sein, sondern, vom Paradox der Existenz des Bösen in Gottes guter Schöpfung[248] ausgehend, konstitutiv für

---

247 Vgl. hierzu noch einmal Foucault, Archäologie des Wissens, S. 115–153. Zum ‚Widerspruch' im Rahmen des Diskurses vgl. ebd., S. 213–223.
248 Der Widerspruch zwischen der Prämisse „Gott ist gut" und der Feststellung „In Gottes guter Schöpfung existiert Böses" wird dadurch gelöst, dass Bosheit als Abwesenheit von Gutheit gedacht ist, also: „Etwas ist böse, insofern ihm Gutes mangelt". Dabei kommt Bosheit – *expressis verbis* – kein Seinsstatus zu, da sie – wie Ulrich ausführt – in Gottes Schöpfung eben nicht geschaffen ist, sondern einzig als relationale Kategorie ‚entstanden' ist. Dem Bösen kommt – vom Demiurgen aus gedacht – kein Sein zu; vgl. dazu Ulrich von Straßburg, Summa de bono, Liber 2, tract. 3, cap. 14. – Michel, Formosa deformitas, S. 33 f., rekonstruiert seine Thesen zur Hässlichkeit gleichfalls ausgehend von der Theodizee-Frage, wobei dies offenkundig seinem Gegenstand geschuldet ist, insofern Hässlichkeit und Schlechtigkeit gleichgesetzt werden können. Demgegenüber soll hier im Fokus stehen, dass die durch das Theodizee-Problem erzeugte *inquantum*-Logik das Problem der Hässlichkeit übersteigt. Sie prägt notwendigerweise ebenso den Diskurs über Schönheit, was sich daraus erklären lässt, dass Schönheit bzw. Hässlichkeit jeweils ein Modus desselben Diskursmusters sind. Insofern kann hier bereits angedeutet werden, dass der narrative und der diskursive Gegensatz zu Schönheit niemals sein Komplement, Hässlichkeit, ist, sondern dass der Dichotomie ‚Schönheit – Hässlichkeit' als Ganzes die ‚Nicht-Attribuierung von Schönheit/Hässlichkeit' gegenübersteht. Um komparatistisch den Schönheitsdiskurs zu erarbeiten, ist es zwecklos, Textstellen, die Hässlichkeit thematisieren, aufzusuchen, sondern es müssten stattdessen Texte, in denen Figuren über ihren Körper markiert werden, mit jenen konfrontiert werden, in welchen Figuren *nicht* über ihren Körper markiert werden.

die christliche Kultur und ihre Diskursmuster überhaupt zu sein.[249] Aus der Konjunktion wird hier eine Denkform.

In den augustinischen Schriften stellt das Problem des Bösen und des Sündenfalls zugleich die Grenze der von Gott gestifteten Homologisierungen dar. In *De genesi ad litteram* heißt es, dass die performative Geste, mit welcher die sukzessive geschaffenen Kreaturen als ‚gut' enunziert werden, in Hinblick auf den Menschen unterbleibt: *Quod autem non singulatim, ut in cæteris, etiam de humana creatura dixit, ‚Et vidit Deus quia bonum est'* (Augustinus: De genesi ad litteram III.24.36; Übers. [Perl]: „Man kann mit Recht fragen, warum es gerade bei der menschlichen Kreatur nicht besonders heißt: Und Gott sah, daß es gut ist, so wie es bei den anderen gesagt wird.").[250] Dass die Heilige Schrift den Menschen nicht ‚gut' nennt, liegt daran, dass Gott vorausweiß, dass der Mensch sündigen wird. Trotz allem wird, so vermerkt der Text, im Folgenden die Gesamtheit der fertiggestellten Schöpfung als „sehr gut" bezeichnet. Die Auflösung für diese Paradoxie findet sich in einer Körpermetapher, welche – in ihrer Teil-Ganzes-Relation – wiederum die Integrierbarkeit der dichotomen Werte ermöglicht:[251]

> [Q]uia et corporis membra si etiam singula pulchra sunt, multo sunt tamen in universi corporis compage omnia pulchriora. Quia oculum, verbi gratia, placitum atque laudatum, tamen si se-

---

[249] Augustinus erreicht diese Relation, welche erst die Scholastik regelmäßig in die Konjunktion *inquantum* fasst, häufig über die vergleichende Junktion *tanquam* (sowie, gleichwie, als ob) und die Konjunktion *sed* (aber, indessen).

[250] Die *De genesi ad litteram libri duodecim* werden hier und im Folgenden zitiert nach MPL 34. – Die Übers. hier und im Folgenden nach: Aurelius Augustinus: Über den Wortlaut der Genesis. De genesi ad litteram libri duodecim. Der große Genesiskommentar in zwölf Büchern. 2 Bd. Hrsg. u. übers. von Carl Johann Perl. München 1961. – Einen gut lesbaren Überblick über die Position, die in den Schriften des Augustinus dem Körper im Rahmen des Sechstagewerks zugewiesen wird, hat jüngst Gert Melville: The Body between Creation, Fall, Death and Resurrection. The Human Being and Corporal Life in the View of St. Augustine. In: Thinking the Body as Basis, Provocation, and Burden of Life. Studies in Intercultural and Historical Contexts. Hrsg. von dems., Carlos Ruta. Berlin/Boston 2018, S. 73–88, vorgelegt. (Für den freundlichen Hinweis auf seine Studie im Gespräch anlässlich der Tagung *„vita perfecta?* Formen der Aushandlung divergierender Ansprüche an ein religiöses Leben" [Göttingen, 13.-15. März 2019, organisiert von Daniel Eder, Henrike Manuwald und Christian Schmidt] danke ich Herrn Melville sehr herzlich.) Es bleibt aber zu konstatieren, dass Melville eine vielleicht zu ‚körperfreundliche' Lektüre vornimmt, wenn er (ebd., S. 78) schreibt: „In any case, Augustine's view of the body is more positive and respectful than that of many contemporary representatives of Christian theology on principle. He emphasizes, as a matter of principle, the validity of what was said about the creation of man – particularly also the corporeal one – in the Book of Genesis, namely: ‚God saw everything that he had made, and behold, it was very good' (Gen. 1:31)." Wie der Wortlaut *De genesi ad litteram* zeigt, wird der Mensch als von dieser Positivbewertung bewusst ausgenommen verstanden, was auch den Körper betrifft.

[251] Es lässt sich hier zugleich ein Bezug zu dem mehrfach bei Augustinus auftretenden Körpermodell und der Teil-Ganzes-Beziehung herstellen. Auch in Hinblick auf Schönheit wird dies diskutiert, wenn Augustinus bspw. ausführt, dass schon das Fehlen einer Augenbraue die Harmonie des Körpers als Ganzheit störe, um darüber Proportionalität als wesentliches (zahlenhaftes) Element von Schönheit zu bestimmen, vgl. De civitate Dei XI.22.

paratum a corpore videremus, non diceremus tam pulchrum, quam in illa connexione membrorum, cum loco suo positus in universo corpore cerneretur. Ea vero quæ peccando amittunt decus proprium, nullo tamen modo efficiunt ut non etiam ipsa recte ordinata, cum toto atque universo bona sint. (Augustinus: De genesi ad litteram III.24.37)[252]

Hier ist das in seiner Antithetik schöne All (Augustinus: De civitate Dei XI.18) bereits vorbereitet. Die Logik des ‚insofern', welche den göttlich sanktionierten Akt der Homologisierung an seine Grenzen bringt, setzt die rekursive Schleife in Gang und erzeugt damit eine Dynamik, welche in den europäischen Literaturen auf allen Ebenen nachwirkt.

---

252 Übers. (Perl): „Sind doch alle Körperglieder, wenn auch jedes einzelne von ihnen schön ist, noch bei weitem schöner im Gesamtgefüge des Körpers. So lieblich und gelobt das Auge ist, wir werden es sobald wir es getrennt vom Leibe sehen, nicht so schön nennen können wie in seiner Vereinigung mit den anderen Organen des ganzen Körpers an dem ihm zugewiesenen Platz. Wer aber durch Sündigen den eigenen Schmuck verliert, begibt sich damit trotzdem nicht aus jener Ordnung, in der er selbst rechtmäßig steht und mit dem Ganzen und Gesamten gut ist." – In den *Confessiones* (XIII.28.43) kehrt diese Körpermetapher in Hinblick auf das Schöpfungswerk wieder, wird jedoch ins Gegenteil verkehrt, insofern hier das einzelne Körperteil (*membrum*) zwar für sich genommen bereits eine Schönheit hat, in der harmonischen Gesamtheit des Körpers aber eine höhere Schönheit erzeugt. Wiederum wird – in Hinblick auf die das Schöpfungswerk – (körperliche) Schönheit mit der enunzierten ‚Gutheit' homolog gesetzt: *Septiens numeravi scriptum esse te vidisse, quia bonum est quod fecisti; et hoc octavum est, quia vidisti omnia quae fecisti, et ecce non solum bona sed etiam valde bona tamquam simul omnia. Nam singula tantum bona erant, simul autem omnia et bona et valde. Hoc dicunt etiam quaeque pulchra corpora, quia longe multo pulchrius est corpus, quod ex membris pulchris omnibus constat, quam ipsa membra singula, quorum ordinatissimo conventu completur universum, quamvis et illa etiam singillatim pulchra sint* (Übers. [Flasch, Mojsisch]: „Siebenmal, so habe ich gezählt, steht geschrieben, du hast gesehen, dass gut ist, was du gemacht hast; das achte Mal jedoch heißt es, du hast alles gesehen, was du gemacht hast, und siehe, es ist nicht nur gut, sondern sogar sehr gut, und zwar alles insgesamt. Denn das einzelne war jeweils nur gut, alles insgesamt aber gut und sehr gut. Das bestätigt auch jeder schöne Körper, denn bei weitem schöner ist ein Körper, der aus all seinen schönen Gliedern insgesamt besteht, als jedes einzelne Glied für sich; erst der wohlgeordnete Zusammenschluss der einzelnen Glieder bildet ein Ganzes, obwohl auch sie selbst in ihrer Vereinzelung schön sind."). – Hier zeigt sich auch, wie willkürlich einerseits die von Augustinus genutzten Bilder im Hinblick auf ihre pragmatische Funktionalisierung innerhalb eines Argumentationskontextes verschoben werden können. Andererseits jedoch zeigen sich auch gewisse stabile Grundelemente, wie die homologisierende Sprachgeste der Heiligen Schrift und die Beziehung, in welche ‚Gutheit' und ‚Schönheit' gesetzt werden. Diese Beziehung ist eine aus der Ideenlehre gestiftete, welche im Zusammenspiel der Konzepte von *Creator*, *forma*, *species* und *materia* verortet werden muss, womit sich das vorangehende zwölfte Buch der *Confessiones* beschäftigt hat.

Deus enim naturarum optimus conditor, peccantium vero justissimus ordinator est; ut etiam si qua singillatim fiunt delinquendo deformia, semper tamen cum eis universitas pulchra sit. Sed jam ea quæ sequuntur in sequenti volumine pertractemus.

(Augustinus: De genesi ad litteram III.24.37)[253]

Dem, was sich hieraus ergibt, müssen notwendig auch die hier anschließenden Kapitel folgen.

---

253 Übers. (Perl): „Denn Gott ist der beste Schöpfer der Naturen, aber auch der gerechteste Ordner der Sündigenden, so daß, wenn auch durch ein Vergehen im einzelnen eine Verunstaltung entsteht, trotzdem auch mit ihr noch das All in seiner Schönheit bleibt. Was sich hieraus ergibt, das wollen wir im folgenden Buch eingehend untersuchen."

III Schönheit, Tugend, Wahrheit: Aitiologien einer Signifikation

Wahrheit ist Wahrheit, werde sie angenommen oder nicht! Mein Ausspruch macht nicht wahr, was wahr ist; aber weil's wahr ist, will ich reden!
(Johann Caspar Lavater: *Von der Harmonie der moralischen und körperlichen Schönheit*)

In *Die Ordnung der Dinge* (original: *Les mots et les choses*, 1966) entwickelt Michel Foucault die Vorstellung eines epistemischen Wandels zwischen dem, was als ‚Zeitalter der Ähnlichkeiten', als ‚Zeitalter der Repräsentation' und als ‚Zeitalter des Menschen' bezeichnet werden kann.[1] Während der Übertritt in das ‚Zeitalter der Repräsentation' hierbei diejenige Epoche umfasst, die Foucault als die ‚klassische' begreift (etwa 1650–1800), und das ‚Zeitalter des Menschen' von Foucault ab etwa 1800 veranschlagt wird, so ist für das ‚Zeitalter der Ähnlichkeiten', welches anhand von Texten aus der Zeit etwa zwischen 1500 und 1650 dargestellt wird, gleichwohl eine prinzipielle zeitliche Unschärfe zu konstatieren.[2] *Die Ordnung der Dinge* suggeriert eine prinzipielle Gültigkeit dieser spezifischen, auf ‚Ähnlichkeit' beruhenden epistemischen Formation auch für ‚das Mittelalter', welches in Foucaults Schreiben – in *Die Ordnung der Dinge* ebenso wie in anderen Texten – prinzipiell eine *terra incognita* ist, die zwar vielfältig und bedeutungskonstitutiv umspielt, selten jedoch eigens einer Analyse unterzogen wird.[3] Mit Ute Frietsch lässt sich festhalten, dass „etwas verallgemeinernd behauptet werden [kann], dass die lange Zeit von Antike, Mittelalter und Hochrenaissance von Foucault gegen die Ordnung der Moderne gesetzt wird".[4] Damit ist die prinzipielle Langlebigkeit einer Episteme behauptet, welche auf der Prämisse der Zeichenhaftigkeit der Welt beruht und in der eine prinzipiell ternäre Ordnung des Wissens anzusetzen ist. So behaupte Foucault letztlich – wiederum mit Ute Frietsch – folgende Ordnung der ‚Ähnlichkeit':

---

[1] Michel Foucault: Die Ordnung der Dinge. Eine Archäologie der Humanwissenschaften. 11. Aufl. Frankfurt a. M. 2009. – Einen sehr gut lesbaren und fundierten Überblick über die Kernthesen der *Ordnung der Dinge* bietet Michael Ruoff: Foucault-Lexikon. 3. Aufl. Paderborn 2013, S. 30–34. Vgl. zudem ausführlicher Ute Frietsch: Art. Die Ordnung der Dinge. In: Foucault-Handbuch. Leben – Werk – Wirkung. Hrsg. von Clemens Kammler, Rolf Parr, Ulrich Johannes Schneider. Stuttgart 2014, S. 38–50, hier bes. S. 44. – Weiterführend zu Foucault vgl. insbesondere auch Giorgio Agamben: Signatura rerum. Zur Methode. Frankfurt a. M. 2009, sowie – unter anderen Gesichtspunkten die Zeichentheorie ausbauend – Aleida Assmann: Im Dickicht der Zeichen. Frankfurt a. M. 2015, hier bes. S. 11–94.
[2] Vgl. bspw. Frietsch, Ordnung der Dinge, S. 44.
[3] Vgl. zur Beziehbarkeit der Arbeiten Foucaults auf den Gegenstandsbereich ‚Mittelalter' etwa: Martin Kintzinger: Michel Foucault et le moyen âge. Une recherche de traces. In: Francia – Forschungen zur westeuropäischen Geschichte 39 (2012), S. 285–304, der einleitend festhält: „Foucault n'était pas médiéviste!" (ebd., S. 285).
[4] Frietsch, Ordnung der Dinge, S. 44.

Zeichen und Bezeichnetes seien durch ein Drittes verbunden; dieses Dritte sei die Signatur, die als materieller Fingerzeig Gottes interpretiert werde. Die Signatur, die auf den Dingen niedergelegt sein soll, ähnelt als geschriebene Schrift den Wörtern in den Büchern; zugleich ähnelt sie den Dingen, denn sie materialisiert sich, indem sie in deren Oberfläche eingeschrieben ist.[5]

Dieserart beschreibt Foucault – mit Blick auf Produkte der Natur und ihre beispielsweise medizinische Bedeutung – eine grundsätzlich paradoxale Struktur des Ver- und Entdeckens, des wechselseitigen Bezuges eines prinzipiell unsichtbaren Inneren zu einem prinzipiell sichtbar machenden Äußeren:

> Die Ähnlichkeiten in ihrer Verborgenheit müssen an der Oberfläche der Dinge signalisiert werden. Ein sichtbares Zeichen muß die unsichtbaren Analogien verkünden. Jede Ähnlichkeit ist doch gleichzeitig das Manifesteste und Verborgenste. Sie ist tatsächlich nicht aus nebeneinanderstehenden Stücken gebildet, von denen die einen identisch, die anderen unterschiedlich sind, sondern besteht aus einem, das eine Ähnlichkeit zeigt oder nicht zeigt. Sie wäre also ohne Kriterium, wenn in ihr oder darüber oder daneben kein entscheidendes Element wäre, das ihr zweifelhaftes Glitzern in klare Sicherheit verwandelte. Es gibt keine Ähnlichkeit ohne Signatur. [...] Das Wissen (*savoir*) der Ähnlichkeiten gründet sich auf die Aufzeichnung dieser Signaturen und ihre Entzifferung.[6]

Im Kontext dieser prinzipiellen Lesbarkeit der Welt, auf die ja Michel Foucault keineswegs als einziger verweist, sondern – gleichfalls prominent, aber in einem anderen theoretischen Rahmen – etwa auch Hans Blumenberg,[7] hat die Forschung naheliegenderweise auch die Schönheit des menschlichen Körpers zu verstehen versucht:

> Man war nämlich überzeugt, daß die Gleichung von Schön und Gut auch für die wirkliche Welt galt, die die Literatur einfach nachahmte. Es geschah wohl damals öfter als heutzutage, daß es einem leichter war, schön zu bleiben oder schöner zu wirken, wenn man auch reich und mächtig war; schwerer aber in dieser Hinsicht wog die Auffassung der Welt als eines ‚liber scriptus digito Dei', wo kein Zufall sondern nur die göttliche Vorsehung herrschte, so daß alles zu einem festen, ewigen (wenn auch oft verborgenen) Zusammenhang stand, der Böse selbstverständlich auch häßlich und umgekehrt der Gute schön sein mußte.[8]

Hiervon ausgehend, scheint sich die Frage zu stellen, wie es sein könne, dass auch *nach* jener „Wende des neunzehnten Jahrhunderts", welche – mit Foucault – „die Schwelle einer Modernität, aus der wir immer noch nicht herausgekommen sind",[9] gebracht hat, die Produkte der Hoch- und Populärkultur (Literatur/Film etc.) ein

---

5 Ebd., S. 45.
6 Foucault, Ordnung der Dinge, S. 56 f.
7 Vgl. Hans Blumenberg: Die Lesbarkeit der Welt. 8. Aufl. Frankfurt a. M. 2011 (Erstauflage 1981).
8 Roberto De Pol: Schöne „vâlandinne" und femme fatale. Von Kriemhilds Schönheit. In: Beiträge zur Komparatistik und Sozialgeschichte der Literatur. Festschrift für Alberto Martino. Hrsg. von Norbert Bachleitner, Alfred Noe, Hans-Gert Roloff. Amsterdam/Atlanta 1997 (Chloe 26), S. 423–444, hier S. 425.
9 Foucault, Ordnung der Dinge, S. 27.

Signifikationsverhältnis der ‚Lesbarkeit' für diesen schönen menschlichen Körper *beibehalten* hätten. Die Frage scheint zu sein, warum – etwa im Disney-Universum und in der Traumfabrik Hollywood – Schönheit *noch immer* eine Gutheit signifiziere, die als Tugend und/oder Adel differenzierbar ist, und zu der Schönheit – als Zeichen derselben – das Verhältnis der Wahrheit einzunehmen scheine.[10] Es wird im Folgenden zu zeigen sein, in welch vielfältiger Weise die Forschung in Hinblick auf vormoderne Literatur prinzipiell von einem solchen Signifikationsverhältnis ausgegangen ist. Diese Entwürfe der ‚Ähnlichkeit' grundieren bis heute nicht allein die Populärkultur, sondern, neben der Erwartungshaltung mediävistischer Literaturwissenschaften an ihren Gegenstand, außerdem zumindest implizit auch jüngere philosophisch-wissenschaftliche Theoriebildungen, sei es zu einer allgemeinen Ästhetik, wie sie Roger Scruton entwickelt, sei es zu evolutionsbiologisch grundierten literaturwissenschaftlichen Analysen des (erzählten) schönen Körpers, wie Winfried Menninghaus sie mit seinem *Versprechen der Schönheit* vorgelegt hat. Sie grundieren zudem, wie soziologische Forschung zu zeigen vermocht hat, sogar eine Alltagserwartung, welche sich in der Wahrnehmung, Einschätzung und der hieraus resultierenden Bevorzugung oder Benachteiligung des Gegenübers manifestiert.

In allen Fällen tritt das als schön wahrgenommene oder diskursivierte körperliche Äußere in ein Wahrheitsverhältnis zu einem nicht sichtbaren und zunächst unbestimmt bleibenden, anderen Wert, welchen es bezeichnen oder abbilden soll. Im Falle einer Ästhetik, wie sie bei Scruton repräsentiert ist, welche Dinge *und* menschliche Körper umfasst, ist dies ein ethisch-exklusiverer Wert, der auf (hoch-)kulturelle Vergemeinschaftung zielt, die an eine geradezu ‚klassisch' zu nennende Wertediskus-

---

10 Die Werte der ‚Gutheit', welche einmal mit Tugend und Adel besetzt gewesen zu sein scheinen (vgl. dazu im Folgenden Kap. III.1), scheinen in der Gegenwart mit anderen, analogen Werten besetzt zu werden. Evolutionsbiologische Erwägungen, wie sie sich bei Winfried Menninghaus (vgl. Menninghaus, Versprechen) exemplarisch repräsentiert finden, setzen das Zeichen ‚Körperschönheit' ein, um es genetische Vorteile im Selektionsprozess bezeichnen zu lassen. Es folgt daraus, dass Merkmale, die deshalb als schön wahrgenommen werden, weil sie ‚Fitness' verbürgen, in dieser wahrgenommenen Schönheit ein Wahrheitsverhältnis zu den bezeichneten Selektionsvorteilen einnehmen. In dem von Menninghaus postulierten Moment, in welchem sich aus dem tatsächliche Körperzeichen die aus ihm freigesetzte Ästhetik emanzipiert, die eine Übertragung der Schönheitswahrnehmung auf ‚ästhetische' Objekte (Schmuck etc.) zulässt, wird dieses Signifikationsverhältnis unsicher. Das Ornament ermöglicht die Täuschung. – Für Roger Scruton tritt Schönheit insofern in ein Wahrheitsverhältnis ein, als hier der latente Konsens über Ästhetik ein menschliches Universalium ist, welches zugleich Züge einer gemeinschaftsstiftenden Ethik annimmt. Soziologische Forschung weist darauf hin, dass körperliche Schönheit einen signifikanten sozialen Vorteil mit sich bringt, insofern als Signifikat hier Dinge wie gesunder Lebensstil, Selbstbewusstsein, Extrovertiertheit sowie verhältnismäßig unneurotisches Verhalten eingesetzt werden, welche wiederum im weitesten Sinne in das Raster der ‚Tugenden' fallen mögen. Vgl. hierzu die vorangehenden Ausführungen, Kap. II.1. – Zum Disney-Universum vgl. etwa Charu Uppal: Over Time and Beyond Disney – Visualizing Princesses through a Comparative Study in India, Fiji, and Sweden. In: The Psychosocial Implications of Disney Movies. Hrsg. von Lauren Dundes. Basel et al. 2019, S. 49–72.

sion anschließt. Schönheit des Körpers ist hier an einen ‚höheren Wert' gebunden, der – obgleich nicht *expressis verbis* metaphysisch – doch gegen eine ‚Profanierung', gegen eine ‚Pornographisierung',[11] gegen Lust und Begehren immunisiert werden muss, um weiterhin als vorbehaltlos ‚schön' gelten zu dürfen (Stichwort: Kants ‚interesseloses Wohlgefallen').

Im Falle der evolutionsbiologischen Literaturanalyse Menninghaus' wird das Schönsein des narrativierten Körpers analog zum Schönsein der biologischen Körper als sichtbarer Ausdruck und Zeichen für einen implizierten genetischen Vorzug aufgefasst, welcher sich einerseits auf die Selektion, andererseits auf die Ausbildung einer menschlichen Ästhetik und damit auf die ästhetische Formierung aller menschlichen Kultur, darunter eben Literatur, ausgewirkt habe.[12] Die alltagswirksame Schwundstufe der kulturellen Vorannahme, dass Körper nicht-körperliche Eigenschaften verbürgen, äußert sich schließlich beispielsweise in der statistisch zu belegenden Besserbewertung von als schön wahrgenommenen Schüler*innen.[13] Auch in diesem Falle fungiert der Körper als Ausdruck eines unsichtbaren Anderen, welches – insofern man, wie Scruton, darauf besteht, dass die Universalisierbarkeit von Schönheit eben keine metaphorische Sprachdimension sei – mindestens die Form der Synekdoche annimmt. In allen genannten Fällen wird Schönheit in eine Beziehung zur Ethik und zur Moral gebracht, die – im Sinne der vorliegenden Studie – nicht natürlich, sondern allenfalls naturalisiert zu nennen ist.

Schönheit soll im Folgenden nicht als Zeichen – also als kategoriale Differenz von Zeichen und Bezeichnetem, die durch eine Relation der wahrheitsgemäßen Bezeichnung verbunden sind – oder als Synekdoche – die zwischen Teil und Ganzem die Wahrheitsbeziehung der (zumindest partiellen) Identität stiftet – verstanden werden, in deren Zentrum jeweils eine Wahrheitsbeziehung steht, welche den von außen wahrgenommenen oder als von außen wahrgenommen diskursivierten Körper an ein unsichtbares Anderes bindet.[14] Es soll stattdessen im Folgenden argumentiert werden,

---

11 Die Pornographisierung des schönen Körpers bzw. des schönen Dinges ist ein verbreiteter Kritikpunkt einer gegenwärtigen Kulturkritik, wie sie sich bei dem bereits angeführten Byung-Chul Han: Die Errettung des Schönen. 4. Aufl. Frankfurt a. M 2016, ebenso findet wie bspw. bei Frank Berzbach: Die Form der Schönheit. Über eine Quelle der Lebenskunst. Köln 2018, S. 55–60. Han, Errettung, S. 16, überträgt diese ‚Pornographisierung' sogar explizit auf die ästhetische Schönheit des Dinges und Konsumartikels, wenn er schreibt: „Die pornographische Dauerpräsenz des Sichtbaren vernichtet das Imaginäre."
12 Vgl. Kap. II.1, Abschnitt 3, S. 35–44.
13 Vgl. erneut Dunkake et al., Schöne Schüler, schöne Noten, S. 142–161.
14 Die Beziehung der Schönheit zur Wahrheit zählt zu den stereotypen Formeln der Ästhetik, welche auch gegenwärtig völlig unbedenklich geäußert werden können, so beispielsweise bei Berzbach, Form der Schönheit, S. 51, der in seinem Essay der Wahrnehmung von Schönheit, die bei ihm eine – im Sinne Nietzsches – ‚metaphysische' Größe darstellt, die Fähigkeit zuspricht, Wahrnehmungsraster zu sprengen und Komplexität zu erhöhen, appellativ ein Subjekt entwirft, das sich „auf die Suche nach der Wahrheit und damit auch auf die Suche nach der Schönheit" macht.

dass die ursprüngliche Grundannahme, die angenommene Lesbarkeitsbeziehung („schön' = ,gut'), sei einer vormodernen – nur *trotz* eines epistemischen Wandels *noch immer* anzutreffenden – *episteme* geschuldet, sich als Täuschung erweist.

Das Signifikationsverhältnis, um das es hier zunächst gehen muss, scheint lange Zeit nicht so einfach gewesen zu sein, wie es etwa die *Kinder- und Hausmärchen* der Brüder Grimm,[15] Karl May,[16] das Disney-Universum[17] und die neuzeitliche ‚Ästhetik' (Scruton, Menninghaus usw.) behauptet haben.[18] Die sehr einfache Zuordnung von körperlicher Schönheit als Signifikat zu einem (un-)bestimmten Signifikanten, die Verbindung körperlicher Schönheit zur Wahrheit, hat an der Schwelle der Moderne ganz wesentliche Katalysatoren gehabt. Diese sind nicht zuletzt im Wechselspiel aufklärerischer und romantisierender Diskurse zu finden, in deren Rahmen besonders frühneuzeitliche Texte, welche selbst bereits eine Rezeptionsstufe vorangegangener volkssprachlicher Literatur und damit eine Vermittlungsstufe hochmittelalterlicher Diskurse darstellen, die Folie zur Re-Imagination ‚des Mittelalters' bieten, wie es im Folgenden gezeigt werden soll.[19]

Die Zuordnung von körperlicher Schönheit zu einem durch sie verbürgten ‚Guten' hat zudem eine ganz wesentliche, neue Ausrichtung in jener Wende in die Biopolitik gehabt, die aus einer toxischen Vermischung von aufklärerischem Denken sowie später – mithin falsch verstandenem – Darwinismus und alten Schönheitsidealen gespeist war und sich mit Elementen von Rassismus, Pathologie, Hygiene und Disziplin – letztlich: mit Elementen der Eugenik – verwoben hat. Sie findet sich schon im 18. Jahrhundert in den Schriften Johann Caspar Lavaters[20] – wie im Folgen-

---

15 So kann bspw. Hans-Jörg Uther: Schönheit im Märchen. Zur Ästhetik von Volkserzählungen. In: Lares 52,1 (1986), S. 5–16, zeigen, wie in einem mehrfachen Bearbeitungsprozess von der Erstfassung zur Druckfassung letzter Hand die Zuschreibung von Schönheit an die Figur Dornröschen systematisch quantitativ ausgebaut wird (vgl. ebd., S. 8 f.).
16 Vgl. bspw. Gert Ueding (Hrsg.): Karl-May-Handbuch. In Zusammenarbeit mit Klaus Rettner, 2. Aufl. Würzburg 2001, S. 139–142, Kap. ‚Personenkonstruktion'.
17 Vgl. bspw. Werner Wolf: ‚Speaking faces'? Zur epistologischen [sic] Lesbarkeit von Physiognomiebeschreibungen im englischen Erzählen des Modernismus. In: Poetica 34 (2002), S. 389–426, hier S. 389 f.
18 So formuliert Liessmann, Schönheit, S. 16: „Vor allem in der Alltags- und Medienästhetik behauptet sich diese Konzeption der *Kalokagathia*, bis hin zum Klischee, das den Personifikationen des Bösen auch die Attribute des Hässlichen verleiht und dem Schönen mehr moralische Kompetenzen zutraut als dem weniger Attraktiven." – Während ich der Beschreibung der Alltags- und Medienästhetik inhaltlich zustimmen möchte, ist der *Kalokagathia*-Begriff Liessmanns im Folgenden kritisch aufzuarbeiten.
19 Vgl. hierzu Kap. III.2.2, S. 149–158.
20 Vgl. hierzu etwa auch Wolfgang Schmale: Geschichte der Männlichkeit in Europa (1450–2000). Wien/Köln/Weimar 2003, S. 182: „Zur Anthropologie der Aufklärung gehörte schließlich die Inszenierung des idealen männlichen Körpers. Der in der Aufklärung konstruierte Zusammenhang zwischen körperlicher und geistig-moralischer oder auch seelischer Konstitution wurde nicht mehr aufgegeben. Dass das Äußere Rückschlüsse auf das Innere zulasse, war keine neue Ansicht, aber

den in Kapitel III.2.1 zu demonstrieren sein wird –, später aber auch in populären hausmedizinischen Texten wie beispielsweise dem um 1900 entstandenen *Ratgeber in gesunden und kranken Tagen*,[21] der umstandslos Gesundheit als Idealzustand des Körpers mit Schönheit und Rassenideologie verbindet, wenn es heißt: „Gesundheit und Schönheit gehen Hand in Hand",[22] und diese Gesundheit sogleich allein in eine rassistische Unterscheidung überführt wird: „Allein die ganze Völkerkunde beweist uns, daß Intelligenz, Charakter und Kulturfähigkeit in engem Zusammenhange mit der äußeren Erscheinung der Menschen stehen, sich in seiner äußeren Gestalt, vor allem in der Kopf und Gesichtsbildung wiederspiegeln [sic]."[23] Schönheit wird dabei

---

wurde Gegenstand wissenschaftlicher Beschäftigung. Maßgeblich war in dieser Beziehung die Physiognomielehre Lavaters, die im 19. Jahrhundert weiter ausgefeilt wurde und sich im Fall der Stigmatisierung von Juden mit rassistischen Lehren verband." (Für den Hinweis auf dieses Buch danke ich Elias Friedrichs [Köln].)
21 Ratgeber in gesunden und kranken Tagen. Ein Lehrbuch vom menschlichen Körperbau und ein ärztlicher Hausschatz für alle Krankheitsfälle unter Berücksichtigung der erfolgreichsten Naturheilverfahren. Unter Mitwirkung von Dr. med. Gehrmann, Dr. A. Haug, Dr. med. Kann, Dr. med. Wolf und anderer hervorragender Spezialisten herausgegeben von Dr. F. König, Band 1, 15. Aufl. Leipzig o. J. [1921].
22 Ebd., S. 8.
23 Ebd. – Derartige Gedanken sind um 1900 keineswegs neu. Die Verbindung von einer als objektiv verstandenen Schönheit und ‚kaukasischer' Physiognomie findet sich beispielsweise bereits in den Schriften Johann Gottfried Herders; vgl. Herders *Ist die Schönheit des Körpers ein Bote von der Schönheit der Seele?* aus dem Jahr 1766 (in: Johann Gottfried Herder: Schriften zu Philosophie, Literatur, Kunst und Altertum. 1774–1787. Hrsg. von Jürgen Brummack, Martin Bollacher. Frankfurt a. M. 1994 (Bibliothek deutscher Klassiker 105), S. 135–148, hier bes. S. 140, Z. 21–36). Vgl. hierzu bspw.: Robert Norton: Racism, History, and Physiognomy: Herder and the Tradition of Moral Beauty in the Eighteenth Century. In: Ethik und Ästhetik. Werke und Werte in der Literatur vom 18. bis zum 20. Jahrhundert. Festschrift für Wolfgang Wittkowski zum 70. Geburtstag. Hrsg. von Richard Fisher. Frankfurt a. M. 1995 (Forschungen zur Literatur- und Kulturgeschichte 52), S. 43–54. – Auch Johann Caspar Lavater vertritt die Position, dass ‚Mohren' zweifelsfrei ein europäisches Antlitz dem ‚eigenen' vorziehen würden, sofern sie nicht von einem sie verblendenden ‚Nationalvorurtheil' geprägt seien (vgl. Johann Caspar Lavater: Von der Harmonie der moralischen und körperlichen Schönheit. In: Johann Caspar Lavater: Physiognomische Fragmente zur Beförderung der Menschenkenntnis und Menschenliebe. Eine Auswahl. Hrsg. von Christoph Siegrist. Stuttgart 2004, S. 45–84, hier S. 48). Auch der *Ratgeber in guten und schlechten Tagen* formuliert eine solche Position, wenn es heißt: „Es gibt eine menschliche Schönheit, eine geschlechtliche Schönheit, eine Schönheit des Alters, eine Schönheit der Rasse, eine Schönheit der Familie, eine Schönheit des Einzelwesens" (Ratgeber in gesunden und kranken Tagen [o. J.], S. 90), und weiterhin: „[W]enn sie [= die ‚Neger'] auch bei der Wahl zwischen einer Negerin oder einer sich für den ihrer Rasse mehr verwandten Typus entscheiden, so kann ich versichern, daß sie, vor der Wahl zwischen einer schönen Weißen und einer schönen Negerin oder einer schönen Indianerin gestellt, der ersteren den Vorzug geben werden" (ebd.). Eine dezidierte Gegenposition zu Lavater bezieht zeitgenössisch Georg Christoph Lichtenberg: „Ich will nur etwas weniges für den Neger sagen, dessen Profil man recht zum Ideal von Dummheit und Hartnäckigkeit und gleichsam zur Asymptote der europäischen Dummheits- und Bosheits-Linie ausgestochen hat. Was Wunder? da man Sklaven, Matrosen und Pauker, die Slaven waren, einem Candidat en belles lettres gegenübergestellt" (Georg Christoph Lichtenberg: Über

mit einem Begriff der ‚Harmonie' zusammengebracht: „Wir können geradezu sagen, die Schönheit ist die Verkörperung der Harmonie aller Lebensfaktoren. Wo die Natur einen harmonischen Fluß der körperlichen, geistigen und seelischen Eigenschaften erzielt hat, da drückt sie ihm zur Besiegelung den Stempel der Schönheit auf."[24]

Die Gesundheitslehre, die dieser Einleitung folgt, muss also nicht zuletzt als Maßnahme einer Rassenhygiene und Selbstdisziplin gelten, die auf die Wiederherstellung einer Gesundheit zielt, welche der eigenen Zugehörigkeit zur schönsten Rasse, den ‚Ariern', adäquat ist: „Wir Arier messen uns nicht nur die höchste Kulturfähigkeit, sondern auch die höchste körperliche Vollkommenheit und Schönheit bei."[25] Die ideale Körperlichkeit, die es vermittels medizinischer Kenntnisse herzustellen gilt, wird im Folgenden aus Bildbeispielen der griechischen Antike abgeleitet, unter Beigabe von Bildtafeln fixiert[26] und umgehend mit diätetischen Maßgaben verbunden: „1. Gebrauche deine Kräfte! 2. Sei mäßig! 3. Wechsle ab zwischen Thätigkeit und Erholung".[27] Diese Gebote sollen in sportliche Ertüchtigung (Cricket, Lawn Tennis, Fußball, Hochsprung) umgesetzt und im Alltag, bei der Arbeit und der allgemeinen Körperhaltung beachtet werden. Sie stellen im Weiteren auf die spezifischen Erfordernisse von sitzenden Tätigkeiten,[28] von Fabrikarbeit,[29] von der Wohnnähe zur Fabrik,[30] auf die „[ü]bermäßige Anstrengung des Gehirnes der Privatgelehrten, Schullehrer, Universitätslehrer u.s.w. durch geistige Arbeit"[31] und dergleichen mehr ab und entwickeln jeweils adäquate Ratschläge zur Förderung der eigenen Gesundheit. Es wird hier ebenso auf gymnastische Übungen (inklusive anleitender Bildtafeln)[32] als auch auf für die Gesundheit förderliche Kleidung[33] und die Einrichtung des

---

Physiognomik, wider die Physiognomen. Zu Beförderung der Menschenliebe und Menschenkenntnis. Zitiert nach: Georg Christoph Lichtenberg: Schriften und Briefe. Bd. 2: Aufsätze. Satirische Schriften. Hrsg. von Franz H. Mautner. Frankfurt a. M. 1983, S. 78–116, dort: S. 94).
24 Ratgeber in gesunden und kranken Tagen (o. J.), S. 8.
25 Ebd.
26 Ebd., S. 10, Fig. 3: „Das Ideal der weiblichen Schönheit nach griechischem Muster. Die mediceische Venus", S. 11, Fig. 4: „Das Ideal männlicher Schönheit nach griechischem Muster. Apollon vom Belvedere", S. 12: „Ideal weiblicher Schönheit nach italienischem Muster. Venus. Von Palma Vecchio", S. 13: „Ideal weiblicher Schönheit nach italienischem Muster. Pauline Borghese als Venus. Von Canova. Villa Borghese, Rom", S. 15, Fig. 5: „Das Ideal männlicher Schönheit nach griechischem Muster. Farnesischer Herkules von Glykon (Neapel)".
27 Ebd., S. 16.
28 Ebd., S. 24.
29 Ebd., S. 34 f.
30 Ebd.
31 Ebd., S. 28.
32 Ebd., S. 37–57.
33 Ebd., S. 57–80. – Auch im Zuge der Diskussion von Kleidung, Mode und Schönheitsidealen wird auf Namen der Hochkultur verwiesen, die als Gewährsleute dienen, nämlich bspw. auf Tizian, Raffael und Jean Paul (ebd., S. 75).

Wohnraumes[34] eingegangen. Die Bedürfnisse des ‚schönen Körpers arischer Rasse' haben hier umstandslos im Verlaufe weniger Druckseiten von den Plastiken der griechischen Antike zur Sorge um den alltäglichsten Alltag geführt. Die Wohleinrichtung des menschlichen Körpers greift in direkter Weise auf die Wohleinrichtung der ihn umgebenden Lebenswelt aus:

> Als Wandbekleidung findet man in Wohnzimmern häufig statt eines Kalt- oder Ölfarbenanstrichs Papier-Tapeten, gegen welche im allgemeinen wenig einzuwenden ist; sie sollen dem Zimmer ein gefälliges Aussehen geben und das Mauerwerk vor der Feuchtigkeit und dem Staub der Zimmerluft schützen. Dagegen sind aus schweren Stoffen gefertigte Tapeten unvorteilhafte Staubfänger, deren Reinigung recht große Schwierigkeiten macht. Durch Tapeten, deren Farben Giftstoffe, namentlich Arsen, enthält, kann die Gesundheit der Zimmerbewohner ernstlich gefährdet werden.[35]

Die Erfordernisse der körperlichen Schönheit, welche als direkter Ausdruck von Gesundheit und ‚Rasse' gedacht ist, rastern und bewerten unerbittlich das Universum, in welchem sich der arbeitende, tätige, sich übende und ertüchtigende Mensch jeder Klasse und jedes Milieus bewegt.

Die äußerste Konsequenz, mit der der Körper auf die Welt projiziert wird, erinnert von Ferne – aber unter veränderten Vorzeichen – an die Analyse des kabylischen Hauses durch Pierre Bourdieu.[36] Während hier das Haus, der Körper und der Kosmos in ein System von homologen Dichotomien eingespannt erscheinen, die die Totalität der Welt organisieren und deshalb auch den Mikrokosmos Haus und den Mikrokosmos Mensch strukturieren, wird dort alles anhand der Erfordernisse einer ‚Gesundheit' des Organismus bewertet und ausgebaut, welche den Körper zugleich ‚schön' sein lässt, sofern seine Umgebung nur gesundheitsfördernd auf ihn abgestimmt ist. Der Raum, den dieser zum Volksgenossen gewordene Erbe des griechischen Apoll, dieser zum ‚Zimmerbewohner' zusammengeschrumpfte Repräsentant seiner Rasse bewohnt, wird völlig an den Erfordernissen des Organismus gemessen, der seine eigene Wahrheit, seine eigene Gutheit in sich selbst, in seiner Gesundheit und seiner Rasse verbürgt. Schönheit ist hier die vollständige Kongruenz dessen, was in der biologistisch gedachten Natur schlechthin gesund und damit schlechthin gut ist.

Aus Sicht der Foucault'schen Modernitätsschwelle müsste also festgestellt werden, dass Schönheit als Zeichen – in seiner Eindeutigkeit – zwar aus einer vormodernen Episteme hervorgegangen sein mag, in dieser jedoch selbst ein spätes Phänomen ist, das vielleicht am ehesten aus der Dynamik eines epistemischen Wandels zu erklären wäre, in welchem alte und älteste Kategorien – wie beispielsweise diejenige der im Schönheitsdiskurs immer figurierenden ‚Harmonie' – mit neuen – wie der Gesundheit, der Hygiene, der Rasse – vermischt werden, ohne dass der inhärente

---

34 Ebd., S. 80–86.
35 Ebd., S. 86.
36 Vgl. Bourdieu, Das Haus oder die verkehrte Welt.

Darwinismus die ‚Natur', die im nachfolgenden Kapitel Teil dieser Arbeit von eminenter Bedeutung sein wird,[37] als geradezu metaphysische Größe mit eigenem Willen und eigener Handlungsmacht, als personifiziert gedacht, letztverbürgende Stifterin einer ihr eigenen Wahrheit abgeschafft hätte.[38]

Der Ermöglichungsgrund für die Gleichung des Schönen mit dem Guten, das verursachende Sprachspiel, so scheint es, ist das semantische Auseinandertreten jener Positivwerte, die in Schönheit und Gutheit unterschieden werden können, welche jedoch – als Homologe in einer Reihe von Dichotomien verbunden – weiterhin semantisch miteinander verschränkt bleiben, aber in unterschiedlichem Grad als ‚körperlich' semantisiert werden. Nicht zuletzt wird ‚Schönheit' selbst äquivok für getrennte semantische Bereiche verwendet, wodurch die beständige Kreuzsemantisierung und Rückkopplung der Bezugsebenen zu erklären ist. Diese gleichzeitige semantische Einheit *und* Differenz setzt ein rekursives Spiel der Signifikationen frei, das schon Augustinus in Erklärungszwang bringt. In *De civitate Dei* (XV.23,66 f.) notiert er mit Blick auf die Heilige Schrift: *Consuetudo quippe scripturae huius est, etiam speciosos corpore bonos uocare* (Übers. [Thimme]: „[D]ie Schrift hat die Gewohnheit, auch Menschen von leiblicher Wohlgestalt gut zu nennen").[39] Die Überblendung geht auf die vorangehenden Sprachstufen der Heiligen Schrift zurück:

> Mit dem griechischen Adjektiv καλός (kalós, d. h. „schön") haben die Übersetzer der Septuaginta, jüdische Gelehrte von Alexandrien des 3. vorchristlichen Jahrhunderts, ein hebräisches Wort von ziemlich weitem Bedeutungsumfang, das innere Vorzüge (nämlich moralische: wacker, nützlich, gut), aber auch äußere, die aber nicht unbedingt ästhetische sein müssen, bezeichnet. [...] Auch ‚kalós' hat ein breites Bedeutungsspektrum mit vielen Nuancen; es bezeichnet nicht nur das Ästhetisch-Schöne, sondern auch das Moralisch-Schöne und überhaupt alles, was Anerkennung verdient und Wohlgefallen weckt.[40]

---

37 Die *natura* als göttlich gestiftetes Funktionsprinzip der Immanenz und ihre Verbindung zur Schönheit des Körpers wird Gegenstand der Kap. IV.2.2.1, S. 355–367 u. IV.3, S. 421–445, sein.

38 So wird dem ganzen *Ratgeber in gesunden und kranken Tagen* als „Motto" ein Goethe-Zitat aus *Wilhelm Meisters Lehrjahren* vorangestellt: „Wenn die Natur verabscheut, so spricht sie es laut aus. Das Geschöpf, das nicht sein soll, kann nicht werden; das Geschöpf, was falsch lebt, wird früh zerstört, Unfruchtbarkeit, kümmerliches Dasein, frühzeitiges Verfallen, -- das sind ihre Flüche, die Kennzeichen ihrer Strenge. [...]" Dieser Begriff der personifizierten Natur wird durch den *Ratgeber* mitgeführt, wenn es bspw. im Hinblick auf das rechte Maß zwischen Magerkeit und Übergewicht heißt: „Die Natur ist die beste Haushälterin; und sie weiß wohl, warum sie diesem mehr Fett, jenem weniger zuteilt."

39 Dieselbe Feststellung – vielleicht in Anlehnung an Augustinus? – macht noch Michel de Montaigne in seinem Essai *Von den Gesichtszügen* (III,12), in: Michel de Montaigne: Essais. Sämtliche 107 Essais nach der ersten deutschen Gesamtausgabe von Johann Daniel Tietz. Frankfurt a. M. 2010, S. 1133–1162, hier S. 1157: „In der griechischen Sprache bedeutet ein einziges Wort zugleich schön und gut. Und der heilige Geist heißt öfters diejenigen gut, die er schön nennen will."

40 Tatarkiewicz, Geschichte der Ästhetik II, S. 14. – Katharina Bracht: Vollkommenheit und Schönheit in der altkirchlichen Theologie. In: Vollkommenheit. Ästhetische Perfektion in Antike, Mittelalter und Früher Neuzeit. Hrsg. von Verena Olejniczak Lobsien, Claudia Olk, Katharina Münchberg.

III Schönheit, Tugend, Wahrheit: Aitiologien einer Signifikation — 105

Allein, es bleibt nicht bei der Doppelsinnigkeit, die durch das Hebräische und Griechische vorgeprägt ist und die beim Übersetzungsprozess in das Latein der Heiligen Schrift zwischen *pulchrum* und *bonum* unterscheidet und so Schönes und Gutes in einem dialektischen Prozess der gleichzeitigen Identifizierung und Differenzierung wirkmächtig trennend zusammenbindet. Dazu kommt, dass die Latinität ihr Begriffsinventar von Schönheit und Hässlichkeit rund um weitere Begriffe aufbaut, welche der patristischen und scholastischen Diskussion ein Netz von Konnotationen und Beziehungen zur Verfügung stellen, die in der Theologie breit aufgegriffen werden. So sind alternative Begriffe zu *pulchritudo* zum einen *species* und zum anderen *formositas*, wobei ersteres umstandslos mit dem semantischen Wert „Art" und „Gestalt" zusammenfällt, sodass „Wohlgestalt" in direkte Beziehung zum ontologischen Gestalt-Haben als solches tritt, und letzteres von der Teilhabe an einer gestaltgebenden *forma* abhängig gedacht wird, sodass das Oppositum, die *deformitas*, im Wortsinne als Formlosigkeit oder Nichtteilhabe an der Form verstanden werden kann.[41] Es sind diese semantischen Werte, die hinter dem Problem der *forma* zugleich die *formositas* konnotieren, welche in dem bereits zitierten Einleitungspassus

---

Berlin/New York 2010 (Transformationen der Antike 13), S. 13–43, analysiert die Semantiken von ‚Schönheit' und ‚Vollkommenheit' in Hinblick auf ihre neutestamentlichen Grundlagen anhand des griechischen Textes der Septuaginta (ebd., S. 14–18), anhand von Schriften des Methodius von Olympus (*Symposion*; ebd., S. 18–28), anhand von Heiligenviten (ebd., S. 28–36) und kommt zu dem Schluss, dass „[d]ie Befragung der hier behandelten Texte das Thema der ästhetischen Perfektion im Sinne einer Ästhetik des Vollkommenen hin [...] einen weitgehend negativen Befund ergeben [hat]: In der Regel wird weder in den neutestamentlichen Schriften noch in der altkirchlichen Literatur Vollkommenheit mit der ästhetischen Kategorie der Schönheit in Beziehung gesetzt. Die frühchristlichen und altkirchlichen Autoren haben eine Ästhetik des Vollkommenen im Grunde nicht im Blick" (ebd., S. 37 f.).

41 Hierzu Karfíková, Per visibilia, S. 107 f., welche in Hinblick auf die Grundlagen bei Augustinus schreibt, dass in der Philosophie der Neuplatoniker „die Schönheit mit der Form gleichgesetzt wird und als solche in der Hypostase des göttlichen Intellekts verankert ist. Die Gleichsetzung von Schönheit und Form wird auch durch den Begriff *species* erleichtert, der neben dem Wort *forma* Ciceros Übersetzung der griechischen Termini ἰδέα [*idea*; F. D. S.] und εἶδος [*eidos*; F. D. S.] ist. Neben ‚Idee', ‚Form' und ‚Art' hat jedoch der Ausdruck *species* auch die Bedeutung ‚Schönheit'. Auf den Zusammenhang der lateinischen Ausdrücke *species* (‚Form') und *speciosus* (‚schön') macht Augustins Vorgänger Marius Victorinus in seiner Übersetzung der *Isagoge* des Porphyrius aufmerksam (Porphyrius selbst erinnert an dieser Stelle daran, dass der griechische Ausdruck εἶδος neben ‚Art' auch ‚[schönes] Aussehen des Einzelnen' bedeuten kann). Auch laut Plotin ist die Schönheit Gegenwart der Idee, Bewältigung der Materie durch die Form, deshalb wird sie auch τὸ εὐειδές [= to eueides, F. D. S.] genannt. Denselben Zusammenhang drücken auch die lateinischen Adjektive *formosus* (‚Form habend', ‚schön') und *deformis*, [sic] (‚formlos', ‚hässlich') aus. Hässlichkeit nämlich bedeutet, dass die Materie nicht gut geordnet wird und die Form überwältigt. Gleichfalls aus dem Neuplatonismus übernimmt Augustin den Gedanken, dass die Schönheit implizierende Form sogar das Sein der Dinge steigert: ‚Der Körper ist doch umso mehr, umso mehr er geformt (*speciosius*) und schöner (*pulchrius*) ist und dagegen umso weniger, je hässlicher (*foedius*) er ist und je mehr er der Form entbehrt (*deformius*).'" – Für die einzelnen Nachweise aus Augustinus, Plotin, Porphyrius etc. siehe dort.

zu Ulrichs Kapitel *De pulchro* in ein beziehungsreiches Bedeutungsgefüge eingelassen sind, wenn es heißt, dass „die Form [...] die Güte jedweden Dinges [sei], da sie eine von einem Wesen, das vervollkommnungs- und ergänzungsbedürftig ist, ersehnte Vollkommenheit darstellt."[42]

Eine ähnliche Verschränkung zwischen Gutheit und Schönheit findet in der historischen Entwicklung des Lateinischen statt, wie Tatarkiewicz zusammenfasst:

> Was wir ‚das Schöne' nennen, nannten die Griechen *kalon* und die Römer *pulchrum*. Dieser lateinische Ausdruck hielt sich nicht nur während der Antike, sondern auch während des Mittelalters; im Latein der Renaissance verschwand er jedoch und machte einem neuen Platz: *bellum*.[43] Der neue Ausdruck hatte eine besondere Herkunft: er entwickelte sich aus ‚bonum' (das Gute, in der Verkleinerung ‚bonellum', abgekürzt ‚bellum'), wurde anfangs nur auf die Schönheit von Frauen und Kindern bezogen, dann auf alles Schöne erweitert und verdrängte am Ende ‚pulchrum'. Keine der modernen Sprachen übernahm den Namen ‚pulchrum', etliche machte sich dagegen ‚bellum' zu eigen: die Italiener als *bello*, die Spanier ebenso, die Franzosen als *beau*, die Engländer als *beautiful*. Andere europäische Sprachen entwickelten Entsprechungen aus eigenen Grundwörtern: *piękny, krasivyj, schön*.[44]

Es lässt sich also anhand von Augustinus und seiner Rezeption durch Ulrich von Straßburg – wie im vorangehenden Kapitel geschehen – exemplarisch zeigen, wie das christlich geprägte europäische Sprechen von Schönheit von einem semantischen Kern im Hebräischen und Griechischen seinen Ursprung nimmt und in der Übertragung ins christliche Latein eine semantische Spaltung eintritt, in welcher sich zugleich der problematische Weltbezug des von der Erbsündentheologie geprägten christlichen Denkens einschreibt. Gab es vorher ein ‚Gutes', welches als Abstraktum ebenso auf Dinge und Körper wie auf andere Abstrakta angewandt werden konnte, so ist das verschwisterte Paar von *bonum* und *pulchrum* – zusammen mit seinen Opposita und seinen Absoluta (*pulchritudo/bonitas*) – zugleich in eine Problematisierungsstrategie eingebunden, in welcher dieser problematische Weltbezug unter gravierend veränderten Bedingungen ausgehandelt werden muss. Schönheit wird hier zu einem Paradoxon, insofern sie sowohl den menschlichen Körper als auch Gott betreffen kann, insofern sie gut oder schlecht sein kann, insofern sie hoch und niedrig zugleich sein kann, insofern sie, als Prinzip der Gutheit, zugleich höheren und niederen Objekten attribuiert werden kann. Sie wird jedoch nicht erst im christlichen Kontext zu einem Paradox.

---

42 Ulrich von Straßburg: De summo bono II.3.4,1; S. 54,1 f.: *Sicut forma est bonitas cuiuslibet rei, inquantum est perfectio desiderata a perfectibili.*
43 Es muss gegenüber dieser Geschichtsschreibung eingeschränkt werden, dass lat. *bellum* bzw. *bellitudo* schon weit vor ‚der Renaissance' vorhanden war. Charlton T. Lewis, Charles Short: A Latin Dictionary. Oxford 1879, S. 228, weisen *bellum* bereits bei Plutarch, Ovid und Cicero nach. Nur von hier aus ist auch eine frühe Übernahme als *biauté* ins Afrz. und von hier aus wiederum als *beauty* ins Englische erklärlich.
44 Tatarkiewicz, Sechs Begriffe, S. 170.

III Schönheit, Tugend, Wahrheit: Aitiologien einer Signifikation — 107

Schon in Platons *Symposion* ringen die Teilnehmenden des Gastmahls um den richtigen Umgang mit körperlicher und dinglicher Schönheit, schon hier ist sie ein ethisches Problem, obgleich das Adjektiv *kalón* hier ohnehin prinzipiell von seiner ethischen Dimension her semantisiert ist. Schon hier muss die durch Autorität vermittelte Lehre vorangehen, um die Erkenntnis der höheren ‚Schönheit' durch die niedere zu ermöglichen. Die ‚anagogische' Wendung der *aisthesis* ist ein Umschlag in der Bewertung, welche in der Erzählung des Sokrates als besondere Lehre der Diotima und eben nicht als selbstverständlicher Allgemeinplatz oder notwendig-automatische *anagogé* des Geistes eingeführt wird. Sie stellt im Rahmen des *Symposions* vielmehr ein Skandalon dar, welches über seine zweifach indirekte Vermittlung der Lehre der Diotima durch Sokrates in der Schwebe gehalten und explizit als autoritative, zu adaptierende und so schließlich erkenntnisstiftende Lehre vorgetragen wird.[45] Aber hier ist die ethische Problematisierung noch gänzlich anders ausgerichtet, sie folgt anderen epistemischen Bedingungen, nämlich dem Prinzip einer maßvollen Diätetik und Enthaltsamkeit, in welcher der Gebrauch der Lüste, der *aphrodísia*, zugunsten eines Zugangs des ethischen Subjektes zur Wahrheit auf ein asketisches Ideal festgelegt wird.[46] Das Problem, welches späterhin das Christentum mit dem natürlichen und *zugleich* sündigen Begehren des Fleisches in die Matrix einer stoischen Askese einbettet,[47] stellt auch die Frage nach dem Guten und dem Schönen neu. In diesem Fleisch, in dem das christliche Subjekt lebt, organisiert sich ein fundamental differenter Welt- und Selbstbezug über einen veränderten Körperbezug.[48]

Es bleibt zu fragen, was geschieht, wenn lateinisch (aus-)gebildete *litterati* die ihnen aus der Latinität zugänglichen Konzepte, das semantische Netz mit seinen dialektischen Spannungen, den bestehenden Homologien und Differenzen, auf die in den Volkssprachen vorfindlichen Begriffe zu übertragen beginnen, welche unter ihren Kielen das erste Mal in lateinischer Schrift den Weg auf das Pergament finden. Das Wort, dessen Vorläufer die Sprachwissenschaft als **skauniz* rekonstruiert, ist der (literatur-)

---

45 Vgl. auch etwa Assmann, Dickicht der Zeichen, S. 73–75, die in den platonischen Schriften die Weichen für eine „Tiefenhermeneutik" gestellt sieht, in der sich „antiker Platonismus und patristisches Christentum" getroffen hätten (ebd., S. 75) und die konstant die Möglichkeit einer Zeichenrelation zwischen einem Äußeren und einem Inneren problematisiere, indem sie ihr „wo nicht gleich mit tiefem Misstrauen, so doch mit Geringschätzung" begegne (ebd.).
46 Vgl. Foucault, Sexualität und Wahrheit 2, S. 237–310.
47 Als ein wesentlicher Vermittlungsfaktor stoischer Lehren für das Mittelalter muss Cicero gelten, welcher vielleicht nicht zuletzt deswegen anschlussfähig geblieben ist und dessen Schriften *die* Basiswissenschaft der christlichen Latinität, die Rhetorik, über Jahrhunderte maßgeblich prägt. Vgl. hierzu auch grundlegend schon C. Stephen Jaeger: Die Entstehung höfischer Kultur. Vom höfischen Bischof zum höfischen Ritter. Berlin 2001, hier v. a. das Kapitel II.8 („Das Vokabular höfischen Verhaltens: Lateinische Termini und ihre volkssprachlichen Entsprechungen", ebd., S. 180–241).
48 Vgl. zum Vermittlungs- und Transformationsprozess zwischen nicht-christlicher und christlicher Antike besonders auch Foucault, Sexualität und Wahrheit 4, hier bes. S. 23–78 sowie zum Einfluss Augustins bes. ebd., S. 380–481.

wissenschaftlichen Analyse stets nur im Medium der immer bereits lateinisch geprägten Schrift zugänglich. Das mittelhochdeutsche *schœne* ist von den Diskursen der christlich-lateinischen Schriftlichkeit nicht unabhängig denkbar, obgleich es mit *pulchritudo, pulchrum, species, forma* oder *formositas* nicht einfach zu verrechnen ist; die Semantik eines von diesen Diskursen unberührten **skauniz* hingegen muss ebenso hypothetisch bleiben wie die erschlossene germanische Wortform selbst.

Wie die Homologiebeziehungen und die an sie anschließenden rekursiven Schleifen hier, also um das mittelhochdeutsche *schœne* und seine Synonyme herum, verlaufen, wie es in Verbindung zur Imagination und Narration des menschlichen Körpers gebracht wird und welche Auswirkungen das auf die Literatur hat, die dies aushandelt, soll im Folgenden tentativ nachvollzogen werden. Auf der einen Seite gilt es hierbei also, das Sprechen der vormodernen Texte von ‚Schönheit' wahrzunehmen, auf der anderen Seite gilt es, neuzeitliche (ästhetische und physiognomische) Konzepte, die den Diskurs – besonders auch in der Forschung – umlagert haben und auch gegenwärtig noch umlagern, zu identifizieren und erkennbar zu machen, um im Kontrast die jeweiligen Eigenheiten besser akzentuieren zu können.

III.1 Gräzismus: Die sogenannte ‚Kalokagathie'

> *First of all he said to himself: ‚That buzzing-noise means something. You don't get a buzzing-noise like that, just buzzing and buzzing, without its meaning something. If there's a buzzing-noise, somebody's making a buzzing-noise, and the only reason for making a buzzing-noise that I know of is because you're a bee.' Then he thought another long time, and said: ‚And the only reason for being a bee that I know of is making honey.' And then he got up, and said: ‚And the only reason for making honey is so as I can eat it.'* (A.A. Milne: *Winnie-the-Pooh*, Ch. 1)

Das Prinzip, welches die germanistisch-mediävistische Forschung im großen Stil in der volkssprachlichen Literatur des 12. und 13. Jahrhunderts am Werk sieht und welches sie – leicht ahistorisch – ‚Kalokagathie' nennt, ist – gegen alle offenbare Widerständigkeit des Gegenstands – breit akzeptiert und hat Anteil sowohl an der ästhetischen Diskussion, wie sie in Kapitel II der vorliegenden Arbeit diskutiert worden ist, als auch an anderen theoretischen Rahmungen.

Einflussreich, gerade auch in Hinblick auf die germanistische Mediävistik, führt Umberto Eco den Begriff ein:[49]

---

[49] Hierauf weist bspw. in jüngerer Zeit Carolin Oster: Die Farben höfischer Körper. Farbattribuierung und höfische Identität in mittelhochdeutschen Artus- und Tristanromanen. Berlin 2014 (LTG 6), S. 47 f., hin. – Eine umfassende und aufwendige historische Rechtfertigung des *kalokagathía*-Prinzips auf einer breiten, von der Spätantike bis in die Frühe Neuzeit reichenden, verschiedenste Genera abschreitenden Textbasis unternimmt Rüdiger Schnell (Schnell, Ekel und Ästhetik), mit dem (eher sozialhistorischen) Anspruch, den Stellenwert der „Sensibilität für Schönes innerhalb der Werteordnung der höfischen Gesellschaft in der sozialen Realität" in Hinblick darauf zu

Die Sensibilität der Zeit führt in einer Atmosphäre eines christlichen Spiritualismus zu einem Wiederaufleben der griechischen *kalokagathìa* [sic], der Endiade [sic; = Hendiadyoin, F. D. S.] *kalos kai agathos* (schön und gut), die die harmonische Vereinigung von körperlicher Schönheit und Tugend bezeichnete.⁵⁰

Mit direktem Bezug zur mittelhochdeutschen Literatur – und einen breiten Forschungskonsens ausformulierend – definiert entsprechend Heinz Sieburg in einem Einführungslehrwerk unter dem Schlagwort ‚Kalokagathie':

> Grundsätzlich folgt die Figurenbeschreibung der mittelhochdeutschen Literatur der Regel der Kalokagathie (griechisch *kalós* ‚schön' und *agathós* ‚gut'). Gemeint ist damit die Entsprechung von äußerer Erscheinung und innerem Wert. Die Schönheit des Körpers bürgt somit in der Regel für die Tugendhaftigkeit einer Person, und zwar grundsätzlich unabhängig vom Geschlecht. Umgekehrt deutet ein hässliches Äußeres zumeist auf die Verworfenheit eines Menschen.⁵¹

Prototypisch wird das Verhältnis von ‚Innen' und ‚Außen', von Schönheit des „Körpers als Zeichenträger" zur Schönheit der Seele/Tugenden beispielsweise auch von Karina Kellermann formuliert:

> Gerade weil die schöne Seele dem menschlichen Auge verborgen bleibt, übernimmt der schöne Körper eine bedeutende Funktion, indem er den Betrachter über die Sinnesorgane zu einer Wahrnehmung des Schönen führt, das Zeichen für das darunterliegende Gute ist. Die op-

---

ergründen, ob es sich hierbei um „eine Marginalie der höfischen Kultur oder aber um einen Grundpfeiler des Selbstverständnisses der höfischen Gesellschaft" handelt (ebd., S. 2). Es geht ihm hier, im Sinne einer allgemeinen ‚historischen' Dimension (historische Anthropologie, historische Soziologie, historische Kommunikationsforschung; vgl. ebd. S. 96), auch darum zu zeigen, dass die ‚ästhetische' Wahrnehmung körperlicher Qualitäten bereits im Frühmittelalter einen tatsächlichen Einfluss darauf hatte, ob geistliche Würdenträger als tauglich für ihr Amt eingeschätzt wurden. Entsprechend referiert Schnell Texte, in denen mangelnde körperliche Wohlgestalt zu einem Konflikt mit dem geistlichen Amt führt, so bspw. aus den Annalen Lamperts von Hersfeld (ca. 1080) den Fall des Kölner Erzbischofs Hildolf, dessen Einsetzung in Lamperts Schilderung aufgrund seiner mangelnden körperlichen Qualitäten geradezu Protestürme auslöst (ebd., S. 58). Schnell schließt hieraus auf eine Verbindung von Schönheit und Bischofsamt (vgl. ebd.): „Schönheit fungiert [...] als gemeinsames Merkmal einer sich als Elite verstehenden Gruppe klerikaler wie laikaler Personen" (ebd.). Eine Vielzahl von Beispielen, die Schnell aus chronikalischem Material bezieht, führt hier jeweils am Ende eines Absatzes zu derselben Schlussfolgerung: „Deshalb besaß Schönheit auch die Gabe, beliebt zu machen" (ebd., S. 54), „Schönheit weckt Sympathie" (ebd.), „körperliche Schönheit [bewirkt] Beliebtheit" (ebd., S. 55) und wiederum: „Schönheit macht beliebt" (ebd., S. 56).
50 Eco, Kunst und Schönheit, S. 38 f.
51 Heinz Sieburg: Literatur des Mittelalters. Berlin 2010, S. 184. – Vgl. zudem den älteren, handbuchartigen Beitrag von Waltraud Fritsch-Rößler: *schœne unde guot*. Zur Kalokagathie. In: Ehre und Mut, Aventiure und Minne. Höfische Wortgeschichten aus dem Mittelalter. Hrsg. von Otfried Ehrismann. München 1995, S. 189–194. Fritsch-Rösler geht indessen differenzierter vor, indem sie die Widersprüchlichkeiten, die sich im Umgang der Texte mit körperlicher Schönheit zeigen, wahrnimmt und als „Ambivalenz" kennzeichnet (ebd., S. 189). Sie konstruiert hieraus jedoch eine Literaturgeschichte der Autoren, in welcher bspw. die Haltung Walthers von der Vogelweide zur *schœne* als „Revocatio" im Sinne einer persönlichen Entwicklung aufgefasst wird (vgl. ebd., S. 191–193).

tischen, akustischen, manchmal olfaktorischen Signale, die der Körper aussendet, lassen ihn als harmonisches Gebilde erscheinen, als schöne Hülle für den guten Kern.[52]

Diese Grundkonfiguration wird in der Forschung immer wieder verabsolutiert und zudem durch die von Rosario Assunto (*Theorie des Schönen im Mittelalter*, 1963) vorgeprägte Stellenauswahl aus lateinischen theologischen Texten stabilisiert, welche – vermeintlich – die Innen-Außen-Beziehung zwischen der Schönheit des Körpers und der ‚inneren Schönheit' verbürgen.[53]

---

52 Karina Kellermann: Entstellt, verstümmelt, gezeichnet – Wenn höfische Körper aus der Form geraten. In: Die Formel und das Unverwechselbare. Interdisziplinäre Beiträge zu Topik, Rhetorik und Individualität. Hrsg. von Iris Denneler. Frankfurt a. M. et al. 1999, S. 39–58, hier S. 47.

53 Als Beispiel für die Wirkung, die Rosario Assuntos Florilegium zu seiner *Theorie des Schönen im Mittelalter* gehabt hat, kann ein dort aufgenommener Passus aus Hugos von St. Viktor Kommentar zu den ‚Himmlischen Hierarchien' des Ps.-Dionysius Areopagita dienen (vgl. Assunto, Theorie des Schönen, S. 201): *Quia enim in formis rerum visibilium pulchritudo earumdem consistit, congrue ex formis visibilibus invisibilem pulchritudinem demonstrari decet, quoniam visibilis pulchritudo invisibilis pulchritudo imago est* (Übers. [Assunto, ebd.]. „Da nun aber die Schönheit der sichtbaren Dinge in ihren Formen gegeben ist, läßt sich entsprechend aus den sichtbaren Formen die unsichtbare Schönheit beweisen, weil die sichtbare Schönheit ein Abbild der unsichtbaren Schönheit ist."). Dieser Passus findet sich mit dem ‚Kalokagathie'-Konzept zusammengedacht bspw. bei De Pol, Kriemhilds Schönheit, S. 425, der von einem allgemeinen und verbindlichen Lesbarkeitsprinzip der Welt als Buch Gottes ausgeht (vgl. auch das obige Zitat): „Dieses Prinzip der Kalokagathie war übrigens schon in der Antike bezeugt und wurde dann vorbildlich für das christliche Mittelalter von Hugo von Sankt Viktor formuliert: ‚Quia enim [...] imago est'". Im Kontext des Zusammenhangs von innerer und äußerer Schönheit des Menschen und mit Bezug zum ‚höfischen Schönheitsideal' findet er sich bereits einflussreich bei Bumke, Höfische Kultur, S. 423, inkl. Anm. 92, der damit die Aussage: „Daß die menschliche Schönheit von Gott geschaffen war, konnten die Dichter von den Theologen lernen; und aus derselben Quelle stammte die Vorstellung, daß die Schönheit des Menschen als ein Spiegel seiner inneren Vollkommenheit angesehen werden kann" (ebd.), und die Folgerung: „Daher ließ sich aus der äußeren Schönheit der Dinge ihre innere Schönheit erkennen" (ebd.), belegt. Auch Marie-Sophie Masse: *man sol einem wîbe / kiesen bî dem lîbe / ob si zu lobe stât*. Zu Lob und Beschreibung der Frauenschönheit im ‚Erec'. In: Vom Verstehen deutscher Texte des Mittelalters aus der europäischen Kultur. Hommage à Elisabeth Schmid. Hrsg. von Dorothea Klein. Würzburg 2011 (Würzburger Beiträge zur deutschen Philologie 35), S. 151–171, setzt, ausgehend von dem *Erec*-Vers 653 (*swerzer dan ein brant*), Enites Inneres und Äußeres in Beziehung und führt als Beleg der „im Mittelalter gängigen Vorstellung" (ebd., S. 156) die schon bei Assunto vorfindlichen Sätze aus den *Expositiones* Hugos von St. Viktor an (vgl. ebd., S. 156, Anm. 14). – Vgl. zudem Vollmann, Pulchrum et verum, S. 170 f., inkl. Anm. 6. – Im Folgenden wird argumentiert werden, dass das Abbildungsverhältnis von Sichtbarem und Unsichtbarem, für welches die Hugo-Stelle hier herangezogen wird, 1.) mit dem Konzept, das die Forschung ‚Kalokagathie' nennt, nicht zusammenhängt, weil es 2.) auf etwas kategorial anderes, nämlich das Verhältnis von Immanenz und Transzendenz, bezogen und zudem 3.) nicht so unproblematisch ist, wie häufig angenommen. Die „sichtbare Schönheit" meint im Kontext der Stelle bei Hugo von St. Viktor nicht das Körperäußere des Menschen, sondern die sichtbare Immanenz, und „unsichtbare Schönheit" meint nicht das ‚Innere' des Menschen, sondern die hinter den Dingen liegende Schönheit Gottes. Schon de Bruyne, Études 2, S. 212, diskutiert den hier in Rede stehende Passus in diesem Sinne im Kontext von Erkenntnistheorie. Der erkenntnistheoretische Zusammenhang zwi-

Dabei lässt sich anhand von Ecos, Sieburgs und Kellermanns Definitionen zeigen, dass die Zuordnung des Guten zum Schönen eine Hohlformel ist, insofern hier mit ‚Schönheit' zwar konkret eine Wohlgestalt des Körpers gemeint ist, insofern jedoch andererseits gleichzeitig das veranschlagte ‚Gute' als Abstraktum nicht gefüllt wird.[54] Eco setzt in seinen eben zitierten Ausführungen das Gute umstandslos mit „Tugend" gleich; Sieburg spricht von einem „inneren Wert", den er mit „Tugendhaftigkeit" gleichsetzt; Kellermann referiert nur allgemein auf „das Gute" und „den guten Kern".

Will man nicht so weit gehen, ‚das Gute', wie es in den Formulierungen Ecos, Sieburgs und Kellermanns figuriert, als Hypostasierung einer modernen Forschung aufzufassen, welche sich über die Konkretion dieses Guten keine Rechenschaft ablegt, so bleibt demgegenüber als historisches fassbares Äquivalent der Terminus der *bonitas*, welcher seit der Patristik im Verhältnis zur Schönheit gedacht worden ist. Wie jedoch bereits gezeigt worden ist, ist gerade auch dieser Begriff ein modaler, denn die theologisch-philosophische Tradition rückt beide Werte, Schönheit *und* Gutheit, als Absolutum in die Transzendenz, insofern sie in Gott, der die höchste Schön*heit* und die höchste Gut*heit ist*, zusammenfallen, von wo aus sie als Prinzip die Ordnung der Schöpfung bestimmen, innerhalb derer die immanente Ausformung beider Werte (das Schöne, *pulchrum*, und das Gute, *bonum*) nur relative sein können. *Bonitas* der Kreatur ist immer ein modales *bonum*, welches – wie oben (Kap. II.2.2) gezeigt worden ist – prototypisch durch die Logik des *inquantum* beherrscht ist. Die Frage wäre also, auf welche konkrete Art der Schön*heit* (*pulchritudo*), der *bonitas* oder des *bonum*, körperlich Schönes (*pulchrum*) verweist.

Anhand zweier den *Parzival* Wolframs von Eschenbach betreffender Beispiele – nämlich der Figur des schönen Protagonisten, Parzival, und der hässlichen Gralsbotin Cundrîe – kann gezeigt werden, dass die zugrundeliegende Annahme eines derartigen Kalokagathie-Konzeptes konkrete interpretatorische Effekte zeitigt, welche das Gesamtverständnis von Texten maßgeblich beeinflussen kann. So ist das Konzept beispielsweise leitend, wenn Ruth Sassenhausen in Hinblick auf die Figur der Cundrîe konstatiert: „Diese ekphrastische Figurenkonzeption bricht mit der rhetorischen Tradition der Kalokagathia, nach welcher korporale Hässlichkeit auf die charakterliche Deformation einer Person hinweist und Schönheit auf die innere Güte."[55]

---

schen Immanenz und Transzendenz, der in der Ästhetik gleichfalls sehr vereinfacht aufgefasst worden ist, hält ganz wesentliche Komplikationen bereit, die in Kap. V, Gegenstand sein werden.

54 Auch Bumke, Höfische Kultur, S. 423, formuliert, „daß die Schönheit des Menschen als ein Spiegel seiner inneren Vollkommenheit angesehen werden kann", ohne diese ‚innere Vollkommenheit' näher zu bestimmen. Zwar steht der zitierte Passus in einem Unterkapitel mit dem programmatisch wirkenden Titel „Schönheit und Adel" (vgl. ebd., S. 419), gleichwohl verbleibt die Referenz der körperlichen Schönheit bei Bumke als das „Gute" oder die „innere Schönheit" im Allgemeinen und ungefüllt.

55 Ruth Sassenhausen: Wolframs von Eschenbach ‚Parzival' als Entwicklungsroman. Gattungstheoretischer Ansatz und literaturpsychologische Deutung. Köln/Weimar/Wien 2007 (Ordo 10), S. 351. – Erneut ähnlich zu Cundrîe etwa Beatrice Trînca: *Parrieren* und *undersnîden*. Wolframs Poe-

Umgekehrt führt dieselbe Prämisse beispielsweise Martin Schuhmann zu der Aussage, dass mit der „vom ersten Auftritt an als wesentliches Merkmal der Figur eingeführte[n]" Schönheit Parzivals der „Rang der Figur im Roman über ein gebrochenes Kalokagathie-Konzept" markiert sei:[56] „Parzivals Schönheit ist ein Hinweis an die Hörer, dass der *tumbe knappe* höfisches Handeln und *wîsheit* noch erreichen wird, dass die Hörer es mit einer Hauptfigur zu tun haben, die ihren endgültigen Status in der Darstellung noch nicht erreicht hat."[57] Nimmt man das sogenannte Kalokagathie-Prinzip als Verständnisfolie, so ergibt sich – mit Schuhmann – daraus einerseits eine durchgehende Idealität/Idealisierung der Figur Parzivals und andererseits die finale Interpretation, dass Parzival – ganz entsprechend seiner Anlagen und seiner Bestimmung – zum Ende der erzählten Handlung einen bestimmten Grad der Vollendung erreicht.[58]

---

tik des Heterogenen. Heidelberg 2008 (Frankfurter Beiträge zur Germanistik 46), S. 224. – In jüngerer Zeit Larissa Schuler-Lang: Wildes Erzählen – Erzählen vom Wilden. *Parzival, Busant* und *Wolfdietrich D*. Berlin 2014 (LTG 7; zugl. Univ.-Diss. Konstanz 2012), S. 65: „Im Zentrum seiner [= des *Parzival*-Erzählers; F. D. S.] literarischen Anthropologie steht der *parrierte* Mensch. Konsequent fortgeführt wird dieser Gedanke dann in der Frauenpassage, wo – wiederum bildhaft – das Prinzip der Kalokagathie unterlaufen wird. Auch dies wurde im Vorangegangenen als richtungsweisend im Hinblick auf die Figuren des Romans interpretiert." Später dann ebd., S. 176, mit Blick auf den Kontrast zwischen dem schönen Parzival und der hässlichen Cundrîe erneut: „Ungewöhnlich ist dies vor dem Hintergrund des ethisch-ästhetischen Prinzips der Kalokagathie, das von einer Übereinstimmung innerer und äußerer Qualität ausgeht und wie die verwandte Vorstellung der Korrelation von Adel und Schönheit in der höfischen Literatur des Mittelalters eine zentrale Rolle spielt."
56 Martin Schuhmann: *Li Orgueilleus de la Lande* und das Fräulein im Zelt, Orilus und Jeschute. Figurenrede bei Chrétien und Wolfram im Vergleich. In: Formen und Funktionen von Redeszenen in der mittelhochdeutschen Großepik. Hrsg. von Franz Hundsnurscher, Nine Miedema, Monika Unzeitig-Herzog. Tübingen 2007 (Beiträge zur Dialogforschung 36), S. 247–260, S. 256.
57 Ebd. – Ganz ähnlich, jedoch ohne Bezug auf ein ‚Kalokagathie'-Konzept, schreibt schon Hanspeter Mario Huber: Licht und Schönheit in Wolframs ‚Parzival'. Zürich 1981, S. 159: „Unter dem Torenkleid aber leuchtet die Schönheit hervor, die zunächst Schönheit des ritterlichen ‚art', dann aber, wesentlicher, direkt von Gott verliehene, d. h. Schönheit des göttlichen ‚art' ist. Der Tor, der aufbricht, ist im Grunde genommen ein Auserwählter, dessen Aufgabe von seinem Aussehen her nur in der in der ritterlichen Welt liegen kann."
58 Diese Haltung findet sich bereits in dem frühen und wirkmächtigen Beitrag von L. Peter Johnson: Parzival's Beauty. In: Approaches to Wolfram von Eschenbach. 5 Essays. Hrsg. von Dennis H. Green/ L. Peter Johnson. Bern 1978 (Mikrokosmos 5), S. 273–294, vgl. hier S. 278–281. – Ähnlich wie Schuhmann schon Bernhard Sowinski: Parzival und Helmbrecht. Höfische Kalokagathie und bäurische Usurpation. In: *Von wysheit würt der mensch geert* ... Festschrift für Manfred Lemmer zum 65. Geburtstag. Hrsg. von Ingrid Kühn, Gotthard Lerchner. Frankfurt a. M. 1993, S. 117–127, der einen stark vereinfachten historischen Entwurf der Kalokagathie gibt (vgl. ebd., S. 124–127), in welchem „körperliche Schönheit als Beweis der Auserwählung" (ebd., S. 117) gelesen wird. – Es ließe sich weiterhin eine Vielzahl von Forschungsbeiträgen anführen, welche pauschal auf das Konzept der Kalokagathie verweisen, um daraus dann die Folie zu beziehen, gegen welche die eigenen Analysen kontrastiv ent-

In eine ähnliche Richtung argumentiert auch Christiane Ackermann, die in ihrer Monographie *Im Spannungsfeld von Ich und Körper* zwar nicht das Konzept der Kalokagathie einführt, jedoch von der Zeichenhaftigkeit des Körpers spricht. Sie veranschlagt eine „fortschreitende Anpassung Parzivals an das, was er eigentlich ist, nämlich göttlich Erwählter, und was sein Körper impliziert".[59] Parzival wird in ihrer Auffassung zu demjenigen, der – wie der fleischgewordene Christus – zwischen der Transzendenz und der Immanenz vermittelt,[60] und

> eine kuriose Kombination körperlicher Zeichenhaftigkeit [darstellt], denn der Körper selbst, der in seiner lichthaften Schönheit eigentlich Wahrhaftigkeit bezeugt, verursacht Mißdeutungen, die Kleider aber, die dem Körper letztlich nur anhaften, verweisen auf den tatsächlichen Zustand der Figur. Der Text spielt derart mit dem Zeichenpotential des Körpers, wenn er die Metapher des Eigentlichen (die Lichtgestalt des Körpers) für die Darstellung von Verkennungen nutzt und vermittels ‚äußerer' Körpermerkmale (Parzivals Kleidung) die tatsächliche Situation des Protagonisten zur Anschauung bringt.[61]

In allen Fällen beruhen die Interpretamente auf der Prämisse, dass die Einheit von erzählter Schönheit des Figurenkörpers und ‚innerer Güte', *hövescheit* oder ‚*wîsheit*' der Normalfall sei, auf dessen Folie ‚Abweichungen' interpretierbar werden, die wiederum Aufschluss über die Figur und die Figurenentwicklung geben. So bindet Ackermann an den schönen Körper die Behauptung der Wahrhaftigkeit,[62] die in der (zeichenhaften) Kongruenz von Innen und Außen besteht und dazu führt, dass die Erzählung auf den – allerdings narrativ verzögerten – „Ausgleich der Inkongruenz" zielen muss.[63]

Aber: Das Hendiadyoin, welches ‚das Schöne und das Gute' zusammendenkt, lässt sich nicht so einfach in Literatur übersetzen, wie es zunächst erscheinen mag. Es fällt auf, dass der Abweichungsfall, in welchem Schönsein/-heit im Verlauf der Narration – explizit durch den Erzählerkommentar oder implizit durch den Verlauf

---

wickelt werden. Im Rahmen dieser Arbeit werden bspw. diskutiert werden: Franz-Josef Holznagel: Der Weg vom Bekannten zum weniger Bekannten. Zur diskursiven Verortung der Minnebîspel aus dem Cod. Vindob. 2705. In: Dichtung und Didaxe. Lehrhaftes Sprechen in der deutschen Literatur des Mittelalters. Hrsg. von Henrike Lähnemann, Sandra Linden. Berlin/New York 2009, S. 239–252, hier: S. 243; Dina Aboul Fotouh Hussein Salama: Die literarische Imagologie dunkelhäutiger Frauen in Strickers *Königin von Mohrenland* (zw. 1210–1230). In: ZiG 6 (2015), S. 9–29.
59 Christiane Ackermann: Im Spannungsfeld von Ich und Körper. Subjektivität im „Parzival" Wolframs von Eschenbach und im „Frauendienst" Ulrichs von Liechtenstein. Köln/Weimar/Wien 2009 (Ordo 12), S. 158. – In einem früheren Beitrag Ackermanns zum selben Thema ist der Begriff der Kalokagathie enthalten, vgl. dies.: dirre trüebe lîhte schîn. Körperinszenierung, Ich-Präsentation und Subjektgestaltung im Parzival Wolframs von Eschenbach. In: Körperkonzepte im arthurischen Roman Hrsg. von Friedrich Wolfzettel. Tübingen 2007, S. 431–454, hier S. 445.
60 Ackermann, Spannungsfeld, S. 153.
61 Ebd., S. 156.
62 Ackermann, Körperinszenierung, S. 442.
63 Ackermann, Spannungsfeld, S. 155. Vgl. zudem ebd., S. 159.

der Handlung – problematisierend gegen Tugend geführt wird, eminent häufig auftritt.[64] Der Differenzfall verschiedener negativer oder positiver ‚topischer' Konzepte von Schönsein/-heit ist daher beständig Gegenstand derjenigen Analysen, die zugleich auf der Kalokagathie als demjenigen Normfall beharren, welchen sie als Folie benötigen. Es ist Silke Philipowski zuzustimmen, die – mit Bezug auf Armin Schulz – bezweifelt, dass es eine solch pauschale ‚höfische Anthropologie' oder ‚Ideologie des adeligen Körpers' gibt.[65]

Der irreduziblen Paradoxie des Materials entsprechend, welches „tatsächlich beide Auffassungen [stützt]: die von einer Übereinstimmung wie einer Diskrepanz von Innen und Außen",[66] stellt Annette Gerok-Reiters Kalokagathie-Auffassung den

---

[64] Dass das Verhältnis von ‚Außen' und ‚Innen' in den Texten tendenziell als problematisches verhandelt wird, betont bspw. Horst Wenzel: Hören und Sehen. Zur Lesbarkeit von Körperzeichen in der höfischen Literatur. In: Personenbeziehungen in der mittelalterlichen Literatur. Hrsg. von Helmut Brall. Düsseldorf 1994 (Studia humaniora 25), S. 191–218, hier bes. S. 214: „Die bildreiche Fälschungsmetaphorik vom *Rolandslied* [...] über den *Parzival* [...] bis zum *Welschen Gast* [...] ist ein Indikator dafür, mit welcher Intensität die Diskrepanz von Schein und Sein, von Innerem und Äußerem, Versprechen und Erfüllung, in der Literatur des Mittelalters diskutiert wird." Auch Katharina Philipowski: Die Gestalt des Unsichtbaren. Narrative Konzeptionen des Inneren in der höfischen Literatur. Berlin/Boston 2013 (Hermea N.F. 131), S. 237–261, die Wenzel (ebd., S. 246) entsprechend zitiert, konstatiert eine Vielzahl von „Brüche[n] und Übereinstimmungen zwischen Innen und Außen" (so die entsprechende Kapitelüberschrift). – Bumke, Höfische Kultur, S. 420 f., löst die Ambivalenzen in der Schönheitsdarstellung, indem er der höfischen Literatur in dieser Hinsicht konzeptionelle Flachheit unterstellt: „Für die meisten Dichter war die positive Darstellung der adeligen Gesellschaftskultur kein philosophisches Problem. Je weniger man nach einer theoretischen Begründung fragte, um so leichter war es, die poetischen Ritter und Damen schön, reich und vornehm hinzustellen und sie zugleich mit allen Tugendprädikaten zu überhäufen. Das schloß nicht aus, daß man vorformulierte Begründungszusammenhänge aufgriff, wo sie sich anboten." Weiter ebd., S. 423: „Wenn man die philosophischen Implikationen außer acht ließ, konnte man mit Hilfe dieser Harmonielehre den äußeren Glanz des höfischen Lebens als Erscheinungsbild einer gottgewollten Werthaftigkeit hinstellen." – Sowinski, Parzival und Helmbrecht, S. 126, der von der ‚Kalokagathie' als verabsolutierter Folie für Körperkonzeptionen seit der Antike bis ins Mittelalter ausgeht, formuliert entsprechend einsinnig: „Die Gleichsetzung von Schönheit und ethischer Idealität in der höfischen Epik hat allerdings um 1200 auch erste Auflösungserscheinungen gezeigt", und erklärt so die Ambiguität der diskursiven Formationen als ein historisches Nacheinander.

[65] Vgl. Philipowski, Gestalt des Unsichtbaren, S. 246, mit Zitaten aus Armin Schulz: Schwieriges Erkennen. Personenidentifizierung in der mittelhochdeutschen Epik. Tübingen 2008 (MTU 135), hier S. 29 u. 500.

[66] Rüdiger Schnell: Wer sieht das Unsichtbare? *Homo exterior* und *homo interior* in monastischen und laikalen Erziehungsschriften. In: *anima* und *sêle*. Darstellungen und Systematisierungen von Seele im Mittelalter. Hrsg. von Katharina Philipowski, Anne Prior. Berlin 2006 (Philologische Studien und Quellen 197), S. 83–112, hier S. 90. – Andernorts problematisiert Schnell: *Curialitas* und *dissimulatio* im Mittelalter. Zur Interdependenz von Hofkritik und Hofideal. In: LiLi 41/161 (2011), S. 77–138, hier S. 131–133, die vorgebliche Zeichenrelation von Innen und Außen ausführlich: „[F]ür das Mittelalter sind unterschiedliche Positionen anzusetzen: 1. das Ideal einer Kongruenz von Innen und Außen. Innere und äußere Schönheit gehörten zusammen. Der Körper spiegelt das Innenleben der Seele. Dieses Ideal begegnet nicht nur in zahlreichen laikal-höfischen Dichtungen, sondern ist auch in religiös-

Versuch dar, der Komplexität des Gegenstandes differenzierend zu begegnen, ohne deshalb prinzipiell von der Einheit des ‚Guten und Schönen' Abstand nehmen zu müssen. Hierbei entwickelt sie zugleich ein literaturgeschichtliches Narrativ:

> Es ist wohl die Leistung des Chrétienschen Entwurfs und der Hartmannschen Adaptation, das Prinzip der Adaequatio und der Kalokagathia als Steuermodus des narrativen Entwurfs sowie der Figurenzeichnung eingesetzt und facettenreich entfaltet zu haben mit Wirkmächtigkeit bis in den Roman des 14. und 15 Jahrhunderts. Die literaturhistorische Durchschlagskraft dieses Steuermodus' [sic] beruht dabei, so meine ich, auf einer doppelten Akzentuierung, mit der der arthurische Roman in je unterschiedlicher Weise auf die zwei nächstliegenden Körperdiskurse reagiert, die außerhalb des literarischen Kontextes von eminentem Einfluss waren. Auf beide außerliterarischen Körperkonzepte sei kurz eingegangen.
>
> Das Kalokagathiakonzept, das die Figurenzeichnung des arthurischen Romans über weite Strecken organisiert, steht zunächst in Spannung zur Leib-Seele-Hierarchisierung der christlich-theologischen Tradition. War das Verhältnis Leib-Seele seit der Antike zum umstrittenen Gegenstand der philosophischen Diskussion geworden mit wechselseitigem Primat der einen vor der anderen Seite und wechselnden Möglichkeiten der Liaison, so wird die Dichotomie von Leib und Seele, Außen und Innen in der christlichen-theologischen Diskussion zum deutlichen Dualismus mit klarem Primat der Seele, gegenüber dem der Leib das immer schon Defiziente, Ungenügende oder Eingrenzend-Restriktive darstellt. Der Ansatzpunkt des arthurischen Romans ist es dagegen, den Körper zur Reflexzone, zum Spiegel und Seismographen eines Inneren zu machen, das selbst kaum anders als über die Erscheinung, Reaktion oder Ausstattung des Körpers beschreibbar ist und Ausdruck finden kann, ja die *eloquentia corporis* übernimmt die Sprache eines Inneren in der Weise, dass sich die strikte Gegenüberstellung von Innen und Außen im Extremfall als anachronistisches heuristisches Medium begreifen muss.
>
> Auf der anderen Seite jedoch steht der lebensweltlich-feudale Diskurs einer ungezügelten Körperlichkeit, die mit Hilfe der Literatur in einen Zivilisationsprozess eingebunden wird, der die Disziplinierung, die sich auf allen Ebenen von den Wahrnehmungsmustern über die Umgangsformen bis zu den Tischsitten und der Kleidung auswirkt, fordert auch eine neue höfische Sprache und mit dieser Sprache eine differenziertere Möglichkeit, Vorgänge wahrzunehmen und

---

monastischen wie in medizinisch-naturwissenschaftlichen Schriften belegt. 2. das Wissen um mögliche Diskrepanzen von Außen und Innen (dieses Wissen begegnet ebenfalls in laikalen wie in klerikalgeistlichen Texten). Diese Diskrepanzen konnten unterschiedlich bedingt sein und erfuhren entsprechend unterschiedliche Bewertungen: a) Schönheit/Hässlichkeit: Man konzedierte, dass manche Menschen zwar äußerlich hässlich waren, aber sich durch innere Tugenden auszeichneten. Umgekehrt wurde der äußerlichen Schönheit misstraut (programmatisch in der Vorstellung der Frau Welt, die vorne reizvoll, hinten ekelhaft erscheint): Hinter der schönen Fassade konnte sich ein böses Herz verstecken. b) Verstellung/Simulieren bzw. Dissimulieren: die Diskrepanz von äußerem Auftreten und innere Einstellung wurde dann (meist) gutgeheißen, wenn sie aus Rücksicht auf die Anderen (also zu deren Wohle oder zum Wohle einer Gemeinschaft) oder aber zum Selbstschutz erfolgte. Die Diskrepanz wurde dort getadelt, wo sich jemand einen Vorteil zu Lasten anderer verschaffte. Es wurde aber auch eingeräumt, dass es oft schwierig sei, aus dem äußeren Verhalten (z. B. *affabilitas*) einer Person auf deren innere Gesinnung zu schließen. Überhaupt war mittelalterlichen – auch den frühneuzeitlichen – Autoren bewusst, wie vielfältig die Diskrepanzen zwischen äußeren Handlungen und inneren Absichten sein konnten, weshalb es den Menschen verwehrt sei, über die Mitmenschen zu urteilen."

zu beschreiben, die sich der Körpersprache an der Oberfläche schließlich auch entziehen, stattdessen auf Selbsterkenntnis und rationale Analyse auch der inneren Bewegkräfte zielen.[67]

Es erscheint naheliegend, Gerok-Reiter darin zu folgen, das scheinbar im arthurischen Roman obwaltende Kalokagathie-Prinzip zwischen den Polen eines höfischen Diskurses („lebensweltlich-feudal"), in welchem es primär beheimatet ist, einerseits und eines geistlichen Diskurses („Leib-Seele-Hierarchie der christlich theologischen Tradition") andererseits aufzuspannen, um die Widerstände und die Grenzen, auf die es stößt, zu erklären. Denn ungeachtet des – vermeintlich – stabilen Modells der Äquivalenz von schönem Körper und Gutheit, gilt es doch, diese Gleichung mit objektiv gefundenen Negativbewertungen der körperlichen Schönheit – den Erben des autoritativen Satzes *pulchritudo est gratia fallax et vana* (Prov 31,30)[68] – in Einklang zu bringen. Das häufig bemühte literaturgeschichtliche Modell eines institutionell dichotomen Feldes, bestehend aus einer beharrenden, ethisch konservativen, prinzipiell körperfeindlichen, christlich-geistlichen Sphäre der Klöster und Schulen auf der einen Seite und einer dazu querstehenden und deshalb dynamisierenden, weil aus vorchristlichen Wissensbeständen, Verhaltensnormen und Wahrnehmungsformen gespeisten, oralen, demonstrativ-rituellen Feudalkultur auf der anderen Seite, kommt indessen gleichfalls an seine Grenzen, bedenkt man, dass auch die sogenannten ‚höfischen' Romane mit großem Aufwand ihre Christlichkeit ausstellen und dass auch in ‚religiösen' Texten eine positiv besetzte Körperlichkeit und sogar eine mit großem rhetorischem Prunk inszenierte Schönheitsdarstellung (wie etwa im *Planctus naturae* des Alanus ab Insulis) möglich ist.

III.1.1 Die Tradition der antiken *kalokagathía* (καλοκἀγαθία)

Während also einerseits inhärente Schwierigkeiten in der Harmonisierung von körperlichem Schön*sein* und ‚innerer Schön*heit*' beständig gegeben sind, lässt sich andererseits leicht zeigen, dass die vielbeschworene ‚antike Tradition' der Kalokagathie nicht das verbürgt, wofür schon Eco sie herangezogen hat.[69] Der substantielle Unterschied zwischen dem *common sense*-Begriff der germanistischen Mediävistik und einem konsequent historisierten *kalokagathía*-Begriff, wie er im Anschluss

---

67 Annette Gerok-Reiter: Körper – Zeichen. Narrative Steuermodi körperlicher Präsenz am Beispiel von Hartmanns *Erec*. In: Körperkonzepte im arthurischen Roman. Hrsg. von Friedrich Wolfzettel. Tübingen 2007, S. 405–430, hier S. 410–412.
68 Vgl. hierzu Kap. II.2.2.2, S. 88.
69 Für regen Austausch und wertvolle Hilfestellungen beim Verständnis des antiken Begriffs der *kalokagathía* danke ich sehr von Herzen Benjamin Cartlidge (Oxford). Verbleibende Missverständnisse gehen allein auf meine, nicht auf seine Rechnung. – Für Erläuterungen den griechischen Text der xenophontischen *Kyrupädie* betreffend danke ich zudem Marco Mattheis (Berlin).

etwa an Xenophon rekonstruiert werden kann,[70] besteht darin, dass erst im Laufe einer längeren, bis in die Moderne reichenden Entwicklung aus der Idee einer wünschenswerten Koinzidenz verschiedener als ‚gut' aufgefasster Eigenschaften (ethischer ‚Schönheit' und körperlicher Wohlverfasstheit) ein Bedingungsverhältnis geworden ist, in welchem das Eine (körperliche Schönheit) und das Andere (ethische Gutheit) so untrennbar zusammengebunden werden, dass körperliche Schönheit Tugend ‚verbürgt' und so schließlich geradezu zu einem Zeichen für ein Bezeichnetes avanciert. Dieserart hat der Begriff einen Wandel von einem „politischen Wertbegriff für bestimmte Akteure"[71] (bei Xenophon) hin zu einem „Persönlichkeitsideal, das ästhetische und moralische Elemente von Vorzüglichkeit miteinander verknüpft",[72] durchlaufen. Und so erscheint es auch nur „auf den ersten Blick überzeugend, dass der Ausdruck, wenn er auf Personen angewandt wird, für bemerkenswerte, außerordentliche Erscheinungen verwandt wird, etwa im Rahmen eines archaischen Heldenideals",[73] während es sich doch nicht zuletzt um eine „aristokratische Standestugend" handelt, die „den Kontext einer sittlichen Lebensordnung voraus[setzt]".[74] Was zunächst als sittliches Problem der Selbstführung und damit als *Aufgabe* an das Subjekt formuliert ist,[75] wird in der germanistisch-mediävistischen Forschung gemeinhin als *Zustand* eines Subjektes (beziehungsweise hier: einer Figur) verstanden, in welchem Körper und Tugend konvergieren.

Es muss demgegenüber jedoch festgehalten werden, dass die Formel *kalós kai agathós* als „Wertprädikat des Edlen und Guten"[76] zum einen die Dimension des Körpers gar nicht zentral betrifft, insofern sie eine ethische und keine ästhetische/aisthetische Kategorie ist, und zum anderen als ethische Kategorie strikt auf eine Ethik des männlichen Subjekts limitiert ist.[77] Gerade das Element *kalós*, welches in

---

70 Vgl. Christoph Horn: Kalokagathie. In: Staat und Schönheit. Möglichkeiten und Perspektiven einer Staatskalokagathie. Hrsg. von Otto Depenheuer. Wiesbaden 2005, S. 23–32, hier S. 26.
71 Ebd.
72 Ebd., S. 23.
73 Ebd., S. 25.
74 Henning Ottmann: Politische Philosophie der Postmoderne (Foucault, Lyotard). In: ders.: Geschichte des politischen Denkens. Von den Anfängen bei den Griechen bis auf unsere Zeit. Bd. 4.2: Das 20. Jahrhundert. Von der Kritischen Theorie bis zur Globalisierung. Stuttgart/Weimar 2012, S. 268.
75 Vgl. hierzu bereits Ernesto Grassi: Die Theorie des Schönen in der Antike. Köln 1980, S. 91 f.
76 Rüdiger Bubner: Art. Kalokagathía. In: Historisches Wörterbuch der Philosophie. Bd. 4: I–K. Hrsg. von Joachim Ritter, Karlfried Gründer. Darmstadt 1976, Sp. 681. Bubner, ebd., betont bereits, „daß die Analyse in ein ethisches und ein ästhetisches Moment spätere Vorstellungen auf den Begriff überträgt."
77 Eine umfangreiche Studie, welche den Begriff über einen langen Zeitraum für verschiedene politische Systeme und Autoren rekonstruiert, hat Félix Bourriot: Kalos Kagathos – Kalokagathia. D'un terme de propagande de sophistes à une notion sociale et philosophique. 2 Bd. Hildesheim 1995, vorgelegt. Die Entwicklung des Begriffs und die genaue inhaltliche Füllung, wie sie Bourriot rekonstruieren will und die beispielsweise von Philip Davies: ‚Kalos kagathos' and Scholarly Perceptions

der altgermanistischen Forschung mindestens seit Eco umstandslos als ‚Schönes' auf den Körper erzählter (männlicher wie weiblicher) Figuren bezogen wird, bezeichnet dabei gerade nicht unbedingt ein Schönes des äußeren Körpers, sondern vor allem auch eine Tugendqualität.[78] Nicht zuletzt übersetzt Cicero die Formel *kalós kai agathos* deshalb als *bonum et honestum*, und gerade *nicht* als *bonum et pulchrum*, wie Christoph Horn eigens betont.[79]

---

of Spartan Society. In: Historia 62,3 (2013), S. 259–279, angezweifelt worden ist, kann und muss im Kontext der vorliegenden Arbeit nicht rekonstruiert werden. Stattdessen sollen hier wenige instruktive Beispiele fokussiert werden, die zum einen dokumentieren, dass der Begriff, wie er über Xenophon und Cicero vermittelt worden ist, keine stark körperliche Dimension hat, und die zum anderen diese nicht-körperliche *kalokagathía* doch wieder in ein Verhältnis zur körperlichen Schönheit bringen, welche ja Gegenstand der vorliegenden Studie ist. Die Beispiele sind nicht zuletzt so gewählt, dass für sie zumindest ein vermittelter Einfluss auf ‚das Mittelalter' geltend gemacht werden kann, insofern Cicero von den im Folgenden thematisierten Schriften Xenophons beeinflusst ist und selbst wiederum zur *auctoritas* des ma. Schulbetriebs wird.

78 Vgl. zur Begriffsgeschichte schon die kürzere Sammlung bei Hermann Wankel: Kalos kai agathos. Universitäts-Dissertation. Würzburg 1961, hier bes. S. 59–87. – Auch die *Eudemische Ethik* des Aristoteles, die Wankels Lehrer und Doktorvater, Karl Dirlmeier, ins Deutsche übersetzt hat und deren Buch VIII.3 der *locus classicus* des *kalokagathía*-Konzeptes ist, wendet den Begriff einzig ins Ethische. Als Beispiel kann ein Passus dienen, welcher der Diskussion der „Grundveranlagung" der Spartaner gilt: „Darum sind sie zwar ‚gute' Menschen – und weil sie die natürlichen Güter haben – aber die Schön- und Gutheit haben sie nicht. Denn es fehlt ihnen der Besitz der schlechthinnigen Schön-Werte. Alle aber, die die schlechthinnigen haben, die richten ihre Verwirklichungsabsicht einerseits auf das Schön-Gute. Andererseits nicht nur darauf; sondern es werden auch die Güter, die zwar nicht von Natur Schön-Werte, wohl aber von Natur Güter sind, für sie zu Schön-Werten. Schön-Wert nämlich ist etwas dann, wenn das, worumwillen der Mensch handelt und seine Wahl trifft, schön ist. Daher kommt es, daß für den Schön-Guten die natürlichen Güter Schön-Werte sind. [...] Für den ⟨Schön-⟩ Guten aber kommt noch hinzu, daß sie ihm auch Schön-Werte sind, denn viele und schöne Handlungen hat er durch sie getan. Wer aber meint, man sollte die Tugenden haben wegen der äußeren Güter, der tut Schönes nur per accidens. Die Schön- und Gutheit ist also vollendete Tugend" (zitiert nach: Aristoteles: Eudemische Ethik. Übers. von Franz Dirlmeier. Darmstadt 1962 (Aristoteles: Werke in deutscher Übersetzung 7), S. 104 [1249a,1–17]; Sperrung im Original). – Eine geradezu glossierend vorgehende Interpretation der *Eudemischen Ethik* findet sich bei Friedemann Buddensiek: Die Theorie des Glücks in Aristoteles' *Eudemischer Ethik*. Göttingen 1999 (Hypomnemata 125); zur *kalokagathía* hier besonders S. 185–257.

79 Vgl. Horn, Kalokagathie, S. 27. – Fritsch-Rößler, Kalokagathie, S. 189, formuliert: „Aus der [griechischen; Anm. F. D. S.] Adelsethik stammend, gehörte es wesenhaft [zur *kalokagathia*; F. D. S.], daß weder die Schönheit noch die äußeren Güter wie Reichtum oder Gesundheit als Selbstzweck erstrebt wurden. In der Rezeption des griechischen Begriffs verengt Cicero die ‚Güter' zum moralischen Gut und zum gesellschaftlich anerkannten moralisch Guten, er übersetzt *kalokagathia* durch *bonum et honestum*." Dieser Passus ist auf mehreren Ebenen problematisch. Zum ersten setzt Fritsch-Rößler die Schönheit gegen die äußeren Güter, anstatt sie – wie es meines Erachtens geboten wäre – in die Reihe der äußeren Güter aufzunehmen, sofern hier die Schönheit des Körpers bezeichnet sein soll, was im Kontext bei Fritsch-Rößler keineswegs eindeutig ist. Zum zweiten ist nicht völlig eindeutig, wie Fritsch-Rößler die Übersetzung Ciceros auffasst. Wenn man ihre Ausführungen so versteht, dass Cicero den *kalokagathía* Begriff auf das moralische Gut verengt und

Bereits bei Xenophon, dessen Schriften die *kalokagathía* extensiv zum Gegenstand haben und an dem sich Cicero nach eigener Auskunft orientiert hat, trägt der Begriff keine signifikanten körperlichen Semantik, sondern wird teilweise explizit, teilweise implizit gegen die Schönheit des Körpers oder unabhängig von ihr entwickelt.[80] Die semantische Dimension, welche im Kontext der *kalokagathía* – zumindest bei Xenophon – durch das griechische *kalós* bezeichnet ist, ist diejenige des *bonum* im ethischen und nicht des *pulchrum* im aisthetischen Sinne.[81] Das oben zitierte Augustinus-Wort, dass die Heilige Schrift diejenigen Menschen, die sie ‚schön' nennen wolle, als ‚gut' bezeichne, reflektiert diese Vieldeutigkeit des altgriechischen *kalós*, denn der Übertragungsprozess läuft im Altgriechischen scheinbar vom ‚verinnerlichten' ethischen Wertbegriff hin zur Markierung des Körperäußeren, dessen primäre Semantik der Begriff abgelegt hat.[82] Wer ‚schön' ist, hat im Altgriechi-

---

dadurch – das bleibt implizit – die Schönheit ausgeschlossen habe, so würde dies bedeuten, dass Cicero *kalós* als *bonum* und *agathós* als *honestum* übersetzt. Dem entgegen steht eine Begriffstradition, die *bonum* und *agathós* identifiziert; vgl. bspw. Wolfgang Bartuschat: Art. Gut, das Gute, das Gut. In: Historisches Wörterbuch der Philosophie. Bd. 3. Hrsg. von Joachim Ritter. Basel 1974, Sp. 937–972. Für das deutschsprachige Mittelalter setzt Fritsch-Rößler jedoch eine Verbindung von *schoene* und *guot* an, in welcher *schoene* eine „optische Grundbedeutung" gehabt habe (vgl. Fritsch-Rößler, Kalokagathie, S. 189).

80 Dass Cicero die *Kyrupädie* und den *Oikonomikos* des Xenophon genutzt, letzteren nach eigener Auskunft (*De officiis* 2,87) sogar ins Lateinische übersetzt hat, kann man bspw. nachlesen in Xenophon: Kyrupädie. Die Erziehung des Kyros. Griechisch – deutsch. Hrsg. von Rainer Nickel. München/Zürich, S. 734–736 u. S. 755, vgl. Ciceros Selbstzeugnis ebd., S. 768 f. – Die unkörperliche Benutzung des *kalokagathía*-Begriffs geht bei Xenophon so weit, dass in dessen *Symposion*, in welchem ausdrücklich der Wert körperlicher Schönheit (von Knaben) diskutiert und vom Dialogteilnehmer Sokrates negativ bewertet wird, das Prädikat des *kalós kagathós* am Ende des Gastmahls dem explizit silenhaft hässlichen Sokrates selbst zuteil wird (vgl. Xenophon: Das Gastmahl. Griechisch/Deutsch. Übers. u. hrsg. von Ekkehard Stärk. Stuttgart 1988, Kap. 9,1 [hier: S. 88 f.]). Die Diskussion der *kalokagathía* und der körperlichen Schönheit werden dabei sonst nicht weiter miteinander enggeführt. In Hinblick auf männliche Tugenden wird die *kalokagathía* dabei dem in der sportlichen Ertüchtigung erworbenen Schweiß- und Ölgeruch der jungen Männer entgegen gestellt, wenn es heißt: „[Sokrates:] ‚[...] Schließlich verströmt jeder, der sich mit Parfüm einreibt, ob Sklave oder Freier, sofort einen ähnlichen Duft, wogegen die bei vornehmer Mühsal erworbenen Gerüche zunächst einmal ein tüchtiges Training und viel Zeit erfordern, wenn sie wirklich wohlriechend und dem Freien vorbehalten sein sollen.' Da meinte Lykon: ‚Das mag wohl für die Jungen gelten. Aber wonach sollen wir riechen, die keinen Sport mehr treiben?' – ‚Beim Zeus', rief Sokrates, ‚nach sittlicher Vollkommenheit [= Καλοκἀγαθίας]!'" (Xenophon: Symposion 2,4). In dieser erstaunlichen – und wohl ironischen – Wendung vom ‚Geruch der *kalokagathía*' wird diese als Wert inszeniert, der zum einen durch tugendhafte Übung erworben werden und zum anderen nicht gesehen werden kann.

81 Vgl. Horn, Kalokagathie, S. 27 f.

82 Demgegenüber wird für körperliche Schönheit häufig differentiell zu *kalós* das verwandte *kallós* genutzt. – Vgl. Horn, Kalokagathie, S. 27, zur „unterminologischen Gebrauchsweise (vor dem 5. Jh. v. Chr.)": „Der Ausdruck kalos hat im klassischen Griechisch drei Hauptbedeutungen: (i) eine moralische (gut-an-sich, intrinsisch gut), (ii) eine ästhetische (schön, wohlgeraten) und (iii) eine hedonistisch-utilitäre (angenehm bzw. nützlich)."

schen also tendenziell vielleicht einen ‚guten' Körper,[83] was indessen moderne Übersetzungen als semantische Dimension nicht einholen können. Entsprechend heißt es noch in Augustins frühem Dialog *De magistro* (5.15): *Quis enim non videat, si quaeram [...], quid Graeci nominent, quod nos nominamus ‚bene', responderi* καλῶς (Übers. [Mojsisch]: „Denn wer wüsste nicht, daß auf meine Frage [...], als was die Griechen das benennen, was wir ‚gut' benennen, ‚καλῶς' geantwortet wird").[84]

Während das griechische *kalós* jedoch ein schillernder Begriff bleibt, der sowohl ethisch wie auch aisthetisch semantisiert ist, scheint das Konzept ‚Schönheit' (*pulchrum, pulchritudo*) in der lateinischen, zumindest nachchristlichen Tradition derart von seiner körperlichen Dimension her grundiert, dass es als eine primär aisthetische, nicht als ethische Kategorie aufgefasst und – in der Rückübertragung auf die Interpretation des griechischen *kalós* – letztlich missverstanden werden konnte. Gegenüber dem griechischen Begriff wird das körperlich-äußerliche *pulchrum* nachgerade metaphorisch auf unkörperliche Bereiche wie eine ‚innere Schönheit' oder

---

83 Bereits Grassi, Theorie des Schönen, S. 91 f., zitiert Xenophons *Oikonomikos*-Dialog (VI.13–16), in welchem Sokrates die Komponente *kalós* zunächst mit der Schönheit des Körpers zusammenbringt, um diese Identifizierung dann als Fehler herauszustreichen: „Es kostet nur wenig Zeit, wenn man gute Baumeister, Erzgießer, Maler und Bildhauer und andere Leute besuchen will, um ihre Werke zu besichtigen, die für schön gelten. Um aber prüfen zu können, wodurch die sogenannten vollkommenen Menschen diese Bezeichnung verdient haben, müßte ich erst häufiger mit ihnen zusammenkommen. Und da ich glaube, daß die Begriffe schön und gut miteinander verknüpft seien, suchte ich zuerst die Schönen auf und versuchte herauszubekommen, ob mit ihnen auch das Gute zusammenhinge. Aber es verhielt sich leider nicht so, sondern ich mußte erkennen, daß einige körperlich Schöne ganz jämmerliche Seelen hatten. Daher meinte ich, es wäre besser, die äußerliche Schönheit nicht zu betrachten, sondern direkt zu denen zu gehen, die man charakterlich für vollkommen hält." Zwar ist hier die etymologische Herkunft, welche *kalós* mit der der Schönheit des Körpers in Verbindung bringt, noch lebendig, der Begriff der *kalokagathía* wird jedoch explizit gegen dieses – zu wörtliche – Verständnis entwickelt. ‚Schön' (*kalós*) meint hier eben *nicht mehr* eine aisthetische Dimension, sondern hat eine übertragene (ethische) Semantik angenommen. Der ‚Schöne und Gute' (*kalós kagathós*), namens Ischomachos, den Sokratos in einem Dialog innerhalb des Dialoges befragt, zeichnet sich besonders durch seine Führung des Hauses, seiner Frau und der Landwirtschaft aus, weshalb ihm das Prädikat des Schön-Guten zuteilwird. Thema ist hier die nützliche Wohleinrichtung. Sein Körper wird nicht thematisch. In einer anderen ökonomischen Schrift Xenophons, den *Poroi*, wird die Wendung ‚schön und gut' ebenfalls benutzt. Hier ist es ‚schön und gut', Fernhändler und Schiffsherren durch Ehrensitze im Theater auszuzeichnen (Xenophon: Poroi 3.4) oder ihnen Herbergen in der Nähe des Hafens zu errichten (Xenophon: Poroi 3.12). Siehe hierzu die neuere Ausgabe und Übersetzung: Xenophon: Ökonomische Schriften. Griech. u. dt. hrsg. von Gert Audring. Berlin 1992 (Schriften und Quellen der Alten Welt 38). Auch das *Symposion* des Xenophon trägt der körperlich-aisthetischen Grundbedeutung des Begriffs und die sich gegen dieselbe absetzende, auf Immunisierung gegen das Körperliche bedachte ethische Bedeutung Rechnung (vgl. bes. Xenophon: Symposion, Kap. V). Eine systematisierende Belegstellensammlung zum *kalokagathía*-Konzept bei Xenophon bietet Bernhard Huß: Xenophons Symposion. Ein Kommentar. Stuttgart/Leipzig 1999 (Beiträge zur Altertumskunde 125), S. 62–64; vgl. zudem die allgemeine Einleitung, ebd., S. 18–55.
84 Hier zitiert nach: Augustinus: De magistro. Über den Lehrer. Lateinisch/Deutsch. Übers. u. hrsg. von Burkhard Mojsisch. Stuttgart 2010, S. 48 f.

eine ‚höchste Schönheit' übertragen, wenn es eine unkörperliche Qualität bezeichnen soll, und trägt dabei doch – so meine These – die Implikate des Körperlichen.[85]

In der Doppelformel *kalós kai agathós* und in Ciceros *bonum et honestum* ist jedoch gleichwohl auch eine verborgene, auf den Körper bezogene Komponente enthalten, in welcher dem ‚Schönsein' des Körpers ein Wert beigemessen wird. Dieser körperliche Anteil verbirgt sich jedoch nicht so sehr hinter dem wörtlich als ‚schön' übersetzten und wohl deshalb in der mediävistischen Forschung seit Eco fälschlich auf den Körper projizierten *kalós*, sondern – im Gegenteil – besonders auch hinter den *bona*, den *agathá*: „In der K[alokagathía] ist Tugend vollendet, insofern die als ἀγαθά unterschiedenen äußeren Güter (Reichtum, Gesundheit usw.) nur um des Tugendhaften (καλά) selber willen in Gebrauch sind."[86] Insofern also Gesundheit und eben auch Schönheit ein *bonum* (*agathós*) sind, treten sie in dieser Logik auch in ein Verhältnis zum schlechthin Tugendhaft-Guten, welches als *honestum* (*kalós*) bezeichnet ist.[87]

Das griechische ‚Schön-und-Gut-Sein' oder der ‚sittliche Adel', wie es die klassische Philologie teilweise übersetzt, hat also kaum etwas mit jenem ‚Kalokagathie'-Begriff gemein, den Umberto Eco als „die harmonische Vereinigung von körperlicher Schönheit und Tugend" bezeichnet hat.[88] Gerade auch die Behauptung, dass Kalokagathie „grundsätzlich unabhängig vom Geschlecht"[89] Tugendhaftigkeit verbürge, ist

---

85 Bspw. der bereits diskutierte Ulrich von Straßburg interpretiert das *honestum* Ciceros als identisch mit *pulchrum*, schränkt dieses jedoch hierbei auch explizit auf einen nicht-körperlichen Geltungsbereich ein. Dabei werden immer wieder Bildbereiche (bspw. ‚Schmuck') aufgerufen, die ihre Metaphorizität aus einer Übertragung des Körperlichen auf ein Ethisches ziehen. Insgesamt ist der Begriff *pulchrum* hier – wie so häufig in theologischem Schrifttum – von körperlichem Schön*sein* weitestgehend gelöst, insofern Ulrich auf eine Schön*heit* (vulgo: Gott) zielt, die jenseits aller Körperlichkeit liegt. Gleichwohl trägt *Summa de bono* die Spuren jener semantischen Verstrickung mit dem Körperlichen, die dem lateinischen *pulchrum* eigen ist; vgl. den Text in der Übersetzung bei Grabmann, De Pulchro, S. 54–56. – Die metaphorisch-uneigentliche, stark vom Körperlichen her semantisierte Dimension des Adjektivs *pulcher* offenbart sich bspw. auch schon bei Augustinus, wenn in *De trinitate* die Gerechtigkeit *quaedam pulchritudo animi*, eben eine „gewisse Schönheit der Seele", genannt wird (vgl. Augustinus: De trinitate VIII.6.9).
86 Bubner, Kalokagathía, Sp. 681.
87 Als *bonum* wird Wohleinrichtung des Körpers bei Cicero: Tusculanae dispitationes V.45, in eine Beziehung zum *honestum* gesetzt.
88 Eco, Kunst und Schönheit, S. 38 f. – Vgl. hierzu auch Fabio Roscalla: *Kalokagathia e kaloi kagathoi* in Senofonte. In: Xenophon and his World. Papers from a conference held in Liverpool in July 1999. Hrsg. von Christopher Tuplin. Stuttgart 2004 (Historia. Zeitschrift für Alte Geschichte – Einzelschriften 172), S. 115–124.
89 Sieburg, Literatur des Mittelalters, S. 184. – Entsprechend die schon zitierten Beiträge von De Pol (De Pol, Kriemhilds Schönheit) der das Konzept auf Kriemhild bezieht, und Sassenhausen (Sassenhausen, ‚Parzival' als Entwicklungsroman), die es auf Cundrie umlegt, oder bereits Fritsch-Rößler (Fritsch-Rößler, Kalokagathie), die es am Beispiel von Strophen Walthers sowohl auf Männer wie auf Frauen bezieht.

nicht zu halten, insofern sie Teil einer ‚Ästhetik der Existenz' (Foucault) ist, wie sie sich einzig an den freien Mann, nicht jedoch an Frauen, Unfreie und Sklaven richtet.[90] Dass sich das Konzept der *kalokagathía* allein an männliche Subjekte richtet, wird zwar selten explizit erwähnt,[91] es kann jedoch gezeigt werden, dass sich die antiken ethischen und philosophischen Texte allein an Männer richten, wie es Foucault fasst: „Es ist eine Männermoral: eine Moral, die von Männern gedacht, geschrieben, gelehrt wird und an Männer – natürlich freie – gerichtet ist."[92] Foucault konstatiert weiterhin, dass diese Moralreflexion „eine Ausarbeit des männlichen Verhaltens vom Standpunkt der Männer aus und mit dem Ziel, ihrer Lebensführung eine Form zu geben", sei.[93] Mit Bernhard Huß, bezeichnet der Begriff der *kalokagathía* eine „positive ‚männlich-moralische Qualität'".[94] Diese kann, ausnahmsweise, auch einer Frau attribuiert werden, sofern sie die ethische Konstitution ihres Geschlechtes positiv – nämlich ‚männlich' – überschreitet.

Derart findet sich der Begriff der *kalokagathía* in der *Kyrupädie* des Xenophon einer Frau beigelegt. Auch hier stellt er dezidiert einen Gegensatz zur körperlichen Schönheit dar, wenn es heißt: „Der junge Mann hatte nicht nur die Schönheit der Frau [= καλὴν τὴν γυναῖκα] ständig vor Augen. Er nahm zugleich ihre vornehme Art [= καλοκἀγαθίαν] wahr" (Xenophon: Kyrupädie 5.1.18).[95] *Kalokagathía* kann auch hier also nicht als Begriff für eine Verbindung körperlicher und innerer Schönheit gewertet werden. Zwar wird auch anhand der Frau des Ischomachos in Xenophons *Oikonomikos* das ‚schöne' Handeln einer Frau (in Hinblick auf die Hauswirtschaft) diskutiert, zu diesem wird sie jedoch durch die belehrende Anleitung ihres Mannes gebracht, der aufgrund dieser Führungsfähigkeit als ‚Schöner und Guter' markiert wird. Dieses Prädikat wird der Frau des Ischomachos nicht in analoger Weise zuteil (vgl. Xenophon: Oikonomikos 7.4–11.1). Eine positive Markierung der Frau des Ischomachos, die Sokrates in den Mund gelegt erhält, lautet hingegen, dass sie eine „wahrhaft männliche Denkweise" habe (vgl. Xenophon: Oikonomikos 10.1). Schon Foucault, der seine Analysen jedoch nicht unter die Perspektive der *kalokagathía*,

---

90 Vgl. Foucault, Sexualität und Wahrheit 2, S. 33.
91 In den hier genutzten Beiträgen von Bubner (Bubner, Kalokagathia), Buddensiek (Buddensiek, Theorie des Glücks) und Horn (Horn, Kalokagathie) wird das Geschlecht nicht eigens differenziert, alle thematisierten Fälle beziehen sich jedoch auf männliche Subjekte.
92 Foucault, Sexualität und Wahrheit 2, S. 33.
93 Ebd.
94 Huß, Kommentar, S. 63.
95 Der Herausgeber der *Kyrupädie*, Rainer Nickel, hat die über mehrere Teile des Textes verteilte Erzählung von der schönen Frau namens Pantheia aus Susa als eine Art novellistische Einlage verstanden (vgl. Nickel, Kyrupädie, S. 700). Sie endet als eine Art von Lucretia-Erzählung mit dem Freitod der treuen Ehefrau, die sich weder dem König Kyros noch ihrem Aufseher, dem Meder Araspas, hingeben will, welcher sie zwischenzeitlich bedrängt hat, sondern sich stattdessen über dem Leichnam ihres als Gegner des Kyros heldenhaft gefallenen Ehemannes erdolcht (Xenophon: Kyrupädie 7.3.13). Vgl. dazu im Folgenden ausführlich Kap. III.4.1, S. 252–259.

sondern unter die der verwandten *enkráteia* (Selbstbeherrschung) und *sophrosýne* (Besonnenheit) stellt,[96] bemerkt mit Bezug auf dieselbe Stelle:

> Das heißt natürlich nicht, daß die Frauen nicht maßvoll zu sein hätten, daß sie der *enkráteia* nicht fähig wären oder die Tugend der *sophrosýne* nicht kennen würden. Aber diese Tugend ist bei ihnen immer in gewisser Weise auf die Männlichkeit bezogen. [...] Sie ist strukturell darauf bezogen, weil die Frau, um maßvoll sein zu können, zu sich selber ein Überlegenheits- und Herrschaftsverhältnis herstellen muß, das an sich männlich ist.[97]

Er konstatiert, dass „die beiden wesentlichen Elemente der tugendhaften Männlichkeit der Frau" ihre „persönliche Seelenstärke und Abhängigkeit vom Mann" seien.[98] Mit Blick auf Aristoteles geht Foucault noch weiter. Dieser beschreibe „keine weiblichen Tugenden, die nur weiblich sind; die Tugenden, die er den Frauen zuerkennt, definieren sich durch einen Bezug auf eine wesenhafte Tugend, die ihre volle und vollendete Form beim Mann findet."[99]

Der Verbindung der Schönheit des Körpers mit einer ‚gewissen Schönheit der Seele' (*quaedam pulchritudo animi*) aber steht die christliche Theologie schon früh skeptisch gegenüber, wie auch die griechische Morallehre – unter anderen Prämissen – eine skeptische Haltung eingenommen hat.[100] In Augustins *De trinitate*, einem der einflussreichsten theologischen Texte des Mittelalters, findet sich etwa folgender Passus:

> At oculis non uidit nisi corpora; iustus autem in homine non est nisi animus, et cum homo iustus dicitur ex animo dicitur non ex corpore. Est enim quaedam pulchritudo animi iustitia

---

96 Foucault stellt die Selbstbeherrschung anderenorts in den Kontext eines Subjektivierungsmodus, der auf ein „schönes Leben" ausgerichtet ist, womit er sich implizit offenbar auf die Anforderung jenes ‚Schöngutseins' bezieht, welches die *kalokagathía* darstellt; vgl. hierzu das Gespräch mit Michel Foucault: Zur Genealogie der Ethik: Ein Überblick über die laufende Arbeit. In: Michel Foucault: Schriften in vier Bänden. Dits et Ecrits. Band IV. 1980–1988. Hrsg. von Daniel Defert, François Ewald. Frankfurt a. M. 2005, S. 461–498, hier S. 480.
97 Foucault, Sexualität und Wahrheit 2, S. 110 f. – Ebd., S. 85 f., definiert Foucault die Begriffe *enkráteia* und *sophrosýne* wie folgt: „[W]enn die Bedeutungen beider Wörter auch sehr nahe sind, so sind sie doch nicht genau synonym. Jedes der beiden bezieht sich auf einen etwas anderen Modus des Verhältnisses zu sich. Die Tugend der *sophrosýne* wird eher als ein allgemeiner Zustand beschrieben, der dafür sorgt, daß man sich verhält, ‚wie es sich gehört gegenüber den Göttern und Menschen' [Platon, *Gorgias*, 507 a-b], was bedeutet, nicht nur maßvoll, sondern auch ehrfürchtig, gerecht und mutig zu sein. Hingegen zeichnet sich die *enkráteia* durch eine eher aktive Form der Selbstbeherrschung aus, mit der man im Bereich der Begierden und der Vergnügen abwehren oder kämpfen oder seine Herrschaft sichern kann." – Vgl. zudem: Allison Glazebrook: Cosmetics and *Sôphrosunê*: Ischomachos' Wife in Xenophon's *Oikonomikos*. In: The Classical World 102,3 (2009), S. 233–248.
98 Ebd., S. 111.
99 Ebd.
100 Vgl. Xenophon: Oikonomikos VI.13–16.

> qua pulchri sunt homines plerique etiam qui corpore distorti atque deformes sunt. Sicut autem animus non uidetur oculis ita nec pulchritudo eius. (Augustinus: De trinite VIII.6.9,50–55)[101]

Eine solche Formulierung, die natürlich auf der anderen Seite die Möglichkeit einer systematischen Koinzidenz von körperlicher und ‚innerer' Schönheit in volkssprachlichen Texten späterer Zeiten nicht notwendig ausschließt, ist geradezu das Gegenteil dessen, was als vermeintlich antike ‚Kalokagathie' ein Fortleben in der christlichen Tradition gefunden haben soll.[102] Während also gesagt werden muss, dass die Koinzidenz des schönen Körpers mit einer wie auch immer konzeptionalisierten ‚inneren Schönheit' in der höfischen Literatur des hohen Mittelalters nicht mit dem antiken Konzept der *kalokagathía* in Verbindung zu bringen ist, lässt sich dennoch die Frage stellen, ob sich hier dennoch ein implizites Prinzip verbirgt, welches man differenziell als ‚germanistisch-mediävistische Kalokagathie' kennzeichnen könnte.

III.1.2 Die ‚germanistisch-mediävistische Kalokagathie': Schönheit als Zeichen

> *He, Lichter her! Lichter her! Das ist doch verwunderlich, so oft einen die Herrn verlassen, so sieht man mit offenen Augen nichts.* (Emanuel Schikaneder: Die Zauberflöte II,4)

Dass das sogenannte ‚Kalokagathie'-Konzept der germanistischen Mediävistik, in welchem körperliche Schönheit auf Tugend projiziert wird, eine derartige Konjunktur erlebt hat, hat seine Ursache sicherlich nicht zuletzt auch darin, dass es – wie

---

101 Hier und im Folgenden zitiert nach: Aurelius Augustinus: De trinitate libri XV. 2 Bd. Hrsg. von W. J. Mountain. Turnholt 1968 (= CCSL 50/50,A). – Übers. hier und im Folgenden zitiert nach: Des heiligen Kirchenvaters Aurelius Augustinus fünfzehn Bücher über die Dreieinigkeit. Übers. von Michael Schmaus. München 1936/36 (Bibliothek der Kirchenväter. 2. Reihe. Bd. 13/14), Bd. 2: „Mit den Augen aber sieht man nur Körper. Gerecht ist aber im Menschen nur die Seele. Und wenn der Mensch gerecht heißt, dann heißt er es nur auf Grund seiner Seele, nicht seines Körpers. Die Gerechtigkeit ist nämlich eine Art Schönheit der Seele, durch welche die Menschen schön sind, vielfach auch solche, welche einen verwachsenen und unförmigen Leib haben. Wie aber die Seele mit den Augen nicht gesehen wird, so auch ihre Schönheit nicht."
102 Relativ unverständlich bleibt mir daher auch ein Urteil wie dasjenige von Rudolf Voß: Die Artusepik Hartmanns von Aue. Untersuchungen zum Wirklichkeitsbegriff und zur Ästhetik eines literarischen Genres im Kräftefeld von soziokulturellen Normen und christlicher Anthropologie. Köln/Wien 1983 (Literatur und Leben N.F. 25), S. 113 f., der mit Bezug auf die Pferdebeschreibung des Erec Hartmanns von Aue schreibt: „Der wirkliche weltanschauliche Hintergrund offenbart sich dort, wo der Qualitätsbegriff ‚Schönheit' mit anderen in Beziehung tritt, nämlich ‚güete' (7375: ‚ein pherit schoene und volle guot'), ‚wunsch' (7378), ‚vollekomen'-Sein (7386). In dieser Zusammenstellung ist der Einfluss der platonischen Vorstellung der Kalokagathia unverkennbar, eine Vorstellung, die dem Mittelalter auf dem Wege der Augustinischen Tradition vertraut ist und die im Roman von Anfang an in dem Heldenpaar Gestalt annimmt." Es scheint mir doch an der Sache vorbeizugehen, Augustinus, dessen Textkorpus alles andere als affirmativ ‚platonisch' zu nennen ist, für eine ‚Kalokagathia' in Haftung zu nehmen, in der sich Körperliches und Ethisches, Tierisches und Menschliches so umstandslos mischt.

bereits angeklungen ist – mit einer Zeichentheorie des (literarisch inszenierten) Körpers enggeführt werden konnte. Parallel zur ästhetisch ausgerichteten Forschung, aber durchaus an deren Prämissen orientiert, hat sich bereits früh jene andere Strömung formiert, welche den Fokus leicht verschoben hat, indem sie diese Gleichung von ‚schön' und ‚gut' an eine ‚mittelalterliche' Zeichentheorie zurückzubinden suchte. Diese Tendenz der Forschung ist im Weiteren kurz darzustellen. Zu nennen sind hier – allen voran – einige wegweisende und klassisch gewordene Beiträge, wie Ingrid Hahns breitrezipierte und grundlegende Aufsätze zu *Parzivals Schönheit. Zum Problem des Erkennens und Verkennens im ‚Parzival'* (1975) und *Zur Theorie der Personenerkenntnis in der deutschen Literatur des 12. bis 14. Jahrhunderts* (1977) und – hieran anschließend – Barbara Haupts Aufsatz *Der schöne Körper in der höfischen Epik* (2002).[103] Hahn entwickelt – wiederum ältere Forschung summierend – in einem allgemein gehaltenen ersten Abschnitt ihres *Parzival*-Aufsatzes die wesentlichen, für die Forschung bis heute gültigen Eckpunkte der Schönheitsdarstellung, für welche ihr Beitrag bis heute immer wieder zitiert wird:

> Die Betonung der Schönheit eines Helden hätte ja an sich nichts Auffallendes, sie begegnet seit den Anfängen weltlicher Dichtung im 12. Jh. immer wieder und ist in ihrem Verweischarakter als Zeichen für Tugend und Adel offenkundig.[104]

Hahn konstatiert für den *Parzival* eine besonders intensive Nutzung von Licht- und Glanzepitheta und -metaphoriken, in welcher sie Wolframs spezifische Eigenheit gegenüber der Schönheitsdarstellung seiner Zeitgenossen sieht.[105] Sie vermutet, dass es kein Zufall sei,

> daß bei Wolfram die descriptio körperlicher Schönheit nach den Regeln der Poetik fast ganz zurücktritt und uns weder von Parzival noch von Vivianz, weder von Belakane, Herzeloyde, Kondwiramurs oder Alyze eine der gewohnten Beschreibungen, mit der mittelalterliche Dichter das Attribut ‚schön' verifizieren, gegeben ist.[106]

---

103 Ingrid Hahn: Parzivals Schönheit. Zum Problem des Erkennens und Verkennens im ‚Parzival'. In: Verbum et signum. Beiträge zur mediävistischen Bedeutungsforschung. Studien zu Semantik und Sinntradition im Mittelalter. Bd. 2. Hrsg. von Hans Fromm, Wolfgang Harms, Uwe Ruberg. München 1975, S. 203–232. – dies.: Zur Theorie der Personenerkenntnis in der deutschen Literatur des 12. bis 14. Jahrhunderts. In: PBB 99 (1977), S. 395–444. – Barbara Haupt: Der schöne Körper in der höfischen Epik. In: Körperinszenierungen in mittelalterlicher Literatur. Kolloquium am Zentrum für interdisziplinäre Forschung der Universität Bielefeld (18. bis 20. März 1999). Hrsg. von Klaus Ridder, Otto Langer. Berlin 2002 (Körper. Zeichen. Kultur 11), S. 47–73.
104 Hahn, Parzivals Schönheit, S. 203.
105 Vgl., ebd., S. 205.
106 Ebd., S. 205 f. – Es wird sich im folgenden Kapitel zur *descriptio membrorum* zeigen, dass sich durchaus andere, aus den Poetiken selbst ableitbare Regeln anführen lassen, welche begründen können, warum für die meisten dieser Figuren keine solche *descriptio membrorum* gegeben wird; vgl. Kap. IV.1.1, S. 284–311.

Sie arbeitet schließlich ausnehmend suggestiv, wenn sie auf einen summarischen Abschnitt zu den Merkmalen „Wolframscher Schönheitsdarstellung", in welchem sie die verschiedenartigen Nutzungen des Wortfeldes zu ‚Licht' auflistet,[107] unvermittelt und ohne weitere Erklärung einen längeren Passus zur Lichtschönheit Gottes folgen lässt,[108] an welchen anschließend sie folgert:

> Es scheint mir nahe zu liegen, daß Wolfram auf die von jeder Verdächtigung freie Idee göttlicher Licht-Schönheit und ihren Metaphernbereich deshalb zurückgriff, weil er seine Auffassung vom schönen Menschen unzweideutig und d. h. abgesichert gegen den mit weltlicher Schönheit verbundenen *valsch*-Vorwurf darstellen wollte.[109]

Dieser Analyseschritt impliziert zugleich – und diese Implikation ist so intrikat und weitreichend, wie sie problematisch ist – die Absetzungsbewegung eines als weltlich angenommenen höfischen Literaturraumes von einer geistlichen Ideensphäre, deren er sich bedienen kann, von der er jedoch – gerade hierdurch – kategorial unterschieden ist.[110] Gleichwohl hier angedeutet scheint, dass es besonders jenseits dessen, was Hahn als spezifisch „Wolframschen" Gebrauch von Lichtmetaphorik versteht, durchaus eine von ihr nicht behandelte Uneindeutigkeit des Körperzeichens ‚Schönheit' gibt, sind die Folgen, die ihre Darstellung in der Forschung – im Sinne einer ‚Verein-

---

107 Vgl. ebd., S. 210.
108 Vgl. ebd., S. 210–217. – Der Passus zur Lichtmetaphorik – wie überhaupt der ganze Beitrag Hahns – ist ein wahres Florilegium von Parallel- und Belegstellen, was dem Beitrag – bis heute – eine hohe Plausibilität verleiht. Indessen bedürfen einige der in den Anmerkungen sehr knapp und dekontextualisiert zitierten Stellen dringend einer breiteren Rekontextualisierung.
109 Ebd., S. 217.
110 Der Modus dieser Handhabung vermeintlich anderer, christlich-geistlicher Sphären durch die höfische Literatur, konkreter der Anverwandlung religiöser Motive und Ideen, bedürfte nun eigentlich einer Systematisierung. Er ist bspw. im Hinblick auf Verfahren in der Lyrik von Rainer Warning: Lyrisches Ich und Öffentlichkeit bei den Trobadors. Wilhelm IX. von Aquitanien: *Molt jauzens, mi prenc en amar*. In: Deutsche Literatur im Mittelalter. Kontakte und Perspektiven. Hugo Kuhn zum Gedenken. Hrsg. von Christoph Cormeau. Stuttgart 1979, S. 120–159, prominent in dessen Konzept der „konnotativen Ausbeutung" (ebd., S. 140) gefasst worden. Es bleibt zu konstatieren, dass auch hierauf eine Forschung aufbaut, die die ‚konnotative Ausbeutung' als Motivverpflanzung banalisiert und damit eine Scheidung von religiöser und höfischer Sphäre ratifiziert hat. Die zu kategoriale Trennung von ‚höfischer' und ‚geistlicher' Sphäre ist verschiedentlich – und zu Recht – angegriffen worden (bspw. in einem gegen Hans Ulrich Gumbrecht gerichteten Aufsatz von Rüdiger Schnell: Kirche, Hof und Liebe. Zum Freiraum mittelalterlicher Dichtung. In: Mittelalterbilder aus neuer Perspektive. Diskussionsansätze zu amour courtois, Subjektivität in der Dichtung und Strategien des Erzählens. Hrsg. von Ernstpeter Ruhe, Rudolf Behrens. München 1985, S. 75–108). Zugleich ist bereits Warnings Konzept dazu angetan zu verschleiern, dass die Austauschprinzipien zwischen ‚religiösen Ideen' und höfischer Literatur von vornherein kaum ganz einseitig als ‚Nutzung' zu veranschlagen sind, welche ja eine Absetzbewegung und ein gewisses Bewusstsein für Emanzipation zu implizieren scheint, insofern der gewählte Begriff der ‚Ausbeutung' entweder dem Ausgebeuteten oder dem von Warning veranschlagten literarischen Verfahren selbst eine pejorative Dimension verleiht.

deutigung' des Zeichens – gehabt hat, unübersehbar.[111] Ihre Argumentation schlägt immer dann zu Buche, wenn in einem Text eine mit Glanz, Licht oder Klarheit verbundene Figurenattribuierung erscheint. Mit Hahn belegt die Forschung dann in der Regel, dass die Eigenschaft der *clârheit* an Figuren ein Verweis auf die Lichtschönheit Gottes sei, dass das als Emanation der göttlichen Schönheit gedachte Glänzen und Leuchten, welches ein durchaus gängiges Schönheitsattribut ist, auf den für alle Schönheit verantwortlichen zeichnenden Schöpfergott verweise und damit – letzthin – eine Positivierung der so attribuiert Figur darstelle.[112] Noch etwa in Armin Schulz' ,Erzähltheorie in mediävistischer Perspektive' liest man entsprechend: „Figuren, denen besonders große Adelstugend unterstellt wird, erscheinen von durchscheinender, *diaphaner* Schönheit erfüllt: so, als wäre in ihrem inneren eine Lichtquelle, die durch die transparente Haut hindurchstrahlt."[113]

Ingrid Hahn hat die von ihr entwickelten Ideen wieder aufgegriffen und – vom *Parzival* gelöst und weiter verallgemeinert – in einem Beitrag zu einer „Theorie der Personenerkenntnis" ausgebaut. Diese Theorie entwickelt sie im Kern als Zeichen-

---

111 Vgl. hierzu Monika Schausten: Vom Fall in die Farbe. Chromophilie in Wolframs von Eschenbach ,Parzival'. In: PBB 130 (2008), S. 459–482, hier S. 461, die summiert, dass nach dem von Hahn herstammenden Interpretationsmuster „die Beschreibung des Helden von der seit der Spätantike dominierenden Lichtphilosophie und ihren Adaptationen in mittelalterlichen theologischen Texten geleitet ist. Die Vorstellung, dass das Göttliche sich dem Menschen als Licht zeige, stehe Pate für den im ,Parzival' beschriebenen Körper des Protagonisten, der mit einem alles andere in den Schatten stellenden Glanz ausgezeichnet sei."
112 Bsp. hierfür findet sich bspw. bei Schuler-Lang, Wildes Erzählen, S. 176, Anm. 623. Ebenso Ackermann, Spannungsfeld, S. 151 f., und dies., Körperinszenierung, S. 441 f., sowie zuvor Andreas Kraß: Geschriebene Kleider. Höfische Identität als literarisches Spiel. Tübingen 2006 (Bibliotheca Germanica 50), S. 179 f. – Demgegenüber wird sich zeigen, dass innerweltliches Glänzen – schon aus der Sicht der Theologie – keine derartig über jeden Zweifel erhabene Eigenschaft ist, wie es bei Hahn den Anschein hat. Gerade im Hinblick auf den exzessiven Gebrauch von *clârheit*-Metaphorik in Hinblick auf die Figur der Helena in Konrads von Würzburg *Trojanerkrieg* lässt sich gut zeigen, mit welchen Irritationen Glanz verbunden ist. Vgl. hierzu auch Jan-Dirk Müller: *schîn* und Verwandtes. Zum Problem der ,Ästhetisierung' in Konrads von Würzburg *Trojanerkrieg* (Mit einem Nachwort zu Terminologie-Problemen der Mediävistik). In: Im Wortfeld des Textes. Worthistorische Beiträge zu den Bezeichnungen von Rede und Schrift im Mittelalter. Gerd Dicke, Manfred Eickelmann, Burkhard Hasebrink. Berlin/New York 2006 (Trends in Medieval Philology 10), S. 287–307, der die These vertritt, dass im Glänzen Helenas und im Glanz der Schlachtenschilderung eine rauschhafte Veruneindeutigung stattfinde (ebd., S. 302), welche schließlich gar dazu führe, dass (ebd., S. 306) „[d]as Schöne [...] sich in einem gewissen Grade gegenüber dem Guten und Wahren [verselbstständigt], ohne deshalb (was ja stets eine Alternative christlicher Ästhetik war) als ,luziferisch' abgewertet zu werden. Die Eindeutigkeit binärer Ordnungen bekommt einen Riss." Die Idee, dass das im Weltlichen verortete Schöne von einem seltsam indifferenten, adiaphoren Charakter sei, wird im Folgenden weiter zu diskutieren sein; vgl. hierzu Kap. V.1.
113 Armin Schulz: Erzähltheorie in mediävistischer Perspektive. Hrsg. von Manuel Braun, Alexandra Dunkel, Jan-Dirk Müller. Berlin 2012, S. 79.

theorie unter Zuhilfenahme von Terminologien Augustins,[114] obgleich Hahn selbst einschränkt, dass zwar die „zentrale Rolle der Ausdruckszeichen Gestalt, Kleid und Gebärde für die Personendarstellung und Personenerkenntnis in mittelhochdeutscher Dichtung hinreichend bekannt"[115] sei, dass man indessen „über den Reflexionsstand, auf dem die Autoren sich selbst befinden",[116] nichts wisse, ja, dass man nicht sicher sein könne, „[o]b irgend etwas an den hier zu besprechenden Belegen zum Thema Personenerkenntnis auf die Theorie Augustins oder seiner Nachfolger"[117] zurückgehe.

Direkt den ersten – kurzen – Abschnitt ihres Beitrages nennt Hahn jedoch „Äußere Gestalt. Schönheit", womit sie die Zeichenhaftigkeit des Leibes zunächst auf eine bestimmte Art von Körperzeichen verengt – Affekte und *eloquentia corporis* werden ausgeblendet[118] – und das Körperzeichen zudem zugleich signalhaft auf *einen* Pol einer Dichotomie festlegt, indem sie ‚Schönheit' gegenüber der Möglichkeit der ‚Hässlichkeit' offenbar den Vorrang einräumt. Diese Schönheit nennt sie umstandslos „[d]as hervorragende Kennzeichen des höfischen Menschen", welches „als Spiegel innerer Vollkommenheit längst erkannt" sei.[119] Sie fasst dies als Zeichenrelation auf, in der eine „Körpergestalt" mit „ihren variablen Eigenschaften eine durch Konven-

---

114 Vgl. Hahn, Personenerkenntnis, S. 396–400.
115 Ebd., S. 399.
116 Ebd.
117 Ebd., S. 400.
118 Diese behandelt Philipowski, Gestalt des Unsichtbaren.
119 Hahn, Personenerkenntnis, S. 401. – Hahn verweist hierbei auf die alten Arbeiten von Brinkmann (Brinkmann, Schönheitsauffassung), und die oben bereits zitierte Arbeit von Anna Köhn (Köhn, Das weibliche Schönheitsideal), sowie ihren eigenen Aufsatz (Hahn, Parzivals Schönheit). – Der Beitrag von Brinkmann ist dabei ein dezidiert ästhetischer, dem es um die Bestimmung von Kunstschönheit geht, welche er nur mühsam auf Literatur als Kunst zurückführen kann. Die Einschätzung, zu der Brinkmann kommt, ist entsprechend pauschal und ein Bewusstsein hierfür legen seine eigenen Formulierungen nahe, ebd., S. 250: „In den Wandlungen der Schönheitsauffassung, wie sie kurz dargelegt wurden, spiegeln sich epochale Wandlungen im Wesen des Dichterischen in großen Zügen wider." Bei Brinkmann ist in aller Verknappung eine Kunsttheorie der Lichtschönheit Gottes entwickelt, welche offenbar Einfluss auf Hahn gehabt hat: „Das Mittelalter tritt in der Kunsttheorie das antike Erbe an. Mit Hilfe neuplatonischer Gedanken wird eine metaphysische Schönheitslehre begründet. Der Künstler gestaltet nach präexistenten Ideen, die ihr Urbild in Gott haben. Die Idee, nach der der Künstler gestaltet, die er in die Materie projiziert, darf natürlich nicht psychologisch verstanden werden. Die Schönheit der Dinge besteht in der Form, in der sich göttlich Idee substanzialisiert. Absolute Schönheit ist in Gott. Ihre metaphysische Herkunft wird durch das Lichtsymbol verdeutlicht." Allerdings muss konzediert werden, dass Brinkmann eine direkte, praktische Übertragbarkeit seiner Ästhetik auf Kunstproduktion oder auch nur eine ‚ästhtetische Weltwahrnehmung' einzuschränken scheint, wenn er den Satz folgen lässt: „So ist Schönheit ganz von Gott, von der Idee her gesehen, ihr Verhältnis zum sinnlich Gegebenen bleibt außerhalb des Gesichtskreises." Hier scheint er doch anzudeuten, dass – theologisch entwickelte – Aussagen zur Schönheit sich gerade vom Diesseits der Kreatur absetzen, dass ein direktes Verhältnis zwischen Kreatur und Kreator über ein verbindendes Zeichen ‚Schönheit' nicht – zumindest nicht universell oder notwendig – gedacht wird.

tion gegründete, also gesetzte Bedeutung"[120] zugewiesen bekommt, wobei sie dem „Merkmal Schönheit" die „Bedeutung Tugend", dem „Merkmal ‚hässlich' die Bedeutung ‚unhöfisch, böse'"[121] beilegt. Dies bringt sie mit dem Augustinischen Konzept der *signa translata* in Kontakt.[122]

So unzweifelhaft diese Zuordnung des Schönen zum Tugendhaften und des Hässlichen zum Unhöfischen hier einerseits zunächst erscheint, so stellt sie doch andererseits für Hahn keine notwendige Relation dar, in der Schönheit zweifellos auf Tugend schließen lässt:

> Die Dichtung interessiert, ob und wann eine solche Koinzidenz von Außen und Innen vorliegt, in dem Sinn, daß etwa die Schönheit wirklich auf Tugend beruht, also signum und nicht nur res ist. Der höfische Mensch ist nicht eo ipso schön und gut. Schönheit muss sich prüfen lassen auf ihre Substanz, die innere ethische Entsprechung, ohne die sie nichts wert ist[.][123]

Nichtsdestoweniger bleibt die basale Zuordnung von Schönheit und Tugend erhalten, auf welche die höfische Literatur nach Hahn abzielt. Wenngleich hier die Möglichkeit von Schönheit ohne Tugend eröffnet wird, so wird diese doch nicht weiter thematisiert oder gar systematisch differenziert. Nimmt man die Formulierung Hahns, dass „Schönheit auf Tugend beruht", dass also mithin Tugend Schönheit überhaupt erst begründe, beim Wort, so müsste sie zu der Frage führen, welcher Natur diese Tugend ist – was umfasst sie inhaltlich? – und wie der von Hahn implizierte Akt der Hervorbringung von Schönheit durch Tugend zu denken ist – ist diese Tugend selbst dasjenige, was den „höfischen Menschen" (Hahn) schön sein lässt, und kann insofern potentiell den Leib auch kontrastieren oder wird sie im Rahmen einer ‚höfischen Fiktion' als ein Einfluss auf die Verfasstheit des Leibes gedacht, welcher sich durch Tugend tatsächlich verschönt?[124] Es sei dahingestellt, ob diese – wiederum in der Knappheit der Formulierung bei Hahn eher implizierten – Fragen überhaupt einer Beantwortung bedürfen. Festzuhalten bleibt, dass Hahn eine intakte Zeichenrelation (schön – tugendhaft) als Matrix ansetzt, von welcher sie die entgegengesetzten Fälle – sie zitiert den *Welschen Gast* Thomasîns von Zerklaere: unschönes Äußeres

---

120 Hahn, Personenerkenntnis, S. 401 f.
121 Ebd., S. 402.
122 Ebd., Anm. 28.
123 Ebd., S. 402.
124 Anette Gerok-Reiter, Körper – Zeichen, S. 429, entwickelt diesen Ansatz weiter, wenn sie resümiert: „Die dichotomische Spannung von Außen und Innen, *sêle* und *lîp* ist somit für die Körperinszenierungen zumindest der Protagonisten konstitutiv. Diese Dichotomie bleibt konstitutiv auch dann, wenn Inneres und Äußeres in extremer Engführung ineinander überzugehen scheinen. Grund hierfür ist das Repräsentationsverhältnis, das die Korrelation der Adaequatio weiter differenziert, zugleich hierarchisiert: Das Äußere repräsentiert das Innere, nicht umgekehrt. Diese Repräsentationsfunktion kann sich jedoch nur über ein Mindestmaß an dichotomischem Abstand realisieren."

trifft auf schönes Inneres[125] – letztlich nur als Ausnahme abhebt. Auch für die Darstellung von Kleidung gilt bei Hahn: „Am häufigsten dargestellt ist das reiche höfische Kleid als sichtbares äußeres Zeichen des im schönen Körper erscheinenden Wesens des adeligen Menschen".[126] Und weiter: „Fast immer dokumentiert sich Adel in der Korrespondenz von Tugend und Schönheit, die im Gewand ihre volle äußere Gültigkeit erlangt."[127] Im umgekehrten Fall, dass die Kleidung schlecht, die Figur aber trotz schlechter Kleidung adelig ist, den Hahn als „spielerische Betonung"[128] desselben Musters versteht, stabilisiert sich wiederum – auch in der Belegsammlung durch Hahn – die Wahrheitsfähigkeit des Körperzeichens, in welchem die unter der schlechten Kleidung kontrastiv durchscheinende körperliche Schönheit innere ‚Schönheit' (Adel/Tugend) verbürgt. Die hierfür eingeführte Referenz auf das Hohelied, welche Hahn selbst schlagwortartig als das „Nigra-Formosa-Modell" beziehungsweise den „Nigra-Formosa-Typ"[129] bezeichnet, ist in der Forschung selbst zu einem stehenden Topos geworden.[130]

Hahn, welche die dichotomische Anordnung der Begriffe erkennt, versucht sich schließlich in einer abstrahierenden Systematisierung, indem sie „beide Seiten dieser Beziehung nach ihrer malum/bonum-Komponente mit (–) oder (+)"[131] versieht und vier Typen abstrahiert: „Dann gäbe es eine (++)-Beziehung (Schönheit entspricht Tugend), eine (+–)-Beziehung (Heuchelei, Betrüger, falscher Freund), den Nigra-Formosa-Typ mit (–+) oder auch eine (– –)-Beziehung."[132]

Es bleiben anhand dieser Einteilung einige Punkte anzumerken. Zunächst muss festgestellt werden, dass Hahn in der Erklärung ihres (++)-Typs – „Schönheit entspricht Tugend" – umstandslos Kategorien in eins fallen lässt, welche sie zuvor getrennt besprochen hat, wenn sie das, was sie zunächst allgemein als „innere Vollkommenheit" benannt hat, nun auf Tugend festlegt und damit andere mögliche

---

125 Hahn, Personenerkenntnis, S. 403, zitiert unter anderem Vv. 949 f.: *ich næme ein guot niht schœne wîp / vür einn schœnen unvertigen lîp* nach der Ausgabe von Heinrich Rückert: Der wälsche Gast des Thomasin von Zirclaria. Quedlinburg 1852.
126 Hahn, Personenerkenntnis, S. 404.
127 Ebd.
128 Ebd., S. 405.
129 Vgl. ebd., S. 407 f.
130 Hahn begründet ihn ebd., S. 405, wie folgt: „Häufig begegnet das Motiv dagegen in der Figur des dürftig gekleideten Edlen, die als Typ ebenso wie die nach außen unscheinbare innere Tugendschönheit auf Cant I,4 (*Nigra sum, sed formosa*) zurückgehen dürfte." – In der Forschung findet sich der Hahn'sche *Nigra-Formosa*-Topos bspw. bei Gerok-Reiter, Körper – Zeichen, S. 416, Anm. 45, oder bei Michaela Schmitz: Der Schluss des Parzival Wolframs von Eschenbach. Kommentar zum 16. Buch. Berlin 2012, S. 65, inkl. Anm. 60, sowie bei Christoph Schanze: Lacht Hartmann? Überlegungen zu einer ironischen Äußerung des Erzählers (*Erec*, V. 366–395). In: Ironie, Polemik und Provokation. Hrsg. von Cora Dietl, Christoph Schanze, Friedrich Wolfzettel. Berlin et al. 2014, S. 51–72, S. 67. – Vgl. hierzu im Folgenden die Diskussion zu Enites Schönheit, Kap. III.3.2.2, S. 197–251.
131 Hahn, Personenerkenntnis, S. 425.
132 Ebd.

Dimensionen ‚innerer Vollkommenheit', andere Signifikate des Signifikanten ‚Schönheit', wie Adel, stillschweigend subsummiert und gleichsetzt. Es muss im Folgenden gefragt werden, ob diese stillschweigende, über Homologisierung erzeugte Überblendung der Signifikate tatsächlich trägt, oder ob nicht doch unter der Oberfläche eine nicht zu unterschätzende Differenz zwischen ‚Tugend' und ‚Adel' als möglicher Konkretion von ‚Gutheit' besteht, die in der Analyse allzu leicht verwischt.

Sicherlich gibt es hier Tendenzen, beide Kategorien kurzzuschließen; nichtsdestoweniger ist Adel wiederum eine Kategorie, die mehrschichtig konzeptionalisierbar ist, nämlich im Spannungsfeld zwischen Geburts- und Tugendadel, die wiederum idealerweise, aber nicht notwendig, zusammenfallen.[133]

Des Weiteren ist zu fragen, ob die in (wiederum suggestiv dichotome) Zeichen verkürzte Zuordnung „(++)" tatsächlich in sich so einfach ist, wie sie auf den ersten Blick erscheint. Die Frage ist, ob das erste „(+)", das in dieser Gleichung den tatsächlich schönen Körper markiert, tatsächlich bereits *per se* ein Positivum ist, oder ob nicht – schon in Hahns eigenen Ausführungen – in Rechnung gestellt werden müsste, dass bereits der als schön markierte Körper ($+_{Körperschönheit}$) *eo ipso* Anteile trägt, welche mehrwertig (±) sind. Hahns Abstrahierung fortzuspinnen verdeutlicht, dass sich je nach Signifikat des Signifikanten ‚Schönheit' das Verhältnis zu weiteren möglichen Dichotomien und ihren jeweiligen Homologen verändert.[134] Schließlich erscheint es auch hier – anders als es Hahn auffasst – notwendig, die Kategorie ‚Schönheit' mit der konditionalen Dimension des ‚insofern' – das *inquantum* bei Ulrich Engelbert von Straßburg[135] – zu denken. Dies würde auch dem von Hahn selbst festgestellten Aspekt Rechnung tragen, dass Schönheit stets an ein „Subjekt des Erkennens" geknüpft bleibt, welches das Zeichen lesen oder nicht lesen, richtig oder falsch lesen und überhaupt auf verschiedene Zeichenrelationen stoßen kann:

> Jedoch braucht nicht einmal Täuschung im Spiel zu sein. In allen Bereichen (Gestalt, Kleid, Gebärde) können die *signa* mißdeutet werden [...]. Der Nigra-Formosa-Typ, bei dem die äußere Hülle den edlen Kern nicht anzeigt, sondern verdeckt [...], oder die Schönheit, deren Zeichenwert fraglich ist, dies und andere systematisierbare Implikationen heben die grundsätzlich behauptete Analogia exterioris et interioris nahezu wieder auf.[136]

---

[133] Vgl. hierzu wiederum Schnell, *Curialitas* und *dissimulatio*, S. 131–133. – Vgl. zudem Karl Heinz Brock: Adel, Tugend und Geblüt. Thesen und Beobachtungen zur Vorstellung des Tugendadels in der deutschen Literatur des 12. und 13. Jahrhunderts. In: PBB 100 (1978), S. 423–457.
[134] Hahn, Personenerkenntnis, S. 404, die – wie oben bereits zitiert – schreibt: „Fast immer dokumentiert sich Adel in der Korrespondenz von Tugend und Schönheit, die im Gewand ihre volle äußere Gültigkeit erlangt", fasst die Gleichung also implizit selbst als dreigliedrig:
($+_{Körperschönheit} + _{Tugend(-schönheit)}) = +_{Adel}$). Es stellt sich die Frage, ob diese Zuordnung nicht zu einfach ist.
[135] Vgl. hierzu Kap. II.2.2.2, S. 81–95.
[136] Hahn, Personenerkenntnis, S. 432.

Die „dialektische Spannung auf Seiten des Gegenstandes, des menschlichen Wesens",[137] welche Hahn zum Schluss hin festhält, scheint indessen nicht das zu sein, was von ihrem Aufsatz und seinen zu Beginn sehr absoluten Formulierungen und Setzungen am stärksten nachgewirkt hat.

In jüngerer Zeit hat Katharina Philipowski in ihrer Habilitationsschrift zur *Gestalt des Unsichtbaren* das Verhältnis von ‚Innen' und ‚Außen' behandelt, ohne hierbei Schönheit ins Zentrum zu rücken, wodurch ihre Analysen ganz wesentlich von den gewissermaßen ‚toxischen' Vorannahmen entlastet sind, die hier im Zentrum der Betrachtungen stehen.[138] Hier wird deutlich, dass die Einschätzung des Körpers als Zeichen gegenwärtig nicht zuletzt auch an eine Debatte geknüpft ist, welche einen „Konsens darüber gebildet [hat], dass Körperlichkeit, Sichtbarkeit und Materialität Merkmale der spezifischen Poetik mittelalterlicher höfischer Literatur" seien.[139] Da Teile dieser Präsenzdebatte nicht semiotisch verlaufen seien – so beispielsweise bei Horst Wenzel und Christina Lechtermann[140] – müsse konzediert werden, dass diese „niemals zu einer genuin literaturwissenschaftlichen [Debatte] geworden [sei], denn sie hat nicht nach den Differenzen zwischen körperlicher und sprachlicher oder zeichenhafter Präsenz (beziehungsweise zwischen physischen und literarischen Körpern) gefragt".[141]

Wenn Philipowski im Folgenden – mit Bezug auf Karina Kellermann[142] – konstatiert: „Der Körper, von dem in der Präsenzdebatte behauptet wird, er sei sichtbar und erzeuge Nähe, Gegenwart und Sinnlichkeit, ist also immer ein diskursiv hervorgebrachter",[143] so leitet sie daraus die Forderung ab, das Sprachzeichen als solches gegenüber der vermeintlichen Realpräsenz des Körpers zu akzentuieren und in seiner Zeichenhaftigkeit, das heißt auf seiner „Vermittlungsebene" zu begreifen:

> Während die Körper- oder Präsenzkultur des Mittelalters zwar allein im Medium der Schrift greifbar wird, aber als (kultur)historisches Phänomen jenseits der Quellen, die sie bezeugen

---

137 Ebd., S. 444.
138 Vgl. Philipowski, Gestalt des Unsichtbaren.
139 Ebd., S. 1.
140 Vgl. ebd., S. 6. – Vgl. die bei Philipwoski zitierten Beiträge von Horst Wenzel – nämlich ders.: Partizipation und Mimesis. Die Lesbarkeit des Körpers am Hof und in der höfischen Literatur. In: Materialität der Kommunikation. Hrsg. von Hans Ulrich Gumbrecht, Karl Ludwig Pfeiffer. Frankfurt a. M. 1988 (stw 750), S. 178–202; ders.: Repräsentation und schöner Schein am Hof und in der höfischen Literatur. In: Höfische Repräsentation. Das Zeremoniell und die Zeichen. Hrsg. von Hedda Ragotzky, Horst Wenzel. Tübingen 1990, S. 171–208; ders.: Hören und Sehen, Schrift und Bild. Kultur und Gedächtnis im Mittelalter, München 1995) – sowie Christina Lechtermann: Berührt werden. Narrative Strategien der Präsenz in der höfischen Literatur um 1200. Berlin 2005 (Philologische Studien und Quellen 191).
141 Philipowski, Gestalt des Unsichtbaren, S. 7.
142 Karina Kellermann: Der Körper. Realpräsenz und symbolische Ordnung. Eine Einleitung. In: Der Körper. Realpräsenz und symbolische Ordnung. Hrsg. von Karina Kellermann. Berlin 2003 (Das Mittelalter 8), S. 3–8.
143 Philipowski, Gestalt des Unsichtbaren, S. 7.

und unabhängig von ihnen, Existenz beanspruchen kann, sind der Körper einer literarischen Figur oder ein literarischer Präsenzeffekt nicht nur schriftlich überliefert, sondern sie sind Sprache und eben nicht Körper.[144]

Implizit zeigt sich hier deutlich, warum die Diskussion des Körpers als Zeichen zuletzt Hand in Hand gegangen ist mit einer breiten, an die Schönheit literarischer Körper geknüpften Diskussion um die *descriptio* als Visualisierungsstrategie.[145] Um das an Präsenz gekoppelte Körperzeichen für Literatur behaupten zu können, muss die ‚Darstellung' literarischer Körper selbst als Präsenzeffekt begriffen werden,[146] wie es auch Philipowski tut, wenn sie sagt, die sprachlich verfassten (Nicht-)Körper könnten „ihren Rezipienten Präsenzerfahrungen bereiten, besitzen aber ihrerseits keine materielle Präsenz."[147]

Bei diesem ‚Sichtbarkeitspostulat' verbleibt nun auch Philipowski, wenn sie das Erkenntnisinteresse ihrer Arbeit[148] in der Frage danach ausformuliert, „wie [...] die Erzählung Anschaulichkeit und Körperlichkeit dessen, was nicht nur ungegenständlich ist, sondern prinzipiell keinen Körper haben kann", erzeuge.[149] Der Körper wird ihr dabei zu einem Zeichen für das der Sichtbarkeit und Körperlichkeit prinzipiell entzogene ‚Innere', mithin die ‚*anima*' beziehungsweise ‚Seele' oder ihre volkssprachlichen Substitute (*muot*, *sin*, *geist* und *herze*),[150] insofern die Darstellung jedes Inneren nur in dem Maße stattfinden könne, wie es eine Veräußerlichung erfahre:

---

144 Ebd., S. 8.
145 Zu dieser Debatte und zur Differenzierung des Begriff der *descriptio* vgl. im Folgenden hier Kap. IV.1.1, S. 284–296 (bes. Anm. 63, 66 u. 79), sowie Kap. IV.1.3, S. 326–337.
146 Entsprechend rückt die Präsenz des Körpers auch bei Annette Gerok-Reiter, Körper – Zeichen, S. 405–430, in den Fokus des Frageinteresses.
147 Philipowski, Gestalt des Unsichtbaren, S. 8.
148 Vgl. ebd., S. 14–19, das Unterkapitel „Erkenntnisinteresse".
149 Ebd., S. 15. – Mit der Frage: „Wie läßt sich im Horizont des höfischen Sichtbarkeitspostulats darstellen, was sich *prima facie* der Sichtbarkeit entzieht, unanschaulich oder – wie das Innere – unanschaubar ist?", die Philipowski mit Müller, Höfische Kompromisse, S. 318, stellt, lässt sich indessen der hier im Folgenden vorgestellte Befund kontrastieren, dass die zeitgenössische *Poetria nova* Galfreds von Vinsauf die Technik des ‚Vor-Augen-Stellens' (angelehnt an die *Rhetorica ad Herennium*) gerade und ausschließlich anhand eines der Sichtbarkeit für den Menschen entzogenen Gegenstandes durchspielt, nämlich anhand des Engelsturzes zu Anbeginn der Schöpfung; vgl. hierzu im Folgenden Kap. IV.1.3, S. 326–337.
150 Vgl. dazu Philipowski, Gestalt des Unsichtbaren, S. 35–67, Kap. 1 „Das göttliche Innere: *anima/Seele*". Für die volkssprachliche Literatur jedoch modifiziert Philipowski, ebd., S. 369, dieses Frageinteresse, wie sie im Resümee zusammenfasst: „In einem ersten Schritt wurde festgestellt, dass die Literatur sich dabei – ungeachtet seiner Prominenz in der zeitgenössischen Philosophie und Theologie – nicht des Konzeptes einer gottgeschaffenen, unsterblichen und unstofflichen Seele bedient. Es sind demgegenüber vor allem fünf Muster, in denen das Innere literarisch verarbeitet wird, nämlich die Bezeichnung durch die weitgehend unspezifischen Begriffe *muot*, *sin* oder *geist*, das (körperliche!) *herze*, Allegorie und Metapher sowie die abstrakte Dichotomie von ‚Innen' und ‚Außen' und die Emotionsdarstellung." Es zeigt sich hier, dass Kategorien wie Tugend oder Gutheit und ihre Verbindung zu körperlicher Schönheit aufgrund der gefundenen Kategorien nur bedingt in den Blick rücken können.

> [J]edes Innere [kann] nur in dem Maße in den Blick geraten [...], in dem es zum Außen wird und [...] als notwendige Folge daraus [können] Innen und Außen ebensowenig gegeneinander ausgespielt werden [...] wie Gegenwärtigkeit und Zeichenhaftigkeit, weil das eine immer nur mit dem anderen oder durch das andere erfahrbar wird.[151]

So sehr Philipowski ihre Perspektive auch über die Präsenzdebatte entwickelt und das Verhältnis des von ihr als ‚präsent‘ gedachten Körpers zum ‚Unpräsenten‘ (hier: der Seele) sich mit derselben reibt, so sehr ist das Verhältnis von Innen und Außen, die Zeichenfunktion des Körpers doch an eine – wie oben bereits angedeutete – ältere, ‚präsenzfreie‘ Forschungsströmung gekoppelt, welche – von gewissen Postulaten der Ästhetik (Eco) ausgehend – einen durchaus semiotisch zu nennenden Zugriff auf literarische Körper entwickelt hat.[152] Obgleich Philipowski ganz wesentlich auch nach den Brüchen in der Beziehung zwischen ‚Innen‘ und ‚Außen‘ fragt, basiert ihre Arbeit im Ganzen doch gerade dezidiert auf der Inbezugsetzung der Oberfläche und der Tiefe.

Es lassen sich also verschiedene Perspektiven der Forschung auf körperliche Schönheit resümieren: Es zeigt sich, dass die Beziehung des schönen Körpers zu einem variablen Anderen, welches mit einem – qua Äquivalenz erzeugten, dann jedoch metaphorisch oder ontologisch übertragenen – ‚inneren‘ Schönen korrespondiert, verschiedene Formen annehmen kann. Diese Beziehung kann als konventionalisierte, ethisch-körperliche Koinzidenz (‚Kalokagathie‘) gedacht werden, sie kann in eine Wahrheitsbeziehung eintreten und als Zeichen formatiert sein oder – im Rahmen der Präsenzdebatte – zur unmittelbaren, selbstidentischen Gegenwärtigkeit eines offenliegenden Verborgenen werden. Auch das ‚innere Schöne‘ jedoch kann verschiedene Werte annehmen. Dieses ‚Innere‘, ‚Bezeichnete‘, ‚Präsente‘ kann die Form der Tugend, des Adels, in einigen Fällen auch des Guten schlechthin annehmen.

Im Folgenden soll auch argumentiert werden, dass in diesen Konzepten positivierende Vorannahmen einer älteren, mit der ‚höfischen Liebe‘ befassten Forschung zur Rolle der Minnedame perpetuiert werden, welche nicht zuletzt durch die eingeführten theoretischen Modelle eine erweiterte Legitimation erhalten haben.[153] Es soll im Folgenden zunächst gezeigt werden, dass das im Sinne eines Zeichenprinzips verstandene (germanistisch-mediävistische) ‚Kalokagathie‘-Prinzip sich in seiner mus-

---

151 Ebd., S. 17.
152 Wiewohl Philipowski die Außen-Innen-Relation stark differenziert, so sagt sie doch gerade zum schönen „höfischen Körper", dass dieser ein unhintergehbares Zeichen für sein Inneres sei und dass seine Schönheit – am Beispiel von Chrétiens Enide – Adel signifiziere. Was sie in ihrem Unterkapitel „Die Lesbarkeit höfischer Körper" (ebd., S. 292–308) weiterhin als vom Körper abgebildetes Inneres thematisiert, ist indessen auf einer völlig anderen Ebene gelagert, insofern sie hauptsächlich solche Stellen diskutiert, welche die Ablesbarkeit von Affekten am Körper zum Gegenstand haben.
153 So etwa in der Bewertung der Enite-Figur durch die einflussreichen Aufsätze zu Epik und Sang von Hugo Kuhn, der auf eine Überhöhung der ‚Minnedame‘ als *summum bonum* abzielt. Vgl. Hugo Kuhn: Erec; ders., Aspekte des dreizehnten Jahrhunderts, S. 20, sowie ders., Wolframs Frauenlob, S. 200–210. Vgl. auch hier im Folgenden die Diskussion in Kap. III.3.2.2, bes. Kap. III.3.2.2.2.

tergültigen Form gerade nicht im Rahmen der säkularen, höfischen Literatur um 1200 realisiert, sondern in zeitlicher und sozialhistorischer Distanz. Es ist dabei zu beobachten, dass die – von Gerok-Reiter ins Spiel gebrachte – Nachfolge Chrétiens und Hartmanns im 14. und 15. Jahrhundert nicht einfach deren konsequente Fortführung ist; es finden vielmehr signifikante Transformationen statt, die zwar auf die Zeit um 1200 zurückzugehen scheinen, mit dieser aber nicht einmal mehr die Oberfläche gemeinsam haben. Zudem wird ersichtlich, dass auch das, was häufig als die ‚höfische Literatur' bezeichnet wird, von demjenigen durchdrungen ist, was gemeinhin differentiell als ‚geistlich' bezeichnet wird. Es erscheint wenig sinnvoll, diese Elemente zu isolieren und als geistliche Residuen in sonst laikalen Texten zu werten.

III.2 Die Beziehung des Körpers zu den Wahrheitsspielen

Die ‚Kalokagathie', in ihrer historisch nicht zu stützenden *common sense*-Auffassung als Zusammenstimmung des schönen Körpers mit der Tugend, ist – so ist argumentiert worden und soll im Folgenden demonstriert werden – mehr eine neuzeitliche denn eine vormoderne Denkfigur. Zwar kann vielfach gezeigt werden, dass der Preis körperlicher Schönheit und der Preis innerer Tugenden (oder ‚Gutheiten') in vormodernen Texten immer wieder koinzidieren,[154] es soll jedoch argumentiert werden, dass dieser Zusammenfall keineswegs ein so notwendiger ist, wie es das sogenannte ‚Kalokagathie-Prinzip' begründet, sondern vielmehr das unwahrscheinliche und gerade deswegen immer wieder erzählte glückliche Koinzidieren einander widerstrebender, zumindest jedoch einander fremder Kategorien darstellt. Um dies darzustellen, soll anhand zweier exemplarischer Analysen rückwärts geschritten werden. Ausgehend von der Physiognomik und Pathognomik Johann Caspar Lavaters, an welcher beispielhaft gezeigt werden kann, wie konkurrierende epistemische Formationen einer epistemischen Schwelle die aufwändige Verbindung von ‚Außen' und ‚Innen' des Körpers zu stiften vermögen (Kap. III.2.1), werden zunächst mehrere Fassungen der Erzählung von den ungleichen Kindern Evas behandelt, welche – mit ihrer Aufnahme in die Grimmschen Kinder- und Hausmärchen – als prototypisch verabsolutiertes Moment einer ‚romantisch'-philologischen Mittelalter-Imagination gelesen werden kann (Kap. III.2.2). Dem wird in einem dritten Schritt mit verschiedenen Genesis-Retexten (Kap. III.3.1), mit Texten des Strickers und dem *Welschen Gast* Thomasîns von Zerklaere (Kap. III.3.2.1) sowie Hartmanns von Aue *Erec* (Kap. III.3.2.2) eine Analyse entgegengestellt, die an konkreten Bei-

---

154 Das folgende Kap. IV, S. 273–450, wird zu zeigen versuchen, dass etwa die einflussreiche Auffassung, die Edmond Faral: Les arts poétiques du XIIe et du XIIIe siècle. Recherches et Documents sur la Technique littéraire du Moyen Age. Paris 1924, S. 80, in Hinblick auf die *descriptio* (weiblicher) Schönheit formuliert hat („Un portrait complet comprend deux parties et traite successivement du physique et du moral."), in ihrer Absolutheit und Eindeutigkeit nicht zu halten ist.

spielen untersucht, inwiefern das in der germanistisch-mediävistischen Forschung zirkulierende, sogenannte ‚Kalokagathie-Prinzip' selbst dort nicht in Anschlag gebracht werden muss, wo tatsächlich die Forderung ‚innerer' Werte mit einer Diskussion der äußerlichen *schœne* des Körpers in Kontakt gebracht wird. Es kann gezeigt werden, dass dieser diskursive Kontakt des schönen Körpers mit der Tugend oftmals die Gestalt des ethischen Problems annimmt, welches der Selbstsorge und -erkenntnis des ethischen Subjektes im Sinne Foucaults[155] gestellt wird. Hier kommt es schließlich zu einer Wiedereinführung des Begriffs ‚*kalokagathía*', welcher indessen in Hinblick auf seinen klassischen Bedeutungsumfang (Xenophon, Aristoteles) geschehen kann, der sich von dem *common sense*-Begriff der germanistisch-mediävistischen Forschung, wie sie oben dargestellt worden ist, wesentlich unterscheidet, der aber gleichwohl schon dort mit der Schönheit des Körpers in Verbindung gebracht wird (Kap. III.4).

III.2.1 Einschreibung aus dem Inneren: Lavater, *Gedihte von der physonomie*, Wernher der Schweizer: *Marienleben*

„Nein, lieber Agathon", sagte Sokrates, „der Wahrheit kannst du nicht widersprechen; dem Sokrates zu widersprechen böte gar keine Schwierigkeit. (...)" (Platon: *Symposion*)

Der Körper und die Moral werden in letzter Konsequenz erst in der Ästhetik des 18. Jahrhunderts in ein Verhältnis der Wahrheit gesetzt, welches auch auf physiognomische Theoriebildung wirkt.[156] In Johann Caspar Lavaters so berüchtigten wie

---

155 Techniken der Selbstsorge verstehe ich hier im Sinne der von Foucault entwickelten Idee einer ‚Ethik des Selbst'; vgl. dazu überblicksartig Ruoff, Foucault-Lexikon, S. 130–132. Foucault hat ‚Ethik des Selbst' allerdings nicht in Hinblick auf das Mittelalter entwickelt.
156 Ähnlich stellt bereits Karl Pestalozzi: ‚Von der Harmonie der moralischen und körperlichen Schönheit.' Lavater und die schöne Gräfin Branconi. In: Ethik und Ästhetik. Werke und Werte in der Literatur vom 18. bis zum 20. Jahrhundert. Festschrift für Wolfgang Wittkowski zum 70. Geburtstag. Hrsg. von Richard Fisher. Frankfurt a. M. 1995 (Forschungen zur Literatur- und Kulturgeschichte 52), S. 31–42, hier S. 31, mit Bezug zum Kalokagathie-Begriff fest: „Daß das Schöne und das Gute eins seien, war eine griechische Grundanschauung, die Xenophon im ausgehenden 5. Jahrhundert auf den Begriff der *Kalokagathia* gebracht hatte, der seither in der Ethik-Diskussion [...] eine wichtige Rolle spielte. Im 18. Jahrhundert hatte Shaftesbury diese Diskussion neu belebt, Wieland, Lessing und Herder hatten sie aufgegriffen. Die im Ideal der *Kalokagathia* liegende Spannung wurde jedoch dadurch abgeschwächt, daß man, zum Beispiel in der Vorstellung der ‚schönen Seele', Schönheit nurmehr innerlich verstand. Gleichzeitig wurde es andererseits zum Grundsatz der von Winckelmann angeregten klassizistischen Ästhetik und bildenden Kunst, die Guten schön und die Lasterhaften häßlich darzustellen." Vera Bachmann: Stille Wasser – tiefe Texte? Zur Ästhetik der Oberfläche in der Literatur des 19. Jahrhunderts. Bielefeld 2013, S. 63, formuliert: „Das Problem, als dessen Lösung die Physiognomik auftritt, wird, wenn auch sicher nicht von ihr erschaffen, so doch jedenfalls durch sie in aller Schärfe herausgestellt und prozessiert." – Im Zusammenhang mit dem Kalokagathie-Begriff diskutiert auch Claudia Kestenholz: Oberflächen. Physiognomisch-pathognomische Überlegungen zur Sichtbarkeit im Schönen bei Johann Joachim Winckelmann. In: Physiognomie und Pathognomie.

berühmten *Physiognomischen Fragmenten* (um 1775) findet sich dieses Wahrheitsverhältnis, insofern in dem Fragment *Von der Harmonie der moralischen und der körperlichen Schönheit* Zeichen und Bezeichnetes in einer ontologisierenden Tautologie zusammenfallen:[157]

> Es fragt sich: ‚Ist eine sichtbare, erweisliche Harmonie und Zusammenstimmung der moralischen und körperlichen Schönheit? Eine Harmonie zwischen moralischer und körperlicher Häßlichkeit? und eine wesentliche Disharmonie zwischen moralischer Schönheit und körperlicher Häßlichkeit; zwischen moralischer Häßlichkeit und körperlicher Schönheit?'
> Von Millionen Stimmen der Natur wird diese Frage laut bejahet; wie könnt' ich sie verneinen?[158]

Auffällig ist, dass hier von vornherein nicht Körper und Ethik kontrastiert werden, sondern dass – umgekehrt – ein ontologisch beziehungsweise metaphysisch zu nennender Schönheitsbegriff vorausgesetzt wird,[159] welcher sich danach differenziert, ob er sich in der Moral oder im Körper ausformt. Körper und Tugend werden hier insofern in ein Tautologieverhältnis gebracht, als sie Anteil an der einen Schönheit schlechthin haben, welche freilich selbstidentisch ist. Schönheit – ob in ihrer körperlichen oder moralischen Ausformung – ist freilich immer Schönheit, das Signifikationsverhältnis[160] ist selbstreferentiell, mithin also gar kein Signifika-

---

Zur literarischen Darstellung von Individualität. Festschrift für Karl Pestalozzi zum 65. Geburtstag. Hrsg. von Wolfram Groddeck, Ulrich Stadler. Berlin/New York 1994, S. 76–94, hier S. 80–82, die Theoriebildungen Lavaters, aber auch Winckelmanns (ebd., S. 82 f.) oder Lessings (ebd., S. 85).
157 Ausführliche Darstellungen zur physiognomischen Lehre des 18./19. Jahrhunderts sind in großer Zahl vorhanden. Zu nennen ist bspw. Stephan Pabst: Fiktionen des inneren Menschen. Die literarische Umwertung der Physiognomik bei Jean Paul und E. T. A. Hoffmann. Heidelberg 2007 (Jenaer Germanistische Forschungen N.F. 21), der besonderen Wert auf Differenzierung zwischen wissenschaftlich ausgerichteter und literarisierter Physiognomik legt. Einen Abriss zur Wissenschaft der Physiognomik und zum Einsatz von Bildern ebd., S. 21–95 u. S. 97–165, zu Lavater bes. auch S. 124–136. – Allgemein und einführend zur Physiognomik Lavaters vgl. Alexander Košenina: Literarische Anthropologie. Die Neuentdeckung des Menschen. Berlin 2008, hier S. 131–145, Kap. 9: „Physiognomik und Pathognomik", sowie Daniela Bohde: Die Physiognomik Johann Caspar Lavaters oder der Versuch das Unsichtbare sichtbar zu machen. In: Zwischen Sichtbarkeit und Unsichtbarkeit. Visualität in Wissenschaft, Literatur und Kunst um 1800. Hrsg. von Jürgen Kaufmann, Martin Kirves, Dirk Uhlmann. Paderborn 2014 (Laboratorium Aufklärung 24), S. 159–183. Vgl. auch: Claudia Schmölders: Das Vorurteil im Leibe. Eine Einführung in die Physiognomik. 2., durchgesehene Aufl. Berlin 1997.
158 Johann Caspar Lavater: Physiognomische Fragmente zur Beförderung der Menschenkenntnis und Menschenliebe. Eine Auswahl. Hrsg. von Christoph Siegrist. Stuttgart 2004, S. 45–84, hier S. 45.
159 Ebd., S. 47: „Doch ich will es zugeben: dergleichen metaphysische Präsumptionen, so einleuchtend sie scheinen, und so viel sie wenigstens bey gewissen Leuten gelten sollten, sind nicht beweisend genug."
160 Obgleich Lavater selbst eine Zeichentheorie nicht vordergründig ausführt, hat die Forschung seine Physiognomik immer wieder im Sinne einer solchen gelesen; vgl. bspw. Bachmann, Stille Wasser, S. 63, oder Bohde, Die Physiognomik Johann Caspar Lavaters, S. 160. Kestenholz, Oberflächen, S. 90, schreibt: „Dem wechselnden Ausdruck der Seele im Körper aber ist die eigentlich körperliche Schönheit allenfalls Medium, welches der Semiotik der pathognomischen Lektüre für

tionsverhältnis, insofern Signifikat und Signifikant von vorneherein zusammenfallen. In demselben Sinne wird diese Schönheit bei Lavater in ein Verhältnis zu einer Wahrheit gesetzt, die – wiederum tautologisch – als selbstidentisch und selbstevident eingeführt ist.

Die hier eingeführte Identität der Schönheit im körperlichen wie im moralischen Bereich begründet jedoch gleichwohl noch nicht, dass erstere zu einem verlässlichen Zeichen für letztere werde, sie bildet jedoch die Voraussetzung dafür, das Körperliche und das Moralische einander zu verähnlichen.[161] Den ersten Schritt hierzu stellt Lavaters Postulat einer prinzipiellen „Harmonie", als einer „Zusammenstimmung" beziehungsweise ‚Konsonanz', zwischen den getrennten Größen körperlicher und moralischer Schönheit dar. Um den Körper als verlässliches Abbild der moralischen Verfassung des Menschen aufzufassen, bedarf hier jedoch eines weiteren, rationalisierenden Zwischenschrittes, welcher die Schönheit der moralischen Verfasstheit mit der Schönheit des Körpers ursächlich verbindet. Hierfür sind zwei Prämissen nötig:

> Ich setze voraus, was auch kein Moralist läugnen wird; daß gewiße Zustände der Seele, gewisse Empfindungen, Empfindungsweisen, Neigungen, schön, anmuthig, edel, groß sind, und jedem empfindsamen Herzen Wohlgefallen, Achtung, Liebe, Freude gleichsam abnöthigen[.]
> (Lavater: Von der Harmonie, S. 47)

> Ich setze voraus, was jedem gesunden, auch ungeübten Auge einleuchtend ist: daß es Schönheiten und Häßlichkeiten der Züge des Angesichtes gebe. (Lavater: Von der Harmonie, S. 47)

Diese Schönheit der Züge, die eine situative, expressive, affektbezogene Regung des Gesichts meint, kann einfacher mit den ‚Seelenregungen' in Verbindung gebracht werden als die angeborene Konstitution des Körpers, welcher ebenfalls als Ganzes schön oder hässlich sein kann:

> Wir fassen zusammen:
> Was in der Seele vorgeht, hat seinen Ausdruck auf dem Angesichte.
> Es giebt moralische Schönheiten und Häßlichkeiten.
> Es giebt körperliche Schönheiten und Häßlichkeiten der Züge im menschlichen Angesichte.
> (Lavater: Von der Harmonie, S. 49)

---

ihren eigenen Zweck entbehrlich ist. Der schöne Körper ist weder Zeichen noch Anzeichen, er macht Zeichenhaftigkeit möglich, besser als der häßliche Körper, aber nur in absoluter Entgegensetzung zu ihm."

161 Dass sowohl der Körper als auch ein unsichtbarer Wert der Innerlichkeit Anteil an der Schönheit haben und insofern einander ähneln, ist freilich durch das oben bereits eingeführte Sprachspiel, in welchem *bonum* und *pulchrum* zu äquivalenten sprachlichen Ausdrücken zusammengebunden werden, vorgebildet. So heißt bspw. in Konrads von Würzburg *Engelhard* über die Ehefrau von Engelhards Vater: *ein schœnez wîp er hæte / an herzen und an lîbe* (V. 226 f.; der *Engelhard* wird hier und im Folgenden zitiert nach: Konrad von Würzburg: Engelhard. Hrsg. von Ingo Reiffenstein, 3. neubearbeitete Aufl. d. Ausgabe von Paul Gereke. Tübingen 1982 [ATB 17]). Die Schönheit des Leibes wird hier indessen nicht zum ‚Ausdruck' der Schönheit des Herzens.

Die Schönheit der Züge wiederum wird anschließend auf eine Schönheit der ‚Linien' des Gesichtes zurückgeführt, indem sich hässliche Züge und Gesichtsausdrücke als Zusammensetzung aus hässlichen Linien, schöne Gesichtsausdrücke umgekehrt aus schönen Linien erklären, so „daß ordentlich mit zunehmender Häßlichkeit der Leidenschaft auch die Schönheit der Linie abnimmt" (Lavater: Von der Harmonie, S. 50). Die ‚Linie' aber, die einerseits als Referenz an die geometrische Einheit in der Ästhetik eine festverankerte Kategorie[162] ist, wird andererseits im engeren Sinne zur prägenden Vermittlungsinstanz, welche die sich in ihr abbildende seelisch-moralische Verfasstheit dauerhaft auf die Oberfläche der Physiognomie projiziert und einschreibt. Folge ist der Übergang der Physiognomik zur Pathognomik (Lichtenberg):[163]

> Ein jeder vielmals wiederholter Zug, eine jede oftmalige Lage, Veränderung des Gesichts, macht endlich einen bleibenden *Eindruck* auf den weichen Theilen des Angesichtes. Je stärker der Zug, und je öfter er wiederholet wird, desto stärkern, tiefern, unvertilgbarern Eindruck (und wie unten wird erwiesen werden, selbst auf die knochigten Theile von früher Jugend an) macht er.
> Ein tausendmal wiederholter angenehmer Zug drückt sich ein, und giebt einen bleibenden schönen Zug des Angesichts.
> [...]
> Moralisch-schöne Zustände nun, haben zu folge dessen was wir oben gesagt haben, schönen Ausdruck. (Lavater: Von der Harmonie, S. 52)

Schönheit wird also deshalb zu einem wahrheitsfähigen Zeichen für Tugend, weil Tugend Schönheit verursacht. Dabei stellt Lavater in Rechnung, dass es auch Menschen von grundlegend hässlichem Äußeren geben könne, dem sich durch eine schöne moralische Disposition auch schöne Züge in das an sich hässliche Gesicht prägen können und umgekehrt. Dies könne jedoch im Wachstumsprozess des einzelnen Menschen zu einer dauerhaften Veränderung führen. Was bisher eine am einzelnen Individuum verstetigte *eloquentia corporis* ist, wird im Folgenden jedoch zur Ursache dafür, dass tatsächlich der Körper als Ganzes und nicht allein die schönen Linien auf einem (schönen oder hässlichen) Gesicht zum wahrheitsfähigen Ausdruck der moralischen Disposition werden, indem die verstetigte Prägung des

---

162 Zu den verschiedenen Bedeutungsdimensionen der ‚Linie' und ihrer Anbindung an die Ästhetik vgl. Pabst, Fiktionen, S. 99, der konstatiert: „Im Begriff der Linie überlagern sich mehrere Diskurse. Und erst durch diese Überlagerung wird sie so enorm attraktiv für Lavater." (ebd.) – Vgl. zur radikalen Abstraktion und Verabsolutierung der Linie bei Lavater und zu Georg Christoph Lichtenbergs Kritik hieran im *Fragment von den Schwänzen* von 1783 auch Košenina, Anthropologie, S. 138. – Es wäre zu fragen, ob sich vielleicht von einer prinzipiellen ‚Ästhetisierung' der Physiognomik im 18. Jahrhundert sprechen ließe. Vgl. das Forschungsreferat bei Papst, Fiktionen, S. 15 sowie S. 95, wo von „einer Verschiebung der Physiognomik in die Ästhetik" die Rede ist.
163 Vgl. Pestalozzi, Von der Harmonie, S. 32.

einzelnen Körpers den Körper der nächsten Generation prägt. Physiognomik wird hier zu einer pathognomischen Vererbungslehre ausgebaut:[164]

> Nehmet die schönsten herrlichsten Menschen; setzet, daß sie und ihre Kinder sich moralisch verschlimmern, unbändigen Leidenschaften sich überlassen, und folglich auch in mancherley Sümpfen und Pfützen von Immoralität und Niedrigkeit nach und nach immer tiefer versinken: o wie sich diese Menschen, wenigsten ihre Physiognomien, von Geschlecht zu Geschlecht verunstalten werden! (Lavater: Von der Harmonie, S. 66)

Wo vorher nur die Linie auf dem Gesicht, nicht aber das Fleisch, „die Farbe" oder „das Ding" selbst wahrheitsfähig war,[165] ist es nun über die generationsweise fortschreitende Einprägung des Fleisches selbst, das hierdurch zum wahrheitsfähigen Zeichenträger wird:

> Nehmt den häßlichsten Menschen diejenigen Kinder, die auch wirklich schon ausgedrücktes Ebenbild ihrer Aeltern sind – entreißt sie ihnen, und erzieht sie in einer öffentlichen wohleingerichteten und gut exequirten Anstalt. Der Schritt, den auch die Schlimmsten zu ihrer Verschönerung gethan haben, wird in die Augen fallen. Setzet diese, wenn sie erwachsen sind, in Umstände, die ihnen die Tugend wenigsten nicht zu schwer machen, wo sie keine außerordentlichen Reizungen zum Laster haben; und laßt sie sich unter einander heurathen; setzet den Fall, daß in allen wenigstens einiger Trieb nach Verbesserung fortwirke, daß nur einige Sorgfalt und Fleiß eben nicht der kunstmäßigste, auf die Erziehung gewandt werde, daß die Kinder von diesen sich auch nun wieder unter sich verheurathen, u. s. w. In der fünften, sechsten Generation, welche immer schönere Menschen werdet ihr haben (wofern sich nicht ganz sonderbare Vorfälle dazwischen gedrängt) nicht nur in ihren Angesichtszügen, in der festen Knochenbildung des Haupts, in der ganzen Figur; in allem! Denn wahrlich in Gesellschaft der anderen Tugenden und der Gemüthsruhe, erzeugt ordentliche Arbeitsamkeit, Mäßigkeit, Reinlichkeit; – und einige Sorgfalt für diese Dinge bey der Erziehung, wirklich Schönheit des Fleisches, der Farbe[.] (Lavater: Von der Harmonie, S. 68)

Der Schritt von der Physiognomie und Pathognomie des Einzelnen zur Pathognomik der Generationen ist für Lavater notwendig, um „das Normative seiner physiognomischen Beobachtungen", den theoretischen „Anspruch zu wissen, wie der Mensch idealiter beschaffen sei, nämlich schön und gut",[166] mit der Empirie verbinden zu können. Claudia Kestenholz schreibt prägnant über Lavater: „Für den Pfarrer aus Zürich ist der schöne Körper fleischgewordene Seelenschönheit".[167]

Das *Fragment von der Harmonie der moralischen und körperlichen Schönheit* ist einen langen Weg gegangen, bevor das schöne Fleisch selbst zum wahrheitsfähigen Indikator beziehungsweise zum ehrlichen Ausdruck der Moral geworden ist. Begründet ist auch diese Schönheitslehre in einer metaphysischen Konzeption, welche mit

---

[164] Die Vererbungslehre zwischen „Generation und Individuum" diskutiert auch Pestalozzi, Von der Harmonie, S. 32.
[165] Vgl. Lavater: Von der Harmonie, S. 54.
[166] Pestalozzi, Von der Harmonie, S. 31.
[167] Kestenholz, Oberflächen, S. 90.

der platonisierenden Ideenlehre Augustins durchaus noch Ähnlichkeiten aufweist, in ihr Zentrum jedoch eine Gottesebenbildlichkeit setzt – „Gott! wie tief sinkt der Mensch von der Schönheit, die deine väterliche Milde ihm so reichlich anschuf; dein Ebenbild!"[168] –, welche die traditionell getrennten Werte von *pulchrum* und *pulchritudo* in eins setzt.

Während auch bei Lavater alle Schön*heit* in Gott gründet, ist sie hier jedoch zugleich identisch mit dem Schön*sein* der Oberfläche: „Ist jeder Mensch ein Ebenbild Gottes, so der schöne in besonders strahlender Weise."[169] Es ist nicht, wie bei Augustins ‚Lob des Wurms',[170] die Wohleinrichtung des Organismus, welche die *pulchritudo* offenbart, die als intelligible Kategorie an Gott zurückgebunden ist, sondern es ist das ästhetische, sinnenhaft wahrnehmbare *pulchrum* der Kreatur selbst, welches – in einer ästhetischen Aufstiegsbewegung – zur Idee des Menschen als gottebenbildliches Höchstes der Schöpfung führt:

> In einem Garten war's im schönsten Monate, als ich vor einem Beete, voll der herrlichsten Blumen, wonnevoll stand. Mit lusttrunkenem Blicke hieng ich eine Weile auf diesen schönen Kindern Gottes, und in diesem süßen Gefühl stieg ich in meinen Gedanken zu lebendigern Thierschönheiten, und so fort zum Menschen empor, zu dem höchsten, das ich durch meine Sinnen erkennen kann! zu ihm, der so viel perfektibler ist, als alle Blumen! stand, und ein herrlich Menschenbild war vor meiner Stirn – das mein Herz mit hoher Wonne umfieng[.][171]
> (Lavater: Von der Harmonie, S. 61)

Es wird im Folgenden zu zeigen sein, dass der extreme Aufwand, den die *Physiognomischen Fragmente* betreiben müssen, um das Schön*sein* des Fleisches an ein/e unsichtbare/s, innere/s Gutheit/-sein zu binden und eine Beziehung der Wahrheit zwischen ihnen zu stiften, in vormodernen Texten lange kein Äquivalent hat. Auch

---

168 Ebd., S. 67.
169 Pestalozzi, Von der Harmonie, S. 35. – Pestalozzi, ebd., S. 37, konstatiert in dieser Gottebenbildlichkeit nicht zuletzt die einschneidende und entscheidende Umwertung: „Die Gottebenbildlichkeit ist dem Menschen ursprünglich verliehen, gnadenhaft, ihre Aufrechterhaltung respektive ihre endgültige Erlangung im Jenseits ist vom eigenen Verhalten abhängig gemacht. Das führt zur Unterscheidung zweier Arten von Schönheit, einer ursprünglichen und einer erworbenen respektive aufrechterhaltenen, einer physio- und einer pathognomischen [...] Das griechische Ideal der *Kalokagathia* erfährt damit eine christlich-klassizistische Bestätigung." Ebenfalls stellt Pestalozzi, ebd., S. 39, jene Verwirrung der Kategorien fest, von der auch die vorliegende Studie ausgeht: „Inwiefern das Kunstschöne beanspruchen dürfe, gut und wahr, ja transzendent zu sein, trägt dieses als Teil der Irritation, die von ihm ausgeht, bis heute an sich." – Zur Gottebenbildlichkeit vgl. Bohde, Die Physiognomik Johann Caspar Lavaters, S. 164, zum Zusammenhang von Physiognomik und Kunstschönheit weiterführend ebd., S. 173–182. Bachmann, Stille Wasser, S. 71, formuliert: „Die Frage nach dem Schönen in der Kunst wird in der klassischen Ästhetik des 18. Jahrhunderts vorrangig am Beispiel der antiken Skulptur verhandelt; Schönheit wird also als körperliche Schönheit gedacht."
170 Vgl. Augustinus: De vera religione XLI.77.217–220; dazu im Folgenden Kap. IV.3, S. 426.
171 Diese schöne Form ähnelt älteren Konzepten der *anagogé* nurmehr an der Oberfläche. Vgl. hierzu im Folgenden Kap. V.1, S. 451–494.

die Gottebenbildlichkeit als physiologische Ähnlichkeit zum menschgewordenen Gott Christus, wie sie bei Lavater letztendlich modelliert ist, findet sich hier nicht.[172] Die besondere Wahrheitsfähigkeit der Bezeichnungsrelation zwischen den beiden Schönheiten, der körperlichen und der moralischen, wird bei Lavater über eine extreme Dynamisierung des Zeichens, durch eine prozesshafte Einprägung des Inneren an der Oberfläche des Äußeren erreicht, in welcher das Bezeichnete selbst das Zeichen verursacht. Das Zeichen wird so zum vollkommenen Ausdruck dessen, was es äußerlich abbildet. Die äußere Schönheit, die in der Schönheit der Zusammensetzung der Linien besteht, wird so letztlich tautologisch und selbstidentisch mit der verursachenden inneren Schönheit in eins gesetzt.

Die Physiognomie ist freilich keine Wissenschaft derjenigen Episteme, die als ‚modern' bezeichnet werden kann. Gleichwohl wird sie in den *Physiognomischen Fragmenten* deshalb wahrheitsfähig, weil die Logik der Bezeichnung mit der Logik der transformativ wirkenden Vererbung und Pädagogik – kurz: Biopolitik im Foucault'schen Sinne – zusammengebracht, weil das starre Bezeichnungssystem aufgelöst wird.[173] Im Kontrast zeigt sich anschaulich die kategoriale Eindeutigkeit vormoderner Physiognomien, welche indessen nicht weniger, sondern auf den ersten Blick eher stärker ontologisierend operieren, insofern hier die Zeichenrelation zwischen Körperelementen und Charaktereigenschaften selbst verabsolutiert zu werden scheinen.

Als Beispiel soll jene kurze Physiognomie von 396 Versen Länge dienen, die zuerst im sogenannten *Hausbuch* des Michael de Leone (München, UB, 2° Cod. ms. 731, 235va–238va unter der Überschrift: *Getihte von der physonomie. Diz ist grozzer meister*

---

172 Der radikale Entwurf, den Johannes Scotus Eriugena in seinem *Periphyseon* (*De divisione naturae*) geliefert hat, setzt die Erschaffung des Menschen als Geistwesen zusammen mit der Erschaffung der Engel als Allegorese des von Gen 1,3 (*dixitque Deus | fiat lux et facta est lux*), die Körperlichkeit des Menschen zum Schluss des Schöpfungsberichtes demgegenüber als sekundäre Folge des Sündenfalls an. Die Gottebenbildlichkeit besteht in diesem Entwurf in der Lichtexistenz des Menschen vor dem Sündenfall und der Körperwerdung. Auch bei Augustinus besteht Gottebenbildlichkeit in der von Gott herrührenden intellektuellen Ausstattung der *mens* und gerade nicht in der Fleischlichkeit der Körperexistenz. Dass der ‚gottebenbildliche' Teil des Menschen sein Geist sei, findet sich in der vernakularen Literatur schon früh in der sog. *Klage* des Strickers, Vv. 622 f.: *got geschu(o)f im niht gliches me | an dem menschen wan den geist* (zitiert nach: Die Kleindichtung des Strickers. Bd. V: Gedicht Nr. 139–167 und Nachwort. Hrsg. von Wolfgang Wilfried Moelleken, Gayle Agler-Beck, Robert E. Lewis. Göppingen 1978 [GAG 107 V], S. 189–217, Nr. 158). – Lavater: Von der Harmonie, S. 78–80, führt indessen, wenn er Gottebenbildlichkeit behandelt, eigens Christusdarstellungen ein. Pestalozzi, Von der Harmonie, S. 32, spricht in diesem Zusammenhang von einer „christologischen Verankerung der *Kalokagathia* bei Lavater".

173 Bspw. Stephan Pabst, Fiktionen, S. 14, hat darauf hingewiesen, dass sich in der Forschung langsam die Einsicht durchzusetzen begonnen hat, dass bei Lavater die „rationalistischen Anteile" von erheblicher Bedeutung für die Physiognomik sind und sie keinesfalls „quer zu physiognomischen Wissensumbrüchen" stehe (ebd., S. 13). Zum wissen(schaft)sgeschichtlichen Standort Lavaters vgl. weiterhin ebd., S. 21–50, zum metaphysischen ebd., S. 51–57.

getihte zu der anwiese der leute von der physonomie) überliefert ist.[174] Nach dem Prolog eröffnet die physiognomische Abhandlung mit einer Definition des Verhältnisses von Innen und Außen:

> Diz buch, daz lert uzzen sehen,
> Waz gemutes man sull ieman iehen.
> Ez kan uzwendig teuten,
> Welich mut sie in den leuten.
> (*physonomie*, Vv. 29–32)

Diese Lehre wird anschließend zweiteilig entwickelt, nämlich einmal anhand der Säftedisposition, wobei jedem der resultierenden Typen – den *sangwinei* (Vv. 43–58), *colerici* (Vv. 59–72), *fleckmaticos* (Vv. 73–88) und *melancolici* (Vv. 89–104) – bestimmte äußerliche Körpermerkmale und Charakterzüge zugeordnet werden.[175] So sind beispielsweise die *sangwinei* von weiß-rötlicher Hautfarbe (*Ir varwe ist weiz und rodehaft*, V. 46) sowie von Freundlichkeit (*Gutlich lachet in der munt*, V. 49), Tatendrang (*Sie tichtent gerne ettewaz*, V. 51) und einer Neigung zur Dichtung (*Sie sint geticht und sagen holt*, V. 53) gekennzeichnet. Frauen werden gegenüber den hier männlich gedachten Typen pauschal als Differenzkategorie behandelt (Vv. 105–110).[176] Schönheit wird als Kategorie nicht eingeführt. Die Reihe der vier Typen ist absteigend geordnet und die *sangwinei* werden als diejenige Komplexion charakterisiert, welcher der Vorzug zu geben ist, wenn es heißt: *Die nature ist die beste* (V. 56).

In einem zweiten, längeren Teil (Vv. 113–396) wird nun der Körper von Kopf bis Fuß in seiner Zeichenhaftigkeit erläutert: *Nu get hie an von den geliden, | Von irn geberden unde siden* (Vv. 113 f.). Wo vorher die innere Verfassung der Säftezusammensetzung in Hinblick auf ihre formativen, äußerlichen (körperlichen und charakterlichen) Effekte erläutert worden ist, wird jetzt die äußere Form in Hinblick auf die korrespondierenden Charaktereigenschaften dargestellt. Insofern beides, die Säftelehre und der Katalog der Körperzeichen, im Rahmen des kurzen Textes zusammengeschlossen werden, erschei-

---

[174] Es existieren drei weitere und spätere Textzeugen, die alle aus der Mitte/zweiten Hälfte des 15. Jhs. datieren, während das *Hausbuch* des Michael Leone Mitte des 14. Jhs. angesetzt wird. Die *physonomie* wird hier und im Folgenden nach dem aus allen vier Zeugen erstellten kritischen Text der Ausgabe von Bernhard Schnell: ‚Gedihte von der physonomie'. Eine deutsche gereimte Physiognomie des 14. Jahrhunderts. In: Vom Mittelalter zur Neuzeit. Festschrift für Horst Brunner. Hrsg. von Dorothea Klein et al. Wiesbaden 2000, S. 369–390, zitiert. Zu den weiteren Hss. vgl. dort S. 375–378. – Horst Wenzel, Hören und Sehen, S. 215–218, behandelt beispielhaft einen weiteren physiognomischen Text, nämlich Hiltgart von Hürnheim: Mittelhochdeutsche Prosaübersetzung des ‚Secretum Secretorum'. Hrsg. von Reinhold Möller. Berlin 1963 (DTM 56), welcher aus dem späten 13. Jhd. stammt.
[175] Zur Temperamentenlehre und zu der zugrundeliegenden Humoralpathologie vgl. einführend bspw. Klaus Bergdol, Gundolf Keil: Art. Humoralpathologie. In: LMA 5, Sp. 211–213, u. Klaus Bergdolt: Art. Temperamentenlehre. In: LMA 8, Sp. 533 f.
[176] Vv. 107–110: *Die frawen sint vil kalder. | Dez sint die man auch balder | An werken und an mute, | Zu ubel und zu gute.*

nen beide Teile, die zunächst unverbunden nebeneinanderstehen, implizit auf einander beziehbar und generieren eine gemeinsame Axiologie. So sind die möglichen Ausformungen der Gliedmaßen und Körperteile – zumindest teilweise – auf die Komplexionstypen rückbeziehbar. Die Basisaxiologie ist dabei – wenn es um quantifizierbare Parameter wie Länge, Umfang oder Menge von Körpermerkmalen geht – über die Pole von ‚Maß' als Positivwert einerseits und die möglichen Abweichungen vom Maß als Negativwert andererseits organisiert.[177] Diese relativen Werte werden an keiner Stelle expliziert und konkretisiert. ‚Schönheit' wird als Kategorie nur an einer einzigen Stelle eingeführt, nämlich im Hinblick auf die Haut der Hände:

> An langen henden gezieret,
> Mit gelidern geordenieret,
> Mit schoner haut, da merke,
> An allen tugenden sterke.
> (*physonomie*, Vv. 301–304)

Die lange, wohlgegliederte Hand mit schöner Haut ist es also, welche die Neigung zur Tugend indiziert.

Gleichwohl lässt sich das ‚Maß' als Kategorie körperlicher Schönheit in narrativen Texten immer wieder plausibel machen, wo es in derselben Art als nicht näher quantifizierbare, apriorische Hohlform figuriert. Dies ist jedoch nur in Ausnahmefällen explizit auf das Modell der Temperamentenlehre rückbeziehbar. Insofern die nicht spezifizierte und nicht spezifizierbare maßvolle Erscheinung des Körpers ihren Ursprung in einer ausgewogenen ‚Temperierung' hat, wird sie – legt man die Temperamentenlehre zugrunde – zugleich zu einem Indiz affektiv-charakterlicher Disposition, welche gleichfalls aus der Säftemischung resultiert. Während die Prävalenz einer der Komplexionen, das Übermaß eines ‚Saftes', die charakterliche und körperliche Disposition determiniert, so ist umgekehrt eine – relative – Ausgeglichenheit der Komplexionen zugleich die Ursache für Maß und Mitte in Charakter und Erscheinung. Gleichwohl ist die vollständige Ausgeglichenheit der Säfte nicht möglich,

---

[177] Das Maß als Kategorie wird beständig aufgerufen: V. 139: *Ein mezzig stirn*; V. 151: *Augbrawen von guten mazzen*; Vv. 165–167: *Gra augen lieht betalle, / Lauter als ein kristalle, / Mezzig an irm getene*; V. 235: *Ein mezzig munt und rosenrot*; V. 245: *Mezzig zene und da bie wîz*; Vv. 265–268 *(Kinn, das mezseclichen sie getan)*; V. 273: *Kele und nack mezlichen lank*; Vv. 333 f.: *Die besten frawen brůst, ich sage, / Die mezzige wit und enge trage*; V. 337: *Von gute mazz geschicket waden*; V. 371: *Ein fersen mezzig, hinden stump*; V. 375: *Ein mezzig fůz und unden hol*. – In die Kategorien des Maßes fallen auch Formulierungen, die Abweichungen abweisen, wie bspw. V. 115: *Gemenget har und dicke genuk*, Vv. 131 f.: *Sin haubet hinden vollechlich / Und wol getan, dast sinnen rich*; V. 213: *Die wange niht zu dicke*, V. 221–224: *Die nase sleht und wol gestalt / Die hat des lustes gut gewalt. / Niht zu spitz da vorn, niht zu breit, / Der ist der beste lop gereit*. – Dementgegen stehen die Kategorien der Abweichung: zu weit (V. 198), lang (V. 209), klein (V. 211), dick und feist (V. 215), hängend (V. 225) usw.

sondern nur als Ausnahmefall denkbar.[178] Eine solche Ausnahme stellt der menschgewordene Gott, Jesus Christus selbst, dar.[179]

Im *Marienleben* Wernhers des Schweizers (1. Hälfte des 14. Jhs.),[180] welches auf der *Vita beate virginis Marie et Salvatoris rhythmica*[181] fußt, findet sich eine längere *descriptio* Jesu im Jünglingsalter (Vv. 5733–6130), welche im Anschluss an die Enumeration der Gliedmaßen (Vv. 5733–6019) ausdrücklich auf die Säftedisposition zu sprechen kommt und einen erläuternden Exkurs zur Säftelehre (Vv. 6019–6066) einführt.[182]

Nachdem im Folgenden dargestellt wird, wie das Überwiegen einer der Komplexionen die Menschen determiniert und in Melancholiker, Choleriker, Sanguiniker und Phlegmatiker einteilt, *Dar nach als iegklichú allermaist / Het anden lúten ir geleit* (Vv. 6039 f.), wird diese natürliche Verfasstheit des Leibes, die von einer ausgewogenen Mischung notwendig abweichen muss, zugleich zur Ursache der notwendig einhergehenden Imperfektion, die sich als ‚Gebrechen' in Hinblick auf den idealen Menschen äußern:

> Da von kumpt brest inallú lider
> Und mænigerhande sere
> Ze laide uns allen mere,
> Und mænig siecht tag an úns kunt
> Von iren fraisen alle stunt;
> Und fůgent úns da mitte not,

---

178 Vgl. den historischen Abriss aus germanistischer Perspektive bei Thomas Bein: Lebensalter und Säfte. Aspekte der antik-mittelalterlichen Humoralpathologie und ihre Reflexe in Dichtung und Kunst. In: Les Ages de la vie au Moyen Âge. Actes du colloque du Département d'études médiévales de l'Université de Paris-Sorbonne et de l'Université Friedrich Wilhelm de Bonn, Provins, 16–17 mars 1990. Hrsg. von Henri Dubois, Michel Zink. Paris 1992, S. 85–106, zur allgemeinen Funktionsweise des Säftehaushaltes. hier bes. S. 88.
179 Es sei daran erinnert, dass der Körper Christi – allerdings unter veränderten Prämissen – auch noch für Lavaters Physiognomik beständig die Referenzgröße bildet. Vgl. hierzu Lavater: Von der Harmonie, S. 78–80. Vgl. zudem Pabst, Fiktionen, S. 51–57, wo die Rolle entwickelt wird, die Christus als jenseitiges Urbild des Menschen im Rahmen der Physiognomik Lavaters inne hat.
180 Im Folgenden zitiert nach: Das Marienleben des Schweizers Wernher. Aus der Heidelberger Handschrift. Hrsg. von Max Päpke, zu Ende geführt von Arthur Hübner. 2. Aufl. Dublin/Zürich 1967 (DTM XXVII).
181 Dieser Text ist wohl um 1250 im südostdeutschen Sprachraum entstanden; vgl. Kurt Gärtner: Art. Vita beate virginis Marie et Salvatoris rhythmica. In: ²VL 10 (1999), Sp. 436–443. – Der Passage zu den Komplexionen aus Wernhers *Marienleben* entsprechen in der *Vita beate virginis Marie et Salvatoris rhythmica* (Hrsg. von A. Vögtlin. Tübingen 1888), die Vv. 3274–3325. – Zum Retext Wernhers vgl. Kurt Gärtner: Art. Wernher der Schweizer. In: ²VL 10 (1999), Sp. 953–957.
182 Wernher der Schweizer: Marienleben, Vv. 6019–6024: *Nu wil ich me betúten: / Es sint an allen lúten / Conplexiones viere, / Die wil ich nemmen schiere: / Melancolya und coleria, / Sangwis und flegma[.]* – Für diesen erläuternden Exkurs gibt es in der *Vita rhythmica* kein Äquivalent. Hier wird die Funktionsweise der Säftemischung offenkundig vorausgesetzt.

> Kurces leben und langen tot;
> Sú gent och me gelegenhait:
> Zorn, lugi, schnellekait,
> Kúrczi, lengi, mager, vais,
> Kúnhait, vorcht und mænige frais
> Mit bresten mæniger hande,
> Die ich nút alle nande.
> (Wernher der Schweizer: Marienleben, Vv. 6042–6054)

Neben Charaktereigenschaften (Zorn, Lüge, Intelligenz, Kühnheit, Furcht) werden auch allgemeine körperliche Eigenschaften, welche das Maß überschreiten, wie Kürze, Länge, Magerkeit und Feistigkeit, als Effekte der Säfteprävalenz aufgeführt. Hiervon nun bildet Jesus Christus unter allen Menschen *expressis verbis* die Ausnahme:

> Nu warent diese fúchtekait
> Och an Cristus menschait,
> Und doch ăn allen bresten gar:
> Iegklichú gab ir bestes dar
> Mit volle, was sú mochte han[.]
> (Wernher der Schweizer: Marienleben, Vv. 6055–6059)

Die Wohleinrichtung der *fúchtekait* und die hieraus resultierende ‚Gesundheit' Christi (V. 6068) geht so weit, dass sogar *sin natúrlich wesen | Vor sterben iemer wol genesen* (Vv. 6071 f.) wäre, *So das er alters wære me | Denne ieman sider was und e* (Vv. 6073 f.), hätte man ihn nicht am Kreuz hingerichtet.

Der zuvor ausführlich beschriebene Körper Christi – vergleicht man ihn probehalber mit der kleinen *physonomie* aus dem Hausbuch des Michael de Leone – trägt die Spuren physiognomischen Wissens. Die auch im *Marienleben* immer wieder direkt oder indirekt figurierende *mâze* (vgl. Vv. 5884, 5894, 5928, 5943, 5947) rückt hier in ein Verhältnis zur ‚Schönheit', weil *Dú schrift in schŏne hat genant* (V. 5759). So, wie auch im Folgenden die Komplexion Jesu als einzigartig charakterisiert wird, ist indessen auch die mit dieser Komplexion korrespondierende Schönheit einzigartig:

> dar umb
> ‚Speciosus pre filiis hominum' [= Ps 44,3[183]]
> Dú schrift in schŏne hat genant,
> Fúr alle schŏne sunne erkant,
> Und vor allen das schŏne kint
> Fúr alle die nu schŏne sint.
> (Wernher der Schweizer: Marienleben, Vv. 5757–5762)

---

183 Ps 44,3, der traditionell als an den ‚Geliebten' gerichtetes Hochzeitslied aufgefasst wird, lautet: *speciosus forma prae filiis hominum | diffusa est gratia in labiis tuis | propterea benedixit te Deus in aeternum* (Übers. [Francesco de Vecchi]: „Prächtig an Gestalt vor den Kindern der Menschen, Anmut ist auf deine Lippen verströmt worden. Deswegen hat dich Gott gesegnet in Ewigkeit.").

Die besondere Schönheit, die Christus aufgrund seiner einzigartigen Komplexion zukommt, unterscheidet ihn in seiner Menschheit von allen anderen Menschen auf gleiche Art, wie seine Mutter, von der er sein Fleisch genommen hat,[184] als einzige unter den Frauen ihr Geschlecht transzendiert.[185]

In der anonymen *physonomie* und im *Marienleben* Wernhers des Schweizers ist das Zeichenverhältnis zwischen der körperlichen Schönheit und tugendhaftem Wohlverhalten also als Effekt der zugrundeliegenden Komplexion gedacht. Insofern die Komplexion sowohl Einfluss auf das Äußere des Körpers wie auch auf das Verhalten hat, wird Tugend zu einem Signifikat des Äußeren, welches Signifikant wird. Gleichwohl kann auffallen, dass die kurze *physonomie* aus dem Hausbuch des Michael de Leone Schönheit – anders als Lavaters Fragment *Von der Harmonie der moralischen und körperlichen Schönheit* – weder für den Körper noch für den Charakter als entscheidende Kategorie einführt. Gleichwohl liegt auch hier ein Ähnlichkeitsverhältnis zugrunde, in welchem – zumindest implizit – Harmonie und Maß ontologisiert werden. Das *Marienleben* Wernhers kann zur Erklärung der besonderen Schönheit Christi auf diese Vorstellungen zurückgreifen.

Es fällt jedoch auf, dass das Maß eine unbestimmte und unbestimmbare Größe bleibt und die Erkenntnisfähigkeit der Wahrnehmenden, der Maßstab zur Beurteilung des Maßes, an keiner Stelle thematisch wird. Jener Punkt, der Lavater so immense Schwierigkeiten bereitet und für den er die universalisierende Kategorie der ‚Schönheit' einführt, die er wiederum an ästhetische Diskurse und an die Zeichenkunst (die Referenz auf die „schöne Linie" einerseits, die Diskussion eines Bildwerks wie Holbeins „Judas" andererseits) zurückbinden kann und welche er nicht zuletzt durch die Beigabe von Bildtafeln[186] sichern muss, nämlich die genaue und endgültige Fixierung dessen, was ‚schön' ist, diese Schwierigkeiten stellen sich der *physonomie* offenbar nicht. Die *physonomie* enumeriert Körperteile, die sie mit Charaktereigenschaften in Verbindung bringt, sie muss jedoch – über die implizite Referenz auf die Komplexion als zugrundeliegende verbindende Ursache hinaus – diese Zeichenrelation nicht begründen, sie muss nicht rechtfertigen, wie der ‚Charakter' eine expressive und einschreibende Wirkung auf die Körperoberfläche hat. Weil ihr nicht die

---

184 Vita rhythmica, V. 3276–3279: *Nam corpus, quod de virgine verbum incarnatum / Sumpsit, de virginea carne propagatum / Constat ex humoribus complexionatum, / Atque qualitatibus proportuinatum*.
185 Vgl. Marina Warner: Alone of all her Sex. The Myth and the Cult of the Virgin Mary. New York 1976 (übersetzt als: Maria: Geburt, Triumph, Niedergang – Rückkehr eines Mythos? München 1982).
186 Zur Rolle des Bildes in der Physiognomik Lavaters vgl. Pabst, Fiktionen, S. 97–103 sowie 124–136. Besonders die Bilder Daniel Chodowieckis stellen für Lavater ein Muster der Konvergenz zwischen physischer und moralischer Schönheit dar; vgl. ebd., S. 124 f.

‚Schönheit' als unifizierende Kategorie zugrunde liegt, muss die *physonomie* nicht – wie Lavater – die einheitliche Schönheit des gesamten Körpers begründen, sondern kann bei der Signifikation des Details verharren. Die enorme Anstrengung, die Lavater darauf verwendet, einen Zusammenhang zwischen ‚moralischer Schönheit' und der Schönheit des Körpers als Ganzheit über die Kombination von Einschreibungs- und Vererbungslehre zu begründen, muss die *physonomie* nicht unternehmen. Wo Lavater von den schönen Einzelzügen, die durch schöne Gemütsbewegungen verursacht werden, über Generationen der ‚Zucht' – im mehrfachen Wortsinne – hin zu einer Schönheit des gesamten Körpers kommt, kann die *physonomie* bei der schönen Haut der Hand verbleiben. Die Wahrheit des Zeichens liegt – implizit – allein in dem Verweis auf die Säftemischung, welche es hervorgerufen hat, und in der Verbindung zu weiteren Effekten dieses spezifischen Mischungsverhältnisses.[187] Gleichwohl die *natur* der Sanguiniker als die beste bezeichnet wird, ist auch diese nur eine Form von Defizienz. Der ganzheitlich schöne Körper, wie er dem Christus des *Marienlebens* eigen ist, stellt die uneinholbare Ausnahme, den göttlichen Superlativ dar, nicht jedoch den Regelfall des durch Tugend zur Schönheit transformierten und transformierbaren Individuums, wie ihn Lavater zu begründen versucht. Der Mensch, der durch Tugend in Schönheit verwandelt wird, ist ein Produkt des 18. Jahrhunderts. Die Wahrheit, die Lavater so tautologisch ins Zentrum der Beziehung zwischen Körper und Moral setzt, übernimmt Elemente einer Episteme der Bezeichnung und Lesbarkeit und transformiert sie zugunsten eines aufklärerischen Subjektbegriffs, einer neuen Pädagogik, einer neuen Naturlehre und einer ästhetischen Diskussion.

Gleichwohl bringt auch die *physonomie* Schönheit und Wahrheit in eine Beziehung zueinander. Bevor die eigentliche humoralpathologische Lehre und der Zeichenkatalog entwickelt werden, gibt es eine erzählende allegorische Einleitung im Modus einer *visio*, in der die personifizierte Physiognomie selbst auftritt.[188] Diese *visio* der physiognomischen Lehre wird unter das Zeichen der Wahrheit gestellt: *Zu*

---

[187] Von welcher Bedeutung diese Umbesetzung bei Lavater ist zeigt sich nicht zuletzt darin, dass die Temperamentenlehre bei ihm ja keineswegs verschwunden ist. Unter Beigabe von Bildtafeln findet sie sich wiederum in einem *Einige Beylagen zur physiognomischen Charakteristik der gewöhnlichen Temperamente* betitelten Fragment; die *Beylagen* sind ediert bei Siegrist: Lavater: Physiognomische Fragmente, S. 334–339. – Die Mischungsverhältnisse der Säfte sind – darauf weist Thomas Bein, Lebensalter und Säfte, bes. S. 91–105, für den Einfluss der Lebensalter und Körperpraktiken (Diätetik etc.) hin – grundsätzlich veränderlich und beeinflussbar. Im Rahmen der *physonomie* wird die allgemeine Relativität schon dadurch herausgehoben, dass alles, was für den männlich-menschlichen Körper gesagt wird, auch für die Frau gilt, insofern man in Rechnung stellt, dass die Temperierung der Frau im Ganzen *kalder* (*physonomie*, V. 107) ist.

[188] Der Herausgeber der *physonomie*, Bernhard Schnell, notiert mit Verwunderung das Urteil der Forschung, die physiognomische Lehre sei als ‚Minnedichtung' gestaltet worden (vgl. Schnell, Gedihte, S. 372). Dieses – sicher nicht richtige – Urteil erklärt sich vielleicht durch diese einleitende Traumvision, welche zum Grundbestand allegorischen Erzählens und damit auch der sogenannten Minnereden zählt.

mir in war gesichtes wis | Komen uz himels paradis | Vil manig schone frawe nam (Vv. 1–3). Die Kombination aus körperlicher Schönheit und guter Bekleidung rechtfertigt ihren Status: *Ieglicher wol die krone zam, | Sie warn schon und wol bekleit* (Vv. 4 f.). Die wirkliche Zierde diese Frauen ist aber nicht ihre Kleidung, sondern die Lieblichkeit weiblicher Zucht (*Frawlicher zuchte minnekeit | Sie zierte me dann rich gewant.* Vv. 6 f.). Bereits anhand dieser Kleidung jedoch wird das Thema der ‚Bezeichnung' entwickelt: *Mir wart ieglicher nam bekannt, | Wann ez ingeschriben was | An irm furspan, als ich las* (Vv. 8–10). Zugleich wird jedoch in dieser bildlichen Umsetzung des physiognomischen Bezeichnungssystems auch dessen Äußerlichkeit betont, das in ‚Eigentliches', ‚Inneres' (*zucht*) und ‚Uneigentliches', ‚Äußeres' (Zeichen, Schrift) differenziert. Dabei bleibt das im zweiten Prologteil angekündigte Thema, das Verhältnis des Körperäußeren zum Gemüt, ein eng begrenztes, insofern hier keine Auskunft über ‚Tugendhaftigkeit' im Allgemeinen, über den Zustand der Seele oder Ähnliches verheißen wird.

Gleichwohl ist in der einleitenden Traumvision, die den Text an das allegorische Feld heranschreibt, dem auch die großem Traum-Allegorien lateinischer Provenienz sowie das weite Feld der sogenannten Minnereden angehören, die nachfolgende physiognomische Lehre an den Schreibauftrag Gottes rückgebunden (vgl. Vv. 13–28). Hierdurch findet – allerdings vermittelt durch die vermittelnde Brechung, die den Traumvisionen eigen ist – eine Rückbindung der physiognomischen Bezeichnungslehre an die höchste Weisheit, Wahrheit und Schönheit statt, die Gott ist. Gegenüber den theologischen Schönheitslehren, die zwischen der *pulchritudo* und den *pulchra* kategorial unterscheiden, kommt hier also zu einer ganz wesentlichen Verflachung des Schönheitsbegriffs, die gleichwohl weniger normativ erscheint, als spätere physiognomische Traditionen nahelegen mögen.

III.2.2 Genesis I: Evas Entscheidung bei Hans Sachs

Wenn du in diesem Schwanz nicht siehst, ... nicht deutlich erkennest ... , nicht mit den Augen riechst, ... so mache mein Buch zu; so bist du für Physiognomie verloren.
(Lichtenberg: *Fragment von Schwänzen*)

Das germanistisch-mediävistische *common sense*-Prinzip der Kalokagathie findet sich scheinbar musterhaft in dem auf den 6. Januar 1558 datierten Schwank *Die ungleichen kinder Eve* des Hans Sachs[189] repräsentiert, welchen Jacob und Wilhelm

---

[189] Der Schwank *Die ungleichen Kinder der Eva* wird im Folgenden zitiert als ‚Schwank' nach: Sämtliche Fabeln und Schwänke von Hans Sachs. In chronologischer Ordnung nach den Originalen hrsg. von Edmund Goetze. 2. Aufl. besorgt von Hans Lothar Markschies. Bd. 1, S. 563–569, Nr. 193. – Eine zeitgeschichtlich ausgerichtete und vergleichende Interpretation der insgesamt vier Fassungen des Stoffes bei Hans Sachs, die bewusst über frühere stoffgeschichtlich verfahrende Beiträge hinausge-

Grimm in einer bearbeiteten Fassung als Nr. 180 in die fünfte Auflage ihrer Sammlung der *Kinder und Hausmärchen* übernehmen.[190]

Adam und Eva haben, seitdem sie geschaffen und aus dem Paradies vertrieben worden sind, eine Vielzahl von Kindern gezeugt, welche teils *schon und adelich, / Sübtil geliedmasirt, undadelich, / Sinreich, geschickt, höfflich, geperlich* (Schwank, Vv. 21–23) sind, in der Mehrzahl[191] jedoch *geferlich, / Doll, dolpet, grob vnd vngstalt* (Schwank, Vv. 24 f.). Eva zieht die Schönen ihrer Kinder vor, welche sie *holt, lieb vnd wert* (Schwank, V. 29) hat, während sie sich um die anderen – *sie warn gschlagen aus der art* (Schwank, V. 32) – nicht kümmert. Als sich nun Gott, der Herr, von einem Engel bei Eva ankündigen lässt, um ihren Hausstand mit Adam und den Kindern auf Erden zu inspizieren, beginnt Eva, das Haus zu schmücken *Vnd det ir schone kinder paden, / Strelen, flechten vnd schmueckt sie schon* (Schwank, V. 48 f.), kleidet sie sauber und unterweist sie in höflichem Benehmen. Die *andern kinder vngestalt* hingegen *Versties sie alle jüng vnd alt* (Schwank, Vv. 55 f.) und beginnt sofort sie im Stroh, im Heu, in der Futterkrippe und im Ofenrohr zu verstecken, da sie den Spott Gottes für diese *vngestalten früecht* (Schwank, V. 62) fürchtet. Als der Herr kommt, hat sie ihre schönen Kinder in einer ordentlichen Reihe aufgestellt, sie grüßen ihn höflich, bieten ihm die Hand, knien nieder und beten ihn an, worauf der gütige Herr sie segnet. Der Reihe nach teilt er seinen Segen aus und ernennt die Kinder zu König, Fürst, Graf, Ritter, Edelmann, zu einem reichen Bürger, zu einem Kaufmann und – den letzten, den achten – zum *doctor* (Schwank, V. 90). Eva erwägt nun die Gnade des Herrn und will seine Güte auch ihren ungestalten Kindern zuteilwerden lassen, welche sie sogleich aus allen Ecken hervorholt. Als der Herr *den roczing haüffen* (Schwank, V 109), der da schnaufend und ‚kreißend' vor ihm steht, sieht und seiner lachen muss, erbittet Eva für die hässliche Schar seinen Segen: *Lass sie irr vngestalt nit entgelten!* (Schwank, V. 115) Sie entschuldigt ihr Benehmen, indem sie ihre mangelnde Höflichkeit darauf zurückführt, dass sie selten unter Leute

---

hen will, findet sich bei Joël Lefebvre: Das Motiv der ungleichen Kinder Evas. Beobachtungen zur Funktion der Literatur im 16. Jahrhundert. In: Akten des VI. Internationalen Germanisten-Kongresses, Basel 1980. Bd. 4. Hans-Gert Roloff, Heinz Rupp. Bern 1980 (Jahrbuch für Internationale Germanistik, Reihe A 2), S. 12–18. Lefebvre fasst Hans Sachs als Propagandist einer starren Ständeordnung auf und bindet dies an die politische und soziale Situation Nürnbergs zu dessen Lebzeiten, wobei es Ausblicke auf Luthers Ständelehre und allgemeinere Ordo-Diskussionen gibt. Die Schönheit und Hässlichkeit der Kinder als Differenzkriterium wird hier nicht weiter thematisiert.

190 Zum Entstehungsprozess der Grimm'schen Fassung vgl. immer noch grundlegend: Lothar Bluhm: Hans Sachs, Jacob und Wilhelm Grimm: *Die ungleichen Kinder Evas*. Zur Entstehungsgeschichte von KHM 180. In: Grimm-Philologie. Beiträge zur Märchenforschung und Wissenschaftsgeschichte. Hrsg. von Lothar Bluhm. Hildesheim/Zürich/New York 1995 (Schriftenreihe Werke der Brüder Jacob Grimm und Wilhelm Grimm 2), S. 43–57. Bluhm kann im Vergleich zeigen, wie auf Grundlage der Schwankfassung des Stoffes durch gezielte Umarbeitung (Auslassung von didaktischen Digressionen und moralisierendem Schluss und Kontamination verschiedener Fassungen) die ‚Märchenfassung' erstellt worden ist (vgl. ebd., S. 54–57). – Zudem Lutz Röhrich: Art. Eva: Die ungleichen Kinder Evas (Aa TH 758). In: Enzyklopädie des Märchens. Bd. 4, Berlin/New York 1984, S. 569–577.

191 Dafür, dass Eva und Adam mehr ungestalte als wohlgestalte Kinder haben, spricht neben den Versen: *Nun der ungestalten kinder zal / Der waren sehr viel uberal.* (Vv. 355,7 f.), und der später auftretenden Proportion von acht zu zwölf auch der Umstand, dass diese Gruppe auch in anderen Versionen des Stoffes die größere ist.

III.2 Die Beziehung des Körpers zu den Wahrheitsspielen — 151

kommen. Der Herr sieht und segnet: Er ernennt die Kinder nacheinander zu Bauer, Fischer, Schmied, Kürschner, Weber, Schuhmacher, Schneider, Töpfer, Fuhrmann, Schiffer, Bote und den letzten, den zwölften, zum Hausknecht. Eva fragt den Herrn, warum er seinen Segen ungleich verteile und fragt, was er der armen Schar vorwerfe, dass er sie in den Dreck trete und sie zum *füeschemel* (Schwank, V. 156) der anderen mache. Der Herr antwortet, dass er, der einige Gott, die Welt mit komplementären *leüten zv den regimenten* (Schwank, V. 167) ausstatten müsse, *Auf das sie mit ein ander wandern, | Kain dail künt pesten an den andern* (Schwank, Vv. 169 f.), da nicht alle Fürsten sein könnten, während niemand Korn anbaue. Ein Stand solle den anderen erhalten

> Mit hilff aus meim götlichen gwalt,
> Sie doch alle erneret werden,
> Jder in seinem stant auf erden,
> Das also gancz menschlich geschlecht
> Einander pleib eingleibt recht,
> Gleich wie in ainem leib die glieder.
> (Schwank, Vv. 184–189)

Eva, die nun Gottes Plan erkennt, bittet um Vergebung für ihren Zweifel. Der Epilog (*Beschlües*) des Schwanks konstatiert, dass man aus dieser *lieblichen fabel* wie aus *ainer parabel* (Schwank, V. 195 f.) lernt, dass es noch gegenwärtig für Alles die passenden Menschen gebe, die sich willig in ihren Stand fügen (vgl. Schwank, V. 203), woran man spüren könne, wie wunderbar Gott regiere und wohlweislich die Welt geordnet (*ordinirt*, Schwank, V. 206) habe, sodass alles *örnlich zv ge* (Schwank, V. 208), obgleich gegenwärtig die Obrigkeit wie auch die Untertanen sich gegen diese Ordnung verfehlten, *Da kainer pleibt in seim perüeff, | Darzw in got, der herr, peschueff* (Schwank, Vv. 211 f.). Dieses Streben gegen den Stand, in den man geboren sei, verstoße gegen Gottes Ordnung, richte Schaden und belaste die Stände, weshalb Jung und Alt nun zu Unrecht litten. Der Schwank schließt, sich gegen diese ständische Auflösung wendend, mit der Autorsignatur: *Got wencz züm pesten!* wünscht Hans Sachs (Schwank, V. 222).

In dem kurzen Schwank wird nicht nur körperliche Schönheit unmittelbar an den Adelsstand geknüpft, sondern die Aitiologie des schönen Adels zugleich zu einer Art von zweitem Sündenfall der vorwitzigen, präsupponierenden, planenden, handelnden, nachfragenden, zweifelnden Eva, die hier durch ihr Handeln ganz alleine jene auf körperliche Differenzen gründende Ständeordnung verursacht; Adam, der nur in der einleitenden Zusammenfassung des Sündenfalls genannt wird, spielt bei Gottes Besuch auf Erden keine Rolle. Die Ordnung dieser dichotomen Aufteilung körperlicher Differenz – denn: entsprechend der beiden Klassen schön und hässlich existieren in diesem Text nur zwei ständische Gruppen – wird zudem an ein organologisches Ständemodell[192] gebunden, in dem die beiden Gruppen Glieder desselben Leibes werden, in welchem das *gancz menschlich geschlecht | Einander [...] eingleibt recht* (Vv. 187 f) bleiben soll. Dabei ist auch hier die Aitiologie tautologisch

---

[192] Zur Fiktion des organologischen Modells vergleiche ganz allgemein: Albrecht Koschorke, Susanne Lüdemann, Thomas Frank, Ethel Matala de Mazza: Der fiktive Staat. Konstruktionen des politischen Körpers in der Geschichte Europas. Frankfurt a. M. 2007.

durchgeführt, insofern bereits bei der Konturierung der beiden Gruppen von Kindern der Adel, welchen die Erzählung aus der Schönheit der Kinder begründet, zu einem Synonym derselben Schönheit wird, wenn es in Form eines Hendiadyoins heißt, die von Eva geliebten Kinder seien *schon vnd adelich* (Vv. 21),[193] was in den anschließenden Versen explikativ entfaltet wird – *Sübtil geliedmasirt, undadelich, | Sinreich, geschickt, höfflich, geperlich* (Schwank, Vv. 22 f.) –, wohingegen die ungestalten und ungeliebten von vorne herein *aus der art* (Schwank, V. 32) geschlagen, also im Wortsinne ‚abnorm' sind. Die Zuordnung, welche der Herr im Folgenden performativ an ihnen vollzieht, indem er sie in ihre ‚Orden' einsetzt, geht diesem Akt also längst voraus und ist der Natur ihrer Körper eingeschrieben.

So verführerisch es scheint, hierin die Summe einer ‚mittelalterlichen' Auffassung der Verbindung von Schönheit und Adel zu sehen, so unmittelbar stellen sich die Probleme ein. Nicht nur hält der Abgleich mit der Literatur des 12. und 13. Jahrhunderts nicht stand – es lässt sich zeigen, dass die Rechnung nicht so einfach ist, wie sie bei Hans Sachs, aber auch in der gegenwärtigen Forschung oftmals aufgestellt wird –, sondern auch die Stoffgeschichte lässt es nicht zu, die Aitiologie des schönen Adels, die hier entworfen wird, auf den Beginn der volkssprachlichen Literatur zurück zu projizieren. Zwar hat Jacob Grimm „eine lebendige und allgemeinere verbreitung der sage von den ungleichen kindern Evas im ganzen laufe des 16n jh." für wahrscheinlich gehalten, ja, neben den ihm ermittelbaren Fassungen jener Zeit einen älteren Ursprung vermutet, der „vielmehr schon früher, namentlich im 15n jh. und länger bereits gangbar gewesen sein muß."[194] Und obwohl Grimm selbst eingestehen muss, dass es ihm nicht gelungen ist, „in den mhd. dichtungen irgend eine spur der fabel zu gewahren",[195] so schreibt er doch:

> Wozu also sie genauer untersuchen? ich traue ihr dennoch ein weit höheres alter zu.
> Durch die poesie und den volksglauben unserer vergangenheit ziehen auch fäden geistlicher stoffe, die der christlichen, biblischen quelle unangemeßen waren. nicht die apokryphischen bücher sind damit gemeint, welche in frühen jahrhunderten fern vom deutschen boden entsprungen mehr auf gelehrtem wege allgemeinen eingang fanden. ganz abgesondert von diesen erscheinen in kleinen vereinzelten sagen zügen und selbst namen hin und wieder beziehungen auf gestalten des alten oder neuen testaments[.] [...] faßt man dessen art und weise näher ins auge, so werden sich leicht uralte, heidnische überbleibsel ergeben, welche duldsam und fast unverhinderlich farbe und gewand des neuen glaubens annehmen durften. ihr dasein und ursprung wäre sonst kaum zu begreifen. [...] [so] wird auch jener göttliche besuch bei Adam und Eva, den ich höchstens bis zum jahr 1509 hinauf bringen konnte, viel ältere grundlagen in der geschichte unsrer poesie ansprechen dürfen.[196]

---

193 Hervorhebung von mir; F. D. S.
194 Jacob Grimm: Die ungleichen Kinder Evas. In: ZfdA 2 (1843), S. 257–267, hier S. 264.
195 Ebd., S. 265.
196 Ebd., S. 265–267.

Dies scheint indessen, gerade wenn man die übrigen Fassungen desselben Stoffes vergleichend heranzieht, eher das Wunschdenken einer germanischen Nationalphilologie des 19. Jahrhunderts zu sein.[197]

Gerade jenes Element aber, welches für die vorliegende Arbeit von besonderem Interesse ist, nämlich die Aitiologie der signifikativen Verbindung von körperlicher Schönheit und Adel – oder einem beliebigen Homolog von ‚Gutheit' – als Wahrheitsfähigkeit, ist nicht so zwingend, wie es zunächst erscheinen mag. Hans Sachs selbst hat denselben Stoff viermal verarbeitet, das letzte Mal in Form des oben wiedergegebenen Schwanks (6. Januar 1558), ein weiteres Mal in Form eines Meisterliedes – *Die ungleichen kinder Eve. In dem zarten thon Frauenlobs*[198] (vom 25. August 1547) – und zweimal in dramatisierter Form, nämlich als *Ein spiel mit 11 personen, wie Gott, der Herr, Adam unnd Eva ihre kinder segnet*[199] (datiert auf den 23. September 1553) und

---

197 Zur Stoffgeschichte vgl. noch immer die Angaben bei Johannes Bolte, Jiří Polívka: Anmerkungen zu den Kinder- und Hausmärchen der Brüder Grimm. Bd. 3. Leipzig 1918 (Nachdruck Hildesheim 1992), zu den *Ungleichen Kindern Evas* hier: S. 308–321, welche immerhin bis ins 15. Jahrhundert „hinauf" kommen: „Die im Reformationszeitalter vielfach dargestellte anmutige Legende von der Kinderlehre Gottvaters und von der Entstehung der Stände taucht zuerst auf in einem lateinischen Hirtengedicht des 1448 geborenen Karmelitermönches Baptista Spagnuoli, nach seiner Heimat Baptista Mantuanus genannt. Als Student zu Padua um 1470 dichtete dieser nach dem Muster Vergils acht Hirtengespräche. Als ihm später (1498) jenes Jugendwerk wieder in die Hände fiel, gab er es in überarbeiteter Gestalt und um zwei Eklogen vermehrt von neuem heraus und erntete großen Beifall. In der 6. Ekloge ‚Cornix de disceptatione rusticorum et civium' reden zwei Hirten Fulica und Cornix von der Ungleichheit der Bauern und Städter, und der erste weiß von deren Ursprung zu berichten: [...]" (ebd., S. 308 f.). Zu einer anderen, tatsächlich im 12. Jahrhundert existenten Aitiologien der Stände basierend auf der Erzählung von den Söhnen Noahs bei Honorius Augustodunensis vgl. ebd., S. 311 f. Im Ganzen ergibt sich eher das Bild einer ‚humanistischen' Erfindung des Stoffes, wenngleich Bolte/Polívka natürlich auch weiter Fassungen aus „dem Volksmunde" verzeichnen, welche im gesamten europäischen Raum gestreut sind. Im Einzelnen kann im Rahmen der vorliegenden Arbeit deren Alter jedoch nicht verifiziert werden. – Vgl. zum Bearbeitungsprozess Hans-Jörg Uther: Handbuch zu den ‚Kinder- und Hausmärchen' der Brüder Grimm. Entstehung – Wirkung – Interpretation. 2. Aufl. Berlin 2013, S. 352–354, S. 353: „Jacobs Version wiederum nutzte Wilhelm Grimm als Vorlage, milderte die Beschreibung der Kinder ab und änderte gleichzeitig vor allem den Eingang durch Ergänzung der Versteckszene; dazu zog er zwei Varianten des 16. Jahrhunderts [...] heran, die Jacob Grimm in seiner Abhandlung schon auszugsweise wiedergegeben hatte. Über diese Adaptation äußerte sich Lothar Bluhm zusammenfassend: ‚Auf diese Weise lässt sich das gesamte Märchen bis in einzelne Satzteile hinein literarischen Quellen und Vorlagen zuweisen' (Bluhm 2011, 19)." – Eine Übersicht über die verschiedenen Fassungen mit Auszügen und kurzen Zusammenfassungen bietet Johannes Winzer: Die ungleichen Kinder Evas in der Literatur des 16. Jhs. Inauguraldissertation der hohen philosophischen Fakultät der königlichen Universität Greifswald. Greifswald 1908.
198 Sämtliche Fabeln und Schwänke von Hans Sachs. 4. Bd. Die Fabeln und Schwänke in den Meistergesängen. Hrsg. von Edmund Goetze und Carl Drescher. Halle a.S. 1903, Nr. 395a, S. 243 f.
199 Hans Sachs. Bd. 11. Hrsg. von Adalbert von Keller (Bibliothek des literarischen Vereins in Stuttgart CXXXVI). Tübingen 1878, S. 386–399.

wenig später als *Comedia. Die ungeleichen kinder Eve, wie sie Gott, der Herr, anredt; hat xix person unnd fünff actus*[200] (datiert auf den 6. November 1553). Indessen bietet nur das Meisterlied noch einmal den Konnex zwischen Schönheit und Adel.

In den beiden von Hans Sachs dramatisierten Versionen des Stoffes von der Erschaffung der Stände – ebenso wie in den weiteren zeitgenössischen Fassungen – liegt das thematische Gewicht nicht mehr auf der Schönheit der Kinder. Während der Schwank und das Meisterlied eher am Rande erwähnen, dass die schönen Kinder den Herrn angemessen empfangen, und das Meisterlied vage einspielt, dass dies eine Erziehungsleistung Evas ist,[201] wird das Verhalten der Kinder und ihr Gespräch mit Gott in den dramatisierten Fassungen zu einer Probe des Rechtglaubens, in der *comedia* sogar einer regelrechten Prüfung im Katechismus ausgebaut. Die körperliche Verfasstheit der Kinder tritt hier in den Hintergrund. Lediglich im *spiel* wird thematisiert, dass die Kinder, welche dem Herrn nicht vorgeführt werden, ungestalt sind. Adam fragt Eva dort nach dem Verbleib der abwesenden Kinder und gibt die Anweisung, diese herbei zu holen, damit Gott ihnen gleichfalls seinen Segen – welchen Adam antizipiert – erteilen kann. Hierauf antwortet Eva:

> Ich habe es lassen unterwegen.
> Es ist werlich das ander kindig
> Laussig, zottet, kretzig, und grindig,
> Högret, schlicket, unkündt und grob,
> Schlüchtisch, perstet ohn alles lob,
> Zerissen, ein zapffete rott.
> (Spiel, 389,9–14)

Adam entgegnet Eva, welche sich dieser Kinder schämt (Spiel, 389,15–17): *Hestus nur alle herein bracht! | Gott hat auff leiplich schön kein acht, | Sonder auff zucht und Gottes ehr.* (Spiel, 389,28–30) und weist seine Kinder an: *Ir kinder, volget meiner lehr!* (Spiel, 389,31). Die Kinder anhand ihrer körperlichen Merkmale zu unterscheiden ist also – entsprechend den Äußerungen Adams – falsch. Es sind aber dennoch im Folgenden diese Kinder, welche in der Glaubensprüfung versagen. Auf die Aufforderung zu knien und zu beten, räumt Eva ein: *O lieber Herr, sie künnens nit.* (Spiel, 395,16) Die Schuld hierfür weist Gott Eva zu:

---

200 Hans Sachs. Bd. 1. Hrsg. von Adalbert von Keller. Tübingen 1870 (Bibliothek des litterarischen Vereins in Stuttgart CII), S. 53–87.
201 Hans Sachs: Schwank, Vv. 356,2–5: *Naigten sich höfflich an dem ent | Vnd poten im all ire hent. | Nach dem knieten sie nider schon | Vnd petteten den herren on.* – Hans Sachs: Meisterlied, Vv. 1, 15–18: *Als nũn der herr zw Eua kam eingangen | Wart von den schönen kinden er entpfangen | Sie kúnden vor im prangen, | Wie sie Heũa het angelert.*

> Du bist mir ein heyloses weyb,
> Zeuchst sie weder an seel noch leyb.
> Sie wachssen auff wie stöck und blöck,
> Ungeschickt und wildt, wie gemsen-böck,
> Ahn all art und menschliche zier.
> (Spiel, 395,19–23)

Die Leibeszucht, welche den Kindern fehlt, ist nur insofern ein Zeichen für ihre Schlechtigkeit, als sie – analog zur Seelenzucht – einen Mangel an Unterweisung durch Eva darstellt. Sie ist einerseits nicht das differenzbildende Kriterium, welches sie in Schwank und Meisterlied darstellt, und andererseits nicht essentiell, insofern Ungestalt hier eben durch Zucht überwunden werden kann, während Schwank und Meisterlied die Zuschreibung von ‚schön' und ‚ungestalt' als unveränderliche Eigenschaften in die Essenz des Körpers verlegen. Vielmehr wird hier – erstaunlich genug – eine Verbindung zwischen Stand und Rechtgläubigkeit geschaffen, insofern letztere auch Effekt einer Unterweisung, einer Übung des Glaubens ist, welche den unteren Ständen mangelt.

Die *Comedia* hingegen bettet die Erzählung von den ungleichen Kindern in einen weiteren Horizont ein. Hier wird sie in den bereits existierenden Grundkonflikt zwischen Kain und Abel inseriert, die Schar der schlechten Kinder bilden *Kain und sein galgen-rott* (Comedia, V. 64,33). Hier treten beide Scharen von Beginn an zusammen vor den Herrn, wobei sich die Schar um Kain in den Hintergrund zurückzieht. Von ihrer körperlichen Verfasstheit ist nicht mehr die Rede. Dafür wird die Prüfung durch den Herrn hier tatsächlich zu einem förmlichen Katechismus ausgebaut, indem dieser das *Pater noster*, die zehn Gebote und das *Credo* abfragt, zu denen er von den guten Kindern die richtigen Gebetsformeln und ihre Auslegungen erhält, während die ‚böse Rotte' Kains nur verstümmelte Gebete und falsche Lehren, wie etwa diejenige vom Ablass (vgl.: Comedia, Vv. 80,9–13), aufsagen kann. Hierauf verdammt Gott letztere dazu, die niederen Stände zu füllen.

Wiewohl der schlechte Stand in der Welt sich – analog zum Fall Adams und Evas, welche mühevoll den Acker bestellen (vgl. Comedia, Vv. 55,11–18) und schmerzvoll gebären (vgl. Comedia, Vv. 55,4–7) müssen – als Erbe einer Gottesferne herleitet, so ist er doch durch Bekehrung zum rechten Glauben zu überwinden, wie es an der Schar der guten Kinder, allen voran Abel, zu ersehen ist. Wenngleich die Verfasstheit der Körper hier keine Rolle spielt, so ist doch auch hier der Körper das zentrale Element, welches Gottesferne verursacht, insofern *fleisch und blut* (Comedia, Vv. 80,13) zum Medium der Einflüsterungen des Teufels werden. Sünde wird – im Rahmen der *Comedia* eher unvermittelt – zu einer Sache des Körpers, genauer: des eigenen *Umgehens* mit diesem Körper. Es zeigt sich, dass an die aitiologische Erzählung von den Kindern Evas allein in den vier Fassungen des Hans Sachs bereits verschiedene dichotome Konzepte gebunden werden, unter denen dasjenige von *Schönheit – Hässlichkeit* nur eines ist. Bei Hans Sachs finden sich daneben weitere dichotome Arrangements, wobei dasjenige von *Rechtgläubigkeit – Sündhaftigkeit* unauffällig zu *Geistigkeit – Körperlichkeit* verschoben wird.

Auch im Falle des Prätextes, der in der *Comedia* eigens angegeben wird, geht es nicht im eigentlichen Sinne um die körperliche Schönheit der Kinder. Die Fassung des Stoffes – ein *gedicht, / Das ursprünglich hat zugericht / Im Latein Philippus Melancthon* [sic] (Comedia, Vv. 53,8–10) –, welche der Comedia angeblich zugrunde liegt, kennt gleichfalls den Zusammenhang zwischen körperlicher Schönheit und Adel nicht.[202] Hier ist Eva mit dem Waschen der Kinder nicht fertig geworden und heißt die ungewaschen Gebliebenen sich verstecken;[203] auch hier also liegt die Ursache der Differenzbildung auf erster Ebene zwar im Handeln Evas, jedoch wiederum nicht in der körperlichen Essenz der Kinder. Auf zweiter Ebene der Differenzbildung sind jedoch diejenigen Kinder, welche vor Gott bestehen, auch diejenigen, die seine Rechtgläubigkeitsproben bestehen. Die Differenzkriterien für die Erschaffung der Stände sind also hier nicht primär Reinheit und Unreinheit, sondern wiederum Rechtgläubigkeit und Verstocktheit.

Diese Differenzierung nach gewaschenen und ungewaschenen Kindern sowie die Katechismusprobe kehrt in der Widmungsvorrede des Stephanus Vigilius (Stephan Wacker bzw. Wachter)[204] zu einer Übersetzung von Francesco Petrarcas *Rerum memorandarum libri* wieder.[205] Abel liefert auch hier ein veritables Credo und wird zum Stammvater des Priester-Standes, während Seth den weltlichen Adel begründet, Cain jedoch den dritten Stand: *Cain aber der grobe Baur ſoll knecht ſein/ vnd inn forcht der ſtraff allzeit leben &c* (Bl. iij^{v}). Die Interpretation wird hier – gemessen an Hans Sachs – völlig ins Gegenteil verkehrt und von der Essenz des Körpers vollständig abgelöst:[206]

> [Bl. iij^{v}] Auß diſem mag man leichtlich erſehen/ wie war das gmain ſprichwort ſey/ der Wolgezogen gehet vor dem wolgepornen/ Got der Herre gebeüt an vilen orten/ das man von jugendt auff ein gůte *Pædagogiam* halte/ kinder recht auff ziehe/ vnderweyß vnnd lere/ dann das iſt der ſame darauß der Adel wechſt/ laſſet man ȷhn den zigel zů lange/ ſo ſchlahenn ſie zů letſt inn dem geſchirre auff/ werdenn vnnutze/ vnedle/ heilose leüt darauß/ zeücht man aber sie zů Gotes forcht/ zucht vnd erbarkait wie Eua ȷre kind) wie doben geſagt/ do wirte ein Edelman auß/ hangt ȷn die zucht durch jr gantzes lebē an/ befleiſſen ſich der tugent/ gůter werck vñ

202 Der Text von Melanchthon ist bei Winzer, Die ungleichen Kinder, S. 18–22, ediert.

203 Vgl. Grimm, Die ungleichen Kinder, S. 260 f.

204 Zu Stephanus Vigilius, dem Petrarca-Übersetzer und Autor der *Vorred*, vgl. Joachim Knape: Verstand und Beredsamkeit. Petrarcas *Memorialbuch* und seine deutsche Rezeption. In: Francesco Petrarca in Deutschland. Seine Wirkung in Literatur, Kunst und Musik. Hrsg. von Achim Aurnhammer. Tübingen 2006 (Frühe Neuzeit 118), S. 59–90, hier bes. S. 80.

205 Gedruckt 1541 in Augsburg bei Hainrich Steyner als: De Rebus Memorandis | Gedenckbůch | Aller der Handlungen, die sich fürtref = |fenlich vonn anbegind der Welt wunderbarlich begeben und zů | getragen haben [...].

206 Winzer, Die ungleichen Kinder, S. 22–25, druckt zwar die gesamte Narration des *Gedenkbuchs* ab, lässt jedoch die anschließenden interpretierenden Passagen aus. – Zu weiteren Prosa-Fassungen von Caspar Brusch (1544), Nathan Chytraeus (1568), Lucas Lossius (1558), Johann Baumgarten (1559), Johannes Matthesius (1597) vgl. ebd., S. 25–42.

redligkeit/ hieriñ | [Bl. iiij^r] ⟨berůwet⟩²⁰⁷ der rechtte Adel/ wie menigklich bewißt/ das ift die fubftanntz der geporn Adel/ de *accidente & ornatu*. Es will nichts daran gelegen fein fo ainer fchon feiner vorfaren vñ åltern ftarckmůtige/ ftreitbar vñ Adenliche gefchicht/ auch derfelbē verlaffen vñ geerbet groß gůt/ waißt ordenlich nach ein and⟩ von ainem gefchlecht auf das ander erzelē/ Es můß ainer für fich felbs perfonlich dran/ die fachē greiffen dapfer an/ fo wirdt auß jm eyn Edelmañ/ wie man im rayen liede finget²⁰⁸/ Der ware Adel fteet ye nicht allain in der gepurdt/ geplůt vnd ftamēn/ wie gefagt/ fonft were er erblich/ auch nicht in glück vnd reichthumb/ wie Petrarcha vil dauon difputiert/ fonder iñ wolhalten &c. Das ift gewiß/ ye mer fich ainer für den anderen/ d⟩ Tugendt/ der Gerechtigkait/ Gottfeeligkait/ Beftendigkait/ Erbarkait/ Weißhait &c. befleyffet/ ye Edler er/ dann ein ander/ dem es hie felt/ vnd doch Edel fein will/ ift/ Herwiderumb ye mer fich ainer begibt auff freffen/ fauffen/ hůren/ unthåtigkait/ faulhait/ vngerechtigkait/ narrhait &c. Je vnedler er ift/ wie Edel er auch vñ hochgeporn am geblůtte fey/ dz will ich mit aines yedē aignē gewiffen bezeugen.

(De rebus memorandis: Vorred, Bl. iij^v–iiij^r)

Gleichzeitig reflektiert diese Deutung der Geschichte von Evas Kindern die Aufgabe des Erzählens von ‚adeligem' Verhalten selbst. So dient die nachfolgende Übersetzung von Petrarcas Exempelsammlung, welche Beispiele tugendhaften Verhaltens aus der römischen Geschichte kompiliert, vor allen Dingen dazu, zu wahrhaft ‚edlem' Verhalten anzuleiten: Bildung – das heißt: Pädagogik – soll leisten, was Geburt nicht leisten kann. Die Leistung, die jemand *personlich* erbringt, ersetzt die Essenz des vererbten, auf der Substanz des Blutes beruhenden Kollektivs.

Die ungleichen kinder Eve des Hans Sachs bieten zwar – wenn man so will – einen Ursprungsmythos der Verbindung von Adel und körperlicher Schönheit, jedoch einen verspäteten und zudem in höchstem Maße arbiträren. Vergleicht man diesen mit weiteren überlieferten Fassungen desselben Stoffes, so zeigt sich schnell, dass die essentialistische Verbindung von körperlicher Schönheit und Adel, welche Hans Sachs dem Stoff einschreibt, keineswegs dessen verbreitetste Variante darstellt.²⁰⁹ Die Erzählung geht der höfischen Literatur eben nicht voraus, sondern sie bildet – wie so vieles bei Hans Sachs – die Summe einer vorangehenden Textwelt, mithin deren Transposition in ein verändertes literarisches und konfessionelles Umfeld und stellt mithin eine Interpretation des Präexistenten dar. Der Vergleich hat aber vor allem gezeigt, dass Tugend und Schönheit hier im Rahmen einer paradigmatischen Ersetzungsoperation zwischen den verschiedenen Fassungen zwar dieselbe ‚diskriminierende' Funktion zugeschrieben erhalten, insofern sie die Wahl Evas und die Einrichtung distinkter ständischer Gruppen zur Folge haben. Sie stehen aber in den verschiedenen Fassungen unabhängig voneinander an derselben

---

[207] Der Haupttext liest hier wohl fälschlich *berhůet*. Die Kustode der vorhergehenden Seite liefert demgegenüber das hier vorzuziehende *berůwet*.
[208] Mit dem *rayen liede* scheint ein Lied des Typs „Als Adam grub und Eva spann" gemeint zu sein. Vgl. bspw. Heinz Rölleke: ‚Adam hackte das Feld, und Eva spann Wolle'. Ein bekannter Spruch in bislang unbekannten Zeugnissen. In: Jahrbuch für Volksliedforschung 44 (1999), S. 127–130.
[209] Vgl. Bolte/Polívka, Anmerkungen zu den Kinder- und Hausmärchen, S. 308–321.

paradigmatischen Stelle der Erzählung, werden jedoch nicht aufeinander bezogen erzählt. Körperschönheit und ‚Tugendschönheit', die beide je für sich als Signum von Adel inszeniert werden, sind hier keine essentiell verbundenen Werte.

III.3 Die Beziehung der Schönheit zur Tugend

III.3.1 Aitiologien einer Ethik

Ausgehend von dem Beispiel des Hans Sachs-Schwanks, der die Einsetzung der körperlichen Schönheit als Zeichen an die Dignität des christlichen Schöpfungsmythos heranschreibt, soll im Folgenden die Rolle körperlicher Schönheit im Rahmen von Genesis-Texten betrachtet werden. Während die vier Fassungen der *Kinder Eve* des Hans Sachs mit der Zeit des Paradiesexils gleichsam eine nicht völlig auserzählte Leerstelle des biblischen Berichts von den Ureltern besetzen, spielt Schönheit durchaus auch in der Genesis-Erzählung der *Vulgata*-Übersetzung des Hieronymus bereits eine signifikante Rolle. Es soll daher im Folgenden – zugebenermaßen in höchst exemplarischer Form – anhand ausgewählter Genesis-Retexte und -Auslegungen nachvollzogen werden, welche prototypischen Diskursformationen den schönen Körper auf welche Art mit dem christlichen Gründungsmoment in Verbindung bringen. Es wird sich zeigen, dass bei einer Reihe breit gestreuter und zugegebenermaßen willkürlich herausgegriffener Beispiele doch ein rekurrentes Muster beobachtet werden kann, durch welches Schönheit und ‚Tugend' miteinander in Kontakt gebracht werden. Die Relation, die die beiden Werte aneinanderbindet, ist indessen keine Wahrheitsrelation, wie sie ein Zeichenverhältnis voraussetzt; stattdessen, so soll hier argumentiert werden, nimmt die Beziehung der Schönheit zur Tugend – gekoppelt über das Medium der ‚Wahrheit', die durch Gott garantiert ist – die Form einer Ethik an, in der die Bewältigung der eigenen Schönheit und der Schönheit Dritter zur Aufgabe des Subjektes wird.

III.3.1.1 Genesis II: Die Frucht, die Flut, die Wahl und die Wahrheit

> *Eve and Adam had a garden everything was great*
> *Till one day a boy says pardon Miss my name is snake.*
> *See that apple over yonder if you'll take a bite*
> *You and Adam both are bound to have some fun tonight.*
> *...*
> *Ever since the days of Eden folks been sinful my*
> *Nowadays they're even eating apples in their pie.*
> (Oscar Brown: *Forbidden Fruit*, 1960)

Befragt man die Heilige Schrift auf das, was sie zur Schönheit des Körpers zu sagen hat, so fällt auf, dass körperlicher Schönheit in der Genesiserzählung keine hervorgehobene Rolle zukommt. Wenngleich spätere Generationen wissen, dass Eva – bis zur

Existenz der Gottesmutter Maria – die schönste Frau gewesen sei, die jemals existiert hat, so hat dieses Wissen keine Referenz in der Genesis selbst.[210] Es findet sich beispielsweise ausgerechnet in einem in anglo-normannischer Prosa mit lateinischen Zwischenüberschriften abgefassten Kosmetik-Traktat des 13. Jahrhunderts ein Versprolog, der unmittelbar auf die Schönheit Evas referiert, die diese durch den Sündenfall verloren habe:

> Quant Deus out la femme fete, –
> De la coste Adam est traite, –
> Bauté la duna perdurable.
> Mes ele le perdi per le deble
> Puis que ele out la pum gusté;
> Mult en fu disonuré.
> Et les dames que ore sunt,
> Ke de ceo culpes ne hunt,
> Pur ceo que Heve forfist tant,
> De lur bauté sund mult perdant.
> Kar tele i ad, quand est pucele,
> Dunc est ruvente, blanche et bele:
> Tant tost cum ele est marïé
> Le est colur remué.
> Tele i ad que en sa vie
> Unches de bauté n'ut ballie.
> (Ornatus mulierum, Vv. 1–16)[211]

Die weibliche körperliche Schönheit als ursprüngliches, paradiesisches, durch den Sündenfall verlorenes Gut hat in der biblischen Narration kein Äquivalent und spielt theologisch keine erkennbare Rolle.[212] In der mittelhochdeutschen Literatur ist mir nur

---

210 Die ‚Schönheit' Adams hat die Forschung etwa in der *Wiener Genesis* realisiert gesehen, in welcher sie eine ‚*descriptio*' nach dem Muster der mlat. Poetiken ausgemacht hat. Vgl. hierzu anders Kap. IV.3, S. 421–445.
211 L'Ornement des Dames (*Ornatus mulierum*). Texte anglo-normand du XIIIe siècle. Hrsg. von Pierre Ruelle. Brüssel 1967 (Travaux de la Faculté de Philosophie et Lettres XXXVI). Übers. (F. D. S.): „Als Gott die Frau aus der Seite Adams geschaffen hatte, hat er ihr unvergängliche Schönheit gegeben. Aber sie hat sie wegen des Teufels verloren, nachdem sie den Apfel probiert hatte. Sie ist dadurch sehr entehrt worden. Und die Damen, die jetzt sind, die nichts dazu können, verlieren viel von ihrer Schönheit durch das, was Eva getan hat. Diese hat, solange sie Jungfrau ist, Röte, Weißheit und Schönheit: Kaum ist sie verheiratet verschwinden die schönen Farben. Eine solche hat zu keinem Zeitpunkt ihres Lebens auch nur die geringste Schönheit."
212 Henrike Manuwald, Nu sprechent, S. 320, hat auf die besondere Rolle hingewiesen, die Evas Schönheit als Referenzgröße für die Schönheit Mariens und Jesu in Wernhers des Schweizers *Marienleben* einnimmt, konstatiert indessen mit Blick auf die Rolle von Evas ‚Schönheit': „Beide Vergleiche werden ausdrücklich dadurch legitimiert, dass ‚man' allgemein die Schönheit von Jesus und Adam bzw. von Maria und Eva aufeinander beziehe. Eine konkrete Quelle ließ sich bisher aber nicht nachweisen. Angesichts der gemeinhin antithetischen Beziehung zwischen Eva und Maria scheint es eher ungewöhnlich, dass Eva zum Maßstab für Maria gemacht wird, deren Schönheit

ein halbwegs prominenter Fall bekannt, in dem Evas Schönheit im Rahmen des Sündenfalls weitreichende Bedeutung zukommt, nämlich in Ulrichs von dem Türlîn *Arabel*. In diesem Text, der mit großem poetorhetorischem Aufwand die Vorgeschichte zu Wolframs von Eschenbach *Willehalm* auserzählt, wird der von den Heiden entführte Markgraf Willehalm am Hofe des heidnischen Fürsten Tybalt gefangen gehalten. Dessen Frau Arabel, die spätere Kyburg, lässt Willehalm aus Liebe heimlich zum Schachspielen zu sich holen. Bei den umfangreichen Gesprächen, die über dem Schachspiel zugebracht werden, planen sie ihre Flucht, die nicht nur in die Heirat und Taufe der Arabel in der Provence mündet, sondern auch in eine Verfolgungsfahrt der Heiden, die zunächst zurückgeschlagen wird. Im Rahmen dieser Schachspielgespräche nun erteilt Willehalm Arabel zugleich religiöse Belehrungen, sodass die Entstehung der Liebe und die Bekehrung der Heidin als Parallele erzählt werden können. Im Rahmen dieser Religionsgespräche klärt Willehalm Arabel auch über den Sündenfall auf. Die hierbei gewählte Formulierung, die theologisch kaum haltbar ist, kann vielleicht eher – im Sinne ‚tragischer Ironie' – als Kommentar verstanden werden, der auf das Handlungssetting des *Arabel-Willehalm*-Komplexes bezogen ist, welcher ja im Handlungskern zunächst eine christianisierte Variante der Helena-Entführung darstellt. Willehalm sagt:

> do Adam dvrch daz obz geviel,
> dv̇ sv̇nde dvrch himel vnd erde wiel
> von vngehorsam missetat,
> die Adam begangen hat.
> got im verbot dez er nv̇t lie:
> dvrch Even schȯn er daz begie.
> dez wart verflv̇ht menschlichez kv̇nne.
> dez lip ist liehter danne dv̇ sunne
> vns nam dez paradisez wunne.
> (Ulrich von dem Türlin: Arabel *A 110, 23–31).[213]

Dass Evas Schönsein selbst Ursache des Sündenfalls sein soll, ist wohl als absolute Seltenheit einzustufen[214] und gibt dem Text zugleich ein auffällig markiertes Interpretationsangebot mit, das die ausführlich dargestellte Schönheit der heidnischen Königinnen und die Entführung der verheirateten Arabel durch den fliehenden Wil-

---

meist als Meisterwerk Gottes absolut gesetzt wird. Auch in den typologischen Beziehungen zwischen Adam und Jesus ist ihre jeweilige körperliche Schönheit kein dominierendes Motiv".
213 Die *Arabel* wird hier und im Folgenden zitiert nach: Ulrich von dem Türlin: Arabel. Die ursprüngliche Fassung und ihre Bearbeitung. Kritisch hrsg. von Werner Schröder, Stuttgart 1999.
214 Annelie Kreft: Perspektivenwechsel. *Willehalm*-Rezeption in historischem Kontext: Ulrichs von dem Türlin *Arabel* und Ulrichs von Türheim *Rennewart*. Heidelberg 2014 (Studien zur historischen Poetik 16), S. 135, schreibt: „Die Begründung von Adams Sündenfall mit der verführerischen Schönheit Evas rekurriert auf die negativ konnotierte erotische Ausstrahlung der heidnischen Frauen", ohne dass vollends ersichtlich wäre, inwiefern Eva mit ‚heidnischer' Schönheit in Verbindung zu setzen wäre.

lehalm perspektiviert.²¹⁵ Gleichwohl wird auch hier die Schönheit Evas bereits an die Lichthaftigkeit des gefallenen Engels – *dez lip ist liehter dann dǔ sunne* – zurückgebunden, der in letzter Instanz für den Verlust des Paradieses verantwortlich ist.

Dem geht in der *Arabel* bereits ein Erzählerkommentar voraus, der körperliche Schönheit in ein Verbindung zum Sündenfall bringt, indem er – auf eine Bildform(el) aus Buchmalerei und Plastik rekurrierend – den Teufel als Schlange, die Adam verführt hat, selbst mit einem schönen und Lust erregenden weiblichen Oberkörper ausstattet:²¹⁶

---

215 Um das Problem des Heidentums geht es in der *Arabel* unmittelbar im Anschluss in der weiteren Rede Willehalms. – Gyburc spricht in dem Religionsgespräch mit ihrem Vater Terramer in Wolframs von Eschenbach *Willehalm* nicht von Evas Schönheit als Auslöser für den Sündenfall, thematisiert aber die Gabe der Scham durch Gott mit Bezug auf den Körper der Eva: ‚*Ei vater hôch unde wert, | daz dîn muot der tumpheit gert, | daz dû mich scheiden wilt von dem, | der vrouwen Even gab die schem | daz si allrêst verdact ir brust, | dâ was gewahsen ein gelust | der si brâhte in arbeit, | in des tiuvels gesellekeit, | der unser immer vâret* […]'' (Willehalm 218,1–9; der *Willehalm* wird hier und im Folgenden zitiert nach: Wolfram von Eschenbach: Willehalm. Nach dem kritischen Text von Werner Schröder ins Nhd. übers., komm. u. hrsg. von Horst Brunner. Stuttgart 2018). – Es finden sich gleichwohl apokryphe Traditionen, die die Adams-Erzählung ausbauen, in denen die Schönheit Evas eine entscheidende Rolle spielt. So notiert bspw. Paul Schwarz: Die neue Eva. Der Sündenfall in Volksglaube und Volkserzählung. Tübingen 1973 (Göppinger Arbeiten zur Germanistik 77), S. 51, in Hinblick auf armenische Schriften von Adam, deren handschriftliche Überlieferung jedoch in die erste Hälfte des 16. Jhs. datiert: „In der armen. Version weigert sich Adam sehr hartnäckig, die Frucht zu kosten, weil er fürchtet, ebenso vom Licht entblößt zu werden wie Eva. ‚Als aber Adam die Schönheit des Weibes erschaute, raubte sie ihm den Verstand aus seinem Kopfe. Obgleich sie von dem Lichte entblößt war, war ihr Leib doch glänzend wie eine Perle.'" – In der Volkssprache wird die schöne Eva später Gemeingut und findet sich – ohne erkennbare Funktion –bspw. im *Donaueschinger Passionsspiel* (vgl. Das Donaueschinger Passionsspiel. Hrsg. von Anthonius H. Touber. Stuttgart 1985), wo es heißt, dass Gotte Adam aus seiner Rippe *ein schönnes wip* gemacht und *adam zů der ee* gegeben habe (ebd., Vv. 3757 ff.).

216 Zu dieser Bildformel und ihrer theologischen Tradition hat aus kunsthistorischer Sicht Andrea Imig: Luzifer als Frau? Zur Ikonographie der frauengestaltigen Schlange in Sündenfalldarstellungen des 13. bis 16. Jahrhunderts. Hamburg 2009, eine materialreiche Arbeit vorgelegt, die jedoch volkssprachliche Textzeugen und – soweit ich sehe – auch die *Arabel* nicht kennt. Es wäre zu prüfen, ob die Bildformel, die ab dem Hochmittelalter in der Plastik regelmäßig auftritt, in Genesis-Retexten sonst nennenswerte Aufnahme gefunden hat oder ob ihr Vorkommen in der *Arabel* eine Besonderheit darstellt. In den Bildzeugnissen ist die Schlange dabei immer wieder nicht nur als weiblich, sondern zudem – mit dem Kopfputz der Dame ausgestattet – als dezidiert höfische Frau markiert; vgl. hierzu etwa die Materialen bei Imig, Luzifer als Frau, Abb. 2 u. 2b, die eine Trumeaupfeilermadonna (Nordfrankreich, Amiens, Kathedrale Notre-Dame, rechtes Westportal, 1220/30) als Schlangentreterin zeigen. Hier werden also zugleich zwei Modelle der Weiblichkeit in der apokalyptischen Maria vereint, nämlich der Sieg der – kategorial einzigartigen – Keuschheit Mariens über die weibliche Natur.

> hie [= im Gebirge Amanar; F. D. S.] nimt man ŏch der slangen war,
> die meide sint bis vf die brvst,
> der sv̊zzer menschlich gelvst
> Adam betrovc, daz er begie
> vngehorsam: die siht man hie.
> die slangen, alse ich han geseit,
> der har vnd hŏbet ist ein meit.
> niderhalp si kriechent vf der brvst.
> menschlicher lieb gelvst
> das nider teil sere schv̇het
> vil herze liebe wirt verdrv̇het
> von ungetrv̊wem nidern teil.
> (Ulrich von dem Türlin: Arabel *A, Vv. 94,6–17)

Hier wird der Schritt, in welchem die Frucht zunächst Eva angeboten und dann an Adam weitergereicht wird, ausgeblendet und es ist direkt die Schlange, die Adam mit *sv̊zzer menschlich gelvst* verführt.[217] Die Schlange, die in der Plastik selbst zu einer Dame mit höfischem Kopfputz wird, verlegt die Schönheit der Frau suggestiv als Anlass in den Urmoment des Sündenfalls selbst. Es kann im Folgenden gezeigt werden, dass dies durchaus der theologischen Tradition entspricht.

Gleichwohl begegnet der Begriff des Schönen im Rahmen der Sündenfallerzählung, wie sie der Text der Vulgata repräsentiert, selbst, denn auf die Rede der Schlange zu Eva folgend heißt es: *vidit igitur mulier quod bonum esset lignum ad vescendum | et pulchrum oculis aspectuque delectabile | et tulit de fructu ilius et comedit deditque viro suo* (Gen 3,6).[218] Das *pulchrum* bezeichnet also die Frucht

---

217 Damit steht die *Arabel* hier freilich nicht zuletzt in einer theologischen Tradition, welche die Sündenfallerzählung insgesamt allegorisch auslegt und die Figuren Adam und Eva – wie im folgenden Kap. IV.1.1, S. 284–311, thematisiert werden wird – zugleich als Allegorien für den *homo interior* und den *homo exterior* auffasst. Dieser Auffassung, die Eva den ‚fleischlichen' Teil, also den Körper und das körperliche Wahrnehmen und Denken, zuweist, scheint in der Figur der weiblichen Schlange, die mit *gelust* in Verbindung gebracht wird, zusammenzufallen.

218 Übers. (Rebekka Schirner): „Die Frau sah daher, dass der Baum gut zum Essen war und schön für die Augen und erfreulich anzuschauen. Und sie nahm von der Frucht dieses ⟨Baumes⟩ und aß ⟨es⟩ und sie gab ⟨davon⟩ ihrem Mann". – Auf diesen Umstand weist schon Rüdiger Schnell, Ekel und Ästhetik, S. 67, Anm. 321, hin: „In die Katastrophe führt die Verbindung von Schönheit und Gefallen im Sündenfall, wie Eva den schönen Apfel besitzen will". Im Kontrast dazu folgert er: „Das Schöne gefällt im bloßen Anschauen. Zu dieser Freude am Schönen ist also nur derjenige fähig, der beim Erblicken eines schönen Objekts nicht von seiner Begierde überwältigt ist und sich dieses Objektes nicht bemächtigen will" (ebd., S. 67), was er – vielleicht etwas gesucht – zurück auf die aquinatische Formel *pulchra enim dicuntur quae visa placent* bezieht. – In den Auslegungen Augustins zu Gen 3,6 figuriert das Wort *pulchrum* nicht, da Augustinus eine vorhieronymianischen Übersetzung zitiert. In seiner Genesis-Auslegung, *De genesi ad litteram libri duodecim*, lautet der entsprechende Vers: *Et vidit mulier, quia bonum lignum in escam et quia placet oculis videre et decorum est cognoscere. Et sumens de fructu eius edit et dedit et viro suo secum, et ederunt* (Übers. [Perl]: „Und die Frau sah, daß der Baum gut war, um von ihm zu essen, daß er einen gefälligen Anblick bot und geeignet war, um zur Erkenntnis zu gelangen. Und sie nahm von seiner Frucht, aß und gab auch ihrem Mann, der bei ihr war, und sie aßen.").

III.3 Die Beziehung der Schönheit zur Tugend — 163

selbst, nach welcher Eva greift.[219] Eine Übertragung auf die Körper der beiden ersten Menschen findet hier zunächst nicht statt.[220]

Eine solche Übertragung der Schönheit der Frucht auf den weiblichen Körper an sich existiert indessen: Johannes Scotus Eriugena, der gegenüber dem allgegenwärtigen Augustinismus einen gewissen Gegenentwurf darstellt, zitiert in seinem *Periphyseon* (IV.16) Gregor von Nyssa, in dessen ‚Rede vom Bilde' (*De imagine*, 20. Kapitel) die Schönheit der Frucht als Täuschung durch den Teufel erscheint: *Et suasor factus est consilium dans, bona quadam pulchritudine ac delectatione fructum circumcolorans, ut delectabiliter uideretur ac desiderium ad gustum superponeretur* (Periphyseon IV,3336–3339).[221] Im Folgenden stiftet das *Periphyseon* eine geradezu spektakuläre Verbindung zwischen der Schönheit des Apfels und der Schönheit des weiblichen Körpers. Die durch die Schönheit des Apfels getäuschte Eva, die einer seit Ambrosius von Mailand und Augustinus verfügbaren Allegorese zufolge als *homo exterior*, das heißt als Sinneswahrnehmung des Menschen (*aisthesis*) interpretierbar ist,[222] wird in

---

219 In der Volkssprache findet sich der schöne Apfel am schönen Baum bspw. bei Lutwin: Adam und Eva. Hrsg. von Konrad Hofmann, Wilhelm Meyer. Tübingen 1881 (Bibl. d. litt. Ver. 153), Vv. 347–353, mit deutlicher Referenz auf den Wortlaut von Gen 3,6 und dreifacher Betonung des Schönseins: *Enmitten in dem paradise / Stunt der boum zu prise, / Schön und wol florieret / Von öpfeln schöne gezieret; / Die worent zu dem anblick schöne. / Den selben boum ich kröne / Für alle, die ie ouge gesacht.* Im Anschluss an das persuasive Gespräch mit dem als Schlange verstellten Sathanas, bricht dieser einen Apfel vom Baum und reicht ihn Eva. Erneut heißt es: *Den appfel bot er ir hin. / Der was schön und wol gesmach. / Vil lieplichen sü in anesach / Und begunde in sere wenden / Hin und her in den henden* (Lutwin: Adam und Eva, Vv. 475–479. – Ich danke herzlich Andreas Hammer [Konstanz], der mich auf Lutwins *Adam und Eva* aufmerksam gemacht hat.).
220 Im *Codex Karlsruhe 408* (1. Hälfte 15. Jh) findet sich eine kurze Sequenz von Texten (*Das got die engel magt, Von dem engel michahel, Wie got den menschen macht, Die slange Adam vnd Eva betröge* und *Das teuffel buch*; hier jeweils mit Seitenzahl und Versangabe zitiert nach: Codex Karlsruhe 408. Bearbeitet von Ursula Schmid. Bern/München 1974 [Bibliotheca Germanica 16], S. 460–478), die von der Erschaffung der Engel und des Menschen, den Sündenfällen und der Schar der Teufel berichtet, gegen die der Mensch sich wappnen solle. Hier finden sich die Elemente – der schöne Lucifer, die schöne Eva, der schöne Apfel – kombiniert: Nicht nur ist Lucifer *Der aller schonst vnter in* [= den Engeln; F. D. S.] (S. 604, V. 9), sondern auch Adam bezeichnet Eva gegenüber Gott als *diß schon weyp* (S. 465, V. 24). Der Teufel, der Lucifer den Zustand der ersten Menschen im Paradies hinterbringt, sagt: *Sie seint vnmoßen schone* (S. 466, V. 58), und Lucifer verführt Eva dazu, den Apfel zu essen, den diese *An diesem schon bavm* (S. 468, V. 30) hängen sieht und von dem sie sich verspricht, *Mit schon vnd mit gewalt, / Zu aller der gestalt / Sam got selber* zu werden (S. 470, Vv. 76–78).
221 Hier und im Folgenden zitiert nach: Iohannis Scotti seu Erivgenae Periphyseon. Liber Quartvs. Hrsg. von Eduard A. Jeauneau. Turnhout 2000 (CCCM 164). – Die Übersetzung wird im Folgenden zitiert nach: Johannes Scotus Erigena über die Eintheilung der Natur. 2 Bd. Übers. von Ludwig Noack. Leipzig 1870 (Philosophische Bibliothek 86), Bd. II, S. 110): „Der Rathgeber wurde zugleich Verlocker, indem er die Frucht mit einem Scheine der Schönheit des Guten und mit der Lust des Bösen schmückte, damit sie ergötzlich schien und das Verlangen nach ihrem Genusse erwachte."
222 Vgl. im Folgenden Kap. IV.1.1 u. V.1.3. – Hartmut Bleumer: Paradies und Topos. Metamorphosen eines christlichen Mythos in der deutschen Literatur des Mittelalters. In: Religiöses Wissen im vormodernen Europa. Schöpfung – Mutterschaft – Passion. Hrsg. von Renate Dürr et al. München

einer erstaunlichen Operation zur *aisthesis* des Mannes, der durch den Anblick weiblicher Schönheit in seiner Keuschheit befleckt wird, verschoben. Es ist also der Eva-Anteil des (männlichen) Subjektes, der durch die schönen Frauenkörper getäuscht wird:

> Errat autem insipiens sensus, ac per hoc decipitur, credens malum bonum et pulchrum esse et ad usum suaue. Verbi gratia, ut aliquo utamur exemplo, phantasia auri uel cuiuspiam sensibilis materiae corporeo sensui imprimitur. Ipsa phantasia pulchra atque formosa uidetur, quia de creatura bona extrinsecus assumpta est, sed mulier (hoc est carnalis sensus) decipitur et delectatur, non sentiens latentem sub ipsa falsa et phantastica pulchritudine malitiam, hoc est philargiam, quae ‚est radix omnium malorum' [1 Tim 6,10]. ‚Qui uiderit mulierem ad concupiscendam eam', dominus inquit, ‚iam moechatus est in corde suo' [Mt 5,28]. Ac si aperte diceret: Qui phantasiam de forma feminea suo carnali infigit sensui, iam moechatus est in cogitatione sua, appetens turpitudinem libidinis, quae se latenter attrahit sub falsa illa muliebris formae imaginatione. | Est igitur, ut praediximus, lignum scientiae boni et mali malitia perniciosa mortiferaque in figura boni imaginata; et est hoc lignum ueluti intra quandam feminam (in carnali scilicet sensu, quem decipit) constitutum.
> (Johannes Scotus: Periphyseon IV,3638–3656)[223]

Es ist ein nicht unerheblicher exegetischer Weg, der hier auf engstem Raum beschritten wird. Eva, die in der Allegorese hier – wie auch schon bei Augustinus – die sinnliche Wahrnehmung des Menschen selbst ist, ist damit zugleich auch diejenige Instanz, durch die das männliche Subjekt sehend den weiblichen Körper wahrnimmt, an dem es – mit Mt 5,28 – schon im sehenden Begehren, ja schon in der Erinnerung an das Gesehene die Ehe bricht. Dem eigenen Eva-Anteil aber, der der Verführung weiblicher Schönheit zu erliegen droht, kann nur durch Selbstbeherrschung und Askese begegnet werden.[224]

2019, S. 73–118, hier S. 80–83, hat darauf hingewiesen, dass die Auslegung Evas als *aisthesis* und Adams als *nous* schon bei Philon von Alexandrien vorhanden ist.

223 Übers. (Noack II, S. 119 f.): „Es irrt aber der thörichte Sinn und wird darum getäuscht, indem er das Böse für ein Gutes und Schönes hält, das sich gar lieblich anlasse. Wenn sich z. B. die Vorstellung des Goldes oder irgend eines andern sinnlichen Stoffes dem leiblichen Sinne eindrückt, so erscheint diese Vorstellung selbst schön und lieblich, weil sie aus der guten Schöpfung von aussen genommen ist; aber das Weib, d. h. der fleischliche Sinn wird getäuscht und ergötzt sich daran, ohne das unter der falschen und eingebildeten Schönheit verborgene Böse, d. h. den Geiz zu merken, welcher alles Bösen Wurzel ist [1 Tim 6,10; F. D. S.]. ‚Wer ein Weib ansieht (sagt der Herr) ihrer zu begehren, der hat schon in seinem Herzen die Ehe gebrochen [Mt 5,28; F. D. S.].' Als wollte er geradezu sagen: Wer die Vorstellung von der weiblichen Gestalt seinem leiblichen Sinne einprägt, hat schon in Gedanken die Ehe gebrochen, indem er nach der schändlichen Lust strebt, die sich unter der falschen Einbildung der weiblichen Gestalt heimlich anzieht. Wie bemerkt, ist also der Baum der Erkenntniss des Guten und Bösen das verderbliche und todbringende Böse, welches in der Gestalt des Guten vorgestellt wird, und dieser Baum ist gewissermassen im Weibe, d. h. im leiblichen Sinne aufgestellt, der getäuscht wird."

224 Entsprechend kann argumentiert werden, dass Claudia Brinker-von der Heyde: Geliebte Mütter – Mütterliche Geliebte. Rolleninszenierung in höfischen Romanen. Bonn 1996 (= Studien zur Germanis-

Auch die spätere theologische Tradition kennt – unabhängig von Johannes Scotus – die Schönheit der Frucht beziehungsweise des Baumes und setzt sie in Beziehung zur Schönheit des weiblichen Körpers. Dieser Zusammenhang findet sich etwa in der *Ethica* des Petrus Abaelardus erneut.[225] Die *Ethica*, die in der Zustimmung zum Bösen (*consensus mali*) – unabhängig vom angeborenen Laster (*vicium animi*), vom Willen zum Bösen (*voluntas mali*) oder von der ausführenden Handlung (*operatio mali*) – die eigentliche Sünde sieht,[226] führt die Auslösung eines bösen Willens auch gegen die Zustimmung zu derselben auf ‚Lust' (*delectatio*) zurück. Die *Ethica* thematisiert die Lusterregung immer wieder anhand von zwei Gegenständen, nämlich einerseits anhand der Lust, welche durch den Anblick einer Frau ausgelöst wird, und andererseits anhand der Lust, welche beim Essen einer Frucht ausgelöst wird (§§ 8–15). Auch diese *consensus*-Sünde ist um Mt 5,28 herum organi-

---

tik, Anglistik und Komparatistik 123), S. 74, in ihrer Auffassung des Johannes Scotus-Satzes: *Mulier est sensus corporeus, naturaliter humanae naturae insitus. Per quam, in his uidelicet qui perfecti sunt, uisibilis creaturae pulchritudo ad laudem creatoris refertur* (Periphyseon IV,4765–4768; Übers. [Noack II, S. 156]: „Das Weib ist die der menschlichen Natur eingepflanzte leibliche Sinnlichkeit, und durch sie wird in denjenigen, welche vollkommen sind, die Schönheit der sichtbaren Creatur auf das Lob des Schöpfers bezogen."), irrt, insofern sie hierunter versteht, dass die durch den ‚Vollkommenen' (*perfectus*) geschaute „Frauenschönheit" als Gottesgeschenk auf den zu lobenden Schöpfergott zurückbezogen werde. Von der Schönheit der Frau, in der sich gottesebenbildlich das Wirken Gottes „visualisiert", wie es Brinker-von der Heyde (ebd., S. 74 f.) annimmt, ist hier jedoch nicht die Rede. Tatsächlich wird hier eine außerhalb der *mulier* liegende kreatürlichen Schönheit thematisch, welche durch die Sinne (*mulier* – Eva – *aisthesis*) wahrgenommen wird. Sofern diese ‚weibliche' Sinneswahrnehmung des weltlichen Schönen indessen einem (männlichen) *perfectus* innewohnt, kann sie auf den Schöpfer zurückbezogen werden und konkurriert mit diesem. Der unmittelbar anschließende, von Brinker-von der Heyde nicht zitierte Satz, der die Rolle der *aisthesis* in dem Gott zugewandten Vollkommenen (*perfectus*) thematisiert, welcher alle Sinnlichkeit abgelegt hat, lautet: *Inter quam (mulierem dico) et serpentem (hoc est libidinosam delectationem materialis pulchritudinis diabolicamque calliditatem in ea possidentem) magna inimicitia a deo constituta est. Mulier quippe (hoc est perfectus perfectorum sensus) odit materialium rerum carnalem appetitum, serpens uero spiritualium diuinarumque uirtutum inimicum habet desiderium* (Periphyseon IV,4768–4774; Übers. [Noack II, S. 156]: „Nun ist aber von Gott eine grosse Feindschaft gesetzt zwischen ihr, dem Weibe, und der Schlange, d. h. der lüsternen Ergötzung an der sinnlichen Schönheit und der darin wohnenden teuflischen Schlauheit. Das Weib freilich, d. h. die vollkommene Sinnlichkeit der Vollkommenen, hasst das fleischliche Verlangen nach den stofflichen Dingen, die Schlange aber hat das feindselige Verlangen nach den geistigen und göttlichen Tugenden."). Unter Bezug auf Gen 3,15, wo Gott die Schlange mit den Worten: *inimicitias ponam inter te et mulierem* (Übers. [Rebekka Schirner]: „Ich will Feindschaft zwischen dir und der Frau stiften") verdammt, wird so die – asketische – Feindschaft der Sinneswahrnehmung gegenüber dem wahrnehmbaren Schönen begründet.
225 Die *Ethica* wird hier und im Folgenden zitiert nach: Peter Abaelard: Scito de ipsum [Ethica]. Erkenne dich selbst. Übers. u. hrsg. von Philipp Steger. Hamburg 2006 (Philosophische Bibliothek 578). – Als allgemeine Einführung zur *Ethica* des Petrus Abaelardus kann dienen: Alexander Schroeter-Reinhard: Die Ethica des Peter Abaelard. Übersetzung, Hinführung und Deutung. Freiburg (Schweiz) 1999 (Dokimion 21).
226 Vgl. Abaelard: Ethica § 20.

siert (vgl. § 15), wo es heißt, „dass jeder, der eine Frau ansieht, um sie zu begehren, schon Ehebruch begangen hat mit ihr in seinem Herzen."[227] Ohne Not werden hier – wie schon im oben zitierten Passus aus dem *Periphyseon* des Johannes Scotus – das Begehren des männlichen Subjektes nach einer schmackhaften Frucht, das Begehren des männlichen Subjektes nach der (schönen) Frau und das Begehren der Urmutter Eva nach der Frucht am Paradiesbaum in Verbindung gebracht, wenn es schließlich (§ 21) heißt: Sünde (*peccatum*) oder Versuchung (*tentatio*) würden durch drei Dinge ausgelöst, nämlich Suggestion, Lust und Zustimmung, wobei auf die Überredung durch den Teufel die Lust gefolgt sei: *Delectatio successit, cum mulier uidens lignum pulcrum et ipsum intelligens suaue ad uescendum in concupiscenciam eius exarsit, cibi uoluptate, quam credebat, correpta* (Abaelard: Ethica § 21; Übers. [Steger]: „Die Lust folgte nach, als die Frau den reizenden [= *pulcrum*; F. D. S.] Baum sah und erkannte, wie süß es wäre, davon zu essen, und gierig verzehrte sie sich danach, überwältigt vom Genuß, den sie in der Frucht vermutete.").

Hier sind ganz wesentliche Eigenschaften vorhanden, welche das *pulchrum esse* in jene paradoxe Figuration einspannen, die im Weiteren bedeutsam werden wird, insofern es in der Frucht einerseits mit dem *bonum* – nicht allein dem ‚Gut-zu-essen-Sein' (*bonum ad vescendum esse*), sondern vor allem auch die an das Essen der Frucht geknüpfte Erkenntnisfähigkeit der Basisdifferenz *bonum et malum* (Gen 3,5) – zusammenfällt, welches in der verbotenen Frucht selbst repräsentiert ist, und insofern es jedoch andererseits in derselben, dem Zugriff der Menschen entzogen, verwahrt ruht. Gleichzeitig jedoch wird das *pulchrum* zum Gegenstand menschlichen – hier: weiblichen – Begehrens und dadurch seiner Aufgehobenheit in der Transzendenz entrissen. Insofern auch hier mit Evas Begehren eine Differenzbildung überhaupt erst in die Welt gebracht wird, stimmt ihre Rolle hier mit derjenigen, in welche *Die ungleichen Kinder Eve* sie umbilden, überein.

Wie der kurze Schwank des Hans Sachs von den *Ungleichen Kindern Eve* die Unterscheidung von körperlicher Schönheit und Hässlichkeit zu einer erneuten Sündenfallerzählung stilisiert, in welcher die von ihrer durch den Sündenfall erworbenen Unterscheidungsfähigkeit geplagte Eva ihre Rolle als Verursacherin innerweltlicher Differenzbildung verdoppelt, so wird auch im Rahmen des Buches Genesis die erste Erzählung von körperlicher Schönheit zu einer zweiten Sündenfallerzählung. Diese hat jedoch mit den beiden ersten Menschen und ihren Kindern nichts mehr zu tun. Über deren körperliche Verfasstheit vergibt die Heilige Schrift keine Informationen und verhindert damit zugleich, diese Differenz bereits hier in die durch den Schöpfungsmythos erzählte und erzeugte Werteordnung zu überführen. Die chronologisch erste Erzählung von körperlicher Schönheit steht in der Genesis als eigentümlich un-

---

[227] Übers. von Gisela Meyer-Stüssi; Mt 5,28: *omnis qui viderit mulierem ad concupuscendum eam / iam moechatus est eam in corde suo.*

verbundener Fremdkörper zwischen der Geschlechterfolge der ersten Menschen bis hin zu Noah und seinen Söhnen sowie den Ereignissen der Sintflut:

> Gen 6 ¹cumque coepissent homines multiplicari super terram et filias procreassent
> ² videntes filii Dei filias eorum quod essent pulchrae | acceperunt uxore sibi ex omnibus quas elegerant
> ³ dixitque Deus non permanebit spiritus meus in homine in aeternum quia caro est | eruntque dies illius centum viginti annorum
> ⁴ gigantes autem erant super terram in diebus illis | postquam enim ingressi sunt filii Dei ad filias hominum illaeque genuerunt | isti sunt potentes a saeculo viri famosi
> ⁵ videns autem Deus quod multa malitia hominum esset in terra | et cuncta cogitatio cordis intenta esset ad malum omni tempore
> ⁶ paenituit eum quod hominem fecisset in terra | et tactus dolore cordis intrinsecus
> ⁷ delebo inquit hominem quem creavi a facie terrae | ab homine usque ad animantia | a reptili usque ad volucres caeli | paenitet enim me fecisse eos[228]

Es wird zwischen der Erzählung von der die Himmelssöhne anziehenden Schönheit der Menschentöchter, welche zur Zeugung der *viri famosi* führt, und der Ursache der Sintflut kein kausaler Zusammenhang gestiftet. Die Ursache für Gottes Ratschluss liegt in der Zunahme der Sünde in der Welt (Gen 6,5), ohne dass diese eindeutig explikativ mit der vorangehenden Erzählung verknüpft wäre.[229] Allein die direkte Kontextualisierung der aufeinanderfolgend berichteten Ereignisse rückt die körperliche Schönheit der Menschentöchter als Ursache an die Spitze der Ausbreitung von Sünde und der Tilgung des Menschengeschlechts durch die Sintflut. Obgleich die (theologische) Diskussion der Stelle von ihrer Uneindeutigkeit geprägt ist, erfährt sie eine relativ einheitliche Interpretation. An dieser Vereindeutigung wird

---

228 Übers. (Rebekka Schirner): „¹Und als die Menschen angefangen hatten, sich über die Erde hin zu vermehren und Töchter hervorgebracht hatten, ²⟨da⟩ nahmen die Söhne Gottes, die sahen, dass deren Töchter schön waren, sich Frauen aus allen, die sie ausgewählt hatten. ³Und Gott sagte: ‚Mein Geist wird nicht für immer im Menschen verbleiben, weil er Fleisch ist. Und seine Tage werden 120 Jahre sein.' ⁴Es waren aber in jenen Tagen Riesen auf der Erde. Nachdem nämlich die Söhne Gottes zu den Töchtern der Menschen eingetreten waren und diese geboren hatten – es sind mächtige berühmte Männer von Alters her –, ⁵sah aber Gott, dass es viel Boshaftigkeit der Menschen auf der Erde gab und dass alle Überlegung des Herzens zu jeder Zeit auf das Böse hin ausgerichtet war; ⁶⟨da⟩ reute es ihn, dass er den Menschen auf der Erde gemacht hatte, und berührt durch den Schmerz des Herzens im Inneren sagte er: ⁷‚Ich werde den Menschen, den ich erschaffen habe, vom Angesicht der Erde vernichten, vom Menschen bis hin zu den Lebewesen, vom kriechenden ⟨Tier⟩ bis zu den Vögeln des Himmels. Mich reut nämlich, dass ich sie gemacht habe.'"
229 Gegen eine solche direkte explikative Verbindung entscheiden sich moderne Herausgeber*innen, wenn bspw. die *Neue Jerusalemer Bibel* die Kapitel Gen 6,1–4 und Gen 6,5 voneinander trennt, indem sie erst vor Gen 6,5 die Zwischenüberschrift „2. Die Sintflut" einsetzt. Historisch zeigt sich die kausale Untermotiviertheit des Passus darin, dass sie beispielsweise in den volkssprachlichen Weltchroniken und Genesis-Retexten ausfallen kann und nicht zur kausalen Begründung der Sintflut wird.

ablesbar, welche Diskursmuster dem Text aufgeprägt werden. Die offenbare Leerstelle, die Untermotiviertheit des zu interpretierenden Basistextes, ermöglicht es, die Operation der Füllung (oder Nicht-Füllung) durch seine Interpreten zu beobachten. Gleich ob Tertullian, Augustinus oder moderne Interpreten, stets wird ein aufwändiger interpretatorischer Apparat in Bewegung gesetzt, welcher – sei es über apokryphe Nebenquellen (Tertullian), sei es über aufwendige Exegese (Augustinus), sei es über textgenetische Argumente – den Zusammenhang installiert, der dem kurzen erratischen Erzählblock höchstens als Konnotation, als Substrat einer mythischen Erinnerung anhängt, die re-importiert werden muss, um stabilisiert zu werden.[230]

In ihren wesentlichen Linien ist eine motivational starke Lesart der Stelle bereits durch Tertullian in seinem Traktat *De cultu feminarum*, „Über den weiblichen Putz", entworfen worden.[231] Dieser Traktat muss sich indessen einer ‚Nebenquelle' bedienen, nämlich des apokryphen *Henochbuches*, welches die Handlung gegenüber dem Vulgatatext plastischer und drastischer motiviert und bewertet:[232]

---

230 Noch Mitte des zwanzigsten Jahrhunderts liest sich dieser Re-Import so: „Die Frage, die sich seit den Anfängen der Kirche bis in unsere Zeit hinzog, nämlich, ob die ‚Gottessöhne' als Engelwesen oder als Menschen, d. h. als Glieder ‚der besseren Sethitischen Menschheit' zu verstehen seien, kann als endgültig entschieden bezeichnet werden. Die בְּנֵי הָאֱלֹהִים (L: ‚Kinder-Gottes') – hier übrigens deutlich den Menschentöchtern gegenübergestellt – sind Wesen der oberen himmlischen Welt. Das בן (‚Sohn') will sie aber nicht im physisch-genealogischen, also mythologischen Sinne als Söhne Gottes, sondern allgemein als zugehörig zu der Elohimwelt bezeichnen [...]. Diese Engelwesen lassen sich durch die Schönheit menschlicher Weiber zu schwerer Sünde anreizen; sie fallen aus ihren Ordnungen und vermischen sich mit ihnen in wilder Zügellosigkeit. Auch hier, wie bei der Sündenfall- und Kaingeschichte ist Gott mit seinem richtenden Wort sofort zur Stelle." Zitiert aus: Gerhard von Rad: Das erste Buch Mose. Genesis. Übersetzt und erklärt von Gerhard von Rad. 12. Aufl. Göttingen/Zürich 1987 (Das Alte Testament Deutsch, Teilbd. 2/4; 1. Aufl. 1949), S. 84. – Auch Gerhard von Rad, Das erste Buch Mose, S. 83–87, trennt die Erzählung von Menschentöchtern, Gottessöhnen und Riesen von der Sintflut, wenn er Gen 6,5–8 als „Prolog vor der Sintflut" betitelt. Der eigene pejorativ-verstärkende Ton der Paraphrase, in welcher mit einem Mal von „menschlichen Weibern", „schwerer Sünde" und „Vermischung in wilder Zügellosigkeit" die Rede ist, entgeht dem Kommentator des Jahres 1949, Gerhard von Rad, scheinbar. Die Verbindung zur Sündenfall- und Brudermorderzählung wird dabei aktiv hergestellt, der ‚Fall' der Gottessöhne dadurch erhöht, dass sie als Teil der „Elohimwelt" festgelegt werden, anstatt die Formulierung metaphorisch zu lesen und auf gottesfürchtige (menschliche) Männer zu übertragen. Letztere Möglichkeit hätte bestanden; vgl. von Rad, Das erste Buch Mose, S. 84.
231 Dieser um das Jahr 200 u.Z. entstandene Traktat hat keine erkennbare Breitenwirkung gehabt. Zur spärlichen Überlieferung der Texte Tertullians vgl. Tertullien: La Toilette des Femmes (De cultu feminarum). Eingeleitet, kritisch hrsg., übers. und komm. von Marie Turcan, Paris 1971 (Sources chrétiennes 173), S. 11–14. Turcan dokumentiert hier, dass selbst in den überlieferten Tertullian-Korpora ein ganzer Zweig der Überlieferung (*corpus Cluneacense*) dadurch ausgezeichnet ist, dass *De cultu feminarum* in ihm nicht enthalten ist.
232 Bereits zu Tertullians Zeiten gilt das Buch als apokryph, insofern „es keine Aufnahme in den jüdischen Kanon gefunden hat" (*nec in armarium Iudaicum admittitur* [Lat. Text hier u. i. Folgenden zit. nach Turcan, Tertullien: La Toilette des Femmes (1971)]; Übers. hier u. i. Folgenden nach: Tertullian,

1 Als sich die Menschenkinder vermehrten,
  wurden ihnen damals schöne und liebliche Töchter geboren.
2 Als die Engel, die Himmelssöhne, sie erblickten,
  gelüstete es sie nach ihnen,
  und sie sprachen zueinander:
  ‚Wir wollen uns Weiber aus den Menschenkindern wählen
  und uns Kinder erzeugen!'
  (Henoch 6,1 f.)[233]

Die Schar der zweihundert Himmelssöhne unter ihrem Anführer Semjaza verschwört sich nun mit einem bindenden Pakt (Henoch 6,3–8). Anschließend heißt es:

1 Alle andern bei ihnen nahmen sich Weiber,
  und jeder von ihnen wählte sich eines aus.
  Dann begannen sie, zu ihnen zu gehen
  und sich an ihnen zu verunreinigen.
  Und sie lehrten sie Zaubermittel, Beschwörungen und Wurzelschneiden
  und sie machten sie mit Pflanzen bekannt.
2 Sie wurden nun schwanger
  und gebaren Riesen, die 3000 Ellen groß waren.
3 Diese verzehrten alle Vorräte der anderen Menschen.
  Als aber die Leute ihnen nichts mehr geben konnten,
4 wandten sich die Riesen gegen diese und fraßen sie auf.
5 und sie begannen,
  sich an den Vögeln, wilden Tieren, Kriechtieren und Fischen zu vergreifen,
  das Fleisch voneinander aufzufressen
  und das Blut zu trinken.
6 Da klagte die Erde wider die Unholde.
  (Henoch 7,1–6)

Der Tertullian-Traktat *De cultu feminarum*, welcher sich mit Schmuck und Kosmetik beschäftigt, benötigt das *Henochbuch*, um an ihm zu demonstrieren, dass die inkriminierten kosmetischen Praktiken den Frauen vor der Sintflut von den gefallenen Engeln selbst beigebracht wurden:

1 Azazel lehrte die Menschen Schwerter,
  Messer, Schilde und Brustpanzer machen
  und zeigte ihnen die Metalle und die Art ihrer Bearbeitung,
  Armspangen und Schmucksachen,
  den Gebrauch von Augenschminke und das Verschönern der Augenlider,
  alle Arten von Edelsteinen und allerhand Färbemittel.

---

private und katechetische Schriften. Aus dem Lateinischen übers. von Heinrich Kellner, München 1912 [BKV 1. Rh., Bd. 7], S. 176–202.). Tertullian verteidigt die Nutzung des Buches Henoch eigens.
233 Zitiert wird das alt-äthiopische *Henochbuch* nach der Ausgabe: Altjüdisches Schrifttum ausserhalb der Bibel. Übers. u. erläutert von Paul Riessler. 2. Aufl. Heidelberg 1966 (1. Aufl. 1927), S. 355–451.

> 2 Es herrschte viel Gottlosigkeit;
> sie trieben Unzucht, gerieten auf Abwege
> und waren auf all ihren Pfaden verderbt.
> (Henoch 8,1 f.)

Im weiteren Verlauf des *Henochbuches* bemerken die nicht gefallenen Engel, Michael, Uriel, Raphael und Gabriel, welche vom Himmel herabschauen, das Blutvergießen, das die Riesen anrichten. Sie verklagen die gefallenen Engel bei Gott, woraufhin dieser die Sintflut ankündigt und gebietet, dass sich der Lamechsohn, Henoch, verbergen solle, weshalb dieser einen Bericht verfassen kann (Henoch 9 u. 10).[234]

Das aus der zuletzt zitierten Passage (Henoch 8,1) in *De cultu feminarum* abgeleitete Argument ist nun, dass Frauen sich jener Praktiken, die ihnen einst von gefallenen Engeln, also den Teufeln, beigebracht wurden, notwendig zu enthalten hätten, da diese Praktiken entsprechend selbst des Teufels seien:

> Haec qualia sunt, interim iam ex doctorum suorum qualitate et condicione pronuntiari potest, quod nihil ad integritatem peccatores, nihil ad castitatem adamatores, nihil ad timorem Dei desertores spiritus aut monstrare potuerunt aut praestare. Si doctrinae dicendae sunt, mali magistri male docuerint necesse est[.]   (Tertullian: De cultu feminarum I.2,2)[235]

Tertullian leitet hieraus also eine Lehre ab, die oberflächlich derjenigen recht ähnlich erscheint, die Gerhard von Rad für die äquivalente Genesis-Passage formuliert: „[Der Jahwist] wollte die Vermischung übermenschlicher Geistermächte mit dem Menschen, den Einbruch ‚dämonischer' Art darstellen und damit eine weitere, durch die Sünde angerichtete Zerstörung aufzeigen".[236]

Allerdings erscheint die Perspektive, dass durch den ‚dämonischen Kontakt' die Verdorbenheit der Menschen aufgezeigt werden sollte, als ausnehmend moderne Perspektive, insofern sowohl das *Buch Henoch*, sein Exegese in *De cultu feminarum* sowie

---

234 Obgleich der Vulgata-Text hier untermotiviert ist, ist ein Zusammenhang zwischen der Schönheit der Menschentöchter und der Sintflut auch in mhd. Literatur bezeugt. Im sogenannten *Anegenge* findet sich folgender Passus: *nû welle wir iu mêr sagen | als vil sô wir magen, | wie si chouften den gotes zorn, | daz er lie werden verlorn | alle, die der wâren, | wan die dâ genâren | in der Nôês arche. | er rach sich vil starche, | dô si ez brâhten der zuo! | zwei geslehte wâren duo: | daz eine hiez diu gotes chint | (si liezen in sumelîche sint | des vil übel geniezzen), | die andern die hiezen | der menschen chint: | harte mischten si sich sint | mit ir hîræte. | daz eine chom von Sêthe | daz ander chom von Cham. | den gotes chinden er gewan | diu wîp wol getânen | siu machten, daz si nâmen | chonen in daz verwirhte chunne.* (Das Anegenge. Hrsg. von Dietrich Neuschäfer. München 1969 [Altdeutsche Texte in kritischen Ausgaben 1], Vv. 1766–1788).
235 Übers. (Kellner): „Hinsichtlich des Charakters dieser Dinge kann man sich schon wegen der Beschaffenheit und der Art der Lehrmeister sofort das Urteil erlauben, daß Sünder nicht zur Unschuld, Weibernarren nicht zur Keuschheit, abtrünnige Geister nicht zur Gottesfurcht anleiten und verhelfen konnten. Wenn man hierbei von Lehren reden darf, so konnten schlechte Lehrmeister notwendigerweise auch nur schlechte Lehren geben."
236 Von Rad, Das erste Buch Mose, S. 84.

auch das entsprechende Kapitel der Genesis die umgekehrte Interpretation anbieten. Die Aussage des *Buches Henoch*, dass es die Engel gewesen seien, die sich durch die Vermischung mit den Menschen „verunreinigt" hätten (vgl. Henoch 7,1) und nicht umgekehrt, transportiert auch der Tertullian-Traktat, allerdings weniger direkt. Wenn es in *De cultu feminarum* heißt:

> Vtrum ne mulieres sine materiis splendoris et sine ingeniis decoris placere non possent hominibus, quae adhuc incultae et incompositae et, ut ita dixerim, crudae ac rudes angelos mouerant? (Tertullian: De cultu ferminarum I.2.3),[237]

so wird die vorhergehende, gegen Schmuck und Schminke gerichtete Aussage zugleich umgekehrt und verstärkt. Indem hier sehr genau unterschieden wird zwischen tatsächlicher körperlicher und nur durch Schmuck und Kosmetik erzeugter Schönheit, wird zugleich die eigentliche Ursache für den Fall der Engel in den tatsächlich schönen, noch ‚prä-kosmetischen' Körper der Frau verlagert. Bereits dieser Körper, der dem Laster von Schmuck (*cultus*) und Schminke (*ornatus*) noch nicht anheimgefallen ist, gibt Ursache genug zum Abfall weiterer Engel des Herrn, woraus folgt, dass solche Frauen, die nun auch noch mit den Kunstmitteln dieser abgefallenen Engel ihre Schönheit verstärken, umso lasterhafter sind.[238]

So zirkelschlüssig dieses Argument angelegt ist, so streng wird es bei Tertullian durchgeführt. *De cultu feminarum* eröffnet die Perspektive auf den weiblichen Körper als Ursache männlichen Begehrens und delegiert die Verantwortung für dieses Begehren radikal an die ‚Trägerinnen' des schönen weiblichen Körpers, wobei sich Christin-Sein und Schön-Sein agonal entgegen stehen: *Sancta femina sit naturaliter speciosa, non adeo sit occasioni* (Tertullian: De cultu feminarum II.3.3).[239] Zwar anerkennt Tertullian die Möglichkeit des tatsächlich schönen Körpers, welcher für ihn – wie jeder ungeschminkte Körper – eine Schöpfung Gottes ist, in welche nicht

---

[237] Übers. (Kellner): „Hätten nicht die Weiber auch ohne diese glänzenden Dinge und ohne künstlichen Schmuck den Männern gefallen können, da sie, ungeputzt, ungeschmückt, um so auszudrücken, noch unkultiviert und roh, schon auf Engel Eindruck machten?"

[238] Die Vorstellung von der Verführbarkeit der Engel durch weibliche Schönheit, wie sie in Gen 6,1 angedeutet und bei Tertullian und Vinzenz von Beauvais ausformuliert ist, dringt auch bis in die vernakulare Literatur. Vgl. Heinrich von dem Türlin: Diu Crône, V. 7743–7747, wo es über die Botin der Amurfina heißt: *ir natûr het gegeben | ein alsô süezen anblic, | daz einem engel ein stric | an sie wære geleit, | sæh er sie mit emezcheit* (zitiert nach: Heinrich von Türlin: Diu Crône. Kritische mittelhochdeutsche Leseausgabe mit Erläuterungen. Hrsg. von Gudrun Felder. Berlin/Boston 2012).

[239] Übers. (Kellner): „Ein heiliges Weib, wenn es von Natur aus schön ist, werde also nicht zur Gelegenheit." – Diese Idee, dass die Frau eine Gelegenheit zur Sünde oder allgemeiner zum Beischlaf biete, welche hier sündentheologisch aufgefasst ist, wird – wie im Folgenden zu sehen sein wird – im Gewand der Poetorhetorik wiederkehren, wo die (erzählte) Frau – ebenso wie der *locus amoenus* – zu einer Gelegenheit im Sinne rhetorischer und narrativer Plausibilität werden wird (vgl. hierzu im Folgenden etwa S. 314). Hier wie dort, in der Theologie und in der Rhetorik, partizipiert sie an demselben anthropologischen Diskurs.

eingegriffen werden darf,[240] und fasst diesen als etwas Gutes auf, allerdings ist mit diesem Körper eine Verantwortung verbunden und der *abusus* dieser von Gott zugeteilten Schönheit zu vermeiden:

> [N]escio an impune habeat qui alicui fuerit causa perditionis. Perit enim ille simul ut tuam formam concupierit [vgl. wiederum Mt 5,28; F. D. S.] et admisit iam in animo quod concupiit, et facta es tu gladius illi ut etsi a culpa uaces ab inuidia non liberaberis. [...] 5. Expingamus nos ut alteri pereant! Vbi est ergo: ‚Diliges proximum tuum sicut te ipsum'? ‚Nolite uestra curare sed alterius'? Nulla enuntiatio Spiritus Sancti ad praesentem tantum materiam et non ad omnem utilitatis occasionem dirigi et suscipi potest. Cum igitur et nostra et aliorum causa uersetur in studio periculosissimi decoris, iam non tantum confictae et elaboratae pulchritudinis suggestum recusandum a uobis sciatis, sed etiam naturalis speciositatis oblitterandum dissimulatione et incuria ut proinde oculorum incursibus molestum. 6. Nam etsi accusandus decor non est ut felicitas corporis, ut diuinae plasticae accessio, ut animae aliqua uestis bona, timendus est tamen uel propter iniuriam et uiolentiam sectatorum[.]
>
> (Tertullian: De cultu feminarum II.2.4–6)[241]

Obgleich es – aufgrund der späteren Aufnahme des Tertullian in die Reihe der Häretiker – keine breite Tertullian-Rezeption gegeben hat,[242] ist die Idee, dass die Schönheit der Frau zu demjenigen Dolch werde, welcher den Mann trifft, doch er-

---

240 Tertullian: De cultu feminarum I.8.2: *Non placet Deo quod non ipse produxit; nisi si non potuit purpureas et aerinas oues nasci iubere. Si potuit, ergo iam noluit; quod Deus noluit utique non licet fingi. Non ergo natura optima sunt ista quae a Deo non sunt, auctore naturae. Sic a diabolo esse intelleguntur, ab interpolatore naturae* (Übers. [Kellner]: „Wenn er [= Gott, F. D. S.] es vermochte [und nicht tat], so hat er es eben nicht gewollt; was Gott aber nicht machen wollte, das darf man auch nicht machen. Gebilde, welche nicht von Gott sind, dem Urheber der Natur, sind also nicht von Natur die besten. Unter diesen Umständen erkennt man, daß sie vom Teufel, dem Verfälscher der Natur kommen.").

241 Übers. (Kellner): „Ich weiß nicht, ob der straflos bleiben kann, der einem andern zur Ursache des Unterganges wird. Der Nächste geht nämlich zugrunde, sobald er nach deiner Gestalt begehrt [vgl. wiederum Mt 5,28; F. D. S.], und hat in seinem Herzen schon vollbracht, was er begehrt, du aber bist dann ihm zum Dolch des Todes geworden; und wenn du auch von Schuld frei sein solltest, so bist du doch nicht frei von Vorwurf. [...] 5. Wollten wir uns schminken, damit andere dadurch zugrunde gehen? Wo bleibt der Ausspruch: ‚Du sollst deinen Nächsten lieben wir dich selbst?' Wollet nicht bloß an Euch denken, sondern auch an den Nächsten! Kein Ausspruch des Hl. Geistes darf bloß auf die augenblickliche Veranlassung, sondern muß auf jeden gelegentlichen Nutzen gehen und bezogen werden. Da also sowohl unsere eigene als auch des Nächsten Wohlfahrt bei Pflege des so gefahrvollen Liebreizes auf dem Spiele steht, so möget Ihr wissen, daß Ihr nicht bloß den Pomp geborgter und studierter Anmut zu verschmähen habet, sondern auch die von der Natur verliehenen Reize durch Verheimlichung und Vernachlässigung derselben zurückdrängen müsset, weil sie in gleichem Grade die Blicke belästigen. 6. Wenn auch die Anmut als ein körperliches Glück, als eine Beigabe der göttlichen Bildnerkunst, gewissermaßen als eine gute Hülle der Seele nicht anklagen darf, so ist sie doch mit Besorgnis zu betrachten wegen etwaiger Eingriffe und Angriffe von Lüstlingen."

242 Vgl. Christel Butterweck: Art. Tertullian. 3. Nachwirkung. In: TRE XXXIII, Lieferung 1/2, Berlin 2001, S. 93–107 hier bes. S. 104,14–18: „Als im 4. Jh. die Dogmenbildung einsetzte, konnte Tertullian nach neuen Maßstäben als Häretiker bezeichnet [...] werden [...]. Schließlich wurde er wegen seiner Verwerfung der zweiten Ehe in Augustins Ketzerkatalog aufgenommen (haer. 86)."

III.3 Die Beziehung der Schönheit zur Tugend — 173

halten geblieben. Sie nimmt einen Umweg über die Tertullian-Rezeption bei Cyprian von Karthago, welchen wiederum Augustinus rezipiert hat.[243] Die Schrift *De habitu virginum* des Cyprian von Karthago (gest. 258 u. Z.), welche hier signifikante Parallelen zu Tertullian aufweist, wird beispielsweise noch von Vinzenz von Beauvais in seinem Traktat *De eruditione filiorum nobilium* zitiert:

> unde cyprianus, ubi supra: ‚Si tu te sumptuosius comas et per publicum notabiliter incedas, oculos in te iuuentutis illicias, suspiria adolescencium post te trahas, ... peccandi fomenta succendas, ut et si ipsa non pereas, tamen alios perdas et uelut gladium te ac uenenum prebeas videntibus, excusari non potes, quasi mente casta sis et pudica. Redarguit te cultus improbus et impudicus ornatus.' Hec cyprianus. (Vinzenz von Beauvais: De eruditione 44,81–86.)[244]

Die Position der Frau als ‚Gelegenheit', als ‚Dolch' ist auch bei Tertullian zurückgebunden an die Rolle Evas im Sündenfall, womit der Traktat *De cultu feminarum* eröffnet: Mit der Annahme des Glaubens, so heißt es, müsste eigentlich jede der durch das Traktat angesprochenen *sorores* beginnen, ihr Äußeres – Schmuck, Kosmetik und den Körper selbst – zu vernachlässigen, weil „jede in sich selbst eine trauernde und büßende Eva"[245] umher trage:

---

243 Augustinus zitiert Passagen aus Cyprians Schrift in *De doctrina christiana*, IV,49,131, als Beispiel für den christlichen Einsatz des ‚erhabenen Stils'.
244 *De eruditione filiorum nobilium* wird hier und im Folgenden zitiert nach: Vincent of Beauvais: De eruditione filiorum nobilium. Hrsg. von Arpad Steiner. Menasha (Wisconsin) 1938 (The Mediaeval Academy of America 32). – Übersetzung (hier u. i. Folgenden zit. nach: Vincent von Beauvais. Hand- und Lehrbuch für königliche Prinzen und ihre Lehrer, als vollständiger Beleg zu drei Abhandlungen über Gang und Zustand der sittlichen und gelehrten Bildung in Frankreich bis zum dreizehnten Jahrhundert und im Laufe desselben. Hrsg. von Friedrich Christoph Schlosser. Erster Teil. Frankfurt a. M. 1819): „Daher Cyprianus: Ist dein Haarputz prächtig, gehst du einher um bemerkt zu werden, ziehst du die Augen der jungen Leute auf dich, willst du, daß die Seufzer der Jünglinge dir folgen; steckst du den Zunder der Sünde an; gehst du zwar selbst nicht zu Grunde, verdirbst aber Andere, und bietest dich der scherzenden Jugend als Gift und Dolch, so darfst du dich nicht damit entschuldigen, daß du in deiner Seele keusch seyest; denn gegen eine solchen Gedanken spricht dein gottloser Aufzug und dein unanständiger Putz. So weit Cyprian." – Wenngleich Vinzenz *De cultu feminarum* an keiner Stelle in *De eruditione* explizit zu verarbeiten scheint, so lässt sich für sein *Speculum historiale* jedoch generell die Kenntnis tertullianischer Schriften nachweisen (vgl. Butterweck, Tertullian, S. 104,37–40).
245 Tertullian: De cultu feminarum I.1.1: *Si tanta in terris moraretur fides quanta merces eius expectatur in caelis, nulla omnino uestrum, sorores dilectissimae, ex quo Deum uiuum cognuisset et de sua, id est de feminae condicione, didicisset, laetiorem habitum, ne dicam gloriosiorem, appetisset, ut non magis in sordibus ageret et squalorem potius affectaret, ipsam se circumferens Euam lugentem et paenitentem, quo plenius id quod de Eua trahit – ignominiam dico primi delicti et inuidiam perditionis humanae – omni satisfactionis habitu expiaret.* – Übers. (Kellner): „Wenn es auf Erden einen Glauben gäbe, der an Größe dem Lohne entspräche, der im Himmel seiner wartet, dann würde von dem Tage an, wo Ihr, geliebteste Mitschwestern, den lebendigen Gott erkannt habt und Euch über Euren eigenen, d. h. des Weibes, Zustand klar geworden seid, keine mehr einen gefälligen, geschweige denn einen prachtvollen Anzug begehren, sondern jede würde lieber in Trauer leben, ja sogar ihr Äußeres vernachlässigen, da jede in sich selbst eine trauernde und büßende Eva herumträgt. Sie

> In doloribus et anxietatibus paris, mulier, et ad uirum tuum conuersio tua et ille dominatur tui: et Euam te esse nescis? 2. Viuit sententia Dei super sexum istum in hoc saeculo: uiuat et reatus necesse est. Tu es diaboli ianua; tu es arboris illius resignatrix; tu es diuinae legis prima desertrix; tu es quae eum suasisti, quem diabolus aggredi non ualuit; tu imaginem Dei, hominem, tam facile elisisti; propter tuum meritum, id est mortem, etiam filius Dei mori habuit: et adornari tibi in mente est super pelliceas tuas tunicas?
> (Tertullian: De cultu feminarum I.1.1 f.)[246]

Der schöne Körper, wie er im Anschluss an sein erstes, zweifelhaftes Auftreten in der Genesis durch die frühe christliche Theologie und Pastoral entwickelt wird, ist kein Zeichen eines wie auch immer gearteten ‚Inneren' oder einer ‚Gutheit', sondern – ganz im Gegenteil – Anlass einer Sorge um das Seelenheil. In Verbindung zur Wahrheit wird er nicht als eigenständiges Zeichen, sondern als Objekt und Medium täuschender Praktiken gebracht, welche die verführerische Kraft dieses schönen Körpers verstärken. Damit wird er zum Gegenstand einer Sorge, welche die Pastoral zu einer Selbstsorge umdeutet, in der die Frauen ihren Körper, die Männer aber ihre ‚weiblichen' Sinne selbst zu kontrollieren lernen müssen.[247]

Körperliche Schönheit hat also im textuellen Kernbestand des christlichen Abendlandes zunächst nicht die Funktion, ihre Trägerinnen und Träger im Sinne eines Zeichens positiv zu markieren, sondern ist – ganz im Gegenteil – als der Anlass einer ethischen Verfehlung in die Erzählung eines ‚Sündenfalls' eingebunden. Weiterhin wird sie – man denke an die Erzählungen von Samson (Ri 13,1), Judith,

---

würde dann durch Bußkleidung jeder Art um so vollständiger sühnen helfen, was Eva verschuldet hat, ich meine den schmählichen Sündenfall und den trostlosen Untergang des Menschen."
246 Übers. (Kellner): „In Schmerzen und Ängsten mußt du gebären, o Weib, zum Manne mußt du dich halten, und er ist dein Herr. Und du wolltest nicht wissen, daß du eine Eva bist? Noch lebt die Strafsentenz Gottes über dein Geschlecht in dieser Welt fort; dann muß also auch deine Schuld noch fortleben. Du bist es, die dem Teufel Eingang verschafft hat, du hast das Siegel jenes Baumes gebrochen, du hast zuerst das göttliche Gesetz im Stich gelassen, du bist es auch, die denjenigen betört hat, dem der Teufel nicht zu nahen vermochte. So leicht hast du den Mann, das Ebenbild Gottes, zu Boden geworfen. Wegen deiner Schuld, d. h. um des Todes willen, mußte auch der Sohn Gottes sterben, und da kommt es dir noch in den Sinn, über deinen Rock von Fellen Schmucksachen anzulegen?"
247 Wenn auch die Auslegung der Passage Gen 6,1–4 durch Tertullian keine nennenswerte Langzeitwirkung gehabt zu haben scheint und auch die ‚Gottessöhne' schon bei Augustinus nicht mehr als ‚Engel' aufgefasst werden, so steht im Hintergrund doch ein Paulus-Vers (1 Cor 11,10), welcher *propter angelos* („mit Rücksicht auf die Engel") den Schleier auf dem Haupt der Frau verlangt. Noch in *De eruditione* des Vinzenz von Beauvais wirkt dieser Vers nach, wo er indirekt auf Geistliche bezogen wird, die durch unverschleierte weibliche Schönheit verführt werden. Gegen die hier genutzte Ausgabe der hieronymianischen Vulgata lautet der Korintherbrief-Vers bei Vinzenz von Beauvais: *‚mulier debet habere super caput suum uelamen propter angelos* [= 1 Cor 11,10; F. D. S.],*' id est clericos uel spirituales uiros, ne cadant per eam. Sic enim pulcritudinem suam in animarum stragem ostentare, hoc est proximos scandalizare, id est obicem eis ad ruinam ponere* (Übers. [Schlosser]: „Darum soll das Weib einen Schleier auf dem Haupte haben, um der Engel willen. Er meint, um der geistlich gesinnten Männer, oder auch der Geistlichen willen, daß sie nicht etwa fallen." [Der anschließende Satz fehlt bei Schlosser; F. D. S.]).

Joseph (Gen 39,6), Rebekka (Gen 24,16), Batseba (2 Sam 11,2), Susanna (Dan 13), Sarai (Gen 12,14) oder Washti (Est 1,11) – als Auslöser von fataler Verführung, mindestens aber als Anlass männlicher Gewalt und ethischer Kompromittierung funktionalisiert, als – oftmals verfehlter – Anlass männlicher Ethisierung. Umgekehrt kann aber im Folgenden auch gezeigt werden, wie ‚Schönheit' nicht nur theologische Exegesen des Sündenfalls strukturiert, sondern – in der Theologie ebenso wie in volkssprachlichen Erzählungen und gegen den biblischen Prätext – in den dem Sündenfall vorangehenden Ursündenfall, den Abfall Luzifers von Gott, vorverlegt wird, der im anschließenden Kapitel behandelt wird.

III.3.1.2 Genesis III: Der Schönste der Engel

Während der durch die Schönheit der Menschenfrauen verursachte Engelfall aus Gen 6 in der Patristik durchaus eine Rolle spielt, scheint er in Retextualisierungen der Genesis vernachlässigbar. Besonders jene Texte, die in der Darstellung der Weltgeschichte den Versuch der Totalität wagen, scheinen in ihrer Bestrebung zur Verknappung die Motivierungen zu vernachlässigen und kappen hierbei die motivierende Passage, welche zur Sintflut hinleitet.[248] Stattdessen entwickelt die frühmittelhochdeutsche *Wiener Genesis* in einer viel detaillierteren, patristisches Wissen inkorporierenden, sozusagen ‚synthetischen' Retextualisierung der Genesis eine Narration, in welcher ‚Schönheit' eine geradezu wesentliche Rolle erhält. Hierbei spielt zwar wiederum die körperliche Gestalt der beiden ersten Menschen keine Rolle[249] und auch die Söhne Adams und Evas werden zunächst nicht als schön

---

248 Die in einen großen chronikalischen Zyklus eingelassenen *Vorauer Bücher Mosis* erzählen beispielsweise zwischen Kains Brudermord und Noahs Auftrag die Arche zu bauen schlicht nichts. Die Detailversessenheit der Schedelschen Weltchronik – um ein sehr spätes Beispiel entgegenzusetzen – dokumentiert die Episode Gen 6 allein in dem lapidaren Satz: *Zu den selben zeiten waren risen oder helden auff erden. die waren berůmbt vñ vnglauplicher mechtigkeit. vnd wißten zu streyten*, wobei keinerlei Kontextualisierung oder erzähllogische Einbindung vorgenommen wird. – Die Schedelsche Weltchronik wird zitiert nach dem Faksimile: Hartmann Schedel: Das Buch der Chroniken. Kolorierte und kommentierte Gesamtausgabe der Weltchronik von 1493. Nach dem Original der Herzogin Anna Amalia Bibliothek, Weimar, hrsg. von Stephan Füssel. Köln 2018, hier: Blatt Xv.
249 Zwar erhält der Körper Adams bei seiner Erschaffung eine Beschreibung, welche in der Forschung auch als *descriptio a capite ad calcem* aufgefasst worden ist (vgl. bspw. Johannes Janota: *wunter* und *wunne*. Zur Poetik im Heptameron der ‚Wiener Genesis'. In: Mittelalterliche Poetik in Theorie und Praxis. Festschrift für Fritz Peter Knapp. Hrsg. von Thordis Hennings, Manuela Niesner, Christoph Roth et al. Berlin 2009, S. 21–28, hier: S. 29), diese ist jedoch eine im engeren Sinne ‚physiologische' *descriptio*, welche mit der von den Poetorhetoriken entwickelten *descriptio membrorum* und ihrer narrativen Funktion keine Gemeinsamkeiten hat. Ob Adams Körper, der aus naturkundlicher Sicht als ‚Prototyp' in seiner Funktionsweise dargestellt wird, in seiner Funktionalität ‚schön' sei oder nicht, wird in der *Wiener Genesis* nicht thematisiert. Zu Funktion und Terminologie der *descriptio* vgl. im Folgenden Kap. IV.1.1 zur ‚descriptio' der *Wiener Genesis* vgl. Kap. IV.3, bes. S. 427–431.

oder hässlich markiert, nichtsdestoweniger wird die Schönheit der Menschentöchter, deren Schönheit zum Anlass eines Engelfalls wird, über eine verzweigte Ursachenkette, welche sogar noch über den eigentlichen menschlichen Sündenfall hinaus zurückreicht, an den vorgängigen Abfall des Engels Lucifer und seines Gefolges gebunden. Diesen hat Gott im Rahmen der Einrichtung der Engelschöre – welche in der *Wiener Genesis* dem eigentlichen Siebentagewerk vorausgeht[250] – als unter den Engeln Auserwählten erschaffen, der aus der Menge derselben hervorscheint. Es ist in dieser Auffassung die ‚Schönheit' Luzifers selbst, welche seine *superbia* auslöst. Schönheit wird hier zum Anlass des Ursündenfalls:[251]

> Do hiezer werden einen en
> gel der ſcain uz den anderen allen
> er waſ anderer engele wunne.
> wante ime got wol gunde wun
> ne in dem himele. ſineſ choreſ waſ

---

[250] Es hat eine lange patristische Tradition, die Erschaffung und den Fall des ersten Engels bereits in den Beginn der Genesis noch vor das eigentliche Siebentagewerk zu verlegen, welche sich beispielsweise bereits in Augustins *Gottesstaat* dokumentiert findet. Hier werden die ersten Verse der Genesis einer Allegorese unterzogen, welche unter der Scheidung von Licht und Finsternis die beiden Lager der Engel auffasst, nämlich unter dem Licht die guten Engel von gutem Wesen und gutem Willen und unter der Finsternis die gefallenen Engel, welche zwar ein gutes Wesen, aber einen bösen Willen haben. In dem Moment, in welchem Gott also spricht: *fiat lux*, und es heißt: *et facta est lux* (Gen 1,3), ist der Abfall der Engel von bösem Willen in dieser Lesart bereits vorausgesetzt; vgl. hierzu Augustinus: De civitate Dei XI,9 u. 32–33. Vgl. hierzu William A. Christian: Augustine on the Creation of the World. In: Harvard Theological Review 46 (1953), S. 1–25. – Auf diese Tradition ist verschiedentlich hingewiesen worden, bspw. von Haiko Wandhoff: Von der kosmischen Strahlung zur inneren Erleuchtung: Mikrokosmische Perspektiven einer Kulturgeschichte des Lichts. In: Licht, Glanz, Blendung. Beiträge zu einer Kulturgeschichte des Leuchtenden. Hrsg. von Christina Lechtermann, Haiko Wandhoff. Bern et al. 2008 (Publikationen zur Zeitschrift für Germanistik N.F. 18), S. 15–36, hier S. 16, welcher schreibt: „Verschiedentlich – etwa bei Augustinus und später bei Hildegard von Bingen – wurde diese Ur-Schöpfung [= Gen 1,3; F. D. S.] des Lichts auch mit der Erschaffung der Engel als ‚Lichtwesen' in Verbindung gebracht." Gegenüber dieser eher zurückhaltenden Formulierung hat aber gerade die im *Gottesstaat* entworfene Schöpfungsordnung eine breite Wirkung entfaltet, wie die Abfolge der Schöpfung in der *Wiener Genesis* und bspw. im *Anegenge* deutlich dokumentiert. – Zur ‚Prioritätstheorie' der Schöpfung und zum Sturz Luzifers in Hinblick auf die *Wiener Genesis* vgl. Bruno Quast: Vom Kult zur Kunst. Öffnungen des rituellen Textes in Mittelalter und Früher Neuzeit. Tübingen 2005 (Bibliotheca Germanica 48), S. 51 (mit Hinweis auf Christian, Augustine on the Creation, Anm. 235).

[251] Der aufgrund seiner Schönheit der *superbia* anheimgefallene Luzifer ist in der Diskussion von Schönheit in der germanistisch-mediävistischen Forschung, soweit ich sehe, nicht stark beachtet worden. Lediglich am Rande erwähnt ihn – mit nur einem Satz – jedoch bspw. Thomas Cramer: Pulchritudo et bonitas. Faste, pouvoir et éthique dans la littérature allemande vers l'an 1200. In: Pouvoir et culture du IXe au XIIIe siècle en France du nord, en Angleterre et en Allemagne. Actes du Colloque de Soissons (28–30 Septembre 1987). Hrsg. von Danielle Buschinger. Greifswald 1993 (Wodan 21), S. 81–94, hier S. 83: „Elle [= la littérature courtoise; F. D. S.] nie quasiment la *superbia* de Lucifer qui à cause de sa beauté s'est cru, de manière illicite, supérieur à Dieu."

ein mi chel meneger. zeware
ſagen ich iw daz. er nan t in lie
htvaz. er waſ gote uil liep an ime
hůb ſich allereſt ubermůt.
(Wiener Genesis, Bl. 1a^{19}–1b^{7})[252]

Dieser hervorscheinende Engel, Lucifer (wörtlich: der Lichtträger, also *liehtvaz*, nhd. ‚Laterne'), ist es, welcher sich im Folgenden voller *ubermůt* gegen seinen Schöpfer erhebt und dabei das Argument führt, er sei genau so *hêre* und *ſcone* wie dieser selbst:

do erbe gunde
chofen mit ſinen genozen. er
ſprach in zů uil ubermůteclich.
er ſprach min maiſter iſt gewal
tich hier in himele. er wanet ime
mege iuweht ſin widere. ich pin
alſam hêre. ich newil unter ime
weſen nie mere. ich pin alſo ſcone.
ich will mit minem chore. eben
gewaltich ime weſen. ich will âne
in geneſen. unde wu den ſtůl min
setzen norderen halp ſin. ûf den
himele. ich will iz ime haben ebene.
(Wiener Genesis, Bl. 1b^{11}–2a^{3})

Dieser Engel, welcher sich für *alſo ſcone* hält, ist es zugleich, der nicht nur den Sündenfall initiiert, sondern auch Kain zum Brudermord anstiftet:

der uater hiez belial. daz
iſt der leidige tiefal. der adamen uer
ſcunte. andie aller êriſten ſunte. der
ime deſ paradiſeſ irbunde. und allem
manchunne. den ſin ſelbeſ ubile uer
treib uone himele. der negunde unſ deſ
nieht. daz wir habeten daz ewige lieth.
daz er flof durch ubermůt. do er we

---

252 Die sogenannte *Wiener Genesis* wird hier und im Folgenden zitiert nach der Ausgabe von Kathryn Smits: Die frühmittelhochdeutsche Wiener Genesis. Berlin 1972 (Philologische Studien und Quellen 59; zugl. Univ.-Diss. Freiburg i.Br.), wobei nicht der von Smits erarbeitete kritische Text zitiert wird, welcher die Verspaare als Langzeilen aufzufassen versucht, sondern der bei ihr parallel zum kritischen Text ediert diplomatische Abdruck der Wiener Handschrift. Hierbei gebe ich die von Smits angegebenen Blattangeben der Wiener Handschrift, wobei die hochgestellten Ziffern die Zeilenzählung angeben. Damit habe ich mich gegen die neue Ausgabe von Akihiro Hamano: Die Frühmittelhochdeutsche Genesis. Synoptische Ausgabe nach der Wiener, Millstädter und Vorauer Handschrift. Berlin/Boston 2016 (Hermea 138), entschieden, die zwar einen eingerichteten, aber eben auch einen synthetischeren Text bietet.

fen wolde fame got. der geriet ouch ka
in. daz er slůg den brůder fin.
(Wiener Genesis, B. 27a[16]–27b[5])

An diese Passage nun schließt – entgegen den langen, katalogartig ausgeschriebenen Generationenfolgen der Vulgata – die Erzählung von den schönen ‚Menschentöchtern' direkt an, welche bezeichnenderweise Töchter des Geschlechts der Nachfahren Kains sind. Dem Brudermörder Kain ist nicht allein zuvor sein jüngerer Bruder, der nachgeborene und völlig sündenfreie Gottesliebling Seth, entgegengestellt worden, sondern es ist zudem zuvor auserzählt worden, wie sich das Kainsmal auf Kindesgenerationen auswirkt:

fumeliche heten hŏbet fam
hunt. fumeliche heten an den bruften den
munt. anden ahfelun dei ougen. dei mů
fen fich def hŏbtef gelŏben. fumeliche h
ten fo michel oren. daz fi fich da mit da
chten. Etlicher het einen fůz unt waf
der uile grôz. da mite lîuf er fo balde.
fam daz tîer da zewalde. Etlichiu par
daz chint. daz mit allen uieren gie fsam
daz rint. Svmeliche flurn pegare
we. ir fcone uarwe. fi wurten fuarz
unt egelich. den ift nehein liut gelich. dei
ŏgen. in fcinent. die zêni glîzent. fuenne fifi
lazent plecchen. fo mahten fi iŏch den tiufel
fcrechen. die afterchomen. an in zeigtun.
waz ir uorderen garnet heten. alfolich fi
waren innen. folich wurten dife uzzen.
(Wiener Genesis, Bl. 26b[11]–27a[7])

Die Körper der Kainskinder werden hier ganz deutlich als Zeichen für eine jenseits ihrer selbst liegende Schuld markiert. Dass nun die schönen Menschentöchter als Komplement zu diesen entstellten Generationen ebenfalls in die Nachkommenschaft Kains integriert werden, mag zunächst erstaunen. Letztendlich jedoch wird die Schönheit der Menschentöchter so nur zu einer anderen Art von Kainsmal, welches wiederum in einen Engelsfall und die Vernichtung der Menschheit leitet. Unmittelbar anschließend an den zuvorletzt zitierten Passus heißt es:

Sconiv
wib wurden. under kaînef geburte.
fwie ubel fi waren. fo waf in doch got
gnâdich. er machote fi fcône unte lu
fam. obe fî if ime wollten danchen.

[D]o²⁵³ dei goteſ chint geſahen. deſ tieueleſ
chint so wolgetane. zeſamene ſi gehîten.
micheliu chint gewunnen. gigante die
mâren. allez ubel begunden ſi mêreN.
So begunde
unſeren trehtin. uile harte riuwen. daz
er îe geſc̆ûf den man. nach ſinem bilde
getan. iz r̊owin uone herzen. unde begun
de inharte ſmerzen. die er geſc̆ûf zeren.
daz die deme tieuele ſolden werden. do
wart ime zemůte. daz er mit der ſin
ulůte. die werlt wollte ſlieſen. daz ir
niene ſolde beſten.
(Wiener Genesis, Bl. 27b⁵–28a¹)

Die Schönheit der Kainstöchter, welche wiederum eine Gnadengabe Gottes ist, wird für diese zugleich zu einer ethischen Probe, an der sie versagen. Als *bonum* – wie ja auch Tertullian körperliche Schönheit denkt! – stammt sie zwar von Gott, ist jedoch zugleich mit einem ethischen Gebot verbunden. Während Gott zwar für die Schönheit zu danken gewesen wäre, insofern sie ein *bonum* von seiner Gnade darstellt, das ihrer Schlechtigkeit entgegengesetzt ist (*ſwie ubel ſi waren. ſo waſ in doch got | gnâdich.*), so ist andererseits der durch diese Schönheit erzeugte Abfall der Engel und die mangelnde Einsicht in die Natur der Schönheit die Verfehlung der Menschen vor der Sintflut (*So begunde | unſeren trehtin. uile harte riuwen. daz | er îe geſc̆ûf den man.*).

Hier liegt die schon in den *Confessiones* des Augustinus formulierte Idee zugrunde, dass Schönheit, sofern sie von Gott stammt, zwar zeichenhaft auf ihren Schöpfer verweist, die Einsicht in dieses Zeichen und damit seine Lesbarkeit jedoch unsicher und wiederum von Begnadung einerseits und Rechtgläubigkeit andererseits abhängig ist. Gleichzeitig wird die Erzählung von der von Gott verliehenen körperlichen Schönheit in eine Paradoxie überführt, insofern es heißt, dass *dei goteſ chint geſahen. deſ tieueleſ | chint so wolgetane*, und hierdurch die schönen Kainstöchter über ihre Abkunft in die Nähe zum Teufel gerückt werden. In diesem Spannungsverhältnis zwischen teuflischer Prägung der Körper und göttlicher Begnadung durch Schönheit ist das falsche Handeln von Menschen und ‚Gotteskindern' in der *Wiener Genesis* angesiedelt, in der die – von Gott geschaffene! – Schönheit Lucifers zur Ursache seines Hochmuts und damit zur Ursache der Existenz des Bösen selbst geworden ist.

Diese Grundfigur ist – in erstaunlicher inhaltlicher Nähe zur *Wiener Genesis* – auch anderenorts in der volkssprachlichen Literatur zu finden. So ist die Darstellung des *Processus Luciferi* beim Stricker auf einer kurzen Sündenfallerzählung aufgebaut. Nachdem der Text ankündigt, im Folgenden von Vater und Mutter der

---

253 Hier fehlt in der Handschrift eine farbige Initiale; der kritische Text liest bei Smits *Dô die gotes chint gesâhen* (Smits, Wiener Genesis, S. 137).

Sünde – nämlich: *ubermuot* und *hoh vart* – zu sprechen, erzählt er zunächst vom Fall Luzifers und anschließend von Luzifers Bemühen, Adam zu schaden. Hierbei wird der Fall Luzifers wiederum durch seine Macht und Schönheit begründet:

> Do des lucifer gedahte,
> daz ein bose ende brahte
> – sin chraft, sin scone was so groz! –,
> daz er wol waere gotes gnoz.
> (Stricker: Processus Luciferi, Vv. 11–14)[254]

Dem wird perspektivisch die Sündhaftigkeit der Menschheit und – im zweiten Teil des Textes – das Erlösungswerk entgegengestellt, in welchem die Trinität die Menschwerdung Gottes und sein Opfer beschließt. Die Selbstwahrnehmung des Teufels als (freilich nicht körperlich) schön ist die Ursache einer Mechanik von Schuld und Vergeltung (vgl. bes. Vv. 398–419), die zur Passion Christi, zum körperlichen Leiden Gottes führt.

Auf ganz ähnliche Art findet sich die Schönheit Luzifers auch etwa im *Hohen Lied* Bruns von Schönebeck eingeführt, welches eines der herausragenden Zeugnisse für die prinzipielle Verfügbarkeit lateinischer Theologie in der Volkssprache darstellt.[255] Hier ist die Referenz auf die Schönheit Luzifers in eine komplizierte Allegorese eingelassen, die – ausgehend von der Schönheitsbeschreibung der Braut des Hoheliedes – ein komplexes Netz typologischer Bezüge errichtet.

Die *descriptio* der Braut nimmt hier die Form eines ‚Briefes' Salomos an, in welcher die einzelnen Gliedmaßen, die *membra*, der Braut Schritt für Schritt einer Allegorese unterzogen werden. In der Auslegung werden die Augen der Geliebten auf einen Passus aus dem ersten Johannes-Brief (I Io 2,16) bezogen, der bei Brun lautet: *omne quod est in mundo aut est concupiscentia oculorum aut concupiscentia carnis aut superbia*

---

[254] Die Reimpaarkurzdichtungen des Strickers werden hier und im Folgenden zitiert nach: Der Stricker. Kleinere Dichtungen (in Auswahl). Die Kleindichtungen des Strickers. Gesamtausgabe in 5 Bänden. Hrsg. von Wolfgang Wilfried Moelleken u. a. Göppingen 1973–78 (GAG 170,1–5). Der *Processus Luciferi* findet sich dort Bd. 2, S. 103–128. – Ich interpungiere hier gegen Moelleken, der die vier Verse (ediert nach Hs. A) durch einen Punkt nach V. 12 trennt und so eine m. E. theologisch bedenkliche Lesart produziert. Vgl. demgegenüber die theologisch sinnvollere Einrichtung des Textes gegen Hs. A (V. 13: *waer* statt *was*) bei Ute Schwab: Die bisher unveröffentlichten geistlichen Bispelreden des Strickers. Überlieferung – Arrogate. Exegetischer und literarhistorischer Kommentar. Göttingen 1959, hier S. 97, Vv. 11–14: *do des Lucifer gedahte | – daz ein boese ende brahte – | sin kraft, sin schoene waer so groz, | daz er wol waere gotes gnoz.* – Ich fasse die Verse – entsprechend Hs. A (V. 13: *was* statt *waer*), interpretierend übersetzt – so auf: „Da dachte Lucifer das, | was ein schlimmes Ende brachte | (seine Macht und Schönheit war so groß!) | dass er Gott ebenbürtig sei."

[255] Zitiert nach: Brun von Schonebeck: Das Hohe Lied. Hrsg. von Arwed Fischer. Tübingen 1893 (Bibliothek des Litterarischen Vereins in Stuttgart 198). – Zur Abhängigkeit Bruns von der Hoheliedauslegung des Honorius Augustodensis vgl. Annemarie Hübner: Das Hohe Lied des Brun von Schonebeck und seine Quelle. In: Festgabe für Ulrich Pretzel zum 65. Geburtstag dargebracht von Freunden und Schülern. Hrsg. von Wolfgang Bachofer, Wolfgang Dittmann, Werner Simon. Berlin 1963, S. 43–54.

vitae (Vv. 2449–2441, Übers.: „Alles, was in der Welt ist, ist Begierde der Augen oder Begierde des Fleisches oder Hochmut des Lebens.").[256] In der Auslegung, die nun folgt, werden hieran anschließend *drierlei* ‚Arten' von Augen unterschieden, nämlich das erste Auge: *des herzen begerunge* (= *concupiscentia oculorum*; V. 2452 f.), das zweite Auge: *di unkuscheit* (= *concupiscentia carnis*; Vv. 2454–2457) und das dritte Auge: *di kundekeit* (= *superbia vitae*; Vv. 2458 f.). Diese Unterscheidung wird anhand typologischer Beispiele exemplifiziert: als Beispiel für das ‚Begehren des Herzens' wird der Sündenfall eingeführt (1) und als Beispiel für das ‚Begehren des Fleisches' Davids Begierde für *Bersabe* (Batseba), die Mutter Salomos (2). Dieses ‚Auge der Begierde des Fleisches' sei es auch, von welchem es bei Hiob heiße, *min ouge hat min sele beroubet* (V. 2476). Das dritte Auge nun, das der *kundekeit*, wird zunächst auf das Auge Nebukadnezars bezogen, *do her di grossen Babilonjen sach, | da von sin stolzes herze brach | sich gar an di hochvertikeit* (Vv. 2480–2482). Diese Auslegung erfährt sofort eine weitere Allegorese, in welcher Nebukadnezar als Luzifer aufgefasst wird:

> Nabochodonosor bezeichent so man seit
> den tubel der an sich selben sach
> so groze schonde da von her jach:
> *ponam sedem meam ad auqilonem*
> *et similis ero altissimo.*[257]
> ich wil nach gotlichem orden
> minen stul setzen an das norden
> und wil dem hosten werden glich.
> (Brun von Schönebeck: Das Hohe Lied, Vv. 2483–2490)

Wiederum ist es die Schönheit des Engels, welche – hier eingelassen in eine Exegese der Schönheit der Braut des Hoheliedes – den Engel zur *superbia* verführt. Dabei ist das ‚Sehen' explizit eingeführt und die an sich selbst wahrgenommene

---

256 Gegenüber der modernen Vulgata-Fassung findet sich eine Umkehrung, wenn die Augen als erstes genannt werden, denn hier lautet der Vers: *omne quod est in mundo | concupiscentia carnis et concupiscentia oculorum est et superbia vitae* (Übers. [Frank Oborski]:„alles, was in der Welt ist, [ist] Begierde des Fleisches und Begierde der Augen und Hochmut des Lebens").
257 Is 14,13 f. lautet im Spottlied auf den toten König Babels: [13]*qui dicebas in corde tuo | in caelum conscendam super astra Dei exaltabo solium meum | sedebo in monte testamenti in lateribus aquilonis | [14]ascendam super altitudinem nubium ero similis Altissimo* (Übers. [Michael Margoni-Koegler]: „[13]der du in deinem Herzen sagtest: ‚In den Himmel werde ich aufsteigen, über die Sterne Gottes werde ich meinen Thron erhöhen, ich werde sitzen auf dem Berg des Zeugnisses, auf den Flanken des Nordens. [']"). – Die von Brun zitierte Form des Verses findet sich bspw. in der Hohelied-Auslegung des Gilbertus Foliot (1110–1187) – Gilberti Foliot Episcopi Londinensis, Expositio in Canticum Canticorum una cum compendio Alcuini. Nunc primùm è Bibliotheca Regia in lucem prodiit, opera et studio Patricii Iunii. London 1638, S. 77 –, welche – soweit ich sehe – als mögliche Quelle bislang nicht in Anschlag gebracht worden ist.

Schönheit wird wiederum als ethisches Problem an das ‚sehende' Subjekt delegiert: *werestu armer blint gewesen, / so werest du mit gote wol gewesen* (Vv. 2502 f.).

In einer erstaunlichen Volte werden hier die Augen der schönen Geliebten des Salomon zum Anlass einer Reflexion über die ethische Dimension des Sehens und sowohl die Wahrnehmung der Schönheit, die mit dem ‚Auge des Begehrens' verbunden ist, als auch die *superbia* Luzifers, die mit der Wahrnehmung der eigenen Schönheit verbunden ist, an die Schönheit der Braut geknüpft. Auf diese Art wird selbst die Schönheit der Braut des Hoheliedes, die in ihrer marianischen Tradition von der germanistisch-mediävistischen Forschung oftmals als positives Modell der Schönheitsdarstellung verstanden worden ist, in welchem völlige Kongruenz von Körperschönheit und Tugendschönheit herrsche, zum Anlass ethischer Reflexion und Warnung.[258]

Es hat sich an den Beispielen dieses Kapitels gezeigt, dass im Rahmen der Genesiserzählungen, ihrer Allegorese und auch ihrer Retexte körperliche Schönheit eine andere Rolle spielt, als die Eingangsfrage nach der Beziehung von Schönheit, Tugend und Wahrheit hat vermuten lassen. Anders als bei Hans Sachs zeigt sich hier zunächst kein Zeichenverhältnis. Gleichwohl werden Schönheit und Ethik beständig zusammen thematisiert, jedoch nicht im Sinne einer Kongruenz, sondern im Sinne eines Anlasses. Bereits das erste Vorkommen körperlicher Schönheit im Rahmen des Genesis-Textes der Vulgata, die Erzählung von den Gottessöhnen und den Menschentöchtern, ist die Erzählung von gescheiterter Ethik, mithin der Archetyp der Trojaerzählung. Die Schönheit der Frau wird zum Anlass männlicher Verfehlung und zur Ursache des allgemeinen Untergangs. Dasselbe Muster wird auch in den dem Sündenfall vorausgehenden Engelssturz, der zum Ursündenfall wird, zurücktransponiert. Im Sinne patristischer Allegorese (Augustinus) geschieht dieser Sturz im Moment der Scheidung von Licht und Finsternis selbst (Gen 1,4) noch im ersten Moment der Schöpfung. Aber auch in den Sündenfall selbst ist ‚Schönheit' als Anlass und als Mittel der Täuschung durch den Teufel integriert, insofern die Frucht, die Eva sieht und Adam weitergibt, eben schön und dadurch begehrenswert ist.

In einer radikalen Allegorese wie derjenigen, die Johannes Scotus Eriugena in seinem *Periphyseon* anstellt, aber auch noch in der *Ethica* des Petrus Abaelardus, wird diese Schönheit der Frucht auch mit der Schönheit ‚der Frau' und ihrer aisthetischen Wahrnehmung durch die Sinne identifiziert. Die Allegorese des *Periphyseon* geht soweit, im Anschluss an Ambrosius von Mailand in Eva selbst die Sinneswahrnehmung (*aisthesis*) und in Adam den menschlichen Geist (*nous*) zu sehen. Hier wird der literale Wortsinn so konsequent aufgelöst, dass für das *Periphyseon* der

---

258 Vgl. etwa Helmut Tervooren: Minnesang, Maria und das ‚Hohe Lied' – Bemerkungen zu einem vernachlässigten Thema. In: Vom Mittelalter zur Neuzeit. Festschrift für Horst Brunner. Hrsg. von Dorothea Klein, Elisabeth Lienert, Johannes Rettelbach. Wiesbaden 2000, S. 15–47. Dass das Hohelied in Bezug auf die dargestellte Schönheit eine prekäre und gefährliche Lektüre für ungefestigte Christen darstellt, ist seit der Patristik etabliert; vgl. ebd., S. 21 (zu Origenes, Isidor von Sevilla).

Baum und die schöne Frucht im Fleisch ‚der Frau', also in der Sinneswahrnehmung eines jeden Menschen verortet werden.[259] Schönheit, als Ursache der Lockung, wird in die Wahrnehmung dieser Schönheit selbst eingepflanzt.

In den anschließenden Analysen nun soll diese Abhängigkeit von Schönheit und Tugend, die nicht die Form der Zeichenbeziehung, sondern der ethischen Problematisierung anzunehmen scheint, anhand mittelhochdeutscher Texte weiterverfolgt werden. Hierbei wird zunächst auf zwei Bispeln des Strickers sowie den *Welschen Gast* Thomasîns, anschließend auf Hartmanns von Aue *Erec*-Roman eingegangen. In letzter Instanz wird von diesen Analysen ausgehend der Begriff der *kalokagathía* re-evaluiert.

III.3.2 Schönheit als Anlass zur Tugend: Formierung einer Ethik

Es hat sich gezeigt – und wird sich auch im Weiteren zeigen –, dass die Beziehung, welche die äußerliche Schönheit des Körpers zu einer ‚inneren Schönheit' einnimmt in der Vormoderne keine Wahrheitsbeziehung im Sinne eines Zeichenverhältnisses ist. Gleichwohl ist der Eindruck, auf dem die Forschung, welche Schönheit und Tugend im

---

[259] Das Paradies ist in der Allegorese des Periphyseons eben kein Ort, sondern die gottesebenbildliche Natur des Menschen selbst: *Talium sermonum uirtutem quisquis acute perspexerit, inueniet paradisum non localem terrenumue quendam locum esse nemorosum, sed spiritualem, germinibus uirtutum consitum et in humana natura plantatum et, ut apertius dicatur, non aliud praeter ipsam humanam substantiam ad imaginem dei factam, in qua lignum uitae (uerbum uidelicet patris et sapientia) omnem fructificat uitam, in cuius medio fons omnium bonorum (eadem uidelicet diuina sapientia) manat. Ibi ficus ulla (diuina profecto lex) radicata est.* (Periphyseon IV,4323–4331; Übers. [Noack II, S. 141 f.]: „Wer die Bedeutung solcher Reden genau durchschaut, wird finden, dass das Paradies kein räumlicher und irdischer Waldplatz ist, sondern ein mit den Keimen der Tugenden besäter und in der menschlichen Natur gepflanzter Ort, kurz und bündig geredet, nichts anders als die nach dem Bilde Gottes gemachte Wesenhaftigkeit selber, in welcher der Baum des Lebens, d. h. das Wort und die Weisheit des Vaters, alles Leben befruchtet und in dessen Mitte als die Quelle alles Guten ebendieselbe göttliche Weisheit strömt. Ebendort wurzelt auch der Feigenbaum des göttlichen Gesetzes".). In dieser nun stellt die Sinneswahrnehmung (*aisthesis*) den Eva-Anteil dar, der ihr eingepflanzt ist: *Est igitur, ut praediximus, lignum scientiae boni et mali malitia perniciosa mortiferaque in figura boni imaginata; et est hoc lignum ueluti intra quandam feminam (in carnali scilicet sensu, quem decipit) constitutum* (Periphyseon IV,3653–3656; Übers. [Noack II, S. 120]: „Wie bemerkt ist also der Baum der Erkenntnis des Guten und Bösen das verderbliche und todbringende Böse, welches in der Gestalt des Guten vorgestellt wird, und dieser Baum ist gewissermassen im Weibe, d. h. im leiblichen Sinne aufgestellt, der getäuscht wird."). Entsprechend kann das Periphyseon schließlich Maximus (*Quaestiones ad Thalassium*) zitieren: *Quae sit maledicta terra in operibus Adam secundum ΑΝΑΓΩΓΗΝ* [= anagogen; F. D. S.]*? [...] RESPONSIO. Ipsa terra maledicta in operibus Adam caro est Adam, semper facta per opera Adam* (Periphyseon IV,5038–5046; Übers. [Noack II, S. 165]: „Was bedeutet wohl in höherem Sinne die um Adams willen verfluchte Erde [...]? [...] Antwort: die um Adams willen verfluchte Erde ist das Fleisch Adams selber, das von ihm stets hervorgebracht wird.").

Sinne eines solchen Wahrheitsverhältnisses in Bezug zueinander gesetzt sah, aufgebaut hat, nicht von der Hand zu weisen: Die Texte, der in ihnen abgelegte Diskurs, bringen die Schönheit des Körpers unablässig sowohl mit der ‚Wahrheit' als auch mit der Tugend in Verbindung. Sie tun dies jedoch auf andere Art, als bislang beschrieben, nämlich im Sinne einer Problematisierungsstrategie, die sich auf das Subjekt – und das heißt im Falle literarischer Figuren: die Imagination der Figur – richtet. Diese Problematisierungsstrategie – im Sinne Foucaults[260] –, welche schließlich implizit eine Subjektivierungsform ausbildet, indem sie die Parameter festlegt, anhand derer sich das Subjekt über sein Verhältnis zum schönen Körper zu denken lernt, kann gleichermaßen an didaktischen wie auch an erzählenden Texten festgestellt werden. Für erstere stehen hier zunächst einige Reimpaarbispeln des Strickers, der *Welsche Gast* Thomasîns von Zerklære, für letztere der *Erec* Hartmanns von Aue.

III.3.2.1 Der Käfer im Netz: Schönheit und Selbstsorge (Stricker, Thomasîn)

Im Folgenden sollen vier volkssprachliche, ethisch ausgerichtete Texte aus dem zweiten Viertel des 13. Jahrhunderts – nämlich drei Reimpaarbispeln aus dem Stricker-Korpus (*Das wilde Ross*, *Der Käfer im Rosenhaus* und *Die Bremse im Blütenhaus*) und der *Welsche Gast* Thomasîns von Zerklære – diskutiert werden, die das Schönsein des Körpers zwar in ein Verhältnis zu ‚Gutheit' bringen, jedoch zwischen schönem Körper und ‚Gutem' keine Verknüpfung im Sinne einer zeichenhaften Wahrheitsbeziehung etablieren. Stattdessen kann gezeigt werden, dass diese frühen ethischen Texte weibliche Schönheit zum Gegenstand einer männlichen Problematisierungsstrategie machen, durch welche der weibliche Körper mit dem ethisch Guten über Techniken der Selbstführung in Verbindung gebracht wird. Entlang dieser Selbstführungstechniken konstituiert sich das männliche ethische Subjekt.[261] Weibliche Schönheit ist hier nicht Zeichen für Tugend, sondern sie ist Anlass zu einem Appell an das männliche Subjekt, welches einerseits zur Selbstethisierung ermahnt wird und andererseits die Forderung von Tugend an das weibliche Subjekt heranträgt. Der Umgang mit schönen Frauen erscheint so als – im ethischen Schrifttum medial induzierte – Selbsttechnik eines verführbaren Subjektes.

---

260 Gemeint ist hier die Genealogie einer Ethik und Selbstsorge, die Foucault in *Sexualität und Wahrheit 2–4* entwickelt.

261 Es sei daran erinnert, dass die Moral, die hier ausgearbeitet wird, im Sinne Foucaults, Sexualität und Wahrheit 2, S. 33, eine „Männermoral" ist, „eine Ausarbeitung des männlichen Verhaltens vom Standpunkt der Männer aus und mit dem Ziel, ihrer Lebensführung eine Form zu geben". – Spätes und prominentes Beispiel hierfür kann das sogenannte *Ehebüchlein* des Albrecht von Eyb sein, dessen Titelfrage gerade nicht lautet, ob Menschen einander heiraten sollen, sondern *Ob einem manne sey zunemen ain eelichs weyb oder nicht*. Vgl. hierzu Fabian David Scheidel: *ich red von den frŏwen, die da schantlich liebe zŭlässent. Zur Konstitution und Funktion des Prosa-Korpus im Codex Palatinus germanicus 119 der Universitätsbibliothek Heidelberg*. In: ZfdPh 135 (2016), S. 59–88, hier S. 79.

Während die – bis heute oft anzutreffende – ontologisierende Erklärung für Schönheit lautet: ‚Schön ist etwas, weil es Anteil an einer objektiven Wahrheit hat', sei es an einer universal-anthropologischen (Scruton), einer Wahrheit der Gene (Menninghaus), einer Wahrheit der objektiv-mathematisch bestimmbaren Proportion (Augustinus) oder einer – alles bisher Genannte in sich umfassenden – Wahrheit Gottes,[262] wird die Beziehung zur Wahrheit im Falle der vorliegenden Texte über eine Subjekthermeneutik hergestellt.

Im Reimpaarbispel *Das wilde Ross* (132 Vv.)[263] wird in einem Erzählteil von 94 Versen von einem schönen Pferd berichtet, das alle, die es zu reiten versuchen, abwirft, bis sich schließlich ein Reiter an ihm festbindet. Das Pferd tobt derart, dass es rückwärts stürzt und dabei den Reiter und sich selbst zu Tode bringt. Die folgenden 38 Verse Auslegungsteil setzen das Pferd mit einer schönen, adeligen, jungen und begüterten Frau gleich, die *unstæte* ist und einen Liebhaber nach dem anderen verschleißt, bis sie an einen gerät, der sich durch die Ehe an sie bindet und für den sie, die nicht treu sein kann oder will (Vv. 122 f.: *si mag ouch ir gwonheit / durch in zebrechen noch enwil*), dann den gemeinsamen *tot der schanden* (V. 126) darstellt: *sa ist ir beider ere tot* (V. 127). Schönheit, Adel, Jugend und Reichtum der Frau stehen hier völlig unverbunden neben dem *unstæten muot*, während Schönheit und *hœne* des Pferdes in eine direkte Beziehung zueinander gesetzt werden:

> daz ros, daz was vil schone
> und was unmazzen ho(e)ne.
> dem gelich ich ein edel wip,
> diu gar hat einen schonen lip,
> geburt, iugent und gut
> und hat dar zu unstæten mut.
> (Stricker: Das wilde Roß, Vv. 95–100)

Schönheit ist hier Teil einer rein additiven Reihe und tritt in kein erkennbares Abhängigkeitsverhältnis zu den weiteren Eigenschaften. In der knappen Schlussgleichung, die denjenigen, der eine solche Frau heiratet, als ebenso dumm qualifiziert wie den Reiter, der sich auf das wilde Ross bindet, wird nur implizit ein Appell an das männliche Subjekt transportiert und keiner an das weibliche.

Auch in der *Bremse im Blütenhaus*[264] (36 Vv.) wird die Kombination der Eigenschaften Schönheit und *unstæte* in ein Verhältnis zur *hœne* gebracht:

---

[262] Vgl. Kap. II.1 der vorliegenden Arbeit.
[263] *Das wilde Roß* wird hier zitiert nach: Die Kleindichtung des Strickers, Bd. III,1: Gedicht Nr. 41–71. Hrsg. von Wolfgang Wilfried Moelleken, Gayle Agler-Beck, Robert E. Lewis. Göppingen 1973 (Göppinger Arbeiten zur Germanistik 107 III,1), Nr. 54, S. 94–99.
[264] Die *Bremse im Blütenhaus* wird zitiert nach der Ausgabe: Kleinere mittelhochdeutsche Erzählungen, Fabeln und Lehrgedichte. III. Die Heidelberger Handschrift cod. Pal. germ. 341. Hrsg. von

> Ein brem hete zu einem nest
> im erkorn und zu einer vest
> ein blude so hoch gemut.
> der doucht in schone und so gut
> daz er furte dar in
> allen sinen gewin.
> er verstunt sich des niht,
> also dem tumben dicke geschiht,
> daz die schŏne schir zer gat
> und ouch zu nihte werden mak.
> (Stricker: Die Bremse in Blütenhaus, Vv. 1–10)

Auf den kurzen Erzählteil (Vv. 1–7) und die drei Verse Auslegung (Vv. 8–10) folgen weitere vierzehn Verse Erzählung (Vv. 11–24) und ein Auslegungsteil von zwölf Versen (Vv. 25–36): Der nächste Wind, so heißt es, raube der Bremse das Haus, Regen und Schnee trieben sie zurück zu den anderen Bremsen in das Loch, aus der sie gekommen sei (Vv. 11–21). Der Versuch, in der Blume zu wohnen, wird dabei als Lerneffekt dargestellt, der dazu führt, dass die Bremse einen Ort findet, der ihr lieber ist als „das blühende Dach einer Rose": *die schone het in erschrecket / daz im wart liber gemach / den ein rosen blundes dach* (Vv. 22–24). Es ist der Schrecken, den die Schönheit vermittelt, welcher als heilsamer Effekt inszeniert wird, ohne dass dies in einem zweiten Auslegungsteil (Vv. 25–36) wieder aufgegriffen und expliziert würde:

> Daz gelich ich einem tumben man
> der anders niht erkennen kan
> gewizzen noch gut gemŭte
> nach reines wibes gŭte
> niwan nach schonem blicke:
> daz betreuget in vil dicke.
> von deu *erkiese* ein ieslich man[265]
> der rechteu dinck erkennen kan,
> guten lip und reinen mut
> und vlihe den valschen sumer blut,
> daz in die unstet schone   W: Daz sint div schonen vnstæten wip
> zu jungest iht hone.   Vñ d^s manne vnstæter lip
> (Stricker: Die Bremse im Blütenhaus, Vv. 25–36)

Während die Bremse einen Schrecken durch den Kontakt mit der unbeständigen Schönheit selbst erfahren hat, welcher sie zur Umkehr bewegt, wird an *ieslichen man* der Imperativ formuliert, die falsche Blüte des Sommers zu fliehen, ohne dass hier dieselbe negative Erkenntniskraft der Schönheit vorgeführt würde, ihn selbst

---

Gustav Rosenhagen. Berlin 1909 (DTM XVII), Nr. 96, S. 79 f. – *Die Bremse im Blütenhaus* ist nicht in Moellekens Stricker-Ausgabe aufgenommen worden.
265 Der Vers lautet in Hs. W: *Daz bezaichent einen man.*

zu dieser Einsicht zu führen. Im Falle der Bremse ist es die negative Erfahrung der Schönheit, die zu einer Erkenntnis führt, im Falle des ‚Jedermann' substituiert die Lehre des Textes, welcher von einer Erfahrung erzählt, diese Erfahrung. Den Fehler, den die Bremse macht, kann der Rezipient vermeiden.

Dieser Fehler der Bremse, welcher den Ausgangspunkt des Bispels darstellt, ist, die Blüte für *schone und so gut* (V. 4)²⁶⁶ gehalten zu haben. Diese durch die Junktion ‚und' geschaffene Disjunktion, die Arbitrarisierung von Schönheit und Gutheit, wird auf den Imperativ des Auslegungsteils übertragen, welcher den schönen Körper gegen *gewizzen, gut gemüte, reines wibes gûte* und *reinen mut* kontrastiert. Die Junktion ‚und' stellt hier nicht die ‚natürliche', zeichenhafte Verbindung von Schönheit und Gutheit im Sinne der sogenannten ‚Kalokagathie' dar, wie sie die Forschung so häufig beschrieben hat, sondern – ganz im Gegenteil – die Zusammenfügung zweier arbiträrer Werte, welche durch die Erzählung sogar als einander widerstrebend diskursiviert werden, weil der Schönheit hier der Makel der Unbeständigkeit anhaftet.

Gegenüber der *Bremse im Blütenhaus* ist das von der inhaltlichen Anlage her sehr ähnliche Bispel vom *Käfer im Rosenhaus* (96 Vv.) deutlich komplexer, die Erzähl- und Auslegungselemente stärker durchgeformt und zugleich polyphoner semantisiert.²⁶⁷ Der Erzählteil (Vv. 1–50) berichtet von einem Käfer, welcher eine schöne Blume sucht, um darin zu wohnen. Er entscheidet sich nach langer Suche dafür, die Rose zu seiner Wohnstatt zu machen. Die Rose ist fest verschlossen, weil der Tau auf ihr liegt und es Abend ist, weshalb sie kugelförmig ist und einen Hohlraum bietet. Der Käfer verbringt die anbrechende Nacht in großem Wohlbefinden in der Rose, bis der Tag anbricht. Als die Sonne den Tau von der Rose nimmt, da blüht sie auf und ihre Blütenblätter hängen herab. Eine Wolke zieht auf und ein großer Sturm beginnt, sodass die umhergeworfene Rose ihre Blütenblätter verliert und der Käfer entblößt auf der Rose sitzt. Von der einstmals schönen Rose bleibt ihm nur der Dorn: *also het er gar verloren | den gemach, des er da het gegert. | des was er tore vil wol wert* (Stricker: Käfer im Rosenhaus Vv. 47–50).²⁶⁸

---

266 Die ersten vier Verse lauten in Hs. W: *Ein breme chos im zu neste | Sundˢ eine veste | Uf einem bovme eine blv̊t | Si duhte in schone vnt gvt.*
267 Thematisch ähnliche Texte finden sich im Stricker-Korpus zahlreich. Vgl. etwa den Text *Der Gärtner* (Moelleken, Nr. 68), der im Codex palatinus germanicus 341 (Universitätsbibliothek Heidelberg) direkt auf den *Käfer im Rosenhaus* folgt. Der Text ist zudem ediert bei Rosenhagen, Die Heidelberger Handschrift cod. Pal. germ. 341, S. 109–111, als Nr. 141 der Hs. Vgl. dort zudem die in der Hs. konsekutiven Nr. 163–167 (ebd., S. 136–146), die das Verhältnis des Mannes zur Frau, ihrem schönen Körper und ihrer Tugend im Rahmen des Cpg. 341 als thematisch zentrierte Textsequenz durchspielen. – Das Thema des wahren Wertes der schönen Frau findet sich auch in *Der einfältige Ritter* (Moelleken, Nr. 162).
268 *Der Käfer im Rosenhaus* wird hier und im Folgenden zitiert nach: Die Kleindichtung des Strickers. Band II: Gedicht Nr. 11–40. Hrsg. von Wolfgang Wilfried Moelleken, Gayle Agler, Robert E. Lewis. Göppingen 1974 (Göppinger Arbeiten zur Germanistik 107).

Der anschließende Auslegungsteil (Vv. 51–96) deutet die kurze Narration Punkt für Punkt aus: Wie dem Käfer, *der niht wan die schone sach* (V. 52), ergehe es noch gegenwärtig dem Mann, der an Frauen nur ihre Schönheit und Jugend sehe und nicht auf ihre *tugent* (V. 56) achtgebe. Diesem werde zurecht Scham und Reue zuteil, da er durch die drei sichtbaren Eigenschaften – *schone, iunch•* und *wol geschaffen* (V. 63) – zu einem Affen gemacht werde, sofern er glaube, im Besitz von *stæte* (V. 65) zu sein. Die aufziehende Wolke sei der *unstæte mut* (V. 67) der Frau, die keine andere *tugent* als Schönheit und Jugend hat. Ehrverlust ist die Folge und der Sturm bedeutet *diu werch, diu der gedanc enbirt* (V. 73). Der Dorn, der an der Rose übriggeblieben ist, ist die Schande, auf welcher der Mann nun *als ein tor ist gesetzet* (V. 77). Eine abschließende *moralisatio* (Vv. 81–96) bündelt die Lehre noch einmal und konstatiert: 1. Törichtes Handeln und Toren-Lohn entsprechen sich (Vv. 84 f.). 2. Die Schönheit schlechter Frauen wird mit Leid erkauft (Vv. 86–89). 3. Schönheit bei Ehrlosigkeit gleicht einer Blume auf einer Kröte (Vv. 93–96).

Der Auslegungsteil ist dabei seltsam unterdeterminiert. Drei Elemente des Erzählteils fallen ins Auge, die im prinzipiell allegorischen Modus des Bispels hypertroph semantisiert erscheinen und – im Rahmen konventionellen Wissens um Symbolik, Bildhaftigkeit und Allegorese – eine erhöhte Dialogizität des Textes erzeugen, deren erweitertes Sinnangebot jedoch vom Text selbst nicht eingeholt, sondern höchsten alludiert wird: 1. Die Rose ohne Dornen sowie die *Lilie*[269] unter Dornen (Ct 2,2) sind traditionelle Elemente der Marientheologie, die jedoch semantisch quer zum Gehalt des Bispels stehen.[270] 2. Die entblätterte Rose, die zunächst eine fest verschlossene Kammer bereithält und dann – von der Kraft des Taus und der Sonne – geöffnet wird, nachdem der Käfer sich Zugang verschafft hat, aktualisiert das Bildfeld einer ubiquitären und hoch konventionalisierten Deflorationsmetaphorik. 3. Der Käfer, der sich eine schöne Blume sucht, wird zu Textbeginn als *goltvar* (V. 1) und auf der Suche nach einer Behausung dargestellt, die *siner schone zæme* (V. 3). Die Schönheit des Käfers, der ein Äquivalent zu sich selbst sucht, wird im Auslegungsteil nicht eigens auf den Mann bezogen, der durch den Käfer bezeichnet wird.

---

[269] Vgl. Anselm Salzer: Die Sinnbilder und Beiworte Mariens in der deutschen Literatur und lateinischen Hymnenpoesie des Mittelalters. Linz 1893, S. 185.
[270] Zu botanisch-realistisch liest das Bild von der entblätterten Rose Ralf-Henning Steinmetz: Fiktionalitätstypen in der mittelalterlichen Epik. Überlegungen am Beispiel der Werke des Strickers. In: Die Kleinepik des Strickers. Texte, Gattungstraditionen und Interpretationsprobleme. Hrsg. von Emilio González, Victor Millet: Berlin 2006 (Philologische Studien und Quellen 199), S. 79–101, hier: S. 92, der schreibt: „Mit *dorn* kann in diesem Zusammenhang eigentlich nur der Schaft oder der Fruchtknoten der Rose gemeint sein, doch das Wort soll wohl die Assoziation zu dem vielfach metaphorisch gebrauchten Begriffspaar Rose – Dorn herstellen." Der Literalsinn der Stelle wäre m. E. wie folgt aufzufassen: Der Käfer, im Zentrum der entblätterten Blüte sitzt, sitzt oberhalb der Dornen, die sich am Stängel der Rose befinden.

Die implizit bleibende Sexualmetaphorik eröffnet eine Ebene, welche den ethischen Bezugsrahmen des Bispels erweitert. Hier wird unter der Hand nicht nur der Umgang des männlichen Subjektes mit weiblicher Schönheit entwickelt, sondern anhand des schönen Käfers auch der Bezug des männlichen Subjektes zu sich selbst, das sich selbst für schön erachtet und hierin der *superbia* Luzifers ähnelt. Indem der Erzählteil um die Deflorationsmetapher herum entwickelt ist, wird Schönheit als Anlass für Lusterregung erzählt, die der Beherrschung durch *stæte* bedarf, um die Lust einzuhegen. Im Hintergrund steht, was man die Dammbruch-Hypothese weiblicher Lust nennen könnte: So, wie die einmal geöffnete Rose anfällig für den Wind ist, ist auch die einmal entjungferte Frau anfällig für eine Lust, die im Rahmen der qua Beischlaf eingegangen Ehe befriedigt werden muss, diese jedoch zugleich zu sprengen droht, wenn die Frau keine *stæte* ihr Eigen nennt und deshalb zur Ehebrecherin wird.[271] Die Frau, die sich nicht durch ihre eigene Tugend selbst beherrschen kann, bringt Schande über den Mann, zu dessen Frau sie geworden ist. Für den Mann der unkeuschen Frau, der auch aufgrund mangelnder Einsicht und Selbstbeherrschung durch Schönheit angelockt worden ist, bleibt – in Umkehr des konventionellen marianischen Keuschheitsbildes der Rose ohne Dornen[272] – von der Rose hier nur der Dorn allein.

Thomasîns von Zerklære *Welscher Gast* (WG) relationiert Schönheit und ‚Tugend' ebenfalls als arbiträre Güter,[273] indem der Text körperliche Schönheit in eine Reihe von Glücksgütern – Freunde, Geburt, Reichtum, Liebe – einordnet, welche allesamt dadurch gekennzeichnet sind, dass sie des *sinnes* im Umgang mit ihnen bedürfen, um nicht ins Negative und Schädliche auszuschlagen:

---

271 Dahinter scheint ein Diskurs zur Pathologie der weiblichen Lust zu stehen, der davon ausgeht, dass Frauen zwar schwer zu ‚entzünden' seien, dass aber nach dem ersten vollzogenen Beischlaf die einmal erfahrene und geweckte Lust kanalisiert und kontrolliert werden muss. Der Ort hierfür ist der eheliche Verkehr, der garantiert werden muss, um größere Unkeuschheit zu vermeiden, und die *stæte* als Eigenschaft der Frau selbst, die ihr keusches Verhalten ermöglich. Vgl. etwa Claude Thomasset: Von der Natur der Frau. In: Geschichte der Frauen. Mittelalter. Hrsg. von Christiane Klapisch-Zuber. Frankfurt et al. 1993 (Geschichte der Frauen 2), S. 55–83, hier S. 74. Vgl. zu diesem Prinzip in späteren Texten Scheidel, Codex palatinus germanicus 119, hier am Beispiel der Novellen *Guiscardo und Sigismunda* und *Marina* bes. S. 72–76. Vgl. grundlegend: Rüdiger Schnell: Sexualität und Emotionalität in der vormodernen Ehe. Köln et al. 2002, hier bes. S. 97–105 sowie S. 138 f. zur Lust innerhalb der Ehe.
272 Vgl. Salzer, Sinnbilder, S. 183–192.
273 Wenzel, Hören und Sehen, S. 214, hingegen setzt mit Bezug auf den *Welschen Gast* wiederum die Entsprechung von Innerem und Äußerem als Normvorstellung an, die Nichtentsprechung als ein Auseinandertreten von Werten, die idealerweise zusammengehören müssten: „Die Idealvorstellung einer verläßlichen Korrespondenz von innerer Qualität und äußerer Erscheinungsform ist Voraussetzung und Ziel der höfischen Erziehung, aber die Möglichkeit und die Gefahr der Täuschung bleibt ein zentrales Problem der erzählenden Dichtung ebenso wie der eher explizierenden, didaktischen Literatur." Damit folgt seine Deutung letztlich demselben Schema von Folie und Abweichung, dass in den oben beispielhaft diskutierten ‚Kalokagathie'-Entwürfen zum *Parzival* feststellbar ist; vgl. Kap. III.1, S. 111–114.

> schœne ist enwiht, dâne sî
> sin und ouch zuht bî.
> swelich man niht sinnes hât,
> der gît sîm vriunde bœsen rât.
> ist ein man ân sin wol geborn,
> sîn edeltuom ist gar verlorn.
> eins mannes rîchtuom ist enwiht,
> wirt er mit sinne geteilt niht.
> diu minn wirt dicke zunminne,
> si enwerde gerihtet mit dem sinne.
> (WG Vv. 859–868)[274]

Diskutiert wird im Anschluss an diese Passage über die fünf genannten, adiaphoren Güter jedoch zunächst einzig die *schœne* der Frau (und ihr Umgang mit der *schœne*) sowie das Verhältnis des männlichen Subjektes zu derselben. Schönheit bedarf zunächst einmal der Belehrung der Frau und stellt zugleich eine Gefährdung des weiblichen Subjektes dar, welches ihr Träger ist:

> Wîp schœne ân sin und ân lêre,
> diu hât ir lîp mit kleiner êre.
> diu schœn vil lîhte den êren scheit,
> wirt si niht mit dem sinne beleit.
> ist âne sinne ein schœne wîp,
> diu hât zwei gebende an ir lîp
> diu si ziehent zundingen,
> ir mac ouch nimmer wol gelingen.
> diu schœne macht daz man si bite,
> sô hilfet der unsin vast dâ mite
> daz er ræt der vrouwen wol
> ze tuon daz si niht tuon sol.
> (WG Vv. 869–880)

Schönheit und ‚Unsinn' sind zwei Fesseln, welche die Frau niederziehen, die durch *sin* und *lêre* ausgeglichen werden können. Zugleich wird die Möglichkeit einer (Tugend-)Lehre mit der kosmetischen Praxis und modischer Kleidung relationiert, wenn ersteres als Zierde des Verstandes, die übrigen als Zierde des Körpers gegenübergestellt werden: *ziert si den lîp und niht den sin, / si zieret sich ûf ungewin* (WG 889 f.). Zugleich wird der Umgang der Frau mit ihrem Körper im Rahmen einer Schönheitspraxis, wodurch sie zur aktiven Verursacherin wird, nun auf das männliche Subjekt und seine Haltung zu Frau und Schönheit bezogen, insofern die Zierde des Körpers deswegen *ûf ungewin* gerichtet ist,

---

[274] Hier und im Folgenden (als WG) zitiert nach: Der Wälsche Gast des Thomasin von Zirclaria. Zum ersten Male herausgegeben mit sprachlichen und geschichtlichen Anmerkungen von Heinrich Rückert. Quedlinburg/Leipzig 1852 (Bibliothek der gesammten deutschen National-Literatur 30).

> wan si dem vogelære seit
> daz er zem kloben sî bereit.
> swer sînen lîp zieret vil,
> ob er dan niht rehte wil,
> diu suht diu innerthalben ist,
> diu sleht her ûz in kurzer vrist.
> (WG Vv. 891–896)

Das männliche Subjekt, dessen Verhältnis zur Schönheit ganz ähnlich modelliert wird wie in den drei zuvor diskutierten Bispeln,[275] trägt den Schaden davon, wenn das Übel, das unter der Schönheit liegt, durch schlechtes Handeln – unter welches auch die kosmetische Praxis fällt – an die Oberfläche geholt wird. Das Böse in der Gesinnung *bringet man harte snelle vür | mit bœsen werken ûz der tür* (WG Vv. 901 f.).

Der *Welsche Gast* stellt im Folgenden eine Beziehung zwischen diesem Inneren der Gesinnung und dem Äußeren des Körpers her, welches – ähnlich wie bei Johann Caspar Lavater (vgl. Kap. III.2.1) – als *eloquentia corporis* funktioniert:

> swer an sînem muote siecher lît,
> sîn lîp wirts inn vor langer zît.
> swer ouch da inne wær gesunt,
> sîn lîp ouch des vil wol enphunt.
> her ûz kumt ze deheiner vrist
> niwan daz innerthalben ist,
> es sî übel od ez sî guot.
> (WG Vv. 905–911)

Zwar gibt *des lîbes gebærde* (WG Vv. 913) beredte Auskunft über den *muot* (WG V. 912) und die Affekte (WG V. 924 f.: *vorht, nît, haz und girescheit, | lieb leit, milt, erge unde zorn*), jedoch gibt es hier – anders als bei Lavater – gerade kein Moment der Einschreibung, welches zum Garanten einer beständigen Wahrheit und einer verstetigten Zeichenrelation würde, sondern die Gebärden des Körpers sind – ganz im Gegenteil – manipulierbar.[276] Nicht nur zeigt die Schönheit des Körpers nichts an, was auf ein Inneres schließen ließe, auch *des lîbes gebærde* als expressives Moment der Affekte gibt kein verlässliches Zeichen ab:

> Am sehen triuget man sich dicke:
> jâ sint niht tag all liehte blicke;
> alles daz man wîzez siht,
> daz ist snê zallen zîten niht.
> beidiu man und ouch wîp

---

[275] WG Vv. 881–888: *Durch bœsen kouf ze markte gât | swer umbe schœn sîn êre lât. | der ist gewesen harte vil, | vür wâr ichz iu sagen wil, | die durch schœne gâbn ir êre, | und rou si sît harte sêre. | gar ist verlon des wîbes schône, | sin werde geziert mit zühte krône.*
[276] Hass und Zorn sind bspw. kaschierbar: *doch sint der liute reht genuoge | die dâ helnt mit gevuoge | beidiu haz und zorn mit sinne* (WG Vv. 927–929).

> erzeigent oft daz in ir lîp
> und in ir herzen niender ist:
> daz machet gar ir bœser list.
> (WG Vv. 939–946)

Der Schluss, der sich hieraus wiederum ableitet, ist derselbe, den auch die *Bremse im Blütenhaus* und der *Käfer im Rosenhaus* ziehen: Wo keine Tugend herrscht, sondern *untriwe und unzuht* (WG V. 950), ist körperliche Schönheit wertlos.[277] Zwar liegt auch hier – wie noch bei Lavater – ein ontologischer Schönheitsbegriff zugrunde, der ermöglicht, Schönheit des Äußeren und des Inneren zu denken, wenn es heißen kann:

> Gar ist nicht schœn diu in ir muot
> hât deheiner slahte guot.
> (WG Vv. 947 f.)

> ich næme ein guot niht schœne wîp
> vür einn schœnen unvertigen lîp,
> wan si hât schœne in ir gemüete:
> schœne ist ein niht wider güete.
> (WG Vv. 953–956),

jedoch wird hier – anders als bei Lavater – das Eine nicht zum Zeichen, nicht zur Tautologie des Anderen. Stattdessen wird Schönheit des Inneren zur Bedingung für ethisches Wohlverhalten angesichts der Schönheit des Äußeren, welche Anlass zur Mäßigung und Disziplinierung darstellt, gerade weil sie *per se* problematisch ist. Der richtige Umgang mit der Schönheit macht schön, aber Schönheit des weiblichen Körpers indiziert nicht das schöne Handeln. Der schöne Körper und das schöne Innere sind gerade nicht – wie bei Lavater – beide auf dieselbe unhintergehbare Weise Teil *eines* Guten, sondern Güter – im Sinne der traditionellen *bona* (vgl. WG V. 948) – von unterschiedlichem Wert: *Ist ein wîp schœn ân ander güete* (WG V. 995), so ist ihre Schönheit für sich genommen nichts wert. Derjenige, der so töricht ist, sich bei einer Frau auf dieses *bonum* allein zu verlassen, ist ein Tor, der ins Netz geht.[278]

---

[277] Auch bei Thomasîn ist der Begriff der *staete* zentral. Vgl. hierzu etwa Andreas Klare: Thomasins *unstete*-Begriff in Wort und Bild. In: Beweglichkeit der Bilder. Text und Imagination in den illustrierten Handschriften des „Welschen Gastes" vom Thomasin von Zerclaere. Hrsg. von Horst Wenzel, Christina Lechtermann. Köln/Berlin/Weimar 2002, S. 174–199, hier bes. S. 179 f.
[278] WG V. 1003 f.: *der tôren netz ist wîbes schœne: / swer kumt drin, der hât sîn hœne.* – Dieser Satz, welcher die Grundaussage der *Bremse im Blütenhaus* und des *Käfers im Rosenhaus* entspricht, ist im Illustrationszyklus des *Welschen Gastes* regelmäßig dargestellt worden. Ein leicht zugängliches Beispiel (aus Hs. D, 1. Hälfte 15. Jh.) für den Toren, der von der Schönheit in ein Netz getrieben wird, findet sich in der Studienausgabe des *Welschen Gastes* (Thomasin von Zerklaere: Der Welsche Gast. Ausgewählt, eingeleitet, übersetzt und mit Anm. versehen von Eva Willms, Berlin/New York 2004, S. 42.

Dabei ist zudem zu beachten, dass die Diskussion desjenigen *bonum*, welches die weibliche Schönheit darstellt, in Ausführungen eingebunden ist, die mit der Negativbewertung der Helena-Erzählung als Exempel für junge Frauen beginnen und schließlich zu den in der Forschung vielbeachteten Ausführungen über anderer ‚höfische' Erzählinhalte und die Rolle von Literatur für die Bildung münden. Umgekehrt ist die poetologische Diskussion – beginnend beim Troja-Stoff – eigentlich nicht von der Diskussion körperlicher Schönheit zu trennen, welche von der Forschung in diesem Kontext meines Erachtens nicht ausreichend beachtet worden ist. Hergleitet wird auch die Diskussion des Troja-Stoffes und seiner Eignung für junge Damen von einer allgemeinen Bildungstheorie, welche Impulskontrolle fordert:

> Swer gar sînn willen spricht und tuot,
> der hât gnuoc vihlîchen muot.
> der man der soll sinne hân,
> wan daz vihe ist sinnes ân.
> (WG Vv. 725–728)

Dabei wird das Verhältnis von Innen und Außen bereits thematisch, ohne jedoch mit körperlicher Schönheit in Verbindung gebracht zu werden: *swer hât untugend und niht enkan | ist inne vihe und ûzen man* (WG Vv. 735 f.). Auch hier treten Innen und Außen nicht in eine Identitätsbeziehung. Stattdessen wird hier der Imperativ an das ethische Subjekt formuliert, beides im Erlernen von *sin, tugend, wizzen* und *lêre* in Kongruenz zueinander zu bringen. Im Zuge dieser Forderung nach Erwerb von *lêre* wird das *lesen unde hôren* von *guoter mære* (vgl. WG Vv. 762 f.) eingeführt und in diesem Kontext nun auch nahtlos auf die Problematik weiblicher Schönheit und der ‚Besserung' junger Damen übergeleitet:

> Juncvrouwen besserent klein ir sinne
> von der schœnen küeginne
> diu wîlen dâ ze Kriechen was;
> diu tet unreht diuz êrste las,
> wan bœse bilde verkêrent sêre
> guote zuht und guote lêre.
> (WG Vv. 773–778)

Zwar wird im Folgenden die prinzipielle Nützlichkeit auch von Negativexempeln (*bœsiu mære*, WG V. 779) eingeräumt, die zu erkennen helfen, was gemieden werden muss,[279] jedoch wird ein positiver Nutzen von Erzählungen allgemein nur dem- oder derjenigen Rezipierenden zugestanden, der oder die *einn reinen muot* (WG V. 783) hat. Der Wert von Erzählungen ist von der richtigen Rezeptionshaltung abhängig:

---

[279] Dass der Gerechte der Kenntnis des Bösen bedarf, findet sich schon bei Boethius, welcher bspw. wiederum in der *Ethica* des Petrus Abaelardus zitiert wird (vgl. Abaelard: Ethica § 50).

> swelich wîp und swelich man
> an rehten dingn niht ahten kan,
> der nimt von übel und von guot
> bœsiu bilde, wan ir muot
> der ist zem bösten ie bereit.
> (WG Vv. 795–799)

Wenngleich also Frauen mit der richtigen Grundhaltung *suln nemen sin / von der vrouwen ungewin / diu dâ Helenâ was genant* (WG Vv. 821–823), so wird doch von Helena konstatiert: *si het vil schœne und lützel sinne. / ir schœne vuogt ir grôze schant: / schœne ist ân sin ein swachez phant* (WG Vv. 826–828). Hieran schließt die oben bereits nachvollzogene Diskussion der rechten Haltung zum *bonum* Schönheit an, welches mit den anderen *bona* (Freundschaft, Geburt, Reichtum und *minne*) engeführt wird.

Es zeigt sich, dass die rechte Haltung zum Erzählen – und darunter: Erzählen von der schönen Königin Helena – insofern ein Analogon zur rechten Haltung gegenüber körperlicher Schönheit selbst darstellt, als beides unter die Bedingung gestellt wird, ihm mit *sinne* zu begegnen, und dieser *sin* wiederum an *lêre* gebunden wird. Tugend ist derart nicht allein auf Seiten der schönen Frau oder der guten Erzählung notwendig, sondern auch auf Seiten desjenigen, der die schöne Frau sieht oder die gute Erzählung hört. Wenn das *bonum* der körperlichen Schönheit indessen mit anderen Eigenschaften zusammenfällt, so ist auch die Schönheit des Körpers nichts Schlechtes: *ist triuwe, stæte und senfter muot / an schœnem wîbe, so ist si guot* (WG Vv. 1013 f.). Wo dies jedoch nicht zutrifft, sind die anderen *tugent* vorzuziehen, denn: *man sol wizzn daz valsche liute / hânt niht mêr schœne wan ir hiute* (WG Vv. 963 f.).

Wiewohl es in der Sprache des *Welschen Gastes* also auch eine Schönheit des Inneren gibt, hat diese keine kausale Beziehung zur Schönheit, die an der Oberfläche der Haut liegt. Die Möglichkeit eines Bezeichnungsverhältnisses wird allerdings auch dort nicht aufgerufen, wo die Sichtbarkeit des Äußeren und die Unsichtbarkeit des Inneren in direktem Verhältnis zueinander diskutiert werden:

> Ein tœrscher man der siht ein wîp
> waz si gezierd hab an ir lîp.
> er siht niht waz si hab dar inne
> an guoter tugende und an sinne.
> sô merket ein biderb man guot
> ir gebærde und ouch ir muot.
> (WG Vv. 1305–1329)

Auch der Zusammenhang des Körperäußeren mit Geburtsadel ist im Rahmen des *Welschen Gastes* nicht vorgesehen. *hêrschaft* wird nicht als *guot in ir natûre* begriffen (WG Vv. 3173), insofern ‚natürliche' Eigenschaften überall gleich sein müssten, so wie das Feuer immer heiß ist (WG Vv. 3174–3180). Ein *herre* könne deswegen in einem anderen Land unerkannt bleiben beziehungsweise verkannt werden, denn es hat *niht diu hêrschaft*

> von ir selber sô vil kraft
> daz si uns zeig wer sî der herre,
> er sî uns nâhen ode verre,
> man muoz uns sagen ‚seht wâ er ist,'
> wan diu hêrschaft hât niht den list
> daz si uns sage wer er sî.
> sî wir im halt vil nâhen bî.
> (WG Vv. 3189–3196)

Schönheit wird explizit in die Nähe zur Untugend gerückt, insofern beide Eigenschaften die Kompromittierung der Ehre begünstigen. Beide nämlich machen eine Frau begehrenswert und führen zu falscher *minne*:

> ob sie arm der tugende ist,
> man ziuht ir zuo zalle vrist.
> ist si ouch niht ein schœne wîp,
> hât sî einn unvertigen lîp,
> si gewinnt der ungevuogen
> und der valschen minner gnuoge,
> die si bitent umb ir minne
> durch ir êren ungewinne.
> (WG Vv. 1460–1467)

Der rechte Umgang mit der Schönheit des Körpers und der Erzählung von dieser Schönheit, die aufgrund ihrer Anziehungskraft zu einem Analogon der Untugend wird, ist sowohl auf Seiten der TrägerIn als auch auf Seiten der Wahrnehmenden der Gradmesser eines ethischen Imperativs.

Wenngleich dies zunächst nicht in den Kontext einer auf die Transzendenz zielenden Sündenlehre, sondern – wie in den Bispeln von der Bremse und vom Käfer – immanent in Hinblick auf *êre* und *hœne* verhandelt wird, so wird die Kategorie der Sünde schließlich doch eingespielt und die Selbstführung im Sinne ethischen Wohlverhaltens in eine verinnerlichte Subjekthermeneutik der Gewissenslenkung überführt, wenn es – in Bezug auf die Erinnerung einer alten Frau an die vergangene Schönheit ihrer Jugend[280] – heißt: *ir maht zergât, aver ir sunde | ist bî dem willen zaller stunde* (WG Vv. 1521 f.). Hier findet sich im Verhältnis des Subjektes zu seiner eigenen (vergangenen) Schönheit, in dem Willen mit ihr zu sündigen, ein Reflex jener Konsenssünde, wie sie beispielhaft in der sogenannten *Ethica* des Petrus Abaelardus formuliert ist, welche die äußere Handlung geringer veranschlagt als den inneren Willen zur Tat.[281] Es ist der auf die Schönheit gerichtete *wille*, welcher die Sünde ausmacht, zu deren Vollzug aufgrund des Alters längst die *maht* fehlt.

---

280 WG Vv. 1524–1526: ‚*ich het einn sô schœnen lîp | daz mir durch mîne schœnheit | wâren all ze dienst bereit* [...].'
281 Als allgemeine Einführung zur *Ethica* des Petrus Abaelardus sei erneut verwiesen auf: Schroeter-Reinhard, Die Ethica des Peter Abaelard. – Aus Sicht der germanistischen Mediävistik hat sich

Sozusagen am diskursiven Rand der stark praxeologisch ausgerichteten Ethik des *Welschen Gastes* erscheint körperliche Schönheit als Problem der Gewissenserforschung und Gewissensführung, des Willens und nicht der Tat und wird in Kontakt zu der auf die Transzendenz zielenden Kategorie der Sünde gebracht.[282] Während die Bispeln die weibliche Schönheit auf sehr ähnliche Weise in eine Problematisierungsstrategie einbinden, welche das männliche Subjekt und seinen Umgang mit weiblicher Schönheit fokussiert, entwirft der *Welsche Gast* zugleich eine Problematisierung, die auf die Trägerinnen dieser das männliche Subjekt affizierenden Schönheit zielt, für welche der Text andernorts Regeln der Habitualisierung entwirft.[283] Es erscheint bezeichnend, dass im *Welschen Gast*, der die praxeologische Dimension seiner Ethik in Hinblick auf Frauen und Männer entwirft, die Dimension der Gewissenslenkung, in

---

etwa Rüdiger Schnell: Abaelards Gesinnungsethik und die Rechtsthematik in Hartmanns *Iwein*. In: DVjs 65 (1991), S. 15–69, mit Abaelard beschäftigt. – Zu Abaelard vgl. zudem S. 165 f.

282 Überhaupt ähnelt die immanent-praxeologisch ausgerichtete Ethik des *Welschen Gastes*, in welcher Verhaltensnormen vielfach ohne direkten Transzendenzbezug formuliert sind, oftmals den auf Gewissens- und Seelenführung gerichteten ‚geistlichen‘ Modellen. So findet sich im *Welschen Gast* beispielsweise ein Passus, der an das vielfach hagiographisch realisierte Modell einer ‚inneren‘ Weltflucht eines Eremitendaseins im Kontakt mit der Welt erinnert, ohne deshalb auf tatsächliches geistliches Eremitentum bezogen zu sein: *swer sîn tugent niht verlât, / der ist dâ heime zaller zît, / swie verre halt sîn hûs lît. / hât er niht tugent unde guot / und hüffcheit in sînem muot, / wær er dâ heime zaller vrist, / wizzet daz er doch vertriben ist* (WG Vv. 5342–5349). Auch die Weltexistenz und die säkulare Ethik bedürfen also einer Modellierung des Inneren und stellt mithin eine Subjektivierungsform dar. Dies wird sogleich wiederum auf ein Innen-Außen-Verhältnis – genauer: das Verhältnis säkularer Innerlichkeit zum *sæculum* selbst – umgelegt, in welchem die Schönheit des Inneren gegen die Schönheit des innerweltlichen Aufenthaltsortes gesetzt wird: *ist sîn karker niht ze schône, / sô hât sîn muot gezierde krône. / sît sîn hûs innerthalben ist / schœne, waz wirret daz zer vrist, / ob sîn karkære ist schöne niht?* (WG Vv. 5363–5367). – Zur Einordnung des ‚schönen Kerkers‘ vgl. Meinolf Schumacher: Gefangensein – *waz wirret daz?* Ein Theodizee-Argument des ‚Welschen Gastes‘ im Horizont europäischer Gefängnis-Literatur von Boethius bis Vladimir Nabokov. In: Beweglichkeit der Bilder. Text und Imagination in den illustrierten Handschriften des ‚Welschen Gastes‘ von Thomasin von Zerclære. Hrsg. von Horst Wenzel, Christina Lechtermann. Köln/Weimar/Wien 2002, S. 238–255.

283 Auf die Habitualisierungsstrategien des Textes ist in der Forschung bereits verschiedentlich hingewiesen worden; vgl. bspw. Joachim Bumke: Höfischer Körper – Höfische Kultur. In: Modernes Mittelalter. Neue Bilder einer populären Epoche. Hrsg. von Joachim Heinzle. Frankfurt a. M. 1994, S. 67–102, hier bspw. S. 84. Sie finden sich ganz zu Beginn des *Welschen Gastes* und bieten Sprachregelungen (WG Vv. 405 f.: *Ein juncvrouwe sol senfticlîch / und niht lût sprechen sicherlich.* Vv. 465 f.: *ein juncvrouwe sol selten iht / sprechen, ob mans vrâget niht.*), Regeln der Hexis (Vv. 417 f.: *ein vrouwe sol ze deheiner zît / treten weder vast noch wît*), Regeln der Bekleidung (Vv. 451–456: *Wil sich ein vrowe [sic] mit zuht bewarn, / si sol niht âne hülle varn. / si sol ir hül ze samen hân, / ist si der garnatsch ân. / lât si am lîbe iht sehen par, / daz ist wider zuht gar.*) und Blickregelungen (Vv. 459–462: *ein vrouwe sol niht hinder sich / dicke sehen, dunket mich. / si sol gên vür sich gerîht / und sol vil umbe sehen niht*[.]).

welcher Schönheit ein Anlass zu einer Sünde des Willens wird, am weiblichen Subjekt, nicht jedoch männlichen durchführt.[284]

III.3.2.2 *Formosa sum, sed nigra* – Enite als *materia operationis* des männlichen Subjekts

> Patty Bouvier: „Women can't be astronauts."
> Marge Bouvier: „Why not?"
> Selma Bouvier: „They distract the men astronauts so they
> wouldn't keep their minds on the road."
> (The Simpsons: *Separate Vocations* S03E18)

Eine germanistisch-mediävistische Arbeit, die sich mit körperlicher Schönheit von Figuren in narrativen Texten beschäftigt, kann Hartmanns von Aue *Erec* nicht un-

---

[284] Demgegenüber macht bspw. die *Ethica* des Petrus Abaelardus weibliche Schönheit (*species*) zum Gegenstand der männlichen Gewissenserforschung: *Sepe eciam contingit, ut, cum uelimus concumbere cum ea, quam scimus coniugatam, specie illius illecti* [...] (Abaelard: Ethica § 10; Übers. [Steger]: „Es kommt auch oft vor, daß wir durch die Erscheinung einer Frau erregt werden [= *specie illius ellecti*; F. D. S.] und mit ihr, von der wir wissen, daß sie verheiratet ist, schlafen wollen".). Weiterhin: *Non est itaque peccatum uxorem alterius concupiscere uel cum ea concumbere, set magis huic concupiscencie uel actioni consentire* (Abaelard: Ethica § 15; Übers. [Steger]: „Also besteht die moralische Verfehlung [= *peccatum*; F. D. S.] nicht darin, die Gattin eines anderen zu begehren oder mit ihr zu schlafen, sondern vielmehr in der Einwilligung in dieses Begehren oder Handeln."). Dies bedeutet: *Sicut ergo transgressor non est dicendus, qui facit, quod prohibetur, set qui consentit in hoc, quod constat esse prohibitum, ita nec prohibicio de opere, set de consensu est accipienda, ut uidelicet, cum dicitur: Nec facias hoc uel illud, tale sit ne consencias in hoc uel in illo faciendo, ac si dicatur ne scienter hoc presumas* (Abaelard: Ethica § 16; Übers. [Steger]: „Somit darf man nicht den einen Gesetzesbrecher nennen, der etwas tut, was verboten ist, sondern wer seine Zustimmung dem gibt, was als verboten bekannt ist. So darf auch das Verbot nicht auf die Tat, sondern es muß auf die Zustimmung bezogen werden; also ist, wenn gesagt wird: ‚Mach das oder jenes nicht!', folgendes gemeint: ‚Willige nicht ein, dieses oder jene zu tun!', so als würde behauptet werden: ‚Nimm dir dies nicht bewußt vor!'"). Hier wird der beispielhafte Fall weiblicher Schönheit zum Anlass für die Erforschung des *consensus mali*, welcher jedoch als unabhängig von der *voluntas mali* und der *operatio mali* gedacht wird. Am zitierten Bsp. des *Welschen Gastes* wird deutlich, dass auch hier die *maht* zur Durchführung der Tat unabhängig vom *willen* gedacht wird, in welchem die eigentliche *sunde* liegt. Ob der *wille* im Welschen Gast nun mit dem *consensus mali* oder der *voluntas mali* der *Ethica* identifizierbar sein könnte oder nur ein vages Analogon zu deren Kategorien ist, muss offen bleiben. – Zum Zusammenhang von Ethik und Selbstkontrolle/-erforschung vgl. Gérard Verbeke: Éthique et connaissance de soi chez Abélard. In: Philosophie im Mittelalter. Entwicklungslinien und Paradigmen. Hrsg. von Jan P. Beckmann et al. Hamburg 1996, S. 81–101. – Ähnlich schon Augustinus: De civitate Dei XII.6 u. XII.8 (vgl. hierzu Kap. II.2.2.1, S. 77–81), wo es sinngemäß heißt, dass Zuchtlosigkeit nicht Fehler der schönen Körper, sondern der die leiblichen Genüsse liebenden Seele sei. Auch hier wird Schönsein als ethisches Problem des Wahrnehmenden und nicht der Trägerin oder des Trägers des schönen Körpers diskutiert. In jenen Texten, die explizit an Frauen gerichtet sind, wie bspw. Tertullians *De cultu feminarum* oder *De virginibus velandis*, ändert sich diese Perspektive grundlegend; vgl. hierzu wiederum oben Kap. III.3.1.1, S. 171–174.

berücksichtigt lassen. Nicht nur macht dieser Text ‚Schönheit' ganz ausdrücklich zu seinem Thema, er stellt zudem – zusammen mit seinem französischen Prätext, Chrétiens de Troyes *Erec et Énide* – den doppelten Gründungsmoment der Textreihe Artusroman dar und zeitigt einen immensen, weitere Textproduktion anleitenden Einfluss.[285] Zudem ist er zu einem der kanonischen Texte germanistisch-mediävistischer Beschäftigung geworden und von einer reichen Forschungstradition flankiert, die es im Folgenden in Teilen zu problematisieren gilt.[286]

---

285 Für einen Überblick vgl. bspw. Brigitte Edrich-Porzberg: Studien zur Überlieferung und Rezeption von Hartmanns Erec. Göppingen 1994 (Göppinger Arbeiten zur Germanistik 557).

286 Für einen in der germanistischen Mediävistik geradezu allgemein bekannten Text, wie ihn der *Erec* zweifellos darstellt, werden im Rahmen der vorliegenden Arbeit alle Inhaltsparaphrasen auf das absolute Minimum reduziert. Der Gang der Handlung findet sich im engmaschigen Vergleich mit dem Prätext nachgezeichnet bei Joachim Bumke: Der ‚Erec' Hartmanns von Aue. Eine Einführung. Berlin/New York 2006, S. 19–72. – Der *Erec* wird im Folgenden zitiert nach der Ausgabe: Hartmann von Aue: Erec. Hrsg. von Manfred Günter Scholz, übers. von Susanne Held. Frankfurt a. M. 2004 (Bibliothek des Mittelalters 5); die Lesarten werden überprüft an: Hartmann von Aue: Ereck. Textgeschichtliche Ausgabe mit Abdruck sämtlicher Fragmente und der Bruchstücke des mitteldeutschen ‚Erek'. Hrsg. von Andreas Hammer, Victor Millet, Timo Reuvekamp-Felber, unter Mitarbeit von Lydia Merten, Katharina Münstermann, Hannah Rieger. Berlin/Boston 2017. – Der Versuch, gegenwärtig eine *Erec*-Interpretation zu liefern, kommt dem Versuch gleich, auf einem Einrad ein Minenfeld zu durchqueren. Die Zeiten, in denen Hugo Kuhn: Hartmann von Aue als Dichter. In: Der Deutschunterricht 5,2 (1953), S. 11–27, vgl. dort S. 11, sich wundern durfte, dass Hartmann von Aue ein vernachlässigter Dichter sei, sind unwiederbringlich vorbei. Die nunmehr knapp siebzigjährige, intensive Rezeption in Forschung und Lehre, in welcher der *Erec* zu einem der populärsten Texte geworden ist, hat eine Vielzahl unvereinbarer, im Kern widersprüchlicher Interpretationen produziert, die zu einer gewissen Erschöpfung und Resignation geführt haben. Zur Aufarbeitung der Forschung bis 2004 stellt der Stellenkommentar von Manfred Günter Scholz, Erec, S. 567–1067, ein unverzichtbares Arbeitsinstrument dar. Scholz zeichnet diese in ihren Kernthesen detailliert nach, greift jedoch nur behutsam wertend in die Kontroversen ein. Die Fülle der hier versammelten, miteinander kontrastierten Positionen dokumentiert in ihrer Widersprüchlichkeit vor allen Dingen die Offenheit und Unabgeschlossenheit der Debatte. Rüdiger Schnell: *Gender* und Gesellschaft. Hartmanns ‚Erec' im Kontext zeitgenössischer Diskurse. In: ZfdA 140 (2011), S. 306–334, dort S. 306, hat einen jüngeren Beitrag programmatisch mit der Frage: „Noch eine ‚Erec'-Studie: Muss das sein?", eröffnet und betont, dass seit den 1990er Jahren nur noch „millimeterweise ‚Fortschritte'" erzielt würden, und konstatiert, ebd.: „[D]ie angesprochenen zentralen thematischen Problemaspekte (Liebe, Ehe, Herrschaft) wurden dabei kaum erhellt." Insgesamt ist der *Erec* fast versweise einer Exegese unterzogen worden, was zur Folge hat, dass einige Stellen geradezu ihre eigene Forschungsgeschichte entwickelt haben. Eine *Gesamt*interpretation des *Erec* ist darum heutzutage unweigerlich eine Reihung von Interpretationen der kanonisch gewordenen Stellen, und muss stets zwischen Text- und dem Traditionsargument vermitteln, wobei letzteres nicht selten zur *Erec*-‚Patristik' (Hugo Kuhn, Kurt Ruh; vgl. die folgende Anm.) zurückreicht. Dies hat zu der paradoxen Situation geführt, dass einige Interpretationen sich zwar in ihrer Gesamtdeutung unversöhnlich gegenüberstehen, in Detailfragen jedoch ähnlich urteilen oder umgekehrt. Für viele Details der folgenden Argumentation könnten auf diese Art Belegstel-

An Hartmanns von Aue *Erec* lässt sich dabei einerseits exemplarisch zeigen, wie weibliche Schönheit in Hinblick ihre Wahrheitsfähigkeit thematisiert wird, und andererseits kann hier nachvollzogen werden, wie Schönheit und Tugend im Sinne einer ethischen Problematisierung zusammengedacht werden. Dieser Ansatz soll gegenüber einer tendenziell idealisierenden Forschungsdebatte konturiert werden, die – bereits vor der Auffassung von Schönheit als Körperzeichen (I. Hahn), des *kalokagathía*-Begriffs (im Anschluss an U. Eco und andere) oder der Präsenz-Debatte um den adeligen Körper (H. Wenzel) – in einer absoluten Positivierung Enites zugleich die Verbindung von Schönheit und Gutheit als Äquivalente für den *Erec* festgeschrieben hat.[287] In der interpretatorischen Aufarbeitung jener ‚*schult*‘ (vgl. V. 3008), die die

---

len aus Forschungsbeiträgen angeführt werden, die in ihrer Gesamtausrichtung allerdings meiner eigenen Sicht auf den Text entgegenstehen. Nicht auf jede Ähnlichkeit und Differenz, die sich in der hier ausgewerteten Forschung bietet, kann im Folgenden eingegangen werden, weil die beständige Notwendigkeit der Differenzierung auf Kosten der Lesbarkeit gehen müsste. Diese Forschungssituation macht die Aufarbeitung der bisherigen Kontroversen im Zuge des Versuchs, zu einer kohärenten Interpretation zu gelangen, zu einer geradezu labyrinthischen Aufgabe. Auch wenn einige der im Folgenden versammelten Argumente ähnlich in der Forschung bereits existieren, so muss doch festgehalten werden, dass ähnliche, quasi ‚assonierende‘ Argumente, die über verschiedene Herleitungen gewonnen werden, eben doch Teil unterschiedlicher Argumentationen sind, auch wenn sie – im Zitat isoliert und thesenhaft verkürzt – einander ähneln. So wird sich bspw. in der Auseinandersetzung mit dem überaus einflussreichen Aufsatz von Kathryn Smits: Die Schönheit der Frau in Hartmanns ‚Erec‘. In: ZfdPh 101 (1982), S. 1–28, zeigen, dass ich zu einer Einschätzung von Enites Schönheit gelange, welche derjenigen ähnlich ist, für die Smits häufig zitiert wird, dass ich ihre Argumentation jedoch nicht teile.

287 Einflussreich zunächst bspw. der Aufsatz von Hugo Kuhn: Erec. In: Festschrift Paul Kluckhohn und Hermann Schneider zu ihrem 60. Geburtstag. Hrsg. von Wolfgang Mohr. Tübingen 1948, S. 122–147, hier zitiert nach dem Wiederabdruck in: Hugo Kuhn: Dichtung und Welt im Mittelalter. Stuttgart 1959, S. 133–150, dort S. 150: „Wie steht es schließlich mit der Schuld Enitens in unserem Roman? Wer sie, entgegen Hartmanns ausdrücklicher Versicherung (6775), auch nur einer Mitschuld zeiht, der versündigt sich an einer der reinsten Frauengestalten in Mittelalter und Neuzeit." Umso bemerkenswerter ist dieser letzte Absatz des Aufsatzes, weil er offenbart, dass Kuhn ein Problem zumindest sieht, das seine Interpretation der „Komposition" des *Erec* und zur „Deutung des Ganzen" (ebd., S. 146–150) programmatisch ausblendet. (Thomas Cramer: Zur Motivation der Schuld-Sühne-Problematik in Hartmanns Erec. In: Euphorion 66 (1972), S. 97–112, hier S. 97, hat dies Kuhns „Tabu-Tafel" genannt und hierin „eine Kompensation der Ratlosigkeit der Interpreten" gesehen.) Der interpretatorisch blinde Fleck ist bei Kuhn die Ursache des ‚Abstiegs‘, den Erec durchmacht und der nach dem „Glanzleben" auf Karnant (Kuhn, Erec, S. 136) für Kuhn ein „Mißverständnis" (ebd., S. 136) darstellt. Die Schönheit Enites kann für Kuhn nicht die Ursache sein, weil er ihr eine andere, nämlich idealisierende Funktion im Sinngefüge zuweist. Er begreift sie als höfischen Wert, der Erec die Demonstration seiner ritterlichen Fertigkeiten überhaupt ermöglicht (vgl. ebd., S. 147) und sie führt für ihn (ebd.) „in die Mustergültigkeit des im Wettbewerb erkämpften Ritter- und Schönheitssiegs. [...] So mündet ihr Aufstieg auf der Höhe eines idealen, vom Artushof in breiter höfischer Repräsentation bestätigten Musterpaares." Wie hieraus eine Krise resultiert, muss bei Kuhn vage bleiben. Gerade weil er konstatiert: „Als Bausteine der Minnegemeinschaft, als Grundstoff des ganzen Romans aber dienen dann doch nur zwei Motive: die Schönheit Enitens und die Rittertüchtigkeit Erecs. Sie werden in jedem der beiden Teile als Grundbedingung der Minne und damit der höfi-

Krise des *verligens* ausgelöst hat, ist die Frage nach der verursachenden Rolle Enites zwar früh aufgekommen,[288] in eben demselben idealisierenden Sinne jedoch auch abgewiesen worden.[289] Kern der Argumentation war dabei oftmals, dass keine ‚subjektive Schuld' im Sinne einer aktiven, ethischen Verfehlung für Enite feststellbar sei. Es ist zu fragen, ob ‚Schuld', in diesen modernen Dimensionen, nicht von vornherein eine ahistorische und damit leicht zu disqualifizierende Kategorie gewesen ist, weil sie an Intention und Handeln geknüpft war.[290] Die berechtigte Kritik an dieser

---

schen Ehre und ‚Freude' doppelt erprobt" (ebd., S. 149), bleibt die konstatierte Symmetrie des doppelten Kursus bei Kuhn seltsam untermotiviert, indem der zweite Abstieg den ersten eben nur dupliziert, statt kausal aus ihm motiviert zu sein (ebd.): „Es ist die gleiche Probe, die schon den ersten Teil aufbaute." – Vgl. zudem bspw. auch Kurt Ruh: Höfische Epik des deutschen Mittelalters. Erster Teil: Von den Anfängen bis zu Hartmann von Aue. Berlin 1967 (Grundlagen der Germanistik 7). Hier zeigt sich nicht zuletzt deutlich, wie die Vorstellung von Schönheit als ‚höfischem Wert' von einer ‚Märchenlogik' geprägt ist, die vielleicht stärker auf Seiten der Forschung als auf Seiten der mittelhochdeutschen Texte zu veranschlagen wäre, wenn Ruh, ebd. S. 114, bspw. von Enites „märchenhaft-lieblicher Schönheit" spricht, Schönheit einzig mit ‚Preis' (ebd.) in Verbindung bringt und tendenziell idealisierend formuliert (ebd., S. 115): „Schönheit und Minne gehören nach höfischer Vorstellung zusammen. Aber von Minne ist in der ganzen Szene nicht die Rede. Erec stellt mit erstaunlicher Objektivität die Schönheit Enitens fest, er denkt an den morgigen Kampf und daß er dazu einer schönen Begleiterin bedarf, nicht an Minne. Schönheit in Niedrigkeit und Armut wird erhöht (Aschenputtel-Motiv!), nicht durch Liebe emporgehoben."

288 Die Schuld-Debatte der 1970er/80er Jahre hat eine Forschungsfülle produziert, die hier nicht zur Gänze nachvollzogen werden muss. Eine gründliche Auflistung der Debattenbeiträge vor 1993 findet sich bei Volker Mertens: Enide – Enite. Projektionen weiblicher Identität bei Chrétien und Hartmann. In: Erec, ou l'ouverture du monde arthurien. Actes du Colloque du Centre d'Études Médiévales de l'Université-Jules Verne, Amiens, 16–17 janvier 1993. Hrsg. von Danielle Buschinger, Wolfgang Spiewok. Greifswald 1993 (Greifswalder Beiträge zum Mittelalter 3; Wodan 18), S. 61–74, hier S. 61 f., Anm. 2. Exemplarisch seien drei jüngere Monographien herausgegriffen, die der Debatte nachgefolgt sind, nämlich: Wolfgang Wetzlmair: Zum Problem der Schuld im ‚Erec' und im ‚Gregorius' Hartmanns von Aue. Göppingen 1997 (Göppinger Arbeiten zur Germanistik 643); Irmgard Gephart: Das Unbehagen des Helden. Schuld und Scham in Hartmanns von Aue ‚Erec'. Frankfurt a. M. et al. 2005 (Kultur, Wissenschaft, Literatur 8); Christian Leibinnes: Die Problematik der Schuld und Läuterung in der Epik Hartmanns von Aue. Frankfurt a. M. et al. 2008 (Kultur, Wissenschaft, Literatur 20).

289 Eine solche ‚Entschuldung' der Enite-Figur unternimmt bspw. Rodney Fisher: Erecs Schuld und Enitens Unschuld. In: Euphorion 69 (1975), S. 159–174. In Hinblick auf die Erwartungshaltung des ‚Publikums' bezüglich Enites Schönheit formuliert er ebd., S. 163: „Die Reaktion, die er [= Hartmann; F. D. S.] von seinem Publikum erwartet, ist nicht: Armut als Zeichen der Unvollkommenheit, sondern die für mittelalterliche Verhältnisse nicht weniger gültige: Schönheit als äußerliche Erscheinungsform der Tüchtigkeit."

290 Heimo Reinitzer: Über Beispielfiguren im *Erec*. In: DVjs 50 (1976), S. 597–639, hat für den *Erec*, anders als für ‚den' Minnesang, eine Haltung feststellen wollen, in welcher „Enite als schöne Frau sinnlich-verführerisch" sei (ebd., S. 614), worin „in einem theologisch moralischen Sinn ihre objektive Schuld" liege (ebd.), ohne dass sie aktiv verführe, worin „ihr subjektiver, höherer Wert" begründet sei (ebd.). Demgegenüber versucht Hartwig Mayer: ein vil vriuntlîchez spil: Erecs und Enites gemeinsame Schuld. In: Analecta Helvetica et Germanica. Eine Festschrift zu Ehren von Hermann Boeschenstein. Hrsg. von A. Arnold, H. Eichner, E. Heier, S. Hoefert Bonn 1979 (Studien zur

Art ‚Schuld', die einfach abzuweisen war, insofern ein objektiv feststellbares Handeln und eine Intention Enites nicht ersichtlich sind,[291] mag dazu beigetragen haben, andere Aspekte der Motivierung des *verligens* zu verschütten und – in einem Abwehrreflex – zu einer einsinnigeren Idealisierung Enites, ihrer Schönheit und der Rolle der Schönheit als höfischem Wert (bspw. in Hinblick auf den ‚Wert' der *vreude*) zurückzukehren.[292]

Obgleich sich schon relativ früh, durchaus offensiv und im Ganzen auch nicht wirkungslos vereinzelte Stimmen gegen die Tendenzen dieser idealisierenden Forschung gewandt haben, stiftet diese doch im Ganzen bis heute die dominierende Lesart des Textes. Zwar hat Andrée Kahn Blumstein in ihrer 1977 erschienenen Studie zum Verhältnis von Idealisierung und Misogynie im höfischen Roman die unhinterfragte Idealisierung einer grundlegenden Kritik unterzogen, indem sie Ritterlichkeit („chivalry") als Medium einer ‚großen patriarchalen Verschwörung' gedeutet hat,[293] und wenig später Kathryn Smits in zwei Beiträgen das Augenmerk auf spezifische Problematiken einer

---

Germanistik, Anglistik und Komparatistik 85), S. 8–19 (im Anschluss an Cramer, Schuld-Sühne-Problematik), eine solche subjektive Schuld Enites nachzuweisen, da das *verligen* „ein Wunschdenken Enites" erfülle (ebd., S. 16), und argumentiert, „daß Enite beim vriuntlîchen spil nur allzu willig mitspielt" (ebd., S. 15) und „daß Enite direkt und persönlich an der Verfehlung Erecs, am verligen, beteiligt ist und dadurch mit ihm schuldig wird" (Hervorh. im Original; F. D. S.).
291 Bspw. Mertens, Enide – Enite, ebd., S. 74, hat nicht zuletzt im Rekurs auf Hugo Kuhn die Schuld-Debatte zu relativieren versucht. Er ist dabei – im Vergleich von Chrétiens und Hartmanns Text – zu der Beurteilung gekommen, „Erec und seine Partnerin" seien „ein idealtypisches Paar" (ebd., S. 65), und konstatiert schließlich: „seine [= Hartmanns; F. D. S.] Heldin ist und bleibt vollkommen" (ebd., S. 70), bzw.: „Hartmanns *reécriture* [...] rekurriert auf ein religiös fundiertes Ideal der makellosen, aber unterwürfigen Ehefrau", (ebd., S. 72), wobei er Enites Nicht-Handeln einerseits als ‚Entschuldung' und andererseits als eine über jeden Zweifel erhabene, wenn auch spezifisch ‚mittelalterliche' Positivierung interpretiert, die von misogynen Elementen frei sei (ebd., S. 70).
292 Noch Schnell, *Gender* und Gesellschaft, S. 316–318, der Enites Schönheit nicht idealisierend liest, hält daran fest, dass der weiblichen Schönheit die Funktion zugewiesen werde, im Rahmen einer höfischen Kultur *vreude* zu spenden, und versteht dies geradezu als „gesellschaftliche Verpflichtung" (ebd., S. 317) Enites, gegen welche diese verstoßen habe, insofern sie sich und ihre Schönheit dem Hof entziehe (ebd.). Mithin stellt Schnell also implizit eine ‚subjektive Schuld' Enites fest. – Neue Wege geht im Rahmen ihrer Studie zu hofkritischen Elementen in höfischer Literatur Julia Stiebritz-Banischewski: Hofkritik in der mittelhochdeutschen höfischen Epik. Studien zur Interdiskursivität der Musik- und Kleiderdarstellung in Gottfrieds von Straßburg *Tristan*, Hartmanns von Aue *Ereck*, der *Kudrun* und im *Nibelungenlied*. Berlin/Boston 2020 (LTG 19), hier zu Enite bes. S. 209–241 u. 254–263. Stiebritz-Banischewskis kleiderkritischer Lesart der Enite-Figur möchte ich mich im Ganzen anschließen; den Begriff der ‚Kalokagathie' thematisiert sie explizit ebd., S. 220, Anm. 232.
293 Andrée Kahn Blumstein: Misogyny and Idealization in the Courtly Romance. Bonn 1977 (Schriftenreihe Studien zur Germanistik, Anglistik und Komparatistik 41), S. 2. Vgl. zudem bes. ebd., S. 5–18. Blumstein kommt zu dem Schluss: „Confusion has resulted from the rather one-sided critical emphasis accorded the idealized treatment of women in courtly literature and inherently implied in the concept of ‚courtly love.' The idealization of women in the works of medieval authors seems to have been idealized by the critics" (ebd., S. 2). – Otfrid Ehrismann: Enite. Handlungsbe-

rein idealisierenden Lesart der Figur Enites im Besonderen gelenkt;[294] nichtsdestoweniger kann die Rezeption der Enite-Figur als der exemplarische Fall für eine Auffassung dienen, in welcher exzeptionell schönes Äußeres mit exzeptionell schönem ‚Inneren' zusammengedacht wird. So schreibt beispielsweise Marie-Sophie Masse in einem jüngeren Beitrag: „Enite vereint in sich äußere und innere Schönheit: Ihr schöner Körper ist ein Spiegel ihrer schönen Seele, wie es einer im Mittelalter gängigen Vorstellung einer Kongruenz zwischen sinnlich erfahrbarer und transzendentaler Schönheit entspricht."[295] Demgegenüber hat beispielsweise Ursula Liebertz-Grün bereits 1994 eine vermittelnde Position formuliert, die einerseits jener Logik folgt, die auch für die bereits diskutierte, vermeintlich auf Ausgleich zielende ‚Inkongruenz' zwischen Parzivals Schönheit und seinem defizienten Status zu Beginn der erzählten Handlung in

---

gründungen in Hartmanns von Aue ‚Erec'. In: ZfdPh 98 (1979), S. 321–344, hier: S. 343, hat wenig später in einem Aufsatz Misogynie und Idealisierung in einer die Paradoxie auflösenden geistesgeschichtlichen Volte zusammenzubinden versucht, wenn seine Schlussthese lautet, „daß Hartmann das frauenemanzipatorische Potential der keltischen Sagen [...] im Sinne der rigorosen christlichen Moral einschränken wollte, daß ihm das aber nur durch eine Idealisierung der Frau gelingen konnte, so daß sich gegen seinen Willen doch wieder ein frauenemanzipatorisches Potential entwickelte – in der mariologischen Tradition des zeitgenössischen literarischen Frauenbildes."

294 Kathryn Smits: Enite als christliche Ehefrau. In: Interpretation und Edition deutscher Texte des Mittelalters. Festschrift für John Asher zum 60. Geburtstag. Hrsg. von Kathryn Smits, Werner Besch, Victor Lange. Berlin 1981, S. 13–25. – Smits, Schönheit der Frau, S. 10, die sich von der Idealisierungsthese nicht gänzlich löst, konstatiert eine grundlegende Ambivalenz: „Die *schoene* der Frau ist [...], in Hartmanns ‚Erec', weitaus mehr als körperliche Schönheit. Die *schoene* ist etwas zutiefst Problematisches. In ihr manifestiert sich nach außen hin das Wesen der Frau. [...] Einerseits kann die Schönheit die innere Tugend der Frau widerspiegeln, andererseits vermag diese Frau die Männer buchstäblich verrückt zu machen und sie zu einem verderblichen sinnlichen Begehren zu verführen." In ihrer Gesamtbewertung ist ihr etwa Bumke, Der ‚Erec' Hartmanns, S. 93–95, gefolgt. – Dass die Enite-Figur eine problematische Dimension hat, haben auch andere argumentiert. Volker Mertens: Enites dunkle Seite: Hartmann interpretiert Chrétien. In: Vom Verstehen deutscher Texte des Mittelalters aus der europäischen Kultur. Hommage à Elisabeth Schmid. Hrsg. von Dorothea Klein. Würzburg 2011 (Würzburger Beiträge zur deutschen Philologie 35), S. 173–190, fragt „[u]nterhalb der Vollkommenheitszuschreibung" nach „Enites dunkle[r] Seite, ihre[r] gefährliche[n] Schönheit" (edb., S. 173) und sieht diese vor allem über den „Subtext von Enites Feencharakter" (ebd., S. 177) realisiert.
295 Masse, Lob und Beschreibung, S. 156. – Vor Masse führt bereits Voß, Die Artusepik Hartmanns (1983), S. 10, die Schönheit Enites auf „jene in platonischer Tradition verankerte Koinzidenz der Werte" zurück, „um die es in der Ritterepik der klassischen Zeit immer wieder geht" (ebd.), und konstatiert später – in Bezug auf die Pferdebeschreibung – den „Einfluß der platonischen Vorstellung der Kalokagathia" (ebd., S. 113), welche er als „eine Vorstellung, die dem Mittelalter auf dem Wege der Augustinischen Tradition vertraut ist und die im Roman von Anfang an in dem Heldenpaar Gestalt annimmt", charakterisiert (ebd., S. 113 f.). Die ‚schöne Seele' der Enite hat in jüngerer Zeit Florian Kragl: Enites schöne Seele. Über einige Schwierigkeiten des höfischen Romans der Blütezeit, Figuren als Charaktere zu erzählen. Mit Seitenblicken auf Chrétien de Troyes und auf den *Wilhelm von Orlens* des Rudolf von Ems. In: Emotion und Handlung im Artusroman. Hrsg. von Cora Dietl, Christoph Schanze, Friedrich Wolfzettel, Lena Zudrell. Berlin/Boston 2017 (Schriften der Internationalen Artusgesellschaft 13), S. 117–152, einen Beitrag gewidmet.

Anschlag gebracht worden ist,²⁹⁶ und andererseits erkennbar die Einwände Kathryn Smits' aufnimmt: „[D]ie Schönheit der deutschen Enite ist eine auszeichnende Qualität, die dazu beiträgt, ihren sozialen Aufstieg zu rechtfertigen, andererseits erscheint ihre Schönheit deutlicher als im französischen Text als aufreizend und gefährlich."²⁹⁷

III.3.2.2.1 Enites Schönheit als Werk Gottes

Die Forschung hat in Hinblick auf Enites Schönheit zumeist positivierend betont, dass diese auf Gottes Urheberschaft zurückgehe, insofern *got alleine sînen vlîz / an si hâte geleit / von schœne und von sælekeit* (Vv. 339–341) – entgegen dem französischen Prätext, welcher hier zunächst die personifizierte *Nature* einsetzt.²⁹⁸ Und auch Joachim Bumke hat – mit Bezug auf Kathryn Smits – die Exzeptionalität von Enites Schönheit

---

296 Vgl. Kap. III.1, S. 111–114.
297 Ursula Liebertz-Grün: Kampf, Herrschaft, Liebe. Chrétiens und Hartmanns Erec- und Iweinromane als Modelle gelungener Sozialisation im 12. Jahrhundert. In: The Graph of Sex and the German Text: Gendered Culture in Early Modern Germany 1500–1700. Hrsg. von Lynne Tatlock. Amsterdam/Atalanta 1994 (Chloe 19), S. 297–328, hier: S. 315. – Eine auf Herstellung der ‚Kongruenz' zielende Interpretation findet sich zuvor bspw. bereits bei Ingrid Hahn: Die Frauenrolle in Hartmanns ‚Erec'. In: Sprache und Recht. Beiträge zur Kulturgeschichte des Mittelalters. Festschrift für Ruth Schmidt-Wiegand zum 60. Geburtstag. Bd. 1. Hrsg. von Karl Hauck et al. Berlin/New York 1986, S. 172–190, hier S. 185: „Enites ‚Weg', wenn es denn einen gibt, besteht nicht im Durchlaufen von Stationen, die einen Prozeß symbolisieren, sondern im Offenbarwerden dessen, was von Anfang an war. Aus der Opposition von ‚verborgen sein' und ‚erscheinen' baut sich die Bewegung der Enite-Handlung auf, vom Augenblick ihres ersten Auftretens im armen Kleid, das ihre Schönheit schlecht verhüllt, über deren vollen Sonnenglanz am Artushof – noch hier spielt Hartmann mit Sein und Erscheinen, Sonne und verhüllender Wolke –, über die erneute, nun tiefere, aber durchaus von außen kommende Verschattung in Karnant [...] bis hin zur abschließenden, endgültigen Darstellung ihres Wertes als Frau. *Schoene, triuwe* und *senfte* [...] treten im Verlauf des Weges [...] ins öffentliche Bewußtsein."
298 Chrétien de Troyes: Erec et Enide, Vv. 426–436 (hier und im Folgenden mit Übersetzung zitiert nach: Chrétien de Troyes: Erec et Enide. Erec und Enide. Übers. u. hrsg. von Albert Gier, Stuttgart 2007): *Plus ot que n'est la flors de lis, / cler et blanc le front et le vis; / sor la color, par grant mervoille, / d'une fresche color et vermoille, / que Nature li ot donee, / estoit sa face anluminee. / Si oel si grant clarté randoient / que deus estoiles ressanbloient; / onques Dex ne sot fere mialz / le nes, la boche ne les ialz.* – Übers. (Gier): „Darüber hinaus waren ihre Stirn und ihr ganzes Gesicht klarer und weißer als die Lilienblüte; über dieser Weiße leuchtete ihr Antlitz wunderbar in ihrer frischen roten Farbe, die die Natur ihr verliehen hatte. Aus ihren Augen strahlte eine so starke Helligkeit, daß sie zwei Sterne schienen; niemals hatte Gott Nase, Mund und Augen, besser zu formen gewußt." – Eine latent positivierende Auffassung des *deus artifex* findet sich beispielsweise bei Susanne Bürkle: ‚Kunst'-Reflexion aus dem Geiste der descriptio. Enites Pferd und der Diskurs artistischer Meisterschaft. In: Braun, Das fremde Schöne, S. 143–170, welche ihn in ein Verhältnis zum „dichtenden Wortkünstler" setzt (vgl. bspw. ebd., S. 169). – Masse, Lob und Beschreibung, S. 170, geht noch einen Schritt weiter, wenn sie in der ‚Pferdebeschreibung' des Erec den „deus artifex durch die Figur des Künstlers ersetzt" sieht. – Zu Hartmann: *Erec*, Vv. 339–341, vgl. zuvor schon Julius Schwietering: Natur und art. In: ZfdA 91,2 (1961), S. 108–137, hier S. 110, bes. auch S. 113 f. – Zunächst im Kommentar von Scholz, Erec, S. 638, dann auch im Kommentar zu Hartmann von Aue: Erec. Hrsg., übers. und kommentiert von Volker Mertens. Stuttgart 2012, S. 631, findet sich mit dem Verweis auf Voß, Artusepik Hartmanns von Aue, S. 10, ein Zusammenhang

in seiner Einführung zu Hartmanns *Erec* vorsichtiger akzentuiert und dabei die scheinbar aporetisch-paradoxen Pole von positiver und negativer Zuschreibung akzentuiert:

> Von ihrem ersten Auftreten an wird Enites Schönheit immer wieder hervorgehoben. Das Wunderwerk ihres schönen Leibes, wie ihn Gott geschaffen hat (339 ff.), wird durch die herrlichen Kleider der Königin noch gesteigert. Die beiden Schönheitspreise, die Enite erringt, unterstreichen das Außerordentliche ihrer Schönheit.
> Obwohl von Gott geschaffen, hat Enites Schönheit auch eine dunkle Seite (vgl. Kathryn Smits: Die Schönheit der Frau in Hartmanns Erec [...]).[299]

Das latente Erstaunen über die vermeintliche Paradoxie der göttlichen Urheberschaft weiblicher Schönheit einerseits und einer negativen Wirkung derselben andererseits, welches in der konzessiven Formulierung Bumkes („obwohl") zum Ausdruck kommt, hat in der moraltheologischen Tradition keine Entsprechung. Hier wird beides zusammengedacht und stellt – beispielsweise schon bei Tertullian[300] oder Cyprian von Karthago – keine Opposition dar. In der patristischen Argumentation, die etwa bei Vinzenz von Beauvais (*De eruditione filiorum* nobilium, Mitte des 13. Jhs.) Eingang in pädagogisches Schrifttum zur Erziehung adeliger Mädchen findet, wird jedwede kosmetische Veränderung der von Gott eingerichteten Schönheit des Leibes mit dem Argument abgelehnt, dass am Werk Gottes nichts zu verbessern sei,[301] und diese von Gott geschaffene, nicht manipulierte Schönheit wird *zugleich* zum Anlass der Sorge des (weiblichen) Subjektes gemacht, insofern sie Männer zu verführen in

---

zwischen Enites Schönheit und der ‚Transzendenz' hergestellt. Mertens, ebd., schreibt: „Die Vorstellung, daß Gott die menschliche Schönheit geschaffen hat, ist gängig [...] und sollte nicht zu transzendentalen Überhöhungen führen (wie bei Voß, S. 10)." Ein entsprechender Bezug zur ‚Transzendenz' ist jedoch bei Voß (zumindest am angegebenen Ort) nicht verifizierbar.

299 Bumke, Der ‚Erec' Hartmanns, S. 93.
300 Vgl. dazu bereits Kap. III.3.1.1, S. 171–174.
301 Bspw. Vinzenz von Beauvais: De eruditione XLIV.182,46–49: *Hinc et cyprianus, ubi supra: ‚Non solum uirgines ac uiduas sed eciam nuptas et omnes feminas puto admonendas, ut opus dei ... et plasma nullatenus adulterent adhibito flauo colore uel nigrore pulueris uel rubore aut quolibet medicamine linimenta natiua corrumpente. [...]'* (Übers. [Schlosser]: „Cyprian fügt in der oben angeführten Schrift sagt: Jungfrauen und Wittwen, so wie Ehefrauen muß man ins Gedächtniß rufen, daß sie Gottes Werk und Bildung nicht mit Farbenpulver überstreichen, um ihren Zügen Roth zu erkünsteln oder Glanz zu geben, daß sie ihre Züge nicht durch unnatürliche Mittel umschaffen, zerstören und umwenden."), oder: XLIV.183,59–72: *Item ambrosius in exameron libro VI°: ‚Deles picturam dei, o mulier, si uultum tuum materiali candore oblinias, si acquisto rubore perfundas. Illa pictura uicij est, non decoris ... [...] Graue igitur crimen est, ut putes, quod melius te homo quam deus pingat, graue est, ut ipse deus de te dicat: non agnosco colores meos ... ymaginem meam ... uultum meum quem ipse formaui* (Übers. [Schlosser]: „Ambrosius drückt sich auf ähnliche Weise aus: Du vertilgst Gottes Gemälde, vernichtest sein Werk, wenn du dein Züge mit Farbmaterial überstreichest, oder mit fremdem Rothe färbst; ein solches Bemalen ist Laster, nicht Verschönerung[.] [...] Es ist ein schwer Verbrechen, zu glauben, der Mensch male dich besser, als Gott; Gott könnte von dir sagen: Ich kenne meine Farbe an dir nicht, nicht mein Bild, nicht meine Züge, die ich selbst gebildet[.]"). – Hier ist freilich die Gottebenbildlichkeit auch auf der Ebene des Körperäußeren hergestellt; vgl. hierzu Kap. III.2.1, S. 142, Anm. 172.

der Lage ist und deshalb verschleiert werden muss. Die Frau, die nicht schön sei, solle nicht begehren schön zu sein, denn Schönheit begehre man um ihrer Wirkung willen.[302] Diejenige, die schön sei, solle sich der Wirkung dieser Schönheit zu enthalten versuchen. Wer, so heißt es im Anschluss an Cyprianus von Karthago in *De eruditione*, würde nach einer Sache – nämlich: nach körperlicher Schönheit, die ja durch Kosmetik nur verstärkt werden soll – streben, die das Verderben eines Anderen sein könne: *Quis non id execretur et fugiat quod aliis fuerit pro gladio?* (De eruditione XLIV.184,92 f.; Übers. [Schlosser]: „Wer würde Etwas suchen oder nach Etwas streben, was einem Anderen verderblicher als Gift und Dolch war?").[303]

Bereits Lambertus Okkens Kommentar zu den Artusromanen Hartmanns hat die Allusion auf Gott in Verbindung zum Konzept des *deus artifex* gebracht, welcher „von klassisch-lateinischen Schriftstellern, vom Alten und vom Neuen Testament (Liber Sapientiae 13,1 und Ad Hebraeos 11,10 [sic]) und von den Kirchenvätern verkündet" werde.[304] Auch dieser Zusammenhang ist indessen – in Bezug auf das christliche Subjekt – keineswegs eindeutig positivierend zu verstehen. Der *Deus artifex* ist beispielsweise schon in Augustins *De trinitate libri XV* untrennbar mit der in Sap 13,1–5 vorfindlichen Mahnung verknüpft, hinter dem (Kunst-)Werk (*opus*) den Künstler (*artifex*) nicht zu vergessen. Der Zustand des Nicht-Erkennens Gottes ist dabei geradezu die – zu überwindende – Basisdisposition des Menschen, während die Erkenntnis des Kreators durch die Schönheit der Kreatur nur als Potentialität ermöglicht ist.[305]

---

302 Es ist hier erneut auf die oben (Kap. III.3.2.1, S. 195) diskutierte Passage aus Thomasîns von Zerklære *Welschem Gast* zu verweisen, in welchem die wehmütige Erinnerung einer Alten an ihre vergangene Schönheit als Sünde diskutiert wird. Diese Alte erinnert sich näherhin nämlich der *maht*, die sie vermittels ihrer Schönheit über Männer gehabt hat (vgl. WG Vv. 1521 f. sowie Vv. 889–896).
303 Vgl. bspw. Vinzenz von Beauvais: De eruditione XLIV.184,1, wo die Schönheit – in einem Cyprianus-Zitat, welches wiederum selbst erkennbar auf Tertullians *De cultu feminarum* (II.2,4–6) zurückverweist – als „Dolch" und „Gift" (*gladius* und *venenum*) bezeichnet werden. Vgl. hierzu auch oben Kap. III.3.1.1, S. 172.
304 Lambertus Okken: Kommentar zur Artusepik Hartmanns von Aue. Im Anhang: Die Heilkunde und Der Ouroboros von Bernhard Dietrich Haage. Amsterdam/Atlanta (GA) 1993 (Amsterdamer Publikationen zur Sprache und Literatur 103), S. 21. (Der Verweis auf Hbr 11,10 ist allerdings fehlerhaft; gemeint muss hier sein Hbr 1,10: *et tu in principio Domine terram fundasti / et opera manuum tuarum sunt caeli* [Übers. (Stefan Beck): „Und: ‚Du, Herr, hast am Anfang die Erde begründet, und die Werke deiner Hände sind die Himmel. [...]'"].) Vor Okken bringt bspw. schon Michel, Formosa deformitas, S. 80 u. 286, die Vv. 339–341 mit dem *deus artifex* in Verbindung.
305 Augustinus: De trinitate XV.2.3: *Vnde arguuntur in libro sapientiae qui de his quae uidentur bona non poterunt scire eum qui est necque <u>operibus</u> attendentes agnouerunt <u>artificem</u>, sed aut ignem aut spiritum aut citatum aerem aut gyrum stellarum aut uiolentiam aquarum aut luminaria caeli rectores orbis terrarum deos putauerunt. Quorum quidem si specie delectati haec deos putauerunt, sciant quanto dominator eorum melior est; speciei enim generator creauit ea. Aut si uirtutem et operationem eorum mirati sunt, intellegant ab his quanto qui haec constituit fortior est. A magnitudine enim speciei et creaturae cognoscibiliter <u>poterit</u> horum creator <u>uideri</u>* [Sap 13,1–5]. – Hervorhebung hier u. i. d. Übers. von mir; F. D. S.; das kursivierte Schiftzitat des Originals wird hier

Im Verhältnis zu den bei Vinzenz von Beauvais vorfindlichen, letztlich patristischen Positionen erweist sich die Urheberschaft Gottes und die hieraus abgeleitete prinzipielle Positivierung der schönen Kreatur als Scheinwiderspruch zum menschlichen Umgang mit dem verliehenen *bonum*. Für *usus* und *abusio* der Kreatur durch die Kreatur ist der Kreator nicht verantwortlich zu machen. Im Gegenteil kann hier die Herkunft körperlicher Schönheit aus der Gnade Gottes zur Folie werden, anhand derer die ethische Haltung des Subjektes zu bemessen ist.

Ein Satz wie derjenige Bumkes: „Daß die menschliche Schönheit von Gott geschaffen war, konnten die Dichter von den Theologen lernen",[306] muss um die Dimension ergänzt werden, dass von den Theologen auch zu lernen ist, dass alles, was von Gott gut geschaffen ist, auch Gegenstand des Missbrauchs durch den Menschen sein kann. In der *Ethica* des Petrus Abaelardus[307] (1. Hälfte des 12. Jahrhunderts), welche in vier von fünf überlieferten Handschriften den Titel *Scito te ipsum* erhalten hat,[308] wird eine Ethik entwickelt, die sich entlang der Kategorie der Prüfung entfaltet. Dabei wird ins Zentrum der Sorge um das Selbst und die eigene Seele zunächst die Sünde gerückt, welche dem Körper als Prädisposition mitgegeben ist. Die Veranlagung ist hier genauso wenig entscheidend wie die Ausführung, sondern die innere Zustimmung (*consensus mali*) ist das *peccatum*.[309] Hier bildet das Sosein (*talis esse*) – die ‚Veranlagung' – den Anlass zum Kampf (*materia pugnae*):

---

recte wiedergeben. – Übers. (Schmaus): „Deshalb werden im Buche der Weisheit [Sap 13,1–5] jene getadelt, die ‚aus den sichtbaren Vollkommenheiten den nicht zu erkennen vermochten, der da ist, und nicht, auf die Werke achtend, den Künstler erkannten, sondern das Feuer oder den Wind oder die schnelle Luft oder den Umkreis der Sterne oder das gewaltige Wasser oder die Himmelslichter für die Götter hielten, die Lenker des Erdkreises: Hielten sie diese schon, ergötzt durch ihre Schönheit, für Götter, dann sollten sie doch wissen, um wieviel besser als sie ihr Gebieter ist. Der Erzeuger ihrer Schönheit hat sie ja geschaffen. Und wenn sie kraft und Wirksamkeit bewunderten, dann sollten sie daran einsehen, um wieviel mächtiger jener ist, der sie bildete. Aus der Größe und Schönheit der Geschöpfe kann nämlich deren Schöpfer erkennbar geschaut werden.'"
306 Bumke, Höfische Kultur, S. 423.
307 Zur *Ethica* in Hinblick auf einen germanistischen Kontext vgl. Schnell, Abaelards Gesinnungsethik.
308 Zur Bedeutung dieser Titel vgl. grundlegend: Rainer Ilgner: Scito te ipsum – *Ethica nostra*. Zu Herkunft und Bedeutung des Titels von Abaelards Ethik. In: Theologie und Philosophie 72,2 (2001), S. 253–270.
309 Auch dies findet sich bereits implizit bei Augustinus: De trinitate XII.12.18, vorgeprägt. Im Zuge einer Genesis-Exegese werden Adam und Eva als allegorisch verschlüsselte Anteile jedes sündigen Subjektes entschlüsselt. Hierbei wird die Schuldhaftigkeit beider Anteile, des geistigen Adamsanteils und des fleischlichen Evaanteils, betont, wenn es heißt, dass „sich im Geiste ergötzen" auch ohne Ausführung der Tat die eigentliche Sünde sei: „Hier [= bei Adam und Eva; F. D. S.] handelt es sich ja um eine einzige Person, um einen einzigen Menschen, und der ganze Mensch [bestehend aus einem geistigen Adams- und einem fleischlichen Eva-Anteil] wird verdammt werden, wenn die Sünden, die ohne Willen zur Ausführung aber doch mit dem Willen, die Seele durch Derartiges zu ergötzen, allein durch das Denken begangen wurden, nicht durch die Gnade des Erlösers nachgelassen werden." Es besteht darüber hinaus hier eine Nähe der *Ethica* Abaelards zu *De trinitate* insofern beide Texte expli-

III.3 Die Beziehung der Schönheit zur Tugend — 207

> Nec tamen in hoc ipso peccant, quia tales sunt, set pugnae materiam ex hoc habent, ut per temperanciae uirtutem de se ipsis triumphantes coronam percipiant, iuxta illud Salomonis: *Melior est patiens uiro forti et, qui dominatur animo suo, expugnatore urbium.*
>
> (Abaelard: Ethica § 2, S. 4)[310]

Aber nicht allein das Sosein der eigenen Konstitution ist ‚Anlass des Kampfes', den das Subjekt zu führen hat, um sich zu bewähren, auch der eigene böse Wille kann ein solcher Anlass sein, weshalb der böse Wille an sich noch nicht selbst böse ist:

> Cum enim nonnumquam peccemus absque omni mala uoluntate, et cum ipsa mala uoluntas refrenata, non extincta, palmam resistentibus pariat et materiam pugnae et gloriam corone conferat, non tam ipsa peccatum quam infirmitas iam necessaria dici debet.
>
> (Abaelard: Ethica § 4, S. 8)[311]

Insofern der böse Wille Anlass zum Kampf ist, ist er gut.[312] Für einen solchen bösen Willen wird im Folgenden ein Beispiel gegeben, gegen das er sich bewähren muss, und der Auslöser dieses Kampfes ist: die Frau.

---

zit den Genuss des Obstes zum Ausgangspunkt machen (vgl. Abaelard: Ethica § 11). – Es kann exemplarisch auch auf die Diskussion der Lucretia-Erzählung im ersten Buch des *Gottesstaates* (I.9) verwiesen werden, wo Lucretia eine – an Lessings Emilia Galotti gemahnende – geheime Zustimmung und heimliche Einwilligung (*latens consensio*) zur drohenden Entehrung durch Tarquinius unterstellt wird, welche sie zu ihrem – sündhaften – Selbstmord bewegt habe; Augustinus: De civitate Dei I.9: *Si adulterata, cur laudata; si pudica, cur occisa?* (Übers. [Thimme]: „War sie Ehebrecherin, warum rühmt man sie, war sie keusch, warum tötete sie sich?").
310 Hervorhebung im Original hier und im Folgenden immer von mir; F. D. S. – Übers. (Steger): „Doch sie handeln nicht deshalb moralisch falsch [= *peccant*; F. D. S.], weil sie so veranlagt sind [*quia tales sunt*; F. D. S.], sondern aus ihrer Veranlagung haben sie den Stoff für den Kampf, damit sie durch tüchtiges Maßhalten über sich selbst triumphieren und den Siegeskranz erhalten, gemäß dem Spruch Salomons: *Besser ist ein geduldiger Mann als ein Kraftprotz, und wer sich selbst beherrscht, ist besser als ein Städteeroberer.*"
311 Übers. (Steger): „Weil wir ja manchmal ohne einen bösen Willen moralisch falsch handeln, und der böse Wille selbst, wenn er gebremst, nicht ausgelöscht wird, denen, die ihm widerstehen, den Siegespreis gibt und ihnen die Gelegenheit zum Kampf und die Krone des Ruhms liefert, so soll man den bösen Willen selbst nicht eine moralische Verfehlung, sondern eine schon notwendige Schwäche nennen."
312 Eine ganz ähnliche Auffassung findet sich wenig später auch im *Welschen Gast* Thomasîns von Zerklaere, wenn der *gelust* deshalb in die Reihe der Adiaphora – also der *dinc, die übel unde guot* sind (WG V. 5743) – gerechnet wird, weil er zwar einerseits zu Fehlverhalten anreizt, *wan er in dem libe ist | und zieht zundingen zaller vrist* (WG Vv. 5766 f.), andererseits aber – sofern er überwunden wird – auch zur Ethisierung des Subjektes führt: *wan der gelust ist enwiht | und bezzert doch dicke einen man, | der wol derwider strîten kan* (WG Vv. 5772–5774). Diese Notwendigkeit zu Kämpfen leitet auch die Psychomachie-Passage im 6. Buch des *Welschen Gastes* ein: *In dirre werlde strîten sol, | swem dort sol geschehen wol* (WG Vv. 7369 f.). Dieser *strît* wird später als eine direkt aus dem Sündenfall folgende Notwendigkeit identifiziert: *Wær unser vorvar beliben | mit got, als wir hân geschriben, | sô wær uns niht des strîtes nôt, | wir hieten leben âne tôt* (WG Vv. 7597–7600). Auch hier ist also – zumindest implizit – der ‚Kampf' der Anlass der Bewährung, welcher dem Menschen zur Verfügung gestellt ist.

> Verbi causa: Videt aliquis mulierem et in concupiscenciam incidit, et delectacione carnis mens eius | tangitur, ut ad turpitudinem coitus accendatur. Hec ergo uoluntas et turpe desiderium quid aliud, inquis, est quam peccatum?
> Respondeo: Quid, si ista uoluntas per temperancie uirtutem refrenetur nec tamen extinguatur, ut ad pugnam permaneat et ad certamen persistat nec deficiat, set uicta succumbat? Vbi enim pugna, si <u>pugnandi</u> desit <u>materia</u>? (Abaelard: Ethica § 7, S. 14)[313]

So gesehen ist es nicht weiter widersprüchlich, dass die Schönheit der Frau einerseits aus Gottes Urheberschaft stammt und andererseits dennoch Anlass zur Sünde sein kann.[314]

Diese Logik findet sich auf verschiedenen Ebenen und sie nimmt kein *bonum* aus. Sie kann invertiert werden, wenn nicht nur jede Sünde als *materia pugnae* Anlass des Guten, sondern auch jedes Gute als Werkzeug des Teufels Anlass zur Sünde sein kann. So sind schon bei Tertullian die Tugenden der Jungfräulichkeit und der Keuschheit selbst nicht über jeden Zweifel erhaben. In der Epistel *De exhortatione castitatis*, der *Ermahnung zur Keuschheit*, finden sich die prototypischen, vorchristlichen Exempla der Keuschheit (Dido, Lucretia) ins Negative gewendet, insofern der Umstand, dass diese Heidinnen keusch sein konnten, die Sünde derjenigen Christen, die nicht keusch zu sein vermögen, im Verhältnis umso größer sein lässt. Dass Heidinnen keusch sein konnten, wird hier zu einer List des Teufels, die sich gegen den sündigenden Christen richtet.[315]

---

313 Übers. (Steger): „Ein Beispiel: Einer sieht eine Frau und verfällt der Gier, und sein Denken wird von der Fleischeslust aufgestachelt, daß er zum unsittlichen Geschlechtsverkehr angefeuert wird. Dieser Wille also und dieses unverschämte Verlangen, was ist das anderes, fragst du, als eine moralische Verfehlung? || Ich antworte: Was ist, wenn dieser Wille durch die Tugend der Beherrschung gebremst, aber dennoch nicht ausgelöscht wird, so daß er weiterkämpft und im Wettstreit ausharrt und nicht nachläßt, aber trotzdem besiegt unterliegt? Wo bleibt denn der Kampf, wenn <u>der zu bekämpfende Gegenstand</u> fehlt?" – Das gewählte Beispiel ähnelt sicherlich nicht zufällig entfernt demjenigen in Augustins *De civitate Dei* (XII.6), in welchem zwei in körperlicher und geistiger Konstitution völlig identische Betrachter einmal von Schönheit, die sie sehen, korrumpiert werden und einmal standhaft bleiben. Auch hier läuft der Unterschied auf den ‚bösen Willen' hinaus. Vgl. dazu Kap. II.2.2.1, S. 79 f.

314 Auch in der *Ethica* wird die Schönheit (*species*) der Frau als Teil des Mechanismus gedacht, der das Begehren des Mannes auslösen kann: *Sepe eciam contingit, ut, cum uelimus concumbere cum ea, quam scimus coniugatam, specie illius illecti* (Abaelard: Ethica § 10, S. 20; Übers. [Steger]: „Es kommt auch oft vor, daß wir durch die Erscheinung [= *species*, F. D. S.] einer Frau erregt werden und mit ihr, von der wir wissen, daß sie verheiratet ist, schlafen wollen".). Genauso wie Schönheit kann aber auch das Ansehen des Ehemannes, mit dem eine Frau verheiratet ist, ein Grund dafür sein sie zu begehren, wodurch dem Begehren des Mannes für die Frau, das die *Ethica* entwickelt, eine homosoziale Dimension eignen kann (vgl. ebd.).

315 So heißt es über die *saecularia exempla*, die weltlichen Beispiele, bspw.: *inventit diablous post luxuriam etiam castitatem perditricem, quo magis reus sit Christianus, qui castitatem recusaverit conservatricem* (zitiert nach: Tertullian: De exhortatione castitatis. Ermahnung zur Keuschheit. Hrsg. u. übers. von Hans-Veit Friedrich. Stuttgart 1990 [Beiträge zur Altertumskunde 2]; XIII [2],21–23; Übers. [Friedrich]:

III.3 Die Beziehung der Schönheit zur Tugend — 209

Aber auch die Jungfräulichkeit selbst kann zum Anlass der Korruption werden und ist damit einerseits ein kostbares, mit Beständigkeit erworbenes Gut und andererseits Ursache für die Anfechtungen des männlichen Subjektes und die Bestürmungen der Frauen durch die Männer. So wird – mit Referenz auf die ‚Gottessöhne' aus Gen 6,1–4, welche die ‚Menschentöchter' begehren – in *De virginibus velandis* gesagt, dass Frauen sich um der Engel willen zu verschleiern hätten:

> Si enim propter angelos, scilicet quos legimus a Deo et caelo excidisse ob concupiscentiam feminarum, quis praesumere potest quales angelos maculata iam corpora et humanae libidinis reliquias desiderasse, ut non ad virgines potius exarserint, quarum flos etiam humanam libidinem excusat? (Tertullian: De virginibus velandis VII, S. 36,17–38,4)[316]

Dass solcherart die jungfräuliche Tugend selbst zum Attraktor und damit zum Anlass der Untugend werden kann, zeigt umgekehrt, dass die in der Forschung so häufig festzustellende Verabsolutierung der Tugendepitheta, welche für weibliche Figuren in höfischen Romanen eingesetzt werden, nicht uneingeschränkt haltbar ist, insofern eine kulturelle Logik von unübersehbarer *longue durée* angesetzt werden kann, in der diese Tugendsignale selbst zum Auslöser eines Begehrens werden (können).[317] Jungfräulichkeit wird dabei geradezu zu einem Attraktor schlechthin,

---

„Natürlich hat der Teufel nach dem Wohlleben auch die Keuschheit als Verderberin entdeckt, damit ein Christ sich um so schuldiger mache, der die Keuschheit ablehne, die seine Seele retten würde.").
316 Mit Übersetzung zitiert nach: Tertullian: De virginibus velandis. Übersetzung, Einleitung, Kommentar. Ein Beitrag zur altkirchlichen Frauenfrage. Hrsg. von Christoph Stücklin, Frankfurt a. M. 1974; Übers.: „Denn wenn es aus Rücksicht auf die Engel geschieht, auf jene natürlich, die, wie man liest, wegen ihres Verlangens nach weiblichen Wesen von Gott und dem Himmel abgefallen sind, wer könnte dann erwarten, dass solche Engel die bereits entehrten Körper begehrt hätten, also das, was die menschliche Lüsternheit übriggelassen hatte, und dass sie nicht vielmehr für unberührte Mädchen entbrannt seine, deren jugendliche Frische selbst die menschliche Begehrlichkeit entschuldigen kann."
317 Ein Fortschreiten von Tugendmerkmalen hin zum Kusszwang findet sich bspw. in Walthers Ton 20 (Lied: *Ich hœre iu sô vil tugende jehen*, L 43,9), in welchem in Strophe III (= L 43,29) *diu stætecheit* selbst zur ‚Krone' der guten *vrouwen* wird: *kunnen si mit zühten sîn gemeit, / sô stêt vil wol die lilie der rôsen bî*. Während also hier ‚Tugend' die (keusche) Lilie ist, die zur Rose hinzutritt, wird dies im weiteren Verlauf der Stufe sofort in eine erotisierende Natursymbolik überführt: So, wie der Linde Vogelgesang, Blumen und Klee zugehören, steht den Damen *schœner gruoz* wohl an, was zuletzt darein mündet, dass *ir minneclîcher redender munt [...] machet, daz man in küssen muoz* (Vv. III,9 f.). – Die Lieder Walthers werden hier und im Folgenden zitiert nach: Walther von der Vogelweide: Leich, Lieder, Sangsprüche. 15., veränderte und um Fassungseditionen erweiterte Aufl. der Ausgabe Karl Lachmanns. Aufgrund der 14., von Christoph Cormeau bearbeiteten Ausgabe neu hrsg., mit Erschließungshilfen und textkritischen Kommentaren versehen von Thomas Bein. Edition der Melodien von Horst Brunner, Berlin/Boston 2013.

zu einer Tugend, die ihren eigenen Ruin anzieht und in die paradoxe Erotisierung der Virginität mündet.[318]

Dass die Schönheit der Frau, insofern sie von Gott stammt, oder ihre Tugend als Gut (*bonum*) qualifiziert werden können, akzentuiert im Umkehrschluss aber auch die Überschreitung, welche sie zu einem *malum* macht, insofern die Menschen sich ihr auf falsche Art und Weise nähern oder mit ihr auf falsche Weise umgehen.[319] Die Verantwortlichkeit der Frau für diesen Umgang mit der eigenen Schönheit, der Aufruf zu einer Selbstsorge, wie er in der patristisch beeinflussten didaktischen Literatur artikuliert wird, dringt etwa über die Sangspruchdichtung prinzipiell auch bis in die Volkssprache. Als Beispiel kann hier für die zweite Hälfte des 13. Jahrhunderts ein Sangspruch aus dem Korpus Konrads von Würzburg dienen, in welchem analoge Positionen formuliert sind:

> Ein frouwe diu mit kiusche unstæte ûz ir gemüete riutet
> und si daz mîdet daz si doch gar innerclîchen triutet,
> diu gît unde biutet
> ir lîbe grôze meisterschaft.
> mac sie ze tougenheite ir minnegernden sin verkêren,
> sô daz si mit gebærden wil dekeinen man versêren,
> sô wirt si mit êren
> an ir gemüete sigehaft.
>   ez enkan hôchclünger niht kein lebende crêâtiure sîn,

---

318 Beispiele aus dem Minnesang lassen sich leicht finden. So heißt es etwa bei Meinloh von Sevelingen: *Dô ich dich loben hôrte, | dô het ich dich gerne erkant. || durch dîne tugende manige | vuor ich ie welende, unz ich dich vant* (MF 11,1).

319 In den erkenntnistheoretischen Ausführungen in Augustins *De trinitate* (Buch XI), wird die Gottesunähnlichkeit der vermittels der körperlichen Sinne wahrnehmbaren körperlichen Schöpfung betont, obgleich – so heißt es hier – auch die körperliche Schöpfung (*creatura corporea*) Gott „auch nicht ganz unähnlich" seien (*Nec tamen est omni modo dissimilis*; Augustinus: De trinitate XI.5.8). Alles habe „in seiner Art und nach seinem Maß eine Ähnlichkeit mit Gott, wo Gott doch alles sehr gut schuf, aus keinem anderen Grund als deshalb, weil er selbst in höchster Weise gut ist" (Übers. v. Kreuzer; ebd.: *Quid enim non pro suo genere ac pro suo modulo habet* similitudinem dei *quandoquidem deus fecit* omnia bona ualde *non ob aliud nisi qui ipse summe bonus est?*). Diese Gutheit Gottes und der – wie auch immer entfernte – Anteil der Kreatur an dieser Gutheit ist umgekehrt kein Argument dafür, dass die Liebe zu diesem Guten deshalb schon frei von Makel ist. Ganz im Gegenteil lässt sich auch die Ursünde selbst als – falsches! – Streben nach der Ähnlichkeit zu Gott verstehen: *Nam et animae in ipsis peccatis suis non nisi quandam* similitudinem dei *superba et praepostera et, ut ita dicam, seruili libertate sectantur. Ita nec primis parentibus nostris persuaderi peccatum posset nisi diceretur:* Eritis sicut dii. *Non sane omne quod in creaturis aliquo modo simile est deo etiam eius imago dicenda est, sed illa sola qua superior ipse solus est* (ebd.; Übers. [Schmaus]: „Selbst in ihren Sünden jagen ja die Seelen nur einer Art Ähnlichkeit mit Gott nach, in ihrer hochmütigen, verkehrten und, ich möchte sagen, knechtischen Freiheit. So hätten auch unsere Stammeltern nicht zur Sünde überredet werden können, wenn man ihnen nicht gesagt hätte: ‚Ihr werden sein wie Gott.' Es ist indes nicht alles, was in der Schöpfung irgendwie Gott ähnlich ist, auch sein Bild zu nennen, sondern nur jenes, jenseits dessen er allein noch Dasein hat.").

> danne ein wîp clâr unde fîn,
> diu minneflammen demphet,
> und si daz hilt sô daz nâch ir kein will sî verkremphet.
> wol ir diu sus mit reinekeit sich selber ane kemphet!
> diu leit unde stemphet
> in wîplich herze mannes craft.
> (Konrad von Würzburg)[320]

Das Dämpfen der Minneflammen, die Verhinderung dessen, dass sich Herzen nach der schönen Frau (*wîp clâr unde fîn*) verzehren, wird zugleich als Kampf gegen sich selbst (*diu sus mit reinekeit sich selber ane kemphet*) und als Beherrschung des eigenen Körpers (*diu gît unde biutet | ir lîbe grôze meisterschaft*) sowie als Sieg am eigenen *gemüete* verstanden. Gleichzeitig und nicht zufällig wird die Frau in ihrer Kreatürlichkeit als Teil der Schöpfung markiert (*es enkan hôchclünger niht kein lebende crêâtiure sîn*).[321] Die Bewahrung der Tugend des Gegenübers wird unmittelbar an die Tugend der Frau und an eine Selbstsorge gebunden, die sich an Geist und Körper zugleich richtet, wobei das eigene Minnebegehren heimlich gehalten werden müsse (*ze tougenheite ir minnegernden sin verkêren*), damit kein Mann geschädigt werde (*mit gebærden [...] dekeinen man versêren*). Auch hier ist die Selbstbeherrschung der Frau als prinzipiell ‚männliche' Tugend (*in wîplich herze mannes craft*) aufgefasst.[322]

Wie auch schon kurz nach 1200 bei Thomasîn von Zerklære oder in den Reimpaarbispeln des Strickers, die oben bereits besprochen worden sind,[323] wird hier die Keuschheit (*kiusche*) an den Wert der *stæte* gebunden, welcher die Neutralisierung der körperlichen Schönheit in Tugend gewährleistet.[324] Eine entsprechende Position, ein entsprechender Aufruf zur Sorge um die eigene Schönheit findet sich allerdings in Bezug auf die Figur Enite nicht; gleichwohl kann plausibel gemacht werden, dass weibliche Schönheit – auch im höfischen Kontext – im Rahmen jener Tradition diskursiviert wird, die die Urheberschaft der Schönheit durch Gott auf

---

320 Zitiert nach: Mittelhochdeutsche Sangspruchdichtung des 13. Jahrhunderts. Mittelhochdeutsch/Neuhochdeutsch. Hrsg., übers. u. komm. von Theodor Nolte, Volker Schupp. Stuttgart 2011, S. 296 f.
321 Vgl. im Folgenden bes. Kap. IV.2.1. u. Kap. V.
322 Es sei hier noch einmal auf Foucault, Sexualität und Wahrheit 2, S. 110 f., verwiesen. Vgl. hierzu Kap. III.1.1, S. 123.
323 Vgl. Kap. III.3.2.1.
324 Die umgekehrte Seite der Medaille findet sich bspw. in einem Sangspruch des Litschauers (Sangspruch: *Waz tuot gar wê dem herzen, wol den ougen?*, in: Nolte/Schupp, Sangspruchdichtung, S. 298–301), in welchem die Schönheit des weiblichen Körpers und die hieraus resultierende Minneerzeugung und das Begehren des Mannes (*diu liebe slîchet tougen | durch ougen minnegerndem man | im in sîn herze*, Vv. 5–7) dann nicht bedenklich ist, wenn die Dame *biderbe* (V. 10), mit *schoenen êren* (V. 11) und *wîplich tugende* (V. 12) ausgestattet ist. – Vgl. auch Margreth Egidi: Höfische Liebe: Entwürfe der Sangspruchdichtung. Literarische Verfahrensweisen von Reinmar von Zweter bis Frauenlob. Heidelberg 2002 (Beihefte zur GRM 17), hier bes. das Kap. zur ‚Selbstdisziplinierung', S. 118–125.

der einen Seite und den – doppelten, an das weibliche und an das männliche Subjekt gerichteten – Appell zur Sorge verbindet, wie er in der Krise des *verligens* narrativiert ist.[325]

III.3.2.2.2 Die marianische Stilisierung Enites – Positivierung, Kontrastierung

Auf die gleiche Art, wie die Forschung die Urheberschaft der Schönheit Enites durch Gott als Aufwertung begriffen hat, hat sie auch die immer wieder konstatierte marianische Stilisierung der Enite-Figur als ‚Nobilitierung' beziehungsweise Positivierung begriffen.[326]

---

[325] Dass es eine gleichzeitige Positiv- und Negativbewertung des weiblichen Körpers geben kann, lässt sich auch anders begründen. So hat – im Rekurs auf feministische Forschung – Ingrid Bennewitz: Der Körper der Dame. Zur Konstruktion von ‚Weiblichkeit' in der deutschen Literatur des Mittelalters. In: ‚Aufführung' und ‚Schrift' in Mittelalter und Früher Neuzeit. Hrsg. von Jan-Dirk Müller. Stuttgart/Weimar 1996 (Germanistische Symposien. Berichtsbände XVII), S. 222–238, betont, dass der entstehende Eindruck, „daß in den unterschiedlichen literarischen Gattungen divergierende Modelle von Weiblichkeit und weiblichen Körpern entworfen werden" (ebd., S. 230), nicht bedeute, dass sie sich widersprechen müssten: „Tatsächlich finden sich diese rivalisierenden Entwürfe bereits in zeitlicher und gattungsgeschichtlicher Parallelität, aber ohne daß der mit ihnen eingeklagte Anspruch auf Verbindlichkeit leiden würde. Das Problem wird vielmehr erkannt und delegiert, indem die Verantwortung für die normgerechte Erfüllung dieser konfligierenden Modelle als integrativer Bestandteil weiblicher Rollen und weiblicher Körper definiert wird" (ebd.).

[326] Im Hintergrund steht dabei nicht zuletzt eine Minnesangforschung, welche die ‚Minnedame' als „säkularisiertes summum bonum" (vgl. bspw. Günther Schweikle: Minnesang. 2. Aufl. Weimar 1995, S. 186) versteht. Wesentlich geprägt worden ist diese Wendung, die durch ihre Herkunft aus der Latinität der Theologie eine legitimierende, vermeintliche Historisierbarkeit erhält, soweit ich sehe durch Hugo Kuhn, der bspw. in seinem Beitrag: Aspekte des dreizehnten Jahrhunderts in der deutschen Literatur. Vorgetragen am 5. Mai 1967. München 1968 (Bayerische Akademie der Wissenschaften. Philosophisch-historische Klasse. Sitzungsberichte 1967/5), S. 20, schreibt: „Hier wurde die physische und psychische Anziehungskraft, der Frau gesteigert zum höchsten irdischen Ziel, *summum bonum* auf Erden, durch Gott als Schöpfer legitimiert." Von hierher hat Kuhn es auch auf die Artusromane übertragen; vgl. Hugo Kuhn: Wolframs Frauenlob. In: ZfdA 106,3 (1977), S. 200–210: „Das *bonum dicere*, die Huldigung für die Frau als irdisches *summum bonum*, ist geradezu Formel im Minnesang [...], während es in der Artusepik eher in die Handlungsstruktur integriert wird" (ebd., S. 200). Ein theoretisch avanciertes Konzept wie die von Warning, Lyrisches Ich und Öffentlichkeit, S. 64 f., geprägte ‚konnotative Ausbeutung' hat nicht zuletzt dazu beigetragen, derartige Allusionen des Minnesangs auf das ‚geistliche Register' zu stabilisieren und zugleich den Modus der Übertragung, der vom geistlichen auf den weltlichen Gegenstand verläuft, zu rechtfertigen. Auch Warning führt das *summum bonum* ein und verknüpft dies mit der Schönheit der Dame, die er in Verbindung zu theologischen Schönheitskonzepten setzt: „Als Konnotatoren dieses *summum bonum* fungieren Lexeme oder lexematische Einheit, die auch im christlichen Bereich entsprechend besetzt sind [...], so die Elemente des Schönheitskatalogs, die auf die scholastische Schönheitsmetaphysik zurückgehen" (ebd., S. 64), und weiterhin: „Das christliche Referenzsystem wird damit in doppelter Weise in Anspruch genommen. Zum einen dient es zur Artikulation eines Rollenprogramms, das einen transzendenten Heilsbe-

III.3 Die Beziehung der Schönheit zur Tugend — 213

(1) Während in der Enite einführenden *descriptio membrorum* des französischen Prätexts die weltliche Referenzgröße Isolde erscheint (V. 424), welche im deutschen Retext eliminiert wird, ist in letzterem ein hoch konventionelles – und bei Chrétien vielleicht noch völlig unverfängliches – *descriptio*-Element ins Geistliche überhöht, wodurch im deutschen *Erec*-Roman die Gottesmutter Maria als neue Referenzgröße eingeführt wird.327 Aus den *flors de lis* (V. 427), die sich im Gesicht der französischen Enide mit einer frischen roten Farbe (*une fresche color vermoille*, V. 430) verbinden, wird in der Beschreibung des unter zerrissenem Stoff hervorleuchtenden Körpers der Enite eine Hohelied-Referenz. Die Verse *ir lîp schein durch ir salve wât | alsam diu lilje, dâ si stât | under swarzen dornen wîz* (Vv. 336–338) haben ihre Entsprechung in dem auf Maria hin interpretierten Vers Ct 2,2 *sicut lilium inter spinas sic amica mea inter filias*.328 Im französischen Prätext ist die Lilie nicht vordergründig geistlich codiert. Das Weiß ist in seiner Mischung mit dem Rot Teil der Darstellung des Gesichtes (und der Haut) in jeder *descriptio membrorum*, die Schönheit darstellt.329 Hierbei sind die Farben Weiß und Rot durch die Blumen Lilie und Rose äquivalent ersetzbar, ohne dass (notwendig) geistliche Implikationen entstehen, und gehören zum konventionellsten und am wenigsten variablen Element der *descriptio*-Technik.330 Das Verhältnis der beiden zueinander, bei dem es auf die rechte Mischung ankommt, ist in der Literatur so prominent, dass es sogar auf Figurenkonstellationen übertragen wird: so haben die Protagonisten

---

griff ersetzt durch einen säkularen [...]. Zum anderen aber bedeutet der Rückgriff auf das christliche Referenzsystem immer auch ein Aufrufen eines Verbindlichkeitspotentials, das nunmehr als Legitimationsinstanz für ein säkulares Wertsystem in Anspruch genommen wird" (ebd., S. 64 f.). Ich möchte demgegenüber davon ausgehen, dass derartige Übertragungsoperationen – sofern sie denn auftreten – keine einseitige Richtung haben, sondern ambivalent sind und, umgekehrt, den weltlichen Gegenstand auch kontrastiv auf geistliche Normhorizonte hin transparent machen (können).
327 Auf ‚marianische Aspekte' in Bezug auf Enite hat Eva Tobler: Ancilla Domini. Marianische Aspekte in Hartmanns *Erec*. In: Euphorion 80 (1986), S. 427–438, verwiesen und ist mit ihrem Beitrag auf breite Ablehnung gestoßen, die nicht zuletzt darin begründet ist, dass sie eher assoziativ verfährt und kaum belastbares Material beibringen kann.
328 Für die Auslegung des Hoheliedverses auf Maria finden sich schon früh vernakulare Zeugnisse; hier ist das sog. Melker Marienlied zu nennen, in dem das Bild explizit mit einer Schönheitsattribuierung verbunden wird, die die Lilie in einer nicht ausgeführten Opposition als Schönes (unter Hässlichem?) qualifiziert: *Mersterne, morgenrot, | anger ungebrachot, | dar ane stat ein bluome, | diu liuhtet also scone. | si ist under den anderen | so lilium undern dornen, | Sancta Maria* (wird hier zitiert nach: Kleinere deutsche Gedichte des 11. und 12. Jahrhunderts. Bd. II. Nach der Auswahl von Albert Waag, neu hrsg. von Werner Schröder. Tübingen 1972 [ATB 72], S. 232–238, hier S. 235, Str. 4). Grundsätzlich dazu immer noch die Stellensammlung und Kommentierung bei Salzer, Sinnbilder und Beiworte, dort S. 162–170. Zu der die Vv. 336–338 betreffenden *Erec*-Forschung vgl. Scholz, Erec, S. 637 f.
329 Form, Funktion und Terminologie der *descriptio* werden an dieser Stelle nicht eigens aufgerollt, da sie Gegenstand des folgenden Kapitels (Kap. IV) sind.
330 In jüngerer Zeit hat Oster, Die Farben höfischer Körper, S. 51–58 (zu Rot und Weiß bes. S. 53) diesen Typus der *descriptio* nachgezeichnet.

der Kinder-*minne*-Erzählung von Flore (Rose) und Blanscheflur (Lilie) offenbar aus diesem Farbverhältnis ihre Namen erhalten.³³¹

Die Öffnung dieses hochkonventionellen Farbattributs auf eine geistliche Implikation hin ist bis in die jüngere Forschung hinein durchgehend als positive Stilisierung der Enite-Figur aufgefasst worden, was sich beispielsweise an prominenter und – besonders im Hinblick auf die akademische Lehre – einflussreicher Stelle in Volker Mertens' *Erec*-Ausgabe sedimentiert, die Vv. 337 f. (*alsam diu lilje, dâ si stât / under swarzen dornen wîz*) wie folgt kommentiert: „In der Hoheliedauslegung wird diese Stelle auf Maria bezogen, und zweifellos erhält Enites Schönheit damit eine überhöhte Bedeutung zugesprochen."³³² Nobilitierung und/oder Exzeptionalität liegen im Verständnis der Forschung dann darin begründet, dass Attribute der unübertrefflich positiven Marienfigur, welche die Exegese in der Hoheliedvers-Allusion identifiziert hatte, auf Enite übertragen würden, welche dadurch ebenfalls überhöht werde. Diese Attribute hat beispielsweise Uwe Ruberg schon früh identifiziert, wenn er schreibt, die Schilderung der Schönheit Enites erhalte derart „eine speziellere Analogie-Komponente, da [das Bild] nach den Auslegungen von Ct 2,1 f. in der Mariensymbolik als Zeichen von Schönheit und Sündenfreiheit verstanden wird."³³³

---

331 Vgl. Johan H. Winkelmann: Florisromane. In: Höfischer Roman in Vers und Prosa. GLMF V. Hrsg. von René Perennec, Elisabeth Schmid. Berlin/New York 2010, S. 331–367, dort S. 331: „Weil die Kinder am Palmsonntag (*Pâques Fleuris*) geboren werden, gibt man ihnen Blumennamen. Der Knabe wird Floris („Rose"), das Mädchen Blanscheflur („Lilie") genannt."
332 Hartmann von Aue: Erec. Hrsg., übers. und kommentiert von Volker Mertens. Stuttgart 2012, S. 631. Zur Szene des Erschreckens der Tafelrunde vor Enite heißt es ebd. S. 643, bezogen auf Vv. 1768–83: „Durch die Anzitierung der Bibelstelle [= Ct 6,9], die traditionell auf Maria bezogen wird, erhält Enites Schönheit eine besondere Würde zugesprochen." Auch Ulrich Hoffmann: Arbeit an der Literatur. Zur Mythizität der Artusromane Hartmanns von Aue. Berlin 2012 (LTG 2), S. 119, bemerkt *en passant*: „Hierdurch [= den „aus dem Hohelied Salomons bekannten Vergleich", Anm. d. Verf.] erfährt sie [= Enite, Anm. d. Verf.] letztlich eine Nobilitierung, wie sie kaum zu übertreffen ist", sowie ebd., Anm. 103: „Dass der Erzähler noch den Hinweis darauf gibt, dass *ir geburt was âne schande* (V. 439) und sie die Nichte des Herzogs Imain sei (V. 435 f.) erscheint daher schon fast überflüssig." Oster, Farben höfischer Körper, S. 74, konstatiert, durch die Verwendung christlicher Metaphorik und durch sie inspirierter Farbsymbolik weise „der Erzähler Enites Exzeptionalität aus, die sich auch in schlechtem Gewand durch ihre körperliche Makellosigkeit auszeichnet." Sie bezieht sich dabei nicht zuletzt auf Kraß, Geschriebene Kleider, S. 172, der formuliert: „Das mariologisch konnotierte Bild der unter Dornen wachsenden Lilie unterstreicht die Reinheit Enites. So zieht Hartmann auf engstem Raum verschiedene religiöse Register (christliche Farbenästhetik, mariologische Metaphorik, biblische Typologie, um Enite mit einer Aura der Vollkommenheit zu umgeben, die in ihrer leiblichen Schönheit sichtbar wird."
333 Uwe Ruberg: Bildkoordination im ‚Erec' Hartmanns von Aue. In: Hartmann von Aue. Hrsg. v. Hugo Kuhn. Darmstadt 1973 (Wege der Forschung 359), S. 532–560, hier: S. 549. Analog hierzu formuliert in jüngerer Zeit bspw. Ellen Strittmatter: Poetik des Phantasmas. Eine imaginationstheoretische Lektüre der Werke Hartmanns von Aue. Heidelberg 2013 (Studien zur historischen Poetik 15), S. 240, ohne klare ‚ethische' Positionierung, aber dennoch suggestiv hinsichtlich einer Positivierung der Enite: „Wie in der Zelterbeschreibung spielen bei Enites weißer Hautfarbe die As-

III.3 Die Beziehung der Schönheit zur Tugend — 215

Auf einem analogen Grundverständnis aufbauend, findet sich bei Elisabeth Schmid eine neuartige Wendung: „Der Hauch einer erotischen Anmutung an dieser Stelle [Vv. 324 ff, Anm. d. Verf.] wird anschließend durch die Anspielung auf ein biblisches Gleichnis nobilitiert; er wird spiritualisiert und zugleich unterdrückt".³³⁴ Sie begreift die Referenz auf die Lilien des Hoheliedes als narrativ aufwändigen Versuch, die erotische Suggestion der Stelle zu neutralisieren.³³⁵ Diese Neutralisierung der ‚erotischen' Schilderung³³⁶ des Körpers wäre hier also durch Betonung der Sündenfreiheit Enites vermittels der Applikation einer Marienreferenz erreicht. In dieser Interpretation wird die Marien-Referenz als Nobilitierung im Sinne einer ‚Entsexualisierung' begriffen, welche jedoch in ihre eigene Strategie verstrickt bleibt und die zu neutralisierende ‚Sexualisiertheit' – als Negatives – weiterhin präsent hält. Während Ruberg Schönheit und Sündenfreiheit lediglich als von Maria aus auf Enite übertragene Attribute begreift, sieht Schmid die Betonung der Sündlosigkeit Enites geradezu als Kompensation für ihren schönen und damit eben ‚sexualisierten' Körper und setzt Körper und Tugend so zueinander in Opposition. Dass dies seine Berechtigung hat, soll im Folgenden gezeigt werden.

Die zitierten, teils jüngeren Positionen folgen einer alten Bewertung, die auf Peter Kestings einflussreiche Studie *Maria – Frouwe. Über den Einfluss der Marienverehrung auf den Minnesang bis Walther von der Vogelweide* (1965) zurückgeht, von wo aus sie ihre Wirkmacht für die Forschungsdiskussion entfaltet hat.³³⁷ Sie findet sich beispielsweise bereits in Ursula Schulzes breit rezipiertem Beitrag „*âmîs unde man*. Die zentrale Problematik in Hartmanns ‚Erec'" (1983):

> Die Lilie weist auf das unberührte und zugleich schöne junge Mädchen, während die schwarzen Dornen den kontrastierenden unnatürlichen Lebensraum für die Blume bezeichnen wie die unangemessene Kleidung und Umgebung für Enite. Hartmann hat hier ein Marien symbol,

---

pekte der Heiligkeit und Lichtdurchlässigkeit eine Rolle. Enites Körper ist trotz der Armut, in der sie lebt und die sich im Zustand ihrer Kleidung offenbart, von außergewöhnlicher Reinheit und Schönheit, weshalb sie mit einem Schwan und – marianisch – mit einer Lilie, die weiß unter schwarzen Dornen blüht, verglichen wird."
334 Elisabeth Schmid: Lüsternheit. Ein Körperkonzept im Artusroman. In: Körperkonzepte im arthurischen Roman. Hrsg. von Friedrich Wolfzettel. Tübingen 2007, S. 131–147, dort S. 133.
335 Vgl. ebd., S. 134.
336 Die Vorstellung, dass die Schilderung der durch die Lumpen scheinenden Haut eine erotische sei, findet sich in der Forschung verschiedentlich, bspw. bei: Ursula Schulze: âmîs unde man. Die zentrale Problematik in Harmanns ‚Erec'. In: PBB 105 (1983), S. 14–47, hier: S. 17 f.
337 Peter Kesting: Maria-Frouwe. Über den Einfluss der Marienverehrung auf den Minnesang bis Walther von der Vogelweide. München 1964 (Medium Aevum 5). – Vgl. zudem Tervooren, Minnesang, Maria und das ‚Hohe Lied', S. 16, der beklagt, dass Kestings Studie – in Hinblick auf den Minnesang – nicht die notwendige Wirkung entfaltet habe.

das auf ein Bild des Hoheliedes (*sicut lilium inter spinas*, Cant. 2,2) zurückgeht, adaptiert und bei der säkularen Transposition die schwarze Farbe als visuellen Gegensatz zu Enites weißem Körper ergänzt.[338]

Generell wird auf die Enite-Figur die Auslegung des Hoheliedverses im Hinblick auf Maria übertragen, bei der die Lilie für Sündenreinheit und die Dornen für die Sünden stehen.[339] Über die Funktionsweise dieser „säkularen Transposition" scheint man sich im Hinblick auf die Enite-Figur also auffällig einig. Die Applikation eines Mariensymbols auf eine Figur als Positivierung derselben zu begreifen, muss als eine der stillschweigenden Prämissen der Forschung begriffen werden und ist im Folgenden zu hinterfragen.

Die Verwendung eines Mariensymbols im Kontext eines arthurischen Romans muss, so denke ich, nicht allein zum Ziel haben, die „Ähnlichkeit Enites zur Himmelskönigin Maria" zu suggerieren[340] und damit durch eine Übertragungsoperation die Allegorese, die die Lilie *als* Sündenfreiheit begreift, auf Enite zu übertragen oder – in der Forschung häufig stärker simplifizierend – die Makellosigkeit der einen Frauenfigur (Maria) auf die andere (Enite). Die Verwendung eines hochkonventionellen, zudem der Heiligen Schrift entstammenden Bildsymbols ruft zugleich vor allem seinen Spenderbereich, nämlich die Heilige Maria und ihren Lobpreis selbst, auf. Die Übertragungsoperation im Modus des impliziten Vergleichs verläuft nicht nur in eine Richtung. Maria und Enite haben gemeinsam, dass sie beide – in unterschiedlichen textuellen Referenzrahmen – die schönsten Frauen sind, die jemals gelebt haben (vgl. Hartmann: Erec, Vv. 8932–8934). Es ist unmittelbar einleuchtend, dass dabei der Schönheit Mariens – als zweifelsfrei real existent gedachter Heiliger – ein anderer Status zugebilligt werden muss als einer höfischen Dame aus einer arthurischen Erzählung: Der Status der Maria als Schönste aller Frauen überschreitet in seiner Realität den Textrahmen und beansprucht Gültigkeit im Hier und Jetzt ebenso wie in jedem anderen Text. Hier scheint die bisherige Einschätzung der Forschung – zumindest für den Fall des *Erec* – bei genauerer Betrachtung nur sehr beschränkt haltbar zu sein, denn: Die Schönheit der Maria ist – im Wortsinn – wesentlich exklusiv verfasst. Das heißt: Die Lilie bezeichnet in der christlichen Tradition die Sündenfreiheit Marias und in Maria sind „Schönheit und Sündenfreiheit" (Ruberg) vereint. Bedeutet dieses Symbol in der marianischen Exegese die Reinheit und Keuschheit Mariens, ihre Exzeptionalität unter der Menge aller übri-

---

338 Schulze, amîs unde man, S. 18 f.
339 Vgl. Salzer, Sinnbilder und Beiworte, S. 166, Anm. 2, weist die populär gewordene Deutung bei Gregor von Nyssa nach. Vergleicht man die bei Salzer aufgeführten Interpretationen, so zeigt sich, dass eine paradigmatische Relation entsteht, die auch auf die Interpretation des im Hohelied-Vers angelegten Vergleichs Einfluss hat: Wenn die Lilie Sündenreinheit indiziert und Maria *ist*, so bezeichnen die als Sünden verstandenen Dornen zugleich die Schar der übrigen Mädchen (*filiae*), die sie umgibt.
340 So Mark Chinca: Der Horizont der Transzendenz. Zur poetologischen Funktion sakraler Referenzen in den Erec-Romanen Chrétiens und Hartmanns. In: Literarische Säkularisierung im Mittelalter. Hrsg. von Susanne Köbele, Bruno Quast. Berlin 2014 (LTG 4), S. 21–38, hier S. 36.

III.3 Die Beziehung der Schönheit zur Tugend — 217

gen Frauen (*spinas*), so wird dieses Verhältnis in der Schilderung von Enites Haut zwar aufgerufen, jedoch nicht tatsächlich auf die Figur übertragen.[341] Enite rückt nicht in die Position der Maria, stattdessen wird das Bild, das klassischerweise auf die Keuschheit Mariens hin ausgelegt wird, genutzt, um Enites Leiblichkeit zu akzentuieren.

(2) Dass das verwendete Mariensymbol in Hinblick auf Enite und ihre Schönheit eher als Kontrastfolie denn als Identifikationsfolie verstanden werden kann, lässt sich anhand weiterer Textstellen erhärten, in denen die Marien-Referenzen fortgesetzt werden. Auch sie funktionieren – wie die ‚Rose unter Dornen' – nicht als vollständig ausgeführte, sondern als ‚halbe' Marienbilder, denen die Referenz entzogen ist und die durch diese Entkopplung zugleich ihre Nicht-Übertragbarkeit demonstrieren. Darüber hinaus ist jedoch im Lichte dieser ersten, relativ offenkundigen Marien-Allusion zugleich der kommunikative Rahmen geschaffen, innerhalb dessen weitere Allusionen dekodierbar werden. Die Rose unter Lilien kann – im Rahmen funktionaler Intertextualitätstheorien gedacht – als ein Element gelten, das aufgrund seines hohen Bekanntheitsgrades einen ‚Marker' und Index für einer ganze Klasse von konkreten textuellen Bezügen (das Hohelied, Marienpreis) darstellt.[342] Durch die ubiquitäre Bekanntheit dieses Mariensymbols werden weitere Textelemente, die für sich genommen weniger eindeutig sind, ebenfalls ‚markiert' und erscheinen in ihrer Summe als eine Kette von Marienreferenzen, obgleich sie für sich genommen unspezifisch sein mögen.

Bereits die Äußerungen des Koralus beim Abendessen gegenüber Erec rufen erneut einen marianischen Kontext auf, wenn Koralus in Bezug auf sein verarmtes Dasein die Worte

> daz wil ich von gote hân:
> des gewaltes ist alsô vil,
> er mac den rîchen swênne er will

---

[341] Die in der Forschung stets vorgenommene Identifizierung der Enite mit Maria übernimmt auch Tobler, Ancilla Domini, S. 438, und führt sie konsequent fort, wenn sie Enite „ganz zur mystischen Braut" übersteigert. Es sind jedoch nicht grundsätzlich die ‚marianischen Aspekte', die zweifelhaft sind, sondern eben jene Übertragungsoperation ist es, die bei Tobler scheitern muss, weil hier ins Extrem getrieben ist, was schon im Ansatz widersprüchlich geblieben ist. Versteht man die Allusionen auf Maria nicht als Identifizierungs- sondern als Kontrastfolie, entsteht hingegen eine neue Dynamik in der Interpretation, die deutlich macht, dass der *Erec* tatsächlich marianische Aspekte enthält.
[342] Vgl. zu dieser Art von Markierung systematisierend bspw. Ulrich Broich: Formen der Markierung von Intertextualität. In: Intertextualität. Formen, Funktionen, anglistische Fallstudien. Hrsg. von Ulrich Broich, Manfred Pfister. Tübingen 1985, S. 31–47. Einen jüngeren, überblicksartigen Beitrag zur Intertextualitätstheorie auch in Bezug auf weitergesteckte, weniger technisch aufgefasste Konzepte, wie sie bspw. von Julia Kristeva oder Roland Barthes vertreten werden, bietet Caroline Emmelius: Intertextualität. In: Literatur- und Kulturtheorien in der Germanistischen Mediävistik. Ein Handbuch. Hrsg. von Christiane Ackermann, Michael Egerding. Berlin/Boston 2015, S. 275–289.

> dem armen gelîchen
> und den armen gerîchen.
> sîn gewalt ist an mir worden schîn.
> (Hartmann von Aue: Erec, Vv. 539–544)

in den Mund gelegt bekommt, die deutlich an das *Magnificat* des Lukasevangeliums erinnern.[343] Die Thematisierung von Aufstieg und Fall – die zugleich als Allusion auf das Rad der Fortuna verweisen mag – grundiert scheinbar den sozialen Abstieg des Koralus und den Wiederaufstieg der Enite,[344] weshalb man den *Erec* motivgeschichtlich in eine – fragwürdige – Beziehung zu der Erzählung von Griselda gesetzt hat.[345] Wiederum fällt auf, das zwar deutliche marianische Referenzen erzeugt, diese jedoch von der Enite-Figur entkoppelt werden, indem es eben nicht sie ist, die die Worte der Maria spricht, sondern ihr Vater.

---

343 Hierauf hat schon Anton E. Schönbach: Über Hartmann von Aue. Drei Bücher Untersuchungen. Graz 1894, S. 14, hingewiesen. – Auch Cramer, Schuld-Sühne-Problematik, S. 112, stellt den Bezug zum *Magnificat* her. – Das *Magnificat* (Lk 1,46–55) lautet: *Magnificat anima mea Dominum / et exultavit spiritus meus in Deo salutari meo / quia respexit humilitatem ancillae suae / ecce enim ex hoc beatam me dicent omnes generationes / quia fecit mihi magna qui potens est et sanctum nomen eius / et misericordia eius in progenies et progenies timentibus eum / fecit potentiam in brachio suo dispersit superbos mente cordis sui / deposuit potentes de sede et exaltavit humiles / esurientes implevit bonis et divites dimisit inanes / suscepit Israhel puerum suum memorari misericordiae / sicut locutus est ad patres nostros Abraham et semini eius in saecula* (Übers. [Thomas Johann Bauer]: „Meine Seele rühmt den Herrn. Und mein Geist hat gejubelt über Gott, meinen Retter, weil er auf die Niedrigkeit seiner Magd gesehen hat. Denn siehe: Von nun an werden mich alle Generationen selig nennen, weil mir der Großes getan hat, der mächtig ist; und heilig ist sein Name. Und seine Barmherzigkeit (währt) in Generationen und Generationen für die, die ihn fürchten. Er hat Macht ausgeübt mit seinem Arm: Er hat die Hochmütigen zerstreut durch die Überlegung seines Herzens. Er hat die Mächtigen vom Sitz abgesetzt und die Niedrigen erhöht. Die Hungernden hat er mit Gütern erfüllt und die Reiche hat er mit leeren Händen fortgeschickt. Er hat sich Israels, seines Knechtes, angenommen, um an seine Barmherzigkeit zu denken, wie er gesprochen hat zu unseren Vätern, Abraham und seinem Samen, in Ewigkeit.").

344 Teile der Forschung haben in Enites Aufstieg einen Verstoß gegen den *ordo* sehen wollen, der ihre Leiden im zweiten *aventiure*-Zyklus plausibilisiert (vgl. Cramer, Schuld-Sühne-Problematik, S. 110 f.).

345 Bspw. bei Ricarda Bauschke: Dominanz und Unterwerfung – Prüfung und Qualifikation. Tendenzen der Griseldis-Konzeption im deutschen und französischen Spätmittelalter. In: Die deutsche Griselda: Transformation einer literarischen Figuration von Boccaccio bis zur Moderne. Hrsg. von Achim Aurnhammer. Berlin 2010, S. 93–106, dort bes. S. 93 f. Manfred Günter Scholz, Erec, S. 640, verweist mit Ursula Schulze, *amîs unde man*, S. 20, auf das zugrundeliegende „Aschenputtelmotiv". Es erscheint fraglich, ob derartige motivgeschichtlich gedachte Schlagworte nicht letztlich unbrauchbar sind, indem sie eine falsche Sicherheit der Interpretation suggerieren. ‚Die' Erzählung von Griselda meint freilich die Vielzahl der Aktualisierungen jener mit Boccaccio (*Dekameron* X, 10) erstmals greifbaren Kernfabel. Von besonderem Interesse ist dabei, dass – unter völlig anderen Bedingungen und zu einem völlig anderen Zeitpunkt – auch die Griselda-Figur eine Bezugsetzung zum *Magnificat* hervorgerufen hat (vgl. dazu Scheidel, Codex Palatinus germanicus 119, S. 63, Anm. 14).

III.3 Die Beziehung der Schönheit zur Tugend — 219

(3) Eine dritte, im direkten Umfeld angesiedelte Allusion auf marianische Sinnbilder und Beiworte findet sich im Gespräch zwischen Erec und dem Herzog Imain, an dessen Hof der sogenannte ‚Sperberkampf' stattfindet. Geradezu enigmatisch sitzen, mitten in der Weigerung des Erec, Enite neu einzukleiden, die Verse:

> ich lâze ouch hiute schouwen
> ritter unde vrouwen,
> und wære si nacket sam mîn hant
> unde swerzer dan ein brant,
> daz mich sper unde swert
> volles lobes an ir wert,
> ode ich verliuse daz leben.
> (Hartmann von Aue: Erec, Vv. 650–656)

Vordergründig wird hier zunächst die Differenz zwischen der eigentlichen Schönheit des Leibes, der zum Zeichen ethischer Qualitäten werden kann, und äußerem Schmuck (Schminke und Kleidung) aufgerufen, wie sie auch aus moraldidaktischer Literatur bekannt und zuvor explizit benannt worden ist.[346] Dennoch muss vor allem der Vergleich *swerzer dan ein brant* irritieren, der jedem höfischen Schönheitsideal radikal entgegengesetzt erscheint und eben nicht nur das Äußere (die Kleidung) von der eigentlichen Schönheit trennt, sondern im Irrealis den Körper Enites selbst modifiziert.[347]

Es stellt sich also die Frage, wie die Schwärze, die in Erecs Formulierung ja offenbar als Einschränkung von Schönheit gedacht ist, mit Enites Schönheit vereinbar sei, die so groß erscheint, dass sie durch Schwärze nicht wesentlich beeinträchtigt wird. Erstaunlich ist diese Formulierung vor allen Dingen deshalb, weil Schwärze dem höfischen Schönheitsideal radikal entgegensteht und hier dennoch eine Qualität von Schönheit denkbar erscheint, die jenseits des klassischen Merkmalbündels liegt, insofern sie die Kampfprämisse für Erec bildet, nach der Enite ja, auch für den Fall, dass sie schwarz wäre, immer noch so schön wäre, dass Erec den Sperber beanspruchen könnte. Es ist hier also eine Schönheit denkbar, die so groß ist, dass sie auch bei Veränderung eines Parameters – der (Haut-)Farbe – noch als schön – und: schön*er* – gelten kann. Hier wird die Möglichkeit der Übersteigung der sonst absolut gedachten, auf der Mischung von roter Farbe auf weißer Haut beruhenden höfische Schönheit eingeführt.

---

346 Vgl. dazu Scholz, Erec, S. 650–652, sowie zum Schminken und Aufputzen Bumke, Höfische Kultur, S. 205–210 und S. 377. Beides wird im Folgenden noch zu diskutieren sein. – Hartmann von Aue: Erec, Vv. 643–649: *er hæte harte missesehen, / swer ein wîp erkande / niuwan bî dem gewande. / man sol einem wîbe / kiesen bî dem lîbe, / ob si zu lobe stât / unde niht bî der wât*.
347 Dass die Schwärze als Einschränkung der Schönheit zu verstehen ist, erschließt sich unmittelbar, wird aber auch durch die Diskurse der Zeit ersichtlich, die sich bei Schausten, Suche nach Identität, S. 91–99, übersichtlich dargestellt finden.

Die im Rahmen des diskursiven Settings irritierende Vorstellung, dass Enite schwarz *und* dabei schön sein kann, ist wiederum aus einer Allusion auf Maria erklärbar, für die die Verbindung von Schwärze und Schönheit traditionell ist.[348] Es scheint hier auf die dem Hohelied entnommene Formel *nigra sum sed formosa* (Ct 1,4) referiert zu werden.[349] Ingrid Hahn führt diesen Hoheliedvers bereits in Bezug auf die erste Beschreibung der Enite (Vv. 323–341) an, wenn sie – für Enite und Parzival – das von ihr geprägte ‚Nigra-Formosa-Modell' als Topos der Schilderung ins Feld führt, welcher für sie auf der – oben bereits diskutierten – Inkongruenz zwischen dem unangemessenen (ärmlichen/torenhaften) Äußeren und der ‚inneren' adeligen Identität der Figuren beruht.[350] Scholz greift dies in seinem *Erec*-Kommentar auf: „Die Protagonistin wird nach dem Modell *nigra sum sed formosa* (Ct 1,4, „Ich bin braun, aber gar lieblich") in die Dichtung eingeführt",[351] wobei er eine Übersetzung („Ich bin braun") wählt, die als streitbar gelten darf. Während eine Erklärung dafür, was das ‚Nigra-Formosa-Modell' nun genau sei (ein Erzählmuster? ein Motiv? ein Beschreibungstopos?), in beiden Fällen ausbleibt, wird der Hoheliedvers für die Interpretation des Ausspruchs Erecs von der Schwärze nicht wieder angeführt, obwohl ein Bezug unmittelbar einleuchtend erscheint.

Wie Ct 2,2 (*lilium inter spinas*) ist auch Ct 1,4 (*nigra sum sed formosa*) einer jener Hoheliedverse, die auf eine lange Auslegungstradition in Bezug auf die Gottesmutter zurückblicken. Wie Gilbert Dahan dargestellt hat, ist die adversative Konjunktion *sed* dabei weder vom hebräischen Text, noch vom Wortlaut der Septuaginta vorgegeben und auch in der *Vetus latina* noch nicht enthalten (*nigra sum et formosa*), sondern ein Produkt der hieronymianischen Übertragung.[352] Im Rahmen der marianischen Exegese des Verses, welche neben eine ekklesiologische, eine christologische und eine tropologische tritt, dominiert jedoch in der Allegorese eine Übertragung der Werte ‚schwarz' und ‚schön' auf durch sie bezeichnete Werte, die sich von der Körperlichkeit lösen. Eine vergleichbare allegorische Sinndimension ist im

---

348 Die Formulierung *swarz alsam ein brant* ist in sich nicht spezifisch marianisch und im Mhd. mehrfach nachweisbar; vgl. Jesko Friedrich: Phraseologisches Wörterbuch des Mittelhochdeutschen. Tübingen 2006, S. 391.
349 Soweit ich sehe ist Masse, Lob und Beschreibung, S. 156, die erste und einzige, die den hier in Rede stehenden *Erec*-Vers mit Ct 1,4 in Verbindung bringt.
350 Hahn, Personenerkenntnis, S. 407 f. – Vgl. Kap. III.1.2, S. 130.
351 Scholz, Erec, S. 635.
352 Vgl. bspw. Gilbert Dahan: *Nigra sum* sed *formosa*. Aux origines d'un stéréotype? L'exégèse de Cantique 1,5 (4) aux XIIe et XIIIe siècles. In: Au cloître et dans le monde. Femmes, hommes et sociétés (IXe-XVe siècle). Hrsg. von Patric Henriet, Anne-Marie Legras. Paris 2000 (Cultures et civilisations médiévales XXIII), S. 15–32, hier bes. S. 15 f. Obgleich Dahan konstatiert, dass in den vorhieronymianischen Texten keine adversative, sondern eine nebenordnende Konjunktion existiert habe, stellt er doch bereits für die jüdische Schriftauslegung „une opposition entre *noire* et *belle*" fest.

Kontext des *Erec* indessen nicht feststellbar – nicht zuletzt deshalb, weil der Vergleich hier in den Konjunktiv gesetzt ist.

(4) Eine weitere Stelle, die im Lichte des durch diese recht konkreten Allusionen erzeugten Kontextes von Marienreferenzen gleichfalls als eine solche erscheinen kann, findet sich zentral in der Episode des *verligens*. Dass eine solche Marienreferenz in diese für das Sinngefüge der Narration so zentrale Stelle inseriert ist, zeigt deutlich, welchen Stellenwert diese für das Verständnis des Textes beanspruchen dürfen. Erec hat sein Verhalten bereits zum Negativen verändert, Enite hat den Hof über sich klagen hören und sich im Anschluss selbst bezichtigt. Sie traut sich nicht, Erec das Gehörte mitzuteilen (Vv. 3009–3012). Die offenbar mit einigem zeitlichen Abstand[353] nachfolgende Kemenatenszene wird wie folgt eingeleitet:

> nû kam ez alsô nâch ir site,
> daz er umbe einen mitten tac
> an ir arme gelac.
> nû gezam des wol der sunnen schîn,
> daz er ir dienest muoste sîn:
> wan er den gelieben zwein
> durch ein vensterglas schein
> und hete die kemenâten
> liehtes wol berâten,
> daz si sich mohten undersehen.
> (Hartmann von Aue: Erec, Vv. 3013–3022)

Die Forschung hat dieser – gegenüber Chrétiens Text neuen – Einleitung der Szene stets etwas ratlos gegenübergestanden. Eva Willms hat das in die Kemenate brechende Sonnenlicht kurzerhand für funktionslos erklärt.[354] Andere haben ihm

---

[353] Die Vv. 3013 f.: *nû kam ez alsô nâch ir site, / daz er umbe einen mitten tac ...* lassen sich – aufgrund des indefiniten Artikels *einen* – nur in Abgrenzung zu einem impliziterten, iterativen Zeitverlauf verstehen.

[354] Eva Willms: *Ez was durch versuochen getân*: Überlegungen zu Erecs und Enîtes Ausfahrt bei Hartmann von Aue. In: Orbis Litterarum 52 (1997), S. 61–78, dort S. 66. – Im *Gereint*, einer kymrischen Fassung des *Erec*-Stoffes, ist das ,funktionslose' Motiv des durch das Glas scheinenden Lichtes ebenfalls enthalten: Hier heißt es, dass Enid und Gereint in einer verglasten Kammer lägen und das Licht auf ihr Lager scheine. Das Glas ist also Ermöglichungsgrund dafür, dass das Lager der Liebenden erleuchtet werden kann – in einer fensterlosen Kammer hätte die Sonne Enid nicht geweckt. Demgegenüber ist im *Erec* Hartmanns *expressis verbis* betont, dass das Licht *durch* das Glas hindurch scheint. Indem hier der Weg des Lichtes durch das Material selbst betont wird, ist eine signifikante Verschiebung gegeben, die das Motiv im deutschen Text ,marianisch' lesbar werden lässt. (Eine Übertragung des *Gereint* findet sich in: Helmut Birkhan: Keltische Erzählungen vom Kaiser Arthur. Teil 1. 2. Aufl. Wien 2004, S. 177–244, die in Rede stehende Szene dort S. 211 f. Vgl. zudem den Kommentar ebd., S. 268, Anm. 124.)

durchaus eine Funktion zusprechen wollen; die Debatte (bis ins Jahr 2004) findet sich im Textkommentar bei Manfred Günter Scholz wie folgt dargestellt:

> Zum einen symbolisieren die Sonnenstrahlen ‚das Licht der Lebenswirklichkeit' (W. Ohly, S. 67),[355] was vermutlich O. Ehrismann, Enite, S. 330,[356] mit ‚Rückkehr zum alltäglichen Leben' meint. Zum zweiten erhellen sie ein letztes Mal den idyllischen Zustand des *verligens*; die in ihm enthaltene Versuchung, den ‚Reiz dieser Verlockung' muß Hartmann, wie Welz, *Glück*, S. 14,[357] meint, ‚wenigstens andeuten', um Erecs spätere Entscheidung, dieses Leben aufzugeben, verständlich werden zu lassen. Am bedeutsamen dürfte die dritte Funktion sein: das Licht der Sonne, das durch das Fenster bricht, führt zum wirklichen Sehen, zur Erkenntnis.[358]

In einem jüngeren Beitrag, in dem das bisher in den Interpretationen des *Erec* vernachlässigte Wechselspiel von Tag und Nacht, Licht und Schatten herausgearbeitet wird, nimmt Christoph Schanze besonders auf die letztgenannte Position Bezug, wenn für ihn „das helle und warme Mittagslicht, das eben noch das Liebesglück des Paares beschienen hat, zum blendend-kalten Licht der Erkenntnis" wird.[359] So überzeugend auch im Ganzen Schanzes Ausführungen zur Tageszeitenstruktur der Handlung sind, so deutlich wird hier doch, dass die aus der Forschung abgeleiteten Interpretation der in Rede stehenden Passage problematisch ist, weil sie – gerade in sprachlich suggestiver Paraphrase – zwischen expressionistischer Genremalerei und aufklärerischer Lichtmetaphorik *avant la lettre* changiert. Zwar geht Schanze auf geistliche Bedeutungen des „Mittags"[360] ein, die Möglichkeit einer marianischen Deutbarkeit der spezifischen Inszenierung des Lichtscheins jedoch übersieht er ebenso wie Eva Tobler,[361] die doch um den Nachweis marianischer Elemente im *Erec* so bemüht ist: Wiederum erscheint nämlich hier eine marianische Allusion in Form eines Marienbildes, das Anselm Salzer auf folgende Formel bringt: „Wie die

---

355 Walter Ohly: Die heilsgeschichtliche Struktur in den Epen Hartmanns von Aue. Berlin 1958 (Univ. Diss FU Berlin).
356 Ehrismann, Enite.
357 Dieter Welz: Glück und Gesellschaft in den Artusromanen Hartmanns von Aue und im ‚Tristan' Gottfrieds von Straßburg. In: Acta Germanica 16 (1983), S. 7–23.
358 Scholz, Erec, S. 744 f. – Zur Verbindung von Licht und Erkenntnis bezieht sich Scholz im Weiteren etwas umständlich auf einen Beitrag, der eine Verbindung zu Gottfrieds von Straßburg *Tristan* sieht, hier besonders zum Licht in der Minnegrotten-Szene und der Baumgarten-Episode: Alois Wolf: Die ‚adaptation courtoise'. Kritische Anmerkungen zu einem neuen Dogma. In: GRM N.F. 27 (1977), S. 257–283.
359 Christoph Schanze: Schatten und Nebel. Die dunkle Seite des Artusromans. In: Aktuelle Tendenzen der Artusforschung. Hrsg. von Brigitte Burrichter, Matthias Däumer, Cora Dietl u. a. Berlin/Boston 2013 (Schriften der Internationalen Artusgesellschaft. Sektion Deutschland/Österreich 9), S. 187–207, dort bes. das Teilkapitel zum „Mittagslicht in Karnant", S. 191–194, hier: S. 192 f.
360 Schanze, Schatten und Nebel, S. 192, Anm. 22.
361 Tobler, Ancilla Domini, die in vielen Stellen des *Erec* eine verborgene marianische Bedeutung vermutet, thematisiert die in Rede stehende Stelle nicht.

Sonne durch das Glas dringt, ohne es zu verletzen, so ward Maria Mutter und blieb dennoch Jungfrau."³⁶²

Im sogenannten *Arnsteiner Marienlied* oder *Arnsteiner Mariengebet* (Mitte 12. Jhd.)³⁶³ erscheint gleichfalls das im Erec so seltsam funktionslose ,*vensterglas*':

> Du bis daz alinge glas, da der | durg quam
> daz liet, daz vinesternisse der werlde benam.
> van dir schein das godes liet in alle die lant,
> do van dir geboren warth unse heilant.
> daz beluhte dich und alle cristenheit,
> du in den ungelouven verre was verleit.
> iz vant dich, iz liz dich bit alle luter,
> also du sunne deit daz *glasevinster*.
> (Arnsteiner Marienlied, Vv. 22–29)³⁶⁴

Prominent ist es bei einem profilierten Sänger wie Walther von der Vogelweide eingeführt, in dessen Leich es heißt:

> Als diu sunne schînet durch ganz *gewürhtes glas*,
> alsô gebar diu reine Crist, diu magt und muoter was.
> (Walther von der Vogelweide: Leich, II b1, V. 5 f.; Kursivierung von mir, F. D. S.)

Die ,Sonne, die durch Glas scheint' darf also in der Mariendichtung um 1200 als eine derart festgefügte, eng auf Marias Jungfräulichkeit bezogene Formulierung gelten,³⁶⁵ dass sie – zumal im Rahmen der bereits dargestellten Allusionen (*lilium inter spinas, nigra sum sed formosa*, Magnificat), die als rezeptionslenkende Marker dienen können – die symbolische Ordnung des Bildes evozieren kann, auch wenn es nicht zur Gänze ausgeführt wird.³⁶⁶ Wiederum ist hier nur der bildspendende Bereich des Ver-

---

362 Salzer, Sinnbilder und Beiworte, S. 71–74, bietet eine ausführliche, teils aber fehlerhafte Stellensammlung, die dieses Marienbild als eines der verbreitetsten nicht-biblischen Marienbilder belegt.
363 Vgl. Konrad Kunze: Art. Arnsteiner Mariengebet. In: ²VL 1 (1978), Sp. 498–500.
364 Das sogenannte *Arnsteiner Marienlied* wird hier zitiert nach: Kleinere deutsche Gedichte des 11. und 12. Jahrhunderts. Bd. II. Nach der Auswahl von Albert Waag, neu hrsg. von Werner Schröder. Tübingen 1972 (ATB 72), S. 171–183; Kursivierung von mir; F. D. S. – Früh (ebenfalls wohl 2. Hälfte des 12. Jhs.) findet sich das Bild bspw. auch in der sog. *Christlichen Lehre* des Wilden Mannes, wo es heißt: *ane vleckin si magit von ime ginas, | alsi di sunne schinit durch daz glas, | ia was sie mudir undi magit* (Vv. 95–97; zitiert nach: Die Gedichte des Wilden Mannes. Hrsg. v. Bernard Standring. Tübingen 1963 [ATB 59], S. 44–51.
365 Es findet sich beispielsweise auch im Wortlaut des Berichtes der Hebammen nach der Niederkunft Mariens in der *Vita Beate Marie Virginis et Salvatoris rhythmica*, Vv. 1816–1819 (Südostdeutschland, vor 1250), und in dem hierauf basierenden *Marienleben* Wernhers des Schweizers, Vv. 2733–2742 (1. Hälfte 14. Jh.).
366 Dass im Rahmen des *Erec* das Glas als Bildbereich einer *comparatio* für das weibliche Herz zur Verfügung steht, zeigt an späterer Stelle seine Übertragung auf die Bekümmernis der Freundin des

gleichs vorhanden und es gibt keinen expliziten explikativen Teil. Wiederum wird das Marienbild zwar in direkte Nähe zu Enite gerückt, jedoch nicht auf sie übertragen. Ganz im Gegenteil exponiert die Szene, in der das – in seiner marianischen Bedeutung ganz auf Jungfräulichkeit und Keuschheit verengte – Bild vom durch das Glas fallenden Licht zum Teil der erzählten Realität wird, ganz besonders die ‚Unkeuschheit', insofern hier in die das Bild eben nicht die Unberührtheit Mariens als Gegenstand des Vergleichs, sondern die Minnebindung des Paares als Kontrast inseriert wird. Die *gelieben zwei*, also die beiden, die durch eine Liebe verbunden sind, an welche Erec sogar während der Messe denkt (vgl. Vv. 2437–2946), werden in der Satzstruktur der vier Verse durch das marianische Element geradezu gerahmt:

> nû gezam des wol der sunnen schîn,
> daz er ir dienest muoste sîn:
> wan er den gelieben zwein
> durch ein vensterglas schein[.]
> (Hartmann von Aue: Erec, Vv. 3016–3019)

Der *sunnen schîn*, der *durch ein vensterglas schein*, verbindet als konnektiver Bildbereich die Keuschheit der Jungfrau Maria auf der einen Seite mit dem müßigen Liebesspiel, dessen Erec mit Enite frönt. Insofern erhält der Sonnenschein des Mittags tatsächlich eine mehrfache Funktionalisierung, indem er einerseits die Tageszeit markiert, die dem dargestellten Handeln (Muße: Vv. 2966 f., Bei-/Schlaf) unangemessen ist, und zum anderen – als marianische Allusion – die Dimension der Verfehlung akzentuiert, die mangelnder Keuschheit begründet ist.

Es zeigt sich, dass die beiden Hauptargumente, welche die Forschung für die positive Stilisierung der Figur Enite veranschlagt hat – nämlich: der Ursprung von Enites Schönheit in Gott als Urheber und die Marien-Allusionen –, nicht so zweifelsfrei als laudative oder positivierende Allusionen zu veranschlagen sein müssen, wie man sie gemeinhin verstanden hat. Dabei muss zugleich konstatiert werden, dass die rein positivierende Lesart dieser Elemente der Hauptgrund gewesen ist, um die deskriptiven Elemente – wie es bspw. Marie-Sophie Masse tut – als „Offenbarung äußerer und innerer Schönheit",[367] die körperliche Schönheit der Enite als „Spiegel ihrer schönen Seele"[368] zu verstehen, denn: über das Innere der Enite, über ihre Tugend, ihre Seele oder etwas Ähnliches vergibt der Text zunächst keine Informationen.

---

von Riesen gequälten Ritters. Diese füllt allerdings den Bildbereich zugleich mit einem Auslegungsbereich, welcher keine erkennbar aktive geistliche Konnotation mehr trägt: *hie verkêrte sich dem wîbe | ir herzen trüebe | als ein glas, der'z wol schüebe, | daz von swarzer varwe | bestrichen wære begarwe: | sô diu varwe abe kæme, | sô würde'z genæme | und lieht, daz ê vinster was. | sus wart ir herze ein lûter glas, | der erren sorgen beschaben | unde wol ze liehte erhaben | mit unvalscher wünne, | sam si nie leit gewünne* (Hartmann von Aue: Erec, Vv. 5615–5627).
367 Masse, Lob und Beschreibung, S. 154.
368 Ebd., S. 156.

Der französische *Erec*-Roman setzt in den Worten von Enides Vater Licorant ihre Schönheit immerhin in ein Verhältnis zu ihrer Weisheit, welches auch hier jedoch kein zeichenhaftes ist, da es beide Elemente nicht in eine positive Korrelation bringt, sondern sie – ganz im Gegenteil – gegeneinander ausspielt:

> Molt est bele, mes mials asez
> vaut ses savoirs que sa biautez:
> onques Dex ne fist rien tant saige
> ne qui tant soit de franc coraige.
> (Chrétien de Troyes: Erec et Enide, Vv. 537–540)[369]

Eine Betonung von Enites Weisheit gibt es im deutschen Text ebenso wenig, wie der Text Informationen über ihre Seele vergibt, die Marie-Sophie Masse gegen jeden Textbefund ins Spiel bringt.[370] Tatsächlich wird die Figur Enite zunächst einzig über ihren Körper dargestellt. Ein wie auch immer geartetes ‚Inneres' fehlt völlig. Es heißt zunächst lediglich: *der megede lîp was lobelich* (V. 323). Unter der zerrissenen Kleidung scheint ihre Haut (*diu lîch*, V. 328) hervor; niemals, so sage man, habe ein schöneres Kind einen so perfekten Körper (*einen lîp sô gar dem wunsche gelîch*, V. 332), einem Körper ohne Mangel (*sô gebræste niht ir lîbe*, V. 334) gehabt, der – in dem marianisch konnotierten Bild – unter der Kleidung hervorleuchte, wie die Lilie unter den Dornen (*ir lîp schein durch ir salwe wât / alsam diu lilje, dâ si stât / under swarzen dornen wîz*, V. 336–339). „In der knapp 20 Verse umfassenden Passage [...] benutzt Hartmann viermal das Wort *lîp*, einmal *lîch*, und er hebt zweimal den Effekt des Durscheinens der körperlichen Schönheit hervor",[371] was Ursula Schulze als „gleichsam objektive Schilderung" auffasst, die „erotische Assoziationen" hervorzurufen in der Lage sei.

III.3.2.2.3 Enites Körper und seine Wahrheitsfähigkeit

Auch im Dialog zwischen Erec und Imain geht es nicht um Enites ‚Inneres', sondern einzig um die Bewertung ihres Äußeren. Diese wird in den Diskurs des kosmetisch unveränderten, ‚wahrheitsfähigen' Körpers eingespeist, ohne dass deswegen eine

---

[369] Übers. (Gier): „Sie ist sehr wohlgestalt, aber ihr Wissen ist noch mehr wert als ihre Schönheit; niemals schuf Gott etwas so Kluges von so edler Gesinnung."
[370] Dass die Forschung eine Erwartungshaltung an die *descriptio* weiblicher Schönheit hat, ist nicht zuletzt aus Vorannahmen zur Funktionsweise der sogenannten *descriptio pulchritudinis* im Anschluss an Edmond Faral und seine Auffassung der mittellateinischen Poetiken geknüpft. Faral hatte behauptet, dass eine Beschreibung im Regelfall zweiteilig sei, das Innere und das Äußere umfasse und beides in einem gemeinsamen Lob aufeinander beziehe. Auch in dieser Vorannahme mag ein forschungsgeschichtlicher Vorläufer der sogenannten ‚Kalokagathie' begründet liegen. Die sogenannte *descriptio pulchritudinis* und ihre Forschungsgeschichte werden im nachfolgenden Kapitel der vorliegenden Arbeit Gegenstand sein; vgl. Kap. IV.1.
[371] Schulze, amîs unde man, S. 17 f.

Zeichenhaftigkeit des schönen Körpers impliziert wäre.[372] Erec lehnt die Verwechslung von Kleidung und Körper ausdrücklich ab:

> er sprach: ‚[...]
> er hæte harte missesehen,
> swer ein wîp erkande
> niuwan bî dem gewande.
> man sol einem wîbe
> kiesen bî dem lîbe,
> ob si zu lobe stât,
> unde niht bî der wât. [...]'
> (Hartmann von Aue: Erec, Vv. 642–649)

Es muss aus dieser Stelle indessen nicht abgeleitet werden, dass die Frau anhand ihres Körpers als lobenswert für einen anderen Wert als eben diesen Körper selbst befunden würde. Der Text bietet keinen Anlass, das Lob auf ein ‚hinter' der Schönheit liegendes Anderes, eine ‚innere' Qualität der Tugend oder des Adels zu beziehen. Die Wahrheit des ungeschminkten und ungeschmückten, vom *cultus feminarum* unberührten Körpers verweist hier zunächst auf nichts anderes als auf den Körper selbst.

Allerdings ist die Diskussion zwischen Erec und Imain über Enites Schönheit und die Möglichkeiten, diese durch Kleidung zu verstärken, bereits in die Auseinandersetzung mit den Prämissen des Schönheitswettbewerbes von Tulmein eingebunden. Dabei wird – einzig auf Enites Leib selbst bezogen – die unwahrscheinliche Kampfprämisse formuliert, dass die Wahrheit, Enite sei die Schönste unter allen Frauen, auch in dem hypothetischen Fall noch im Kampf bewährt werden könne, dass sie eben *swerzer dan ein brant* [wære].[373] Dabei ist der Verlauf des Zweikamp-

---

372 Vgl. dazu Scholz, Erec, S. 650–652, sowie zum Schminken und Aufputzen Joachim Bumke, Höfische Kultur, S. 205–210 und S. 377.
373 Kurt Ruh, Höfische Epik, S. 21, hat ein problematisches Verständnis des Sperberkampfes als mythische *costume* entwickelt: „Auch auf Tulmein ist eine *costume* im Gang: der alljährlich *ze vreuden sîner* (des Herzogs) *lantdiet* ausgesetzte Sperberpreis. Den Sperber darf sich die schönste Dame von der Stange holen, ihrem Ritter aber liegt es ob, ihren Anspruch auf den Schönheitspreis wenn nötig mit Lanze und Schwert durchzusetzen." Erscheint diese Darstellung am Text noch gut begründbar, so ist es Ruhs spätere Auffassung in seinem Hartmann-Kapitel nicht mehr. Dort liest man eine Interpretation der Erzählung, die – auch indirekt oder ohne explizite Bezugnahme – viele spätere Forschungsbeiträge grundiert hat: „Die Vorstellung, daß ein Waffengang über die Schönheit von Frauen entscheidet, die gegenwärtig sind und von aller Welt verglichen werden können, hat etwas Befremdliches, wenn auch mehr für uns als für den mittelalterlichen Hörer." (Ebd., S. 116) Zum langen Einfluss dieser Auffassung vgl. bspw. Dorothea Klein: Geschlecht und Gewalt. Zur Konstitution von Männlichkeit im *Erec* Hartmanns von Aue. In: Literarische Leben. Rollenentwürfe in der Literatur des Hoch- und Spätmittelalters. Festschrift für Volker Mertens zum 65. Geburtstag. Matthias Meyer, Hans-Jochen Schiewer. Tübingen 2002, S. 433–463, hier S. 444, die letztlich Ruh folgt. Für die Behauptung aber, dass „ein Waffengang über die Schönheit der Frauen" entscheide, bieten die Texte – weder Chrétiens noch Hartmanns – keinen Anhaltspunkt. Im Gegen-

fes sichtbarer Index einer präexistenten Hierarchie, welche durch diesen lediglich in reale Machtstrukturen (zwischen Iders und seinem Opponenten Erec[374]) übersetzt wird. Dies reflektiert der oben zitierte Ausspruch Erecs, *daz mich sper unde swert | volles lobes an ir wert* (Hartmann: Erec, Vv. 654 f.). Bei Chrétien findet sich die vergleichbare Vorstellung in der indirekten Rede Erecs:

> Lors dist Erec, que l'esprevier
> vialt par sa fille desresnier,
> car por voir n'i avra pucele
> que la centiesme part soit bele;
> et se il avoec lui l'an mainne,
> reison avra droite et certainne
> de desresnier et de mostrer
> qu'ele an doit l'esprevier porter.
> (Chrétien: Erec et Enide Vv. 639–646)[375]

Hier bildet die Doppelformel von Behaupten (*desresnier*) und Beweisen (*mostrer*) die Struktur des Gerichtskampfes ab, in dem die Gültigkeit der Behauptung den Ausgang des Kampfes bestimmt. Bei Chrétien gibt es zudem kein Indiz dafür, dass Yder bis zum Auftauchen Enides falsch gehandelt hat. Es heißt lediglich, dass er den Sperber, der der schönsten Dame gehören soll, bereits zweimal beansprucht habe (vgl. Chrétien, *Erec et Enide*, Vv. 547–600) und zwar ohne Kampf und Widerspruch: *ja mes n'iert anz que il ne l'et | quite, sanz bataille et sanz plet* (Chrétien, *Erec et Enide*, Vv. 599 f.).[376]

Erst bei Hartmann tritt in der Erläuterung des Sperberpreises durch den Erzähler, die Erecs Ankunft auf Tulmein entgegen Chrétien vorangestellt wird, die Vorstellung

---

teil: Die Schönheit der Frauen entscheidet über den Ausgang des Kampfes, indem sie zur formalen Prämisse in einem Kampf wird, der – im Sinne es Gottesgerichts – eine getroffene Behauptung ‚bewähren' muss. Bereits Gerd Althoff: Spielen die Dichter mit den Spielregeln der Gesellschaft? In: Mittelalterliche Literatur und Kunst im Spannungsfeld von Hof und Kloster. Ergebnisse der Berliner Tagung, 9.–11. Oktober 1997. Hrsg. von Nigel F. Palmer, Hans-Jochen Schiewer. Tübingen 1999, S. 53–71, dort S. 69 f., hat bspw. aus anderer Perspektive auf die Möglichkeit einer Nähe dieser Szene zum Gerichtskampf hingewiesen, nämlich in Hinblick auf den Verlauf des Kampfes, der bis zur Erschöpfung weitergeführt wird.

374 Bei Chrétien verläuft das Verhältnis von Handlung und Provokation noch umgekehrt: Hier reitet Iders durch die bereits versammelte Menge zum Sperber, um ihn von der Stange zu nehmen, woraufhin er von Erec abgehalten wird. Bei Hartmann ist es Erec, der durch lauten Ausspruch den Sperber für Enite reklamiert und daraufhin von Iders konfrontiert wird, der Enite als *dürftiginne* (V. 694) bezeichnet.

375 Übers.: „Da sagte Erec, daß er den Sperber mit der Tochter des Edelmanns erstreiten wolle; denn man werde dort wahrlich keine Jungfrau finden, die auch nur den hundertsten Teil so schön sei; und wenn er sie mit sich dorthin nähme, würde er wahrlich und sicher das Recht haben, zu behaupten und zu beweisen, daß sie den Sperber davontragen müsse."

376 Übers. (Gier): „Und bisher hat er ihn immer widerspruchslos ohne Kampf und Streit bekommen."

hinzu, dass dies unrecht gewesen sei, weil Iders' Freundin nicht tatsächlich die Schönste war: *nû sagete man daz mære, / daz dâ manec wîp schœner wære / dan des ritters vriundîn* (Hartmann: Erec, Vv. 210–212). Aber auch hier gibt es kein Indiz dafür, das vor dem Zusammentreffen zwischen Erec und Iders tatsächlich bereits um den Sperber gekämpft (d. h. die Schönheit der Damen ‚bewährt') worden ist, sondern es wird im Gegenteil sogar betont, dass kein Kampf stattgefunden hat. Iders erscheint so furchteinflößend, dass niemand sein Recht geltend gemacht hat: *in getorste dâ nieman bestân: / strîtes wart er gar erlân* (Hartmann: Erec, V. 216 f.).[377] Erec ist der erste, der – qua Kampf – den Gegenbeweis zu Iders' Beanspruchung des Sperbers für seine Freundin antritt. Enites Ansprüche auf den Sperber formuliert er in Form eines verbindlichen Satzes, der durch Kampf bewiesen werden kann:

> „vrouwe, lœset diu bant
> und nemet den sparwære ûf die hant.
> wan daz ist wâr âne strît,
> hie'n ist niemen schœner, dan ir sît."
> (Hartmann von Aue: Erec, V. 686–689)

Der Kampf (im Sinne eines Waffengangs) gehört also – entgegen der oft stillschweigend in der Forschung mitgeführten Annahme – *nicht* konstitutiv zur *costume* des ‚Sperberkampfes', es kann mithin gar nicht eigentlich von einem Sperberkampf, sondern nur von einem Sperberpreis gesprochen werden. Der Schönheitswettbewerb selbst besteht eigentlich nur darin, dass die schönste Dame den Sperber erhält. Der Kampf, in den dieser Wettbewerb mündet, ist vielmehr Mittel der Entscheidung bei Uneinigkeit, wobei er den äußeren Parametern des Gerichtskampfes gehorcht.[378] Es ist jedoch nicht die Kampfeskraft der Ritter, die die Schönheit der Damen festlegt – denn nach dieser Logik hätte Iders ja zwei Jahre lang entgegen der Aussage des Erzählers Recht gehabt.[379]

---

[377] Es ist darüber hinaus zu beachten, dass *strît* nicht einmal „Kampf" bedeuten muss, sondern auch mit „Widerspruch" übersetzbar wäre, wobei das mittelhochdeutsche Wort sicherlich als Konnotation die Bedeutung der Auseinandersetzung (ohne und mit Kampf) mit sich führt.

[378] Unvermeidbar ist er, weil die Behauptung, die schönere Freundin zu haben, einer Beeinträchtigung von deren Ehre und der Ehre des Ritters gleichkommt. Das Eingreifen Erecs bei Chrétien stellt ebenso einen Affront dar wie bei Hartmann Iders Spot auf Enite, nachdem Erec ihre Ansprüche proklamiert hat. – Einen jüngeren Beitrag zum ‚Sperberkampf', besonders aber zur Hirschjagd bietet Jan Mohr: Agon, Elite und Egalität. Zu einem Strukturproblem höfischer Selbstkonzepte im Medium des Artusromans. In: DVjs 91,4 (2017), S. 351–377.

[379] In dieser Lesart verflüchtigt sich allerdings auch die Lesart von Smits, Schönheit der Frau, S. 5: „Der Hartmannsche Text erlaubt es uns einfach nicht zu sagen, daß Erec zu dieser Zeit die Schönheit Enitens ‚entdeckt' habe." Dieses späte Erkennen von Enites Schönheit durch Erec wird bei ihr zum Eckpunkt der Argumentation.

Der Kampf auf Tulmein demonstriert einen von zwei Modi des männlichen Umgangs mit weiblicher Schönheit, die im *Erec* kontrastiv entwickelt werden. Es wird hier – und in der abschließenden *Joie de la Curt*-Episode erneut – die Möglichkeit einer positiven, ethisierenden Wirkung weiblicher Schönheit auf den kämpfenden Ritter entwickelt.³⁸⁰ Es erscheint nur handlungslogisch, dass die Schönheit, deren Anspruch auf den Sperber als Preis bewährt werden soll, auch die kräftigende Wirkung bereitstellt, die den Kampf entscheidet.³⁸¹ Die Schönheit bewahrheitet sich so selbst.

III.3.2.2.4 Enites Schönheit und Ethisierung

Gleichwohl zu Beginn und am Ende der Handlung diese ethisierende Kraft der weiblichen Schönheit steht, welche den Mann zu ritterlichen Taten anspornt, zentriert sich die Kernhandlung des *Erec* um die Krise des *verligens*, welche durch ebendieselbe Schönheit ausgelöst wird.³⁸² Zwar hat die Forschung den *Erec* vielfach

---

380 Damit wäre aber auch die bei Smits, Schönheit der Frau, entwickelte Vorstellung ausgehebelt, dass Erec – auf seine Kampfeskraft vertrauend – der Schönheit Enites eben nicht bedürfe und den (hypothetischen) Fall formuliere, trotz ihrer Hässlichkeit kämpfen zu wollen. Smits versteht die Formulierung als Ausdruck von Erecs Kampfeskraft, indem der Satz im Irrealis als Bedingung des Kampfes aufgefasst werde: „Dieses *swerzer dan ein brant* heißt ‚häßlich wie die Nacht'. Erec ist in seinem unkritischen Selbstvertrauen sogar bereit das Unmögliche zu tun, nämlich den Schönheitspreis für eine hypothetische, grundhäßliche Frau zu erobern" (ebd., S. 7). Smits geht es im Weiteren vor allem darum zu zeigen, dass Erec sich verschätzt hat: „Daß er den Kampf tatsächlich gewinnt, verdankt er sicher zum Teil der eigenen Unerschrockenheit, zu einem großen Teil aber – ohne daß er dies wirklich versteht – der Ausstrahlung Enitens." (Ebd., S. 7 f.) Dieses Auseinanderklaffen zwischen der *tiurenden kraft*, die die schöne Dame auf den Ritter ausübt, und dem präsupponierten Einblick in die vermeintliche Psyche des Protagonisten und in sein Verstehen werden zum Kernpunkt einer Argumentation, die psychologisierend einen Erkenntnisprozess des Helden über das Wesen der weiblichen Schönheit behauptet. (Es wäre zu zeigen, dass von diesem Erkenntnisprozess im Text nicht viel zu finden ist.) Erecs Formulierung kann demgegenüber vielmehr als Teil jener den Kampf begründenden Prämisse verstanden werden: Selbst wenn Enite *swerzer dan ein brant*, das heißt in ihrer Schönheit eingeschränkt wäre, so wäre sie immer noch schön genug, um für sie mit Schwert und Speer den Beweis anzutreten, dass sie die Schönste ist.
381 Während des ermüdenden Kampfes ist es – neben dem Gedanken an seine erlittene Schande – auch die Schönheit der Enite, welche in Erec die entscheidende neue Kampfeskraft hervorruft. Der Kampf verläuft lange Zeit ausgeglichen, *unz daz Êrec der junge man / begunde denken dar an, / waz im ûf der heide / ze schanden und ze leide / von sînem* [= Iders, F. D. S.] *getwerge geschach. / und als er dar zuo ane sach / die schœnen vrouwen Ênîten, / daz half im vaste strîten* (Hartmann von Aue: Erec, Vv. 930–937). – Zur unterschiedlichen Bewertung der Stelle in der Forschung vgl. überblicksartig wiederum Scholz, Erec, S. 660 f. – In der Joie de la Curt-Episode (Hartmann von Aue: Erec, Vv. 9230 f.) heißt es: *der gedanc an sîn schœne wîp, / der kreftigete im den lîp*.
382 Was jedoch die genaue Ursache der Krise in Hartmanns *Erec* sei, ist in der Forschung seit jeher umstritten. Relative Einigkeit herrscht in der Nutzung des von Hugo Kuhn (Kuhn, Erec), geprägten Strukturmodells des „doppelten Kursus" und in dem nicht zuletzt bei Walter Haug: Literaturtheorie im deutschen Mittelalter. Von den Anfängen bis zum Ende des 13. Jahrhunderts. Nachdruck der 2. Aufl. 1992. Darmstadt 2009, S. 91–107, richtungsweisend genutzten Begriffs der Krise für Erecs

als die Erzählung von einem (Ehe-)Paar verstehen wollen und ihn gar einen „Paar-Roman" genannt,[383] die Krise indessen wird gänzlich als Krise des männlichen Subjektes inszeniert, welches sich mit seiner Ehefrau *verligt*, nicht als Krise eines Paares. Dies verdeutlicht nicht zuletzt die Wahl der Pronomina, welche den Müßiggang (*gemach*, Vv. 2933 u. 2967) auf Karnant gänzlich Erec attribuiert, während einzig der Kirchgang als gemeinsames Handeln erzählt wird (*si*, *sich*, *ir*) und der Aufenthalt bei der Messe (*tweln*, V. 2944) als Mühe für Erec, nicht für das Paar, erscheint (*diz was sîn meistiu arbeit*, V. 2946).[384] Manfred Günter Scholz hat darauf hingewiesen, dass es von Bedeutung sein muss, „[d]aß, wie bereits der Beginn mit der Initialstellung des Namens deutlich anzeigt, in der ganzen folgenden Passage Erec Subjekt ist, aus dessen Perspektive

---

verligen. Relative Einigkeit herrscht auch in der Vorstellung davon, worin die ‚Krise' dieses *verligens* besteht: sie ist eine soziale, insofern Erec seine Ritterschaft vernachlässigt und den Hof veröden lässt. Uneinig ist man sich indessen, worin der Auslöser dieser Krise zu sehen ist und auf welche Art bei Hartmann (aber auch bei Chrétien) der zweite *aventiure*-Zyklus – wiederum mit Haug – dazu angetan ist, die Krise zu kompensieren, das heißt wie sich die *aventiuren* (als Lösung) zur Krise (als Problem) verhalten. An der Frage aber, was der Held tun muss, um seine Krise zu überwinden, und wieso er seine Frau mit sich führt, wie sich also Problem und Lösung auch auf die Figur der Enite beziehen lassen, muss die Interpretation ansetzen. Bereits Peter Wapnewski: Hartmann von Aue. 6. Aufl. Stuttgart 1976, S. 57, hat im Sinne einer Schuldfrage nach der Entsprechung zu ihren „Qualen und Entbehrungen, [den] Demütigungen und Gefahren ihrer Reise" gefragt. Willms, Erecs und Enîtes Ausfahrt, S. 62, hat diese Verknüpfungslogik zwischen der Narration und den Figuren problematisiert: „Mit der Anwendung des Erklärungsmusters auch auf Enîte und ihre Ausfahrt manövrierte man sich jedoch in eine ausweglose Lage." Dem Erklärungsmuster: „Enîte muß mit auf die Bewährungsfahrt, also hat sie sich zu bewähren" (ebd.), erteilt sie eine Absage.
383 Vgl. Bumke, Der ‚Erec' Hartmanns, S. 106. Kritik der Paar-Roman-Auffassung bei Schnell, *Gender* und Gesellschaft, S. 315.
384 Man vgl. nur die entsprechende Passage des *Erec*, Vv. 2924–2973 (alle Hervorhebungen von mir, F. D. S.): *Êrec was biderbe unde guot, | ritterlîche stuont sîn muot, | ê er wîp genæme | und hin heim kæme: | nû sô er heim komen ist, | dô kêrte er allen sînen list | an vrouwen Enîten minne. | sich vlizzen sîne sinne, | wie er alle sîne sache | wante zuo gemache. | sîn site er wandeln began. | als er nie würde der man, | alsô vertreip er den tac. | des morgens er nider lac, | daz er sîn wîp trûte, | unz daz man messe lûte. | sô stuonden si ûf gelîche | vil müezeclîche. | ze handen si sich viengen, | ze der kappeln si giengen: | dâ was ir tweln alsô lanc, | unz daz man messe gesanc. | diz was sîn meistiu arbeit. | sô was der imbîz bereit. | swie schiere man die tische ûf zôch, | mit sînem wîbe er dô vlôch | ze bette von den liuten. | dâ huop sich aber triuten. | von danne kam er aber nie | unz er ze naht ze tische gie. || dô Êrec fil de roi Lac | ritterschefte sich verwac, | der tugende er dannoch wielt, | dâ er sich schône an behielt, | swie er deheinen turnei suochte, | daz er doch beruochte | sîne gesellen algelîche, | daz si vil vollecliche | von in selben mohten varn. | er hiez si alsô wol bewarn, | als ob er selbe mit in rite. | ich lobe an im den selben site. | Êrec wente sînen lîp | grôzes gemaches durch sîn wîp. | die minnete er sô sêre, | daz er aller êre | durch si einen verphlac, | unz daz sich sô gar verlac, | daz nieman dehein ahte | ûf in gehaben mahte.* – Hierauf hat grundsätzlich auch schon Mayer, Gemeinsame Schuld, S. 12 f., hingewiesen.

das gesamte Geschehen mit geringfügigen Ausnahmen geschildert wird"[385] und auch Rüdiger Schnell hat diese Perspektive betont.[386]

Während also einerseits das verhandelte ethische Problem – die Krise des *verligens* – gänzlich auf das männliche Subjekt hin ausgerichtet erscheint, rückt der Hof Enite ins Zentrum dieser männlichen Verfehlung (*si sprâchen alle: ‚wê der stunt, / daz uns mîn vrouwe wart kunt! / des verdirbet unser herre'*; Hartmann: Erec, Vv. 2996–2998])[387] und die Figur Enite übernimmt dieses Urteil (*ouch genuochte si* [= Enite; F. D. S.] *erkennen daz, / daz es ir schult wære*; Hartmann: Erec, Vv. 3007 f.).[388] Für die Frage, ob die Frau als Ursache für die Kompromittierung des männlichen Subjektes verstanden werden kann, ist die Frage nach einer aktiven, einer intentionalen *schult* irrelevant und falsch gestellt. Die Schönheit Enites trägt eine *schult*, insofern sie einerseits – ganz im Sinne des moraltheologischen Schrifttums – Anlass der Verfehlung und

---

385 Scholz, Erec, S. 732.
386 Schnell, *Gender* und Gesellschaft, S. 315, diagnostiziert mit m. E. berechtigter Kritik an den vorherrschenden Forschungsdiskursen: „Obwohl sich die Forschung weitgehend einig ist, dass Hartmanns ‚Erec'-Roman die Geschichte eines Paares (eines Liebespaares bzw. Ehepaares bzw. eines Königspaares) erzählt – und die Tendenz der germanistischen Forschung, das Thema Ehe zum Zentrum des Hartmann'schen ‚Erec' zu erklären, verstärkt diese Position –, hält sich nach wie vor die Auffassung, Hartmann habe aus Chrétiens ‚Paar-Roman einen Erec-Roman gemacht' [zitiert nach: Bumke, Der ‚Erec' Hartmanns, S. 106; F. D. S.]. Zu der ungeklärten Frage, ob Hartmanns ‚Erec' Liebesbeziehungen oder Ehebeziehungen fokussiere, gesellt sich also die ungeklärte Frage, ob dieser Roman einen männlichen Helden oder aber ein Paar ins Zentrum stellt. Damit wiederum ist die Frage verbunden, ob sich in Karnant das Paar oder nur Erec schuldig macht." Schnell entscheidet sich für die Perspektive, die der Roman selbst anbietet: „Vers 4 stellt klar: *durch den* [Erec] *diu rede erhaben ist*. [...] Um Erec also dreht sich die Geschichte, nicht um das Paar. [...] Enite erscheint, will man es drastisch ausdrücken, als ‚Anhängsel' ihres Mannes. Der Fokus liegt eindeutig auf Erec. Dieser Befund legitimiert die Frage, ob das narrative Ungleichgewicht etwas mit den Geschlechterrollen zu tun hat, wie sie im ‚Erec' entworfen werden." (Ebd.) Auf Schnells Analyse, die ich grundsätzlich teile und die besonders auch in Hinblick auf die Rolle der weiblichen Schönheit wichtig ist, wird im Folgenden zurückzukommen sein, wobei ich die Rolle der Schönheit insgesamt noch stärker machen möchte.
387 Zuletzt argumentiert Ulrich Hoffmann, Arbeit an der Literatur, S. 142: „Dabei wird allerdings weniger Enite selbst beschuldigt, als vielmehr der Moment ihrer Einführung in den Hof von Karnant beklagt", und führt weiterhin aus: „Im Vordergrund steht die Verbindung des Paares und nicht die Schuld Enites. Der letzte hier zitierte Vers bleibt bemerkenswert offen in der Aussage und gründet auf ein nicht näher bestimmtes *des*, das einen Kausalnexus von Ursache und Wirkung zwar andeutet, diesen aber nicht weiter formuliert" (Ebd., Anm. 173). Auch Rüdiger Schnell, *Gender* und Gesellschaft, S. 316, vertritt diese Auffassung: „Wenn also Enites Schönheit in Karnant Erec nicht zu Kämpfen zu animieren vermag, ist dies Erec, nicht Enite anzulasten (auch wenn die Hofleute den misogynen Topos der Frauenverführerin [sic] anzitieren, v. 2996–98)." Diesem – zu modernen – Verständnis kann ich nicht folgen.
388 Die Forschung hat in dem explizit markierten, vom Erzähler eingeführten ‚erkennen' Enites eine Fehlannahme der Figur erkennen wollen. Die Schuldzuweisung Enites an sich selbst sei einem Missverständnis zuzuschreiben. Der hier vom Text selbst eingeführte Begriff der *schult* hat nicht zuletzt die oben eingeführte Forschungsdebatte ausgelöst.

andererseits Gegenstand der Bewährung, *materia pugnae* des männlichen ethischen Subjektes sein kann. Entsprechend kann gezeigt werden, dass der gesamte deutsche *Erec*-Roman auf die Schönheit Enites hin umstilisiert ist und diese damit zur zentralen motivierenden Ursache, zum tatsächlichen Anlass des Kampfes, den Erec zu kämpfen hat, wird.

Die spezifische Faktur des Hartmann'schen *Erec*, die besondere Akzentsetzung des Textes, lässt sich auf der Folie seines Prätextes deutlich zeigen.[389] In der Summe der Veränderungen lässt sich die dem Retext[390] eingeschriebene (Neu-)Ausrichtung am deutlichsten darstellen. Daher soll im Folgenden über eine Kontrastierung mit dem *Erec*-Roman Chrétiens de Troyes gezeigt werden, dass im deutschen Text physische Schönheit – genauer: weibliche Schönheit – zum zentralen Thema wird, während sie im französischen Text zwar vorhanden, aber nicht eigentliches Thema ist. Dieses ‚Thematisch-Werden' bedeutet, dass im deutschen Text physische (weibliche) Schönheit zu einem motivationalen Element wird, das – im Gegensatz zum französischen Prätext – bis ins Detail hinein die Retextualisierung der präexistenten Narration (re-)organisiert, das heißt: auf die Struktur der vorgefundenen Erzählepisoden, auf die Schilderung der Figuren, auf die Darstellung ihres Handelns, Denkens und Redens projiziert wird. Es sind nicht die Figuren, ihre Psyche oder ihre Entwicklung, nicht der Raum und nicht die Zeit, die die Kohärenz des Erzählten garantieren, sondern das thematische Substrat, d. h. der Sinn oder – mit Walter Haug – die *meine*,[391] um die herum sich die Narration gruppiert. Dieses thematische Substrat jedoch ist – und hier zumindest ist sich die Forschung einig – im deutschsprachige *Erec* ein anderes als im altfranzösischen.

Ein erstes Rezeptionszeugnis und Deutungsangebot zum Hartmann'schen *Erec* liefert bekanntlich die Figur Gawan in Hartmanns von Aue *Iwein*, wenn er dem Protagonisten nach dessen Hochzeit rät:.

> iu hât erworben iuwer hant
> ein schœne wîp unde ein lant.
> sît iu nû wol geschehen sî,
> sô bewaret daz dâ bî
> daz iuch iht gehœne
> iuwer wîbes schœne.
> geselle, behüetet daz enzît

---

389 So verfährt auch Joachim Bumke in seiner *Erec*-Einführung (vgl. Bumke, Der ‚Erec' Hartmanns).
390 Retextualisierung fasse ich im Sinne von Joachim Bumke: Retextualisierung in der mittelalterlichen Literatur, besonders in der höfischen Epik. In: Retextualisierung in der mittelalterlichen Literatur. Hrsg. von Joachim Bumke, Ursula Peters. Berlin 2005 (ZfdPh Sonderheft 124), S. 6–46.
391 Im Sinne von Walter Haug: der aventiure meine. In: Walter Haug: Strukturen als Schlüssel zur Welt. Kleine Schriften zur Erzählliteratur des Mittelalters. Tübingen 1989, S. 447–463. – Zum Zusammenhang von ‚Sinn' und ‚Motivierung' vgl. grundlegend etwa Matías Martínez, Michael Scheffel: Einführung in die Erzähltheorie. 9., erweiterte und aktualisierte Aufl. München 2012, S. 114.

> daz ir iht in ir schulden sît
> die des werdent gezigen
> daz sî sich durch ir wîp verligen.
> kêrt ez niht allez an gemach;
> als dem hern Êrecke geschach,
> der sich ouch alsô manegen tac
> durch vrouwen Ênîten verlac.
> (Hartmann von Aue: Iwein, Vv. 2781–2794)[392]

Expressis verbis geschieht das *verligen* Erecs in der Deutung Gawans <u>durch</u> vrouwen Ênîten, jedoch nicht in dem Sinne, dass etwa Enite Erec aufgefordert hätte, sich in *gemach* zu üben.[393] Es ist nicht ihr Handeln, sondern es ist die *schœne* der Frau, die Gawan zum Anlass seiner Warnung sich zu bewähren nimmt. Sie bildet den Vergleichspunkt zwischen den beiden Paaren Iwein – Laudine / Erec – Enite und wird als die Ursache für das *verligen* benannt: *sô bewaret daz dâ bî / daz iuch iht gehœne / iuwer wîbes schœne* (Vv. 2784–86).[394] Signifikant ist, dass die Forschung dazu neigt, den Deutungsangeboten der Texte zu misstrauen.[395] Die Abneigung gegen vermeint-

---

[392] Hartmanns *Iwein* hier und im Folgenden zitiert nach: Hartmann von Aue: Iwein. 4., überarbeitete Auflage. Text der siebenten Ausgabe von G. F. Benecke, K. Lachmann und L. Wolff. Übersetzung und Nachwort von Thomas Cramer, Berlin/New York 2001.

[393] Hervorhebung im mhd. Text von mir; F. D. S. – Diese Möglichkeit ist in der Forschung immer wieder in Hinblick auf eine mögliche ‚Schuld' Enites diskutiert worden. Tatsächlich jedoch bietet der *Erec* keinen Hinweis darauf, dass Enite aktiv darauf hinwirkt, dass Erec sein Rittertum aufgibt, wie dies ihr *alter ego*, die *vriundin* des Mabonagrin, tut. Zwar wird Enites Angst um Erec geschildert, jedoch auch, dass sie lieber einen Mann hat, der sich in ehrenvoll in die Gefahr des Kampfes begibt. Dazu detailliert siehe unten.

[394] Die Warnung kehrt fast wortgleich im *Parzival* Wolframs von Eschenbach (514,17–20) wieder, wo Gâwân zur Vorsicht in Hinblick auf den Umgang mit Orgelûses Schönheit geraten wird: ‚[...] hüet daz iuch iht gehœne / mîner frouwen schœne: / wan diu ist bî der süeze al sûr, / reht als ein sunneblicker schûr.' Im Sinne des *Welschen Gastes* wäre Orgelûse eine Frau, in der Schönheit eben *nicht* von Tugend begleitet und deshalb ethisch problematisch ist; vgl. Kap. III.3.2.1.

[395] Volker Mertens (in: Hartmann von Aue: Gregorius. Armer Heinrich. Iwein. Hrsg. und übers. von dems. Frankfurt a.M. [Bibliothek des Mittelalters 6; Bibliothek deutscher Klassiker 189], hier S. 1011 f.) hat die *Erec*-Interpretation Gawans im Kommentar zu seiner Ausgabe des *Iwein* zurückgewiesen: „Gawans verhängnisvoller Rat (der zum großen Teil von Hartmann stammt) beginnt mit einer allgemeinen Sentenz: ‚Wer Ehre erwerben will, braucht außer dem Streben auch Glück.' Die folgende Warnung, daß die Schönheit der Frau zur Aufgabe des Strebens nach Ritterschaft führt, paßt schlecht dazu und ist auch nicht aus Iweins Verhalten (er hat gerade die Quelle verteidigt) abzuleiten. Erec wird als warnendes Beispiel genannt, aber das Mittel gegen das *verligen*, nämlich Ritterspiele auszutragen, unterschlägt das eigentliche Ziel von Erecs zweitem Abenteuerweg: die auf dem richtigen Einsatz von Kampfeskraft beruhende Herrschaft. Gawein verkürzt also den Roman im Dienst seines Ziels, Iwein als Waffenbruder zu behalten." Das Argument, der Rat Gawans passe nicht zum Verhalten Iweins, präsupponiert freilich entweder eine einheitliche, selbstidentische (psychische) Verfasstheit des Charakters oder aber die entgegensetzte Ansicht, dass der mhd. Roman nur Typen, keine Charaktere biete, die deshalb nicht wandelbar seien. Für beide Fälle jedoch erscheint es kurzschlüs-

lich simplizistische Deutungsansätze, die die Texte selbst anzubieten scheinen, mag auch die Tiefenwirkung einer Autorschaftsdebatte sein, die zu Recht angemahnt hat, Interpretationen nicht – in einem heuristischen Teufelskreis – aus den ethischen Wertmaßstäben eines letztlich fiktiven, lediglich implizierten Autorsubjekts abzuleiten und so einer trügerischen Kohärenz des Autorkorpus zu erliegen. Dem entgegen steht die sehr aufschlussreiche jüngere Lektüre des Textes, die Gert Hübner angeboten hat, und die dieser in den Kontext einer allgemeinen Poetik stellt.[396] Nach Hübner beruht der „Erkenntniswert der Handlungserfindung in höfischen Romanen"[397] „[a]uf den Relationen zwischen topischer Wahrscheinlichkeit und analytischer Präparation".[398]

> Was immer Dichter höfischer Romane aus Figuren, Räumen und Zeiten machten, denen sie in mündlichen Erzähltraditionen begegneten, und was immer sie im Anschluss daran selbst erfanden, diente ihnen als symbolische Form für Ordnungen des Handlungswissens, mittels derer exemplarische Zusammenhänge zwischen dem Handeln und seinen Konsequenzen in gewissermaßen experimentell zugerichteten Situationsarrangements ‚präpariert' und Handlungsvariablen isoliert werden konnten. Das demonstrative Durchspielen der Folgen konfligierender Handlungsvoraussetzungen und -ziele in Handlungssituationen, deren Künstlichkeit eine fast schon analytische Funktion signalisiert, begründet die Neigung höfischer Romane zum kasuistischen Erzählen und evoziert nicht selten den Eindruck eines narrativen Pendants zur dialektischen *quaestio*.[399]

---

sig, Wandel auszuschließen, denn dieser wird in Hinblick auf Erec, auf den Mertens' Argument analog ebenfalls übertragbar wäre, ausdrücklich betont: Nach seinen auf die Hochzeit mit Enite folgenden Turniersiegen deutet nichts darauf, dass er sich *verligen* wird. Er hat seine Rittertüchtigkeit unter Beweis gestellt, wie es Iwein laut Mertens getan hat, und doch kommt es zum *verligen*. Die Betonung liegt hier wie dort auf einem (potentiellen) *wandel* (Erec, V. 2934: *sîn site er wandeln began*). Mithin liegt es in der Natur der Warnung, dass sie Fehlverhalten antizipiert und nicht erst nachträglich kommentiert. Insofern verfängt auch das Mertens ähnliche Argument von Eva-Maria Carne: Die Frauengestalten bei Hartmann von Aue. Ihre Bedeutung im Aufbau und Gehalt der Epen. Marburg 1970 (Marburger Beiträge zur Germanistik 31), S. 44, nicht: „Dies ist eine Lehre, welche aus der eigenen Erfahrung Erec Mabonagrin erteilt [...]; aber hier wird sie auf einen unpassenden Fall angewandt. Nach den wenigen Tagen des Zusammenseins kann von ‚verligen' wahrlich nicht die Rede sein!" Die Ähnlichkeit zwischen der Warnung Gawans (bes. Vv. 2854–2879) und der Lehre, die Erec Mabonagrin erteilt (Hartmann: Erec, Vv. 9417–9431), ist hingegen offenkundig: *swie wünneclîch eht hinne sî / und swie deheiner slahte guot / sô sêre ringe den muot, / sô dâ liep bî liebe lît, / als ir und iuwer wîp sît, / sô sol man wærlîchen / den wîben entwîchen / ze etelîcher stunde. / ich hân ez ûz ir munde / heimlîchen vernommen, / daz hin varn und wider komen / âne ir haz mac geschehen.*
396 Gert Hübner: Der künstliche Baum. Höfischer Roman und poetisches Erzählen. In: PBB 136,3 (2014), S. 415–471, hier: S. 450 f.
397 Ebd., S. 449.
398 Ebd.
399 Ebd. – Die Rede von der Ähnlichkeit des höfischen Romans zur *quaestio* ist bei Hübner nicht gänzlich neu, sondern in Bezug auf den *Erec* vorgeprägt durch Friedrich Ohly: Die Suche in Dichtungen des Mittelalters. In: ZfdA 94 (1965), S. 171–183, der in seiner Antrittsvorlesung *quaestio* und *queste* enggeführt. In jüngerer Zeit greift Claudia Kropik: Gemachte Welten. Form und Sinn im höfischen

Hierfür versteht Hübner nicht zuletzt Gawans Rat als Beispiel: „Wenn Gawan seinen Rat mit dem Beispiel Erecs plausibilisiert, rekurriert das auf innerhalb der erzählten Welt als bekannt vorausgesetztes handlungsbezogenes Erfahrungswissen."[400] Hübners Lektüre steht damit gegen jene Forschungstradition, die Gawans Rat lediglich als augenzwinkernde und unernste – und damit eben auch: nicht ernstzunehmende – Anspielung auf den Vorgängerroman verstehen will.

> Die Übertragung vom einen Fall auf den anderen begründet Gawein mit der explizit als solcher präsentierten Erfahrungsregularität, dass Ritter in der Ehe bequem werden. Die intertextuelle Allusion in der Welt des Erzählaktes trägt zur Plausibilisierung des erzählten Handelns bei, konstituiert diese im narrativen Arrangement aber nicht allein, sondern erst im Zusammenspiel mit der von Gawein vertretenen Notwendigkeit des Ehrgewinns im Turnier und Iweins bereitwilliger Rückkehr ins Turnierleben. [...] Indem die Episode, die ausdrücklich von der plausibilisierenden Funktion eines bestimmten Handlungswissens erzählt, ihrerseits erst durch ein davon abweichendes, nur unterstelltes Handlungswissen plausibel wird, dokumentiert sie sowohl die potentielle Relevanz dieses Wissenstyps als auch die potentielle Komplexität seiner Aktualisierungen für die Sinnkonstitution in höfischen Romanen.[401]

Dass Gawans Rat also im Rahmen des narrativen Arrangements des *Iwein* nicht verfängt, kann im Umkehrschluss bedeuten, dass er im Rahmen der *Erec*-Narration, die eben einen dezidiert anderen Fall, eine andere Handlungsoption, einen anderen Sinn expliziert, dennoch Gültigkeit besitzt. Das „künstliche Situationsmodell"[402] des *Erec* scheint Gawan richtig gelesen zu haben, obgleich es dann im *Iwein* scheitern kann, weil hier wiederum ein anderes durchgespielt wird. Im Folgenden soll deshalb Gawans *Erec*-Lektüre erprobt werden, denn es zeigt sich nicht nur, dass die meisten Parameter des Textes bei konsequenter Historisierung in Einklang mit der eröffneten Perspektive stehen, sondern auch, dass das Gros der gegenüber Chrétiens *Erec et Enide* vorgenommenen Änderungen eine Umorganisation der Narration darstellt, die die Schönheit der Enite zum Zentrum ihres ‚narrativen Arrangements' werden lässt.

III.3.2.2.5 Schönheit als ‚der âventiure meine': Chrétien vs. Hartmann

Obgleich Schönheit in den Romanen Chrétiens omnipräsent ist – und zwar in Bezug auf Objekte und *loci* ebenso wie in Bezug auf Figuren –, erscheint sie hier doch weitgehend unspezifisch.[403] Sie grundiert die Erzählung, ist jedoch nie ihr thematischer Gegenstand und wird höchstens indirekt zur Trägerin einer Diskursformation. Sie ist

---

Roman. Tübingen 2017 (Bibliotheca Germanica 65), S. 172 f. u. 175–181, diese Engführung im Anschluss an Ohly wieder auf.
400 Hübner, Der künstliche Baum, S. 450.
401 Ebd., S. 450 f.
402 Ebd., Anm. 74.
403 Mit ‚der âventiure meine' ist hier der Sinnentwurf des Textes avisiert, wie es Walter Haug (Haug, der aventiure meine) in Anlehnung an eine Formulierung aus dem Literaturexkurs des *Tristan* entwickelt hat.

in ihrem geballten Auftreten als genuines Signum eines Erzählens aufgefasst worden, welches Werner Schröder als „Chrétiens Traumfabrik" charakterisiert hat.[404] Peter Graf, der 1974 mit seiner Dissertation *Strahlende Schönheit als Leitlinie höfischer Vollendung. Eine Untersuchung zur Gestalt und Funktion des Schönen in den Romanen Chrétien de Troyes'* [sic][405] einen Versuch zur Erklärung des Phänomens der ubiquitären Schönheit der Chrétienschen Welt geliefert hat, deutet nicht zuletzt an, dass sie Index fiktionalen Erzählens sei:

> Verglichen mit der Wirklichkeit müßte gerade diese Erzählung [= Chrétiens *Yvain*; F. D. S.] dem Hörer als ‚fable' und ‚mançonge' [...] erscheinen, was sie eben nicht sein will. Auch wird nur der Hörer, der sich voll auf die fiktive erzählte Welt einläßt, die zahlreichen Superlative annehmen können. Nur innerhalb einer Erzähleinheit können Burgen und Gestalten eine absolute, unerreichbare Schönheit verkörpern. Nicht einmal der Vergleich mit anderen Romanen desselben Autors ist erlaubt, da nur innerhalb einer Erzählung die Schönheit etwa der Titelheldin unantastbar bleibt und höchste Vollkommenheit verkörpern kann. Jede Erzählung will für sich als eine vollkommene Einheit genommen werden [...].[406]

Als eine wesentliche Differenz zwischen Chrétiens und Hartmanns Erzählen von Erec erscheint nun der Umstand, dass die Schönheit der Enite im deutschen Sprachraum nicht auf den *Erec*-Roman beschränkt bleibt.[407]

Auffällig ist zunächst, dass im deutschen Text eine Geschlechterdifferenz etabliert wird, die der französische Text so nicht kennt, indem die Schönheitszuschreibungen an die Figuren in ihrer Gewichtung geradezu ins Gegenteil verkehrt werden:

---

404 Ludwig Wolff, Werner Schröder: Art. Heinrich von Veldeke. In: ²VL 3 (1981), Sp. 899–918, hier Sp. 916.
405 Peter Graf: Strahlende Schönheit als Leitlinie höfischer Vollendung. Eine Untersuchung zur Gestalt und Funktion des Schönen in den Romanen Chrétien de Troyes' [sic]. München 1974 (Univ.-Diss., maschinenschriftl.).
406 Ebd. S. 28 f. – Diese Erklärung ließe sich freilich auch auf die mhd. Romane der Chrétien-Nachfolge übertragen.
407 Zu einer fixen Eigenschaft der Figur wird Enites Schönheit im *Wigalois*, wo diese mit der Hässlichkeit des Waldweibs Rûel kontrastiert werden kann. Vgl. Wirnt von Grafenberg: Wigalois. Text der Ausgabe von J. M. N. Kapteyn übersetzt, erläutert und mit einem Nachwort versehen von Sabine Seelbach und Ulrich Seelbach. Berlin/New York 2005, Vv. 6307–6313: *hêt iemen von ir hôhen muot, / dern sach der vrouwen Ênîten niht, / wan der herre Hartman giht, / daz wær gar ûz dem strîte / ezn wære vrouwe Ênîte / ze Karidôl diu schœnste maget, / als im sîn meister hêt gesaget.* – Auch Wolframs von Eschenbach *Parzival* schreibt sich selbst in eine präexistente Artus-Welt ein, die immer wieder als ‚Eigentum' des Vorgängers Hartmann markiert wird, insofern wesentliche intertextuelle Koordinaten gesetzt werden, die – sozusagen vom Rand her – die Erzählwelt des *Parzival* an die Ereignisse und die räumlichen Koordinaten des *Erec* anbinden, um sie zugleich massiv zu überschreiten. Auch hier wird Enite, besonders auch die im deutschen Retext auf ihre Schönheit hin entworfene Reihe der achtzig schönen Witwen, die auf Brandigan der Erlösung harren, als Referenzgröße herangezogen. Es scheinen mir dies Indizien dafür zu sein, dass die behauptete Umstilisierung des *Erec*-Retextes und die besondere Rolle der Schönheit Enites für die *Erec*-Narration schon von Zeitgenossen wahrgenommen worden ist. Vgl. Edrich-Porzberg, Überlieferung und Rezeption, S. 121–179.

Während im französischen Text Erec extensiv als schöner Ritter gelobt wird, kennt der deutsche Text fast ausschließlich den Schönheitspreis der Enite. Schönheit wird hier zu einem Thema, das nur an der Frauenfigur durchgeführt wird. Der französische Text hingegen bietet eine relative Gleichgewichtigkeit in der Zuschreibung. Hier entsprechen sich bei beiden Geschlechtern Schönheit und Tugend; der beste und schönste Held erhält die beste und schönste Dame, mit der er nach dem erfolgreichen Sperberkampf und einer Zeit am Artushof nach Cardigan reitet:

> N'an preïssent pas reançon
> li uns de l'autre regarder:
> molt estoient igal et per
> de corteisie et de biauté
> et de grant deboneretè.
> Si estoient d'une meniere,
> d'unes mors et d'une matiere,
> que nus qui le voir volsist dire
> n'an poïst le meillor eslire
> ne le plus bel ne le plus sage.
> Molt estoient d'igal corage
> et molt avenoient ansanble;
> le uns a l'autre son cuer anble;
> onques deus si beles ymages
> n'asanbla lois ne mariages.
> (Chrétien: Erec et Enide, Vv. 1482–1496)[408]

Eine entsprechende Passage im Kontext des Ritts nach Kardigan, die die körperliche Ebenbürtigkeit der Eheleute betont, fehlt im deutschen *Erec*. Hier findet sich alternativ die Schilderung der Liebesentstehung über Blickkontakt, die es bei Chrétien nicht gibt.[409] Diese Gleichgewichtigkeit, die bei Chrétien die Schönheitsattribuierungen an die beiden Figuren strukturiert, wird bei Hartmann verschoben, indem systematisch die Hinweise auf Erecs Schönheit getilgt werden. Dies gilt im Detail schon für die vielfach vorkommenden Anreden an Erec als *biax amis* – durch Ginover, Enides Vater Licorant, den Knappen des ersten Grafen, Givret und König Evrains –, die im deutschen Text keine Entsprechung finden.[410]

---

408 Übers. (Gier): „Um kein Geld der Welt würden sie darauf verzichten, einander anzuschauen; sie waren einander ganz gleich und ebenbürtig an höfischem Wesen, an Schönheit und hohem Adel. Sie stimmten in ihrer Natur, ihrem Wesen und ihrer ganzen Art so überein, daß niemand, der die Wahrheit sagen wollte, ein besseres Paar hätte erwählen können, oder ein schöneres und klügeres. Sie hatten genau die gleiche Weise zu denken und paßten wunderbar zusammen. Eines raubte dem anderen sein Herz; niemals verbanden Gesetz oder Ehe zwei so schöne Bilder."
409 Zwar werden auch bei Chrétien die Blicke Erecs auf Enide geschildert, jedoch nicht als Liebesursache sondern als ihr Symptom (vgl. Chrétien: Erec et Enide, Vv. 1462–1477).
410 In Chrétiens *Erec et Enide* findet sich diese Anrede insgesamt zwölfmal, davon richtet sie sich neunmal an Erec (Vv. 112, 195, 201, 509, 557, 5112, 5119, 5401, 5560), einmal spricht Erec Enides

Bereits zu Beginn wird Erec bei Chrétien als schöner Ritter vorgestellt. Aufgrund des verlorenen Anfangs des Hartmann'schen Textes, lässt sich dieser hier freilich nicht mit Chrétien vergleichen:

> Aprés les suist a esperon
> uns chevaliers, Erec a non;
> de la Table Reonde estoit,
> an la cort molt grant los avoit;
> de tant com il i ot esté,
> n'i ot chevalier si loé,
> et fu tant biax qu'an nule terre
> n'estovoit plus bel de lui querre.
> Molt estoit biax et preuz et genz
> et n'avoit pas .XXV. anz;
> onques nus hom de son aage
> ne fu de si granz vaselage;
> que diroie de ses bontez?
> (Chrétien: Erec et Enide, Vv. 81–93)[411]

Diese Beschreibung bildet in Chrétiens Text den Auftakt zu wiederholtem Lob von Erecs Schönheit durch den Erzähler oder die Figuren.

Besonders auffällig sind dabei die beiden Episoden, in denen Erec unter den Augen der auf den Straßen zusammenlaufenden Menschenmenge als bewunderter Held am Ort seiner künftigen Erfolge einzieht. Auf Tulmein wird sorgfältig eine Gleichwertigkeit zwischen Enides und Erecs Schönheit hergestellt, wobei auch Enides Schönheit auf Erec rückbezogen wird, indem sie als Zeugnis seiner Rittertüchtigkeit aufgefasst wird.[412] Dieses Arrangement wiederholt sich auf Brandigant unter

---

Vater Licorant so an (V. 1306), einmal den Knappen des ersten Grafen (V. 3154) und einmal Ginover einen Diener, der das Pferd für Enide holen soll (V. 1389).

411 Übers. [Gier]: „Später folgte ihnen, so schnell er konnte, ein Ritter – Erec hieß er; er gehörte zur Tafelrunde und genoß hohen Ruhm am Hofe. Seit er sich dort aufhielt, war kein anderer so gepriesen worden wie er, und er war so stattlich, daß es nutzlos gewesen wäre, in irgendeinem Land nach einem schöneren zu suchen. Sehr wohlgestalt war er, tapfer und liebenswert und noch nicht fünfundzwanzig Jahre alt. Niemals vorher war ein Mann seines Alters ein so ausgezeichneter Krieger gewesen; was soll ich von seiner Vortrefflichkeit sagen?"

412 Chrétien: Erec et Enide, Vv. 753–772: ‚Qui est? Qui est, cil chevaliers? / Molt doit estre hardiz et fiers, / quant / la bele pucele an mainne; / cist anploiera bien sa painne, / cist doit bien desresnier par droit / que ceste la plus bele soit.' / [...] / ‚[...] molt est adroiz sor ce cheval, / bien resanble vaillant vassal; / molt est bien fez et bien tailliez / de braz, de janbes et de piez.' – Übers. [Gier]: ‚Wer ist der Ritter? Er muß sehr kühn und stolz sein, da er die liebreizende Jungfrau bei sich hat; der wird sich nicht umsonst bemühen, er mag mit vollem Recht behaupten, daß sie die Schönste sei.' [...] ‚[...], er bietet einen herrlichen Anblick auf diesem Pferd und scheint ohne Zweifel ein tapferer Krieger zu sein; alles an ihm ist sehr schön und wohlgebildet, Arme, Beine und Füße.'" – Eine vergleichbare Inszenierung des Helden findet sich mit dem Einzug Gahmurets in Zazamanc in Wolframs Parzival.

umgekehrten Vorzeichen. Auch hier wird – viel exzessiver – Erecs Schönheit betont, allerdings wird dies in einem zweiten Schritt mit der Klage um den Helden verbunden. Ob seiner Schönheit, so formulieren es die, die ihn beim Einzug in die Burg sehen, ist es schade um ihn, der den ihm bevorstehenden Kampf verlieren müsse.[413] Mehr als siebentausend Leute, heißt es weiter, kommen, um ihn zu beklagen (*il le plaignent plus de .VII. mile*, V. 5480), wobei die Menschen vor Angst sogar schwitzen (V. 5486). Durch seine Haltung, seine *grant biauté* und sein Aussehen (V. 5490) gewinnt er die Herzen der Klagenden. Enides Schönheit spielt hingegen nur indirekt eine Rolle, als König Evrains sie begrüßt, ihr beim Absteigen hilft und sie *par la main, qu'ele ot bele et tandre* (V. 5510; Übers. [Gier]: „an ihrer Hand, die schön und zart war"), selbst in den Palast führt. Noch einmal wird im Folgenden die Furcht um den schönen Erec indirekt aufgegriffen, wenn Evrains im Gespräch mit demselben äußert: *se je vos veoie pris | ou de vostre cors anpirié, | molt avroie le vuer irié* (Vv. 5576–5578; Übers. [Gier]: „wenn ich Euch gefangen oder Euren Körper übel zugerichtet sähe, so wäre ich darüber in meinem Herzen sehr bekümmert").

Auch im Detail wird im französischen Text immer wieder Erecs Schönheit betont. So wird mehrfach aus der Perspektive der Enide sein schöner Körper dargestellt. In der Szene, in der sie sich im Bett ‚verliegen', wird Enides Klage, die Erec hört, mit den Worten eingeleitet:

Son seignor a mont et a val
comança tant a regarder;
le cors vit bel et le vis cler,
et plora de si grant ravine
que, plorant, desor la peitrine
an chieent les lermes sor lui.

---

413 Chrétien: Erec et Enide, Vv. 5447–5474: [...] *tant que les lices ont passées | et les genz, qui sont amassées | par la rue a granz tropeiax | voient Erec, qui tant est biax | que par sanblant cuident et croient | que trestuit li autre a lui soient. | A mervoilles l'esgardent tuit* [...]. *|* [...] *|* [T]*otes ansanble le regardent | et de sa grant biauté se saignent; | a grant mervoille le deplaignent: |* ‚*Ha! Dex! dit l'une a l'autre, lasse! | Cist chevaliers, qui par ci passe, | vient a la Joie de la Cort.* [...]'*|* [...] *| Aprés, por ce que il l'atande, | dïent an haut: ‚Dex te desfande, | chevaliers, de mesavanture; | car tu ies biax a desmesure, | et molt fet a biautez a plaindre, | car demain la verrons estaindre* [...]' – Übers. [Gier]: „Als sie die Schranken hinter sich hatten und die Leute, die sich zahlreich auf der Straße drängten, Erec sahen, der so schön war, da glaubten und meinten sie nach diesem Anblick, daß die anderen ihm sämtlich untertan wären. Erstaunt betrachteten ihn alle [...]. Alle zusammen schauten ihn an und bekreuzigten sich angesichts seiner großen Schönheit; staunend beklagten sie ihn: ‚Ach Gott', sprach der eine zum anderen, ‚wehe! Dieser Ritter, der hier vorbeizieht, kommt zur Joie-de-la-Cour.' [...] Dann riefen sie laut, damit er es hörte: ‚Gott schütze dich vor Unglück, Ritter! Du bist ja über die Maßen schön und um deiner Schönheit willen sehr zu beklagen [...].'"

,Lasse, fet ele, con mar fui! [...]'
(Chrétien: Erec et Enide, Vv. 2486–2492)⁴¹⁴

Es besteht hier eine Parallele zu der Klage um Erec auf Brandigant, insofern in beiden Fällen sein schöner Körper, der doch zeichenhafter Garant für seine hohen (Ritter-)Tugenden ist, als Kontrastfolie aufgerufen wird, um eine vermeintliche Schande (Versagen als Ritter) zu thematisieren, die diesem entgegensteht. Diese spielt auch eine Rolle, wenn Enide um Erec klagt, der nach dem Kampf gegen die beiden Riesen scheinbar tot zusammengebrochen ist. Der Ausruf *con mar i fus*, der beide Male vorkommt, markiert dabei deutlich, dass die Stellen im Bezug zueinander zu verstehen sind.⁴¹⁵ Sie markieren Beginn und Endpunkt einer von Enides Worten ausgelösten Entwicklung:

,Haï! sire, con mar i fus!
A toi ne s'apareilloit nus,
qu'an toi s'estoit biautez miree,
proesce s'i ert esprovee,
savoirs t'avoit son cuer doné,
largesce t'avoit coroné
cele sanz cui nus n'a grant pris. [...]'
(Chrétien: Erec et Enide, Vv. 4599–4605)⁴¹⁶

Erecs Schönheit wird hier in eine paradigmatische Relation zu anderen Werten (Tapferkeit, Klugheit, Freigiebigkeit) gestellt, diese korrelieren jedoch nicht notwendig. Hier jedoch verbindet sich der Kontrast zwischen Körper und Schande mit Enides Selbstanklage, die in der Forschung umstritten ist:⁴¹⁷ Nicht Erec ist in Enides Interpretation schuld am Versagen, am auseinandertreten zwischen Körperzeichen und Erfolg, sondern sie selbst, die seinen Untergang provoziert hat.

Besonders pointiert erscheint das Lob von Erecs Schönheit bei Chrétien jedoch in der ersten Grafen-Begegnung angelegt. Der Knappe, der Erec und Enide im Wald

---

414 Übers. [Gier]: „Sie betrachtete ihren Herrn von Kopf bis Fuß ausgiebig, sah den schönen Leib, das strahlende Gesicht und mußte so sehr weinen, daß ihre Tränen auf seine Brust fielen. ‚Ich Unglückliche', klagte sie, ‚was habe ich angerichtet!'"
415 Darauf weist auch Albert Gier in seinem Kommentar hin: Gier, Chrétien de Troyes: Erec et Enide, S. 407. – Vgl. ders.: *Cil dormi et cele veilla*: ein Reflex des literarischen Gesprächs im Fabliaux. In: Zeitschrift für romanische Philologie 102 (1986), S. 88–93.
416 Übers. [Gier]: „‚Ach, Herr, wie unselig habe ich gehandelt! Niemand konnte sich dir vergleichen; denn in dir hatte sich die Schönheit gespiegelt, die Tapferkeit hatte sich in dir erprobt, die Klugheit hatte dir ihr Herz geschenkt, und die Freigebigkeit hatte dich gekrönt, ohne die niemand hohen Ruhm erwerben kann.'"
417 Auf dieses Problem wird zurückzukommen sein. Für die spätere Argumentation: Es ist ja ebenfalls bezeichnend, dass – wenn dieses Minnesklaven-Lob geschieht – längst die Lust-Entstehung geschildert worden ist, V. 1838 ff.

trifft, reitet zurück, um in Chrétiens Version seinem Herrn vom Eintreffen Erecs zu berichten. Während er bei Hartmann von Enite berichtet, ist die Erzählung des Knappen bei Chrétien fast ausschließlich Erec gewidmet:

> ‚[...] Li chevaliers est molt cortois
> tant bel home onques mes ne vi;
> se juré l'avoie et plevi,
> ne vos reconteroie mie
> sa biauté tote ne demie.'
> Li cuens respont: ‚Je pans et croi
> qu'il n'est mie plus biax de moi.
> – Par foi, sire, fet li sergenz,
> vos estes assez biax et genz;
> n'a chevalier an cest païs,
> qui de la terre soit naïs,
> que plus biax ne soiez de lui;
> mes bien os dire de cestui
> qu'il est plus biax de vos assez,
> se del hauberc ne fust lassez
> et quamoissiez et debatuz.
> An la forest s'est conbatuz,
> toz seus, ancontre huit chevaliers,
> s'an amainne toz les destriers.
> Et avoec lui mainne une dame
> tant bele c'onques nule fame
> la mitié de biauté n'ot.'
> (Chrétien: Erec et Enide, Vv. 3218–3239)[418]

Deutlich pointiert wird Erecs unsagbare Schönheit durch das Skandalon, das der Knappe provoziert, indem er Erec offensiv über seinen eigenen Herren stellt. Die Erzählung von Enides Schönheit, über die kein weiteres Wort verloren wird, obgleich sie in der Folge die Ursache für das Begehren des Grafen werden wird, ist geradezu lapidar nachgeschoben. Auch hier betont der Kontrast, dass Erec das Zentrum der Schilderung (und der Handlung) ist. In ihm wird ein idealer Ritter dargestellt, der in dieser Form in der deutschen Bearbeitung, in der seine Schönheitsbeschreibung

---

418 Übers. [Gier]: „‚Der Ritter ist sehr höfisch, niemals sah ich einen so schönen Mann; hätte ich es auch geschworen und ein Pfand dafür gesetzt, ich könnte Euch niemals seine Schönheit ganz oder nur zur Hälfte beschreiben.' Der Graf erwiderte: ‚Ich denke und glaube, daß er nicht schöner ist als ich.' – ‚Meiner Treu, Herr', entgegnete der Knappe, ‚Ihr seid sehr schön und wohlgestalt; in dieser Gegend gibt es unter denen, die hier im Land geboren sind, keinen Ritter, den Ihr nicht an Schönheit übertrefft. Aber von jenem wage ich durchaus zu sagen, daß er sehr viel schöner ist als Ihr, wäre er nicht von seinem Panzer wundgescheuert und hätte er nicht blaue Flecken und Wunden. Er hat im Wald ganz allein gegen acht Ritter gekämpft und führt ihre Pferde mit sich. Und bei ihm befindet sich eine Dame, so schön, daß niemals eine Frau auch nur die Hälfte ihrer Schönheit besaß.'"

gänzlich abgebaut wird, keinen Raum mehr hat. Manfred Günter Scholz kommentiert: „Das exzessive Lob von Erecs Schönheit in der Vorlage (v. 3219 ff.) streicht Hartmann und beläßt es bei dem einen hyperbolischen Satz über die Schönheit Enites":[419] *jâ muget ir an der vrouwen | das schœniste wîp schouwen, | die wir ie gesâhen* (Hartmann von Aue: Erec, V. 3620–3622). Als einzige Allusion auf Erecs Schönheit bleibt im deutschen Retext das umstrittene Erec-Lob nach dem Turnier erhalten, in dem er mit Absalom verglichen wird (Hartmann von Aue: Erec, Vv. 2811–2824).[420] Es ist bezeichnend, dass der einzige erhaltene, auf Erec bezogene Schönheitspreis ausgerechnet jener ist, der schon im französischen Prätext dem Verdacht der Ironisierung ausgesetzt ist, weil er in Hinblick auf die nachfolgende Verfehlung auf Carnant/Karnant funktionalisierbar ist. Der deutsche *Erec* vereindeutigt in der Schilderung der vier Kerntugenden, auf die sich auch Enide in ihrer Klage bezogen hat, gegenüber Chrétien allerdings die Tendenz zur Brechung des Lobs. Während Erec bei Chrétien mit *Ausalon* (Schönheit), *Salemon* (Weisheit), einem Löwen[421] (Tapferkeit) und Alexander (Freigebigkeit) verglichen wird (Chrétien: Erec et Enide, Vv. 2210–2214), tauscht die Bearbeitung den Löwen gegen Samson aus. So wird auch die Vergleichsgröße für Tapferkeit/Stärke zu einer zweifelhaften, denn Samson bildet mit Salomon und Alexander klassischerweise die Reihe der ‚Minnesklaven'.[422] Dass hier mit Samson zudem eine Figur eingeführt worden ist, die von einer schönen Frau verraten worden und deshalb zu Tode gekommen ist, muss im Blick auf die Tendenzen der deutschen Bearbeitung als geradezu programmatisches Signal gelten.[423] Alle vier Tugenden finden hier Vergleichsfiguren, die direkt oder indirekt von Schönheit negativ affiziert worden sind, denn auch Absalom ist aufgrund seiner eigenen, männlichen Schönheit zu Tode gekommen.[424] Für Salomon und Alexander lässt sich – im Rahmen ihrer Deutung als Minnesklaven – ebenfalls argumentieren, dass sie aus weiblicher Schönheit Schaden gezogen haben, denn: Schöne Frauen haben sie verführt und ihrer Tugenden beraubt.

---

419 Scholz, Erec, S. 777.
420 Vgl. Reinitzer, Beispielfiguren, S. 611.
421 Die Umbesetzung dieser Stelle vermerkt schon Ruberg, Bildkoordination, S. 558.
422 Vgl. bspw. schon Friedrich Maurer: Der Topos von den ‚Minnesklaven'. Zur Geschichte einer thematischen Gemeinschaft zwischen bildender Kunst und Dichtung im Mittelalter. In: DVjs 27 (1953), S. 182–206, welcher das Verhältnis von *Iwein*-Darstellungen auf dem sog. Malerertteppich im Verhältnis zu Darstellungen der Minnesklaven behandelt. – Vgl. später besonders Reinitzer, Beispielfiguren 1976, S. 599–612. – Vgl. weiterhin ausführlich Rüdiger Schnell: Causa amoris. Liebeskonzeptionen und Liebesdarstellung in der mittelalterlichen Literatur. Bern/München 1985 (Bibliotheca Germanica 27), S. 475–505.
423 Dasselbe lässt sich auch für Salomon, den Vergewaltiger Absalom und – über Umwege – auch für Alexander argumentieren: man denke nur an die Candacis-Episode, die in der zeitgenössischen Literatur vorhanden ist.
424 Vgl. hierzu schon die extensive Stellensammlung bei Werner Fechter: Absalom als Vergleichs- und Beispielfigur im mittelhochdeutschen Schrifttum. In: PBB 83 (1962), S. 302–316, welche die dominierende negative Exemplarizität der Absalom-Figur deutlich dokumentiert.

III.3 Die Beziehung der Schönheit zur Tugend — 243

Am deutlichsten erkennbar ist die substantielle thematische Neuausrichtung der Narration auf die körperliche Schönheit Enites nicht zuletzt in der großen, symbolischen Schluss-*âventiure*, der *Joie de la curt*. Dass eine Symmetriebeziehung zwischen den Paaren Erec und Enite sowie Mabonagrin und seiner *vriundin*, der Cousine Enites, besteht, gehört zu den wenigen Dingen, über die die Forschung sich einig ist. Die Zurichtung dieser symbolischen Beziehung wird noch gesteigert, indem im deutschsprachigen Retext vermittels der hier neu eingeführten Reihe der achtzig Witwen der Fokus stärker als im französischen Prätext auf die überragende körperliche Schönheit Enites – und ihrer namenlosen Cousine im Baumgarten – gelegt wird.[425] Als Erec und Enite den *palas* auf Brandigan betreten, finden sie hier die Witwen jener Ritter vor, die bereits versucht haben, Mabonagrin im Baumgarten zu besiegen. Erec betrachtet sie:

> nû dûhte in eine wol getân,
> diu ander schœner dâ bî;
> diu dritte verswachete aber sî;
> vor ir was diu vierde an lîbes gezierde;
> der vünften er des prîses jach,
> unz er die sehsten ersach;
> diu sibende erlaschte diese gar,
> unz er der ahten tete war;
> [...]
> doch geviel im diu ahzehende baz
> dan dieser vrouwen dehein,
> unz im diu niunzehende erschein;
> dô muoste im wol gevallen
> diu zweinzegest vor in allen.
> wer möhte si gar geschrîben?
> diu swachest under den wîben
> diu zierte wol ein rîche
> mit ir wætlîche.
> (Hartmann von Aue: Erec, Vv. 8261–8291)

Doch wird die Reihe dieser achtzig Witwen im Baumgarten *ex post* relativiert, wenn – wiederum aus Erecs Perspektive – die *vriundin* Mabonagrins als, mit Ausnahme Enites, schönste Frau seiner Zeit benannt wird.[426]

Im anschließenden Kampf wirkt nun – wie bereits im Sperberkampf und im Turnier auf Tulmein – Enite positiv auf Erecs Kampfeskraft, diesmal jedoch nicht vermittelt durch den Anblick ihrer Schönheit, wie es explizit von Mabonagrins Freundin betont wird, sondern durch die Erinnerung an Enites *minne*. Die herausge-

---

425 Vgl. hierzu Bumke, Der ‚Erec' Hartmanns, S. 88.
426 Hartmann von Aue: Erec, Vv. 8926–8930: *hie under er gesitzen sach | ein wîp, als im sîn herze jach, | daz er bî sînen zîten | âne vrouwen Ênîten | nie dehein schœner hete gesehen.*

hobene Bedeutung der Passage wird dabei zunächst durch die Frage eines fiktiven Zuhörers an den Erzähler Hartmann markiert:

> ‚geselle Hartman, nû sage,
> wie erwerte in'z der lîp?'
> die kraft gâben in ir wîp.
> diu dâ gegenwürtic saz,
> diu geschuof ir manne daz:
> ob im dehein zwîvel geschach,
> swenne er si wider ane sache,
> ir schœne gap im niuwe kraft,
> sô daz er unzagehaft
> sîne sterke wider gewan
> und vaht als ein getruoweter man.
> des enmohte er niht verzagen.
> sô wil ich iu von Êrecke sagen:
> Êrec, ze swelhen zîten
> er gedâhte an vrouwen Ênîten,
> sô starcten im ir minne
> sîn herze und ouch die sinne,
> daz er ouch mit niuwer maht
> nâch manlîcher tiure vaht.
> (Hartmann von Aue: Erec, Vv. 9169–9187)

Während der doppelte *âventiure*-Zyklus nach dem *verligen* seine spezifische Dynamik gerade aus der Präsenz der schönen Enite zieht, um derentwillen Erec sich zunächst im Kampf bewährt, dann jedoch ‚verlegen' hatte, so ist in der symbolisch überformten *Joie de la curt*-Episode die räumliche Trennung von Erec und Enite bedeutungsvoll eingeführt und wird mit der Kopräsenz der *vriundin* des Mabonagrin, *diu dâ gegenwürtic saz*, kontrastiert. Während letzterer, der als *alter ego* Erecs fungiert, durch Anblick der Schönheit angespornt wird, ist es bei Erec die Erinnerung, aber zunächst nicht an Enites Schönheit, sondern an ihre *minne*, die ihn im Kampf bestehen lässt. In der Erinnerung ist die Schönheit Enites nicht mehr so problematisch, wie sie es in ihrer direkten Gegenwart ist, sodass *der gedanc an sîn schœne wîp* [...] *kreftigte im den lîp* (Hartmann von Aue: Erec, Vv. 9230 f.).

Diese ganz auf Enites Schönheit hin perspektivierte Neuausrichtung der Schluss-*âventiure* korrespondiert nicht zuletzt mit einer Neuausrichtung der Krise und der hieran anschließenden Ausfahrt. So erscheint im französischen Prätext die Krise tatsächlich als nicht existent. Erec tritt hier an, seiner Frau und dem Hof zu beweisen, dass er nicht deshalb ein schlechter Ritter ist, weil er mit seiner Ehefrau Zeit im Bett verbringt. Er zieht in aller Öffentlichkeit vor dem versammelten Hof in Begleitung seiner Ehefrau, die ihn aus Sicht des Hofes in seinem Rittersein behindert, aus und schafft so eine Prämisse, unter der er beweisen kann, dass er auch in Gegenwart der schönen Frau, die seine Ehefrau und Geliebte zugleich ist, ritterliche Taten zu vollbringen vermag. Zumindest durch die ersten anschließenden *aventures* behält Erec durchgehend die Kontrolle, insofern er hier die heranziehenden Gefahren tatsächlich bereits sieht und nur abwartet, ob Enide gegen sein Verbot handelt.

Im deutschen Retext ist dies verändert: Hier zieht Erec heimlich und in Schande, bemäntelt durch eine List, auf seine Fahrt, die zugleich eine Leidens- und Bußfahrt an den Körpern des Ehepaares wird. Denn er hat sich im deutschsprachigen *Erec* tatsächlich eines Fehlers von großer Tragweite schuldig gemacht, indem er seine Frau wie eine Geliebte geliebt und den Hof hat veröden lassen. Entsprechend ist Erec hier tatsächlich taub und blind und muss von Enite wirklich gewarnt werden, die zeitweise als seine Augen und Ohren, als seine Sinne fungiert.[427] Während der französische Erec seiner Frau und dem Hof beweist, dass sie geirrt haben, und seine Frau für diesen Zweifel an ihm bestraft, kompensiert der deutsche Erec einen Fehler, den er aufgrund von Enites Schönheit begangen hat.

III.3.2.2.6 Das Verhältnis der Figur Enite zu ihrer Schönheit

Der skizzierten Ausrichtung der Narration auf Enites Schönheit in der Krise und in der Schlussepisode entsprechen freilich im Verlaufe des Textes Veränderungen im Detail. Neben der dezidierten Vervielfachung des in der *verligen*-Episode eingeführten Potentials körperlicher Schönheit, Männer zu ethisch falschen Handlungen anzuregen, welches in der – oben diskutierten – Raubritter-Episode und den Grafen-Episoden erneut pointiert – und teils gegen Chrétien – durchgeführt wird, wird auch die Selbstbezichtigung Enites, die sich gegen ihren schönen Körper richtet, mehrfach redupliziert. In der großen, monologischen Apostrophe an den Tod thematisiert die Figur Enite selbst ihre Schönheit als Attraktor in Hinblick auf ihre Heiratsfähigkeit. Sie sei eine angemessene Partnerin für den Tod, da sie noch Schönheit und Jugend des Körpers besitze, weshalb der Tod nicht warten solle, bis sie im Alter beides verloren habe:

> ‚[...]
> ich gezim dir wol ze wîbe:
> ich hân'z noch an dem lîbe,
> beide schœne unde jugent,
> ich bin an der besten tugent.
> dir'n mac mit mir niht wesen ze gâch.
> nû waz touc ich dir her nâch,
> sô beider alter unde leit

---

[427] Hierauf ist im Folgenden zurückzukommen. Es kann argumentiert werden, dass hier in der Tat eine partiell symbolische Struktur vorliegt, in welcher Erec und Enite, die – so betont es Enite in ihrem an Gott gerichteten Monolog eigens (Vv. 5826 f.) – ja nach Vollzug der Ehe *ein* Leib sind, gemeinsam als *homo interior* (= Geist = Erec) und *homo exterior* (= Körper = Sinne/*aisthesis* = Enite) funktionieren. Diese Übertragung funktioniert jedoch nur partiell und nur im deutschen Retext, in welchem Enite tatsächlich die Funktion von Erecs sinnlicher Wahrnehmung übernehmen muss.

> mir schœne unde jugent verseit?
> nû waz sol ich dir danne?
> noch zæme ich guotem manne.'
> (Hartmann von Aue: Erec, Vv. 5898–5907)

Nur wenig später ist es das im Allgemeinen nicht stark beachtete ‚Lindengleichnis', in welchem Enite die Schönheit ihres Leibes zur Ursache ihres Unglücks erklärt. Während Thomas Cramer in dem monologischen Selbstvergleich mit der Linde die Anerkenntnis eines Verstoßes gegen den (sozialen) *ordo* gesehen hat, welcher in der ungebührlichen Heirat der verarmten, niederen Adeligen mit einem Königssohn bestehe,[428] erscheint auch dieser Vergleich auf Enites Körper selbst ausgerichtet. Während sie einerseits sagt, dass *schœne*- und *edel*-Sein (V. 6028) dem Baum nicht helfe, wenn er verpflanzt werde, wird in den folgenden Versen – die Cramer nicht mehr zitiert! – der von Gott geschaffene Leib als so unglücklich (*unsælic*, V. 6038) bezeichnet, dass er Enite ihr Leben lang bekümmern müsse:

> und krônte mich diu werlt al
> ze vrouwen über elliu wîp,
> sô hât doch got den mînen lîp
> sô unsælic getân,
> daz ich kumber muoz hân
> al die wîle und ich lebe,
> got ensî, der mir's ein ende gebe.
> (Hartmann von Aue: Erec, Vv. 6035–6041)

Nicht nur greift der Monolog der Enite hier ihre Exzeptionalität unter allen Frauen auf, die im Text – nicht zuletzt in der Reihe der achtzig Witwen, welche Enite an Schönheit übertrifft – immer wieder betont wird; die Figur bezieht ihren Kummer zudem ganz ausdrücklich auf ihren Leib, welcher den gesamten Text hindurch als schön und als Gabe Gottes (vgl. Vv. 339–341) dargestellt worden ist. Auf diesen Leib bezieht sie im Rahmen des *verligens* auch das Murren des Hofes:

> si sprach: ‚wê dir, dû vil armer man,
> und mir ellendem wîbe,
> daz ich mînem lîbe
> sô manegen vluoch vernemen sol!'
> (Hartmann von Aue: Erec, Vv. 3029–3032)

Die Selbstaussage der Figur Enite inszeniert also den schönen Körper selbst als Gefährdung und als Problem; sie ist insofern mit der Warnung Gawans an Iwein verwandt, er solle darauf achten, dass seines *wîbes schœne* ihn *iht gehœne* (Hartmann

---

[428] Cramer, Schuld-Sühne-Problematik, S. 106 f.

von Aue: Iwein, Vv. 2785 f.).[429] Auch die *Joie de la curt*-Episode selbst wird bereits durch diesen Kontrast von Schönheit des Körpers einerseits und Gefährdung des Leibes andererseits eingeleitet, wenn es – als sie den Weg nach Brandigan antreten – heißt, dass *der künec Êrec / mit sînem schœnen wîbe, / ze vreise sînem lîbe* (Vv. 8057–8059) unterwegs sei. Die Menschenmenge, von der sie beim Eintritt in Brandigan gesehen werden, nehmen an Enite die Schönheit des Leibes und der Kleidung wahr, wenn sie sagen, sie hätten *von lîbe und ouch von wæte, / von pherde und gereite, / so schœne und sô gemeite* (Vv. 8073–8075) nie eine Frau gesehen. Wiederum wird Enites Schönheit in die Nähe zur Bedrohung von Erecs Leib gesetzt, wenn sie *klagen daz wünneclîche wîp / und daz verliesen sînen lîp / solde ein alsô vrumer man* (Vv. 8083–8085). In der Anrufung der Leute von Brandigan an Gott wird der Zusammenhang von Körperlichkeit und Leid fortgeführt.[430]

---

429 Cramer, ebd., S. 98, hat die gemeinsame Ausfahrt als „einen säkularisierten Prozeß kirchlicher Bußpraxis" gelesen. Während die Indizien für eine Bußfahrt im engeren, geistlichen Sinne eher dünn bleiben, kann doch vermerkt werden, dass die *âventiure*-Kette zu einer Reihe von gegen die Körper der beiden gerichteten Qualen wird. Die Worte *lîp* und *leit* werden ostentativ durch die Episoden hindurch mitgeführt. Erec gebietet *bî dem lîbe, / der schœnen vrouwen Énîten* (Vv. 3095 f.), dass sie vorausreiten und schweigen solle. Als Enite der ersten Schar Räuber gewahr wird, wägt sie ab, ob sie Erec warnen soll, *wan sô hân ich den lîp verlorn* (V. 3162). Sie entscheidet sich dafür Erec zu warnen und damit gegen ihren Leib. Der Späher, welcher seinem Herrn vor der Ankunft des Paares von der Schönheit Enites berichtet (Vv. 3332–3335) betont eigens, dass Enite *ist bekumbert ir lîp* (V. 3325). In der beständigen Bedrohung durch den Tod wird immer wieder betont, dass es der *lîp* ist, der bedroht ist. Die hier zugrundeliegende Leib-Seele-Differenz bleibt jedoch nicht implizit, sondern wird explizit thematisch, sodass der (schöne) Körper und die Integrität der Seele deutlich gegeneinander ausgespielt werden, wenn Enite, bevor sie Erec ein zweites Mal warnt, bedenkt, dass das Unterlassen der Warnung gravierende Folgen für ihr Seelenheil habe: *wan sî muoz von mînen untriuwen / mîn sêle verderben / und von rehte ersterben / gelîche mit dem lîbe* (Vv. 3367–3370). Demgegenüber wird die erfahrene Qual konstant als *leit* thematisiert, welches Enite jedoch ohne Bekümmerung erträgt und welches durch ihre Demut zu einer Freude für wird, wodurch sie eine Standhaftigkeit beweist, deren Faktur geradezu einem Martyrium ähneln: *swie verre ez wider vrouwen site / und wider ir reht wære, / si leit es âne swære / mit senftem gemüete: / daz lêrte si ir güete. / diu vrouwe grôzen kumber leit, / wan daz si ze liebe ir leit / in ir herzen verkêrte, / als si ir diemuot lêrte* (Vv. 3445–3453). Dieses *leit* Enites wird – bspw. in der ersten Grafen-Episode – auch von Dritten wahrgenommen (*diu vrouwe lîdet arbeit, / mit disen rossen michel leit*; V. 3386 f.). Eine geistliche Dimension dieser gegen den Leib gerichteten Leidensfahrt wird nicht zuletzt dadurch betont, dass es Enite – beim ersten Grafen eingekehrt und von der Last des Pferdedienstes befreit – ergeht *als der sêle / der von Michâêle / wirt der hellewîze rât, / diu lange dâ gebûwen hât* (Vv. 3650–3653). Aber auch Erec, der *ûf der vart / sweizic unde râmic* (Vv. 3656 f.) geworden ist, ,erlöst' seinen Leib von dieser Last (*des belôste er den lîp*, V. 3658). Der Graf erfragt bei Erec die Gründe für die Trennung des Paares bei Tisch mit dem Hinweis darauf, dass *wünneclîch ir lîp* ist (V. 3739), und spricht Enite im Folgenden damit an, dass ihn ihr *wætlîcher lîp* (V. 3759) schon in dem Moment erbarmt habe, *sît ich iuch hiute lîden sach* (V. 3760). Die Aufzählung ließe sich fortsetzen. Es sollte deutlich geworden sein, welches Gewicht den Körpern von Erec und Enite und dem erlittenen Leid auf ihrem Weg zukommt.
430 Hartmann von Aue: Erec, Vv. 8086–8107; Hervorh. von mir, F. D. S.: *si sprâchen: ‚herre, rîcher got, / war umbe geschuof dîn gebot / einen sô vollekomen man? / dâ wære vol dîn genâde an, / daz dû*

Während auf der einen Seite noch mehrfach die Gefahr, dass Erec seinen *lîp* verlieren werde akzentuiert wird (Vv. 8167 u. 8182), *quellent* auf der anderen Seite – in Guivreiz' Worten – die achtzig Witwen *mit jâmer den lîp* (V. 8326). Und auch die Schönheit von Mabonagrins Freundin wird im Vergleich mit ihrer Cousine Enite ausdrücklich noch einmal auf ihren Leib bezogen.[431]

Nicht nur die Leiblichkeit, die in der *verligen*-Episode akzentuiert wird, hat in der *Joie de la curt-âventiure* eine Entsprechung, sondern auch die *minne* selbst. Während die Frage nach der rechten Ausübung der *minne* durch den Mann im Verhältnis zur Schönheit der (Ehe-)Frau, wie Rüdiger Schnell zurecht argumentiert hat, das Thema des Romans ist,[432] findet sich *minne* nicht zuletzt auch in der Kampfmetaphorik der *Joie de la curt* wieder:

> hie hup sich herzeminne
> nâch starkem gewinne.
> si minneten sunder bette:
> diu minne stuont ze wette,
> sweder nider gelæge,
> dem wart der tôt wæge.
> mit scheften si sich kusten
> durch schilte zuo den brusten
> mit selher minnekrefte,
> daz die eschînen schefte
> kleine unz an die hant zekluben
> und daz die spilten ûfe stuben.
> (Hartmann von Aue: Erec, Vv. 9106–9117)

Während Scholz in seinem *Erec*-Kommentar, die Forschung resümierend, eine Deutung des Bezuges zur *minne* über die reine Kampfesmetaphorik hinaus ablehnt,[433] muss doch auffallen, dass die hier explizierte Kampf-*minne* auch deshalb mit der *minne* zwischen Erec und Enite kontrastiert, weil sie ganz explizit als Gegenteil des *verligens* inszeniert ist, insofern sie ausdrücklich *sunder bette* ausgeübt wird und auch das *ligen* hier wieder aufgegriffen ist, jedoch zur tödlichen ‚Niederlage' umge-

---

in hætest bewart | vor dirre leidigen vart, | daz er iht wære komen, | wan hie wirt im der lîp benomen. | ouwê, dû vil armez wîp! | wie dû queltest dînen lîp, | ob dû möhtest wizzen wol, | waz dir hie geschehen sol! | wie dîniu liehtiu ougen | mit trüebe suln verlougen, | daz si sô spillîchen stânt | unde kumbers niht enhânt, | unde dîn vil rôter munt, | der die liute hie zestunt | dir engegen lachen tuot! | und wie dû dînen gelphen muot | mit leide verkiusest, | sô dû dînen man verliusest!'

431 Hartmann von Aue: Erec, Vv. 8926–8934: *hie under er gesitzen sach | ein wîp, als im sîn herze jach, | daz er bî sînen zîten | âne vrouwen Enîten | nie dehein schœner hete gesehen. | wan der muost man jehen, | daz ir wünneclîcher lîp | geprîset wære über elliu wîp, | diu dô wâren oder noch sint.*
432 Vgl. etwa Schnell, *Gender* und Gesellschaft, S. 329.
433 Vgl. Scholz, Erec, S. 964 f., Kommentar zu Vv. 9107–9117.

formt erscheint (*sweder nider gelæge, / dem wart der tôt wæge*).[434] Die Engführung von *verligen* und Niederlage indiziert dabei zugleich eine implizite Entmännlichung der Helden, die im Bett ihrer Geliebten ruhen, ohne zu kämpfen und sich den Anforderungen der höfischen Sozialität zu stellen.[435]

Rüdiger Schnell erinnert daran, dass

> Erecs Verhalten in Karnant [...] an das [erinnert], was die moraltheologische Diskussion dieser Zeit unter dem Terminus *adulter uxoris* fasste. [...] Auch wenn Hartmann mit einem moraltheologischen Topos gearbeitet haben sollte, so beurteilt er nicht von einer moraltheologischen Warte, sondern von einer sozialethischen Position aus: Sexuelles Begehren findet dort seine Grenzen, wo es negative gesellschaftsrelevante Auswirkungen hat. Der *adulter uxoris*-Topos ist in der moraltheologischen Ehediskussion beheimatet. Er verurteilt den ungestümen leidenschaftlichen Sexualverkehr des Ehemannes mit seiner Frau. Dieser [...] Topos tradiert die Vorstellung, dass der Mann, der seine Frau zu leidenschaftlich liebe, zum Ehebrecher an seiner Frau werde.[436]

Sowohl der französische wie auch der deutsche *Erec*-Roman, so kann hier ergänzt werden, zeigen jeweils bis in die Formulierungen hinein deutliche Reflexe der *adulter uxoris*-Frage. Bei Chrétien wird zur Einleitung des Verliegens Erec als derjenige charakterisiert, der nicht mehr im Turnier kämpfen wolle und seine Frau zur Freundin und Geliebten mache: *a sa fame volt dosnoier, / si an fist s'amie et sa drue* (Chrétien: Erec et Enide, Vv. 2434 f.; Übers. [Gier]: „er wollte in Liebe mit seiner Frau leben und machte sie zu seiner Freundin und Geliebten"). Der charakteristische Unterschied zwischen der Liebe zur Frau und zur Geliebten wird hier also präsent gehalten.[437] Im deutschsprachigen *Erec* heißt es entsprechend im Dialog zwischen Oringles und Enite angesichts des scheinbar toten Erec: ‚was er iuwer âmîs ode iuwer man?' / ‚beide,

---

[434] Im Moment von Erecs Sieg über Mabonagrin wird das *ligen* wieder thematisch. Mabonagrin ist zu Boden gegangen, Erec hat sich auf seine Brust gekniet und nachdem Mabonagrin sich besiegt erklärt hat, heißt es über Erecs Antwort auf Mabonagrins Frage nach seiner Identität: *sus antwurte, der obene lît: / ‚daz habet ir selten ê gesehen, / ouch ensol'z mir niht geschehen: / wan dâ ergienge ein wunder an, / swenne sich der ober man / müeste dem undern ergeben. [...]`* (Hartmann von Aue: Erec, Vv. 9327–9332) und Mabonagrin wiederum nennt Erec denjenigen, der *mit gewalte obe liget* (V. 9341). Hier sehe ich – auch wenn es sich zweifelsfrei um Kampfmetaphorik handelt – die heterosoziale Ordnung der *minne* gegen die homosoziale Ordnung der männlichen Ehre und des Kampfes ausgespielt. Gerade die Kampfmetaphorik ermöglicht hierbei, so denke ich, flexibel das Einspielen von anderen Diskursbereichen in die Aushandlung der homosozialen Ordnung, die indessen nicht zufällig mit der heterosozialen Ordnung zusammengedacht wird. Die Spannung von *minne* als heterosozialem und *êre* als homosozialem Ordnungsmoment ist bereits im *verligen* selbst die Kernspannung, wie sich nicht zuletzt in der Analyse von Schnell, Gender und Gesellschaft, hier bes. S. 326–334, zeigt, der allerdings die Begriffe hetero-/homosozial nicht verwendet.
[435] Vgl. hierzu schon Klein, Geschlecht und Gewalt.
[436] Schnell, *Gender* und Gesellschaft, S. 329.
[437] Zum *Erec* im Kontext zeitgenössischen Eherechts vgl. Bruno Quast: *Getriuwiu wandelunge*. Ehe und Minne in Hartmanns ‚Erec'. In: ZfdA 122 (1993), S. 162–180.

herre.' (Erec, Vv. 6172 f.), wodurch der *adulter uxoris*-Topos hier in die retrospektive Beurteilung der Figur Enite verlegt wird.[438]

Rüdiger Schnell hat formuliert, es sei eine „ungeklärte Frage, ob der *Erec* einen männlichen Helden oder aber ein Paar ins Zentrum stellt. Damit ist wiederum die Frage verbunden, ob sich in Karnant das Paar oder nur Erec schuldig macht".[439] Zwar möchte ich Schnell darin folgen, dass Erec zum ethischen Subjekt des *verligens* wird, wie es auch Schnells Fazit ist: „[D]er männliche Partner in einer Liebesbeziehung hingegen ist dafür verantwortlich, dass sich diese Liebesbeziehung nicht völlig gegen die Gesellschaft abschließt, räumlich nicht und ideell nicht. Insofern trägt Erec die Hauptlast für das Versagen des Paares in Karnant".[440] Gegen Schnell möchte ich die Opposition weniger absolut setzen. Auch die, wie Schnell formuliert, „passiv" Handlungen auslösende weibliche Schönheit[441] ist Thema des Textes, der männliches Handeln und weibliches Schön*sein* korreliert und beides zum Gegenstand einer narrativ durchgespielten ethischen Sorge der Subjekte um sich selbst macht. Die *schult*, welche die Enite-Figur sich zuspricht (Hartmann von Aue: Erec, V. 3008), ist nicht identisch mit dem Versagen Erecs und nicht einziger und notwendiger Auslöser der Krise. Die je verschiedenen Arten von Schuld sind vielmehr – ebenso wie die Handlungsoptionen und Selbstführungsstrategien – genderspezifisch organisiert.[442] Die Wirkung der weiblichen Schönheit kann ebenso negativ bewertet werden wie das gleichzeitige ethische Versagen des Mannes, sich zu dieser Schönheit angemessen zu verhalten. Schönheit der Frau und Tugend des Mannes treten so ebenso in ein Verhältnis zueinander wie implizit auch die Schönheit der Frau und ihre Fähigkeit, dieselbe einzuhegen. Insofern beides durchgespielt wird, ist der *Erec* der Roman eines Paares, dass sich auf je unterschiedliche Art bewähren muss, insofern die ‚Krise' Erecs nicht mit der *schult* Enites identisch ist, ist der *Erec* der Roman zweier ethischer Subjekte und der je unterschiedlichen Anforderungen an sie. Der gemeinsame Auszug Erecs mit Enite wird im deutschen *Erec*-Roman – gegen Chrétien – dabei nicht nur zu einer gemeinsamen Bußfahrt am (schönen) *lîp*, sondern ist zudem ein narrativer Versuchsaufbau, in dem das Thema männlicher ‚Selbstregierung' (Foucault) angesichts weiblicher Schönheit – partiell auf der Folie marianischer Keuschheit – anhand von Erec und seinen Gegnern systematisch entwickelt wird, bis es in der

---

[438] Die Stelle hat (allerdings nicht im Sinne der *adulter uxoris*-Problematik) Schulze, âmîs unde man, behandelt.
[439] Schnell, *Gender* und Gesellschaft, S. 315.
[440] Ebd., S. 334.
[441] Ebd., S. 318.
[442] In jüngerer Zeit hat beispielsweise Manuela Niesner: *schiltkneht* Enite. Zur gender-Transzendierung im ‚Erec' Hartmanns von Aue. In: ZfdPh 126 (2007), S. 1–20, betont, dass männliche und weibliche Konstruktionen von *gender* im Rahmen des Textes kontrastiv entwickelt werden; vgl. ebd., S. 3. Sie schließt sich hierin Dorothea Klein (Klein, Geschlecht und Gewalt) an.

Schluss-*âventiure* der *Joie de la Curt* in eine symbolische Selbstüberwindung mündet, die noch einmal ganz auf Enites Schönheit hin neu perspektiviert ist.

III.4 Noch einmal: καλοκάγαθία und der narrative Zusammenhang von Schönheit und Gutheit

Dies ist des Bundes erste Pflicht!
(Emanuel Schikaneder: *Die Zauberflöte* II/3)

Una volta c'era un Re,
Che a star solo s' annojò,
Cerca, cerca, ritrovò!
Ma il volean sposare in tre.
Cosa fa?
Sprezza il fasto e la beltà,
E alla fin scelse per sé
L'innocenza e la bontà.
Là là là,
Lì lì lì,
Là là là.
(Jacopo Ferreti: *La Cenerentola* I,1)

Für den Begriff der ‚Kalokagathie', wie er in der germanistischen Mediävistik zur Benennung eines Zusammenhanges zwischen körperlicher Schönheit und einer ‚inneren Schönheit' von Figuren verwendet wird, bleiben also drei Dinge wesentlich festzuhalten: (1) Der Begriff wird, sofern er – wie es häufig geschieht – auf eine antike (Begriffs-)Tradition zurückbezogen wird im engeren Sinne falsch benutzt. Die körperliche Dimension, auf die die Forschung den Anteil *kalós* der Doppelformel vom ‚Schönen und Guten' (*kalós kai agathós*) bezogen wissen wollte, ist im antiken Begriff zunächst nicht, wenn überhaupt in anderer Form enthalten.

(2) Auch insofern man den ‚Kalokagathie'-Begriff in einer spezifischen pragmatisch-heuristischen Umprägung verstanden wissen wollte, die den ursprünglich philosophisch-ethischen Begriff καλὸς κἀγαθός (und καλοκάγαθία) in einer Umbesetzung auf das Innen-Außen-Verhältnis zwischen menschlicher Seele/Geist/Herz und menschlichem Körper bezieht – als ‚Kalokagathie' statt *kalokagathía* –, um die regelmäßige Koinzidenz von Tugend, Adel und körperlicher Schönheit in der höfischen Literatur zu beschreiben, muss konstatiert werden, dass für diesen weiteren ‚Kalokagathie'-Begriff erstaunlich wenig belastbare Indizien zu finden sind. Demgegenüber muss konzediert werden, dass körperliche und ‚innere' Schönheit kaum jemals in ein Verhältnis zueinander gebracht werden, in dem sie im engeren Sinne direkt voneinander abhängig sind oder einander bedingen.

(3) Es muss jedoch dem Umstand Rechnung getragen werden, dass zweifelsfrei beständig eine Koinzidenz der schönen Körper, der Tugend und des Adels in vernakula-

rer Literatur erzählt wird. Zwar sind die Werte (Körper/Tugend, äußere Schönheit/innere Schönheit) nicht voneinander abhängig und bedingen einander nicht, sie werden aber gleichwohl aufeinander bezogen und in Erzählungen beständig engeführt. Der Modus dieser Bezugsetzung jedoch, so die These, ist eher derjenige der Problematisierung, nicht derjenige der Entsprechung, der Abbildung oder der Synekdoche. Das Verhältnis der Tugend zur Schönheit des Körpers ist eines der Selbstsorge des Subjektes, in welchem das Subjekt – als Inneres – gegen den Körper – als Äußeres – gesetzt wird, wobei letzterer – zusammen mit allen anderen ‚Äußeren' Dingen, mit der gesamten *creatura* – die Position des ‚Anderen' einzunehmen beginnt.[443]

III.4.1 Schönheit als ethisches Problem bei Xenophon

Diese Zusammenbindung von Ethik und Schönheit im Modus der Problematisierung des männlichen Subjektes – wie sie sich etwa im *Erec* zeigt – ist älter als die stark stoizistisch beeinflusste christliche Ethik und – unter völlig anderen diskursiven Prämissen – bereits Teil jener Selbststilisierung und Problematisierungsstrategien, mit denen das klassische griechische männliche Subjekt ‚sein Verhalten ausarbeitet' und ‚seiner Lebensführung eine Form' gibt (Foucault).[444] Sie ist auf diese Art bereits Teil derjenigen philosophisch-ethischen Schriften, die das Konzept der *kalokagathía* ursprünglich entwickelt haben. Es zeigen sich hier – über einen wesentlichen epistemischen Bruch hinweg – erstaunliche Ähnlichkeiten an der Oberfläche der ethischen Vorschriften und ihrer Diskursivierung im Rahmen von Narrationen. Diese Analogien soll hier, unter erneutem Rückgriff auf Texte Xenophons, noch einmal demonstriert werden, um zu plausibilisieren, dass auch in den mittelhochdeutschen Texten ein ethischer Diskurs enthalten ist, der unter dem Schlagwort der (antiken) ‚*kalokagathía*' analysiert werden kann, allerdings signifikant anders, als es in der germanistischen Mediävistik bislang geschehen ist.

In der sogenannten *Kyrupädie* (ca. 360 v. u. Z.), der Schrift des Xenophon über die Erziehung des Perserkönigs Kyros' II. (ca. 590/580–530 v. u. Z.), die nachhaltig die Texte Ciceros (106–43 v. u. Z.) beeinflusst hat,[445] findet sich beispielsweise eine Sequenz, in welcher der König im Rahmen einer (stark stilisierten und fiktiven) biographischen Erzählung – entsprechend den Anforderungen einer allgemeinen *Pai-*

---

443 Vgl. hierzu im Folgenden Kap. VI.2.
444 Vgl. Foucault, Sexualität und Wahrheit 2, S. 33.
445 Die *Kyrupädie* hat nachweislich auf Cicero gewirkt, der eine der für das Mittelalter maßgeblichen Instanzen der Vermittlung von (besonders auch stoisch geprägtem, im Ganzen aber eklektischem) philosophischem Wissen ist. Vgl. in der Ausgabe von Nickel, S. 734–736 u. 755.

*deía*⁴⁴⁶ – auch in seiner vorbildlichen Haltung gegenüber den Verführungen der weiblichen Schönheit dargestellt wird.

Auf dem Kriegszug des Kyros ist unter den Gefangenen auch eine schöne Frau namens Pantheia, die Ehefrau des Abradatas von Susa.⁴⁴⁷ Diese wird von einem engen Vertrauten des Kyros, von dem Meder Araspas, für diesen bewacht, bis Kyros selbst sie zur Frau nehmen kann. Araspas nun tritt an Kyros heran und fragt diesen, ob er die Frau, die er für ihn zu bewachen hat, schon gesehen habe. Als Kyros verneint, schildert Araspas den Moment, in dem er die Fremde zuerst gesehen hat. Unter der Schar ihrer Dienerinnen, mit der sie zusammen und gleich gewandet gesessen hatte, sei sie im Aufstehen durch ihre Größe, Würde und vornehme Haltung herausgestochen. Als man ihr daraufhin verkündet habe, dass sie dem Kyros zur Frau geben werde, habe sie begonnen zu klagen, wobei ihre Schönheit erst recht sichtbar geworden sei:

> ‚[…] Als die Frau diese Worte gehört hatte, zerriß sie den oberen Teil ihres Gewandes und begann zu klagen, und mit ihr gemeinsam brachen auch die Dienerinnen in Wehklagen aus. (7) Da konnte man den größten Teil ihres Gesichts, ihren Hals und ihre Hände sehen, und – das mußt du wissen, mein Kyros – ich und alle anderen, die sie sahen, waren überzeugt, daß noch nie ein weibliches Menschenwesen von solcher Schönheit⁴⁴⁸ in Asien das Licht der Welt erblickt hat. Du mußt sie dir auf jeden Fall ansehen.‘ (Xenophon: Kyrupädie 5.1.6 f.; Übers. Nickel)

Kyros lehnt im Folgenden ab, die Frau zu sehen, und verweist auf seine Pflichten als Herrscher, die er zu vernachlässigen fürchtet, wenn er der Schönheit der Frau erst ansichtig werde:

> Kyros erwiderte: ‚Beim Zeus, auf keinen Fall, wenn sie so aussieht, wie du sagst.‘ – ‚Wieso denn?‘ fragte der junge Mann [= Araspas; F. D. S.]. ‚Weil ich fürchte, wenn ich mich jetzt überreden lasse, zu ihr zu gehen, um sie mir anzuschauen, nachdem du mir von ihrer Schönheit erzählt hast, daß sie mich, obwohl ich doch überhaupt keine Zeit habe, erneut dazu verleitet,

---

446 Vgl. zur *Kyrupädie* etwa: Hartmut Wilms: Techne und Paideia bei Xenophon und Isokrates. Stuttgart/Leipzig 1995 (Beiträge zur Altertumskunde 68), S. 100–207.

447 Vgl. zu der Erzählung von Pantheia auch Christian Mueller-Goldingen: Untersuchungen zu Xenophons Kyrupädie. Stuttgart/Leipzig 1995 (Beiträge zur Altertumskunde 42), hier S. 188–194 u. 204–211. – Mueller-Goldings Auffassung, dass der „Hinweis auf die ausnehmende Schönheit […] ein Motiv aus dem Märchen, das auch im Roman seinen festen Platz hat", sei (ebd., S. 189), teile ich so nicht, da es ihre Bedeutung entproblematisiert.

448 ‚Schönheit' ist hier eine aus dem Kontext abgeleitete, vereindeutigende Interpretation des Übersetzers Rainer Nickel. Wörtlich bedeutet der griechische Text der Stelle: „ … ich und alle anderen, die sie sahen, waren überzeugt, dass noch nie eine so beschaffene Frau von Sterblichen in Asien geboren worden sei". Die Vereindeutigung mag ihre Berechtigung darin haben, dass zuvor der unter den zerrissenen Kleidern sichtbare Körper der Frau und im Folgenden die Liebesentstehung durch Anschauung der menschlichen Schönheit thematisch werden. Es muss jedoch festgehalten werden, dass die Formulierung hier offener gehalten ist. – Für Erläuterungen des griechischen Textes und wertvollen Hilfestellungen beim Verständnis danke ich von Herzen Marco Mattheis (Berlin) und Adrian Meyer (Köln).

ein zweites Mal zu ihr zu gehen, um sie zu sehen. Dadurch könnte ich vielleicht meine Pflichten vernachlässigen, bei ihr sitzen bleiben und sie immer nur ansehen.'
(Xenophon: Kyrupädie 5.1.8; Übers. Nickel)

Es schließt ein Dialog über die Wirkung der Schönheit und die Gefahr der Liebesentstehung an, in welchem Araspas bezweifelt, dass die „Schönheit eines menschlichen Wesens [κάλλος ἀνθρώπου] dazu imstande sei, jemanden gegen seinen Willen dazu zu veranlassen, seine Pflichten zu vergessen" (Xenophon: Kyrupädie 5.1.9). Er vergleicht die Schönheit mit dem Feuer, welches, anders als jene, unterschiedslos alles gleichermaßen verbrenne, während man nicht in alle schönen Dinge unterschiedslos verliebt sei. Araspas führt diese Grenzen der Liebe auf den Willen zurück. Kyros bezweifelt, dass Wahrnehmung von Schönheit, die Liebesentstehung und die Beherrschung der Lust mit dem Willen zu lenken seien, und führt ein Argument ins Feld, das den Minnesklaven-Exempla mittelalterlicher Literatur ähnelt, weil darin die großen Themenkreise des Freiheitsverlustes, der Gefangenschaft und Selbstaufgabe, der Krankheit und Heilung enthalten sind, wie sie später in den Figuren des Aristoteles, Salomons, Samsons und anderer wiederkehren werden:

> ‚Wenn demnach', fragte Kyros, ‚die Liebe eine Sache des Willens ist, wie kommt es dann, daß man mit ihr nicht aufhören kann, sobald man es will? Ich habe Leute gesehen, die aus Liebeskummer weinten, die den geliebten Menschen sklavisch ergeben waren, obwohl sie den Sklavendienst, bevor sie liebten, für ein großes Übel hielten, die vieles opferten, wovon sie sich besser nicht getrennt hätten, die den Wunsch hatten, von der Liebe wie von irgendeiner anderen Krankheit befreit zu werden, sich allerdings nicht davon befreien konnten, sondern durch eine stärkere Macht gebunden waren, als wenn sie in Eisen lägen. Sie liefern sich aber den geliebten Personen aus, indem sie sich ihnen auf vielfältige Weise blindlings unterwerfen. Aber sie versuchen auch nicht zu entkommen, obwohl sie so viel Schlimmes ertragen müssen, sondern passen sogar auf, daß die Menschen, die von ihnen geliebt werden, nicht fortlaufen.'
> (Xenophon: Kyrupädie 5.1.12; Übers. Nickel)

Araspas lässt diesen Einwand nicht gelten und führt diese Liebeskrankheit im Gegenteil auf allgemeine Zuchtlosigkeit derjenigen zurück, welche auch der körperlichen Schönheit verfallen. Liebe und Schönheit seien nicht *per se* unbeherrschbar. Wer aber grundsätzlich keine Beherrschung kenne, der habe diese auch gegenüber schönen Menschen nicht und führe, umgekehrt, diese mangelnde Beherrschung dann auf die Macht der Liebe zurück:

> ‚[...] Ebenso zwingen doch auch die schönen Menschen niemanden dazu, sie zu lieben und das zu begehren, was man nicht begehren darf, sondern die elenden Gestalten sind, wie ich meine, Opfer aller ihrer Begierden, und dann schieben sie die Schuld auf die Liebe. Die anständigen Menschen [= καλοὶ κἀγαθοί, kaloi kagathoi] hingegen wünschen sich zwar auch Geld, gute Pferde und schöne Frauen [= γυναικῶν καλῶν, gynaikon kalon], doch können sie auf alle diese Dinge leicht verzichten, so daß sie sie nicht zu Unrecht anrühen.'
> (Xenophon: Kyrupädie 5.1.14; Übers. Nickel)

Araspas beendet seine Rede mit dem Argument, dass er, obwohl er die Frau gesehen habe und obwohl sie ihm schön erschienen sei, an der Seite des Kyros reite (Xenophon: Kyrupädie 5.1.15), woraus zu ersehen sein soll, dass ihn die Schönheit der Frau nicht von seinen Pflichten abgehalten hat. Dies lässt Kyros nicht gelten, denn auch Holz fange nicht sofort Feuer, sondern benötige eine gewisse Kontaktzeit, um sich zu entzünden. Zudem sei die menschliche Schönheit gefährlicher, weil Feuer bei Berührung überspringe, menschliche Schönheit jedoch durch das Sehen auch ohne Berührung zu entzünden vermöge:

> ‚[...] Dennoch berühre ich freiwillig weder ein Feuer, noch sehe ich schöne Menschen an. Auch dir, Araspas, rate ich nicht, deinen Blick auf den schönen Menschen ruhen zu lassen. Denn das Feuer verbrennt jeden, der es berührt. Die Schönen aber setzen auch diejenigen in Flammen, die nur von weitem hinsehen, so daß sie schließlich vor Liebe brennen.'
> (Xenophon: Kyrupädie 5.1.16; Übers. Nickel)

Araspas nun verteidigt das Anschauen gegen das falsche Handeln. Sofern er nicht zu falschem Handeln gezwungen sei, könne Anschauung auch keinen Schaden bewirken: „‚Keine Angst, mein Kyros. Auch wenn ich niemals aufhöre hinzusehen, ist doch nicht zu befürchten, daß ich dazu gezwungen werden kann, etwas zu tun, was man nicht tun darf'" (Xenophon: Kyrupädie 5.1.17). Diese Antwort, die zwar auf die eigene Tugendstärke baut, den Handlungsanweisungen des Kyros jedoch zuwiderläuft, qualifiziert Kyros – ironischerweise – ausdrücklich als eine ‚schöne' Antwort: „‚Sehr schön, sagte er, sprichst du [= Κάλλιστα, ἔφη, λέγεις (Übers. F. D. S.)].'"

Unabhängig von der im Text selbst zunächst nicht gelösten Frage, ob nun Kyros oder Araspas Recht behält, kann doch konstatiert werden, dass beide den rechten Umgang mit weiblicher Schönheit in eine Problematisierungsstrategie einbinden, die um männliche Selbstbeherrschung und das Potential der Schönheit, diese zu korrumpieren, herum organisiert ist. Es ist gleich, ob man – wie Kyros – glaubt, dass es besser ist, die Tugend des männlichen Betrachters gar nicht erst auf die Probe zu stellen, weil die Macht der Schönheit unbeherrschbar ist, oder ob man – wie Araspas – davon ausgeht, dass rechte Tugend auch angesichts weiblicher Schönheit Bestand hat und nur korrumpierbar ist, was bereits korrupt ist; *beide* Figuren sind sich in einem einig: sie fokussieren die Schönheit der Pantheia – durch die Extremposition des Kyros angeregt – als Anlass zur Sorge um die ethische Integrität des männlichen Subjektes. Beide beziehen die menschliche Schönheit (*kállos*, κάλλος) auf die sittliche Vollkommenheit des Mannes, die *kalokagathía*.[449] Der Text entscheidet schließlich zugunsten des Kyros; Araspas hält dem beständigen Kontakt mit der schönen Frau nicht stand, macht ihr Avancen und droht ihr sogar mit Vergewaltigung:

---

[449] Ekkehard Stärk wählt in seiner Übersetzung des *Symposions* konsequent „sittliche Vollkommenheit" für den Terminus *kalokagathía* und gibt auch die *káloi kágathoi* konsequent im Sinne von „Männer von sittlichem Adel" wieder (vgl. Xenophon: Symposion 1.1).

> Denn Araspas war folgendes passiert: Überwältigt von seiner Leidenschaft für die Frau ließ er sich dazu hinreißen, ihr einen eindeutigen Antrag zu machen. (32) Sie aber wies ihn zurück und hielt ihrem Mann die Treue, obwohl er abwesend war. Denn sie liebte ihn sehr. [...] (33) Als Araspas [...] der Frau drohte, wenn sie es nicht freiwillig tun wollte, werde sie es auch gegen ihren Willen tun, behielt sie den Vorfall nicht mehr für sich, [...] sondern schickte ihren Eunuchen zu Kyros und ließ ihm alles mitteilen. (34) Als Kyros die Geschichte gehört hatte, lachte er über Araspas, weil der doch behauptet hatte, ihn könne die Liebesleidenschaft nicht überwältigen[.]
> (Xenophon: Kyrupädie 6.1.31–34)

Araspas, der gedemütigt vor dem jedoch mild gestimmten Kyros steht, kontrastiert schließlich *expressis verbis* die Schönheit der Frau mit dem ‚schönen' Handeln, das er als Mann an den Tag hätte legen müssen. Er zieht aus dem Vorfall, den er ein „Gespräch mit dem schurkischen Sophisten, dem Eros" (Xenophon: Kyrupädie 6.1.41), nennt, eine „philosophische Lehre", nämlich diejenige, dass in seiner Brust zwei Seelen wohnen müssten, deren eine nach guten und schönen, deren andere nach schlechten und hässlichen Dingen strebe. Für den Versuchsaufbau, in welchem Araspas zu seinem eigenen Exempel wird, an dem sich die Lehren des Kyros bestätigen, bezeichnet sich der König selbst als verantwortlich. Kyros sagt:

> ‚[...] Auch ich habe selbst schon bemerkt, daß ich nicht genug Gewalt über mich habe, gegenüber Schönen gleichgültig zu bleiben, wenn ich mit ihnen zusammen bin. Aber an deiner Situation bin ich selbst Schuld, denn ich habe dich zusammen mit diesem unwiderstehlichen Geschöpf eingesperrt.'
> (Xenophon: Kyrupädie 6.1.36)'

Nicht zuletzt betont die Figur Kyros so noch einmal die unwiderstehliche, korrumpierende Macht weiblicher Schönheit im Kontrast zur männlichen Tugend, welche für den *kalos kagathos*, den Schönguten, eigentlich Selbstbeherrschung (*enkráteia*) sein müsste.

Körperliche Schönheit wird hier zur Folie, auf der sich ‚Schöngutheit' (*kalokagathía*) des Mannes realisiert. Dabei wird der Meder Araspas von vornehrein negativ gegen zwei Kontrastfiguren geführt, nämlich gegen den Perser Kyros und gegen Pantheia, die Frau aus Susa, die so exzeptionell tugendhaft ist, dass ihr sogar die prinzipiell männliche Qualität der *kalokagathía* attribuiert werden kann. Tugend der Frau ist damit hier zugleich Denunziation der Weiblichkeit selbst als prinzipiell tugendlos.[450] Im Verhältnis zu ihr, die sich später aus Gattentreue über dem im Kampf gefallenen Ehemann erdolcht und die die gewalttätigen Avancen des Araspas abweist, wird dieser, der als Meder ohnehin im Verdacht steht, tendenziell zuchtlos, sinnlichen Genüssen zugewandt und verweichlicht zu sein, besonders negativ dargestellt.[451] Im Kontrast zu Araspas wiederum wird die zentrale Figur des

---
[450] Vgl. hierzu im folgenden Kapitel IV.1.1, bes. S. 295–299, auch die Analyse der Marcia-*descriptio* in der *Ars versificatoria* des Matthäus von Vendôme.
[451] Der Erzählung um die schöne Frau Pantheia geht im vierten Buch der Kyrupädie eine kurze, nur scheinbar unverbundene Episode voraus, in welcher ein Meder von Kyros eine Musikantin erbittet, deren Spiel ihm gefallen hat. Die Kindheit des Kyros in Medien bei seinem medischen Großvater, As-

Textes, nämlich der Perserkönig Kyros, der die Sorge um sich selbst und die unwiderstehliche Gefahr der körperlichen Schönheit für die eigene *kalokagathía* richtig zu kalkulieren weiß, konturiert.

Auch Sokrates ruft in Xenophons *Symposion* zu einer solchen Sorge auf und nennt die Küsse, die man mit Schönen tausche, den „gefährlichsten Zündstoff" (vgl. Xenophon: Symposion 4.25). Seine Warnung – „Deswegen soll, sage ich, wer bei Maß und Verstand bleiben will, auf die Küsse der Schönen verzichten" (Xenophon: Symposion 4.26) – geht so weit, dass ihm von Charmides entgegnet wird: „Aber warum nur, Sokrates, jagst du uns, deinen Freunden, mit Ammenmärchen Furcht vor dem Schönen ein?" (Xenophon: Symposion 4.27)[452]

Auch hier läuft die Grundopposition auf die Beherrschung der männlichen Lust, welche durch die Schönheit (*kállos*) des Knaben ausgelöst und die in Männern von sittlicher Vollkommenheit (*kaloi kagathoi*) bezwungen werden muss, hinaus. Der Anlass der Diskussion im *Gastmahl* scheint dabei die Schönheit des Knaben Autolykos selbst zu sein, der von dem – als tendenziell dekadent dargestellten – Gastgeber, Kallias, begehrt wird.[453] In dem von Sokrates angeregten Gespräch des Abends, das sich um das Thema drehen soll, wie man sittliche Vollkommenheit (*kalokagathía*) erwerben könne, werden anschließend verschiedene Vorschläge der Teilnehmer diskutiert, darunter der ethische Nutzen des Geldes, der ethische Nutzen von Dichtung, der ethische Nutzen der körperlichen Schönheit und weiteres.

In zwei Wechselreden mit dem Teilnehmer Kritobulos, der sich selbst für schön hält, der wiederum Schönheit an anderen Knaben begehrt und der zudem körperliche Schönheit für den Ursprung tugendhaften Verhaltens hält,[454] entwickelt Sokrates ein differentielles Verständnis, das die Schönheit (*kállos*) und die sittliche Vollkommenheit (*kalokagathía*) rund um das Adjektiv ‚schön' (*kalós*) zusammenführt. Sokrates, der traditionell als Prototyp des hässlichen Menschen inszeniert ist, warnt nicht nur vor der Macht der Schönheit und zum rechten Umgang mit ihr, sondern versucht zudem die Schönheit auf einen alternativen Begriff zu bringen, der an die Gutheit gekoppelt ist. In einem ‚Schönheitswettbewerb' (= *kállous agon*) bringt er Kritobulos mäeutisch dazu,

---

tyages, steht unter dem Zeichen der gegen die medischen Genüsse gerichteten, natürlichen Selbstdiziplin des künftigen Königs (vgl. Xenophon: Kyrupädie 1). Auf die Rückkehr des Kyros nach Persien und darauf, dass dieser die medischen Gebräuche abgelegt hat, wird mit Bezug auf Araspas eigens noch einmal referiert (Xenophon: Kyrupädie 5.1.2): „Kyros rief den Meder Araspas zu sich, seinen Freund und Vertrauten von Kindheit an, dem er auch sein medisches Gewand überließ, nachdem er es ausgezogen hatte, als er von Astyages nach Persien zurückkehrte. Dieser sollte für ihn die Frau und das Zelt bewachen."

452 In der *Symposion*-Stelle geht es freilich um schöne Knaben, nicht um weibliche Schönheit.
453 Zur Figur des Gastgebers Kallias vergleiche das Nachwort in der Ausgabe von Stärk, S. 115–117.
454 Xenophon: Symposion 4.15: „Denn durch das Gefühl, das wir Schönen den Verliebten einhauchen, machen wir sie großzügiger im Umgang mit Geld, ausdauernder und ehrgeiziger in den Gefahren und im ganzen zurückhaltender und beherrschter: versagen sie sich aus Schamgefühl doch gerade das, wonach es sie am meisten verlangt."

die Schönheit auf die Gutheit (Wohleingerichtetheit/Tauglichkeit) der Dinge zurückzuführen, und weist in einem dialogischen Argumentationsgang nach, dass er, der prototypisch Hässliche, schöner als der schöne Kritobulos sei, insofern seine große Nase besser zum Riechen geeignet sei, seine weit auseinander stehenden Augen besser zum peripheren Sehen geeignet seien und so fort. Insofern Sokrates ‚schön' (*kalós*) hier von der semantischen Dimension ‚gut' her auffasst und auf die Wohleingerichtetheit der natürlichen, organischen Funktionsweise seines Körpers abhebt, betreibt er eine Argumentationsfigur, die dem Augustinischen ‚Lob des Wurmes', dem *laus vermiculi*, nicht unähnlich ist.[455] Betont wird hier die Doppeldeutigkeit der Semantik. Rückgebunden an das Ausgangsproblem des Dialogs, die *kalokagathía* und ihre Vermittlung, zeigt sich so, dass die körperliche Schönheit etwas kategorial anderes ist als die *kalokagathía*, wenngleich beide an der Wortoberfläche verwandt zu sein scheinen.[456] Die Pointe des Textes ist dann, dass der schöne Autolykos selbst zum Abschied Sokrates, den Hässlichen, als *kalos kagathos* bezeichnet: „Bei der Hera, Sokrates, du scheinst mir ein Mensch von sittlichem Adel zu sein!"[457] Indem der Schöne den Hässlichen einen Schönguten nennt, inszeniert der Text, dass der Schöngutheit keine körperliche Dimension eigen ist, nur weil ein etymologischer Zusammenhang zwischen der Schönheit (*kállos*) und vollendeter Tugend (*kalokagathía*) besteht. Indem Sokrates schließlich derjenige ist, der als der Schöngute bezeichnet wird und – im Zwiegespräch mit Kritobulos – sich eine auf Gutheit basierende Schönheit zuschreiben will, wird zudem deutlich, dass die Schönheit der Knaben, die Kritobulos und Kallias begehren, eine eben tatsächlich bloß ‚ästhetische' Schönheit des Körpers ist, keine ‚Schönheit der Tugend'. Analog wird auch im *Charmides*, dem platonischen Dialog über die Tugend der Besonnenheit (*sophrosýne*), die *kalokagathía* als Eigenschaft der Seele gegen den Körper abgegrenzt. Alle Augen richten sich hier auf den schönen Knaben Charmides, der anwesende Chairephon lobt sein schönes Gesicht und äußert gegenüber dem Sokrates, dass der Körper des Knaben derart schön sei, dass man sein Gesicht vergäße, sobald sich der Knabe auszöge. Sokrates jedoch urteilt, dass noch etwas hinzukommen müsse, und fragt, ob auch die Seele des Charmides wohlgestaltet sei. Um die Vollendung auch der Seele des Knaben herauszustreichen, verwendet Chairephon nun die Wendung *kalós kai agathós* (vgl. Platon: Charmides 154e). Auch hier beschreibt *kalokagathía* eine Eigenschaft der Seele allein, nicht ihre Verbindung zum schönen Körper. Umgekehrt ist es Sokrates, der Icherzähler dieses Dialoges, welcher angesichts des schönen Körpers des Charmides *enkráteia* walten lassen muss. Der herankommende Knabe löst geradezu tumultartige Sze-

---

455 Das ‚Lob des Wurmes' aus *De vera religione* (XLI.77.217–220) findet sich im Rahmen der vorliegenden Arbeit vollständig zitiert in Kap. IV.3, S. 426.
456 Sie sind so eng verwandt, dass im *Oikonomikos* (6.13–17) des Xenophon Sokrates zuerst zu ‚den Schönen' geht, um etwas über die *kalokagathía* in Erfahrung zu bringen, nur um sofort seinen Irrtum zu erkennen, dass er bei diesen umsonst sucht. Die etymologische Nähe und die semantische Differenz gehen hier Hand in Hand.
457 Der Text lautet hier: Νὴ τὴν Ἥραν, ὦ Σώκρατες, καλός γε κἀγαθὸς δοκεῖς μοι ἄνθρωπος εἶναι.

nen aus. Die übrigen Knaben überschlagen sich fast in Dienstfertigkeit und starren ihn an und auch Sokrates wird von seiner Schönheit überwältigt:

> In diesem Moment, mein Lieber, konnte ich unter sein Gewand sehen! Da fing ich Feuer und war außer mir. Kydias schien sich mir in Liebesangelegenheiten sehr gut auszukennen, wenn er im Hinblick auf einen schönen Jungen warnt: ‚Wenn das Hirschkalb *in die Nähe eines Löwen gerät, soll es sich in acht nehmen, nicht als seine Beute verschlungen zu werden.*' Ich selber nämlich fühlte mich wie in den Fängen einer solchen wilden Bestie.
> (Platon: Charmides 155d; Hervorh. im Original; F. D. S.)

Die Diskursfiguration, in welcher (weibliche oder knabenhafte) Schönheit den Schönguten in seiner Tugend, den Herrscher in Hinblick auf seine Pflichten kompromittiert und der Umgang mit dieser Schönheit zu einer Aufgabe der Selbstbeherrschung (*enkráteia*) und Besonnenheit (*sophrosýne*) des ethischen Subjektes wird, ist also erkennbar älter als die christliche Ethik des Fleisches. Die Themen, die bei Xenophon entwickelt werden, kehren in erstaunlicher Ähnlichkeit im *Erec* wieder, begonnen beim erotischen Blick unter die Kleidung über die Macht der Schönheit über den Verstand der Männer und die Forderung, dass ein guter Herrscher sich in ihrem Angesicht vor allem auch selbst beherrschen können muss. Im Unterschied jedoch zur *Kyrupädie* verändert sich dort der Selbstbezug in dem, was Foucault die „christliche Erfahrung des ‚Fleisches'" genannt hat.[458]

III.4.2 ‚*kalokagathía*' bei Walther von der Vogelweide

Es ist einerseits argumentiert worden, dass die sogenannte ‚Kalokagathie' nicht das schöne Innere mit dem schönen Äußeren zeichenhaft zusammenbindet, sodass das eine für das andere ‚bürgt'[459] und sie einander entsprechen, sondern dass die *kalokagathía* im antiken Diskurs die vollkommene Tugend selbst, die ‚Schöngutheit', meint. Es kann jedoch andererseits auch gezeigt werden, dass die äußere Schönheit des Körpers schon in der vorchristlichen Tradition regelmäßig in eine Beziehung zur *kalokagathía*, zur ‚inneren Schönheit', gebracht wird. Insofern werden Tugend und Schönheit auch jenseits eines physiognomischen Diskurses tatsächlich beständig relationiert, jedoch nicht im Sinne einer Äquivalenz, Synekdoche oder Bezeichnung, sondern im Sinne einer ethischen Problemstellung.[460] Die Schönheit des Körpers wird zum Prob-

---

458 Vgl. Foucault, Sexualität und Wahrheit 2, S. 11.
459 Vgl. erneut: Heinz Sieburg, Literatur des Mittelalters, S. 184: „Die Schönheit des Körpers bürgt somit in der Regel für die Tugendhaftigkeit einer Person, und zwar grundsätzlich unabhängig vom Geschlecht."
460 Als ethische Problematisierung bietet sich letztlich selbst der Optimismus des platonischen *Symposions* dar, welches in der durch Sokrates vermittelten Lehre Diotimas eine Möglichkeit aufzeigt, sich der schönen Körper auf eine positive Art zu bedienen und sie so zum Urgrund einer Erkenntnis macht, die ihr – außerhalb der Lehre – nicht notwendig zukommt.

lem der ‚inneren Schönheit', die ethische Haltung zum Körper – dem eigenen oder dem des Gegenübers – bedarf der Sorge. Wenn es heißt, wie man oftmals liest, die antike ‚Kalokagathie' habe Nachwirkungen im christlichen Europa gezeitigt,[461] so ist dies an sich nicht einmal falsch, insofern man ‚Kalokagathie' eben nicht als Zeichenrelation von Innen und Außen, sondern als Modus der Selbststilisierung, als Haltung des (männlichen) ethischen Subjektes zu sich selbst und zum schönen Körper des (nunmehr ausschließlich weiblichen) Gegenübers auffasst.

Diese Problematisierungen, welche bereits im antiken Griechenland begonnen haben, haben unter veränderten Vorzeichen Eingang in einen christlichen Ethikdiskurs gefunden, welcher neue Grenzen, neue Felder, neue Probleme erschließt. Michel Foucault hat die Langzeitfolgen für das Mittelalter, welchem er keine eigenständige Monographie mehr gewidmet hat, andeutungsweise so formuliert:

> Später in der europäischen Kultur werden das junge Mädchen und die verheiratete Frau mit ihrem Verhalten, mit ihrer Tugend, ihrer Schönheit und ihren Gefühlen bevorzugte Gegenstände der Sorge werden; eine neue Kunst, sie zu umwerben, eine hauptsächlich romanhafte Literatur, eine auf die Integrität ihres Körpers und auf die Festigkeit ihrer Ehebindung streng achtende Moral – all das wird die Neugierden und die Begierden auf sich ziehen.[462]

Insofern eine (weibliche) Figur im Rahmen dieses christlichen Diskurses als besonders schön *und* gut gekennzeichnet wird, ist die positive Koinzidenz der beiden Werte weniger die Norm als vielmehr die – immer wieder erzählte – Besonderheit.[463]

Diese diskursive Formation findet sich in der volkssprachlichen Literatur um 1200 auch ohne starke christliche Rahmung. Als prominentes Beispiel kann Walthers von der Vogelweide Ton 23 dienen. Über dessen innere Zusammengehörigkeit hat die Forschung anhaltend gestritten und für die fünf überlieferten Strophen dieses Tones (L 45,37, 46,10, 46,21, 46,32 und 47,5) sowohl einen Liedzusammenhang als auch die Aufteilung in zwei verschiedene Lieder (L 45,37, 46,10 und 46,21 vs. L 46,32 und 47,5)

---

461 Vgl. schon Eco, Kunst und Schönheit, S. 38 f.: „Die Sensibilität der Zeit führt in einer Atmosphäre eines christlichen Spiritualismus zu einem Wiederaufleben der griechischen *kalokagathìa* [...], die die harmonische Vereinigung von körperlicher Schönheit und Tugend bezeichnete."
462 Foucault, Sexualität und Wahrheit 2, S. 271.
463 Noch im vierten Teil der *Frauenzimmer Gesprächspielen* Georg Philipp Harsdörffers (Nürnberg 1644) werden die Glücksgüter zwar beständig zusammen thematisch, jedoch immer in ein konkurrierendes Verhältnis zueinander gebracht. So kann es beispielsweise in der Rede der ‚adeligen Jungfrau' Cassandra Schönlebin, die sich – entsprechend ihrem sprechenden Namen, der auf tugendhaftes Leben verweist – als hässlich identifiziert (vgl. FG IV, Nr. 193, S. 395), heißen (ebd., Nr. 196.5 S. 402 f.): *Die Schönheit/ Tugend und hoher Stand sind so wenig bey den Weibspersonen zugleich anzutreffen/ als die Gesundheit/ Reichthum und Verstand bey den Männern. Jener erleuchte Apostel gibt einen solchen Abschied: Wer heirahtet der thut wol/ welcher aber nicht heirahtet der thut besser [1. Cor. 7,38]*. Das durch Cassandra personifizierte ‚schöne Leben' steht der Schönheit des Körpers und seiner Attraktion hier entgegen.

angenommen.⁴⁶⁴ Die Überlieferung rückt dabei die Strophen L 46,32 und 47,5 zu einer eigenständigen Liedeinheit zusammen, insofern diese in den Hss. C und E gemeinsam zwischen die Strophen L 46,10 und L 46,21 gestellt sind, in den Hss. A, B und F – wie von Lachmann ediert – auf L 46,21 folgen. Die relative Stabilität der beiden kleinen Strophenverbünde einerseits sowie der scheinbare inhaltliche Bruch andererseits haben die Forschung bewogen, Ton 23 in zwei Lieder zu unterteilen.⁴⁶⁵

So ist beispielsweise Günther Schweikle in seiner Studienausgabe verfahren, der L 45,37, 46,10 und 46,21 zusammen als Liedeinheit (Lied: *Sô die bluomen ûz deme grase dringent*) in der thematischen Kategorie „Frauenpreis" und L 46,32 und 47,5 als Liedeinheit (Lied: *Aller werdekeit ein vüegerinne*) unter der Rubrik „Problematisierungen der Minne" mit dem Zusatz „Minne-Diskurs" abdruckt.⁴⁶⁶ Unabhängig von diesen, immer an inhaltliche Präjudizierungen⁴⁶⁷ gekoppelten Trennungen, lässt sich Ton 23

---

464 Vgl. zur Forschungsdebatte bspw. die weiterführenden Hinweise bei Manfred Günter Scholz: Walther von der Vogelweide. 2. Aufl. Stuttgart/Weimar 2005, S. 113 (*Sô die bluomen ûz deme grase dringent*) sowie S. 97–101 u. 120 (*Aller werdekeit ein füegerinne*), der zwei getrennte Lieder annimmt. Ebenso in der Einführung von Otfrid Ehrismann: Eine Einführung in das Werk Walthers von der Vogelweide. Darmstadt 2008, hier S. 98–100 (zu *Sô die bluomen ûz dem grase dringent*, im Kontext eines Kapitels zur „höfischen Natur") und S. 101–104 (zu: *Aller werdekeit ein füegerinne*). Vgl. zur Überlieferungssituation der Strophen und zu interpretatorischen Konsequenzen in jüngerer Zeit zudem: Thomas Bein: Editionsphilologie. In: Literatur- und Kulturtheorien in der Germanistischen Mediävistik. Ein Handbuch. Hrsg. von Christiane Ackermann, Michael Egerding. Berlin/Boston 2015, S. 35–66.
465 Gert Hübner: Frauenpreis. Studien zur Funktion der laudativen Rede in der mittelhochdeutschen Minnekanzone. 2 Bd. Baden-Baden 1996 (Saecvla spiritalia 34), S. 237, formuliert systematische Kategorien, nach denen er die Strophen aufteilt und so – letztlich inhaltlich begründet – gegeneinander absetzt: „In der Kleinen Heidelberger und in der Weingartner Handschrift beginnt dieses Lied mit den drei Preisstrophen, auf die unvermittelt und ohne ersichtlichen Zusammenhang die beiden Programmstrophen folgen. Eine Trennung des Tons in zwei Lieder drängt sich deshalb auf. In der Manessischen Liederhandschrift jedoch und ebenso in der Würzburger stehen nur zwei Preisstrophen am Beginn, die Programmstrophe kommen an dritter und vierter Stelle, am Ende folgt die dritte Preisstrophe." Er erprobt im Folgenden auch eine „Interpretation des Liedes nach der C-Fassung" (ebd., S. 240), konstatiert für diese jedoch: „Daß zwischen der zweiten [= L 46,10; F. D. S.] und der dritten Strophe [= L 46,32; F. D. S.] ein abrupter Themenwechsel stattfindet, kann man interpretatorisch nicht abwenden" (ebd., S. 242), sieht jedoch auch eine „assoziative Brücke" (ebd.) zwischen allen Strophen, zu welcher er allerdings weiterhin eine distanzierte Haltung einnimmt, wenn es heißt, dass man rezeptionsseitig „den Bogen zwischen den beiden Strophen mit etwas gutem Willen schon schlagen" könne (ebd.).
466 Walther von der Vogelweide: Werke. Gesamtausgabe. Band 2: Liedlyrik. Mittelhochdeutsch/Neuhochdeutsch. Hrsg., übers. und komm. von Günther Schweikle. Zweite, verb. und erw. Aufl. hrsg. von Ricarda Bauschke-Hartung, hier S. 138–143 u. 364–367 sowie die zugehörige Kommentierung S. 592–595 u. 746–752. Für weiterführende Literatur siehe dort.
467 Als Präjudizien in diesem Sinne möchte ich auch die gerade in älterer Walther-Forschung immer wieder anzutreffenden Zuschreibungen an den Charakter oder die Biographie des Dichters Walther begreifen, wie sie beispielsweise den Beitrag Kurt Ruhs: ‚aller werdekeit ein füegerinne' (Walther 46,32). Versuch einer anderen ‚Lesung'. In: ZfdA 114 (1985), S. 188–195, kennzeichnen, der über-

in allen Fassungen auch als fünfstrophige Liedeinheit lesen, wobei gerade das Inhaltsargument, das üblicherweise gegen eine solche Liedeinheit gewandt wird, umgekehrt auch als kohärenzstiftend verstanden werden kann, insofern – unter der hier gewählten Perspektive – zwei ‚klassische' Themenbereiche des Schönheitsdiskurses zusammen gebracht werden: Es wird hier nämlich der – im weitesten Sinne – ‚Lust' auslösende weibliche Körper mit dem Thema der *enkráteia*, der Selbstbeherrschung, verbunden, welche in dem ethisch gewendeten mittelhochdeutschen *mâze*-Begriff – mit seinen spezifischen semantischen Eigentümlichkeiten – noch enthalten ist.

Der Ton sei hier in der Fassung nach C der Ausgabe Thomas Beins wiedergegeben:

Sô die bluomen ûz dem grase dringent,	L 45,37 (I)
sam si lachen gegen dem spilnden sunnen,	
in einem meien an dem morgen fruo,	
und die kleinen vogellîn wol singent	
in ir besten wîse, die si kunnen,	
⟨waz⟩ wunne kan sich dâ gelîchen zuo?	
Ez ist wol halb ein himelrîche.	
nû sprechent alle, waz sich dem gelîche,	
sô sage ich, waz mir dicke baz	
in mînen ougen hât getân	
und tæte ouch noch gesæhe ich daz.	

Swâ ein edeliu frowe schœne reine,	L 46,10 (II)
wol bekleit und darzuo wol gebunden,	
dur kurzwîle zuo vil liuten gât,	
hovelîchen hôh gemuot, niht eine,	
umbe sehende ein wênic under stunden,	
alsam der sunne gegen den sternen stât, –	
Der meie bringet uns al sîn wunder,	
waz ist dâ sô wunneklîches under	
als ir vil minneklîcher lîp?	

---

triebenes Pathos (ebd., S. 191) festzustellen glaubt und die beiden Strophen L 46,32 und 47,5 als Kontrafakturstrophen zu L 45,37, 46,10 und 46,21 verstehen will (ebd., S. 194 f.). Das Votum, die beiden Strophen unernst, nämlich als Scherz oder „*Scherzo*", aufzufassen (ebd., S. 190), scheint mir Effekt psychologisierender und biographisierender Vorannahmen zu sein, die m. E. am Text (in all seinen Fassungen) nicht zu stützen sind, sondern die stattdessen schon bei Ruh als Credo formuliert werden müssen: „Ich meine: Der Aufruf ist pathetisch-hochgestochen, und in der Übertreibung wird die Stilebene eines überlegenen Spiels angezeigt. Daß Walther darin ein Meister ohnegleichen war, bedarf keines Nachweises. Einstmals haben Ausdruck und Mimik des Vortragenden alles klar gemacht." Demgegenüber möchte ich den Text zunächst einmal wörtlich nehmen und zu zeigen versuchen, dass die in der Forschung veranschlagten Widersprüchlichkeiten vermeintliche sein könnten. Eine kritische Sichtung solcher ‚Forschungsparadigmen' unternimmt – allerdings in Hinblick auf die als Liedeinheit verstandenen Strophen L 46,32 und 47,5 – Eva Willms: Liebesleid und Sangeslust. Untersuchungen zur deutschen Liebeslyrik des späten 12. und 13. Jahrhunderts. München 1990 (MTU 94), hier S. 235–246.

wir lâzen alle bluomen stân
und kapfen an daz werde wîp.

Aller werdekeit ein füegerinne,   L 46,32 (III)
daz sît ir zewâre, frowe Mâze.
ein sælic man, der iuwer lêre hât!
der darf sich iuwer niht beschamen inne
beide ze hove noch ouch an der strâze.
dur daz sô suoche ich iemer iuweren rât,
   Daz ir mich ebene werben lêret.
wirbe ich nidere, wirbe ich hôh, ich bin versêret.
ich was vil nâch ze nidere tôt,
nû bin ich aber ze hôhe siech:
unmâze, ir lâzet mich an nôt.

Nideriu minne heizet, diu sô swachet,   L 47,5 (IV)
daz der lîp nâch kranker liebe ringet.
diu liebe tuot unlobelîche wê.
hôhe minne heizet, diu daz machet,
daz der muot nâch werder liebe ûf swinget.
diu winket nû, daz ich ir mitte gê.
   Nûn weiz ich, wes diu mâze beitet.
kumt herzeliebe, sô bin ich verleitet.
doch hât mîn lîp ein wîp ersehen,
swie minneklîche ir rede sî,
mir mac wol schade von ir geschehen.

Seht sam mir, welt ir die wârheit schowen,   L 46,21 (V)
gên wir zuo des meien hôchgezîte!
der ist mit aller sîner wunne komen.
seht an in und seht an werde frowen,
weder spil daz ander uber strîte.
daz wæger spil, ob ich daz hân genomen
   Und der mich danne wellen hieze,
daz ich daz eine dur daz ander lieze –
ahy, wie schiere ich danne kür.
her meie, ir müestent merze sîn,
ê ich mîn frowen dâ verlür.
(Walther von der Vogelweide: Ton 23, Fassung nach C)

Während ein transzendenter Bezugsrahmen (*Ez ist wol halb ein himelrîche*, I,7) nur am Rande aufgerufen wird, enthält das Lied in der direkten Juxtaposition vom Anstarren der schönen Frau, für die sogar die Lieblichkeiten des Mai hintangestellt werden, mit der Anrufung der *Mâze* zwischen Strophe II,11 und III,1 das Kernthema der männlichen Selbstbeherrschung. Der Genuss der weiblichen Schönheit wird – mindestens in der C-Fassung des Tones – so an die Bedingung des rechten, durch *mâze* gezügelten Schauens geknüpft. Die Digression der Strophe IV (L 47,5) ins Generalisierende, die nicht zuletzt den Anlass gegeben hat, die beiden Strophen III und IV als

Typus des „allgemeinen Minneliedes" zu isolieren,[468] kann inhaltlich eng auf die Thematik des Schönheit-Schauens bezogen werden. Die Ausführungen zu niederer und hoher Minne, die in Strophe IV der C-Fassung durch Leiblichkeit (*Nideriu minne heizet, diu sô swachet, | daz der lîp nâch kranker liebe ringet*, IV,1 f.) und Geistigkeit (*hôhe minne heizet, diu daz machet, | daz der muot nâch werder liebe ûf swinget*, IV,4 f.) differenziert werden, wird im Abgesang dieser Strophe unmittelbar an den Sehakt zurückgekoppelt, insofern es hier eben der *lîp* ist, der *ein wîp ersehen* hat (IV,9).[469]

Die hieraus resultierende Empfindung, die als *herzeliebe* und damit – hier ist die Forschung recht einmütig – als ‚körperlich-fleischliche' Dimension der Liebesempfindung gekennzeichnet wird, ist es, die dem Ich-Subjekt des Textes schädlich sein kann (IV,11: *mir mac wol schade von ir geschehen*).[470] Strophe V kehrt anschließend zum rechten, durch *mâze* vermittelten Sehen zurück, welches mit der Thematik der Wahrheit verbunden wird: *Seht sam mir, welt ir die wârheit schowen* (V,1). Der Aufruf, nun dem Text-Ich zu folgen und in *des meien hôchgezîte* (V,2) und angesichts all seiner *wunne* (V,3) ihn und *werde frowen* (V,4) anzuschauen, ist hier also rückgebunden an die Tugend der rechten *mâze*. Der in Strophe II exponierte, auf weibliche Schönheit bezogene Sehakt wird in den beiden anschließenden, generali-

---

468 Vgl. Hübner, Frauenpreis, S. 237.
469 In Fassung A und B sind es *mîn ougen*, die sehen.
470 Zur *herzeliebe* vgl. etwa Peter Kern: ‚Aller werdekeit ein füegerinne' (L.46,32) und *herzeliebe* bei Walther von der Vogelweide. In: *bickelwort* und *wildiu mære*. Festschrift für Eberhard Nellmann zum 65. Geburtstag. Hrsg. von Dorothee Lindemann, Berndt Volkmann, Klaus-Peter Wegera. Göppingen 1995 (Göppinger Arbeiten zur Germanistik 618), S. 260–271, hier S. 271: „Die Durchsicht der Parallelbelege für ‚herzeliebe' bei Walther hat also die aus der Analyse von L.46,32 (‚Aller werdekeit ein füegerinne') gewonnene Bedeutung dieses Begriffes bestätigt: ‚herzeliebe' ist nicht eine bestimmte Form der Minne (in Abgrenzung zur niederen oder hohen Minne), sondern das von der Minne erregte Empfinden, die von Herzen kommende und zu Herzen gehende Liebesfreude." In Strophe L 91,35 (Ton 61: *Ist aber, daz dir wol gelinget*), die Kern, ebd., S. 268, allerdings unter diejenigen Stellen des Walther-Korpus rechnet, „für die Walthers Verfasserschaft nicht unbezweifelt blieb", ist die *herzeliebe* mit Beischlaf in Verbindung gebracht: *Halsen, triuten, bî gelegen, | von sô rehter herzeliebe muost dû fröiden pflegen* (L 92,1 f.). Diese körperlichen Freuden werden dem *werbenden* Mann in Aussicht gestellt, der nach *herzeliebe* streben soll und dem ein Gewinn (L 91,33 f.: *Dû wirst alsô wol gemuot | daz dû den andern wol behagest, swie sî dir tuot*) auch dann in Aussicht gestellt wird, wenn sein *werben* nicht zum Ziel führen sollte. Auch hier wird *mâze* als zentrale Dimension eingeführt (L 91,26). – Analog wird auch in Ton 26 (L 49,25–50,18) das initial angerufene *herzeliebe vrouwelîn* im Folgenden über seine (körperliche) *schœne* definiert, die aber zugleich negativ qualifiziert wird: *Bî der schœne ist dicke haz, | zuo der schœne niemen sî ze gâch. | liep tuot dem herzen baz, | der liebe gêt diu schœne nâch. | Liebe machet schœne wîp, | des mac diu schœne niht getuon, sine gemachet lieben lîp* (III = L 50,1–6). Abschließend sind es wiederum die Tugendwerte *stæte* und *triuwe*, wie sie auch in den oben besprochenen didaktischen Texten zum männlichen Umgang mit Schönheit wesentlich waren, welche für die schöne Frau zur Voraussetzung dafür werden, dass sie für das männliche Subjekt tragbar ist: *Hâst dû triuwe und stætekeit, | sô bin ich dîn âne angest gar, | daz mir iemer herzeleit | mit dînem willen widervar. | Hâst aber dû der zweier niht, | sô müezest dû mîn niemer werden, ôwê, ob daz geschiht!* (V = L 50,13–18).

sierenden Strophen differenziert und eingeordnet. Vor zu ‚leiblichem' Sehen wird ausdrücklich gewarnt, während das vom Ich angenommene *mâze*-volle Sehen zur Voraussetzung einer Schau wird, die zugleich eine Wahrheitsschau ist (vgl. V,1).

So gesehen ist Ton 23 also auch als Lied lesbar, das die überschwängliche Lust, die Mai und weibliche Schönheit im Subjekt erzeugen, unter die klassische Forderung der Selbstbeherrschung (*enkráteia*) stellt und so als Aufforderung zur *kalokagathía* – ‚sans la lettre'! – verstehbar ist, deren Kern immer auch die Mäßigung der *sophrosýne* ist.[471] In der Fassung des Liedes in C ist es Strophe V, welche zugleich thematisiert, wie prekär ein Modell ist, das auf Selbstethisierung angesichts der überwältigenden Macht weiblicher Schönheit abzielt. Dass hier akzentuiert wird, wie schwer *mâze* zu erreichen ist, suspendiert jedoch die Gültigkeit des Aufrufes zur Ethisierung nicht.

III.5 Fazit

Das vorliegende Kapitel diente nicht zuletzt dazu, genau jener „neuen Kunst" von eigenem Recht, jener Sorge um „das junge Mädchen und die verheiratete Frau mit ihrem Verhalten, mit ihrer Tugend, ihrer Schönheit und ihren Gefühlen" nachzuspüren, die Michel Foucault in der „romanhaften Literatur" verortet, welche ihre Prototypen um das Jahr 1200 u.Z. im Ritterroman, im Sang und in anderen literarischen Modi der Volkssprachen erhält.[472] Dabei sollte gezeigt werden, dass die oftmals zugrunde gelegte Zeichenbeziehung nicht der einzige mögliche Modus ist, Schönheit und Tugend miteinander in Beziehung zu setzen. Ziel ist es hierbei nicht, diese als Möglichkeit in Abrede zu stellen.[473] Vielmehr ging es darum, die Problemati-

---

471 Kern, Aller werdekeit, S. 262, bringt die *mâze* – im Anschluss an vorgängige Forschung – mit der *mesótes*, dem ‚Mittleren', der Nikomachischen Ethik des Aristoteles in Verbindung. In der semantischen Vielschichtigkeit von *mâze* als ‚Maß' und ‚Mäßigung' gleichermaßen ist die Dimension der Selbstbeherrschung durchaus mitzudenken. Im Walther-Korpus findet sich eine Sangspruchstrophe im Bognerton (Ton 54,XIII; L 81,7; Hervorh. v. mir, F. D. S.), die ‚Selbstbeherrschung' („sich selbst bezwingen") und ‚Zucht' *expressis verbis* zur Bedingung erfolgreichen Handelns macht: *Wer sleht den lewen? wer sleht den risen? / wer überwindet jenen und disen? / daz tuot jener, der sich selber twinget / und alle sine lit in huote bringet / ûz der wilde in stæter zühte habe. / geligeniu zuht und schame vor gesten / mugen wol ein wîle erglesten. / der schîn nimt drâte ûf und abe.* Schon Schweikle, Walther: Werke 1, S. 517, vermerkt, dass hier „eine Forderung der antiken und mittelalterlich-christlichen Ethik" vorfindlich sei, nämlich „das *custodire membra*, das in Exempeln [...] und Dicta [...] verbreitet war. Die Beherrschung der körperlichen Kräfte durch überlegene Reflexion steht vor allem für die Beherrschung der Triebe, Gelüste und sündigen Anfechtungen."
472 Foucault, Sexualität und Wahrheit 2, S. 271.
473 In der Vulgatafassung des lateinischen *Barlaam*-Romans findet sich etwa eines der wenigen mir bekannten Zeugnisse, die ganz *expressis verbis* eine Zeichenbeziehung (‚*significatio*') zwischen körperlicher Schönheit und Tugend(en) herstellen. Erzählt wird hier von einem Berater (*archisatrapa*) des heidnischen Königs Auennir, der sich, wie es heißt, von allen anderen ‚Ministern' des

sierungsstrategie aufzuzeigen, die in solchen literarischen Kontexten mit großer Regelmäßigkeit ausformuliert ist und gleichfalls eine – jedoch anders strukturierte – Beziehung zwischen Schönheit und Ethos installiert. Es sollte gezeigt werden, wie – beim Stricker, bei Thomasîn, aber auch schon bei Hartmann – das junge Mädchen und die verheiratete Frau, ihre Tugend, ihre Schönheit und ihre Gefühle zum Gegenstand der Sorge des Mannes werden. Beständig wird diese Schönheit des Körpers in eine Relation zu einer Tugend gebracht, die kein *datum*, sondern eine anhaltende Aufgabe ist, die nicht zusammen mit der Schönheit fixiert, sondern im Angesicht der Schönheit zu verstetigen ist. Der Zusammenhang von (äußerer, körperlicher) Schönheit und (innerer, tugendbezogener) Gutheit ist – auch dies sollten die vorangegangenen Analysen zeigen – nicht so unmittelbar, wie er häufig verstanden worden ist. Er nimmt oftmals nicht die Form der Synekdoche, nicht die Form der Zeichenbeziehung, der Äquivalenz oder Kongruenz, also kurz: nicht die Form der ‚altgermanistischen Kalokagathie', sondern vielmehr die Form der rekurrenten Koinzidenz an, welche in der ethischen Anforderung der *kalokagathía*, mithin der *enkráteia* und der *sophrosýne* begründet ist. Dass es indessen eine auffällige Koinzidenz, ein wiederkehrendes simultanes Thematisch-Werden von körperlicher Schönheit und ‚Tugend' in vormoderner Literatur gibt, ist nicht weniger richtig und insofern hat die Forschung auch nicht falsch daran getan, diese Bereiche aufeinander beziehen zu wollen. Die Beziehung folgt jedoch, so soll hier argumentiert werden, oftmals nicht jener ‚Märchenlogik', die nicht zuletzt einer perspektivischen Verzerrung durch die Linse der Moderne geschuldet sein könnte.

Schönheit des (weiblichen) Körpers – so die hier vertretene Argumentation – wird in vormodernen Texten vor allem aus zwei Gründen beständig in ein Verhältnis zur Tugend gebracht, nämlich 1.) weil in ihrer Basissemantik, die sich aus einem langen und langsam transformierenden kulturellen Gedächtnis speist, die Vermischung mit dem Guten überlebt hat, wobei gleichzeitig eine starke Auflading mit dem im Abendland neu erscheinenden paulinisch-augustinisch geprägten Fleisch stattfindet, sodass Schönheit – auch die nicht vordergründig körperliche – einerseits stärker körperlich-fleischlich konzeptionalisiert wird und andererseits ein beständiger, zwischen den Polen dieser Semantik, zwischen Identifizierung und Differenzierung pendelnder diskursiver Prozess in Gang gebracht wird.[474] 2.) Die Schönheit wird auch deshalb bestän-

---

Königs „in seiner Würde sowie in der Beständigkeit seiner Seele, seiner Größe, seinem Aussehen und allen anderen Dingen, die durch Schönheit des Leibes und Stärke bezeichnet werden können, unterschied" (*quidam regis archisatrapa dignitate, – qui anime constantia, magnitudine atque forma et omnibus aliis quibus pulchritudo corporis et fortitudo significari potest – ab aliis omnibus differebat*; zitiert nach: Barlaam et Iosaphat, versión vulgata latina con la traducción castellana de Juan de Arce Solorceno [1608]. Hrsg. von Óscar de la Cruz Palma, Madrid/Bellaterra 2001 [Nueva Roma 12], hier S. 114, Z. 4–6; meine Übers.; ich danke Marco Mattheis [Berlin]).

474 Die Abgrenzung der ‚wahren Schönheit' des Guten und der Tugend gegen den schönen Körper, die hier anhand von Texten des Strickers und Thomasîns besprochen worden ist, hält sich besonders in der männlichen Ethik, wie sie beispielsweise eine Sangspruchstrophe (Ton 54,XI;

dig in ein Verhältnis zur Tugend gebracht, weil sie einen Anlass zur Ethisierung des Subjektes – und zwar sowohl (vordergründig) des männlichen als auch des (oftmals impliziter bleibenden) weiblichen – darstellt. Diese ethische Formation erhält zumal in Folge ihrer Aufladung mit dem christlichen Fleisch besonderes Gewicht, funktioniert jedoch – wie sich an vorchristlichen Texten zeigen lässt – auch ohne selbige.

Schönheit ist – in der Sprache der Ethik und der Theologie – ein *bonum*, aber sie ist ein ambivalentes *bonum*, insofern sie zwar einerseits von Gott stammen kann, andererseits deshalb nicht gegen die Verfehlung des Subjektes *an ihr* immunisiert ist. Insofern sie – wie alles Kreatürliche – dem menschlichen *usus* und der *abusio* gleichermaßen zugänglich ist, ist auch sie im Sinne Augustins eine *materia operationis* oder im Sinne der *Ethica* des Petrus Abaelardus die *materia pugnae*, an welcher sich das Subjekt zu beweisen hat.[475] Enite wird – in mehrfachem Wortsinn – zum Gegenstand des Kampfes, den Erec mit sich und anderen ficht. Dass sie am Ende *geliutert* erscheint, ist dabei vielleicht weniger auf sie selbst zu beziehen,

---

L 80,35) des Walther-Korpus dokumentieren kann, die denjenigen Ritter den ‚schönsten' Ritter nennt, der *milte* ist und diese – hier freilich stark konkretisierte – handlungsethische Definition ausdrücklich gegen den *schîn* des Äußeren in Stellung bringt: *Den dîemant, den edelen stein, / gap mir der schœnsten ritter ein. / âne bete wart mir diu gâbe sîne. / jô lob ich niht die schœne nâch dem schîne. / milter man ist schœne und wol gezogen. / man sol die inre tugende ûz kêren, / sô ist daz ûzer lop nach êren, / sam des von Katzenellenbogen.* Ganz entsprechend heißt es in der C-Fassung einer Strophe des Unmuts- oder Zweiten Ottentons (Ton 12,XVI; L 35,27–30): *An wîbe lobe stêt wol, daz man si heize schœne. / mannen stêt es übel, ez ist ze weich und ofte hœne. / küene und milte, und daz er dâ zuo stæte sî, / sô ist er vil gar gelobt, den zwein stêt wol das dritte bî.*

475 Diese Figuration findet sich implizit bspw. auch in einer unikal in B überlieferten Strophe des Waltherkorpus (L 33,31: *Diu cristenheit gelepte nie sô gar nâch wâne*) im sog. Unmutston oder Zweiten Ottenton (Ton 12,XVIII), in welcher die Pflichten der christlichen Lehrer gegen ihre Schwachheit geführt wird. Die Lehrer, die den Laien den Weg zum Himmel weisen, fahren selbst unter anderem deshalb *zer helle* (V. 5 = L 33,35), weil sich von ihnen, die *kiuscher danne die leien wesen* sollten (V. 8 = L 33,38), *sô maniger flîzet, wâ er ein schœnez wîp vervelle* (V. 10 = L 33,40). – Das männliche Subjekt hat sich auch an seiner eigenen Schönheit zu beweisen. Im Prosa-*Lancelot* wird in der Schlusspartie, der sogenannten *Suche nach dem Gral*, die exzeptionelle Schönheit Lancelots retrospektiv als Gabe Gottes perspektiviert, an der er versagt habe. Unter Bezug auf das *Gleichnis von den Talenten* (Mt 25,14–30) wird hier Lancelot als derjenige entwickelt, der aus den Gaben, die der Herr ihm gegeben hat, nichts Gutes gemacht hat: *Nůn besiehe, ob du mögest gesyn ein diener dem unser herre got bevalh syn gůt umb zu meren! Mich dúncket das er dir vil mere bevalh wann andern irdinischen rittern, mich dúncket das man nit enfind keynen man dem unser herre got hat gegeben als vil gnaden als er dir hatt geben. Er gab dir schöne uber maßen, er gab dir sinne und erkantnuß zu erkennen böß und gůts. Er gab dir biederbkeit und kůnheit, und darnach so gab er dir milticlichen als gůt glůcke das du all wegen bist überkůmen von allen dem das du ane hůbest. Und alles diß ding luhe dir unser herre gott das du werest sin ritter und sin diener. Und er gab dirs nit darum das alle diße ding wůrden in dir geminnert, dann umb zu waßen und zu meren. Und du bist gewest also böse diener und ungetrůwe das du yne hast gelaßen und gedienet synem fynde und hast alwegent gekrieget wieder yne* (Zitiert nach: Die Suche nach dem Gral. Der Tod des Königs Artus. Prosalancelot V. Nach der Heidelberger Handschrift Cod. Pal. germ. 147. Hrsg. von Reinhold Kluge. Übers., komm. und hrsg. von Hans-Hugo Steinhoff †. Frankfurt a. M. 2004 [Bibliothek deutscher Klassiker 190], S. 134, Z. 28–S. 136, Z. 7).

als vielmehr auf Erec.[476] Es hat der Forschung große Schwierigkeiten bereitet, Enites ‚Fehler' festzustellen, und es hat ihr fast noch größere Schwierigkeiten bereitet zu ergründen, inwiefern Enite am Schluss des Textes ‚gebessert' worden sein soll. Es ist jedoch nicht nur das geduldige Gold, auf das sich der Schmiedevorgang bezieht und das seiner Reinheit gegenüber gleichgültig ist, sondern es ist vor allem auch die Tätigkeit des Schmiedes, der das Gold *für sich* läutert, der seinen Wert richtig schätzen und seine Mängel richtig bearbeiten muss, die eine Aussage über den Schmied beinhaltet. Der Läuterungsvorgang sagt hier vielleicht weniger etwas über die Qualität des Goldes aus als vielmehr über die Qualität des Schmiedes. Gerade weil vollendete Tugend sich auch im Angesicht vollendeter Schönheit zu beweisen hat, sind diejenigen, die vollendet tugendhaft sind (oder werden müssen) auch vollendet schön, gerade deshalb erhält der Beste die Schönste. Es ist nicht zuletzt die Logik eines narrativen Arrangements, in das der Tugendhafte und seine Prüfung verspannt sind, welches den Körper und das Ethos zusammenbindet.

Das vorliegende Kapitel hat seinen Ausgang bei der Frage nach der Beziehung der Schönheit zu einem wie auch immer gearteten anderen, ‚inneren' Wert genommen. In den Blick ist dabei die Natur dieser Beziehung (Zeichen, Synekdoche, die sogenannte ‚Kalokagathie') sowie die vermeintliche Fundierung dieser Beziehung (Wahrheit) genommen worden. Von der Vorgabe der (germanistischen) mediävistischen Forschungstradition ausgehend, welche hierfür pauschal das Konzept der ‚Kalokagathie' eingeführt hat, um den Zusammenhang von körperlicher Schönheit und ‚innerer Schönheit' zu benennen, ist der Versuch unternommen worden, zunächst ein antikes *kalokagathía*-Konzept zu konturieren, um sodann – von den physiognomischen Texten der Moderne aus rückwärts schreitend – das Verhältnis des Äußeren zum Inneren zu verfolgen. Dabei zeigt sich, dass dieses Innen-Außen-Verhältnis, das häufig als prototypisch vormodernes verstanden worden ist, nicht zuletzt die Re-Imagination einer Vormoderne darstellt, die durch das 19. und das 20. Jahrhundert maßgeblich geprägt worden ist. Je weiter man sie zurückverfolgt, desto uneindeutiger ist die Beziehung des Äußeren zum Inneren organisiert.

Weiterhin hat die Prüfung des ‚Kalokagathie'-Konzeptes dazu geführt, Texte miteinander komparatistisch in Beziehung zu setzen, die für sich genommen keinen Anlass bieten würden, sie mit einander zu vergleichen. Objektiv gibt es zunächst keinen plausiblen Grund, die Texte Xenophons einerseits mit einem Roman Hartmanns und ethischen Texten Thomasîns und des Strickers andererseits zusammen zu betrachten, zumal sie keinesfalls in einem direkten Einflussverhältnis stehen. Indem jedoch die Behauptung zu prüfen war, es gebe eine langlebige, antike Fundierung der zeichenhaften Innen-Außen-Beziehung, sind andere Felder aufgetaucht, die Schönheit und Tugend zueinander in Beziehung setzen und die in den so grundverschiedenen Texten – über einen wesentlichen epistemischen Einschnitt und drei verschiedene

---

476 Hartmann von Aue: Erec, Vv. 6781–6791.

Kulturräume (Griechenland, Rom, staufisches Reich) hinweg – doch erstaunliche Homologien der Diskursoberfläche aufweisen.

Es bleibt festzuhalten, dass sich – gerade auch im Vergleich – einige große Themenfelder der körperlichen Schönheit abzuzeichnen begonnen haben, die in den beiden ethischen Diskursen, die hier angerissen worden sind, demjenigen des klassischen Griechenland im 5. Jahrhundert v. u. Z. und demjenigen des westlichen Christentums um 1200, gleichermaßen enthalten sind. Die Themen sind stabil und gleichbleibend:

1. Körperliche Schönheit, welcher offenbar mit Tugend begegnet werden muss, ist gerade deswegen Anlass für erzählbare Ereignisse, funktioniert gerade deshalb als Movens von Narrationen. Sie ist Auslöserin von Lust und bedarf der Mäßigung.

2. Körperliche Schönheit führt beim betrachtenden Subjekt regelmäßig zu einer Beeinträchtigung der Selbstbeherrschung und übt geradezu Gewalt aus, indem – in der sprachlichen Metaphorik, die zu einer kulturellen Metaphorik gerät – die passive, betrachtete Schönheit zum machtvollen Agens wird, welches im Extremfall den nachmaligen Überwältiger zum zuvor Überwältigten macht und so seine Taten legitimiert. Dies ist der Grund, warum ihr mit der Tugend der Mäßigung begegnet werden muss. Hierbei wird zugleich eine Form männlicher Ohnmacht im Diskurs etabliert, der nicht zuletzt darum mit Beherrschung begegnet werden muss, weil sie die männliche Handlungsmacht konterkariert und damit ihrerseits eine Form der Entmännlichung darstellt.[477]

---

[477] Man denke an die Minne-Metaphorik des *Joie de la Curt*-Kampfes; vgl. Kap. III.3.2.2.6, S. 264 f. – Während im oben besprochenen Walther-Lied (L 45,37) die *Mâze* als Form der Selbstbeherrschung denjenigen Gegenpol bildet, der das Schauen weiblicher Schönheit im männlichen Subjekt moduliert, findet sich im Walther-Korpus eine Sangspruchstrophe im Bognerton (Ton 52,X; L 80,19), die umgekehrt die personifizierte *Unmâze* als Entgrenzung des Geschlechts auffasst: *Unmâze, nim dich beider an: | manlîchiu wîp, wîplich man, | pfâflîch ritter, ritterlîch pfaffen, | mit den solt dû dînen willen schaffen, | ich wil dir si gar ze stiure geben. | ich wil dir junge altherren zeigen | und alte jungherren geben für eigen, | daz sî dir twerhes helfen leben.* Das ‚verquere' – dem Rechten, Geraden (*rectitudo*) entgegengesetzte – Leben, das mit der Ordnung der Geschlechter, Stände und Lebensalter zugleich alle Ordnung als solche bedroht, dabei jedoch an ein willentliches, kontrollierbares, ethisch dimensioniertes Handeln zwischen *mâze* und *unmâze* gebunden ist, steht im Schnittpunkt jener Sprach- und Diskursformationen, die gegenwärtig als *Queerness* verhandelt werden; vgl. bspw. Andreas Kraß: Kritische Heteronormativitätsforschung (*Queer Studies*). In: Literatur- und Kulturtheorien in der Germanistischen Mediävistik. Ein Handbuch. Hrsg. von Christiane Ackermann, Michael Egerding. Berlin/Boston 2015, S. 317–348. – Die Beraubung der Sinne findet sich ebenso in der Gestalt des Sokrates, der dem Knaben Charmides unter die Gewänder blicken kann (Platon: *Charmides*), oder des Araspas, der der klagenden Pantheia unter die zerrissenen Kleider sieht (Xenophon: *Kyrupädie*), wie auch in der voyeuristischen Blickführung auf Enites Haut beim ersten Auftreten der Figur im *Erec* Hartmanns von Aue; sie findet sich im Tumult, der um Charmides entsteht, ebenso wie im sinnlosen Sich-Vergaffen der Artusritter, als die neu eingekleidete Enite vor ihnen erscheint, im Kontrollverlust des Holofernes beim Anblick Judiths (Idt 10,17: *cumque intresset ante faciem eius statim captus est in suis oculis Holofernis*; Übers. [Engel]: „Und als sie eingetreten war vor sein Angesicht, wurde Holofernes sogleich durch seine Blicke gefesselt.") oder dem *kapfen* in

3. Zugleich kann die Macht, die Schönheit über männliche Selbstbeherrschung ausübt, auch zur Bedrohung werden, die von außen kommt und sich der inneren Bedrohung beigesellt.

4. Körperliche Schönheit ist, insofern sie die oben beschriebene Wirkung auf das ethische Subjekt hat – und insbesondere für diejenigen, deren Leben Gegenstand besonderer ethischer Sorge ist (wie Christen und Herrscher) – ein Gradmesser der Selbstbeherrschung, sei diese explizit oder auch nur latent durch ein (christliches) Askese-Ideal grundiert.

5. Körperliche Schönheit, insofern beständiger Kontakt mit ihr ‚Liebe' entstehen lässt, führt zu einem Verlust der Freiheit. Der Freiheitsverlust durch Schönheit kann sich in Selbstaufgabe (Minnedienst[478]) oder Gefangenschaft (Minnesklaven) ausdrücken;[479] er artikuliert sich wie eine Krankheit, von der geheilt werden muss, oder ein

---

der Walther-Strophe L 46,20. Sie artikuliert sich ebenso in dem Umstand, dass Araspas schließlich durch die Kraft dieser Schönheit zum Versuch einer Vergewaltigung motiviert wird. Diese Argumentationsfigur ist langlebig und ubiquitär. Treffend hat Kathryn Gravdal: Ravishing Maidens. Writing Rape in Medieval French Literature and Law. Philadelphia 1991, hier: S. 5, in einer Studie zur Vergewaltigung in altfranzösischer Literatur und Recht festgestellt: „As the legal idea of rape gradually changes to exclude the requirement (which originates in Roman law) of abduction, *ravir* and *ravissant* are free to become wholly figurative: to be carried away emotionally or sexually. This transformation is inflected by a shift in gender coding: when *ravir* was literal, it was the male who ravished (varied away or abducted) the female who is ravishing, who causes the male to be ‚carried away' and is responsible for any ensuing sexual acts. The moving force behind rape becomes the beautiful woman." (Vgl. zudem ebd., S. 1–20, das einleitende Kapitel „The Archeology of Rape".) Anhand von Beispielen wie Platons Sokrates-Figur im *Charmides*-Dialog lässt sich zeigen, dass die Grundfigur bedeutend älter ist. Schönheit des (weiblichen) Gegenübers wird auf diese Art zum Aktanten, zum Movens einer Handlung, dem männliche Figuren sich entgegenstellen müssen.

478 Etwa in einer Walther-Strophe des König-Friedrichstons (Ton 11,V, C-Fassung; L 27,27: *Vil süeziu frowe hôhgelopt*) wird der Zusammenhang zwischen der schönen Dame (L 27,35) und dem Dienst ausdrücklich hergestellt: *Got hât gehôhet und gehêret reine frowen, / daz man in wol sol sprechen und dienen zaller zît* (L 27,30 f.). – In einer Strophe Reinmars von Zweter wird die im Dienst implizierte Entmännlichung durch Selbstaufgabe unter Rekurs auf den Sündenfall thematisch: *Ein Adam, der ein Èven hât, / diu im gebieten mac, daz er daz tuot durch si unt lât, / der Adam ist der Èven michels mêr dan Ève Adâmes sî. / ein Adam habe sîn Èven liep / unt doch sô liep, daz Ève iht werde sîner êren diep; / ez mac sich lîhte vegüegen, / daz man vrôn Èven manne sprichet ‚phî!' // wie tuot ir sô, her Adam, mit dem barte? / ir volget iuwer Èven al ze harte! / ir mannet! lât vrôn Èven wîben, / habt mannes lêre* [Konjektur Roethes: *êre*] *ûf rehte tât! / mit ramwerke unt mit wæher nât / hie mit lât si dâ heime ir zît vertrîben* (zitiert nach: Nolte/Schupp, Sangspruchdichtung, S. 282).

479 Dies setzt sich noch in die allgemeinste Sprache der Liebesmetaphorik fort, wenn es bspw. bei Walther (L 110,13: *Wol mich der stunde, daz ich si erkande*) heißt, dass die Geliebte dem Liebenden *den lîp und den muot hât betwungen* (L 110,13) habe, wofür *ir schœne und ir güete* verantwortliche ist sowie *ir rôter munt, der sô lieplichen lachet* (L 110,18 f.). – Schweikle, Walther: Werke 2, S. 554, bringt die Koinzidenz von Äußerem und Innerem mit dem in der germanistischen Mediävistik prävalenten Kalokagathie-Begriff in Verbindung, wenn er schreibt: „Bemerkenswert ist die der griech. Kalokagathia entsprechende Verbindung von *schœne* und *güete*."

Feuer, das durch den (An-)Blick entsteht. Es ist das anhaltende Ausgesetztsein, der Kontakt mit dem schönen Körper, der sowohl in den Blicken, von den Kyros fürchtet, dass sie das Feuer übertragen könnten, als auch in den getauschten Blicken von Erec und Enite die Liebe entstehen lässt, wenn Erec seine Verlobte nach Karnant heimführt.[480]

6. Es ist die Anforderung an das ethische Subjekt, dieser latent bedrohlichen Macht der Schönheit und der ‚Liebe' mit einer Form der Selbststilisierung zu begegnen, die sie umgekehrt in ein Skript zur Ethisierung umwandelt, insofern die Schönheit den Anlass dieser Ethisierung bildet.[481]

7. Umgekehrt ist es die fortgesetzte Ausübung der Pflicht (etwa des Herrschers) im Angesicht des schönen Körpers, durch welche vollendete Selbstbeherrschung demonstriert werden kann.[482] Dies ist, was Araspas in Xenophons *Kyrupädie* zunächst behauptet, um später an seinem Ideal zu scheitern, und was auch der Erec Chrétiens demonstriert, wenn er – als Antwort darauf, dass er seine Zeit müßig im Ehebett verbracht hat – im Beisein seiner Frau reitet, die er ständig in seiner Nähe hält, nur um zugleich die Trennung von Tisch und Bett durchzuführen. Nur aufgrund der Nähe zu Enide wird das Durchhalten der Trennung zu einer ethischen Leistung, die Erec auch gegen das Urteil dritter durchsetzt, die hierfür Unverständnis äußern (Guivreiz).

---

480 Vgl. bspw. zum wechselseitigen Blick: Tertullian: De virginibus velandis II.2: *tales enim oculi volent virginem visam quales habet virgo quae videri volet: invicem se eadem oculorum genera desiderant; eiusdem libinis est videri et videre* (Übers. [Stücklin]: „Augen wie die, welche ein Mädchen zu sehen begehren, hat nämlich auch das Mädchen, welches selbst gesehen werden möchte. Augen von gleicher Wesensart begehren sich gegenseitig; sehen und gesehen werden wurzeln in demselben Verlangen.").

481 Dies betrifft verschiedene Ebenen des Subjektes. Es wird ebenso eine ethisierende Wirkung auf das Gemüt veranschlagt (vgl. Walther L 27,34–36; Ton 11,V,8–10 [C-Fassung]: *Für trûren und für ungemüete ist niht sô guot / als an ze sehen ein schœne frowe wol gemuot / swenne sî ûz herzen grunde ir friunde ein lieblich lachen tuot.*) wie auch eine durch die Liebe induzierte Praxeologie ritterlicher Betätigung. Vgl. etwa schon Geoffreys von Monmouth *Historia regum britanniae*, lib. IX,388–391, über die Liebesethik des Artushofes: *Facetae etiam mulieres consimilia indumenta habentes, nullius amorem habere dignabantur nisi tercio in milicia probatus esset. Efficiebantur ergo castae et meliores et milites pro amore illarum probiores* (mit Übers. zitiert nach: Geoffrey of Monmouth: The History of the Kings of Britain [De gestis Britonum (Historia Regum Britanniae)]. Latein/Englisch. Hrsg. von Michael Reeve, Neil Wright. Woodbridge 2007 (Arthurian Studies 69); Übers.: „Its elegant ladies, similarly dressed, spurned the love of any man who hat not proved himself three times in battle. So the ladies were chaste and better women, whilst the knights conducted themselves more virtuously for the sake of their love."). – Auf diese Stelle weist freilich auch schon Bumke, Der ‚Erec' Hartmanns, S. 110 f. hin. Vgl. Schnell, Causa amoris, S. 143.

482 Vgl. hierzu etwa die Ausführungen Michel Foucaults, der Übungen zur Selbstbeherrschung und Prüfung des Wohlverhaltens angesichts körperlicher Schönheit bei Epiktet beschreibt (siehe das Interview mit Michel Foucault: Zur Genealogie der Ethik: Ein Überblick über die laufende Arbeit. In: Michel Foucault: Schriften in vier Bänden. Dits et Ecrits. Band IV. 1980–1988. Hrsg. von Daniel Defert, François Ewald. Frankfurt a. M. 2005, S. 461–498, hier S. 472, 485 und 493 f.).

Nachdem sich nun diese allgemeinen Themenfelder, die die Schönheit des (weiblichen) Körpers umgeben und zum Anlass der ethischen (Selbst-)Sorge des (männlichen) Subjektes, ja: zum Anlass seiner Subjektivierung machen, umrissen sind, stellt sich die Frage nach der spezifischen Veränderung, welche die Diskurse bei ihrem Übertritt in eine christliche Episteme erfassen. Ein wesentlicher Unterschied im Modus der Thematisierung besteht zwischen der *Kyrupädie* des Xenophon und dem *Erec* Hartmanns von Aue darin, dass hier an einem einzigen Subjekt durchgeführt wird, was dort an zwei verschiedenen Subjekten von unterschiedlicher ethischer Integrität exemplifiziert wird. Während in der *Kyrupädie* Nähe zur Schönheit, Selbstverlust und ethische Kompromittierung der Figur des Araspes, Selbstbeherrschung und Selbstdistanzierung von Schönheit hingegen der Figur Kyros zugewiesen werden, durchlebt Erec dezidiert beide Phasen. Was in der *Kyrupädie* als unterschiedliche charakterliche Eigenschaften unterschiedlicher Männer (und ethnischer Zugehörigkeiten) inszeniert ist, findet sich als phasenweise Abfolge, als Lernprozess im *Erec* anhand einer einzigen Figur, die Herrscher und Liebhaber ist, exemplifiziert. Diese Überführung ins Prozesshafte, so soll im Folgenden argumentiert werden, entspricht einer Grundfigur christlicher Subjektivierung und sie geschieht anlässlich einer signifikanten Verschiebung, in welcher nämlich die Schönheit des Körpers an das christliche Konzept des Fleisches gebunden wird, sodass fortan Schönheit oftmals Körper-/Fleischlichkeit impliziert und – umgekehrt – Fleischlichkeit oftmals Schönheit zum Index erhält. Denn insofern eine (weibliche) Figur als besonders schön und gut gekennzeichnet wird, ist die positive Koinzidenz der beiden Werte weniger die Norm als vielmehr die – allerdings immer wieder erzählte – Besonderheit. Anders gesagt: Die Figur der Enite, die so erstaunlich viele punktuelle Ähnlichkeiten zur schönen Pantheia in der *Kyrupädie* aufweist, ist dennoch auf eine ganz spezifische Art verändert. Enite unterscheidet sich von Pantheia durch die Konnotationen, die ihrer Schönheit durch das christliche Fleisch verliehen werden, das zwar im Rahmen des *Erec* nur indirekt zum Tragen kommt, als Folie aber vorausgesetzt werden muss. Diesem Fleisch und seinem wesentlichen Index – dem schönen Körper – nachzuspüren, dient das folgende Kapitel. Es setzt sich mit dem eigentlichen literarischen ‚Ort' körperlicher Schönheit in der Literatur des hohen Mittelalters, mit der *descriptio membrorum*, auseinander und beabsichtigt zu zeigen, wie in den mittellateinischen Poetorhetoriken vorchristliche Rhetorik in den Diskurshorizont christlicher Poetik überführt wird, wobei das anthropologische Modell des erbsündigen Fleisches der eigentliche Ermöglichungshorizont der *descriptio membrorum* wird. Mit den bereits zitierten Worten des Charmides, die dieser im Xenophontischen *Symposion* zu Sokrates spricht, geht es hierbei auch um die Bestimmung des spezifischen Typs von ‚Ammenmärchen' und ihrer Funktion, wie sie sich jene Zeit um 1200 an den christlichen Höfen Europas über die (weibliche) Schönheit des Körpers erzählt.

IV *Priapus erit* – Form, Ort und Funktion der Schönheitsbeschreibung

Wer eine gute, verständige und schöne Frau sucht,
sucht nicht eine, sondern drei.
(Ps.-Oscar Wilde[1])

OPHELIA
Could beauty, my lord, have better commerce than with honesty?
HAMLET
Ay, truly, for the power of beauty will sooner transform honesty from what it is to a bawd than the force of honesty can translate beauty into his likeness. This was sometime a paradox, but now the time gives it proof. I did love you once. (Shakespeare: Hamlet III/1)

Im Zuge einer systematischen Erarbeitung der Schönheitsdarstellung und ihrer diskursiven Valenzen ist es selbstverständlich notwendig, sich dem eigentlichen ‚Ort' der Schönheitsdarstellung, der sogenannten *descriptio pulchritudinis*, zu widmen. Andrea Sieber gibt folgende Definition, die ich stellvertretend für den *common sense* der Forschung in seiner elaborierten Form sehe:

> Die Körper mittelalterlicher Figuren entstehen als Effekte aufwendiger *descriptiones* und Metaphorisierungen. Die Beschreibungen folgen rhetorischen Regeln, die für Frauen und Männer identisch sind. Sie gehören zum Grundrepertoire der mittelalterlichen Poetik, die zum Beispiel in der *Ars versificatoria* des Matthäus von Vendôme (vor 1175) überliefert sind. Die Beschreibungsmuster simulieren meist eine Blickbewegung vom Kopf zu den Füßen (*de capite ad calcem*) auf körperliche Details des Kopfes (Haare, Stirn, Augenbrauen, Nase, Augen, Gesicht, Mund, Lippen, Zähne, Kinn, Nacken, Hals und Kehle), der oberen und unteren Extremitäten (Schultern, Oberarme, Unterarme, Hände und Finger sowie Beine und Füße) und des Rumpfes (Brust, Taille, Hüften, Bauch), wobei sich die Schilderung überwiegend auf die Verhüllung des Körpers durch Kleidung konzentriert.[2]

---

1 „Das Dumme an Zitaten aus dem Internet ist, daß man nie weiß, ob sie echt sind." Zitiert nach: Aristoteles: Von der Komödie. Nach der lat. Vulgata-Fassung. Hrsg., nicht übers. u. unkomm. von Umberto Ecos Nachbar. Florenz 2024.
2 Andrea Sieber: Paradoxe Geschlechterkonstruktionen bei Ulrich von Liechtenstein. In: Ulrich von Liechtenstein. Leben – Zeit – Werk – Forschung. Hrsg. von Sandra Linden und Christopher Young. Berlin/New York 2010, S. 261–304, hier S. 268. – Ganz ähnlich, aber weniger prägnant, fasst Barbara Haupt die *descriptio pulchritudinis* in ihrem klassisch gewordenen Aufsatz: Der schöne Körper in der höfischen Epik. In: Körperinszenierung in der mittelalterlichen Literatur. Kolloquium am Zentrum für interdisziplinäre Forschung der Universität Bielefeld (18. bis 20. März 1999). Hrsg. von Klaus Ridder, Otto Langer. Berlin 2002, S. 47–73, hier S. 48 f., auf. In jüngerer Zeit vgl. Elke Brüggen: Die Farben der Frauen. Semantiken der Colorierung des Weiblichen im *Parzival* Wolframs von Eschenbach. In: Die Farben imaginierter Welten. Zur Kulturgeschichte ihrer Codierung in Literatur und Kunst vom Mittelalter bis zur Gegenwart. Hrsg. von Monika Schausten. Berlin 2012, S. 201–225, hier bes. S. 204–209, sowie erneut dies.: swie ez ie

An einer solchen Definition, so brauchbar sie auf den ersten Blick auch erscheint, ist Verschiedenes problematisch und ich werde im Folgenden versuchen, mich schrittweise von diesem *common sense* zu entfernen. Zu diesem Zwecke sollen hier zunächst die sechs wesentlichen mittellateinischen Poetorhetoriken[3] ausgewertet werden, nämlich die von Sieber bereits genannte *Ars versificatoria* des Matthäus von Vendôme (ca. 1175),[4] die *Poetria nova* Galfreds von Vinsauf[5] sowie das ebenfalls ihm zugeschriebene *Documentum de modo et arte dictandi et versificandi*[6] (1. Viertel des 12. Jhs.), die sogenannte

---

kom, ir munt was rôt. Zur Handhabung der *descriptio* weiblicher Körperschönheit im *Parzival* Wolframs von Eschenbach. In: Literarischer Stil. Mittelalterliche Dichtung zwischen Konvention und Innovation. XXII. Anglo-German Colloquium Düsseldorf. Hrsg. von Elizabeth Andersen, Ricarda Bauschke-Hartung, Nicola McLelland, Silvia Reuvekamp. Berlin/Boston 2015, S. 391–411, hier S. 395 f.

3 Für Einzeldarstellungen der verschiedenen Poetiken – mit einer Überbetonung des Medienwechsels zwischen Oralität und Literalität – siehe: William M. Purcell: Ars poetriae. Rhetorical and Grammatical Invention at the Margin of Literacy. Columbia 1996, hier: S. 53–135. Zur Herkunft der Poetiken aus der antiken Rhetorik immer noch lesenswert: James J. Murphy: Rhetoric in the Middle Ages. A History of Rhetorical Theory from Saint Augustine to the Renaissance. Berkeley/Los Angeles/London 1974. – Zum Begriff der ‚Poetorhetoriken' vgl. Joachim Knape: Art. Mittelalter A. In: Historisches Wörterbuch der Rhetorik. Bd. 5. Hrsg. von Gert Ueding. Tübingen 2001, Sp. 1372–1384.

4 Der lateinische Text der *Ars versificatoria* wird hier und im Folgenden zitiert nach: Mathei Vindocinensis Opera. Vol. III: Ars versificatoria. Hrsg. von Franco Munari. Rom 1988 (Storia e Letteratura. Raccolta di Studi e Testi 171). Die Paragraphenzählung dieser Ausgabe folgt der Erstausgabe von Edmond Faral: Les arts poétiques du XIIe et du XIIIe siècle. Recherches et Documents sur la Technique littéraire du Moyen Age. Paris 1924, S. 106–193. Herangezogen wurden zudem die drei Übersetzungen des von Faral edierten Textes ins Englische, nämlich 1. Ernest Gallo: Matthew of Vendôme: Introductory Treatise on the Art of Poetry. In: Proceedings of the American Philosophical Society 118 (1974), S. 51–92, 2. Matthew of Vendôme. The Art of Versification. Übers. von Aubrey E. Galyon. Ames 1980, 3. Matthew of Vendôme. Ars versificatoria (The Art of the Versemaker). Übers. von Roger P. Parr. Milwaukee 1981.

5 Die *Poetria nova* wird zitiert nach: The Poetria nova and its Sources in Early Rhetorical Doctrine. Hrsg. von Ernest Gallo. Den Haag/Paris 1971. Da die korrigierte Verszählung Gallos gegenüber der Ausgabe Farals, Les arts, S. 194–262, auf welcher Gallos Text basiert, ab V. 525 abweicht, Farals fehlerhafte Zählung jedoch die in der Forschung verbreitetere ist, werden im Folgenden stets beide Zählungen angegeben. Zusätzlich zu der bei Gallo enthaltenen Übersetzung ins Englische wird herangezogen: Poetria nova of Geoffrey of Vinsauf. Übers. von Margaret F. Nims. Toronto 1967.

6 Das *Documentum* wird zitiert nach Faral, Les arts, S. 263–320. Zusätzlich konsultiert wird die Übersetzung ins Englische: Geoffrey of Vinsauf. Documentum de modo et arte dictandi et versificandi (Instruction in the Method and Art of Speaking and Versifying). Übers. von Roger P. Parr. Milwaukee 1968. – Das *Documentum* existiert in einer kürzeren, der bei Faral edierten, und einer erweiterten Fassung. Martin Camargo: *Tria sunt*: The Long and the Short of Geoffrey of Vinsauf's *Documentum de modo et arte dictandi et versificandi*. In: Speculum 74 (1999), S. 935–955, hat plausibel gemacht, dass die kürzere Fassung der *Poetria nova* vorausgeht, während die längere Fassung, welche er nach ihrem Incipit *Tria sunt* nennt, nicht nur aus der *Poetria* zitiert, sondern auch extensiv aus der *Ars poetica* des Gervasius von Melkley (vgl. ebd., S. 943; vgl. die folgende Anm.), welche wiederum die *Poetria* und die *Ars versificatoria* zitiert. Obgleich für Camargo vorstellbar ist, dass Galfred selbst diese Redaktion erstellt hat, erscheint es ihm – auch angesichts der Überlieferung – plausibler, von einer nachträglichen Bearbeitung auszugehen (vgl. ebd., S. 947). – Zugleich dokumentiert der Traktat *Tria sunt*, von dem elf Textzeugen (gegenüber fünf für das *Documentum*) existieren, dass auch die Lehre des in ihr zitierten Gervasius nicht ohne

Ars poetica des Gervasius von Melkley (1. Viertel des 12. Jhds.),[7] die *Poetria de arte prosaica, metrica et rithmica* (auch genannt: *Parisiana Poetria*, vor 1250) des Johannes von Garlandia[8] sowie der *Laborintus* Eberhards des Deutschen.[9] Dabei ist das Untersuchungsinteresse für das Material ein doppeltes: Es soll einerseits nach der Stellung der ‚descriptio' – und damit auch der Beschreibung von körperlicher Schönheit – im poetorhetorischen System gefragt werden. Andererseits soll jedoch vor allem die diskursive Valenz der Schönheitsdarstellung betrachtet werden, welche – wie im Folgenden gezeigt werden soll – über ihre Einbindung in ein spezifisches narratives Arrangement entsteht, wofür gerade die Poetiken ein wesentliches Zeugnis darstellen, insofern sie einerseits deskriptiv eine vorgängige Dichtungspraxis zur Lehre kodifizieren und andererseits präskriptiv diese Dichtungspraxis anleiten wollen. Damit sollen die Poetiken – wie es bisher kaum geschehen ist – selbst als Texte betrachtet werden, in denen sich modellhaft Diskursmuster formatieren, und nicht nur als letztlich beliebiger, heuristisch nutzbarer Steinbruch einer auf Konvention beruhenden Dichtungspraxis (Kap. IV.1).[10]

Im Anschluss hieran werden die erarbeiteten Funktionsprinzipien und diskursiven Implikationen der ‚descriptio' zunächst an zentralen – weil besonders auch für die vernakulare Dichtung und die Forschung zu derselben bedeutsamen – lateinischen Dichtungen verfolgt, nämlich dem *Epithalamium Beate Virginis Marie* des Johannes de Garlandia (Kap. IV.2.1), den beiden großen Allegorien des Alanus ab Insulis, dem *Planctus naturae* und dem *Anitclaudianus* (Kap. IV.2.2) und dem *Architrenius* des Johannes de Hauvilla (Kap. IV.2.3). Weiterhin werden sie in Hinblick auf vernakulare Texte aufgearbeitet, wobei neben dem *Roman de la Rose* ausgewählte Minnereden diskutiert werden (Kap. IV.2.4). Zuletzt werden die erarbeiteten Prinzipien auf das anthropologische Modell des Mikrokosmos der *Cosmographia* des Bernardus Silvestris zurück bezogen, die als grundlegend für die *Ars versificatoria* verstehbar ist. Hieraus ergeben sich wiederum spezifische Implikationen für die diskursive Verortbarkeit körperlicher Schönheit im Kontext eines anthropologischen Modells (Kap. IV.4).

(zumindest mittelbaren) Einfluss (auch auf dem Kontinent) geblieben ist. Der Text, der scheinbar erst im 14. Jh. entstanden ist, ist mittlerweile ediert, bleibt hier aber unberücksichtigt: *Tria sunt*: An Art of Poetry and Prose. Hrsg. von Martin Camargo. Cambridge (Mass.)/London 2019 (DOML 53).

7 Die *Ars poetica* wird zitiert nach: Gervais von Melkley: Ars poetica. Hrsg. von Hans-Jürgen Gräbener. Münster 1965.

8 Die *Poetria* des Johannes von Garlandia wird zitiert nach: The *Parisiana Poetria* of John of Garland. Hrsg. und übers. von Traugott Lawler. New Haven/London 1974.

9 Der *Laborintus* wird zitiert nach Faral, Les arts (1924), S. 336–377. Die beigegebene Übersetzung stammt von Justin Vollmann (vgl. Anm. 21 dieses Kapitels). Zudem herangezogen wurde die auf Faral basierende Übersetzung von Evelyn Carlson: The Laborintus of Eberhard. Rendered into English with Introduction and Notes. Dissertation (Master of Arts). Ithaca (New York) 1930.

10 So verfährt ein weiter Teil der Forschung, der die Poetiken immer dann heranzieht, wenn es die oberflächliche Textstruktur literarischer Texte zu begründen gilt. Der Analysewert dieser rein deskriptiven Auswertung erscheint allerdings begrenzt.

IV.1 Die Schönheitsbeschreibung in den lateinischen Poetiken

Die oben verwendete Rede vom ‚poetorhetorischen System' als solches muss hier zunächst wieder in Frage gestellt werden, insofern darunter ein aus den genannten Poetiken ableitbares, einheitliches System, eine universell verbindliche Lehre avisiert ist, wie sie zumeist veranschlagt wird. Die Vorstellung von einer solchen Lehre geht im Wesentlichen auf Edmond Faral zurück. Der dritte Teil seines 1924 veröffentlichten Standardwerks *Les Arts poétiques du XIIe et du XIIIe siècle. Recherches et Documents sur la Technique littéraire du Moyen Age* stellt fraglos eine editorische Pionierleistung dar.[11] Der mit „La doctrine" betitelte zweite Teil seiner Arbeit präsentiert eine nur vermeintlich kohärente Lehre, die er aus den analysierten Poetiken und den von ihnen ausgewerteten Prätexten extrapoliert – oder vielmehr: synthetisiert – hat und welche den stillschweigenden Konsens der Forschung bis heute grundiert. Damit stellt Farals ‚doctrine' zugleich – nach wie vor – die maßgebliche Interpretation der von ihm edierten poetologischen Texte dar.[12]

Die einschneidende, mit einem terminologischen Umschwung verbundene Wirkung, welche die Rezeption von Farals *Recherches et Documents* hatte, lässt sich in der germanistischen Mediävistik besonders gut *ex negativo* anhand von Forschung zur „Personendarstellung" oder zur Schönheit zeigen, die vor Farals Arbeit entstanden ist – wie bspw. Georg Usadel: *Die Personenbeschreibung in der altdeutschen Epik bis Gottfried von Strassburg* (Königsberg 1923) – oder die ihn aus politisch-ideologischen Gründen nicht zur Kenntnis genommen hat – wie Martha Busenkell: *Das Schönheitsideal innerhalb der deutschen Literatur von der karolingischen bis zur staufischen Epoche* (Bonn 1939).[13] Während diese Arbeiten Figuren- und Schönheitsdarstellung mühsam über ein allgemeines (und vor allem universell veranschlagtes) ästhetisches Vokabular, große geistesgeschichtliche Verläufe und mit Bezug auf vermeintlich epochenspezifische Strömungen des Stils in Plastik und Architektur zu beschreiben suchen,[14]

---

11 Faral druckt folgende Texte ab: Ekkehart IV: *De lege dictamen ornandi*, Matthäus von Vendôme: *Ars versificatoria*, Galfred von Vinsauf: *Poetria nova*, *Documentum* und *De coloribus rhetoricis*, ein anonymes lateinisches Gedicht von Pyramus und Thisbe, Eberhard der Deutsche: *Laborintus*. Er bespricht zudem die ‚ars versificaria' des Gervasius von Melkley und die *Poetria* des Johannes von Garlandia.

12 Faral selbst fasst das Ziel dieses zweiten Teils so: „L'étude de la doctrine consiste dans une présentation, qu'on a voulue aussi brève et clair que possible, des enseignements épars dans les divers traités. Elle a été conçue comme un instrument d'orientation, destiné à faciliter l'accès des textes, sans prétendre toutefois en rendre la lecture inutile." (Faral, Les arts, S. XIV.) Allerdings ist sich Faral über die Grenzen seines Vorgehens durchaus im Klaren und konstatiert: „La tâche, toutefois, était infiniment vaste, et ce livre n'y peut servir que d'introduction." (Ebd.) – Purcell, Ars poetriae, S. 10, weist auf die Uneinheitlichkeit der Poetiken explizit hin: „Though grouped into a genre, each of the *artes poetriae* is unique; each adds a different dimension to the genre".

13 Zur allgemeinen Einordnung der beiden Arbeiten vgl. die Forschungsdiskussion, siehe Kap. II.1.

14 Usadel beginnt seine Arbeit mit einem allgemeinen, von Lessing kommenden ästhetischen Überblick (ebd., S. 6), um sich schließlich an Heinrich Wölfflins „Kunstgeschichtlichen Grundbegriffen" von

adaptieren die an Faral anschließenden Arbeiten sehr schnell die von ihm erschlossenen ‚zeitgenössischen' literarischen Kategorien der Poetorhetoriken. Hierbei werden die vorterminologischen und unscharfen Wendungen, wie bspw. Busenkells Rede von der „vertiefte[n] und eingehende[n] Schönheitsdarstellung"[15] oder Usadels titelgebende, jedoch nicht rhetorisch verstandene „Personenbeschreibung" durch eine ‚trennscharfe' Kategorie ersetzt: Die Forschung nach Faral versteht ‚Beschreibung' als Lehnübersetzung von *descriptio* und verwendet den lateinischen Terminus und seine Äquivalente zumeist in der Prägung, die Faral ihnen verliehen hat.[16] Sie hat damit zwar ein deutlich besser geeignetes analytisches Instrumentarium an der Hand, übernimmt von Faral jedoch auch dessen spezifische Verkürzungen und terminologischen Setzungen, welche bis heute den *common sense* zur sogenannten *descriptio pulchritudinis* prägen.

Dies ist nicht zuletzt auch der schlechten editorischen Situation der Poetorhetoriken zuzuschreiben, die über die Pionierleistung Farals nicht weit hinausgekommen ist, weshalb in der Forschung bis heute häufig direkt auf Faral zurückgegriffen wird.[17] Von den durch Faral edierten Texten ist lediglich die *Ars versificatoria* des Matthäus durch Franco Munari 1988 in einer kritischen Ausgabe mit Lesartenapparat erneut vorgelegt worden, welche auf einer deutlich breiteren Textgrundlage ediert als Faral und so wesentliche Textvarianten einbeziehen kann, die in dessen Fassung unbeachtet bleiben.[18] Von dieser abgesehen, liegen lediglich die in Farals *Recherches et Documents* nicht edierten Texte – die *Ars poetica* des Gervasius, die 1965 durch Hans-Jürgen Gräbener

---

1921 zu orientieren (ebd., S. 10). – Busenkell, die Usadels Arbeit nicht rezipiert zu haben scheint, verfährt dennoch recht ähnlich, nämlich wie dieser chronologisch, von frühester ‚deutscher' Literatur bis zur ‚Hochphase' um 1200 fortschreitend, argumentiert jedoch vor allem über ‚geistesgeschichtliche' Entwicklungen, nämlich das Zusammentreffen von ‚germanischer Mentalität' und ‚christlicher Kultur' (Busenkell, Schönheitsideal, S. 3–8), zielt jedoch ebenso auf „eine Darstellung des Stilwandels" (ebd., S. 2), wobei – ohne ihn zu nennen – die Kategorien Wölfflins – „kunstgeschichtlich gesprochen: vom linearen, konturhaften Stil zu einem plastisch-dynamischen" (ebd.) – wieder aufscheinen. – Inhaltlich sind beide Arbeiten, die im weiteren und engeren Sinne nationalsozialistischen Ideen verbunden sind, obsolet.

15 Ebd., S. 17. Die einzige rhetorische Kategorie, die Busenkell adaptiert, ist das von ihr immer wieder eingeführte ‚Epitheton ornans', das sie überall dort veranschlagt, wo eine „vertiefte und eingehende Schönheitsdarstellung" nicht vorliegt.

16 Vgl. Faral, Les arts, S. 75–85.

17 Beispiel hierfür kann die Arbeit von Anna Köhler (Köhler: Das literarische Porträt. Eine Untersuchung zur geschlossenen Personendarstellung in der französischen Erzählliteratur vom Mittelalter bis zum Ende des 19. Jahrhunderts, Bonn 1991 [Abhandlungen zur Sprache und Literatur 38]) sein, welche an einigen Stellen auf die Poetiken verweist, tatsächlich jedoch – gegen die in Rede stehenden Poetiken – Farals ‚doctrine'-Kapitel nutzt (vgl. ebd., S. 29 mit Anm. 17).

18 Dies gilt besonders für Matthäus' in der Forschung so häufig herangezitiertes Muster der *descriptio loci*, welcher in der von Faral abgedruckten Fassung entgegen der mehrheitlichen Überlieferung über hundert Verse fehlen, nämlich – in der Zählung Munaris – bei einer Gesamtlänge von 166 Versen die Vv. 8–111, obwohl diese bereits aus einer früheren Edition – Louis Bourgain: Matthaei Vindocinensis Ars versificatoria. Thesim proponebat Facultati Litterarum Parisiensi. Paris 1879 – bekannt war. Vgl. dazu Munari, Mathei Vindocinensis Opera III, S. 31–33.

ediert worden ist, und die *Parisiana poetria* des Johannes, die Traugott Lawler 1974 herausgegeben und übersetzt hat[19] – in befriedigenden Ausgaben vor. Die älteren und für lange Zeit einzigen Übersetzungen der von Faral edierten Texte jedoch – die drei der *Ars versificatoria* durch Gallo (1974), Galyon (1980) und Parr (1981), die beiden der *Poetria nova* durch Nims (1967) und Gallo (1971), des *Documentum* durch Parr (1968) und des *Laborintus* durch Carlson (1930) – gehen jeweils auf Farals Text zurück, ohne einen Beitrag zur Textkritik zu leisten, was entsprechend der Verbreitung des Faral-Textes und seinen Lesarten massiven Vorschub geleistet hat.[20] Deutsche Übersetzungen der *Ars versificatoria* und des *Laborintus* liegen erst seit 2020 vor, wobei der *Laborintus* von Justin Vollmann wiederum auf der Grundlage des Faral'schen Textes übersetzt worden ist, während Fritz Peter Knapp für seine Übertragung der *Ars versificatoria* auf den kritischen Text Franco Munaris zurückgreifen konnte.[21]

Gerade im Falle der – in der Forschung wie bei seinen Zeitgenossen – populärsten der Poetiken, der *Poetria nova*, jedoch hat Marjorie Curry Woods darauf aufmerksam gemacht, dass die Editon Farals nicht befriedigend ist. Dies gilt einerseits für den Text der *Poetria nova* selbst, der in über zweihundert Handschriften überliefert ist, was die textkritische Arbeit zu einer Herausforderung werden lässt, die – fast verständlicherweise – niemanden gefunden hat, sich ihrer anzunehmen; in besonderem Maße jedoch gilt dies auch für die vielfältigen Zeugnisse des ‚Lebens' der *Poetria nova* in der Texttradition, die sich in der breiten Glossierung, Kommentierung und Rahmung des Textes ausdrückt, auf welche Woods den Blick durch die Edition eines dieser *Poetria*-Kommentare, *In principio huius libri A*, gelenkt hat:

> While only half of the thirteenth-century manuscripts of the *Poetria nova* are accompanied by extensive marginal glosses, the proportion of manuscripts with such glosses gradually chan-

---

19 Faral hat die *Ars poetica* des Gervasius erst nachträglich, nämlich 1936, und ohne den durchschlagenden Einfluss diskutiert in: Edmond Faral: Le manuscrit 511 du ‚Hunterian Museum' de Glasgow. In: Studi medievali. Nuova serie 9 (1936), S. 18–119. Lawlers Edition geht eine alte und nicht verlässliche von Giovanni Mari voraus (Giovanni Mari: I trattati medievali di ritmica latina. Mailand 1899, S. 35–80), die Lawler zu ersetzen sich genötigt gesehen hat.
20 Die textkritischen Einwände, die Sedgwick gegen Faral vorgebracht hat, sind wiederum verabsolutiert worden, was zu einer problematischen Textgestalt der Übersetzungen geführt hat. Vgl. dazu bspw. Kap. IV.1.1 – Entsprechend ist der *Ars poetica* des Gervasius eine noch bescheidenere Rezeption zuteil geworden, weil dieser Text nicht nur nicht im Verbund der bei Faral versammelten Poetiken enthalten war, sondern weil zudem keine Druckfassung der vorhandenen us-amerikanischen Übersetzung herausgekommen ist. Die Übersetzung (Catherine Yodice Giles: Gervais of Melkley's Treatise on the Art of Versifying and the Method of Composing in Prose: Translation and Commentary. Univ.-Diss., Rutgers University 1973), die sich verschiedentlich in Bibliographien angegeben findet, war mir nicht einsehbar.
21 Nach diesen beiden Ausgaben werden im Folgenden die Übersetzungen der beiden Texte zitiert, nämlich: Matthaeus Vindocinensis: Ars versificatoria. Text nach der Ausgabe von Franco Munari. Übers. und mit Anm. und einer Einleitung versehen von Fritz Peter Knapp. Stuttgart 2020 (Relectiones 8). – Eberhard der Deutsche: Laborintus. Nach dem Text von Edmond Faral hrsg., übers. und komm. von Justin Vollmann. Basel 2020.

ges. Two thirds of the fourteenth-century manuscripts of the *Poetria nova* are glossed, while almost three-fourths of the fifteenth-century ones are. [...] Moreover, many of the copies of the *Poetria nova* that are not glossed in the margins have interlinear glosses written above individual words. There are also several prose summaries of the *Poetria nova*, metrical and prose expositions, and introductions to the text.[22]

Diese zusätzliche Schicht der Text- und Diskurstradition, die auch Woods nur exemplarisch anhand *eines* der „[m]ore than a dozen whole and distinct commentaries"[23] zur *Poetria nova* aufgezeigt hat, die im Lichte der theoretischen Erkenntnisse einer kulturwissenschaftlich denkenden ‚Material Philology' eine für das Verständnis der Texte wesentliche Dimension dokumentieren, geht in der Edition Farals verloren und ist für die übrigen Texte kaum dokumentiert oder aufgearbeitet.[24] Dass auch hier ähnliche Traditionen vorgelegen haben müssen, lässt sich jedoch aus Farals Textfassung selbst ersehen, insofern er in seinem sparsamen Varianten-Apparat immer wieder auf Glossierung verweist.[25] Die hier anschließenden Ausführungen können eine angemessen Aufarbeitung des überlieferten Materials gleichfalls nicht leisten, wollen aber zeigen, dass bereits das ediert vorliegende Material Indizien für eine Lesart der *descriptio*-Technik bietet, die sich vom eingangs vorgeführten *common sensen* signifikant unterscheidet.

Farals ‚doctrine', die durch konsequente, vereinheitlichende Systematisierung Licht in das unübersichtliche Material bringen möchte, erscheint gegenüber den Poetiken fast als Poetik eigener Ordnung, die nicht zuletzt methodisch sehr ähnlich verfährt, wie es die von ihr ausgewerteten Texte selbst tun.[26] Gegenüber dem Versuch Farals,

---

22 The ‚In principio huius libri' Type A Commentary on Geoffrey of Vinsauf's „Poetria nova": Text and Analysis. Hrsg. von Marjorie Curry Woods. University of Toronto 1977, S. xixf.
23 Ebd., S. xx.
24 Eine Ausnahme bildet hier lediglich Munaris Edition der *Ars versificatoria*, insofern diese die Rubrizierung der ausgewerteten Handschriften im Apparat verzeichnet.
25 Bspw. im Falle des *Laborintus* Eberhards des Deutschen, vgl. Anm. zu V. 5: „*Glose: ‚Elegia est descriptio carminum tractantium de miseris* [...]'." (Faral, Les arts, S. 337). Zudem lassen sich die bei Faral eingeführten Randglossen, die bspw. im Falle der *Poetria nova*, Vv. 1099–1592 (Faral: 1094–1587) oder des *Laborintus*, Vv. 299–598 die im Haupttext verwendeten, jedoch nicht benannten Tropen und Figuren angeben, vermutlich über die Glossierungs-/Kommentierungstradition erklären, wie sie für die *Poetria nova* durch den von Woods edierten Kommentar *In principio huius libri A* transparent geworden ist. Es müssten jedoch, um eine Aussage hierüber treffen zu können, jeweils sowohl die von Faral genutzten Manuskripte als auch die erste Druckfassung der *Poetria nova* und des *Laborintus* aus: Polykarp Leyser: Historia poetarvm et poematvm medii aevi decem, post annvm a nato christo cccc, secvlorvm. Halle 1721. S. 855–986 (*Poetria nova*) u. 795–854 (*Laborintus*), welche Faral extensiv genutzt hat, sowie die von Leyser genutzten Hss. herangezogen werden.
26 Dieses Vorgehen hat sie gemein mit späteren Darstellungen der poetorhetorischen Lehre, die – wie die Poetiken selbst auch – zumeist als Einführungswerke gedacht sind und in ihrer Darstellungsweise die Poetiken einerseits verdoppeln, andererseits jedoch deren konkrete Faktur durch ausuferndn Einbezug von antiken Prätexten überlagern und so das spezifische der Poetiken des 12. und 13. Jhs. teilweise verdecken, wie bspw. bei Leonid Arbusow: Colores rhetorici. Eine Auswahl rhetorischer Figuren

eine einheitliche ‚mittelalterliche' Dichtungslehre zu entwerfen, muss eingewandt werden, dass sich zwischen den vier hier im Fokus stehenden Schriften zwar einerseits eine gewisse Schnittmenge in der Systematisierung der spezifischen rhetorischen Mittel zeigen lässt, welche sie aus den zentralen vorgängigen Texten – allen voran der im Mittelalter allgemein Cicero zugeschriebenen *Rhetorica ad Herennium*, aber auch aus Ciceros *De inventione* und der *Ars poetica* des Horaz – entlehnen,[27] dass andererseits jedoch nicht einmal innerhalb der Reihe der sechs Poetorhetoriken – ja, nicht einmal zwischen der *Poetria* und dem *Documentum* – eine einheitliche Terminologie und Lehre im engeren Sinne entsteht, wie es Farals ‚doctrine' suggeriert. Einerseits lässt sich zwar mehrfach die Verarbeitung der so enorm erfolgreichen *Poetria nova* nachweisen, nämlich bei dem hier in Rede stehenden Johannes de Garlandia (vor 1250), bei Gervasius von Melkley (vor 1216)[28] und Nicholas Trivet (vor 1328); der *Laborintus* Eberhards des Deutschen (vor 1280) nennt Matthäus von Vendôme und andere direkt,[29] Galfreds *Poetria* vermutlich indirekt.[30] Andererseits jedoch bleiben die Bezüge unsystematisch und punktuell. Gemeinsamkeiten zwischen den Poetiken entstehen vor allem

---

und Gemeinplätze als Hilfsmittel für akademische Übungen an mittelalterlichen Texten. 2. Aufl. Göttingen 1963 (ursprünglich 1948); Paul Klopsch: Einführung in die Dichtungslehren des lateinischen Mittelalters. Darmstadt 1980; Rüdiger Brandt: Kleine Einführung in die mittelalterliche Poetik und Rhetorik. Mit Beispielen aus der deutschen Literatur des 11. bis 16. Jahrhunderts. Göppingen 1986 (Göppinger Arbeiten zur Germanistik 460) und noch jüngst Iris Bunte: Der *Tristan* Gottfrieds von Straßburg und die Tradition der lateinischen Rhetorik. Tropen, Figuren und Topoi im höfischen Roman. Marburg 2014. – Das Verfahren zeitigt dort (allerdings enzyklopädische) Früchte, wo nicht lediglich im Kleinen verdoppelt wird, sondern im Großen systematisiert: Heinrich Lausberg: Handbuch der literarischen Rhetorik. Eine Grundlegung der Literaturwissenschaft. 3. Aufl. mit einem Vorwort von Arnold Arens. Stuttgart 1990 (1. Auflage 1960).
27 Folgt man Karsten Friis-Jensen: The *Ars Poetica* in Twelfth-Century France. The Horace of Matthew of Vendôme, Geoffrey of Vinsauf, and John of Garland. In: Cahiers de l'institut du moyen-âge grec et latin. Université de Copenhague 60 (1990), S. 319–388, so beuten zudem alle drei Autoren – Matthäus, Galfred und Johannes – denselben Horaz-Kommentar, *Materia huius auctoris* (in: ebd., S. 336–384), aus, welcher wiederum ‚ciceronianische' Kategorien genutzt hat (vgl. ebd., S. 321), was eine strukturelle Ähnlichkeit der Poetiken jenseits einer direkten Abhängigkeit untereinander erklären würde. – Darauf, dass die Forschung die Poetiken bereits seit dem von Faral eingeschlagenen Weg zu stark mit den Kategorien ihrer Prätexte zu verstehen gesucht habe, weist Purcell, Ars poetriae, S. 6 f., hin. Hierdurch gehen, nach Purcell, spezifische eigene Konzepte und Gewichtungen der mittelalterlichen *Artes* verloren.
28 Die *Ars poetica* des Gervasius, die ein Rezeptionszeugnis für die *Poetria nova* und die *Ars versificatoria* darstellt, nimmt nach Camargo wiederum Einfluss auf die (bei Faral nicht edierte) lange Fassung des Galfred zugeschriebenen *Documentum*, vgl. Camargo, Tria sunt, S. 943.
29 Die Nennung des Matthäus findet sich im *Laborintus* in der Ausgabe von Faral, Les arts, S. 361, V. 675 f.
30 *Laborintus*, Vv. 665 f.: *Ars nova scribendi speciali fulget honore, | Rebus cum verbis deliciosa suis.* – Gallo, Poetria nova, S. 135, Anm. 12: „*Laborintus* (lines 665–66 [...]) almost certainly refers to Geoffrey's *Poetria nova* in referring to the „Ars nova scribendi". Er geht von einer so ubiquitären Berühmtheit der *Poetria* unter ihrem Epitheton *nova* aus, dass sie die Namensnennung des Autors überflüssig gemacht habe (ebd.).

über Auswertung des omnipräsenten, gemeinsamen Prätextes, der *Rhetorica ad Herennium*, wie es Gräbener in Hinblick auf die von ihm edierte *Ars poetica* des Gervasius formuliert:

> Die großen Vorgänger Gervasius['], Mathieu de Vendôme und Gaufroi Vinsauf, folgen mit geringen Änderungen der Gliederung der Rhet. Her. in Wortfiguren, Tropen und Satzfiguren.[31] Gervasius bricht mit dieser Tradition (ohne Nachfolger zu finden) und legt als erstes Gliederungsprinzip die mehr oder minder große Übereinstimmung der künstlerischen Sprachrealisierung eines Gegenstandes mit der unkünstlerischen, nur der grammatischen Norm und der proprietas verborum entsprechenden Realisierung [...] zugrunde. Er erhält so die Kategorien der idemptitas, similtudo und contrarietas.[32]

Faral nun erhält seine ‚doctrine', indem er im Wesentlichen der inhaltlichen Strukturierung der *Poetria nova* folgt, die hier vorgefundene Gliederung der Elemente absolut setzt und diese aus Galfred und den übrigen Poetiken sowie den antiken Prätexten belegt.[33] Tatsächlich ergeben sich so starke strukturelle Ähnlichkeiten zu den ‚mittelalterlichen' Poetiken in der Art der Disposition, in der synthetischen Herstellung einer Lehre aus disparatem, vorgängigem Material sowie in der Art des zitierenden Heranziehens von *auctoritates*: Wie beispielsweise auch Matthäus zur Formung seiner eigenen Lehre antike Texte dekonstruierend – nämlich punktuell – zitiert und rekombiniert, so montiert Faral aus absolut gesetzten Versatzstücken eine ‚mittelalterliche Poetik', welcher die synthetische Kraft der Philologie jene idealisierte und absolute, zugleich aber fiktive Form verleiht, zu der sie selbst nicht hat finden müssen.[34]

Ist schon in der lateinischen Tradition die wechselseitige Bezugnahme und damit die Existenz einer einheitlichen ‚doctrine' nicht unproblematisch zu begründen, so

---

31 Es sei angemerkt, dass der poetorhetorische Teil des *Laborintus* wiederum erkennbar die Gliederung der *Poetria nova* aufnimmt.
32 Gräbener, Gervais, S. XXXVI.
33 Die Form der *Poetria nova* teilt Faral, Les arts, S. 194–196, nach den Oberkategorien: I. De l'art en général. Définitions et divisions, II. De la disposition, III. De l'amplification et de l'abréviation. (III.A. De l'amplification, III.B. De l'abréviation), IV. Des ornements du style, V. La mémoire et l'action, ein. Dem folgt die Struktur seiner ‚Doctrine' (vgl. ebd., S. 382 f.) exakt: Chapitre I. – De la disposition, Chapitre II. – De l'amplification et de l'abréviation (II.I. L'amplification et ses procédés, II.II. L'abréviation), Chapitre III. – De l'ornement du style, Chapitre IV [Les sources de la doctrine], wobei die Übereinstimmung zwischen Teil III.A. der *Poetria* und Kapitel II.I. der ‚Doctrine' bis in die Abfolge der Unterpunkte geht, die nacheinander 1. *interpretatio* und *expolitio*, 2. *periphrasis*, 3. *comparatio*, 4. *apostrophe*, 5. *prosopopeia*, 6. *digressio* und 7. *descriptio* abhandeln und sich nur in Punkt 8 unterscheiden. Auffällig ist das besondere Gewicht der *descriptio* bei Faral, welche unter den auf fünfundzwanzig Buchseiten ausgeführten Mitteln der *amplification* als einziges weitere Unterpunkte erhält und mit zehn Seiten den größten Anteil hat. – Eine Kritik des von Faral gewählten Verfahrens findet sich bereits bei Gallo, Poetria nova, S. 134: „His [Faral's] method is to group similar comments made by the medieval authors, and then to cite parallel passage in classical sources." Gallo streift jedoch – wie Purcell, Ars poetriae, S. 75, anmerkt – genau hierin Farals Einflüsse ebenfalls nicht ab.
34 Insofern die Poetiken sich fragmentierend und rekombinierend aus Prätexten bilden, offenbaren sie selbst eine fundamentale Nähe zu Texttradition des Kommentars.

muss dies erst recht in Hinblick auf den Einfluss der Poetiken auf volkssprachliche Dichtung festgehalten werden. Für den deutschsprachigen Raum kann kaum von dem Vorhandensein einer einheitlichen, prägenden Lehre ausgegangen werden, wie Faral sie aus den verschiedenen Quellen konstruiert hat.[35] Von gelegentlichen Beobachtungen der Forschung an volkssprachlicher Literatur abgesehen, ist ein direkter Einfluss der Dichtungslehren auf die volkssprachlichen Dichter ihrer Zeit kaum nachweisbar. Gottfried von Straßburg hat scheinbar die *Ars versificatoria* des Matthäus genutzt,[36] für Heinrichs von Mügeln *Der meide kranz* lässt sich die direkte Nutzung der *Poetria nova* Galfreds tatsächlich anhand einer Serie von Entsprechungen, die fast bis zur wörtlichen Übernahme gehen, plausibel machen;[37] für Chaucer hat man immer wieder versucht eine Anlehnung an die *Poetria* glaubhaft zu machen.[38] In der Regel wird – besonders vor der uns zugänglichen, sich im Handschriftenbefund abbildenden Hochphase der *Poetria*-Verbreitung – mit einem indirekten Kontakt, nämlich zu ähnlich strukturiertem Lehrmaterial, vielleicht zu einer ähnlichen (oralen?) Lehre ausgegangen werden müssen. Hier ist sicherlich an den Unterricht in den entsprechenden (Dom-)

---

35 Die relativ breite Überlieferung der Poetiken Matthäus' und Galfreds deutet auf einen gewissen Verbreitungsgrad, allerdings schwerpunktmäßig im franko- und anglophonen Sprachraum hin, in dem Herkunft und Lehrtätigkeit der Autoren zu verorten ist.
36 Robert Glendinning: Gottfried von Straßburg and the School-Tradition. In: DVjs 61 (1987), S. 617–638, hier S. 625 f., zeigt, dass im *huote*-Exkurs des *Tristan* und der Marcia-*descriptio* der *Ars versificatoria* (I,55) eine signifikante Übereinstimmung in der Wahl der zur Schilderung der tugendhaften Frau gewählten Bilder besteht und folgert: „Since it is impossible to believe that both Matthew and Gottfried could independently have used the same three sources conjectured by Hoffa, we are forced to conclude that if theses really were the sources used, it was not Gottfried but Matthew, the earlier of the two men, who used them. In any case, it seems clear that Gottfried has borrowed the elements in question from Matthew, at times almost translating literally (i. e., ‚est mulier non re, sed nomine' becomes ‚diu ist niuwan mit namen ein wip / und ist ein man mit muote')." (Ebd., S. 626) Auf die Korrespondenzbeziehung zwischen Isolde auf der einen und der ‚tugendhaften Frau' auf der anderen Seite wird in der Diskussion der Beispiel-*descriptiones* des Matthäus zurückzukommen sein. – Zum *Tristan* im Kontext der Poetiken vgl. weiterhin: Marie-Sophie Masse: Von der Neugeburt einer abgenutzten Praxis: die *descriptio* in Gottfrieds *Tristan*. In: GRM N.F. 55 (2005), S. 133–156. – Auch bei Wolfram von Eschenbach sehe ich überdies Parallelen zur *Ars versificatoria*, welche zwar nicht beweiskräftig sein mögen, die ich indessen dennoch für bedenkenswert halte. So verweist Nellmann in seinem Kommentar zum *Parzival* (zu 659,23 f.) darauf, dass die auf die Generationenfolge bezogene Schnee-Metapher, welche in Arnives Clinschor-Erzählung enthalten ist, ein seit der Spätantike bekanntes Rätsel und auch in der *Ars versificatoria* (III.44) enthalten sei: *ein muoter ir fruht gebirt: / diu fruht sînr muotr muoter wirt. / von dem wazzer kumt daz îz: / das læt dan niht decheinen wîs, / daz wazzer kum ouch wider von im* (Wolfram von Eschenbach: Parzival, Vv. 659,23–27). In der *Ars versificatoria* lautet der Rätselvers: *Mater me genuit, eadem mox gignitur ex me* (Übers. [Nellmann]: „Meine Mutter hat mich hervorgebracht; sie selbst entsteht bald wieder aus mir.") und wird gelöst als: *de glacie intelligendum est* (Übers. [F. D. S.]: „Hierunter ist Eis zu verstehen.").
37 Die Forschung hat diese Übernahmen – soweit ich sehe – bisher nicht zur Kenntnis genommen. Vgl. hierzu im Folgenden Kap. IV.2.2.3, S. 383–386.
38 Vgl. dazu Gallo, Poetria nova, S. 134.

Schulen zu denken, den einige der deutschsprachigen Autoren zweifelsfrei genossen haben werden. Geht man mit den zeitgenössischen Zuschreibungen von einer Lehrtätigkeit des – nach Selbstauskunft in Paris und Orléans ausgebildeten – Eberhard im deutschsprachigen Raum aus (Bremen, Köln),[39] so wäre besonders die Nennung des Matthäus von Vendôme im *Laborintus* ein wichtiges Zeugnis dafür, das die Lehre der *Ars versificatoria* zumindest über die Weitergabe durch in Frankreich ausgebildete Lehrerpersönlichkeiten potentiell eine Wirkung auch auf den Unterricht und die Literatur im deutschsprachigen Raum gehabt haben kann.[40]

Zudem darf aber wohl mit einer Weitergabe dichterischer Praxis im höfischen Raum gerechnet werden, welcher für diese einen Sonderraum konstituiert haben mag, in dem neben passiver Rezeption von Dichtung auch deren Faktur beständiger Gegenstand sogar des geselligen Austausches gewesen ist, wie die große Zahl metapoetischer Passagen in den höfischen Epen und die Verortung von Literatur als der Schulbildung vorgelagerte Form von Bildung bei Thomasîn von Zerklære[41] deutlich zeigt. Ebenso weist die

---

39 Vgl. die Wiedergabe der entsprechenden Handschriften-Einträge bei Faral, Les arts, S. 38 f.
40 Franz Josef Worstbrock: Art. Eberhard der Deutsche (Everardus Alemannus, Teutonicus). In: ²VL 2 (1979), Sp. 273–276, hier: Sp. 274, vermerkt zudem, dass die Handschriften des ausnehmend breit überlieferte *Laborintus* – mindestens 43 Hss. sowie mehrere Teilabschriften mit einer nachweisbaren Wirkung bis ins 16. Jahrhundert – vornehmlich deutscher Provenienz seien. Fritz Peter Knapp: Poetik. In: Die Rezeption lateinischer Wissenschaft, Spiritualität, Bildung und Dichtung aus Frankreich. Hrsg. von dems. Berlin/Boston 2014 (Germania Litteraria Mediaevalis Francigena [GLMF] I), S. 217–242, schreibt: „[W]ir dürfen aus dem Inhalt des ‚Laborintus' auf das Rezeptionsgut schließen, welches aus der gallolateinischen Poetik und Poesie des 12. und frühen 13. Jh. bereitwillig aufgenommen wurde" (S. 227) und nennt Eberhard anderenorts gar einen „Kronzeuge[n] für die unmittelbare Ausstrahlung der ‚Poetik' der nordfranzösischen Schulen nach Osten und Nordosten" (ders.: Einleitung und Überblick. In: ebd., S. 1–48, hier: S. 43). Dass im *Laborintus* nicht allgemein Dichtungen des Matthäus gemeint sind, sondern tatsächlich die *Ars versificatoria*, ergibt sich aus dem Text selbst – *Scribentis regit arte stylum Rufoque negante / Laudem Matheus Vindocinensis habet.* (Laborintus Vv. 675 f.) –, welcher Matthäus nicht nur als Verfasser einer *ars* nennt und sondern auch inhaltlich auf die *Ars versificatoria* anspielt, in der der Konflikt zwischen Matthäus und einem „Rufinus" genannten Opponenten eine zentrale Rolle spielt (vgl. Ars vers. I, 1–6). – Zu Johannes de Garlandia merkt Lawler, Parisiana poetria, S. 333, an: „The *Parisiana poetria* seems to have had more influence in Germany than elsewhere, for Mss. M, O, and V are all of German origin." Lawler gibt zudem Exzerpte aus einer späten, anonymen ‚Ars rhythmica' des 15. Jhs. (Ms. Melk 873), in welcher Johannes zitiert wird (ebd., S. 333–335). Interessant ist hier, dass der lateinische Text bei der Diskussion des Verses Beispiele aus der *Parisiana poetria* mit einem deutschsprachigen Vers (*ritmus communissimus laicorum*) verbindet: *Pfui dy katz dy mich vorn leket vnd hinten kratz.* Sie gibt damit ein – wenn auch spätes – Zeugnis für die prinzipielle Übertragbarkeit lateinischer Lehre auf die deutsche Sprache, welche früh wohl auch durch das Nebeneinander der beiden Sprachen in einer Sammlung wie dem *Codex buranus* ersichtlich wird.
41 Vgl. das – jedoch von der Forschung immer wieder in Zweifel gezogene – Verständnis von *aventiure*-Erzählungen im *Welschen Gast* Thomasîns von Zerklære (Vv. 1026–1162). – Vgl. zu Thomasîns – vermeintlich – „verkürztem Rezeptionsmodus" die wegweisenden und einflussreichen Ausführungen bei Haug, Literaturtheorie, S. 228–249, hier bes. S. 240.

teils didaktische Ausrichtung höfischer Literatur deutlich darauf hin, dass hier ein mit seinen Produzenten, den lateinisch gebildeten *clerici* oder *pfaffen*,[42] aus der Latinität heraustretender Bildungsanspruch realisiert wird, der die höfische Gesellschaft zu einem Bildungsraum eigener Ordnung neben den institutionalisierten Schulen werden lässt.[43] In dieser Kombination aus poetorhetorischer Unterweisung im Rahmen der lateinischen Schulbildung und bewusster Rezeption und Aneignung vorbildhafter (französischer) Literatur, die selbst in einem stark von der Latinität geprägten Rahmen entsteht, ist eine Weitergabe entsprechender (Text-)Modelle und poetorhetorischer Praktiken, wie sie die hier in Rede stehenden Poetiken beispielhaft exemplifizieren, als (in-)direkte Vermittlungslinie zu denken. Rezeption von Literatur wäre so – und das scheint dem Anspruch der Texte durchaus zu entsprechen – immer zugleich auch Unterweisung in Literatur und die Sicherung der Verbindung, welche die Adelselite zur Autorität der (lateinischen) Schrift sucht. Soll hier im Folgenden auch nicht der Versuch unternommen werden, einen direkten Einfluss der Poetorhetoriken auf die volkssprachliche Dichtung nachzuweisen, so zeigt sich doch, dass sich auch die volkssprachlichen Texte in der Art, wie sie ihre poetisch-rhetorischen Mittel einsetzen, mit den durch die Poetiken kodifizierten Funktionsweisen zur Deckung bringen lassen. Ein direkter Einfluss muss dort nicht nachgewiesen werden, wo sich plausibel begründen lässt, dass sowohl die Poetiken als auch die Texte Anteil an einem ausreichend homogenen, sich wechselseitig befruchtenden literarischen Diskursfeld haben: Hierbei erhalten die Poetiken vor allen Dingen insofern die Funktion von Zeugen, als sie sich bemühen, das, was die Texte tun, in Form von Regeln zu formulieren, und über diesen Schritt in die Explikation helfen, das Vorgehen der Texte zu begreifen.

IV.1.1 Das Gesetz der Gliedmaßen: Der *descriptio*-Begriff und der doppelte Mensch bei Matthäus von Vendôme

Besonders das Mittel der *descriptio* indessen, welches in der hier in Rede stehenden Form als *descriptio pulchritudinis* in den autoritativen (antiken) Rhetoriken nicht zu fin-

---

42 Ich folge damit dem prominent von Bumke, Höfische Kultur, S. 682, etablierten Verständnis vom *clericus* als *litteratus*.
43 Dieses Konzept ‚höfischer Bildung/Erziehung' („courtly education") ist bspw. von C. Stephen Jaeger: Cathedral Schools and Humanist Learning, 950–1150. In: DVjs 61 (1987), S. 569–616, hier bes. S. 608–615, vertreten worden. Vgl. zudem Bumke, Höfische Kultur, S. 595–610 sowie auch bspw. Bumke, Blutstropfen, S. 12, Anm. 20, wo es in Hinblick auf Wolfram von Eschenbach heißt: „Daß er [= Wolfram, F. D. S.] eine klerikale Schulausbildung genossen hat, wie es für Veldeke, Hartmann und Gottfried anzunehmen ist, erscheint nicht sehr wahrscheinlich. Man muß für die Zeit um 1200 damit rechnen, daß interessierte Laien auch auf anderen Wegen Zugang zu gelehrten Überlieferungen finden konnten." Vgl. zudem Timo Reuvekamp-Felber: Volkssprache zwischen Stift und Hof. Hofgeistliche in Literatur und Gesellschaft des 12. und 13. Jahrhunderts. Köln/Weimar/Wien 2011 (Kölner Germanistische Studien N.F. 4).

den ist, sondern als spezifische Neuerung der mittellateinischen Poetiken gewertet werden muss,[44] wird von den Texten vordergründig uneinheitlich behandelt. Hier ist die Synthetisierungsleistung der Poetiken, aber auch diejenige Farals am größten und entsprechend gilt es, die von ihm so einflussreich festgeschriebene Definition im Rekurs auf die Texte zu re-evaluieren.[45]

Bereits die Benennung des avisierten Gegenstandes durch die Forschung erweist sich als problematisch. Uneinheitlich wird er – wie eingangs bei Andrea Sieber – schlicht verallgemeinernd ‚descriptio' genannt – was der Wortwahl der *Ars versificatoria* entspricht – oder wahlweise als ‚*descriptio pulchritudinis*'[46] oder ‚*descriptio figurae/ personae*'[47] gefasst, von welcher dann beispielsweise wiederum die ‚*descriptio picturae*'[48] abgegrenzt werden kann.[49] Dabei ist keine dieser Benennungen terminologisch trennscharf im Sinne jener vermeintlich Authentizität verbürgenden lateinischen Genitivfügung. Zwar überliefern die mittellateinischen Poetiken den Begriff der *descriptio*, sie fassen diese jedoch generell weiter.[50] Dies gilt zwar zunächst in besonderem Maße

---

44 Faral, Les arts, S. 80, schreibt völlig zurecht: „Cette theorie de l'ordre à suivre dans les descriptions ne se trouve pas chez les anciens."
45 Völlig unbrauchbar ist die Darstellung der *descriptio* bei Arbusow, Colores rhetorici, S. 26–28.
46 Bspw. einflussreich Haupt, Der schöne Körper, S. 49.
47 Brüggen, Farben der Frauen, S. 203.
48 Bspw. bei Barbara Haupt: Literarische Bildbeschreibung im Artusroman – Tradition und Aktualisierung: Zu Chrestiens Beschreibung von Erecs Krönungsmantel und Zepter. In: Zeitschrift für Germanistik 9 (1999), S. 557–585. Zuvor bereits Christine Ratkowitsch: Descriptio Picturae: die literarische Funktion der Beschreibung von Kunstwerken in der lateinischen Großdichtung des 12. Jahrhunderts. Wien 1991.
49 Rüdiger Krüger: puella bella. Die Beschreibung der schönen Frau in der Minnelyrik des 12. und 13. Jahrhunderts. Stuttgart 1986, S. 114–122, prägt im Rahmen einer ‚Studie', welche er seiner Anthologie von Minnelyrik anhängt, die Wendung *personarum descriptio a corpore*.
50 Eine Spezifizierung, wie sie die ‚*descriptio pulchritudinis*' darstellt, zeigt sich eher in der Rezeption der Texte, hier besonders in jenen Textzeugen, welche die Beispiel-*descriptiones* der *Ars versificatoria* getrennt überliefern. Es scheint sich hierbei jedoch um *ad hoc*-Schöpfungen zu handeln, die teils auf den Namen, teils auf den Figurentypus, teils auf die geschilderte Eigenschaft referieren. Der Übersicht halber seien die Benennungen, die Munari in seinem Apparat angibt, hier mit den Siglen der von ihm verwendeten Textzeugen wiedergegeben: I,50 (Papst): *Descriptio ecclesiastici pastoris* G, *Descriptio ecclesiastici pastoris sub nomine pape*. *Matheus Vindocinensis* QT, *Mathei Vindocinensis commendatio pape* C, *Mathei commendatio pape* P, *Incipiunt versus de papa* F, *De papa* K, *Descriptio prelati ecclesiastici* H. I,51 (Caesar): *Descriptio cesaris* G, *Insipiunt versus de cesare* F, *De cesare* K, *Descriptio militis vel principis* H, *Descriptio boni militis* E, *Commendatio militis* C, *Commandatio militis* P, *Descriptio militis bellicosi sub nomine cesaris*. *Matheus Vindocinensis* Q, *Descriptio militis bellicosi sub nomine cesaris* T. I,52 (Ulixes): *Descriptio ulixis* G, *Descriptio viri sapientis* E, *Descriptio iuvenilis sapiencie* F, *Descriptio advocati sub metaphora* H, *Descriptio facundi hominis et eloquentis* Q, *Descriptio facundi hominis* T, *De eloquio* K, *Commendatio sapientis* C, *Commandatio sapientis* P. I,53 (Davus): *Descriptio davi* G, *Descriptio scurre* E, *Descriptio senilis nequicie* F, *Descriptio lecatoris* HT, *Descriptio hominis lecatoris*. *Matheus Vindocinensis* Q, *De parasito* K, *Vituperium stulti* CP. I,55 (Marcia): *Descriptio marcie* G, *Descriptio matrone* HT, *Descriptio matrone laudabilis*. *Matheus Vindocinensis* Q, *Descriptio honestis mulieris* E, *Commendatio matrone* C, *Commandatio matrone* P, *De muliere nobili* K. I,56 (Helena): *Descriptio tyndaridis* G, *Descriptio forme puel-*

für die Abhandlung der *descriptio*-Technik bei Matthäus von Vendôme, dessen ausführliche Darlegung derselben Faral eine ‚Theorie der *descriptio*'[51] genannt hat, es lässt sich jedoch – wie zu zeigen sein wird – in gleichem Maße auch für die übrigen Theoretiker erweisen, die tatsächlich, wenn auch eher subkutan, auf der Grundlage eines dem Matthäus sehr nahestehenden Verständnisses der *descriptio* operieren.

Faral spricht – mit Matthäus – allgemein von *descriptio* und behandelt unter diesem Oberbegriff verschiedene Typen von *descriptio*, nämlich: „les descriptions de personnes", „les descriptions d'objets" und „les descriptions de scènes",[52] wobei er die ‚Personenbeschreibung' zur wichtigsten Form erhebt: „Les arts poétiques du moyen âge font à ce genre de descriptions [= les descriptions de personnes, F. D. S.] une place importante: c'est à elle qu'est consacré, en majeure partie, le traité de Matthieu de Vendôme."[53] Angesichts von Farals eigener Einschränkung, dass es Matthäus sei, der der *descriptio* diesen ungewöhnlich großen Raum einräumt, und dass die übrigen Theoretiker sie nicht bevorzugt behandelten – „Geoffroi de Vinsauf ne traite pas, à proprement parler, de la description de personnes [...]. Évrard lui consacre une mention de quatre vers [...]. Jean de Garlande en donne un example en prose [...]."[54] –, muss es umso mehr erstaunen, wie absolut er den Stellenwert der ‚Personenbeschreibung' setzt, indem er bereits im ersten Satz suggeriert, dass dieser in *allen* Poetiken („Les arts poétiques du moyen âge ... ") besonders groß sei. Die nächste folgenschwere Verengung des *descriptio*-Begriffes findet in der Festschreibung der ‚Personenbeschreibung' auf eine bestimmte Funktion, nämlich auf die Darstellung von Schönheit statt: „La beauté constituant le principal objet des descriptions, ce sont surtout les femmes qu'il conviendra de décrire."[55] Von hier aus ist es freilich nicht weit bis zu jener allgemeinen und vielzitierten Definition, die Faral in seinem Unterkapitel ‚L'ordre et le plan dans les descriptions de personne' gibt und die noch in der eingangs zitierten Passage bei Sieber nachklingt:

---

laris H, Descriptio pulcre mulieris E, Commendatio (-man- P) pulchre mulieris CP, Descriptio forme pulchritudinis. Matheus Vindocinensis Q, Descriptio forme pulchritudinis T, Membrorum descriptio m² i.m. K. [I,57 (Helena): keine Rubrizierung; entsprechend der Benennung der kurzen, vorangestellten Prosa: menbrorum descriptio.] I,58 (Beroe): Descriptio Beroes G, Descriptio turpis persone E, Descriptio ve < tule > R, Descriptio vetule. Matheus Vindocinensis Q, Descriptio vetule T, Vituperium vetule C.
51 Faral, Les arts, S. 76: „L'Art de Matthieu est la théorie de cette mode nouvelle".
52 Vgl. Faral, Les arts, S. 75, S. 81 u. S. 82.
53 Faral, Les arts, S. 75.
54 Faral, Les arts, S. 76. – Gervasius von Melkley, der eine interessante Einordnung der *descriptio* vornimmt, auf die im Folgenden zurückzukommen sein wird, wird hier von Faral nicht erwähnt. Auch er jedoch gesteht der *descriptio* keinen auffällig großen Raum zu und gibt keine Musterbeispiele, wie es Matthäus und Galfred tun. – Die Dichtung *Debemus cunctis proponere*, die Faral weiterhin als Zeuge für Schwergewichtigkeit der *descriptio* einsetzt – „le petit traité [...] lui est réservé pour plus de la moitié" – ist allerdings mit hundert Versen eher kurz. Dass Faral sie nicht weiter heranzieht, obwohl er suggeriert, dass die *descriptio* hier einen besonderen Raum einnimmt, liegt sicherlich nicht zuletzt daran, dass sie mit der ‚doctrine', die Faral aus Matthäus entwickelt, nicht gut in Einklang zu bringen ist.
55 Faral, Les arts, S. 77.

> Un portrait complet comprend deux parties et traite successivement du physique et du moral. Pour la description du moral, la règle est assez lâche et d'ailleurs c'est un point qui est souvent négligé. La description du physique obéit à des lois strictes[.] Souvent précédée d'un éloge du soin donné par Dieu ou par la Nature à la confection de sa créature, elle porte d'abord sur la physionomie, puis sur le corps, puis sur le vêtement; et dans chacune de ces parties, chaque trait a sa place prévue. C'est ainsi que, pour la physionomie, on examine dans l'ordre la chevelure, le front, les sourcils et l'intervalle qui les sépare, les yeux, les joues et leur teint, le nez, la bouche et les dents, le menton; pour le corps, le cou et la nuque, les épaules, les bras, les mains, la poitrine, la taille, le ventre (à propos de quoi la rhétorique prête le voile de ses figures à pointes licencieuses), les jambes et les pieds.[56]

Legt man diese – im übrigen von Faral zu stark generalisierte – inhaltliche Füllung der ‚descriptio' des weiblichen Körpers als eine Art von Definition zugrunde, wie es oft geschehen ist – Faral selbst nennt sie bereits im folgenden Satz eine „théorie de l'ordre à suivre"[57] –, so ergibt sich, dass ‚Theorie'/Präskript einerseit und Form/Inhalt andererseits auf eine erstaunliche Art zur Deckung gelangen, indem die Beschreibung einer Abfolge von Elementen als präskriptive Regel der *descriptio* missverstanden wird. In der Analyse hat dies nicht selten dazu geführt, in der Erfüllung der bei Faral genannten Punkte die Erfüllung der die *descriptio* betreffenden Regeln der Poetiken zu sehen. Diese Analyse erschöpft sich dann in der Deskription der *descriptio* und mithin im Nachweis der regelkonformen Abarbeitung der Beschreibungsschritte.[58] Dabei zeigt sich in der Auswertung der Poetiken, dass die Einengung des Konzeptes *descriptio* auf das, was ich im Folgenden zwecks Differenzierung als ‚Farals Normalform der Personenbeschreibung' kennzeichnen möchte, den Blick auf die potentiell zur Verfügung stehenden, gleichwertigen Formen und damit auf die Analyse eines wesentlichen selektiven Momentes in der Herstellung eines Textes verstellt, an welches entscheidende ethische Wertungen gebunden sind.[59]

---

56 Faral, Les arts, S. 80. Die von Faral angegebene ‚Normalform' der *descriptio* folgt dem von Galfred gegebenen Beispiel, vgl. Poetria nova, Vv. 567–626 (Faral Vv. 562–621).
57 Faral, Les arts, S. 80.
58 Beispielhaft für viele andere kann hier Krüger, puella bella, S. 120, genannt werden, welcher die Abfolge der Gliedmaßenenumration als Regel selbst auffasst und gar als „System" tituliert: „Das Beschreibungssystem, wie es sich Galfred von Vinsauf und Matthäus von Vendôme sowie weiteren Quellen entnehmen läßt, hat folgende Abfolge: Kopf – Haare – Stirn – Augenbrauen – Nase – Augen – Gesicht (und Teint) – (Ohren) – Mund – Lippen – Zähne – Kinn – Nacken – Hals/Kehle – Schultern – Oberarme – (Unterarme) – Finger – Hände – Brust (-Kasten) – Taille – (Hüften) – (Bauch) – Beine (Oberschenkel – Knie – Unterschenkel) – Füße." – Vgl. bspw. auch einen jüngeren Beitrag von Schanze, Lacht Hartmann?, S. 51–72, hier: S. 67, welcher im Hinblick auf die Beschreibung Enites attestiert, dass „Chrétien [...] den ‚klassischen' Weg ‚von oben nach unten' gewählt [habe]", während Hartmann – mit der von Schanze zitierten Gerok-Reiter, Körper – Zeichen, S. 414 – einer „Choreographie von außen nach innen" folge.
59 Als ‚Regel' für die *descriptio* wird in der Forschung häufig das berühmte Verspaar aus der *Poetria nova* zitiert: *A summo capite descendat splendor ad ipsam / Radicem, Totumque simul polietur ad unguem* (Poetria nova 603 f., Faral 598 f.; Übers. [Gallo]: „And thus let beauty descend from the top of the head to the very feet, and let all be adorned alike to the smallest detail."), durch welches Farals Verabsolutierung gleichsam als autoritativ gesichert erscheint. Hinzu tritt häufig als Zusatzregel die Forde-

Ausgehend von der Faral'schen Definition der Normalform muss vor allen Dingen betont werden, dass der von ihm genutzte Begriff ‚portrait', der in der Faral-Nachfolge eine bedeutende Rolle gespielt hat, bei Matthäus keine Entsprechung hat.[60] Der Porträt-Begriff nach Faral hat auf die romanistische und germanistische Forschung sehr direkt gewirkt[61] und so ganz grundsätzlich die Vorstellung von einer Verbindung der

---

rung der ‚Auslassung der Mitte', welche die Genitalien ausspart; vgl. hierzu Bürkle, ‚Kunst'-Reflexion, S. 143–145. Die Absolutsetzung als ‚Regel' findet sich zumal in Einführungswerken in die germanistische Mediävistik, wie bspw. bei Klein, Mittelalter, S. 42: „In der Regel folgte man bei den *descriptiones* von Figuren dem Schema *a capite ad calcem*, „von Kopf bis zur Ferse", nicht anders als die Autoren mittelalterlicher Arzneibücher, die zuerst die Krankheiten des Kopfes und die Fußleiden zuletzt behandelten. Zudem haben sich Lyriker und Epiker für ihre Beschreibungen an den historisch verbindlichen Schönheitsstandards orientiert, weshalb alle schönen Frauen Augen wie Sterne, eine weiße Haut, gerötete Wangen, rote Lippen und Zähne wie Perlen haben."

60 Die Implikationen des modernen Begriffs von Porträt sind für die hier in Rede stehenden Texte sicherlich nur um den Preis der ahistorischen Applikation zu haben, insofern man ihn füllt, wie es bspw. Lessing vorgezeichnet hat: „[O]bschon auch das Portrait ein Ideal zuläßt, so muß doch die Ähnlichkeit darüber herrschen; es ist das Ideal eines gewissen Menschen, nicht das Ideal eines Menschen überhaupt." (Gotthold Ephraim Lessing: Laokoon. Briefe, antiquarischen Inhalts. Hrsg. von Wilfried Barner. Frankfurt a. M. 2007, S. 24.) Das so oder ähnlich verstandene Porträt ist der Vormoderne unbekannt. Auch auf die *descriptio*-Technik der Poetiken ist die Tendenz zur Individuierung, welche der Begriff wesentlich konnotiert, nicht übertragbar, wenngleich man nicht *ex negativo* die vielleicht ebenfalls unzutreffende Regel wird ableiten dürfen, die *descriptio* ziele auf „das Allgemeingültige, Musterhafte, Typische" (Hilkert Weddige: Einführung in die germanistische Mediävistik. 4. Aufl. München 2001, S. 137). Auch muss der Umkehrschluss vermieden werde, dass für eine Zeit vor Lessings kategorialer Unterscheidung von Dichtkunst und Malerei nach ihren Besonderheiten als Zeit- und Raumkunst (Lessing: Laokoon, Erster Teil, XVI, S. 116–123) eine Nichttrennung der Künste im Sinne eines wörtlichen Verständnisses des *ut pictura poesis*-Diktums als epistemischer Horizont anzusetzen sei. Die *descriptio* wird vielmehr, wie im Folgenden zu zeigen ist, jenseits des Porträt- und überhaupt des Bildbegriffs des ‚ästhetischen' Diskurses und seiner Negativfolien anzusiedeln sein. – Bezeichnendes Indiz dafür, dass Faral den Porträtbegriff einem allgemein verfügbaren, wenig trennscharfen ästhetischen Diskurs entlehnt hat, ist der Umstand, dass auch die ‚vorterminologischen' Arbeiten Usadels und Busenkells jeweils mit der Vorstellung von der Personenbeschreibung als Portrait operieren: Während bspw. Usadel, Personenbeschreibung, S. 6 f., damit beschäftigt ist, an Lessing anschließend die Dichtung von der Malerei zu unterscheiden – eine Debatte, die in der Leugnung des Zusammenhangs vor allen Dingen die Möglichkeit seiner Existenz befeuert hat –, benutzt Martha Busenkell (Busenkell, Schönheitsideal) ganz unbefangen ein metaphorisches Begriffsinventar, das dem Wortfeld des Zeichnens, Malens und Zeigens entstammt, mithin also die ‚Sichtbarkeit' der ‚Personenschilderung' impliziert.

61 So bspw. in der romanistischen Studie zum „literarischen Porträt" von Köhler, Das literarische Porträt, deren Anlage und Titelgebung eine erstaunliche Ähnlichkeit zu den Arbeiten Usadels, Personenbeschreibung, und Busenkells, Schönheitsideal, zeigt, was wohl dem letztlich ähnlichen, nämlich chronologisch durch die Epochen voranschreitenden methodischen Vorgehen geschuldet ist, welches hier lediglich um einen neueren theoretischen Rahmen (die Idee einer „Syntax" der Personendarstellung) ergänzt und bis in die Neuzeit ausgeweitet ist. Die Arbeit bildet eine seltsame Mischform, insofern sie um jeden Preis die Idee des Porträts als literarische Kategorie begründen will und dieses auf die mittellateinischen Poetiken anwendet, indem sie sämtliche (neuzeitliche) Implikate des Begriffs (Rahmung, Individuierung) als literarisch bestimmbare Parameter zu erarbeiten sucht (Isolierbarkeit, Glie-

descriptio zur Bildkunst und zu poetisch fingierter Visualität gestiftet.[62] Hierauf baut wiederum eine breite Debatte zur Sichtbarkeit und Evidenz auf, die wesentlich davon ausgeht, dass die *descriptio* ein Mittel des ‚Vor-Augen-Stellens' sei,[63] wie es beispielsweise bei Sonja Glauch zum Tragen kommt, wenn diese als unhinterfragte Grundan-

---

derungssignale, syntaktische Merkmale, Kohärenz) und dann rückwärts projiziert. So heißt es – paradoxerweise – bereits in der Einleitung, dass das Mittelalter und das 17. Jh. diejenigen Epochen seien, „in denen das Porträt am eindeutigsten identifizierbar ist" (Köhler, Das literarische Porträt, S. 21), und die *descriptiones* bei Matthäus von Vendôme werden entsprechend als „Musterporträts" aufgefasst (ebd., S. 29 f.).

62 Vgl. bspw. Jean-Marc Pastré: Typologie und Ästhetik: Das Porträt der Helena im ‚Trojanerkrieg' Konrads von Würzburg. In: Jahrbuch der Oswald von Wolkenstein Gesellschaft 5 (1988/89), S. 397–408, und erneut ders., Versuch einer vergleichenden Ästhetik, aber auch Elisabeth Lienert: Helena – thematisches Zentrum von Konrads von Würzburg ‚Trojanerkrieg'. In: Jahrbuch der Oswald von Wolkenstein Gesellschaft 5 (1988/89), S. 409–420, hier S. 419: „[Helena] ist für den Erzähler Konrad der Kunstgegenstand par excellence: als Kunstgegenstand wird sie beschrieben, von ihrer kostbaren Kleidung umrahmt wie ein Gemälde", wobei festgehalten werden muss, dass die Metapher von der Porträtkunst der *descriptio* zu gänzlich ahistorischen Zuschreibungen (Bild – Rahmen) führt. – Den ahistorischen Gebrauch von Kategorien ‚neuzeitlicher' Malerei (hier: Perspektive, Kontrast, Einheit von Handlung, Ort und Zeit) in Hinblick auf ältere Dichtung kritisiert bereits Lessing, Laokoon, S. 141 f., im Ersten Teil, Kap. XIX des *Laokoon*, hier für Popes Homer-Deutung. Obgleich Lessing jedoch Dichtkunst und Malerei kategorisch unterscheidet, so behält er dennoch auch für das, was nach seiner Auffassung der Dichtkunst eigen und geradezu anti-malerisch ist, den Begriff des ‚Malens' bei, wodurch zwei verschiedene, in einem Begriff zusammenfallende Arten des Malens entstehen. Diese gleichzeitige Trennung und Verschmelzung des Begriffs dokumentiert bei aller Differenzierung vor allem, dass auch bei Lessing im Hintergrund die Vorstellung, dass Dichtung ‚male', wirksam ist. Dies gilt sowohl für die Epitheta („malerische Beiwörter", ebd., S. 117,20 f.) als auch für Handlung, Beschreibung und in Handlung aufgelöste Beschreibung: „Ich finde, Homer malt nichts als fortschreitende Handlungen, und alle Körper, alle einzelnen Dinge malt er nur durch ihren Anteil an diesen Handlungen, gemeiniglich nur mit Einem Zuge. Was Wunder also, daß der Maler, da wo Homer malt, wenig oder nichts für sich zu tun siehet, und daß seine Ernte nur da ist, wo die Geschichte eine Menge schöner Körper, in schönen Stellungen, in einem der Kunst vorteilhaften Raume zusammenbringt, der Dichter selbst mag diese Körper, diese Stellungen, diesen Raum so wenig malen, als er will?" (Ebd., S. 117,33–118,5).

63 Diese Forschungslinie evoziert auch das Eingangszitat von Sieber, Paradoxe Geschlechterkonstruktionen, S. 268, in dem davon die Rede ist, dass Körper „als Effekte aufwendiger *descriptiones*" entstünden. – Als Exponenten der Forschung zur Visualität seien hier Haiko Wandhoffs einflussreiche Arbeiten genannt, bspw. Haiko Wandhoff: *velden und visieren, blüemen und florieren*: Zur Poetik der Sichtbarkeit in den höfischen Epen des Mittelalters. In: Zeitschrift für Germanistik 9 (1999), S. 586–597. Wandhoff hat – in Abgrenzung zur ‚Personenbeschreibung' und in Anschluss an den *pictorial turn* – die Verwendung des eigentlich äquivalenten Begriffs *Ekphrasis* für Gegenstandsbeschreibungen als spezifische Visualisierungsstrategie eingeführt: „Das Besondere an der Ekphrasis kann aus der intermedialen Perspektive darin gesehen werden, daß hier ein gemeinhin als nicht-visuell eingestuftes Medium, die Sprache, durch eine verbale Abbildung von räumlich-visuellen Kunstwerken selbst visuelle Bilder hervorbringen kann – wenn auch nur in der Imagination der Hörer oder Leser." (Haiko Wandhoff: Ekphrasis. Kunstbeschreibung und virtuelle Räume in der Literatur des Mittelalters. Berlin/New-York 2003 [Trends in Medieval Philology 3], hier: S. 5.) Diese Idee wird mit historischen Vorstellungen von der Erzeugung von *energeia*, „was sich in etwa mit Anschaulichkeit und Deutlichkeit übersetzen läßt" (ebd., S. 21), mit Ciceros Lehnbegriff *evidentia* (vgl. ebd.) und mit Vorstellungen von der räumli-

nahme formuliert: „Die Rhetorik teilt der *descriptio* ja die Aufgabe zu, so bildhaft wie möglich zu sein und eine quasi optische Wirkung zu erzielen."[64] Bezeichnenderweise ist allerdings das Eingangszitat bei Faral – „Descriptio est oratio colligens et praesentans oculis quod demonstrat."[65] –, mit dem dieser die ‚visuelle' Dimension seiner *descriptio*-Auffassung betont, den *Praeexercitamina* Priscians entnommen, welche gerade keinen nennenswerten Einfluss auf die hier in Rede stehenden Poetiken gehabt haben.[66] Bei Matthäus lässt sich die Vorstellung der Visualisierung durch Sprache

---

chen Aufteilung des Hirns, der sogenannten Ventrikel-Lehre oder Kammerntheorie, zusammengeführt (S. 24–30). Dies führt ihn im Ganzen dazu, die „rhetorische *ekphrasis* als breit gefächerte Visualisierungsstrategie" zu begreifen (ebd., S. 23). „Im Anschluß an Cicero, Quintillian und die ‚Rhetorica ad Herennium' wird der Vorstellung einer rhetorisch zu erzeugenden Verwandlung von Zuhörern in Augenzeugen gerade im Mittelalter breiter Raum zugebilligt, und die visuellen *descriptiones* mittelalterlicher Texte scheinen sogar ihre antiken Vorbilder in den Schatten zu stellen" (ebd.). – Grundsätzlich zur Theorie und Unterscheidung von *energeia* und *enargeia* nach Aristoteles vgl. Rüdiger Campe: Vor Augen Stellen. Über den Rahmen rhetorischer Bildgebung. In: Poststrukturalismus. Herausforderung an die Literaturwissenschaft. Hrsg. von Gerhard Neumann. Stuttgart/Weimar 1997 (Germanistische Symposien. Berichtsbände XVIII), S. 208–225. – Zum Begriff der *evidentia* vgl. auch Gert Hübner: evidentia. Erzählformen und ihre Funktion. In: Historische Narratologie, mediävistische Perspektiven. Hrsg. von Harald Haferland, Matthias Meyer. Berlin/New York 2010 (Trends in Medieval Philology 19), S. 119–147, und – mit einer stärkeren Abkehr vom Visualitätspostulat – erneut Hübner, Der künstliche Baum.
64 Sonja Glauch: Inszenierung der Unsagbarkeit. Rhetorik und Reflexion im höfischen Roman. In: ZfdA 132 (2003), S. 148–176, hier: S. 154.
65 Faral, Les arts, S. 75.
66 Für die griechischen Poetiken/Rhetoriken scheint die Idee der Visualisierung eine deutlich greifbarere Rolle gespielt zu haben. Diese ist jedoch bereits in den römischen Rhetoriken zu einem primär metaphorischen Verständnis von *evidentia* im Rahmen der Argumentation abgeschmolzen. Dieser weniger wörtlich verstandene *evidentia*-Begriff Ciceros und der *Rhetorica ad Herennium* jedoch ist es, der Einfluss auf die Poetiken des 12. und 13. Jhs. haben wird, nicht der von Priscian direkt der griechischen Tradition (Hermogenes: *Progymnasmata*) entnommene. Wenn die Poetiken eine antike Definition für die *descriptio* übernehmen, so ist dies stets diejenige aus der *Rhetorica ad Herennium* (*Descriptio nominatur, quae rerum consequentium continet perspicuam et delucidam cum gravitate expositionem* [Rhet. ad Her. IV,39,51]), auf die im Folgenden zurückzukommen sein wird (vgl. Kap. IV.1.2). Die Idee der Visualisierung ist hingegen in metaphorischer Form in der Definition der *demonstratio* enthalten (*Demonstratio est, cum ita verbis res exprimitur, ut geri negotium et res ante oculos esse videatur* [Rhet. ad Her. IV,55,68]), welche jedoch in den Poetiken nicht mit dem Begriff der *descriptio* vermischt wird, wie es in der Forschung gelegentlich passiert (vgl. bspw. Gallo, Poetria nova, S. 178). – Marie Sophie Masse: La description dans les récits d'Antiquité allemands (fin du XIIe-milieu du XIIIe siècle). Amiens 2001, S. 36, konzediert zwar: „De manière générale, on constate que la fonction mimétique de la description – au sens d'imitation du réel – reste remarquablement absente des Arts poétiques médiévaux. De la description, les théoriciens de l'époque laissent moins attendre une représentation du réel qu'une imitation de modèles, moins une *mimesis* qu'une *imitatio*", nichtsdestoweniger adaptiert sie die Ansicht, dass die *descriptio* epideiktischen Charakter habe und begründet dies darüber, dass Priscians Hermogenes-Übersetzung im Mittelalter bekannt gewesen sei. Sie rettet so Farals Konstrukt, dessen Begründung sie indessen nicht explizieren kann (ebd., S. 36–39). Davon unangefochten und ohne einen direkten Einfluss auf die Poetiken nachweisen zu können, legt sie deren

nicht nachweisen und auch das für Dichtung so breit verwendete Wortfeld des Malens wird nur sparsam und in direkter Ableitung von Horaz verwendet, aus dessen *Ars poetica* Matthäus den Beginn seiner Ausführungen zur *descriptio* aufbaut (Ars vers. I, 38–48).[67] Dabei ist das Vorgehen des Matthäus streng rhetorisch im Sinne einer Wort-Technik, insofern die Wirkung, die durch *descriptiones* erzielt werden soll, über das Wortfeld des Hörens begründet wird und so den ursprünglichen rhetorischen Zusammenhang, die Form der (beweisenden oder plausibel machenden) Rede und des Arguments aufruft:

> Verbi gratia, si agatur de virilitate alicuius persone, de constantia virtutis, de appetitu honestatis, de fuga servitutis, sicut habetur de rigore Catonis apud Lucanum, describenda est virtus multipharia Catonis, ut, *audita* morum elegantia et multiphario sue virtutis privilegio, quicquid sequitur de negligentia Cesaris, de observatione libertatis *auditori* facilius possit inimari.
> (Ars vers. I.39; Hervorhebung von mir, F. D. S.)[68]

Diese strenge Funktionalisierung der deskriptiven Elemente als Argument mit Referenz auf einen zu beweisenden *casus* vor einer fiktiven Gemeinschaft von Hörern ist signifikant für den Einsatz der *descriptio* in der *Ars versificatoria* und wird sogleich durch einen zweiten, parallel gebauten ‚Kasus' anderen Inhalts bestätigt, in dem es nun erstmalig um körperliche Schönheit geht:

---

evidentia-Begriff auf Visualisierung fest: „La présence de la notion d'*evidentia* dans l'*Ars versificatoria* s'inscrit donc dans la réception par les médiévaux d'une théorie ancienne de la description, la traduction de Priscien assurant l'intermédiaire entre la tradition hermogénienne et les poétiques médiévales. De ce fait, l'absence de définition explicite de la description dans les Arts poétiques médiévaux n'exclut pas que la définition donnée par les rhéteurs de l'époque impériale puisse être sous-jacente à la poétique des XII[e] et XIII[e] siècles." (Ebd., S. 39). Die in Frage kommende Definition der *demonstratio* (vgl. hier Kap. IV.1.3, S. 326–337) führt sie nicht ins Feld. – Dass „[d]as Hochmittelalter [...] anscheinend allein auf Ciceronisches, Pseudo-Ciceronisches und Quintilianisches Lehrgut zurück[gegriffen]" habe, sieht bspw. Britta Bußmann: Wiedererzählen, Weitererzählen und Beschreiben. Der *Jüngere Titurel* als ekphrastischer Roman. Heidelberg 2011, S. 66, Anm. 5, unter Bezug auf Alexandru N. Cizek: Imitatio et tractatio. Die literarisch-rhetorischen Grundlagen der Nachahmung in Antike und Mittelalter. Tübingen 1994 (Rhetorik-Forschungen 7), hier bes. S. 250 f., als gegeben an.

67 Ars vers. I.46: *Igitur aliter ponenda est descriptio alicuius ecclesiastici pastoris [...] et aliarum proprietatum variationes in descriptionibus debent assignari, que ab Oratio colores operum nuncupantur* (Übers. [Knapp]: „Also ist eine Beschreibung irgendeines Kirchenhirten anders zu gestalten [...]. Und Variationen anderer Eigenschaften müssen in Beschreibungen beigelegt werden, welche von Horaz Farben der Werke genannt werden."). – Der rhetorische Lehnbegriff *colores* trägt keine spezifische Visualisierungsstrategie in sich, sondern muss als tote Metapher gewertet werden, obgleich er sicherlich im Zusammenhang des „*ut pictura poesis*"-Diktums zu denken ist, welches freilich erst von einer späteren (ästhetisch ausgerichteten) Debatte absolut gesetzt worden ist.

68 Kursivierung hier u. i. d. Übers. von mir; F. D. S. – Übers. (Knapp): „Wenn z. B. von der Männlichkeit einer Person gehandelt wird, von der Beständigkeit der Mannestugend, dem Streben nach Ehre, der Abscheu vor der Knechtschaft – wie im Falle von Catos moralischer Strenge bei Lucan –, muß man die vielfältigen Mannestugend Catos beschreiben, damit dann, wenn man von seinem feinen Charakter und dem vielfachen Vorrecht seiner Tugend *gehört hat, dem Hörer*, was auch immer von der Mißachtung Caesars, von dem Festhalten an der Freiheit folgt, verständlich gemacht werden kann."

> Amplius, si agatur de amoris efficatia, quomodo scilicet Iupiter Parrasidis [= Callisto][69] amore exarserit, prelibanda est puelle descriptio et assignanda puellaris pulcritudinis elegantia; ut, *audito* speculo pulcritudinis, verisimile sit et quasi coniecturale *auditori* Iovis medullas tot et tantis insudasse deliciis; precipua enim debuit esse affluentia pulcritudinis que Iovem impulit ad vitium corruptionis. (Ars vers. I.40; Hervorhebung von mir, F. D. S.)[70]

Die hier anschließende, aus Horaz-Zitaten abgeleitete *descriptio*-Technik (Ars vers. I.42–48) ist nun zunächst eine, die sich allein mit dem Epitheton, dem charakterisierenden Beiwort, beschäftigt, welches die *proprietates* beziehungsweise die *attributa* (Ars vers. I.41) der ‚Personen' nach Cicero (De Inventione I.24–25) angibt. Erst hieran schließt der berühmte Katalog der acht häufig als Muster verstandenen *descriptiones* des Matthäus an, in welchem auch die häufig herangezitierten Helena-*descriptiones* enthalten sind, nämlich: die Beschreibung des Papstes, Cäsars, Ulixes', Davus', der Marcia, zwei Beschreibungen Helenas und der hässlichen Beroe.

Wenn die Forschung diese Helena-Beschreibungen bisher recht umstandslos als Muster einer lobenden *descriptio* verstanden hat, welche die schöne Frau über ihren schönen Körper preisen, wodurch sie im Fahrwasser Farals zur Normalform der *descriptio* überhaupt avanciert ist, so ist hierbei stets die Einbettung derselben in eine spezifische Reihe von Beispielen unbeachtet gelassen worden. Die Position der Helena-*descriptio* zeigt eine spezifische diskursive Valenz. Gerade die häufig geschehene Absolutsetzung der Körperbeschreibung als Normalform der *descriptio* und ihre Gleichsetzung mit ethischen Qualitäten (Tugend) verfehlt jedoch den spezifischen diskursiven Gehalt der Beispielreihe des Matthäus.[71]

---

69 Von den Übersetzern haben Gallo (1974) und Galyon (1980) die entsprechend Hs. G lautenden Faral'sche Lesung *Parasis* direkt und ohne Erläuterung mit Callisto übersetzt. – Hs. O überliefert *Calistonis* (vgl. den Apparat zu: Ars vers. I,.40). – Die Benennung der Callisto als ‚Parrhasis' findet sich in Ovids *Metamorphosen* (II,460), hier in der Bedeutung „*Parrhasierin:* Callisto als Bewohnerin der Landschaft oder Stadt Parrhasia im südlichen Arcadien" (vgl. das Verzeichnis der Eigennamen in: P. Ovidius Naso: Metamorphosen. Lateinisch/Deutsch. Übers. u. hrsg. von Michael von Albrecht. Durchgesehene u. bibliograph. ergänzte Aufl., Stuttgart 2010, hier: S. 947).

70 Übers. (Knapp): „Des weiteren, wenn vom Wirken der Liebe gehandelt wird, wie etwa Jupiter in Liebe zu Callisto entbrannt ist, muß man zuerst eine Beschreibung des jungen Mädchens liefern und ihr die Eleganz mädchenhafter Schönheit beilegen, damit es dem Hörer, da er von dem Muster [= *speculum*; F. D. S.] an Schönheit gehört hat, wahrscheinlich und gleichsam naheliegend vorkommen mag, wie viele und große Wonnen Jupiter bis ins Mark erhitzen konnten. Denn es mußte schon eine außergewöhnliche Menge an Schönheit zusammenkommen, um Jupiter zum Frevel der Verführung treiben."

71 Dieses Verständnis findet sich beispielsweise bei Bunte, Der Tristan, S. 96 f., die unter dem Oberbegriff der ‚Topoi' die Kategorie der ‚Beschreibenden Topoi' fasst: „Einen großen Raum in den Poetiken des 12. und 13. Jahrhunderts, vor allem bei Matthäus von Vendôme und Galfredus de Vino salvo, nehmen die ‚beschreibenden Topoi' ein, die sich mit der Darstellung von Personen oder der Natur beschäftigen", wonach es übergangslos in dem Unterkapitel „Identität zwischen Äußerem und Innerem" heißt: „Der Beschreibung von Personen dient der mittelalterliche ‚Topos' ‚Identität zwischen Äußerem und Innerem'. Er beinhaltet, dass einem schönen Antlitz ein guter Charakter, einer hässlichen Gestalt ein schlechter zugeordnet wird. Beispiele konnten die höfischen Dichter der ‚Ars versificatoria' des

Wie die beiden angeführten Eröffnungsbeispiele zur argumentativen Einbindung der *descriptio* (Ars vers. I.39/40) zerfällt nämlich auch die Reihe der selbstkomponierten Beispiele in zwei Klassen, die – ohne dass die *Ars versificatoria* diese explizit nennt – offenbar ebenfalls auf die *Rhetorica ad Herennium* zurückzuführen sind, welche die Personenbeschreibung nach *notatio* und *effictio* unterscheidet:[72]

> Notatio est, cum alicuius natura certis describitur signis, quae, sicuti notae quaedam, naturae sunt adtributa. (Rhet. ad Her. IV.63)[73]

> Effictio est, cum exprimitur atque effingitur verbis corporis cuiuspiam forma, quoad satis sit ad intellegendum. (Rhet. ad. Her. IV.63)[74]

Entsprechend weist Matthäus im Anschluss an seine Beispielreihe selbst auf diese Unterscheidung innerlicher und äußerlicher Beschreibung hin, für die er jedoch nicht die Terminologie der *Rhetorica* wählt, sondern die Wendung der *descriptio intrinseca*, die dem Terminus *notatio* entspricht, beziehungsweise der *descriptio superficiale*, welche die Bedeutung der *effictio* aufnimmt, prägt:

> Et notandum quod cuiuslibet persone duplex potest esse descriptio: una superficialis, alia intrinseca; superficialis, quando menbrorum elegantia describitur vel homo exterior; intrinseca, quando interioris hominis proprietates, scilicet ratio, fides, paciencia, honestas, iniuria, superbia, luxuria et cetera epytheta interioris hominis, scilicet anime, ad laudem vel ad vituperium exprimuntur. (Ars vers. I.74)[75]

Matthäus von Vendôme entnehmen, der die ‚tugendhafte Marcia' und die ‚schöne Helene' anführt". – Vgl. dazu die kritische Rezension von Michael Schwarzbach-Dobson: Rez. Iris Bunte: Der ‚Tristan' Gottfrieds von Straßburg und die Tradition der lateinischen Rhetorik. In: ZfdA 145 (2016), S. 241–246.
72 Diese Bezugnahme ist für Ars vers. I.74 schon früh erkannt worden, nämlich von Faral, Les arts, S. 78, selbst. Vgl. auch bspw. Arbusow, Colores rhetorici, S. 26, der sie jedoch scheinbar falsch einordnet: „Beschreibung von Personen und Sachen wird [in der *Ars versificatoria*; F. D. S.] geschieden, entsprechend der Effictio und Notatio beim AHer. II 63".
73 Übersetzung (Nüßlein): „Eine Charakterisierung [= *notatio*] liegt vor, wenn das Wesen irgendeines Menschen durch bestimmte Kennzeichen beschrieben wird, welche seinem Wesen wie bestimmte Brandmale [wörtl. eher: „wie bestimmte Male", F. D. S.] aufgeprägt sind". – Die *Rhetorica ad Herennium* wird hier und im Folgenden zitiert nach der Ausgabe: Rhetorica ad Herennium. Hrsg. u. übers. von Theodor Nüßlein. 2. Aufl. Düsseldorf/Zürich 1998, deren Übersetzung beigegeben wird. – Die *Rhetorica ad Herennium* führt zuerst die *effictio*, dann die *notatio* aus. Ich ordne entsprechend der Abfolge bei Matthäus. Es sei darauf hingewiesen, dass hier das Verb *describere* ausdrücklich fällt, weshalb die Passage für die Konturierung einer Lehre der *descriptio* unmittelbar anschlussfähig ist.
74 Übers. (Nüßlein): „Eine Schilderung des Äußeren [= *effictio*] liegt vor, wenn man mit Worten jemands Gestalt ausdrückt und schildert, soweit es genügt, um sie zu erkennen".
75 Übers. (Knapp): „Zu beachten ist, daß die Beschreibung jeder Person doppelt sein kann, die eine für die Oberfläche, die andere für das Innere; für die Oberfläche, wenn die Anmut der Glieder beschrieben wird oder das Äußere des Menschen [wörtlich: „oder der äußere Mensch" = *vel homo exterior*; F. D. S.]; für das Innere, wenn die Eigenschaften des inneren Menschen [= *hominis interioris proprietates*], nämlich Verstand, Treue, Geduld, Ehrenhaftigkeit, Ungerechtigkeit, Hochmut, Ausschweifung und die übrigen Beiwörter des inneren Menschen, d. h. der Seele, zum Lob oder Tadel herausgestellt werden."

Zudem wird hier die der *Rhetorica ad Herennium* entlehnte Differenzierung *ad laudem vel ad vituperium* eingeführt,[76] wodurch die Reihe der vorangehenden *descriptiones* in vier Kategorien aufteilbar wird, nämlich *descriptio intrinseca ad laudem*, *descriptio intrinseca ad vituperium*, *descriptio superficiale ad laudem* und *descriptio superficiale ad vituperium*.

Will man nun in der Reihe der gegebenen *descriptiones* die Stellung dessen ausmachen, was ich als ‚Faral'sche Normalform der Personenbeschreibung' identifiziert habe, so zeigt sich, dass diese keine prominente ist. Matthäus hat schon die beiden Beispiele für die argumentative Einbindung der *descriptio* entgegen der von der *Rhetorica* vorgegebenen Abfolge angeordnet: in dieser wird zuerst die *effictio* und daraufhin die *notatio* behandelt, bei jenem wird am Beispiel des Cato zuerst (Ars vers. I.39) von *proprietates*, die der *descriptio intrinseca* (≙ *notatio*) zufallen (nämlich *elegantia morum* und *virtus multipharia*), und erst anschließend (Ars vers. I.40) von der körperlichen Schönheit (*pulcritudinis elegantia*), also einem der *descriptio superficiale* (≙ *effictio*) zufallenden *attributum* gehandelt. Auch die Reihe der Beispiele folgt dieser umgekehrten Ordnung, die die Elemente der *notatio* denen der *effictio* vorzieht. Während die beiden Grundformen in der *Rhetorica ad Herennium* keine erkennbare geschlechtsspezifische Konnotierung haben, werden sie in ihrer Übertragung zur *descriptio intrinseca* und *descriptio superficiale* durch Matthäus zugleich gegendert, insofern die *descriptio intrinseca* männlich attribuierten Figuren (Cato; Papst, Cesar, Ulixes, Davus, Marcia), die der *descriptio superficiale* weiblich attribuierten (Callisto; Helena, Beroe) zugewiesen wird. Es zeigt sich, dass die Reihe der acht exemplarischen *descriptiones* bei Matthäus in Form einer absteigenden Reihe anhand der Kriterien Geschlecht, Stand und Tugendhaftigkeit organisiert ist. Sie zerfällt dabei in zwei geschlechtlich differenzierte Unterreihen, nämlich die absteigend ständisch organisierte Reihe der Männerfiguren:

I.50: Papst (Klerus)	*descriptio intrinseca*	*ad laudem*
I.51: Cesar (Hoher Adel)	*descriptio intrinseca*	*ad laudem*
I.52: Ulixes (*miles*/Vasall)	*descriptio intrinseca*	*ad laudem*
I.53: Davus (Sklave)	(*descriptio intrinseca?*)	*ad vituperium*
[I.54: Epistel an einen Doctor	*descriptio intrinseca*	*ad laudem*][77]

---

76 Die Differenzierung *ad laudem/ad vituperium* entstammt dem Abschnitt der *Rhetorica ad Herennium* (III.4.10) zum *genus demonstrativum*. Vgl. dazu die folgende Anm.

77 Der Brief Ars vers. I.54 wird von der Forschung zumeist als späterer Einschub gewertet. Zum einen stört er die hier ausgeführte und klar erkennbare Reihenstruktur, zum anderen ist er in der Mehrheit der Überlieferung nicht vorhanden, wohl aber in der von Faral edierten Hs. G sowie in M und E (in letzterer jedoch nach I.55; vgl. Munari, Mathei Vindocinensis Opera III, S. 79). Allerdings hat bereits Galyon, Art of Versification, S. 120, darauf hingewiesen, dass die Schlussverse des Passus in Ars vers. II.33 wiederum zitiert werden und daraus geschlossen, dass dort Matthäus den Brief I.54 zitiert. Freilich kann das Abhängigkeitsverhältnis auch genau umgekehrt verlaufen und hier ein Stück eingelegt sein, dass sich an II.33 orientiert. Sollte jedoch I.54 zur ursprünglichen Reihenkonzeption gehören und vielleicht aus gattungsspezifischen Gründen (Epistel, Wechsel in 2. Person Sg.) der Reihe I.50–53 nachgestellt sein, so ergäbe sich für die in I.59 behauptete Verteilung der nun insgesamt neun Beispiel-

und die nach dem Kriterium der Tugendhaftigkeit absteigend geordnete Reihe der weiblichen Figuren:

I.55: Marcia (Bürgerin)	*descriptio intrinseca*	*ad laudem*
I.56: Helena (hoher Adel)	*descriptio superficiale*	*ad laudem*
I.57: Helena (hoher Adel)	*descriptio superficiale*	(*ad laudem*)
I.58: Beroe (*vetula*/Sklavin?)	*descriptio superficiale*	*ad vituperium*.

Besonders für die Reihe der Frauenfiguren bedarf diese Deutung allerdings einer Erklärung. Einerseits ist eindeutig, dass die *descriptio superficiale* für männliche Figuren nicht zum Einsatz kommt, zumal die *Ars* von der Verwendung derselben für Männer explizit abrät:

Amplius, in femineo sexu approbatio forme debet ampliari, in masculino vero parcius. Unde Ovidius:
   Forma viros neglecta decet,
et alibi:
   Fine coli modico forma virilis amat.
(Ars vers. I.67)[78]

Hierbei wird jedoch eine Ausnahme von der Regel aus Statius herangezogen, die wieder im Sinne eines narrativen Arguments funktioniert: es darf die Schönheit eines sterbenden Knaben beschrieben werden, um die Trauer um ihn wahrscheinlich zu machen.[79] Andererseits bedarf jedoch die Aussage, dass – wie oben behauptet – für

---

descriptiones auf die Pole *ad laudem* (fünf Stück) und *ad vituperium* (zwei Stück) umso dringlicher die Frage, in welche Klasse I.56 und I.57 zu rechnen wären, ist doch I.54 zwar untypisch jedoch ganz klar *ad laudem*.
78 Übers. (Knapp, inkl. Stellennachweise): „Des weiteren soll die Anerkennung der Schönheit beim weiblichen Geschlecht gesteigert werden, beim männlichen dagegen weniger. Worüber Ovid: || Mißachtung ihrer Schönheit ziemt den Männern [Ovid, Ars amatoria 1,509], || und anderswo: || Die Schönheit des Mannes liebt es, in mäßiger Weise gepflegt zu werden [Ovid, Heroides 4,76]."
79 Ars vers. I.68: *Nisi aliquando versificator ad maiorem sui opris evidentiam forme puerilis elegantiam describat, sicut Stacius Thebaidos, qui Partonopeium describit speculo pulchritudinis insignitum ut audita forme venustate auditori facilius possit intimari puero morienti suos condoluisse adversarios. Unde Stacius:* || *Archada quem partiter gemine flevere caterve.* || *Est autem forma elegans et ydonea menbrorum coaptatio cum suavitate coloris.* (Übers. [Knapp, inkl. Stellennachweise): „Es sei denn, ein Versdichter beschreibt einmal zur größeren Evidenz seines Werks die Anmut einer Knabengestalt, wie Statius in der *Thebais*, der Parthenopaeus als ausgezeichnet durch vorbildhafte Schönheit beschreibt [Vgl. Statius, Thebais 4,246–344], damit dem Hörer, nachdem er von der Schönheit der Gestalt gehört hat, leichter nähergebracht werden kann, daß seine Gegner mit dem sterbenden Knaben Mitleid hatten. Worüber Statius: || den Arkadier, den beide Truppen gleichermaßen betrauerten [Vgl. Statius, Thebais 12,807]. || Schönheit aber ist eine anmutige und geeignete Zusammenfügung der Glieder gemeinsam mit dem Liebreiz der Farbe." (Der letzte Satz des Zitates stellt die berühmte Schönheitsdefinition Augustins dar; vgl. hierzu Kap. II.1, S. 19 f.) – Es sei betont, dass dieser Abschnitt wie die oben besprochenen Abschnitte Ars versificatoria I.39/40 funktioniert. Hier wie dort ist von Hörern die Rede und die Schönheit wird als gehört, nicht als gesehen, imaginiert – *audita forma venustate* –, um die Argumentstruktur des

weibliche attribuierte Figuren die *descriptio interioris* nicht eingesetzt wird, offenkundig einer Erklärung, wird doch Marcia, die tugendhafte Frau des Cato, mittels einer solchen beschrieben. Marcia ist zwar eine Frau, jedoch ein Grenzfall, insofern sie ob ihrer Tugendhaftigkeit eine männlich attribuierte Figur ist:

> Molliciem sexus solidat fraudesque relegans
> > Femineas redolet mente fideque virum.
> Visitat infirmam naturam gratia morum,
> > Innatum mulier exuit ausa malum:
> Est mulier non re, sed nomine:[80] mens epythetum
> > Nature refugit evacuatque dolum.
> (Ars vers. I.55,9–14)[81]

Die Tugendhaftigkeit, die hier als männliche Eigenschaft konnotiert ist, führt zu einer Überwindung der weiblichen Natur selbst, welche also *per se* mit Untugend verbunden ist.[82] Die *descriptio intrinseca* ist nur einer Frau angemessen, die durch Tugendhaftig-

---

Falles zu betonen. Sowohl die – auch für Callisto vorkommende – Metapher vom *speculum pulchritudinis* als auch die *evidentia operis* tragen m. E. keine Züge einer spezifischen Visualisierungsstrategie. Die *descriptio* lässt sich hier vielmehr als Element der *demonstratio* auffassen, deren Ziel schon in der Rhet. ad Her. die ‚evidentia' ist; vgl. dazu im Folgenden Kap. V.1.3, S. 326–337. – Fälle, in denen in der volkssprachlichen Dichtung männlichen Figuren eine *descriptio superficiale* zuteilwird, lassen sich vielfach auf die bei Matthäus in Rede stehende Art erklären. Oftmals sind diese Figuren Knaben vor dem Übertritt zum Mannesalter und vielfach stehen sie in einem direkten Verhältnis zum Tod, durch den sie zumindest bedroht sind. Dies gilt für den Tristan Gottfrieds ebenso wie für den Flore Konrad Flecks, dessen Androgynität eigens betont wird, ja sogar für die *descriptio* des schönen, menschgewordenen Gottes, den Knaben Christus, bspw. in Wernhers des Schweizers Marienleben. (Vgl. dazu anders bspw. Manuwald, Nu sprechent, S. 311–330, hier zum Verhältnis von Jesus-Beschreibung und Poetiken besonders S. 315 f.) Dem gegenüber steht die Beschreibung des schönen Alten, wie bspw. Karls in Konrads Rolandslied oder den guten Gerhard des Rudolf von Ems, die eine andere Funktion hat, welche von den Poetiken nicht abgedeckt ist.

80 Dies ist der Vers, den Glendinning, School Tradition, S. 625 f., im *huote*-Exkurs des Tristan Gottfrieds (V. 17.974 f.) zitiert sieht.

81 Die Übers. der Marcia-*descriptio* nach dem Text von Faral, Les arts, wird zitiert nach Lambertus Okken: Kommentar zum Tristan-Roman Gottfrieds von Straßburg. Bd. 1. 2. Aufl. Amsterdam/Atlanta 1996, S. 649 f., wo sie zur Gänze ins Deutsche übertragen geboten wird: „Sie kräftigt die Schwäche ihres Geschlechts; und indem sie Weiberlisten abweist, duftet sie durch ihren Geist und glänzt durch ihre Redlichkeit. Sie züchtigt ihre schwache Natur mit ihrer Sitte Schönheit. Zwar Frau, doch kühn, legt sie die angeborene Bosheit ab. Frau ist sie nicht der Sache, sondern nur dem Namen nach: Ihr Sinn meidet, was die Natur ihr beigegeben hat, und treibt die Arglist aus."

82 Reflexe dieser Argumentationslinie, die die Tugendhaftigkeit der Frau mit einer Überwindung der weiblichen Natur, also mit einer Entweiblichung, gleichsetzt, finden sich auch im sogenannten *huote*-Exkurs des *Tristan* Gottfrieds von Straßburg. Die Ähnlichkeiten zwischen der *Ars versificatoria* und dem Tristan sind dabei so groß, dass Glendinning hierin eine direkte Entlehnung Gottfrieds aus der *Ars versificatoria* sieht (vgl. Glendinning, School-Tradition, S. 624–626). – Vgl. zu der grundsätzlichen Argumentation, dass weibliche Tugendhaftigkeit über Vermännlichung der als tugendhaft zu lobenden Frau

keit ihre weibliche Natur transzendiert und die nur deshalb einer nach Tugendhaftigkeit absteigend geordneten Reihe weiblicher Figuren vorangehen kann. Demgegenüber steht nun, als Verkörperung der weiblichen Natur, die doppelte *descriptio superficiale* der Helena. Diese wird nun – analog zu der von Faral aus der *Poetria nova* extrapolierten ‚Regel' – tatsächlich von Kopf bis Fuß beschrieben. An beiden *descriptiones* nun lässt sich zeigen, dass die Argumentstruktur des *casus* auch im Rahmen dieser elaborierten Beispiele zur Anwendung kommt. So schließt die *descriptio* der Marcia:

> Marcia fraude carens, pia, casta, modesta stupescit
>   Oppositis sexum conciliare bonis.
> Tot dotes solidat custos patientia, nutrix
>   Morum, virtutis deliciosa comes.
> Iusto iusta, sacro sacra, digna Catone ‚Catonis
>   Marcia' promeruit intumulata legi.
> (Ars vers. I.55,39–44)[83]

Analog heißt es in der *descriptio* der Helena zum Schluss:

> Hoc precio Frigios lesit Ledea, rapina
>   Priamide, Troie flamma, ruina ducum.
> Cur hanc Priamides rapuit si Grecia querit,
>   Illic Ypolitum pone, Priapus erit.
> (Ars vers. I.57,21–24)[84]

Obgleich die Argumentstruktur anhand der Beispiele von Cato und Callisto zuvor sowohl für die männlich konnotierte, von der *notatio* herstammende *descriptio intrinseca* (Ars vers. I.39) als auch für die weiblich konnotierte *efficitio* der *descriptio superficiale*

---

erreicht wird, bspw. Vivien Hacker: Die Konstruktion der weiblichen Natur als Domestizierung der Frau. Zu Aspekten der Weiblichkeit bei Nicolosa Sanuda, Niklas von Wyle und Albrecht von Eyb. In: Natur und Kultur in der deutschen Literatur des Mittelalters. Colloquium Exeter 1997. Hrsg. von Alan Robertshaw, Gerhard Wolf. Tübingen 1999, S. 139–149, die dies am ‚Lob der Frauen' der Bologneserin Nicolosa Sanuda durchführt. Die hier getroffene Analyse lässt sich insofern auf die *Ars versificatoria* übertragen, als hier wie dort „[z]um Zwecke des Frauenlobs [...] die verfügbaren Argumente der verschiedenen misogynen Auffassungen des Mittelalters [aufgegriffen werden], um sie im einzelnen für einzelne Frauen zu widerlegen", wodurch eine „ideale Frau" konstruiert wird, „die sich über ihre Kongruenz dem Manne gegenüber definiert. Da diese Konstruktion gleichsam eine Negation der weiblichen Natur, wie sie von den misogynen Argumentationen behauptet wird, impliziert, bestätigt sie wiederum das misogyne Frauenbild; die ideale Frau wird zur Ausnahme, zur elitären Erscheinung."
83 Übers. (Okken): „Marcia, die Arglose, die Fromme, die Keusche, die Bescheidene: Sie weiß – es ist verblüffend – ihr Geschlecht mit den Vorzügen des Mannes zu vermählen. Und Dauer verleiht all diesen Gaben die Wächterin Geduld, die Amme guter Sitte, die schöne Gefährtin männlicher Tugend. Marcia, des Cato Gattin, eines Cato würdig, sie hat verdient, der Erde entrückt ihm beigesellt zu werden: dem Gerechten die Gerechte, dem Heiligen die Heilige."
84 Übers. (Knapp): „Mit solchem Liebreiz verletzte die Tochter Ledas die Trojaner; so kam es zum Raub durch den Sohn des Priamus, zum Brand Trojas, zum Fall der Fürsten. Wenn Griechenland fragt, warum der Sohn des Priamus sie raubte – ‚stelle Hippolyt dorthin, so wird er ein Priap!'"

(Ars vers. I.40) dargelegt worden ist, fällt auf, dass in der Reihe der Beispiele alleine die weiblichen *descriptiones* eine solche, prototypische Argumentstruktur beigelegt bekommen. Wiederum wird, entsprechend der Einbindung in einen über den Beispieltext hinausweisenden Argumentationszusammenhang, in der Prosa-Einleitung zur zweiten Helena-*descriptio* eine hörende Rezeption fingiert; nach der ersten *descriptio* heißt es hier im Sinne einer Steigerung hin zu einer stärker auf körperliche Reize abgestellten Beschreibung:

> Vel si deliciosus erit auditor, dicens quod in multiloquio pretium non est, menbrorum descriptionem sic comprehendat:
> Respondent ebori dentes, frons liber lacti,
> [...].
> (Ars vers. I.57)[85]

Diese Einbindung in eine Argumentstruktur fehlt für die Reihe der männlichen *descriptiones intrinsicae* (Ars vers. I.50–53), insofern die jeweiligen Textpartien nicht auf eine charakteristische, kausal zu verstehende Begründungsformel enden wie im Falle der Marcia (Ars vers. I.54) und der Helena (Ars vers. I.56).[86] Während die Männer-*descriptiones* im Wesentlichen selbstgenügsam ihren Gegenstand schildern und die (Un-)Tugend allein auf die Erfüllung der jeweiligen Position ihrer Träger zurück bezieht – der Papst ist aufgrund seiner Eigenschaften zurecht der Papst, Cesar ein Cesar, Ulixes ein ‚Ulixes' und Davus ein Scheusal[87] –, so werden hingegen die Eigenschaften der weiblichen Figuren Marcia und Helena auf äußere, auf Männer abzielende Kategorien bezogen: Marcia wird an die Position ihres Mannes Cato zurückgebunden,

---

85 Übers. (Knapp): „Oder wenn der Zuhörer ein Connaisseur sein wird, der sagt, im vielen Reden liege kein Verdienst, so mag er eine solche Gliederbeschreibung erhalten: || Es entsprechen die Zähne dem Elfenbein, die freie Stirn der Milch [...]"

86 Die jeweils letzten Verse der Männer-*descriptiones* lauten: Ars vers. I.50,47–50 (Papst): *Non sacra sacrilego denigrant pectora morsu | Crimina, nec precium depreciare licet: | Est bonus, est melior, est optimus et bonitatem | Sufficit in quarto promeruisse gradu* (Übers. [Knapp]: „Anklagen verdunkeln nicht mit gotteslästerlichem Biß heilige Herzen, und verboten ist's, den Wert herabzuwürdigen. Er ist gut; er ist besser; er ist der Beste und schafft es, die Güte im vierten Grad verdient zu haben."). Ars vers. I.51, 47 f. (Cesar): *Hoc precio servivit ei sub iure tributi | Roma, suo maius ausa videre capud* (Übers. [Knapp]: „Um diesen Preis diente ihm Rom, das riskiert hatte, ein größeres Haupt zu sehen als das ⟨seine⟩ [Knapp übersetzt hier „ihre" mit Bezug auf fem. „Roma"; F. D. S.], unter dem Rechtstitel des Tributs." Vgl. die Übers. von Parr: „With this price Rome served him under the law of tribute, | Having dared to recognize an eminence greater than its own."). Ars vers. I.52,61 f. (Ulixes): *Tullius eloquio, conflictu Cesar, Adrastus | Consilio, Nestor mente, rigore Cato* (Übers. [Knapp]: „Er ist ein Cicero in der Rede, ein Caesar im Kampf, ein Adrast im Ratschlag, ein Nestor im Geist, ein Cato an Sittenstrenge."). Ars vers. I.53,95 f. (Davus): *Quo nascente suum Virtus dum comperit hostem: | ‚Bella michi, video, bella parantur' ait.* (Übers. [Knapp]: „Als Virtus ihren Feind bei seiner Geburt erkannte, sagte sie: ‚Ich sehe, Kriege werden gegen mich, Kriege werden geführt.'").

87 Dies ist natürlich gleichfalls eine Argumentstruktur, die jedoch weniger explizit ausformuliert ist. Insofern erfüllen alle Beispiel-*descriptiones* die ihnen vorangestellte Forderung nach argumentativer Einbindung (Ars vers. I,39/40).

während das an Cato geknüpfte Argument allein auf Cato selbst zurückverweist (I.39);[88] Helena wird – ebenso wie Callisto – als Auslöserin moralisch zweifelhafter, nämlich auf Wollust zielender Regungen in Paris – beziehungsweise Jupiter – funktionalisiert.[89] Die Tugend der Marcia besteht dabei lediglich in der Nichterregung von Wollust, mithin in der positiv akzentuierten Auslassung von Körperlichkeit. Die *menbrorum descriptio* hingegen ist als Verfahren funktionalisiert, das die ethische Schwächung des Mannes durch die Reize der Frau zu plausibilisieren vermag.

Die durch Reizung erzeugte *libido* wird noch im Zusammenhang der Erörterung der *descriptio* explizit negativ qualifiziert: *Est autem libido res vilis et turpis ex vili et turpi menbrorum agitatione proveniens, cuius appetitus plenus est anxietatis, satietas plena penitentie* (Ars vers. I.69).[90] Dabei ist die assonierende Wortwahl signifikant, welche die *agitatio menbrorum* in ein direktes Abhängigkeitsverhältnis zur *menbrorum descriptio* setzt. Damit wird die Position der Frau bei Matthäus in Form einer Argumentstruktur streng in Hinblick auf ein männlich verfasstes ethisches Subjekt fixiert, wodurch nicht zuletzt die Eindimensionalität ihrer *natura* festgeschrieben wird.

Insofern ist das in der Forschung breit tradierte Diktum Farals – „Un portrait complet comprend deux parties et traite successivement du physique et du moral."[91] – sicherlich zu revidieren. Es basiert offenbar auf einer anachronistischen Vorstellung von der Ganzheitlichkeit des Menschen, die von einem Äquivalenzverhältnis zwischen äußerer (sprich: körperlicher) Schönheit und innerer ‚Schönheit' ausgeht (vgl. hierzu Kap. III.1). Faral sieht die vielfache Abweichung von der Norm, welche er ja selbst konstatiert,[92] daher eher in einer Art ‚mittelalterlicher Nachlässigkeit' als in der hier skizzierten strikten und genderspezifischen Trennung der Bereiche *notatio* und *effictio* begründet. Dass in Verbindung mit Schönheit relativ selten Tugend beschrieben wird, liegt jedoch – gegen Faral – daran, dass diese als etwas kategorial Verschiedenes auf-

---

88 Es ließe sich Argumentieren, dass diese Selbstbezüglichkeit der Argumentationsstruktur im Falle der männlichen Figuren keine Selbstbezüglichkeit darstellt, sondern eine (diffusere aber zugleich maximale) Form der Bindung erzeugt: Während Frauen über ihre Wirkung auf einen Mann definiert werden, werden Männer über ihre Positionen in der Gemeinschaft und deren Erfüllung definiert.
89 Bezeichnend ist, dass bspw. der einflussreiche mediävistische ‚Ästhetiker' Edgar de Bruyne zwar weibliche Schönheit in literarischen Texten bespricht, aus der Helena-*descriptio* des Matthäus jedoch ausgerechnet die anstößigen, auf Wollusterregung abzielenden Schlussverse nicht zitiert oder bespricht (vgl. de Bruyne, Études II, S. 181). Auch hier ist ein blinder Fleck von großem Einfluss entstanden. – Es wird sich zeigen, dass Spuren dieses sehr stereotypen Arguments in den wichtigen, im nachfolgenden zu besprechenden *descriptiones* volkssprachlicher Texte fast durchgehend enthalten sind; vgl. im Folgenden Kap. IV.1.1 u. IV.1.2.
90 Übers. (Knapp): „Die Fleischeslust ist aber etwas Niedriges und Häßliches, das aus der niedrigen und häßlichen Bewegung der Glieder hervorgeht. Ihr Begehren ist voll der Unruhe, ihre Befriedigung voll der Reue."
91 Faral, Les arts, S. 80.
92 Faral, Les arts, S. 80: „Pour la description du moral, la règle est assez lâche et d'ailleurs c'est un point qui est souvent négligé."

gefasst werden, und nicht – zumindest nicht allein – an einer ‚mittelalterlichen Lust am Ornament'.

Die kategoriale Unterscheidung zwischen innerer und äußerer Beschreibung lässt sich bis in die Wortwahl der *Ars versificatoria* hinein nachvollziehen, welche zwar die aus der *Rhetorica ad Herennium* stammende Unterscheidung der *descriptio* nach *notatio* und *effictio* aufnimmt, diese Kategorien der ‚heidnischen' Rhetoren jedoch in den Horizont christlicher Universalbildung überführt, indem sie sie in theologisch intelligible Terminologien übersetzt.[93] Faral und seine Exeget*innen haben übersehen, dass die zur Erklärung der *descriptio interioris* und *superficialis* gewählten Kategorien *homo interior/exterior* theologisch massiv aufgeladene Konzepte darstellen, welche in den Rhetoriken kein direktes Vorbild haben, die jedoch den Kern einer Leib-Seele-Differenz transportieren, wie sie durch die Schriften des Augustinus zum Kerngegenstand christlicher Lehre geworden sind.[94] Die Trennung in einen inneren und äußeren Menschen, die in eine bipolare Axiologie führt, welche – im Sinne Bourdieus (vgl. Kap. II.2.2) – mit weiteren homologen Dichotomien synchronisierbar ist, steht in Konkurrenz zu einem älteren, dreiteiligen Schema:

---

93 Bumke, Blutstropfen, S. 23 f., kommt das Verdienst zu, darauf aufmerksam gemacht zu haben, dass „die beiden wichtigsten lateinischen Poetiken dieser Zeit [= des 12. Jhs., F. D. S.], die ‚Ars versificatoria' von Matthäus von Vendôme und die ‚Poetria nova' von Galfred de Vino Salvo, [...] beide den Begriff des ‚inneren' Menschen für die Dichtungslehre fruchtbar gemacht haben." (Ebd., S. 22) Die Perspektive der Forschung auf die Poetiken und auf den Begriff der *descriptio* hat diese Erkenntnis indessen scheinbar nicht grundlegend beeinflusst. Die Konsequenzen, die für den *descriptio*-Begriff aus dieser Fruchtbarmachung zu ziehen gewesen wären, verfolgt auch Bumke nicht, da sie nicht sein eigentliches Thema darstellen. – Julia Stiebritz-Banischewski möchte ich an dieser Stelle für das Vertrauen danken, mir Einblick in ihre im Entstehen begriffene Dissertation (Stiebritz-Banischewski, Hofkritik in der mittelhochdeutschen höfischen Epik, S. 243, Anm. 311) gegeben zu haben, deren Kapitel zur Kleiderkritik mich gerade zum rechten Zeitpunkt auf den Aufsatz von Ulrich Ernst: Der Antagonismus von *vita carnalis* und *vita spiritualis* im *Gregorius* Hartmanns von Aue. Versuch einer Werkdeutung im Horizont der patristischen und monastischen Tradition. In: Euphorion 72 (1978), S. 160–226 und Euphorion 73 (1979), S. 1–105, gestoßen und mich auf die Fährte zum *homo interior/exterior* gesetzt hat. Ohne unseren freundschaftlichen Austausch im Schreibprozess wäre vieles ungedacht geblieben. – Zum Leib-Seele-Dualismus bei Augustin vgl. weiterhin Kevin Corrigan: The Soul-Body Relation in and before Augustine. In: Reason, Faith and Otherness in Neoplatonic and Early Christian Thought. Hrsg. von Kevin Corrigan. Farnham 2013 (zuerst in: Studia Patristica 43). Teilband X, S. 59–80, welcher darauf hinweist, dass im Augustinischen Textkorpus mehr als eine mögliche Auffassung des Verhältnisses von Leib und Seele vorfindlich ist.

94 Bumke, Blutstropfen, S. 23, erkennt richtig: „Der Begriff des ‚inneren' Menschen stammte nicht aus der rhetorischen Tradition, ebenso wenig wie die Unterscheidung von Außen und Innen." – Ernst, Antagonismus, S. 199, setzt die Differenz von *homo interior/exterior* zwar an, belegt sie als Wortlaut jedoch nicht aus Augustinus, den er extensiv im Hinblick auf die Unterscheidung von innerlicher und äußerer Schönheit am Beispiel des Märtyrers und des Greises zitiert. – Rüdiger Schnell (Schnell, *Homo exterior* und *homo interior*), setzt die Leitdifferenz ebenfalls voraus, ohne ihren Ursprung oder ihr Wirkmacht im frühen christlichen Schrifttum aufzuzeigen. – Vgl. zu Augustins Differenzierung von ‚Innen' und ‚Außen' wiederum Bumke, Blutstropfen, S. 16.

In der Stoa steht der seelisch-geistige Besitz den körperlichen Vorzügen wie Gesundheit und Schönheit, und als Drittem den Akzidentien wie Reichtum, Adel, Freunde gegenüber. Die zweigliedrige Ordnung setzt das „Äussere" an die Stelle des Körpers, während die im stoischen System als äussere Dinge bezeichneten Akzidentien so gut wie ganz ausser Betracht fallen.[95]

---

95 Otto Hiltbrunner: Exterior Homo. In: Vigiliae Christianae 5 (1951), S. 55–60, hier S. 55. – In der *Ars versificatoria* finden sich beide, die stoizistische drei- und die christliche zweigliedrige ‚Ordnung', wobei deutlich zu sehen ist, dass die dreigliedrige – als vorgängige – aus der *Rhetorica ad Herennium* übernommen ist und mit der zweigliedrigen überschrieben wird. Dieses Verfahren konfligiert auf der Ebene der Terminologie. Dies zeigt sich an einer Stelle der *Ars*, die Verwirrung gestiftet hat: bevor Matthäus die Reihe der auf Cicero beruhenden *attributa* noch einmal durchgeht (Ars vers. I.80–105), heißt es: *Sequitur de illo attributo quod dicitur natura. Hoc autem attributum iuxta Tullium tripartito dividitur, scilicet in attributa que sumuntur a corpore et in attributa que sumuntur ab anima et in attributa que sunt extrinseca.* (Ars vers. I.79; Übers. [Knapp]: „Nun zu jenem Attribut, das Natur genannt wird. Dieses Attribut wird aber nach Cicero in drei Teile gegliedert, nämlich in Attribute, die vom Körper bezogen werden, und Attribute, die von der Seele bezogen werden, und Attribute, die äußerlich sind.") Diese der Stoa entsprechende Dreiteilung in Attribute des Körpers (*a corpore*), Attribute der Seele (*ab anima*) und extrinsische Attribute (*quae sunt extrinseca*) scheint mit der vorher (Ars vers. I.74) getroffenen Einteilung in *descriptio intrinseca* und *descriptio superficiale*, welcher die Konzepte *homo interior* und *exterior* zugeordnet werden, zu konfligieren, insofern man die in Ars vers. I.79 genannten extrinsischen Attribute fälschlich als Attribute *a corpore* versteht. Sedgwick: Notes and Emendations on Faral's *Les Arts poétiques du XII*ᵉ *et du XIII*ᵉ *Siècle*. In: Speculum 2 (1927), S. 331–343, hier: S. 334, hat deshalb die Emendation *bipartito* vorgeschlagen und dem Text so eine kohärente zweigliedrige Ordnung gegeben, worin ihm die Forschung bereitwillig gefolgt ist. Entsprechend übersetzt Galyon, Art of Versification, S. 49: „We turn now to that attribute called nature. Tully [= Cicero; F. D. S.] divides this into two classes, mental attributes and physical attributes (*De inventione* I.24)", und schreibt im Kommentarteil: „Matthew writes threefold. I have followed the sense of this passage in the translation." (Ebd., S. 120) Ebenso übersetzt Parr, Ars versificatoria, stillschweigend als „twofold"; entsprechend Gallo, Poetria nova, S. 73, stillschweigend: „description of any person can take two forms". Allerdings liegt mit Galyons Zuordnung der Belegstelle aus *De Inventione* sicherlich ein Irrtum vor. Stellt man in Rechnung, dass Matthäus mit ‚Tullius' auf die vermeintlich von Cicero stammende *Rhetorica ad Herennium* referiert, so lässt sich die terminologische Dreiteilung vermittels einer Stelle erklären, auf die Munari bereits in seinem Apparat hingewiesen hat (vgl. Apparat zu Ars vers. I.79). Diese Passage der *Rhetorica* behandelt das *genus demonstrativum* und spielt für Matthäus eine eminente Rolle, insofern er von hier die Möglichkeit einer Aufteilung der von ihm exemplifizierten *descriptiones* nach den Kategorien *laus* und *vituperatio* (vgl. Ars vers. I.74) entlehnt, andererseits aber auch die vermeintlich fehlerhafte, eben ursprünglich stoizistische Dreiteilung in *attributa a corpore, ab anima* und *extrinseca* (Ars vers. I.79): *Nunc ad demonstrativum genus causae transeamus. Quoniam haec causa dividitur in laudem et vituperationem, quibus ex rebus laudem constituerimus, ex contrariis rebus erit vituperatio conparanda. Laus igitur potest esse rerum externarum, corporis, animi. | Rerum externarum sunt ea, quae casu aut fortuna secunda aut adversa accidere possunt: genus, educatio, divitiae, potestates, gloriae, civitas, amicitiae, et quae huiusmodi sunt et quae his contraria. | Corporis sunt ea, quae natura corpori adtribuit commoda aut incommoda: velocitas, vires, dignitas, valetudo et quae contraria sunt. | Animi sunt ea, quae consilio et cogitatione nostra constant: prudentia, iustitia, fortitudo, modestia et quae contraria sunt.* (Rhet. ad Her. III.6.10; Hervorh. hier und in der Übers. von mir, F. D. S.; Übers. [Nüßlein]: „Nun will ich zur darlegenden Redegattung übergehen. Da ja diese Rede in Lob und Tadel unterteilt ist, muß die tadelnde Rede aus den gegensätzlichen Punkten dazu gebildet werden, aus denen wir die Lobrede zusammenstellen. Das Lob kann also äußere Umstände [*rerum externarum*], den Körper [*rerum corporis*] und den Geist

Die Unterscheidung des Menschen in inneren und äußeren Menschen geschieht offenbar auf Grundlage einer Stelle des zweiten Korintherbriefes (II Cor 4,16):

> In den vorhieronymianischen Übersetzungen lautet die Stelle: *etsi exterior homo noster corrumpitur, sed interior renovatur*. Die Fassung des Hieronymus, der *is qui foris est* und *is qui intus est* übersetzt, hat sich in der christlichen Latinität nie durchzusetzen vermocht, weder im allgemeinen Gebrauch noch in der Sprache der Liturgie, wo die Formeln mit *interior–exterior* ebenso häufig sind wie die mit *foris* selten.[96]

Die ‚vorhieronymianische' Unterscheidung ist bereits bei Augustinus wesentlich geprägt worden, in dessen Schrift *De vera religione* das weltverhaftete Sein des – stets als Mann gedachten – Menschen in den Stufen seiner Lebensalter wie folgt summiert wird:

> Haec est vita hominis viventis ex corpore et cupiditatibus rerum temporalium colligati. Hic dicitur *vetus homo et exterior et terrenus*, etiamsi obtineat eam quam vulgus vocat felicitatem, in bene constituta terrena civitate sive sub regibus sive sub principibus sive sub legibus sive sub his omnibus. (Augustinus: De vera religione XXVI.132)[97]

[*rerum animi*] betreffen. | Zu den äußeren Umständen zählt man das, was durch Zufall oder Schicksal günstig oder ungünstig ausfallen kann: Herkunft, Erziehung, Reichtum, Macht, Ruhm, Bürgerrecht, Freundschaften und dergleichen und die Nachteile, die im Gegensatz dazu stehen. | Zu den körperlichen Eigenschaften zählt man die Vorteile und Nachteile, die die Natur dem Körper zugeteilt hat: Schnelligkeit, Kraft, würdevolles Auftreten, Gesundheit und die Gegensätze dazu. | Zu den geistigen Eigenschaften zählt man, was auf unserer Überlegung und unserem Denken beruht: Klugheit, Gerechtigkeit, Tapferkeit, Selbstbeherrschung und die Gegensätze dazu.") Es zeigt sich also, dass die ‚extrinsischen Attribute' bei Matthäus, Ars vers. I.79, gänzlich unkörperliche sind und gerade *nicht* mit den Elementen der *descriptio superficiale* identisch, welche *a corpore* generiert werden. Die Emendation Sedgwicks verfehlt also den Gehalt des Textes, welcher das vorgefundene, autoritative dreiteilige Schema des Prätextes beibehält und nicht gänzlich mit dem eigenen zweiteiligen überschreibt. – Im Übrigen ist die Terminologie der *Ars versificatoria* tatsächlich nicht im engeren Sinne widersprüchlich, insofern sie die Begrifflichkeit der *Rhetorica ad Herennium* (*rerum externarum*) eben nicht übernimmt, sondern stattdessen die *attributa que sunt extrinseca* prägt und den Begriff *homo exterior* für Körperliches reserviert. Dies erscheint terminologisch allerdings insofern inkonsequent – und entsprechend missverständlich – als der *descriptio intrinseca* (*homo interior*) nun nicht die ‚*descriptio extrinseca*' gegenübersteht – diese Kategorie kommt bei Matthäus nicht vor –, sondern die *descriptio superficiale*, welche den *homo exterior* (*a corpore*) darstellt. Der Anspruch, die Terminologie zugleich in den christlichen Diskurs einzugliedern, mag zu der verwirrenden begrifflichen Differenz zwischen Text und Prätext geführt haben.

96 Hiltbrunner, Exterior homo, S. 56.

97 Kursivierung im lat. Text und i. d. Übers. von mir; F. D. S. – Übers. (Thimme): „Das ist das Leben eines Menschen, der seinem Leibe lebt und sich im Banne der Begierden nach zeitlichen Gütern befindet. Man nennt ihn den *alten*, wohl auch den *äußerlichen* [*exterior*, F. D. S.] *und irdischen Menschen*, und es mag wohl sein, daß er das besitzt, was die Masse Glück nennt, und daß er in einem wohlgeordneten irdischen Staatswesen unter Königen oder Fürsten oder Gesetzen oder auch unter allen dreien lebt." – Der „alte" Mensch (*vetus homo*) bezieht sich auf Rm 6,6 (*hoc scientes quia vetus homo noster simul crucifixus est / ut destruatur corpus peccati / ut ultra non serviamus peccato*; Übers. [Frank Oborski]: „weil wir wissen, dass unser alter Mensch zugleich gekreuzigt worden ist, damit der Körper der Sünde zerstört wird, sodass wir nicht länger der Sünde dienen").

Augustinus stellt diesem Menschen, der nach den Maßgaben weltlichen Lebens erfolgreich ist, den inneren Menschen entgegen, welcher nach Maßgaben des auf Gott gerichteten Glaubens lebt:

> *133.* Hunc autem hominem, quem veterem et exteriorem et terrenum descripsimus, sive in suo genere moderatum sive etiam servilis iustitiae modum excedentem nonnulli totum agunt ab istius vitae ortu usque ad occasum. Nonnulli autem vitam istam necessario ab illo incipiunt, sed renascuntur interius et ceteras partes suo robore spiritali et incrementis sapientiae corrumpunt et necant et in caelestes leges, donec post visibilem mortem totum instauretur, adstringunt. *134.* Iste dicitur *novus homo et interior et caelestis*, habens et ipse proportione non annis sed provectibus distinctas quasdam spiritales aetates suas [...].   (Augustinus: De vera religione XXVI.48)[98]

Die homolog gesetzten Dichotomierelationen (*interior – exterior, novus – vetus, caelestis – terrenus*) werden einerseits als zeitliche, auf Erkenntnisfortschritt ausgerichtete Stufenfolge mit klarer Wertung zu einer Axiologie geformt (schlecht: *exterior, vetus, terrenus* – gut: *interior, novus, caelestis*). Von besonderem Interesse muss andererseits sein, dass dieselben Dichotomierelationen, die ohnehin potentiell für weitere homologe Relationierung zur Verfügung stehen, in Augustins immens erfolgreicher Schrift De trinitate an eine weitere Dichotomie, nämlich diejenige von männlich – weiblich, angeschlossen werden:

> Ergo in eorum mentibus communis natura cognoscitur; in eorum uero corporibus ipsius unius mentis distributio figuratur. [VIII] Ascendentibus itaque introrsus quibusdam gradibus considerationis per animae partes unde incipit aliquid occurrere, quod non sit nobis commune cum bestiis, inde incipit ratio, ubi *homo interior* possit agnosci. Qui etiam ipse si per illam rationem cui temporalium rerum administratio delegata est, immoderato progressu nimis in exteriora prolabitur consentiente sibi capite suo, id est non eam cohibente atque refrenante illa quae in specula consilii praesidet quasi uirili portione, inueteratur inter inimicos suos [Ps 6,8] uirtutis inuidos daemones cum suo principe diabolo: aeternorumque illa uisio ab ipso etiam capite cum coniuge uetitum manducante subtrahitur ut lumen oculorum eius non sit cum illo [Ps 37,11], ac sic ab illa inlustratione ueritatis ambo nudati, atque apertis oculis conscientiae ad uidendum quam inhonesti atque indecori remanserint tanquam folia dulcium fructuum sed sine ipsis fructibus, ita sine fructu boni operis bona verba contexunt ut male uiuentes quasi bene loquendo contegant turpitudinem suam [Gen 3].   (Augustinus: De trinitate XII.7.13)[99]

---

98 Kursivierung im lat. Text und i. d. Übers. von mir; F. D. S. – Übers. (Thimme): „*133.* Das ist der Mensch, den wir als alten, äußeren und irdischen charakterisiert [*descripsimus*, F. D. S.] haben, mag er nun auf seine Art maßvoll leben oder auch sich über das Maß knechtischer Rechtschaffenheit hinwegsetzen. Manche kommen von Anfang bis Ende des Lebens nicht darüber hinaus, andere aber beginnen zwar notwendigerweise ihr Leben ebenso, aber sie werden innerlich wiedergeboren. Dann schwächen und töten sie die Reste des alten Menschen durch die Kraft des Geistes und der zunehmenden Weisheit und binden ihn an die himmlischen Gesetze, bis er schließlich nach dem leiblichen Tode in seiner Ganzheit erneuert wird. *134.* Nun heißt er *der neue, innere und himmlische Mensch* und hat gleichfalls seine geistlichen Altersstufen, die nicht nach Jahren, sondern nach der Höhe des Fortschritts zu unterscheiden sind."
99 Kursivierung hier und i. d. Übers. von mir; F. D. S. – Übers. (Schmaus): „In ihrem Geiste läßt sich also eine gemeinsame Natur feststellen, in ihrem Leibe aber wird die Aufgabenverteilung eben des einen Geistes versinnbildet. Wenn man daher in stufenweisen Beobachtungen den Aufstieg nach innen

Hier wird die Homologie massiv, wenn auch vorerst im Status des Vergleichs – *quasi virilis portione* – ausgebaut und um eine körperliche ebenso wie um eine geschlechtliche Dimension erweitert, die dem Äußeren, das heißt dem Körper, die von der Schlange verführte und Adam (das Männliche, das Geistige) verführende Eva zuordnet.[100] Es ergibt sich folgende homologe Reihe:

---

durch die Schichten der Seele vollzieht, dann beginnt dort, wo uns eine Wirklichkeit zu begegnen anfängt, die wir nicht mit den Tieren gemeinsam haben, der Bereich des Verstandes, wo sich nunmehr der *innere Mensch* feststellen läßt. Wenn dieser auch nur in jenem Verstandesteil, dem die Verwaltung der zeitlichen Dinge übertragen ist, durch maßloses Weiterschreiten allzusehr in das Äußere absinkt, indem ihm sein Haupt zustimmt, das heißt indem ihn nicht anhält und zügelt jener Teil, der auf der Warte des Überlegens den Vorsitz innehat, gleichsam die männliche Rolle spielend, so altert er ob seiner Feinde [Ps. 6,8], der auf seine Kraft neidischen Dämonen mitsamt deren Fürsten, dem Teufel; und so wird jene Schau des Ewigen auch vom Haupte selbst ebenso wie von der Gattin, welche die verbotene Frucht ißt [Gen. 3,6], weggezogen, so daß das Licht seiner Augen nicht mehr mit ihm ist [Ps. 37,11], und so sind beide von jener Erleuchtung durch die Wahrheit entblößt, und die Augen ihres Gewissens sind geöffnet, so daß sie sehen, wie entehrt und häßlich sie wurden; und wie sie aus den Blättern der süßen Früchte, aber ohne die Früchte selbst, ein Kleid weben, so drechseln sie ohne die Frucht eines guten Werkes gute Worte, um so, schlecht lebend und gut redend, ihre Schande zuzudecken [Gen. 3]." (Verweis auf die Bibelstellen v. Schmaus.) – Zur breiten Rezeption von *De trinitate* vgl. bspw.: Basil Studer: Augustins *De trinitate*. Eine Einführung. Paderborn/München/Wien et al. 2005, S. 15–25.

100 Diese Sinndimension ermöglicht folgende Stelle im Buch *von dem edeln menschen* Meister Eckharts, die belegen kann, dass die Zuordnung *homo exterior* – Eva über einen langen Zeitraum gängig war: *Ze dem ûzerlîchen menschen hœret allez, daz der sêle anehaftende ist, begriffen und vermischet mit dem vleische, und hât ein gemeine werk mit einem und in eine ieglîchen gelide lîphaftliche als daz ouge, daz ôre, diu zunge, diu hant und des glîche. Und daz nemmet diu geschrift allez den alten menschen, den irdischen menschen, den ûzern menschen, den vîentlîchen menschen, einen dienstlîchen menschen. [...] Der bœse geist rætet und neiget alle zît den menschen ûf das zîtlich und zergenclich ist und waz untugent ist, bœse und tiuvelisch. Der selbe bœse geist hât alle zît sîn kôsen mit dem ûzern menschen, und durch in lâget er heimlîche alle zît den innern menschen, rehte als der slange hâte sîn kôsen mit vrou Êven und durch sie mit dem manne Âdam kôsete. Der inner mensche daz ist Âdam.* (Meister Eckhart: Werke II. Predigten. Traktate. Hrsg. u. komm. von Niklaus Largier, dort S. 314,15–316,7). Im Weiteren zitiert Eckhart aus *De Trinitate* XII (S. 322,12 ff.). – Im 13. Jh. entsteht zudem ein in ca. 400 Hss. überlieferter, franziskanischer Novizentraktat im deutschsprachigen Raum, welcher seine Lehre entsprechend der Trennung in äußeren und inneren Menschen strukturiert, nämlich Davids von Augsburg (ab Augusta) *De exterioris et interioris hominis compositione secundum triplicem statum incipientum, proficientium et perfectorum libri tres* (Hrsg. in Quaracchi 1899, nach der Hs. Clm 4637 von 1391). Die Aufsteigende Reihe von Beginnendem (*status incipiens*) – Fortschreitendem (*status proficiens*) – Vollendetem (*status perfectus*) wird entsprechend entwickelt, insofern Novizen zunächst eine rein äußerlichen Weltabkehr verordnet wird, welche eine Habitualisierungslehre entwickelt, die Richtlinien zur Führung des *homo exterior* innerhalb und außerhalb der Klostermauern gibt; im zweiten Schritt, für die Fortgeschrittenen erst, richtet sich die Perspektive auf den *homo interior* und berührt Fragen der Seelenführung, wobei unter den Gefahren für die Seele das Fleisch (*tentatio a carne*) genannt wird (lib. II, pars I, cap. II). Dies wird – und hier kehrt die Sündenfallanalogie und implizit die Eva-Rolle des Körpers zurück – als Feindschaft der Schlange und des Menschen erklärt, welche ihren falschen Rat gibt (ebd., S. 73). – Das inhärente Argument, die Frau sei die Verführerin des Mannes, ist beliebig verschiebbar, sodass es nicht nur für die Dichotomisierung von Leib und Seele, sondern auch für den Gegensatz zwischen dem eigentlichen,

gut: *homo interior: novus: caelestis: ratio: caput: virilis portio*,

deren Gegenstücke teils implizit bleiben, teils ausformuliert werden:

schlecht: *homo exterior: vetus: terrenus: corpus/caro: membra: coniunx vetitum manducante.*

Diese Gleichsetzung des äußeren Menschen mit einem weiblichen Prinzip, das anfällig ist für die Einflüsterungen der Schlange und das männliche Prinzip korrumpiert, mithin eine Festlegung des Körperlichen auf Weibliches im Terminus *homo exterior*, ist auch in der Formulierung der Terminologien der *Ars versificatoria* noch enthalten, wie die deutliche geschlechtlich markierte Scheidung der Beispielreihen zeigt. Der Annahme Farals, dass das „portrait complet" aus Tugend- und Körperbeschreibung bestehe, steht der Sprachgebrauch des Matthäus entgegen, der beide Teile der *descriptio* auf eine moraltheologische Sinndimension hin transparent werden lässt, in der sie sich als unvereinbare, antagonistische Prinzipien gegenüberstehen und durch den die Präskripte einer ‚heidnischen' Rhetorik für eine christliche Poetik anschlussfähig werden.[101] Dass die *Ars versificaotia* auf dieses theologische Konzept von *homo exterior* und *interior* referiert, lässt sich überdies am Text selbst zeigen, insofern es hier heißt, die *descriptio intrinseca* stelle eine Beschreibung des *hominis interioris, scilicet anime* (Ars vers. I.74; Übers. [F.D.S.]: „des inneren Menschen, das heißt: der Seele") dar.

---

von Gott herstammenden, mit all seinen tatsächlichen Attributen (Schönheit – Hässlichkeit) wesenhaft zur Kreatur gehörenden Körper einerseits und der Körpermodifikation durch sündhaft-wollüstiges, menschliches Täuschungswerk (Kleidung, Schminke) andererseits funktionalisiert werden kann. Vgl. dazu Kraß, Geschriebene Kleider, S. 164: „Wann immer die kirchliche Tradition das Szenario des Sündenfalls bemüht, um ihre Kritik am weltlichen Kleiderluxus zu formulieren, betont sie zugleich, dass die Frau dem Kleiderluxus in besonderer Weise verfallen sei, da sie es war, die sich im Paradies von der Schlange verführen ließ und ihrerseits zur Verführerin des Mannes wurde." Es entstehen so über das identische Argument verschiedene, miteinander konfligierende Dichotomien und damit widersprüchliche Bewertungen der körperlichen Schönheit, deren primäre Unvereinbarkeit nicht überbrückt wird und – wie sich im Folgenden zeigen wird – auch nicht überbrückt werden muss.

101 Wie das Faral'sche Interpretament in der Forschung verhaftet geblieben ist, kann eine Stelle bei Marie-Sophie Masse, La description, S. 81 f., zeigen. Bezogen auf das *Documentum* wundert Masse sich, dass zwar das hier als Beispiel angeführte (jedoch nicht im Text zitierte) Theoderich-‚*portrait*' des Sidonius Apollinaris (Lib. I ep. 2: Ad Agricolae) alle für ein vollständiges ‚portrait' notwendigen Bestandteile enthält – „[L]e souverain [...] est décrit autant sous l'aspect de sa personne physique que de sa nourriture, de ses divertissements, et d'autres choses encore" (ebd., S. 81) –, dass jedoch die in der *Poetria nova* vorfindliche Damen-*descriptio* diesem Präskript gegenüber unvollständig erscheint: „Mais curieusement, quand il [= Galfred] doit lui-même dresser un portrait de beauté feminine dans la *Poetria nova*, Geoffroi ne suit pas le schéma offert par son modèle: délaissant le portrait moral, in inclut en revanche, à la suite de la description physique, un éveloppement consacré aux vêtements." (Ebd., S. 82) Unabhängig davon, dass es selbst dann nicht unproblematisch ist, die *Poetria* und das *Documentum* direkt aufeinander zu beziehen, wenn man – wie die Mehrheit der Forschung – davon ausgeht, dass beide von Galfred verfasst sind, kann das hier geäußerte Erstaunen in die Erkenntnis überführt werden, dass die ausschlaggebende Differenzkategorie das Geschlecht der beschriebenen Figur ist: eine Tugend-*descriptio* in Hinblick auf eine weibliche Figur, überhaupt ein zweiteiliges „portrait de beauté feminine" im Sinne Farals zu erwarten, könnte sich als modernes Missverständnis erweisen.

Nicht zufällig kehren die hier explizierten Begrifflichkeiten also in genau der dargestellten, geschlechtlich differenzierten Funktion auch in den *descriptio*-Beispielen der *Ars versificatoria* wieder, welche mit dem Begriffspaar *homo interior/exterior* offenbar planvoll operiert und es in einem moraltheologisch intelligiblen Sinne verwendet. Die Beispielreihe erweist sich dabei nicht als die lockere Folge von Beispielen, als die sie zumeist wahrgenommen wird, sondern bildet in der Sukzession von Ständen, Typen, Geschlechtern und Tugendqualitäten zugleich eine spezifische Anthropologie ab, in welche das Begriffspaar eingelassen ist. So enthält die *descriptio* des Ulixes, welcher nicht allein ein Krieger, sondern in der Troja-Tradition vor allen Dingen auch ein Muster an Beredsamkeit (*eloquentia*) und Bildung ist,[102] zugleich eine Passage in der seine geistigen Fähigkeiten modellhaft in Kognitionstheorie, genauer: die sogenannte Ventrikellehre oder Kammerntheorie, überführt wird.[103] An Ulixes wird also zugleich ein für die Poetiken wichtiges, weil aus den Rhetoriken autoritativ adaptiertes Element durchgeführt, nämlich die Theorie – nicht jedoch die Praxis! – der *memoria*:[104]

---

102 Es sei noch einmal an die entsprechenden Rubrizierungen in den Hss. der *Ars versificatoria* erinnert: *Descriptio ulixis* G, *Descriptio viri sapientis* E, *Descriptio iuvenilis sapiencie* F, *Descriptio advocati sub metaphora* H, *Descriptio facundi hominis et eloquentis* Q, *Descriptio facundi hominis* T, *De eloquio* K, *Commendatio sapientis* C, *Commandatio sapientis* P. Vgl. dazu S. 285 f., Anm. 50.
103 Hierauf hat für die Ulixes-*descriptio* der *Ars versificatoria* bereits Hans Jürgen Scheuer: Die Wahrnehmung innerer Bilder im ‚Carmen Buranum' 62. Überlegungen zur Vermittlung zwischen mediävistischer Medientheorie und mittelalterlicher Poetik. In: Das Mittelalter 8 (2003), S. 121–136, hier: S. 123 f., hingewiesen. Er zieht jedoch keine Konsequenzen für das anthropologische Modell, welches bei Matthäus die Reihe der Beispiel-*descriptiones* als Ganze darstellt und übersieht die fundamentale Trennung zwischen *homo exterior* und *homo interior*, wenn er sich wundert, dass die *descriptio* „sich gar nicht erst mit dem Äußeren des Trojabezwingers ab[gibt], sondern [...] sofort auf einen Lobpreis der Eigenschaften zu[steuert], für die der Heros berühmt ist" (ebd., S. 123). Es ist indessen weniger so, dass die *descriptio* – insofern sie Äußerlichkeiten des Körpers ‚übergeht' – auf die ‚porträtierte' Figur zugeschnitten sei, sondern es ist umgekehrt so, dass hier in das anthropologische Modell der *descriptio*-Reihe eine Figur eingefügt wird, welche aufgrund ihrer Eigenschaften (vgl. ebd.) als Allegorie des *homo interior* fungieren kann. Für Scheuer ist der „Rekurs auf ein sinnenphysiologisches Modell" zunächst „im Kontext eines Lehrbuchs für höhere lateinische Stilübungen" ein „kurioses Detail klerikaler Gelehrsamkeit", welches er – insofern hier eine mentale Bildtheorie geliefert werde – als „Zentrum mittelalterlicher Poetik" betrachtet (ebd., S. 124). Ob sich die hier entworfenen Kognitionslehre tatsächlich poetologisch im Sinne einer Poetik des ‚Vor-Augen-Stellens' ausbeuten lässt, bleibt zu diskutieren; so oder so bezeugt sie die bislang im Ganzen übersehene Kodifzierung und Tradierung eines anthropologischen Modells im Rahmen poetorhetorischer Ausbildung.
104 Die Forschung scheint mir bisher übersehen zu haben, dass die Beispiele des Matthäus partiell poetologisch-rhetorisch verstehbar sind, während umgekehrt bspw. der stark stilisierte, gegen den ominösen, stark stereotypen – vielleicht fiktiven – *Rufus* gerichtete Prolog zugleich auch selbst Stilübung und Beispiel der nachfolgenden Präskripte ist. Gleiches gilt für die *Poetria nova*, deren Prolog die Kunstfertigkeit des Folgenden antizipiert, mithin sogar eine eigenständige *descriptio* ist! – Auch die *Poetria nova* bindet die *memoria* an die Lehre von den Hirnkammern zurück, wenn auch weniger explizit, vgl. Poetria nova 1974–2035; Faral 1969–2030. – Im *Laborintus* Eberhards des Deutschen, welcher ja gleichfalls als ein Rezeptionszeugnis für die *Ars versificatoria* des Matthäus und vielleicht auch für die *Poetria nova* des Galfred zu verstehen ist, wird die Kammerntheorie ebenfalls kurz entfaltet; vgl. Labo-

> Concipit ingenium sensu dictante, magistra
>   Discernit ratio consiliumque fovet;
> Seminat ingenium, studium colit, asserit usus,
>   Elimat ratio, lingua ministra sonat;
> Sensus precursor ratioque preambula linguam
>   Heredem faciunt dogmatis esse sui.
> Non celle capitis in Ulixe vacant: epythetum
>   Officiale tenet prima, secunda, sequens:
> Prima videt, media descernit, tercia servat;
>   Prima capit, media iudicat, ima ligat;
> Prima serit, media recolit, metit ultima; tradit
>   Prima, secunda sapit, tercia claudit iter;
> Prima ministrat opus reliquis: sunt hostia prima,
>   Hospicium media posteriorque domus;
> Prima, secunda, sequens includit, iudicat, arcet
>   Obvia, visa, fugam poste, sapore, sera;
> Stat medio rationis apex et utrimque salutat
>   Hostia sincipitis occipitisque seram.
> *Naturam virtute preit fidusque magister*
>   *Intimus est hominis exterioris homo*:
> Moribus egreditur hominem, preponderat egre
>   Nature sensus subvenientis honor.
> (Ars vers. I.52,13–34)[105]

Der Verstand, zergliedert in die Hirnkammern und gefasst als *homo interior*, wird hierbei im Falle des Ulixes zum Überwinder des Körpers (*homo exterior*).[106] Ulixes' Tugendhaftigkeit beruht nicht zuletzt auf der Kontrolle von Körperlichkeit.

---

rintus Vv. 119–126. Es zeigt sich hier wiederum, wie dicht das diskursive Netz ist, welches die verschiedenen poetologischen Texte aus ihrer je eigenen Perspektive bedienen.
105 Kursivierung im lat. Text und in der Übers. hier und im Folgenden von mir, F. D. S. – Übers. (Knapp): „Das Talent entwirft nach der Vorgabe des Sinnes; der Verstand als Lehrerin unterscheidet; Beratung hegt und pflegt; das Talent sät; das Bemühen läßt reifen; die Praxis pflanzt fort; der Verstand arbeitet aus; die Zunge als Dienerin tönt; der Sinn, der voranläuft, und der Verstand an der Spitze machen die Zunge zur Erbin ihrer Lehre. Die Zellen im Kopf des Ulixes sind nicht leer. Die erste, zweite und dritte trägt ihre Bezeichnung nach ihrem Amt: die erste (Zelle) sieht, die mittlere erkennt, die dritte bewahrt; die erste erfaßt, die mittlere beurteilt, die dritte verbindet; die erste sät, die zweite läßt reifen, die letzte erntet; die erste überliefert, die zweite weiß, die dritte beschließt den Weg; die erste bedient die anderen mit dem Werk; die erste ist das Tor, die mittlere die Herberge, die letzte das Zuhause; die erste schließt Entgegenkommendes mit einem Türpfosten ein, die zweite beurteilt Gesehenes mit feinem Gespür, die dritte verwehrt die Flucht durch einen Riegel; in der Mitte steht der Gipfel des Verstandes und grüßt nach beiden Seiten die Tür des Vorderkopfs und den Riegel des Hinterkopfs. *Der innere Mensch übertritt mit Mannestugend* [= *virtute*; F. D. S.] *die Natur und ist der treue Meister des äußeren Menschen*. Er geht durch seinen Charakter über einen Menschen hinaus. Die Auszeichnung helfenden Verstehens wiegt schwerer als die kranke Natur."
106 Eine ganz ähnliche – aber nicht rhetorisch, sondern erkenntnistheoretisch gewendete – Kognitionslehre findet sich im 10. Buch der Augustinischen *Confessiones*, in welchem es um die Suche nach Gott geht. Nachdem das Ich äußerlich den Kreis der Schöpfung abgesucht hat, welche ihm stets ant-

Eine Entsprechung findet sich in der *descriptio* des Papstes, hier jedoch deutlicher ins Mystische und Moraltheologische gewendet und wiederum – wie in der homologen, die *homo interior/exterior*-Dichotomie grundierenden Relation von Adam und Eva – gegendert, nämlich in die dem lateinischen Wortgenus entsprechende Relation von *sponsus spiritus* („Bräutigam Geist") und *sponsa caro* („Braut Fleisch"), von [*maritus*] und *coniunx* gefasst. Hierbei wird der *sponsus* nicht nur mit dem Geist (*spiritus, mens sacra*[107]), sondern auch mit dem Himmel (*etherea sedes, polus*), die *sponsa* mit dem Fleisch (*caro*) und dem weltlichen Körper (*frequentat hospicem terre corpore*) identifiziert:

> Mens sacra vas egrum fastidit, compede carnis
>   Necti conqueritur spiritualis honor;
> Non dotes animi minuit caro coniuga, *sponsus*
>   *Spiritus* ad *sponse carnis* hanelat opem;
> Mens sitit etheream sedem, pastorque frequentat
>   Hospicium terre corpore, mente polum.
> (Ars vers. I.50,41–46)[108]

Männliche Tugendhaftigkeit, welche der Anlass der *descriptio interioris* ist, bildet sich hier ganz wesentlich über die Verneinung des Fleischlichen aus, welches zugleich das Irdische und das Weibliche ist.

Darauf, dass Matthäus von Vendôme augustinisches Gedankengut rezipiert zu haben scheint, hat früh Edgar de Bruyne hingewiesen, welcher in Matthäus' vielzitierter ‚Definition' von Schönheit – *Est autem forma elegans et ydonea menbrorum coaptatio*

---

wortet, dass sie nicht Gott sei, verlagert es die Suche ins Innere, also in die Seele. Hier wird differenziert, dass der Mensch (*homo*) aus *corpus* und *anima* (*unum exterius et alterum interius*) bestehe. Die Suche in der Welt sei eine Suche mit dem Körper, dem *homo exterior*, gewesen, welcher der Seele seine Wahrnehmungen mitgeteilt habe: *Ei quippe renuntiabant omnes nuntii corporales presidenti et iudicanti de responsionibus caeli et terrae et omnium, quae in eis sunt, dicentium: ‚Non sumus deus' et: ‚Ipse fecit nos.' Homo interior cognovit haec per exterioris ministerium* (Augustinus: Confessiones X.6.9; Übers. [Flasch, Mojsisch]: „Hierin, wie zu einem vorsitzenden Richter, der die Antworten beurteilte, meldeten die Sinne als körperliche Boten die Antworten des Himmels, der Erde und aller Dinge, die in ihnen sind, als sie sagten: ‚Wir sind nicht Gott' und: ‚Er hat uns gemacht.' Der innere Mensch erfasst dies durch den Dienst des äußeren Menschen."). Diese Darstellung der Kognition zielt auf die Hinfälligkeit der leiblichen (äußeren) Sinne und auf das alleinige Supremat des inneren Menschen, welcher nur über Inneres suchen zu Gott finden kann. – Demgegenüber offenbart sich die auf Ulixes angewandte Kognitionslehre als der Rhetorik verpflichtete, insofern Ulixes eben ein Exemplum für Beredsamkeit, nicht jedoch für Rechtgläubigkeit ist.

107 Die Seele ist deswegen heilig, weil sie der von Gott gegebene Teil ist.

108 Kursivierung im lat. Text und in der Übers. von mir; F. D. S. – Übers. (Knapp): „Seine heilige Seele empfindet Widerwillen gegen das kranke Gefäß; die Ehre des Geistes klagt, daß die Fessel des Fleisches sie bindet. Die Gaben des Geistes vermindert das mit diesem vermählte Fleisch nicht; *der geistige Bräutigam* lechzt nach der Hilfe für *die fleischliche Braut*; die Seele dürstet nach dem ätherischen Wohnsitz, und der Hirte weilt oft mit dem Körper in der irdischen Herberge, mit der Seele am Himmelspol."

cum suavitate coloris. (Ars vers. I.68)[109] – eine spezifische Anverwandlung der „fameuse formule de Saint Augustin",[110] nämlich aus einer Briefstelle Augustins (Epistola 3: Nebridio Augustinus) sieht, die lautet: *Quid est corporis pulchritudo? Congruientia partium cum quadam coloris suauitate.*[111] Den beiden *auctores*, Cicero und Augustinus, gegenüber bezieht Matthäus seinen kurzen Passus zur Schönheit von vornherein allein auf kreatürliche, in der Immanenz existierende Körper, und nicht ganz zufällig hebt er mit seiner Reformulierung – auch im Kontext seiner Ausführung zur *descriptio menbrorum* – wiederum *expressis verbis* auf die Gliedmaßen *(forma elegans et ydonea menbrorum)* ab. Fast unmittelbar anschließend (Ars vers. I.69) erfolgt zudem die – offenkundig gleichfalls der Augustinischen Tradition verpflichtete – Ablehnung der leiblichen *libido*, welche als Folge der *menbrorum agitatio* entsteht, auf die oben bereits hingewiesen worden ist. Der Begriff der *membra* ist von Seiten der Theologie aus – ebenfalls schon seit Augustinus – auch durch eine Diskussion der ‚Zeugungsglieder', der *membra genitalia*, geprägt, welche sich beispielsweise schon in *De civitate Dei* (XIV.16–24) findet, wo ausgeführt wird, dass Zeugung im Paradies vorgesehen gewesen sei, die *membra genitalia* im prälapsalen Zustand des Menschen jedoch genauso wie jedes andere *membrum* der vollständigen Kontrolle des Geistes unterworfen und nicht von der erbsündigen Lust beherrscht waren. Entsprechend ist für den postlapsalen Menschen bei Augustinus (Confessiones VIII.5.12) die *alia lex in membris* des Römerbriefes (Rm 7,23) dasjenige, was dem Gesetz Gottes entgegensteht und im Subjekt die Sünde bewirkt, das Gesetz der Sünde selbst.[112] Der Begriff der *membra* ist also, ebenso wie die bei Matthäus eingeführten Begriffe des *homo interior* und *exterior*, im theologischen Rahmen – und das heißt

---

109 Übers. (Knapp): „Schönheit ist eine anmutige und geeignete Zusammenfügung der Glieder gemeinsam mit dem Liebreiz der Farben."
110 Vgl. de Bruyne, Études II, S. 173.
111 Hier zitiert nach: Aurelius Augustinus: Epistvlae I-LV. Hrsg. von Kl. D. Daur. Turnhout 2004 (= CCSL 31). – Wie bereits in Kap. II gezeigt worden ist, fällt diese Formulierung bei Augustinus verschiedene Male im Kontext der Diskussion des Auferstehungsleibes in *De civitate Dei* (vgl. Kap. II.1, S. 21) und wird von hier aus auch in späteren theologischen Schriften zitiert.
112 Augustinus: Confessiones VIII.5.12: *Frustra condelectabar legi tuae secundum interiorem hominem, cum alia lex in membris meis repugnaret legi mentis meae et captivum me duceret in lege peccati, quae in membris meis erat* (Übers. [Flasch, Mojsisch]: „Vergeblich war die Freude meines inneren Menschen an deinem Gesetz, denn ein anderes Gesetz in meinen Gliedern widerstrebte dem Gesetz meines Geistes und hielt mich gefangen unter dem Gesetz der Sünde, das in meinen Gliedern herrschte."). – Augustinus: Confessiones VIII.11.27: *Et rursus illa, quasi diceret: ,Obsurdesce adversus immunda illa membra tua super terram, ut mortificentur. Narrant tibi delectationes, sed non sicut lex domini dei tui.'* (Übers. [Flasch, Mojsisch]: „Aber die Enthaltsamkeit begann von neuem, so, als sagte sie: ,Verschließe deine Ohren für deine unreinen irdischen Glieder! Töte sie ab! Sie reden von Genüssen, aber von anderen als das Gesetz des Herrn, deines Gottes.'") – Im Hintergrund steht Rm 7,23: *video autem aliam legem in membris meis | repugnantem legi mentis meae et captivantem me in lege peccati quae est in membris meis* (Übers. [Frank Oborski]: „Ich sehe aber ein anderes Gesetz in meinen Gliedern, das widerstreitet dem Gesetz meines Geistes und hält mich gefangen im Gesetz der Sünde, das in meinen Gliedern steckt.").

auch: im Kontext der Latinität – keinesfalls neutral, sondern von einem theologischen Konnotationsrahmen flankiert, der das Sprechen von der Erbsünde aufzurufen in der Lage ist.

Das maßgeblich von Faral vorgeprägte Verständnis der sogenannten ‚*descriptio pulchritudinis*' – der ‚Faral'schen Normalform der Personenbeschreibung' – als poetisches Verfahren zur Positivierung einer Figur muss im Rahmen der gegebenen Beispielreihe in der *Ars versificatoria* also zumindest als zweifelhaft erscheinen. Auch die nachträgliche Qualifizierung der Beispielreihe bei Matthäus wirft hierbei Fragen auf, insofern es hier heißt:

> In prefatis descriptionibus non est superfluum quod plures descriptiones, scilicet quinque, procedunt ad preconium, pauciores vero, scilicet due, ad vituperium sequuntur: etenim in exprimendo vituperio parcior debet esse instructio doctrinalis, ad quod vergit declivior consensus humane fragilitatis. (Ars vers. I.59)[113]

Die sich aus dieser Aufteilung ergebende Zahl von sieben *descriptiones* geht freilich bereits unter Auslassung der von der Forschung gemeinhin als Einschub gewerteten, *ad laudem* ausfallenden Brief-*descriptio* (I.54) nur dann auf, wenn man die beiden durch einen Prosa-Einschub klar abgesetzten Helena-Beschreibungen als eine Einheit liest.[114] Es scheint nicht ausgeschlossen, dass die erste Helena-*descriptio* (I.56) zwar *ad laudem* ausfällt, die zweite (I.57) jedoch durch die beiden Kategorien *ad laudem* und *ad vituperium* nicht abgedeckt ist. Insofern sie körperlicher ist als die vorangehende, entzieht sie sich – obgleich sie prinzipiell ‚laudativ' formuliert ist – aufgrund ihrer ethisch negativ zu wertenden *conclusio* der klaren Einteilung. Sie erscheint – entsprechend der in der mittellateinischen Tradition verbreiteten Auffassung von der *Helena meretrix* – vielmehr als Beschreibung dessen, was die *Ars versificatoria* zuvor als *concubina* ankündigt. Trägt man versuchshalber an den vorweggeschickten Kategorien die nachher behandelten Beispiele auf, so zeigt sich, dass diese im Folgenden systematisch – wenn auch nicht alle innerhalb der Beispielreihe – abgehandelt werden:

> Igitur aliter ponenda est descriptio alicuius ecclesiastici pastoris [= I.50: Papst], aliter imperatoris [= I.51: Cesar], aliter puelle [= I.56: Helena I], aliter veterane [= I.58: Beroe], aliter matrone [= I.55: Marcia], aliter concubine vel pedissece [= I.57: Helena II], aliter pueri vel adulescentuli [= I.68: Tod des Knaben], aliter veterani [= I.52: Ulixes, oder I.54: Doctor], aliter liberi, aliter conditionalis

---

[113] Übers. (Knapp): „In den vorausgehenden Beschreibungen ist es nicht überflüssig, daß mehr Beschreibungen, nämlich fünf, zum Lob vorgebracht werden, weniger aber, nämlich zwei, zum Tadel folgen. Denn zum Ausdruck der Schelte muß die lehrhafte Unterweisung geringer sein, wozu die menschliche Schwäche ohnehin eher zuzustimmen neigt."

[114] Die Rubrizierungen der Handschriften geben einerseits Anlass dazu, ein zeitgenössisches Verständnis anzunehmen, das die Helena-*descriptiones* als Einheit auffasst, insofern I,57 keine eigene Rubrik erhält. Andererseits ist diese *descriptio* jedoch zugleich die einzige, welcher eine kurze Prosaeinleitung vorweggeschickt wird, die vielleicht ihrerseits den Zweck einer Rubrik bereits erfüllt hat.

[= I.53: Davus], et aliarum proprietatum variationes in descriptionibus debent assignari, que ab Oratio colores operum nuncupantur. (Ars vers. I.46)[115]

Legt man diese Übertragung zugrunde, so wäre auch hier wiederum eine mindestens latente Negativ-Qualifizierung zu vermerken, indem der gegenüber der ersten *descriptio membrorum* (I.56) gesteigerten zweiten (I.57), welche für den *deliciosus auditor* gestaltet ist, die Funktion beikommt, auf Beischlaf ausgerichtete Schönheit darzustellen. Nicht umsonst schließt nur die zweite *descriptio membrorum* mit einer *conclusio* (I.57,21–24), die erklärt, warum Troja brannte, und behauptet, dass diese Schönheit aus dem keuschen Hippolytus einen Priapus zu machen in der Lage sei.[116] Sie ist ganz auf den Akt des Beischlafens (*concumbere*) ausgerichtet und kennzeichnet damit die *concubina*.[117]

IV.1.2 Die protonarrative Rahmung des Schönheitsdiskurses in der *descriptio membrorum* bei Matthäus von Vendôme, Galfred von Vinsauf und Gervasius von Melkley

Die sich in der theologisch anschließbaren Terminologie manifestierende, vom Sündenfall her konstruierte narrative Rahmung (Framing) der Beschreibung des schönen Körpers wiederholt sich in der protonarrativen Einbindung, welche die *Ars versificatoria* für den Einsatz der *descriptio* bereitstellt. Die von Matthäus geforderte argumentative Einbindung (Ars vers. I.39/40) und die damit eng verknüpfte Forderung nach Vermeidung überflüssiger *descriptiones* (Ars vers. I.38)[118] hat Faral zwar gesehen, jedoch als apologetische Strategie für ein vermeintliches Schmuckmittel marginalisiert, worin ihm die Forschung bereitwillig gefolgt ist:

Matthieu (I, 38) prend soin d'indiquer que la description doit venir avec à propos et se justifier par son utilité dans le récit [...]. Ce précepte judicieux n'est donné par aucun des autres théoriciens,

---

115 Übers. (Knapp): „Also ist eine Beschreibung irgendeines Kirchenhirten anders zu gestalten als die eines Kaisers, anders die eines jungen Mädchens als die einer Alten, anders die einer Herrin als einer Konkubine oder einer Dienerin, anders die eines Knaben oder Jünglings als die eines Alten, anders die eines Freien oder Unfreien. Und Variationen anderer Eigenschaften müssen in Beschreibungen beigelegt werden, welche von Horaz Farben der Werke genannt werden."
116 Vgl. dazu die Aufnahme der Helena-*descriptio* in die Ästhetik bei de Bruyne, Études II, S. 181, welche genau die entscheidenden letzten Verse nicht zitiert.
117 *Concubina* meint ursprünglich die unverheiratet mit einem Mann zusammenlebende Frau, wörtlich jene, die sich mit einem Manne ‚niederlegt'. Es ist leicht zu ersehen, wie einfach dieser Wortsinn auf Helena zu übertragen ist.
118 Diese Warnung wird in Hinblick auf die Erörterung der *descriptio loci* wiederholt: Ars vers. I.110: *Et notandum quod, sicut dictum est de descriptionibus prelibatis, descriptio loci vel temporis plerumque potest esse superflua, plerumque opportuna* (Übers. [Knapp]: „Es gilt festzuhalten, daß, so wie es von den zuvor genannten Beschreibungen gesagt wurde, die Beschreibung des Ortes oder der Zeit häufig überflüssig und häufig nützlich sein kann.").

qui se bornent à indiquer la description comme un procédé d'amplification. Il est significatif, d'ailleurs, qu'ils la mentionnent aussi, comme on l'a vu, parmi les variétés de la digression. En fait, dans les exemples qu'en offre la littérature, elle est souvent oiseuse; chez beaucoup d'auteurs, et chez Matthieu lui-même, elle fait plus d'une fois hors-d'œuvre et n'a d'autre raison d'être que l'observance d'une tradition routinière.[119]

Während dies für Matthäus bereits ausreichend widerlegt sein sollte, zeigen auch die übrigen Poetiken, die sich mit der *descriptio* beschäftigen, ein deutliches Bewusstsein für die in der *Ars versificatoria* formulierten Regeln. Direkter Einfluss der *Ars versificatoria* des Matthäus lässt sich für die *Ars poetica* des Gervasius von Melkley veranschlagen, welcher sich eingangs explizit auf die Lehren des Matthäus bezieht. Sein Passus zur *descriptio*, den Faral geradezu programmatisch *nicht* in seine ‚doctrine' einbezogen hat,[120] lautet:

---

119 Faral, Les arts, S. 77. – In jüngerer Zeit noch entwickelt bspw. Marie-Sophie Masse, La description, hier: S. 51–100, im Rekurs auf Faral und Andere eine Theorie der „description d'êtres animés", die gänzlich ohne die bei Matthäus so gewichtige Argumentfunktion auskommt. – Köhler, Das literarische Porträt, S. 26–29, betont zwar die Herkunft der *descriptio* aus dem rhetorischen Argument, fasst dies jedoch zugleich als Einschränkung auf, wenn sie betont: „Im Laufe der Zeit löst sich die ‚amplificatio' und damit auch die ‚descriptio ad personam' aus ihrer reinen Zweckgebundenheit" (ebd., S. 28). Sie begreift dies – durchaus ‚modern' denkend – als eine Art poetische Emanzipierung vom Zweck, welche von einer „zunehmenden Poetisierung" (ebd., S. 30) herrühre, nur um ihren Einsatz dann – über alle Epochengrenzen hinweg und gegen die Poetiken – auf „Ausschmückung und atmosphärische Einbettung" (ebd., S. 35) festzulegen. Als Mittel der *amplificatio* bzw. der *dilatatio* ist die *descriptio* in der germanistischen Mediävistik besonders durch einen wegweisenden und breit rezipierten Aufsatz von Franz Josef Worstbrock: Dilatatio materiae. Zur Poetik des ‚Erec' Hartmanns von Aue. In: Frühmittelalterliche Studien 19 (1985), S. 1–30, eingegangen. – Auch einflussreiche Theoretiker wie Roland Barthes, der die *descriptio* in Hinblick auf antikes Material, jedoch bereits mit einem Auge auf das Mittelalter definiert, haben sicherlich dazu beigetragen, den ornamentalen Charakter der *descriptio* festzuschreiben: „[D]er nicht mehr überredende, sondern rein zur Schau gestellte Diskurs [hier ist wohl das *genus demonstrativum* gemeint; F. D. S.] destrukturiert sich, zerfällt in eine lockere Abfolge von Glanzstücken, die nach rhapsodischem Modell aneinandergereiht werden. Den Kern dieser Stücke (der sehr hoch im Kurs stand) bildete die *descriptio* oder *ekphrasis*. Die *ekphrasis* ist ein anthologisches, von einem Diskurs in den anderen übertragbares Fragment; sie ist eine festgelegte Beschreibung von Orten, Persönlichkeiten (Ursprung der *topoi* des Mittelalters). Dermaßen entsteht eine neue syntagmatische Einheit, das *Stück*: Es ist kürzer als die üblichen Teile des Diskurses, länger als der Satz; diese neue Einheit (Landschaft, Porträt) verläßt den (juristischen, politischen) Rednerdiskurs und gliedert sich unschwer in die Narration, in das Romankontinuum ein: Einmal mehr ‚überlappt' die Rhetorik das Literarische." (Roland Barthes: Die alte Rhetorik. In: ders.: Das semiologische Abenteuer. Frankfurt a. M. 1988, S. 15–101, hier: S. 32 f.) – Entgegen Barthes soll hier betont werden, dass im Gegenteil auch dort, wo die *descriptio* als ‚(Glanz-)Stück' funktioniert, sie gleichwohl stets die Implikate des juristischen Falles, das Residuum des *crimen* in sich trägt.

120 Hier produziert die ‚doctrine' Farals blinde Flecken in einer Forschung, die seinen Setzungen umstandslos folgt. Im Anschluss an Faral behauptet bspw. Köhler, Das literarische Porträt, S. 30: „Als einziger Theoretiker des Mittelalters fordert er [= Matthäus von Vendôme, F. D. S.] allerdings, daß die ‚descriptio' zweckmäßig zu sein habe, d. h. die Handlungen motivieren und begründen soll". Neben Matthäus, Gervasius und der *Rhetorica ad Herennium* selbst, welche als einflussreichster präskiptiver

Descriptio est demonstratio proprietatis alicuius rei, puta vel hominis, vel loci, vel temporis vel huiusmodi. Descriptio autem in nulla materia fieri debet, nisi talis ut auctor ex ipsa eliciat aliquod argumentum. Verbi gratia in fabula de Piramo et Tisbe describitur bustum Nini,[121] ut audita opportunitate loci probabile sit amantes illuc libentius convenire.
  Descriptio vero nihil ad rem faciens vel nulla sit vel brevissima. Hec descriptio Babilonis superflua est in illa fabula:
  Orbis honor Babilon, orbis laus imminet, orbis
  Effigies, orbis balsamus, orbis apex[.][122]
Quid enim ad rem de statu Babilonis? Nihil de materia probabilius efficitur per hanc descriptionem. Describitur autem res tum intrinsecus, tum extrinsecus.
Intrinsecus scilicet ex circumstancia ipsius corporis vel loci. Hoc modus generalis est.
Extrinsecus scilicet ex aliquo famoso actu vel huiusmodi. Secundum hoc usus ...
(Gervasius von Melkley: Ars poetica, S. 65,16–66,12)[123]

Text zu werten ist, wird im Folgenden zu zeigen sein, dass auch bei den übrigen Poetikern die Argumentstruktur von zentraler Bedeutung ist.
121 Das *bustum Nini*, das Grabmal des Ninius, wird bereits bei Ovid mit Attributen eines *locus amoenus* gekennzeichnet: *neve sit errandum lato spatiantibus arvo, / conveniant ad busta Nini lateantque sub umbra / arboris: arbor ibi niveis uberrima pomis, / ardua morus, erat, gelido contermina fonti* (Ovid, Metamorphosen IV,87–90; Übers. [von Albrecht]: „Um nicht auf ihrer Wanderung im freien Feld umherirren zu müssen, wollten sie einander am Grab des Ninus treffen und sich im Schatten eines Baumes verstecken. Dort stand nämlich ein Baum, überreich an schneeweißen Früchten, ein hoher Maulbeerbaum, dicht neben einer kühlen Quelle.").
122 Die zitierten Verse stammen aus dem bei Faral, Les arts, S. 331–335, edierten anonymen Pyramus und Thisbe-Gedicht *Consulte teneros non claudit* ... , Vv. 3 f. – Punkt nach *apex* fehlt bei Gräbener, Gervais, S. 66. – Das zuvor erwähnte Grabmal des Ninus wird dort wie folgt beschrieben: *Sunt ibi busta Nini manibus celeberrima fabri, / Sed tanti regis funere nota magis. / Lascivit radio, dulcedine, murmure, fructu; / Flos ibi, gramen ibi, fons ibi, morus ibi. / Singula sunt proprio distincta colore, virescunt / Gramina, mora vigent, flos rubet, albet aqua. / Quae tum admissis mendaces narrat habenis / Fabula rumores, candida mora facit. / Candida cerussant nigrum, mendacia verum, / Nasonemque sapit mixtio falsa virum* (Faral, Les arts, S. 335, Vv. 165–174; Übers. [Marco Mattheis, Berlin]: „Dort ist das durch die Hände des Handwerkers Ninus hochberühmte, aber durch das Begräbnis eines so großen Königs noch bekanntere Grab. Es besticht durch seinen Glanz, seine Anmut, seinen Marmor, seinen Augenschmaus. Blumen sind dort, Gras ist dort, eine Quelle ist dort, ein Maulbeerbaum ist dort. Die einzelnen Gegenstände sind durch die ihnen eigenen Farbe unterschieden: Es grünen die Wiesen, die Maulbeeren sind in voller Blüte, die Blumen färben sich rot, das Wasser schäumt weiß. Sobald nun aber der Schreibgriffel Einzug gehalten hat, erzählt die Geschichte erlogenes Gerede: Sie macht die Maulbeeren weiß. Das Weiß bleicht das Schwarz, Lügen die Wahrheit, diese falsche Vermischung schmeckt nach einem Herren namens Ovid.").
123 Übers. (F. D. S./Marco Mattheis, Berlin): „*Descriptio* ist die Darstellung der Eigenschaft einer beliebigen Sache, beispielsweise eines Menschen oder eines Ortes oder einer Zeit oder etwas dergleichen. Eine *descriptio* darf jedoch nicht in einem Stoff vorkommen, wenn sie nicht so beschaffen ist, dass der Autor aus ihr etwas Gehaltvolles herausziehen kann. Zum Beispiel wird in der Erzählung [*fabula*] von Pyramus und Thisbe das Grabmal des Ninus beschrieben, damit es, wenn man von der Lage des Ortes hört, wahrscheinlich ist, dass die Liebenden dort gern zusammenkommen. Eine *descriptio*, die aber nichts zur Sache tut, soll entweder ganz vermieden werden oder so kurz wie möglich gehalten werden. Die *descriptio* Babylons ist in jener Erzählung überflüssig: ‚Ehre des Weltkreises, Babylon, dein Lob übersteigt die Welt, o Bildnis des Weltkreises, o Balsam des Weltkreises, o Gipfel des Weltkreises.' Was nämlich tut

Diese Lehre des Gervasius entspricht derjenigen der *Ars versificatoria* des Matthäus und darf durchaus als Beleg für den Einfluss – und die Ernsthaftigkeit – der hier geforderten Argumentstruktur der *descriptio* gelten. Zugleich zeigt sich auch in der *Ars poetica* das Erbe der auf die (fingierte) Hörsituation – *ut audita opportunitate loci probabile sit* – hin stilisierten Argumentation. Weiterhin kann vermerkt werden, dass auch hier im Zentrum der *per argumentum* motivierten Handlungssequenz die Gelegenheit (*opportunitas*) und Wahrscheinlichkeit (*probabilitas*) des Beischlafs steht, welche an die Technik der *descriptio* auch dann geknüpft wird, wenn sie eine *descriptio loci* ist.[124] Dass die *descriptio* zur Begründung eines Arguments, das heißt zugleich: einer kausal motivierten Handlungsfolge, eingesetzt wird, haben die Theoretiker wiederum der *Rhetorica ad Herennium* entnehmen können, in der es unter dem Stichwort *descriptio* heißt: *Descriptio nominatur, quae rerum consequentium continet perspicuam et delucidam cum gravitate expositionem* (Rhet. ad Her. IV.39.51).[125] Auch hier findet – wie im Falle der Kategorien *notatio* und *efficitio* – im Zuge der Adaption rhetorischer Techniken in poetische Präskripte die spezifische Verengung einer allgemeinen Regel auf einige universalisierbare narrative Sequenzen statt.

In Galfreds *Poetria nova* scheint demgegenüber der Ornamentcharakter der *descriptio* im Vordergrund zu stehen. Einerseits ergibt sich dies aus der Position der *de-*

---

hier die Stellung Babylons zur Sache? Nichts von dem Stoff wird durch diese *descriptio* wahrscheinlicher. Beschrieben werden kann ein Ding entweder intrinsisch oder extrinsisch. Intrinsisch nämlich aus den Umständen des Körpers oder Ortes selbst. (Dies ist die verbreitete Art.) Extrinsisch dagegen aus einer berühmten Tat oder dergleichen abgeleitet. Entsprechend diesem Gebrauch ... " – Die Aufteilung der *descriptio* in die Kategorien ‚intrinsisch' und ‚extrinsisch' folgt dabei wiederum der Kategorisierung der *Rhetorica ad Herennium*, nach der äußere Umstände [*rerum externarum*] dasjenige sind, „was durch Zufall oder Schicksal günstig oder ungünstig ausfallen kann: Herkunft, Erziehung, Reichtum, Macht, Ruhm, Bürgerrecht, Freundschaften und dergleichen und die Nachteile, die im Gegensatz dazu stehen." (Rhet. ad Her. III.4.10) Die Kategorie der *rerum corporis* (*effictio*) fasst Gervasius unter der Oberkategorie der *descriptio intrinseca*, diejenigen der *rerum animi* (*notatio*) werden stillschweigend übergangen. Seine Terminologie darf nicht mit der partiell gleichlautenden Unterscheidung von *descriptio intrinseca* (*notatio*) und *descriptio superficiale* (*effictio*) bei Matthäus verwechselt werden.

124 Die zu Beginn des Pyramus-Gedichtes vorkommenden *descriptiones* von Thisbe und Pyramus sind gleichfalls daraufhin stilisiert, die Liebeszusammenkunft zu plausibilisieren, insofern Thisbe eine *descriptio membrorum* erhält und Pyramus eine *descriptio intrinseca*, die durch den Hinweis durchbrochen ist, er sei schön wie Paris. Paris, dessen *nomen proprium* für männliche Schönheit steht, indiziert eine suspekte Kategorie, die eine Inklination des Pyramus zur Liebe plausibilisiert. – Es sei zudem angemerkt, dass über den analogen Aussagegehalt des sowohl der *menbrorum descriptio* als auch der *descriptio loci* unterlegten Argumentes, nämlich der Inklination zur Wollust, eine strukturelle Ähnlichkeit – geradezu eine ‚Sympathie' – zwischen dem amönen Ort und dem weiblichen Körper entsteht, die sich auch in der narrativen Realisierung der beiden Formen deutlich ausgewirkt hat.

125 Die Übersetzung von Theodor Nüßlein – „Schilderung wird das Stilmittel genannt, welches von den folgenden Ereignissen eine durchschaubare und klare Darstellung voller Feierlichkeit enthält." – halte ich in Hinblick auf das Verständnis, das die Poetorhetoriken der Passage um 1200 entgegengebracht haben, für unangemessen und schlage daher vor: „*Descriptio* wird genannt, was eine klare und deutliche Erklärung der (daraus) folgenden Dinge, mit Bedeutsamkeit, enthält."

scriptio in der Reihe der zur *dilatatio* nützlichen Mittel[126] und andererseits aus der Beliebigkeit ihres Einsatzes, die aus der Anweisung spricht, welche der ‚*descriptio menbrorum*' in der *Poetria nova* nachgestellt ist: *Sed, cum sit formae descriptio res quasi trita / Et vetus, exemplum sit in his, ubi rarior usus* (Poetria nova 627 f., Faral 622 f.),[127] woraufhin die Beschreibung eines Festmahles folgt.[128] Die grundsätzliche Austauschbarkeit der Beschreibung einer Frau und der Beschreibung eines Festes findet jedoch unter einer bestimmten Maßgabe, nämlich eben im Horizont der Techniken der *dilatatio* statt: Die Aussagen, die einleitend getroffen werden, beziehen sich entsprechend nicht auf die narrative Einbindung/Funktionalisierung, sondern haben ihren Bezugspunkt einzig in der Technik des ‚Erweiterns':

> Septima succedit praegnans descriptio verbis,
> Ut dilatet opus. Sed, cum sit lata, sit ipsa
> Laeta: pari forma speciosa sit et spatiosa.
> In celebri forma faciat res nubere verbis.
> Si cibus esse velit et plena refectio mentis,
> Ne sit curta nimis brevitas vel trita vetustas
> Sint variata novis exempla secuta figuris,
> Rebus ut in variis oculus spatietur et auris.
> (Poetria nova 559–566, Faral 554–561)[129]

Bezeichnend ist, dass Galfred – wenn auch nicht im Sinne einer strengen Terminologie – als siebte Methode der *dilatatio* nicht einfach die Kategorie der *descriptio* vorgibt, die – mit der *Ars versificatoria* gedacht – von kurzen, auf Satzebene beschränkten Formen – wie dem *epitheton* oder der *comparatio* – bis hin zur distinkten textuellen Einheit im Sinne einer Großform – dem Barthes'schen ‚Stück'[130] – reichen kann, sondern dass aus dieser Bandbreite möglicher Formen von *descriptio* eine bestimmte ausgewählt wird, nämlich jene, die den Anforderungen des *dilatare* dienen kann: die *praegnans descriptio verbis*.[131] Dem Thema des Abschnitts entsprechend beziehen sich alle weiteren Ausführungen auf den Umfang. Nichtsdestoweniger zeigt sich einerseits, dass

---

126 Hier findet sie sich auch bei Johannes de Garlandia.
127 Übers. (Gallo): „But, since the description of the human form is more or less trite and shopworn, take this example, less often employed".
128 Diese Wertung ist in der Forschung verbreitet und findet sich implizit schon bei Faral, Les arts, S. 75–84.
129 Übers. (Gallo): „The seventh method of lengthening the work is by inserting a description pregnant with words. But although it be wide let it be winsome: let it be equally spacious and specious. Let the matter marry the words in a distinguished manner. If nourishment and a full meal for the mind be required, let not the discourse be too short in its brevity or trite in its antiquity. Let varied examples be followed by new figures, so that eye and ear can wander at large among varieties."
130 Vgl. Barthes, Die alte Rhetorik, S. 32 f.
131 Gervasius von Melkley hingegen führt die *descriptio* als Form der *digressio* ein, welche er wie folgt definiert: *Digressio est exitus a materia vel a sententia ex vicinitate vel comprehensione rerum acceptus. Nec enim hanc vicinitatem apello similitudinem, ut Donatus. / Eximus igitur a materia per colo-*

die *descriptio membrorum* formal den Maßgaben des Matthäus zur argumentativ-narrativen Rahmung gehorcht, und andererseits, dass darüber hinaus in der *Poetria nova* zu einem späteren Zeitpunkt weitere Formen der *descriptio*, die nicht auf die *dilatatio* bezogen sind, diskutiert werden (Poetria nova 1292–1294, Faral 1287–1289), der Horizont in Hinblick auf die Technik derselben also in der *Poetria* weiter gespannt ist, als in der Forschung oftmals wahrgenommen.

Wie die Helena-*descriptio* der *Ars versificatoria*, mündet auch das Beispiel der *Poetria nova* in einen Passus, der den narrativen Effekt der beschriebenen weiblichen Schönheit auf die Erregung wollüstigen Begehrens im Mann festlegt:

> [...] Quis in hac face nesciat ignes?
> Quis non inveniat flammam? Si Jupiter illis
> Temporibus vidisset eam, nec in Amphitrione
> Luderet Alcmenam; nec sumeret ora Dianae,
> Ut te fraudaret, Calixto[132], flore; nec Yo
> Nube, nec Antiopam satyro, nec Agenore natam
> Tauro, Messione nec te pastore, vel igne
> Ansepho genitam, vel te Deionis in angue,
> Vel Ledam cygno, vel Danem falleret auro.
> Hanc unam coleret omnesque videret in una.
> (Poetria nova 617–626, Faral 612–621)[133]

---

rem quem appellamus digressionem. Digressio est quando eximus ad aloquid materie conveniens (Ars poetica, S. 65,3–8; Übers. [F. D. S.]: „*Digressio* ist das Verlassen des Gegenstandes oder des Satzes, das aufgrund der Nähe oder des Verständnisses der Dinge empfangen ist. Und in der Tat nenne ich diese Nähe Ähnlichkeit, wie Donatus. Wir verlassen also den Gegenstand mithilfe eines Mittels (*colorem*), das wir *digressio* nennen. Digressio ist, wenn wir den Gegenstand für irgendetwas verlassen, was ihm zugehört."), und im Weiteren: *Tum fit per comparationem, tum per descriptionem* (Ars poetica, S. 65,14 f.; Übers.: „Bald geschieht dies mit einem Vergleich, bald mit einer *descriptio*."). Dieser *digressio*-Begriff ist mit dem *dilatatio*-Begriff Galfreds nicht identisch. Während dieser von der Ausweitung des Gegenstandes als Prinzip ausgeht, ist jener systematisch in umgekehrte Richtung gedacht, indem er ein ‚Verlassen' des Gegenstandes annimmt. Dieses ‚Verlassen' nimmt, wie die *descriptio*-Definition zeigt, in der *Ars poetica* keine rein ornamentalen Züge an, sondern muss aus der *materia* heraus begründet sein (*ex vicinitate*).

132 Callisto ist schon bei der Entwicklung der *descriptio* in der *Ars versificatoria* (I.40) bedeutend. Dass sie bei Galfred wieder vorkommt, ist wohl kein Zufall, zumal Matthäus von Vendôme eine eigenständige Callisto-Dichtung verfasst hat.

133 Übers. von Kraß, Geschriebene Kleider, S. 156: „Wer wird bei dieser Fackel das Feuer verkennen? Wer wird diese Flamme nicht entdecken? Wenn Jupiter zu seinen Zeiten sie gesehen hätte, so hätte er nicht in der Gestalt des Amphitrion mit Alkmene gespielt, noch Dianas Sprache angenommen, um dir, Callisto, die Blume zu rauben; noch hätte er sie getäuscht: nicht Io als Wolke, noch Antiope als Satyr, nicht Agenors Tochter als Tier, nicht dich, Mnemosyne, als Schäfer, nicht Asopos Tocher als Feuer, nicht dich, Deos Tochter, als Schlange, nicht Leda als Schwan, nicht Danae als Goldregen. Diese allein hätte er verehrt und alle anderen in ihr erschaut."

Die Einbindung der Namen funktioniert hier wie in der *Ars versificatoria* als Platzhalter für die narrative Einbindung, von der die Modell-*descriptio* in ihrer Funktion als Beispiel im Rahmen einer Poetik entkoppelt ist. Über sie werden narrative Kontexte für die Darstellung weiblicher Schönheit evoziert, beziehungsweise – angesichts der betonten Gleichförmigkeit der um die Entflammbarkeit Jupiters sich drehenden Erzählungen – *ein* spezifischer narrativer Kontext.

Das Einspielen spezifischer, das ‚Stück' übersteigender diskursiver und narrativer Gehalte über die Nennung bekannter Figuren, wie es für die Argumentstruktur der Schönheits-*descriptio* zentral ist, reflektieren die Poetiken selbst. So vermerkt Matthäus eigens, dass bei den in der Reihe seiner Beispiele beschriebenen Figuren die Verwendung der Eigennamen nicht absolut verstanden werden dürfe:

> Amplius, auditoris diligentia fideli memorie studeat commendare ut in predictis descriptionibus per specialia nomina generalem intelligat disciplinam [...]. [...] Igitur quod dictum est de summo pontifice vel de Cesare vel de aliis personis que sequnuter, ne nomen proprium preponderet, ceteris personis eiusdem conditionis vel etatis vel dignitatis vel officii vel sexus intelligatur attributum, ut nomen speciale generalis nominis vicarium ad maneriem rei, non ad rem manieriei reducatur[.] (Ars vers. I.60)[134]

Die Wendung *per specialia nomina* ist Gegenstand verschiedener Interpretationen geworden und dabei sowohl konzessiv wie auch kausal aufgefasst worden. Während Gallo übersetzt: „[one] must perceive the general principles *behind* the name"[135] und damit insinuiert, dass die gewählten Namen in Matthäus' Auffassung das Verständnis der dahinter liegenden, allgemeinen Prinzipien behindern könnten, kommt Galyons Übertragung der Stelle meiner Auffassung näher: „[one is] to understand the general techniques of descriptions *by means of examples* involving specific persons".[136] Diese Lesart weist der Wahl der Namen einen Grund zu. Während Gallo impliziert, dass Matthäus mit der Vergabe von *nomina specialia* seiner eigenen Tendenz zur Verallgemeinerung und Typisierung widerspricht, eröffnet Galyons Verständnis eine andere Perspektive: Die Namen implizieren – exemplarisch – ein (relativ) konkretes Figurenwissen – im Falle der Helena und des Odysseus stärker als im Falle ‚des' Papstes – sowie bestimmte Handlungsmuster – im Falle Helenas: des Ehebruchs. Sie transportieren also über Allusion eine (narrative) Einbindung, die in der Rezeption berücksichtigt werden soll. Diese ist nichtsdestoweniger generalisierbar, weshalb analoge *descriptiones* allen Figuren zugeordnet werden können, die

---

134 Übers. (Knapp): „Des weiteren möge die Aufmerksamkeit des Hörers dem getreuen Gedächtnis das Verständnis der in den vorangehenden Beschreibung am Beispiel bestimmter Eigennamen geübte allgemeingültige Methode einzuprägen trachten [...]. [...] Daher soll das, was über einen Papst oder Caesar oder andere folgende Personen gesagt wurde, als Charakteristik anderer Personen desselben Standes, Alters, Ranges, Amtes oder Geschlechts verstanden werden, damit nicht der Eigenname das Übergewicht habe, sondern der spezielle Name als Stellvertreter des allgemeinen Begriffs für die Gattung des (einzelnen) Gegenstandes und nicht für den (einzelnen) Gegenstand einer Gattung eingesetzt werde".
135 Gallo, Poetria nova, S. 71; Kursivierung von mir, F. D. S.
136 Galyon, Art of Versification, S. 45; Kursivierung von mir, F. D. S.

den gewählten Beispielfiguren entsprechen, insofern auf sie bestimmte analoge *proprietates* zutreffen[137] beziehungsweise insofern sie in analoge narrative Kontexte eingebunden sind. Die beispielhaft gewählten Eigennamen dienen also dazu, die im Rahmen der *Ars versificatoria* isoliert – nämlich als von der Ganzheit des Diskurses getrenntes ‚Stück'[138] – stehenden Deskriptionen auf ihre (potentielle) Funktionalisierung in einem größeren narrativen Kontext hin transparent zu machen, welcher im Rahmen der Poetik deshalb entfallen muss, weil für die exemplifizierend vorgehenden Poetiken nur Textteile, das heißt Elemente von der Größe eines Wortes, einer Periode, höchstens eines ‚Stückes' integrierbar sind.[139]

---

137 Entsprechend deuten die Handschriften, sofern sie eine Rubrizierung der *descriptiones* bieten, mehrheitlich auf die Tendenz zur Generalisierung. So findet sich bspw. für die Helena-*descriptio* nur eine Rubrik, nämlich: *Descriptio tyndaridis*, welche auf den Namen der Helena verweist, während die übrigen generalisierend sind: *Descriptio forme puellaris, Descriptio pulcre mulieris, Commendatio pulchre mulieris, Descriptio forme pulchritudinis* sowie der von der *Ars versificatoria* selbst entwickelten Terminus technicus *membrorum descriptio*. Für die Caesar-*descriptio* findet sich bspw. eine Rubrik, die die Differenz von Namen und Gegenstand offen thematisiert: *Descriptio militis bellicosi sub nomine cesaris*. Am radikalsten ist wohl die in H überlieferte Deutung der Odysseus-*descriptio*, die dem gesamten ‚Stück' eine allegorische Lesart beilegt: *Descriptio advocati sub metaphora*. Vgl. hierzu Munari, Mathei Vindocinensis Opera III, S. 70, Anm. zu Ars vers. I,52.
138 Vgl. Barthes, Die alte Rhetorik, S. 32 f.
139 Es muss beachtet werden, dass die Poetiken im Rahmen des Rhetorikstudiums zu verorten sind, welches direkt aus dem Grammatikstudium folgt (vgl. hierzu grundlegend: Douglas Kelly: The Scope of the Treatment of Composition in the Twelfth- and Thirteenth-Century Arts of Poetry. In: Speculum 41 [1966], S. 261–278 sowie Murphy, Rhetoric in the Middle Ages, S. 135–138; vgl. außerdem Purcell, Ars poetriae, S. 32–50), was sich auch auf der Ebene des von ihnen hauptsächlich organisierten Materials zeigt, das nicht vom Textganzen ins Kleine analysiert, sondern konstruktiv vom Wort und der Wortverbindung her über die Periode zum ‚Stück' fortschreitet. Auch diese Ausrichtung an der Grammatik als konstitutivem Bezugssystem erklärt, warum die Poetiken sich nicht mit der für die moderne Narratologie so interessanten Faktur des Textganzen beschäftigen, wie es Faral, Les arts, vgl. S. 59 f., moniert hat. Beispielhaft hierfür ist das Vorgehen des *Documentum*, in welchem der (ursprünglich aristotelische) Dreischritt der Erzählung von Anfang – Mitte – Ende zwar einerseits für das Textganze (Documentum [0]: *Tria sunt circa quae cujuslibet operis versatur artificium: principium, progressus, consummatio.* Übers. [Parr]: „The art of any work revolves around three elements: the beginning, the continuation, and the ending."), andererseits jedoch derselbe Dreischritt für die *dilatatio* von Einzelelementen angesetzt wird. Hier zeigt sich, wie das Textganze aus dem Detail heraus ins Große projiziert wird: *Verbi gratia, sumatur materia qua nulla potest inveniri minor, scilicet illa quae clauditur unica dictione, ut est sententia verbi, sicut hic lego. Proposita tam brevi materia, statim ex ipsa elicienda tria sunt, scilicet principium, medium et finis* [...].(Documentum II,2,46; Übers. [Parr]: „For example, let us take the shortest material which can be found, namely, that which is completed in one utterance, as the meaning of a verb such as *I read* (*lego*). [...] Having proposed such brief material, one can immediately consider three things about it, namely, the beginning, the middle, and the end."). Daraus folgt: *Verbi gratia, haec est materia nobis proposita:* Lego. *In primis ex hoc unico verbo eliciamus tria: scilicet personam, rem verbi et locum, sic: ‚Ego lego in tali loco'.* (Documentum II,2,49; Übers. [Parr]: „For example, this is the material proposed to us: *I read* (*lego*). First, from this verb we may elicit three things: namly the person, the meaning of the verb, and the place. Thus: ‚I am reading in such a place'.") – Als Gegenentwurf zum zitierenden, fragmentierenden Verfahren muss Galfreds *Poetria nova* gesehen

IV.1 Die Schönheitsbeschreibung in den lateinischen Poetiken — 319

Von hier aus ist die *descriptio* der Helena verstehbar als generalisierbares Beispiel zur Darstellung aller ‚helenaförmigen' Frauen und das heißt zugleich: Beispiel zur Motivierung analoger narrativer Konstellationen und Konsequenzen. Die *descriptio membrorum* der *Poetria nova* erweist sich angesichts der zitierten Schlusspassage ebenfalls als helenaförmig. Auch sie ist über die herangezitierten *specialia nomina* der argumentativ ausgerichteten Konklusion in einen protonarrativen Kontext eingespannt.

Bereits in der *Ars poetica* des Horaz findet sich ein Passus, den die *Ars* des Matthäus partiell zitiert (Ars vers. I.44), welcher die Anwendung von Eigennamen diskutiert, indem anhand von konkreten Figuren mit spezifischen charakterlichen Eigenschaften ein Set von Typen – der Held, die Zornige, die Traurige, die Ruhelose, der Finstere – gebildet wird:

> [...] honoratum si forte reponis Achillem,
> inpiger, iracundus, inexorabilis, acer
> iura neget sibi nata, nihil non adroget armis.
> sit Medea ferox inivictaque, flebilis Ino,
> perfidus Ixion, Io vaga, tristis Orestes.
> (Horaz: Ars poetica, V. 120–124)[140]

Matthäus dreht den Sinn dieser Passage zugleich um: So wie die *Ars poetica* verlangt, dass bestimmten, universell bekannten Figuren die für sie aus der präexistenten *materia* tradierten und daher signifikanten Charakterisierungen, welche wiederum auf spezifische Erzählungen (narrative Arrangements) zurückgehen, benutzt werden sollen, so wird für die *Ars versificatoria* umgekehrt auch der Figurenname zum Träger einer spezifischen Eigenschaft und damit nicht zuletzt auch potentiell eines Handlungsmusters. Sie zitiert hierzu in I.61 einen Vers aus Ovids *Ars amatoria* (I.8) – *Typhus et Automedon dicar Amoris ego* –, der an der entsprechenden Stelle sowohl im *Documentum* (II.3.50) und auch in der *Poetria nova* (V. 933 f., Faral 928 f.) vorkommt, welche die Eigennamen ebenfalls entsprechend funktionalisiert:

---

werden, welche in ihrer Form als durchkomponiertes Gedicht von knapp zweitausend Versen Präskripte sofort in eine ganzheitliche Praxis überführt. Dieses Zusammenspiel von Inhalt und Form hat vielleicht ihren Erfolg begründet. Auch hier freilich jedoch spielen Aspekte der Narration keine Rolle, insofern die *Poetria* ein nicht-narrativer Text ist.

140 Die *Ars poetica* des Horaz wird hier und im Folgenden zitiert nach: Quintus Horatius Flaccus: Ars Poetica/Die Dichtkunst. Lateinisch/Deutsch. Übers. u. mit einem Nachwort hrsg. von Eckart Schäfer. Bibliographisch ergänzte Auflage. Stuttgart 2008. – Übers. (Schäfer): „Wenn du etwa neu den hohen Achilleus darstellst, so bestehe er rastlos, jähzornig, unerbittlich, heftig darauf, es gebe für ihn keine Rechte und er beanspruche alles für seine Waffen. Medea sei wild und unbesiegt, Ino in Tränen, heimtückisch Ixion, Io ruhelos, finster Orestes." Die Horaz-Verse 120–122 zitiert Matthäus Ars vers. I.44. Wie auch die *Rhetorica ad Herennium* erweist sich die *Ars poetica* des Horaz als universaler Hintergrund der poetologischen Debatte um 1200. Das Galfred zugeschriebene *Documentum* zitiert entsprechend dieselbe Passage, nämlich die Vv. 123 f., bei der Diskussion zur *determinatio* des *nomen proprium* mittels Adjektiv (Documentum II.3.52).

> Si proprium fuerit, vel ad hoc transfertur ut ipso
> Laudes vel laedas tanquam cognomine: laudes
> Talibus *Ille Paris*, vel laedas taliter *Ille*
> *Thersites*;[141] vel ad hoc ut sit similatio quaedam,
> Scilicet hac forma: *Navem regit ille magister*
> *Et Tiphis*[142] *noster; vel redam rusticus ille*
> *Ductor et Autemodon* [sic][143] *noster*; vel transfero nomen
> Ex alia causa, ne sit similatio vera,
> Immo per antifrasim, tanquam derisio, quando
> Corpore deformem *Paridem*, vel corde ferocem
> *Aeneam*, vel vi fragilem cognomino *Pirrum*
> Aut sermone rudem *Ciceronem*, vel petulantem
> *Ypolitum*. Renovat talis mutatio verbum.
> (Poetria nova 928–940, Faral 923–935)[144]

Dieser Abschnitt ist Teil eines größeren Passus, der jene Technik behandelt, welche zuvor als *trassumere verba* eingeführt worden ist (Poetria nova 770–949, Faral: 765–944), die mal *transsumptio*, mal *translatio* heißt und sich weitestgehend mit ‚Metapher' übersetzen lässt, auch wenn die darunter versammelten Techniken mehr und anderes umfassen, als ein präziser Metaphernbegriff es zulassen würde.[145] In die Klasse der ‚metaphorischen', also – systematisch gesprochen – auf ‚Übertragung' beruhenden, Techniken wird die Übertragung des Namens auf eine *proprietas* (und umgekehrt) auch im *Documentum* gezählt. Hier wird die Beziehung zwischen *nomen proprium* und *proprietas* zu einer Zeichentheorie elaboriert:

> 5. Significans ponitur pro significato quando per unum significamus aliud. Quod dupliciter contingit, scilicet: uno modo, quando per unam rem designamus similem, alio modo, quando per unam

---

141 Parr, Ars versificatoria, S. 33, Anm. 54: „A Greek before Troy famous for his ugliness; cf. Ovid, *Met.* XIII. 233 ff."
142 Steuermann der Argo (vgl. Gallo, Poetria nova, S. 63).
143 Wagenlenker des Achill (ebd.).
144 Übers. (Gallo): „If it is a proper noun, it is applied metaphorically to the subject for purposes of praise or blame, like a cognomen: praise, such as *That Paris*, or blame, such as *That Thersites*. Or it is applied metaphorically because of a certain point of similarity: || That ship's pilot is our Tiphis, that rustic cart-driver is our Automedon. || Or I metaphorically apply a name for another reason: not that there be a true similarity, but through antifrasis, as if in derision, such as when I give the name of Paris to someone deformed of body, or that of Aeneas to one arrogant of spirit, or that of Pyrrhus to one weak in strength, or that of Cicero to one rough in speech, or that of Hippolytus to one lascivious. Such a change renews the word."
145 Gegen Faral, Les arts, S. 90, und Gallo, Poetria nova, S. 198–202, findet sich eine Differenzierung der *transsumptio* in Hinblick auf die *Poetria nova* bei Purcell, Ars poetriae, S. 75–83. Vgl. zudem William M. Purcell: Transsumptio: A Rhetorical Doctrine of the Thirteenth Century. In: Rhetorica 5 (1987), S. 369–410.

proprietatem designamus similem. 6. Per unam rem designamus similem dupliciter: uno modo, in substantivo et proprio, per unam rem designamus similem, ut in hoc nomine ‚Tullius', per ‚Tullium' designamus similem, id est eloquentem; in hoc nomine ‚Paris', per ‚Paridem' designamus similem, id est pulchrum: et iste color appelatur *pronominatio*; [alio modo], in substantivo et apellativo, per unam rem designamus similem, ut, in hoc nomine ‚fragor' per ‚fragorem' designamus similem, id est per sonum qui provenit ex fractura ramorum damus intelligi sonum qui provenit ex clamore vel ex tumultu hominum, sicut dicitur ‚Populi fragor impulit urbem', id est clamor vel tumultus: et iste color appellatur nominatio. 7. Per unam proprietatem designamus similem dupliciter: uno modo in nomine adjectivo, alio modo in verbo, et utrobique incidit idem color, scilicet *translatio*. (Documentum II.3.5–7)[146]

Im *Documentum* stehen die Figurennamen (*nomen proprium*) also jeweils nur für eine bestimmte Eigenschaft (*proprietas*): Cicero bedeutet Eloquenz, Paris bedeutet Schönheit. Diese *proprietas* wird über das narrative Wissen, das dem Namen angelagert ist, alludiert. Das Verfahren der *pronominatio* wird derart zu einem Zeichensystem, das aus einem stark reduzierten, hoch konventionalisierten narrativen Inventar schöpft.

Auffällig ist, dass zwischen den beiden Galfred zugeschrieben Texten und der *Ars versificatoria* eine Schnittmenge in den wiederkehrenden Beispielen besteht (Paris, Helena, Hippolytus, Callisto [in der *Ars versificatoria* und in der *Poetria nova*!], Tullius [Cicero], Achilles [bei Horaz]), für die offenbar ein relativ stabiles Inventar möglicher ‚Übertragungen' gegeben ist, auf deren allgemeine Bekanntheit rekurriert werden kann. Diese ubiquitär verfügbaren Bedeutungshorizonte macht sich die *Ars versificatoria* in den acht Beispiel-*descriptiones* ebenso zunutze, wie es auch der Schlusspassus der Frauen-*descriptio* in der *Poetria nova* (Poetria nova 617–626, Faral 612–621) tut, indem sie analog zur Funktionsweise der *pronominatio* Bedeutungshorizonte aus dem „endgültigen Kanon [der] Persönlichkeiten, [dem] Olymp von Archetypen, die Gott in den Ablauf der Geschichte eingesetzt hat",[147] einspielen, an welche wiederum Narrative – und damit: Argumente – gebunden sind.[148]

---

146 Übers. (Parr): „*5. A sign is substituted for the thing signified when through one thing something else is signified. That is done in two ways, namely: one way, when through one thing we designate something similar, and another way, when we designate something similar through one property. 6. Through one thing we designate that which is similar in two ways: one way through a proper noun, when through one thing we designate something similar as in this name ‚Tullius'; through the name ‚Tullius' we designate something similar, that is, an eloquent speaker. In this name ‚Paris'; through ‚Paris' we designate something similar, that is something beautiful: and this color is called descriptive name (pronominatio). A second way, in a common noun, when through one thing we designate its like as in this noun ‚crash', through ‚crash' we designate something similar to it, that is, through the sound which comes from the breaking of branches we intend to designate the sound which comes from the clamor and tumult of men, as it is said, ‚The crash of the people arouses the city', that is, their clamor and tumult: and this is the color called onomatopoeia (nomination). 7. Through one property we indicate something similar in two ways: one way is through a descriptive noun, the other through a verb, and in both instances occurs the same color, which is metaphor (translation).*"
147 Barthes, Die alte Rhetorik, S. 59, Kap. B.1.8: Die exemplarische Gestalt: die imago.
148 Es könnte m. E. gezeigt werden, dass diese Funktion auf einige sehr prominente Figuren der volkssprachlichen Literatur übertragen wird und ihren festen Platz in den *descriptiones* hat. So referiert Kon-

Dass die in die ‚conclusio' der *descriptio praegnans verbis* inserierten Namen ein konventionalisiertes Aufrufen narrativer Horizonte bewirkt beziehungsweise bewirken soll, bezeugt der von Woods edierte *Poetria-nova*-Kommentar *In principio huius libri A*, der als einer der frühesten Kommentare zur *Poetria* spätestens in der Mitte des 13. Jahrhunderts entstanden ist und deutlich zeigt, welchen Rezeptionsmodus sie herausfordern. In seiner Funktion als Lehrtext dokumentiert er kein Sonderwissen, sondern, ganz im Gegenteil, basales Allgemeinwissen, welches allein für Anfänger ausbuchstabiert wird. In Hs. V des Kommentars werden drei, in Hs. G fünf der mythologischen Namen erklärt:

> ORTA DIANE *Iupiter concubiut* [sic] cum Calixto (uel Calixtone) in specie Dyane et genuit ex ea Archadem.
>
> YO YO fuit Inachi filia cum qua *Iupiter concubuit.*
>
> NEC ANTIOPAM *Iupiter in specie Saturni concubuit* cum Antiopa, filia regis Nictei et inde genuit Zetum et Amphitrionem. Quod <nesciens> Licus eius uir eam respuit et Dircem superduxit, que metuens ne Licus ad Antiopam recurreret eam incarcerari iussit. Postea uero Zetus et Amphitrion in ult<i>onem matris sue Dycrem tauris indomitis alligauerunt, que ab illis distracta in fontem sui nominis est conversa.
>
> ASOPO GENITIVAM *Iupiter* in specie ignis, secundum quosdam, uel in specie Asopi mutatus cum filia eius Egina *concubuit*, et genuit ex ea Eacum et Redomantem iudices inferiorum.
>
> (In principio huius libri A, S. 282)[149]

---

rad von Würzburg immer wieder auf Isolde, deren *descriptio* bei Gottfried von Straßburg – mit Glendinning, School-Tradition, S. 625 f. – wiederum auf die Beispielreihe der *Ars versificatoria* zu referieren scheint. – In der Lyrik finden sich immer wieder Beispiele für die Verknüpfung von *descriptio membrorum* und extensiver *pronominatio* aus dem Bereich höfischer Epenstoffe, man vgl. bspw den Leich *Ich lobe ein wîp, diu ist noch bezzer danne guot* (C 265d–266b) aus dem Tannhäuser-Korpus, welcher darüber hinaus mit einer genitalen Implikation verbunden ist, wie sie exemplarisch im Folgenden (Kap. IV.2.4) anhand verschiedener Beispiele durchgeführt wird. Für die Lyrik hat – unter Einbezug des genannten Tannhäuser-Leichs – Timo Reuvekamp-Felber: Literarische Formen im Dialog. Figuren der *matière de Bretagne* als narrative Chiffren der volkssprachigen Lyrik des Mittelalters. In: Lyrische Narrationen – narrative Lyrik. Gattungsinterferenzen in der mittelalterlichen Literatur. Hrsg. von Hartmut Bleumer, Caroline Emmelius. Berlin/New York 2011 (Trends in Medieval Philology 16), S. 243–268, das Prinzip mit selbstgeprägter Terminologie in Anlehnung an Intertextualitätstheoreme durchgespielt, ohne jedoch auf die Poetiken und die in ihnen verankerten Techniken der *pronominatio* etc. einzugehen. Nichtsdestoweniger gelangt Reuvekamp-Felber unter dem Schlagwort der „Interfiguralität" zu einem ähnlichen Ergebnis (ebd., S. 267): „Die Inkorporation fremdtextverweisender Namenchiffren erweitert durch die Einspeisung narrativer Textwelten die poetologischen Möglichkeiten der lyrischen Rede in erheblichem Maße, wobei sich typologisch drei Funktionalisierungsmöglichkeiten (Partizipation, Kontrastierung und Travestie) unterscheiden lassen. Dort, wo sich die Namenszitate nicht in der Funktion exemplarischer Gültigkeit erschöpfen, garantieren sie eine konfligierende Beziehung zwischen Prä- und Phänotext."

149 Kursivierung im lat. Text von mir; F. D. S. –Übers. (F. D. S./Marco Mattheis, Berlin): „ORTA DIANE: Jupiter schlief mit Calisto in Gestalt der Diana und zeugte mit ihr Arkas. || YO Io war die Tochter des

Deutlich wird in dieser für den Unterricht bestimmten Kommentartradition, dass alle hier eingespeisten Narrative auf *ein* thematisches Zentrum zurückgeführt werden können, welches in dem Verbum *concu(m)bere* zentriert ist und alle in Rede stehenden Frauenfiguren zu *concubinæ* werden lässt. Die teils verwickelten Listen Jupiters werden als Teil des über den Namen eingespielten Narrativs greifbar und entsprechen der listreichen Entführung Helenas durch Paris, auf welche die *Ars versificatoria* referiert. Alle eingespielten Eigennamen stehen also für Erzählungen von Beischlaf ein, welcher, ausgelöst von der begehrenswert schönen Frau, nur zustande kommen kann, weil die Wollust den Mann zum listenreichen Umgehen von Hindernissen bringt, was wiederum die Größe der Wollust und der sie verursachenden Schönheit akzentuiert.[150]

Zeigt die Beispiel-*descriptio* der *Poetria nova* die Einbindung in eine Argumentstruktur über die Analyse der *nomina specialia* so zunächst auch nur implizit, so dokumentiert demgegenüber der *Poetria*-Kommentar *In principio huius libri A* explizit, dass eine auf die *Rhetorica ad Herennium* gestützte Rezeption der *Poetria* auch hier die *descriptio*-Technik zum einen in einem weiteren Sinne und zum anderen als Argument versteht. Die *Poetria* benennt in der zweiten Texthälfte (teils eher undeutlich) eine

---

Inachos, mit der Jupter schlief. || NEC ANTIOPAM Jupiter schlief in der Gestalt Saturns mit Antiope, der Tochter des Königs Nykteus und zeugte Zethos und Amphitrion [im Mythos eigentlich Amphion]. Weil er das < nicht wusste > wies ihr Mann Lykus sie zurück und heiratete Dirke. Da diese fürchtete, dass Lykus wieder zu Antiope zurückkehren könnte, befahl sie, diese einzukerkern. Später aber banden Zethos und Amphitrion [eigentl. Amphion] Dirke zur Rache für ihre Mutter an wilde Stiere. Von diesen zerrissen wurde sie in einen Quell verwandelt, der ihren Namen trägt. | ASOPO GENITIVAM Jupiter, nach der Erzählung einiger in der Gestalt von Feuer oder in der Gestalt des Asopos, schlief mit dessen Tochter Aigina und zeugte mit ihr Aiacos und Rhadamanthys, die Richter der Unterwelt."

150 Kraß, Geschrieben Kleider, S. 156, bietet eine grundsätzlich andere Lesart, indem er mit Blick auf *Poetria nova*, Vv. 617–626 (Faral 612–621), formuliert: „Am Ende zieht Galfrid eine Bilanz, die auf die neuplatonische Ausrichtung seiner Konzeption von Schönheit verweist. Die Dame, deren Portrait soeben en detail vor Augen gestellt wurde, erweist sich als Inbegriff, als *Idee* der Schönheit [...]. [...] Die beschriebene Dame ist nicht ein bestimmtes Individuum, das einen Namen trüge und in einer spezifischen Weise von Jupiter, dem Göttervater und Frauenheld, verführt worden wäre wie Alkmene, Diana, Callisto, Io, Antiope, Mnemosyne, Leda und Danae; sie ist vielmehr ein namenloses, überindividuelles, selbst für die Augen eines Gottes unsichtbares Ideal." Einerseits ist hier die Anlehnung an die Faral'sche Rede vom ‚Portrait' erkennbar, durch welchen die *descriptio* mit spezifischen Imaginationen konnotiert und in eine ästhetische Lektüre eingegliedert wird. Andererseits bezieht Kraß sein Hauptargument aus den in die *descriptio* eingestreuten Lichtmetaphoriken, indem er aus diesen einerseits Belege dafür bezieht, Schönheit als Epiphanie zu verstehen, und andererseits die hieraus entstehenden, auf Positivierung der Dame zielenden Argumente an die von Assunto und Eco entwickelte Lichtästhetik anschließt (vgl. ebd., S. 151–153). Aus dieser Lesart, die Schönheit mit Transzendenz zu verbinden sucht, erklärt sich offenbar auch sein Verständnis der *specialia nomina*, insofern Kraß sie als Beleg für eine Entindividualisierungsstrategie versteht, welche zur ‚Transzendierung' der Dame zu führen scheint. – Zum Kurzschluss der alten, an Assunto anschließenden, auf der Gleichsetzung von Schönheit mit Licht beruhenden Ästhetik vgl. im Folgenden Kap. V.1.1, S. 455 f., sowie S. 466, Anm. 33.

Reihe von rhetorischen Grundkonzepten[151] – darunter *descriptio, effictio*[152] und *notatio*[153] –, für welche anschließend in identischer Reihenfolge Beispiele gegeben werden, die zu einem fortlaufenden ‚Stück' komponiert sind, welches – der Widmung der *Poetria* an Papst Innozenz entsprechend – den Papst, seine Aufgaben und christliche Glaubenssätze (Sündenfall und Erlösung) zum Thema hat (Poetria nova 1285–1532). Der gesamte Textpassus scheint dabei eher als intellektuelles, poetisches Suchspiel verfasst zu sein, welches seinen Rezipienten die Aufgabe beilegt, die zuvor genannten poetischen Mittel im Beispieltext zu identifizieren.[154] So, wie auch Faral diese im Text teils selbst nicht noch einmal benannten Techniken jeweils über angefügte Randglossen identifiziert, verfährt bereits der zeitgenössische Kommentar. Schon der Text der *Poetria* gibt die *descriptio*-Definition der *Rhetorica*[155] in einer Paraphrase wieder:

---

151 Poetria nova 1235–1280, Faral 1230–1275.
152 Poetria nova 1265 f., Faral 1260 f.: *Sive color vicinus ei [= similtudo], cum corporis ipsam, | In quantum satis est, effingo vel exprimo formam.* – Übers. (Gallo): „Or a color similar to the above, when I adequately describe or portray the appearance of a person."
153 Poetria nova 1267–1269, Faral 1262–1261: *Deinde quasi quasdam notulas, certissima signa, | Pono, quibus quae sit hominis natura patenter | Describo: color iste magis meliusque colorat.* – Übers. (Gallo): „Then I put down definite signs, as it were certain characteristics, by which I clearly describe a person's nature: this color is a better adornment."
154 Poetria nova 1281–1284; Faral 1276–1279: *In serie dicta lege quae sint schemata rerum, | Quot numero (bis namque decem si subtrahis unum), | Quam seriem teneant. Quia non variabitur ordo | Quem tenui, positis exemplis rem patefeci.* – Übers. (Gallo): „In the above list you can learn what the rhetorical figures are. They are as many in number – two times ten minus one – as make up the series. I have clarified these figures by giving examples in the same order in which I explained them". – Dass der *Laborintus* Eberhards des Deutschen die *Poetria nova* rezipiert (und diese entsprechend in den Vv. 665 f.: *Ars nova scribendi speciali fulget honore | Rebus cum verbis deliciosa suis*, meint) zeigt sich nicht nur darin, dass die Grundanlage der *Poetria* imitiert wird, indem zuerst Modi des Beginnens und anschließend Modi der *amplificatio* durchgespielt werden; zudem ist in der zweiten Hälfte auch hier ein fortlaufendes, geistliches Beispiel-Gedicht inseriert, in dem die Wortfiguren enthalten sind, ohne gesondert benannt zu werden, wie unmittelbar zuvor angekündigt wird: *Ponam, nominibus tacitis, exempla colorum; Carmen depingo sic Ciceronis ope* (Vv. 441 f.; Übers. [Vollmann]: „Unter Verschweigung der Namen werde ich die Beispiele der Farben präsentieren, | das Gedicht bemale ich so mit Ciceros Beistand."). Diese *colores* oder *flores* zu identifizieren, wird offenbar dem in der Rhetorik nicht mehr ganz ungeübten und an der *Rhetorica ad Herennium* geschulten Leser überlassen, welcher unter Hinzuziehung der *Summa dictaminum* des Magister Bernard (Bononiensis) den Text rhetorisch entschlüsseln kann: *Bis denis redolet hoc carmen floribus. Unum | Excipe: non unum possidet ille locum. | Hos via dictandi recipit flores; dabit illam | Bernardi major Summa minorque tibi* (Vv. 595–598, Übers. [Vollmann]: „Dieses Gedicht duftet nach zwanzig Blumen. Eine | nimm aus, diese eine besitzt keinen Platz. | Die besagten Blumen empfängt der Weg des Dichters. Diesen wird dir | die größere und die kleinere Summa Bernhards bereiten.").
155 Rhet. ad Her. IV.39.51: *Descriptio nominatur, quae rerum consequentium continet perspicuam et delucidam cum gravitate expositionem* (Übers.: „*Descriptio* wird genannt, was eine Erklärung der (daraus) folgenden Dinge klar und deutlich, mit Bedeutsamkeit, enthält.").

> Resque secuturas etiam describit et illas
> Quae possent ex re dicta contingere: quadam
> Cum gravitate tamen dilucidat omnia plane.
> (Poetria nova 1243–1245, Faral 1238–1241)[156]

Der Kommentar identifiziert die im anschließenden, exemplifizierenden Gedicht vorkommenden, zugehörigen Verse

> [...] Si dormit vindicta, vagabitur errans,
> Ut lupus insultans aut ut vulpecula dammae
> Insidians. [...]
> (Poetria nova 1292–1294, Faral 1287–1289)[157]

nicht allein als Beispiel für *descriptio*, sondern er zitiert auch die oben bereits wiedergegebene *Rhetorica*-Stelle unter dem entsprechenden Lemma noch einmal im Wortlaut heran:

> SI DORMIT <VINDICTA> Exemplum descriptionis, exponit enim perspicue que res consequatur ex alia re. ‚Descriptio est oratio que rerum consequentium continet perspicuam cum grauitate expositionem', id est que perspicue exponit rem que consequatur ex alia, ut ‚Si hunc, O iudices, da<m>pnabitis, <im>merito perditis patrem grandeuum, cuius baculus senectutis est ille, orbatos filios inimicis exponetis.' Item, ‚Mors patris interitus naturum est.' Vel descriptio est que res consequentes perspicue dilucideque exponit.   (In principio huius libri A, S. 126)[158]

Hier zeigt sich also, dass auch die *Poetria nova* einem weiteren, der *Ars versificatoria* stärker entsprechenden Begriff von *descriptio* verpflichtet ist, welcher – wie derjenige der *Ars versificatoria* – direkt aus der *Rhetorica* herleitbar ist und sich direkt an Prinzipien narrativer Motivierung orientiert, ja den *descriptio*-Begriff als erzählerische Grundkategorie generalisiert, insofern er auch die Beschreibung von Handlungssequenzen und Ereignissen umfasst. Gerade der Umstand, dass das hier in Rede stehende Beispiel für *descriptio* (*Si dormit vindicta* ...) von dem vielzitierten ‚Stück', der Frauenbeschreibung, kategorial so verschieden scheint, zeigt, dass auch im Hintergrund der *Poetria nova* ein Verständnis von *descriptio* steht, das von der Definitionsmacht des gemeinsamen Prätextes, der um

---

156 Übers. (Gallo): „It also describes things that will follow upon and result from the matter discussed, however using a certain gravtiy to make everything clear."
157 Übers. (Gallo): „If punishment sleeps, the erring will wander about like a leaping wolf or a little fox lying in ambush for the doe."
158 Übers. (F. D. S.): „WENN RACHE SCHLÄFT. Ein Beispiel für *descriptio*, da es deutlich etwas erklärt, das aus etwas anderem resultiert. ‚Descriptio ist eine Rede, die klar und deutlich eine bedeutende Erklärung der Konsequenzen enthält', das heißt, die deutlich etwas erklärt, was aus etwas anderem folgt, wie [in dem Satz]: ‚O Richter, wenn ihr diesen Mann verdammt, werdet ihr unrechterweise seinen alten Vater zerstören, für den er die Stütze des Alters ist. Ihr werdet seine verwaisten Söhne seinen Feinden ausliefern.' Desgleichen: ‚Der Tod des Vaters ist der Untergang der Kinder.' Oder *descriptio* ist, was die Konsequenzen klar und deutlich erklärt." – Ich halte es nicht für unmöglich, dass die beiden Sätze, mit denen hier Konsequenzialität verdeutlicht werden soll, nicht selbst als *descriptio* veranschlagt werden. Sie dienen scheinbar einzig als Vergleichsobjekte zur Veranschaulichung starker Kausalbeziehungen, wie sie auch im Verhältnis von *descriptio* und dem aus der *descriptio* Folgenden herrschen sollen.

Schulunterricht ubiquitär verfügbaren *Rhetorica ad Herennium*, geprägt ist und sowohl die zur *dilatatio* geeignete Großform der *praegnans descriptio verbis* als auch die Ereignisfolgen transparent machende, ‚beschreibende' Periode umfasst.

IV.1.3 Exkurs zu narrativer Evidenz: Die *descriptio*, die *demonstratio* und das Sichtbarkeitsparadigma

> *Flos in pictura non est flos, immo figura;*
> *Qui pingit florem, non pingit floris odorem.*
> (Carmen Buranum 186,2[159])

Ist das in der *Poetria nova* vorfindliche Verständnis der *descriptio* also einerseits ein quantitatives, insofern es dem Verlängern und Schmücken des poetischen Textes dient, und ein qualitatives, insofern es der argumenthaft plausibilisierenden Motivation narrativer Einheiten dient, so gibt es indessen keinen expliziten Hinweis auf Verfahren einer Evidenzstiftung im Sinne von Visualisierung. Evidenz erscheint bei Matthäus, sofern der Begriff hier überhaupt noch Spuren von ‚Sichtbarkeit' trägt, als usuelle, ‚abgesunkene' Metapher, die mit ‚Klarheit' und ‚Deutlichkeit' gleichzusetzen ist.[160] Diese Evidenz ist keine Evidenz der Sichtbarkeit, sondern eine der Verisimilität. Demgegenüber steht auf den ersten Blick das in der *Poetria nova* aufgegriffene Mittel der *demonstratio*, welches, entsprechend der Definition in der *Rhetorica ad Herennium*, „vor Augen stellen" soll:

> Demonstratio est, cum ita verbis res exprimitur, ut geri negotium et res ante oculos esse videatur. Id fieri poterit, si, quae ante et post et in ipsa re facta erunt, conprehendemus, aut a rebus consequentibus aut circum instantibus non recedemus[.]　　　　(Rhet. ad Her. IV,55,68)[161]
>
> [...] modo res ita se demonstrat aperte,
> Ut quasi sit praesens oculis; quid fiet ad unguem
> Istis quinque modis: demonstro quod ante, quid in re,

---

159 Carmina Burana. Texte und Übersetzungen. Mit den Miniaturen aus der Handschrift und einem Aufsatz von Peter und Dorothee Diemer. Hrsg. von Benedikt Konrad Vollmann. Frankfurt a. M. 1987 (Bibliothek des Mittelalters 13): „Eine gemalte Blume ist keine Blume, sondern nur deren Abbild; | wer eine Blume malt, kann nicht auch den Duft der Blume mitmalen."
160 In dieser Bedeutung ist die Wendung zu verstehen, der Einsatz der Schönheitsbeschreibung sei *ad maiorem* [...] *evidentiam* (Ars vers. I,68 u. 75) einzusetzen.
161 Übers. (Nüßlein): „Eine anschauliche Schilderung [= *demonstratio*] liegt vor, wenn ein Sachverhalt so mit Worten zum Ausdruck gebracht wird, daß der Eindruck entsteht, die Tat werde wirklich ausgeführt und die Sache spiele sich vor unseren Augen ab. Das kann man erreichen, wenn man das, was vor [*ante rem*], nach [*post rem*] und während des Ereignisses [*in re*] noch geschieht, zusammenfaßt oder die Folgen oder Begleitumstände nicht übergeht".

> Quid post et quae rem circumstent, quaeve sequantur.
> (Poetria nova 1277–1280, Faral 1272–1275)[162]

Es zeigt sich jedoch im beigegebenen Beispiel, dass die *demonstratio* als Ersetzungsfigur funktioniert. Sie ist weniger dazu angetan, selbst zu visualisieren, als vielmehr sprachliche Vermittlung nicht selbst gesehener *res* zu leisten. Das ‚als ob' ist ein metaphorisches, denn die *demonstratio* vermittelt Informationen in dem Maße, als habe man dem Ablauf der Ereignisse beigewohnt, jedoch kein Bild im engeren Sinne, auch keine Folge von Bildern. Dies zeigt sich bereits darin, dass das gewählte Beispiel zum einen auf genuin dem menschlichen Auge Entzogenes angewandt wird, nämlich auf die Erschaffung der Engel, den Fall Luzifers und des Menschen sowie auf Luzifers Augenzeugenschaft der Trinität selbst, und zudem die Instanz des Sehens explizit an die hier vorkommenden Figuren delegiert wird, deren Sehen des Unsehbaren erzählt wird, wenn es beispielsweise über Luzifer heißt:

> Vidit enim gigni lumen de lumine, verbum
> De patre; vidit item sacrum procedere flamen
> Ex utroque; trium naturam vidit eamdem,
> Personas varias tres illas vidit. [...]
> (Poetria nova 1446–1449, Faral 1441–1444)[163]

Desweiteren wird in der Erzählung von Luzifers Fall eine mehrteilige, Anfang, Mitte und Ende umfassende Narration entfaltet, in welcher Ursachen- und Wirkungsbeziehungen von besonderer Bedeutung gestiftet werden und die über sich selbst hinaus auf Konsequenzen des ‚Demonstrierten' verweist.

Die Narration des *demonstratio*-Teils (Poetria nova 1449–1530, Faral 1444–1525) im Beispielgedicht[164] der *Poetria* gliedert sich entsprechend der Differenzierung nach den Umständen *ante, post* und *in re* sowie der Darstellung derjenigen Dinge, die zugehörig sind und daraus folgen (*quae rem circumstent* und *quaeve sequantur*), in mehrere Teile (vgl. Poetria nova 1277–1280, Faral 1273–1275): Als Thema des Abschnittes, welches durch die folgende *demonstratio* geklärt werden soll, wird das Problem angegeben, warum weder der Vater noch der Heilige Geist die Rettung der Menschheit sein konnten. Erzählt wird *ante re* von der Erschaffung Luzifers zu Beginn des Siebentagewerks. Der Umstand, dass Luzifer – der ‚Lichtbringer' – den größten Anteil am Licht Gottes hat und nahe der Trinität ist, hat ihn hochmütig werden lassen. Sein Neid führt zu seinem Sturz, wodurch er Licht und Schatten zugleich wird. Nachdem am sechsten Tag Gott Adam und Eva erschaffen und ihnen die Frucht verboten hat, erkennt Luzifer – so wird die Erzählung *in re* fortgesetzt – ihre Bestimmung, die

---

[162] Übers. (Gallo): „At times the matter is revealed as plainly as if it were before one's eyes. This will be done to a nicety if you use these five methods: demonstrate what came before, during and after the action; what the circumstances are, an what may result."
[163] Übers.: „Er sah, wie Licht von Licht erzeugt wurde und das Wort vom Vater; er sah den heiligen Geist aus beiden hervorkommen; er sah, dass alle drei dieselbe Natur hatten und doch verschieden in der Person waren."
[164] Poetria nova 1285–1532, Faral 1280–1527.

Menge der gefallenen Engel zu vergrößern, und tritt als verführende Schlange an Eva heran. Dass Adam die Frucht wider besseres Wissen isst, ist der erste Fehler. Dass er seine Sünde nicht reuig bekennt, sondern seine Frau beschuldigt, die wiederum der Schlange die Schuld gibt, ist der zweite und schwerere Fehler und führt zu ihrem Fall aus dem Paradies, was als *demonstratio post re* erzählt wird. Als *res circumstans* wird der Erlösungsplan des Sohnes erzählt, welcher die Gründe für seine Menschwerdung reflektiert. Die *res consequentes* bilden eine Reihe von typologischen Beziehungen: der vom Baum gestürzte Mensch soll durch das Holz errettet werden, Gott webt sein Fleisch, indem er durch das verschlossene Tor in den Leib der Jungfrau eindringt. Eine Reihe von Antithesen schildern das Erlösungswerk und die Überwindung der Hölle. – Bezeichnend ist, dass auch hier die *res* selbst, der rhetorischen Tradition entsprechend, zugleich ein *crimen*, nämlich die Verführung der Menschen zum Sündenfall ist.

Es muss betont werden, dass die *Poetria nova* die Kategorien *descriptio* und *demonstratio* nicht erkennbar aufeinander bezieht, was durchaus der Tendenz zur wörtlichen, das heißt gleichzeitig sich isolierend auf den Sinn einzelner Lehrsätze konzentrierenden, mithin fragmentierenden Auslegung des autoritativen Prätextes entspricht. Während die Kategorien *notatio* und *effictio* über das in ihrer Definition enthaltene Verbum *describere* an das Konzept der *descriptio* unmittelbar anschließbar sind, gibt es in der *Poetria* – ganz im Gegensatz zum Vorgehen in der Forschung[165] – gerade *keine* explikative Verschränkung zwischen den Kategorien *descriptio* und *demonstratio*.[166] Das zur Narration tendie-

---

[165] Vgl. Gallo, Poetria nova, S. 178. – Ein Beispiel für diese Art der explikativen Verschränkung findet sich bspw. bei Douglas Kelly: The Conspiracy of Allusion. Description, Rewriting, and Authorship from Macrobius to Medieval Romance. Leiden/Boston/Köln 1999, hier: S. 44. Kellys avancierter und interessanter Versuch, die *descriptio*-Technik an die *Saturnalia* des Macrobius zurückzubinden, für welche er Einfluss auf die Poetiken und Chrétien veranschlagt, und die etymologische Rückbindung des Konzeptes an „rewriting" kann hier nicht im Einzelnen besprochen werden. Im Ganzen erscheint er indessen zweifelhaft. – Eine explikative Verschränkung findet sich auch im Anhang zu Roger E. Parrs Übersetzung des *Documentum*, in welcher die *demonstratio*-Definition lautet: „a description of an event or a scene which brings it forcefully and vividly before one's eyes; it has five steps: describing what precedes it, what constitutes it, what follows it, the surrounding circumstances, and the consequences which attend it." (Parr, Documentum, S. 105) Es ist leicht ersichtlich, dass diese Definition eine andere Art von „Szene" („*an* event or *a* scene") suggeriert als das oben gegebene Beispiel aus der *Poetria nova*, das demgegenüber eine mehrgliedriger ‚Szenen-' oder Ereignisfolge darstellt.
[166] In den Poetiken findet sich eine Verschränkung mit dem Begriff der *demonstratio* allein bei Gervasius von Melkley, dessen Definition beginnt: *Descriptio est demonstratio proprietatis alicuius rei, puta vel hominis, vel loci, vel temporis vel huiusmodi* (vgl. Gervasius: Ars poetica, S. 65,16). Als ‚*demonstratio proprietatis*' eines Dinges, einer Figur oder eines Ortes ist der Begriff hier zudem stark beschränkt und nicht auf Handlungssequenzen abgestellt. Zudem findet sich in der Ars poetica wiederum nicht die *demonstratio*-Definition der *Rhetorica*. Das Mittel der *demonstratio* im Sinne einer mehrgliedrigen Erzähleinheit kommt als eigenständiges hier gar nicht vor, sodass – im Gegensatz zur *Poetria nova* – hier keine notwendige Aufladung des Begriffes als ‚vor Augen stellen' zu veranschlagen ist, wie es die *Rhetorica*-Definition vorgibt. Vielmehr scheint die Kategorie bei Gervasius in einer abgesunkenen Semantik, in einer *ad hoc*-Formulierung, nicht in einer systematisch strengen, semantisch scharfen Form einge-

rende ‚Mittel' der *demonstratio* muss vielleicht als zweite Seite einer Medaille betrachtet werden, insofern es in der *Poetria* systematische Schnittmengen zur *descriptio* nicht aufgrund inhärenter Visualisierungsstrategien, sondern in Hinblick auf seine narrative Funktion aufweist: Während die *descriptio* das Nachfolgende motiviert, indem sie es in der Darstellung einer Station der Handlung (eines Gegenstands, eines Körpers oder Ortes) praktisch bereits im Keim enthält, ist die *demonstratio* die Darstellung kausaler Abfolgen nach dem Schema Anfang – Mitte – Ende unter explizierender Berücksichtigung der Folgen und Begleitumstände. So fasst auch der *Poetria*-Kommentar *In principio huius libri A* die *demonstratio* auf, wenn er unter dem Lemma O DEUS ET NULLUS ALIUS zunächst die Definition der *Rhetorica ad Herennium* referiert, um dann in Hinblick auf das heilsgeschichtliche Beispielgedicht zu subsummieren: *Et ita negotium exprimit et causa⟨m natiuitatis⟩ Christi quasi iam res geri uideretur. Et primo ostendit que facta sunt ante sicut hic, CIVIBUS ANGELICIS. Et hec est causa que prior est suo effectu.* (In principio huius libri A, S. 140).[167]

Die *demonstratio* erscheint also im Verständnis der *Poetria nova* nicht als Schwester einer mimetisch gedachten, evidenzstiftenden Technik namens *descriptio*. Hier scheint viel eher noch jene Kategorie entwickelt zu werden, welche die moderne Literaturwissenschaft in den Poetiken so schmerzlich vermisst hat, nämlich endlich: die Ganzheit der Narration.[168] Betrachtet man die Handlungsfolge des Beispielgedichtes und vergleicht sie mit den narrativen Gehalten der wichtigen zeitgenössischen Allegorien – wie Alanus' *Anticlaudianus* oder Johannes' *Epithalamium*, die im Folgenden zu

---

setzt zu sein. Die Bedeutung des ‚Vor-Augen Stellens' ist hier aber natürlich nicht auszuschließen, insofern Gervasius die *Rhetorica*-Definition zumindest über die von ihm genutzte *Poetria* rezipiert haben wird. Dies ändert freilich nichts daran, dass die zitierten Ausführungen der *Ars poetica* zur *descriptio* die Argumentfunktion derselben in den Vordergrund rücken, über mimetische Strategien hingegen kein weiteres Wort verlieren.

167 Übers. (Marco Mattheis, Berlin): „Und sie drückt die Angelegenheit und die Ursache der Geburt Christi so aus, als ob es scheine, die Sache geschehe bereits. Und zuerst stellt sie das dar, was vorher geschehen ist, wie an der Stelle ‚*civibus angelicis*'. Und dies ist die Ursache, die ihrer Wirkung vorausgeht."

168 Dass die Poetiken diese Kategorie nicht behandelt hätten konstatiert bspw. Erich Köhler: Vorlesungen zur Geschichte der Französischen Literatur. Bd. 1,1. Hrsg. von Henning Krauß, Dietmar Rieger. 2. Aufl. Freiburg i.Br. 2006, S. 139, welcher Anspruch und Reichweiter der Präskripte in den Poetiken wie folgt auffasst: „Alle diese Poetiken bieten Vorschriften für die Dichtkunst, sind normativ. Sie regeln alles mit Ausnahme der Komposition. Hierin hatten die mittelalterlichen Dichter völlige Freiheit." – Martin Antonius Menze: Heliodors ‚klassische' Ekphrase. Die literarische Visualität der Aithiopika im Vergleich mit ihren Vorläufern bei Homer und Herodot sowie ihrer Rezeption bei Miguel de Cervantes. Münster 2017 (Orbis antiquus 51; Univ.-Diss. Münster 2016), S. 24 f., hat – allerdings im Versuch, die Ekphrasis mit Visualität zusammenzudenken – darauf hingewiesen, dass die *Rhetorica ad Herennium* in der *demonstratio* zwar eine Visualisierungsstrategie erarbeitet, diese jedoch narrativ verfasst sei. Seine Bewertung der *demonstratio* beschränkt sich jedoch auf die Aussage: „Die *demonstratio* geht also über die bloße visuelle Darstellung hinaus" (ebd., S. 25) und bewertet den Übergang dieses ‚Stilmittels', das er unter die Sinnfiguren zählt, hin zur Narration nicht weiter.

besprechen sein werden –, so fällt unmittelbar auf, dass sie wie die den *mores poetici* entkleidete *historia*,[169] wie der noch schmucklose Plot zu einem größeren Werk wirkt. Ganz im Sinne des ersten Teils der *Poetria nova* bildet die Erzählung von Luzifers Sturz, vom menschlichen Sündenfall und der göttlichen Erlösungstat jene – der *historia* entnommene – *materia*, die nun durch die Elemente der *dilatatio* auszubauen wäre. Der Text als Gesamtheit seiner im Kern dreigliedrigen Narration substituiert – so das *demonstratio*-Verständnis bei Galfred – die Augenzeugenschaft. Die erzählerische Vermittlung von Nicht-Gesehenem und Weiterhin-nicht-Sichtbarem durch Sprachzeichen ist der Effekt, welcher das ‚als ob' im Verhältnis der Narration zum Sehen begründet. Damit leistet die poetorhetorische Kategorie der *demonstratio* das Gegenteil der Schrifthermeneutik, wie sie sich beispielsweise in der strengen Allegorese des Johannes Scotus Eriugena findet, welche Narration auf ihren nicht-narrativen Kern zurückführt. Die *Poetria nova* gibt – umgekehrt – explizit Anweisungen zur Narrativierung derselben Gegenstände. Im *Periphyseon* des Johannes wird die Sechstagewerk-Erzählung gänzlich ihrer narrativen Substanz entkleidet, wenn es in Hinblick auf die Frage Gottes nach dem Sündenfall heißt:

> Ea siquidem, quae simul facta sunt absque temporalium morularum interstitiis, propter nostram tarditatem carnalesque sensus, quibus originali peccato corrupti locis temporibusque succumbimus, ordine quodam mirabili, mysticorum sensuum plenissimo, ueluti locis temporibusque peracta contexuit. (Johannes Scotus: Periphyseon IV,4632–4637)[170]

Entsprechend kleidet auch die *demonstratio*, welche die *Poetria nova* zudem an demselben Erzählgegenstand, dem eigentlich der Sichtbarkeit entzogenen Engelssturz und menschlichen Sündenfall, durchführt, diejenigen Ereignisse, *quae simul facta sunt*, in eine ‚sinnfällige', also gleichsam ‚vor Augen stehende' Ereignisfolge in Raum und Zeit, welche entsprechend Anfang, Mitte und Ende hat und daher in die narrativen Kategorien *ante rem*, *post re* und *in rem* unterteilbar ist. Insofern ist die *Poetria nova* eine Anleitung zur ‚Verfleischlichung' oder ‚Versinnlichung' von Inhalten. Dichtung wird entsprechend zur fleischlich-sinnfälligen Vermittlung, welche den *homo exterior* und – im Sinne von Augustins *De vera religione* (X.18.51 f.) – die *de specie corporis corporeo sensu adtracta figmenta* (Übers. [Thimme]: „mit Hilfe körperlicher Sinne gewonnene[n] Vorstellungsbilder") im Geist des *homo carnalis* ansprechen soll. Dichtung wird mit Fleischlichkeit enggeführt.[171]

Dieses *demonstratio*-Verständnis der *Poetria* ist gegenüber der *Rhetorica ad Herennium* nicht einmal eine Umdeutung, denn bereits hier ist das Beispiel, das auf die *de-*

---

169 Vgl. zur Kategorie der *historia* und den *mores poetici* im Folgenden die Ausführungen zu Johannes' de Garlandia *Epithalamium*, Kap. IV.2.1, S. 342 (inkl. Anm. 194).
170 Übers. (Noack II): „Dasjenige nämlich, was zugleich und ohne zeitliche Zwischenräume geschehen ist, hat die Schrift wegen der Trägheit unserer fleischlichen Sinne, durch die wir in Folge der Erbsünde dem Raum und der Zeit anheimfallen, in wunderbar geheimnisvoller und bedeutsamer Ordnung als gleichsam räumlich und zeitlich geschehen vorgeführt."
171 Vgl. hierzu im Folgenden Kap. V.

monstratio-Definition folgt und von der Ermordung des Tiberius Sempronius Gracchus durch Publius Scipio Nasica Serapio (133 v. u. Z) erzählt, im Ganzen eher narrativ angelegt, da es verschiedene Schritte einer Handlung in ihrer Sukzession darstellt und dabei deskriptive Elemente ebenso wie temporale Deiktika und dialogische Elemente integriert.¹⁷² Es ist damit gerade keine verweilende, statische Deskription einer Figur oder eines Bauwerks/Gegenstandes und wird nicht zufällig, wenn es im Nachfolgenden als Ausschmückung (*exornatio*) aufgefasst und auf seine Nützlichkeit hin bewertet wird, *expressis verbis* als „Erzählung" (*enarratio*) benannt: *Haec exornatio plurimum prodest in amplificanda et conmiseranda re huiusmodi enarrationibus. Statuit enim <u>rem totam</u> et prope ponit ante oculos* (Rhet. ad Her. IV,69).¹⁷³ Entsprechend fasst auch der

---

172 Das Beispiel der *Rhetorica* lautet: *Quod simul atque Graccus prospexit fluctuare populum verentem, ne ipse auctoritate senatus commotus sententia desisteret, iubet advocari contionem. Iste interea scelere et malis cogitationibus redundans evolat e templo Iovis; sudans, oculis ardentibus, erecto capillo, contorta toga, cum pluribus aliis ire celerius coepit. Illi praeco faciebat audientiam; hic subsellium quoddam excors calce premens, dextera pedem defringit et hoc alios iubet idem facere. Cum Graccus deos inciperet precari, cursim isti impetum faciunt et ex aliis alii partibus convolant atque e populo unus: ,Fuge, fuge', inquit, ,Tiberi! Non vides? Respice, inquam!' Deinde vaga multitudo, subito timore perterrita, fugere coepit. At iste, spumans ex ore scelus, anhelans ex infimo pectore crudelitatem, contorquet brachium et dubitanti Gracco, quid esset, neque tamen locum, in quo constiterat, relinquenti percutit tempus. Ille, nulla voce delibans insitam virtutem, concidit tacitus. Iste viri fortissimi miserando sanguine aspersus, quasi facinus praeclarissimum fecisset, circum inspectans et hilare sceleratam gratulantibus manum porrigens, in templum Iovis contulit sese.* (Rhet. ad Her. IV.68; Übers. [Nüßlein]: „Sobald Gracchus vorhersah, daß das Volk schwanke aus Furcht, er könne durch den Einfluß des Senates von seiner Meinung abweichen, ließ er eine Volksversammlung einberufen. Dieser da [= P. Cornelius Scipio Nasica Serapio, Anm. Nüßlein] eilt inzwischen, erfüllt von verbrecherischen und schlimmen Gedanken, aus dem Tempel Jupiters; schweißgebadet, mit glühenden Augen und gesträubten Haaren, die Toga um den Arm gewunden, geht er, begleitet von mehreren anderen, schneller. Jenem versuchte der Herold Gehör zu verschaffen; dieser in seiner Kopflosigkeit tritt mit der Ferse auf eine Sitzbank, bricht mit der Rechten einen Fuß ab und heißt die anderen dasselbe tun. Als Gracchus zu den Göttern zu beten begann, stürzten diese da im Sturmschritt auf ihn los, und von allen Seiten eilen noch welche herbei, aber einer aus dem Volke rief: ,Fliehe, fliehe doch, Tiberius! Siehst du nichts? Blicke dich um, sage ich!' Hierauf ergriff die unstete Menge, von plötzlicher Furcht erfaßt, die Flucht. Aber dieser da, aus dem Munde ein Verbrechen schäumend, aus tiefster Brust Grausamkeit schnaubend, schwingt seinen Arm und durchstößt Gracchus, der noch im unklaren darüber ist, was geschieht, aber dennoch den Platz, wo er stand, nicht verließ, die Schläfe. Jener, mit keinem Laut die ihm angeborene Tapferkeit schmälernd, bricht schweigend zusammen. Der da, von dem nach Mitleid schreienden Blut des größten Helden bespritzt, blickt umher, als ob er die herrlichste Tat begangen hätte, streckt heiter denen, die ihn beglückwünschen, seine verbrecherische Rechte entgegen und begibt sich wieder in den Tempel Jupiters." – Es wird deutlich, dass in der Schilderung des Mörders durchaus deskriptive Elemente enthalten sind, dass also – wie oben behauptet – Deskription in der Narration der *demonstratio* aufgeht. Nüßlein, Rhetorica, S. 404, Anm. 327, weist darauf hin, dass die korrespondierende Erzählung bei Cicero (In Verrem 2,5,161) Eingang in Quintilians *Institutio oratoria* (9,2,40) gefunden hat, wo sie das Mittel der *evidentia* illustriert. Dieser Text hat aber auf die Poetiken des 12./13. Jhs. keinen vergleichbaren Einfluss ausgeübt.
173 Hervorh. hier u. in d. Übers. von mir, F. D. S. – Übers. (Nüßlein): „Diese Ausschmückung ist von größtem Nutzen, wenn man durch derartige *Erzählungen* einen Sachverhalt steigert und Mitleid erregt. Sie stellt nämlich das *ganze Geschehen* [*rem totam*] fest und stellt es nahe vor die Augen." – Ganz ähn-

Laborintus Eberhards des Deutschen, welcher sowohl Matthäus von Vendôme als auch die *Poetria nova* Galfreds erkennbar rezipiert hat, die *demonstratio* als Narration auf, in welcher weitere Stilmittel, wie direkte Rede (*sermocinatio*), enthalten sein können.[174]

Ebenso geht für diese vormoderne Literatur die Aufteilung von Handlung und – mimetisch gedachter – Beschreibung (Barthes) ins Leere[175] oder die – unauffällig uni-

---

lich fasst im übrigen auch Quintillian in seiner *Institutio Oratoria* das Mittel der *demonstratio* als eines auf, das eine Handlung detailliert, um sie plausibel und glaubwürdig zu machen, wodurch der Effekt der *evidentia* entstehen solle. Auch hier geht es also im Kern um eine *narratio*, welche den Effekt der Bildhaftigkeit erzeugt, nicht jedoch um die *descriptio*, weshalb Quintillian zu der Formulierung der *evidentia in narratione* (Quintillian, Institutio 4,2,63) findet. Vgl. hierzu für eine Quintillian wieder stärker rezipierende Tradition ab der Frühen Neuzeit: Heinrich F. Plett: Evidentia. Zur Rhetorik der Präsenz in den *artes* der Frühen Neuzeit. In: Norm und Poesie: Zur expliziten und impliziten Poetik in der lateinischen Literatur der Frühen Neuzeit. Hrsg. von Roswitha Simons, Beate Hintzen. New York et al. 2013, S. 255–296, dort bes. S. 255–258.

174 Das im *Laborintus* Eberhards des Deutschen enthaltene geistliche Beispielgedicht schließt mit einem – über eine Randglosse – identifizierten Beispiel für die *demonstratio*, welches die Erzählung von Joseph in Ägypten darstellt (Eberhard: Laborintus, Vv. 573–593): *Gratia cum puero naturae plena faveret | Firmus ei patris invigilavit amor. | Insuper apta puer quia vidit somnia, fratrum | Spiritus invidit: combibit ira dolum. | Praevidit dolus insidias. Puero veniente | Dixerunt: ‚Somnus cui favet ecce venit. | Occidat et videamus ei quid somnia prosint.' | Sed Deus innocuo vera medela fuit. | Venditus Aegypti praefectus claruit. Omnem | Afflixit terram non moderata fames: | Suffecit panis Aegypto; namque salutis | Sola Joseph cura dispositura fuit. | Defecitque Jacob alimonia, cumque timeret | Pro pueris, venit nuntia fama ferens: | Fruges Aegyptus vendit. Fratres abierunt | Deni, patre suo praecipiente Jacob. | Deficiente cibo rursus rediere, parenti | Dixerunt: vivit filius ecce tuus. | Spiritus illius et vita revixit, et inquit: | ‚Ne mors praeveniat, vado videre Joseph'; | Venit in Aegyptum nato mediante receptus | Israel, et Dominus multiplicavit eum* (Übers. [Vollmann]: „Da dem Knaben die volle Gunst der Natur gewogen war, | verwandte die feste Liebe des Vaters große Sorge auf ihn. | Da der Knabe obendrein passende Traumbilder sah, war | der Geist der Brüder von Neid erfüllt. Der Zorn sog die List ein. | Die List traf Vorsorge für den Hinterhalt. Als der Knabe kam, | sagten sie: ‚Siehe, hier kommt, dem der Schlaf gewogen ist. | Er soll umkommen und wir sollen sehen, was ihm die Traumbilder helfen.' | Aber Gott war dem Unschuldigen ein wahres Heilmittel. | Der Verkaufte glänzte als Befehlshaber Ägyptens. Die gesamte | Erde traf eine keineswegs mäßige Hungersnot. | Das Brot reichte für Ägypten, denn Joseph war bestrebt, | sich die alleinige Sorge um das Wohl zum Grundsatz zu machen. | Auch Jakob mangelte es an Nahrung, und während er um seine Knaben | fürchtete, kam die Botin Fama und berichtete: | ‚Ägypten verkauft Früchte.' Zu zehnt gingen die Brüder | auf Anordnung ihres Vaters Jakob fort. | Aus Mangel an Speise kehrten sie nochmals zurück, dem Vater | sagten sie: ‚Siehe, dein Sohn lebt.' | Geist und Lebens des Vaters erwachten erneut, und er sagte: | „Nicht soll der Tod mir zuvorkommen – ich gehe, um Joseph zu sehen!' | Nach Ägypten gelangte, durch Vermittlung seines Sohnes aufgenommen, | Israel, und der Herr schenkte ihm reiche Nachkommenschaft.").

175 Dabei soll nicht geleugnet werden, dass ein Formbewusstsein für die *praegnans descriptio verbis* existiert hat. Sowohl die Poetiken selbst als auch die Rezeption und Überlieferung der ‚Stücke' dokumentieren dieses Bewusstsein deutlich. Kritikabel ist hingegen die polare Unterscheidung der beiden Elemente, die sich – wie zu zeigen versucht worden ist – in den Poetiken vielmehr als graduelle Differenzierung derselben deskriptiven Techniken entwickelt. Es wäre zu fragen, ob dieses graduierende Verständnis von Beschreibung in Hinblick auf ein historisch adäquates Verständnis vormoderner Literatur dem strikt polaren bei Barthes nicht vorzuziehen wäre. Implizite Zweifel an der antipodischen

versalisierte – Auffassung, dass deskriptive Elemente notwendig der Mimesis dienen sollen, dass die *descriptio* ein ‚Porträt' sein solle.[176] Es sei betont, dass damit keine kategorische Aussage über die Mimesisfähigkeit der (mittelalterlichen) Literatur und ihrer

---

Trennung von Handlung und Beschreibung, welche jedoch nicht zu einer Überwindung sondern wiederum eher zu einer Naturalisierung bzw. Universalisierung der beiden Kategorien führt, indem hier distinkte ‚Textmodi' gegen ihre vermischte Realisierung in Texten, eine vermeintlich natürliche ‚Idee' gegen ihre kontaminierende Ausformung abgegrenzt werden, artikulieren sich bei Wolf Schmid: Elemente der Narratologie. 3. Aufl. Berlin/Boston 2014, S. 6 f.: „Obwohl die Textmodi narrativ und deskriptiv eine klare Opposition bilden, sind die Grenzen zwischen narrativen und deskriptiven Texten fließend und ist die Zuordnung von Texten zu den beiden Kategorien oft eine Frage der Interpretation. Jede Narration enthält, wie bereits erwähnt wurde, notwendigerweise deskriptive Elemente. Schon die Darstellung einer Ausgangs- oder Endsituation kommt nicht ohne ein Minimum von Beschreibung aus. Und umgekehrt kann eine Deskription durchaus narrative Momente benutzen, um eine Situation zu veranschaulichen, um die es letztlich geht. Ausschlaggebend für den deskriptiven oder narrativen Charakter des Textes ist nicht die Menge statischer oder dynamischer Segmente, sondern ihre Gesamtfunktion im Zusammenhang des Werks. Und diese Funktionalität kann durchaus hybrid sein. Bei den meisten Texten wird man bestenfalls von einer Dominanz eines der beiden Modi sprechen können. Die Zuweisung dieser Dominanz ist natürlich interpretationsabhängig. Wenn ein Text etwa nur die Beschreibung zweier Situationen enthält, kann man ihn genau so gut als deskriptiv wie als narrativ interpretieren. (Letzteres setzt natürlich voraus, dass zwischen den Situationen eine Äquivalenz besteht.) Wer diesen Text als Narration liest, wird das Unterschiedliche im Gemeinsamen fokussieren und dafür eine Veränderung konjizieren. Wer den Text hingegen als Deskription versteht, wird die Differenz der Situationen eher als Differenz von repräsentativen Facetten ein und desselben zu beschreibenden Phänomens betrachten und sich auf das Gemeinsame im Verschiedenen konzentrieren." Demgegenüber ist anzumerken, dass die *descriptio* ebenso wie die *digressio* einerseits aus einem Nukleus der *materia* hervorgehen und sich desweiteren vom Kleinen ins Große entwickeln, das heißt stets als an den Gegenstand der Narration gebunden bzw. aus ihm abgeleitet verstanden wird. Wenn die Trennung von Beschreibung und Handlung nach Schmid also im Auge der Betrachtenden liegt, so muss als spezifische Perspektive der Poetiken festgehalten werden, dass der über den Ursprung in der *materia* geleistete Zusammenhalt der Elemente höher zu veranschlagen ist als die ‚modale' Trennung derselben, vor allen Dingen aber auch, dass die *narratio* selbst nicht in einem modernen Sinne von ‚Handlung' zu denken ist. Sie bietet entsprechend nicht den ‚orthodoxen' Gegenpol, der notwendig ist, um die *descriptio* als modernen ‚Textmodus' *Beschreibung* gegen sie abzugrenzen.

176 Die *descriptio* demgegenüber als Mittel der Mimesis zu verstehen, mag vielleicht auch die Langzeitfolge eines veränderten Kunstverständnisses sein, das in Lessings *Laokoon* mustergültig entwickelt ist. Horst Wenzel: Repräsentation und Wahrnehmung. Zur Inszenierung höfisch-ritterlicher Imagination im ‚Welschen Gast' des Thomasin von Zerclaere. In: Zeichen – Rituale – Werte. Internationales Kolloquium des Sonderforschungsbereichs 496 an der Westfälischen Wilhelms-Universität Münster. Hrsg. von Gert Althoff. Münster 2004 (Symbolische Kommunikation und gesellschaftliche Wertesysteme. Schriftenreihe des Sonderforschungsbereichs 496, Bd. 3), S. 303–325, hier S. 304, formuliert in Hinblick auf das Bildprogramm des *Welschen Gastes* Thomasîns von Zerklaere: „Wir müssen uns vergegenwärtigen, daß die Kategorien Lessings, die grundlegend für die systematische Trennung von Text und Bild geworden sind, uns den zutreffenden Blick auf die mittelalterlichen Verhältnisse eher verstellen als eröffnen." Hierzu – immer noch lesenswert und instruktiv, mit dem Hinweis auf zeitgenössische Kritik an Lessing – Walter Haug: Gebet und Hieroglyphe. Zu Bild- und Architekturbeschreibung in der mittelalterlichen Dichtung. In: ZfdA 106 (1977), S. 163–183, hier S. 165 f.: „Lessing entwirft eine Ästhetik, die vorgibt, sich aus der Eigengesetzlichkeit der einzelnen Künste abzuleiten; in Wirklichkeit benützt er die

deskriptiven Passagen getroffen ist. Transhistorisch ist es sinnvoll, entsprechende Theorieentwürfe an jeder Literatur zu erproben. Im vorliegenden Versuch geht es allein darum, einen historischen Rahmen zu rekonstruieren, für den in der Forschung vielfach behauptet worden ist, er habe eine mimetische Grundintention.[177] Was, schließlich, kann einer Zeit, die kein erkennbares Bedürfnis nach mimetischer Malerei hat,[178] ferner liegen als in ihrer Literatur mimetisch zu malen?

Auseinandersetzung mit dem ästhetischen Synkretismus seiner Zeit nur als Aufhänger für eine normative Kunsttheorie, die auf Vorentscheidungen ganz anderer Art beruht."

177 Diese lässt sich jedoch nach meiner Auffassung aus den Quellen nicht so direkt ableiten, wie es – seit Faral – häufig behauptet worden ist. Obgleich es sicherlich nicht von der Hand zu weisen ist – und hier auch gar nicht versucht werden soll! –, dass Literatur und Sprache grundlegend ein deiktischer Charakter eignet, wie es bspw. Horst Wenzel: Wahrnehmung und Deixis. Zur Poetik der Sichtbarkeit in der höfischen Literatur. In: Visualisierungsstrategien in mittelalterlichen Bildern und Texten. Hrsg. von Horst Wenzel, C. Stephen Jaeger. Berlin 2006 (Philologische Studien und Quellen 195), S. 17–43, hier bes. S. 17–28, überzeugend dargelegt und prägnant an Beispielen aus Wolframs Parzival belegt hat (ebd.), so führt es indessen zu weit, die *Intention* einer ‚mittelalterlichen *descriptio*-Lehre' auf eine mimetische bzw. deiktische Strategie, auf Visualisierung, festzulegen. Nicht nur beziehen die Poetiken – im Gegensatz zur zeitgenössischen Kognitionstheorie – sich nicht ausdrücklich auf mentale Bilder, sondern die einseitige Festlegung der *descriptio* auf Visualisierung verdeckt zugleich ihre wesentliche argumentative Funktion und damit zugleich angelagerte diskursive Formationen, welche sich in der Argument-*descriptio* sedimentieren.

178 Von Mimesis im ‚energeischen'/‚enargeischen' Sinne ist Präsenz abzugrenzen. Die in den Romanen immer wieder betonte Als-ob-Wirkung von Malerei und bildender Kunst, die sich mit – es sei konzediert: *modernen* – Vorstellungen von Mimesis in Hinblick auf die ihnen zeitgenössische Malerei/Plastik/Teppichweberei nicht zur Deckung bringen lässt, ließe sich verschieden interpretieren, nämlich einerseits als Überschreitung der eigenen Kunstauffassung (im Grabmal in *Flore und Blanscheflur* bspw. als eine Art von ‚Orientalismus' oder in Enites Satteldecke als Verweis auf die magische Herkunft, die mit mimetischer Wirkung assoziert wird) oder andererseits als Funktion jener Realpräsenz, die auch Heiligenbilder haben können, ohne deshalb mimetisch, nämlich: exakt abbildend, im modernen (oder antiken) Sinne zu sein. Die Wendung gegen mimetische Prinzipien bzw. die resultierende Bedürfnislosigkeit hinsichtlich mimetischer Darstellungsweisen scheint aus einem christlichen Theologumenon zu entspringen, welches der ‚unähnlichen Ähnlichkeit' zwischen Abbildung und Kreatur bedarf, damit Zeichen und Bezeichnetes nicht verwechselt werden können. (Vgl. etwa Berthold Hinz: Venus – Luxuria – Frau Welt. Vom Wunschbild zum Albtraum zur Allegorie. In: Münchner Jahrbuch der bildenden Kunst 54 [2003], S. 83–104, der ein theologisches Bildproblem und für die Plastik bis zum 12. Jh. eine hieraus resultierende Strategie der Verfremdung nachzeichnet: „Aus Identifikationsbildern [...] wurden Zerrbilder – so zugerichtet, daß sie nicht mehr zum Idol, damit auch nicht mehr zur Identifikation, als Spiegel der Menschen taugten" [ebd., S. 83].) Dass der Signifikant seinem Signifikat jedoch unähnlich ist, um die Verführung und Täuschen der Betrachtenden, also die Inklination zur Sünde, zu vermeiden, stört weder die Zeichenrelation noch die damit gestiftete lebendige Präsenz des Bezeichneten im Bezeichnenden. Auf das Auseinandertreten von ‚Porträtähnlichkeit' und Individualität am Beispiel der Schwesternminiaturen des *Hortus deliciarum* hat für die germanistische Mediävistik bspw. Susanne Bürkle: Die *Offenbarungen* der Margareta Ebner. Rhetorik der Weiblichkeit und der autobiographische Pakt. In: Weibliche Rede – Rhetorik der Weiblichkeit. Studien zum Verhältnis von Rhetorik und Geschlechterdifferenz. Hrsg. von Doerte Bischoff, Martina Wagner-Egelhaaf. Freiburg i.Br. 2003 (Reihe Litterae 93), S. 79–102, hier S. 79 f., hingewiesen, indem sie auf eine Studie von Bruno Reu-

Setzt man hingegen ein semiotisches Verständnis für die Malerei an, so darf das Horaz-Diktum, das die Poetiken aufnehmen, ungebrochen gelten. *Ut pictura poesis* bedeutet dann: Wie die Malerei ist auch die Dichtung eine Abfolge von (unähnlichen) Zeichen.[179] Die *descriptio* schildert Schönheit nicht, sie repräsentiert sie. Die *demonstratio* löst ihre Darstellung in eine Sukzession von Handlungen auf. Auch das *Documentum de modo et arte dictandi et versificandi* zitiert den berühmten Horaz-Passus eben nicht in Hinblick auf eine mögliche Verlebendigung eines einzelnen ‚Bildes' – wie es in der Forschung verkürzend dargestellt worden ist[180] –, sondern – ganz im

---

denbach: Individuum ohne Bildnis? Zum Problem künstlerischer Ausdrucksformen von Individualität im Mittelalter. In: Individuum und Individualität im Mittelalter. Hrsg. von Jan A. Artsen, Andreas Speer. Berlin/New York 1996, S. 807–818, referiert. – Auch für den *Anticlaudianus* – als eines der Kernbeispiele für die praktische Verwendung der *descriptio*-Technik – lässt sich argumentieren, dass die hier vorfindlichen *descriptiones* keinen mimetisch-illusionistischen Charakter ausprägen bzw. zumindest nicht so rezipiert werden. Für die *Anticlaudianus*-Rezeption in der Bebilderung der Veroneser Hs. CCLI konstatiert Christel Meier: Die Rezeption des Anticlaudianus Alans von Lille in Textkommentierung und Illustration. In: Text und Bild. Aspekte des Zusammenwirkens zweier Künste in Mittelalter und früher Neuzeit. Hrsg. von Christel Meier, Uwe Ruberg. Wiesbaden 1980, S. 408–549, hier: S. 465, in Hinblick auf die dem Text durchgängig beigefügten Zeichnungen: „Das Nichtbeachten von Personenidentitäten in Kleidung und Attributen, das wiederholte Hinzeigen der Personen auf die Textkolumne, die vernachlässigte Gesichterzeichnung sind verschiedenartige Anzeichen dieses mangelnden Interesses an der Evozierung einer Illusion in der Handlungsabbildung." Es ließe sich einwenden, dass hier eine mediale Differenz zwischen Text und ‚Illustration' vorliegt, dass also mithin die jeweilige pragmatische Dimension von Text und bildhafter Rezeption nicht übereinstimmen und die Zeichnungen deshalb dort keine mimetische Dimenion entwickeln müssen, wo der Text es tut, dass also die anti-mimetische Zeichnung nicht einen anti-mimetischen Charakter des Textes verbürgen. Nichtsdestoweniger dokumentierte auch diese Differenz, sofern man sie denn annehmen mag, ebenfalls ein mangelndes Interesse an einem mimetischen *pictura*-Begriff.

179 Die Analogie zwischen Dichtung und Malerei kann sicherlich weitergeführt werden. Es wäre zu erwägen, ob die episodische Struktur der Texte und die sequentielle Ordnung von Bildern (seien es bspw. stationenhafte Tafelbilder des Lebens Jesu oder auch Bildsequenzen wie die sog. Iwein-Fresken auf Rodenegg) sich nicht grundlegend entsprechen. Malerei versucht hier offensichtlich zu leisten, was Lessing ihr kategorisch als wesensfremd abspricht, nämlich zeitlich diachrone Sukzession. Dass Diachronie dem Bild wesensfremd sei, ist angesichts der Tatsache, dass Malerei sie faktisch jahrhundertelang dargestellt *hat*, offenkundig eine (‚moderne') Setzung Lessings. Das – teils durch Namensbeischriften auch selbst schriftgestützte – bildliche Erzählen scheint bedeutender zu sein als Mimesis. Auch hierfür lassen sich in den Texten Belege finden: Lancelot malt seine Zelle mit einer Bild*folge* aus, die er durch Beischriften vereindeutigt. Das wunderbare und magische Grabmal der Blanscheflur überführt, so gesehen, die Statik der einzelnen Plastik mittels magischer Beweglichkeit in die zeitliche Sukzession, die zur Darstellung einer Ereignisfolge notwendig ist.

180 So bei beispielsweise bei Pastré, Vergleichende Ästhetik, S. 301, der einen Auszug der nachfolgenden *Documentum*-Stelle (ebd., Anm. 19: *similis est picturae vili quae placet longius stanti, sed displicet propius intuentui*) isoliert zitiert und unmittelbar auf die Personenbeschreibung bezieht, wodurch der Eindruck erweckt wird, dass hier von einer „Lehre der Personendarstellung" die Rede sei, in welcher äußere und innere Beschreibung einer Figur aufeinander bezogen sein sollten. Von äußerer und innerer Beschreibung – im Sinne von Matthäus' *descriptio superficialis* und *intrinseca* – ist hier indessen nicht die Rede!

Sinne einer Theorie des Wortzeichens – im Zusammenspiel von Ornament und Sinn bei der ‚Zusammenfügung der Worte' (*verborum junctura*), womit eine kompositorische Ebene abgedeckt ist, die sowohl das Detail des Textes als auch seine Ganzheit als Summe der Zusammenfügungen meint. Das *Documentum* verlangt dabei, dass das Ornament ein Sprachzeichen sei, welches zum Sinn der Worte beiträgt. Seine Ähnlichkeit zur *pictura* bestehe dann (im Rekurs auf Horaz' *ut pictura poesis*) darin, dass das Detail – der Dichtung wie des Bildes – zum Ganzen stimmen müsse:

> 1. Unus modus est utendi ornata facilitate, alius modus est utendi ornata difficultate. 2. Sed hoc adjiciendum quod nec facilitas ornata nec difficultas ornata nec difficultas ornata est alicujus ponderis, si ornatus ille sit tantum exterior. Superficies enim verborum ornata, nisi sana et commendabili nobilitetur sententia, similis est picturae vili quae placet longius stanti, sed displicet propius intuentui. Sic et ornatus verborum sine ornatu sententiarum audienti placet, diligenti intuenti displicet. Superficies autem verborum ornata cum ornatu sententiae similis est egregiae picturae, quae quidem, quando propius inspicitur, tanto commendabilior invenitur. Unde dicit Horatius:
>
> [Poét. 362]   Ut pictura, poesis: erit quae, si propius stes,
>   Te capiet magi; et quaedam, si longius abstes ...
> [366]   Hac placuit semel; hoc decies repetita placebit.
>
> Cogitandum igitur prius est de sententia quam cogitemus de verborum junctura. Mortua sunt enim verba si non incolumi nitantur sententia, quae quodam modo anima est verbi. Cum constiterit de sententia, procedendum est ad verba, diligentiam adhibendo, ut series verborum sit ornata.
>
> (Documentum II,3,1–2)[181]

Die Vergleichbarkeit zwischen *poesis* und *pictura* liegt hier also nicht auf der Ebene einer mimetischen Qualität, sondern in einem kompositionellen Moment, das die Ebene des *ornatus* auf Wort- und Satzeben mit der Ebene der narrativen Syntax vermittelt.

Es bleibt sicherlich zu diskutieren, inwiefern hier eine Dichotomie vom Innen und Außen (*superficies verborum ornata*) der Worte erzeugt wird, welche homolog zu den

---

[181] Übers. (Parr).: „1. There is one method for using ornamented facility, another method for using ornamented difficulty. 2. [...] But this should be added that neither an ornamented facility nor an ornamented difficulty is of any value if that which has been ornamented is only exterior. For an ornamented surface of words, unless it is enriched by a sound and commendable significance, is like a worthless picture which pleases one standing far away from it, but displeases one looking more closely. So the ornamentation of word without ornamentation of meaning pleases the listener, but displeases the careful thinker. But an ornamented surface of words with ornamentation of meaning is like a famous picture, which when it is inspected more closely is found still more commendable. Whence Horace says: || Poetry is like a picture: One captures your interest | More the nearer you stand; another, the farther away ... | This has pleased but once; that will please ten times over. || Therefore we should consider the meaning before we think of joining words. For words are dead if they do not rest on sound meaning, which in fact, is the life of the word. When one is certain about the meaning, proceed to the words by employing diligence so that the series of words may be ornamented."

bereits diskutierten Dichotomien verläuft. Es bliebe zu prüfen, wie weit das Innen (Sinn, wichtig) und Außen (Ornament, nichtig) des Textes mit dem Innen (*homo interior*, Adam, Seele, Geist, ewig) und Außen (*homo exterior*, Eva, Körper, Fleisch, vergänglich) des Menschen identifizierbar werden, inwiefern also auch die Poetik von einer geschlechtlich grundierten Vorstellung des Ornamentalen geprägt ist, in welcher weibliche Elemente (tentativ: Ornament) männlichen (tentativ: Sinn) gegenüber stehen und Schönheit der Dichtung zu einem Analogon der schönen Frau wird. Ob diese Homologie in den Poetiken aktiv zum Tragen kommt, oder ob sie ein Produkt der Analyse *ex post* ist, bliebe an den Texten zu prüfen![182]

---

182 Nurmehr andeutungsweise sei daran erinnert, dass der *Laborintus* Eberhards des Deutschen neben der personifizierten *Grammatica* auch deren „Begleiterin", *Poesis*, auftreten lässt. Die Rahmenhandlung erzählt, in eindeutiger Anlehnung an die Rolle der *Natura* im *Anticlaudianus* (vgl. hierzu im Folgenden Kap. VI.1), die Fleischwerdung eines neuen Grammatiklehrers, auf welchen das schwere Schicksal wartet, bei schlechter Bezahlung und ausbleibender Anerkennung nur die Rudimente der Bildung, nämlich die erste der *septem artes*, und nicht die höheren Weihen der Wissenschaft vermitteln zu dürfen, wobei die Grammatik zudem eine problematische, da moralisch-ethisch indifferente *ars* darstellt, da ihre Lehren auch der plausiblen Darstellung der Lüge dienen können (Eberhard: Laborintus, Vv. 107 f.). Auf eine Klage der *Natura*, welche dieses Kind lieber nicht gezeugt hätte, folgt eine erste Lehre für den Säugling, welche diesem von *Fortuna* erteilt wird. Bald säugt der Knabe an der milchvollen Brust der *Grammatica*. Deren Begleiterin, die *Poesis* (V. 224), ist es schließlich, welche dem Knaben ihre Lehren erteilt, die den Hauptteil des *Laborintus* bilden, welche eine erkennbar aus der *Ars versificatoria* des Matthäus, der *Poetria nova* Galfreds und anderen zusammengezogene, hochkondensierte Miniaturpoetik bilden. Nicht nur ist hier bemerkenswert, dass die *Poesis* als eigenständige Personifikation eingeführt wird, welche als vermittelnde und zum Erlernen der grammatikalischen Grundkenntnisse nützliche Kunst eingeführt wird, sondern zudem der Umstand der betonten Körperlichkeit der säugenden Mutter. Vergleichend ließe sich der Beginn der Augustinischen *Confessiones* heranziehen, in denen der Akt des Säugens vor allen Dingen der Betonung der Fleischlichkeit – und damit bei Augustinus stets auch: der Belastung durch die ererbte Sünde des Fleisches – des Kindes dient; dazu im Folgenden Kap. V.4.1, S. 573–583.

IV.2 Die *descriptio membrorum* in der lateinischen und volkssprachlichen Dichtung

> GUILDENSTERN
> *Happy, in that we are not over-happy: on Fortune's cap we are not the very button.*
> HAMLET
> *Nor the soles of her shoe?*
> ROSENCRANTZ
> *Neither, my lord.*
> HAMLET
> *Then you live about her waist, or in the middle of her favours?*
> GUILDENSTERN
> *Faith, her privates we.*
> HAMLET
> *In the secret parts of Fortune? O, most true, she is a strumpet ... What news?*
> (Shakespeare: Hamlet II/2[183])

Nachdem als poetorhetorischer ‚Ort' der Schönheitsdarstellung dasjenige Mittel identifiziert ist, welches mit Matthäus von Vendôme – in Abgrenzung zu seinem allgemeinen *descriptio*-Begriff und dem Vulgärbegriff der Forschung – als *descriptio membrorum* oder *descriptio superficiale* benennbar ist, soll der Einsatz desselben, ausgehend vom letzten der zu besprechenden ‚Poetiker', nämlich Johannes de Garlandia, an einigen zentralen lateinischen Dichtungen des 12. und 13. Jahrhunderts sowie – sofern vorhanden – an deren Retexten überprüft werden. Hierzu zählen vor allen Dingen jene Texte, auf welche die (germanistische) Forschung immer wieder – teils mit pauschalen Hinweisen auf die *kalokagathía*-These – verweist, indem sie sie als handwerkliche Muster für die volkssprachlichen *descriptiones* versteht. Die zentrale, häufig reproduzierte Aussage ist dabei: bereits in der lateinischen Dichtung finde sich die Entsprechung von Schön und Gut im Verhältnis von äußerer und innerer Schönheit; dies sei ein beliebter Topos der Latinität, welcher in der vernakularen Literatur reproduziert würde.[184] Diese häufig als Referenzpunkte herangezitierten Texte sind insbesondere die beiden des Alanus

---

183 Übers. (August Wilhelm Schlegel): „GÜLDENSTERN. Glücklich, weil wir nicht überglücklich sind. Wir sind der Knopf nicht auf Fortunas Mütze. HAMLET. Noch die Sohlen ihrer Schuhe? ROSENKRANZ. Auch das nicht, gnäd'ger Herr. HAMLET. Ihr wohnt also in der Gegend ihres Gürtels, oder im Mittelpunkt ihrer Gunst? GÜLDENSTERN. Ja wirklich, wir sind mit ihr vertraut. HAMLET. Im Schoße des Glücks? O sehr wahr! sie ist eine Metze. Was gibt es Neues?"
184 Der in der Forschung kursierende stark verkürzende, auf Curtius zurückgehende Topos-Begriff wäre eigens aufzuarbeiten. Der Hinweis, ein Textelement sei ‚topisch', hat häufig – gerade in Textkommentaren – zu einer Scheinevidenz ohne eigentliche explikative Kraft geführt, insofern das Konstatieren des Topisch-Seins die Analyse ersetzt. Vgl. bspw. den *Tristan*-Kommentar von Lambertus Okken, Kommentar zum Tristan, Bd. 1, S. 84 f., und Bunte, Der Tristan. – Eine Diskussion des Topos-Begriffs bei Curtius bietet jüngst Daniel Eder: Der Natureingang im Minnesang. Studien zur Register- und Kulturpoetik der höfischen Liebeskanzone. Tübingen 2016 (Bibliotheca germanica 66), S. 51–53, hier bes. auch Anm. 135 u. 136.

ab Insulis (Alain de Lille), nämlich der *Planctus naturae*, hier insbesondere die Beschreibung der *Natura*, und der *Anticlaudianus*,[185] welche hier um den *Architrenius* des Johannes de Hauvilla ergänzt werden, der direkten Einfluss auf die *Ars poetica* des Gervasius von Melkley hatte.[186] Zudem lassen sich auch in den Allegorien diskursive Elemente isolieren, die ubiquitär und wiederum in den Poetiken identifizierbar sind, zu welchen jene in einem bis heute umstrittenen Abhängigkeitsgefüge stehen.[187] Für die gegenwärtige Fragestellung ist die Richtung dieser Beziehungen nicht von ausschlaggebendem Interesse, zeigt sich doch insgesamt, dass die Poetiken und die Allegorien ein gemeinsames poetologisches, in meinen Augen aber auch diskursives Feld bilden, gleichwohl sich jeweils systematische Interferenzen im Hinblick auf Anspruch, Erzählhaltung, Gattungszugehörigkeit und Textintention zeigen mögen.

Die lateinischen Allegorien werden im Folgenden aus dem Grunde als erste Textsorte herangezogen, weil ihre enge konzeptionelle Verbindung zu den Poetiken in der Forschung immer schon behauptet worden ist. Gleichwohl stößt man auf eine markante Differenz zwischen den Präskripten der Poetiken zur *descriptio* und dem Vorkommen derselben in den lateinischen Allegorien, insofern erstere die Verwendung der *descriptio* in Hinblick auf narrativische Motivierung explizieren,[188] letztere – in der Verwendung von *descriptiones* zur Darstellung personifizierter Abstrakta – die Beschreibung tatsächlich anders, nämlich eben ‚allegorisch' und nicht narrativ-argumentativ nutzen. Hier entsteht also auch interpretatorisch ein Hiatus. Es gilt entsprechend im Folgenden, den narrativen (kausal-finalen) und den allegorischen (tentativ: ‚signifikati-

---

185 Wegweisend hierfür ist die Studie von Christoph Huber: Die Aufnahme und Verarbeitung des Alanus ab Insulis in mittelhochdeutschen Dichtungen. Untersuchungen zu Thomasin von Zerklære, Gottfried von Straßburg, Frauenlob, Heinrich von Neustadt, Heinrich von St. Gallen, Heinrich von Mügeln und Johannes von Tepl. München 1988 (MTU89), geworden. Vgl. erneut Christoph Huber: Die personifizierte Natur. Gestalt und Bedeutung im Umkreis des Alanus ab Insulis und seiner Rezeption. In: Bildhafte Rede in Mittelalter und früher Neuzeit. Probleme ihrer Legitimation und ihrer Funktion. Hrsg. von Herfried Vögel et al.Tübingen 1992, S. 151–172. – Besonders in die Diskussion gebracht wurden Einflüsse von und Ähnlichkeiten zu den Werken des Alanus auch für Hartmanns von Aue *Erec*.
186 Die *Ars poetica* zitiert Verse aus dem *Architrenius* als Beispiel; vgl. Wetherbee, Johannes de Hauvilla: Architrenius, S. 268, Anm. 25.
187 Die Philologie hat große Mühen darauf verwandt zu klären, ob die Werke des Alanus von den Lehren des Matthäus beeinflusst sind oder ob umgekehrt die Poetiken ihre Präzepte aus dem Vorbild der ersten großen Allegorien ziehen. Johannes B. Köhler nutzt seine rezente Ausgabe und Übersetzung des *Planctus* in Kommentarteil und Anhang für eine umfassende Aufarbeitung des Verhältnisses von *Planctus* und *Ars versificatoria* (vgl. Alanus ab Insulis: De planctu Naturae. Textus, Translatio una cum Annotationibus. Hrsg. von Johannes B. Köhler. Münster 2013 [Texte und Studien zur europäischen Geistesgeschichte, Reihe A, Bd. 2], hier bes. im Kommentar S. 216 f. sowie im Anhang „Zur *Ars versificatoria* von Mathieu de Vendôme: Ein Vergleich zwischen der *Ars versificatoria* und dem *Planctus Nature* [sic]", hier: S. 565–580).
188 Es sei hier an das Kernbeispiel der *Ars versificatoria* des Matthäus erinnert, welche die Beschreibung der Schönheit einer jungen Frau dann fordert, wenn die Handlung eines Mannes als Konsequenz derselben plausibilisiert werden soll (vgl. Ars vers. I.40). Vgl. hierzu Kap. IV.1.1.

ven'/‚semiotischen') Einsatz der *descriptio membrorum* zu kontrastieren und auf ihre diskursive Schnittmenge hin zu analysieren. Dabei wird sich zeigen, dass die Allegorien die *descriptiones membrorum* tatsächlich *nicht* im Sinne narrativer Motivierung einsetzen, sondern allein ihren Zeichencharakter, der ihnen auch in erzählender Dichtung als protonarratives Implikat eignet, ausbeuten.[189]

Aus der Analyse der lateinischen Allegorien werden sich im Folgenden zudem sigifikante thematische Felder ergeben, welche jeweils exkursartig bis in die spätere, volkssprachliche Texttradition hinein verfolgt werden sollen. So bietet das *Epithalamium* den Anlass, die *descriptio membrorum* als Grenzfall in Hinblick auf die Sonderrolle der Gottesmutter Maria *in mulieribus* zu diskutieren. Es wird sich zeigen, dass in den Texten, die der Verherrlichung Mariens dienen, die Felder transzendenter und immanenter Schönheitszuschreibungen und -diskurse unlöslich zu interferieren beginnen, wobei die Friktionen oftmals bewusst präsent gehalten werden, um der Vermischung derselben vorzubeugen, teils jedoch auch nivelliert. Diese Phänomene lassen sich weiterverfolgen anhand eines der erfolgreichsten Marientexte der lateinischen Tradition, der *Vita rythmica salvatoris et beate marie virginis*, sowie einiger seiner volkssprachigen Posttexte. Der *Planctus naturae* und der *Anticlaudianus* des Alanus ab Insulis bieten Anlass, die Rolle der Schönheit im Rahmen der innerweltlichen Prokreationsinstanzen *Natura* und *Venus* auszuloten und ihre Reflexe in die Volkssprache hinein zu verfolgen, wozu zunächst hauptsächlich allegorische Texte, wie der *Rosenroman* und einige der sogenannten ‚Minnereden' herangezogen werden. Zum Schluss wird die exemplarisch erarbeitete Reihe durch einen Rückbezug auf die *Cosmographia* der Bernardus Silvestris perspektiviert, um den ‚Ort', den weibliche Körperschönheit im Rahmen der *descriptio membrorum* erhält, genauer im Kontext einer (in Kap. IV.1.1 schon angedeuteten) Anthropologie zu bestimmen.

IV.2.1 Die Einzige ihres Geschlechts – Marianische Schönheit als Grenzphänomen körperlicher Schönheit bei Johannes von Garlandia und in der Tradition der Marienleben

Am Beispiel eines Textes des Johannes de Garlandia, der hier zunächst in seiner Personalunion als Dichter und Poetiker von Interesse ist, lassen sich wesentliche Elemente der bisher dargestellten *descriptio*-Technik und die in ihr implizierten Diskursmuster zur physischen Schönheit verdeutlichen.[190] Die Auskünfte, welche seine *Poetria de arte prosaica, metrica et rithmica* oder *Parisiana Poetria* zur *descrip*-

---

189 ‚Ausbeutung' verstehe ich hier in Anlehnung an Rainer Warning (Warning, Lyrisches Ich).
190 Der Titel des Kapitels referiert auf den Titel eins Buches von Marina Warner: Alone of all her Sex. The Myth and the Cult of the Virgin Mary. New York 1983. Warner bietet eine Darstellung des Marienkultes, die zwar von einem philologischen Standpunkt aus nicht befriedigend ist, die jedoch einige zentrale Einsichten bietet, wie diejenige, dass die Heilige Maria nicht allein eine Vorbildfunktion für

tio gibt, sind – gegenüber Matthäus, Gervasius und Galfred – denkbar unspezifisch. Die *Poetria*, die stark in Richtung einer Briefkunst, einer *Ars dictaminis*, tendiert, handelt das Prinzip der *descriptio* nur sehr knapp und anhand eines Beispiel-Briefes ab, wobei kein Zusammenhang zur Schönheitsdarstellung entsteht.[191]

Das groß angelegte Mariengedicht des Johannes, das *Epithalamium Beate Virginis Marie*,[192] aus welchem in der *Parisiana Poetria* immer wieder zitiert wird, weist hingegen *descriptiones* auf, welche in Form und Funktion den Prinzipien der bisher besprochenen Poetiken entsprechen. Der Text erzählt in zehn Büchern von Maria als Braut

---

Frauenrollen hat, sondern vor allen Dingen als uneinholbare, ewige Leitdifferenz, als großes, unerreichbares ‚Anderes' der kreatürlichen Weiblichkeit wirkt.

191 Johannes behandelt die *descriptio* als *Secundus Modus Ampliandi Materiam* und gibt jenseits dieser Einordnung keine weiteren Regeln oder systematischen Hinweise: *Item ampliatur materia per Descriptionem quod est quandoque necessarium tam in poematibus quam in dictaminibus, ut in presenti patet dictamine quod nouus inceptor fratri uel alii amicorum poterit delegare* (Parisiana Poetria IV,345–348; Übers. [Lawler]: „Material is also amplified by Vivid Description, which is sometimes necessary in letters as well as in poems, as is clear in the present letter, which the new inceptor might send to his brother or another of his relatives"). Nach einer kurzen Einleitung von wenigen Sätzen wird dieser Brief nun durch ein Beispiel von *descriptio* amplifiziert, an welchem auffallen muss, dass es der Vulgärdefinition der Forschung eben nicht entspricht und zudem in höchstem Maße anti-mimetisch ist: *Hoc dicto, amplietur materia per Descripcionem sic: | Sed frigescit in parentibus meis feruor delictionis, subcumbit natura, torpet affectus, expirat gratia, dum scolaris pallescit studio, macrescit esurie, vilescit panniculis, qui faciunt Homerum cum Hennio residere. | Cum igitur dilectio carnalis in uobis ex affinitate sanguinis post patrem meum magis ad hoc moueri debeat et ad hoc mecum aspirare, vos diligenter hortor et exhortor quatinus in hoc casu uestrum senciam subleuamen, quia futurum est, annuente Deo, ut per magistralem honorem et scientiam amicos meos eleuare uidear ad culmina dignitatum.* (Parisiana Poetria IV,358–368; Übers. [Lawler]: „At this point the material may be amplified by means of a Vivid Description, thus: | But the warmth of love is growing cool in my parents, nature is sinking, affection is numb, kindness is dying, while study is making the scholar pale, hunger is making him thin, rags are making him filthy – which can put Homer in a class with Ennius. | And so, since the kindred love is in you from your being closest to me in blood after my father ought to be moved the more to this and to pant for it with me, I diligently urge and exhort you that I might feel your support in this case, because, God willing, it will not be long before, by reason of the honor and knowledge that are a master's, I shall be seen to elevate my relatives to the heights of prestige.") – Zudem listet die *Parisiana Poetria* an anderer Stelle – hiervon völlig unabhängig – die Mittel der *Rhetorica ad Herennium* auf, darunter *effictio* und *notatio* (vgl. Parisiana Poetria VI,365–372) sowie *demonstratio* (vgl. ebd., 388–393), aber auch *descriptio*: *Descripcio fit cum quadam similtudine ueritatis sumpta. | [Beispiel:] Discipulus segnis it cum testudine lenta, | Turgescens epulis, ebrietate cadens.* (Parisiana Poetria VI,332–335, Übers.: „Vivid Description is made by assuming a certain lifelike tone. | The slack student proceeds at a turtle's pace, puffy with overeating, stumbling with too much drink."). Es zeigt sich in diesem letzten Beispiel deutlich, dass auch in der *Parisiana Poetria* des Johannes – ebenso wie in der *Poetria nova* – die aus der *Rhetorica ad Herennium* extrahierte ‚Minimalform' von *descriptio* existiert, nämlich die kausal explizierende Periode, wie sie eine Entsprechung in den *Poetria nova*-Versen *Si dormit vindicta ...* (Poetria nova 1292–94, Faral 1287–89) findet (vgl. Kap. IV.1.2, S. S. 323–326.).

192 Hier und im Folgenden zitiert als *Epithalamium* nach: Giovanni di Garlandia: Epithalamium Beate Virginis Marie. Hrsg., übers. u. komm. von Antonio Saiani. Florenz 1995 (Accademia Toscana di Scienze e Lettere ‚La Colombaria'. Studi CXXXIX).

Gottes und Medium der göttlichen Erlösungstat,[193] wobei sich die Grundstruktur der Narration an den klassischen Stationen eines Marienlebens orientiert, welche jedoch stark allegorisiert werden. Obgleich also nicht im modernen Sinne eine ‚Handlung' plan auserzählt wird, sondern deren Stationen anhand der zugehörigen Typologien, Mariensymbole und zusätzlichen Allegorien nachgestaltet werden, benennt ein in der Weimarer Handschrift überliefertes Vorwort den Autor als *hystoriographus*, was sich aus der gängigen *historia*-Definition rechtfertigt, welche sich allein auf Wahrheit der *materia* gründet, nicht jedoch auf dem Modus ihrer Gestaltung.[194]

Buch I: Auf der Erde herrscht die Sünde, der Mensch hat sich seinen Lastern und Leidenschaften überlassen, das von Adam und Eva herstammende Übel der Sünde vererbt sich auf all ihre Nachkommen. Um den Tod der Seele zu bekämpfen, bittet Astraea[195] Gott, die Ehre der Frauen wieder herzustellen: Da eine Frau die Ursache alles Bösen gewesen sei, solle eine Frau das Gute zurück in die Welt bringen und die menschliche Natur erneuern, wobei diverse typologische Bezüge zum Alten Testament aufgemacht werden (nämlich auf die Mutter Samsons und die Heldin Jaël). **Buch II:** Der Teufel regiert in seinem höllischen Hofstaat; die Schande (*Infamia*) präsentiert die Sünden, darunter besonders den Trug der Frauen, wodurch sie Astraea beleidigt und Natura Schmerz bereitet, die wiederum von der Hoffnung (*Spes*) getröstet wird, welche ihr göttliche Gnade verheißt. Das Klagen der genannten ‚*Virtutes*' dringt zum Ohr Gottes. *Iustitia Creata*, die Gerechtigkeit, welche mit Astraea überblendet wird, wirbt bei Gott, den sie als *Celica Iustitia*, als himmlische Gerechtigkeit, anredet, für die Menschheit. **Buch III:** *Misericordia* wird in Hinblick auf ihre Eigenschaften beschrieben, ohne jedoch eine *descriptio membrorum* zu erhalten. Sie ruft Gott an und setzt sich für das Menschengeschlecht ein, das nicht zugrunde gehen dürfe, da es seiner Aufgabe, Gott zu loben, nachgehen müsse. Es folgen Ausführungen über die Freuden der Kirche, das Ver-

---

193 Vgl. hierzu die kurzen Inhaltszusammenfassungen, die Saiani seinen Analysen der jeweiligen Bücher voranstellt: Epithalamium, S. 133 (Buch I), S. 138 f. (Buch II), S. 141 (Buch III), S. 152 (Buch IV), S. 160 (Buch V), S. 177 (Buch VI), S. 183 (Buch VII), S. 187 f. (Buch VIII), S. 195 (Buch IX), S. 200 (Buch X).
194 Entsprechend differenziert Ms. Weimar (Weimar, Landesbibliothek, MS. Q 113, fol. 101^v–164^v) den Brauch der Dichter gegen den der ‚Historiographen': *Auctor est hystoriographus. Introducuntur nove persone more poetico per prosopopeiam, sicut Virtutes dona sua ferentes in ditem beate Virginis, et sicuti exercitus Viciorum contra Virtutes, et sicut tyrocinio nupciali proemialia observantur* (Saiani, Epithalamium, S. 255, Z. 13–16; Übers. [F. D. S./Marco Mattheis, Berlin]: „Der Verfasser ist Geschichtsschreiber. Es werden nach Art der Dichtung neue Figuren durch Personifizierung eingeführt, wie die Tugenden, die ihre Gaben darbringen, zur Beschenkung der seligen Jungfrau, und gleichfalls das Heer der Laster gegen die Tugenden und wie gleichsam durch ein Hochzeitsturnier die Vorspiele eingehalten werden.").
195 Das Auftreten der Astraea erklärt sich aus der allegorischen Ovid-Lektüre: in der vierten Ekloge ist es Astraea, die die Wiederkehr eines goldenen Zeitalters ankündigt, woraufhin der Ausblick auf die Geburt eines heilsbringenden Knaben erfolgt, welchen die Exegese selbstverständlich als Christus identifiziert. Die Theologie kennt die Tradition, die Jungfrau Astraea als Maria selbst zu identifizieren, die also am Heilsgeschehen deutlich unmittelbarer beteiligt ist. Es entsteht im 13. Jh. eine Tradition, die Maria – als Plan und Idee Gottes – in die der Schöpfung vorangehende Entrücktheit der Trinität selbst integriert, nämlich als Gedanke Gottes gleichewig. Ein Zeugnis hierfür findet sich bspw. prominent in der *Goldenen Schmiede* Konrads von Würzburg, vgl. Vv. 794–707: *ê daz sîn vrôniu magenkraft / geschüefez abgründe, / sich, dô gewan er künde / sunder anegenge dîn*. Die *Goldene Schmiede* wird hier und im Folgenden zitiert nach der alten Ausgabe Wilhelm Grimms, Berlin 1840.

hältnis von Sonne und Mond als Allegorie der göttlichen Gerechtigkeit, über den geistlichen Kampf des Menschen, die religiösen Orden, die Heuchler, die sieben Weltalter, die Prophetien und *figurae* des Alten Testaments sowie ein Ausblick auf die Gottesgebärerin, das Martyrium und den Ort der Inkarnation. **Buch IV**: Jerusalem ist das Zentrum der bewohnbaren Welt im Heiligen Land, das detailliert in Hinblick auf seine geographischen Eigenschaften als fruchtbar und wohltuend beschrieben wird. Die Kämpfe um das Heilige Land (Saladin) werden ebenso dargestellt wie die kostbaren Bäume des Landes, besonders jener, von dem das Holz des Kreuzes stammt, und die Dornen, aus denen die Krone gemacht wird. Die Kräuter und Gewürze des Heiligen Landes werden auf Maria gedeutet; Gott, der sie nutzt, ist der höchste Arzt. Es schließt die Erzählung von Anna und Joachim an, von ihrer Unfruchtbarkeit, von der Wirkung des Gebetes sowie von der Empfängis der Heiligen Jungfrau, die – so wird betont – entsprechend der Apokryphen erzählt wird. **Buch V**: Der Glaube (*Fides*) wird als Jungfrau beschrieben, erhält aber wiederum keine *descriptio membrorum*, sondern wird über seine Eigenschaften dargestellt. Joachim kehrt zu Anna zurück. Mit naturkundlichem Wissen – über die Mischung der Säfte und Stoffe – wird die Schaffung des Körpers Mariens im Mutterleib dargestellt, ihre natürlichen Gaben und die Gaben der Gnade sowie der Erschaffung ihrer Seele. Ihre Geburt und Kindheit werden kurz entsprechend der Apokryphen (*In libris veterum* ... Epithalamium V,417) geschildert und gedeutet. **Buch VI**: Die Kraft Gottes kommt in Gestalt des Botenengels Gabriel zur Jungfrau Maria und das Wort zeugt in ihr Gott, das Wort. Es ist Frühling; der Tag der Verkündigung (25. März) markiert den Beginn des neuen Jahres. Die Schönheit der Jungfrau Maria wird ausführlich in mehreren Instanzen in Form einer *descriptio membrorum* beschrieben. Fortuna und ihre Gaben werden im Angesicht der Heiligen Jungfrau zurückgewiesen und Fortuna schmeichelt ihr, dass sie ihrer nicht bedürfe. Die fünf Sinne sind bei der Jungfrau nicht der Anfang allen Lasters; sie ist das *triclinium*, das Ruhebett, der Trinität und ihre innere Schönheit (*pulchritudo interior*) wird über verschiedene Marienbilder geschildert.[196] Der Name Mariens wird ausgelegt und gepriesen, das Brautgemach Gottes wird geschildert und ausgelegt. Der Neid grämt sich angesichts des göttlichen Beilagers. **Buch VII**: Die menschliche Natur, durch Maria wieder erneuert, ist mystisch mit dem Erlöser vereint. Astraea kehrt mit der Schar der *virtutes* auf die Erde zurück. Die Weisheit überbringt der Braut das goldene Buch des Lebens, das die Glaubensgesetze enthält, die von der höchsten Weisheit des Erlösers stammenden *artes*, das Verzeichnis der Heiligen. Mit der Rückkehr der Tugenden aus dem Exil beginnt die Jagd auf die Laster.[197] **Buch VIII**: Der Kampf zwischen den Lastern und Tugenden entspinnt sich nach der mystischen Hochzeit. Die Macht des Kreuzes und des Opfers Christi obsiegt jedoch. **Buch IX**: Die Schlacht entscheidet sich zugunsten der Tugenden, welche die Laster, zuletzt die *luxuria*, besiegen. Vom Erlösungswerk überwunden flieht der Tod in die Hölle, wo er seine Niederlage beklagt. Die Braut wird vom Bräutigam in den Himmel aufgenommen. **Buch X**: Inmitten der himmlischen Scharen sitzt Maria unter allgemeinem Beifall auf ihrem Thron. Es folgen Invektiven gegen die Juden, welche die Heiligkeit Marias anerkennen müssten. Mit einer Anrufung des Dichter-Ichs an die Jungfrau schließt das Gedicht.

Die *descriptio membrorum* soll an dieser Stelle der Vollständigkeit halber wiedergegeben werden:

---

196 Epithalamium VI,445–452: Die Lilie bringe die Lilie hervor, die Rose die Rose, die Jungfrau das Reine, das Licht das Licht, der Stern den Stern und Maria Gott.
197 Die Paraphrase zu Buch VII entspricht im Wesentlichen derjenigen von Saiani, Epithalamium, S. 183.

Hic describitur beata Virgo secundum bona naturalia collata exterius et gratiam interiorem, hoc est secundum venustam dispositionem corporis extra quam adauget gratia
Mater ut efficitur sponsi Virguncula, causas
    laudibus humanis angelicisque serit:
rebus debetur sua laus, ubi previa causa   [155]
    et meritum poni premia lance petunt.
Angelus internum dive miratur honorem,
    fixus homo niveo pendet ab ore suo;
invida gens miratur eam, concluditur illi,
    si quid mentiri livida lingua studet.   [160]
Pax et Iustitia sibi dantes oscula, Vero
    exorto, firmant connubiale decus;
celestem visura nurum celestia currunt
    agmina: celigena gaudet honore suo.
Virginis interius dixi decus, at modo dicam   [165]
    exterius, quantum lingua valebit hebes.
O quotiens felix est vultus quo speculatur
    se puer omnipotens, quo Deus heret homo.
O felix gremium quod tangit, brachia sancta
    ille quibus geritur qui Deus omne gerit.   [170]
Ubera virgineo felicia lacte reclamo
    quo princeps alitur dans alimenta viris.
Cum toto pars ergo suo perfecta meretur
    laudes perfectas, sed stilus eger eget.[198]

Descriptio beate Virginis
Celum splendoris, templum deitatis et aula   [175]
    principis eterni, florida mater ave;
mansio celestis, domus aurea, regia clara.
    solaris thalamus et penetrale Dei,
virga viroris, cella decoris, regia regis.
    Stella Maris claris irradiata genis,   [180]
sole nitentior et redolentior aggere thuris,
    plena Dei, voveo me tibi reddo plico.
In mulieribus in melioribus es benedicta,

---

198 Übers. (F. D. S., unter Berücksichtigung der italienischen v. Antonio Saiani): „Als die Jungfrau Mutter des Bräutigams wurde, bot sie den Menschen und Engeln Anlass zum Lob: den Dingen kommt ihr Lob zu [155], wenn die Ursache und der Verdienst angemessenen Lohn fordern. Der Engel bewundert die innere Ehre der Göttin, der Mensch hängt an ihrem schneeweißen Gesicht; die missgünstige Menge bewundert sie, und die neidische Zunge ist verschlossen, wenn sie zu lügen versucht [160]. In der Gegenwart der Wahrheit küssen sich Frieden und Gerechtigkeit und bekräftigen die eheliche Würde; die himmlischen Scharen eilen herbei, die himmlische Braut zu sehen: der Himmlische erfreut sich an ihrer Ehre. [165] Ich habe die innere Zierde der Jungfrau beschrieben, aber nun werde ich ihr Äußeres beschreiben, soweit es die schwache Zunge vermag. O glückliches Antlitz, in dem sich der allmächtige Knabe spiegelt, in dem Gott sich menschgeworden sieht. O glücklicher Schoß, den er berührt, heilig die Arme, [170] die den Gott halten, der alles erhält. Es jubelt die von jungfräulicher Milch fruchtbare Brust, an der der Fürst, der die Welt ernährt, ernährt wird. Mit allem verdient der vollendete Teil vollendetes Lob, aber der bedürftige Griffel schwächelt."

IV.2 Die *descriptio membrorum* in der lateinischen und volkssprachlichen Dichtung —— 345

    es uteri pueri dote beata domus.
Virgo puerpera, sidere sidera vincis in uno,   [185]
    que superas teneras flore decore rosas:
flos tibi celicus est Deus unicus et sibi florem
    filius eximius in genitrice gerit.
Crinibus aurea, vultibus ignea, lactea fronte,
    ethereo niveo colla colore colis;   [190]
non ibi fucus, non ibi lucus lumen obumbrat
    fronde supercilii non ibi spina riget.
Primula luna nitens sese suspendit in orbem
    circuli divisum: circinat Iris iter;
luna supercilii se sic exemplat in arcum,   [195]
    quod non egreditur linea ducta modum.
Vivida stat vultu, cui candor ningit in ore
    et sanguis vernat, purpura nupta nivi;
spondentis veniam *sine luxu* sidera frontis
    rident, reginam quam probat oris honor.   [200]
Ne vultus *quicquam* sapiat *vulgare* laborat
    dextera Nature: sepe revolvit opus,
nunc huc nunc illuc oculos deflectit,
    ut omnem excludat labem ducta reducta manus;
dextra sequens oculos sic partes expolit, omnis   [205]
    ut formam laudet livida lingua suam.
Hiis etiam donis Nature dona rependit
    gratia divina plusque placere facit:
vultus pretendit quiddam celeste, rigorem
    blando consocians iusque piumque ligat.   [210]
Est venerabilis est et amabilis estque timenda
    celestis facies numine clara suo.
Sidera discernit duo nasi recta columna
    utque Galaxias lactea strata patet.
Virgo veris opes et balsamat oris odore,   [215]
    nare volans flatus ut calamita sapit:
ventris delicias probat os narisque cerebri
    linguaque cor, linguam nobile pandit opus.
Invidet et digitis ebur et labiis rosa, collo
    lilia, lota Thetis emula facta pedi,   [220]
quorum protractus castos de more salutant
    brachia ditescunt, divite ducta statu.
In muliere foret alia pars parva Puelle
    totum: tam cadent pectora palma pedes.
    (Johannes de Garlandia: Epithalamium VI,153–224)[199]

---

199 Kursivierung im lat. Text und in der Übers. von mir; F. D. S. – Übers. (F. D. S.; Marco Mattheis, Berlin): *„Beschreibung der seligen Jungfrau* || [175] O Himmel des Glanzes, Tempel der Gottheit und Thronsaal des ewigen Fürsten, blühende Mutter, sei gegrüßt! Himmlische Wohnstatt, goldenes Haus, strahlendes Schloss. Brautgemach der Sonne, innerstes Heiligtum Gottes, grünender Zweig, Kammer der Anmut [= *cella decoris*, Saiani: „ricettacolo di bellezza"], Schloss des Herrschers. [180] Meeresstern,

Am *Epithalamium* zeigt sich, dass die an die *descriptio membrorum* geknüpfte protonarrative Grundstruktur so wirksam ist, dass die Anwendung einer solchen auf den heiligen Gegenstand, die Mutter Gottes, nur um den Preis einer ausdrücklichen Distanzierung von den Implikaten der Beschreibungstechnik realisierbar ist, welche, konsequenterweise, die Systemstelle der *conclusio* ersetzt. In die äußerliche Beschreibung der Maria im sechsten Buch wird folgender Passus eingeschaltet:

> *Excluditur lascivium in tanto decore*
> Nullum promittit vitium nullosque retractat [225]
>   lascivos gestus tantus in ore decor.
> Hanc factura Deo sponsam promittit habendam,
>   non homini dandam iudicat esse deam.
> Oris sanctus honor Veneri concludit et aufert
>   suspectus oculis materiamque mali. [230]
> Forma pudicitie nubit partesque venuste
>   dispositas casto dedicat illa viro
> Parva pedes, digitos procera, modesta lacertos,

umstrahlt von den leuchtenden Wangen, strahlender als die Sonne, duftender als eine Weihrauchböschung, voll von Gott, dir überantworte ich mich und werfe ich mich zu Füßen. *Du bist gebenedeit unter den Frauen und unter den Besten*, du bist das gesegnete Haus des Knaben durch das Geschenk des Mutterleibes. [185] O den Sohn gebärende Jungfrau, die du alle zarten Rosen an Anmut [= *decore*] und Blüte übertriffst, in einem einzigen Sternbild besiegst du die Sterne. Der einzige Gott ist Dir eine himmlische Blume, und für sich selbst bringt der vortreffliche Sohn eine Blume in der Mutter hervor. Golden an den Haaren, feurig im Gesicht, milchweiß an der Stirn [190] trägst du [i. e. hast du] einen Hals von himmlisch schneeweißer Farbe; keine Schminke, kein Licht überschattet dort Dein Antlitz, im Laubwerk Deiner Augenbrauen starrt kein Dorn hervor. Der erste Mondstreifen erhebt sich strahlend in den geteilten Erdkreis. Iris durchkreist ihren Weg; [195] der Mond formt sich so in Art eines springenden Bogens, dass seine gezogene Linie nicht aus ihrem Weg läuft. Lebhaft ist sie im Antlitz. Der Glanz schneit ihr ins Gesicht und das Blut erblüht, Purpur mit Schnee vermählt; die Sterne ihrer Stirn, die Vergebung versprechen, [200] lachen *ohne Ausschweifung*, die Würde des Antlitzes erweist die Königin. Die rechte Hand der Natur müht sich darum, dass ihr Antlitz *nichts Abgeschmacktes* an sich hat. Wieder und wieder wiederholt sie die Arbeit, schaut hierhin und dorthin, damit ihre hin- und hergeführte Hand jeden Makel entferne. [205] Die Rechte, den Augen folgend, vervollkommnet die Teile, damit jede noch so neidische Zunge ihre Schönheit preise. Auch vervollkommnet die göttliche Gnade die Geschenke der Natur und sorgt dafür, dass sie noch mehr gefallen. Das Antlitz zeigt etwas Himmlisches und Liebreiz [210] mit Strenge vereinend verbindet sie das Gesetz mit der Frömmigkeit. Das durch ihre Göttlichkeit strahlende himmlische Antlitz ist anbetungswürdig und liebenswert und ehrfurchteinflößend ein. Die gerade Säule der Nase trennt zwei Sterne und wie die Galaxie erstreckt sich eine Milchstraße. [215] Mit dem Duft ihres Mundes bereichert die Jungfrau den Reichtum des Frühlings mit Balsam, ihr Atem, der aus ihrer Nase strömt, riecht nach Styrax: der Mund billigt die Ergötzlichkeit ihres Bauches, die Nase die ihres Verstandes, die Zunge offenbart das Herz, das edle Werk offenbart die Zunge. Das Elfenbein beneidet ihre Finger und die Rose ihre Lippen, die Lilie ihren Hals [220], die feine Thetis wurde eifersüchtig auf ihren Fuß, und die Arme, deren keusche Bewegungen man der Sitte nach lobt, werden – durch ihren reichen Zustand geführt – reich. Ein geringer Teil des Mädchens wäre in einer anderen Frau bereits das Ganze: so strahlen weiß die Brust, die Handfläche und die Füße."

tracta latus, modulo pectora recta tenet.
(Johannes de Garlandia: Epithalamium VI,225.0–234)[200]

Diese Selbstverortung des Textes, die *decor* in ein direktes Verhältnis zu *lascivia* bringt, widerspricht dem konventionellen *descriptio*-Verständnis, das der Herausgeber des *Epthalamium*, Antonio Saiani, an den Tag legt, der sich in seinen dem Text vorangestellten Anlysen ausführlich derselben widmet. Einerseits demonstriert er hier im Ansatz ein interessantes – nämlich wiederum eher semiologisches – Verständnis, das gleichwohl auf Faral zurück-, jedoch über ihn hinausgeht.[201] In Hinblick auf den Aussagegehalt der *descriptio* bewegt sich Saiani andererseits jedoch in den von Faral vorgezeichneten Bahnen, auf dessen Arbeiten er immer wieder verweist: Die *descriptio* sei der vorrangige Gegenstand der Poetik bei Matthäus von Vendôme, sie stelle seltenst reale Personen dar und sei auf einen entweder lobenden oder tadelnden affektiven Gehalt hin konzipiert;[202] die Marien-*descriptio* entspreche weiterhin dem Konzept der *kalokagathía*, sei also mithin pythagoreisch und platonisch grundiert, beziehe konventionell Inneres und Äußeres symmetrisch aufeinander, wobei die Schönheit des Körpers aus der Proportion und dem harmonischen Gleichgewicht seiner Teile entstehe und eine Nähe zu der Ordnung der Gliedmaßen des Körpers in wissenschaftlichen beziehungsweise enzyklopädischen Texten aufweise;[203] die einzelnen Züge der Marien-*descriptio* entsprächen dabei den traditionellen *topoi* zur lobenden Beschreibung weiblicher Schönheit, wie sie in den *Artes poeticæ* vorzufinden seien.[204]

---

200 Übers. (Marco Mattheis, Berlin): „*Bei so großer Anmut ist Wollust ausgeschlossen* || [225] Ein so anmutiges Gesicht verheißt keine Sünde und widersetzt sich wollüstigen Gebärden. Der Körperbau gibt das Versprechen ab, dass sie für eine Braut Gottes gehalten werden muss, und er fällt das Urteil, dass sie als Göttin keinem Menschen gegeben werden darf. Die heilige Ehre ihres Gesichts stellt sich gegen Venus und nimmt [230] den Verdacht von den Augen und beseitigt den Stoff des Übels [= *materia mali*]. Die Schönheit verheiratet sich der Keuschheit und die anmutig gegliederten Körperteile weiht jene dem keuschen Mann. Sie, deren Füße klein, deren Finger schlank, deren Arme ebenmäßig und deren Hüften harmonisch sind, hält ihre Brust maßvoll aufrecht."
201 Saiani, Epithalamium, S. 139, Anm. 29: „Estendendo a tutti i generi di *descriptio* l'osservazione fatta dal Faral a proposito del ritratto medievale [vgl. Faral, Les arts, S. 79; F. D. S.], riconosciamo con lui che spesso nelle rappresentazioni mancano ‚la verità e l'improvisto della vita reale', sostituiti dal manierismo letterario, ma dobbiamo aggiungere che, nel valutarle, è necessario tener conto non tanto della loro verisimiglianza o individualità, quanto dell'atteggiamento culturale e psicologico con cui l'uomo medievale si pone di fronte alle cose terrene, *a priori* considerate immagini e simboli di una realtà spirituale e morale e quindi non necessariamente caratterizzate da un'impronta che le distingua da tutte le altre consimili: siccome prevale l'interesse per il ‚tipo', ne consegue l'opportunità di offrire al lettore elementi immediatamente percepibili proprio perché sempre ripetuti." – So stark verallgemeinernd diese Aussage über „den mittelalterlichen Menschen" im Ganzen ist, so ist doch der semiologische Zugriff auf Welt *und* Literatur eine bedenkenswerte Parallele.
202 Ebd., S. 139, Anm. 28.
203 Ebd., S. 178 f., Anm. 144 sowie S. 179 f., Anm. 149.
204 Ebd., S. 180, Anm. 150: „I tratti che caratterizzano la figura di Maria rispondono a *topoi* tradizionali e si possono confrontare con quelli usati per descrivere la bellezza femminile dagli autori delle *Arti poetiche* raccolta da E. Faral". – Das hier genutzte *topos*-Konzept ist jenes, auf Ernst Robert Curtius zurückgehende, das in seinem (Vulgär-)Verständnis als ‚Baukasten' einer mittelalterlichen Literatur zu Recht in Kritik gekommen ist.

Dem widerspricht nicht nur die eigentümliche Selbstdistanzierung von jeglicher *lascivia*,[205] die in den Text inseriert ist, sondern auch die Position der *descriptio* im Ablauf der Narration des Verkündigungsgeschehens und mithin der Umstand, dass hier tatsächlich einmal eine doppelte, nämlich eine Tugend- und Schönheits-*descriptio* durchgeführt wird, sowie – analog – die *descriptio* der *Misericordia*, die nicht zufällig keine *descriptio membrorum* ist. Insofern die in Buch sechs enthaltene *descriptio membrorum* Inneres und Äußeres tatsächlich in eine direkte Bezeichnungsrelation setzt, erfüllt sie das übliche Muster derselben gerade nicht. Die Prosa-*summa* kündigt an: *Sextum capitulum continet descripcionem pulchritudinis naturalis beate Virginis et elegantem disposicionem membrorum, et est quasi descripcio thalami Dei et habitaculi Virtutum* (Epithalamium 449, 7–10).[206] Durch die direkt eingeführte allegorische Dimension, welche über zwei auf Bibelexegese zurückgehende Gefäßmetaphern ein Innen-Außen-Verhältnis ankündigt und damit das Verhältnis von Eigenschaft und Hülle als Zeichenrelation etabliert, wird die exzeptionelle, nämlich nicht-narrativ-kausale Dimension der *descriptio* betont.[207] Dem entspricht, dass die *descriptio* – im Sinne einer narrativen Funktionalisierung – betont *nicht* zur Ursache des Zeugungsaktes wird, da sie unmittelbar im Anschluss an die Verkündigung und Ohrenempfängnis durch das Verkündigungswort Gottes eingeschaltet wird: Die wunderbare, nicht-wollüstige Schönheit Mariens wird nicht einmal für Gott, ihren Vater-Sohn-Geliebten, zum Attraktor, das kausal-motivierende Arrangement ist

---

205 Das Feld der an den Begriff *lascivia* geknüpften Konnotationen hat in jüngerer Zeit Daniel Eder als Nebenprodukt seiner Beschäftigung mit dem jahreszeitlich organisierten Natureingang im Sang mittels einer umfangreichen Stellensammlung erarbeitet; vgl. Eder, Natureingang, S. 276–294, besonders auch Anm. 205–248. Hierzu erneut derselbe: Diskurstechniken literarischer Rede als Kunst der Möglichkeiten. Kulturwissenschaftliche Überlegungen zum Natureingang im Minnesang. In: Poetica 48 (2016), S. 23–58, hier bes. S. 43–49. Im moraltheologischen Kontext stellt *lascivia* einen der Todsünde *luxuria* verwandten Begriff dar, wobei sie einerseits besonders Implikationen körperlicher Unmäßigkeit (im Essen, Tanzen, Lieben) zu tragen scheint und andererseits vor allem auch auslösenden, zur Unmäßigkeit und Sünde reizenden Charakter hat. Sie erscheint dabei nicht primär, aber auch, an körperliche Schönheit geknüpft zu sein.
206 Übers. (F. D. S.): „Das sechste Kapitel enthält die Beschreibung der natürlichen Schönheit der seligen Jungfrau und die auserlesene Disposition ihrer Gliedmaßen, und ist gleichsam die Beschreibung des Brautgemachs Gottes und der Wohnstatt der Tugenden."
207 Diese nicht-narrative Verwendung ist vielen *descriptiones*, auch vielen *descriptiones membrorum*, der großen allegorischen Texte, des *Anticlaudian*, des *Planctus naturae*, des *Architrenius*, eigen. Nichtsdestoweniger tragen sie hier zumeist dennoch jene protonarrativen Implikate und werden in Hinblick auf dieselben eingesetzt. Hierauf ist zurückzukommen. – Den Hss. L und O des *Epithalamium* ist zudem eine Folge von Diagrammen beigegeben, die die theologischen Elemente des Textes systematisieren. Auch dem *Liber sextus* ist ein solches kreisförmiges Diagramm beigegeben, in das eine Mittelachse und ein gekipptes Kreuz eingelegt sind und das den Körper der Maria im Sinne einer Axiologie gegen die Schöpfungsordnung aufträgt, was durch eine Beischrift eindeutig markiert wird: *hec est spera mystice intellecta in microcosmo, | idest in minore mundo, scilicet in beata virgine* sowie *quatuor quadre significant | quatuor virtutes | cardinales* und *axis quo representat filium dei* (Epithalamium, S. 451).

demonstrativ suspendiert.[208] Die Bestandteile der Schönheit Mariens werden im Gegenteil zum Anlass von Meditation und Allegorese und desweiteren über medizinisch-physiologisches Wissen begründet.[209] Die Anbindung an das Galenische Körperkonzept darf dabei wohl weniger als ubiquitäre Grundlage einer jeden *descriptio membrorum* verstanden werden, wie es Saiani tut,[210] sondern ist vielmehr eine zusätzliche Entlastungsstrategie, im Rahmen der Beschreibung des schönen Körpers der Gottesmutter. Gleichwohl werden im Folgenden gar die Brüste Mariens als Ursprung der Milch, die Gott stillen wird, rhetorisch aufwendig beschrieben, dabei aber direkt wieder mit ihrer Virginität konfrontiert (vgl. Johannes de Garlandia: Epithalamium VI,259–262).

Diese Entlastungsstrategien lassen sich in Hinblick auf die körperliche Schönheit Mariens immer wieder beobachten. Offenbar stellt die paradoxe diskursive Formation, die einerseits aus Konnotationen physischer Schönheit mit der Konkubinenhaftigkeit, wie sie der *descriptio membrorum* als Argumentstruktur inhärent ist, und aus der ubiquitären Positivkonnotation von Schönheit andererseits gefügt ist, ein beständiges Problem in der Darstellung Mariens dar. Diese paradoxe Schönheit Mariens, die zugleich positiv und verdächtig ist, findet sich prominent in Konrads von Würzburg *Goldener Schmiede*:

> dich prîset manger zungen ruof
> durch die geschihte wilde,
> daz dîn kürlichez bilde
> von schœne was durchliuhtic,
> und doch nie mohte fiuhtic,
> von dir werden mannes brust,
> sô daz unkiuschlich gelust
> im wüehse von der klârheit dîn.
> (Konrad von Würzburg: Goldene Schmiede, V. 1156–1163)

---

208 Man vergleiche nur die Zeugungen in den *enfances* weltlicher Helden. Im Falle von Cligès und Wigalois wird die Schönheit ihrer Mütter im narrativen Arrangement jeweils daraufhin funktionalisiert, die Vaterschaft der jeweils exzeptionellen Väter (Alixandre, Gawan) zu plausibilisieren. – Es sei darauf hingewiesen, dass mit der raumzeitlichen Verortung der Verkündigung und Empfängnis im Frühling demgegenüber passiv die Figuration des Lustortes als *argumentum a loco* reproduziert wird, wenngleich die gewählte Zeit natürlich dem tradierten christlichen Kalender entstammt und nicht der Selektion der Texterzeugung. Hinter beidem jedoch, hinter der Etablierung eines jahreszeitlich organisierten Ablaufes zyklischer Phasen der Fruchtbarkeit und dem Lustort als potentiellem Ort der Lusterzeugung, steckt in der Genese vielleicht derselbe Diskurs, dasselbe kulturelle Wissen.
209 Auf die Selbstdistanzierung von der potentiellen *lascivia* der *descriptio membrorum* folgt ein weiterer Passus *de bonis naturalibus*, der sich auf die Komposition von *ingenium, ratio, memoria* und *intellectus* bezieht, also wiederum die Hirnkammerntheorie aufruft (Epithalamium VI,237–244). Der Abschnitt trägt ganz explizit das Gepräge physiologischen Fachwissens, insofern dieser Teil der *descriptio* durch den Verweis darauf eingeleitet wird, Mariens Kopf habe *ad normam Galieni* die Form einer leicht flachgedrückten Kugel (Epithalamium IV,235 f.). Hieran schließt wiederum eine *Descriptio physicalis secundum Galienum* (Epithalamium VI,273.0) an und es folgt weiterhin ein Passus über die fünf Sinne (Epithalamium VI,347–372).
210 Vgl. Saiani, Epithalamium, S. 178 f.

Es ist der außergewöhnliche, fremdartige Umstand (*geschihte wilde*), dass ihre Schönheit *nicht* wollusterregend ist, der Maria preisenswert erscheinen lässt. Gleichzeitig wird der ‚normale' Wirkungsmechanismus perpetuiert, dass *mannes brust* durch Schönheit *fiuhtic* wird und *unkiuschlich gelust* aus ihr erwächst.[211] Dass dieser Wirkungsmechanismus in Maria ausgesetzt ist, erklärt sich im Folgenden aus *gotes segen*, der Maria – in deutlicher Referenz auf das *Ave Maria*, welches die Alterität Mariens in der Menge der Frauen als *benedicta in mulieribus* betont – derart *gebenediet* hat, dass ihr der übliche weibliche Makel, Lustursache für Männer zu sein, nicht eigen ist:

> ouch hæte dich der gotes segen
> alsô gebenediet,
> daz alle man gevriet
> vor dem geluste wâren,
> daz sî dîn wollten vâren
> mit unkiusches herzen gir.
> der ougen wünne lac an dir
> mit lûterbærem vollen,
> und schiet doch unbewollen
> von dir ein iegelich gedanc,
> sô daz er nie dar nâch geranc,
> daz er dîn begunde gern.
> (Konrad von Würzburg: Goldene Schmiede, V. 1176–1187)

---

211 Es besteht ein langer diskursiver Traditionszusammenhang zwischen der Erregung von Lust, der Feuchtigkeit und dem Fließen, wobei dem Fließen der Sünde der Fluß bzw. das Herabtauen der Gnade gegenübergestellt ist. Dieser Zusammenhang von Lust-Erregung und Feuchtigkeit ist über semantische Grenzen hinweg stabil, sodass ‚Lust' hier sowohl den semantischen Wert von ‚Wollust' als auch denjenigen von ‚Wonne' abzudecken in der Lage ist. Vgl. bspw. Ambrosius von Mailand: De paradiso liber unus I,4: *locus autem eius, in quo est plantatus, uoluptas dicitur. unde et sanctus Dauid ait: et torrente uoluptatis tuae potabis eos* [Ps 25,9]. *legisti enim quia fons procedit ex Eden, qui rigat paradisum* [Gen. 2,10] (Übers. [Niederhuber]: „Der Ort aber, an dem er gepflanzt ist, wird Wonne [= *voluptas*, F. D. S.] genannt. Und deshalb spricht der heilige David: *du tränkst sie mit dem Strom deiner Wonne* [= *torrens voluptatis tuæ*, F. D. S.], Psalm 35,9. Du lasest nämlich: *Ein Strom entspringt in Eden, der den Garten befeuchtet*, Gen 2,10."). – Augustinus spricht im Zusammenhang mit wollüstigen Träumen vom *carnis fluxus* (Confessiones X.30.42). – In einer generalisierenden Walther-Strophe über das Schauen weiblicher Schönheit im König-Friedrichston (Ton 11, L 27,17: *Durchsüezet und blüemet sint die reinen frowen*) findet sich die Schönheit der Damen über die Maien-Natur gestellt (*ez wart nie niht sô wünneklîches an ze schowen | in lüfte, ûf erden noch in allen grüenen ouwen*, L 27,18 f.); sie übertrifft Lilien, Rosen, andere Blumen und ihr Strahlen im Maientau sowie den Vogelsang. Das Schauen der schönen Dame, heißt es hier, *kan trüeben muot erfiuhten | Und leschet allez trûren an der selben stunt* (L 27,23 f.). Die prinzipielle Nähe der hier implizit bleibenden, durch Schönheit ausgelösten ‚Freude' zu lateinischen *luxuria*- und *lascivia*-Konzepten hat jüngst Eder, Natureingang, S. 276–294, herausgearbeitet. Zur ‚Feuchtigkeit' am Beispiel Wolframs von Eschenbach vgl. Stephan Fuchs-Jolie: *al naz von roete* (*Tit.* 115,1). Visualisierung und Metapher in Wolframs Epik. In: Wahrnehmung im „Parzival" Wolframs von Eschenbach. Actas do Colóquio Internacional 15 e 16 de Novembro de 2002. Hrsg. von John Greenfield. Porto 2004, S. 243–278.

Eine ganz ähnliche Konstruktion kennt auch das Marienleben des *Passionals*, in dem die Schönheit der noch nicht Vierzehnjährigen (vgl. Vv. 901–905) explizit von einem Verweis darauf begleitet wird, dass ihre Schönheit kein Begehren errege:

> si hete sunderlich ein tugent,
> di man billich schriben sal,
> daz niman an des herzen val
> geergert wart als um ein har,
> swer ir nam mit gesichte war.
> die juden han von ir gesaget,
> swi si were ein schone maget,
> lustic unde wol gestalt,
> daz niman wart von ir gevalt
> an ergerunge missetrite,
> diz quam von irre tugende site.
> ir kuschlich gemute
> so lustlich sich erblute,
> daz sich von irre kuscheite
> ein kuschlich ruch zespreite
> an allerhande lute,
> als ich uch daz bedute:
> ob wol ein itel mensche quam
> und mit gesicht ir war nam,
> zu hant ir tugende blute
> sluc in sin gemute,
> so daz im quam ein kusch gedanc,
> der im vil gar under dranc
> aller ergerunge stift.
> (Passional, V. 868–891)[212]

Diese Entlastung der Schönheit Mariens vom Verdacht der Lusterregung, welcher der körperlichen Schönheit von Frauen allgemein im selben Moment attribuiert wird, ist der Formulierung der *Goldenen Schmiede* nicht unähnlich.[213] Das Passional bezieht sie wiederum aus einem der am weitesten verbreiteten Texte der lateinischen Tradition,

---

[212] Das *Passional* wird hier und im Folgenden zitiert nach: Passional. 2 Bd. Hrsg. von Annegret Haase, Martin Schubert, Jürgen Wolf. Berlin 2013 (DTM 91).
[213] Die Hohelied-Auslegung Bruns von Schönebeck nimmt hier eine Zwischenstellung ein. Im Rahmen der schrittweisen marianischen Auslegung, welcher die einzelnen ‚membra' der Hohelied-‚descriptio' der Braut unterzogen werden, erfahren der Moment der Verkündigung und das *Ave Maria* eine besondere Beachtung. Die Wangen, die ‚granatapfelfarben' seien, werden im Hinblick auf die Röte des Granatapfels ausgelegt: *do Gabriel sprach zu ir: ave, / Maria enpran al sunder lose / rechte also eine nuwe rose* (Brun: Das Hohe Lied, Vv. 2672–2674). Während hier also gleichzeitig das ‚Entzünden' der Maria durch das *Ave* thematisch wird, wird dieses andererseits als *sunder lose* („ohne Leichtfertigkeit") sowie als eine Folge rechter Scham (Vv. 2681 f.) inszeniert.

nämlich der in den 1260er Jahren entstandenen *Legenda aurea*,[214] in welcher es zum Fest der Reinigung der Heiligen Jungfrau Maria (2. Februar) heißt:

> Vere enim purificatione non indigebat, quae et suscepto semine non conceperat et in matris utero perfectissime mundata et sanctificata erat. Adeo autem fuit in matris utero et in adventu spiritus sancti sanctificata et mundata, quod non solum aliquod inclinativum ad peccatum in ea penitus non rimansit, sed etiam virtus eius sanctitatis et castitatis usque ad alios extendebatur et transfundebatur ita, quod in aliis omnes motus carnalis concupiscentiae exstinguebat.
>
> Unde dicunt Iudaei, quod, cum Maria pulcherrima fuerit, a nullo tamen umquam potuit concupisci. Et ratio est, quia virtus suae castitatis cunctos aspicientes penetrabat et omnem in eis concupiscentiam expellebat. Unde comparatur cedro, quia sicut cedrus serpente odore suo interficit, ita eius sanctificatio in aliis irradiabat et omnes motus in carne serpentes occidebat.
>
> (Jacobus de Voragine: Legenda aurea, Nr. 37, S. 532, Z. 3–15)[215]

Der hier entlehnten skeptischen Haltung zu körperlicher Schönheit entsprechend enthält das um 1300 entstandene *Passional* – im Gegensatz zu Johannes' *Epithalamium* – eben *keine* körperlich kodierte *descriptio membrorum*, sondern baut *stattdessen* die Ausführungen aus dem *Legenda aurea*-Passus *De purificatione beate Mariae virginis* in sein Marienleben ein, wodurch es einen Gegenentwurf zu der enorm populären, um 1250 im südostdeutschen Raum entstandenen, lateinischen *Vita beate virginis Marie et Salvatoris rhythmica*[216] bietet, in welcher an prominenter Stelle eine *descriptio membrorum* der Heiligen Jungfrau figuriert.[217] Die *Vita rhythmica* stellt mit ihrer insgesamt sehr

---

214 Vgl. den Beleg in der Ausgabe von Haase/Schubert/Wolf, Passional, S. 27, zu Vv. 861–900, welcher auf die kritische Ausgabe der *Legenda aurea* von Giovanni Paolo Maggioni verweist (Iacopo de Varazze: Legenda aurea. 2 Bd. Hrsg. von Giovanni Paolo Maggioni. 2. überarb. Aufl. Florenz 1998). – Zur Verbreitung der *Legenda aurea* vgl. die nachfolgende Anm.

215 Die *Legenda aurea* und ihre Übersetzung wird hier und im Folgenden zitiert nach der Ausgabe: Jacobus de Voragine: Legenda aurea. Goldene Legende. Einleitung, Edition, Übersetzung und Kommentar von Bruno W. Häuptli. Freiburg i.Br. 2014 (Fontes Christiani [ohne Band-Nr.]). In der Zählung Ausgabe Maggionis, Legenda aurea (1998), findet sich die entsprechende Stelle 37,128–131. – Übers. (Häuptli): „Tatsächlich bedurfte sie der Reinigung nicht, da sie nicht infolge der Aufnahme von Samen empfangen hatte und schon im Mutterleib vollkommen gereinigt und geheiligt war. So verklärt und geläutert aber war sie schon im Mutterleib bei der Ankunft des heiligen Geistes, daß nicht nur keinerlei Neigung zur Sünde in ihr verblieb, sondern die Tugend ihrer Heiligkeit sich auf andere ausdehnte und übertrug, so daß sie bei Männern jegliche Regung fleischlicher Begierde auslöschte. / Daher sagen die Juden, daß Maria, obschon sie sehr schön war, doch nie von einem Mann begehrt werden konnte. Der Grund dafür ist, daß die Tugend ihrer Keuschheit alle, die sie erblickten, durchdrang und jede Begehrlichkeit in ihnen abwies. Daher wird sie mit der Zeder verglichen, weil so, wie die Zeder mit ihrem Duft Schlangen tötet, ihre Heiligkeit auf andere ausstrahlte, daß sie jede Regung im Fleisch, die Schlangen, abtötete." – Zum nachhaltigen Erfolg der *Legenda aurea*, welcher sich in einer breiten handschriftlichen Überlieferung spiegelt, vgl. Häuptli (diese Anm.), S. 60.

216 Zu den Basisdaten dieses Textes vgl. Gärtner, Art. Vita beate virginis.

217 Eine Übersetzung der Marien-*descriptio* der *Vita* findet sich bei Knapp, Das weibliche Schönheitsideal, S. 183 f., Anm. 12: „Sie besaß körperlichen Liebreiz, ein wohlgestaltetes Äußeres und war ausgezeichnet mit wunderbarer Schönheit. Von leiblicher Statur war sie, wie es sich geziemt, weder zu groß noch zu klein. Vielmehr hatte Natur sie mit einem mittleren, geziemenden Maß ausgestattet zu-

IV.2 Die *descriptio membrorum* in der lateinischen und volkssprachlichen Dichtung — 353

reizbetonten *descriptio membrorum* zwar einerseits ein außergewöhnliches Gegengewicht dar, andererseits jedoch mündet auch diese *descriptio membrorum* in eine *descriptio* ihres tugendhaften Wohlverhaltens, das kontrastiv gegen die reizvolle Schönheit ihres Körpers gesetzt ist:

> Planus et compositus eius erat gressus,
> Atque multum curialis ipsius incessus,
> Neque velox neque preceps fuit ambulando,
> Nihil enim peragebat nimis festinando;
> Neque tamen tarda fuit sed nimium modeste

---

sammen mit dem Schmuck aller Körperteile. Die Haut des Fleisches war von Weizenfarbe, weiß mit etwas Rot, von wunderbarer Anmut. Dazu paßten ihre sehr schönen, anmutigen und hell leuchtenden Augen bestens, erfreulich anzuschauen, süß und heiter, weder zu sehr hervortretend noch triefend oder tiefliegend. Ihr Blick war mild, wohlwollend und bescheiden, sanftmütig, fromm, demütig, schamhaft und schicklich, nicht herumschweifend, keck, stolz, bohrend, mürrisch oder bösartig. Die Iris in den Augen war von hyazinthener oder saphirener, sehr leuchtender Farbe. Schwarz, aber hell leuchtend war die Pupille, von keinem Makel getrübt. Das Weiße war auch von milchiger Farbe, umschließend und umgebend das Licht der Augen. Die Augenlider waren ganz glatt, ohne jede Fäulnis, vielmehr stets gesund. Die Wimpern waren ein wenig aufgebogen, weder spärlich noch allzu dicht, weder lang noch kraus. Ihre Augenbrauen waren gehoben, äußerst schicklich über die Augen gewölbt, schwarz, weder allzu buschig noch breit oder dicht. Sie stießen auch nicht zu nahe zusammen, sondern sie hielten strikt Abstand voneinander, so als wären sie auf einem schönen Bild gemalt. Ihr Mund war ergötzlich und hübsch, voll von jeder Süße und Lieblichkeit. Rot waren die keineswegs fleischigen, nur wenig schwellenden, äußerst reizvollen Lippen. Ihre Zähne waren weiß und gerade und gänzlich frei von jeder Beschmutzung. Gleichförmig, glatt, milchfarben waren sie, blieben stets sauber, weiß wie Elfenbein. Ihr Kinn war, wie es sich gehört, halbrund und mit einem kleinen Grübchen in der Mitte. Ihre Nase war gerade, ein klein wenig adlerartig, weder zu lang noch zu kurz, weder gekrümmt noch stumpf. Ihre Nasenlöcher waren stets rein, weder zu weit noch zu eng, sondern gerade richtig. Weder zu dick noch mager waren ihre Kinnbacken, sie waren weder ausgezehrt noch feist, sondern sehr schön, von großem Liebreiz, weiß mit einer Beimischung von Rosenfarbe. Weiß und rot waren die schönen Wangen, wie wenn man Lilien unter Rosen streut. Ihre Stirn war frei, doch nicht allzu breit, sondern geziemend glatt, freundlich, ohne jede Furche. Auch die Haupthaare waren ein wenig zitronenfärbig [sic], funkelnd wie Gold, topasfarben. Die Zöpfe aber hingen herab bis zum Gürtel: Sie waren äußerst schicklich und sehr schmuckvoll, leicht gelockt, nicht frei und aufgelöst, sondern stets gut gekämmt. Ihr Hals war weiß und nicht fleischig, weder war er dürr noch gekrümmt, sondern gedrechselt und gerade, wie es sich gehört, weder dünn noch mager, nach Gebühr lang und anmutig. An ihm trat keine Ader unschön hervor. Schön waren ihre Hände, genau wie sie sein sollten, immer blieben sie unbeschmutzt und sauber, beweglich und geschickt zu jeder vorzüglichen Arbeit, niemals träge, sondern bereit zu dienen. Die Finger waren gedrechselt und gerade, genügend lang, zart, nicht aufgerauht. Die Fingernägel waren frei von Schmutz und von großer Zierlichkeit, stets geschnitten, onyxfarben." Gärtner, Art. Vita beate virginis, Sp. 440, leitet aus dem Vorkommen der ‚Schönheitsbeschreibungen' Marias und Jesu ab, dass „der Autor [...] mit Regeln der mal. Poetiken vertraut" war und schätzt diese wiederum als ‚bildgebendes' Verfahren ein, wenn er schreibt: „Die einzelnen Bücher sind in zahlreiche mit Überschriften versehene Kapitel unterteilt, die oft nur wenige Verse umfassen und den epischen Zusammenhang immer wieder auflösen in Einzelbilder und Details, besonders in der nach den Regeln der mal. Poetiken gegliederten Schönheitsbeschreibung Jesu (v. 3123–3351; vgl die Marias v. 665–760)." (ebd., Sp. 439).

> Incedebat, ambulabat decenter et honeste;
> Erecta sursum procedens semper ambulabat,
> Et decenter caput eius parum inclinabat,
> Ut pudicas virgines decet ambulare
> Que non solent nimium cervicem elevare;
> Nam omnis motus virginis, incessus atque status,
> Decens erat et pudicus, ac disciplinatus.
> (Vita rhythmica, Vv. 749–760)[218]

Die *descriptio* Mariens in der *Vita rhythmica* realisiert derart in der Tat einmal das Prinzip der *kalokagathía*, nämlich die außergewöhnliche tugendhafte Selbstbeherrschung der schönen Frau, die Maria zur *benedicta in mulieribus in melioribus* (Epithalamium IV,183) macht.[219]

IV.2.2 Die Schönheit der Prokreation – Die *descriptio membrorum* und das *Natura*-Prinzip in den Allegorien des Alanus ab Insulis und in der deutschsprachigen Alanus-Rezeption

Auch in anderen allegorischen Texten erscheint, wie im Folgenden argumentiert werden soll, die über die *descriptio membrorum* vermittelte körperliche Schönheit stets mit dem Implikat der Induktion von Begehren, was dazu führt, dass solche weiblichen Allegorien, deren Dignität dies verbietet, keine *descriptio membrorum* erhalten. Ohnehin gibt es in den Allegorien gegenüber den Romanen einige grundsätzliche Unterschiede im Einsatz der *descriptio*. Diese betreffen den Einsatz der Körperbeschreibung, insofern Körper hier tatsächlich weniger als Argument denn als ‚Sinnbild', eben als Allegorie, erzeugt werden, in der jedes Detail des Beschriebenen als Zeichen auf eine Bedeutung des symbolisierten Begriffes abhebt.[220] Zudem gehören die in den lateinischen Allegorien personifizierten Konzepte – im Gegensatz zu den Figuren der *fabulae* – in den Bereich der *historia*, insofern sie der christlichen Realität angehören, und fallen zudem,

---

218 Übers. (Marco Mattheis, Berlin): „Ruhig und gemessen war ihr Gang, und sehr höfisch ihr Schritt, nicht schnell und nicht eilend war sie beim Spazieren, nichts nämlich unternahm sie mit zu viel Hast; auch war sie nicht säumig, sondern schritt außerordentlich maßvoll einher, spazierte schicklich und ehrbar; gerade und aufrecht einherschreitend spazierte sie immer, und ihr Haupt neigte sie, wie es sich ziemt, nur ein wenig. Ganz so wie züchtige Jungfrauen spazieren müssen, die nicht zu sehr den Nacken aufzurichten pflegen. Denn jede Bewegung der Jungfrau, ihr Gang und ihre Haltung, war ziemlich und züchtig und diszipliniert." – Diese Verse übersetzt und thematisiert Knapp, Das weibliche Schönheitsideal, S. 186, nicht.
219 Vgl. hierzu Kap. III.1 u. III.4.
220 Das bereits zitierte Vorwort zu Johannes' de Garlandia *Epithalamium* aus dem Ms. Weimar reflektiert diesen Vorgang *expressis verbis*, vgl. (Epithalamium I [Ms. Weimar], 13–16). – In jüngerer Zeit hat Silke Philipowski (Philipowski, Gestalt des Unsichtbaren), die Besonderheit des allegorischen Figurenkörpers betont, die bspw. schreibt, dass „das Ungegenständliche [...] eines ‚geliehenen' Körpers" bedürfe (ebd., S. 15). "

insofern sie Verkörperungen göttlich gestifteter Prinzipien sind, in den Bereich der Transzendenz, womit sie tendenziell anderen Bewertungsrastern (Göttlich-Schönes vs. Kreatürlich-Schönes) unterliegen, als die Figuren der *fabulae* oder der immanenten *historia*. Der Schritt in die Transzendenz (aber auch in die Allegorie) rettet das Zeichengewebe der irdischen Dichtung indessen nicht – wie am *Epithalamium* zu sehen ist – vor dem Implikat irdischer Schönheit, vor der Spur der *lascivia*, welche im menschengemachten Zeichen der Dichtung für die transzendente Schönheit der Gottesmutter einzustehen hat.[221] Auch die oft herangezitierte *Natura* aus dem *Planctus naturae* des Alanus bildet hiervon weniger eine Ausnahme als vielmehr den spezifischen Regelfall, denn sie gehorcht in Hinblick auf die Implikate der *descriptio membrorum* den hier explizierten Regeln.

IV.2.2.1 Alanus ab Insulis: *De planctu naturae*

Im Gegenteil macht sich die Allegorie das (weltlich/fleischlich/körperlich konnotierte) Implikat in ihrer Bedeutungserzeugung zunutze: So wird die Figur der *Natura* im *Planctus* nicht – wie es in Textkommentaren häufig suggeriert wird – deshalb mit einer *descriptio membrorum* ausgestattet, weil auf sie eben der ubiquitäre ‚Topos der schönen Frau' angewandt wird, sondern – ganz im Gegenteil – diese spezifische Form der *descriptio superficiale* sehr gezielt dazu genutzt, das Prinzip der Fleischlichkeit, mit dem *Natura* auf das Engste verbunden ist, darzustellen. *Natura* ist hier eben die *vicaria Dei*[222] beziehungsweise *pro-dea*,[223] die als Gottes Wirkprinzip auf Erden für den Fortbestand der Schöpfung nach dem Sündenfall und der Verstoßung aus dem Paradies

---

221 Spuren des Dilemmas einer solchen auf immanentes Sprechen bezogenen Zeichenrelation, in welcher der Immanenz Entstammendes als sprachliches Zeichen für Transzendentes einstehen muss, finden sich immer wieder. Sie affiziert die Frage nach dem Sprechen vom Göttlichen bis in die Auslegung des Wortes Gottes hinein und lässt sich an der Frage nach der Natur der Engel nachvollziehen. Im Zentrum dieses Diskurses steht die durch Johannes Scotus Eriugena, Hugo von St. Viktor, Thomas von Aquin und andere breit rezipierte Pseudo-Dionysius-Schrift *De coelesti hierarchia*, in welcher von der Differenz zwischen der menschlichen Vorstellung bzw. dem menschlichen Sprechen von Engeln und deren tatsächlicher Natur gehandelt wird. Diese Diskussion zieht sich durch, bis sie spätestens mit dem *Hohelied* Bruns von Schönebeck (Vv. 354: *der bote Fortitudo hiz*, V. 2203) und den Predigten Eckharts in der Volkssprache erscheint und die biblische Imagination eines zu Maria tretenden körperlichen Wesens selbst zum uneigentlichen Zeichen für die Kraft Gottes erklärt, welche die wörtliche Bedeutung des Namens Gabriel sei. Das von den Evangelisten durch Sprachzeichen erzählte, immanente Signifikat (körperliche Erscheinung des Engels) wird so als Pseudo-Signifikat aufgefasst, welches selbst wiederum nur Signifikant für etwas völlig Alteritäres ist. Dieser erzählte Signifikant birgt – besonders bei Ungebildeten und/oder Laien – beständig die Gefahr der Verwechselung von Zeichen und (weiterhin und ewig entzogenem) transzendentem Signifikat in sich, gegen welche die Theologen anschreiben. Vgl. hierzu im Folgenden Kap. V.1 sowie Haug, Das dunkle Licht.
222 Alanus: Planctus, Prosa 3, S. 88.
223 Alanus: Planctus, Prosa 4, S. 118.

Sorge zu tragen hat.[224] Dabei ist sie einerseits notwendig, um dem Imperativ der Fruchtbarkeit nachzukommen, welcher die Generationenfolge sichert, andererseits jedoch – mit dem Makel der Erbsünde belastet – ist sie zugleich mit dem Übel (*vitium*) der fleischlichen Lust geschlagen. Als derartiges notwendiges Übel, dem Fleischlichkeit untrennbar attribuiert wird, stellt sie der *Planctus Naturae* des Alanus ab Insulis vor.[225]

Der *Planctus* ist als handlungs- bzw. spannungsarm[226] charakterisiert worden. Er stellt eine Traumvision dar, die – in erkennbarer Anlehnung an die *Consolatio philosophiae* des Boethius – als Prosimetrum gestaltet ist. Auf die allgemeine Weltklage des Text-Ichs erscheint diesem eine Frau, der eine ausgreifende *descriptio membrorum* gewidmet ist, in der beispielsweise auch ihre küssenswerten Lippen betont werden. Diese Frau stellt sich im Gespräch als das von Gott in der Immanenz eingesetzte Funktionsprinzip heraus, das die Generativität der Schöpfung sichert, und nennt sich ‚Natura', die *vicaria Dei*. Sie klagt über die Verstöße gegen das Prinzip der Prokreation, welche die Menschen begehen. Diese sind durch Venus zur Übertretung der Geschlechterordnung angestachelt worden. Venus, die als *subvicaria* der Natura das für die Prokreativität notwendige Übel des ‚Lust'-Prinzips darstellt, droht zugleich, sich gegen die Ordnung zu wenden. Der Exzess des Venus-Prinzips ist der Dammbruch, der die Auflösung der Ordnung und die Entstehung von Sodomie verursacht. Hierüber führt Natura eine lange – und streckenweise poetologisch gefärbte – Klage, bis Hymeneus und vier Tugenden (Castitas, Temperantia, Largitas, Humilitas) erscheinen, die *descriptiones* erhalten, über welche jedoch etwa betont wird, dass ihren Lippen die Küsse der Venus unbekannt sind (Castitas) oder dass sie eine *matrona* seien (Temperantia). Demgegenüber verkörpert Largitas den Überfluss in exzessiver Schönheit, wie etwa in ihrem langen, frei wallenden Haar dargestellt ist.[227] Die Tugenden sind gleichwohl geeignet, den Schaden zu begrenzen. Natura schreibt einen Brief an ihren ‚Hohepriester', Genius, der schließlich ein Anathema über das Fehlverhalten

---

224 Zu dieser *Natura*-Konzeption bei Alanus vgl. Andreas Speer: Kosmisches Prinzip und Maß menschlichen Handelns. *Natura* bei Alanus ab Insulis. In: Mensch und Natur im Mittelalter. Bd. 1. Hrsg. von Albert Zimmermann, Andreas Speer. Berlin/New York 1991 (Miscellanea Mediaevalia 21,1), S. 107–128. Zum Verständnis von *Natura* besonders in deutschsprachigen Texten – vgl. immer noch grundlegend Klaus Grubmüller: *Natûre ist der ander got*. Zur Bedeutung von *natûre* im Mittelalter. In: Natur und Kultur in der deutschen Literatur des Mittelalters. Colloquium Exeter 1997. Hrsg. von Alan Robertshaw, Gerhard Wolf. Tübingen 1999, S. 3–17.
225 Hier und im Folgenden zitiert nach: Alanus ab Insulis: De planctu Naturae. Textus, Translatio una cum Annotationibus. Hrsg. von Johannes B. Köhler, Münster 2013 (Texte und Studien zur europäischen Geistesgeschichte, Reihe A, Bd. 2).
226 Vgl. Johannes Köhler: Natur und Mensch in der Schrift ‚De Planctu Naturae' des Alanus ab Insulis. In: Mensch und Natur im Mittelalter. Bd. 1. Hrsg. von Albert Zimmermann, Andreas Speer. Berlin/New York 1991 (Miscellanea Mediaevalia 21,1), S. 57–66, hier S. 58.
227 Die – als Rezeptionszeugnis des *Planctus* lesbare – Figur der *Largece* im *Roman de la Rose* reflektiert dieses Prinzip der Freizügigkeit und deutet es stark in Richtung fleischlicher *lascivia* bzw. *luxuria* aus.

Menschen ausspricht und ordnungskonformes Geschlechtsverhalten positiv sanktioniert. Hierauf erwacht der Erzähler.

Zum Auslöser der Narration wird hier die Verbindung der *Natura* zur Fleischlichkeit, welche sich darin ausdrückt, dass die *vicaria Dei* als ausführendes kreatürliches Prinzip Gottes wiederum Venus als *subvicaria* (Alanus: Planctus, Prosa 4, S. 120) einsetzt, welche dafür zuständig ist, dass „Hammer und Amboss" zueinander finden:[228]

> Sed quia sine subministratorii artificis artificio suffragante, tot rerum species expolire non poteram, meque in aethereae regionis amoenante palatio placuit commorari, ubi venti rixa effecatae serenitatis pacem non perimit, ubi accidentalis nox nubium aetheris indefessum diem non sepelit, ubi nulla tempestatis saevit iniuria, ubi nulla debacchantis tonitrus minatur insania, Venerem in fabrili scientia conpertam, meaeque operationis subvicariam in mundiali suburbio collocavi, ut ipsa sub meae praeceptionis sub arbitrio, hymenaei coniugis, filiique Cupidinis industria suffragante, in terrestrium animalium varia effigiatione desudans, fabriles malleos suis regulariter adaptans incudibus, humani generis seriem indefesse continuatione contexeret, ne Parcarum manibus intercisa discidii iniurias sustineret. (Alanus: Planctus, Prosa 4, S. 120)[229]

Venus wird jedoch im Verlauf der Dichtung von *Natura* für das Übel der Sodomie verantwortlich gemacht. Im Rahmen der natürlichen Ordnung hat auch die grundsätzlich wollüstige Schönheit ihren Platz und wird entsprechend im eröffnenden Metrum direkt zu Beginn des *Planctus* wiederum über die aus den Poetiken bekannten *nomina propria* eingeführt. Das Text-Ich beklagt hier die um sich greifende Sodomie (Alanus: Planctus, Metrum I,1–32), welche über die kontrastive Darstellung der außer Kraft gesetzten natürlichen Sprachordnung entfaltet wird. Ziolkowski zeigt in seinen Analysen, dass ,Sexualität' (*avant la lettre*), Sprache und natürliche Ordnung – nicht nur bei Alanus – konstant enggeführt und überblendet werden. Im Sinne Bourdieus lässt sich argumentieren, dass hier (kosmische) Homologien etabliert werden, die sich ineinander verschränken und abbilden lassen und die umgekehrt aneinander verletzbar sind. In einer von einer Wortreligion geprägten Kultur wie der christlichen, in welcher das Wort selbst der menschgewordene Gott ist, ist der sprachliche Normverstoß damit ähnlich

---

228 Vgl. hierzu die konzisen Schemata zum System der Schöpfungsinstanzen in *Planctus* und *Anticlaudianus* bei Huber, Aufnahme und Verarbeitung, dort: Anhang 10 u. 11, S. 426 f.
229 Übers. (Köhler): „Aber weil ich ohne die Fertigkeit einer untergeordneten Mithelferin die Arten so vieler Dinge nicht ausführen konnte und weil es mir gefiel, mich in dem anmutigen Palast des himmlischen Bereichs aufzuhalten, wo das Toben des Windes den Frieden einer geläuterten Heiterkeit nicht zerstört, wo keine hereinbrechende Nacht mit ihren Wolken den unerschöpflichen Tag des Himmels begräbt, wo keine Gewalt eines Unwetters wütet, wo kein Tumult eines rasenden Donners droht, habe ich Venus, die im Werkwissen erfahren ist, zur Mithelferin meines Wirkens in der Vorstadt der Erde eingesetzt, damit sie sich unter meinem Auftrag und Willen, unterstützt vom Fleiß ihres Gatten Hymeneus und ihres Kindes Cupido, in der unterschiedlichen Herausbildung der irdischen Lebewesen abmühe und der Regel entsprechend die Handwerkshämmer auf ihren Ambossen anwende und so den Faden des menschlichen Geschlechts in unermüdlicher Fortsetzung knüpfe, damit er nicht durch die Hände der Parzen abgeschnitten [sic] und durch diese Unterbrechung Schaden erleide."

konstitutiv ordnungsgefährdend wie der sexuelle, die Sodomie, weshalb letztere wiederum in sprachlich-grammtikalischen Metaphoriken elaborierbar ist.[230]

Diese Folie von *ordo*-gemäßem Verhalten wird vermittels des Einspielens der in den *nomina specialia* wirksamen Protonarrative geschaffen, wie sie im Rahmen der Schönheitsbeschreibungen typischerweise die ‚conclusio' bilden (vgl. hier Kap. IV.1.2), sowie über die Selbstaussage des Text-Ichs, welches selbst der Natur folgen würde:

> Quamvis femineae speciei supplicet omnis
> Forma viri, semper huius honore minor:
> Quamvis *Tyndaridi* vultus famuletur, *Adonis*
> *Narcissique* decor victus adoret eam:
> Spernitur ipsa tamen, quamvis decor ipse peroret
> Et formae deitas disputet esse deam.
> Qua *Iovis* in dextra fulmen langueret, et omnis
> *Phoebi* cessaret otia nervus agens:
> Qua liber fieret servus, propriumque pudorem
> Venderet *Hippolytus*, huius amor fruens.
> Virginis in labiis cur basia tanta quiescunt,
> Cum reditus in eis sumere nemo velit?
> Quae mihi pressa semel, mellirent oscula succo,
> Quae mellita darent, mellis in ore favum.
> Spiritus exiret ad basia deditus ori,
> Totus et in labiis luderet ipse sibi.
> Ut dum sic moriar, in me defunctus, in illa
> Felici vita perfruar alter ego.
> Non modo *Tyndaridem Phrygius* venatur adulter,
> Sed *Paris* in *Paridem* monstra nefanda parit.
> Non modo per rimas rimatur basia *Thysbes*
> *Pyramus*, huic *Veneris* rimula nulla placet.

---

230 Jan Ziolkowski: Alan of Lille's Grammar of Sex. The Meaning of Grammar to a Twelfth-Century Intellectual. Cambridge (Massachusetts) 1985 (Speculum Anniversary Monographs 10), elaboriert in seiner Studie, wie verschiedene Ordnungsdiskurse einander durchdringen. – Terminologisch problematisch ist, dass Ziolkowski nicht zwischen Homosexualität und dem – historisch adäquateren – Sodomie-Begriff differenziert, sondern durchgehend von „homosexuality" spricht, worauf schon Köhler, De planctu naturae, S. 207, hinzuweisen scheint. Auch in dessen Kritik jedoch kommt es zu terminologischen Unschärfen, wenn es ebd. heißt: „Ausdrücke wie Sodomie und Homosexualität (erst seit 1869 gebräuchlich) sind für den Planctus vorsichtig zu verwenden." Zudem scheint Köhler den historischen und den modernen Sodomie-Begriff (gleichgeschlechtliche Unzucht einerseits, Unzucht mit Tieren andererseits) gleichzusetzen (ebd., S. 211: „[Ziolkowski] spricht davon, dass Alain hier Homosexualität und Sodomie beklage. Sodomie ist im Metrum I nicht zu belegen."). Nicht einsichtig ist, warum Köhler die Ideen Ziolkowskis grundlegend verwirft, die – von der genannten terminologischen Schwäche abgesehen – eigentlich tragfähig entwickelt sind, und den Hauptteil seines Kommentars zum ersten Metrum des Planctus darauf verwendet nachzuweisen, dass hier nicht von Homosexualität/Sodomie die Rede, sondern dass mithin alles ‚ironisch' sei (ebd., S. 205–225). Die Ansicht, dass im Werk des Alanus alles ‚nur' schulmeisterliche, ironische Spielerei sei, die ein Forschungskonsens zu sein scheint, teile ich dezidiert nicht.

> Non modo *Pelides* mentitur virginis actus,
> Ut sic virginibus se probet esse virum;
> Sed male naturae munus pro munere donat,
> Cum sexum lucri vendit amore suum.
> (Alanus: Planctus, Metrum I, 33–58)[231]

Das sonst über die exemplifizierenden *nomina specialia* dargestellte und hier vom Ich als außer Kraft gesetzt beklagte natürliche Wirkungsprinzip, welches über die Protonarrative als *concubinare* festgeschrieben ist und das in den *descriptiones* der Poetiken die Folge aus der beschriebenen Schönheit der Frau darstellt, steht auch hier im Zusammenhang mit einer *descriptio membrorum*, wenn in der anschließenden ersten Prosa Natura selbst dem Ich erscheint und körperlich beschrieben wird.[232] Die konventionellen Exempla der ‚conclusio', wie etwa die Verführbarkeit des Hippolytus (Alanus: Planctus, Metrum I,42),[233] werden hier der *descriptio* vorausgeschickt und zeigen die Differenz zwischen ‚natürlichem' (Helena und Paris) und pervertiertem Zustand der Welt (Paris und Paris) an. Ist es also nur schlüssig – und erweist mithin die

---

231 Kursivierung hier und in der Übers. von mir, F. D. S. – Übers. (Köhler): „Obwohl jeder schöne Mann sich vor weiblicher Schönheit beugt – | seine ist immer geringer verglichen mit ihrer Ehre –, | obwohl man dem Antlitz der *Tindaride* [= Helena, Anm. F. D. S.] dient, die Schönheit | von *Adonis* und *Narziß*, davon besiegt, diese anbetet, | wird sie doch verachtet, auch wenn ihre Schönheit sie preist, | und ihre göttliche Schönheit sie als Göttin erweist: | Wodurch selbst der Blitz in *Jupiters* Rechten [sic] ermattet und | jede Saite der Harfe *Apolls* ruht und untätig bleibt, | wodurch ein Freier Sklave würde und die eigene Keuschheit | *Hypolitus* verkaufen würde, um diese Lippen zu genießen. | Warum ruhen so viele Küsse auf den Lippen der Jungfrau, | warum will sich keiner einen davon als Frucht holen? | Würden die Küsse nur einmal auf mich gedrückt, Honig wäre es, | aus dem Mund würden süße Honigwaben erwachsen. | Der Geist würde auf Küsse aus sein, überall auf dem Mund | verstreut, würde auf den Lippen wieder und wieder spielen. | Und stürbe ich so, fast schon in mir tot, in ihnen | würde mein zweites Ich ein fruchtbares Leben genießen. | Nicht mehr jagt der *Phrygier* [= Paris] die *Tyndaride*, | aber *Paris* denkt gegen *Paris* unaussprechliches Ungeheures aus. | Nicht mehr müßte *Pyramus* durch einen Spalt die Küsse | der *Thisbe* erlangen – ihm gefiele kein Spältlein der *Venus*. | Nicht mehr machte der *Pelide* [= Achilles] die Haltung der Jungfrauen nach, | um doch den Mädchen zu beweisen, daß er ein Mann sei. | Aber schlecht gibt er Natura Gabe gegen Gabe zurück, | da er sein Geschlecht aus Liebe zum Geld verkauft."
232 Zu poetologischen Fragen unter Betonung der „erotischen Ausstrahlung" der personifizierten Natura vgl. in jüngerer Zeit Beate Kellner: Naturphilosophie als Vision und integumentale Erzählung. Die Dame Natur in Alanus' ab Insulis ‚De planctu naturae'. In: Frühmittelalterliche Studien 54 (2020), S. 257–281, zur Schönheit der Natura hier bes. S. 262, zur ‚descriptio' weiterhin ebd., S. 266–277. – Die hier vorfindliche Gleichsetzung der Schönheit der Natura mit der Schönheit des Kosmos im Sinne einer „Unmittelbarkeit des Zugangs zu den Geheimnissen der Schöpfung" (ebd., S. 263) teile ich nicht. Die Schönheit der Natura möchte ich als Chiffre der immanent-kreatürlichen *pulchra*, nicht der *pulchritudo* der Schöpfung Gottes verstehen, vgl. Kap. II.2.2.2, S. 85. – Dem Mantel der Natura widmet sich vergleichend jüngst Racha Kirakosian: Intertextuelle Textilien. Imaginäre Kleider und Temporalität bei Alanus ab Insulis und Getrud von Helfta. In: PBB 142,2 (2020), S. 236–266.
233 Vgl. die Helena-*descriptio* bei Matthäus von Vendôme: Ars versificatoria I.57,24: *Illic Ypolitum pone, Priapus erit*.

Dichte des fokussierten Diskursfeldes –, dass hier die fleischliche Dimension der (intakten) *Natura* wiederum über die in den bekannten *nomina specialia* sedimentierten *exempla* expliziert wird, so erstaunt es ebenso wenig, dass – entsprechend der zirkulär angelegten Verweisstruktur des Diskurses – die Kategorien von *Natura* und ihrer fleischlichen *subvicaria* Venus für die *descriptiones membrorum* in den Poetiken leitend sind. Die wollustauslösende Schönheit der Frau wird in den Poetorhetoriken mit *natura* in Verbindung gebracht, wie beispielsweise in den Helena-*descriptiones* der *Ars versificatoria*. Während in den Poetorhetoriken die Schönheit der Frau aus dem *natura*-Prinzip erklärt wird, wird im *Planctus* das *natura*-gemäße Verhalten über exemplarische Figuren, wie die schöne Helena, konkretisiert:

> Pauperat artificis *nature* dona venustas
>   Tindaridis, forme flosculus, oris honor:
> Humanam faciem fastidit forma, decoris
>   Prodiga, syderea gratuitate nitens[.]
> (Ars vers. I.56,1–4)[234]

> Stellis preradiant oculi *Veneris*que ministri
>   Esse favorali simplicitate vovent.
> (Ars vers. I.56,15 f.)[235]

> Proxima festivat loca cella pudoris, amica
>   *Nature*, *Veneris* deliciosa domus.
> Que latet in regno *Veneris* dulcedo saporis,
>   Iudex contactus esse propheta potest.
> (Ars vers. I.57,5–8)[236]

> Hec facit ad *Venerem*, mihi tales eligo, tales
> Describit quales Vindocinensis amat.
> (Ars vers. I.57,19 f.)[237]

---

234 Kursivierung im lat. Text und in den Übers. hier und im Folgenden von mir; F. D. S. – Übers. (Knapp): „Der Liebreiz der Tochter des Tyndareus, das Blümlein ihrer schönen Gestalt, der Ruhm ihrer Gesichtszüge machen die Gaben der Künstlerin *Natur* arm. Die schöne Gestalt, freigiebig mit Reizen, glänzend mit der Großzügigkeit des Sternenhimmels, verschmäht ein menschliches Antlitz."
235 Übers. (Knapp): „Die Augen überstrahlen die Sterne und geloben mit huldvoller Schlichtheit, Diener der *Venus* zu sein."
236 Übers. (Knapp): „Die Zelle der Scham [= *cella pudoris*: Vulva/Vagina; F. D. S.], die Freundin der *Natur*, das genußfreudige Haus der *Venus*, schmückt die angrenzende Region. Welche Süße der Empfindung im Reich der *Venus* verborgen liegt, kann die Berührung vorhersagen."
237 Übers. (Knapp): „Sie ist dienlich für *Venus*. Ich wähle solche aus. Solche beschreibt der von Vendôme, welche er liebt." – Übers. (Galyon): „This description ist dedicated to *Venus*. I have chosen | For myself such things as Matthew loves to describe." – Übers. (Gallo): „She induces love: such do I choose. He of Vendôme describes such as he loves." – Übers. (Parr): „She contributes to loving; such are my choices. The one from Vendome describes such as he loves."

IV.2 Die *descriptio membrorum* in der lateinischen und volkssprachlichen Dichtung — 361

Entsprechend heißt es in der *Poetria nova*:

> Femineum plene si vis formare decorem,
> *Praeformet capiti* Naturae *circinus orbem;*
> *Crinibus irrutilet color auri; lilia vernent*
> *In specula frontis* [...]
> (Poetria nova 567–570, Faral 562–565)[238]

> [...] *mentumque polito*
> *Marmore plus poliat* Natura *potentior arte.*
> (Poetria nova 583 f., Faral 578 f.)[239]

---

[238] Übers. (Gallo): „Of you wish to describe womanly beauty: Let *Nature's* compass draw the outline of the head; let the color of gold gleam in the hair; let lilies grow on the lofty forehead". (Kursivierung im Original, Hervorhebung von mir, F. D. S.)

[239] Übers. (Gallo): „[...] let *Nature*, more powerful than art, polish the chin smoother than marble." (Kursivierung im Original, Hervorhebung von mir, F. D. S.) – Diese Berufung auf *Natura*, die offenkundig zugleich einen Diskurs von Fleischlichkeit impliziert, findet sich auch in der volkssprachlichen Literatur, prototypisch bei Chrétien, bspw. in der *descriptio* der Enide: *Molt estoit la pucele gente, | car tote i ot mise s'antante |* Nature *qui fete l'avoit; | ele meïsmes s'an estoit | plus de .v*ᶜ*. foiz merveilliee | comant une sole foiee | tant bele choses fere pot; | car puis tant pener ne se pot | qu'ele poïst son essanplaire | an nule guise contrefaire. | De ceste tesmoigne* Nature *| c'onques si bele criature | ne fu veüe an tot le monde. | Por voir vos di qu'Isolz la blonde | n'ot les crins tant sors luisanz | que a cesti ne fust neanz. | Plus ot que n'est la flors de lis | cler et blanc le front et le vis; | sor la color, par grant mervoille, | d'une fresche color vermoille, | que* Nature *li ot donee, | estoit sa face aluminee. | Si oel si grant clarté randoient | que deus estoiles ressanbloient; | onques Dex ne sot fere mialz | le nez, la boche ne les ialz. | Que diroie de sa biauté? | Ce fu cele por verité | qui fu fete por esgarder, | qu'an se poïst an li mirer | ausi com an un mireor.* (Chrétien: Erec et Enide, Vv. 411–441, Übers. [Gier]: „Die Jungfrau war sehr liebenswert; die Natur hatte ja auch all ihre Kunst darauf verwendet, ihren Körper zu bilden. Sie selbst hatte sich mehr als fünfhundertmal darüber gewundert, wie sie ein einziges Mal etwas derart Vollkommenes zustande bringen konnte; nachher konnte sie sich plagen, wie sie wollte, es gelang ihr nicht, dieses Muster auf irgendeine Art nachzuahmen. Die Natur selbst bezeugt, daß ein so schönes Geschöpf niemals sonst auf der ganzen Welt gesehen wurde. Ich sage euch fürwahr: So golden und leuchtend auch das Haar der blonden Isolde war, sie hätte doch gegen diese Jungfrau zurückstehen müssen. Darüber hinaus waren ihre Stirn und ihr ganzes Gesicht klarer und weißer als die Lilienblüte; über dieser Weiße leuchtete ihr Antlitz wunderbar in einer frischen roten Farbe, die die Natur ihr verliehen hatte. Aus ihren Augen strahlte eine so starke Helligkeit, daß sie zwei Sterne schienen; niemals hatte Gott Nase, Mund und Augen besser zu formen gewußt. Was soll ich von ihrem Aussehen sagen? Das war wirklich so geartet, daß sie nur geschaffen war, um betrachtet zu werden, und daß man sich in ihr wie in einem Spiegel beschauen konnte." [Hervorhebungen hier und im altfrz. Text von mir, F. D. S.]) – *Isolz la blonde* fungiert hier als spezifisch volkssprachliche Variante des bereits Diskutierten *nomen proprium* und impliziert – wie Helena, Callisto und andere – eine Narration von *concubinare*. Man muss die Stelle nicht lesen, als habe Gott selbst in die Gestaltung der Enide eingegriffen; dass er niemals Nase, Mund und Augen besser zu Formen gewusst habe, kann bedeuten, dass Natura hier so meisterlich arbeitet, dass in der Ausformung des Abbildes die *idea* Gottes eingeholt wird. Für den deutschsprachigen *Erec*, wäre gesondert zu diskutieren, dass Gott Natura hier als Systemstelle gänzlich verdrängt. Dort heißt es Vv. 139–141: *ich wæne, got sînen vlîz | an sie hâte geleit | von schœne und vin sælekeit.* Die Urheberschaft Gottes wird auch hier nicht als Faktum erzählt, sondern als spekulative Zuschreibung

Dem gegenüber steht die Marcia-*descriptio*, die die Tugendhaftigkeit der durch Tugend vermännlichten Frau als Abweisung der von Natura und Venus verordneten Prinzipien konstruiert:

> Visitat infirmam *naturam* gratia morum,
>   Innatum mulier exuit ausa malum:
> Est mulier non re, sed nomine: mens epythetum
>   *Nature* refugit evacuatque dolum.
> (Ars vers. I.55,11–14)[240]
>
> Non favor intuitus *Veneris* suspirat ad usum,
>   Non circumloquitur mobilitate stuprum[.]
> (Ars vers., I.55,21 f.)[241]
>
> Marcia femineum sexum festivat, honestat
>   *Naturam*, taxum mellificare facit,
> Increpat innatum facinus, nec inercia sexus
>   Legat in exilium spirituale decus.
> (Ars vers. I.55,33–36)[242]

Sowohl in den Poetiken und als auch in der Allegorie des Alanus, wird das Prinzip *Natura* über das Bindeglied der Schönheit an die *nomina specialia* gekoppelt. Bezeichnend ist, dass bei Matthäus die *cella pudoris* (Ars vers. I,57,5) – welche nichts anderes als die weibliche ‚Scham' meint[243] – zur *amica Nature* und zum *domus Veneris*, zur Freundin der Natur und zum Haus der Venus, zugleich wird. Man bedenke zudem, dass auch in den Männer-*descriptiones* bei Matthäus der Begriff der *cella* vorkommt, dass dieser Begriff in der *descriptio* des Ulixes jedoch die drei Hirnkammern bezeichnet und eine Kognitionstheorie liefert, welche den männlich konnotierten *homo interior* konturiert. Die *descriptio*-Reihe der *Ars versificatoria* stellt also nicht zufällig zwei verschieden *cellae* einander gegenüber, nämlich eine männlich-geistige, den *homo interior* bezeichnende und eine weiblich-fleischliche, welche eine Metapher des weiblichen Ge-

---

durch die eigens markierte Erzählstimme (*ich wæne*). Enites Perfektion ist hier so groß, dass der Erzähler *glaubt*, hierfür müsse Gott selbst zuständig sein. Hierdurch wird eher das Ausmaß ihrer Schönheit als das tatsächliche Eingreifen Gottes in die Immanenz akzentuiert.

240 Kursivierung im lat. Text und in der Übers. Okkens hier und im Folgenden von mir; F. D. S. – Übers. (Okken): „Sie züchtigt ihre schwache *Natur* mit ihrer Sitte Schönheit. Zwar Frau, doch kühn, legt sie die angeborene Bosheit ab. Frau ist sie nicht der Sache, sondern nur dem Namen nach: Ihr Sinn meidet, was die *Natur* ihr beigegeben hat, und treibt die Arglist aus."

241 Übers. (Okken): „Keine Bereitschaft zum *Venus*dienst seufzt im Stillen nach Betätigung oder umschwärmt beredt-aushäusig den Ehebruch."

242 Übers. (Okken): „Marcia ist eine Zierde des weiblichen Geschlechts; sie veredelt die *Natur*: sie bewirkt, daß die Eibe Honig spendet. Sie schüchtert die angeborene Niedertracht ein und sie hütet sich, weiblich träge ihrer Sittsamkeit den Laufpaß zu geben."

243 Zum Verständnis der *cella pudoris* als Genital vgl. bspw. Reinhard Düchting: Sexualität in der Liebeslyrik der *Carmina Burana*. In: Sexualität im Gedicht. 11. Kolloquium der Forschungsstelle für europäische Lyrik. Hrsg. von Theo Stemmler, Stefan Horlacher. Mannheim 2000, S. 51–64, hier S. 54.

nitals darstellt. Demgegenüber steht in den *descriptiones intrinsicae* der Männer – denn auch hier wird die *natura* eingeführt! – der *homo interior* als Überwinder von Natur und Fleischlichkeit, wenn es – wie oben (Kap. IV.1.1) bereits zitiert – über Ulixes heißt:

> *Naturam* virtute preit fidusque magister
> Intimus est hominis exterioris homo:
> Moribus egreditur hominem, preponderat egre
> *Nature* sensus subvenientis honor.
> (Ars vers. I.52,31–34)[244]

Zurück zu Alanus: Diese *Natura*, die die Freundin der Vagina ist, muss im *Planctus* notwendig mit einer *descriptio membrorum* ausgestattet sein, um im Kontrast zum Reiz ihrer Schönheit die Größe der sodomitischen Verirrung zu akzentuieren, welcher – angesichts dieser weiblichen Schönheit – gegenüber einer *natura*-gemäßen Ausrichtung der Wollust eine geringere Plausibilität und damit der Status einer größeren Verirrung, einer willkürlichen, willentlichen Sünde zukommt, als welche Sodomie in der Vormoderne in der Regel konzeptionalisiert worden ist.[245] Während

---

244 Kursivierung im lat. Text u. i. d. Übers. von mir; F. D. S. – Übers. (Knapp): „Der innere Mensch übertrifft mit Mannestugend die *Natur* und ist der treue Meister des äußeren Menschen. Er geht durch seinen Charakter über einen Menschen hinaus. Die Auszeichnung helfenden Verstehens wiegt schwerer als die kranke *Natur*."
245 Michel Foucault hat in einem berühmt gewordenen Aphorismus den Unterschied zwischen der modernen, pathologisierenden Kategorie ‚Homosexualität' und dem moral-theologisch gedachten Begriff ‚Sodomie' charakterisiert, welchen ich mir zueigen machen möchte, wenn er in *Der Wille zum Wissen* summiert: „Der Sodomit war ein Gestrauchelter, der Homosexuelle ist eine Spezies." (Michel Foucault: Der Wille zum Wissen. Sexualität und Wahrheit 1. Frankfurt a. M. 1983, S. 47) Zuvor heißt es: „Die Sodomie – so wie die alten zivilen oder kanonischen Rechte sie kannten – war ein Typ von verbotener Handlung, deren Urheber nur als Rechtssubjekt in Betracht kam. Der Homosexuelle des 19. Jahrhunderts ist zu einer Persönlichkeit geworden, die über eine Vergangenheit und eine Kindheit verfügt, einen Charakter, eine Lebensform, und die schließlich eine Morphologie mit indiskreter Anatomie und möglicherweise rätselhafter Physiologie besetzt." (Ebd.) Dem ist verschiedentlich widersprochen worden, so unter anderem von Rüdiger Schnell: Der *queer turn* in der Mediävistik. Ein kritisches Resümee. In: Archiv für Kulturgeschichte 95 (2013), S. 31–68, welcher bspw. in den an Eneas (im *Roman d'Eneas*) formulierten Vorwürfen, ein Sodomit zu sein, „die Vorstellung von einer homosexuellen Identität" belegt sieht (ebd., S. 50, Anm. 61; weitere Foucault-Kritik versammelt Schnell, ebd., S. 48 f., Anm. 57–59). Es muss gefragt werden – und diesen Nachweis erbringt Schnell nicht –, wie diese ‚Identität' sprachlich realisiert ist und ob sie nicht eher ein Sünder-Subjekt – also im Sinne Foucaults: einen Gestrauchelten – als einen ‚Homosexuellen' imaginiert. Der von Schnell mit Carolyn Dinshaw: Getting Medieval: Sexualities and Communities, Pre- and Postmodern. Durham/London 1999, eingeführte Zweifel, „ob man wie Foucault (sexuelle) Handlungen (‚acts') strikt von (sexuellen) Identitäten (‚identities') abtrennen kann" (ebd., S. 49, Anm. 59), welchen Schnell sich nicht explizit zu eigen macht, verfängt hingegen nicht, denn: Foucault trennt nicht Handlung von Subjekt, sondern er differenziert – viel weitreichender – verschiedene Typen von Subjekt, die zu verschiedenen Formen von Handlung (und Verständnis dieser Handlung) in der Lage sind. Er geht einerseits davon aus, dass sich die „Identität" als Subjekt erst in Akten von Subjektivierung bildet und andererseits davon – und hierin mag ich ihm noch immer folgen –, dass sich diese Akte fundamental unterscheiden, insofern das vormoderne

die Klage des einleitenden Metrums genau darauf abhebt, dass die zum Küssen gemachten Lippen der Jungfrauen wider die Natur ungeküsst bleiben (*Virginis in labiis cur basia tanta quiescunt, | Cum reditus in eis sumere nemo velit?*), heißt es über die körperliche Schönheit der *Natura* in der anschließenden Prosa, dass ihre Lippen die „Rekruten" (oder „Lehrlinge") der Venus anziehen (*Labra modico tumore surgentia Veneris tirones invitabant ad oscula* [Alanus: Planctus, Prosa 1, S. 56]). Als letztes Element ihres Körpers wird eigens ihr Genital als zu entjungfernde Brautkammer, als *thalamus secretior*, genannt. Hierbei wird ein Vergleich zu ihrem Gesicht gezogen, wenn es heißt, dass in ihr verborgen ein weit schöneres Gesicht liege, und die Beschreibung des Gesichtes mit der Beschreibung des Genitals kurzgeschlossen, sodass das schöne Gesicht selbst zur Metonymie des Vulva/Vagina wird.[246] Im Anschluss an die Beschreibung ihres Gewandes wird zudem eigens die lebensspendende Kraft der Abbilder formenden Natura betont, welche unablässig auf Lehmtafeln Kreaturen erschafft, die schnell vergehen und von ihr immer wieder belebt werden müssen.[247] Hier werden erneut *nomina specialia* und Mikronarrative vom Akt des *concubinare* eingeführt, wenn die Ankunft der Natura zum Effekt hat, dass Juno, welche die Annährungen Jupiters lang zurückgewiesen hat, wiederum von solcher Freude erfasst

---

Subjekt im Kontext religiöser Praktiken (Beichte und *paenitentia*) gebildet wird (und ich würde ergänzen: entlang der Grenze von *homo interior* und *homo exterior*, welche in der Beicht- und Bußpraxis getrennt befragt werden!), während das ‚moderne' Subjekt im Rahmen einer soeben entstandenen Wissenschaft (der Medizin) vermittels einer Pathologisierung seiner Existenz durch das medizinische Dispositiv und seinen Diskurs entsteht. Im ersten Fall scheint der Sodomit nun eben als Sünder, der wissentlich und aufgrund einer körperlichen Verlockung wider Natur und Wahrheit handelt, im zweiten Fall erscheint der Homosexuelle hingegen als Individuum, dessen Begehren seiner Pathologie eingeschrieben ist und seine Identität wesentlich bestimmt, und hierin besteht der wesentliche Unterschied: der Sünde eignet dabei seit Augustin stets der intentionale Willensakt, die autonome Entscheidung gegen Gott und seine Prinzipien, während die „Pathologie" des Subjekts, sei sie nun krankhaft oder die ‚Natur' des Individuums, dieses von innen heraus notwendig formt und seiner Willensentscheidung enthebt. Den Status der ‚Identität' erhält der Sünder allein im Zustand der (wiederum willentlichen) Verstockung; damit wird er jedoch kein Homosexueller (mit allen Implikationen des Begriffes), sondern bleibt ein Sünder. – Ob es jenseits der für Foucault so zentralen Beichtpraxis Diskursformen gibt, die ein neues, verändertes Sprechen über das sodomitische Begehren ermöglichen, bliebe immer noch zu prüfen.
246 Alanus: Planctus, Prosa 1, S. 58: *Cetera vero quae thalamus secretior absentabat meliora fides esse loquatur. In corpore etenim* vultus latebat beatior, *cuius facies ostentabat praeludium.* – Übers. (Köhler): „Das Übrige – ein geheimeres Gemach hielt es verborgen – sei noch besser, so legte es die Vermutung nahe. Denn in ihrem Leib lag unsichtbar eine noch glücklichere Gestalt, von dessen Freude die äußere Erscheinung nur ein Vorgeschmack war." Genauer ist die Übersetzung von Wetherbee, Literary Works. Alan of Lille, S. 29: „Those other parts that a more secret chamber kept apart, may confidently be declared fairer still. For on her body there *lay hidden a still more beautiful face* of which her visible face gave promise." – Hervor. v. mir, F. D. S.
247 Vgl. Alanus: Planctus, Prosa 2, S. 78

wird, dass sie ihren Gatten verführen will,[248] und Thetis mit Nereus einen zweiten Achill zu zeugen beginnt.[249]

Die *descriptio membrorum* der personifizierten Natur insistiert dieserart auf dem ‚natürlichen' Wirkungsprinzip, das durch die widernatürlichen Handlungen außer Kraft gesetzt worden ist. Sie behält also auch hier ihre rhetorische Struktur, ohne deshalb im nächsten Moment der Handlung als Movens für einen Plot zu dienen, in dem Natura selbst zum Objekt des Begehrens würde; vielmehr ist die *descriptio membrorum* in Hinblick auf die Verirrten und ihre Verirrung ein Argument, welches die *naturagemäße* Ordnung des Beischlafs als Implikat einführt.

Es kann nicht erstaunen, dass Natura dennoch – bei aller Defizienz des Fleischlichen selbst – zugleich das relative Positivprinzip gegenüber jenen pervertierten, sodomitischen Auswüchsen der Venus darstellt, gegen welche der *Planctus* so offensiv zu Felde zieht. Ist das der Natura inhärente Fleischlichkeitsprinzip im Rahmen der Erbsündentheologie zwar ein defizientes, so ist es aber dennoch das ‚gottgefälligere', das lässlichere *vitium*, welches entlang einer elaborierten Sündenaxiologie graduiert werden kann und als dessen äußerstes, weil die Natur in ihren Grundfesten erschütterndes Extrem die Sodomie aufgefasst wird.[250]

Nichtsdestoweniger wird die menschliche Schönheit jedoch, am Beispiel der Helena, zugleich zur Vorstufe der noch größeren Sünde und von Natura nicht als positives Wirkprinzip dargestellt. Während in den Worten der Natura alle Tiere und Pflanzen der Schöpfung sich entsprechend ihrem Platz und Auftrag verhalten, ist es der Mensch, der von seinem natürlichen Weg irre geht:

---

248 Alanus: Planctus, Prosa 2, S. 80: *Iuno vero, quae iampridem ioviales tactus fuerat dedignata, tanta fuit inebriata laetitia, ut crebro oculorum praeludio, maritum ad venereas invitaret illecebras.* – Übers. (Köhler): „Juno nun, die von früher über die Berührungen Jupiters verärgert war, wurde von solcher Freude trunken, daß sie in einem eifrigen Vorspiel mit den Augen den Ehemann zu den Verlockungen der Liebe einlud."
249 Alanus: Planctus, Prosa 2, S. 82: *Thetis, etiam nuptias agens cum Nereo, Achillem alterum concipere destinabat.* – Übers. (Köhler): „Thetis auch, die den Beischlaf mit Nereus pflegte, hatte bestimmt, einen zweiten Achill zu empfangen."
250 Wetherbee, Alain of Lille, S. xxi, schreibt in seiner Neuausgabe der Allegorien des Alanus, dass „her virgin beauty seems to promise the pleasure of a love she herself would approve. Nature herself can define such love only in theoretical terms, or as having existed *in illo tempore*, in a lost world like that of the *Cosmographia*." Die von Wetherbee eingeführte Referenz auf die *Cosmographia* des Bernardus Silvestris als Prätext zum *Planctus* verweist auf eine präapsale Einrichtung der Natur und des Prokreationsprinzips. Wirkmächtig hat Augustinus in *De civitate Dei* die Position formuliert, dass Zeugung im Zustand des Paradieses einerseits vorgesehen und andererseits schuldlos gewesen sei. Vgl. hierzu Kap. IV.1.1; zur *Cosmographia* vgl. im Folgenden Kap. IV.3. – Zur ‚ambivalenten' Position der Natura vgl. auch Kellner, Naturphilosophie, S. 280.

Solus homo meae modulationis citharam aspernatus sub delirantis Orphei[251] lyra delirat: humanum namque genus a sua generositate degenerans, in constructione generum barbarizans, venereas regulas invertendo, nimis irregulari utitur metaplasmo: sic homo venere tiresiatus anomala, directam praedicationem per compositionem inordinate convertit. A Veneris ergo orthographia deviando recedens, sophista falsigraphus invenitur. Consequentem etiam Dioneae artis analogiam devitans, in anastrophem vitiosam degenerat; dumque in tali constructione me destruit, in sua syneresi, mei themesim machinatur. Poenitet me tot venustatum praerogativis hominum plerumque privilegiasse naturas, qui decoris decus abusione dedecorant: qui formae formositatem Veneris informatione deformant, qui pulchriudinis colorem, fuco adulterini cupidinis decolorant: qui formae florem in vitia efflorendo deflorant. Cur decore deifico vultum deificavi Tyndaridis, quae pulchritudinis usum in meretricationis abusum abire coegit, dum regalis tori foedus defoederans, foede se Paridi foederavit? [...][252] Multi etiam alii iuvenes mei gratia pulchritudinis honore vestiti, siti debriati pecuniae, suos Veneris malleos in incudum transtulerunt officia.

(Alanus: Planctus, Prosa 4, S. 106–108)[253]

---

[251] Nach dem Verlust der Eurydike verschmäht Orpheus laut Ovid die Frauen, weshalb er der Tradition als Sodomit, teils als Erfinder der Sodomie gilt. Vgl. etwa Thomas Bein: Orpheus als Sodomit. Beobachtungen zu einer mhd. Sangspruchstrophe mit (literar)historischen Exkursen zur Homosexualität im hohen Mittelalter. In: ZfdPh 109 (1990), S. 33–55. – Die von Bein diskutierte Sangspruchstrophe (wohl Ende des 13. Jhs.) stellt im Übrigen im Nukleus denselben Zusammenhang zwischen der weiblichen Schönheit und der Aufrechterhaltung der Ordnung der *natura* her, wenn es hier heißt: Orpheus *kêrte an schône iunge man / der wîbe minne* (Vv. 7 f.) und dies in den Ausruf: *verschamter lîp, vor got geunêrte schône!* (V. 9) mündet. Damit erweist sich Orpheus explizit als *nâturen vîant* (sic; V. 12). Seine Taten sind *ketzerîe* (V. 2). (Kritischer Text nach Bein, Orpheus als Sodomit, S. 34 f. – Zuerst ediert durch Helmut Tervooren, Thomas Bein: Ein neues Fragment zum Minnesang und zur Sangspruchdichtung. Reinmar von Zweter, Neidhardt, Kelin, Rumzlant und Unbekanntes. In: ZfdPh 107 [1988], S. 1–26, diplomatischer Abdruck: S. 4, Kommentar: S. 19–22.) Es darf also – mit Bein (ebd., S. 55) – von der Wirksamkeit entsprechender Diskurse in der vernakularen Literatur ausgegangen werden: „Der Anonymus hat Kenntnis von dieser Tradition gehabt; er wird sie auch bei seinem Publikum vorausgesetzt haben müssen."

[252] Es folgen hier noch die Beispiele der Pasiphe, der Mirra, der Medea und des Narziss, welcher Gefahr läuft, sich in sich selbst zu verlieben, und damit – implizit – zugleich zum Sodomiten an sich selbst wird.

[253] Übers. (Köhler): „Allein der Mensch, der mein Zitherspiel verschmäht, faselt daher unter der Lyra des wahnhaften Orpheus. Denn das Menschengeschlecht, degeneriert von seiner Generosität, wütet wie ein Barbar in der Konstruktion der Geschlechter, er verdreht die Regeln der Venus, indem er zu sehr irreguläre Metaplasmen verwendet. So verdreht der Mensch, durch die regellose Venus zu einem Tiresias geworden, ungeordnet die Aussage durch eine unmittelbare Substanzveränderung. Also weicht er von der Orthographie der Venus ab und wird als ein falsch schreibender Sophist erfunden. Und während er bei solcher Konstruktion mich zerstört, erdenkt er in seiner Wortstellung eine Trennung meiner selbst. Es reut mich am meisten, die Natur des Menschen mit so viel Anmut und Vorrechten ausgestattet zu haben; sie, die durch Mißbrauch ihrer Zierde die Zierde verunzieren, die durch Gegenstellung die Gestaltung der Gestalt der Venus verunstalten, die die Farbe der Schönheit durch den Putz des unverfälschten Cupido verfärben, die die Blume der Schönheit pflücken, indem sie sie zum Laster verblühen lassen. Warum habe ich das Angesicht Helenas mit göttlichem Glanz vergöttlicht, die es dazu brachte, daß der Brauch [= *usus*; F.D.S.] ihrer Schönheit in den Mißbrauch der Hurerei abwich, da sie die Treue des königlichen Bettes veruntreute und sich mit Paris auf eine schändliche Verbindung einließ. [...]

Dieser Darstellung, die in Helenas Schönheit den Übertritt zum *vitium* und damit die Inklination zu noch größerer – sodomitischer – Sünde sieht, entspricht die mythische Erzählung vom Ehebruch der *subvicaria* der Natura, Venus, welche, nachdem Sie einmal ihren Gemahl betrogen hat, kein Halten mehr kennt.

> Venus, his furiis aculeata lethalibus, in suum coniugem hymenaeum, tori castitatem peste adulterationis incestans, cum Antigenio coepit concubinarie fornicari suique adulterii suggestionibus irretita lethiferis liberale opus in mechanicum, regulare in anomalum, civile in rusticum inciviliter immutavit meumque disciplinare inficiata praeceptum, malleos ab incudum exhaeredans consortio adulterinis damnavit incudibus. (Alanus: Planctus, Prosa 5, S. 136)[254]

Mag die Schönheit der Helena – und damit der über ein *nomen specialium* markierten Archetyps der schönen Frau – zwar, über die Vermittlungsstufe der *Natura*, von Gott stammen, so ist sie nichtsdestoweniger der Anfang allen Lasters. Es ist diese axiologische Fortschreibung, in der – im Verhältnis zum sündigenden Subjekt – eine Parallelität, eine potentielle Gleichförmigkeit der verschiedenen Sünden der Wollust (*fornicatio – adulterium – peccatum contra naturam*) angelegt ist, gegen welche sich der Entwurf des *Planctus* nachhaltig stellt, indem eine fundamentale Differenz zwischen jenem, was die Natur erschüttert (Sodomie), und jenem, was zwar Sünde, aber eben ‚natürlich' ist (*fornicatio*), errichtet wird. In der körperlichen Schönheit der Natura und des von ihr repräsentierten ‚natürlichen' Begehrens offenbart sich, was für ‚das' Mittelalter gelegentlich geleugnet worden ist: die radikale Differenzierung zwischen ‚naturgemäßem' und ‚widernatürlichem' Begehren. Ist körperliche Schönheit auch einerseits ein Problem, so ist sie doch auch andererseits der Immanenz gemäß. Es ist dieses Spannungsverhältnis, in dem die weibliche Schönheit einerseits den Ablauf der Schöpfung nach ihren natürlichen Prinzipien verbürgt und andererseits zugleich für den Dammbruch hin zu noch größerer Verirrung in Haftung genommen wird.

IV.2.2.2 Alanus ab Insulis: *Anticlaudianus*

Entsprechend anders wird Natura im *Anticlaudianus*[255] dargestellt, wo sie – im Rahmen des Textes – keiner körperlichen Attribuierung bedarf:

Auch viele andere Jugendliche, durch meine Gunst mit Schönheit und Ehre bekleidet, übertrugen, durch den Durst nach Geld vergiftet, ihren Hämmern der Venus die Aufgabe, Amboß zu sein."

254 Übers. (Köhler): „Venus, angestachelt von diesen todbringenden Furien, schändet gegen ihren Ehemann Hymeneaus das reine Ehebett durch die Pest des Ehebruchs; sie begann, mit Antigenius wie eine Konkubine zu leben; und verstrickt durch die todbringenden Einflüsterungen ihres Ehebruchs verwandelte sich ein freies Tun in eine mechanisches, ein regelgetreues in ein anomales, ein gebildetes in ein derbes, und dies ungebildet; sie weigerte sich, meinem Auftrag zu gehorchen. Stattdessen enterbte sie die Hämmer von deren Gemeinschaft mit den Ambossen und zwang sie zu einer solchen mit ehebrecherischen Ambossen."

255 Der *Anticlaudianus* wird hier und im Folgenden zitiert nach: Alain de Lille. Anticlaudianus. Texte critique avec une introduction et des tables. Hrsg. von Robert Bossuat. Paris 1955 (Textes philosophi-

Natura, die hier nicht wie im *Planctus* mit einer *descriptio membrorum* bedacht wird, ruft die Tugenden zu einem Konzil im Himmel. Sie wünscht die Erschaffung eines göttlichen Menschen, der die Mängel des Menschen, der von *Natura* in der Folge der Generationen wieder und wieder erzeugt wird, auszugleichen vermag. Sie will daher zum Schöpfer senden, um einen solchen Menschen zu erbitten. Die Klugheit (*Prudentia*), die mittels einer *descriptio membrorum* als ausnehmend schön dargestellt wird, und die Vernunft (*Ratio*), die keine *descriptio membrorum* erhält, jedoch einen dreifachen (das heißt: trinitarischen) Spiegel trägt, in dem sie die Wahrheit ergründen kann, beraten mit *Natura*. Die Klugheit äußert Zweifel, welche von der Vernunft, ihrer Schwester, entkräftet werden. Letztere rät dazu, die Klugheit zu Gott zu entsenden, welche schließlich den Auftrag annimmt. Die sieben Künste bauen nun Stück für Stück, jede ein besonderes Teil anfertigend, einen Wagen, auf dem die Klugheit zu Gott gelangen soll. Es beginnen die Künste des Triviums: Die erste der Schwestern ist die Grammatik, welche die Deichsel fertigt, die zweite ist die Logik, welche die Achse herstellt, die dritte ist die Rhetorik, welche die Deichsel schmückt. Das Quadrivium setzt die Arbeit fort: die Arithmetik fertigt das erste Rad, die Musik das zweite, die Geometrie das dritte und die Astronomie das vierte, woraufhin die Eintracht (*Concordia*) den Wagen zusammensetzt. Die Vernunft schirrt die fünf Pferde an, nämlich den Gesichtssinn, den Gehörsinn, den Geruchssinn, den Geschmackssinn und den Tastsinn. Die Klugheit durchfährt auf dem Wagen den Himmelsraum, die Menge der Geister und die Sphären. Am Firmament angelangt scheitern die Pferde – das heißt: die äußeren Sinne – daran, den Himmel zu durchdringen. Die Theologie, die gänzlich unirdisch ist, nimmt sich der Klugheit an, welche von ihr weitere Führung erbittet. Allein das Pferd Gehör wird der Klugheit zugestanden.[256] Vor dem Eintritt der Klugheit in den Himmel steht eine Anrufung Got-

---

ques du Moyen Âge 1). Die Übersetzung stammt hier und im Folgenden aus: Der Anticlaudian oder Die Bücher von der himmlischen Erschaffung des neuen Menschen. Ein Epos des lateinischen Mittelalters. Übers. von Wilhelm Rath. Stuttgart 1966 (Aus der Schule von Chartres 2). Raths Übersetzung ins Deutsche, die nach meiner Kenntnis immer noch die einzige ist, ist – trotz der anthroposophischen Rahmung der von Rath vorangestellten ‚Studie' – im Ganzen recht texttreu und brauchbar, obgleich sie an einigen entscheidenden Punkten den Sinn des Mittellateinischen verfehlt.

256 Dass der Gehörsinn derjenige ist, welcher zu Gott vordringen kann oder durch den – umgekehrt – Gott zum Menschen gelangt, ist angesichts der Bedeutung, die das (gesprochene!) Wort im Christentum hat, sicherlich nicht erstaunlich: Das Wort ist bei Gott und Gott ist das Wort (Joh. 1,1), welches, durch den Engel verkündigt, ins Ohr Mariens dringt, um den Wort-Gott in ihr als Fleisch zu zeugen, wodurch das Wort Fleisch geworden ist (Joh. 1,14). Zur nichtbiblischen, aber weitverbreiteten, Tradition der Ohrenzeugung durch das Wort vgl. bspw. das *Protoevangelium Iacobi* 11,2 („Fürchte dich nicht, Maria, denn du hast Gnade bei dem Herrscher aller gefunden und wirst aus seinem Worte empfangen." [Übers. zit. nach: Neutestamentliche Apokryphen. Hrsg. von Edgar Hennecke. Tübingen/Leipzig 1904, S. 58]) sowie den mit 91 Textzeugen (46 bis ins 12. Jh.) weitverbreiteten *Libellus de nativitate Sanctae Mariae* IX.11 (*Tunc Maria manibus expansis et oculis ad caelum eleuatis dixit: „Ecce ancilla domini, neque enim matris nomine digna sum. Fiat mihi secundum verbum tuum."* [Zitiert nach: Libri de nativitate Mariae. Libellvs de nativitate sanctae Mariae. Textvs et commentarivs. Hrsg. von Rita Beyers. Turnhout 1997 (Corpvs Christianorvm. Series Apocryphorum 10)]) und die hieraus abgeleitete Stelle der populären *Vita de beate virginis Marie et Salvatoris rhytmica*, V. 1562 f. (*Tunc respondit angelo virgo felix illa | ‚Fiat in me verbum tuum, nam die sum ancilla.'*, die alle Lk 1,26–35 im Sinne einer Wortzeugung ausbauen. – Zur Verbindung von Theologie und Grammatik über das Bindeglied der Idee, dass Gott das Wort ist, bei Alanus und anderen vgl. Ziolkowski, Grammar of Sex, bes. S. 134–139. – Bei Augustinus findet sich die Verbindung von Verkündigung und Glaube in den *Confessiones* (XI.8.10), wobei hier die besondere ‚Fleischlichkeit' dieses Verkündigungsvorganges durch die Menschennatur des Mediators, Gott Sohn,

tes durch den Dichter, welcher Beistand für die Schilderung des Kommenden erbittet, wodurch der endgültige Übertritt in die höchsten Sphären der Transzendenz und das prekäre Moment des Erzählens von derselben umso deutlicher abgesetzt wird. Hier wird aus *Prudentia* (*Phronesis*), der Klugheit, *Sophia*, die Weisheit, die nun im Angesicht der englischen Chöre, der in den Himmel aufgenommenen Heiligen, der Heiligen Jungfrau Maria und Christi steht. Prudentia, die im himmlischen Glanz nicht zu sehen in der Lage ist, erhält Hilfe von *Fides*, dem Glauben, welche ihr einen Trank und einen Spiegel bietet, durch welchen sie – indirekt – anschauen kann, was sie zuvor geblendet hat. Prudentia, die nun Sophia ist, bewundert mithilfe des Spiegels die Geheimnisse Gottes, seine Wohnstatt und die Trinität. Sie trägt Gott ihre Botschaft vor, welcher sie erhört. Zur Erschaffung des neuen Menschen tragen alle Tugenden bei. Natura formt den Leib aus den reinen Elementen, die Eintracht fügt die Seele an den Leib, Fülle, Gunst, Jugend, Frohsinn und Keuschheit beschenken den Jüngling ebenso wie auch die Bescheidenheit, die Vernunft, die Ehrbarkeit, die Weisheit, die Künste, die Treue und die Freigebigkeit ihre Gaben geben. Die Adelsgeburt, die eine Tochter Fortunas, des Glücks, ist, sucht ihre Mutter in deren Palast auf, um etwas zur Erschaffung des Jünglings beizutragen. Fortuna jedoch weiß, dass der Jüngling der flüchtigen und zufälligen Glücksgüter, die heute gegeben und morgen genommen werden, nicht bedarf. Alecto stachelt unterdessen die Mächte des Bösen gegen den Jüngling auf. Es kommt zu einem großen, finalen Kampf und zum Sieg über die Übel.

Im Rahmen des *Anticlaudianus* ist es – anders als im *Planctus* – nötig, die Fleischlichkeit der *Natura* gerade *nicht* zu betonen, ist es doch – paradoxerweise – *Natura*, von der der Anstoß zu jenem Erlösungswerk ausgeht, aus welchem der *homo novus* hervorgeht, der m. E. zugleich sowohl das Stadium der Vollendung des christlichen Subjektes (in der augustinischen Tradition, anschließend an Rm 6,6[257]) als auch Christus selbst bezeichnet.

---

ins Zentrum rückt, indem das Wort Gottes als das fleischlich gewordene Wort an das fleischliche Ohr herantritt, welches es dem inneren Menschen übermittelt: *Sic in evangelio per carnem ait, et hoc insonuit foris auribus hominum, ut crederetur et intus quaereretur et inveniretur in aeterna veritate* (Übers. [Flasch, Mojsisch]: „So sprach das Wort im Evangelium auf dem Weg über das Fleisch, und so drang es von außen an die Ohren des Menschen, damit es geglaubt, im Inneren gesucht und aufgefunden würde in der ewigen Wahrheit."). Hier wird die fleischliche Menschennatur des *homo exterior*, der mit seinem körperlichen Ohr hört, zum Vermittlungsweg einer Verkündigung, welche der *homo interior* in der ewigen Wahrheit, welche in ihm selbst enthalten ist, wiedererkennen kann. – Das Ohr als Einfallstor des christlichen Glaubens ist offenbar ein verbreiteter Wissensbestand und schlägt sich bspw. in der heutzutage zumeist Konrad von Würzburg zugeschriebenen, anonym überlieferten *Pantaleon*-Legende nieder: *Jme waz durch ſiner oren tor | Geſlichen vf dez h^{s}zen grvnt | Der rat, den ime d^s prieſt^s kvnt | Gemachet hette bi d^s friſt* (Zitiert nach: Konrad von Würzburg: Pantaleon. Bereinigter diplomatischer Abdruck und Übersetzung. Hrsg., übers. u. mit Anm. vers. von Thomas Neukirchen. Berlin 2008 [Texte des späten Mittelalters und der frühen Neuzeit 45], Vv. 272–275). – Abweichend zum Primat des Gesichtssinnes gegenüber dem Hörsinn im Kontext des Christentums als Buchreligion vgl. Wandhoff, Kosmische Strahlung, S. 20. Es wäre hier freilich zu unterscheiden zwischen einer Bewertung des Gesichtssinnes als Hauptsinn im Rahmen der natürlichen ‚Physiologie' und zwischen dem moralischen Vorrang des Hörsinnes gegenüber dem in der Anschauung – und damit im Fleischlichen – verhafteten Gesichtssinn.
257 Rm 6,6: *hoc scientes quia vetus homo noster simul crucifixus est | ut destruatur corpus peccati | ut ultra non serviamus peccato.* – Übers. (Frank Oborski): „ ... weil wir wissen, dass unser alter Mensch

Zum Verständnis des *homo novus* als Christus ist an dieser Stelle – angesichts der vorgängigen Forschung – ein Exkurs nötig: Die Forschung ist in Hinblick auf eine christologische Deutung des *Anticlaudianus* sehr, im Ganzen vielleicht zu zurückhaltend gewesen.[258] Obgleich signifikante zeitgenössische Interpretationen des *homo novus* als Christus vorliegen,[259] aus welchen wiederum eine Tradition von Post-Texten resultiert – so bspw. Heinrichs von Neustadt *Von Gottes Zukunft* und Heinrichs von Mügeln *Der meide kranz*, die hier im Folgenden diskutiert werden (Kap. IV.2.2.3) –, hat man den ‚neuen Menschen' mit Vorliebe als Ausdruck eines neuen Wissenschaftsanspruches, mithin als proto-humanistisches Individuum gelesen, das sich durch seine Bildung über seine ‚Natur' erhebt.[260] Aus Sicht der germanistischen Mediävistik hat Walter Haug den *Anticlaudianus* als „poetisch umgesetzte plantonische Ascenus-Philosophie"[261] diskutiert. Eine solche – letztlich tropologische – Interpretation ist im Ganzen auch weder falsch noch von der Hand zu weisen.[262] Sie steht indessen einer gleichzeitigen christologischen Interpretation des *Anticlaudianus* keinesfalls im Wege. Letztere lässt sich nicht allein über die vielfältigen zeitgenössischen Lektüren erhärten, sondern auch über die strukturelle Analogie des bereits inhaltlich referierten *Epithalamium* des Johannes de Garlandia, welches geradezu eine marianische Antwort auf den *Anticlaudianus* darstellt.[263] Die Frage, ob der neue Mensch, der zwar seinen Körper von *Natura* erhält, des-

---

zugleich gekreuzigt worden ist, damit der Körper der Sünde zerstört wird, sodass wir nicht länger der Sünde dienen."
258 Vgl. zu dieser Kontroverse immer noch (!): Christel Meier: Zum Problem der allegorischen Interpretation mittelalterlicher Dichtung. Über ein neues Buch zum ‚Anticlaudianus' des Alan von Lille. In: PBB 99 (1977), S. 250–296.
259 Vgl. die Bsp. bei Meier, Rezeption des Anticlaudianus (1980), und im *Compendium Anticlaudiani* (hrsg. v. Peter Ochsenbein: Das Compendium Anticlaudiani. Eine neu entdeckte Vorlage Heinrichs von Neustadt. In: ZfdA 98 [1969], S. 81–109).
260 Vgl. bspw. James Simpson: Sciences and the Self in Medieval Poetry. Alan of Lille's *Anticlaudianus* and John Gower's *Confessio amantis*. Cambridge/New York/Melbourne et al. 1995. – Gegen eine solche Lesart, die eine Aufwertung des Subjekts und eine ‚Renaissance des 12. Jahrhunderts' veranschlagt, wendet sich nachdrücklich Frank Bezner: Wissensmythen. Lateinische Literatur und Rationalisierung im 12. Jahrhundert. In: Reflexion und Inszenierung von Rationalität in der mittelalterlichen Literatur. Blaubeurer Kolloquium 2006. Hrsg. von Klaus Ridder. Berlin 2008 (Wolframstudien XX), S. 41–71.
261 Haug, Gibt es eine mittelalterliche Ästhetik, S. 262–266, hier S. 265.
262 Noch bei Heinrich von Mügeln, in *Der meide kranz*, argumentieren die Tugenden gegen *Nature*, dass mit ihrer Hilfe *Nature* überwunden werden könnte. Hierbei muss allerdings einschränkend bemerkt werden, dass *Der meide kranz* die beiden Gegenpositionen der Tugenden und *Natures* am Schluss unvermittelt gegeneinander stellt und der erwartete Schiedsspruch ausbleibt und dass andererseits der Text zugleich einen Fürstenspiegel darstellt, der schon aus diesem Grund eine tropologische Nutzanwendung, nämlich die notwendige Überwindbarkeit sündhaften Verhaltens im Diesseits, postulieren muss.
263 Im *Anticlaudianus* möchte – paradoxerweise – die personifizierte *Natura* die menschliche Natur durch einen neuen Menschen erneuern, im *Epithalamium* sucht Astraea – die mit Maria identifizierbar ist – die weibliche Natur durch eine neue Frau – die Anti-Eva Maria – zu erneuern; die Glücksgüter werden für den neu geschaffenen Menschen hier wie dort abgelehnt; die Erzählung des

sen Seele jedoch vermittels eines einmaligen Eingriffs Gottes in den natürlichen Lauf der Schöpfung ohne den alten Makel der Erbsünde *ex nihilo* neu erschaffen wird, Maria oder Christus sei, steht und fällt mit der Antwort auf die Frage nach einer möglichen unbefleckten Empfängnis Mariens: Während ein zeitgenössischer Kommentar eine marianische Interpretation vorlegt,[264] formuliert auch noch Heinrich von Neustadt um 1300 in seinem *Anticlaudianus*-Retext *Von Gottes Zukunft*[265] eine dezidiert christologische Lesart, die die unbefleckte Empfängnis Mariens vehement ausschließen muss, insofern Maria hier als das Fleisch geschaffen wird, das die Grundlage für den tatsächlichen *homo novus* darstellt.[266]

Anticlaudianus mündet im neunten Buch in eine kurze Schlacht des Guten gegen das Böse, die auch im *Epithalamium* stattfindet, welches den *Anticlaudianus* allerdings um ein zehntes Buch überbietet; hier wie dort wird eine doppelte Perspektive evoziert: die Überwindung der menschlichen Natur im Allgemeinen durch den Spezialfall der menschlichen Natur Christi (= Gottes)/Mariens versöhnt Mensch und Natur – wiederum im Allgemeinen – selbst. Eine marianische ‚Antwort' des Johannes von Garlandia auf den *Anticlaudianus* ergibt jedoch nur Sinn, wenn man sie zugleich als Zeugnis einer christologischen Lektüre des Prätextes versteht. Dass, mit einem fortschreitenden Marienkult, eine neue Antwort auf die Frage nach der ‚Natur' Mariens notwendig war, lässt sich aus zeitgenössischen Reaktionen auf mögliche marianische Lesarten des *Anticlaudianus* ersehen, wie Heinrichs von Neustadt *Von Gottes Zukunft* sie dezidiert ablehnt.

264 Vgl. Meier, Rezeption des Anticlaudianus.
265 Hier zitiert nach: Heinrich von Neustadt: ‚Apollonius von Tryland' nach der Gothaer Handschrift. ‚Gottes Zukunft' und ‚Visio Philiberti' nach der Heidelberger Handschrift. Hrsg. von S. Singer, Berlin 1906, S. 331–452.
266 Vgl. Heinrich von Neustadt: Von Gottes Zukunft, Vv. 1323–32: *Sin můter sol geborn werden | Nach siten von sůnden uf die erden | Nach rehter e erber: | Ir kint wirt ir lŏser. | Het ir gebort nit sunden pfliht, | So dorfte sie dez lŏsers niht. | Ir lip wer auch nit menschlich, | Vil lihte einem valschen geist glich. | Von ir nehmen muz sin blůt | Und auch sin fleische der mensche gůt.* Die Zeugung durch den Heiligen Geist wird explizit als *Contra carnis iura* (V. 1337) bezeichnet und mit einer Apostrophe an *Natura* versehen (*Nů grift sie, Frauwe Natura!*, V. 1338), welche ihre Arbeit an Maria aufnehmen und dabei Exzeptionelles wirken soll, indem sie *Kusche, Demut, Mildekeit, | Maze, Suße, Gedůldikeit, | Gehorsam und Barmhertzikeit, | Glaube, Friede und Bescheidenheit* (Vv. 1343–46) in ihr vereint. – In der Frage nach der Möglichkeit einer christologischen Lesart des *Anticlaudianus* schlagen auch die Übersetzungsfehler Wilhelm Raths zu Buche, denn auch für diesen Text findet sich – wie für das *Epithalamium* des Johannes (vgl. Kap. IV.2.1, S. 342, Anm. 194) – eine zeitgenössische interpretierende Beigabe, ein *Summarium*, welches nach einer kurzen Zusammenfassung des Inhaltes den Stoff auf zwei einander nicht ausschließende Bedeutungen festlegt, nämlich eine ‚historische' und eine ‚mystische': *Ex hiis liquet que sit materia huius autoris in hoc opere. Est tamen materia duplex, una historialis, alia mistica, quod satis diligenti liquet lectori, et quia circa materiam uersatur intentio, per materiam intentionis comparatur noticia.* (Zitiert nach: Bossuat, Alain de Lille. Anticlaudianus, S. 199–201, hier S. 201.) Rath übersetzt: „Hieraus wird klar, welches der Gegenstand dieses Autors in diesem Werke ist. Doch ist es ein zweifacher: Einesteils erzählend, anderenteils mystisch, was dem genügend sorgfältigen Leser klar wird. Weil sich Absicht und Sinn des Werkes selbst durch die Darstellung hinziehen, wird durch die Darstellung des Gegenstandes die Absicht selbst sichtbar." (Rath, Der Anticlaudian, S. 253). Die *materia historialis* lediglich als „erzählenden Gegenstand" zu fassen, greift entschieden zu kurz, verweist diese Einordnung doch wiederum auf die Trias von *historia, fabula* und *argumentum*. Dass jedoch Teile des Stoffes als *materia historialis* gelten dürfen, ist für eine frei erfundene (in-

Das paradoxe Wirken der Natura für das Erlösungs- und Gnadenwerk wird im *Anticlaudianus* über die Progression der zu Gott hinführenden *artes* mit einer fortschreitenden Entkörperlichung verbunden, die simultan auf die Erzeugung des Gottsohnes, als Zentrum des Heilswerkes, wie auf die Überwindung des im Fleisch verhafteten *homo vetus* in jedem christlichen Subjekt hin auslegbar ist. So wie die Regeln der Natur überwunden werden müssen, um den Spender der göttlichen Gnade jenseits der Gesetze des Fleisches zu erzeugen, so muss auch im gläubigen Subjekt die Fleischlichkeit überwunden werden, damit der *homo novus* die Gnade glaubend annehmen kann. So, wie der *vetus homo* in jedem Einzelnen gekreuzigt werden muss (Rm 6,6), so muss auch die Geburt Christi sowohl im Literalsinn (*historice*) als auch in jedem christlichen Subjekt (*tropologice*) stattfinden (Rm 8,22 f.).[267]

---

tegumentale) Allegorie, welche allein zum Ziel hat, das neue, schulgelehrte Individuum in seinem Bildungsgang zu illustrieren, nicht anzusetzen, während der Anspruch des Historischen – wie auch im *Epithalamium* – für die unabdingbaren Tatsachenbestände des christlichen Glaubens – die Menschwerdung Christi und die anschließende Erlösungstat – anzusetzen ist. Auch das *Summarium* liest den *Anticlaudianus* also historisch-christologisch und lässt zudem – in gewisser Weise avancierter als die moderne Forschung, die den Text gerne kategorisch vereindeutigen will – eine gleichzeitige zweite Sinnebene zu. Es ist im Blick auf die seit Horaz wiederkehrende Forderung der Poetiken, keine neuen Stoffe zu erfinden, sondern bereits vorhandene *materiae* zu ‚retextualisieren', vielleicht ohnehin einleuchtender, beim *Anticlaudianus* von einer – vielleicht geradezu experimentellen und formal avanciert zu nennenden – Allegorisierung von *historia* auszugehen als von einer zum Integumentum gedrehten, frei erdichteten *fabula*. Mit diesem Blick ist eine starke, fast zu Unidentifizierbarkeit verschlüsselte Darbietung der Zeugung Christi wahrscheinlicher als eine Erzählung, welche einen geradezu anmaßenden, fast häretischen Bildungsoptimismus vom durch Schulgelehrsamkeit vergöttlichten Menschen präsentiert. Es ist nämlich kein Zufall, dass das der *Prudentia* verbleibende Pferd – der Gehörsinn – den von den *artes* gefertigten Wagen nicht in den Himmel hinaufzieht. Auf dem Pferd allein, den nutzlosen Wagen hinter sich lassend, dringt Prudentia in den Himmel vor: Vor Gott versagen die diesseitigen Wissenschaften. Allein jener Sinn, der der Verkündung des Wortes Gottes zu folgen vermag (‚Evangelium') ermöglicht das Vordringen zu Gott. Dass hier die Erschaffung des *homo novus* in Verbindung zum Ohr steht, erzeugt überdies eine Nähe zur Ohrenzeugung Christi. – Für eine umsichtige Darstellung zeitgenössischer *Anticlaudianus*-Lektüren, die zugleich die charakteristischen „Leerstellen" der *Anticlaudianus*-Dichtung betont, vgl. Meier, Rezeption des Anticlaudianus, S. 411.
267 Rm 8,22 f.: [22]*scimus enim quod omnis creatura ingemescit et parturit usque adhuc* [23]*non solum autem illa | sed et nos ipsi primitias Spiritus habentes | et ipsi intra nos gemimus | adoptionem filiorum expectantes redemptionem corporis nostri* (Übers. [Frank Oborski]: „[22]Wir wissen nämlich, dass die ganze Schöpfung bis heute seufzt und Schmerzen leidet wie eine Gebärende. [23]Aber nicht nur es, sondern auch wir selbst, die wir die Erstlinge des Geistes haben, auch wir selbst seufzen in unserem Inneren, weil wir die Adoption als Kinder erwarten, die Erlösung unseres Körpers.") – Vgl. zudem: Mk 3, 33–35: [33]*et respondens eis ait | quae est mater mea et fratres mei* [34]*et circumspiciens eos qui in circuitu eius sedebant ait | ecce mater mea et fratres mei* [35]*qui enim fecerit voluntatem Dei | hic frater meus et soror mea et mater est* (Übers. [Michael Margoni-Kögler]: „[33]Und er antwortete ihnen und sagte: ‚Wer ist meine Mutter und meine Brüder?' [34]Und indem er ringsum blickte auf die, die in seinem Umkreis saßen, sagte er: ‚Seht, meine Mutter und meine Brüder! [35]Wer nämlich den Willen Gottes erfüllt, der ist mein Bruder und meine Schwester und meine Mutter.'"), sowie Gal 4,18 f.: [18]*bonum autem aemulamini in bono semper | et non tantum cum praesens sum apud vos* [19]*filioli mei quos iterum parturio donec form-*

IV.2 Die *descriptio membrorum* in der lateinischen und volkssprachlichen Dichtung — 373

Im Zuge der Narration des *Anticlaudianus* lassen sich entsprechend signifikante Schönheitsattribuierungen herausarbeiten: Der Einsatz einer *descriptio membrorum* zur Darstellung der *Prudentia* entspricht wiederum der Dichotomie von *homo interior* und *exterior*, insofern über die *descriptio* eine Körperlichkeit signifiziert wird, welche nur der Klugheit, in eingeschränktem Maße ihrer Schwester *Ratio*, nicht aber dem *homo interior*, der Seele, zukommt.

> Surgit ad hoc placidi uultus gestusque modesti
> Circumscripta modum Prudencia. Colla pererrat
> Aurea cesaries, sed acus mediata refrenat
> Litigium crinis et regula pectinis instat.
> Ordo supercilii, iusto libramine ductus,
> Nec nimis exhaustus nec multa nube pilorum
> Luxurians, sese geminos exemplat in arcus.
> Luminis astra iubar, frons lilia, balsama naris,
> Dens ebur osque rosam parit, offert, reddit, adequat;
> Spirat in ore color uiuus nec candor adulter
> Turpiter effingit tanti phantasma decoris.
> Sydereum uultus castigauere ruborem
> Lilia nupta rosis et, ne palloris obumbrent
> Nubila candorem, deffendit flamma ruboris.
> Clarior argento, fuluo conspector auro
> Lucidior glacie, cristallo gracior omni,
> Menti planicies roseo non derogat ori;
> Non male colla sedent, humero non insidet alta
> Ceruix, sed spacio surgit distincta modesto.
> Poma mamillarum, modico suspensa tumore,
> Nulla mollicie dependent fracta, sed ipsa
> Duricie proprii describunt signa pudoris.
> Explicat explicito tractu iunctura lacertos
> Amplexusque suos deposcere brachia credas,
> Imaque conciliat summis extremaque primis
> Conuallis laterum, modulo submissa decenti.
> Cetera quis nescit meliora latere sub istis
> Quorum sola gerunt placidi preludia uultus?
> Canone sub certo dimensio nulla retardat
> Corporis excursum uel certo fine refrenat:
> Nunc magis euadens celestia uertice pulsat,
> Nunc oculos frustrans celestibus insidet, ad nos
> Nunc redit et nostra sese castigat habena.
> Vestis erat filo tenui contexta, colorem
> Non mentita suum nulloque sophismate uisum
> Decipit, immo rubor natiuus inhebriat illum.

---

etur Christus in vobis (Übers. [Johannes Stettner]: „[18]Ahmt das Gute aber immer durch das Gute nach und nicht nur, wenn ich bei euch anwesend bin, [19]meine lieben Kinder, um die ich mich wieder ängstige, bis Christus in euch Gestalt annimmt.").

Non ibi materies frome suffragia querit
Nec forme peccata sibi uelamina querunt.
Materia neutra succumbit, neutra sorori
Cedit et ex equo certant utra uincere possit.
Sompniat hic rerum species pictura resultans,
Quas tamen ex parte iubet expirare uetustas,
Et forme ueteris uestigia pauca supersunt;
Sed tamen in arte uestem diffibulat istam
In uariis scissura locis, lugere uidetur
Vestis et illata sibimet conuicia flere.
Dextra manus librat trutinam que singula pensat
In numero, forma, mensura, pondere, causa.
Hiis ornata modis, isto festiua paratu,
Verba parat solers Prudencia, cuius ab ore
Curia dependet. Currunt instanter ad illam
Visus et auditus, sed uoto dispare certant:
Visus, ut in specie tanta conuiuia querat
Auditusque fauos uerborum siggat ab ore.
(Alanus: Anticlaudianus I,270–323)[268]

---

268 Übers. (Rath): „Hierauf erhebt sich die Klugheit, erkennbar am ruhigen Antlitz | Und der Gebärden Bescheidenheit. Ihr goldenes Haupthaar | Irrt ihr um Schultern und Hals. Doch schlichtet den Streit ihrer Haare | Eine Spange darin und die ordnende Regel des Kammes. | Und ihrer Augen Braue, in ausgewogener Führung, | Nicht zu sehr verdünnt, noch schwelgend in haarreicher Wolke, | Weiset den doppelten Bogen in musterhafter Gestaltung. | Sterne entstrahlen dem Aug, wie von Lilien leuchtet die Stirne, | Elfenbein blitzet ihr Zahn in dem Mund, kein trügender Schimmer | Wischet schimpflich hinweg den Eindruck vollendeter Schönheit. | Ihres Angesichts Sternenrot dämpft das Schneeweiß der Lilie, | Die sich der Rose vereint, und daß nicht Wolken der Blässe | Schatten den schneeigen Glanz, verhindert die Flamme der Röte, | Heller als Silberglanz und schöner als rötliches Gold noch, | Strahlender noch als das Eis und klarer als alle Kristalle. | So nimmt die Stirne, die Ebne des Geists, nichts dem rosigen Antlitz. | Schön ruht das Haupt auf dem Hals, der nicht hoch den Schultern sich aufsetzt, | Sondern von ihnen zu mäßiger Höhe harmonisch sich hebt. | Und die Äpfel der Brüste, von maßvoller Schwellung getragen, | Hängen nicht in Erschlaffung herab, es weist ihre Härte | Deutlich das Zeichen der dieser Jungfrau eigenen Keuschheit. | Es entfalten mit klarem Zug ihre Schultern die Arme, | So daß du glaubst, du müßtest nach ihrer Umschlingung verlangen. | Auch die Schwingung der Hüften befreundet das Nied're dem Hohen | Anfang und Ausklang, und ist geziemendem Maß unterworfen; | Und wer kennte denn nicht das darunter Verborgene, noch Bessre, | Zu dem das Vorspiel nur die freundlichen Blicke bedeuten? | Keine der Dimensionen hemmt mit bestimmendem Kanon | Ihres Leibes Wuchs oder hält ihn in fester Umgrenzung: | Einmal sich höher erhebend berühret ihr Scheitel den Himmel, | Dann die Augen uns täuschend, weilet sie unter den Göttern. | Kehret zu uns dann zurück, sich fesselnd mit irdischem Zügel. | Ihr Gewand war von zartem Faden gewebt, seine Farbe | Lüget uns nicht und täuschet den Blick mit keinerlei Blendwerk, | Vielmehr berauschet ihn des Gewebes ursprüngliche Röte. | Nicht verlanget ein Mangel der Form nach verhüllendem Schleier. | Weder Materie noch Form, es weichet hier keine der Schwestern, | Beide kämpfen um ihren Sieg unter gleicher Bedingung. | Hier erträumet das spiegelnde Bild die Arten der Dinge, | Doch ließ das Alter schon einen Teil von ihnen verbleichen, | Und von der einstigen Form verblieben nur wenige Spuren. | Aber es trennen auch noch das Keid an verschiedenen Stellen | Risse entzwei, und es scheint, als wenn die Gewandung hier traure | Und die ihr angetane Schmach mit Tränen beweine. | Ihre Rechte trägt eine Waage, die

IV.2 Die *descriptio membrorum* in der lateinischen und volkssprachlichen Dichtung — 375

Es ist kein Zufall, dass von den beiden geschwisterlichen Verstandeskräften *Prudentia*, die nicht durch den Spiegel der Trinität blickt, deren Worte wie Honig erwartet werden, aber die aufgrund ihres Zweifels den Hof erschüttert, auch diejenige ist, welche körperlich dargestellt wird. Die *Ratio* erhält zwar keine den Körper abschreitende *descriptio membrorum* wie *Prudentia*, wohl aber Elemente einer *descriptio superficiale*, insofern sie als Opposition zu ihrer Schwester aufgebaut wird, wobei allerdings nur ihr Antlitz beschrieben wird, das einerseits dem der Schwester identisch und andererseits von ihrem verschieden ist: *Suntque relatiue facies: gerit altera formam | Alterius seseque sibi conformat in illa* (Alanus: Anticlaudianus I,441 f.; Übers. [Rath]: „Beider Antlitz entsprechen sich völlig. Trägt doch das eine | Gänzlich des anderen Form und ergänzt sich selbst in dem anderen."). Wenig später heißt es:

> Par facies habitusque pares, par gestus in illis,
> Par modus atque decor, sed dispar uultus in annis.
> Nam pocior Racio senii uexilla gerebat
> Plenior etate, plenis maturior annis.
> (Alanus: Anticlaudianus I,446–449)[269]

Prudentia im Besonderen wird damit das Implikat der Hinfälligkeit und Verführbarkeit des menschlichen Körpers eigen, sie ist der Eva-Anteil des Verstandes, sofern sie nicht durch den Spiegel des Glaubens erleuchtet wird. Die Leib-Seele-Dichotomie thematisiert Ratio, ihre Schwester, ganz explizit mit Bezug auf den zweifelnden Einwand der *Prudentia*:

> Non tamen inficior uterine uerba sororis,
> Que tanti limam sapiunt examinis, immo
> Verius hec eadem possunt examina dici,
> Cum nostrum fateatur opus nostramque requirat
> Incundem, fluitans humane machina molis.
> Corpus ad esse suum uocat artis regula nostre;
> Excipit hanc hominis animam, que semper ab istis
> Legibus excipitur, meliori pollice ducta.
> (Alanus: Anticlaudianus II,57–64)[270]

---

jegliches abwägt, | So nach Zahl und Form, wie nach Maß, Gewicht und Begründung. | Also in dieser Weise geschmückt, in so festlicher Kleidung | Rüstet die geistreiche Klugheit sich nun zum Wort. Ihr am Munde | Hänget der ganze Hof, es eilen Gehör und Blicke | Alle zu ihr, jedoch wetteifern die beiden sehr ungleich: | Während bei solcher Schönheit der Blick ein Festmahl erwartet, | Will das Gehör sich vom Munde saugen den Honig der Worte."

269 Übers. (Rath): „Gleich im Antlitz, und gleich in der Haltung, von gleicher Gebärde, | Gleicher Art und von gleicher Schönheit, doch ungleich an Jahren | Zeigt die Vernunft mehr Würde und weiset die Zeichen des Alters, | Da ihr Leben erfüllet die Fülle der reifenden Jahre."

270 Übers. (Rath): „Doch will ich nicht die Worte der leiblichen Schwester entkräften, | Die so deutlich die Strenge der Prüfung verraten, daß man sie | Selber als Prüfung bezeichnen könnte in wahrem Sinne, | Da ja das unzuverlässige Werk des menschlichen Leibes | Sich als das uns're verrät und unsere

Es lässt sich – ähnlich wie in der Reihe der Beispiel-*descriptiones* bei Matthäus – auch in der Reihe der *artes* zeigen, wie die *descriptio membrorum* in den Zusammenhang mit einer Hierarchie gebracht wird, in welcher sie von all den grundsätzlich *ad laudem* ausschlagenden Beschreibungen zugleich den untersten Rang einnimmt. Die erste der beschriebenen *artes*, *Grammatica*, ist die einzige der Künste, die eine an Wollust zumindest über Negierung der konventionellen Körpermerkmale heranreichende Beschreibung erhält:[271]

> Non habitu uilis nec uultu sordida, gestu
> Degener, incompta uerbis uel barbara factis
> Sed tamen in uultu proscribit signa laboris
> Pallor; sed modicus, qui non proscribit ab ore
> *Purpureos ignes* niueique coloris honorem,
> Cum *flos uirgineus* non deffloretur in illa
> Nec proprium frangat *Veneris fractura* pudorem.
> Sunt tamen in multo lactis torrente natantes.
> Mamme, subduncti mentite damna pudoris.
> (Alanus: Anticlaudianus II,385–393)[272]

Die wesentlichen Merkmale des – im mittellateinischen Wortsinn – ‚libidinösen' Körpers werden hier zwar angespielt, dann jedoch relativiert. Deutlich wird besonders, dass das flammende Rot und das Strahlen des Weißen (Alanus: Anticlaudianus II,389 f.),

---

Werkstatt erfordert. | Ruft doch den Körper zum Sein die Regel unseres Könnens: | Anders die Seele, welche von besseren Händen erbildet, | Immer ausgenommen ist von des Leibes Gesetzen."

271 Es ist zu beachten, dass die *descriptiones* im Folgenden jeweils nur auszugsweise zitiert werden. Die *descriptiones* sind alle etwa gleich lang und bestehen – im Gegensatz zur *Prudentia-descriptio* – zum größten Teil aus intrinsischen Partien oder – im Sinne der Allegorien und ihrer Signa (die Rute der Grammatik, der Zirkel der Geometrie) – aus attributiven Teilen. Hier werden jedoch nur die auf Schönheit und Körperlichkeit der allegorischen Frauenfiguren direkt bezogene Passagen wiedergegeben. Es zeigt sich so – auch in der Länge der Zitate – eine deutliche Verschiebung in der Gewichtung gegenüber der *Prudentia*.

272 Kursivierung hier und in der Übers. von mir; F. D. S. – Übers. (Rath): „Nicht unedel an Haltung, nicht unrein im Antlitz, nicht häßlich | In der Gebärde, im Worte nicht wirr, im Tun nicht barbarisch, | Zeichnet ihr dennoch die Blässe ins Antlitz die Zeichen der Mühe, | Doch nur in dem Maß, in dem sie nicht eine *flammende Röte* | Ihr auf die Wangen malt, noch den Glanz der *schneeweißen Farbe*, | Wie auch die Blüte der Jungfrau in ihr sich durchaus nicht entblättert, | Noch die *verletzende Venus* verletzt die ihr eigene Keuschheit; | Dennoch strömen von reichem Strome der Milch ihre Brüste, | Lügend, als hätte die Keuschheit der Jungfrau Schaden gelitten." – Ganz entsprechend einer aufsteigenden Reihe der Künste, in welcher *Grammatica* die unterste und weltverhafteste darstellt, ist auch der *Laborintus* Eberhards des Deutschen gestaltet (vgl. hierzu im Folgenden Kap. VI.1). Im *Laborintus*, der Alanus explizit nennt und auf sein Gedicht von den sieben Künsten, also auf den *Anticlaudianus*, anspielt (V. 661 f.: *Septenas quid alat artes describit Alanus, | Virtutis species proprietate notat.* – Übers. [Vollmann]: „Was die sieben Künste nährt [*alat*], beschreibt Alanus, | die Unterarten der Tugend bezeichnet er durch ihre Eigentümlichkeit."), wird dieser zudem auch inhaltlich erkennbar verarbeitet: Hier findet sich sehr deutlich die Vorstellung, dass die Grammatik, wenngleich die Wurzel aller Künste, zugleich auch die minderwertigste und – ohne die übrigen – sowohl die nutzloseste als auch die moralisch ambivalenteste sei.

IV.2 Die *descriptio membrorum* in der lateinischen und volkssprachlichen Dichtung — 377

die so häufiger Bestandteil von *descriptiones membrorum* sind, in einen direkten, zeichenhaften Zusammenhang zu den Werken der Venus (Alanus: Anticlaudianus II,391), zum Verlust der Jungfräulichkeit, gesetzt werden.

Die *Logica* erhält eine *descriptio*, welche die körperliche Schönheit noch weiter abweist:

> Et decor et species perflasset uirginis artus,
> Sicut presignis uerborum disserit ordo,
> Ni facies quadam macie resparsa iaceret.
> Vallat eam macies, macie uallata profunde
> Subsidet et nudis cutis ossibus arida nubit.
> Hic habitu, gestu, macie, pallore figurat
> Insompnes animi motus uigilemque Mineruam
> Predicat et secum uigils uigilare lucernas.
> Quodam litigio contendens, crinis in ima
> Deuiat et secum pugnans rixatur inepte;
> Nec pecten castigat eum, non forcipis urget
> Morsus, tonsure non mordet apocopa crinem.
> Dum stellis oculi certant, ardere putantur;
> Subcombunt aquile uisus et lincis adorant
> Intuitus oculos tales seseque fatentur
> Deuictos et eis sese conferre uerentur.
> (Alanus: Anticlaudianus III,9–24)[273]

Demgegenüber ist *Rhetorica*, welche als diejenige der Künste dargestellt wird, die mit sprachlichem Malen beschäftigt ist, entsprechend dem äußerlichen Prunk dieser Kunst als schön dargestellt:

> Non cultu facieque minor, non arte secunda,
> Tertia uirgo suo non fraudat munere currum.
> (Alanus: Anticlaudianus III,137 f.)[274]

---

273 Übers. (Rath): „Würde und Schönheit hätten umhaucht die Glieder der Jungfrau, | Wie deren ganz besonders vollendete Ordnung es darlegt, | Wenn nicht das Antlitz ihr unter Magerkeit allzusehr litte. | Von dieser Magerkeit ganz umstrickt, scheint es eingefallen, | Und mit den sichtbaren Knochen verehlicht die trockene Haut sich. | So verrät sie mit ihrer Blässe und magerem Aussehn | Ihres schlaflosen Geistes Bewegung: die wache Minerva, | Die bei der Lampe Schein die Stunden der Nacht durchwachte. | Wie im Disput befindlich irret das Haar ihr hinunter, | Mit sich selber im Kampfe sich unschicklich selber verwirrend. | Und kein Kamm vermag es zu bändigen, auch keine Schere | Beißt es ab mit schneidendem Biß und stutzet das Ende. | Während ihr Auge mit Sternen streitet, meint man, es glühe; | Ihm unterliegen die Blicke des Adlers; die Lichter des Luchses | Beten es an. Selbst solch ein Auge sieht sich überwunden, | Und es hütet sich wohl, sich mit ihrem Augen zu messen." – Bei den anschließend thematisierten Händen geht es nicht mehr um den Körper sondern um die nach Rechts und Links aufgeteilten, opposten Tätigkeiten derselben.

274 Übers. (Rath): „Nicht an Schönheit und Pflege, auch in ihrer Kunst nicht geringer, | Bringet die dritte nicht den Wagen um ihre Geschenke."

> Nec mirum si facta prius perfectius ornans
> Perficit et factum cultu meliore uenustat,
> Cui magis arridet species et gracia forme,
> Quod comites multa pictoris preuenit arte,
> Totam pictoris artem sub pectore claudens.
>   Exemplans auri speciem miraque polytus
> Arte iacet crinis, inuestit colla capillus
> In uultuque natat color igneus, ignis in ore
> Purpureus roseo uultum splendore colorat,
> Sed partim uultus candor peregrinus inheret
> Natiuoque suum certat miscere colorem.
> Nunc uario fluctu lacrimarum riuus inundat,
> Nunc uultum uarii risus aurora serenat,
> Abstergens fletus lacrimas, nunc uirgo seueros
> Pretendit uultus cum magestate rigoris,
> Nunc oculus sursum lumen delegat in imum,
> Nunc cadit huius apex, nunc totum lucis acumen
> In latus obliquans, anfractus querit et umbram.
> (Alanus: Anticlaudianus III,146–163)[275]

Den drei *artes* des Triviums stehen die vier des Quadriviums gegenüber, welche zwar einerseits als zunehmend schön, andererseits abnehmend körperlich konkretisiert geschildert werden:

Die Arithmetik:

> Ergo decora, decens, gracilis, subtilis, acuta
> Pollet et in uultu monstratur copia mentis,
> Nam uultus noster liber est et littera cordis
> Nuncius, interpres uerax animique figura.
> Solliciti uultus, animum prudentis, honesti
> Cultus, attenti speciem formamque modesti

---

[275] Übers. (Rath): „Und kein Wunder, daß gerade sie das schon früher Getane | mit vollkommnerem Schmuck und größerer Schönheit vollendet, | Sie, der die Schönheit und Gnade der Form mehr als anderen lächelt, | Die die Gefährtinnen weit übertrifft in den Künsten des Malens, | Sie, die in ihrem Herzen die ganze Malkunst beschließet. | Leuchtend wie schönstes Gold, in geschmackvoller Pflege geordnet, | Lieget ihr schönes Haar und umkleidet den Hals ihr und den Nacken: Feurige Farbe durchströmt ihre Wangen, und purpurnes Feuer | Auf ihrem Munde umglüht mit rosigem Schimmer ihr Antlitz, | Das aber auch zum Teile eine fremde Blässe beeinflußt, | Um mit der angeboren Farbe die eigene zu mischen. | Bald überschwemmen ihr Antlitz so mancherlei Ströme der Tränen, | Bald erheitert es wieder die Morgenröte des Lachens, | Wischet die Tränen hinweg; dann aber trägt unsre Jungfrau | Strenge Mienen zur Schau in der hehren Würde des Ernstes; | Bald entsendet ihr Auge zur Höhe hinauf seinen Lichtstrahl, | Dann zur Tiefe hinab, und dann, seines Lichtes Schärfe | nach der Seite verschickend, sucht es Umschweif und Schatten."

IV.2 Die *descriptio membrorum* in der lateinischen und volkssprachlichen Dichtung — 379

> Hec gerit et sexum *transcendit mente uirili*.[276]
> Non eius roseos color incolit aduena uultus,
> Sed color indigena regnat nec purpura uultus
> Secum furtiui patitur fermenta coloris.
> Demittit caput in terram nec lubrica sensus
> Venatur; menti cedens agit occia uisus.
> (Alanus: Anticlaudianus III,276–287)[277]

Die Musik:

> Pro speculo uultum gerit hec preclara tuenti,
> Nam quicumque uidet uultum se uisus in illo
> Cernit et in speculo uultus epulatur ocellus.
> (Alanus: Anticlaudianus III,395–397)[278]

Die Geometrie:

> Certatim gestus, habitus, decor huius honorem
> Accumulant pariter, eius pro laude loquentes.
> Encleticum gerit illa caput nec corporis ullam
> Iacturam patitur, sed lumen legat in unum,
> Vt quibus insideat mens, enclesis ipsa loquatur.
> Exponit mentem facies animumque fatetur.
> (Alanus: Anticlaudianus III,471–476)[279]

Die Astronomie:

> Ultima subsequitur uirgo, que prima decore,
> Cultu prima, gerit primam sub pectore mentem;
> Non morbo, non tristicia, non mente magistra

---

[276] Hervorhebung v. mir; F. D. S. – Das ‚transzendieren' der weiblichen Natur durch den männlichen Geist ist in der *Ars versificatoria* Kennzeichen der tugendhaften *matrona* Marcia (vgl. Ars vers. I.55, 9–14).
[277] Übers. (Rath): „Ihre zierliche Schönheit, Anmut, Feinheit und Schärfe | Sind ihre Stärke, ihr Antlitz zeiget den Schatz ihres Geistes. | Denn das Antlitz ist wie ein Buch, und der Buchstab ist Bote | unseres Herzens, wahrhafter Dolmetsch und Bild unsrer Seele. | Auf ihm trägt sie die Art und Form der besorgten Miene | Aufmerksamen und klugen Geistes, Bescheidenheit, Anstand, | Und überwindet ihr eignes Geschlecht mit männlichem Geiste. | Doch bewohnt dieser Fremdling nicht ihre rosigen Wangen, | Die nur die eigene Farbe beherrscht. Und der Purpur der Wangen | Duldet nicht neben sich das Ferment gestohlener Färbung. | Wohl neigt ihr Haupt sie zur Erde, doch nicht nach Vergänglichem jagend, | Sondern, dem Geiste weichend, pflegen die Sinne der Ruhe."
[278] Übers. (Rath): „Wie einen hellen und reinen Spiegel trägt sie ihr Antlitz: | Wer auch ihr Antlitz erschaut, er siehet in ihm sich gespiegelt, | In dieses Antlitzes Spiegel werden gespeist seine Augen."
[279] Übers. (Rath): „Ihre Gebärden – die Zierde der Haltung – erhöhen im Wettstreit | Noch ihre Schönheit und Ehre und sprechen zugleich ihr zum Lobe. Sie trägt ihr Haupt geneigt, doch ist's keine Schwäche des Körpers, | Sondern sie sendet nach unten den Blick, daß zu all jenen Dingen, | Denen ihr Geist sich widmet, die Neigung selber nun spreche. | Und ihr Antlitz zeigt ihren Geist, offenbart ihre Seele."

> Degenerat caput in terram, sed uultus in astris
> Heret [...].
> (Alanus: Anticlaudianus IV,1–5)²⁸⁰

Es muss auffallen, dass gerade bei Astronomia, also derjenigen der *artes*, die als *prima decore, cultu prima* benannt wird, die mithin also die schönste und fortgeschrittenste der Künste ist, die Elaborierung des Körperlichen in einer *descriptio membrorum* völlig fehlt. Während die über *epitheta* konstatierte Schönheit von *ars* zu *ars* eher zu- als abnimmt, erhält ihre Körperlichkeit gleichzeitig immer weniger Raum. Während Schönheit hier – im Rahmen der zunehmend auf die Transzendenz zielenden Wissenschaftsdisziplinen – als Gradmesser des Guten erscheint, wird diese Steigerung ins Positive zugleich über einen sich ‚steigernden' Rückbau des Körperlich-Immanenten erreicht. In der Allegorie, welche den Übergang der *artes* von der menschlichen Disziplin hin zur Wissenschaft, die auf Gotteserkenntnis abzielt, abschreitet, konfligieren die Bewertungsraster des transzendent Schönen und des immanent Körperlichen, an welches Schönheit in der Figurendarstellung im Medium der *descriptio membrorum* gebunden ist.

Wenn sich hier also auch keine narrative Funktionalisierung zeigt (vgl. Kap. IV.1.2), weil die *descriptiones* in der Allegorie nicht dazu dienen, einen Handlungsschritt zu begründen, so erzeugen sie dennoch über das protonarrativ gerahmte Implikat der Formeinheit *descriptio membrorum* eine spezifische ethische Dimension, die den Personifikationen attribuiert wird oder eben nicht.

Den Schritt in die Transzendenz markiert die *descriptio* der *puella poli* [= *Theologia*], für welche zwar einerseits höchste – nämlich transzendente – Schönheit beansprucht wird, die jedoch andererseits pointiert unkörperlich ist.²⁸¹ Die Differenz von Körperlichkeit (= Immanenz) und Transzendenz wird dabei eigens thematisch:

> Ecce puella poli residens in culmine, celum
> Descpiciens, sursum delegans lumina, quiddam
> Extramundanum toto congnamine uisus
> Vestigans, nil *corporeum* uenata sed ultra
> *Transcendens*, incorporei scrutata latentem
> Causam, principium rerum finemque requirens,
> Visisbus offertur Fronesis, uisumque nitore
> Luminis offendens, mentem nouitate relaxat.
> Nec mirum quoniam tanto fulgore decoris

---

280 Übers. (Rath): „Nun folgt die letzte Jungfrau; an Würde und Schönheit die erste, | Trägt sie höchste Kultur und höchsten Geist in dem Herzen, | Nicht in Krankheit und Trauer oder in lehrhaftem Geiste | Senkt sie zur Erde das Haupt. Sondern stetig hinauf zu den Sternen | Schaut ihr Gesicht".

281 Bereits Haug, Gab es eine mittelalterliche Ästhetik, S. 265, bemerkt, dass „die Personifikation der Theologie, eine Frau von unvergleichlicher Schönheit, deren körperlicher Erscheinung alles Irdisch-Vergängliche abgesprochen wird und in deren prachtvolles Kleid die Geheimnisse Gottes eingewoben sind", sei.

Preminet ut stellas preditet fulgure, lumen
Lumine multiplicans et lucem luce, nec ipsi
Lumen adoptiuum largiri censet Olimpo.
Nil terrestre gerens facie, nil ore caducum
Insinuans, mortale nichil genitumque puelle
Demonstrat facies, tantum celeste quod offert
Forma puellaris. Hanc argumenta decoris
Esse deam monstrant, instancia nulla refellit
Quod decor ipse probat faciesque simillima celo.
(Alanus: Anticlaudianus V,83–100)[282]

Die Vergleichsgröße muss das „Antlitz" der beschriebenen Frauen sein, welches als einziges körperliches Element durch alle *descriptiones* hindurch mitgeführt wird. Auch dieses wird einzig in der *Prudentia-descriptio* detailliert. Im Vergleich zeigt sich, dass die *descriptio membrorum*, wie sie der Helena-*descriptio* der *Ars versificatoria* entspricht, nur ausgesprochen selten, nämlich ein einziges Mal, eingesetzt wird. Die *Prudentia* bildet den einen Pol einer Axiologie, an deren anderem Ende – vermittelt durch die Progression der *artes* – die *puella poli* steht, welche „nichts Irdisches" (*nil terrestre*) und damit auch nichts Körperliches (*nil corporeum*) mehr hat. Das Irdische – und damit auch der irdische Teil des menschlichen Verstandes sowie die Irdischen der Künste – erhält aber zum Zwecke seiner Charakterisierung als weltlich (fleischlich: *carnalis*) die *descriptio* der *membra* beigelegt, welches schon in der Helena-*descriptio* der *Ars versificatoria* Hippolytus zum Priapus werden lassen (Ars vers. I.57,24).[283] Jenseits all

---

282 Die Kursivierung stammt hier u. i. d. Übers. von mir, F. D. S. – Übers. (Rath): „Siehe da thront eine Jungfrau am Gipfel des himmlischen Poles, | Sieht auf den Himmel herab und wendet die Augen zur Höhe, | Um mit der Kraft ihres Blickes die Überwelt zu erforschen. | *Physischem* jagt sie nicht nach, sondern *jenseits der physischen Dinge [nil corporeum uenata sed ultra / Transcendens]* | Trachtet sie nach dem verborgenen Grunde des geistigen Wesens, | Forscht sowohl nach dem Anfang der Dinge als nach ihrem Ende. | Siehe, so bietet sie sich den Blicken der Klugheit; und wird auch | Deren Auge geblendet, erquickt ihr die Neuheit die Seele. | Und kein Wunder, da jene von so überragender Schönheit | Strahlte, daß sie die Sterne mit ihrem Glanze bereicherte, | Deren Licht mit Licht noch vermehrend und Leuchten mit Leuchten, | Und nicht zögert, selbst dem Olymp ihr Licht zu schenken. | *Keinerlei irdischen Zug zeigt das Antlitz der himmlischen Jungfrau.* | Nichts Vergängliches, Sterbliches, nicht von der Erde Gebornes, | Einzig Himmlisches bietet ihre jungfräuliche Reinheit. | Daß eine Göttin sie sei, ihre Schönheit beweist es deutlich; | Was so die Schönheit beweist, kein Einwand kann es entkräften, | Unwiderleglich beweist es ihr Antlitz, so ähnlich dem Himmel."

283 Die Verbindung zwischen der Anordnung der sieben Künste in einer Rangfolge von aufsteigender Wertigkeit und weiteren, daran axiologisch gebundenen Werten (Weltlichkeit – Geistlichkeit, Fleischlichkeit – Geistlichkeit) ist scheinbar eng. Katharina Mertens Fleury: Zeigen und Bezeichnen. Zugänge zu allegorischem Erzählen im Mittelalter. Würzburg 2014 (Philologie der Kultur 9), S. 91, hat auf eine ähnliche Zuordnung im dreistufigen Lektüreschema der heiligen Schrift bei Origenes (*De Principiis libri IV*) aufmerksam gemacht: „Origenes' Entwurf entfaltet drei Sinnebenen zum Verständnis der Bibel: Die erste Stufe ist die einfachste, es ist die des Fleisches (die ‚auf der Hand liegende' Auffassung), die zweite ist die des Fortgeschrittenen, der von ihrer Seele erbaut werden soll und die dritte ist jene des

dessen steht jedoch die mit ihrem Sohn-Vater-Geliebten im Himmel thronende Maria, welche im *Anticlaudianus* eine Partie zugedacht bekommt, welche zwar – im Sinne der Poetiken, wie ich sie darzustellen versucht habe – eine *descriptio*, jedoch keine *descriptio membrorum* ist: Maria wird fast ausschließlich über eine dichte, parataktische Reihung konventineller Marienbilder ‚beschrieben' (Alanus: Anticlaudianus V,471–516) und erhält keinerlei körperliche Konkretion. Sie ist die Überwinderin der Natur, in welcher zwei *nomina* – nämlich *mater* und *virgo* – paradoxerweise vereinigt sind, weshalb ihr gegenüber Natura und Racio sowie alle (weltliche) *ars* – genannt werden explizit *logica* und *rhetorica* – schweigen (Alanus: Anticlaudianus V,473 f./478 f.). Maria entspricht – zumindest im *Anticlaudianus* – die der Hoheliedexegese entlehnte, dekontextualisierende mystische Sprache, die Sprache der Heiligen Schrift Gottes, die das immanente referentialisierte Zeichengewebe menschlicher Sprache auf seine typologische Sinndimension hin sprengt.[284]

Vollkommenen, der das geistliche Gesetz zu erkennen vermag, das nicht von dieser Welt ist (IV,2,4)." Es bleibt anzumerken, dass Origenes wörtlich nicht vom ‚fleischlichen', sondern vom „körperlichen Sinn" die Rede ist, wie Mertens Fleury (ebd.) selbst anmerkt. Deutlich wird, dass hier eine analoge Axiologie vorliegt, welche die Anfänge der Wissenschaft mit Fleischlichkeit, das Fortschreiten in der Wissenschaft als ‚Entfleischlichung' versteht. – Ziolkowski, Grammar of Sex, S. 132, weist zudem bspw. auf eine Predigt („*Sermo de clericis ad theologiam non accedentibus*") des Alanus hin, in der der Vorrang der Theologie gegenüber den *artes* betont wird, welche jener nur zuarbeiten. Hierbei werden die Künste des Triviums als weltverhaftet-fleischlich eingeführt: „He [Alanus; F. D. S.] castigated doctors and lawyers for trying to cheat clients of their money and grammarians and dialecticians for pursuing vain glory, thus leading a carnal existence of fruitless knowledge." (Zur ausführlichen Diskussion dieser Predigt in der Zusammenschau mit dem *Laborintus* Eberhards des Deutschen vgl. im Folgenden Kap. VI.1.) Die Predigt entwickelt eine deutliche Trennung zwischen der *terrena philosophia/scientia* und der *caelestis philosophia/scientia*. Dabei kommt den weltlichen und vergänglichen (*transitoria*) Künsten einerseits durchaus der Status von Hilfswissenschaften zu, andererseits jedoch sind sie von der Theologie radikal verschieden, indem sie in den Status von Dienerin und Magd (*pedisequa, ancilla*) versetzt werden. Auffällig ist, dass die Rhetorik und Dialektik, als niedrigste der Künste, hierbei – wenn sie als Selbstzweck betrieben werden – zugleich die verwerflichsten, weil nichtigsten, sind. Diese Haltung findet sich prinzipiell auch im *Laborintus* Eberhards des Deutschen angespielt, wo die Rhetorik von der personifizierten Fortuna als zur Manipulation missbrauchbare Kunst denunziert wird: *Florent qui jaculis linguae pervertere causas | Justas, injustas justificare sciunt* (Laborintus Vv. 107 f.; Übers. [Vollmann]: „Es blühen, die durch die Wurfspieße der Zunge die gerechten Fälle | zu verdrehen, die ungerechten zu rechtfertigen verstehen."). Gleichwohl entwickelt der *Laborintus* demgegenüber eine eigene, interessante Position, welche zugleich eine Rechtfertigung der Rolle der Dichtung (*poesis*) darstellt (vgl. hierzu Kap. VI.1.3). Die Idee, dass Dichtung eine Art Propädeutikum auf dem Weg zur wahren Kunst sowie eine Alternative für diejenigen darstelle, welche nicht für die höheren Künste geschaffen sind, teilt der *Laborintus* erstaunlicherweise mit dem früher entstandenen *Welschen Gast* Thomasîns von Zerklære, Vv. 1079–1115.
284 Vgl. zur negativen Theologie der mystischen Sprachbilder Haug, Das dunkle Licht.

IV.2.2.3 Alanus-Re-Texte: Heinrich von Neustadt – Heinrich von Mügeln

Eine aufschlussreiche Vergleichsgröße bilden die beiden deutschsprachigen *Anticlaudianus*-Retexte, Heinrichs von Neustadt *Von Gottes Zukunft*[285] (entstanden um 1300) und Heinrichs von Mügeln *Der meide kranz*[286] (entstanden um 1350). Im Vergleich lässt sich erhellen, wie die deutschsprachigen Retexte sich gegenüber ihren Vorlagen verhalten, indem sie die zur blanken *materia* verkürzte Zusammenfassung im Prozess der Retextualisierung erneut poetorhetorisch elaborieren.[287] Auf diese Art lässt sich die spezifische Selektion der eingesetzten Mittel als erneuter, unabhängiger dichterischer Vertextungsvorgang fassen. Es zeigt sich, dass beide Texte – obgleich sie aus einem differenten kulturellen Kontext stammen, über hundert Jahre später entstehen und großzügig in die Struktur der *materia* eingreifen – *Natura* konsequent entsprechend ihres fleischlichen Implikates verstehen und auch die *descriptio membrorum* dementsprechend einsetzen, sofern sie überhaupt eingesetzt wird. *Der meide kranz* muss unter den *Anticlaudianus*-Retexten insofern als besonders prägnantes Beispiel gelten, als in ihm zudem die direkte Verarbeitung der *Poetria nova* nachweisbar, hier also eine Retextualisierung der ‚populär' gewordenen *materia* wiederum direkt im Kontext der poetorhetorischen Präzepte aus dem Milieu des Prätextes geschieht. Die für die *Poetria* deduzierten Regeln können hier also anhand zweier Texte im Spannungsfeld des (indirekten) Prätextes (*Anticlaudianus*), der direkt rezipierten Zwischenstufe (das *Compendium Anticlaudiani* im Falle von *Von Gottes Zukunft*, *Von Gottes Zukunft* im Falle von *Der meide kranz*) und der Poetiken überprüft werden.

Dass *Der meide kranz*[288] die *Poetria nova* verarbeitet, zeigt sich deutlich in der Rede der *Rhetorica*:

---

285 *Von Gottes Zukunft* wird hier und im Folgenden zitiert nach: Heinrichs von Neustadt: ‚Apollonius von Tyrland' nach der Gothaer Handschrift. ‚Gottes Zukunft' und ‚Visio Philiberti' nach der Heidelberger Handschrift. Hrsg. von S. Singer. Berlin 1906. S. 331–452.
286 *Der meide kranz* wird hier und im Folgenden zitiert nach der Ausgabe Karl Stackmanns: Die kleineren Dichtungen Heinrichs von Mügeln. Zweite Abteilung. Mit Beiträgen von Michael Stolz. Hrsg. von Karl Stackmann. Berlin 2003 (DTM 84), S. 48–203.
287 Für die *Gottes Zukunft* hat Peter Ochsenbein das von ihm edierte *Compendium Anticlaudiani* als Vorlage plausibel gemacht: „Nach unserer Feststellung jedenfalls ist das Compendium seine [= Heinrichs von Neustadt, F. D. S.] eigentliche Vorlage gewesen. Nichts deutet darauf hin, daß er den vollständigen Anticlaudianus gelesen oder gar in seine Bearbeitung miteinbezogen hätte. [...] [D]ie Art und Weise, wie Heinrich die Übersetzung des Compendium Anticlaudiani mit den anderen Elementen zu einem erzählerischen Ganzen zusammenfügt, macht seine Originalität aus." (Ochsenbein, Compendium, S. 82 f.) – Für Heinrich von Mügeln wird die parallele Verwendung des *Anticlaudianus* selbst und Heinrichs von Neustadt *Von Gottes Zukunft* angenommen. Der Nachweis geht zurück auf K[arl] Helm: Zu Heinrich von Mügeln. III. Heinrich von Mügeln, Heinrich von Neustadt und Alanus de Insulis. In: PBB 22 (1897), S. 135–151. Darüber hinaus glaube ich – wie im Folgenden ausgeführt wird – in *Der meide kranz* den direkten Einfluss der *Poetria nova* plausibel machen zu können.
288 Die folgende kurze Inhaltszusammenfassung stammt aus Michael Stolz: Die Artes-Dichtungen Heinrichs von Mügeln. Bezüge zwischen ‚Der meide kranz' und dem Spruchwerk. Mit Texteditionen. In: Studien zu Frauenlob und Heinrich von Mügeln. Festschrift für Karl Stackmann zum 80. Geburtstag.

> si sprach: ‚uf tichten mir ist kunt
> in aller sprach materien funt,
> wie man sie lengen, kürzen phlit;
> wie man sie enget und wit
> nach wises herzen linien art,
> das tichtes buw ste ane schart[.]
> (Heinrich von Mügeln: Der meide kranz, Vv. 276–82)

Zwar hat die Forschung verschiedentlich darauf hingewiesen, dass bei Galfred eine ähnliche Metaphorik vorzufinden ist, hat diese jedoch, soweit ich sehe, nicht als direkte Ableitung aus der *Poetria nova* verstanden. Michael Stolz versteht die „poetologisch gewendete Architekturbildlichkeit" als mögliche „Anlehnung an Mügelns Mariengedicht ‚Der Tum'"[289] und vermerkt lediglich am Rande, dass diese Metaphorik auch bei Galfred vorkommt,[290] während er für den ‚Tum' ebenfalls die Nähe der Baumetaphorik zu Galfred diskutiert, welche er aber tendenziell als eine Art mittelalterliches Gemeingut auffasst.[291] Weder hier noch bei Annette Volfing, die einen Kommentar zu *Der meide kranz* vorgelegt hat,[292] rückt jedoch in den Fokus, dass in den oben zitierten Versen eine spezifische Verbindung zweier Metaphoriken vorliegt, die bereits in der *Poetria* verbunden sind und bei Heinrich von Mügeln in dieser Kombination mehrfach zusammen auftreten, sodass von zufälligem ‚Gemeingut' kaum die Rede sein kann. Hier wie dort nämlich wird die ‚Architekturbildlichkeit' an eine sehr spezifische Metapher, die „innere

---

Hrsg. von Jens Haustein, Ralf-Henning Steinmetz. Freiburg (Schweiz) 2002 (Scrinium Friburgense 15), S. 175–209, hier: S. 175 f.: „Buch I schildert einen von Karl [= Kaiser Karl IV., F. D. S.] ausgetragenen Artes-Wettstreit: Zwölf Künste ringen in Selbstdarstellungen um den wissenschaftlichen Vorrang, den der Kaiser allein der Theologie zuerkennt. Diese erhält das Privileg, als erste in der Krone der Jungfrau Maria zu stehen – von daher der Titel: ‚Der meide kranz'. Vor Natura und den Tugenden wird Karls Urteil in zweiter Instanz bestätigt: Nachdem die Theologie einen predigtartigen Vortrag über die Trinität gehalten hat, wird sie von Natura als Siegerin gekrönt. Buch II eröffnet einen aus Hierarchiefragen zwischen Natura und den Tugenden erwachsenden Rangstreit, den die Theologie zugunsten der Tugenden schlichtet. In einem nachgetragenen Plädoyer fordert Natura ihre Vormacht ein, die sie mit der Determiniertheit menschlichen Handelns durch die Gestirne (Reihe der zwölf Tierkreiszeichen) begründet. Doch bekräftigt abschließend der Dichter das von der Theologie gesprochene Urteil."
289 Stolz, Artes-Dichtungen, S. 191.
290 Ebd., Anm. 49.
291 Michael Stolz: ‚Tum'-Studien. Zur dichterischen Gestaltung im Marienpreis Heinrichs von Mügeln. Tübingen et al. 1996, S. 122, hier auch Anm. 511. – Tatsächlich ist der Hausbau der Standardvergleich für die Tätigkeit des vorausplanenden *artifex* und für die Ableitung der zugrundeliegenden Bauprinzipien (Proportion, Ratio etc.) oder Zweckbestimmungen. Sie findet sich bspw. schon bei Augustinus: De vera religione XXX.54, oder später bei Thomas von Aquino: Summa contra gentiles III,26, und kann für unterschiedlichste Aussagen in Anspruch genommen werden.
292 Annette Volfing: Heinrich von Mügeln ‚Der meide kranz'. A Commentary. Tübingen 1997 (Münchener Texte und Untersuchungen zur deutschen Literatur des Mittelalters 111).

Linie des Herzens", gebunden, die die Hand des Baumeisters anleitet und vom *homo interior* vorgegeben wird:[293]

> Si quis habet fundare domum, non currit ad actum
> Impetuosa manus: intrinseca linea cordis
> Praemetitur opus, seriemque sub ordine certo
> Interior praescribit homo, totamque figurat
> Ante manus cordis quam corporis, et status ejus
> Est prius archetypus quam senilis. [...]
> (Poetria nova 43–48, Faral 43–48)[294]

Die *intrinseca linea cordis* Galfreds thematisiert Stolz zwar an anderer Stelle, jedoch ohne einen Bezug zur Architekturmetaphorik in *Der meide kranz*, wobei er es für „durchaus möglich" hält, „daß Mügeln, vielleicht über Vermittlungsträger, hier anschließt".[295] Volfing stellt in ihrem Kommentar einen Bezug zur *Poetria nova* zwar her, ohne hieraus jedoch eine Abhängigkeit im engeren Sinne abzuleiten:

> Rhetorica describes the techniques of *amplificatio* and *abbreviatio* by means of building metaphors. The test is a house and the various parts have to be expanded or reduced so as to fit in with the overall building plan. Geoffrey of Vinsauf (‚Poetria nova' 43–46) uses the same metaphor when he advises potential poets to think before they write: just as one does not start building a house without any plan, so one should not start writing without a plan.[296]

Dabei nennt Volfing selbst die dritte, hier sicherlich nicht zufällig in direkter Nachbarschaft auftretende Komponente, welche sich über den bereits existierenden Verbund in der *Poetria* erklären lässt, nämlich die intratextuelle Nähe der spezifisch kombinierten Metaphoriken zu den Techniken der *amplificatio* und *abbreviatio*, mit welchen die *Poetria* nach allgemeinen Worten zur Planung und zum Beginnen eines Textes eröffnet. Die *linea cordis* kehrt in *Der meide kranz* noch zweimal wieder und ist auch in anderen Dichtungen Mügelns enthalten.

---

293 Der *intrinseca linea cordis* poetologischer Kategorie hat in jüngerer Zeit Hans Jürgen Scheuer: *Receptaculum Amoris. Annäherungen an den Topos Minne über das Konzept des mentalen Diagramms (Burkhard von Hohenfels, KLD XI – Konrad von Würzburg, Das Herzmære)*. In: LiLi 176 (2014), S. 149–170, einige allgemeinere Ausführungen gewidmet, in denen er diese an Konzepte der Diagrammatik anbindet und heuristisch nutzbar zu machen sucht (ebd., S. 149–154).
294 Übers. (Gallo): „If anyone is to lay the foundation of a house, his impetuous hand does not leap into action: the inner design of the heart measures out the work beforehand, the *inner man* determines the stages ahead of time in a certain order; and the hand of the heart, rather than the bodily hand, forms the whole in advance, so that the work exists first as a mental model rather than as a tangible thing." – Man beachte, dass auch hier der planende Geist als *homo interior* benannt wird und sich damit in die von Matthäus von Vendôme gewählte Terminologie fügt.
295 Stolz, Tum-Studien, S. 110 (auch Anm. 456). Stolz stellt als Vermittlungsträger ebd., Anm. 457, einen *Poetria*-Kommentar des Nicolaus Dybin(us) zur Diskussion.
296 Volfing, Heinrich von Mügeln, S. 93.

Der meide kranz zeigt nun sehr deutlich, wie ein Text, der ein direktes Bewusstsein für den ersten Teil der *Poetria nova* dokumentiert, in welchem als Mittel des *engens* und *wîtens* der *materie* die *descriptio membrorum* enthalten ist, mit den ‚Präskripten' Galfreds verfährt. Entgegen der nach Faral etablierten Erwartung werden die Allegorien der Künste nicht um jeden Preis mit dem sogenannten ‚Topos der schönen Frau' belegt.[297] Die Künste werden nicht körperlich elaboriert, obgleich sie als schöne Frauen geschildert werden, deren Schönheit sogar zum Auslöser für Minne wird. Dieses – im Sinne der Poetiken – konventionelle argumentative Muster wird jedoch zugleich abgewiesen, insofern die Minne, um die es geht, *ware minne* ist, die zu *wisheit* führt:

> Wib saßen in der sele sal,
> der ere nie gefiel zutal.
> sie waren schon und übergut.
> wem eine durch sin herze wut
> mit ihres süßen blickes gang,
> zuhant der waren minne strang
> den selben bant in wisheit rich.
> der werlde lieb ist ir unglich,
> ich ticht ir noch ensing ir nicht,
> uf irem stige nieman richt.
> (Heinrich von Mügeln: Der meide kranz, Vv. 99–108)

Damit wirken die Stricke *der waren minne* denen der ‚fleischlichen' (*der werlde lieb*) entgegengesetzt, indem sie den Minnenden in Weisheit binden und nicht – umgekehrt – zu einem törichten Minnesklaven machen. Die – gleichwohl minneauslösende – Schönheit der Zwölf hat also eine grundsätzlich nichtweltliche, nichtfleischliche Ausrichtung, die mit weltlicher Liebesdichtung und ihrer fleischlichen Konnotierung gleichwohl kontrastiv spielt, wie es etwa auch Annette Volfing betont.[298]

---

[297] Dies hat auch Volfing, Heinrich von Mügeln, S. 219, konstatiert. Ihr Kommentar offenbart dabei zugleich das Dilemma des konventionellen *descriptio*-Verständnisses, das in der Beschreibung und Benennung der poetorhetorischen Mittel verharrt: „Of all the allegorical figures in MK [= *Der meide kranz*, F. D. S.], only Natura is described in full, *de capite ad pedem*. ‚De planctu' and ‚Gottes Zukunft' both contain equivalently prominent descriptions of Natura as a beautiful young girl; and in ‚Anticlaudianus' Phronesis is described in very similar terms to those applied to Natura in ‚De planctu'. All three texts are therefore potential models for the description of Natur in MK. The description in ‚Gottes Zukunft' concentrates on the clothing of Natura, ignoring her body, whereas ‚De planctu' und ‚Anticlaudianus' give equal prominence to both aspects. In particular, the descriptions of chin, neck, arms and breasts provided ‚Anticlaudianus' 1.284–295 and ‚De planctu' 432 provide fairly close parallels for the descriptions in MK 1005–1010."
[298] Volfing, Der meide kranz, S. 42, kommentiert: „The liberal arts are unlike other (real) women because love for them leads to wisdom rather than to lust and folly. Ironically, one Mügeln imitator did not shy away from suggesting erotic relationships with the allegorical ladies: he complains that contemporary *meister* are no longer ridden by the seven liberal arts the way that Aristotle was ridden by Phyllis, and argues that a priest should be ridden not just by one lady, but by seven."

IV.2 Die *descriptio membrorum* in der lateinischen und volkssprachlichen Dichtung — 387

Es ist *Nature*, die schließlich als Einzige eine *descriptio membrorum* erhält:

Hie künt des buches meister balt
wie die Nature wer gestalt.
Ein maget in dem trone saß,
der aneblick so schone was,
das mensche nie so schone wart.
uß ir floß aller schonde art.
von siben sternen was ir kron.
rich in der sterne mittel schon
der crisolt und der adamas
gar meisterlich gefelzet was,
ouch in dem kranze sunder wan
der rubin und topasion,
der safir und manch edel stein.
ir har in bruner farb erschein,
ir löckel reit und dabi lang,
darinn sich reifte goldes blank.
ir bran geordent in rechter far,
ir ougen sam die sterne klar.
wohin die meit warf iren blick,
da wart verschranzet sorgen strick.
ir nase nach der linien art
vorn ufgewelbet sunder schart.
der edeln formen münze, stunt
ir wengel nach des zirkels fund.
ir munt ir röte stunt erhaben.
des leben stund in zwivels kloben,
vor freud ab er genese dann,
wann sie in lieblich blickte an.
ir kinne, hals blank und ir kel,
ir arme waren sinewel,
ir finger lang und nicht zu klein.
ein ceptrum trug die maget rein.
ir brüste uf das herze glich
gesmücket stunden lobelich.
mir zimet nicht zu sagen das,
wie das sie were niderbaß.
ir gurt von golde was ein snur.
des sinnes grabestickel fur
uf iren heften hin und dar.
was schone heißt, das was da gar,
lieb, adel, lust, freud ane zil.
in ihres mantels falden vil
tier, fisch, mensch wonte da.
der gründe was ir feile na,
wann anefang die grün bedüt.
uß dingen ding Nature züt
und ist des wegens anefang.

oucht stunt uf irer achsel schrank
die sunne und der mande klar
und luchten ir zu dienste dar.
was sinnes pinsel künste treit,
die was gar an den tron geleit.
(Heinrich von Mügeln: Der meide kranz 978a–1028; Sperrung im Original, F. D. S.)

Hierbei ist die Beziehung zwischen Natur als dem zeugenden Prinzip – *uß dingen ding Nature züt* – und Natur als dem menschliche Schönheit übersteigenden Quell aller Schönheit – *mensche nie so schone wart. | uß ir floß aller schonde art* – eindeutig.[299] Obgleich die durch die *descriptio* sich ziehenden handwerklichen (Er-)Zeugungsmetaphern (*pinsel, zirkel, münze, grabestickel*[300]) es nurmehr implizit dokumentieren, so sedimentiert sich in ihnen doch zugleich das aus den Allegorien des Alanus bekannte Wissen um die Art Zeugung: *Natura* zeugt nämlich – im Gegensatz zu Gott, dem Schöpfer – stets nur imperfekte Abbilder schon vorhandener Kreaturen, sie arbeitet bei Alanus mit einem Siegel, das sich der Materie, dem geformten Wachs, dem es aufgedrückt wird, nicht in derselben Vollkommenheit mitteilt, die das Siegel selbst hat. In gleicher Art ist hier ihre Schönheit zugleich der Prototyp menschlicher Schönheit, ist jene *idea*, die sich der tatsächlichen Kreatur nicht mehr vollständig mitteilt, weshalb ihre Schönheit notwendig größer ist als die aus ihr fließende menschliche: hier sind die vom Zirkel präzise kalkulierten Wangen der *Nature* die Münzstatt der edelen Form (*der edeln formen münze, stunt | ir wengel nach des zirkels fund.*, V. 999 f.),[301] aus welcher imper-

---

[299] Huber, Aufnahme und Verarbeitung, S. 280, verweist auf eine entsprechende Stelle im *Roman de la Rose* Jeans de Meun (dort Vv. 16232–16238 in der Ausgabe: Guillaume de Lorris, Jean de Meun: Der Rosenroman. 3 Bd. Übers. u. eing. von Karl August Ott. München 1976/1978/1979 [Klassische Texte des romanischen Mittelalters in zweisprachigen Ausgaben 15,I/II/III]), worin ihm Volfing, Heinrich von Mügeln, S. 219 f., ohne Nachweis folgt. In Hubers Optimismus einer ausschließlichen Positivbesetzung mag ich ihm nicht folgen: „Diese Schönheit ist außerdem die Grundlage naturaler, ins Ethische übergehender Werte; sie erzeugt *libe, lust, freude* als kosmische Harmoniewerte und *adel* als ontologisch-hierarchischen Rang aller Dinge. Die naturphilosophische Schönheitsontologie, Schönheit als Seinsqualität, die sich im Naturwirken emanatorisch mitteilt, konzipiert in der personifizierten Natur ganz entsprechend der ‚Rosenroman'" (ebd.).
[300] Der *grabestickel* meint ein Gravierwerkzeug, nämlich den ‚Stichel'.
[301] Stackmann, Die kleineren Dichtungen Heinrichs von Mügeln, S. 111, kommentiert den entsprechenden Vers: „der edeln formen münze, *Apposition zu* wengel: ‚(Münz)prägung aus edler Form'." Diesen Vorschlag möchte ich im Sinne der Bild-Abbild-Theorie, die den ‚natürlichen' Zeugungsakt bei Alanus und anderen grundiert, übersteigen, indem ich – wörtlicher übersetzend – die Wangen der *Nature* nicht als „aus edler Münzstatt kommend" sondern das Schönheitsmerkmal ‚Wange' selbst als „Münzstatt der edlen Form" auffasse. Volfing, Heinrich von Mügeln, S. 221, kommentiert die Vv. 997–1000 unspezifisch und bezieht keine Stellung zum Verständnis des Versteils *der edeln formen münze*: „Alan too mentions the nose, cheeks and mouth of Natura and Phronesis. However, whereas he concentrates on colour, Mügeln concentrates primarily in shape: the nose is shaped with a rule (*ligne*) and the cheeks with compasses (*zirkel*). All human bodies have been ‚designed' with these two instruments [...]. Matthew of Vendôme and Geoffrey of Vinsauf similarly stress the straightness of the nose and the roundness of the cheeks: Matthew refers to the *linea naris* (‚Ars versificatoria' 1.56.20) and Geoffrey to

fekte Kopien der immerselben *idea* ausgegeben werden. Die Form übersteigt das Geformte notwendig an Perfektion; das immanente Schöne hat keinen Zugang mehr zur transzendenten Schönheit, welche es bedingt.

Besonders auffällig ist, dass Heinrich von Mügeln den Beginn der *Nature-descriptio* aus Heinrichs von Neustadt Alanus-Retext *Von Gottes Zukunft* entlehnt. Dieser Text, der das *Compendium Anticlaudiani* verarbeitet, geht mit der Grundhandlung der Allegorie radikal frei um, indem er – an das *Compendium* angelehnt[302] – das Konzil der Tugenden und der *Natura* allein zur Vorgeschichte einer heilsgeschichtlichen Erzählung reduziert.

Der Erzähler, der sich hier als Übersetzer eines Buches des Alanus names *Antyclaudianus* vorstellt und der seinen eigenen, in drei Bücher unterteilten Text (vgl. V. 8121) *Gotes zu kůnft* (Vv. 62 u. 8118) nennt, erzählt von ‚Alanus', der *eines tages eine | In siner kammern verspart* (V. 90 f.) liegt: *Der geist von im verzuket wart | Und wart gefuret in ein lant |, Daz waz dem meister unerkannt* (V. 92–94). Das Land, in dem er sich nun wiederfindet, ist fruchtbar und paradiesähnlich (V. 98). In ihm steht ein *hûs*, das an seinen Ecken vier Türme aufweist, welche die Elemente repräsentieren (V. 100–173 sowie 200–208). ‚Alanus' trifft dabei auf eine thronende Dame, welche ihn beauftragt schriftlich aufzuzeichnen, was er im Folgenden erleben wird. Sie gibt sich als *Nature* zu erkennen und klagt über den Zustand der von ihr bewirtschafteten Erde, auf der die Menschen sich der *bosheit* (V. 208) ergeben haben. Sie hofft auf göttlichen Beistand, um diesen Zustand abzustellen und hat nach den Tugenden senden lassen, welche ihr Rat geben sollen. Ihnen gegenüber referiert Natura den Sündenfall sowie die Kreuzholzlegende, in welcher Set für seinen sterbenden Vater Adam an den Pforten des Paradieses eine Medizin erbittet, woraufhin der Engel an der Pforte ihm einen Zweig vom Baum der Erkenntnis bringt, welcher dereinst *lebendes obs* (V. 412) tragen und Adam heilen werde.[303] Anschließend klagt sie über den korrupten Zustand der Welt, in der Männer und Frauen den Todsünden hingegeben sind (Vv. 425–444: *hohfart*, 445–452: *gidikeit*, 453–460: *unkůsche*, 461 f.: *zorn*, 463–478: *frazheit*, 479–490: *haz und nijt*, 491–494: *drakeit*). Nature bittet schließlich die Tugenden um ihre Mithilfe bei der Erschaffung eines Menschen, der gänzlich ohne die Bosheit der Welt ist, wobei sie – implizit – auf den Zweig des Kreuzholzes referiert: *Wir suln machen einen man | Der alle bosheit miden kan | Und alle dugent pflantze* (Vv. 515–517). Sie setzen diesen Plan sogleich in die Tat um: *Er wart so gar an allen meil: | Ir iegliche gap im ein deil | Ir dugende und ir natůre* (Vv. 529–531). Es die *Wisheit* (V. 551: *Prudencia*, V. 600), die schließlich von Gott begnadet das Wort ergreift (Vv. 603–606) und darauf hinweist, dass die makellose Seele zu dem makellosen Körper vom Himmel beigesteuert werden müsse. Ihre Schwester, *Racio*, welche die Notwendigkeit erkennt zu Gott zu fahren, um ihn um eine neue Seele zu bitten, schlägt die *Wisheit* für diese Aufgabe vor (Vv. 675–710). Diese ruft die sieben Künste herbei, die ihr einen Wagen bereiten (Vv. 771–894), dem die fünf Sinnen-Rösser vorgespannt werden (Vv. 895–926) und auf

---

the *regula nasi* (,Poetria nova' 67); Geoffrey describes the cheeks as *quasi cycli dimidii* (,Poetria nova' 573–574)." – Die Analyse des *Roman de la Rose* und die Betrachtung einiger Handschriftenilluminationen wird zeigen, dass die ‚Schmiede der Natur', auf welche sich Mügelns ‚Münzstätte' bezieht, so stark mit der Idee der Prokreation verknüpft ist, dass sie direkt als Sexualmetapher verstanden werden kann (vgl. Kap. IV.2.4, S. 409). Bereits im *Planctus naturae* des Alanus sind Hammer und Amboss gängige Sexualmetaphern (Alanus: Planctus, Prosa 4; vgl. dazu allg. auch Ziolkowski, Grammar of Sex).

302 Vgl. Ochsenbein, Compendium Anticlaudiani.

303 Das lebende Obst steht – ohne dass dies hier bereits ausbuchstabiert würde – typologisch für Christus, die heilsspendende Frucht, die der verderbenbringenden Frucht entgegengesetzt wird. Diese neue Frucht wird dem Menschen durch die Anti-Eva Maria vermittelt, wie die Frucht durch Eva an Adam vermittelt wurde.

dem sie zu Gott fährt (Vv. 927–1028). Wie im *Anticlaudianus* versagen auch hier schließlich die Pferde, woraufhin die *Wisheit* Gott, die *hohe Wisheit* (Vv. 1057), anruft und *Misericordia*, die *Barmhertzikeit* (Vv. 1064 f.), erscheint, um zu helfen. Sie erklärt, dass nur der Hörsinn zu den neun Chören der Engel vordringt:

> Die warheit ich dir sagen sol:
> Du ridest doch daz eine wol,
> Auditum, daz Hŏren,
> Zu den nůn koren.
> Daz Horen den glaube git:
> Daz selbe pfert du rit,
> Die vier roz laz alhie.
> (Gottes Zukunft, Vv. 1089–1095)

Unterstützt von *Misericordia* und *Fides*, dem Glauben, gelangt die *Wisheit* vor Gott und trägt den Plan der *Nature* und die Bitte der Tugenden vor (Vv. 1107–1216). Gott beauftragt die *Wisheit* damit zurückzukehren, um dafür zu sorgen, dass *Nature* und die Tugenden ein *vaz* schaffen, in welchem der neue Mensch empfangen werden kann, für den er eine Seele zu geben bereit ist (Vv. 1219–1235). Nach der Rückkunft der *Wisheit* erschaffen *Nature* und die Tugenden Maria, welche das *vaz* ist, in das *contra carnis iura* (V. 1337) die neue Seele gegossen werden soll (Vv. 1263–1352). Dabei suggeriert der Text mehr, als er es auserzählt, dass Nature und ihr Gefolge nun nach den ‚natürlichen' Gesetzen des Fleisches – und durch ‚befleckte Empfängnis'! (Vv. 1323–1333)[304] – Maria schaffen, aus deren Fleisch wiederum Christus seine Menschheit nimmt, für den Gott nun eine neugeschaffene, göttliche Seele zur Verfügung stellt. Umstandslos schließt die Verkündigungszene an und ab diesem Zeitpunkt spielt der Beobachter und schreibende Zeuge ‚Alanus' keine Rolle mehr (zuletzt Vv. 1255–1262). Es folgen nach einem Marienlob (Vv. 1485–1574) die klassischen Wunderzeichen der Geburt Christi (Vv. 1575–1878).[305] Christus wird als Kämpfer für die Menschheit präsentiert, welcher im anschließenden zweiten Buch der *Gottes Zukunft* das Leben (Kindheit und Flucht nach Ägypten, Vv. 1987–2180) sowie die Passion Christi (Vv. 2181–4060), die Auferstehung (Vv. 4061–4270), das Pfingstwunder und die Himmelfahrt (Vv. 4271–4991) erzählt. Das dritte Buch der *Zukunft Gottes* berichtet nun vom Erscheinen und betrügerischen Wunderwirken des Antichrist, der die Menschen – besonders die Juden – in die Irre führt, indem er die Wunder Christi imitiert, bevor er schließlich vom Erzengel Michael erschlagen wird, sowie – im Anschluss – vom jüngsten Gericht, der Auferstehung der Toten, der Qual der Sünder, der Krönung Mariens und von der großen Freude des Himmels.

Im Spannungsfeld zwischen seinen Prätexten und dem zugleich wiederum erkennbar direkt von den Poetiken beeinflussten Posttext, *Der meide kranz*, lassen sich nun an

---

304 Heinrich von Neustadt: Von Gottes Zukunft, Vv. 1323–1332: *Sin můter sol geborn werden | Nach siten von sůnden uf die erden | Nach rehter e erber: | Ir kint wirt ir lŏser. | Het ir gebort nit sunden pfliht, | So dorfte sie dez lŏsers niht. | Ir lip wer auch nit menschlich, | Vil lihte einem valschen geist glich. | Von ir nehmen muz sin blůt | Und auch sin fleische der mensche gůt.*
305 Die Wunderzeichen haben ein Vorbild in der *Vita beate Marie virginis et salvatoris rhytmica*, welche zum direkten Vorbild mehrerer Marienleben geworden ist (vgl. Peter Ochsenbein: Art. Heinrich von Neustadt. In: ²VL 3 (1981), Sp. 838–845, dort: Sp. 843). Die Gattung Marienleben bildet für diesen über das *Compendium Anticlaudiani* hinausgehenden Abschnitt den Prätext, weshalb Handschrift M – geradezu folgerichtig – lange Einschübe aus Bruder Philipps Marienleben bietet (vgl. die Anm. zu V. 1878, in Singers Ausgabe, S. 359).

IV.2 Die *descriptio membrorum* in der lateinischen und volkssprachlichen Dichtung — 391

der *Gottes Zukunft* verschiedene Dinge zeigen, die sowohl die spezifische Faktur dieses Textes erhellen als auch das Natura-Verständnis und das hierzu in Beziehung stehende Schönheits-Verständnis der Texte beleuchten. Zunächst einmal lässt sich festhalten, dass in der *Gottes Zukunft* keine *descriptio membrorum* enthalten ist, dass überhaupt Schönheit nur sehr reduziert vorkommt; zwar wird *Nature* als schön benannt (V. 175 f.) und auch die Tugenden werden so bezeichnet, keine von ihnen erhält jedoch eine *descriptio membrorum* attribuiert. Deutlich wird jedoch – in der Sphäre der menschlichen Körper – die signifikante Demarkationslinie zwischen Transzendenz und Immanenz: So ist der erste schöne menschliche Körper, der im Text vorkommt, der Körper Christi, von dem es heißt: *Die schonste forme, als man laz, | Von allen menschen kinden waz* (Vv. 3149 f.). Dies gilt in ganz besonderer Weise aber für den toten Körper Christi:

> Da wart sin lip, daz ist war,
> Schon wis und clar,
> Und der kleinen wunden meil
> Waren allesament heil,
> Daz er der schonste tote waz
> Von dem ie kein man gelaz,
> Wie wol er vor were
> Bleich und unahtbere.
> (Heinrich von Neustadt: Gottes Zukunft, Vv. 3457–3464)

Analog hierzu vollzieht sich auch an den auferstandenen Toten, die zum jüngsten Gericht gerufen werden, ein Schönheitswunder:

> Als ich die buch han gelesen,
> Sie sint in rehter lenge wesen,
> Reht als Crist wart gestalt
> Da er waz drissig jar alt.
> Sie habent alle glider gantz,
> Ane bruch und ane schrantz.
> In get nit abe, daz ist war,
> Weder nagel oder har,
> Und waz den lip gezieret habe,
> Dez enget in nihts niht abe.
> Waz die nature geirret hat
> An der rehten forme tat,
> Daz im die glieder sint abe,
> Oder ob ez nie glider habe,
> Oder falsch menschen bilde,
> Oder fremede varwe wilde,
> Ez si dor oder stůmme,
> Uf haltz oder krumme,
> Ez si zu jůng oder zu alt:
> Ez wirt alles reht gestalt.
> Waz dran ist missewende,
> Daz ernůwet die urstende.
> [...]

> Die da heißent Gotes kint,
> Schone und wol gestalt die sint,
> Verre schoner dann sie
> Ie gewesen sin alhier,
> Doch in rehter gestalt.
> Wer eins hůndert jar alt,
> Krůmp, lam oder blint,
> Oder wer es ein kint,
> Ez wirt an allen varen
> Als ez zu drissig jaren
> Enmöge niht gereichen[.]
> (Heinrich von Neustadt: Gottes Zukunft, Vv. 6196–6238)

Diese auf die Transzendenz ausgerichtete ‚leibliche' Schönheit orientiert sich gänzlich am verklärten Leib des Heilands,[306] die immanenten Leiber der Kreatur nähern sich in der Transzendenz an die göttliche *idea* und damit an die Perfektion an, sie werden *Verre schoner dann sie / Ie gewesen sin alhier*. Diese Schönheit wird von ihrem immanenten Pendent ausdrücklich getrennt, ebenso wie die übrigen Wertekategorien, wenn die Freuden des Jenseits reflektiert werden (Vv. 7736–7881):

> Salomones wisheit
> Wer alda ein dorheit;
> Absolones schône
> Wer alda ein hône;
> Asaheles snellekeit
> Wer alda ein drakeit;
> Sampsones starker lip
> Were alda ein krankes wip;
> Mathusalanes langes leben
> Wer als der dot da gegeben;
> Dez kůniges Augustus gut
> Wer al da ein armůt.
> Da ist leben ane dot,
> Junge jůgent an alters not,
> Licht ane vinsternisse,
> Freude ane trurenisse:
> Friede, sicherheit ist da gantz.
> Der vollkomen glantz
> In freuden vollekomens rich
> Blibt ewig und nit verkeret sich.
> (Heinrich von Neustadt: Gottes Zukunft, Vv. 7750–7769)

---

306 Vgl. hierzu überblicksartig Caroline Walker Bynum: Materielle Kontinuität, individuelles Überleben und die Auferstehung des Leibes: Eine scholastische Diskussion im Mittelalter und heute. In: dies.: Fragmentierung und Erlösung. Geschlecht und Körper im Glauben des Mittelalters. Frankfurt a. M. 1996, S. 226–301. – Im Rahmen der vorliegenden Arbeit hat diese ideale Gestalt des Auferstehungsleibes bereits eine Rolle gespielt, da an die Auferstehung der Heiligen im *Gottesstaat* Augustins dessen vielzitierte, ciceronianische Bestimmung von Schönheit geknüpft ist (vgl. Kap. II.1, S. 21).

IV.2 Die *descriptio membrorum* in der lateinischen und volkssprachlichen Dichtung — 393

Schließlich heißt es gar:

> Begerst du der schone da?
> Die schǒn ist nirgen anderswa:
> Die heiligen in der wǔnne
> Brehent als die sůnne.
> (Heinrich von Neustadt: Gottes Zukunft, Vv. 7818–7821)

Obgleich die immanente Schönheit der Körper nun gerade nicht entsprechend der Poetiken mithilfe von Körperbeschreibungen elaboriert wird, so ist doch auch hier der Figur und Funktion der *Nature* ganz klar das Fleischlichkeitsprinzip eingeschrieben. Nicht nur äußert sich Nature selbst dahingehend, wenn sie von der Erde spricht,

> uf der ich vil gepflanzet han
> Lute an allen wan
> Die nit nach minem willen lebent
> Und mir sich in die bosheit gebent.
> (Heinrich von Neustadt: Gottes Zukunft, Vv. 205–208)

Darüber hinaus zeigt sich dies gerade in die Darstellung der Nature selbst, an welcher sich Heinrichs von Mügeln *descriptio membrorum* orientiert:

> Alanus der ging fur sich baz.
> Er sach wo dort ein frauwe saz,
> Die waz daz aller schonste wip
> Die ie getrug frauwen lip.
> Sie saz dort vil schone
> In einem richen trone.
> Ein scepter het sie in der hant,
> Daz waz richer dann ein lant.
> Sie sprach zu dem meister sus:
> ‚Bis wilkomen, Alanus!'
> Do neig er ir mit guten siten.
> Sie sprach ‚Alane, ich wil dich biten
> Daz du schribest an dirre stunt
> Waz dir hute werde kůnt.'
> Er sprach ‚frauwe, wist ich waz
> Und wie, so schribe ich dester baz,
> Waz diz betůtet daz ich sehe,
> Und wer ir sit, daz ich dann jehe
> Mit schrift der rechten warheit:
> So bin zu schriben ich bereit.'
>
>   Der Nature wort.
>   Die frauwe sprach ‚du sagst war.
> Du hast geschriben din jar
> von der natůre wůnderlich:
> sich mich an, daz bin ich.
> (Heinrich von Neustadt: Gottes Zukunft, Vv. 173–196)

> Ein maget in dem trone saß,
> der aneblick so schone was,
> das mensche nie so schone wart.
> uß ir floß aller schonde art.
> (Heinrich von Mügeln: Der meide kranz, Vv. 979–982)

Obgleich *Natura* auch bei Heinrich von Neustadt auf das Zeugungsprinzip festgelegt ist, fehlt ihr also dennoch das spezifische Element der lusterzeugenden, sich in einer *descriptio membrorum* manifestierenden, körperlich-fleischlichen Schönheit, welches ihr als Auslöserin des Heilswerkes auch nicht angemessen erscheint. Dieser Hiatus zwischen dem Lustprinzip der schönen Natur, welche – als Ende der Ursachenkette – durch Venus geschlechtliches Begehren und sogar Sodomie bewirkt, und derjenigen, welche den Impuls für die Rettung der Sünder durch den Erlöser gibt, hat schon in den Texten des Alanus ab Insulis dazu geführt, dass *Natura* zwar im *Planctus*, nicht jedoch im *Anticlaudianus* eine *descriptio membrorum* erhält: Dort kontrastiert und begründet ihre Schönheit *zugleich* die ‚naturwidrige' Sünde der Sodomie, hier wird Natura, trotz der ihr im *Planctus* zugeschriebenen Verfehlungen, zur Auslöserin des Heilswerks.

Zwar ist hier die *descriptio membrorum* als Marker von Fleischlichkeit nicht eingesetzt, dennoch wird auch in *Gottes Zukunft* das fleischliche Element der *Nature* exponiert. Der Text operiert massiv mit der Integration verschiedener Textsorten, und verarbeitet – neben dem Plot des *Anticlaudianus* – Elemente der ‚Gattungen' Marienlob und Marienleben ebenso wie die Kreuzholzlegende oder, jeweils explizit durch Hinweise markiert, eine (pseudo-)bernhardinische Predigt sowie eine Anselmus zugeschriebene.[307] In Hs. M ist zudem eine extensive Passage aus Bruder Philipps Marienleben, in Hs. P das Streitgespräch einer zu Hölle fahrenden Seele mit ihrem Körper in den Text eingeschaltet, die sogenannte *Visio Philiberti*, die ebenfalls Heinrich von Neustadt zugeschrieben wird. Diese Überlieferungslage dokumentiert ein Bewusstsein für die kompilierende Faktur des Textes, der seine prinzipielle Offenheit geradezu programmatisch ausstellt, ja, dessen eigentliche Qualität die Integration verschiedener geistlicher Wissensbestände und Textsorten ist. In gleicher Weise erscheint auch das Aufeinandertreffen des in seinem Traum wandelnden ‚Alanus' mit *Nature* nach einem Prätext – vielleicht auch nur nach einem archetypischen narrativen Kern – modelliert zu sein, weist es doch signifikante Ähnlichkeiten zu Konrads von Würzburg *Weltlohn*[308] auf. Hier wie dort trifft ein über seinen Namen als *auctoritas* gekennzeichneter Mann – hier der prototypische, weltverhaftete Ritter Wirnt von Gravenberc, dort der träumende Alanus – auf die schönste Frau, die es jemals gegeben hat;[309] hier wie dort ist der ‚Ermöglichungsraum' der Begegnung die ein-

---

307 Zu den Quellen für *Gottes Zukunft* vgl.: Ochsenbein, Art. Heinrich von Neustadt, dort: Sp. 842–44.
308 Hier und im Folgenden zitiert nach: Konrad von Würzburg: Der Welt Lohn. In Abbildung der gesamten Überlieferung, synoptische Edition, Untersuchungen. Hrsg. von Reinhard Bleck. Göppingen 1991 (Göppinger Beiträge zur Textgeschichte 112). – Zu *Der Welt Lohn* vgl. im Folgenden Kap. VI.1.4.
309 Heinrich von Neustadt: Gottes Zukunft, Vv. 174–176: *Er sach wo dort ein frauwe saz, / Die waz daz aller schonste wip / Die ie getrug frauwen lip.* – Konrad von Würzburg: Welt Lohn, Vv. 62–67: *dô er alsus gesezzen was, / dô quam gegangen dort her / ein wîp nâch sînes herzen ger, / ze wunsche wol geprüevet gar / und alsô minneclich gevar, / daz man nie schœner wîp gesach.* Hierauf folgt eine *descriptio* von weiteren 33 Versen, in der die Unbekannte über Pallas und Venus (!) gestellt, ihr den Raum erleuchtendes Strahlen und die Güte ihrer Kleidung beschrieben wird.

same Kammer, welche hier exzessiv müßiges Lesen einer *aventiure von minne* und dort den träumenden Schlaf ermöglicht;[310] hier wie dort bietet der Mann seinen Dienst an,[311] woraufhin sich die Dame jeweils entdeckt, indem sie entgegnet, dass ihr Gegenüber sie eigentlich hätte erkennen müssen, weil sie Gegenstand seiner lebenslangen Beschäftigung gewesen ist.[312] Obgleich also *Nature* im Rahmen des heilsgeschichtlich ausgerichteten Textes und, entsprechend ihrer Vermittlerinnenfunktion im Heilsgeschehen, bei Heinrich von Neustadt keine *descriptio membrorum* erhält, so wird ihr doch über eine intertextuelle Referenz eine gewisse ‚Welthaltigkeit' attribuiert.

Dieser entkörperlichten aber dennoch welthaft-zeugenden *Nature* entgegen gestaltet Heinrich von Mügeln eine *Nature*, die er in ein Spannungsfeld von Transzendenz und Körperlichkeit versetzt. Einerseits entwirft *Der meide kranz* sie mit einer *descriptio membrorum* als Archetyp Begehren auslösender weiblicher Schönheit, andererseits leitet die *descriptio* selbst zunächst mit marianisch anmutenden Elementen ein, insofern eine *maget* geschildert wird, die auf einem *trone* sitzt.[313] Die Krone ebenso wie die in sie eingelegten Edelsteine (*crisolt, adamas, rubin, topasion, safir* und *manch edel stein*) sind konventionelle Elemente der Darstellung Mariens als Himmelskaiserin.[314] Die Eigenschaft, schöner zu sein als alle Menschen, ist gleichfalls eine konventionell maria-

---

310 Heinrich von Neustadt: Gottes Zukunft, Vv. 89–94: *Alanus vil gar reine | Lag eines tages eine | In siner kammern verspart. | Der geist von im verzuket wart | Und wart gefuret in ein lant, | Daz waz dem meister unerkant.* – Konrad von Würzburg: Welt Lohn, V. 53–59: *sus saz der hôchgelobte | in einer kemenâten | mit fröuden wol berâten | und hæte ein buoch in sîner hant, | dar an er âventiure vant | von der minne geschriben. | dar obe haete er dô vertriben | den tag unz ûf die vesperzît.*
311 Heinrich von Neustadt: Gottes Zukunft, Vv. 187–192: *Er sprach ‚frauwe, wist ich waz | Und wie, so schribe ich dester baz | Waz diz betůtet daz ich sehe, | Und wer ir sit, daz ich dann jehe | Mit schrift der rechten warheit: | So bin zu schreiben ich bereit.'* – Konrad von Würzburg: Welt Lohn, Vv. 108–115: *ûf spranc der vil genæme | erschrocken unde missevar | und enphie die minneclichen gar | schöne als er wol kunde. | er sprach ûz süezem munde: | ‚sît, frouwe, gote willekomen! | swaz ich von frouwen hân vernomen, | der übergulde sît ir gar.'*
312 Heinrich von Neustadt: Gottes Zukunft, Vv. 193–196: *Die frauwe sprach ‚du sagst war. | Du hast geschriben din jar | von der natůre wůnderlich: | sich mich an, daz bin ich.* – Konrad von Würzburg: Welt Lohn, Vv. 116–125: *diu frouwe sprach mit zühten dar: | ‚vil lieber friunt, got lône dir! | erschric sô sêre niht von mir: | ich binz diu selbe frouwe doch, | der du wîlent unde noch | und aldâher gedienet hâst. | swie dû vor mir erschrocken stâst, | sô bin ich doch daz selbe wîp, | durch die du sêle unde lîp | vil dicke hâst gewâget. [...]'*
313 Es sei hier nur an den Beginn des berühmten Leichs von Mügelns Vorbild Frauenlob erinnert, welcher programmatisch mit dem transzendenten Inthroniertsein der schwangeren Maria, in welchem alle Zeitlichkeit kollabiert, eröffnet.
314 Vgl. die alte, systematische Belegsammlung bei Salzer, Sinnbilder und Beiworte Mariens, hier: S. 209–212 (Chrysolith), S. 216–222 (Diamant), S. 248 (Rubin), S. 254 (Saphir), S. 274 (Topas).

nische,³¹⁵ das Ausfließen der Schönheit hingegen ist es nicht. Der Text konstruiert damit eine eigenartige Darstellungsvariante einer in Glorie thronenden Natura, in welcher einerseits ihre Funktion als Herrscherin und Lenkerin unter Gott (*vicaria*) und andererseits ihre Aufgabe als Bildnerin des Lebens (*mater generationis*) akzentuiert wird. Für den Fortgang der *narratio* spielt ihre Fleischlichkeit jedoch weder bei Heinrich von Neustadt noch bei Heinrich von Mügeln eine Rolle.

IV.2.3 Die Schönheit der Venus im *Architrenius* des Johannes von Hauvilla

Es erstaunt nun nicht mehr, dass im *Architrenius* des Johannes de Hauvilla wiederum eine Randfigur und eben keine der hochrangigen weiblichen Allegorien des Textes die *descriptio membrorum* attribuiert erhält. Hier ist es als einzige eine junge Frau im Gefolge der Venus, welche über ihre Körperlichkeit als besonders schön markiert wird. Diese jedoch stellt gerade die Versuchung des ‚Erzweiners' zu Beginn seiner Suche nach *Natura* dar.

> Die Dichtung erzählt die Geschichte eine jungen Mannes, des Architrenius, der voll Kummer über die eigene Sündhaftigkeit und die menschliche Unvollkommenheit beschließt, Mutter Natur aufzusuchen und ihre Hilfe zu erbitten.
>
> Seine Wanderung zur Natur führt ihn über verschiedenartige Stationen, deren Beschreibungen einen großen Teil der Dichtung ausmacht. Architrenius sieht zunächst den Palast der Venus mit seinen Bewohnern, dann Schlemmer bei ihren Gelagen. In Paris empfindet er Mitleid über die Härten des Studentenlebens und die schlechte Lage der Gelehrten. Darauf gelangt er zum Berg des Ehrgeizes, der von einem prunkvollen Palast gekrönt wird, in dem die Schmeichler und Höflinge ihr falsches Spiel treiben. Der Hügel der Anmaßung mit seinen Bewohnern liegt als nächstes auf seinem Weg. Endlich begegnet er der Cupiditas, die als riesiges Ungetüm geschildert wird. Fast jeder dieser Schauplätze veranlaßt ihn, in Klagen und Tränen über das menschliche Schicksal auszubrechen.
>
> Eine Wendung bahnt sich an, als er Zeuge des Kampfes zwischen Geizigen und Freigebigen wird. Von einem der Anführer aus dem Lager der Largitia – es ist der Neffe König Arthurs, der Ritter Gawain – erfährt er, daß dieser Kampf zwischen Tugend und Laster unablässig geführt wird. Nach dieser Begegnung gelangt er zur Insel Tylos, die als *paradisus terrestris* erscheint. Hier trifft er berühmte Philosophen des Altertums, die ihn über die Gefahren einzelner Laster und ihre Überwindung belehren. Als letzter in der Reihe von dreizehn Rednern hält Pythagoras der Welt die Sieben Weisen als Vorbilder vor. Noch klagt Architrenius, daß der Mensch das ihm von Gott geschenkte reine Licht durch unzählige Verbrechen verdunkle und sich ewige Höllenstrafen

---

315 Die auch innerweltliche, immanente Körperschönheit Mariens, stellt ein Problem dar. Es hat sich in der großen Marien-*descriptio* des *Epithalamiums* des Johannes von Garlandia bereits angedeutet und findet sich – mit der signifikanten Ausnahme der *Vita beate Marie virginis et Salvatoris rhytmica* – auch in einer Vielzahl marianischer Texte. Es besteht im Kern darin, eine innerweltliche, immanente Schönheit des weiblichen Körpers gegen den Verdacht der *lascivia* bzw. *luxuria* zu immunisieren, wie etwa in Konrads von Würzburg *Goldener Schmiede* (V. 1176–1187) oder dem *Passional* (V. 868–891).

schaffe, da beginnt als erste der Sieben Weisen Thales, ihn zur Gottesfurcht zu ermahnen. Die anderen Weisen folgen mit ähnlichen Mahnungen und Aufforderungen. Als letzter erzählt Solon die Geschichte von der Bekehrung des Atheners Polemo zum philosophischen Leben. Diese Reden über die Tugenden bilden gleichsam ein Gegengewicht zur Darstellung der Laster in den ersten Büchern.

Nachdem Architrenius so vorbereitet worden ist, erblickt er eine strahlende Frauengestalt, die Natur. Sie beschreibt Aufbau und Ordnung des Makrokosmos, der die Macht des Schöpfers und seine Liebe zum Menschen zeige. Ihre ausführliche Darlegung, die vor allem der Astronomie gewidmet ist, verfehlt jedoch den gewünschten Eindruck. Als Architrenius endlich zu Worte kommt, klagt er die Mutter Natur wegen ihres stiefmütterlichen Verhaltens an. Er ist verzweifelt darüber, daß der Mensch ein schmerzenreiches und schuldbeladenes Leben führt und sich immer wieder gegen den Himmel versündigt. Die Natur verteidigt sich und erklärt ihm, daß sie unermüdlich für die Menschen sorge, die ohne sie unfruchtbar blieben. Vor nicht standesgemäßem oder ehebrecherischem Umgang warnt sie und schlägt ihm eine der Jungfrauen ihres Gefolges zur Ehe vor. Es ist die Moderantia. Architrenius stimmt freudig zu. Das Epos schließt mit der Beschreibung der Hochzeit.[316]

Die Position der *descriptio* als scheinbar isolierbares ‚Stück' im Gesamttext und als Attribut einer so nebensächlichen Figur wie der Venus-Jungfrau, der Architrenius im Kontext der Venus-Palast-Episode begegnet, war der Forschung so unerklärlich und erschien ihr so dysfunktional, dass sie sich eher der Schlussfolgerung überlassen hat, dass die Beschreibung der Jungfrau gar nicht ursprünglich in den *Architrenius* gehöre, sondern vielmehr eine spätere Interpolation sei. So wundert sich bereits Marc-René Jung darüber, dass es eine ‚Nebenfigur' sei, welche eine „*descriptio*" erhält, und nicht etwa, was er für angemessener hält, in einer finalisierenden Wendung die ‚Braut' des Architrenius am Ende des Textes:[317]

> Pour le reste, nous sommes en présence de toute une série de descriptions, descriptions de personnes (comme celle de la pucelle de Vénus ou celle de Cupidon), d'un *locus amoenus*, d'un palais, de tapisseries, d'une ceinture. Voilà des exercices scolaires porpres à faire valoir l'excellence du professeur Jean de Hauville. Nous ne sommes même pas sûrs que certains d'entre eux ne soient pas des pièces antérieures, insérées par la suite tant bien que mal, dans le récit du poème. La description de la suivante de Vénus ainsi que celle de Cupidon, ressemblent fort à des pièces indépendantes. L'étude des manuscrits devra montrer si ces pièces possèdent une tradition manuscrite

---

[316] Inhaltszusammenfassung zitiert aus: Johannes de Hauvilla: Architrenius. Mit einer Einl. und Anm. hrsg. von Paul Gerhard Schmidt. München 1974, S. 30 f. – Zur *descriptio* des Mädchens aus dem Gefolge der Venus ebd., S. 34: „Durch besondere Schönheit ragt ein Mädchen aus dem Gefolge der Göttin hervor. Die ausführliche Schilderung seines Aussehens nimmt das letzte Viertel des ersten Buches ein (I, 360–487). Sie beginnt mit dem Scheitel [...] und geht dann über zu Stirn [...], Augenbrauen [...], Ohr [...], Auge [...], Nase [...], Gesicht [...], Lippen [...], Zähnen[...], Kinn [...], Hals und Kehle [...]. Damit folgt sie den von der lateinischen Schuldichtung entwickelten Regeln und steht in der engen Nachfolge von ähnlichen Beschreibungen bei Alan und Matthäus von Vendôme, mit deren Schönheitsideal (blonde Haare, blaue Augen, rote, nicht geschminkte Lippen etc.) sie auch übereinstimmt. Wohl keine andere Descriptio ist jedoch so umfangreich und in einer so eigenwilligen bilderreichen Sprache abgefaßt."
[317] Zu vgl. wäre etwa die Florie-*descriptio* im *Wigalois* Wirnts von Grafenberg (Vv. 736–997), die auch hier – nach modernen Kategorien – einer ‚Nebenfigur' zugeordnet wird.

à part ou si elles se trouvent même à l'état isolé. On pourrait objecter que l'épisode de la passion subite pour une fille de Vénus entrait dans le dessein de l'architecte de l'*Architrenius*, qui aurait voulu marquer par là une opposition au mariage final du héros avec une fille de Nature. Mais alors pourquoi ne pas avoir fait un portrait tout aussi minutieux, en contre-partie, de celle qui sera l'épouse de l'Archipleureur?³¹⁸

Diese Interpretation vernachlässigt indessen die Möglichkeit einer alteritären Funktionalisierung der *descriptio membrorum*, mithin eines alteritären diskursiven Status weiblicher Schönheit. Indem sie der Vorstellung vom rein laudativen Charakter der *descriptio membrorum* verhaftet bleibt und darüber hinaus mit einem modernen, der vormodernen Allegorie unangemessenen Verständnis von Haupt- und Nebenfiguren operiert, übersieht sie die tatsächliche konnotative Dimension des Strukturelements im Rahmen der allegorischen Narration. Die Venus-Jungfrau erhält ihre Körperbeschreibung erkennbar nicht aus einem der genannten Gründe, sondern – ganz im Gegenteil – als Attribut ihrer Funktion, als Repräsentantin des Venus-Prinzips, welches nicht zuletzt aus dem *Natura*-Prinzip hervorgeht. Auch hier ist die über eine *descriptio membrorum* elaborierte Schönheit *significans* in einem Bezeichnungsprozess, welcher körperliche Schönheit als Zeichen fleischlicher Liebe funktionalisiert.

Als der Architrenius schließlich auf die – auch hier wie bei Mügeln – thronende Natura selbst trifft, welche er sucht, um von ihr eine Erklärung für die Inklination der Welt zum Laster zu erhalten, ist auch diese mit körperlicher Schönheit ausgestattet, für deren Darstellung sie eine *descriptio* erhält, welche zwar keine reine *descriptio membrorum* ist, deren zentrales Element – das rosenfarbene Gesicht – aber anzitiert:

> Hec mulier vultu roseo phebescit, ephebis
> Defecata genis, senio matura, virentis
> Servat adhuc laurum faciei, temporis evo
> Non minor, ut Pilios longe prescesserit annos.
> Non marcente cuti vetulatur fixa iuvente
> Floriditas, anus est etas faciesque puella,
> Nec speculum longi nebulescit temporis umbra.
> Preminet in specie maiestas, sobrius oris
> Matronatur honos; levitatem nulla fatetur
> Porcio nec quatitur gestu petulante, gravescit
> Tota, brevisque suum non perdit fimbria pondus.
> (Johannes de Hauvilla: Architrenius VIII,298–308)³¹⁹

---

318 Marc-René Jung: Études sur le poème allégorique en France au moyen âge. Bern 1971 (Romanica helvetica 82), S. 118 f.
319 Der lateinische Text und die Übersetzung werden hier und im Folgenden zitiert nach: Johannes de Hauvilla: Architrenius. Übers. und hrsg. von Winthrop Wetherbee. Cambridge (USA) 1994 (Cambridge Medieval Classics 3). – Übers. (Wetherbee): „This woman, Phoebuslike in the rosy glow of her face, has the unblemished cheek of youth, though ripe in years. She preserves the freshness of a flourishing complexion, though her span of life has not been short and she has far surpassed the age attained by Nestor. By no wrinkling of the skin does she appear aged; the bloom of youth inheres, and though her age is an old woman's, her face is a young girl's. The traces of a long lifetime do not

Und obgleich betont wird, dass sie auf diesem Thron unbeweglich sitzt, sodass nicht einmal ihre Kleider sich bewegen, dass sie *illasciva sedet* (Architrenius VII,309) und die hervorstechende Qualität ihres Aussehens (*species*, Architrenius VII,305[320]) *maiestas* sei, so ist doch auch ihre Schönheit für den Architrenius ‚entzündend': *Miratur solito magis Architrenius, ardet | Agnovisse deam; novitas blanditur et urit | In desiderium.*[321] (Architrenius VII,316–18) Die Rede der Natura, die hieran anschließt, verdeutlicht geradezu archetypisch den Hiatus zwischen transzendenter und immanenter Ordnung, denn Natura beginnt zunächst mit einer regelrechten Vorlesung über den durch sie geordneten Lauf der Gestirne und die Sternbilder, womit sie jedoch die Frage des Architrenius nach der Anfälligkeit des Menschen für das Laster nicht beantwortet. Erst als er diese gleichsam wie der Lauf der Welt selbst ‚abrollende' Rede der Natura (*rota sermonis*)[322] das zweite Mal flehend unterbrochen und seine eigentliche Frage ins Zentrum gestellt hat (Architrenius IX,149–210), erteilt Natura eine Lehre, die dem Fragenden angemessen erscheint. Während Architrenius mehrfach die Nutzlosigkeit des kosmischen Wissens betont,[323] welches seinen menschlichen Intellekt übersteigt, liefert ihm Natura schließlich eine ganz praktische Verhaltenslehre, welche von den höheren Weihen der Theologie und Philosophie nichts mehr weiß, sondern darauf ausgelegt ist, demjenigen zu helfen, welcher als Weltmensch in der Welt lebt. Nachdem sie ihre Freigebigkeit, die hinter Gott nicht weit zurückstehe, betont hat (IX,218–241), erteilt sie das Gebot der Fortpflanzung all denjenigen, die nicht gänzlich keusch bleiben (können):

> commissi viribus uti
> Seminis et longam generis producere pompam
> Religio nativa iubet, ne degener alnum
> Induat aut platanum, semper virguncula laurus,

---

cloud her mirror. Majesty is the dominant effect of her beauty. The sober dignity of her face is matronly; none of her features conveys any hint of levity or is disturbed by a wanton gesture. Her dignity is complete: even the brief fringe of her garment never departs from its downward posture."

320 *Species* lässt sich allgemein mit Gestalt, Form, Aussehen, Ansehen übersetzen, kann jedoch auch als Schönheit übertragen werden, woraus das Adjektiv *speciosus* abgeleitet ist. Im vorliegenden Kontext ist die Entscheidung nicht zu treffen, sondern vielmehr die Ambivalenz des lateinischen Begriffs hervorzuheben.

321 Übers. (Wetherbee): „Architrenius is amazed beyond measure, and longs to approach the goddess. The novelty of her appearance beguiles him and he burns with desire."

322 Johannes de Hauvilla: Architrenius IX,13 f.: *Interea ceptum Genesis non segnior urget, | Sermonisque rota properante diucius addit: | Qua vero ...* ; Übers. (Wetherbee): „Even as he speaks, Genesis, unflagging, presses on, racing still further on the whirling wheels of speech: ‚But [...]'"

323 Johannes de Hauvilla: Architrenius IX,1–12: ‚*Mirari faciunt magis hec quam scire [...]*' ait Architrenius (Übers. [Wetherbee]: „‚These things create wonder rather than knowledge' said Architrenius"), sowie IX,149–152: ‚*Quam procul eloquii fluvius decurret et aures | Influet exundans*' ait Architrenius ‚*utre | Iam duplici pleno? satis est hausisse referto | Vase, nec auricule pelagi capit alveus undam.*' (Übers. [Wetherbee]: „‚How much longer,' says Architrenius, ‚will this river of eloquence run on, filling my ears to overflowing though the sack has already been filled twice over? Enough has been poured out when the jar is full; the little vessel of my ear cannot contain an ocean.'").

> Aut salicem numquam parienti fronde puellam,
> Aut si qua est vacuo folio vel flore pudica.
> (Johannes de Hauvilla: Architrenius IX,244–249)[324]

Sie installiert hier also zunächst die Differenz zwischen zwei Grundausrichtungen des Umganges mit der Welt, nämlich Weltflucht einerseits und Weltleben andererseits, welches sich – homolog – in die Opposition von Geistlichkeit und Weltlichkeit übersetzen lässt. Anschließend stellt sie Regeln für das Leben unter der *religio nativa* (IX,246), dem Gebot (*sanctio*) der Prokreation, auf: so sollen Männer die Mägde (*ancillae*) meiden (IX,250–259), weil der Beischlaf der Ehe vorbehalten sein muss, und keinen Ehebruch (*adulterium*, IX,260–267) begehen. Daraufhin präsentiert Natura dem Architrenius seine Braut, Moderantia, welche sie explizit von dem Beispiel wollüstiger Schönheit und Unkeuschheit schlechthin abgrenzt, indem ihr attestiert wird, nicht den Geist Ledas, der Mutter Helenas, hinter dem Gesicht der Lucretia zu verbergen (IX,283–288). Während einerseits ihre Treue über konventionelle Exempla betont wird, wird andererseits zugleich ihre Eignung zur Prokreation herausgestellt:

> Flammativa viri sunt omnia, prona medullis
> Inseruisse faces, hilarem factura iuventam
> Iocundumque senem: longo Moderancia nobis
> Cognita convictu, rerum cautissima, morum
> Ingenio felix, Virtutis filia, natu
> Nobilis et thalamos meditanti nubilis anno,
> Pulchra – pudica tamen – dabitur tibi, sacra ligabo
> Federa, que nulla caveas diffibulet etas.
> (Johannes de Hauvilla: Architrenius IX,289–296)[325]

Das eigentliche Skandalon des Konzeptes der Moderantia liegt in seiner Mittellage zwischen den Polen einer Axiologie, welche mit Maria auf der einen und Helena auf der anderen Seite, besetzt ist, eine Mittellage zwischen Keuschheit und Prokreation, welche durch die paradoxale Zusammenfügung oppositioneller Werte charakterisiert ist, indem die Figur Moderantia schön und doch keusch, *pulchra – pudica tamen*, prokreativ und tugendhaft zugleich ist. Winthrop Wetherbee hat darauf hingewiesen, dass genau dieser Vers zu jenen Stellen des *Architrenius* gehört, welche

---

324 Übers. (Wetherbee): „Natural religion bids a man exercise the seminal power entrusted to him and give rise to a long procession of offspring, lest he remain ever virgin like the laurel, be reduced to the state of the barren alder, the plane-tree, the maiden willow whose boughs never bear, or any other plant so chaste as to be devoid of leaf or blossom."
325 Übers.: „Her every feature is well adapted to arouse a man and infuse his marrow with fire, promising joy to youth and pleasure to old age. She is Moderation, well known to me from long intimacy, prudent in all things and blessed with a keen moral sense. As the daughter of Virtue she is of noble birth, and of an age to consider the marriage-bed. Beautiful yet chaste, she will be yours, and I myself will tie the sacred knot which, you may be sure, no length of time will undo."

Gervasius von Melkley in seiner *Ars poetica* diskutiert.³²⁶ Einmal gibt Gervasius mit dem *Architrenius*-Vers ein als gelungen qualifiziertes Beispiel für das Mittel der *correctio*, dass andere Mal für das Verfahren der *adversatio* zweier Adjektive. Mit dieser Einordnung wird zugleich die Opposition von Schönheit und Tugend ratifiziert, welche im Diskurs der Zeit offenkundig als einander widerstrebend verstanden werden. Nur weil Gervasius hier auf einen *commen sense* referiert, kann er den *Architrenius*-Vers als gelungenes Beispiel für die beiden von ihm behandelten Stilmittel auffassen.

Es zeigt sich, dass die Allegorien – wiewohl sie auf der Ebene des Erzählten recht Verschiedenes bieten – thematisch eng verwandt sind, indem sie sich vorrangig um die theologisch paradoxe Spannung zwischen dem Imperativ der göttlich gewollten Fortpflanzung der Generationenfolge und der Erbsünde der fleischlichen Lust drehen. Sie bieten ein Modell der Vermittlung zwischen den beiden einander widersprechenden Zielen, welches zu einer ganz spezifischen Funktionalisierung des schönen Körpers und zu ganz spezifischen ethischen Spannungen führt, die – auch in anderen Textsorten und in anderen Modi der Diskursivierung – prägend bleiben.³²⁷

IV.2.4 Rosenbrechen. Verschweigen und Benennen der schönen Vulva (*Roman de la Rose*, *Der Kittel*, *Das Lob der guten Fut*)

> *Zwei von den vielen Genderexperten unserer Zeit durfte ich neulich in einer Kneipe zuhören. „Es gibt", sagte der eine, „drei Arten von Männern. Die, die bei Frauen auf die Titten gucken, dann die, die auf den Arsch gucken, und die, die auf die Füße gucken." Der andere war skeptisch. „Ich glaube", sagte er, „es gibt schon auch noch welche, die aufs Gesicht achten." Der erste wiegte den Kopf hin und her und sagte: „Na jaaa. Ich würde sagen, ja, okay, aber das zählt eigentlich zu den Brüsten."*
> (Margarete Stokowski: *Das wird so geil und gerecht*³²⁸)

> *Feigenblätter aber, auf die Schamteile von Statuen geklebt, bringen schon obszöne Wirkungen hervor, weil sie aufmerksam darauf machen und sie isolieren.*
> (Rosenkranz: *Ästhetik des Hässlichen*, S. 223)

> Honny soit qui mal y pense.
> (*Futilitates germanicæ medii ævi*, S. 4)

Es besteht Grund zu der Annahme, dass die *descriptio membrorum* um ein Zentrum kreist, welches sie pointiert ausspart, ja, dass die Beschreibung der schönen Gliedmaßen der Frau eine poetische Ersatzhandlung für die Beschreibung des wortreich nichtbeschriebenen Genitals ist. Im Sinne der Natura-*descriptio* des *Planctus*, in welcher das Gesicht auf die ‚verborgenen Teile' hinweist, substituiert die Enumeration der *membra*

---

326 Wetherbee, Johannes de Hauvilla: Architrenius, S. 268, Anm. 25.
327 Vgl. die folgenden Unterkapitel zu volkssprachlichen Allegorien (Roman de la Rose, Minnereden) sowie Kap. V.4.1.
328 http://www.taz.de/Kolumne-Luft-und-Liebe/!5036495/ (aufgerufen: 28.01.2022).

die Nennung der *membra genitalia*. Auch dies, dass die weibliche ‚Scham' in der Beschreibung auszusparen sei, ist eine der aus der *Poetria nova* abgeleiteten (Pseudo-)Regeln, die die Forschung von einem Textkommentar in den nächsten weiterreicht. Die Insistenz, mit der diese Leerstelle in den *descriptiones membrorum* formuliert wird, legt beredtes Zeugnis von der konstanten Präsenz des angeblich Absenten und von der intimen Verbindung ab, die zwischen der klaffenden Lücke in der Abfolge der enumerierten Details und der *enumeratio* selbst besteht.[329] Die Aufzählung ‚vom Scheitel bis zur Sohle' dient der (Re-)Präsentation des Un(re)präsentierbaren. Die narrative Funktion der roten Wange, der Locken, des Nackens, des Halses und der Vulva sind identisch, sie substituieren einander. Als Beispiel kann der *Rosenroman*[330] dienen.

Der Text, den der Erzähler bereits im Prolog als Versifizierung eines Traumes präsentiert und mit dem Titel li *Romanz de la Rose* (V. 36) versieht, hat – wie die meisten Allegorien – im Ganzen eine übersichtliche Handlungsfolge: der Erzähler träumt im Alter von zwanzig Jahren, wie er eines Maientages nach dem Erwachen durch die Gärten wandelt, wobei er auf einen Fluß trifft, dem er folgt. Er trifft auf einen exakt quadratischen Garten,[331] der von einer Mauer umgeben und von einer verschlossenen Pforte versperrt ist. Ihm öffnet *Oiseuse*, die Müßigkeit, welche eine *descriptio membrorum* erhält (Vv. 524–574), und führt ihn in den Garten des Vergnügens (le *Deduit*), eines jungen Mannes, der sich im Gefolge der schönsten Menschen befindet[332] und sich in seinem Garten allen weltlichen Freuden hingibt, wo sein Gefolge einen Reigen tanzt. Sowohl Vergnügen als auch seine Begleiterin Fröhlichkeit (*Leece*) erhalten

---

329 Diese Einsicht ist freilich nicht gänzlich neu, wenngleich sie hier insgesamt stärker generalisiert werden soll. Bereits Helmut Tervooren hat in seinem zum *locus classicus* gewordenen Aufsatz (Helmut Tervooren: Schönheitsbeschreibung und Gattungsethik in der mittelhochdeutschen Lyrik. In: Schöne Frauen – Schöne Männer. Literarische Schönheitsbeschreibungen. 2. Kolloquium der Forschungsstelle für europäische Literatur des Mittelalters. Hrsg. von Theo Stemmler. Mannheim 1988, S. 171–198, hier S. 186–189) mit Blick auf die Lyrik des Tannhäusers konstatiert, dass der Tannhäuser Galfred von Vinsauf wörtlich verstehe, indem er die die *descriptio* vollständig von oben nach unten durchführe, ohne zu dem von Galfred geforderten „Diskretionstopos" zu greifen: „Man könnte vielleicht *cum grano salis* behaupten, Fluchtpunkt seiner Beschreibung seien eben diese *partes infra*" (ebd., S. 186). Die von Tervooren eher beiläufig (und mit Blick auf Walthers Si *wundervol gemachet wîp*) formulierte Einsicht – „Wenn die intimen Körperteile auch nicht genannt werden, so verweist doch der Diskretionstopos auf sie" (ebd., S. 178) – kann ausgeweitet werden: Auch die ostentative Nichtnennung erschafft ein Wortzeichen, das auf ein eindeutiges Bezeichnetes referiert. In der Substitution des eigentlichen Zeichens gegen das uneigentliche wird einerseits weiterhin das Genital signifiziert, andererseits jedoch die Scham evoziert, mit der dasselbe behaftet ist. Die eindeutige Uneindeutigkeit betont so vor allem die Notwendigkeit der Scham. Im Lichte der christlichen Geschichtsschreibung, wie sie Augustinus mustergültig in *De civitate Dei* entworfen hat, ist diese Scham eine Folge des Sündenfalls und verweist insofern auf den Verlust jener ersten Unschuld, welche den ersten beiden Menschen die schamfreie Fortpflanzung und den schamfreien sowie willentlichen Gebrauch der *membra* ermöglicht hatte, die Gott ihnen zum Zwecke der Prokreation gegeben hatte.
330 Im Folgenden mit Übersetzung zitiert nach: Guillaume de Lorris und Jean de Meun: Der Rosenroman. 3 Bd. Übers. u. eingeleitet von Karl August Ott. München 1976–1979 (Klassische Texte des romanischen Mittelalters 15).
331 Vgl. Vv. 1323–1325.
332 Dies kündigt dem Erzähler *Oiseuse* an: ‚[...] *Les plus beles genz, ce sachiez | Que vos famais nul leu truissiez, | Si sont li compaignon Deduit, | Qu'il moine avuec soi e conduit.*' (Übers. [Ott]): „Die schönsten

eine *descriptio membrorum* (*Deduit*: Vv. 801–830, *Leece*: Vv. 840–864), welche von Amor begleitet wird, der verschiedene Pfeile hat (Vv. 935–984), nämlich die fünf schönen Pfeile Schönheit (*Biautez*), Einfachheit (*Simplece*), Freimut (*Franchise*), Gesellschaft (*Compaignie*) und freundliches Gebaren (*Biauz Semblanz*) und die fünf hässlichen Pfeile Stolz (*Orguiauz*), Gemeinheit (*Vilanie*), Schande (*Honte*), Hoffnungslosigkeit (*Desesperance*) und Unbeständige Gedanken (*Noviaus Pensers*). Mitglied der tanzenden Runde ist auch die Schönheit (*Biautez*), welcher Amor sich zugesellt, die eine *descriptio membrorum* erhält. Von den weiteren Anwesenden werden in unterschiedlichem Ausmaß die *membra* in die *descriptio* einbezogen, wobei auffällig ist, dass die Freigebigkeit (*Largece*) über ihre weit ausgeschnittene Kleidung und den entblößten Hals allegorisiert wird, welcher sichtbar ist, weil sie die Brosche verschenkt hat, welche das Kleid zuvor geschlossen hat, sodass diese Tugend zugleich sexualisiert wird. Der Erzähler entfernt sich vom Gefolge des Vergnügens, um – nur von Amor verfolgt – den quadratischen Garten zu durchstreifen, in welchem er einen quadratisch eingefassten Brunnen findet (Vv. 1425 ff.). Dies ist, wie eine Inschrift verrät, der Quell, in dem Narziss ertrunken ist. Die am Grunde des Brunnens liegenden Kristalle haben die Eigenschaft, dass der Erzähler in ihnen alles sieht, was um ihn herum in dem Garten geschieht, und lösen zugleich Begehren aus. In ihnen erblickt er einen Rosenstrauch, von welchem er unwiderstehlich angezogen wird. Diesem Rosenstrauch wendet er sich zu und wählt diejenige Knospe aus, welche er als die schönste erkennt, „denn sie erstahlt in einer Farbe, | die so rot und so prächtig ist, | wie NATUR sie überhaupt machen konnte."[333] Amor, der ihn verfolgt hat, schießt nun präzise einen nach dem anderen seiner fünf schönen Pfeile ins Auge des Erzählers, welcher keinen von ihnen herausziehen kann, ohne dass nicht stets ein Teil abbricht und in der Wunde verbleibt. Hierauf ergibt sich der Erzähler in die Gewalt Amors und wird sein Vasall (Vv. 1955), woraufhin dieser das Herz des Erzählers mit einem Schlüssel verschließt (Vv. 1991 ff.). Als er versucht, sich der Rose zu nähern hat er zunächst Erfolg, dann jedoch errichtet Frau Argwohn (*Jalosie*) mithilfe anderer – Angst (*Peor*), Scham (*Honte*), Widerstand (*Dangier*) – eine quadratische Burg um die Rose herum (Vv. 3797 ff.). Kurz nach der vollendeten Errichtung der Burg endet der von Guillaume de Lorris vefasste Teil des *Romanz*.

Der Rest des Textes – der größere, von Jean de Meun gestaltete Teil ab V. 4059 – ist der Eroberung der Burg gewidmet, wobei eine Vielzahl ,didaktischer' *digressiones*, Dialoge und Reden, rund um das Thema Liebe eingebunden sind. Der Erzähler trifft auf einen Freund (*Amis*), welcher ihm eine Liebeslehre unterbreitet, die helfen soll, die Rose zu erobern. Die ganze Passage ist in einer aufwändigen Symmetrie verschachtelt, welche verschiedene Themen in gespiegelter Reihenfolge verklammert und über ein Monolog-im-Monolog-Verfahren den Erzählstandpunkt immer weiter verschiebt. Sie behandelt als Themen – in teils mehrfach gebrochener Perspektive – unter anderem die Liebesgabe, die Differenz von Schönheit und Klugheit beim Mann, den harmonischen Naturzustand der Menschheit, die Gewalt durch Herrschaft und in der Ehe und die Differenz von körperlicher und künstlicher Schönheit.[334] Als der Erzähler, welchem der *Amis* geraten hat, sich von der Burg fern zu halten, anschließend eine Zeit lang durch den Garten gestreift ist und vergeblich versucht hat, den Weg des Gebens zu gehen, stellt sich Amor bei ihm

---

Menschen, das wißt, | die Ihr irgendwo finden könntet, | sind die Gefährten von VERGNÜGEN, | der sie bei sich hat und anführt.")

333 Übers. von Ott. – Afrz.: *Car une color l'enlumine | Qui est si vermeille e si fine | Con Nature la pot plus faire.*

334 Die vom *Amis* imaginierte Perspektive des monologisierenden eifersüchtigen Ehemanns zeichnet sich übrigens – ebenso wie die nachfolgenden Predigten der Alten – durch eine Markierung als zumindest zweifelhaft, wenn nicht fehlerhaft aus: beide erzählen Exempla, welche sie gegen die übliche Lehrmeinung interpretieren. Der eifersüchtige Ehemann erzählt von Lucretia und Penelope, nur um an diesen zu behaupten, dass auch diese beiden tugendhaften Frauen zur Unkeuschheit hätten gebracht werden können: *Penelope neïs prendrait | Qui bien a li prendre entendrait* (Übers. [Ott]: „Selbst *Penelope*

ein, welcher befindet, dass der Erzähler lange genug gelitten habe. Amor ruft sein Gefolge zum *palement* (V. 10.443), um zum Angriff auf die Rosenburg zu blasen. Im Gefolge der Erzwungenen Abstinenz kommt der Falsche Schein zu seinem Parlament, welcher, von Amor nach seiner Person befragt, einen langen Monolog hält, in welchem Invektiven gegen das Bettelmönchstum enthalten sind.[335] Es wird ein erster Angriff auf die Burg ausgeführt, wobei Male Bouche (der Böse Mund) heimtückisch von den Angreifern gemeuchelt wird. Der Erzähler dringt in die Burg ein und trifft auf die Alte, welche er dazu überredet, zum gefangenen *Bel Acueil* (Schöner Empfang) zu gehen, um diesem zuzureden. Sie predigt ihm eine lange, praxisbezogene, auf Wollust ausgerichtete Liebeslehre, welche das Pendant zur (männlichen) Liebeslehre des *Amis* ist, wobei sie Praktiken des Scheins, weiblicher Verführungskunst und der Kosmetik bis hin zur Intimrasur (Vv. 13.335–13.340) abhandelt.[336] Die Befreiung des *Bel Acueil* gelingt noch nicht; der Erzähler wird von dessen Wächtern aufgegriffen.

Schließlich gelingt es Venus, einen brennenden Pfeil, ihre Fackel, in eine Schießscharte der Burg zu schießen, woraufhin die Verteidigung zusammenbricht und der Erzähler sich als Pilger der Burg nähert. Schließlich kann er den Rosenstrauch berühren und schütteln, wobei er Samen verstreut, und seine Rose pflücken. Mit dem Erwachen des Ichs im letzten Vers endet der *Rosenroman* unvermittelt.

Kennzeichnend für die Gestaltung des *Romans* ist die Vielzahl der gegeneinander geführten, einander überlagernden Metaphern, welche in großer Zahl Sexualmetaphern sind. Diese gegeneinander verschobenen Metaphernfelder bilden keinen vollständig kohärent erzählbaren Bildbereich aus, sondern kreisen um einige zentrale Metaphernbereiche, die immer wieder aufgerufen werden, wie die Rose, der Garten und die Burg. Die *narratio* setzt nicht auf vollständige Harmonisierbarkeit aller Metaphoriken in eine kohärente Erzählwelt, sondern gehorcht einer punktuellen, situativ-isolierbaren Logik, in welcher ein Bildbereich jeder Zeit in einen anderen umbrechen kann. Insofern ist es zu einsinnig gedacht, wenn Manfred Kern einerseits festlegt: „[D]ie Burg ist kein Konkretum, sie repräsentiert innerpoetisch die Geliebte oder besser: das, was sich um sie herum auftürmt,

---

würde der erobern, | der sie richtig zu erobern verstünde[.]" [Roman de la Rose, V. 8605 f.]). In gleicher Weise missbraucht die Alte dem Erzähler gegenüber, der zu erkennen gegeben hat, dass er ihre Predigt für widerliches Geschwätz hält (Vv. 12.987–13.000), die Exempla von Dido und Aeneas, Phyllis und Demophon, Paris und Önone, Jason und Medea zu dem Schluss, dass Männer unbeständig seien und Frauen sich daher an mehrere Liebhaber zu halten hätten (Vv. 13.173–13.272). Die unorthodoxe Auslegung allseits bekannter und in ihrem Sinngehalt relativ eindeutig konventionalisierter Exempla zeigt jeweils, dass die Perspektive der redenden Figur keine ‚objektive', sondern eine zweifelhafte ist. Gerade im Falle der Alten schlägt sicherlich auch das konventionalisierte Sprechen des Figurentypus der *vetula* zu Buche, das ihre Rede charakterisiert.

335 In Hinblick auf die oben so wichtige Unterscheidung von *homo interior* und *exterior* sei darauf verwiesen, dass Falscher Schein eine – auch graphisch realisierte – Unterscheidung von *manus corporalis* und *spiritualis* vornimmt (Vv. 11.471–11.482).

336 Der *Bel Acueil*, wiewohl eine männliche Allegorie, ist – wie auch Scham, Böser Mund, Widerstand – als sozialpsychologische Komponente einer umworbenen weiblichen Geliebten, die im Verhältnis zu einer (Hof-)Öffentlichkeit steht, zu verstehen, weshalb der Jüngling der richtige Adressat einer praxeologischen, weiblichen Liebeslehre ist.

denn die Geliebte selbst ist ja die Rose, die der Liebende pflücken will",[337] andererseits aber selbst von „signifikatorischen Schichtungen und Verschachtelungen" spricht.[338] Genau diese konstante Verschiebung der Metaphernfelder, welche Kern im Folgenden auf der Folie eines vermeintlichen stabilen Zentralsignifikats analysiert, macht es – entgegen der wiederum scheinbar (zu) einsinnigen Definition zu Beginn des Romans: *Or doint Deus qu'en gré le reçueve | Cele por cui je l'ai empris; | C'est cele qui tant a de pris | E tant es dine d'estre amee | Qu'el doit estre Rose clamee* (Vv. 40–44)[339] – unmöglich, die Rose oder die Geliebte festzulegen. Während die Rose einerseits die ‚Geliebte', andererseits die Virginität selbst und nicht zuletzt das weibliche Genital meinen kann – die leicht gewachsene Knospe, das zwischen den Rosenblättern der nicht geöffneten Blüte verborgene Samenkorn, Vv. 3357–3378, sind als Anschwellen von Vulva und Klitoris lesbar –, kann die Geliebte beispielsweise als Rose, als ‚Statue' (*image*) und als Burg signifiziert werden, wobei alle Metaphernbereiche jederzeit wieder – auch ins Genitale – kippen können.

Übersetzt man die Metaphoriken in ihre jeweiligen Signifikate, so lässt sich aus deren Sukzession keine schlüssige Handlung bilden. Die Dekodierung führt nämlich zur Implosion der *narratio*, welche ja erst final zur Defloration, zum Schütteln am Rosenbusch, führen soll, denn auf metaphorischer Ebene beginnt der Text bereits mit einer Schichtung mehrfacher Deflorationsmetaphern, wenn dem Erzähler von der – nicht zufällig mit einer *descriptio membrorum* ausgestatteten, weil prinzipiell wollüstigen – Müßigkeit (*Oiseuse*), der verschlossene Garten aufgeschlossen und der Eintritt ins Reich körperlicher Lust gestattet wird, in welchem ein Brunnen fließt. Der in seiner perfekten quadratischen Form außergewöhnliche Garten[340] wird von der Rezeption des Textes in späterer Handschriftenmalerei wiederum nicht zufällig in die marianischen Bildformeln des *hortus conclusus* und der *porta clausa* gegossen, während dem frei strömenden Brunnen, in welchem Narziss den Tod gefunden hat, einerseits die aus der orthodoxen Ikonographie eindringende Bildformel des *fons vitae* und andererseits

---

337 Manfred Kern: Täuschend erotisch. Poetische Verstellung und metapoetische List im ‚Roman de la Rose'. In: Verstellung und Betrug im Mittelalter und in der mittelalterlichen Literatur. Hrsg. von Martin Baisch, Johannes Keller, Elke Koch et al. Göttingen 2015 (Aventiuren 7), S. 89–112, hier: S. 93.
338 Ebd. – Vgl. auch: Stephen C. Nichols: Rethinking Texts Through Contexts: The Case of *Le Roman de la Rose*. In: Text und Kontext. Fallstudien und theoretische Begründungen einer kulturwissenschaftlich angeleiteten Mediävistik. Hrsg. von Jan-Dirk Müller unter Mitarbeit von Elisabeth Müller-Luckner. München 2007, S. 245–270.
339 Übers. (Ott): „[N]un gebe Gott, daß die ihn günstig aufnehme, | für die ich ihn begonnen habe, | jene nämlich, die so viel Preis hat | und so würdig ist, geliebt zu werden, | daß sie ROSE genannt werden muß."
340 Die strenge Quadratur verweist konventionell auf die vier Elemente oder Himmelsrichtungen, wodurch bereits ein Bezug zu *Nature* gestiftet wird, deren Werkstoffe die vier Elemente und deren Wirkungsradius der Erdkreis sind.

diejenige des *fons signatus* als Kontrafaktur entgegengesetzt wird.[341] Diese traditionellen und alten, aus der Hoheliedexegese stammenden marianischen Konzepte[342] – nicht die erst später entstandenen und entsprechend von den Buchmalern späterer Generationen adaptierten Bildformeln – liegen hier zugrunde und kontrastieren konventionelle Metaphoriken der Virginität (genauer: der Virginität Mariens) mit ihrer Überschreitung: der verschlossene Garten wird geöffnet, indem die verschlossene Pforte entriegelt wird, und der Brunnen im Garten ist nicht versiegelt, sondern strömt frei. Im Horizont geistlichen Wissens spricht der *Rosenroman* von Anfang an die Sprache der Entjungferung und es sind die entsprechenden, der Defloration Beihilfe leistenden Allegorien, die als Attribut die Körperlichkeit der *descriptio membrorum* beigelegt erhalten, nämlich Frau Müßigkeit (*Oiseuse*: Vv. 524–574), Herr Vergnügen (*Deduit*: Vv. 801–830) und Frau Fröhlichkeit (*Leece*:[343] Vv. 840–864) sowie Frau Schönheit (*Biautez*: Vv. 992–1016)[344] und die sich entblößende Freigebigkeit (*Largece*: Vv. 1163–1174).[345]

---

341 Besonders eindrücklich ist in dieser Hinsicht die Gestaltung des Gartens in der späten Handschrift Harley MS 4425, fol. 12ᵛ, aber auch die erste freundliche Aufnahme des Erzählers im Rosengarten durch die Jungfrau Bel Acueil, fol. 30ᵛ: http://www.bl.uk/manuscripts/Viewer.aspx?ref=harley_ms_4425_fs001r (aufgerufen: 28.01.2022).
342 Der Hoheliedvers lautet: *hortus conclusus soror mea sponsa hortus conclusus fons signatus* (Ct 4,12; Übers. [Christine Schmitz, Stefan Stirnemann]: „Ein verschlossener Garten ist meine Schwester, Braut, ein verschlossener Garten, eine versiegelte Quelle."). Die verschlossene Pforte ist den Prophezeiungen der messianischen Zeit des Hesekiel entnommen: *et dixit Dominus ad me / porta haec clausa erit non aperietur et vir non transiet per eam* (Ez 44,2; Übers. [Christina Kreuzwieser]: „Und der Herr sagte zu mir: ,Dieses Tor wird geschlossen bleiben; es wird nicht geöffnet werden, und kein Mensch wird durch es hindurchgehen[.]'"). Vgl. zur marianischen Auslegungstradition im lateinischen und deutschsprachigen Schrifttum Salzer, Bilder und Beiworte Mariens, S. 9 f. (Brunnen) u. S. 15 f. (Garten). – Auch der später um die Rose errichtete Turm ist – sowohl vom Konzept her als auch von den Bildformeln der Buchmalerei – auf der Folie eines marianischen Virginitätssymbols verstehbar, nämlich die *Turris Davidica*, welche wiederum dem Schönheitspreis des Hoheliedes entstammt: *collum tuum sicut turris eburnea* (Cant 7,4; Übers. [Christine Schmitz, Stefan Stirnemann]: „Dein Hals ist wie ein elfenbeinerner Turm.") und vom Turm als bewaffnete Festung besonders: *sicut turris David collum tuum quae aedificata est cum propugnaculis / mille clypei pendent ex ea omnis armatura fortium* (Cant 4,4; Übers. [Christine Schmitz, Stefan Stirnemann]: „Wie der Turm Davids ist dein Hals, der mit Schutzwehren gebaut ist, tausend Schilde hängen an ihm, jede Art von Bewaffnung der Tapferen.").
343 Afrz. *leece* ist mit lat. *laetitia* verwandt.
344 Frau Reichtum erhält zwar eine *descriptio superficialis* (Vv. 1017–1108), die jedoch die Gliedmaßen und damit den eigentlichen Körper ausspart und nur von ihrer kostbaren Kleidung spricht. Ihr zugeordnet wird ihr *ami veriteus* (V. 1111), ein schöner Jüngling (*Un vallet de grant biauté plein*, V. 1110). Hier findet eine planvolle Dissoziation von Körper und Akzidentien statt, welche in der Hasstirade des eifersüchtigen Ehemanns und in der Predigt der Alten im zweiten Teil von Jean de Meun aufgegriffen wird.
345 Auf den Zusammenhang zwischen der Gabe der *Largece* und der dadurch entstehenden lasziven Enblößung ist bereits eingegangen worden. Auch dieses Thema greift Jean de Meun im zweiten Teil des *Rosenromans* wieder auf, nämlich in den Ausführungen des *Amis*, in den Tiraden des Ehemannes und in der Predigt der Alten. Der Zusammenhang von – materiell kostbarer – Liebesgabe und dem Verdacht der Käuflichkeit von (körperlicher) Liebe wird hier breit behandelt und geht auf eine bereits alte Tradition zurück, die bspw. bei Andreas Capellanus (*De amore*) niederschlag findet, welchen Jean de Meun

IV.2 Die *descriptio membrorum* in der lateinischen und volkssprachlichen Dichtung — 407

Die im – von Jean de Meun gestalteten – zweiten Teil an prominenter Stelle eingefügte *descriptio* der *Nature* wird hingegen als Nicht-*descriptio* gestaltet. Ihre – alle menschliche Schönheit generierende und überschreitende – Schönheit wird mit dem Verweis auf die Unfähigkeit des Erzählers, sie darzustellen, vorenthalten, jedoch gleichwohl über das konventionelle *nomen proprium* ‚Helena' aufgerufen, welches über eine *digressio*, nämlich die Erzählung von Zeuxis, eingebunden wird:

> Bien la vous vousisse descrire,
> Mais mes sens n'i pourrait soufire.
> Mes sens! Qu'ai je dit? c'est du meins.
> Non ferait veir nus sens humains,
> Ne par voiz vive ne par notes;
> E fust Platons ou Aristotes,
> Algus, Euclidès, Tholomees,
> Qui tant ont or granz renomees
> D'aveir esté bon escrivain,
> Leur engin seraient si vain,
> S'il osaient la chose emprendre,
> Qu'il ne la pourraient entendre;
> Ne Pygmalion entaillier;
> En vain s'i pourrait travaillier
> Parrasius; veire Apellès,
> Que je mout bon peintre apel, les
> Beautez de li jamais descrivre
> Ne pourrait, tant eüst a vivre;
> Ne Miro ne Policletus
> Jamais ne savraient cet us.
> Zeusis neïs par son bel peindre
> Ne pourrait a tel fourme ataindre,
> Qui, pour faire l'image ou temple,
> De cinc puceles fist essemple,
> Les plus beles qu l'en pot querre
> E trouver en toute la terre,
> Qui devant lui se sont tenues
> Tout en estant trestoutes nues,
> Pour sei prendre garde en chascune
> S'il trouvait nul defaut en l'une,
> Ou fust seur cors ou fust sour membre,
> Si con Tulles le nous remembre,
> Au livre de sa Retorique,
> Qui mout est science autentique.

---

teilweise fast im Wortlaut verarbeitet hat. Dass bereits hier Freigebigkeit mit körperlicher *lascivia* verbunden wird, ist also durchaus kein Zufall. Dass sie als Begleiterin des *bon roi Artu de Bretaigne* genannt wird (Vv. 1175–1190), darf sicherlich als Interpretament für den Stoffkreis der *matière de Bretagne* aufgefasst werden. Auch im *Architrenius* begegnet der aus dem Gefolge des Artus stammende Gawan als Kämpfer der *Largitio*.

> Mais ci ne peüst il riens faire,
> Zeusis, tant seüst bien pourtraire,
> Ne coulourer sa pourtraiture,
> Tant est de granz beauté Nature.
> Zeusis! non pas trestuit li maistre
> Que Nature fist onques naistre;
> Car, or seit que bien entendissent
> Sa beauté toute, e tuit vousissent
> A tel pourtraiture muser,
> Ainz pourraient leur mains user
> Que si trés grant beauté pourtraire.
> Nus fors Deus ne le pourrait faire.
> (Roman de la Rose, Vv. 16.165–16.210)[346]

---

[346] Übers. (Ott): „Gern wollte ich sie euch schildern, | doch könnte mein Verstand dazu nicht genügen. | Mein Verstand! Was habe ich gesagt? Das ist das mindeste. | Kein menschlicher Verstand täte es wahrlich, | weder mit Worten noch durch Schrift; | und wäre es auch *Plato* oder *Aristoteles*, | *Algus*, *Euklid* oder *Ptolemäus*, | die jetzt in so großem Ruf stehen, | gute Schriftsteller gewesen zu sein, | ihr Talent wäre so eitel, | wenn sie diese Sache zu unternehmen wagten, | daß sie sie nicht einmal verstehen könnten; | noch könnte *Pygmalion* sie in Stein hauen; | vergeblich würde *Parrhasius* | sich damit abmühen; sogar *Apelles*, | den ich als einen sehr guten Maler bezeichne, könnte | ihre Schönheit niemals beschreiben, | wie lange er auch zu leben hätte; | auch *Myro* und *Polyklet* | würden niemals diese Kunst beherrschen. | Selbst *Zeuxis* könnte mit seinem schönen Malen | niemals eine solche Form erreichen, | er, der fünf Jungfrauen, um das Bild | im Tempel zu gestalten, zum Vorbild nahm, | die schönsten, die man auf der ganzen Erde | suchen und finden konnte | und die sich vor ihm | ganz nackt aufstellten, | so daß er auf jede einzelne achten konnte, | wenn er bei einer irgendeinen Fehler fand, | sei es am Körper oder an einem einzelnen Glied, | wie *Tullius* es uns berichtet | in seinem Buch über die *Rhetorik*, | die eine sehr authentische Wissenschaft ist. | Doch hier hätte auch er nichts vermocht, | der Zeuxis, wie gut er auch zu malen | und seine Gemälde zu kolorieren verstand, | denn von so großer Schönheit ist NATUR. | *Zeuxis*! vielmehr alle Meister nicht, | die Natur jemals gebären ließ; | denn, auch wenn sie ihre ganze Schönheit wohl | verstanden hätten und alle sich | um ein solches Gemälde bemühen wollten, | so könnten sie doch eher ihre Hände abnutzen, | als eine so sehr große Schönheit malen. | Niemand außer Gott vermöchte das." – An diesem Abschnitt wären interessante Beobachtungen zur wechselweisen Verwendung verschiedener gegeneinander geführter Formen der Darstellung zu machen, insofern hier, die Grenzen verschiedener Künste überschreitend, unterschiedslos verschiedenste Meister gereiht werden, deren Fähigkeiten als unzureichend dargestellt werden, nämlich: Platon, Aristoteles, Aegus, Euklid, Ptolemäus, Pygmalion, Parrhasius, Apelles, Myro Polyklet und Zeuxis, denen als Tätigkeiten *peindre*, *descrivre*, *pourtraire* und *entaillier* zugeordnet werden. Dabei ist einerseits das Verbum *pourtraire* auffällig und andererseits der Umstand, dass Apelles zwar einerseits als *peintre* eingeführt, seine Tätigkeit jedoch als *descrivre* angegeben wird. Ob unter *pourtraiture* indessen ein Bild mit „Porträtähnlichkeit" zu verstehen ist (vgl. Kap. IV.1.1, S. 288, Anm. 60–62, sowie Kap. IV.1.3), ob also aus den genannten Begriffen und ihrer Verwendung auf einen mimetischen Charakter von Malerei, Bildhauerei und Dichtung zu schließen ist, wäre zu diskutieren.

Dabei wird die Kreatürlichkeit der *Nature* eigens ausformuliert:

> Tant est bele que plus n'en sai.
> Car Deus, li beaus outre mesure,
> Quant il beauté mist en Nature,
> Il en i fist une fontaine
> Toujourz courant e toujourz pleine,
> De cui toute beauté desrive;
> Mais nus n'en set ne fonz ne rive.
> (Roman de la Rose, Vv. 16.232–16.238)[347]

Dies geht soweit, dass auch *Nature* selbst als reine Sexualmetapher aufgefasst werden kann, wie beispielsweise eine geradezu ‚allegoretische' Bebilderung des Ms. français 1565 (entstanden 1352 u. Z.) der Bibliothèque nationale de France zeigt: diese Illumination (fol. 104[v]), welche von ihrer Stellung im Text her die Episode der in ihrer Schmiede arbeitenden *Nature* illustriert, zeigt ein nacktes Paar unter einer Bettdecke, aufeinander liegend, einander zugewandt, die Augen geöffnet, sich anblickend, offenbar beim Beischlaf.[348] Überhaupt sprechen die Illuminationen dieser Handschrift eine deutliche Sprache, was den wollüstigen Charakter der geschilderten Gegenstände angeht. So wird *Richesse*, ein Hündchen (?) haltend, in Begleitung ihres namenlosen, jugendlichen Liebhabers gezeigt, welcher seine Hand in Gegenwart des Erzählers unumwunden auf ihrem Schoß ruhen lässt (fol. 66[r]).[349] *Nature* selbst ist of-

---

347 Übers. (Ott): „[S]o schön ist [sie], daß ich nicht mehr darüber weiß. | Denn als Gott, der über alle Maßen Schöne, | die Schönheit in die NATUR legte, | da machte er aus ihr eine Quelle, | die immer fließt und immer voll ist, | von der alle Schönheit ausgeht; | doch niemand kennt ihren Grund und ihr Ufer." – Diese Stelle zitiert auch Huber, Aufnahme und Verarbeitung, S. 280, fasst *Nature* jedoch dabei als Prinzip einer rein positiven Emanation göttlicher Schönheit in der Welt auf. Gleichwohl betont auch der in Rede stehende Textausschnitt die radikale Differenz zwischen Transzendenz, insofern Gott eben *li beaus outre mesure*, also jenseits allen Maßes ist, während das Prinzip der in die Welt ausfließenden Schönheit eben stets nur von *Nature*, nicht jedoch von Gott selbst kommt. Sie ist die frei strömende Quelle – im Gegensatz zum *fons signatus* – selbst. Das Maß aber ist geradezu Kennzeichen diesseitig-immanenter Schönheit.
348 Die Illustration ist abgedruckt in: Nathalie Coilly, Marie-Hélène Tesnière (Hrsg.): Le Roman de la rose. L'art d'aimer au Moyen Âge. [Paris] 2012, S. 38, Ill.30, mit der Anmerkung: „Cette enluminure représente la ‚forge' de Nature de la manière plus directe, comme le lieu de la reproduction des individus. Car Nature lutte contre la Mort pour assurer la perpétuation de l'espèce [...]." – Das Ms. Harley 4425 bspw. zeigt demgegenüber eine Frau mit langem, offenem, goldenem Haar, in einer Schmiede stehend und mit einem Hammer einen Säugling formend. – Eine weitere Handschrift (University of Chicago Library MS 1380) zeigt Signifikat und Signifikant in einem Bild nebeneinander vereint. Die Beischläfer sind hier fast identisch dargestellt wie in Ms. français 1565, nur steht am Fußende ihres Bettes *Nature* in blauem Kleid und gekrönt, vor sich – auf Hüfthöhe – einen nackten Säugling, die rechte Hand mit Hammer zum Schlag erhoben, während im Hintergrund ein Feuer angeheizt wird. (Das Bild findet sich unter: https://grammarrabble.wordpress.com/2014/06/26/on-the-public-highway-of-grammar-michael-a-johnson/, aufgerufen: 28.01.2022).
349 Coilly/Tesnière, Le Roman de la Rose, S. 36, Ill. 26.

fenbar in einer Illumination dargestellt, welche ihren Hohepriester, *Genius*, beim Predigen zeigt, während sie, hinter ihm stehend, einen als Sexualsymbol verstehbaren Hasen in der Rechten hält, auf welchen sie mit der Linken hinweist (fol. 127ʳ).[350]

Die dem *natura*-Prinzip entsprechende *descriptio membrorum* wird indessen verschoben. Anstatt *Nature* mit ihr auszustatten, wird sie in die finale Eroberung der Rose inseriert, hier jedoch – im Sinne der sich verschiebenden, sexualisierten Metaphernfelder – invertiert. Nachdem durch die Predigt des Genius, des Helfers der Venus, der Widerstand überwunden ist, geht Venus zum Angriff auf die Burg über, die Scham, Vernunft und andere um die Rose herum errichtet haben:

> Lors s'est Venus haut secourciee;
> Bien sembla fame courrouciee;
> L'arc tent e le brandon encoche,
> E quant el l'ot bien mis en coche,
> Jusqu'a l'oreille l'arc enteise,
> Qui n'iert pas plus lons d'une teise,
> Puis avise, com bone archiere,
> Par une petitete archiere
> Qu'ele vit en la tour reposte,
> Par devant, non pas par en coste,
> Que Nature ot par grant maistrise
> Entre deus pilerez assise.
>   Cil pileret d'Argent estaient,
> Mout gent, e d'argent soutenaient
> Une image en leu de chaasse,
> Qui n'iert trop haute ne trop basse,
> Trop grosse ou trop graille; non pas,
> Mais toute tailliee a compas
> De braz, d'espaules e de mains,
> Qu'il n'i faillait ne plus ne mains.
> Mout irerent gent li autre membre;
> Mais plus olant que pompe d'ambre
> Avait dedenz un saintuaire,
> Couvert d'un precieus suaire,
> Le plus gentill e le plus noble
> Qui fust jusqu'en Constantinoble.
> (Roman de la Rose, Vv. 20.785–20.810)[351]

---

350 Ebd., S. 39, Ill. 31.
351 Übers. (Ott): „Alsdann hat VENUS sich hoch aufgeschürzt; | wohl schien sie eine erzürnte Frau zu sein; | den Bogen spannt sie und legt die Fackel ein, | und als sie sie wohl in die Kerbe eingelegt hat, | spannt sie den Bogen bis zum Ohr, | der nicht länger als ein Klafter war, | dann zielt sie als gute Bogenschützin | durch eine kleine Schießscharte, | die sie in dem Turm versteckt sah, | vorn und nicht auf der Seite, | die NATUR mit großer Kunst | zwischen zwei Pfeilern angebracht hatte. || Diese Pfeiler waren aus Silber | und sehr schön und trugen statt eines Schreins eine silberne Statue, | die weder zu hoch noch zu niedrig war, | weder zu dick noch zu dünn, fürwahr nicht, | sondern ganz regelrecht an den Armen, | den Schultern und Händen geformt, | so daß nicht mehr und nicht weniger an ihr sein mußte.

Die Parodie der *descriptio membrorum* invertiert nicht nur die Sukzession der *enumeratio*, sondern sie rückt zudem die Vulva über die Metapher der von *Nature* an rechter Stelle – vorne zwischen zwei Säulen, über denen sich *une image* erhebt – platzierten Schießscharte (*archiere*) ins thematische Zentrum der stereotypen Formeln des Maßes (*Qui n'iert trop haute ne trop basse, | Trop grosse ou trop graille; non pas, | Mais toute tailliee a compas*) und der Enumeration der Gliedmaßen (*De braz, d'espaules e de mains*), die von ihr ausgehen und beiläufig abgehandelt werden, um das als Folie dienende Modell anzuzitieren und anschließend wieder zum Genital zurückzukehren, dem eine weitere Metapher, das Reliquiar (*saintuaire*), zuteil wird. Anstelle einer *descriptio membrorum*, die das Genital – wortreich über eine tabuisierte Zone stolpernd – verschweigt, bevor sie zu den Füßen übergeht, wird hier das ‚Bild' (bzw. die ‚Statue', *image*) der ‚Geliebten' aus einer wortreichen Ausfaltung von Genitalmetaphern als wortarme Gliedmaßenenumeration entwickelt. Das sonst tabuisierte Zentrum wird hier tatsächlich zum Zentrum, zu Ausgangspunkt und Ziel der Beschreibung, zum Ziel eines Textes von beinahe 22.000 Versen.

Ihre Berechtigung erhält die ‚natürliche' Wollusterzeugung über die Darstellung weiblicher Schönheit hier wie auch in den beiden Allegorien des Alanus dabei wiederum durch ihre Relation mit einer größeren Sünde, welche der finalen Erstürmung des Rosenbusches in der Predigt des Venus-Hohepriesters, Genius, vorweggeschickt wird. Zwar konzediert Genius, dass seinem wollüstigen Regime alle – Kleriker und Laien, Ordensleute und Weltmenschen (Vv. 20.752 f.) – in einer *procession* (V. 20.743) zum Rosenbusch folgen würden, sobald die Schranken einmal gefallen seien (Vv. 20.743–20.746); jedoch ist dies – dem notwendigen Lauf der Natur und ihrer innerweltlichen Ordnung geschuldet – ein notwendiges Übel, eine lässliche Sünde im Verhältnis zu jenem Grenzphänomen, gegen das auch der *Planctus naturae* des Alanus die physische Schönheit der Personifikation *Natura* setzt, nämlich der ‚Sodomie':

> Si rest veirs qu'aucun mauvais ome,
> Que Deus e sainz Peres de Rome
> Confonde e aus e leur affaire!
> Lairont les roses pour pis faire,
> E leur donra chapeaus d'ortie
> Deables, qui si les ortie;
> Car Geniue, de par Nature,

| Sehr schön waren auch die anderen Glieder; | doch befand sich im Inneren ein Reliquiar, | das besser duftete als eine Ambrakugel | und das mit einem kostbaren Schweißtuch bedeckt war, | das hübscheste und edelste, | das es bis *Konstantinopel* gab." – An dieser Stelle wird eine *digressio* eingefügt, welche die Geschichte des Pygmalion referiert, dessen Statue so wunderschön gelungen ist, dass er sich in sie verliebt und zu einem onanierenden Liebeskranken wird, den nur Venus erlösen kann, die seine Geliebte lebendig macht, weil sie von seiner Entscheidung für die Unkeuschheit erfreut ist.

> Pour leur vilté, pour leur ordure,
> Les a touz en sentence mis
> Avec noz autres anemis.
> (Roman de la Rose, Vv. 20.765–20.774)[352]

Es ist diese Letztbegründung, die Naturnotwendigkeit der Wollusterregung, in deren Dienst auch die Schönheit des Körpers steht, und der Horror vor der Sünde *contra naturam*, welche die Ethik innerweltlichen Liebens legitimieren. Gleichwohl fleischliches Begehren seit dem Sündenfall als defizient, weil mit Lust verbunden, zu denken ist, so ist es doch – mit dem durch die Erbsünde notwendigen Sündigsein der Kreatur – allem Kreatürlichen von vornehereinen eingeschrieben und bestimmt, ja: Das ererbte Übel hängt – pointiert im Fluch über die künftig schmerzenreiche Geburt der Töchter Evas – untrennbar am Gebot der Prokreation. Notwendigkeit der Zeugung durch Lust und Sündhaftigkeit des Menschen sind aufgrund derselben Lust von jeher eins und unumgänglich.

Die Ethik innerweltlichen Liebens, so scheint es, beschäftigt sich nicht zuletzt aufgrund der schieren Unmöglichkeit, der Erbsünde zu entrinnen, damit, demjenigen, was zugleich notwendig und übel ist – nämlich: der Lust –, eine Form zu geben, welche der Minimierung des Übels dient. Paradoxerweise geschieht dies nicht durch vollständige Entsagung und Keuschheit, sondern durch die dienende Hinwendung zur Dame (vgl. hierzu Kap. III).

Verstärkt ab dem vierzehnten Jahrhundert entsteht rund um diesen Komplex jenes vielfältige und dynamische Korpus von Texten, welches die Forschung unter dem Gattungsschlagwort der Minnerede versammelt hat und in welchem die bereits in Roman und Sang virulenten Diskussionen wieder aufgegriffen werden. In diesem Textkorpus tritt verstärkt erneut die – in einschlägigen Arbeiten zumeist rein laudativ gewertete – *descriptio membrorum* hervor. Sie findet sich hier im Rahmen narrativer wie nichtnarrativer Texte, sie beinhaltet jedoch – wie im Folgenden zu zeigen sein wird – stets die bereits erarbeiteten mikronarrativen Implikate, die Protonarrative, welche ihr bereits in den Poetiken der Zeit um 1200 eingeschrieben werden.

Beredtes Zeugnis hierfür legt der Umstand ab, dass die Identifizierung von weiblicher Schönheit und weiblichem Genital, welche der *Planctus* und der *Rosenroman* in seiner inversen *descriptio membrorum* vornimmt, nicht singulär geblieben ist, sondern ihre Entsprechung in den deutschen Texten findet, welche – deutlich später als der *Rosenroman* und ohne erkennbaren Einfluss desselben – im deutschspra-

---

[352] Übers. (Ott): „Doch ist auch wahr, daß gewisse böse Menschen, | die Gott und der *Heilige Peter* in *Rom* | vernichten mögen, sie und ihre Art! | von den Rosen abstehen werden, um Schlimmeres zu tun; | und ihnen wird der Teufel, der sie anreizt, | Kränze aus Brennesseln geben; | denn GENIUS hat sie im Namen der NATUR | wegen ihrer Schändlichkeit und ihrem Schmutz | alle verurteilt | zusammen mit unseren anderen Feinden." – Zur expliziten Verdammung der Sodomiten durch den ‚Brief', den Genius verliest (Vv. 19.505–19.686), sowie zu möglichen Bezügen des *Roman de la Rose* zum *Planctus* des Alanus ab Insulis vgl. Bein, Orpheus als Sodomit, S. 53 f.

chigen Raum die Funktion des französischen ‚Romans' einnehmen, nämlich denjenigen der Liebesallegorie. Viele der narrativen Minnereden tragen strukturell die Kennzeichen der Allegorie, welche bereits den *Planctus*, den *Anticlaudianus*, den *Architrenius* und den *Roman de la Rose* prägen, nämlich die Ich-Rede und die Traumeinleitung. In ihnen kehrt der Diskurs der Venus-Minne wieder, welchen die lateinischen Allegorien entworfen haben.

So trifft beispielsweise in einer Minnerede Meister Altswerts (*Diz heizet der kittel*; B430)[353] das Text-Ich auf eine Botin der Venus, welche den Erzähler ins Land ihrer Herrin einlädt und deren körperliche Schönheit – wie bei der Jungfrau aus dem Gefolge der Venus in Johannes' de Hauvilla *Architrenius* – selbstverständlich allegorisch die Venusliebe widerspiegelt. Jedoch beschränkt sich der *Kittel* eben nicht auf die Explizierung der Gliedmaßen, sondern stellt finalisierend ins Zentrum der *descriptio membrorum* das weibliche Genital, welches für das Ich sichtbar ist, weil die junge Frau den titelgebenden *kittel*[354] anhebt, um Blumen zu brechen und diese darin zu sammeln.[355]

Der Text beginnt im Prolog mit einer Anrufung Gottes, welcher dem Ich bei der Einrichtung seines Gedichtes helfen soll, um es derjenigen, um derentwillen der Erzähler dichtet, angemessen zu machen. Sie allein ist Gegenstand seines Denkens und er hofft auf ihre *gnade*. Der Erzähler berichtet, wie er eines frühen Morgens im Bett gelegen und über seine Geliebte nachgedacht habe und darüber, *Wie ich möchte komen in daz lant, | Da nieman trurig herze vant* (12,24 f.). Er kann nicht sagen, ob er wacht oder schläft, als mit einem Mal ein Bote ruft und verspricht, ihn ins Land der Venus zu führen. Das Ich bricht auf und streift zur Maienzeit durch vielerlei Länder in Richtung Schottland und versucht den Weg ins Land der Venus zu erfragen. Der Erzähler und sein Knecht verlieren nacheinander beide Pferde, eines wird von einem Bären geraubt, eines stürzt in eine tiefe Schlucht. In einem maiblühenden Tal treffen sie auf einen wilden Mann, der gegen einen Eber kämpft. Nach weiteren fünf Tagen des Irrens sinken sie erschöpft in den Schlaf, wobei es dem Ich wiederum scheint, als riefe der Bote. Diesmal folgt der Erzähler dem Boten und gelangt in ein schönes Tal, *Da fant ich schönheit an zal* (18,33), zu einem Garten mit Brunnen und zur Venus-Burg. Der Bote lässt ihn vor der Burg warten, während er bei den sechs Königinnen, die hier regieren, um Botenbrot wirbt. Der Garten weist alle Zeichen der prokreativ-zyklischen Naturordnung auf: die Bäume tragen Früchte (20,14), Obst und Blüte finden sich gleichzeitig (20,24), es herrscht das Prinzip der Lust (*Wie trurig er ist, er wirt fro.* 20,25), die Rosen öffnen sich und die Vögel beginnen zu balzen (20,26–28). Die Halle, die in den Garten gebaut ist, enthält eine Reihe von Frauen- und Ritterbildern, die der *maler da von Kriechenlant* (21,7) [= Zeuxis?; F. D. S.] gemalt hat und die ihm *daz herze wilde* (21,10) machen. Das Ich gelangt zu einem Rosenhag mit einem Weiher,

---

353 Ich verwende zur besseren Identifizierbarkeit der Texte die Zählung der Minnereden nach Tilo Brandis entsprechend dem Handbuch der Minnereden. 2 Bd. Hrsg. von Jacob Klingner, Ludger Lieb, mit Beiträgen von Iulia-Emilia Dorobantu, Stefan Matter, Martin Muschick, Melitta Rheinheimer und Clara Strijbosch. Berlin/Boston 2013. – Der Text wird auf die 2. Hälfte des 14. Jhs. im Oberrheinischen Raum lokalisiert. Vgl. Ingeborg Glier: Art. Meister Altswert. In: ²VL 1 (1978), Sp. 319 f.
354 Der letzte Vers lautet: *Diz buch daz heizet der kittel. || Amen.* – Der Kittel wird hier und im Folgenden zitiert nach Meister Altswert. Hrsg. von W. Holland/A. Keller. Stuttgart 1850 (Bibliothek des litterarischen Vereins in Stuttgart 21), S. 11–69.
355 Für eine ausführlichere Inhaltszusammenfassung als die nun folgende vgl. Klingner/Lieb, Handbuch der Minnereden, S. 721–727.

der *schön und fischenrich* (22,20) ist. *Zehant kam gein mir gegangen | In des süezen meien touwe | Ein die allerschönste frouwe, | Die ich mit ougen ie gesach* (22,24–26) und die er für seine Geliebte „G" hält, von welcher er sagt: *In irem dienste ich tobe* (23,12). Es setzt eine *descriptio membrorum* der jungen Frau ein, in der Elemente ihres Körper beständig mit den Blumen und der Wiese, durch welche sie barfuß läuft, kontrastiert und durch die erotische Semantik der bereits erwähnten, sich öffnenden Blumen konnotiert werden. So hebt sie ihr Gewand, damit dieses nicht vom Tau benetzt wird, welcher ins Gras gefallen ist, durch das die Blumen hervorleuchten (24,5–9). Ihre krausen Locken, die sie mit Blumen schmückt, werden mit dem ‚krausen' Gewand in Verbindung gebracht, welches so durchscheinend ist, dass ihre Haut wie *ein ruch baldekin* (= Seide von Bagdad) hindurchscheint (24,20–26): *Ir glanz glichet apfelbluot, | Also sie zuo erste uz schiuzet* (24,27 f.). Mit den Worten *Der frauwen nam ich eben war* (24,30) beginnt eine *enumeratio* der *membra* von Kopf bis Fuß (24,31–25,32). Als die junge Frau den Erzähler bemerkt, kündigt sie ihm die Gewährung all seines Begehrens an (26,30 f.), sie küssen sich und umarmen sich und schließlich kommt es zum Beischlaf: *Es was numme dan ein wesen do* (28,6). Der Erzähler liegt verzückt und seiner Sinne beraubt an sie geschmiegt (28,10–12), als der Wächterruf die Kaiserin und fünf Königinnen ankündigt. Die junge Frau liefert nun eine Erklärung für die Königinnen (28,14–29,3: Venus, Ehre, Treue, Beständigkeit, zarte Liebe, Maß) und die ihnen zugeordneten Farben (29,15–30,7: Venus: Gold, Ehre: Rubin, Treue: Schwarz, Beständigkeit: Saphir, zarte Liebe: Grün, Maß: Perlenweiß) sowie eine Erklärung des Bildprogramms des Pavillons im Garten (30,18–31,7), welches diejenigen darstellt, die von den sechs Königinnen erwählt sind. Der Erzähler identifiziert die junge Frau als seine geliebte „G", diese jedoch gibt an, deren zeitgleich geborene Doppelgängerin zu sein, ihr jedoch *Mit werken und ouch mit worten | An zucht, an tugend, an allen orten* (32,22 f.) ungleich zu sein. Anschließend führt sie das Ich in die Burg der Venus, wo er die Königinnen sieht, die alle ausführlich (aber nicht stark körperlich) beschrieben werden. Es schließt ein Dialog mit Venus an, welche das Ich nach dem Stand der ‚neuen Minne' im Elsass fragt, woraufhin der Erzähler von grobem Missverhalten hinsichtlich von Kosmetik, Kleidermode und unsittlichem Verhalten berichtet. Unflätigkeiten und grobe Scherze werden Dichtung und Sang vorgezogen, sittsame Kleidung durch solche vertauscht, die sowohl die Genitalien der Männer als auch die der Frauen entblößen und konstant Anlass zur lüsternem Voyeurismus geben: *Da schouwet man den lieben swanz, | Der henget an dem rouch, | Und ist gelich einem gouch. | Wan er sich dan wil bucken, | So beginne die frouwen gucken, | Sie lachen alle und sint gemeit; | Das ist die minne, die man treit* (52,24–30). Die ‚neue Minne' besteht im Wesentlichen in der willentlichen Verkehrung von Wohlverhalten in unkeusches und vulgäres Verhalten und wird von den Königinnen streng verurteilt (56,5 f.). Venus gibt dem Erzähler einen Katalog des Wohlverhaltens und positiver Effekte rechter Minne mit auf den Weg und beschenkt ihn mit Edelsteinen, die Tugenden symbolisieren. Nach dem Erwachen mit dem Hahnenschrei wird noch einmal die Geliebte gelobt.

Die ausführliche *descriptio membrorum* der Venusbotin vor dem Beischlaf mündet in einen Passus, der das Blumenbrechen mit ihrem Genital engführt:

> Ich beschoute sie ganz und gar
> An aller enden hin und har.
> Daz ich mit eren moht sehen.
> Nu sult ir hören und spehen!
> Uff huob sie ir kittelin,
> Schön rosen brach sie dar in.
> Daz hat sie vor ee getan.
> Ob sie zuo mir wolte gan,
> Sie wolte ir ere besorgen.
> Die heimlich stat verborgen

> An der schönen verstarret ich.
> Ir clarheit was so glanzes rich,
> Daz ez mir zwifel brachte
> Und ich mich selber bedachte,
> Ob sie ein irdisch bilde wer.
> Alles unmuotes wart ich ler,
> Freude über freude het ich da,
> Überfluzig wart ich fro.
> (Meister Altswert: Der Kittel, S. 26,2–19)

Das Genital, das sonst wortreich verschwiegen und auch hier als ‚heimlicher Ort' benannt wird, ist das Ziel der *descriptio* und wird zum eigentlichen Gegenstand des Blickes, wenn sich das Ich hieran *verstarret*. Der syntaktische Bezug des Pronomens im Folgesatz bleibt dabei offen, sodass das *Ir* sowohl auf die junge Frau als auch auf die *heimlich stat* selbst bezogen sein kann, deren Glanz evoziert wird.

Der *Kittel* modelliert damit ein hochgradig paradoxes Minnekonzept, in dem einerseits alle Elemente der Lusterzeugung durch fleischliche Schönheit enthalten sind, in dem aber andererseits der Beischlaf im Linzenzraum des Traumes zugleich zur Durchgangsstation auf dem Weg zu einer durch Venus *ex cathedra* vorgetragenen Minneethik wird, die auf dem Prinzip des Maßhaltens beruht. Das Ich, das im Traum mit seinem ‚alter tu' geschlafen hat, hat sich zugleich mit seiner Geliebten vereinigt und nicht vereinigt, hat mit ihrer moralisch schwächeren Doppelgängerin Blumen gebrochen, ohne „G" anzutasten, und nimmt aus diesem Lizenzraum des Halbschlafs zugleich eine Minneethik mit, welche den Vollzug des Beischlafes mit „G" selbst wieder hinauszuschieben in der Lage ist.

Schon bei Augustinus ist der Traum – und auch das konzeptionelle und nichtwollüstige Sprechen – ein Linzenzraum, der von moralischer Verantwortlichkeit freigehalten bleibt. In *De genesi ad litteram* wird ausgeführt, dass unzüchtige Träume nicht sündhaft seien:

> Unde aliquando fit quæstio de consensionibus somniantium, cum etiam concumbere sibi videntur, vel contra propositum suum, vel contra etiam licitos mores. Quod non contingit, nisi cum ea quæ vigilantes etiam cogitamus, non cum placito consensionis, sed sicut etiam talia propter aliquid loquimur, sic admoventur in somnis, et exprimuntur, ut eis naturaliter etiam caro moveatur, et quod naturaliter colligit, per genitales vias emittat [...]. [...] Porro ipsa phantasia, quæ fit in cogitatione sermocinantis, cum ita expressa fuerit visione somniantis, ut inter illam et veram commixtionem corporum non discernatur, continuo movetur caro, et sequitur quod eum motum sequi solet, cum hoc tam sine peccato fiat, quam sine peccato a vigilante dicitur, quod ut diceretur, sine dubio cogitatum est. (Augustinus: De genesi ad litteram XII.15,31)[356]

---

[356] Übers. (Perl): „Aus diesem Zusammenhang erwächst manchmal die Frage, wie es sich mit der Zustimmung von Träumenden verhält, wenn es ihnen so scheint, als übten sie, gegen ihren Vorsatz oder gar wider erlaubte Sitten, Beischlaf aus. Wir können über diese Dinge, wenn wir wach sind, sprechen, ohne mit Wohlgefallen in sie einzuwilligen, weil wir aus ganz anderen Gründen über sie sprechen. Im Schlaf jedoch treten sie so an uns heran und kommen so stark zum Ausdruck, daß das Fleisch im

Insofern kann auch der Traumrahmen der Allegorien und der explizit diskursiv-künstliche Charakter dieser Dichtungen als eine Form der literarischen Verhandlung des ethischen Problems der rechten Minne verstanden werden, in dem die fleischliche Minnegewährung neutralisiert wird und so zum Prozess einer literarisch vermittelten Ethisierung auf Basis der zugrundeliegenden Lust führt. Der Traumrahmen ist Modus des ‚paradoxe amoureux', in welchem die ethisch problematische Lust zum Motor einer Ethisierung werden kann, der nur funktioniert, weil die Lust, die ihn antreibt, zugleich suspendiert werden muss.[357] Es bleibt festzuhalten, dass Schönheit der Frau hier als Zeichen gesetzt ist, jedoch nicht etwa für Tugend oder Adel, sondern als Äquivalent des Genitalen.[358]

Diese Zeichenrelation zwischen körperlicher Schönheit und dem Genital ist es auch, welche im Disput der Frau mit ihrer *fut* im sogenannten *Rosendorn* (13./15. Jh.)[359] zum Tragen kommt, wenn die Vulva ihre Trägerin auffordert, auch an ihr Wohl zu denken, und der Frau vorhält, dass diese allein um ihretwillen – also der Vulva halber – geliebt werde:

> Die fut sprach zu der junckfrawe:
> ‚Des sult ir mir glauben.
> Wann ewr schon vil lobes hot,
> Meyn brevn mir nit vbel stat.
> Ein ycklich ding man liben sol

Traumzustand auf natürliche Weise erregt wird und das, was es auf natürliche Weise gesammelt hat, durch die Geschlechtswege ausscheidet. [...] Und wenn schließlich das (auf der Vorstellung allein beruhende) Gedankenbild, das der denkende Verstand des Sprechenden zur Gestalt werden läßt, sich so in der Vision des Träumenden Ausdruck verschafft, daß zwischen ihm und der wirklichen Vereinigung der Leiber nicht zu unterscheiden ist, wird unmittelbar das Fleisch erregt, und es erfolgt, was dieser Erregung zu folgen pflegt. Und das geschieht gleichwohl ebenso ohne Sünde, wie auch der wache Mensch ohne zu sündigen darüber spricht, der zweifellos, um davon sprechen zu können, es gedacht haben muß."

357 Zum Problem des ‚paradoxe amoureux' für den Sang vgl. jüngst: Rüdiger Schnell: Tod der Liebe durch Erfüllung der Liebe? Das *paradoxe amoureux* und die höfische Liebe. Göttingen 2018.

358 Es sei in diesem Zusammenhang noch einmal an die bereits zitierten Verse aus dem *Planctus naturae* des Alanus ab Insulis erinnert, in welchen die Zeichenfunktion des schönen Körpers für die verborgen liegenden Genitalien explizit gemacht wird, wenn dieser Körper zu deren ‚Vorspiel' (*praeludium*) wird: *Cetera vero quae thalamus secretior absentabat meliora fides esse loquatur. In corpore etenim vultus latebat beatior cuius facies istentabat praeludium.* – Übers. (Köhler): „Das Übrige – ein geheimeres Gemach hielt es verborgen – sei noch besser, so legte es die Vermutung nahe. Denn in ihrem Leib lag unsichtbar eine noch glücklichere Gestalt, von dessen Freude die äußere Erscheinung nur ein Vorgeschmack war" (Alanus: Planctus, Prosa 1, S. 58).

359 Der *Rosendorn* wird hier und im Folgenden zitiert nach: Codex Karlsruhe 408. Bearbeitet von Ursula Schmid, Bern/München 1974 (Bibliotheca Germanica 16), S. 562–568. – Nach dem Fund eines Handschriftenfragments ist der *Rosendorn* nun ins 13. Jh. datierbar; vgl. hierzu Nathanael Busch: Höfische Obszönitäten? Ein ‚Rosendorn'-Fund und seine Folgen. In: ZfdA 148 (2019), S. 331–347. Der Codex Karlsruhe 408, nach dem hier zitiert wird, wird auf die erste Hälfte des 15. Jhs. datiert.

IV.2 Die *descriptio membrorum* in der lateinischen und volkssprachlichen Dichtung — 417

> Noch seiner varb, das stet wol.
> Jch bin bravn vnd wol becleit,
> Envollen dick vnd dor zu breyt;
> So sint ir, libe frawe meyn,
> Rosem var mit lichtem schein,
> Mynnecklich vnd wol gestalt.
> Vil lobes wirt vor euch gezalt,
> Das kumpt alles von mir.'
> (Der Rosendorn, Vv. 125–137)³⁶⁰

Der hier hergestellte Zusammenhang zwischen Schönheit und Genital bewahrheitet sich sogleich. Die Frau, die ihrer Vulva nicht glaubt und sie fortschickt, trifft auf einen Ritter, für den sowohl ihre Jugend und ihre Schönheit als auch ihre *tugent* zu einem Versprechen für etwas werden, das er enttäuscht sieht, als sich herausstellt, dass sie mittlerweile keine Vulva mehr hat:

> Si wolt eyn ritter treutten,
> Der ir vil gedinet het.
> Die jungfraw des ritters bet
> Leystet jn dem synne
> Das sie wolt verdyn mynne,
> Ob er ir dient vmb ir iugent,
> Durch ir schon, durch ir tugent.
> Also verwag sie sich gar.
> Zu hant wart der ritter gewar,
> Das sie der fut nit enhet.
> Hort, wie iemerlicher er tet,
> Der ir ye mit dinst pflag:
> Do er newr ein nacht bey ir lach,
> Do wart offentlich gesagt,
> Das kein fut het die meyt.
> (Der Rosendorn, Vv. 176–190)

Die Pointe des *Rosendorns* könnte nun jedoch ausgerechnet darauf zulaufen, dass die Selbstüberwindung der weiblichen Natur, die durch die realisierte Metapher des vom Leib getrennten Genitals auserzählt wird, eben nicht – wie bei Marcia (Ars vers. I.55) – zur Transzendierung ihres Geschlechtes führt, sondern von der ‚Öffentlichkeit', in der der Ritter die *jungfraw* verleumdet, als Mangel wahrgenommen wird. Eine Frau, die

---

360 Der Zusammenhang zwischen der Schönheit der Frau und der Wirkung der *fut* ist im Dresdener *Rosendorn* (Ro1) noch deutlicher ausformuliert, etwa: *Vil liebu fraw wend ir | Von ewer fchǒni wiffen dank | Euch wer auch der dienft krank | Den man durch ewer fchǒni tǎt | Jch wen daz man euch selten bǎt | Durch ewer fchǒn vmm ewern leib | Ez ward nie fo fchǒnes weib | Hett fi der fud nicht | Jr fchǒn wer gar entwicht* (Vv. 31–40; zitiert nach der Transkription d. Vv. 107–217 bei Busch, Höfische Obszönitäten, S. 341 f.).

nicht über ihr Genital definiert ist, erfüllt die Anforderung ihres Körpers nicht – hierin ähnelt sie Beroe (Ars vers. I.58).

Während hier jeweils die Schönheit des weiblichen Körpers als Signum des Genitals fungiert, findet sich der umgekehrte Fall in einer obszönen Minnerede, die im 1. Drittel des 15. Jahrhunderts überliefert ist. Das *Lob der guten Fut* (Z34),[361] eine kurze ‚Minnerede' von 82 Versen, eröffnet mit einer Sentenz – *Ez ist alweg der welte louf / daz an der liebe lît der kouf* (Vv. 1 f.) – und zählt dann Dinge auf, an denen sich unterschiedliche Menschen erfreuen. Den Einen erfreut der Mai, einen Anderen das Turnier, der Jagdvogel, das Trinken, Hetzjagd, Tanzen, Frauen, *üppig tant* (V. 11), gute Kleidung, Bücher oder das Reisen (vgl. Vv. 3–16). Derjenige, der hat, was ihn erfreut, sei stets guten Mutes (Vv. 17 f.). Mehr als all dies jedoch erfreue das sich in diesem Moment erstmals artikulierende Ich des Textes zweifelsfrei *ein guotiu fut sicherlich, / wan swaz man hœret oder siht / deist gên einer guoten fut niht* (Vv. 19–22). Es folgt eine anaphorische Auflistung all derjenigen Dinge, die *ein guotiu fut* bewirke: eine „gute Möse" sorge dafür, dass die Vögel schrien, die Esel wieherten, die Pfauen Rad schlügen, die Katzen maunzten, sie mache frische Haut, reize Tiere und Menschen, bringe Mönche zum Tanzen, mache *rinzen ranzen* (V. 30).[362] In der anaphorischen Reihe wird offenkundig die – in den lateinischen Allegorien in aller Ernsthaftigkeit durchgeführte – prokreative Kraft des *natura*-Prinzips, der geschlechtlichen Fortpflanzung, komisiert und auf das weibliche Genital als Ursache der Lust und Freude und damit als Motor der Generativität übertragen. Die anschließenden beiden Verse bestätigen den Zusammenhang *expressis verbis*, indem sie die zentralen Konzepte (*natura* und *creatura*) einführen: *einr guoten fut von nâtûr / der fröut sich alliu crêatûr* (Vv. 31 f.).

Der überraschende Umschlag erfolgt jedoch mit der Ankündigung, zu explizieren, *wer diu guote sî / diu mich machet sorgen frî* (Vv. 33 f.), denn was hieran anschließt, ist keinesfalls eine nähere Ausführung über die Vulva (eben die angekündigte *guotiu fut*), sondern zunächst eine *descriptio membrorum*, die Antlitz, Augenbrauen, gerade Nase, roten Mund, Wange, Kinn, Kehle, schließlich die Brüste, die durch den Ausschnitt sichtbar sein sollen, den Körper als Ganzes und schließlich einen vornehmen Gang enumeriert, bevor dann tatsächlich die Erfordernisse an eine gute Vulva und Vagina ausgeführt werden (schön rund, vorne offen, mit Haar besetzt, rot gefärbt, weder zu

---

[361] Vgl. Klingner/Lieb, Handbuch der Minnereden, S. 1019 f. – Das *Lob der guten Fut* findet sich in: *Fvtilitates germanicae medii ævi ad fidem codicvm manv script. nvnc primvm editæ*. Hrsg. von Franz Pfeiffer (?), [ohne Ort] 1864, S. 10–14, wonach hier auch zitiert wird. – Eine Neuausgabe mit Übersetzungen und Kommentierung haben Albrecht Classen/Peter Dinzelbacher: Futilitates Germanicae Medii Aevi redivivae. Erotisches und Obszönes in der Literatur des deutschen Spätmittelalters. Edition, Übersetzung und Kommentar. In: Mediaevistik 21 (2008), S. 139–157, vorgelegt. – Zum *Lob der guten Fut* vgl. zudem Konrad Konrad Kunze: Art. Lob der guten Fut. In: ²VL 5 (1985), Sp. 869 f., welcher den Text eine „Obszönrede" nennt.

[362] Zu diesem unverständlichen Vers vgl. Classen/Dinzelbacher, Futilitates, S. 147, Anm. 6.

weich noch zu hart, nicht zu weit und nicht zu eng, damit man gut hinein gelange).
Die „gute Möse" ist also:

> ein wîplich bilde wol gestalt,
> weder ze jung noch ze alt,
> hât diu lieplich angesicht,
> ir ougen brâwen wol gericht,
> und ist ir ouch diu nase sleht;
> schickt sich der munt dar zuo reht,
> als er von rœte brinne;
> sint denn ir wange, ir kinne
> unde ouch dâ zuo ir kel
> von liehter varwe schône und hel
> und denne vorn an dem gerüste,
> an ir herzen tâvel, brüste,
> daz die her für bûzen
> und ûz dem houbtloch lûzen
> als ein tûbe ûz einem kruog;
> ist ir der lîp dar zuo kluog,
> weder ze kurz noch ze lang,
> und dâ bî ein hübscher gang,
> weder ze grôz noch ze klein,
> und denne zwischen ir bein
> ein rûchiu fut gefletzet
> und ûf ein herten ars gesetzet,
> der trucken ist unde heiz
> und gebræmt umb den kreiz,
> vaste gebüest und vornân offen;
> hât sie denn daz glücke troffen,
> daz sie hât brûnez hâr
> vaste gebacket âne gevâr,
> obene wol umbewelbet,
> innen rôtvar unverselbet,
> als si besetzet sî mit lösch,
> weder ze linde noch ze rösch,
> weder ze wît noch ze enge,
> daz man âne grôz gedrenge
> hübschlîch dar în komen mag:
> so gelebte ich nie sô lieben tag,
> ich næms für silber und für golt,
> ich næm si für der künege solt,
> ich næms für tanzen und für reien,
> ich næm si für den süezen meien,
> ich næms für alle jagende hunde,
> ich næms für alle rôte munde,
> ich næme si für verrer vil,
> für aller hande verspil:
> man kann sich niht erdenken,
> daz sich tiefer müge gesenken

> in mînes herzen grunt und muot
> denne ein guotiu fut tuot.
> (Lob der guten Fut, Vv. 35–82)

Das *Lob der guten Fut* ist in seiner drastischen Gleichsetzung der ganzen Frau mit der Vulva sicherlich so obszön wie ungewöhnlich, gleichwohl referiert es auf ein präexistentes Diskursmuster, welches den Ermöglichungshorizont der komisierenden Vereindeutigung bildet. Nur weil er in drastischen Worten eine kulturelle Logik reformuliert, produziert der Text einen Sinn, der über die bloße Objektifizierung hinaus geht und diese legitimiert.

Wenn in Chrétiens de Troyes *Cligès* der Vater des Protagonisten, Alixandre, in einem langen *soliloquim* eine *descriptio membrorum* seiner Gliebten gibt, nachdem er angekündigt hat, von dem Pfeil Amors zu sprechen, der ihn im Auge getroffen und verliebt gemacht habe, so ist der Unterschied zwischen der Gleichsetzung von Teilen des Pfeiles (Schaft, Federn, Spitze) mit Körperteilen und der Gleichsetzung von Körper und Genital letztendlich nur noch ein graduelller.[363] Und auch der narrative Bogen der Gâwân-Orgelûse-Handlung in Wolframs *Parzival* wird von der Anziehung eröffnet, die Orgelûse in Gâwân durch ihre – von keiner weitere *tugent* flankierte – Schönheit auslöst, und läuft bis zu jenem Punkt, an dem Gâwân in den Genuss ihres Genitals kommt.[364] Die Funktionalisierung weiblicher Schönheit im Rahmen der Narration ist hier wie dort dieselbe, nämlich letztlich diejenige, die auch schon die *Ars versificatoria* eingefordert hat: Die Darstellung von weiblicher Schönheit führt handlungslogisch zu Lust und zu – zumindest versuchtem – Beischlaf.

---

363 Vgl. Chrétien de Troyes: Cligès. Auf der Grundlage des Textes von Wendelin Foerster übers. u. komm. von Ingrid Kasten. Berlin/New York 2006, Vv. 770–860.
364 Vgl. Wolfram von Eschenbach: Parzival 643,28–644,1: *er vant die rehten hirzwurz, / diu im half daz er genas / sô daz im arges niht enwas: // Diu wurz was bî der blanken brûn.*

IV.3 Rückkopplung: Organe und Organisationen – Der diskursive ‚Ort' der *descriptio pulcre puelle* in der Anthropologie des Mikrokosmos (Bernardus Silvestris)

‚Und Leben?'
‚Auch. Auch, Jüngling. Auch Oxidation. Leben ist hauptsächlich bloß Sauerstoffbrand des Zelleneiweiß, da kommt die schöne tierische Wärme her, von der man manchmal zu viel hat. Tja, Leben ist Sterben, da gibt es nicht viel zu beschönigen – une destruction organique (…)'
(Thomas Mann: Der Zauberberg, 5. Kapitel: Humaniora)

Bei Frau Merkel werden wir Zeuge, wie Geist und Natur zusammenfinden, und eben deshalb ist sie schön. (Martin Walser: Die Stille Wucht der Frau Merkel[365])

Die Ergebnisse der bis hierher angestellten Analysen sollen in einem letzten Schritt auf eine verbindende Perspektive zusammengeführt werden. Dabei soll gezeigt werden, dass

(1) die eingangs demonstrierte Anthropologie, in welche die *descriptio membrorum/superficialis* bei Matthäus von Vendôme (*Ars versificatoria*) eingebunden ist (vgl. Kap. IV.1.1), und

(2) das diskursive Implikat der Prokreativität körperlicher Schönheit (vgl. Kap. IV.2.2) sowie

(3) die metonymische Dimension, welche weibliche Schönheit und Genitalität aneinander koppelt (vgl. Kap. IV.2.4),

ihren gemeinsamen Fluchtpunkt in einem spezifischen Körpermodell finden. Dabei kann kontrastiv die männliche *descriptio membrorum* herangezogen werden, die dem Prototyp des Menschen – Adam – im Zuge von Genesis-Retexten zugeordnet wird.

Als Beispiel kann hier die sogenannte *Cosmographia* des Bernardus Silvestris dienen.[366] Dieses Prosimetrum ist erkennbar das Vorbild und der Bezugspunkt nicht nur für die Allegorien des Alanus ab Insulis,[367] sondern ist zudem von signifikantem Ein-

---

365 In: DER SPIEGEL 46/2018 (10.11.2018), S. 126–129.
366 Die *Cosmographia*, die teilweise auch unter dem Titel *De Universitate Mundi* firmiert, wird hier und im Folgenden unter Beigabe der Übersetzung zitiert nach: Bernardus Silvestris: Poetic Works. Hrsg. u. übers. von Winthrop Wetherbee, Cambridge (Massachusetts)/London 2015 (= DOML 38), S. 1–181. Der lateinische Text dieser Ausgabe basiert auf derjenigen von Peter Dronke (Leiden 1978). – Ich habe mich damit gegen die deutsche Übersetzung von Wilhelm Rath entschieden, die dieser veröffentlicht hat als: Bernardus Silvestris: Über die allumfassende Einheit der Welt. Makrokosmos und Mikrokosmos. 2. Aufl. Stuttgart 1989 (Aus der Schule von Chartres 1), welcher die textkritisch problematische Ausgabe: Bernardi Silvestris De Mundi Universitate Libri Duo sive Megacosmus et Macrocosmus. Hrsg. von Carl Sigmund Barach, Johann Wrobel. Innsbruck 1876, zugrunde liegt. Zudem muss Raths Übersetzung als von seinem anthroposophischen Interesse (vgl. Raths Vorwort, S. V–XVI) überformt gelten.
367 Vgl. hierzu bspw. Alain of Lille: Literary Works. Hrsg. von Winthrop Wetherbee. Cambridge (Massachusetts)/London 2013 (DOML 22), S. x–xvi.

fluss auf die Poetiken (Matthäus von Vendôme und Gervasius von Melkley) gewesen.[368] Die hier allegorisch erzählte Schöpfung der Welt (des Makrokosmos) und des Menschen (des Mikrokosmos) durch *Nous, Entelechia, Natura* und *Physis* bildet zugleich den Grundstock für das allegorisierte Erzählen vom weiteren Lauf der Welt, den Alanus mit seinen Allegorien fortsetzt. Die Gesamtschau der relativ kurz hintereinander entstehenden allegorischen Texte, die im Rahmen der vorliegenden Arbeit besprochen worden sind, zeigt, wie die jeweils anschließenden Texte schrittweise die Auserzählung der *historia* der Welt vervollständigen:[369] Nachdem die *Cosmographia* mit der Einrichtung der Welt und der Erschaffung des Menschen sowie der Einrichtung der generativen Zeugungskraft durch *Natura* begonnen hat, erzählt Alanus mit seinem Prosimetrum *De planctu naturae* von der Klage der Natur gegen den entarteten Gebrauch der fleischlichen Lust, wobei ein Schwerpunkt auf das Grenzphänomen der ‚sodomitischen Sünde' gelegt wird. Während die *Cosmographia* den Beginn der Welt parallel zum ersten Buch Mose gestaltet, wird mit der sodomitischen Sünde und den Troja-Referenzen aus der Zeit *ante gratiam* erzählt. Der *Anticlaudianus* wiederum berichtet – akzeptiert man eine ‚historische', das heißt christologische Grundbedeutung – von der Erschaffung des ‚neuen Menschen', für den, wiederum auf Betreiben der *Natura*, Gott ein weiteres Mal in den Lauf der Schöpfung eingreift, um eine makellose Seele zu schaffen. Hierzu bietet das *Epithalamium beate Marie Virginis* des Johannes von Garlandia den nachträglichen marianischen Gegenentwurf. Der *Architrenius* des Johannes de Hauvilla erzählt mit dem in der Welt suchenden ‚Erzweiner' von einem Menschen *sub gratia*, der im Bewusstsein der eigenen Sünderexistenz *Natura* anruft, um – zwischen weltlichen Ethiken und Moralen (Artushof, die antiken Philosophen) hin und her irrend – schließlich zu einer

---

368 Matthäus gibt an, Schüler des Bernardus Silvestris in Tours gewesen zu sein; vgl. Epistel 1, Vv. 69 f. In: Mathei Vindocinensis Opera. Bd. 2: Piramus et Tisbe – Milo – Epistulae – Tobias. Hrsg. von Franco Munari. Rom 1982, dort: S. 90: *Me docuit dictare decus Turonese magistri / Silvestris, studii gemma, scolaris honor*. In der *Ars versificatoria* des Matthäus wird die *Cosmographia* (Macrocosmus 3,41 f.) des Bernardus zudem explizit zitiert, wenn der Tropus des Antithetons durch Substantivgebrauch exemplifiziert werden soll (Ars vers. 3,28: *Per nomina substantiva, ut in libro Cosmographie Bernardi: // In stellis Codri paupertas, copia Cresi, / Incestus Paridis Ypolitique pudor.* – Übers. [Knapp]: „Durch Substantive, wie in Bernhards *Cosmographia*: || ‚In den Sternen (steht) die Armut des Cordus, der Reichtum des Croesus, der Ehebruch des Paris, die Keuschheit des Hippolytus.") – Gervasius von Melkley diskutiert in seiner *Ars poetica* ausführlich Verse der *Cosmographia* (hier bspw.: Microcosmus 14,165 f.). Vgl. Gervasius von Melkley: Ars poetica 144,6–145,3. – Seit Faral, Huntarian, S. 80–88, spekuliert die Forschung über eine verlorene Poetik des Bernardus Silvestris (vgl. bspw. Gräbener, Gervasius, S. XXV-XXVII). Mittlerweile wird erwogen, dass hiermit die *Cosmographia* selbst gemeint sein könnte (vgl. Wetherbee, Bernardus Silvestris, S. xii).
369 Dass zwischen den Allegorien ein enger, intertextueller Bezug besteht, ist in der Forschung bereits diskutiert worden; vgl. hierzu Bezner, Wissensmythen, hier bes. S. 54 f., der die Reihe *Cosmographia – Anticlaudianus – Architrenius* diskutiert: „Mit der um 1148 entstandenen ‚Cosmographia' des Bernardus Silvestris beginnt eine der nachhaltigsten, komplexesten, intertextuell dicht gefügten ‚Serien' der mittelalterlichen Literatur seit dem 12. Jahrhundert." Das *Epithalamium* des Johannes von Garlandia, das ich als marianische Reaktion auf den *Anticlaudianus* verstehe, thematisiert Bezner hier nicht.

,weltlichen', einer mittleren Lösung zwischen Sünde und Heiligung zu gelangen, indem er zur Mäßigung findet, welche er in Gestalt der allegorischen *Moderantia* ,heiratet'. Die allegorischen Gedichte schreiten dergestalt systematisch und einander ergänzend den Horizont der gesamten *historia*, also des als tatsächlich geglaubten Weltenlaufs von der Schöpfung bis zur Vordeutung auf das Endgericht einerseits sowie andererseits den im Subjekt auf Dauer gestellten Weg einer Besserung ab, von welchem sie in integumentaler Einkleidung erzählen.[370]

Die *Cosmographia* beginnt mit der noch ungeformten Materie des ersten Schöpfungsmomentes (Megacosmus 1, V. 1 f.) und endet bei den Gliedern des Menschen, von denen das Glied nach einer langen Aufzählung der Bestandteile des Körpers (Microcosmus 14, Vv. 1–166) als letztes genannt wird und den Zielpunkt des Werks der Natura bildet (ebd., Vv. 167–170[371]), bevor der Text anschließend eine allgemeine Summe zieht, in der die Prokreation über die künftigen Generationen dargestellt wird (ebd., Vv. 171–182[372]). Ich gebe die Inhaltszusammenfassung Kurt Flaschs wieder:

> Am Anfang tritt Natura selbst auf; sie beklagt bei Gott die Formlosigkeit der Materie. Sie wendet sich an Nus oder die göttliche Providenz, er möge der noch chaotischen Silva, das ist: der Hyle, Gestalt geben. Nus ist bereit, Natura zu helfen. Er besichtigt erst einmal die formlose Materie, die alles Werden ermöglichen könnte, aber die Formkräfte sich im Widerstreit verzehren lässt. Nus stellt zunächst im Stoff die Ordnung wieder her. Die vier Elemente entstehen und verbinden sich friedlich miteinander. Nus ist mit seinem Werk zufrieden und geht, nachdem die Stoffgründe geschaffen sind, zur Bildung von Seelen über. Es erscheint *Endélechie* (Entelechie), die Gemahlin des Kosmos, die Mutter aller lebenden Wesen. Es folgt die Trennung des Äthers und der Sterne, der Erde und des Meeres. Der Dichter nimmt die Gelegenheit, Gott und die himmlischen Heerschaaren vorzustellen. Anlässlich der Entstehung der Sterne erzählt er kurz die Geschichte der

---

[370] Es sei daran erinnert, dass sich Textzeugen finden lassen, die den Allegoriker Alanus als *historicus* auffassen; vgl. Kap. IV.2.2, S. 370.

[371] *Defluit ad renes, cerebri regione remissus, | sanguis, et albentis spermatis instar habet. | Format et effingit sollers Natura lirquorem, | ut simili genesis ore reducat avos.* – Übers. (Wetherbee): „Blood sent forth from the seat of the brain flows down to the loins, bearing the image of the shining sperm. Artful Nature imbues the fluid with form and likeness, that conception may reproduce the forms of ancestors."

[372] *Influit ipsa sibi Mundi Natura; superstes, | permanet et fluxu pascitur usque suo. | Scilicet ad summam rerum iactura recurrit, | nec semel, ut possit saepe perire, perit. || Longe disparibus causis mutandus in horas, | effluit occiduo corpore totus Homo. | Sic sibi deficiens, peregrinis indiget escis, | sudat in hoc vitam denihilatque dies. || Membra quibus mundus non indiget, illa necesse est | Physis in humana conditione daret: | excubias capitis oculos, modulaminis aures, | ductoresque pedes omnificasque manus.* – Übers. (Wetherbee): „The life of the Universe flows back into itself; it survives itself and is nourished by its very flowing away. For whatever is lost only merges again with the sum of things, and that it may die perpetually, never dies wholly. | But Man, subject at all times to the effects of dissimilar forces, wholly passes away with the failure of his body. Unable to sustain himself, and wanting nourishment from without, he exhausts his life, and a day nullifies his existence. | In creating man [= Microcosmus; F. D. S.] it was necessary that Physis bestow limbs of which the universe [= Macrocosmus; F. D. S.] has no need: eyes to keep watch in the head, ears for varying sound, sure feet to bear him, and allcapable hands."

Menschheit, einschließlich der Menschwerdung Gottes, die in den Sternen geschrieben ist. Er erklärt die Sternenstände, die sieben Planeten und die vier Winde. Der Himmel lässt alle Lebewesen entstehen – alle Arten der Tiere, die Bäume und die Früchte. Das ätherische Feuer befruchtet alles; so kommt es in der ewigen Materie zur ewigen Wiederherstellung der Formen, die den ewigen Schöpfer abbilden. Alles drängt zur Ewigkeit – der Stoff, der Nus, die Weltseele. Die sinnliche Welt geht zu ihrem Ursprung zurück – zu intelligiblen Welt, die ewig ist.

In zweiten Teil schafft Nus den Menschen, den Mikrokosmos. Den Makrokosmos hat er ohne Helfer zustande gebracht, aber jetzt braucht er die Mitarbeit von Urania und Physis; Physis ist mit Natura nicht identisch. Natura begibt sich auf die Himmelsreise, um Urania unter den Sternen zu finden. Unterwegs begegnet sie Seelen, die zu Pluto hinabsteigen. Sie durchquert Milchstraße und Wendekreis, sie steigt auf zum Äther, wo sie den Usiarchen (den Wesensherren) trifft. Danach erst findet sie Urania. Diese ist bereit, den Menschen zu formen, da die Seele des Menschen, kennt sie erst die Geheimnisse des Geschicks und der Sterne, wieder vergöttlicht zum Himmel zurückkehren kann. Aber zuerst steigen Urania und Natura auf zum „Guten selbst" (*Tugaton* = *to agathon*, das höchste Gute Platons). Dann müssen sie aber wieder absteigen durch den Äther und die Planetensphäre. Sie treffen auf den bösen Usiarchen Saturn, der seine Kinder frisst, eilen aber weiter zu Jupiter, der Fässer mit Honig und Absinth bereithält: Von ihnen sollen die Seelen kosten, bevor sie in den Leib hinabsteigen. Urania und Natura durchqueren die Sphären von Mars, Merkur und der wohltätigen Venus. Sie kommen schließlich in den Mondkreis, unterhalb dessen die Menschen leben, die immer auch mitbestimmt sind von der Wandelbarkeit des Stoffes. An der Grenze der Mondsphäre, in der Mitte der goldenen Kette, begegnet ihnen eine große Schar von Geistern. Das gibt Anlass zu Erklärungen. Physis ruft ihre beiden Töchter herbei, Theorie und Praxis. Nus kommt, und die Formung des Menschen beginnt. Urania bildet die Seele, Physis den Körper, Natura fügt beide zusammen. Jede dieser Urkräfte hat ihre Weise, an die Herkunft zu erinnern: Urania hat den Spiegel der Providenz, Natura die Tafel des Geschicks, Physis das Buch des Erinnerns. Natura drängt ihre Schwestern zur Arbeit, Physis erklärt, warum sie so schwierig sei. Zuerst muss die oberste Einheit – Gott – die Verschiedenheit, die in der Hyle liegt, eingrenzen. Die oberste Einheit limitiert diese, indem sie zuerst die Elemente, dann die Wesenheiten, zuletzt die Qualitäten festsetzt. Dann zieht Physis aus den Elementen die rechten Qualitäten hervor, damit sie die Säftekombination des menschlichen Leibes bilden. Dann zeichnet sie die Gestalt des menschlichen Leibes; sie formt ihn als Abbild des Makrokosmos. Sie baut den menschlichen Kopf, so dass dort die Phantasie, Vernunft und Gedächtnis residieren. Es folgen die einzelnen Sinne, die aufgrund ihrer Verwandtschaft mit den Elementen je spezifisch wahrnehmen. Der Autor beschreibt die einzelnen Sinneswahrnehmungen: das Sehen, das Hören, ohne das es keine Kulturvermittlung gebe, das Schmecken und Riechen, das Tasten, das im Dienst der Liebe stehe. Er beschreib die einzelnen Organe: Herz, Leber, Magen usw.; die Geschlechtsorgane interessieren ihn besonders: Sie bereiten uns Vergnügen, sie sichern die Fortdauer der Art und besiegen so die Sterblichkeit. Durch sie teilt Natura ewige Fortdauer mit.[373]

Über den Körper, den *Natura* und ihrer Dienerin *Physis* bilden, heißt es in der der Widmungsvorrede vorangestellten Zusammenfassung (*Summa Operis*): *Physis itaque de quattuor elementorum reliquiis hominem format, et a capite incipiens, membratim operando, in pedibus opus suum feliciter consummat.*[374] Zwar enthält diese Paraphrase

---

373 Flasch, Das philosophische Denken, S. 272–274.
374 Übers. (Wetherbee): „And so Physis forms Man out of the remainder of the four elements, and beginning with the head, and working limb by limb, completes her work appropriately with the feet."

des Inhalts diejenigen Reizworte, welche in der Forschung geradezu als die Formel der sogenannten ‚*descriptio pulchritudinis*' gegolten haben – Physis „beginnt beim Kopf und endet bei den Füßen" –, es ist jedoch offenkundig, dass diese Art der *descriptio* mit der bis hierher besprochenen *descriptio membrorum* beziehungsweise *descriptio superficiale*, wie sie die Helena-*descriptiones* des Matthäus von Vendôme repräsentieren, nicht viel gemein hat.[375] In letzterer wäre die Darstellung all jener Elemente, die hier das zentrale Interesse bilden, nicht vorstellbar. Dies erklärt sich nicht zuletzt aus unterschiedlichen Funktionalisierungen im Rahmen desselben anthropologischen Modells. Während es in der Darstellung der Helena – und aller helenaförmigen Frauen – um die (narrative) Plausibilisierung männlicher Lust durch den schönen weiblichen Körper entsprechend wahrheitsfähiger Diskurslogik geht, dient die Beschreibung des ersten Menschen als Mensch schlechthin einem im engeren Sinne ‚physiologisch-anatomischen' sowie ‚kosmischen' Interesse und nicht der Darstellung seiner äußeren Schönheit. Insofern hier eine ‚Schönheit' thematisch wird, so ist dies – wiederum im Sinne Augustins – die Schön*heit* des Körpers in Hinblick auf seine wohlgestaltete physiologische Einrichtung und Zweckmäßigkeit seiner Organe, nicht jedoch sein Schön*sein* an der Oberfläche. Es ist also nicht das ‚sinnlich Schöne', das anderenorts Helena von allen anderen Frauen abhebt, welches hier im Fokus steht, sondern mithin die intelligible Schönheit des wohlgestalteten menschlichen Organismus. So heißt es bereits im ersten, dem *Macrocosmus* gewidmeten Teil der *Cosmographia*:

> Ex mundo intelligibili Mundus sinsibilis perfectus natus est ex perfecto. Plenus erat igitur qui genuit, plenumque constituit plenitudo. Sicut enim integrascit ex integro, pulchrescit ex pulchro, sic exemplari suo aeternatur aeterno. (Bernardus Silvestris: Cosmosgraphia, Megacosmus 4.10)[376]

Diese gegenüber dem sinnlich Schönen (mit Augustinus: *sinsibiliter pulchra*) vorrangige intelligible Schönheit des wohlgestalteten menschlichen Organismus (*corporea pulchritudo*[377]), die aus der ‚höchsten' beziehungsweise ‚wahren' Schönheit herrührt

---

375 Im Sinne einer *descriptio superficiale* versteht auch Brinker-von der Heyde, Geliebte Mütter, S. 63 f., den Passus aus der *Cosmographia* des Bernardus. Sie schreibt im Kontext der Diskussion der Figuren Herzeloyde und Blancheflur (ebd.): „Das spätestens seit dem Hohelied vorgegebene und in allen Rhetoriken gültige Beschreibungsraster des menschlichen Körpers ist die Nennung einzelner Körperteile von oben nach unten analog zur Reihenfolge, in der auch die Natur bzw. der Schöpfergott seine Lebewesen erschafft", woraufhin im Anschluss der in Rede stehende Satz aus der *Summa Operis* der *Cosmographia* zitiert wird.
376 Übers. (Wetherbee): „From the intelligible universe the sensible Universe was born, perfect from perfect. The generative source exists in fullness, and this fullness ensured the fulness of its creation. For just as the sensible Universe participates in the flawlessness of its flawless model, and waxes beautiful by its beauty, so by its eternal exemplar it is made to endure eternally."
377 Zur Differenz von ‚sinnlich Schönem' und ‚körperlicher Schönheit' vgl. bspw. Augustinus: De vera religione XXX.56.153: Gegenüber dem ‚sinnlich Schönen' ist die ‚körperliche Schönheit' bei Augustinus als intelligible Kategorie gefasst, die sich nicht dem Auge, sondern dem Verstand/Geist darbietet. Als

und nicht mit dem Schön*sein* der *descriptio membrorum* identisch ist, teilt der Mensch letztlich auch mit dem Wurm, über den es in *De vera religione* heißt:

> *217. Necesse est autem fateamur meliorem esse hominem plorantem quam laetantem vermiculum. Et tamen vermiculi laudem sine mendacio ullo copiose possum dicere, considerans nitorem coloris, figuram teretem corporis, priora cum mediis, media cum posterioribus congruentia et unitatis appetentiam pro suae naturae humilitate servantia, nihil ex una parte formatum quod non ex altera parili dimensione respondeat. 218. Quid iam de anima ipsa dicam vegetante modulum corporis sui, quomodo eum numerose moveat, quomodo appetat convenientia, quomodo vincat aut caveat obsistentia quantum potest, et ad unum sensum incolumitatis referens omnia, unitatem illam conditricem naturarum omnium multo evidentius quam corpore insinuet?*
> (Augustinus: De vera religione XLI.77)[378]

Die Beschreibung des menschlichen Körpers, welcher in der *Cosmosgraphia* von *Physis* erschaffen wird, ist gänzlich auf seine Funktionsweise ausgerichtet. Die letzte Prosa (Microcosmus 13) und das letzte Metrum (Mircocosmus 14) sind der Erschaffung des Leibes gewidmet, welche mit der Zusammensetzung aus der Silva, beginnt, die als defizient dargestellt wird.[379] Über die Einrichtung der harmonischen Säftemischung im

---

‚erschlossene' Kategorie verweist sie für Augustinus vor allen Dingen auf die Kategorie selbst und damit auf die Grundlage seines Urteilens, nämlich ihre Begründung in Gott. Das sinnlich Schöne und die körperliche Schönheit sind daher nicht identisch, wiewohl sie koinzidieren können. – Diese Trennung findet sich auch noch in Hugos von Sankt Viktor Kommentar zu den *Himmlischen Hierarchien* des Pseudo-Dionysius Areopagita; vgl. hierzu Kap. II.1 u. II.2.2. Aus ihrer Nichtbeachtung entsteht m. E. ein traditionsreiches Forschungsmissverständnis, auf welchem die Rekonstruktion einer zu unmittelbar anagogisch verstandenen mittelalterlichen ‚Ästhetik' gründet.

378 Übers. (Thimme): „217. Ein weinender Mensch ist besser als ein fröhlicher Wurm, doch könnte ich auch zum Lob des Wurmes, ohne zu lügen, vielerlei vorbringen. Man braucht ja nur seine hübsche Färbung [*nitor coloris*; F. D. S.] zu betrachten, die rundliche Gestalt seines Körpers, wie sein Vorderteil zur Mitte und diese wieder zum Hinterteil stimmt und wie alles der Niedrigkeit des Geschöpfes entsprechend nach Einheit strebt. Da gibt es nichts auf der einen Seite, dem nicht auf der anderen ein gleichgeformtes Gegenstück entspräche. 218. Und was wäre vollends von der Seele zu sagen, die diesen ärmlichen Leib belebt, wie sie ihn nach Zahlenmaß bewegt, wie sie das ihm Zusagende erstrebt, entgegenstehende Hindernisse nach Möglichkeit überwindet oder ihnen ausweicht und alles auf den einen Sinn der Selbsterhaltung hinordnet und damit noch viel offensichtlicher als der Leib auf jene Einheit, die Urheberin aller Geschöpfe, hinweist."

379 Bernardus Silvestris: Cosmographia, Microcosmus 13.4: *Praeterea non elementa, sed elementorum reliquias aedificationi suae traditas recognoscit, quas utique de mundana concretione extremas et superstites invenisset. Non igitur esse in opifice, vel perito, de minus integris corporibus vel opus facere vel absolvere consummatum. Ad tantas tamque importunas difficultates ingenium Physis circumducit argutum. Sed, omissis quam pluribus, ad materiam quae susternitur operi visa est recursare. In ea solas elementorum contemplatur imagines, non veritatem de integro substantiae purioris: siquidem non elementa quae perficiunt, sed elementorum usias faeculentas, a simplicibus et reliquias grossiores.* – Übers. (Wetherbee): „Besides, she realized that not the elements themselves but the remains of the elements had been given her to build with, scraps and leavings from the forming of the Universe which she had found here and there. Thus it was beyond even a skilled craftsman to perform this task or bring it to completion with imperfect materials. Physis applied her keen understanding to these stubborn difficulties. But

Menschen gelangt die Beschreibung zur Einrichtung des Hauptes als „Kapitol" beziehungsweise „Burg" des Körpers, in welchem die drei Hirnkammern enthalten sind. Hieran angeschlossen werden die fünf Sinne abgehandelt, auf welche wiederum die inneren Organe (Gehirn, Herz, Adern, Nerven, Brust, Lunge, Leber, Magen, Milz, Blut, die Zeugungsorgane: Hoden) folgen.

All diejenigen äußerlichen Körperpartien (Haare, Haut, Arme, Hände, Beine, Füße) indessen, welche in derjenigen Form der *descriptio membrorum* stereotyp figurieren, die die Forschung als *descriptio pulchritudinis* gefasst hat, finden in der Beschreibung des neu erschaffenen Menschen in der *Cosmographia* keinerlei Erwähnung. Auch ‚Schönheit' selbst wird im Kontext dieser Beschreibung nicht thematisch.

Es ist die ‚organische' Schönheit, welche die lange Beschreibung der *Cosmographia* ebenso wie andere Retextualisierungen des Sechstagewerkes – gegen den biblischen Text, aber im Sinne der wissenschaftlichen Erschließung der Schöpfungsallegorie – als Schlusspunkt der Schöpfung einsetzen. Hier wie dort steht – mit dem soeben zitierten Augustinus – die zugrundeliegende „Einheit" (*unitas conditrix naturarum omnium*) und die natürlich gestiftete Selbsterhaltung (*incolumitas*) des Lebens im Diesseits im Zentrum des Interesses. Diese Art der Beschreibung hat mehr mit der von Kopf bis Fuß über die inneren Organe, Säfte und Funktionen den Körper abschreitenden Disposition physiologischen Wissens in naturkundlichen Traktaten zu tun, als mit der Beschreibung Helenas bei Matthäus von Vendôme oder der Natura im *Planctus* des Alanus ab Insulis.[380]

Dies teilt die *Cosmographia* des Bernardus Silvestris mit anderen Genesis-Retexten, wie beispielsweise auch mit der bereits angesprochenen *Wiener Genesis*, in welche eine längere, physiologische Beschreibung Adams inseriert ist, die in ganz ähnlicher auf die Stofflichkeit und die Funktionalität des Körpers abhebt. Einerseits stellt diese Beschreibung immer wieder auf den *leim* ab, aus dem der *werchman* – also der traditionelle *Deus artifex* – sein Werk zusammensetzt, andererseits werden organische Zusammenhänge dargestellt. Nach der Rede Gottes, in welcher dieser seinen Plan zur Erschaffung

---

as so much was lacking she decided to re-examine the material which was the foundation of her work. In this she beheld only images of the elements, and not their true nature in the integrity of its purer substance: not those elements which achieve perfection, but the dregs of the essences of the elements, gross remnants of their original simplicity." – Die aus sich selbst stammende Schlechtheit der Elementenrückstände ist es bspw., die man für einen fast manichäisch anmutenden Gedanken halten könnte, insofern Schlechtheit hier nicht – wie bei Augustinus – als Abfall von Gutheit verstanden wird, sondern geradezu ein eigenes ‚Sein' erhält. So fasst bspw. Mark Kauntze: The Creation Grove in the *Cosmographia* of Bernard Silvestris. In: Medium Ævum 78,1 (2009), S. 16–34, hier bes. S. 27 f., die ‚Dichtung' gegenüber theologischem Schrifttum als Lizenzraum auf, in welchem – an der Zensur vorbei – eine Naturphilosophie habe geschaffen werden können, die im Widerspruch zur Orthodoxie ihrer Zeit stehe.
380 Man vergleiche bspw. allein die Kapiteldisposition im *Buch von den natürlichen Dingen* (hier und im Folgenden mit Abschnittsangabe und unter Beigabe von Seiten- und Zeilenzahl nach: Konrad von Megenberg: Das ‚Buch der Natur'. Band II. Kritischer Text nach den Handschriften. Hrsg. von Robert Luff, Georg Steer. Tübingen 2003, S. 1–3), sowie die Kapitel I.1–50, ebd., S. 27–80.

eines die Schöpfung beherrschenden Ebenbildes darlegt, beginnt die Erschaffung des menschlichen Körpers mit der Betonung genau dieses ‚Lehms':

> Der here werchman. da nach einen le
> im nam alſo der tůt der uz wahſſe ein
> pilede machet alſo prouchet er den le
> im[.]
> (Wiener Genesis Bl. 6b,1–4)

Auf die ausführliche Schilderung der verschiedenen *membra* und Organe, aus denen der Leib besteht, kehrt der Text genau zu dieser Materialität der Zusammenfügung zurück, indem er beständig von Lehm, Blut, Knochen, Adern und Fleisch spricht:

> Dv̂ er [= Gott; F. D. S.] daz pilede erlich. gelegete fu
>   re ſich. dů ſtůnt er ime werde. obe
> der ſelben erde. finen geiſt er ininblief.
> michelen ſin erime frilieʒ. die adere al
> le wrden plůteſ folle. zefleiſke wart div
> erde. zepeine der leim herte. die adere pu
> gen ſich. fua zefamene gie daz lit.
> (Wiener Genesis Bl. 9b,11–17)

Eine besondere Betonung liegt jeweils auf den physiologischen Eigenschaften der genannten Organe und Gliedmaßen sowie allgemein auf dem Element der demiurgischen Ordnungsstiftung, welches in der Erschaffung des Körpers abgelegt ist. Der Ordnungsdiskurs geht so weit, dass die Hand in Hinblick auf die Funktion des Ringfingers als Träger der weltlichen wie der geistlichen Gemahlschaft (Ehe und Bistum: Vv. 283–290), die Ordnung des Körpers also auf die – im Wortsinn: ‚organologische' – Organisation der weltlichen Ordnung hin ausgelegt wird. Die der ‚Schönheitsbeschreibung' völlig unähnliche ‚*descriptio membrorum*' der *Wiener Genesis* benennt nicht nur im Anschluss die inneren Organe (Herz: V. 297 ff., Leber und Lunge: V. 308, Milz: V. 310), sondern auch deren physiologische Funktion im Rahmen des Säftehaushaltes (z. B. Vv. 311–320: Gallenproduktion in der Leber; V. 321: Herz als Sitz des Lebens; V. 322: Lunge als Organ der Atmung). Ebenso wird der Ansatzpunkt der Rippen am Rücken sowie ihre Funktion, die inneren Organe zu schützen, thematisiert. Wie auch in der *Cosmographia* werden die Zeugungsorgane genannt, hier indessen nicht als Zielpunkt der Beschreibung, sondern im Mittelteil, allerdings direkt mit dem Verweis auf die im Sündenfall erworbene Scham, welche in einem Benennungstabu resultieren:

> Nider halb deſ magen. get
> ein wazzer faga. in die platerun. untir
> zuiſken hegedrůſen. daz wir daz niene
> nennen. da wir mite chinden. daz machent
> funde daz unſ daz dunchet ſcande.
> (Wiener Genesis, Bl. 8b,16–20)

Gleichwohl der Unterschied zu den ‚Modellen' des Matthäus von Vendôme und Galfreds von Vinsauf offenkundig ist, hat die Forschung die ‚*descriptio*' Adams pauschal auf die *descriptio*-Präzepte der Poetiken sowie auf das Modell antiken Herrscherlobs zurückgeführt. So hat Josef Eßer diesen Passus der *Wiener Genesis* ausführlich in Hinblick auf seine Quellen kommentiert.[381] Er nennt den Abschnitt pauschal eine *descriptio hominis*[382] und konstatiert: „Die Verse [...] bieten eines der frühesten Beispiele mal. Beschreibungstechnik in deutscher Sprache."[383] Er folgert: „Die Beschreibung des menschlichen Körpers dient somit in erster Linie dem Zweck, Gottes Weisheit bei der Erschaffung des ersten Menschen zu verkünden [...] und die vom Schöpfer bis ins Einzelne wunderbar und zweckmäßig geplante Gestalt des Menschen zu betonen."[384] Während dem grundsätzlich zugestimmt werden kann, ist die nachfolgende Übertragung auf die Faral'sche ‚Normalform' der *descriptio* gewaltsam:

> Dieser Befund steht im Einklang mit den Forderungen der mal. Rhetorikhandbücher, wonach die descriptio keinesfalls neutral sein durfte: Die Theorie der Beschreibung ist ‚eng mit der sittlichen Sphäre von ‚laus' und ‚vituperium' verwoben, wobei zu berücksichtigen ist, daß es vorgeschrieben war, sich der tadelnden Beschreibung nur spärlich zu bedienen' [...]. Damit knüpft die mal. descriptio unmittelbar [...] an die seit dem Hellenismus übliche Gattung der Prunkrede und des Herrscherlobs [an].[385]

Im Folgenden diskutiert er – in den von Faral vorgezeichneten Bahnen – die *descriptio* als Technik der *amplificatio*. Auf die Theoderich-Beschreibung des Sidonius Apollinaris und ihre Erwähnung in dem Galfred von Vinsauf zugeschriebenen *Documentum de modo et arte dictandi et versificandi* wird ausdrücklich verwiesen, wenn es heißt: „Diese Schilderung ist aufgrund ihrer Ausführlichkeit einzigartig in der antiken Literatur [...]: der menschliche Körper wird mit beinahe anatomischer Genauigkeit gewissermaßen vom Scheitel bis zur Sohle zergliedert."[386] Diese Formulierung reproduziert jedoch ein Klischee der frühen Rhetorik-Forschung, welches einer Überprüfung nicht standhält. Die immer wieder behauptete „anatomische Genauigkeit" geht im Falle des Herrschaftslobes selbstverständlich nicht bis zu Funktion und Materialität der (Zeugungs-)Organe des Theoderich.

Die Beschreibung des Menschen im Rahmen des Sechstagewerks dient nicht – zumindest nicht primär – dazu, Adam als Herrscher über die Schöpfung zu charakterisieren. Die vorliegende physiologische Beschreibung als Spielform des Herrscherlobs

---

[381] Josef Eßer: Die Schöpfungsgeschichte in der „Altdeutschen Genesis" (Wiener Genesis V. 1–231). Kommentar und Interpretation. Göppingen 1987 (Göppinger Arbeiten zur Germanistik 455), S. 266–401.
[382] Ebd., S. 266.
[383] Ebd.
[384] Ebd.
[385] Ebd.
[386] Ebd., S. 270.

aufzufassen, überblendet *descriptio*-Techniken von verschiedener Funktion und verschiedener Herkunft. Von Eßer übernimmt beispielsweise noch Claudia Brinker-von der Heyde die Kategorisierung der Adams-Beschreibung als Analogon „zum rhetorischen Beschreibungsmuster der *descriptio hominis* von Kopf bis Fuß"[387] sowie den Hinweis auf die bereits zitierte Passage aus der *Summa Operis* zur *Cosmographia* des Bernardus Silvestris und die von Kopf bis Fuß formende Physis.[388] Eßer – auf den Brinker-von der Heyde hinweist[389] – behauptet, das Wirken der Physis sei der „Grund für das immer wieder nachgewiesene Beschreibungsschema".[390] Er konstatiert weiterhin: „Als er selbst [= Bernardus Silvestris; F. D. S.] die Erschaffung des Menschen behandelt [...], hält er diese Reihenfolge unverändert ein".[391] Gleichwohl in der *Summa operis*, die der *Cosmographia* vorangestellt ist, gesagt wird, Physis arbeite vom Kopf bis zu den Füßen (*Physis [...] hominem format et a capite incipiens membratim operando opus suum in pedibus consumat*), muss konstatiert werden, dass die tatsächliche Beschreibung des ersten Menschen in der *Cosmographia* nicht bei den Füßen, sondern bei den Geschlechtsorganen und dem generativ wirkenden menschlichen Samen endet.

Demgegenüber soll hier betont werden, dass die im engeren Sinne physiologische *descriptio* im Rahmen von Sechstagewerks-Retexten wie der *Cosmographia* oder der *Wiener Genesis* eine längere Tradition und eine andere Funktion hat als die in den Poetiken kodifizierte *descriptio membrorum/superficialis*.[392] Dass diese beiden Arten

---

387 Claudia Brinker-von der Heyde: Der implizite Autor als (Re)creator: Legitimations- [sic!] und Erzählstrategien im Schöpfungsbericht der ‚Wiener Genesis'. In: Gottes Werk und Adams Beitrag. Formen der Interaktion zwischen Mensch und Gott im Mittelalter. Hrsg. von Thomas Honneger, Gerlinde Huber-Rebenich, Volker Leppin. Berlin 2014 (Das Mittelalter. Perspektiven mediävistischer Forschung. Beihefte 1), S. 313–325, hier: S. 321 f.
388 Ebd., Anm. 45.
389 Ebd.
390 Eßer, Schöpfungsgeschichte, S. 275.
391 Ebd.
392 Auf solches theologisches und medizinisches Schrifttum weist Eßer, Schöpfungsgeschichte, S. 275–279, zwar explizit hin, setzt es jedoch mit der „Beschreibungstechnik" der Poetiken umstandslos gleich. Auch Johannes Janota: *wunter* und *wunne*. Zur Poetik im Heptameron der ‚Wiener Genesis'. In: Mittelalterliche Poetik in Theorie und Praxis. Festschrift für Fritz Peter Knapp. Hrsg. von Thordis Hennings, Manuela Niesner, Christoph Roth et al. Berlin 2009, S. 21–28, hier: S. 29, wundert sich – wiederum mit Bezug auf Eßer – über die „unerhörte, freilich auf dem medizinischen Wissen seiner Zeit beruhende[] Detailfreude bei der ausgedehnten Schilderung von Adams Erschaffen [sic] in einer *descriptio a capite ad calcem*" und führt die Inkorporation ‚medizinischen' Wissens auf das Ziel, Heilsoptimismus zu vermitteln, zurück: „Nicht nur bei der Betrachtung der ihn umgebenden Schöpfung, sondern vor allem im Blick auf den eigenen Körper sollte und konnte der Mensch auch nach dem Sündenfall jederzeit die machtvollen Wundertaten Gottes unmittelbar erfahren" (ebd). Es liegt freilich ein Unterschied in der Reflexion über die Wohlgestaltung des menschlichen Organismus und dem schönen Körper Helenas, weshalb das suggestive ‚Label' „*descriptio a capite ad calcem*", das in der Forschung gemeinhin auf die ‚Faral'sche Normalform' (vgl. hierzu oben, Kap. IV.1.1, S. 285 f.) der Schönheitsbeschreibung referiert, hier irreführend ist.

der Körperbeschreibung typologisch verschieden sind, zeigt sich auch darin, dass in der Natura-*descriptio* des *Planctus naturae* (Alanus ab Insulis) beide nebeneinander stehen. Da das Werk der Natura dort den gesamten Kosmos umfasst – welcher in ihrem Mantel abgebildet ist –, spricht Natura auch davon, wie sie den menschlichen Microcosmus eingerichtet hat (Alanus: Planctus 6.6–6.12), wobei auch hier von den vier Elementen ausgehend (6.6) die physische Einrichtung des Körpers, der Hirnkammern (6.10), der Lebenskräfte, Organe und Säfte (6.11) beschrieben wird, was wiederum in einer Analogisierung von Lebensaltern und Jahreszeiten mündet (6.12). Diese Analogie verweist auf den prokreativen Zyklus der Generationen, in dem der Menschen sterbend verewigt ist, wie es am Schluss der *Cosmographia* heißt. Der *Planctus* übernimmt diese, wenn Natura dem Text-Ich mit einer anagogischen Vorausdeutung auf den Opfertod Christi erläutert: *Per me homo procreatur ad mortem, per ipsum creatur ad vitam* (Planctus 6.15; Übers. [Köhler]: „Durch mich wird der Mensch auf den Tod hin geschaffen, durch ihn wird er wiedererschaffen zum Leben."). Die *descriptio superficialis* der als schöne Frau personifizierten Natur, welche zugleich das auf Lust beruhende Prokreations-Prinzip impliziert, steht hier also – mit je unterschiedlicher Funktion – in direkter Nachbarschaft zur physiologischen *descriptio membrorum* des prototypischen Menschen. Während die eine Art der Beschreibung über das Prinzip der Lusterzeugung auf die prokreative Dimension der immanenten Existenz verweist, entwickelt die andere Art der Beschreibung dasselbe Prinzip über die Zweckbestimmung der Organe.

Auch die Beschreibung des ersten Menschen, mit der beispielsweise das *Hexameron* des Ambrosius von Mailand (339–397) endet, bietet zur *Cosmographia* des Bernardus – in einigen Details aber auch zur *Wiener Genesis* – erstaunliche Ähnlichkeiten.[393] So betont das *Hexameron* ebenso wie die *Cosmographia* die Vorrangstellung des Kopfes als *arca* (Burg),[394] in welcher der Verstand sitzt:

> ac primum omnium cognoscamus humani corporis fabricam instar esse mundi, siquidem ut caelum eminet aeri terris mari, quæ uelut quaedam membra sunt mundi, ita etiam caput supra reliquos artus nostri corporis cernimus eminere praestantissimumque esse omnium tamquam inter elementa caelum, tamquam arcem inter reliqua urbis moenia. in arce hac regalem quandam habit-

---

393 Diese Übereinstimmungen mögen weniger auf eine Abhängigkeit Bernhards von Ambrosius hindeuten als vielmehr darauf, dass beide auf dieselbe Quelle, nämlich den Timaios-Kommentar des Calcidius, zurückgreifen, wie Ruth Finckh: Minor Mundus Homo. Studien zur Mikrokosmos-Idee in der mittelalterlichen Literatur. Göttingen 1999 (Palaestra 306), S. 52 u. 122, referiert. Hier heißt es über Ambrosius (ebd., S. 52): „Deutlich erkennbar ist der Einfluss des *Timaios*, der hier die Beschreibung des Kopfes und den Stadtvergleich angeregt hat".
394 Als *arca* wird der Kopf in Verbindung mit den Hirnkammern und Verstandeskräften auch im *Planctus naturae* des Alanus bezeichnet: *In arce enim capitis, imperatrix Sapientia conquiescit, cui tanquam deae, ceterae potentiae velut semi deae obsequuntur* (Alanus: Planctus, Prosa 3, S. 92; Übers. [Köhler]: „Im Haupt, in der Burg, ruht die Weisheit als Herrscherin. Ihr gehorchen die anderen Seelenkräfte wie Halbgöttinnen."). Zudem wird der Körper als *civitas* und *reipublica* gefasst, das Herz sitzt *in medio civitatis humanae* (ebd.).

are sapientiam secundum propheticum dictum quia oculi sapientis in capite eius [Eccl 2,14], hanc esse ceteris tutiorem et ex illa omnibus membris uigorem prouidentiamque deferri.
(Ambrosius von Mailand: Hexameron VI.55)[395]

Loco namque principe, de firmamenti sphaeraeque superioris exemplo, caput aedificat in rotundo [Physis]. Caput tanquam arcem, tanquam totius corporis Capitolium, tollit et erigit in excelso. Regionem capitis eam condecuit superattolleret, ubi sincerae rationes diuinitas habitaret.
(Bernardus Silvestris: Cosmographia, Microcosmus 13.11)[396]

Das Bild von der *arca* führt das *Hexameron* mit einem allegorischen Bezug zur Arche Noah weiter. Auch diese Arche wird als Abbild des menschlichen Körpers begriffen und auf die Ausscheidungsorgane bezogen:

denique etiam in Genesi arca Noe ad fabricam humani corporis ordinatur, de qua dixit deus: fac tibi arcam ex lignis quadratis. et nidos facies in ea et bituminabis eam intus et foris bitumine. et sic facies arcam [Gen 6,14] et: ostium uero facies ex transuerso, inferiora autem arcae bicamerata et tricamerata facies [Gen 6,16]. hoc ergo significat dominus, quod ostium ex posteriore sit parte, per quod egerantur ciborum superflua. decore enim creator noster ductus reliquiarum a uultu hominis auertit, ne dum curuamur, inquinaremus aspectum. simul illud considera, quod ea quae pudoris plena sunt eo loco constituta sunt, ubi operta uestibus dedecere non possint.   (Ambrosius von Mailand: Hexameron VI.72)[397]

---

395 Das *Hexameron* wird hier und im Folgenden zitiert nach: Sancti Ambrosii opera. Pars prima qua continentvr libri Exameron, De paradiso, De Cain et Abel, De Noe, De Abraham, De Isaac, De bono mortis. Hrsg. von Karl Schenkl. Prag et al. 1897 (Corpvs Scriptorvm Ecclasiasticorvm latinorvm 32), Reprint: New York/London 1962, S. 1–261. Die Übersetzung wird zitiert nach: Des heiligen Kirchenlehrers Ambrosius von Mailand Exameron. Übers. von Johann Niederhuber. Kempten/München 1914 (BKV 17): „Allererst nun wollen wir uns zum Bewußtsein bringen, daß der Bau des menschlichen Körpers ein Bild der Welt ist. Wie nämlich der Himmel über Luft, Erde und Meer gleichsam die Glieder des Weltorganismus, hinausragt, so sehen wir auch das Haupt über die übrigen Glieder unseres Körpers hinausragen, (sehen es) als das vorzüglichste unter allen, gleich dem Himmel unter den Elementen, gleich der Burg unter den sonstigen Festungswerken einer Stadt. In dieser Burg thront wie eine Königin die Weisheit nach des Propheten Wort: ‚Die Augen des Weisen befinden sich in dessen Haupt'. Sie hat die geschützteste Lage von allem; aus ihr strömt allen Gliedern Kraft und Fürsorglichkeit zu."
396 Übers. (Wetherbee): „For she [= Physis; F. D. S.] gave a rounded shape to the head, which occupied the chief position, following the example of the firmament and the sphere of the heavens. She raised the head to the position of a citadel or Capitol for the body as a whole, making it stand erect and tall. It was fitting that she so exalt the region of the head, where the divine quality of the pure reason was to dwell."
397 Übers. (Niederhuber): „Es wird ja auch in der Genesis die Arche Noes nach dem Bau des menschlichen Leibes angeordnet. Es verfügt nämlich Gott bezüglich derselben: ‚Mach dir eine Arche aus gezimmertem Holze. Und Zellen sollst du in ihr fertigen und sie innen und außen mit Pech verpichen. Und also sollst du die Arche machen' [Gen 6,16]. Ferner: ‚Eine Öffnung aber sollst du anbringen an der Rückseite, die unteren Räume der Arche aber mit je zwei und drei Kammern ausstatten' [Gen 6,14]. Damit nun weist der Herr auf die Öffnung hin, welche an der Rückseite sich befindet und durch welche die überflüssigen Speisereste ausgeschieden werden wollen. Aus Gründen der Schicklichkeit entzog nämlich unser Schöpfer den Abgang der Überreste dem Auge des Menschen: wir sollten während des

Der ‚Physiologismus' reicht auch in der *Cosmographia* so weit, die Schamgrenze zu dispensieren und über die Ausscheidungsfunktion des Körpers als Niedrigstem im Verhältnis zum Kopf als Höchstem zu sprechen:[398]

> Regionem capitis eam condecuit superattolleret, ubi sincerae rationis divinitas habitaret. Optimam corporis et deputatam intelligentiae portionem ab esculentis membrisque grossioribus longissime relegavit, ne ab ea quae cibo alimentisque nascitur sensus illuvie tardarentur.
> (Bernardus Silvestris: Cosmographia, Microcosmus 13.11)[399]

Es ist offenkundig, dass die *descriptio membrorum* als Schönheitsbeschreibung nicht mit der physiologischen, ‚mikrokosmischen' *descriptio membrorum* gleichzusetzen ist, dass die Beschreibung des Menschen als Prototyp – im *Hexameron*, in der *Cosmographia* oder in der *Wiener Genesis* – keine ‚Schönheitsbeschreibung' eines Mannes, kein Herrscherlob entsprechend der ‚Konvention der Poetiken' darstellt.[400]

Gleichwohl existiert ein diskursiver Zusammenhang zwischen der physiologisch-anatomischen Mikrokosmos-*descriptio* und der Darstellung der äußerlichen Schönheit Helenas bei Matthäus von Vendôme. Die Bezugnahme verläuft jedoch umgekehrt: Es sind nicht die Sechstagewerk-Retexte, die einer poetorhetorischen Vorschrift folgen, wie es die Forschung immer wieder suggeriert, sondern es sind die Poetiken – besonders die *Ars versificatoria* –, die auf ein anthropologisches Modell reagieren, welches zugleich ein kosmologisches ist. Nicht nur projiziert das *Hexameron* des Ambrosius ein *Microcosmus*-Modell und die Arche Noah auf den menschlichen Körper, sondern auch ein organologisches Herrschaftsmodell mit dem Haupt als oberstem Imperator und Kriegsherrn:

Vorganges unseren Blick nicht verunreinigen. Zugleich beachte, wie die Schamteile des Körpers dort angebracht sind, wo sie von der Kleidung bedeckt, keinen Anstoß erregen können."

398 Im Rahmen der kompakten *descriptio* des ersten Menschen ist dieser Umstand umso auffälliger, als selbst in physiologischen Traktaten wesentlich längeren Umfangs den Ausscheidungsorganen mit einer Diskretion begegnet wird, welche sich in Marginalisierung niederschlägt. So heißt es bspw. im *Buch von den natürlichen Dingen* des Konrad von Megenberg (I.30 [*Von dem rukk*.]; 47.19–22) einzig in Bezug auf den Rücken beiläufig: *Der ruck hat ſeinen anvanch an dem hals vnd ſtrecket ſein leng vntz an die miſtporten, vn der dorn, der den rucke zu ſamen halt, iſt auz vil painen, div ſſint alliv zu mitelſt durchlöchert, vnd den ſelben painen ſint div ripp ze paiden ſeiten zv̊ geſellt.* – Mit Dagmar Gottschall: Konrad von Megenbergs *Buch von den natürlichen Dingen*. Ein Dokument deutschsprachiger Albertus Magnus-Rezeption im 14. Jahrhundert. Leiden et al. 2004 (Studien und Texte zur Geistesgeschichte des Mittelalters 83) und analog zur handschriftlichen Überlieferung – *Diz iſt daz půch von den naturleichen dingen ze dǎutſch bracht von maiſter Cunrat von Megenberch* [vgl. Luff/Steer, S. 23 f.] – wähle ich den Titel „Buch von den natürlichen Dingen" an Stelle des weiter verbreiteten Titels „Buch von der Natur".

399 Übers. (Wetherbee): „It was fitting that she so exalt the region of the head, where the divine quality of pure reason was to dwell. She placed this noblest part of the body, charged with the duty of understanding, furthest away from the digestive system and the grosser organs, lest its perceptions be affected by that waste that comes from the digestion of food."

400 Der menschliche Körper, der im *Hexameron* entfaltet wird, ist – wie auch in der *Cosmographia* – zwar einerseits als Körper Adams konnotiert, andererseits der Körper schlechthin, an dem Merkmale beider Geschlechter diskutiert werden.

> Quid sine capite est homo, cum totus in capite sit? cum caput uideris, hominem agnoscis; si caput desit, nulla agnitio adesse potest; iacet truncus ignobilis, sine honore, sine nomine. sola aere fusa principum capita et ducti uultus de aere uel de marmore ab hominibus adorantur. non inmerito igitur huic quasi consultori suo cetera membra famulantur et circumferunt illud seruili gestamine sicut numen, atque in sublimi locatum uehunt. unde censoria potestate quo uult dirigit quorumdam obsequia seruulorum, et praecepta singulis obeunda decernit. uideas imperatori suo singula gratuito stipendio militare. alia portant, alia pascunt, alia defendunt uel ministerium suum exhibent, parent ut principi, ancillantur ut domino. unde uelut quaedam procedit tessera, quam debeant pedes obire regionem, quae militae munia manus consummandis operibus exequantur, quam uenter abstinendi uel edendi formam inpositae teneat disciplinae.
> (Ambrosius von Mailand: Hexameron VI.57)[401]

Auch die *Cosmographia* kennt ein dem Körper analogisierbares Herrschaftsmodell, hier ist es jedoch die Herrschaft Gottes über seine Schöpfung, die der Herrschaft der Seele über die Gliedmaßen gleichgesetzt wird, wobei zwischen Gott und der Schöpfung die Chöre der Engel,[402] zwischen *anima* und Körper die (Lebens-)Kraft in der Brust vermittelt, welche vom Herz ausgeht (vgl. Microcosmus 14.109–120):

> De caelo deitas imperat et disponit. Exsequuntur iussionem quae in aere vel in aethere mansitant potestates. Terrena quae subteriacent gubernantur. Non secus et in homine cautum est, imperaret anima in capite, exsequeretur vigor eius constitutus in pectore, regerentur partes infimae pube tenus et infra collocatae.   (Bernardus Silvestris: Cosmographia, Microcosmus 13.10)[403]

---

401 Übers. (Niederhuber): „Was wäre der Mensch ohne das Haupt, da doch das Haupt sein ganzes Ich widerspiegelt! Siehst du das Haupt, erkennst du den Menschen; fehlt das Haupt, ist ein Erkennen unmöglich: der Rumpf liegt da, nichts verrät den Adel, die Stellung den Namen. Nur das Haupt der Fürsten, aus Erz gegossen, und deren Gesichtszüge, aus Erz oder Marmor geformt, erfreuen sich der Huldigung der Menschen. Nicht mit Unrecht sind daher dem Haupte die übrigen Glieder wie ihrem obersten Berater dienstbar, führen es, gleich Sklaven mit der Tragbahre, wie ihren Genius herum und tragen es hoch erhoben hier- und dorthin. Mit der Gewalt des Zensors bestimmt es nach Belieben den Dienst der unterwürfigen Glieder und teilt jedem die ihm vorgeschriebenen Funktionen zu. Da kann man alle freiwillig ohne Sold im Dienste ihres Herrschers sich mühen sehen, die einen als Lastträger, die anderen als Proviantbesorger, wieder andere als Verteidiger oder als Vollstrecker des ihnen abliegenden Dienstes. Sie gehorchen dem Haupte als ihrem Herrn. Von da ergeht gleichsam die Parole, nach welchem Gelände der Fuß schreiten, welche Kampfesarbeit die Hand zur Vollbringung vollkommener Werke verrichten, an welche Norm des ihm auferlegten Sittengesetztes der Bauch sich halten solle, ob er fasten oder essen solle."
402 Die Einrichtung der Engelschöre wird im Rahmen des *Macrocosmus* geschildert und ist ein deutliches Signal für eine theologisch dekodierbare, integumentale Lesart des Prosimetrums; vgl. Bernardus Silvestris: Cosmographia, Macrocosmus 3.13–30. – Auch der *Planctus naturae* des Alanus parallelisiert die Hierarchien zwischen Geist und Körper mit den Hierarchien der Engel, vgl. Alanus: Planctus 6.9.
403 Übers. (Wetherbee): „From heaven the deity rules and disposes. The powers who have their homes in the atmosphere or the ether carry out his commands. The affairs of the earth below are governed. No less care is taken in the case of man, that the soul should govern in the head, the vital force established in his breast execute its orders, and the lower parts, down to the groin and those organs placed below them, submit to rule." – Die angedeutete Kontrolle der *partes infimae* lässt sich durch die Augustinische Vorstellung erklären, dass der Mensch in Gestalt Adams zwar zur Zeugung von Nachkommen geschaffen war, dieses Werk jedoch ohne die Last der Erbsünde willentlich ausführen und

Der *Planctus naturae* des Alanus nennt den Körper des Menschen dementsprechend eine *civitas humana* und eine *reipublica* (Planctus 6.10). Im Vergleich nun kann gezeigt werden, dass auch die *Ars versificatoria* des Matthäus von Vendôme die Anthropologie eines organologischen ‚Staatsmodells' zugrunde legt, welches allerdings hier vom Modell des spätantiken Imperators, wie er im *Hexameron* unterlegt ist, hin zu einer Kombinationsform aus Stände- und Geschlechterhierarchien verschoben ist.[404] Die Folge der acht *descriptiones* (bestehend aus 1. Papst [Ars vers. I.50], 2. Caesar [Ars vers. I.51], 3. Ulixes [Ars vers. I.52], 4. Davus [Ars vers. I.53], 5. Marcia [Ars vers. I.55], 6. Helena (I) [Ars vers. I.56], 7. Helena (II) [Ars vers. I.57] und 8. Beroe [Ars vers. I.58]) ist kein locker gefügter Katalog von Blaupausen für den Prozess der Amplifikation und Ornamentierung von Dichtungen. Purcell betont etwa, dass die Reihe eine Art ‚Vorratslager' zum Zwecke der Rekombination sei: „Matthew further writes that many qualities should be offered as people are seldom identified by a few characteristics. [...] So, while the descriptions are stock, the aggregate combination of the various stock descriptions is what distinguishes the particular person."[405]

Im Gegensatz dazu soll hier der Versuch unternommen werden, die Reihe der *descriptiones* aus der *Ars versificatoria* als die streng durchkomponierte Projektion des *Microcosmus*-Modells zu begreifen, welches sich in der *Cosmographia* des Bernardus findet. Die *Ars versificatoria* spaltet dieses Modell dabei nicht nur nach den Anteilen *homo interior* und *homo exterior* in männliche und weibliche *descriptiones* auf, sondern überführt diese zugleich aus dem Idealzustand des prälapsalen menschlichen Körpers als ein Set von sieben Differential-Typen in die Ordnung der Dinge nach dem Sündenfall. Diese werden einerseits ständisch und moralisch differenzierbar und sind zudem andererseits an (Proto-)Narrationen angebunden.[406] Diese sieben postlapsalen Typen, die – wie oben ausgeführt – über die *nomina specialia* identifizierbar sind, können verallgemeinert und auf generalisierbare Aktanten in Nar-

---

sich seiner Genitalien wie all seiner anderen *membra* willentlich und ohne Wollust bedienen konnte. Vgl. hierzu Augustinus: De civitate Dei XIV.24.

404 Als allgemeiner Überblick zur historischen Entwicklung des organologischen Staatsmodells vgl. bspw. Koschorke/Lüdemann/Frank/Matala de Mazza, Der fiktive Staat, S. 55–102 (zum Mittelalter).

405 Purcell, Ars poetriae, S. 61. – Paul Klopsch: Einführung in die Dichtungslehren des lateinischen Mittelalters. Darmstadt 1980, S. 123, nennt sie bspw. „Ausführliche Muster für die Beschreibung von Personen". Purcell, Ars poetriae, S. 61, übernimmt von Gallo, Introductory Treatise, S. 56 f., folgende Differenzierung: „The purpose of description then is a *manifestatio*, a demonstration, a declaration of the nature of some person: and that person will be a type, not an individual."

406 Der prälapsale Zustand wird immer wieder als ein unzeitlicher, unräumlicher und damit zugleich ereignisloser gefasst. So findet sich bspw. schon im *Periphyseon* des Johannes Scotus Eriugena die Aussage, dass die Genesis-Erzählung etwas versinnliche, was jenseits jeder Sinnenerkenntnis geschehen sei: Der „Trägheit unserer fleischen Sinne" (Periphyseon IV,4633 f.: *propter nostram tarditatem carnalesque sensus*) halber, so erläutert Eriugena im vierten Buch des *Periphyseon*, sei dasjenige, was tatsächlich „zugleich und ohne zeitliche Zwischenräume geschehen ist" (Periphyseon IV,4632: *quae simul facta sunt*) in die Form einer Erzählung überführt worden, nämlich „in wunderbar geheimnisvoller und bedeutsamer Ordnung als gleichsam räumlich und zeitlich geschehen vorgeführt" (Periphyseon IV,4635–4637: *ordine*

rationen übertragen werden, insofern sie selbst eine motivierende und damit protonarrative Funktion haben. Sie sind dabei im Verhältnis zum idealen, integralen Modell des Menschen schlechthin jeweils als defiziente Reduktionsstufe des Menschen als prälapsale ‚Idee' Gottes zu denken. So wie der Prototyp des ersten Menschen – und später wiederum Christus – die ideale Mischung der Säfte darstellt,[407] alle nachfolgenden Menschen jedoch durch ein Ungleichgewicht der Säftemischung zu Cholerikern, Phlegmatikern, Sanguinikern oder Melancholikern werden, so kann die *Ars versificatoria* aus den verschiedenen, jeweils überwiegenden geistigen und körperlichen Anteilen des Menschen narrativierbare Typen bilden, die auf einen bestimmten Anteil des Menschen festgelegt sind. Diese Typen – nämlich bei Matthäus von Vendôme: der Heilige, der König, der Krieger, der Völler, die *matrona*, die *puella*, die *concubina* und die *vetula* (Ars vers. I.46) – bleiben andererseits zugleich in ein streng hierarchisches Ordnungs- und Wertgefüge eingebunden, insofern sie aus dem Modell des *microcosmus* selbst abgeleitet sind (vgl. Kap. IV.1.1).

Das körperbezogene *macrocosmus/micorcosmus*-Modell der *Cosmographia* lässt sich an der *Ars versificatoria* im Detail nachweisen. Die *descriptio* setzt die Figur des Papstes unmittelbar mit dem Kosmos selbst in Beziehung: *Orbis ad exemplum pape procedit* (Ars vers. I.50,1; Übers. [Knapp]: „Die Welt schreitet voran nach dem Beispiel des Papstes"). Wie der Kopf der Sitz des gottgegebenen Geistes ist, mit welchem der Mensch sich zum Himmel zu erheben in der Lage ist, so steht an erster Stelle der Reihe der Papst, dessen *descriptio intrinseca* ihn über seine Nähe zur Weisheit (*sapientia*; Ars vers. I.50,25) charakterisiert und ihn als sein Fleisch gänzlich überwindend und zu Gott strebend darstellt:

---

quodam mirabili, mysticorum sensuum plenissimo, ueluti locis temporibusque peracta contexuit). Die Erzählung vom Sündenfall ist also lediglich die den fleischlichen Sinnen des Menschen adäquat gemachte Version eines dem sinnlichen Wahrnehmen und Denken entzogenen Geschehens. Da Zeitlichkeit – und implizit Räumlichkeit – jedoch Grundvoraussetzung des Erzählens sind, welches der Unterteilung des Kasus *ante rem*, *in re* und *post rem* folgt, so ist Erzählbarkeit zugleich nur postlapsal, Geschichte und Reden über Geschichte(n) zugleich nur im Zustand der Sünde denkbar. Auf gleiche Art legt Eriugena auch die Emergenz jeder Körperlichkeit, welche ja mit Räumlichkeit koinzidiert, auf den postlapsalen Zustand des Menschen fest.

407 Johannes Scotus Eriugena geht in seinem *Periphyseon* sogar so weit, die gottebenbildliche Ur-‚Gestalt' des Menschen als körperlos und zugleich mit den Engeln erschaffen zu denken. Deswegen, so schreibt er wiederum in Buch IV,1647–1675 (PL 122, Sp. 782C), heiße es in der Heiligen Schrift, dass Gott das „Licht" erschaffe. Sollten hierunter nur die Engel verstanden werden, so hätte es „Engel" heißen können; da hier jedoch alles Geschaffen worden sei, was Teil an der Göttlichen Vernunft habe, so sei von „Licht" die Rede, um hiermit zugleich die Engel und den menschlichen Geist zu bezeichnen. Diesem körperlosen Urzustand des Menschen, auf welchen sogleich der Fall folgt (Scheidung von Licht und Finsternis), steht die nachfolgende Körperlichkeit des Menschen (am sechsten Schöpfungstag) also bereits als Defizienz gegenüber.

Papa regit reges, dominis dominatur, acerbis
    Principibus stabili iure iubere iubet.
Prevenit humanum pretium fragilesque relegans
    Affectus hominem preradiare potest:
Trans hominem gressus extendit, ab hospite terra
    Ad celum patriam premeditatur iter;
Commutare studet fixis fluitantia, certis
    Vana, polo terras hospiciumque domo.
(Matthäus von Vendôme: Ars versificatoria I.50,33–40)[408]

Mens sitit etheream sedem, pastorque frequentat
    Hospicium terre corpore, mente polum.
(Matthäus von Vendôme: Ars versificatoria I.50,45 f.)[409]

Dass der Papst der Kopf sei, der über die Gliedmaßen herrscht, wird *expressis verbis* gesagt, wodurch das organologische Modell als Referenzrahmen aufgerufen wird: *Nos proles, nos eius oves, nos menbra: tuetur | Menbra capud, genitor pignora, pastor oves* (Ars vers. I.50,17 f.; Übers. [Knapp]: „Wir sind seine Kinder, seine Schafe, seine Glieder. Das Haupt schützt die Glieder, der Vater die Kinder, der Hirte die Schafe.").[410]

---

408 Übers. (Knapp): „Der Papst lenkt die Könige, beherrscht die Herrscher, befiehlt den strengen Fürsten, mit stabilem Recht zu befehlen. Er übertrifft Menschenlob und kann durch Verbannung schwankender Affekte den Menschen überstrahlen. Über den Menschen hinaus macht er den Schritt; im voraus bedenkt er den Weg von der Gastwirtin Erde zur Heimat Himmel; Er strebt das Fließende mit dem Festen, das Eitle mit dem Sicheren, die Erde mit dem Himmelspol, die Fremdenherberge mit dem Zuhause zu vertauschen."

409 Übers. (Knapp): „[D]ie Seele dürstet nach ätherischem Wohnsitz, und der Hirte weilt oft mit dem Körper in der irdischen Herberge, mit der Seele am Himmelspol."

410 Eine Nähe bis in den Wortlaut hinein besteht zwischen dem *Microcosmus*-Modell, welches in den *Planctus naturae* des Alanus ab Insulis eingelassen ist, und der Papst-*descriptio*. In letzterer ist der ‚Bräutigam Geist' (*spiritus sponsus*) der ‚Braut Fleisch' (*sponsa caro*) vermählt (Ars vers. I.50,43 f.) vermählt. Die Brautmetaphorik findet sich auch im *Planctus*, verbunden mit der Metaphorik der *civitas*. Hierbei wird über die Metapher der abzuwehrenden Feinde zugleich die Differenzierung *interior/ exterior* aufgerufen wird, welche sich im *homo interior/exterior*-Modell und in der Papst-*descriptio* analog als Gegensatz von Geist und sinnlichem Körper realisiert: *in qua ad corporis clientelam diversas membrorum ordinans officinas, in eadem sensus quasi corporeae civitatis excubias vigilare praecepi, ut quasi externorum hostium praevisores, corpus ab exteriori importunitate defenderent, ut sic totius corporis materia nobilibus naturarum purpuramentis ornata, ad nuptias gradiens, marito Spiritui gratius iugaretur; ne maritus suae coniugis turpitudine fastiditus, eius refutaret coniugia?* (Planctus, Prosa 3, S. 88) – Übers. (Köhler): „In ihm ordnete ich die verschiedenen Werkstätten, die Glieder, an, zum Schutz des Leibes; ich gab den Sinnen den Auftrag, sie sollten als Wächter dieser Stadt, des Leibes, wachen, damit sie wie Erspäher von Feinden, die von außen nahen, den Leib vor äußeren Schikanen verteidigen. Damit so die Gegenständlichkeit des ganzen Leibes, geschmückt mit den edlen, natürlichen Purpurgewändern, zur Hochzeit schreite, bei der sie dem Geist, dem Gemahl um so angenehmer verbunden werde: So würde der Gemahl, überdrüssig durch die Schändlichkeit seiner Braut, sich nicht der Hochzeit widersetzen können." Hier ist im engeren Sinne ein ‚aisthetisches' Modell aufgerufen, in

Caesar repräsentiert an zweiter Stelle der Reihe den – durch das von der Weisheit verkündete allgemeine Gesetz (*ius stabile*) – regierten Regenten. Er ist das ausführende Prinzip zwischen dieser transzendenten Instanz und körperlicher Welt.[411] Seine *descriptio* ist weder durch geistige noch durch körperliche Anteile, sondern allein über Tugenden markiert; stattdessen ist er das Äquivalent zu der in der *Cosmographia* zwischen *anima* und Körper gesetzten Lebenskraft des Herzens, welches als das zweitedelste Organ nach dem Gehirn bezeichnet wird. Hier wird das Herz als Herrscher (*rex*, *dictator* und *auctor*) im Thronsaal der Brust dargestellt:

> Dignaque post cerebrum sequitur substantia cordis,
>   quamvis et cerebro conferat und viget.
> Corporis ignitus formes, vitalis alumnus,
>   causa creans sensus conciliansque fidem,
> humanae nodus conpaginis, ancora venis,
>   fundamen nervis, arteriisque tenor,
> naturae columen, rex et dictator et auctor,
>   patricius tota corporis urbe sui.
> Visitat ex medio partes sensusque ministros,
>   in sibi praescripto munere quemque tenet;
> cui pectus penetrale sacrum, dignumque coloxum,
>   regnandi sedes imperiique thronus.
> (Bernardus Silvestris: Cosmographia, Microcosmus 14,109–120)[412]

Im *Planctus naturae* sitzt das Herz *in medio civitatis humanae* und ist der Sitz der *Magnanimitas* (Alanus: Planctus 6.10). Dem gegenüber steht in der *Ars versificatoria* Ulixes, der die ‚körperlichere' *ratio* beziehungsweise die *sensūs* repräsentiert, welche der göttlichen *mens* gegenübersteht, die der Papst repräsentiert. Diese *ratio* wird – genau wie in der *Cosmographia* – in Form der Kammernlehre im Kontext sinnlicher und das heißt: körperlicher Wahrnehmung expliziert. Entsprechend wird Ulixes eingeführt: *Purpurat eloquium, sensus festivat Ulixem, | Intitulat morum gratia, fama beat* (Ars vers. I.52,1 f.; Übers. [Knapp]: „Beredsamkeit läßt Ulixes purpurn glänzen, Verständnis schmückt ihn, wohlgefälliger Charakter macht ihm einen Namen, Ruhm ist sein Glück."). Die sinnliche

---

welchem die Sinne zur Vermittlungsinstanz zwischen der ‚sinnlichen Welt' und dem Geist werden. Was prälapsal als Wächterfunktion gedacht war, ist postlapsal indessen zugleich Medium der Versuchung.

411 Zur Verbindung des *Intellectus* mit der Botenfunktion in Hinblick auf die Engel und Gott in Thomasîns von Zerklaere Seelenlehre vgl. bspw. auch Christoph Schanze: Tugendlehre und Wissensvermittlung. Studien zum ‚Welschen Gast' Thomasins von Zerklære. Wiesbaden 2018 (Wissensliteratur im Mittelalter 53; zugl. Univ.-Diss. Gießen 2015), hier bes. S. 219.

412 Übers. (Wetherbee): „The substance of the heart is second in dignity to the brain, though it imparts to the brain the source of its vitality. It is the animating spark of the body, nurse of its life, the creative principle of the senses and the cause of agreement among them; the central link in the human structure, the anchor of the veins, root of the sinews, and stabilizer of the arteries, mainstay of our nature, king, governor, creator, a noble lord amid the great city of his body. From the center he reaches out to the limbs and the senses, his ministers, each of which he maintains in the function assigned to it. The breast is his sacred shrine, his fitting habitation, his royal palace and imperial throne."

Wahrnehmung geht der vernunftmäßigen Verarbeitung und der eloquenten Lehre voraus: *Sensus precursor ratioque preambula linguam / Heredem faciunt dogmatis esse sui* (Ars vers. I.52,17 f.; Übers. [Knapp]: „[D]er Sinn, der voranläuft, und der Verstand an der Spitze machen die Zunge zur Erbin ihrer Lehre"). Der hier weiterhin eingeführten Hirnkammerntheorie[413] (Ventrikellehre) entspricht die Darstellung des Hirnes im Rahmen des *Microcosmus* der *Cosmographia* Bernardus' Silvestris:

> Delegisse caput propriam sapientia sedem
>   creditur et thalamis exsecuisse tribus.
> In tribus est animae ternus vigor; expedit actum
>   incommutato quisque tenore suum.
> Quae meminit postrema loco, virtus speculatrix
>   est prio, e medio vis rationis agit.
> Assistunt omnes operi, cum quinque ministri,
>   sensus, quae cernunt exteriora docent.
> Nuntius ingreditur sensus, mentemque quietam
>   evocat, ut certa res ratione probet.
> (Bernardus Silvestris: Cosmographia, Microcosmus 14,3–12)[414]

Auf diese Art repräsentieren die ersten drei Figuren der Reihe die Geistes-, Vernunfts- und Lebenskräfte des physiologischen Körpers, die zugleich in ein ständisch strukturiertes Herrschaftsmodell überführt werden, in welchem die Anbindung an die Transzendenz (Papst/Geist) über der natürlichen Lebenskraft (Caesar/Herz) und der sinnengebundenen Vernunft (Ulixes/Gehirn) steht. Alle drei stehen über dem Körper und seiner organischen Einrichtung, welcher für Ambrosius der *servus* des Hauptes ist, der dieses umherträgt. Dieser Körper und seine organischen Bedürfnisse, die drohen, den Geist und die Vernunft zu überwältigen, wird in der *Ars versificatoria* an vierter Stelle durch den Sklaven Davus

---

[413] Die oben (vgl. Kap. IV.1.1, S. 307) bereits ausführlich mit Übers. zitierte Passage der Ulixes-descriptio sei hier noch einmal wiedergegeben: *Non celle capitis in Ulixe vacant: epythetum / Officiale tenet prima, secunda, sequens: / Prima videt, media descernit, tercia servat; / Prima capit, media iudicat, ima ligat; / Prima serit, media recolit, metit ultima; tradit / Prima, secunda sapit, tercia claudit iter; / Prima ministrat opus reliquis: sunt hostia prima, / Hospicium media posteriorque domus; / Prima, secunda, sequens includit, iudicat, arcet / Obvia, visa, fugam poste, sapore, sera; / Stat medio rationis apex et utrimque salutat / Hostia sincipitis occipitisque seram. / Naturam virtute preit fidusque magister / Intimus est hominis exterioris homo: / Moribus egreditur hominem, preponderat egre / Nature sensus subvenientis honor.* (Ars vers. I.52,19–34) – Auf eine mögliche Verbindung dieser Passage zur *Cosmographia* Bernards hat bereits Ernesto Gallo: Matthew of Vendôme: Introductory Treatise on the Art of Poetry. In: Proceedings of the American Philosophical Society 118,1 (1974), S. 51–92, hier: S. 68, Anm. 11, im Rahmen seiner Übersetzung der *Ars versificatoria* hingewiesen.

[414] Übers. (Wetherbee): „One may believe that wisdom chose the head as its proper station, and divided it into three chambers. In these three are the three powers of the soul; each fulfills its function in an unalterable continuity. The faculty that remembers is at the rear, the speculative power is foremost, and reason exerts its power from the center. All share in the work when their five servants, the senses, inform them of what they perceive outwardly. A messenger of sense enters and arouses the tranquil mind to confirm the matter by sure judgement."

repräsentiert, der seinen Körper nicht zu regieren in der Lage ist und deshalb des Regiertwerdens bedarf:

> Cursitat ad mensas, post prandia torpet, amicus
> > Ventris consumit pinguia, spernit holus.
> Non malus est, sed triste malum, consumere fruges
> > Natus et ad numerum non numerale facit.
> Eius in adventu calices siccantur, egena
> > Mendicat dapibus mensa, lagena mero.
> Cui deus est venter,[415] cui templa coquina, sacerdos
> > Est cocus et fumus thura Sabea sapit,
> Lance sedet miserasque dapes incarcerat, unde
> > Pullulat extensi ventris amica Venus;
> In pateris patinisque studet, ructante tumultu
> > Et stridente tuba ventris utrimque tonat;
> Inflictis dapibus moles preturgida ventos
> > Concipit et Davus Eolus esse potest:
> Davus hians, eger ventorum turbine, fracto
> > Carcere dispensat quos cohibere nequit.
> (Matthäus von Vendôme: Ars versificatoria I.53,61–76)[416]

Diejenigen Körperfunktionen, die *Natura* und *Physis* der Scham halber an das dem Haupt entgegengesetzte Ende des Körpers verbannt haben, sind diejenigen, welche Davus definieren, wenn er als *Fecis massa, pudor nature, sarcina terre, | Mensarum baratrum* (Ars vers. I.53,57 f.; Übers. [F. D. S.]: „Kothaufen, Schande der Natur, Last der Erde, Gierschlund") bezeichnet wird. Es ist aber nicht einzig die Betonung der Ver-

---

415 Dies ist ein Paulus-Wort (Phil 3,18 f.): [18]*multi enim ambulant | quos saepe dicebam vobis | nunc autem et flens dico | inimicos curicus Christi | [19]quorum finis interitus | quorum deus venter | et gloria in confusione ipsorum qui terrena sapiunt.* – Übers. (Andreas Schwab): „[18]denn viele gehen umher, von denen ich euch oft erzählt habe. Jetzt aber sage ich weinend, dass sie Feinde des Kreuzes Christi sind, [19]deren Ende die Vernichtung, deren Gott der Bauch ist und deren Ruhm in ihrer eigenen Verwirrung liegt, die am Irdische Geschmack finden."
416 Übers. (Knapp): „Er frequentiert die Tische, erschlafft nach dem Mahl. Als Freund des Bauches verzehrt er Fettes und verschmäht Gemüse. Nicht ein Böser ist er, sondern das traurige Böse, geboren, Getreidefrüchte zu genießen, und das Zahlwort taugt nichts für die Zahl. Bei seiner Ankunft werden die Becher trocken, die der Speisen beraubte Tafel, die des Weins beraubte Flasche gehen betteln. Sein Gott ist der Bauch [Phil 3,19; F. D. S.], sein Tempel die Küche, sein Priester der Koch, und sein Dampf riecht nach dem Weihrauch von Saba; er sitzt in der Schüssel und sperrt die armen Speisen ein, woraus Venus, die Freundin des runden Bauchs, hervorkeimt. In Schalen und Schüsseln besteht seine Wissenschaft. Von beiden Enden, durch heftiges Rülpsen und aus der dröhnenden Trompete seines Bauches, läßt er sich laut vernehmen. Die geballte Masse aus hineingestopften Speisen wird mit Winden schwanger, und Davus kann Aeolus werden. Davus, nach Luft schnappend, krank vom Wirbel der Winde, verteilt aus dem geborstenen Kerker, was er nicht mehr zurückhalten kann."

dauungsfunktion, welche an das physiologische Körpermodell gemahnt, indem sie es in eine *vituperatio* überführt; ebenfalls werden die Geschlechtsorgane und ihre Funktion – in ganz ähnlichen Worten wie in der *Cosmographia* – thematisiert. Zurecht hat Garrett P. J. Epp darauf hingewiesen, dass die *Ars versificatoria* eine konventionalisierte Verbindung zwischen Völlerei und Wollust betont.[417] Die Völlerei führt bei Davus zur Erregung der Genitalien, wobei die für die Hoden gefundene Metapher der Darstellung der Zeugungsorgane am Ende der *Cosmographia* ähnelt. Diese folgt dort als letztes Element der Beschreibung ebenfalls unmittelbar auf die Darstellung des Magens und der Verdauungsfunktion. Bereits in der Darstellung der Sinne heißt es über den mit der Völlerei verbundenen Geschmackssinn (*gustus*), dass dieser die Erde des Wildes, die See der Fische und die Luft der Vögel beraube und – hofkritisch gewendet – dass der Hunger, sobald er die Höfe verlasse, die Armen verheere. Der Zunge wird der Geist entgegengestellt, mit welchem der Mensch besser ‚schmecken' solle, und so Völlerei im Sinnlichen gegen die Erkenntnis Gottes ausgespielt (vgl. Microcosmus 14,87–98). Mit dem Geschmacksinn wird der Tastsinn (*tactus*) als Medium der Wollust verglichen, welcher mit dem Geschlechtsakt verbunden wird. Der Tastsinn, heißt es, leiste Kriegs-

---

417 Garrett P.J. Epp: Learning to write with Venus's Pen: Sexual Regulation in Matthew of Vendôme's *Ars versificatoria*. In: Desire and Discipline: Sex and Sexuality in the premodern West. Hrsg. von Konrad Eisenbichler, Jacqueline Murray. Toronto 1996, S. 265–279, hier: S. 274. – Die Referenz, auf welche Epp sich bezieht, ist wiederum der *Anticlaudianus*, in dem die Verbindung zwischen Völlerei und Lust anhand des Bacchus thematisiert wird. – Als späteres Beispiel kann die *Summa contra gentiles* des Thomas von Aquino dienen, in welcher die menschliche Glückseligkeit gegen die Fleischeslust abgegrenzt wird. Hierbei werden Völlerei und Wollust enggeführt: *Ex praemissis autem apparet quod impossibile est felicitatem humanam consistere in delectationibus corporalibus, quarum praecipuae sunt in cibis et venereis* (III.27; Übers. [Allgaier]: „Aus dem bisher Gesagten ist aber ersichtlich, daß die menschliche Glückseligkeit unmöglich körperlichen Freuden besteht, deren hauptsächliche die Eßlust und die Geschlechtslust sind."). Sie ähneln sich deshalb, weil sie in der Vereinigung körperlicher Sinne mit körperlichem Begehrten bestehen, weshalb sie auch schlecht sind: *Delectationes autem praemissae consistunt in hoc quod homo secundum sensum coniungitur aliquibus se inferioribus, scilicet sensibilibus quibusdam* (Übers. [Allgaier]: „Die genannten Lüste bestehen aber darin, daß der Mensch sich seiner Sinnlichkeit gemäß mit Dingen verbindet, die tiefer stehen als er, nämlich mit irgendwelchen Sinnendingen."). Für Thomas ist die Gleichsetzung von *felicitas humana* mit der Befriedigung der Sinne ein Irrtum, welchen er den Epikureern, den Juden und den Arabern zuschreibt. Analog findet sich etwa zweihundert Jahre zuvor – also etwa zu Zeiten des Bernardus Silvestris und Matthäus' von Vendôme – in Hugos von Sankt Viktor Traktat *Pro assumptione virginis* eine Klassifikation der verschiedenen Sinne des Menschen, welche Tastsinn und Geschmackssinn als unrein qualifiziert, weil sie mit ‚Kontakt' einhergehen, während Gehör, Sehsinn und Geruch auch Wahrnehmung auf Distanz ermöglichen: *Cum enim sint quinque sensus corporei, duo, id est tactus et gustus, magis sordibus appropinquant et subiacent attamini: unde nec sinceram refectionem habere ualent sed que purgatione egeat et defecatione* (Übers. [F. D. S.]: „Es gibt also fünf körperliche Sinne, derer zwei, nämlich Tastsinn und Geschmackssinn, schlechtester Dinge nähern und durch Berührung unterliegen. Daher kommt es, dass die Befriedigung dieser Sinne nicht rein sein kann, sondern dass sie der Reinigung bedürfen."). – Auch im oben zitierten Passus aus der *Wiener Genesis* (Vv. 361–368) führt die Darstellung direkt vom Magen zu den tabuisierten Geschlechtsorganen.

dienst im Ehebett und diene dem zarten Amor (Microcosmus 14,105 f.: *Militat in thalamis, tenero quoque servit amori | tactus*).[418] Wiederum wird hierbei der Bauch ins Spiel gebracht, welchen der Tastsinn im Liebesspiel erkundet: *argute saepe probare solet | aut castigato planum sub pectore ventrem, | aut in virgineo corpore molle femur* (Microcosmus 14,106–108; Übers. [Wetherbee]: „[Touch] is fond of slyly exploring the smooth belly below the modest breast, or the soft thigh of a virginal body."). Magen und Genitalien sind über die Galle direkt miteinander verbunden:

> Talibus ad summum rationibus, olla ciborum
>   est stomachus, stomachi fel cocus, auctor epar.
> Insidet has epatis partes innata voluptas,
>   et gravis in nostra carne tyrannus amor.
>
> Corporis extremum lascivum terminat inguen,
>   pressa sub occidua parte pudenda latent.
> Iocundusque tamen et eorum commodus usus,
>   si quando, qualis, quantus oportet, erit.
> Saecula ne pereant, descisaque cesset origo,
>   et repetat primum massa soluta chaos,
> Ad Genios fetura duos concessit (et olim
>   commissum geminis fratribus) illud opus.
> (Bernardus Silvestris: Cosmographia, Microcosmus 14,149–160)[419]

Während im Rahmen der *microcosmus-descriptio* der maßvolle Gebrauch der Genitalien impliziert ist und so einerseits auf die notwendige Mäßigung im Diesseits wie auch auf den schuldlosen Gebrauch der Genitalien durch die ersten Menschen im Paradies verwiesen wird, kennen die Genitalien des unmäßig flatulierenden Davus keine Mäßigung. Wie in der *Cosmographia* werden auch seine Hoden als ‚Brüder' vorgestellt:

> Vergit ad incestum, Venus excitat egra bilibres
>   Fratres, menbra tepent cetera, cauda riget;
> Metri dactilici prior intrat sillaba, crebro
>   Impulsu quatiunt menia feda breves.

---

418 Auch in der *Ars versificatoria* (I.57,5–8) gibt es im Rahmen der Helena-*descriptio* eine direkte Verbindung zwischen dem Genital (*cella pudoris*), welches die angrenzenden Partien des Körpers verschönt (*festivat*), und dem erotischen *contactus*, welcher hierdurch angeregt wird; vgl. Kap. IV.1.1, S. 360.

419 Übers. (Wetherbee): „For these reasons, though the stomach, in highest position, is the pot for food, and the stomach's gall is its cook, the liver initiates the process. Natural desire dwells in the region of the liver, and love is a fell tyrant over our flesh. | The wanton loins terminate the lower body, and the private parts lie confined in this dark region. Their exercise will be pleasant and profitable, so long as the time, the manner, and the extent are fitting. Lest earthly life pass away, and generation be cut off, and material existence, dissolved, return to primordial chaos, propagation was made the charge of two Genii (as it was once entrusted to twin brothers)."

> Nequitia rabiem servilem predicat, actu
>   Enucleat serve conditionis opus:
> Urget blanda, furit in libera terga, rebellis
>   Nature vetito limite carpit iter;
> Imbuit innocuos vitiis, exuberat egri
>   Pectoris in multos particulata lues.
> (Matthäus von Vendôme: Ars versificatoria I.53,77–86)[420]

Epp hat darauf hingewiesen, dass die vorhandenen (englischen) Übersetzungen der *Ars versificatoria* in Hinblick auf diese Passage mehr als problematisch sind:

> Galyon has transformed what seems to be successful sodomy into an example of apparently heterosexual impotence. The *Venus aegra* ('sick Venus'), like the *aegra ratio* ('sick reason') dealt with earlier, and like Alan's 'solecistic Venus (*De planctu* pr.4.20), is homosexual desire. [...] The rebellion of Davus is not against a human hierarchy, but against Nature.[421]

Wiewohl ich mit Epp davon ausgehe, dass hier eine metaphorische *periphrasis* für Analverkehr vorliegt, halte ich es indessen aus dem Wortlaut nicht für gesichert, ob hier Sodomie zwischen Männern gemeint ist oder ob auch ‚heterosexueller' Analverkehr gemeint sein kann. Der Unterschied freilich ist – an der Ordnung der *Natura* orientiert – nur mehr ein gradueller. Mit Epp findet sich hier also der prototypische Zusammenhang zwischen dem sich selbst entgrenzenden Venus-Prinzip und der maximalen Übertretung der Gesetze der *Natura*, welchen Alanus ab Insulis in der *Klage der Natur* ausgestaltet hat.[422]

Es zeigt sich nun, dass in der Abfolge der *descriptiones*, die die *Ars versificatoria* bietet, nicht allein die Marcia-*descriptio* den Kipppunkt zwischen den beiden geschlechtlich markierten Reihen darstellt: der Figur der Marcia, die ihr Geschlecht und die weibliche Körperlichkeit durch ihre Tugend als positive Ausnahme transzendiert,[423] bildet als Anfangspunkt der weiblichen *descriptiones* das Gegenstück zu Davus. Dieser

---

[420] Übers. (Epp, Venus's Pen [1996], S. 273): „He turns to unchastity; a sick Venus arouses the two-pound brothers; the other members are warm; the tail stiffens. The first syllable of the dactylic metre enters with repeated thrust, and the short ones batter down the vile defensive walls. In his wickedness he predicates a servile madness, and by his action makes plain the burden of a slavish condition. He presses upon charming backsides, goes mad over naked backsides; rebellious, he takes the path beyond the forbidden bounds of nature. He stains the innocent with vices; this particular infection flows from his sick breast into many." – Zum Daktylus, welcher eine Erektion bedeutet, vgl. auch Marjorie Curry Woods: Classroom Commentaries. Teaching the Poetria nova across Medieval and Renaissance Europe. Columbus 2010 (Text and Context), S. 61. – Knapp, Matthaeus Vindocinensis: Ars versificatoria, S. 39, Anm. 118 f., übernimmt diese Interpretation in seine Übersetzung.
[421] Epp, Venus's Pen, S. 274.
[422] Auch Alanus gestaltet die Sünde wider die Natur über die Metapher der Metrik (vgl. Metrum 1). Vgl. hierzu Ziolkowski, Grammar of Sex, S. 60 f.
[423] Epp, Venus's Pen, S. 269, stellt zurecht fest: „In his extended description of an ideal wife (I.55), Matthew attributes these same austere virtues to the fictitious Marcia, and avoids virtually all physical description; in stark contrast to the subsequent portraits of the beautiful Helen and the ugly Beroe, there are no human *membra* here, of any description."

stellt den hierarchisch unteren Endpunkt der männlichen Viererreihe dar. Im Gegensatz zu Marcias positiver Entgrenzung des weiblichen Geschlechtes gibt er durch seine mangelnde Tugend der Schwäche seiner Körperlichkeit soweit nach, dass er Verkehr *contra naturam* praktiziert. Während Marcia also als ‚männliche' Frau zu verstehen ist, ist Davus – insofern er von seinem *homo exterior* bestimmt ist – ein ‚weiblicher' Mann.

Es ist bezeichnend, dass die ‚Entgrenzung' des Geschlechtes in der Reihe der männlichen Typen den Tiefpunkt darstellt, während sie in der Reihe der weiblichen Typen die positive Ausnahme bildet, welche den beiden folgenden Typen von Weiblichkeit – Helena und Beroe – übergeordnet wird. Diese entsprechen in ihrer Körperlichkeit beide ihrem Geschlecht, wobei Helenas schöne Körperlichkeit im Verhältnis zu Beroes hässlicher Körperlichkeit das relativ positiv(er)e Gegenstück darstellt. Während in Helenas Schönheit die prokreative Natur des Menschen ihre Erfüllung findet, welche aus einem keuschen Hippolytus einen lüsternen Priapus macht, ist Beroes Körper so hässlich, dass er nicht einmal als Erfüllungsgehilfe der Prokreation dienen kann. Die abstoßenden Köperöffnungen der Beroe, die nichts weniger tun als zum Beischlaf einladen, können derart auch nicht helfen, das „ursprüngliche Chaos" (Bernardus Silvestris: Cosmographia, Microcosmus 14,158: *primum chaos*) zu vermeiden, wie es die innerweltliche Fortpflanzung als ‚Fortschöpfung' – ‚*pro-creatio*' – im Diesseits zur Aufgabe hat. Ganz im Gegensatz dazu *sind* Beroes Öffnungen das Chaos selbst:[424]

> Turgescit stomacus scabie, quam proxima Lethe
>   Suscitat, inferni ianua, triste Chaos.
> Gibbi pernicies staturam contrahit, ‚ergo'
>   Inscriptum breviter terga tumere facit.
> Emeritis hirsuta pilis hiat olla lacune
>   Consona, sulphurei gurgitis unda rubet.
> (Matthäus von Vendôme: Ars versificatoria I.58,37–42)[425]

Es soll weder behauptet werden, dass die Reihe der *descriptiones* in der *Ars versificatoria* als Ganzes im *Microcosmus*-Modell aufgeht, noch, dass die Reihe einzig und unmittelbar durch eine Abhängigkeit von der *Cosmographia* des Bernardus Silvestris zu erklären ist. Es kann jedoch gezeigt werden, dass – diesmal im Sinne von ‚Einfluss' – gewisse Ähnlichkeiten zwischen beiden Texten bestehen, die mehr als nur zufällig erscheinen, und dass beide Texte – im Sinne diskurstheoretischer Erwägungen jenseits des ‚Einflusses' – an einem Diskursmuster partizipieren, welches körperliches Schön-

---

[424] Hier verbirgt sich eine etymologische Figur, insofern das lateinische Chaos zugleich auch ‚Kluft' und ‚Abgrund' bedeuten kann.
[425] Übers. (Knapp): „Der Magen bläht sich von Räudigkeit auf, welche erregt wird von der nahen Lethe, der Pforte der Hölle, dem traurigen Chaos. Ein verderblicher Buckel krümmt die Gestalt. ‚Ergo', abgekürzt geschrieben, läßt den Rücken geschwollen sein. Der einem Abgrund gleichende, mit alten Haaren überwachsene Topf gähnt offen, darin die rote Woge eines Schwefelpfuhls."

sein einen ganz spezifischen Ort zuweist. Das Schönsein des Leibes ist zwischen verschiedenen, homologisierbaren Feldern verspannt, von denen aus es semantisiert wird. In diese Hierarchie eingebunden gedacht, erhält die Schönheit der Frau einen dezidiert anderen Wert als jenen rein ‚laudativen', den die Forschung zu den Poetiken ihr beigemessen hat. Dass entsprechend auch die weiblichen Schönheitsbeschreibungen immer wieder das Implikat des Genitalen tragen, kann, aus dieser Perspektive gedacht, nicht mehr erstaunen.

IV.4 Resümee und Ausblick

Es hat sich gezeigt, dass die *descriptio membrorum* Kristallisationspunkt verschiedener diskursiver Strategien ist. Ihre narrative Integration in den Text erfolgt im Rahmen eines Motivierungszusammenhangs, der seine (rhetorisch-motivationale) Plausibilität aus der gesetzmäßigen Ordnung der Immanenz durch das Wirkungsprinzip der *natura* bezieht. Dieser Wirkungszusammenhang, in welchem körperliche (und zuvörderst: weibliche) Schönheit in einem kausalen Zusammenhang mit Prokreation steht, wird hier – *vice versa* – erzählend ratifiziert, zugleich legitimiert und damit – im Wortsinn – ‚naturalisiert'. Diese Legitimierung funktioniert nicht zuletzt über die Ausbildung von Randbezirken der Ausgrenzung: Die Einführung des *peccatum contra naturam* ist in der Lage, den Sündencharakter der Fleischeslust als naturgemäßes Wohlverhalten umzudeuten, wodurch Schönheit und das von ihr erzeugte Begehren zu Erfüllungsgehilfinnen der Weltordnung werden. Auf diese Art zeigt sich, dass die Darstellung körperlicher Schönheit durch die *descriptio membrorum* Teil eines anthropologischen Modells ist, auf welches diese Art von *descriptio*, die die antike Literatur in dieser Form noch nicht kennt, geschweige denn kodifiziert hätte, und die eine genuine Erfindung der neuen Poetik des 12./13. Jahrhunderts ist,[426] die Reaktion darstellt. Zwar ist sie nicht unabhängig von älteren Modellen, wie der Theoderich-*descriptio* des Sidonius Apollinaris, und steht in einer Traditionslinie zu physiologischen Körpermodellen im Anschluss beispielsweise an Galen; sie bildet indessen eine bedeutende neue Differenzierung aus, innerhalb welcher der Darstellung und der Semantik der *membra* eine neue Bedeutsamkeit zugemessen wird und in der das *bonum corporis* aus der Menge der autoritativ verbürgten Glücksgüter (Boethius)[427] isoliert wird. Sie erhält so ihren Platz im großen Dichotomisierungsprojekt der christlichen Kultur, in welchem der Körper – er sei schön oder hässlich – auf eine ganz bestimmte Art in Opposition zur Seele gebracht wird – sei sie schön oder hässlich. Diese Binarisierung, die seit Augustinus im Sinne von *homo interior* und *homo exte-*

---

[426] Vgl. hierzu Kap. IV.1–IV.1.2.
[427] Vgl. Boethius: Consolatio philosophiae, Buch 3, Prosa 2 (zitiert nach: Anicius Manlius Severinus Boethius: Trost der Philosophie. Consolatio philosophiae. Lateinisch und deutsch. Hrsg. u. übers. von Ernst Gegenschatz, Olof Gigon. 6. Aufl. Düsseldorf 2002). – Die *bona corporis* zuvor bereits bei Cicero, vgl. hierzu bspw. Bumke, Höfische Kultur, S. 420.

rior gefasst und wiederum mit weiteren Dichotomien homologisiert ist, setzt einerseits den Körper in eine Reihe mit Weiblichkeit, integriert diesen weiblich-fleischlichen Anteil jedoch in *jeden* ‚menschlichen' Körper, sodass jeder Mann und jede Frau potentiell als Hybridwesen mit Fremdanteilen diskursiviert ist. Dabei wird jedoch Zweigeschlechtlichkeit gerade nicht aufgegeben, wie es Thomas Laqueur mit seinem berühmten „one sex model" entworfen hat, sondern – im Gegenteil – in ihrer paradoxalen Struktur festgeschrieben.[428]

---

[428] Thomas Laqueur: Auf den Leib geschrieben. Die Inszenierung der Geschlechter von der Antike bis Freud. München 1996 (original als: Making Sex. Body and Gender from the Greeks to Freud. Cambridge [Mass.] 1990). – Laqueur ist verschiedentlich und zu Recht für seine Auffassung kritisiert worden, so unter anderem von Joan Cadden: The Meanings of Sex Difference in the Middle Ages. Medicine, Science, and Culture. Cambridge (USA) 1993, vgl. dort S. 3, die im Ganzen ein binäres Modell von Geschlecht entwickelt, das sich jedoch dadurch auszeichnet, dass es – paradoxerweise – auch „cases which seemed to exist outside the definitions of this duality" (ebd., S. [–i]) zu integrieren vermag. Sie konstatiert schließlich: „[T]he efforts made by medieval authors both within and outside the disciplines of natural philosophy and medicine to explain and label things in the terms of a binary language confirm that the two sexes did mark a profound and significant division of the world. [...] The terms and concepts are more than convenient analogies [...]. Their broad application suggests that the definitions and properties of female and male represented a principle which, at least partly, ordered the world" (ebd., S. 281). – Ein schlagendes Beispiel dafür, dass Geschlecht einerseits maximal und kategorial different und andererseits ineinander verschränkt denkbar ist, kann Konrad von Megenbergs *Buch von den natürlichen Dingen* bieten, in welchem die geschlechtliche Zeugung mit weiteren Binäroppositionen relationiert wird. Die Darstellung der *membra* des Körpers, mit welchen das *Buch von den natürlichen Dingen* seine Ausführungen eröffnet (Nr. I.1–44), leitet hier unmittelbar über zu Ausführungen über die Zeugung (*Wir haben nv gefeit von des menschen glidern. Nv schüll wir ain tail fagen, wie er in die werlt chom*; Konrad von Megenberg: Buch von den natürlichen Dingen I.45; 61,16 f.). Der nachfolgende Abschnitt beschäftigt sich mit der Frage, wodurch *ein fraw fwanger wert einz chnåbleinz* (I.46) und referiert einerseits, dass der Same des Mannes dann *die chraft vnd den fig* (I.46; 62,24) hat, einen Knaben zu zeugen, wenn er *haizz* und *vil* (62,23) ist. Darüber hinaus jedoch ist eine Seitenzuordnung (links – rechts) von eminenter Wichtigkeit. Das *Buch von den natürlichen Dingen* entwirft hier eine Physiologie, in der die rechte Körperhälfte heißer – und damit männlicher – ist, weshalb ein männliches Kind dann entstehe, wenn die Mehrheit des Samens *auz dem rehten gezivglein dez mannes* (I.46; 63,1 f.) stamme und *in der müter rehten feiten* (I.46; 63,2) aufgenommen wird, welche auch in der Frau die heißere ist. Daraus resultiert der Rat, *daz fich die frawen auf die rehten feiten naigen zehant nach dem werch, ob fi gern chnåblein trag*en (I.46; 63,5 f.). Auch der umgekehrte Fall gilt: stammt der Samen aus dem linken Hoden und wird *in die lenken feiten der müter* (I.46; 63,13 f.) aufgenommen, *so werd darauz ain fråwlein oder ein dirnchint* (I.46; 63,14), wobei nun Kälte einen Einfluss hat (I.46; 63,15–17). Jedoch erschöpft sich die Kombinatorik mit den beiden Zuordnungen rechts-rechts und links-links nicht: *Spring aber der favm auz dem lenken gezivglein dez mannes in die rehten feiten der müter, fo werd darauz ain månleich weip oder ein månnine. | Spring aber der favm auz dem rehten gezivglein in die linken feiten, fo werd dar auz ein weibifch man* (Konrad von Megenberg: Buch von den natürlichen Dingen I.46; 63,9–13). Offenbar fungiert hier der Ursprungsort des männlichen Samens als Determinante der letztendlichen ‚Geschlechtssubstanz' (rechter Hoden: Mann, linker Hoden: Frau), die ‚Seite' der Frau, in welche der Samen aufgenommen wird, bestimmt das hinzutretende Akzidens (rechte Seite: *månleich*, linke Seite: *weibifch*). Die ‚Binnendifferenzierung' der substantiell gedachten Geschlechter (Frau/Mann) nach hinzutretenden Akzidenzien (männlich/weiblich) ist keine Eigenheit des *Buches von den natürlichen Din-*

Wie gezeigt worden ist, wird im Rahmen des *descriptio*-Katalogs der *Ars versificatoria* des Matthäus von Vendôme also eine nach den Geschlechtern getrennte Differenzierung entsprechend der rhetorischen Kategorien *notatio* und *effictio* vorgenommen, wobei die *descriptio* des ‚inneren Menschen' (des *homo interior*, entsprechend der *notatio*) über männliche Eigennamen, die des äußeren Menschen (*homo exterior*, entsprechend der *effictio*) weiblichen Figuren zugeordnet wird (vgl. Kap. IV.1.1). In dieser Beispielreihe ist jedoch zugleich die Kopplung von *homo interior* und *exterior* im einzelnen Menschen enthalten, insofern anhand der männlichen Figuren (Papst, Ulixes) ebenso wie anhand von Marcia die Überwindung des (weiblichen) Fleisches als Tugend exemplifiziert wird, wobei die Männer (als Äquivalent zum *homo interior*) ihrem Geschlecht entsprechen, indem sie das Fleisch überwinden, Marcia (als Äquivalent zum *homo exterior*) hingegen ihr Geschlecht transzendiert (vgl. Kap. IV.1.1). Physische Schönheit erhält in dieser Reihe ihren Platz nicht als Akzidens zu Tugend – wie die Forschung es häufig pauschal behauptet hat –, sondern dient in Form der *descriptio membrorum* der konkreten Markierung von *voluptas*-auslösender Fleischlichkeit. Die *descriptio membrorum* fungiert als konventionalisiertes Sprachzeichen, welches das Implikat des (erbsündigen, schönen und prokreativen) Fleisches trägt. Dies kann so weit gehen, dass die *descriptio membrorum* als poetologische Einheit (Barthes' „Stück") die Rolle einer schamvoll entdeckenden Verhüllung erhält und die Nennung des Genitals selbst substituiert (vgl. den *Rosenroman* und das *Lob der guten Fut*; Kap. IV.2.3 u. IV.2.4). In der Regel bildet sie derart den motivationalen Kern einer Narration von (erfülltem oder verhindertem, von legitimem oder illegitimem) Beischlaf, die in der *descriptio membrorum* als Protonarrativ eingelassen ist (vgl. Kap. IV.1.2). Diese Semantisierung zeigt sich schon in der Glossierung der *Poetria nova* durch zeitgenössische Nutzer, welche die narrativen Kerne im Akt des Glossierens reimportieren. Demgegenüber sind andere Funktionalisierungen selten. Es nimmt nicht wunder, dass die Mehrzahl der *descriptiones membrorum* weiblichen Figu-

---

gen, sondern findet sich insgesamt weitverbreitet; vgl. dazu wiederum Cadden, Sex Difference, S. 169–227. Zu der aristotelisch beeinflussten Lehre vom heißen Samen aus dem rechten Hoden, die auch von Albertus Magnus vermittelt wird, vgl. hier bes. S. 195–201, zur männlichen Frau und zum weiblichen Mann vgl. ebd., S. 201–209. Es soll indessen nicht behauptet werden, dass die im *Buch von den natürlichen Dingen* vorfindliche, auf der Homologisierung dichotomer Elemente beruhende Zeugungslehre mit der Leib-Seele-Differenzierung des ‚inneren' und ‚äußeren Menschen' identisch wäre; es würde sich wohl – im Gegenteil – eher zeigen lassen, dass hier unterschiedliche Wissensbestände am Werk sind. Die Leib-Seele-Dichotomie Augustins ist im christlichen Denken früher existent als die erst mit der spät einsetzenden Aristotelesrezeption verbundene Lehre von den Körperseiten. Die Lehre von den Geschlechtsakzidenzien hat im christlichen Denken bereits Vorläufer (vgl. Cadden, Sex Difference, S. 201) und ist mit anderen als den aristotelischen Konzepten kombinierbar. Deutlich wird, dass die Verschränkung von *homo interior* und *exterior* in jedem ‚menschlichen' Körper nicht der einzige Fall ist, in dem die Ineinandersetzung von zwei einerseits kategorial getrennten, andererseits unlösbar integrierten Geschlechtsanteilen diskursiviert wird und dass sich beide Modelle insofern ähneln. Die epistemische Grundlage, die Logik des *inquantum* (vgl. Kap. II.2.2.1), ist auch hier identifizierbar.

ren attribuiert wird, wobei ihre Stellung im Rahmen der Narration nicht nach den Erfordernissen ‚realistischen' Erzählens funktionalisiert ist, sondern der unmittelbaren Motivation des Sexualaktes oder der Kennzeichnung einer Figur als ‚fleischlich' dient (vgl. Kap. IV.2.2).

Es ließe sich nun leicht eine Fülle von volkssprachlichen *descriptiones membrorum* versammeln, die diesem einfachen narrativen Muster entsprechen und es mehr oder weniger artifiziell umspielen. Die Eigenständigkeit und ‚Artifizilialität' dieser ‚Stücke' (Barthes) ist vielfach dargestellt worden. Sie betrifft die *descriptiones* in den Artusepen Chrétiens ebenso wie beispielsweise diejenige der Florîe im *Wigalois*, die bei aller metapoetischen Selbstreferenzialität doch auch dazu dient, die Zeugung des Helden durch Gawan zu begründen. Es ließe sich leicht zeigen, dass die oftmals substantielle Länge dieser *descriptiones* nicht notwendig nur mit einem ‚Hang zum *ornatus*' zusammenhängen, sondern dass – insofern die *descriptio membrorum* dasjenige Zeichen ist, welches die Motivierung der folgenden Handlungssequenz verbürgt – hier auch ein Prinzip der Proportionalität obwaltet, welches – ganz der *Ars versificatoria* des Matthäus von Vendôme entsprechend – quantitativ operiert, sodass der größte aller Kriege – der trojanische – nur durch die größte aller Schönheiten ausgelöst werden kann, welche entsprechend bei Konrad von Würzburg die längste aller *descriptiones membrorum* erhält.

Entsprechend ließe sich auch zeigen, dass männlichen Figuren eine *descriptio membrorum* – überhaupt die Attribuierung von Schönheit – nur in dem eng gesteckten Rahmen zukommt, welchen die Poetiken ihm einräumen. Dies ist in der *Ars versificatoria* – wie bereits dargestellt worden ist[429] – vor allem in dem Fall, dass der Dargestellte noch ein Knabe ist, oder im Falle, dass seine Schönheit mit seinem Tod kontrastiert werden soll, legitim. Für die schönsten Männer der mittelhochdeutschen Literatur (den jugendlichen Tristan, den bartlosen Parzival, den sterbenden Siegfried oder Christus) ließe sich dieser Zusammenhang leicht herstellen.[430] Gerade im Falle Parzivals gehen die Implikationen des schönen, weiblich konnotierten Knabenkörpers weit über eine reine Darstellung des Knabenalters hinaus. Im folgenden Kapitel soll gezeigt werden, wie auch die Existenz des Mannes von der Weiblichkeit des Fleisches umstellt ist und wie das Knabenalter des Mannes mit dem Zustand fleischlichen Seins konnotiert wird, das ihn als sein eigenes Anderes stets begleitet. Es kann hier gezeigt werden, wie und unter welchen Bedingungen dieser Körper, der zugleich das Andere im Selbst darstellt, simultan zu einem Medium radikal begrenzter Erkenntnisfähigkeit wird. Denn unter

---

429 Vgl. S. ##, inkl. Anm. ##.
430 Einen interessanten Sonderfall, für den es in den Poetiken keine Entsprechung gibt und der gesondert zu diskutieren wäre, ist der schöne alte Mann, der in volkssprachlicher Dichtung immer wieder vorkommt. Als Beispiele seien hier Karl der Große im *Rolandslied* des Pfaffen Konrad oder der *Gute Gerhard* Rudolfs von Ems genannt.

der maßgeblich durch die augustinischen Schriften vermittelten Einteilung des Menschen in *homo interior – novus – caelestis – Adam* und *homo exterior – vetus – terrestris – Eva* liegt zugleich die Tradition von Augustins Lehrer, Ambrosius von Mailand, in dessen Buch „Über das Paradies" es von derselben basalen Differenz heißt:[431]

> namque ante nos fuit qui per uoluptatem et sensum praeuaricationem ab homine memorauerit esse commissam, in specie serpentis figuram accipiens delectationis, in figura mulieris sensum animi mentisque constituens, quam αἴσθησιν uocant Graeci, decepto autem sensu praeuaricatricem secundum historiam mentem adseruit, quam Graeci νοῦν vocant. recte igitur in Graeco νοῦς uiri figuram accepit, αἴσθησις mulieris. unde et quidam Adam νοῦν terrenum interpretati sunt.
> (Ambrosius: De paradiso liber unus 2,11)[432]

Ähnlich wie Augustinus also Eva den *homo exterior*, den fleischlichen Körper, zuordnet und so das Fleisch und die fleischlichen Sinne zu einem weiblichen Prinzip macht, dem mit dem *homo interior* das männliche Prinzip des Geistes gegenübersteht, so stellt Ambrosius die Sinne selbst als weibliches Prinzip der *aisthesis* dem Geistprinzip des männlichen *nous* gegenüber.[433] Während jedoch bei Ambrosius diese *aisthesis* als *sensus animi mentis* gefasst ist und damit letztlich eine geistige Perzeption von sinnlich Wahrgenommen avisiert, das der rein geistigen Erkenntnis beigesellt ist, bindet Augustinus mit dem von ihm maßgeblich geprägten Paar *homo interior* und *homo exterior* die sinnliche Wahrnehmung an das Fleisch des Körpers, limitiert ihre Erkenntniskraft radikal und trennt sie vom Geist, um dessen Erkenntnisfähigkeit zu garantieren. Wo bei Ambrosius geistige Wahrnehmung von Sinnlichem einer höheren, nicht wahrnehmenden geistigen Kraft, dem *nous*, gegenübersteht, wird in der Anthropologie Augustins der Körper als fleischlicher Träger fleischlicher Wahrnehmungen den reinen Geisteskräften entgegengesetzt. Hier ist sowohl die

---

[431] Imig, Luzifer als Frau, hier S. 163, hat auf diese Passage im Rahmen einer kunsthistorischen Arbeit hingewiesen.
[432] Übersetzung hier nach Imig, Luzifer als Frau (2009), S. 163, Anm. 410, zitiert, die die – ungenaue – Übersetzung nach Roland Halfen: Chartres. Die Querhausportale. Schöpfungsbau und Ideenwelt im Herzen Europas. Stuttgart/Berlin 2003, S. 79, wiedergibt: „Vor uns trug jemand die Ansicht vor, dass die Verschuldung vom Menschen durch die Lust und die Sinnlichkeit begangen worden sei, indem er unter dem Bild der Schlange die Lust, unter dem Bilde des Weibes die Sinnlichkeit verstand, während er den Mann als Bild des Geistes und des Gemütes nahm. Die Sinnlichkeit nennen nämlich die Griechen ‚aisthesis'. Er führt aber auf die Täuschung durch die Sinnlichkeit die Verschuldung des Geistes zurück, welchen die Griechen ‚nous' nennen. Richtig also wird im Griechischen ‚nous' oder Geist unter dem Bild des Mannes und ‚aisthesis' unter dem Bild der Frau verstanden [...]". Es existieren zwei Übersetzung des Buches *De paradiso*, nämlich: Ambrosius: De paradiso. Übersetzung mit Erläuterungen zum Inhalt und zum literarischen Hintergrund. Hrsg. von Wolfgang Bietz. Siegburg 2013 (Studien zur Kölner Kirchengeschichte 17) und Ambrosius von Mailand: Über das Paradies. Übers. von Susanne Greiner. Freiburg i.Br. 2013 (Christliche Meister 55).
[433] Dieses Element aus *De paradiso* des Ambrosius wird durch spätere Generationen durchaus rezipiert. Das *Periphyseon* (IV,16–18) des Johannes Scotus Eriugena zitiert die Gleichsetzung von Frau und *aisthesis* und diskutiert sie ausführlich im Kontext weiterer Lehrmeinungen (Augustinus, Origenes).

wahrgenommene Kreatur als auch der wahrnehmende Sinn und das an Wahrgenommenem orientierte Denken als *carnalis* gekennzeichnet und es entsteht zwischen dem Wahrnehmendem und dem Wahrgenommenem, zwischen Kreatur und Kreatur eine Sympathie, die auf der Geschöpflichkeit der Körper beruht. In beiden Fällen ist sinnliche Wahrnehmung, also *aisthesis*, an das weibliche Prinzip gekoppelt, ist das weibliche Prinzip dasjenige, das die Sünde vermittelt. Augustinus also geht einen Schritt weiter als Ambrosius, insofern er die Homologe Frau – Sinne – Sünde zusätzlich mit Fleisch homologisiert. Von hier ausgehend sind die Konzepte wechselseitig semantisiert. Und von hieraus entsteht schließlich auch die Möglichkeit dessen, was ab dem 18. Jahrhundert ‚Ästhetik' heißen wird. Dieser Ermöglichungsgrund der Ästhetik aus der *aisthesis* ist Gegenstand der nachfolgenden Kapitel.

V Die (Selbst-)Erkenntnis des ‚aisthetischen' Subjekts: Das schöne Fleisch als Subjektivierungsform

Die Erledigung dieser Frage erfordert weitläufige Erörterung, und bis sie gelöst sein wird, strömt gleichwie aus einer unendlichen Quelle eine Menge von verschiedenen daran hängenden Nebenfragen herbei, so dass sie nicht mit Unrecht mit der Gestalt der Herkuleischen Hyder verglichen wird, deren Häupter in demselben Maasse wachsen, als sie abgehauen werden, so dass für ein abgehauenes hundert andere zum Vorschein kommen.
(Johannes Scotus Eriugena: *Periphyseon*, Buch IV, S. 45)

Im übrigen ist nichts schwerer zu begreifen als ein symbolisches Kunstwerk. Ein Symbol wächst über den, der es gebraucht, stets hinaus und läßt ihn tatsächlich mehr ausdrücken, als er wissentlich ausspricht.
(Albert Camus: *Der Mythos von Sisyphos*, Anhang)

Im vorangegangenen Kapitel ist argumentiert worden, körperliche ‚Schönheit' fungiere – oftmals *sans la lettre* – in der rhetorischen Struktur der Narrationen vor allen Dingen als Index für ‚Fleischlichkeit', welche ihrerseits Prokreativität und Weiblichkeit konnotiert. Umgekehrt muss gefragt werden, wie weitere Gegenstände jenseits des Körpers mit dem Konzept ‚Schönheit' in Verbindung gebracht werden; zudem stellt sich die Frage, wie ‚Schönheit' im Zusammenspiel der verschiedenen, durch das Sprachspiel zusammengebundenen Gegenstände ontologisiert und naturalisiert wird.[1]

Im Folgenden sollen daher verschiedene Teilbereiche befragt werden, welche bislang lediglich subkutan und implizit mitgeführt worden sind:

1. Es gilt, nach der Verbindung zu fragen, welche im Rahmen der christlichen Matrixkultur zwischen der weiblichen Schönheit und den Dingen der Welt gestiftet wird. Hierbei muss der – in Kap. II.1 angesprochenen – ‚aphasischen' Reihe (Foucault) nachgespürt werden, welche als Effekt eines epistemischen Zusammenhangs arbiträre Gegenstände der unterschiedlichsten Gegenstandbereiche zusammenzuschließen in der Lage ist.[2] Es wird im Folgenden argumentiert werden, dass die Linie, an der entlang sich die Gegenstände homologisieren, an der sich der menschliche Körper, die Blume, das Kunstwerk und die süße Frucht nebeneinander aufreihen, die Außengrenze des erbsündigen Subjektes der christlichen Pastoral ist, welches sich, der Welt und Gott Rechenschaft geben muss. Entlang dieser Demarkationslinie organisiert sich das Epitheton ‚schön' als generalisierbare Eigenschaft einer Klasse, die es selbst erst konstituiert, die jedoch keinen notwendigen, ontologischen Zusammenhalt hat. Dies ist das Ziel der Analysen und wird Gegenstand des nachfolgenden – letzten – Kapitels sein (Kap. VI).

---

1 Vgl. die Ausführungen zum Sprachspiel in Kap. II.2.1, S. 48–54.
2 Zur „aphasischen Reihe" vgl. Kap. II.1, S. 46–48, mit Bezug auf Foucault, Ordnung der Dinge, S. 17.

2. Es gilt zunächst zu zeigen, dass die auf diese Art entstehende Klasse der schönen Dinge – der *pulchra* – zugleich Anteil an der Klasse des ‚Anderen' hat, welche sich gerade nicht über ihre Einheit, sondern über ihre Vielheit organisiert. Sie tritt als oszillierende Klasse des Ausgeschlossenen, in welcher wiederum vielfältige Einschlüsse eine große Zahl an potentiellen Homologisierungen bereithalten, überhaupt erst in Erscheinung, weil sie *ex negativo* den Bereich des (christlichen) Eigenen konstituiert. Dabei – so die These – wird dieses Andere in der christlichen Matrix nicht allein als das Abjekte, sondern zugleich als (konstitutiver) Teil des Eigenen imaginiert, welcher Abjektes und Faszinosum zugleich sein kann – dies ist Gegenstand des vorliegenden und des folgenden Kapitels.

3. Es gilt zu zeigen, wie – auf Grundlage dieser Prämissen – der Zeichenwert und die Wahrheitsfähigkeit körperlicher Schönheit einerseits und das Erkenntnisvermögen des – über seine Schönheit als fleischlich markierten – Körpers selbst verfasst sind. Dabei ist auch danach zu fragen, wie – zu guter Letzt – auch der männlich markierte Körper in ein Verhältnis zur ‚Schönheit' gebracht wird. Hierbei wird zugleich zu zeigen sein, dass das ‚Andere' im Rahmen der christlichen Matrix einen – ambivalenten – Platz im ‚Eigenen' zugewiesen erhält.

Schönheit des Körpers als Diskurselement des Textes ist eben mehr als nur die variable Realisierung poetorhetorischer Topik. Sie ist – ganz im Gegenteil – vielfältig an benachbarte Diskursbereiche, an ganze Netzwerke von Sinn- und Bedeutungserzeugung angeschlossen. Sie ist rekursiv in Homologisierungen eingebunden, denen das folgende Kapitel nachzugehen versucht. Schönheit des Körpers wird hierbei als Einschreibungsfläche und Anschlussstelle für weitere kulturelle Semantiken analysiert, die den Körper und das Subjekt überziehen.

Im Zentrum steht dabei die vielfach formulierte Vorstellung eines Zusammenhangs zwischen Schönheit und Erkenntnis. Dieser ist für die germanistische Mediävistik prominent und einflussreich in Joachim Bumkes Monographie zu den Blutstropfen im *Parzival* Wolframs von Eschenbach (2001) hergestellt worden, weshalb die vorliegenden Überlegungen hier ihren Ausgangspunkt haben.[3] Sie werden im Folgenden zunächst den hier gelegten Spuren und Themen folgen und dabei zentral anhand von Wolframs von Eschenbach *Parzival*, dem *Welschen Gast* Thomasîns von Zerklaere, Rudolfs von Ems *Barlaam und Josaphat*, einem Bispel des Strickers (*Die Königin von Mohrenland*), mittellateinischen Mohammeds-Viten sowie Texten Augustinus (*De vera religione liber unus*, *De trinitate libri XV*) und Hugos von Sankt Viktor die diskursive Rahmung der sinnlichen Wahrnehmung, der *aisthesis*, untersuchen. Hierbei gilt es einerseits zu klären, welche Rolle der Wahrnehmung des Schönen in Hinblick auf eine – wie auch immer geartete – Erkenntnis spielt, und andererseits zu reflektieren, welche diskursive Valenz der Markierung des Wahrnehmenden als ‚schön' zukommt.

---

3 Bumke, Blutstropfen.

Es geht hier nicht darum, direkte Übernahmen theologischer Systeme zwischen den verschiedenen Texten (und damit etwa Wolframs Augustinus-Kenntnis[4] oder Thomasîns Hugo-Kenntnis) nachzuweisen, sondern vielmehr darum, gewisse strukturelle Parallelen zu analysieren, die auch zwischen solchen Texten existieren, die keinen direkten Einfluss aufeinander haben, sondern die isolierte Elemente eines gemeinsamen diskursiven Feldes sind.[5] Zur Aufarbeitung dieses diskursiven Feldes schien es daher geboten, die in der Forschung immer wieder hergestellten Bezüge ernst zu nehmen und auch der Erarbeitung des theologischen Diskurses im Konzert der Texte einen größeren Raum zuzugestehen.

V.1 Der schöne Körper und die Wahrnehmung des Schönen (*aisthesis*): Erkenntnis von Kreatur und Kreator im *Parzival*

Se la pupilla inferma
Non può fissarsi al sole,
Colpa del sol non è:
Colpa è di chi non vede,
Ma crede in ogni oggetto
Quell'ombra, quel difetto,
Che non conosce in sé.
(Metastasio: *La Passione di Gesù Cristo*, Parte 2ᵃ)

Es gibt im *Parzival* Wolframs von Eschenbach mehrere Passagen, die den Zusammenhang von sinnlicher Wahrnehmung und (Gottes-)Erkenntnis explizit zum Thema zu machen scheinen und insofern an einem Diskurs über die Erkenntniskraft der *aisthesis* partizipieren.[6] In diesem Zusammenhang spielt auch der schöne Körper eine besondere Rolle und zwar sowohl als Erkenntnissubjekt wie auch als Erkenntnisobjekt. Joachim Bumke hat in seiner *Blutstropfen*-Monographie den Seh-Akt, in welchem der schöne Parzival drei Blutstropfen im Schnee wahrnimmt, und den Erkenntnisakt, in welchem

---

4 Es ist schon früh und lange vor Bumke versucht worden, den *Parzival* mit der Theologie Augustins in Verbindung zu bringen. So hat schon etwa Peter Wapnewski: Wolframs Parzival. Studien zur Religiosität und Form. Heidelberg 1955, hier bes. S. 74–114, für den unmittelbaren Einfluss der Augustinischen Schriften auf den *Parzival* votiert. Dass die Forschung hiervon wieder abgekommen ist, mag nicht zuletzt auch daran liegen, dass die Versuche oftmals von dem Bestreben geprägt waren, eine Eindeutigkeit der Bezugnahme herzustellen, die im Ganzen nicht belastbar war.
5 Ähnlich verfährt jüngst auch Antje Sablotny: Zeit und âventiure in Wolframs von Eschenbach *Parzival*. Zur narrativen Identitätskonstruktion des Helden. Berlin/Boston 2020 (Deutsche Literatur. Studien und Quellen 34), vgl. hier S. 157, die die *Confessiones* des Augustinus in Bezug zum *Parzival* setzt.
6 Vgl. hierzu grundlegend Joachim Bumke: Wahrnehmung und Erkenntnis im *Parzival* Wolframs von Eschenbach. In: Text und Kultur. Mittelalterliche Literatur 1150–1450, Hrsg. von Ursula Peters, Stuttgart/Weimar 2001 (Germanistische Symposien. Berichtsbände [DVjs] XXIII), S. 355–370.

die Figur die rote Farbe auf weißem Grund mit der Schönheit ihrer Gattin Condwîr âmûrs in Verbindung bringt, explizit in Beziehung zu einer zeitgenössischen Theorie der Ästhetik gebracht,[7] welche im hier weiterhin explizierten Sinne vielleicht eher als *aisthesis* gefasst werden sollte:

> Bei Wolfram liegt der Schwerpunkt auf dem Erkenntnisprozeß [...]. [...] In seinen Gedanken stellt Parzival die Frage nach dem Urheber des schönen Bildes aus Licht und Farbe, das er vor sich sieht; und dieser Gedanke führt ihn zu Gott. In der Schönheit der geschaffenen Welt offenbart sich die Schöpferherrlichkeit Gottes.[8]

Das Postulat, dass die Reflexion des sinnlich Wahrgenommenen und der Schönheit seiner geliebten Ehefrau zur Erkenntnis Gottes führt, ist zentral und insgesamt in der Forschung vielfach adaptiert worden, steht aber freilich in einem Widerspruch zu dem anschließenden Handlungszug, der mit Cundrîes Schelte beginnt und in dem Parzival einem dezidierten Gotteshass verfällt. Bumke muss diesen Umstand als Kontrastwirkung zwischen zwei verschiedenen Prozessen, nämlich einem ‚ästhetischen' einerseits und einem ‚rationalen' andererseits, erklären:

> Die Zuhörer sollten sicherlich bemerken, daß diese Art der Gotteserkenntnis in krassem Widerspruch steht zu der Art und Weise, wie Parzival im Zustand der wiedergewonnenen Vernunftbeherrschung noch am selben Tag über Gott spricht, nachdem ihn der Fluch Kundries getroffen hat.[9]

Bumke geht also von einer durch die sinnliche Anschauung gewonnenen, unmittelbaren Gotteserkenntnis aus, welche dem „Vernunftschluß" überlegen sei. Es wird aber spätestens hier – bei Bumke allerdings nur implizit – die begrenzte Reichweite der Gotteserkenntnis durch *aisthesis* deutlich, wenn diese dem falschen, ebenfalls nicht zu Gott führenden Vernunftschluss weicht, in welchem Parzival reflektiert, dass er von seinem Schöpfer verlassen sei, da dieser ihm in Munsalvæsche nicht geholfen habe, obgleich seine Mutter gesagt hatte, Gott helfe immer. Bumkes Folgerung lautet gleichwohl:

> Den Zuhörern dürfte klar geworden sein, daß der Vernunftschluß Parzival zu einer Erkenntnis über Gott führt, die dümmer nicht sein kann, während die ‚unvernünftige' liebende Betrachtung des schönen Farbbilds im Schnee ihn zu einer Einsicht von großer Bedeutung gelangen lässt.[10]

---

7 Dieser Erkenntnisakt wird von Bumke, Blutstropfen, S. 46, konkret in den Zusammenhang zu einer „platonischen Ästhetik" gebracht, in welcher es „ein zentraler Gedanke" gewesen sei, „daß der Anblick der Schönheit des geliebten Menschen zugleich ein Akt der Selbsterkenntnis ist." Selbsterkenntnis und Gotteserkenntnis werden indessen zwar von der Theologie immer wieder in Zusammenhang gebracht, sie sind aber hier nicht identisch. Dies wird im Folgenden zu diskutieren sein. – Dahinter steht etwa auch eine verallgemeinernde Tendenz, wie sie sich bei Schnell, Causa amoris, S. 165, findet: „Das philosophische Fundament für solche Rechtfertigungsversuche sexueller Liebe bildet sicher auch der christliche Neuplatonismus und die Schule von St. Viktor: die Schönheit dieser Welt führt zu Gott hin. In der Schönheit einer Frau scheint die göttliche Schöpferkraft durch."
8 Bumke, Blutstropfen, S. 45 f.
9 Ebd., S. 46.
10 Ebd.

Indem nun Bumke das Misslingen des ‚Vernunftschlusses' fokussiert, impliziert er zugleich eine zwar wirkungslose, aber prinzipiell gelingende Gotteserkenntnis durch „unvernünftige" *aisthesis* und postuliert dieserart eine Aufwertung der sinnlichen Wahrnehmung, ja sogar eine Priorität derselben gegenüber dem falschen „Vernunftschluß", welche bei genauerer Betrachtung zumindest problematisch erscheinen muss. Es stellt sich nämlich die Frage, was Parzival wirklich erkennt, wenn er die Blutstropfen im Schnee fokussiert.

V.1.1 Die falsche Transzendenz: Erfolglose *aisthesis* in Chrétiens *Conte du Graal* und Wolframs *Parzival*

Parzival wird im Verlauf seines Weges immer wieder als Figur vorgeführt, deren aisthetische Erkenntnis misslingt,[11] weil ihm als Schlüssel das universale Lexikon Adams fehlt, um die Dinge, die er sieht, richtig zu benennen und damit richtig zu verstehen. Dieser Aspekt ist schon im französischen Prätext vorhanden und durchgeführt.

Obgleich es nötig scheint, den – in der germanistischen Mediävistik vor allem in der Nachfolge Rosario Assuntos und Ingrid Hahns[12] – zu hoch veranschlagten Einfluss der pseudo-dionysianischen Schönheits- und Lichttheologie auf die weltlichen Schönheitsdarstellungen der höfischen Erzähltexte kritisch zu hinterfragen, so muss doch

---

11 Zu einer sehr ähnlichen Einsicht ist bereits Hartmut Bleumer: Wahrnehmung literarisch. Ein Versuch über ‚Parzival' und ‚Tristan' In: Das Mittelalter 8 (2003), S. 137–155, hier bes. S. 143–149, gelangt, der schreibt: „Auf ähnliche Weise [= wie in Parzivals erster Ritterbegegnung; F. D. S.] führen auch die Lehren Herzeloydes bei Parzival später zu Wahrnehmungs- und Handlungsfehlern", welcher indessen die hier in Rede stehenden Passagen nicht analysiert. Er konstatiert mithin, dass hinter der falschen Wahrnehmung der Ritter die Unfähigkeit Parzivals zur Differenzierung zwischen Transzendenz und Immanenz steht, welche die Klärung der Frage *waz ist got?* (Pz 119,17) verunmöglicht: „Parzival wird durch einen Eindruck irritiert, der sich mit seinem Vorwissen nicht deckt, und beginnt daher zu fragen. Aber auch die nun folgende Antwort ist für den Frager zu komplex, sie überschreitet das vorhandene, rudimentäre System seiner Wahrnehmungsmuster und produziert dadurch weitere Missverständnisse, die wiederum neue Fragebewegungen auslösen. So handelt es sich bei Herzeloydes Antwort um übertragene Rede, deren Doppelsinn Parzival nicht zu erkennen vermag. Er versteht die Aussagen rein referentiell: Gott ist heller als der Tag und hat menschliche Gestalt angenommen, Parzival soll ihn gegen seine Not um Hilfe anflehen (Pz 119, 19–24). In diesen Worten steht das Licht im übertragenen Sinn für jene Verheißung auf Erlösung, die in der Menschwerdung Gottes liegt. Aber Parzival nimmt die Rede wörtlich auf, die Erklärung wird dadurch zu einem Wahrnehmungsmuster der Realität: Als der Knabe im Wald den lichten Rittergestalten begegnet, hält er diese für Gott und fleht sie um Hilfe an, wie dies in den Worten der Mutter angedeutet zu sein schien" (ebd., S. 145 f.).
12 Vgl. etwa Wandhoff, Kosmische Strahlung, S. 15–36, der eine direkte Verbindung zwischen der „Lichtmetaphorik" des Christentums und Darstellung des Strahlens und Glänzens in volkssprachlicher Literatur zieht. Zu Parzivals Begegnung mit den glänzenden Rittern vgl. hier S. 23 f.

mindestens für einen Fall eine sehr offenkundige Entsprechung zu *De cælesti hierarchia* konstatiert werden, die sich in Chrétiens de Troyes *Conte du Graal* findet und von hier aus – indirekt – in die deutschsprachige Literatur wirkt. Für die Begegnung des jungen Perceval mit den fremden Rittern, welche seinen Fortgang von der Mutter zur Folge hat, ist bereits von Felicitas Olef-Krafft im Kommentarteil zu ihrer Ausgabe des *Conte* ein Bezug zum Corpus Dionysiacum hergestellt worden, der allerdings vielleicht zu pauschal ausfällt, in seiner Vagheit jedoch kennzeichnend für die Rezeption der pseudo-dionysianischen (Licht-)Theologie durch die Vermittlung Rosario Assuntos ist:

> Die platonische, dem Mittelalter insbesondere durch die neuplatonischen Areopagita-Übersetzungen (des Johannes Scotus Eriugena) vermittelte Auffassung der Identität des Schönen, Wahren und Guten hat zur Konsequenz, daß Gott als Inbegriff des Guten und Wahren zugleich auch als die vollkommenste Schönheit zu begreifen ist, so z. B. bei Robert Grosseteste (1168–1253): ‚Deum videbis non alia forma formosum, sed ipsam formositatem omnis formosi'. Vgl. R. Assunto, *Die Theorie des Schönen im Mittelalter*, Köln 1963, S. 40 ff.[13]

Tatsächlich jedoch können hier die Bezüge einmal deutlich direkter gesetzt werden, als allgemein das metaphorische Inventar der Darstellung körperlicher Schönheit durch das Bildfeld des ‚Leuchtens' und ‚Strahlens' auf Gott als die *vera lux* (Io 1,9) zurück zu beziehen, wie es andernorts geschieht.[14] Im vorliegenden Fall kann eine relativ direkte

---

13 Chrétien de Troyes: Le Roman de Perceval ou Le Conte du Graal. Der Percevalroman oder Die Erzählung vom Gral. Übers. u. hrsg. von Felicitas Olef-Krafft. Stuttgart 2009, S. 530 f. Nach dieser Ausgabe werden der altfranzösische *Perceval* und seine Übersetzung im Folgenden zitiert. – Diese Auffassung, die das göttliche Licht mit dem immanenten Licht problemlos verbindet, findet sich auch schon vor Assunto, etwa bei Otto Georg von Simson: Über das Religiöse in Wolframs ‚Parzival'. In: Wolfram von Eschenbach. Hrsg. von Heinz Rupp. Darmstadt 1966 (Wege der Forschung 57), S. 207–231 (zuerst veröffentlicht in: Arnold Bergsträsser [Hrsg.]: Deutsche Beiträge zur geistigen Überlieferung. München 1953, S. 25–45), hier S. 213 f.: „Auf dieses [göttliche; F. D. S.] Licht weisen die Schönheit der Welt, der Glanz der höfischen Kultur".
14 Vgl. etwa Kraß, Geschriebene Kleider, S. 151–157. Hier heißt es etwa, ebd., S. 153 f.: „Die wesentlichen Elemente der mittelalterlichen Ästhetik – die qualitative Kategorie des Lichts und der Farbe [...] – blieben freilich nicht auf die geistliche Sphäre beschränkt. Wie sich an literarischen Kleiderbeschreibungen zeigen läßt, konstituieren sie auch den weltlich-profanen Schönheitsbegriff", und – über die *descriptio* aus Galfreds von Vinsauf *Poetria nova* – weiter (ebd., S. 154): „Die Art und Weise, wie die Lichtwirkung beschrieben wird, die vom Körper der Dame erstrahlt und von ihrer Kleidung reflektiert wird, verweist auf den neuplatonischen Horizont, in dem sich die Beschreibung bewegt." – Schon in der immer wieder rezipierten Arbeit von Hanspeter Mario Huber: Licht und Schönheit in Wolframs ‚Parzival'. Zürich 1981, S. 114–129, wird diese Beziehung zwischen der *vera lux* und der Immanenz hergestellt, sodass hier etwa die Schönheit des Anfortas als „ein Abglanz des göttlichen Lichtes" (ebd., S. 124) verstanden werden kann. Die Folgerung ist, ebd., S. 127: „Die lichte Schönheit von Wolframs Menschen meint, dass der Mensch schön ist, weil er das unähnliche Abbild seines Schöpfers ist", sodass es schließlich heißen kann, ebd., S. 129: „Der göttliche Bildner schafft auch die schönsten Menschen im weltlichen Bereich. Er ist der Urheber aller menschlichen Schönheit." Vgl. im Anschluss hieran und im Rekurs auf verschiedene theologische Texte etwa auch Brinker-von der Heyde, Geliebte Mütter, S. 75–88. Die umstandslose Gleichsetzung des immanenten Lichtes mit der *vera lux* aus Io 1,9 und der Lichtarchitektur des Sakralbaus findet sich hier S. 77, inkl. Anm. 90.

inhaltliche Parallele zwischen Ps.-Dionysius und dem *Perceval* gezeigt werden, in welcher es um den Glanz von ‚Männern' geht, die fälschlich für Engelswesen gehalten werden. Im Rahmen der sogenannten negativen Theologe wird bei Pseudo-Dionysius radikal jede Ähnlichkeit der Transzendenz mit den Begriffen und Dingen (*res, creatura*) der Immanenz bestritten, was – besonders auch in *De divinis nominibus* – dazu führt, dem Göttlichen im Sprechen über das Göttliche möglichst unähnliche Bilder und Namen beizulegen, damit die Gefahr einer Verwechslung der Transzendenz mit der Immanenz von vorneherein gebannt ist.[15] In den *Expositiones in ierarchiam coelestem* des Johannes Scotus Eriugena (9. Jh.) wird eine Stelle aus dem Text des Ps.-Dionysius wie folgt kommentiert:

> IN QUIDEM ENIM PRETIOSIORIBVS SACRIS FORMATIONIBVS CONSEQVENS EST SEDVCI AVRIFORMES QVASDAM ESTIMANTES ESSE CELESTES ESSENTIAS, ET QVOSDAM VIROS FVLGOREOS, DECORA INDVTOS VESTIMENTA, CANDIDE ET IGNEE INNOCVEQVE RESPLENDENTES, ET QVIBVSCVMQVE ALIIS SMILIBVS IMAGINATIS FORMIS THEOLOGIA CELESTES FIGVRAVIT INTELLECTVS. In pretiosis, inquit, hoc est pulchris natureque similibus sanctis imaginationibus, facillime possunt seduci qui existimant celestes substantias aureas habere formas, et quosdam uiros luculentos ibi esse, qui pulchra induti sunt uestimenta, quique candido colore et igneo, innucuo tamen, resplendent, aliasque similes imaginatas formas humanorum corporum configurationibus similes habitare celestia fingunt, spiritualium et inuisibilium uirtutum intelligibiles naturaliter substitutiones nec recte cogitare, nec pure cognoscere ualentes; et, quod est miserabilius, uix in humana multitudine paucissimus sapientum numerus inuenitur, qui tali errore seduci non possit, falsa pro ueris approbare respuens.
>
> (Johannes Scotus Eriugena: Expositiones in
> ierarchiam coelestem II, 607–624)[16]

---

15 Vgl. zur Theologie des *Corpus Dionysiacum* einführend Flasch, Das philosophische Denken, S. 88–94, hier S. 91: „Das Wort ‚negative Theologie' kann vielfache Bedeutungen annehmen. Bei Dionysius bezeichnet es ein Nachdenken über das Missverhältnis zwischen allen unseren, auf Vielheit und Gegensatz beruhenden, Benennungen und der göttlichen Einheit. Dionysius dachte die negative Theologie nicht als Komplement zur ‚positiven' Theologie, sondern als deren Wahrheit." Weiterhin ebd., S. 92: „‚Mystische Theologie' – das bedeutet also im Anschluss an Dionysius das Nachdenken über den befangenen, weil in Gegensätzen verbleibenden Charakter unseres Redens vom Einen. [...] ‚Mystische Theologie' bedeutet die Aufforderung, sinnliche Zeichen als Zeichen zu nehmen und über alles Gegebene zum Nicht-Gegebenen, zum unbestimmbaren Einen, aufzusteigen. Dies setzt nach Dionysius ‚Reinigung' voraus, also Abkehr von der affektiven und kognitiven Anhänglichkeit an die sinnlichen Dinge. Nur wenn man das wahre Glück vom sinnlichen Genuss, das reine Denken von der Phantasievorstellung unterscheide und seine Lebensrichtung auf das Nicht-Gegebene gründe, könne man die ‚Erleuchtung' erfahren". – Zur Rezeption des *Corpus Dionysiacum* bei Johannes Scotus Eriugena vgl. ebd., S. 96 u. 184. – Vgl. zudem Walter Haug: Das dunkle Licht. Lichtmetaphorik und Lichtmetaphysik bei Dionysius Areopagita, Johannes Scotus Eriugena und Nicolaus Cusanus. In: ders.: Positivierung von Negativität. Letzte kleine Schriften. Hrsg. von Ulrich Barton. Tübingen 2008, S. 271–285, hier zum irdischen Licht und den Engeln bes. S. 276 f. Haug setzt eine „radikale Differenz" (ebd., S. 277) zwischen Transzendenz und Immanenz an und begründet so „Ähnlichkeit bei je größerer Unähnlichkeit" (ebd., S. 276).
16 Iohannis Scoti Erivgenae Expositiones in ierarchiam coelestem. Hrsg. von Jeanne Barbet. Turnholt 1975 (Corpvs Christianorvm. Continvatio Mediaevalis 31). – Übers. (Marco Mattheis, Berlin): „Bei edleren heiligen Darstellungen passiert es, dass man in die Irre geführt wird, indem man glaubt, dass ir-

Es geht hier um die Unähnlichkeit der sprachlichen Gleichnisse mit den göttlichen Wahrheiten und der Pseudo-Dionysius-Text fordert dazu auf, die zu weltlich gedachten Analogien abzustreifen, um zu göttlicher Wahrheit über sprachliche Unähnlichkeit zu gelangen.

Auch Hugo von Sankt Viktor, der knapp dreihundert Jahre nach Johannes Scotus, in der ersten Hälfte des 12. Jahrhunderts, die *Himmlischen Hierarchien* des Ps.-Dionysius erneut ins Lateinische überträgt, kommentiert diese Stelle ähnlich:

> Quapropter, inquit, ‚non estimo quemquam bene sapientium contradicere' hoc, quod ‚dissimiles similitudines magis nostrum animum' ad veritatem ‚reducunt', quia QVIDEM CONSEQVENS EST PER PRECIOSIORES SACRAS FORMATIONES SEDVCI, id est ‚consequi' uel prouenire uel contingere potest facile ut, ‚per' illas ‚sacrarum' rerum ‚formationes' quae ‚preciosiores' representantur in sacro Eloquio, ‚seducantur' cogitationes hominum, ESTIMANTES QVASDAM CAELESTES ESSENTIAS ESSE AVRIFORMES, sicut in quibusdam locis Scripturarum per similitudinem representantur; ET existimantes etiam in caelo esse QVOSDAM FVLGVREOS VIROS DECORA INDVTOS VESTIMENTA, quemadmodum angeli apparuisse leguntur splendidis uestibus et uultibus fulgoreis, CANDIDVM, ET IGNEVM INNOCVE RESPERGENTES, id est emittentes uel fundentes claritatem, et lumen, ‚candidum' quidem quantum ad uestimenta, et ‚igneum' quantum ad uultus flammeos et ardentes, ‚innocue', id est sine lesione, contestante in hoc ipso diuino miraculo, quia in diuinis et caelestibus naturis, quae hic demonstrantur per speciem, aliter illic sunt secundum ueritatem, in quibus naturae uisibilis species cernitur, effectus non inuenitur.
>
> (Hugo von Sankt Viktor: Expositiones in ierarchiam coelestem III,835–853)[17]

---

gendwelche himmlischen Wesen golden seien, und irgendwelche Männer blitzend, in anmutige Kleider gehüllt, weiß und feurig erstrahlend, ohne Schaden anzurichten, oder mit was auch immer für anderen ähnlichen Vorstellungen die Theologie himmlische Begriffe ausgedrückt hat. || In edlen, also schönen und der Natur ähnelnden heiligen Bildern, können leicht diejenigen in die Irre geführt werden, die glauben, dass himmlische Wesen goldene Gestalt hätten, und dass dort irgendwelche glänzenden Männer seien, die mit schönen Kleidern angetan sind und die in weißer und feuriger, dennoch unschädlicher Farbe erstrahlen; und andere ähnliche erdachte, den Formen menschlicher Körper gleichende Gestalten lassen sie den Himmel bewohnen, ohne in der Lage zu sein, die der menschlichen Natur begreiflichen Substitutionen geistlicher und unsichtbarer Tugenden richtig zu erwägen oder sauber zu verstehen. Und was noch bedauernswerter ist: In der Menschenmenge findet man kaum eine winzig kleine Zahl an Weisen, die sich von einem solchen Fehler nicht in die Irre führen lässt und es nicht hinnimmt, Falsches für Wahres anzuerkennen." – Über die Verbreitung und Wirkung der *Expositiones* des Johannes Scotus lässt sich nur spekulieren. Die Überlieferung ist relativ schmal, erhalten ist nur eine vollständige Hs. aus der Mitte des 12. Jhs. sowie fünfzehn unvollständige (vgl. ebd., S. XII–XXV). Gleichwohl scheint Hugo von St. Viktor bei der Arbeit an seiner *Expositio* über die *Himmlischen Hierarchien* der Text vorgelegen zu haben, wie Heinrich Weisweiler: Die Ps.-Dionysiuskommentare ‚in Coelestem Hierarchiam' des Skotus Eriugena und Hugos von St. Viktor. In: Recherches de théologie ancienne et médiévale 19 (1952), S. 26–47, plausibel gemacht hat, was für eine gewisse Verfügbarkeit sprechen könnte. Das *Periphyseon* des Johannes kannte Hugo offenbar, denn in seinem *Didascalicon* (III.2) wird es eigens erwähnt.

17 Hier und im Folgenden zitiert nach: Hvgonis de Sancto Victore Svper ierarchiam Dionisii. Hrsg. von Dominique Poirel. Turnhout 2015 (CCCM 178). – Übers. (Marco Mattheis, Berlin): „Deshalb, sagt er, glaube ich nicht, dass irgendein weiser Mensch dem gut widersprechen kann, dass unähnliche Ähnlichkeiten unseren Geist mehr zur Wahrheit führen. Denn: ES IST FOLGERICHTIG, DASS MAN DURCH

Noch Robert Grosseteste schließt in seinem Kommentar der *Himmlischen Hierarchien* (ca. 1239–1242) an die Diskussion der entsprechenden Passage die spöttische Frage an, ob derjenige, der bereit sei, himmlische Substanzen (*celestes substancie*) für goldglänzend, feurig oder sonnenhaft leuchtend zu halten, auch bereit sein werde, sie für pferdehaft, ochsen- oder löwengestaltig zu halten.[18]

Es bedarf nicht des direkten Einflusses der pseudo-dionysischen Lichttheologie auf Chrétien, welchen die Forschung indessen immer wieder behauptet hat, um die theologische Skepsis gegenüber immanentem ‚Glanz', der die Engelsnatur täuschend fingiert, zu begründen. Die Warnung vor dem Glanz und den falschen (häretischen oder heidnischen) Theurgen findet sich auch in Augustins *De civitate Dei*:

> Quod enim qui has sordidas purgationes sacrilegis ritibus operantur quasdam mirabiliter pulchras, sicut iste commemorat, uel angelorum imagines uel deorum tamquam purgato spiritu uident (si tamen uel tale aliquid uident), illud est, quod apostolus, dicit: *Quoniam satanas transfigurat se uelut angelum lucis* [II Cor 11,14; F. D. S.]. Eius enim sunt illa phantasmata[.]
> (Augustinus: De civitate Dei X.10.30–36)[19]

HEILIGE DARSTELLUNGEN VERFÜHRT WIRD, WENN SIE BESONDERS PRÄCHTIG SIND. Das heißt: es folgt, dass es vorkommt oder leicht passieren kann, dass durch jene Darstellungen heiliger Dinge, die in der heiligen Schrift besonders prächtig dargestellt werden, die Gedanken der Menschen verführt werden. UND ZWAR, DA MAN GLAUBT, DASS GÖTTLICHE WESEN EINE GOLDENE GESTALT HÄTTEN, wie sie an einigen Stellen der Schriften in Form eines Gleichnisses beschrieben werden. Und indem sie glauben, dass auch im Himmel BLITZENDE MÄNNER ANMUTIGE KLEIDER TRÜGEN, so wie man von Engeln liest, dass sie in glänzenden Kleidern und mit blitzenden Gesichtern erschienen seien, UND DABEI WEISSEN UND FEUERROTEN SCHIMMER VERSPRÜHEN, OHNE SCHADEN ANZURICHTEN, das heißt hellen Schimmer und Licht ausstrahlend oder ausgießend. Der helle Schimmer bezieht sich auf die Kleider, und der feurige Schimmer auf das flammende und brennende Gesicht. Ohne Schaden anzurichten meint ‚ohne Verletzungen zu erzeugen'. Als Beweis hierfür wird das göttliche Wunder selbst angeführt, dass in göttlichen und himmlischen Naturen, die hier über ihre äußere Gestalt beschrieben werden, es sich anders mit der Wahrheit verhält. Bei ihnen ist eine sichtbare Gestalt der Natur zu erkennen, aber keine Auswirkung zu finden."

18 Vgl. Roberti Grosseteste Episcopi Lincolniensis Versio Caelestis Hierarchiae Psevdo-Dionysii Areopagite. Cum scholiis ex graeco svmptis necnon commentariis notvlisque eivsdem lincolniensis. Hrsg. von Declan Anthony Lawell, James McEvoy, James Santley McQuade. Turnhout 2015 (CCCM 268), hier S. 47, Z. 61–64. – Zur Datierung dieses Kommentars vgl. ebd., S. XIX.

19 Übers. (Thimme): „Denn wenn jene Leute, die mit ihren schändlichen Praktiken schmutzige Reinigungen vornehmen, wie Porphyrius behauptet, mit angeblich gereinigtem Geiste gewisse wunderbar schöne Erscheinungen von Engeln oder Göttern wahrnehmen, so gilt hier, falls das wirklich zutrifft, was der Apostel sagt: ‚Denn er selbst, der Satan, verstellt sich zum Engel des Lichts [II Cor 11,14; F. D. S.].' Denn auf ihn sind diese Blendwerke zurückzuführen."

Demgegenüber ist bei Augustinus die Natur der Engel als prinzipiell unkörperlich gedacht, weshalb jedes Denken, das in körperlicher Anschauung und Vorstellung verharrt, als falsch abgewiesen wird.[20]

Es ist dieser Fehler, in den Gleichnissen der innerweltlichen Anschauung zu verharren, den der *Conte du Graal* Chrétiens vorführt, wenn der junge Perceval direkt zu Beginn der Erzählung die strahlenden, glänzenden, farbigen und laut tönenden Reiter für Engel hält. Die Analogien zur zitierten Pseudo-Dionysius-Stelle von den gold- oder lichtglänzenden, blitzenden, prächtig in strahlende Kleider gehüllten Männern, ist offenkundig und scheint als gezielte Anlehnung an eine zeitgenössische Angelologie, die die Körperlichkeit der Engel einerseits und das immanente Glänzen der Transzendenz ablehnt, ein Modus zu sein, in welchem Percevals mangelnde Einsicht in den rechten Glauben und die Ordnung der Schöpfung zur Darstellung kommt:

> [...] quant il les vit en apert,
> Que du bois furent descovert,
> Et vit les haubers framïans
> Et les elmes clers et luisans,
> Et vit le blanc et le vermeil
> Reluire contre le soleil,
> Et l'or et l'azur et l'argent,
> Si li fu molt bel et molt gent,
> Et dist: ‚Ha! sire Diex, merchi!
> Ce sont angle que je voi chi.
> Et voir or ai je molt pechié,
> Ore ai je molt mal esploitié,
> Qui dis que c'estoient deable.
> Ne me dist pas ma mere fable
> Qui me dist que li angle estoient
> Les plus beles choses qui soient,
> Fors Diex qui est plus biax que tuit.
> Chi voi je Damedieu, ce quit,

---

20 Man vgl. bspw. eine Stelle aus Augustinus: Confessiones IV.16.31: *Sed quid mihi hoc proderat putanti, quod tu, domine deus veritas, corpus esse lucidum et immensum et ego frustum de illo corpore? Nimia perversitas!* (Übers. [Flasch, Mojsisch]: „Was nützte mir all das schon, der ich doch annahm, du Herr und Gott, du, die Wahrheit, seiest ein leuchtender, riesiger Körper und ich sei ein Stückchen davon? Welch eine widersinnige Vorstellung!") sowie weiterhin in den *Confessiones* (VII.5.7), wo es über die eigene körperhafte und daher falsche Vorstellung von den Engeln heißt: [...] *sed etiam ipsa, quasi corpora essent, locis et locis ordinata, ut imaginatio mea; et feci unam massam grandem distinctam generibus corporum creaturam tuam, sive re vera quae corpora erant, sive quae ipse pro spiritibus finxeram, et eam feci grandem, non quantum erat, quod scire non poteram, sed quantum libuit* (Übers. [Flasch, Mojsisch]: „Aber auch sie [= die Engel; F. D. S.] stellte ich mir, als wären sie Körper, räumlich angeordnet vor. Ich machte aus deiner Schöpfung eine einzige große Masse, in sich unterschieden nach den Arten der Körper – mochten es wirkliche Körper sein oder von mir selbst den Geistwesen angedichtete. Und ich machte sie groß, nicht so groß, wie sie wirklich war, denn das konnte ich nicht wissen, sondern nach Belieben[.]").

> Car un si bel en i esgart
> Que li autre, se Diex me gart,
> N'ont mie de biauté la disme.
> Ce me dist ma mere meïsme
> Qu'en doit Dieu sor toz aorer
> Et supplier et honorer,
> Et je aor[e]rai cestui
> Et toz les angles aprés lui.'
> Maintenant vers terre se lance
> Et dist trestoute sa creance
> Et oroisons que il savoit,
> Ques a mere apris li avoit.
> (Chrétien: Conte du Graal, Vv. 127–158)[21]

Hierbei ist es nicht allein der Umstand, dass Perceval, der Lehre seiner Mutter folgend, göttliche Wesen als strahlende, glänzende Männer imaginiert, sondern es ist der Umstand, dass diese Vorstellung hier gleichfalls an das Thema des Irrens geknüpft erscheint und so die Kategorien „schön" – „göttlich/engelshaft" in ihrer Unähnlichkeit und vor allem in ihrer Relativität exponiert werden, was die besondere Ähnlichkeit der Textstellen ausmacht. Hier wie dort wird thematisiert, dass der sprachlich vermittelte Erkenntnisprozess ein prekärer ist, wenn er die Grenzen der irdischen Kreatur hin zur Erkenntnis der Transzendenz überschreiten soll.

Die Engelserscheinung, welche ja auf *histoire*-Ebene einzig in Percevals falsch gesteuerter Wahrnehmung existiert, nimmt der *Conte* auf *discours*-Ebene offenbar spielerisch auf, indem der Schönste unter den Rittern, den Perceval deshalb für Gott hält, ihn mit einer Kontrafaktur des ‚englischen' Grußes gegenüber den beiden Marien am Grab anspricht,[22] wie Olef-Krafft in ihrem Stellenkommentar vermerkt: „*Vallet, n'aiez paor.*" (V. 171, Übers. [Olef-Krafft]: „‚Junger Mann, fürchtet Euch nicht!'"). Die doppelbödige Referenz, welche ihren Sinn offenbar aus einer geistreichen Anspielung bezieht,

---

21 Übersetzung: „[A]ls er sie jedoch deutlich wahrnehmen konnte, weil der Wald sie nicht (länger) verbarg, und als die blinkenden Halsbergen erblickte und die glänzenden, funkelnden Helme und als er das Weiß und Rot (der Rüstungen) in der Sonne aufblitzen sah, das Gold, das Blau und das Silber, da entzückte und begeisterte ihn das ungemein, und er rief aus: ‚Ah, Herrgott, Erbarmen! Das sind (ja) Engel, die ich hier sehe. Nun habe ich in der Tat schwer gesündigt, einen bösen Fehler habe ich gemacht, indem ich meinte, dies seien Teufel. Meine Mutter hat mich nicht belogen, als sie mir erzählte, daß die Engel das Schönste seien, was es gebe, außer Gott, der noch schöner sei. Hier schaue ich Gott (selbst), glaube ich, denn ich erblicke unter ihnen einen, der so schön ist, daß die anderen bei Gott nicht (einmal) den zehnten Teil seiner Schönheit haben. Meine Mutter selbst hat mir eingeschärft, daß man Gott vor allen (anderen) anbeten, demütig anflehen und verehren müsse. Also werde ich diesen hier (jetzt) anbeten und (dann) alle die Engel nach ihm.' Sogleich warf er sich auf den Boden und sagte sein ganzes Credo und alle ihm bekannten Gebete herunter, die seine Mutter ihn gelehrt hatte."
22 Mt 28,5: *nolite timere vos* (Übers.: „Fürchtet euch nicht."). – Ich möchte Olef-Krafft, Perceval, S. 531, zustimmen, die schreibt: „Daß die Assoziation von Chrétien beabsichtigt ist, erhellt aus der pluralischen Anredeform, die der Ritter im Gespräch mit Parzival [sic] nur hier gebraucht".

zeigt, auf welchem Niveau der Wiedererkennungswert einschlägiger Schriftworte veranschlagt werden kann und soll. Der *Conte* rechnet offenbar mit einem Publikum, das eine Grundkompetenz im Umgang mit basalen geistlichen Themen hat. Dazu gehört wohl auch die in Percevals Worten paraphrasierte Lehre der Mutter, mit welcher der Junge diese konfrontiert, als er zurückkehrt und ihr von seinem Erlebnis berichtet. In seiner Paraphrase überlagern sich die Gottes- und Engellehre der Mutter ununterscheidbar mit seiner Interpretation derselben:

> ‚[...]
> Mere, dont ne soliez vos dire
> Que li angle et Diex, nostre Sire,
> Sont si tres bel c'onques Nature
> Ne fist si bele creature,
> N'el monde n'a si bele rien?'
> (Chrétien: Conte du Graal, Vv. 383–387)[23]

Hier ist das Konzept der *Natura* angespielt, die als *vicaria Dei*, als Statthalterin Gottes, für die Generationenfolge im Diesseits sorgt und hinter der letztlich das Prinzip der ‚natürlichen' Prokreation der Kreatur steht, in welche Gott nicht mehr aktiv eingreift.[24] Im Rahmen dieser immanenten Ordnung, so paraphrasiert Perceval, habe *Nature* niemals eine Kreatur erzeugt, welche an die Schönheit Gottes heranreicht. Dies ist einerseits theologisch korrekt, insofern – das betont schon Augustinus – Gottes Schönheit die kreatürliche Schönheit selbstverständlich übertrifft, da nämlich Gott die *pulchritudo increata* (Ulrich von Straßburg) selbst ist. Andererseits zeigt sich hier bereits ein Missverhältnis, insofern bereits im nächsten Moment deutlich wird, dass Perceval in die grundsätzliche Inkommensurabilität der Kategorien, mit denen er umgeht, keinen Einblick hat. Seine Mutter bestätigt – ganz im Sinne einer theologischen Disputation – den von Perceval als Nachfrage vorgetragenen Glaubenssatz, indem sie zum einen seine Richtigkeit bejaht und zum anderen, dass sie ihn in dieser Form vorgetragen habe (‚*Biax fix, encor le di je bien. | Jel di por voir, et di encor.*' [Chrétien: Conte du Graal, Vv. 388 f.; Übers. (Olef-Krafft): „‚Lieber Sohn, das versichere ich auch jetzt noch mit Nachdruck. In der Tat, ich habe es gesagt und sage es immer noch.'"]). Hierauf antwortet Perceval:

---

23 Übers. (Olef-Krafft): „Mutter, pfleget Ihr etwa nicht zu behaupten, daß die Engel und Gott, unser Herr, viel schöner seien als jedes Geschöpf von (Mutter) Natur und jeder Kreatur auf der Welt?"
24 Vgl. zum Konzept der *Natura* überblicksartig Hans-Werner Goetz: Gott und die Welt. Religiöse Vorstellungen des frühen und hohen Mittelalters. Teil I, Band 2: II. Die materielle Schöpfung: Kosmos und Welt. III. Die Welt als Heilsgeschehen. Berlin 2012 (Orbis mediaevalis. Vorstellungswelten des Mittelalters 13.2), S. 15–38. – In Hinblick auf den Einfluss in deutschsprachiger Dichtung vgl. Huber, Aufnahme und Verarbeitung, sowie ders., Die personifizierte Natur. – Vgl. Kap. IV.2.2.

‚Taisiez, mere, ne vi je or
Les plus beles choses qui sont,
Qui par le gaste forest vont?
Il sont plus bel, si com je quit,
Que Diex ne que si angle tuit.'
(Chrétien: Conte du Graal, Vv. 390–394)[25]

An dieser Aussage nun sind vom theologischen Standpunkt aus verschiedene Punkte zu inkriminieren – und entsprechend reagiert Percevals Mutter, wenn sie ihren Sohn mit den Worten in die Arme schließt: ‚*Biax fix, a Dieu te rent, | Que molt ai grant paor de toi.* [...]' (Chrétien: Conte du Graal, Vv. 395 f.; Übers. [Olef-Krafft]: „‚Lieber Sohn, ich stelle dich Gottes Schutz anheim, denn ich habe sehr große Angst um dich. [...]'") Nicht zuletzt warnt die Mutter schließlich ihren Sohn vor dem, was ihm dort begegnet ist: ‚[...] *Tu as veü, si com je croi, | Les angles dont la gent se plaignt, | Qui ocïent, quanqu'il ataignent.*' (Chrétien: Conte du Graal, Vv. 398–400; Übers. [Olef-Krafft]: „‚[...] Du hast vermutlich die Engel geschaut, über die die Menschen klagen, weil sie alles töten, worauf sie auch treffen.'") In dieser Warnung findet sich das Analogon zu der oben zitierten Warnung des Apostels (II Cor 11,14: „Auch der Satan tarnt sich als Engel des Lichts.") in Augustins *De civitate Dei* (X.10), insofern die *angles, qui ocïent*, nicht zuletzt den gefallenen Engel des Lichts, Luzifer, und seine Scharen bezeichnen können.[26]

Während die Aussagen der Mutter vom theologischen Standpunkt her nicht falsch sind, ist das, was Perceval darunter versteht, eine Täuschung im Körperlichen. Ganz offenkundig ist es zunächst einmal theologisch akzeptabel, dass Gott die höchste Schönheit ist. Dass Perceval jedoch bereit ist, die Gestalten, die ihm begegnet sind und die ausdrücklich als *beles choses qui sont*, also als ‚seiende Dinge', bezeichnet werden, Gott vorzuziehen bereit ist, erscheint als Effekt einer kreatürlichen Täuschung.[27] Auffällig ist dabei, dass Perceval zwar die Lehren seiner Mutter annimmt, von diesen jedoch allein die oberflächliche Hierarchisierung, die Relativität der Schönheiten übernimmt. Er löst sich jedoch in Hinblick auf die Gotteslehre nicht von der fleischlichen Kreatur und verpasst damit das wesentliche anagogische Moment, das in der Bezugsetzung zwischen immanentem Schönen und transzendenter Schönheit besteht.

---

25 Übers. (Olef-Krafft): „Schweigt, Mutter! Sah ich denn nicht die schönsten Wesen, die es gibt, durch den wilden Wald reiten? Sie sind meiner Meinung nach schöner als Gott und seine Engel."
26 Olef-Krafft hält demgegenüber die Worte der Mutter für eine „Ad-hoc-Erfindung [...] zur Abschreckung des Sohnes" (Olef-Krafft, Perceval, S. 536). Gleichwohl verweist sie (ebd.) auf einen Beitrag, welcher eine Verbindung zu alttestamentlichen Würg- und Todesengeln herzustellen sucht, nämlich: Mario Roques: Les anges exterminateurs de Perceval. In: Fin du Moyen Âge et Renaissance. Mélanges de philologie française offerts à Robert Guiette, Anvers 1961, S. 1–4.
27 Schon Augustinus warnt mit den Worten aus Rm 1,25 (*qui commutaverunt veritatem Dei in mendacio | et coluerunt et servierunt creaturae potius quam creatori*) immer wieder davor, die Kreatur dem Kreator vorzuziehen, bspw. in *De vera religione*, XXXVII.68.190. – Zu Rm 1,25 vgl. im Folgenden bes. Kap. V.1.2.

An Perceval zeigt sich, was passiert, wenn die Gleichnisse der Theologie nicht als transitorische Verständnishilfe auf dem Sprung in das Denken der radikalen Unähnlichkeit fungieren, welche die Transzendenz von der Immanenz und allen ihr zu Gebote stehenden Begriffen trennt. Perceval verbleibt ganz auf der wörtlichen Ebene der göttlichen Schönheitslehre seiner Mutter und operiert mit einem körperlich geprägten Begriff von Schönheit. Dieser freilich, welcher Dinge messen kann, die ihm unbekannt sind und die alles bisher Gesehene übersteigen, funktioniert als Apriori-Begriff. Damit entspricht er letztlich, ohne dass dies figurenintern wirksam würde, dem Augustinischen Schönheits*apriori*, welches seinen Maßstab nicht aus Äußerlichem, sondern aus der Weisheit (*sapientia*) des Geistes (*mens*) zieht und so auf das Prinzip der Schönheit selbst (Gott) verweist, ohne deshalb notwendig zur Erkenntnis Gottes selbst zu gelangen.[28] Der anagogische *ascensus*, das führt der *Conte* an Perceval vor, versagt. Die Welt, zumal die menschengemachte, ist für den in der Entfremdung aufgewachsenen Jungen nicht aus dem Wort allein erschließbar.[29] Insofern hat der junge Perceval mit dem mittelhochdeutschen Parzi-

---

[28] Zur Funktion der Augustinischen Apriori-Begriffe (Gutheit, Schönheit, Zahlen etc.) vgl. bes. Augustinus: Confessiones X.10.17–X.15.23. Vgl. zudem besonders auch Augustinus: De trinitate VIII.3.4, wo der Aufruf formuliert wird, die transzendent-absolute Gutheit Gottes als zugrundeliegenden Maßstab der Beurteilung alles Guten und aller Güter (*bona*) der Immanenz zu erkennen. Gerade jedoch *weil* der transzendente Rahmen der immanenten Werte nicht selbstevident ist, formuliert *De trinitate* diesen Zusammenhang als Appell, der zur Einsicht des guten Gutes (*bonum bonum*), welches Gott ist, führen soll. Die von Gott herrührende Gutheit in der Kreatur ist kein Garant dafür, dass die Kreatur auf rechte Art geliebt wird. Auch zur Sünde ist der Mensch, nach *De trinitate* (XI.5.8) durch die in jeder Kreatur enthaltene Spur der Gutheit Gottes geneigt, indem er falsch und nicht in Bezug auf den Kreator nach dieser Gutheit strebt: *Quid enim non pro suo genere ac pro suo modulo habet* similitudinem dei *quandoquidem deus fecit* omnia bona ualde *non ob aliud nisi qua ipse summe bonus est? In quantum ergo bonum est quidquid est in tantum scilicet quamuis longe distantem habet tamen nonnullam similitudinem summi boni, et si naturalem utique rectam et ordinatam* [...]. *Nam et animae in ipsis peccatis suis non nisi quandam* similitudinem dei *superba et praepostera et, ut ita dicam, seruili libertate sectantur. Ita nec primis parentibus nostris persuaderi peccatum posset nisi diceretur:* Eritis sicut dii. *Non sane omne quod in creaturis aliquo modo simile est deo etiam eius imago dicenda est* (Hervorh. im Original; F. D. S. – Übers. [Schmaus]: „Was hätte nämlich in seiner Art und nach seinem Maß eine *Ähnlichkeit mit Gott*, wo Gott doch *alles sehr gut* schuf, aus keinem anderen Grund als deshalb, weil er selbst in höchste Weise gut ist? Insofern also gut ist, was immer ist, insoweit hat es eine, wenn auch entfernte, so doch irgendeine Ähnlichkeit mit dem höchsten Gut; wenn sie in ihrem naturgemäßen Sein verharrt, so ist sie recht und geordnet [...]. Selbst in ihren Sünden jagen ja die Seelen nur einer Art *Ähnlichkeit mit Gott* nach, in ihrer hochmütigen und verkehrten, ich möchte sagen, knechtischen Freiheit. So hätten auch unsere Stammeltern nicht zur Sünde überredet werden können, wenn man ihnen nicht gesagt hätte: ‚Ihr werdet sein wie Gott.' Es ist indes nicht alles, was in der Schöpfung irgendwie Gott ähnlich ist, auch sein Bild zu nennen".)

[29] Eine ganz ähnliche Konfiguration von Bildung findet sich im Mære vom *Gänslein*, in welchem ein Knappe, der das Kloster niemals verlassen darf, außerhalb der Klostermauern sein Lexikon falsch füllt und entsprechend nicht in der Lage ist, sich angemessen zu seiner Umwelt zu verhalten, über die er bereits viel gehört, von der er jedoch nichts gesehen hat. Auch hier steht im Hintergrund offenbar eine Zeichentheorie, welche die Verbindung von (Wort-)Zeichen und Bezeichnetem thematisiert.

val etwas gemeinsam, denn auch dieser schafft es nicht, aus theologischer Lehre heraus die Welt zu strukturieren.

Misslingende *aisthetische* Erkenntnis wird bei Chrétien aber nicht allein anhand der falschen Wahrnehmung der schönen, glänzenden Ritter als Engel durchgeführt, sondern das Thema wird im *Conte du Graal* weiter ausgebaut. Der erste Weg nach dem Aufbruch des jungen Perceval steht nicht nur unter dem Zeichen seiner Torheit und der zu verkürzt gestellten, zu wörtlich ausgelegten und daher missverstandenen Regeln seiner Mutter, sondern er stellt weiterhin zugleich die Wahrnehmung des sich durch die Diegese bewegenden *stultus* (Toren) dar. Als Perceval auf das Zelt jener Jungfrau stößt, die in Wolframs *Parzival* Jeschûte heißen wird,[30] bringt er wiederum das Gesehene mit der ihm bekannten, scheinbar apriorischen Kategorie, nämlich dem ‚Schönen', in Verbindung, und schließt daraus – wiederum fälschlich – auf dessen Zugehörigkeit zum Göttlichen. Er findet nämlich auf einer schönen Wiese (*une praerie bele* [Chrétien: Conte du Graal, V. 639]) ein schönes und prächtiges Zelt (*Li tres fu biax a grant merveille* [Chrétien: Conte du Graal, V. 641]):

> Entor le tref a la roonde,
> Qui estoit li plus biax del monde,
> Avoit ramees et foillies
> Et loges galesches drechies.
> (Chrétien: Conte du Graal, Vv. 649–652)[31]

Die vom Erzähler konturierte Schönheit des Zeltes gibt Perceval Anlass, es für eine Kirche zu halten und mit einer Regel seiner Mutter in Verbindung zu bringen:

> ‚Diex, or voi je vostre maison.
> Or feroie jou mesprison,
> Se aorer ne vos aloie.
> Voir dist ma mere tote voie
> Qui me dist que mostiers estoit
> La plus bele chose qui soit,
> Et me dist que ja ne trovaisse
> Mostier qu'aorer n'i alaisse
> Le Creator en cui je croi.
> [...]'
> (Chrétien: Conte du Graal, Vv. 655–663)[32]

---

30 Für die Jeschûte-Episode in Wolframs *Parzival* hat Martin Baisch: Zeichen lesen im höfischen Roman. In: Paragrana. Internationale Zeitschrift für Historische Anthropologie 21 (2012), S. 112–131, gezeigt, dass hier besonders im Kontrast der Figur Parzival mit Jeschûtes Mann Orilus Zeichenwahrnehmung thematisch wird, denn Orilus *spürte an dem touwe* (Pz 132,29), dass jemand im Zelt bei Jeschûte ist.
31 Übers. (Olef-Krafft): „Rings um dieses herrlichste Zelt der Welt standen Hütten aus Ästen und Laubwerk und walisische Lauben."
32 Übers. (Olef-Krafft): „Gott, nun schaue ich euer Haus. Also täte ich Unrecht, wenn ich nicht hinginge, Euch anzubeten. Meine Mutter hat durchaus die Wahrheit gesprochen, als sie mir sagte, daß

Die Wahrnehmung von sinnlich Schönem verleitet Perceval hier wiederum – wie in der Szene mit den Rittern im Wald – zu einem falschen Schluss, diesmal jedoch nicht mehr bezüglich der Schönheit der Transzendenz selbst, sondern nur noch bezüglich einer auf die Transzendenz hingeordneten innerweltlichen Schönheit, wie sie hier – indirekt – für sakrale Architektur in Anspruch genommen wird.[33] Selbst in dieser abgestuften, im Innerweltlichen verbleibenden Erkenntnis versagt Perceval, insofern seiner sinnlichen Wahrnehmung noch immer nicht die notwendigen Kategorien zur Verfügung stehen, die eine transzendente ‚Schönheit' von Percevals immanenter Schönheitswahrnehmung zu differenzieren in der Lage wären.

Der deutschsprachige *Parzival* kennt diesen aisthetischen Moment zu Beginn der ersten Jeschûte-Episode zwar nicht, hat jedoch ein Analogon zu Beginn der anschließenden Gurnemanz-Episode, in welchem der Zusammenhang zwischen Sehen, falscher Rationalität und dem fehlerhaften Schluss von einem menschengemachten Bauwerk auf die Transzendenz pointiert wird.[34] Parzival reitet, in voller Rüstung und mit doppeltem Tempo, ohne an das Wohl seines Pferdes zu denken, als am Horizont die Burg des Gurnemanz de Grâharz auftaucht:

> hin gein dem âbent er dersach
> eins turnes gupfen unt des dach.
> den tumben dûhte sêre,
> wie der türne wüehse mêre:
> der stuont dâ vil ûf einem hûs.
> dô wânder si sæt Artûs:
> des jaher im für heilikeit,
> unt daz sîn sælde wære breit.
> (Pz 161,23–30)

---

ein Münster das Schönste sei, was es gebe. Auch hat sie mich gelehrt, jede Kirche auf meinem Weg aufzusuchen, um den Schöpfer, an den ich glaube, zu preisen. [...]'"

[33] Die Schönheit des Kirchenbaus ist in der Forschung vielfach mit Schönheits- und Lichttheologie in Verbindung gebracht worden; vgl. bspw. Kraß, Geschriebene Kleider, S. 151–153. Besonders der Schmuck des gotischen Kathedralbaus, welcher oftmals mit der pseudo-dionysischen Lichttheologie in Bezug gesetzt worden und – spätestens seit Erwin Panofsky – selbst als anagogisch aufgefasst worden ist, wird aber von Abt Suger, dessen Schrift *De consecratione* in der Regel als Gründungsmoment ‚der' Gotik und als Beleg für den Einfluss der Lichttheologie verstanden wird, *expressis verbis* als ‚irdische Schönheit' benannt. Hierauf hat in jüngerer Zeit bspw. Andreas Speer: Aesthetics. In: The Oxford Handbook of Medieval Philosophy. Hrsg. von John Marenbon. New York 2012, S. 661–684, hier S. 666, hingewiesen. Bei Suger – hier zitiert nach: Abt Suger von Saint-Denis: De consecratione. Kommentierte Studienausgabe. Hrsg. von Günther Binding, Andreas Speer. Köln 1995 – heißt es, dass die Basilika zur Einweihung geschmückt worden sei, *quatinus aliarum ecclesiarum ornamentis precellere uideretur et omnimodis incomparabili nitore uernans et omni terrena pulcritudine compta inestimabili splendesceret* (Übers. [Binding/Speer]: „bis sie den Schmuck der anderer [sic] Kirchen zu übertreffen schien und, auf jegliche Weise in unvergleichlichem Glanz erblühend und mit aller irdischen Schönheit angetan, in unschätzbarer Würde erglänzte.").

[34] Nellmanns Kommentar verzeichnet diese Parallele nicht.

Es zeigt sich hier, dass die Anschauung der Dinge – seien sie natürlich oder menschengemacht[35] – dem *tumben* Betrachter keine Auskunft über die Regeln des kreatürlichen Diesseits und artifizieller menschlicher Erzeugnisse geben. Auch die – durch die Figur Parzival ja vergleichend in Bezug gesetzte und also vorausgehend zu denkende – Anschauung des prokreativen, lebendigen Wachstums im Rahmen der natürlichen saisonalen Ordnung führt ihn nicht zur *Einsicht* in diese Naturordnung. So wird das Missverstehen Parzivals inszeniert, der einerseits das optische Phänomen der Perspektivveränderung bei der Annäherung an ein entferntes Objekt nicht erfasst und andererseits glaubt, dass Türme wie Pflanzen wüchsen und gesät würden.[36]

---

35 Mit einer Stelle aus Augustin *De vera religione* (XXX.56.153), welche natürlich Vorhandenes und Menschengemachtes in Beziehung zueinander setzt, könnte man Dinge unterscheiden, welche *natura edita* oder *artibus elaborata* sind.
36 Augustinus: De vera religione XXXII.62.174 f., demonstriert gerade anhand eines optischen Problems die Täuschungsanfälligkeit der leiblichen, sinnlichen Augen und den Primat des verstandesmäßig urteilenden, inneren Auges, indem hier ein Fall scheiternder *aisthesis* diskutiert wird. Allerdings, so heißt es mit Hinweis auf das unter Wasser gebrochen erscheinende Ruder, sei dies nicht der Fehler des Auges, sondern des Beurteilers (*iudex*): *Sed ne ipsi quidem oculi fallunt. Non enim renuntiare animo possunt nisi affectionem suam. Quod si non solum ipsi, sed omnes corporis sensus ita nuntiant ut afficiuntur, quid ab eis amplius exigere debeamus ignoro. [...] Si quis remum in aqua frangi opinatur et cum inde aufertur integrari, non malum habet internuntium, sed malus est iudex. 175. Nam ille pro sua natura non potuit aliter in aqua sentire nec aliter debuit. Si enim aliud est aer aliud aqua, iustum est ut aliter in aere aliter in aqua sentiatur. Quare oculus recte, ad hoc enim factus est ut tantum valeat; sed animus perverse, cui ad contemplandam summam pulchritudinem mens, non oculus factus est* (Übers. [Thimme]: „Aber nicht einmal die Augen selber täuschen, denn sie können der Seele nichts anderes als nur ihren Eindruck übermitteln. Und wenn nicht nur sie, sondern auch alle anderen leiblichen Sinne nur ihre Eindrücke übermitteln, wüßte ich nicht, was man mehr von ihnen verlangen darf. [...] Wenn jemand meint, das Ruder werde im Wasser gebrochen und wieder heil, wenn man es herausnimmt, hat er keinen schlechten Berichterstatter, sondern ist ein schlechter Beurteiler. *175*. Denn das Auge konnte seiner Natur nach nichts anderes im Wasser wahrnehmen, durfte es auch nicht. Da nämlich die Luft anders ist als das Wasser, gehört es sich auch, daß man in Luft und Wasser verschieden wahrnimmt. Demnach ist das Auge in Ordnung, denn es ist nur zum Sehen geschaffen, die Seele dagegen verkehrt, denn die höchste Schönheit zu betrachten, dazu ist ihr nicht das Auge, sondern der Geist verliehen."). Die Figur Parzival wird hier also – wie bei der Fehlwahrnehmung der Ritter als Engel im *Conte du Graal* – wiederum in einen geradezu lehrbuchhaften erkenntnistheoretischen Kasus versetzt, an dem Parzival – als schlechter *iudex*, der er ist – scheitert. Das hier zugrundeliegende, durch den Standortwechsel des Betrachters verursachte optische Phänomen, welches die Türme der Burg in der Vorstellung des unverständigen Beurteilers ‚wachsen' lässt, zählt zu den Standardproblemen der zeitgenössischen Optik, welches auf Erfahrungen aus der Nautik beziehbar ist; vgl. hierzu bspw. Patrick Gautier Dalché: Zeit und Raum. In: Das leuchtende Mittelalter. Hrsg. von Jacques Dalarun. Aus dem Französischen von Birgit Lamerz-Beckschäfer. 2. Aufl. Darmstadt 2006, S. 22–51, hier S. 36, mit Bezug zum *Tractatus de sphaera* des Johannes de Sacrobosco (ca. 1230), in welchem die unterschiedliche Perspektive auf Landmarken vom Ausguck eines Schiffes zu einem an Deck stehenden Betrachter erläutert wird; eine entsprechende Illustration aus dem 15. Jh. vgl. ebd., S. 40, Abb. 32. – Zur Entstehung der Entfernungswirkung vgl. bspw. die um 1350 entstandene,

Die Erkenntnis der kreatürlichen Ordnung wird hier zudem am Beispiel des Hausbaus durchgeführt, welches einer der Standardvergleiche für die vorausschauend planende Tätigkeit des Baumeisters (*artifex*) ist, durch welche dieser eine – aber eben sinnfällige – Analogie zum planenden Schöpfergott darstellt.[37] Es sei daran erinnert, dass im theologischen Kontext gezeigt werden kann, wie die Figur des *deus artifex* in der Heiligen Schrift (Sap 13,1–5) – und im Anschluss daran beispielsweise auch bei Augustinus (De trinitate XV.2.3) – an die Mahnung gebunden ist, den Künstler (*artifex*) hinter seinem Werk (*opus*) nicht zu vergessen, und dass das Verhältnis von Kreatur und Kreator derart als Gegenstand einer prekären, potentiell misslingenden und dann auf die Kreatur selbst gerichteten Wahrnehmung aufgefasst ist, welche der Sorge und der Warnung bedarf, wobei das Nicht-Erkennen Gottes geradezu die zu überwindende Basisdisposition des Menschen darstellt.[38] Dieses Lob des höchsten *artifex*, das sich idealerweise aus der verstehenden Analyse der Natur oder der erkannten Analogie des menschlichen *artifex* zum göttlichen Schöpfer ableiten lässt, kann Parzival jedoch nicht leisten. Er liefert ein Beispiel dafür, dass reine Anschauung und unvollständige Kategoriebildung zu falschen Schlüssen führt.[39] Dass er dem Urheber des von ihm als Sähen missverstandenen Vorganges nicht einfaches Lob, sondern *heilikeit* zuspricht, zeigt, dass der Vorgang aisthetischen Gottes(v)erkennens

---

erweiterte deutsche Übersetzung des *Tractatus de sphaera* durch Konrads von Megenberg: Die Deutsche Sphaera. Hrsg. von Francis B. Brévart. Tübingen 1980 (ATB 90), S. 13,27–14,9, sowie die entsprechende Illustration, ebd., S. 156 (Figur 7).
37 Der Hausbauvergleich ist der Standardvergleich schlechthin und flexibel funktionalisierbar. Er findet sich etwa in Rudolfs von Ems *Barlaam und Josaphat* (Hrsg. von Franz Pfeiffer. Leipzig 1843 [Dichtungen des deutschen Mittelalters 3]), Vv. 154,38–156,16, wo er dazu dient, die Kreatur auf den Kreator hin transparent zu machen (Vv. 155,23 f.: *Sus sol der welte geschaft / ougen dir die gotes kraft*).
38 Vgl. hierzu Kap. V.1.3–5. – Die Relationierung zu Rm 1,25 liegt nahe.
39 Ganz ähnlich inszeniert die Erzählung von *Barlââm und Jôsaphât* Rudolfs von Ems die Erfolglosigkeit der Anschauung der Welt zur Gotteserkenntnis. Hier ist der Versuchsaufbau geradezu umgekehrt angelegt: Jôsaphât wird von seinem heidnischen Vater in bewusster Isolation bei Hofe gehalten, wo er zwar einerseits in allem unterrichtet wird, wo jedoch andererseits das Christentum von ihm ferngehalten werden soll. Jôsaphât aber ist von Gott begnadet (vgl. Barlaam 28,15–17) und beginnt angesichts der Welt Fragen zu stellen (Barlaam 25,31–26,11), auf die er und seine Lehrer keine Antwort finden (Barlaam 43,4–9), die jedoch später durch seinen christlichen Lehrer Barlââm mit christlicher Lehre gefüllt werden. Anhand der Welt fragt Jôsaphât, *wer mit sô rîchem werde / des himels und der erde / sô gewaltic möhte sîn, daz der liehten sunnen schîn / tages schîne und nahtes niht. / in dühte ein wunderlîch geschicht, / wâ von diu vinster trüebe / sich ie des nahtes hüebe / und ie der tac wær alsô klâr / und beidiu zît, stund unde jâr / sô wehsellîche liefen hin* (Barlaam 26,11–21). Jôsaphât stellt zwar die richtigen Fragen, ohne Verkündigung einer Lehre kann er jedoch aus dieser Anschauung nicht zum Urheber der Schöpfung gelangen. Diese Art des – teils erfolgreichen, teils vergeblichen – Bezugs der Immanenz auf die Transzendenz durch den Heiden kann sicherlich mit der autoritativen Stelle zu ,*aisthesis*' einerseits und ,Heidentum' andererseits in den Paulus-Briefen in Verbindung gebracht werden, nämlich Rm 1,18–23. – Vgl. hierzu im Folgenden Kap. V.1.5.

die Folie bildet, auf der Parzivals *tôr*-Sein inszeniert wird.⁴⁰ Parzival missversteht nicht allein die Welt und die menschlichen Erzeugnisse, indem er glaubt, sie seien durch natürliches Wachstum entstanden, sondern er missversteht anhand dieser Welt besonders auch die Transzendenz, wenn er Artus für denjenigen hält, der Burgen säen könne und dem deshalb *heilikeit* zukomme.⁴¹

V.1.2 Die Verehrung der schönen *crêatiure* im *Parzival*: Erfolglose *aisthesis* in der Blutstropfenszene

Und auch in der berühmten und vieldiskutierten Blutstropfen-Episode ist die Erkenntnis Gottes keineswegs Ziel oder Effekt der aus der *aisthesis* resultierenden *cogitatio*, wie Joachim Bumke es suggeriert, sondern eher der Umweg in den eigenen Verstandesverlust. Zwar heißt es in Parzivals *soliloquium*: *gêret sî diu gotes hant | und al diu crêatiure sîn* (Pz 283,2 f.), es kann indessen kein Zweifel daran bestehen, dass Parzival mit seiner Betrachtung eben nicht zum *creator* aufsteigt, sondern – ganz im Gegenteil – bei der *expressis verbis* eingeführten *creatura* verharrt,⁴² wenn es gerade die *crêatiure* (Pz 283,3) ist, über die er weiterhin reflektiert:

---

40 Falsche *heilikeit* spricht etwa im *Willehalm* die Figur Rennewart auch *Mahmet* zu, was dort als Täuschung des einfältigen Heiden inszeniert ist, der nicht erkennt, dass dessen Wundergrab aufgrund eines Tricks schwebt. Vgl. hierzu im Folgenden Kap. V.3.2.1, S. 550–552.
41 Völlig anders interpretiert den in Rede stehenden Passus jüngst Daniela Fuhrmann: Ein eigennütziger *houptman der wâren zuht*? Die Ambivalenz der Ratgeber-Figuren in Wolframs ‚Parzival'. In: PBB 140,4 (2018), S. 458–488, indem sie die Wahrnehmung der Figur Parzival auf den Burgherrn Gurnemanz bezieht. Fuhrmann begreift die Figurenrede derart als Strategie des Textes, „die Verbindung von Gurnemanz als Herrn der so wunderbaren Burg mit deren Versprechen von *heilikeit* und *sælde*" zu unterstützen (ebd., S. 463) und ihn „über die Nähe zur *heilikeit* dem Bereich des Reinen und Makellosen" zuzuordnen (ebd.). Sie begreift Parzivals „eingeschränkte Sicht der Dinge" als Wahrnehmung von „Idealzuständen" (ebd., S. 464), welche nicht allein in Parzivals mangelndem Verständnis der ihn umgebenden Dinge begründet ist, sondern für Fuhrmann ein Ausdruck davon ist, „dass der Erzähler bestrebt ist, diese [Idealzustände] als wahrhaftig gegeben zu präsentieren" (ebd.). Sie führt im Weiteren eine Erzählerrede an, in welcher sie erwiesen sieht, dass „[a]uf Handlungsebene [...] davon auszugehen [sei], dass er [= Gurnemanz; F. D. S.] als Landesherr auch für diese perfekte Anlage verantwortlich zeichnet."
42 Monika Schausten: Ein Held sieht Rot: Bildanthropologische Überlegungen zu Wolframs von Eschenbach *Parzival*. In: Sehen und Sichtbarkeit in der Literatur des deutschen Mittelalters. XXI. Anglo-German Colloquium. London 2009. Hrsg. von Ricarda Bauschke, Sebastian Coxon, Martin H. Jones. Berlin 2011, S. 177–191, hier S. 185, hat nachdrücklich darauf hingewiesen, dass „Wolfram an dieser Stelle viel daran gelegen ist, seinen Helden selbst als Bilderzeuger in Szene zu setzen, wobei die bildbearbeitenden Fähigkeiten der Parzivalfigur vom visuellen Eindruck der Farbigkeit angeregt werden." Daran, dass hier also ein mentaler Prozess der Figur Parzival selbst inszeniert wird, können die vorliegenden Überlegungen anschließen.

, [...]
gêret sî diu gotes hant
und al diu crêatiure sîn.
Condwîr âmûrs, hie lît dîn schîn.
sît der snê dem bluote wîze bôt,
und ez den snê sus machet rôt,
Condwîr âmûrs,
dem glîchet sich dîn bêâ curs:
des enbistu niht erlâzen.'
des heldes ougen mâzen,
als ez dort was ergangen,
zwên zaher an ir wangen,
den dritten an ir kinne.
er pflac der wâren minne
gein ir gar âne wenken,
sus begunder sich verdenken,
unz daz er unversunnen hielt:
diu starke minne sîn dâ wielt,
sölhe nôt fuogt im sîn wîp.
dirre varwe truoc gelîchen lîp
von Pelrapeir diu künegin:
diu zucte im wissenlîche sin.
(Pz 283,2–22)

Parzivals *cogitatio* streift den Kreator (*diu gotes hant*) zwar, er ehrt aber tatsächlich im Folgenden lediglich *al diu crêatiure sîn* (Pz 283,3) in Gestalt der schönen Condwîr âmûrs. Als Folie eines solchen Aktes des Ver-/Erkennens kann der Römerbrief des Apostels Paulus dienen (Rm 1,25), der in der christlichen Erkenntnistheorie seit Augustinus den allgegenwärtigen Bezugspunkt bildet. Hier heißt es, die Heiden brächten der Schöpfung mehr Ehre entgegen und dienten dem Geschöpf mehr als dem Schöpfer (*coluerunt et servierunt creaturae potius quam creatori*). Das Pauluswort ist dabei – gerade aufgrund des im *Parzival* eingespielten latinisierenden (bzw. französisierenden) Signalwortes *crêatiure* – durchaus als Referenzrahmen eines gebildeten Laienpublikums anzusetzen.[43] Der von Bumke angesetzte Erkenntnisprozess, der zu Gott führe, lässt sich leicht als Verkennen deuten, denn Parzivals Verfehlung ist, mit Rm 1,20–21 gedacht, noch schwerwiegender. Hier wird ausgeführt, dass der Schöpfer in der Schöpfung prin-

---

[43] Ein prägnantes und frühes Beispiel für die volkssprachliche Aktualisierung von Rm 1,25 findet sich im Rahmen der unikal überlieferten *Mahnrede über den Tod* des sogenannten Heinrich von Melk (Heinrich von Melk: Von des todes␣gehugde. Mahnrede von dem Tod. Hrsg. u. übers. von Thomas Bein, Trude Ehlert, Peter Konietzko et al., Stuttgart 1994), in der es wider weltlichen Reichtum heißt: *sant Paulus, der gotes bot / sprichet, ditzes reichtum geirischaeit / sei der abgot schalchaeit. / daz ist an den geirischen wol gewaere: / fvr ir schephaere / nement si, daz er geschaffen hat* (Vv. 840–845). Die Referenz auf das ‚Heidentum' derjenigen, die das Geschaffene dem Schöpfer vorziehen, ist hier im ‚Götzendienst' (am *abgot*) desjenigen, der der Habsucht erliegt, markiert. – Bereits Wapnewski, Wolframs Parzival, S. 20, schreibt, dass Parzival Gott durch „*ein wîp*" ersetze, nennt dies Idolatrie (ebd., S. 49) und wiederholt (ebd., S. 148): „Er setzt seinen Gott ab. Und postiert an seine Stelle *ein wîp*, Frau Minne, Venus."

zipiell erkennbar ist und dass derjenige, der Gott zwar prinzipiell denkend erkannt aber vergessen hat, umso größere Schuld trägt:

> [20]invisibilia enim ipsius a creatura mundi | per ea quae facta sunt intellecta conspiciuntur | sempiterna quoque eius virtus et divinitas | ut sint inexusabiles || [21]quia cum cognovissent Deum | non sicut Deum glorificaverunt aut gratias egerunt | sed evanuerunt in cogitationibus suis | et obscuratum est insipiens cor eorum (Rm 1,20–21)[44]

Dieses Sich-in-Gedanken-Verlieren und das Vergessen des eigentlich bereits erkannten Gottes, dessen Schöpfertätigkeit Parzival ja zunächst lobt (Pz 283,2 f.), inszeniert die Blutstropfenepisode.

Weil es hier ganz offenkundig nicht um Gotteserkenntnis geht, sondern sehr vordergründig eine Minne vorgeführt wird, die den Verstand (*wissenlîche sin*) raubt, geht Bumke einen Umweg, um seine These von Parzivals Erkenntnis aufrecht zu halten, indem er zweierlei postuliert, nämlich zum einen: (1) Erkenntnis der Schönheit führe in der Tradition der platonischen Ästhetik zur Erkenntnis des Selbst,[45] und zum anderen: (2) die Erkenntnis des Selbst stehe in engem Zusammenhang zur Gotteserkenntnis:[46] „Der Zusammenhang von Selbsterkenntnis und Gotteserkenntnis wird auch in der Blutstropfenszene angesprochen. Als Parzival in der Schönheit des Farbbildes im Schnee die Schöpferherrlichkeit Gottes erkannt hat, lenkt er den Blick auf sich selbst zurück".[47] Dass Selbsterkenntnis – entgegen dem französischen Prätext – das Thema

---

44 Übers. (Frank Oborski): „[20]Denn seine unsichtbaren Taten, von der Erschaffung der Welt an, werden durch das, was geschaffen worden ist, erkannt und erblickt, auch seine ewige Kraft und Göttlichkeit, sodass sie unentschuldbar sind, [21]weil sie, obwohl sie Gott erkannt hatten, ihn nicht wie Gott verehrt oder ihm Dank erwiesen haben, sondern sich in ihren Gedanken verloren haben und ihr unwissendes Herz verfinstert worden ist."
45 Vgl. Bumke, Blutstropfen, S. 46.
46 Ebd., S. 47, heißt es mit Bezug auf Forschung, nicht jedoch auf eine konkrete Stelle bei Augustinus: „Augustin hatte gelehrt, daß die Selbsterkenntnis der erste Schritt zur Gotteserkenntnis ist. Die Gelehrten des 12. Jahrhunderts sind ihm gefolgt." – Vor Bumke hat bereits Benedikt Jeßing: Die Blutstropfenepisode. Ein Versuch zu Wolframs *Parzival*. In: *bickelwort* und *wildiu mære*. Festschrift für Eberhard Nellmann zum 65. Geburtstag. Hrsg. von Dorothee Lindemann, Berndt Volkmann, Klaus-Peter Wegera. Göppingen 1995 (Göppinger Arbeiten zur Germanistik 618), S. 120–143, die Blutstropfenepisode in Verbindung zur Gotteserkenntnis gesetzt, dies jedoch ungleich direkter als Bumke: „Parzival sieht in der Blutstropfenepisode, wie Johannes in jener ersten prophetischen Vision [der Apokalypse; F. D. S.], Gott" (ebd., S. 128). Jeßing, ebd., S. 130 f., konstruiert diese Gottesschau über Conwîr âmûrs' Schönheit, die „unter Rückgriff auf Bilder und Versatzstücke der Mariendichtung" gestaltet sei (ebd., S. 129). Die Blutstropfen versteht er so als Verweis „auf vielmehr als nur auf die Ehefrau, nämlich auf Maria, die Mutter Gottes [...] und darüber hinaus schon hier auf Gott." Des Weiteren will Jeßing die drei Tropfen als Abbild der Trinität verstanden wissen (ebd., S. 139–142) und konstatiert weiterhin, ebd., S. 143: „Parzivals Augen sehen hier das Göttliche, göttliche Verheißung von Vollendung und Erlösung", und schließlich, ebd.: „Die drei Blutstropfen im Schnee verweisen auf das neue, signifikante Andere, das den Kodex der Artuswelt abzulösen im Begriff stand, verweisen auf Gott." Hierfür gibt der Text m. E. keine Anhaltspunkte.
47 Bumke, Blutstropfen, S. 48.

der in Rede stehenden Passage sei, sieht Bumke als erwiesen an: „Daß es in der Blutstropfenszene um Selbsterkenntnis geht, wird am Ende der Szene explizit angesprochen, wenn Parzival die Frage nach der eigenen Identität stellt: *bin ichz?* (302,11)."[48]

Insgesamt erscheinen mir die Referenzen auf das Thema ‚Identität' an dieser Stelle des *Parzival* weniger deutlich, als Bumke suggeriert. Immerhin liegen zwischen dem in Rede stehenden Seh-Akt Parzivals und seinem Erwachen aus der Trance knapp zweihundert Verse. Und selbst wenn man annimmt, dass ‚Selbsterkenntnis' an dieser Stelle im Text thematisch wird, so überrascht doch, dass Bumke hier einen signifikanten Fortschritt in der Selbsterkenntnis der Figur Parzival feststellen möchte. Hierfür bietet der Text zunächst keinen wirklichen Anhaltspunkt. Was die (Selbst- oder gar Gottes-) Erkenntnis Parzivals sein solle, vermag Bumke nicht darzustellen, und so greift er zu einer Formulierung, die geradezu das Eingeständnis impliziert, dass der Text diese Interpretation nur dann zulässt, wenn man unterhalb des Textes eine implizit bleibende – und vielleicht hier zu modern gedachte – Figurenpsychologie annimmt, denn: Parzival „weiß nicht, daß er in der Liebesversunkenheit vor den Blutstropfen etwas viel Wichtigeres über sich erkannt hat".[49] Um postulieren zu können, *dass* Parzival *etwas* erkannt habe, und zugleich den Text nicht vollständig zu überdehnen, muss Bumke die These aufstellen, dass Parzival nicht *wisse, was* er erkannt habe, und den Inhalt dieser Erkenntnis sowie den Bezug des Komparativs (wichtiger als was?) offen lassen. Bumke muss entsprechend weiterhin diese vermeintlich „wichtigste Einsicht über sich selbst, zu der Parzival gelangt",[50] jenseits von Parzivals *soliloquium* verorten und sieht sie in einer „Zwischenbemerkung" des Erzählers expliziert, wenn es heißt: *sîn pensieren umben grâl / unt der küngîn glîchiu mâl / iewederz was ein strengiu nôt* (Pz 296,5–7).[51] Allerdings konzediert auch Bumke: „Auf den ersten Blick scheint es nur eine additive Zuordnung zu sein: das eine und das andere. Inwiefern da ein Zusammenhang besteht,

---

48 Ebd., S. 47.
49 Ebd.
50 Ebd., S. 48.
51 Vgl. ebd., S. 48. – Bumke legt hier die Lesart der Handschriftenklasse G zugrunde. In Lachmanns Text nach Klasse D lautet V. 296,5: *sîne gedanke umben grâl*. – Bspw. Heiko Wandhoff: Schwarz auf Weiß – Rot auf Weiß. Heraldische Tinkturen und die Farben der Schrift im *Parzival* Wolframs von Eschenbach. In: Die Farben imaginierter Welten. Zur Kulturgeschichte ihrer Codierung in Literatur und Kunst vom Mittelalter bis zur Gegenwart. Hrsg. von Monika Schausten. Berlin 2012 (LTG 1), S. 147–167, hier: S. 161, hat in einem jüngeren Beitrag von „Parzivals tiefe[r] Einsicht angesichts der roten Tropfen im weißen Schnee" gesprochen und diese als die Notwendigkeit interpretiert, „das Unmögliche möglich [zu] machen und den Gral mit der Minne [zu] versöhnen." Auch diese Interpretation ist bei Bumke, Blutstropfen, S. 49, vorgeprägt, wenn es heißt: „In der Gedankenverlorenheit der Blutstropfenszene hat Parzival das Doppelziel seines Lebens erkannt: *wîp* und *grâl* sind die Leitbegriffe, die hier zum ersten Mal zusammen genannt sind und die von da an den Weg seiner Selbstverwirklichung bestimmen." Es bleibt zu diskutieren, ob sich Parzival „von da an" bereits auf dem *richtigen* Weg befindet und wie es um seine „Selbstverwirklichung" steht.

bleibt ungesagt."⁵² Es muss also – auch für Bumkes Analysen selbst – festgehalten werden, dass Parzivals sinnliche Wahrnehmung und seine in der *memoria* stattfindenden Erinnerung an einen schönen weiblichen Körper im Angesicht der Blutstropfen zu keinem (erkennbaren) Erkenntnisfortschritt führen, weder zu einer Selbst- noch zu einer Gotteserkenntnis. Die an anderer Stelle bei Bumke postulierte Vorstellung vom ästhetischen *ascensus*, einer anagogischen Aufstiegsbewegung, welche er „im psychologischen Schrifttum des 12. Jahrhunderts"⁵³ verbreitet sieht, träfe dann zumindest an diesem Punkt der Handlung nicht zu. Zu diesem Aufstiegsmodell heißt es bei Bumke: „die Erkenntnis beginnt mit der sinnlichen Wahrnehmung; dann werden die Sinneswahrnehmungen von den inneren Sinnen aufgenommen und dem Urteil der *ratio* unterbreitet, was die Grundlage für die höheren Erkenntnisstufen schafft."⁵⁴

Es erscheint daher sinnvoll, zunächst einige der *loci classici* zu re-evaluieren, die – seit Edgar de Bruyne, Rosario Assunto und Umberto Eco (vgl. Kap. II.1) – zur Begründung einer *ascensus*-Ästhetik herangezogen werden, die der Logik des *raptus* folgt.⁵⁵ Anstatt diese, wie bisher geschehen, aus einer Vielzahl fragmentierter Einzelzitate ab-

---

52 Bumke, Blutstropfen, S. 48. – In dieser Interpretation, die eine nicht verstandesmäßige, sondern ‚unmittelbare' Erkenntnis (im Sinne der mystischen Schau, der *visio*) veranschlagt, sind Bumke – bei aller Kritik (vgl. Burkhard Hasebrink: Gawans Mantel: Effekte der Evidenz in der Blutstropfenszene des ‚Parzival'. In: Texttyp und Textproduktion in der deutschen Literatur des Mittelalters. Hrsg. von Elizabeth Andersen, Manfred Eikelmann, Anne Simon. Berlin/New York 2005 [Trends in Medieval Philology 7], S. 237–247) – viele gefolgt. Vgl. bspw. Bruno Quast: *Diu bluotes mâl*. Ambiguisierung der Zeichen und literarische Programmatik in Wolframs von Eschenbach Parzival. In: DVjs 77,1 (2003), S. 45–60, hier: S. 54 f., aber auch Baisch, Zeichen lesen, S. 127, der von Parzivals „Vision" und „innerer Schau" spricht. – Walter Haug: Warum versteht Parzival nicht, was er hört und sieht? Erzählen zwischen Handlungsschematik und Figurenperspektive bei Hartmann und Wolfram. In: ders.: Positivierung von Negativität. Letzte kleine Schriften. Hrsg. von Ulrich Barton. Tübingen 2008, S. 141–156 (zuerst in: John Greenfield [Hrsg.]: Wahrnehmung im „Parzival" Wolframs von Eschenbach. Actas do Colóquio Internacional 15 e 16 de Novembro de 2002. Porto 2004, S. 37–66), hinterfragt zwar einerseits kritisch, „ob sich wirklich erlaubt, eine Form religiöser Erfahrung wie die Visio ohne weiteres auf einen literarisch inszenierten Erkenntnisakt zu übertragen" (ebd., S. 151). Andererseits folgt er jedoch Bumkes Deutungsmuster, dass Parzival hier das „Doppelziel" *wîp* und *grâl* erkenne: „Parzival schaut in der Blutstropfenszene den Zusammenhang zwischen dem Blutbild seiner Liebe und den Blutstropfen auf der Gralslanze. Er ahnt unbewußt, daß es hier eine Verbindung gibt, obschon er sie nicht versteht" (ebd., S. 155), obgleich der Text keine Indizien für diese ‚Ahnung' der Figur Parzival vergibt. – Michael Waltenberger: Hermeneutik des Verdacht-Seins. Über den interpretativen Zugang zu mittelalterlichen Erzählwelten. In: Mitteilungen des Deutschen Germanistenverbandes 49 (2002), S. 156–170, hat die Blutstropenepisode und Bumkes Monographie zum Anlass genommen, die Verhältnisbestimmung von Text und Kontext(wissen) in der mediävistischen Literaturwissenschaft zu reflektieren. Vgl. weiterhin auch Katharina Mertens Fleury: Zur Poetik von *ratio* und *experientia* in der Blutstropfenszene im ‚Parzival' Wolframs von Eschenbach. In: Reflexion und Inszenierung von Rationalität in der mittelalterlichen Literatur. Blaubeurer Kolloquium 2006. Hrsg. von Klaus Ridder. Berlin 2008 (Wolframstudien XX), S. 73–94.
53 Bumke, Blutstropfen, S. 103.
54 Ebd.
55 Zum *raptus* vgl. Haug, Das dunkle Licht, S. 284.

zuleiten, soll hier anhand zweier zentraler Beispiele, nämlich anhand der ‚Ästhetik', die auf Grundlage des Römerbriefes in Augustins *De vera religione* entwickelt wird (Kap. V.1.3), und anhand der mittelalterlichen Rezeption des *Corpus Dionysiacum* (Kap. V.1.4), die Möglichkeit einer solchen anagogischen Erkenntnis in ihrem Kontext analysiert werden. Ich werde im Folgenden zu zeigen versuchen, dass die oben referierte Vorstellung von einem in der Anschauung des Schönen begründeten, geradezu automatisierten *raptus* in der Theologie nicht – zumindest nicht in dieser Einfachheit und Unmittelbarkeit – anzutreffen ist.

V.1.3 *aisthesis* und *anagogé*: Die Notwendigkeit der Anrufung bei Augustinus

Tatsächlich gibt es bereits in Augustins relativ früh anzusetzender Schrift *De vera religione* (389–391 u.Z.),[56] welche hier bereits vielfach herangezogen worden ist, einen Passus, der Bumkes Auffassung zu stützen scheint. Wenn man, wie es seit de Bruyne und Perpeet vielfach geschehen ist, Augustinus als einen ‚Ästhetiker' auffassen möchte, so ist vielleicht dieser in der germanistisch-mediävistischen Forschung im Ganzen nicht stark beachtete Traktat „Über die wahre Religion" (neben den großformatigen, späteren *De trinitate libri XV*; ca. 399–419 u.Z.) derjenige, welcher am ehesten eine konsistente und kohärente Auseinandersetzung mit Fragen der *aisthesis* darstellt. Die Frage nach der wahren Religion ist hier – wie auch in *De trinitate* – zugleich verknüpft mit der Frage nach der Erkenntnis derselben einerseits und der Abgrenzung zu heidnischen Religionen andererseits, wobei Erkenntnis der wahren Religion dieser Art gleichbedeutend wird mit der Erkenntnis des wahren Gottes und – tautologisch präzise – der göttlichen Wahrheit. Insofern heidnische Religionen hier vor allem auch die Form von Götzendienst und Pantheismus annehmen, in welchen menschliche Erzeugnisse, Tiere, Tote, Dämonen, Elemente, Himmelskörper, das organische Leben, welches Bäume belebt, oder die weise, vernünftige Seele des Menschen verehrt werden,[57] bietet der Traktat – sich hiervon distanzierend – eine Diskussion der Erkenntnisfähigkeit des wahren Gottes *durch* die Kreatur und *jenseits* der Kreatur. In diesem Zusammenhang findet sich ein Passus, welcher sich wie die Bestätigung der bei Bumke dargestellten Erkenntnisstufen liest:

---

56 Die Entstehungszeiten werden angegeben nach Flasch, Augustin, S. 468–473.
57 Augustinus: De vera religione LV.108.295: *Non sit nobis religio in phantasmatis nostris* [...]. 296: *Non sit nobis religio humanorum operum cultus* [...]. *Non sit nobis religio cultus bestiarum* [...]. *Non sit nobis religio cultus hominum mortuorum*[.] 297: *Non sit nobis religio cultus daemonum* [...]. 298: *Non sit nobis religio terrarum cultus et aquarum* [...]. *Non sit nobis religio etiam purioris aeris et serenioris cultus* [...]. 299: *Non sit nobis religio cultus corporum aethereorum atque caelestium* [...]. 300: *Non sit nobis religio cultus illius vitae qua dicuntur arbores vivere* [...]. 301: *Non sit nobis religio vel ipsa perfecta et sapiens anima rationalis* [...].

> Ergo ipsis carnalibus formis quibus detinemur nitendum est ad eas cognoscendas quas caro non nuntiat; es enim carnales voco quae per carnem sentiri queunt, id est per oculos, per aures ceterosque corporis sensus. His ergo carnalibus vel corporalibus formis inhaerere amore pueros necesse est; aduelscentes vero prope necesse est; hinc iam procedente aetate non est necesse.
>
> (Augustinus: De vera religione XXV.46.124)[58]

Allerdings ist dieser Passus in *De vera religione* in eine weitläufige Argumentationslinie eingebunden, welche geradezu das Gegenteil einer Aufstiegsästhetik von der Kreatur zum Schöpfer darstellt. Die Abgrenzung fällt umso schärfer aus, als die Erkenntnis Gottes in der Kreatur die Gefahr der Verwechslung der Kreatur mit dem Kreator birgt und damit zugleich einen häretischen Fallstrick. Der zitierte Abschnitt steht im Kontext von Ausführungen zu der Frage, wie der intellektuelle Sprung aus der Fessel der fleischlichen Formen überhaupt zu bewerkstelligen sei, um anschließend in denselben fleischlichen Formen, die das erkennende Subjekt konstant gefangen nehmen, eine Anleitung zur Erkenntnis dessen zu erhalten, was jenseits der fleischlichen Formen liegt. In *De vera religione* ist dieser Urgrund jeden Erkennens die *auctoritas* einerseits und die *ratio* andererseits, welche der aisthetischen Erkenntnis vorausgehen muss. Sie sind für Augustinus das ‚Heilmittel' (*medicina*), welches aus dem Gefangensein in der Kreatur herausführt: *auctoritas fidem flagitat et rationi praeparat hominem, ratio ad intellectum cognitionemque perducit* (Augustinus: De vera religione XXIV.45.122; Übers. [Thimme]: „Die Autorität verlangt Glauben und bereitet den Menschen auf die Vernunft vor. Die Vernunft führt zur Einsicht und Erkenntnis."). Hieraus resultiert sofort ein Paradoxon, insofern mit der *auctoritas* eine Instanz zum Heil ruft, welche vor der Vernunft liegt und insofern nichts weiter als immanent-transitorisch sein kann. Das Kreatürliche selbst – welches in diesem Kontext bei Augustinus als ‚das Zeitliche' benannt ist und ein Homolog zum ‚Fleischlichen' darstellt – erhält hier die Aufgabe, in Form der heilsverkündenden Autorität – nicht in Form der gleichfalls kreatürlichen *aisthesis*! – sich selbst zu überwinden:

> Sed qui in temporalia devenimus et eorum amore ab aeternis impedimur, quaedam temporalis medicina, quae *non scientes, sed credentes ad salutem vocat*, non naturae et excellentiae, sed ipsius temporis ordine prior est. Nam in quem locum quisque ceciderit ibi debet incumbere ut surgat.
>
> (Augustinus: De vera religione XXIV.45.123)[59]

---

58 Übers. (Thimme): „So muß man sich auf dieselben fleischlichen Formen, die uns fesseln, stützen, um zur Erkenntnis derer zu gelangen, von denen das Fleisch keine Kunde geben kann. Freilich nenne ich diejenigen Formen, die durchs Fleisch, nämlich die Augen, Ohren und übrigen leiblichen Sinne, wahrgenommen werden können, fleischliche [„fleischliche" fehlt bei Thimme; F. D. S.]. An den fleischlichen oder körperlichen Formen haften naturgemäß die Knaben, und auch bei den Jünglingen macht sich dieser Zwang mehr oder weniger noch geltend. Bei fortschreitendem Alter fällt er dann hin."
59 Kursivierung hier u. i. d. Übers. von mir; F. D. S. – Übers. (Thimme): „Aber da wir ins Zeitliche verschlagen sind und durch die Liebe zu ihm vom Ewigen zurückgehalten werden, muß eine zeitliche Arznei, *die nicht Wissende, sondern Glaubende zum Heil ruft*, den Vortritt haben – nur in zeitlicher Hinsicht, versteht sich, nicht als wäre sie von vorzüglicherer Beschaffenheit. Denn ebenda, wo jemand hingefallen ist, muß er sich auch aufstemmen, um wieder hochzukommen."

Erst hieran schließt der oben diskutierte Passus an, in welchem es heißt, der Mensch, der glaubt, aber nicht weiß, müsse sich – von der *auctoritas* gelenkt – auf „dieselben fleischlichen Formen stützen", die ihn fesseln. Die Ambivalenz der Erkenntnis, welche der Betrachtung der kreatürlichen – der zeitlichen oder fleischlichen – Formen entsteht, wird bei Augustinus stets präsent gehalten. Einerseits ist der ‚Aufstieg', der hieraus resultiert, nur ein „Wiederaufstehen" des immer bereits gefallenen Menschen, welcher Gefahr läuft, durch eben diese Formen gefesselt zu bleiben, andererseits wird eigens betont, dass diese Form der sinnlichen Erkenntnis den Knaben und Jünglingen angemessen, für die fortgeschrittenen Altersstufen jedoch nicht mehr notwendig sei (*iam procedente aetate non est necesse*; Augustinus: De vera religione XXV.46.124). Diese Altersstufen[60] stellen aber in *De vera religione* zugleich geistliche Altersstufen dar, wie im Anschluss ausgeführt wird. Die Lebensalter *infantia, pueritia, adolescentia, iuventas, senioritas, deterior aetas* werden mit den Stufen christlicher Bildung relationiert und dem Übergang vom *homo vetus* zum *homo novus* gleichgesetzt, wobei bereits auf der zweiten von insgesamt sieben Stufen, welche der *pueritia* entspricht, der „Schoß menschlicher Autorität" zurückgelassen wird und die Vernunft „zum höchsten und unwandelbaren Gesetz" emporsteigen soll, während die erste Stufe, die der *infantia* entspricht, Belehrung über *historia* und *exempla* beinhaltet.

Die Bindung an körperlich Wahrgenommenes, welches über die körperlichen Sinne gewonnen worden ist, ist dabei fundamental problematisch, insofern es zur Verehrung von Falschem führt, selbst wenn es sich auf die Transzendenz zu richten versucht: die Seele, so heißt es, setze an die Stelle Gottes entweder eine Seele oder einen Körper oder ihre eigenen, „aus der Körperwelt mit Hilfe körperlicher Sinne gewonnene-[n] Vorstellungsbilder" (*Phantasmata porro nihil sunt aliud quam de specie corporis <u>corporeo sensu adtracta figmenta</u>*; De vera religione X.18.52; Hervorhebung von mir, F. D. S.). Die Seele kommt so also zu einer falschen Vorstellung von Gott, welcher körperlichen ‚Vorstellungsbildern' kategorial entzogen, allem kreatürlichen kategorial entgegengesetzt ist.[61] Den Römerbrief (Rm 1,21–25) zitierend wird hieraus abgeleitet: *Non ergo ‚creaturae potius quam creatori' serviamus nec evanescamus ‚in cogitationibus nostris', et perfecta religio est* (Augustinus: De vera religione X.19.53; Übers. [Thimme]: „So wol-

---

60 Bumke, Blutstropfen, S. 79 f., diskutiert die Lebensalter im Anschluss an Isidor von Sevilla und mit Bezug auf Parzivals tatsächliche (nicht etwa spirituelle) Kindheit.
61 Bei Augustinus: De vera religione XX.40.110, heißt es: *Sed facillimum est execrari carnem, difficillimum autem non carnaliter sapere* (Übers. [Thimme]: „Wahrlich, es ist sehr leicht, das Fleisch zu verwünschen, aber sehr schwer, nicht fleischlich zu denken.").

len wir denn nicht der Kreatur, sondern dem Schöpfer dienen und keinen eitlen[62] Gedanken nachhängen, dann wird unsere Religion vollkommen sein.").[63]

Die dinglich-körperlichen *pulchra* beziehungsweise *formosa*, auf welche bezogen das Augustinus-Ich der *Confessiones* (396–398 u. Z.) im Klagegestus konstatiert, dass sie es nicht zu Gott, der höchsten Schönheit (*pulchritudo*), sondern nur zurück zur Kreatur geführt haben,[64] diese immanenten *pulchra* geben auch Perceval/Parzival keine Auskunft über Gott. Denn auch die *Confessiones* müssen, um die Erkenntnis des Kreators anhand seiner Kreatur zu sichern, einen autoritativen Imperativ formulieren, der zum Erkennen erst aufruft.[65] Hier muss die Lehre über Kreatur und Kreator, hier muss die sich als fleischlicher Sünder inszenierende Stimme der *auctoritas* („Ich", Augustinus), welche selbst über eine externe, gnadenhafte *auctoritas* zur Umkehr gerufen worden ist (*Tolle et lege!*), dasjenige leisten, was die Kreatur selbst nicht zu leisten vermag.[66]

---

[62] Dass die Gedanken, die *cogitationes*, „eitel" seien, ist hierbei jedoch eine vereindeutigende, wenngleich auch problematische Übersetzung Wilhelm Thimmes, insofern der Eindruck entstehen mag, dass es auch *cogitationes* geben könne, welche *nicht* eitel seien. Demgegenüber wäre herauszustellen, dass *cogitatio* ein Vorgang ist, welcher *per se* problematisch ist, solange er dem Irdischen verhaftet bleibt, indem er die Transzendenz vermittels der Immanenz denkt. Eine auf die Immanenz selbst gerichtete *cogitatio*, wie sie Parzival ohne *wissenlîche sin* geschieht, ist aus dieser Perspektive hochproblematisch.

[63] In Augustins *De trinitate*, welche Elemente einer (rationalen und sinnengebundenen) Erkenntnistheorie noch einmal breiter aufrollt, finden sich alle genannten Elemente gleichfalls. Auch hier wird die Liebe zur Kreatur um ihrer selbst willen und das darüber geschehende Vergessen des Kreators ausdrücklich abgelehnt: *Tunc enim est cupiditas cum propter se amatur creatura. Tunc non utentem adiuuat sed corrumpit fruentem* (Augustinus: De trinitate IX.8.13; Übers. [Schmaus]: „Begehrlichkeit liegt nämlich dann vor, wenn das Geschöpf um seinetwillen geliebt wird. Dann hilft es nicht dem, der es gebraucht, sondern verdirbt den, der genießt.").

[64] Augustinus: Confessiones X.27.38: *Sero te amavi, pulchritudo tam antiqua et tam nova, sero te amavi! Et ecce intus eras et ego foris et ibi te quaerebam et in ista formosa, quae fecisti, deformis irruebam.* – Übers. (Flasch, Mojsisch): „Spät erst habe ich dich geliebt, du Schönheit, ewig alt und ewig neu, spät erst hab ich dich geliebt. Sieh, du warst innen, ich war draußen. Dort habe ich dich gesucht. Gestaltlos [*deformis* = hässlich, F. D. S.] stürzte ich mich in die Gestaltenpracht [*in ista formosa* = in diese schönen Dinge, F. D. S.], die du gemacht hast." – Vgl. hierzu schon Kap. II.1, S. 26.

[65] Augustinus: Confessiones IV.12.18: *Si placent corpora, deum ex illis lauda et in artificem eorum retorque amorem, ne in his, quae tibi placent, tu displiceas* – Übers. (Flasch, Mojsisch): „Wenn dir Körper gefallen, lobe Gott um ihretwillen und kehre deine Liebe dem, der sie kunstvoll gestaltete, zu, damit du nicht in dem, was dir gefällt, missfällst."

[66] Programmatisch reflektiert das Augustinus-Ich der *Confessiones* (II.3.5) seinen Schreibanlass, der ja – vor einem allwissenden Gott – nicht die Beichte sein kann, als Belehrung des Menschengeschlechtes: *Cui narro haec? Neque enim tibi, deus meus, sed apud te narro haec generi meo, generi humano, quantulacumque ex particula incidere potest in istas meas litteras. Et ut quid hoc? Ut videlicet ego et quisquis haec legit cogitemus, de quam profundo clamandum sit ad te.* – Übers. (Flasch, Mojsisch): „Doch wem erzähle ich das? Dir fürwahr nicht, mein Gott, aber vor dir erzähle ich das meinem Geschlecht, dem Menschengeschlecht, mag auch nur ein Bruchteil davon auf diese meine Schrift stoßen! Und wozu das? Damit wir, ich und jeder, der das liest, bedenken, aus welcher Tiefe man zu dir rufen darf."

Auch in den fünfzehn Büchern *De trinitate* ist es diese autoritative Stimme Augustins, die die Lesenden in einem ‚Aufstieg' zur Erkenntnis des trinitarischen Gottes anleitet, welcher jedoch in sich immer ein unabgeschlossener Versuch bleiben muss.[67] Einerseits ist diese Art des *ascensus* in *De trinitate* nicht mehr von der Stimme der Autorität zu trennen und nur vermittels zirkelnder, Ahnungen und Annäherungen an die Transzendenz vermittelnder Absetzungsbewegungen von der Immanenz zu erlangen; andererseits ist der ‚Aufstieg' zugleich eine Wendung ins Innere, in die eigene, von Gott stammende, Gott entfernt ähnelnde und der körperlichen Welt unähnliche *mens*. Diese ins Innere gerichtete Bewegung, darauf hat Johannes Kreuzer hingewiesen, wird in die Formel *introrsum ascendere* (Augustinus: De trinitate XII.15.25; „nach innen aufsteigen") gebracht.[68] Die im Inneren angestrebte Schau Gottes wird dabei als Prozess einer fortschreitenden Ablösung von der körperlichen Welt und vom körperlichen Denken formatiert. So heißt es in Hinblick auf die Erkenntnis Gottes als Trinität schon in Buch VI: *Qui uidet hoc el* ex parte *uel per speculum et in aenigmate* [I Cor 13,12] *gaudeat cognoscens deum et sicut deum honoret et gratias agat; qui autem non uidet tendat per pietatem ad uidendum, non per caecitatem ad calumniandum* (Augustinus: De trinitate VI.10.12; Übers. [Schmaus]: „Wer dies stückweise durch einen Spiegel und in Rätseln sieht, freue sich, daß er Gott erkennt, ehre ihn als Gott und sage Dank! Wer es nicht zu sehen vermag, der strebe durch Frömmigkeit zum Sehen, nicht jage er in Verblendung nörgelnden Einwendungen nach!"). Es ist das schrittweise Durchschreiten und langsame Sich-Entfernen von der Uneigentlichkeit des arkan bleibenden Spiegelbildes und des allegorischen Rätsels, in welchem man die Dreieinigkeit Gottes nur

---

67 Die – in Hinblick auf die Erkenntnis der Trinität *en passant* entwickelte – Erkenntnistheorie in *De trinitate* darf sicherlich für die maßgebliche des christlichen Westeuropa gehalten werden. Zu ihrem Einfluss vgl. bspw. Studer, Augustins *De Trinitate*, S. 15–22, der für das 12. Jh. eine Verbreitung und Wirkung des Textes, von dem mehr als 300 Handschriften existieren (vgl. ebd., S. 16), selbst bis in entlegene, kleine Klöster nachzeichnet. Während die Trinitätslehre im engeren Sinne – gerade in Hinblick auf die verwendeten Kategorien und die neuaufflammende Rezeption des aristotelischen Textkorpus – im Mittelalter anhaltenden Diskussionen ausgesetzt war, ist die in ihrem Kielwasser entstandene Kognitions- und Erkenntnistheorie von *De trinitate* vielleicht genau derjenige Bestandteil, der, gerade weil er verhältnismäßig unproblematisch war, ein relativ ungebrochenes Fortleben gehabt hat. – Zu *De trinitate* vgl. zudem Roland Kany: Augustins Trinitätsdenken. Bilanz, Kritik und Weiterführung der modernen Forschung zu ‚De trinitate'. Tübingen 2007 (Studien und Texte zu Antike und Christentum 22). – Johannes Brachtendorf: Die Struktur des menschlichen Geistes nach Augustinus. Selbstreflexion und Erkenntnis Gottes in ‚De Trinitate'. Hamburg 2000 (Paradeigmata 19), kommt – soweit ich sehe – auf die hier in Rede stehende Funktion der *auctoritas* nicht zu sprechen, was nicht zuletzt einerseits dem Umstand geschuldet sein mag, dass seine Studie einen grundlegend anderen Fokus setzt. Andererseits ist die *auctoritas* in *De trinitate* eher implizit vorhanden; explizit wird das Konzept vor allem in *De vera religione* gemacht. – Es sei angemerkt, dass alle drei – Kany, Studer und Brachtendorf – *De trinitate* aus explizit katholischer Sicht behandeln. Der in der vorliegenden Studie zugrundeliegende diskurshistorische und mithin konstruktivistische Ansatz ist den Spezialstudien entsprechend fremd und wird ihrem eigenen Anspruch nicht gerecht.
68 Kreuzer, De trinitate, S. XXXIX. – Vgl. zudem Augustinus: De trinitate XIV.3.5.

ahnen kann, welches die Bücher VIII bis XV als textgewordenen *ascensus* anzuleiten versuchen und auf welches sie insistierend immer wieder zurückkommen (bspw. Augustinus: De trinitate XV.2.3). Die schriftgestützte Aufstiegsbewegung bietet einen Weg, auf dem die lesend Nachvollziehenden Schritt für Schritt einer Erkenntnis näherkommen, die mit körperlichem Denken und körperlichen Sprachzeichen letztlich gar nicht herbeizuführen ist, sondern nur in deren Überwindung. Das Ziel, die Trinität zu verstehen, wird immer wieder avisiert, es werden immer wieder neue, immanente Trinitätsanalogien durchgespielt, die Schritt für Schritt über Analogien in der Körperwelt die Trinität verständlich machen sollen, nur um sie in letzter Konsequenz immer und immer wieder als inadäquat und eben körperlich abzuweisen. Die Erkenntnis, die – von der endzeitlichen Gottesschau abgesehen – ausbleiben muss, ist nicht zuletzt auch an den Willen des Suchenden gebunden, zu finden.[69]

Das letzte Buch aus *De trinitate* (Buch XV) bietet – vor dem entscheidenden, aber letztlich nicht vollziehbaren Schritt hin zur Trinität[70] – schließlich eine Rückschau auf die vorangehenden Bücher, in welcher dieses Prinzip der schrittweisen und mühsamen, sich selbst bespiegelnden, ver- und enträtselnden Erkenntnis explizit gemacht wird, welche nur durch die fortwährende Anleitung der Lesenden erreicht wird, die der Text selbst bietet. *De trinitate* setzt seinen impliziten Leser einer rekursiven Schleife der Selbstbeobachtung und Ablösung von dieser Selbstbeobachtung aus, die immer weiter und potentiell infinit fortzusetzen ist. Hier ist wiederholt die Rede davon, dass der Leser in der Immanenz „geübt" (*excerceretur*) werden solle (Augustinus: De trinitate XV.3.5);[71] es wird das achte Buch als Beginn jenes ‚Aufsteigens ins Innere' markiert, in welchem das, worum es eigentlich geht, nämlich das unaussprechliche Geheimnis des dreieinigen Gottes, im Uneigentlichen (nämlich: in der Immanenz) implizit zu „erscheinen" be-

---

69 Vgl. Augustinus: De trinitate XI.6.10.
70 Dass diese auf die Trinität zuführende Suchbewegung im Ganzen nicht an ihr selbstgestecktes Ziel führt, sondern dieses Ziel konstitutiv verfehlen muss, ist bereits festgestellt worden. So schreibt bspw. Studer, Augustins *De trinitate*, S. 47: „Aber er [= Augustinus; F. D. S.] hält weiterhin daran fest, dass niemand die Trinität begreifen kann. Diese Erkenntnis führte ihn zu einem ‚glänzenden Scheitern', zur Freude daran, entdeckt zu haben, wie unbegreiflich das ist, was er gesucht hat. In der Konklusion hebt Kany [= Kany, Augustins Trinitätsdenken; F. D. S.] etwas Wesentliches von *De Trinitate* hervor. Für Augustinus bleibt die *Trinitas quae est unus Deus* ein Geheimnis, das kein in dieser Zeit lebender Mensch verstehen kann."
71 Zur *exercitatio* vgl. bspw. die Einführung von Studer, Augustins *De trinitate*, hier bes. S. 68–73. Gegenüber Studer möchte ich hier besonders die – in *De trinitate* implizit bleibende – Bedeutung der schriftvermittelten *exercitatio* betonen, die dem Suchenden ein Skript bereitstellen will, entlang dessen seine Erkenntnisbewegung geübt wird. Während Studer – ganz im Sinne der expliziten Verweise in *De trinitate* – die Bedeutung einer Schrifthermeneutik auf die Heilige Schrift selbst beschränkt, soll hier die Rolle der ‚sekundären' *auctoritas* betont werden, welche *De trinitate* selbst darstellt, indem es eine Exegese bereitstellt und zwischen dem Suchenden, der Heiligen Schrift und der Immanenz als vermittelnde Instanz fungiert.

gonnen hat.[72] Es geht, so heißt es explizit, um die geführte Einübung einer Einsicht im Niederen, die jedoch wieder zurückgelassen werden muss:[73]

> *Et ecce iam quantum necesse fuerat aut forte plus quam necesse fuerat exercitata in inferioribus intellegentia ad summam trinitatem quae deus est conspiciendam nos erigere uolumus nec ualemus.* (Augustinus: De trinitate XV.6.10)[74]

Der ‚Aufstieg ins Innere' (*introrsum ascendere*), der von der Immanenz ausgehende *ascensus*, ist hier – ganz entgegen dem scheinbaren ‚ästhetischen' Automatismus, für den man Augustinus so gerne in Anspruch genommen hat – das genaue Gegenteil zu einem ästhetischen *raptus*,[75] zum „plötzlichen Einbruch der Ekstasis"[76] durch Anschauung der Kreatur in die Immanenz, überhaupt zu einem sich ohne weiteres Zutun einstellenden ‚*ascensus*', der von der Kreatur umstandslos zum Kreator gelangt. Insofern ist Walter Haugs Urteil zuzustimmen, das dieser in Hinblick auf eine ‚Ästhetik' formuliert hat, die implizit immer schon von diesem *ascensus* her gedacht erscheinen muss:

> Was eine relativ eigenständige Ästhetik anbelangt, so ist von hier aus – und mit nochmals einem Blick auf Augustinus – grundsätzlich festzuhalten, daß die Betonung der ontologischen Differenz ihr den Boden entzieht, während die Betonung der Ähnlichkeit ihr einen Spielraum, freilich einen

---

72 Augustinus: De trinitate XV.6.10: *Si enim recolamus ubi nostro intellectui coeperit in his libris trinitas apparere, octauus occurrit* (Übers. [Kreuzer]: „Wenn wir uns nämlich erinnern, wo unsere Vernunft in diesen Büchern die Dreieinheit aufzuleuchten begann, so begegnet uns das achte Buch."). Kurz darauf: *Sed ubi uentum est ad caritatem quae in sancta scriptura deus dicta est eluxit paululum trinitas, id est amans et quod amatur et amor* (Übers. [Kreuzer]: „Als wir aber zu der Liebe kamen, die in der Heiligen Schrift Gott genannt wird, leuchtete ein wenig eine Dreiheit auf, die Dreiheit des Liebenden, des Geliebten und der Liebe.").
73 Die Gesamtfaktur der fünfzehn Bücher De trinitate, welche die Augustinus-Forschung mithin als Effekt mangelnder kompositorischer Kohärenz hat verstehen wollen, kann in ihrer kreisenden, repetitiven, sich selbst bespiegelnden, rekursiven Struktur als textgewordene Umsetzung des Delphischen Rufes (*cognosce te ipsum*), als an die Lesenden gerichtete, medial gebundene ‚*exercitatio animi*' verstanden werden, durch welche der allgemeine Zustand des ‚*se nosse*' in die Tätigkeit des ‚*se cogitare*' überführt wird. Vgl. hierzu Fabian David Scheidel: Wahrheit und Gewohnheit. Zur Konventionalisierung des Nicht-Konventionellen bei Augustinus (*De trinitate libri XV*), Thomasîn von Zerklære (*Der welsche Gast*) und Georg Philipp Harsdörffer (*Frauenzimmer Gesprächspiele*). In: Kunst und Konventionalität. Dynamiken sozialen Wissens und Handelns in der Literatur des Mittelalters. Hrsg. von Udo Friedrich, Christiane Krusenbaum-Verheugen, Monika Schausten. Berlin 2021 (Beihefte zur ZfdPh 20), S. 179–219.
74 Übers. (Kreuzer): „Und siehe, auch jetzt, wo wir schon, wie es notwendig war, oder vielleicht mehr als notwendig war, die Einsicht im Bereich des Niederen eingeübt haben, haben wir weder den Willen noch das Vermögen, uns zur Schau der höchsten Dreieinheit, die Gott ist, emporzurecken."
75 In Bezug auf spätere Dichtung vgl. bspw. Thomas Leinkauf: Der neuplatonische Begriff des ‚Schönen' im Kontext von Kunst- und Dichtungstheorie der Renaissance. In: Neuplatonismus und Ästhetik. zur Transformationsgeschichte des Schönen. Hrsg. von Verena Olejniczak Lobsien. Berlin et al. 2007 (Transformationen der Antike 2), S. 85–116, hier bspw. S. 103.
76 Haug, Gab es eine mittelalterliche Ästhetik, S. 255.

immer wieder diskussionsträchtigen Spielraum eröffnen kann. [...] Von der christlichen Position aus wird man bei allen Anlehnungen an das Stufenschema letztlich auf die absolute Differenz stoßen. Die Gnade als ihr Signum wird für eine platonisch-christliche Ästhetik immer ein Problem bleiben.[77]

Ergänzend zu Haug ist zudem die immer wieder eingespielte Instanz der *auctoritas*, welche die Vermittlung christlicher Lehre und Glaubensinhalte leistet, hervorzuheben.

V.1.4 Die schweigende Schönheit der Welt: ‚Erleuchtung' als Voraussetzung gelingender *aisthesis* bei Hugo von Sankt Viktor und Johannes Scotus Eriugena

Auch die Rezeption der Licht- und Schönheitstheologie des *Corpus Dionysiacum*, welche in der Forschung im Anschluss an Rosario Assuntos *Theorie des Schönen im Mittelalter* immer wieder als Zeugin für eine anagogische *raptus*-Ästhetik in Anschlag gebracht worden ist, verläuft in diesen Bahnen.[78] Wie bei Augustinus gibt es auch in den sogenannten *Expositiones in hierarchiam cœlesti* des Hugo von St. Viktor eine auf der Kreatur gründende Erkenntnisfähigkeit, die – in letzter Konsequenz – anagogisch zu nennen ist. Wie bei Augustinus jedoch bedarf sie auch hier zunächst der Vermittlung durch eine autoritative Instanz, welche ihre Zeichenhaftigkeit überhaupt erst transparent werden lässt. Die *anagogé* (ἀναγωγή) ist auch hier keinesfalls ein Automatismus, wie es etwa in einer Formulierung aus Umberto Ecos einflussreicher Monographie *Kunst und Schönheit im Mittelalter* den Anschein hat: „Man braucht also die Augen nur den sichtbaren Schönheiten der Welt zuzuwenden, um die ungeheure theophanische Harmonie zu schauen, die von den primordialen Ursachen und den göttlichen Personen kündet."[79] Die *anagogé*, so sie denn erreicht wird, hängt auch nicht etwa, wie es sich hier leicht (miss)verstehen lässt, an den *pulchra* der Welt (also den Blumen, den Frauen etc.), sondern an der *pulchritudo* jedweder Kreatur.[80] Die Forschung – zumindest die germanistische Mediävistik – ist hier nicht unwesentlich durch das kurze, in Assuntos *Theorie des Schönen im Mittelalter* als Anhang beigegebene, von einer charakteristischen und suggestiven Auswahl geprägte Belegstellen-Florilegium gelenkt worden, wenn sie bisweilen

---

77 Ebd., S. 256. – Haug, Das dunkle Licht, S. 280, formuliert in Hinblick auf die *Expositiones* des Johannes Scotus Eriugena zu den *Himmlischen Hierarchien*: „Die Erkenntnis der Gattung und Art aller Dinge, die Einsicht in ihre Schönheit und ihr Gutsein, führen zur Ursache dieser Ordnung, zu Gott zurück. Deshalb ist alles, was ist, ein großes Licht, in dem das Intelligible in den Dingen zur Erscheinung kommt. Aber wohlgemerkt: Vernunft und Gnade müssen dabei zusammenwirken, d. h., im Erkenntnisprozeß wird die Differenz im christlichen Sinne festgehalten."
78 In diesem Kontext diskutiert sie kritisch auch Haug, Gab es eine mittelalterliche Ästhetik?, S. 259–262.
79 Eco, Kunst und Schönheit, S. 91.
80 Auch Andreas Speer, Kunst und Schönheit, S. 946 und zu Hugo von St. Viktor bes. S. 960, geht von einer anagogischen Führung vom Sichtbaren zum Unsichtbaren, von der Schönheit des Sichtbaren zur Schönheit des Unsichtbaren aus.

eine unmittelbar-theophane Verbindung zwischen den schönen Dingen und dem Schöpfer gezogen hat. Aus diesem Grund sei der entsprechende, vielzitierte Passus aus Hugos von St. Viktor *Expositiones* hier nach Assunto und mit seiner suggestiven Überschrift wiedergegeben:

Die sichtbare Schönheit als Abbild der unsichtbaren

... *non potest noster animus ad invisibilium ipsorum veritatem ascendere, nisi per visibilium considerationem eruditus, ita videlicet, ut arbitretur visibiles formas esse imaginationes invisibilis pulchritudinis. Quia enim in formis rerum visibilium pulchritudo earumdem consitit, congrue ex formis visibilibus invisibilem pulchritudinem demonstrari decet, quoniam visibilis pulchritudo invisibilis pulchritudo imago est.*

(Expositio in hierarchiam ...)

... unsere Seele kann nicht direkt zur Wahrheit des Unsichtbaren aufsteigen, es sei denn, sie wäre durch die Betrachtung des Sichtbaren geschult und zwar so, daß sie in den sichtbaren Formen Sinnbilder der unsichtbaren Schönheit erkennt. Da nun aber die Schönheit der sichtbaren Dinge in ihren Formen gegeben ist, läßt sich entsprechend aus den sichtbaren Formen die unsichtbare Schönheit beweisen, weil die sichtbare Schönheit ein Abbild der unsichtbaren Schönheit ist.[81]

Derart isoliert – und mit den wenigen anderen bei Assunto zitierten Stellen kombiniert – lässt sich freilich leicht eine unkomplizierte anagogische Ästhetik ableiten.[82] Im Prolog zu den *Expositiones* des Hugo von St. Viktor finden sich indessen ganz wesentliche Zwischenschritte eingezogen, welche die *anagogé* nicht mehr so unmittelbar und einfach erscheinen lassen, wie sie im Anschluss an die bei Assunto und Eco entwickelte Ästhetik oft verstanden worden ist.[83] Wenngleich es bei Hugo tatsächlich heißt: *Visibilis pulchritudo invisibilis puchritudinis imago est*, so ist die wesentliche Differenz, welche den direkten ‚ästhetischen' *ascensus* ausschließt, dass hier nicht unmittelbar vom ‚schönen Sichtbaren' auf die Schönheit Gottes geschlossen wird, sondern von der

---

81 Assunto, Theorie des Schönen, S. 201. – Assunto zitiert Hugos von St. Viktor *Expositiones in hierarchiam cœlestem* nach: PL 175,949A–B. In der hier zitierten Ausgabe des *Corpvs christianorum* findet sich die entsprechende Stelle S. 435, Z. 640–646. Statt *demonstrari decet* (bei Assunto) liest die jüngere Ausgabe *demonstrari dicit*.
82 Einen Beitrag zu den Schriften Hugos von St. Viktor, in welchem Ästhetik im Sinne von *aisthesis* behandelt wird, liefert Ralf M. W. Stammberger: Die Theorie der Sinneswahrnehmung bei Hugo von Sankt Viktor und Bernhard von Clairvaux. In: Revista Portuguesa de Filosofia 60 (2004), S. 687–706, zu Hugo von St. Viktor hier besonders S. 688–701. – Zum Zusammenhang zwischen den Sakramenten und Erkenntnistheorie bei Hugo von St. Viktor vgl. zudem: Claus Blessing: Sacramenta in quibus principaliter salus constat. Taufe, Firmung und Eucharistie bei Hugo von St. Viktor. Wien/Münster 2017 (Österreichische Studien zur Liturgiewissenschaft und Sakramententheologie 8), S. 89–108.
83 Eine umfängliche und bewundernswert detail- und kenntnisreiche Aufarbeitung des Œuvre Hugos von Sankt Viktor in Hinblick auf Schönheit findet sich bei Lenka Karfiková: ‚De esse ad pulchrum esse'. Schönheit in der Theologie Hugos von St. Viktor. Turnhout 1998 (Bibliotheca Victorina VIII). Einen systematisierenden Überblick über die entwickelten Thesen mit detailliertem Rückverweis auf die vorangegangenen Analysekapitel bieten ihre ‚Schlussbetrachtungen', ebd., S. 421–437.

'Schön*heit* des Sichtbaren' aus. Es sind also nicht die *pulchra* des Diesseits, welche zu Gott führen, sondern das – bereits denkend erschlossene und daher mittelbare – Prinzip der *pulchritudo*, das intellektuell abstrahierte, im Intellekt abgelegte *apriori*-Prinzip, das von der Ordnung Gottes selbst herstammt (vgl. Augustinus: De vera religione XLI.77.216: *nihil enim est ordinatum quod non sit pulchrum*; Übers. [Thimme]: „denn wo Ordnung ist, da ist auch Schönheit"). Der Satz, dass „die Schönheit des Sichtbaren Abbild der Schönheit des Unsichtbaren" sei, setzt also bereits einen geistigen, einen abstrahierenden, einen den Bruch der Erkenntnis überbrückenden Erkenntnisakt voraus und zielt keineswegs auf die visuelle Wahrnehmung des kreatürlich Schönen. Die Schön*heit* jedoch – das zeigt schon Augustinus in seinem ‚Lob des Wurmes' (Augustinus: De vera religione XLI.77.217)[84] – ist ein Prinzip, das demjenigen, das als kreatürlich-schön begriffen wird, unähnlich ist.

In Hugos *Expositiones* wird Erkenntnis entsprechend vielmehr – wie schon bei Augustinus (in *De vera religione* und *De trinitate*) – als mehrstufiger, anagogischer *Prozess* gekennzeichnet, der nicht unmittelbar oder selbstevident ist, sondern im Gegenteil der Lenkung und der Gnade bedarf.[85] Dass die Dinge und ihre Anschauung aus eigener Kraft, unmittelbar und selbstevident zu Gott führen, wird hier mit Blick auf die Zeit *ante gratiam* ausdrücklich negiert:[86]

---

84 Das „Lob des Wurmes" ist zitiert in Kap. IV.3.
85 In der Tat geht der Prolog zu den *Expositiones* von einem ‚Aufstieg' aus, den schon die *Ivdei* und die *Greci* – in Anlehnung an 1 Cor 1,22 – vermittels von Zeichen (*signa*) und Weisheit (*sapientia*) erreichen wollten, durch welche sie sich eine ‚Leiter' (*scala*) zu errichten versuchten. Da diese Weisheit jedoch eine falsche, nämlich weltliche Weisheit (*sapientia huius mundi*), sei, verfehlten sie ihr Ziel. Gott habe vielmehr die weltliche Weisheit so eingerichtet, dass die göttliche Weisheit in ihr gerade nicht gefunden werden könne: *Ideo stultam fecit Deus sapientiam huius mundi, quia in illa non potuit inueniri sapientia Dei, et monstrauit sapientiam aliam, quae stultitia uidebatur et non erat, ut uera sapientia inueniretur per eam. Predicatus est Christus crucifixus, ut humilitate ueritas quereretur* (Hvgonis Sancti Victoris svper ierarchiam Dionisii, I,17–21; Übers. [Marco Mattheis, Berlin]: „Gott machte die Weisheit dieser Welt deshalb so töricht, weil sich in jener nicht die Weisheit Gottes finden ließ; und er zeigte uns eine andere Weisheit, die Einfalt zu sein schien, es aber nicht war, damit die wahre Weisheit durch sie gefunden würde. Der gekreuzigte Christus wurde deshalb verkündet/gepredigt, damit die Wahrheit durch Demut gesucht würde."). Es ist nicht die Anschauung der *species mundi*, sondern die über den Stufenweg der *Philosophia* bis zur Theologie geführte Reflexion des sichtbaren und unsichtbaren *causæ* und *substantiæ* (vgl. ebd., I,122–151). – Das Wechselspiel von *anagogé*, Ver- und Enthüllung der Wahrheit als vermittelter und indirekter Prozess in der Hermeneutik der Heiligen Schrift wird in der Auslegung des Ps.-Dionysius-Textes (vgl. ebd., II,490–516) thematisiert; ebd., II,497–500: ‚*Anagoge' enim, sicut dictum est, ascensio mentis siue eleuatio uocatur in contemplationem supernorum. ‚Anagogice' igitur ‚circumuelatur', quia ad hoc uelatur ut amplius clarescart, ob hoc tegitur ut magis appareat* (Übers. [Marco Mattheis, Berlin]: „‚Anagogé' bedeutet nämlich wie gesagt ein Aufstieg des Geistes oder eine Erhöhung zur Kontemplation des Göttlichen. Daher wird ‚anagogisch verhüllt'. Denn genau darum verhüllt man etwas, damit es noch mehr erstrahlt, und deshalb bedeckt man etwas, damit es noch mehr erscheint.").
86 Schon Blessing, Sacramenta, S. 102, formuliert: „Damit ist sehr deutlich die Grenze des Zugangs zu Gott *ex similtudine* gezogen. Eine seinsmäßige Teilhabe an Gott ohne die Gnade der Offenbarung ist für Hugo von St. Viktor undenkbar. [...] [Der Aufstieg] führt ohne die Gnade der Offenbarung nicht zu der

> Duo enim simulachra erant proposita homini, in quibus inuisibilia uidere potuisset: unum naturae et unum gratiae. Simulachrum naturae erat species huius mundi, simulachrum autem gratiae erat humanitas Verbi. Et in utroque Deus monstrabatur, sed in utroque non intelligebatur, quoniam natura quidem specie sua artificem demonstrauit, sed contemplantis oculos illumnare non potuit. Humanitas uero Saluatoris et medicina fuit ut ceci lumen reciperent, et doctrina pariter ut uidentes agnoscerent ueritatem. Lutum fecit ex sputo et liniuit oculos ceci, et lauit et uidit. Et quid postea? Deinde uidenti et nondum cognoscenti ait: ‚Ego sum' [= Io 4,26] et ‚Qui loquitur tecum, ipse est Filius Dei' [= Io 9,37]. Prius ergo illuminauit, postea demonstrauit. Natura enim demonstrare potuit, sed illuminare non potuit. Et mundus creatorem suum specie predicauit, sed intelligentiam ueritatis cordibus homium non infudit. Per simulachra igitur naturae creator tantum significabatur, in simulachris uero gratiae presens Deus ostendebatur, quia illa operatus est ut intelligeretur esse, in istis uero operatus est ut agnosceretur presens esse.
> (Hugo von St. Viktor: Svper Ierarchiam Dionisii I,88–105, S. 402 f.)[87]

Das Grundprinzip der *aisthesis* wird also anhand der Johannes-Stellen ausgeführt: Die Erleuchtung durch die Anrufung geht dem Sichtbarwerden in der Immanenz voraus: „Zuerst hat er also erleuchtet, dann hat er gezeigt".

Zugrunde liegt dem die sogenannte Drei-Augen-Lehre, nach welcher die menschliche Seele

> von Gott drei Augen empfangen [hatte], das Auge des Fleisches (*oculus carnis*), mit dem sie die Welt und die Dinge in der Welt sehen konnte, ferner das Auge des Verstandes (*oculus rationis*), mit dem sie sich selbst und alles, was in ihr ist, erkennen konnte[,] und schließlich das Auge der Beschauung (*oculus contemplationis*), mit dem die Seele in sich selbst Gott schauen konnte. [...] Durch die Sünde nun, der die *ignorantia* folgte, tritt soviel Dunkelheit in die menschliche Seele, daß das Auge der Beschauung völlig ausgelöscht wird und nichts mehr sieht. Das Auge des Verstandes wird triefäugig und nimmt deshalb nur noch zweifelhaft wahr; sein Licht ist neblig und kein sicheres Urteilen mehr möglich. Nur das Auge des Fleisches bleibt unversehrt. So erklärt sich

---

durch die Sünde verlorenen seinsmäßigen Teilhabe an Gott, welche erst durch die in der *passio Salvatoris* geschehen Erlösung wiedererlangt wird."

[87] Übers. (Marco Mattheis, Berlin): „Zwei Bilder (*simulacrum*) standen nämlich dem Menschen vor Augen, in denen er das Unsichtbare hätte sehen können. Ein Bild der Natur und eins der Gnade. Das Bild der Natur war die Gestalt dieser Welt, das Bild der Gnade hingegen war die Menschheit (*humanitas*) des Wortes. Und in beiden offenbarte sich Gott [wörtlich: „wurde gezeigt"], aber in keinem von beiden ließ sich Gott begreifen, da die Natur ihren Schöpfer durch ihre Gestalt zeigte, aber die Augen des Schauenden nicht erhellen konnte. Die Menschheit des Schöpfers war dagegen sowohl eine Medizin, damit die Blinden das Licht empfingen, als auch zugleich eine Lehre, damit die Sehenden die Wahrheit erkannten. Aus Spucke machte er Lehm und bestrich die Augen des Blinden damit, und er wusch sich und sah. Und was geschah danach? Dann sagte er dem Sehenden, der aber noch nicht erkannte: ‚Ich bin es' [Joh. 4,36] und ‚Wer mit Dir spricht, ist der Sohn Gottes' [Joh. 9,37]. Zuerst erleuchtete er (*Prius ergo illuminauit*), danach zeigte er (*postea demonstrauit*). Die Natur konnte nämlich zeigen, aber nicht die Augen öffnen. Die Welt kündigte ihren Schöpfer durch ihre Gestalt an, aber flößte nicht den Herzen der Menschen die Wahrnehmung der Wahrheit ein. Durch die Bilder der Natur also wurde der Schöpfer nur zu erkennen gegeben, in den Bildern der Gnade aber wurde er als anwesender Gott gezeigt. Denn jene Bilder [der Natur] schuf er, damit seine Existenz verstanden würde, durch diese [Bilder der Gnade] erreichte er, dass er als Anwesender erkannt wurde."

nach Hugos Theorie, daß die Menschen leicht in den Dingen übereinstimmen, die dem Auge des Fleisches zugänglich sind. Außerdem können sie mit dem Auge des Verstandes auch noch in etwas sehen, was in ihrem Herzen und in der Welt vorgeht. Doch Gott und das Göttliche können die Menschen nicht mehr sehen, noch in affirmativ zutreffender Weise aussagen.[88]

Weil der Mensch auf dem Auge der Beschauung blind ist, braucht er den Glauben, durch den allein das Göttliche in uns subsistieren kann und uns zugänglich wird. Der Glaube ist notwendiger Ersatz für das erblindete Auge der Beschauung.[89]

Im Kern steht hier – unter anderen Bedingungen neu formuliert – ein Befund, der in ähnlicher Form auch schon für Augustinus zentral gewesen ist: Zwar ist die Schönheit der geschöpflichen Welt eines der beiden Zeichen, in welchem der Schöpfer offenbar ist (*Simulachrum naturae erat species huius mundi*);[90] diese Kreatur jedoch verkündet von sich aus nicht selbstständig den Schöpfer, denn: sie konnte den Schöpfer zwar zeigen (*Natura enim demonstrare potuit*), sie konnte jedoch das Auge, welches die Kreatur wahrnimmt, nicht erleuchten (*sed illuminare non potuit*).[91] Es ist das andere, das Gnadenzeichen (*simulachrum gratiae*), welches erst den Hiatus der Erkenntnis schließt, nämlich der menschgewordene Gott selbst, der – fleischgeworden und mit fleischlichen Sinnen sichtbar – das Superzeichen bildet, von dem aus die Schönheit der natürlichen Immanenz erschließbar wird (*Humanitas uero Saluatoris et medicina fuit ut ceci lumen reciperent, et doctrina pariter ut uidentes agnoscerent ueritatem*).[92] Die Erleuch-

---

88 Blessing, Sacramenta, S. 97–99.
89 Ebd., S. 101.
90 Zum *simulacrum* vgl. ebd., S. 103–105.
91 Während Karfíková, De esse ad pulchrum esse, für den vielfältigen und vieldeutigen Schönheitsbegriff in der Theologie Hugos im Ganzen zwar ebenfalls den Bruch zwischen der Immanenz und der Transzendenz sieht, betont sie meines Erachtens jedoch die bei Hugo angelegte Möglichkeit einer Anagoge zu stark und suggeriert, dass diese problemlos aus der Anschauung der ‚weltlichen Schönheit' zu gewinnen sei. Die hier angeführten Stellen, die die Selbstevidenz des ‚Buches der Natur' unwahrscheinlich machen müssen, thematisiert sie in ihrem Kapitel zu Hugos *Expositiones in Hierarchiam coelestem* (ebd., S. 175–303) soweit ich sehe nicht. Zugleich argumentiert sie erkennbar von einer ‚ästhetisch' geprägten Warte aus. Nicht nur zitiert sie immer wieder Edgar de Bruynes *Études d'esthétique médiévale* heran, auch schlägt sie immer wieder traditionellen Brücken bspw. zur gotischen Architektur und spricht wiederholt von Hugos „Sensibilität" für die Dinge in der Welt. Es entsteht hierbei der Eindruck, dass die Schön*heit* der Kreatur, welche auf die Schönheit ihres Schöpfers verweist, mit dem Schönen (den *pulchra*) der Welt identisch ist. Wenngleich auch die *pulchra* immer wieder in den Blick rücken, so beziehen doch auch diese ihre Dignität allein aus der Schön*heit* die der gesamten Kreatur zugrunde liegt.
92 Der menschgewordene Gott ist schon in Augustins De trinitate das Superzeichen, von dem aus die zeichenhafte Welt dekodierbar wird. Vgl. hierzu Augustinus: De trinitate VII.3.5: *Quia enim homo ad beatitudinem sequi non debebat nisi deum et sentire non poterat deum, sequendo deum hominem factum sequeretur simul et quem sentire poterat et quem sequi debebat* (Übers. [Schmaus]: „Weil nämlich der Mensch, um zu seiner Seligkeit zu gelangen, nur Gott nachfolgen durfte, Gott aber nicht sehen konnte, deshalb sollte er dem menschgewordenen Gott nachfolgen, dadurch zugleich jenem nachfolgend, den er sehen konnte, und jenem, dem er nachfolgen mußte.").

tung (des *oculus contemplationis*) durch Gott muss der Zeichenfähigkeit der Immanenz notwendig vorausgehen (*Prius ergo illuminauit, postea demonstrauit*).[93]

In der – bedeutend älteren – Genesis-Allegorese des *Periphyseon* (Johannes Scotus, 9. Jh.) findet sich dies ausbuchstabiert. Hier wird die ‚*aisthesis*' selbst zu Eva beziehungsweise dem ‚schönen' Baum der Erkenntnis, der dem Menschen verboten ist, weil dieser mit ihm nicht umgehen kann, wenn er nicht zuvor den Schöpfer selbst erkennen gelernt hat.[94] Auf dieser Grundlage wird geradezu eine ‚Anti-Ästhetik' formuliert. Von der Vorstellung des selbsttätigen Aufstiegs zu Gott, von *raptus, ascensus* und *anagogé* ist hier keine Spur. Stattdessen wird die Mahnung, dass im begehrlichen Anblicken der Frau die Ehe bereits gebrochen sei (Mt 5,28), unvermittelt über die Formel des *symbolum*, dass der einige Gott Schöpfer der sichtbaren und unsichtbaren Kreatur sei, wieder an die Mahnung des Römerbriefes angebunden, nicht – wie die Heiden – die Kreatur dem Kreator vorzuziehen (Rm 1,25):

> ‚Qui uiderit mulierem ad concupiscendum eam, iam moechatus est in corde suo.' [Mt 5,28] Materialium siquidem superficies rerum, dum sit naturaliter pulchra, incaute et libidinose sensibus eam considerantium mortis infert occasionem. Visibilem nanque creaturam ad hoc deus condidit, ut per eam, sicut per inuisibilem, laus eius cumularetur, et cognosceretur non quid est, sed quia est, unus totius creaturae uisibilis et inuisibilis conditor [≙ dem Credo; F. D. S.]. Ideoque interdixit deus humanae naturae uisibili creatura delectari, priusquam ueniret ad perfectionem sapientiae, in qua posset deificata de rationibus rerum uisibilium cum deo disputare, nec illa mulier (carnalis uidelicet sensus) ad delectationem materialis creaturae extrinsecus consideratae ualeret attrahere. Ordo itaque diuinae legis erat primum creatorem cognoscere eiusque ineffabilem pulchritudinem, deinde creaturam rationabili sensu mentis nutibus obtemperante considerare, totamque ipsius pulchritudinem, siue interius in rationibus, siue exterius in formis sensibilibus, ad laudem creatoris referre. Hunc autem diuinae legis ordinem homo superbiendo spernens, creatoris sui amorem et cognitionem materialis creaturae exteriori pulchritudini postposuit [≙ Rm 1,25; F. D. S.][.]
>
> (Johannes Scotus: Periphyseon IV,4412–4432)[95]

---

93 Hier lese ich Hugo von St. Viktor gegen Stammberger, Theorie der Sinneswahrnehmung, und Blessing, Sacramenta, welche meines Erachtens beide die Erkenntnisfähigkeit durch das verbliebene *oculus carnis* zu optimistisch bewerten. Demgegenüber möchte ich dafür argumentieren, dass die prinzipielle Zeichenhaftigkeit der Welt bei Hugo von St. Viktor sehr viel weniger selbstevident ist, als es bei Stammberger und Blessing den Anschein hat.

94 Vgl. zu der Tradition, die Eva mit der sinnlichen Wahrnehmung (*aisthesis*) und Adam mit dem Geist (*nous*) gleichsetzt, auch die bereits in Kap. III.3.1.1, III.3.1.2 u. IV.4, zitierten Stellen (Johannes Scotus, Ambrosius von Mailand).

95 Übers. (Noack II, S. 144 f.): „Wer ein Weib ansieht, ihrer zu begehren, hat schon in seinem Herzen die Ehe gebrochen. Indem nämlich die Oberfläche der sinnenfälligen Dinge natürlicherweise schön ist, bringt sie den Sinnen derjenigen, welche sie unvorsichtig und begehrungsvoll betrachten, den Anlass des Todes. Hat doch Gott die sichtbare Creatur desshalb geschaffen, um durch die ebenso wie durch die unsichtbare sein Lob zu erhöhen, und damit erkannt würde, nicht was er ist, sondern dass er der eine Schöpfer der sichtbaren und unsichtbaren Creatur ist. Darum untersagte Gott der menschlichen Natur, sich an der sichtbaren Creatur zu ergötzen, bevor sie zur Vollendung der Weisheit gelangt wäre, worin sie vergöttlicht über die Gründe der sichtbaren Dinge sich mit Gott unterreden können. Und jenes Weib [= Eva/*aisthesis*; F. D. S.], d. h. die fleischliche Sinnlichkeit würde zur Ergötzung an der von

Letztlich mag die Rückbindung jeglicher Erkenntnis der Kreatur an die vorherige Erkenntnis des Kreators in seiner Menschwerdung, die im sichtbaren Fleisch des Gottsohnes den Spalt der Erkenntnis überbrückt, auf die an den zweifelnden Thomas gerichteten Christusworte aus Io 20,29 zurückgehen: *quia vidisti me credidisti | beati qui non viderunt et crediderunt* (Übers. [Clemens Müller]: ‚*Weil du mich gesehen hast, hast du geglaubt. Selig, die nicht gesehen und geglaubt haben.*'). Diese formulieren implizit zugleich eine Aufgabe für die nachfolgenden Generationen von Christen, die sich auf das tradierte Zeugnis derjenigen verlassen müssen, denen – wie Thomas – die Gnade der Anschauung zuteil geworden ist. Diesen Zeugen und ihrem Zeugnis (*testamen*) muss dasjenige, was nur einmal zu schauen war und nie wieder geschaut werden kann, rückhaltlos vertrauend geglaubt werden.[96] Erst von hier aus wird die Kreatur auf den Kreator hin transparent. Das ‚Buch der Welt', welches Hans Blumenberg so pointiert ins Gespräch gebracht hat,[97] erweist sich damit – wie jedes andere Buch auch – als eines, das erst für denjenigen lesbar ist, der zu lesen gelernt hat. Die Erkenntnis des Zeichens geht der Erkenntnis des von ihm Bezeichneten notwendig

---

aussen betrachtete stofflichen Creatur den Mann, d. h. den Geist anzuziehen vermögen, wenn er die Erkenntniss des Schöpfers früher, als die der Creatur haben wollte. Es war daher die Ordnung des göttlichen Gesetzes, zuerst den Schöpfer und seine unaussprechliche Schönheit zu erkennen, dann aber die Creatur mit vernünftigem Sinn mittelst der Winke des Geistes zu betrachten und die ganze Schönheit derselben, sei es innerlich in den Gründen, sei es äusserlich in den sinnlichen Formen, auf das Lob des Schöpfers zu beziehen. Indem nun der Mensch diese Ordnung des göttlichen Gesetzes hochmüthig verachtete, setzte er die Liebe seines Schöpfers und die Erkenntniss der stofflichen Creatur der äusseren Schönheit nach" [vgl. Rm 1,25].

96 Vgl. schon Augustinus: De trinitate XV.27.49: *Sunt enim quae ita creduntur ut uideri iam omnino non possint. Non enim Christus iterum in cruce uidendus est, sed nisi hoc credatur quod ita factum atque uisum est ut futurum ac uidendum iam speretur, non peruenitur ad Christum qualis sins fine uidendus est* (Übers. [Kreuzer]: „Es gibt nämlich Dinge, die so geglaubt werden, daß sie überhaupt nie gesehen werden können. Nicht nämlich kann Christus ein zweites Mal am Kreuze geschaut werden; wenn man aber nicht glaubt, daß dies einmal geschah und gesehen wurde, und so nicht darauf hofft, ihn in der Zukunft zu sehen, gelangt man nicht zu Christus, wie er ohne Ende zu sehen ist."). – Auch in volkssprachliche Texte wird die Differenz von Anschaubarkeit und Bezeugung vermittelt. Im *Anegenge* wird auf die Unsehbarkeit Gottes (auch für Erwählte wie etwa Moses) in der Immanenz insistiert (Vv. 2049–2052: *wir ensulen noch enmegen | des niht gelouben, | daz mit vleischlîchen ougen | ie dehein man sæhe got!*); erst im Jenseits werde Gott für die Menschen schaubar (Vv. 2171–2174: *als den unser hêrre christ | wider gît der sêle | sô sehent sie in imere mêre | von gesihte ze gesihte*). Demgegenüber wird das Zeugnis der Schrift vom tatsächlichen Wandeln Gottes auf Erden als heilsvermittelndes Substitut eingeführt (Vv. 2147–2154: *der elliu rehtiu buoch dâ schreip, | mit dem wil erz behaben | unde wil dar uber sagen | manic testimonium, | daz der wâre gotes sun | von den selben dinge sprach, | dô er mensche hie enerde was: | daz uns michel hilfe gît!*). – Die Unsichtbarkeit und Sichtbarkeit göttlicher Zeichen und des Kreuzestodes Christi behandelt auch der Stricker (Nr. 12: *Die Messe*, in: Moelleken, Stricker, Bd. 2, S. 50–102, hier Vv. 31–36: *Ein tougen zaichen was so groz, | daz ter uns den himel uf sloz: | daz was diu marter des gotes suns. | der opfert †sic tougen fur uns, | do man in an daz cruce hiench, | da uns sin vater mit empfiench.*).

97 Hans Blumenberg: Die Lesbarkeit der Welt. Frankfurt a. M. 1986.

voraus[98] und ist zudem an Glauben, Gnade, Vermittlung durch *auctoritas* und aktiv suchendes Bemühen gebunden.

An dieser Stelle ist auch die Übertragung zu einfach, die Joachim Bumke vornimmt, wenn er anhand der Figur Parzival zwar zwischen einem ‚äußeren' und ‚inneren Auge' differenziert, dabei jedoch übersieht, dass in der zeitgenössischen Theologie auch dem ‚inneren Auge' keine problemlose und unmittelbare Erkenntnis (Gottes, der Transzendenz etc.) möglich ist. Zwar thematisiert Bumke die ‚Erleuchtung' des inneren Auges explizit, suggeriert jedoch zugleich, dass diese eine Art von Automatismus sei.[99] Die *vera lux* Gottes indessen, die im menschlichen Geist das Sehen und Erkennen ermöglicht, wird – mindestens seit Augustinus – durch das Fleisch und das fleischlich gebundene Denken im Menschen gleichsam verschüttet und muss mühsam wiedergewonnen werden.

V.1.5 Verkündigung und Erleuchtung als Voraussetzung erfolgreicher *aisthesis* in Rudolfs von Ems *Barlaam und Josaphat*

Ein volkssprachliches Beispiel dafür, dass die Anschauung der Immanenz nicht über eine unmittelbare *anagogé* zur Einsicht in die Transzendenz führt, bietet etwa die Jugenderzählung Jôsaphâts im *Barlaam und Josaphat*-Roman Rudolfs von Ems. Hier wird die angeschaute Kreatur dem jungen Jôsaphât einzig aufgrund göttlicher Gnade einsichtig gemacht. Nicht nur ist der Junge selbst göttlich begabt,[100] sondern auch der Umstand, dass Barlââm zu ihm kommt, um ihn christlich zu unterweisen, wird ausdrücklich als gnadenvolle Sendung Barlââms durch Gott ausgestaltet.[101] Jôsaphât, der von seinem heidnischen Vater, König Avenier, in Isolation aufgezogen wird, um ihn vom Einfluss des Christentums fernzuhalten, stellt jedoch bereits die richtigen, aus der Anschauung gewonnenen Fragen:

> dâ bî begunde er denken sô:
> wer mit sô rîchem werde

---

98 Auch hierzu bereits Augustinus: De trinitate X.1.2: *Ita etiam signum si quis audiat incognitum ueluti uerbi alicuius sonum quo quid significetur ignorat, cupit scire quidnam sit, id est sonus ille cui rei commemorandae institutus sit, ueluti audiat cum dicitur ‚temetum', et ignorans quid sit requirat. Iam itaque oportet ut nouerit signum esse, id est non esse inanem illam uocem sed aliquid ea significari* (Übers. [Schmaus]: „So ist es auch, wenn jemand ein unbekanntes Zeichen hört, zum Beispiel den Klang eines Wortes, dessen Bedeutung er nicht kennt: er wünscht zu wissen, was es sei, das heißt, an welchen Gegenstand zu erinnern jener Klang bestimmt sei, so wenn er etwa das Wort ‚temetum' hört, es nicht kennt und nachfragt, was es bedeute. Er muß also vorher schon wissen, daß es ein Zeichen ist, das heißt, daß es nicht ein leerer Laut ist, sondern daß es etwas bezeichnet.").
99 Vgl. Bumke, Blutstropfen, S. 37–44.
100 Rudolf von Ems: Barlaam und Josaphat, Vv. 28,15–19: *got tet an im genâde schîn: | er sante im in daz herze sîn | des heiligen geistes güete | sô gar, daz sîn gemüete | beleip in reiner stætekeit.*
101 Vgl. Rudolf von Ems: Barlaam und Josaphat, Vv. 35,39–37,2, hier etwa: *Diz begunde erbarmen, | den got, der uns vil armen | geschuof unde werden hiez* (Vv. 35,39–36,1).

> des himels und der erde
> sô gewaltic möhte sîn,
> daz der liehten sunnen schîn
> tages schîne und nahtes niht.
> in dûhte ein wunderlîch geschicht,
> wâ von diu vinster trüebe
> sich ie des nahtes hüebe
> und ie der tac wær alsô klâr
> und beidiu zît, stund unde jâr
> sô wehsellîche liefen hin.
> (Rudolf von Ems: Barlaam und Josaphat, Vv. 26,10–21)

Sind dies auch die richtigen Fragen,[102] so erhält Jôsaphât jedoch weder durch die Anschauung selbst noch durch die heidnischen Lehrer die richtigen Antworten, wenngleich ihm einer seiner Lehrer berichtet, dass die Christen an *einen got, der heizet Krist* (V. 27,23), glaubten, von dem sie sagten, *daz er der himel phlege | und daz vür alle krefte wege | sîn kraft, sîn hôhiu gotheit* (Vv. 27,25–27). Dieser erste Kontakt mit dem Christentum entzündet zwar in Jôsaphât die *minne* Gottes; erst in der Vermittlung christlicher Lehren durch den Eremiten Barlââm jedoch wird Jôsaphât Gott als waltendes Zentrum und Schöpfer von Allem, *des dû maht gesehen* (V. 51,7), offenbart.[103] Es heißt unmittelbar im Anschluss an Barlââms Lehre, dass er von der *vera lux* im Herzen erleuchtet wird:

> Dô Barlââm mit wîsheit
> die lêre hâte volleseit,
> disiu mære und sînen rât
> enphie der junge Jôsaphât.
> des himelischen liehtes schîn
> erlûhte gar das herze sîn[.]
> (Rudolf von Ems: Barlaam und Josaphat, Vv. 79,25–30)

---

102 Diese Fragen sind insofern die ‚richtigen‘, als sie sich inhaltlich bereits auf die Antwort richten, die wenig später das Glaubensbekenntnis (das *symbolum*) geben wird. Dies ist bei Rudolf gegenüber den Prätexten verändert. Der *Laubacher Barlaam* lässt Josaphat – ähnlich wie schon der griechische Barlaam-Roman – nach Leben, Krankheit, Alter, Leid und Tod, nicht jedoch nach dem „Herrscher des Himmels und der Erde" fragen, wie Rudolfs Jôsaphât es tut, womit er den Wortlaut des Credos antizipiert. – Zur Bedeutung des Credos (*symbolum*) im Rahmen der Erkenntnis vgl. im Folgenden Kap. V.2.
103 Zur Funktion der menschlichen Lehre in der Heilsvermittlung vgl. in jüngerer Zeit Constanze Geisthardt: Nichts als Worte: Die Problematik sprachlicher Vermittlung von Heil in Rudolfs von Ems ‚Barlaam und Josaphat'. In: Barlaam und Josaphat. Neue Perspektiven auf ein europäisches Phänomen. Hrsg. von Matthias Meyer, Constanza Cordoni. Berlin/München/Boston 2015, S. 101–139, hier zur Lehre Barlââms bes. S. 113–116.

Barlââm vermittelt Jôsaphât als Antwort auf alle seine Fragen eine Lehre, die zugleich eine Kurzfassung des biblischen Kanons von der Genesis bis zu der Erlösungstat der Evangelien darstellt (vgl. Rudolf von Ems: Barlaam und Josaphat, Vv. 50,8–79,24).[104] Erst die *auctoritas* Barlââm, dieser Zeuge der Heiligen Schrift, ist es, die Jôsaphât auf dessen Frage hin, wie er die Herrlichkeit Gottes erkennen könne, zu einer veränderten Form der Weltanschauung aufruft, welche Jôsaphât zuvor nicht praktiziert hat, indem Barlââm ihn *expressis verbis* auffordert, in der *aisthesis* der Schöpfung die Größe des Schöpfers zu erkennen:

,in des hant ez allez stât[,][105]
von dem sage mir mêre
mit dîner wîsen lêre.
war an sol mir diu gotes kraft
sîn erkant?' – ,*an der geschaft*
sich grôziu wunder manecvalt,
der aller pfliget sîn gewalt.
swer wol ein hûs gemeistert hât,
dâ prîset man des meisters rât.
sus merke gotes wîsheit,
diu himel und erde slôz treit.
[...]
geschephede alsô manicvalt
ez besliuzet gar sîn list.
hier merke, ob er gewaltic ist:
ein hûs gerætes vil verbirt,
hât ez einen wîsen wirt:
an dem hûsgeræte gar
nimt man ie des wirtes war.
ein schif kan selten rehte gân,
ez müeze wîsen schifman hân.
Sus sol der welte geschaft
ougen dir die gotes kraft:
des himels lieht nû lange stât,
daz ez sich niht geselwet hât.
sternen, mâne, sunnenglanz

---

104 Dass die Lehre Barlââms darauf angelegt ist, die gesamte Heilige Schrift abzubilden, die über den Genesisbericht, die Erzählung von Noah und Abraham zu Moses, Nebukadnezar und Judith fortschreitet, zeigt sich nicht zuletzt darin, dass Listen der Propheten-Namen eingefügt werden (vgl. Rudolf von Ems: Barlaam und Josaphat, Vv. 62,9–63,2). In der Nacherzählung der Evangelien und der ‚Fleischwerdung' Gottes werden reichhaltig typologische Schriftworte (Salomon, David, Daniel, Habakuk etc.) eingearbeitet. Auf die Passage ist in jüngerer Zeit Christian Seebald: ‚Hermeneutischer Dialog': Rudolfs von Ems *Barlaam und Josaphat* und die Lehre der *bezeichenunge*. In: Sprechen mit Gott. Redeszenen in mittelalterlicher Bibeldichtung und Legende. Hrsg. von Nine Miedema, Angela Schrott, Monika Unzeitig. Berlin 2012 (Historische Dialogforschung 2), S. 285–306, hier S. 294, eingegangen.
105 Ich interpungiere hier gegen Pfeiffer, der einen Punkt setzt und so V. 154,32 an die vorangehende Rede Jôsaphâts anbindet.

sint unverwandelt unde ganz.
diu erde niender müede phligt,
swie grôz der berge swaere wigt.
der brunnen ursprinc truckent niht:
swie man elliu wazzer siht
kêren in daz mer ir vlôz
sîn übervluz wirt niht sô grôz,
daz ez iemer übergê.
[...]'
(Rudolf von Ems: Barlaam und Josaphat, Vv. 154,32–155,35;
   Kursivierungen v. mir, F. D. S.)

Die Beobachtung, *dass* die geschaffene Welt ihren Lauf geht und die Frage nach der Ursache hierfür, wird hier um die Jôsaphât bislang fehlende Information ergänzt, dass ihr Funktionieren der planende Gott garantiert, der sie konzipiert hat, so wie hinter dem Kurs eines Schiffes der Steuermann und hinter dem Plan eines Hauses der *artifex* steht. Die Anschauung der Immanenz wird also auf deren Wohleingerichtetheit und auf den Urgrund dieser Wohleinrichtung hin semantisiert.[106]

Es kann jedoch vermerkt werden, dass auch hier, wo die Wohleinrichtung der Kreatur und *omnipotentia* des Kreators so extensiv als Weg zur Gotteserkenntnis auserzählt werden, die – im modernen Wortsinn – ‚ästhetische' *Schönheit* der Immanenz nicht thematisch wird. Es geht hier weder um schöne menschliche Körper oder Kunstwerke, noch um schöne Natur, Farben oder dergleichen mehr, wie sie die traditionelle ‚Ästhetik' nach de Bruyne, Assunto, Perpeet und Eco stets als Anlass einer Erkenntnis durch Anschauung in Anschlag gebracht hat (vgl. hier Kap. II.1).[107]

---

106 Zur Funktionsweise dieser Weltsemantisierung vgl. Scheidel, Wahrheit und Gewohnheit.
107 Niklaus Largier: Spekulative Sinnlichkeit. Kontemplation und Spekulation im Mittelalter. Zürich 2018 (Mediävistische Perspektiven 7), S. 39–44, hat jüngst auf eine analoge Stelle im fünfzigsten Kapitel der *Vita* Heinrich Seuses verwiesen, wo – ausgehend von einer Paulus-Stelle (Rm 1,20) – eine Lehre der Anschauung der *schönen* Welt entwickelt wird (*Lŭg über dich und umb dich in dú vier ende der welt, wie wit, wie hoh der schŏn himel ist in sinem schnellen lof [...]. Ach zarter got, bist du in diner creatur als minneklich, owe, wie bist du denn in dir selb so gar schŏn und minneklich!*; zitiert nach: Heinrich Seuse: Deutsche Schriften, im Auftrag der Württembergischen Kommission für Landesgeschichte. Hrsg. von Karl Bihlmeyer. Stuttgart 1907 [Nachdruck: Frankfurt a. M. 1961], S. 172, Z. 8–23). Diese Lehre funktioniert ganz ähnlich wie die Lehre Barlââms für Jôsaphât, hat jedoch einen umgekehrten Anlass: Während Jôsaphât die Immanenz als Anlass für Fragen erfährt, die er selbst nicht beantworten kann und deren Antwort Gott wäre, sucht die (nun bereits *wolgeŭptú*!) *geischlichú tohter* Gott und erhält als Medium ihrer Suche die Kreatur anempfohlen, in der die Allmacht des Kreators anschaubar wird, der selbst jedoch unanschaubar bleibt (vgl. Bihlmeyer, S. 172, Z. 1–6). Die Lehre des Dieners stellt dabei ganz besonders auf die Differenz ab: Wenn die Schöpfung bereits schön zu nennen ist, wie schön muss dann der Schöpfer ‚in sich selbst', also jenseits aller Immanenz, erst sein! Festzuhalten bleibt, dass auch hier der Akt der Belehrung das zentrale Element ist und keine automatisierte *anagogé* zugrunde gelegt wird, da der Diener der *tohter* die Anschaubarkeit der Herrlichkeit des Schöpfers in der Schöpfung erst in einer Ausdeutung der Paulusstelle erschließen muss. Gleichwohl berichtet der Diener hier von den heidnischen Philosophen Aristoteles, der

V.1.6 Fazit: Warum Parzival nicht erkennt, was er sieht

Vom skizzierten diskursiven Zusammenhang aus, der zwar Anschauung und Gotteserkenntnis in eine Verbindung bringt, diese jedoch nicht im Sinne eines anagogischen *raptus* stiftet, ist Bumkes Aussage, dass der Erkenntnisprozess „im psychologischen Schrifttum des 12. Jahrhunderts" „mit der sinnlichen Wahrnehmung"[108] beginne, zu revidieren und auch die (prinzipiell ja zutreffende) Aussage: „In der Schönheit der geschaffenen Welt offenbart sich die Schöpferherrlichkeit Gottes",[109] ist mit der gebotenen Differenzierung zu sehen: Die Einsicht in die Schön*heit* der geschaffenen Welt bedarf zunächst der Offenbarung des Wortes und des Wissens um sie, der Gnade und der Führung, um wiederum zeichenhaft die Schöpferherrlichkeit offenbaren zu können, welche die Kreatur gerade nicht von sich aus preisgibt. Der Erkenntnisprozess beginnt nicht mit der sinnlichen Wahrnehmung, sondern er beginnt mit dem autoritativen Appell, mit der belehrenden Anrufung an das Subjekt, welche Voraussetzung dafür ist, die sinnliche Wahrnehmung in ein Verhältnis zur Transzendenz zu bringen, weil das sinnlich Wahrgenommene nicht von sich aus auf seinen Urheber verweist.[110] Wenn überhaupt führt die Immanenz zu den richtigen Fragen, die auch die ‚heidnischen' Philosophen umgetrieben haben, nicht jedoch zu den richtigen Antworten, die nur die Offenbarung Gottes zu stiften in der Lage ist.

Es ist nicht schwer, in Parzivals/Percevals wörtlichem Verständnis jener Lehren, welche ihm über eine Transzendenz zuteil werden, ein Analogon zum dem falschen – und gleichwohl ‚kindlichen' wie vorchristlichen – Verharren in den *corporeo sensu adtracta figmenta* (Augustinus: De vera religione X.18.51 f.), in den mithilfe körperlicher Sinne gewonnenen Vorstellungsbildern, zu identifizieren und in Parzivals *verdenken*,

---

insofern einen Sonderfall darstellt, als er in der Anschauung der Natur zu dem Schluss gefunden habe, dass es Gott geben müsse – ohne dass er freilich zum christlichen Bekenntnis hätte gelangen können (vgl. Bihlmeyer, S. 171, Z. 6–24). Den Schluss des Aristoteles kann Jôsaphât nicht eigenständig ziehen.
108 Bumke, Blutstropfen, S. 103 – Die Kapitelüberschrift ist angelehnt an Haug, Warum versteht Parzival nicht?.
109 Ebd., S. 46.
110 Interessanterweise fehlt diese Unmittelbarkeit bereits in der platonischen *anagogé*, insofern sie – etwa im *Phaidros*-Dialog – wesentlich an das ‚Eingeweihtsein' derjenigen gebunden wird, die in der Schönheit – hier: der körperlichen Schönheit des Knaben – das höchste Schöne erkennen sollen. Das Eingeweihtsein, also das Philosoph-Sein, wird hierbei über das ‚Sich-Erinnern' der Seele modelliert, die längst weiß und – im Prozess der platonischen Seelenwanderung, wie sie etwa im *Menon* dargestellt ist – nur vergessen hat. Vgl. zur Erinnerung der Seele an die Schönheit etwa den *Phaidros* 249d (Abschnitt 30; etwa in: Platon: Phaidros. Hrsg. u. übers. von Wolfgang Buchwald. München 1964, hier S. 68 f.). Zur Erinnerung als Folge der Seelenwanderung im Unterschied zum Lernen vgl. etwa Platon: Menon. Übers. u. hrsg. von Margareta Kranz, Stuttgart 1994, 81b–87c, hier: S. 36–57. In Augustins ‚Platonismus' findet in der ‚Erinnerung' der Seele eine wesentliche Verschiebung statt, insofern auch Augustinus Mathematik und Schönheit als eine Art von Apriori der Verstandeskräfte modelliert, dieses jedoch nicht als Seelenwanderung der unsterblichen Seele, sondern als verschüttete Erinnerung an das göttliche Prinzip der *sapientia* modelliert, also an die göttliche Herkunft der Seele.

dem Sich-in-Gedanken-Verlieren über Condwîr âmûrs, einen Vorgang zu sehen, der jener bei Augustinus zugrundeliegenden Warnung des Römerbriefes ähnelt, dass die Heiden das Geschöpf anstelle des Schöpfers verehren. Es ist – in einer Formulierung aus *De vera religione* – jedoch nicht der Fehler der Augen, dass sie nicht richtig zu sehen vermögen, sondern ein Fehler der *anima*:

> Quare oculus recte, ad hoc enim factus est ut tantum valeat; sed animus perverse, cui ad contemplandam summam pulchritudinem mens, non oculus factus est. Ille autem vult mentem convertere ad corpora, oculos ad deum. Quaerit enim intelligere carnalia et videre spiritalia quod fieri non potest. (Augustinus: De vera religione XXXII.62.175)[111]

Wenn ich auch im Folgenden Bumkes Analyse der Blutstropfenszene punktuell widerspreche – denn: ich möchte ihm nicht darin folgen, die Blutstropfenszene als diejenige neuralgische Szene zu betrachten, in der Parzival eine wie auch immer geartete ‚höhere Erkenntnis' durch Anschauung kreatürlicher Schönheit erwirbt –, so geht es mir dennoch lediglich um eine punktuelle Verschiebung und eine Ausweitung des Analysebereiches. Bumke summiert das Kernproblem von Jahrzehnten „religiöse[r] ‚Parzival'-Interpretation aus der Zeit nach dem zweiten Weltkrieg",[112] die von einer ‚inneren Umkehr' des Helden im Sinne einer *conversio* ausgegangen ist, mit den lapidaren Worten: „Man muß jedoch feststellen, daß diese neue Gesinnung sich nirgends äußert."[113] Er ersetzt dies nicht zuletzt durch seine Idee von der nichterkennenden Erkenntnis Parzivals in der Blutstropfenszene, die ich indessen in Zweifel ziehen möchte, da sich auch hierfür am Text gleichfalls keine Indizien finden lassen.

Nicht grundsätzlich in Abrede stellen möchte ich allerdings, *dass* es in der sogenannten Blutstropfenszene um Erkenntnis geht. Nicht grundsätzlich bezweifeln möchte ich zudem, dass es im *Parzival* um eine Art von ‚innerer Umkehr' geht. Die Erkenntnis seiner selbst jedoch erlangt Parzival gerade *nicht* im Rahmen der Blutstropfenszene, welche einen Zustand der Irrationalität und fehlgelaufener *aisthesis* darstellt,[114] und eine wirkliche ‚Umkehr' geschieht auch nicht schon im Anschluss an die Gespräche mit Trevrizent im IX. Buch, sondern – und das soll hier im Folgenden argumentiert werden – in einem gestaffelten Erkenntnisprozess seiner über fünf Jahre dauernden Suche, welche nach der Berufung zum Gral ihr Ende mit der Rückkehr zu jener Stelle, an denen Parzival über den Blutstropfen versunken war, und dem tatsächlichen Zusammentreffen mit

---

[111] Übers. (Thimme): „Demnach ist das Auge in Ordnung, denn es ist nur zum Sehen geschaffen, die Seele dagegen verkehrt, denn die höchste Schönheit zu betrachten, dazu ist ihr nicht das Auge, sondern der Geist verliehen. Sie aber richtet ihren Geist auf die Körper, ihre Augen auf Gott. Denn sie möchte verstehen, was fleischlich, und sehen, was geistig ist. Das aber ist nicht möglich."
[112] Vgl. Joachim Bumke: Wolfram von Eschenbach. 8. völlig neu bearbeitete Ausgabe. Stuttgart/Weimar 2004 (Sammlung Metzler 36), S. 92.
[113] Ebd., S. 93.
[114] Hasebrink, Gawans Mantel, hat Bumkes Ansatz einer kurzen wie prägnanten Kritik unterzogen, die ich im Kern teile. – Sablotny, Zeit und *âventiure*, S. 215, möchte die Blutstropfenszene allgemeiner nur mehr als „Transzendenzerfahrung des Helden verstanden wissen".

Condwîr âmûrs endet.[115] Es ist dieser selbe Ort, an dem Parzival nicht nur ein zentrales aisthetisches Missverstehen zeigt, sondern vom dem aus er fünf Jahre später schließlich auch den Weg nach Munsalvæsche antritt, nachdem er seiner Frau begegnet ist, ohne diesmal von deren Schönheit geblendet zu werden (Pz 797,4–802,10).[116]

V.2 *cognosce te ipsum*: Sinnliche Wahrnehmung und Bekenntnis (ausgehend vom Beispiel Parzivals)

> *Genug, er kam auf den Gedanken, sich dem großen Gotte der Natur, dem Schöpfer und Erhalter Himmels und der Erden, dessen frühere Zorn-Äußerungen schon lange über die Schönheit der Welt und das mannigfaltige Gute, das uns darin zu Teil wird, vergessen waren, unmittelbar zu nähern; der Weg dazu aber war sehr sonderbar.* (Goethe: *Dichtung und Wahrheit*, Erstes Buch)

Joachim Bumke hat in seiner Monographie zu den *Blutstropfen im Schnee* die durch sinnliche Wahrnehmung gewonnene Erkenntnis Parzivals mit einem weiteren Zwischenschritt verbunden. Zwischen die Wahrnehmung der Blutstropfen, die Reflexion der körperlichen Schönheit der Condwîr âmûrs und die Gotteserkenntnis setzt Bumke – wie oben bereits nachgezeichnet – den Schritt der Selbsterkenntnis, insofern er zugrunde legt, dass „ein zentraler Gedanke der platonischen Ästhetik [sei], daß der Anblick der Schönheit des geliebten Menschen zugleich ein Akt der Selbsterkenntnis ist".[117] Hierfür bezieht er sich exemplarisch auf das *Didascalicon* Hugos von Sankt Viktor, dessen Anfang er zitiert, das dem Appell zur Selbsterkenntnis ebenfalls eine zentrale Stellung zuweist.[118]

Es lohnt sich, den Anfangspassus des *Didascalicon* im Ganzen zu betrachten. Er lautet:

> Omnium expetendorum prima est sapientia, in qua perfecti boni forma consistit. Sapientia illuminat hominem ut seipsum agnoscat, qui ceteris similis fuit cum se prae ceteris factum esse non

---

115 Ältere Forschung hat die Umkehr im IX. Buch veranschlagt, so etwa Helmut Famira: Feirefiz, der zweier varwe was. In: Seminar. A Journal of Germanic Studies 22 (1986), S. 267–276, hier S. 272: „Im neunten Buch ist Parzivals Entwicklung abgeschlossen, der *zwîvel* als *des herzens nachgebûr* abgetan und überwunden." Entsprechend will Famira dem Bruderkampf mit Feirefiz auch keinerlei symbolische Funktion zugestehen.
116 Schon Klaus Ridder: Parzivals schmerzliche Erinnerung. In: LiLi 114 (1999), S. 21–41, hier S. 38, begreift den Befund, dass „die Blutstropfenepisode und die Wiedervereinigung des Paares [...] am selben Ort stattfinden", als Zeichen für ihre „strukturkonstituierende Bedeutung", welche er auf „Grundvorstellungen des Erinnerns" bezogen sieht. Ridder sieht zuvor die Blutstropfenepisode im Kontext der topischen Minneversunkenheit; vgl. ebd., S. 31–34.
117 Bumke, Blutstropfen, S. 46.
118 Ebd., S. 47: „‚Unter allem, was erstrebenswert ist, ist das höchste die Weisheit [...]. Die Weisheit erleuchtet den Menschen, so daß er sich selbst erkennen kann' (*Omnium expetendorum prima est sapientia [...]. Sapientia illuminat hominem ut seipsum agnoscat*). Mit diesen Worten beginnt das ‚Didascalicon' von Hugo von St. Victor."

> intellexit. Immortalis quippe animus sapientia illustratus respicit principium suum et quam sit indecorum agnoscit, ut extra se quidquam quaerat, cui quod ipse est, satis esse poterat. Scriptum legitur in tripode Apollinis: ‚gnoti seauton', id est, ‚cognosce te ipsum', quia nimirum homo si non originis suae immemor esset, omne quod mutabilitati obnoxium est, quam sit nihil agnosceret.
> (Hugo von Sankt Viktor: Didascalicon 1.1, S. 110,4–11)[119]

Hieran schließt im *Didascalicon* eine Diskussion über die Verfasstheit der Seele an. Es ist dieser – autoritative *und* pagane – Ruf zur Selbsterkenntnis, welcher hier den propädeutischen Anweisungen zur Technik des rechten Studierens vorausgeht.[120] Das *Didascalicon* folgt damit nicht zuletzt jenem Erkenntnispessimismus, der in Augustins *De trinitate libri XV* vorgeprägt ist, in welchen die Erkenntnis des Geistes (*mens*) aus sich selbst – und im Anschluss: der Dinge und Gottes durch diesen Geist – als unwahrscheinlich dargestellt wird, da der Geist sich seiner selbst so vollständig gegenwärtig sei, dass er sich – und seinen von Gott stammenden Anteil – nicht suche.[121] Diese paradoxe Verfassung, in welcher der Geist einerseits ‚göttlich' ist, andererseits jedoch nicht in der Lage, nach sich selbst zu fragen (vgl. De trinitate X.4.6), wird bereits hier durch das von außen kommende Gebot, sich selbst zu erkennen, überbrückt:

> utquid ergo ei [= menti; F.D.S.] praeceptum est ut se ipsa congnoscat? credo ut se cogitet et secundum naturam suam uiuat, id est ut secundum suam naturam ordinari appetat, sub eo scilicet

---

119 Das *Didascalicon* wird hier und im Folgenden unter Beigabe der Übersetzung zitiert nach: Hugo von Sankt Viktor: Didascalicon de studio legendi. Studienbuch. Übers. u. eing. von Thilo Offergeld. Freiburg/Basel/Wien et al. 1997 (Fontes Christiani 27). – Übers.: „Unter allem, was erstrebenswert ist, ist das höchste die Weisheit, in der die Form des vollkommenen Guten existiert. Die Weisheit erleuchtet den Menschen, so daß er sich selbst erkennen kann – denn er war den übrigen Geschöpfen gleich, solange er nicht erkannte, daß er als ein ihnen überlegenes Wesen erschaffen wurde. Sein unsterblicher Geist aber, von der Weisheit erleuchtet, betrachtet seinen Ursprung und erkennt, wie unangemessen es für ihn ist, irgend etwas außerhalb seiner selbst zu suchen, wenn doch das, was er selber ist, ihm genug sein könnte. Auf dem Dreifuß des Apollo steht geschrieben: *Gnothi seauton* das heißt, ‚erkenne dich selbst'. Denn in der Tat, wenn der Mensch seinen Ursprung nicht vergessen hätte, so würde er erkennen, daß alles, was der Veränderung unterworfen ist, ein Nichts ist." – Diese ‚sapientia' ist aber zugleich immer als die *sapientia Dei*, die Christus ist, zu denken. Vgl. hierzu schon Augustinus: De magistro, hier Kap. 11–14.
120 Im Rahmen der bereits angesprochenen Hausbaumetapher (vgl. Kap. V.1.1, S. 468) heißt es: *Debet siquidem prudens lector curare, ut, antequam spatiosa librorum volumina prosequatur, sic de singulis quae magis ad propositum suum et professionem verae fidei pertinent instructus sit, ut, quaecumque postmodum invenerit, tuto superaedificare possit* (Hugo von St. Viktor: Didascalicon VI.4, S. 376,9–14; Übers. [Offergeld]: „Der umsichtige Student freilich sollte dafür Sorge tragen, daß er, bevor er umfangreiche Bücher durcharbeitet, über die Einzelheiten, die für sein Vorhaben und für sein Bekenntnis des wahren Glaubens besonders wichtig sind, so gut unterrichtet ist, daß er alles, was er später vorfindet, mit Sicherheit für seinen Aufbau verwerten kann."). Das Ziel der Studien, das Bekenntnis des wahren Glaubens, ist hier vordefiniert. Die Menge sinnvoller Studieninhalte ist entsprechend begrenzt.
121 Augustinus: De trinitate X.4.6: *Tota ergo sibi praesto est, et quid adhuc quaeratur non est* (Übers. [Kreuzer]: „Also ist er sich als ganzer gegenwärtig, und es gibt weiter nichts zu suchen."). Und wenig später: *Quocirca quia nec tota se quaerit mens nec pars eius ulla se quaerit, se mens omnino non quaerit* (Übers. [Kreuzer]: „Weil daher weder der Geist als ganzer sich sucht noch irgendein Teil von ihm sich sucht, sucht sich der Geist überhaupt nicht.").

> cui subdenda est, supra ea quibus praeponenda est; sub illo a quo regi debet, supra ea quae regere debet. (Augustinus: De trinitate X.5.7)[122]

Erst der der Erkenntnis äußerliche Appell zum Erkennen (*menti praeceptum est ut se ipsa congnoscat*) lässt das Innere seiner selbst und seines Ursprungs in Gott gewahr werden und ermöglicht ihm, sich selbst zu denken (*se cogitare*). Nicht zufällig geht im *Didascalicon* die von außen kommende (und in der Inschrift des Tempels von Delphi noch heidnisch-vorchristliche) Anrufung des Subjektes der Seelenlehre voraus, ebenso wie das rechte Studieren durch den Wald der Bücher[123] und über den aufsteigenden Weg der sieben *artes* hinweg zu demjenigen Punkt führen soll, an welchem das Studium und die *artes* selbst zurückgelassen werden können, um zur Theologie und zu Gott zu gelangen.[124] Dies wird im *Didascalicon* in eine Metapher gefasst, auf welche bereits Bumke hingewiesen hat, nämlich als der gerade Weg durch den Wald, von welchem man beim Studium – das Ziel fest vor dem (inneren) Auge – nicht abkommen dürfe.[125] Das Ziel ist hier niemals der Weg und der Wald selbst, sondern der Wald steht nur als Hindernis zwischen dem Suchenden und Gott:

> Qui sine discretione operatur, laborat quidem, sed non proficit, et quasi aerem verberans, vires in ventum fundit. Aspice duos pariter silvam transeuntes, et hunc quidem per devia laborantem, illum vero recti itineris compendia legentem, pari motu cursum tendunt, sed non aeque perveniunt. Quid autem scripturam dixerim nisi silvam, cuius sententias quasi fructus quosdam dulcissimos legendo carpimus, tractando ruminamus? Qui ergo in tanta multitudine librorum legendi modum et ordinem non custodit, quasi in condensitate saltus oberrans, tramitem recti itineris perdit, | et, ut dicitur, ‚semper discentes, numquam ad scientiam pervenientes'. Tantum enim valet discretio, ut sine ipsa et omne otium turpe sit, et labor inutilis.
> (Hugo von Sankt Viktor: Didascalicon 5.6; S. 334,18–336,5)[126]

---

122 Übers. (Kreuzer): „Wozu wurde ihm [= dem Geist, *mens*; F. D. S.] dann das Gebot gegeben, daß er sich selbst erkennen soll? Ich glaube, damit er sich selbst denke und seiner Natur gemäß lebe, das heißt, gemäß seiner Natur geordnet zu werden verlange, unter jenem nämlich, dem er sich zu unterwerfen hat, über jenes, über das er gesetzt sein soll, unter jenem, von dem er beherrscht werden muß, über jenes, das er beherrschen soll."
123 Hugo von Sankt Viktor: Didascalicon V.7, S. 344,15: *Infinitus est librorum numerus, tu noli sequi infinita* (Übers. [Offergeld]: „Die Zahl der Bücher ist unbegrenzt; trachte nicht nach Unbegrenztem.").
124 Zum *gnoti seauton* im *Didascalicon* vgl. auch Schroeter-Reinhard, Die Ethica, S. 202–211.
125 Vgl. Bumke, Blutstropfen, S. 105.
126 Übers. (Offergeld): „Wer ohne kluge Unterscheidung arbeitet, der arbeitet zwar, aber er macht keine Fortschritte, und er vergeudet sinnlos seine Kräfte, als würde er in die Luft schlagen. Stell dir zwei Leute vor, die beide einen Wald durchqueren; der eine müht sich auf Umwegen ab, der andere wählt die Abkürzungen des geraden Weges: Beide schreiten mit dem gleichen Aufwand an Bewegung fort, aber sie erreichen nicht zu gleicher Zeit das Ziel. Wie soll ich aber die Schrift anders als einen ‚Wald' nennen? Im Lesen pflücken wir ihre Inhalte wie die süßesten Früchte, und im Überdenken käuen wir sie gleichsam wieder. Wer also beim Lesen einer solchen Menge von Büchern nicht auf Methode und Ordnung achtet, der verliert sich im Dickicht eines Waldes, und er gehört zu denen, die, wie es heißt, ‚immerzu lernen, aber niemals Wissen erlangen' (2 Tim 3,7). Denn die kluge Unterscheidung ist von solcher Bedeutung, daß ohne sie jede Muße verwerflich und jede Arbeit nutzlos ist."

Parzivals Weg zum Gral indessen ist von Umwegen durch den Wald der *âventiure* geprägt, die so weit ausgreifen, dass er zwischenzeitlich aus der Diegese zu verschwinden scheint. Die einzigen Bücher, die in diesen Wald hineinerzählt werden, sind diejenigen im Besitz Trevrizents, die dieser in einer zweiten Höhle aufbewahrt (vgl. Pz 459,20–22) und mit denen Parzival nur durch das Medium Trevrizent in Berührung kommt.

Die Erkenntnis seiner selbst erlangt die Figur Parzival auf dem Weg durch ihren Wald nur in mehreren, kleinen, umwegreichen Schritten. Anstatt den Anfangspunkt ihres Weges zu bilden, wie ihn der aus dem heidnischen Delphi ins christliche Studium herüberklingende Appell *gnoti seauton* im *Didascalicon* markiert, bildet die Selbsterkenntnis für Parzival – so soll hier argumentiert werden – den Schlusspunkt einer Suche, deren Ende durch die Gralsberufung markiert wird. Dort, wo der Student im *Didascalicon* beginnt, endet Parzival.

Es ist ein Mangel an (christlicher) Unterweisung und Führung, welcher durchgehend im Zentrum des Irrens steht. Dass seine Mutter ihm *daz vinster unt daz lieht gevar* (Pz 119,30) auseinandergesetzt hat, hilft Parzival nicht, die Welt richtig zu deuten. Es scheint – unmittelbar nachdem Parzival die Spur Cundrîes verloren und so den Gral erneut verfehlt, danach jedoch ein Gralspferd erworben hat – die Karfreitagsbegegnung[127] zu sein, bei welcher der pilgernde graue Ritter namens Kahenîs Parzival das Wissen um die Jungfrauengeburt und die Erlösungstat Gottes nahebringt:

> ‚meint ir got den diu magt gebar?
> geloubet ir sîner menscheit,
> waz er als hiut durch uns erleit,
> als man diss tages zît begêt,
> unrehte iu denne dez harnasch stêt.
> ez ist hiute der karfrîtac,
> des al diu werlt sich freun mac
> unt dâ bî mit angest siufzec sîn.
> wâ wart ie hôher triwe schîn,
> dan die got durch uns begienc,
> den man durch uns anz kriuze hienc?
> hêrre, pflegt ir toufes,
> sô jâmer iuch des koufes:
> er hât sîn werdeclîchez leben
> mit tôt für unser schult gegbn,
> durch daz der mensche was verlorn,
> durch schulde hin zer helle erkorn.
> ob ir niht ein heiden sît,

---

127 Zur Karfreitagsbegegnung hat in jüngerer Zeit bspw. Susanne Knaeble: Auf dem Weg zur Erlösung – systemtheoretische Überlegungen zur Interpretation der ‚Karfreitagsbegegnung' in Wolframs *Parzival*. In: Mitteilungen des Deutschen Germanistenverbandes 58,4 (2011), S. 373–386, gearbeitet. Knaeble hat sich zudem grundsätzlich mit Dimensionen des Religiösen im *Parzival* beschäftigt in: dies.: Höfisches Erzählen von Gott. Funktion und narrative Entfaltung des Religiösen in Wolframs ‚Parzival'. Berlin/New York 2011 (Trends in Medieval Philology 23).

> sô denket, hêrre, an dise zît.
> rîtet fürbaz ûf unser spor.
> iu ensitzet niht verr vor
> ein heilec man: der gît iu rât,
> wandel für iwer missetât.
> welt ir im riwe künden,
> er scheidet iuch von sünden.'
> (Pz 448,2–26)

Es ist der Ruf dieser im Pilger personifizierten *auctoritas*, welcher Parzival basale Glaubensinhalte (Jungfrauengeburt, Menschwerdung, Kreuzestod) mitteilt,[128] ihn zu Reue und Umkehr[129] und zum praktischen Glauben (*sich freun, mit angest siufzec sîn, jâmern, denken*) aufruft und zudem an weiterführendem *rât*, nämlich Trevrizent, verweist. Die Töchter des Pilgers bieten zudem den Anlass zu einer Kontrafaktur der Blutstropfenepisode, insofern sie – trotz signalhaft eingeführter winterlicher Kälte und Schnees (Pz 446, 6–8!) – heiße, dicke, rote Lippen haben, welche dem hohen Feiertag unangemessen sind (Pz 449,27–30). Gleichwohl der Erzähler eigens den misogynen Topos einführt, dass Frauen Frauen bleiben und Männer im Handumdrehen bezwingen – *werlîches mannes lîp | hânt si schier betwungen* (Pz 450,6 f.) –, bleibt Parzival von ihrer Schönheit unbeeinflusst. Nellmann nennt es, etwas altväterlich, einen „unpassenden Scherz des minnehungrigen Erzählers",[130] dass dieser einen Kuß dieser Lippen *durch suone* (Pz 450,3) für sich selbst fordert; durch diese Reaktion des Erzählers wird kontrastiv deutlich, wie die Figur Parzival eben *nicht* reagiert. Stattdessen kommt es nun – ausgelöst durch Reue, zu der Parzival aufgerufen worden ist – zu jener Reflexion über den Schöpfer, die beim Anblick der Blutstropfen ausgeblieben ist, an der ihn nun jedoch die heißen Lippen der jungen Frauen nicht mehr hindern und die den Wortlaut – *Credo in Deum, | Patrem omnipotentem, | Creatorem caeli et terrae* – des ersten Teils des Apostolischen (?) Glaubensbekentnisses, des *symbolum*, reflektieren:[131]

---

[128] Dass Herzeloyde ihrem Sohn keinen Begriff von der Trinität, als dem zentralen christlichen Glaubensinhalt, vermittelt, hat bereits Walter Johannes Schröder: Die Soltane-Erzählung in Wolframs Parzival. Studien zur Darstellung und Bedeutung der Lebensstufen Parzivals. Heidelberg 1963, S. 30, Anlass gegeben, die mütterliche Lehre als „vorchristlich" und „heidnisch" zu bezeichnen.

[129] Zur *conversio* vgl. grundlegend und materialreich Wolfgang Haubrichs: Bekennen und Bekehren (*confessio* und *conversio*). Probleme einer historischen Begriffs- und Verhaltenssemantik im zwölften Jahrhundert, in: Aspekte des 12. Jahrhunderts. Freisinger Kolloquium 1998. Hrsg. von Wolfgang Haubrichs, Eckart C. Lutz, Gisela Vollmann-Profe (Wolfram-Studien 16 [2000]), S. 121–156; zu Parzival hier bes. S. 143–146, der eine „kursorische[ ] Skizze einer möglichen Geschichte der Etablierung des mentalen Schemas der Bekehrung" zu leisten sucht (ebd., S. 154) und *conversio* als eine Art von unversalisiertem und habitualisiertem „Muster" auffasst, nach dem Wirklichkeit begriffen und gestaltet werde (vgl. ebd., S. 121–123).

[130] Nellmann, Kommentar, S. 662 (zu Pz 450,1–8).

[131] Haubrichs, Bekennen und Bekehren, S. 124, zieht volkssprachliche (altsächsische, altwestfälische, altfränkische) Taufordines und Taufgelöbnisse heran, in denen „das rezitierte Glaubensbekenntnis, das Symbolum apostolicum zum Instrument wird, mit dem das vom Teufel verlassene Haus der Seele [nach

> alrêrst er dô gedâhte,
> wer al die werlt[132] volbrâhte,
> an sînen schepfære,
> wie gewaltec der wære.
> (Pz 451,9–12)

Es kommt zur Selbstaufgabe in den Willen und die Fügung Gottes: Parzival legt seinem Pferd die Zügel hinter die Ohren (Pz 452,10–12).[133] Er folgt nun einer neuen Spur – *der rît nu ûf die niwen slâ, / die gein im kom der rîter grâ* (Pz 455, 23 f.) –, die ihn zu Trevrizent führt. Diesem stellt Parzival sich mit wenigen Worten vor, die als erster Teil seiner durch *auctoritas* ausgelösten und nach weiterer *auctoritas* suchenden Selbsterkenntnis gelten dürfen, die zunächst die Form eines Bekenntnisses annehmen: ‚*hêr, nu gebt mir rât: / ich bin ein man der sünde hât.*' (Pz 456, 29 f.)[134]

---

dem Exorzismus; F. D. S.] gereinigt und Gott als Wohnung zubereitet wird". Der Wortlaut des *symbolum apostolicum* darf mithin also – auch in der Volkssprache – als niedrigschwellige und leicht dechiffrierbare Textreferenz gelten, insofern dieses in der Pastoral zu den basalsten und weitverbreitetsten Texten zählt. Haubrichs, der zwar, ebd., S. 143–146, die *conversio* Parzivals einigermaßen ausführlich behandelt, diskutiert die *symbolum*-Referenz der in Rede stehenden Verse (Pz 451,9–12) nicht. Zur Vebreitung von Credo und Paternoster vgl. auch Wolfgang Haubrichs: Die Anfänge. Versuche volkssprachlicher Schriftlichkeit im frühen Mittelalter (ca. 700–1050/60). Tübingen 1995 (Joachim Heinzle [Hrsg.]: Geschichte der deutschen Literatur von den Anfängen bis zum Beginn der frühen Neuzeit. Bd. I,1), S. 235–241. – Nellmann, Kommentar, S. 663, vermerkt den Zusammenhang der *Parzival*-Verse zum *Symbolum* nicht. – Das Glaubensbekenntnis hat seinen Namen im Wortlaut des griechischen σύμβολον von der Wortbedeutung „Erkennungszeichen"; vgl. Petar Vrankić: Art. Symbol. In: LMA 8, Sp. 358–360. Hier und – wie im Folgenden zu zeigen sein wird auch bei Thomasîn von Zerklaere – wird es in diesem Sinne zugleich zu einem Superzeichen, an welchem sich jeder Erkenntnisprozess ausrichtet. – Zur historischen Varianz des Wortlautes des *symbolum apostolorum* vgl. Frederick Ercolo Vokes, Hans-Martin Barth, Henning Schröer: Art. Apostolisches Glaubensbekenntnis. In: TRE 3, S. 528–571, hier bes. S. 538–544, sowie Günter Lanczkowski, Erhard S. Gerstenberger, Asher Finkel, Klaus Wengst, Adolf Martin Ritter, Raymonde Foreville, Hans Schwarz, Henning Schröer: Art. Glaubensbekenntnis(se). In: TRE 13, S. 384–446. – Im *Conte du Graal* kennt der junge Perceval sein Credo bereits, als er den Rittern begegnet, die er für Engel hält: *Maintenant vers terre se lance / Et dist trestoute sa creance* (V. 155f.; Übers. [Olef-Krafft]: „Sogleich wirft er sich zu Boden und sagt sein ganzes Credo [...] herunter.").

132 Die Formel *al die werlt* erscheint dabei wie eine Blankoform für die beiden wesentlichen, unterschiedlichen Fassungen des *symbolum*, die im nicäno-konstantinopolitanischen Glaubensbekenntnis an dieser Stelle *(omnium) visibilium et invisiblium creatorem/factorem*, im apostolischen Glaubensbekenntnis *factorem caeli et terrae* lautet.

133 Es sei daran erinnert, dass im *Anticlaudianus* des Alanus ab Insulis der von den *artes* gebaute und von den Pferden der fünf Sinne gezogene Wagen auf dem Weg zu Gott schließlich zurückbleiben muss und Prudentia nur auf einem der Pferde, dem Pferd *auditus*, in den Himmel vorzudringen in der Lage ist; vgl. hierzu Kap. IV.2.2.2, S. 368.

134 Es ist an dieser Stelle Walter Haug: Die mittelalterliche Literatur im kulturhistorischen Rationalisierungsprozeß. Einige grundsätzliche Erwägungen. In: ders.: Positivierung von Negativität. Letzte kleine Schriften. Hrsg. von Ulrich Barton. Tübingen 2008, S. 14–30, zu widersprechen, der schreibt, „daß es gerade darum geht, daß er [= Parzival, F. D. S.] nicht verstehen kann, denn er ist auf etwas gestoßen, was nicht lehr- und lernbar ist: die unschuldige Schuld als Kennzeichen der Conditio humana. Trevri-

Was immer die Figur des Laien Trevrizent im Folgenden auch an widersprüchlichem, unorthodoxem theologischem Wissen vermittelt: Am Ende der Trevrizent-Episode des IX. Buches steht wiederum der Aufruf, der Stimme der *auctoritas* zuzuhören. Diesmal jedoch wird die *auctoritas* direkt an die heilsvermittelnde Transzendenz und ihre Mediatoren gebunden und gegen die übrigen sichtbaren Dinge der Welt sowie gegen die Erkenntnisfähigkeit visueller *aisthesis* ausgespielt. Trevrizent formuliert zuletzt ein Lob der Priester:

> ‚[...] sô reicht übr pfaffen gotes segen.
> der sol dîn dienst mit triwen pflegen,
> dar umbe, ob wirt dîn ende guot:
> du muost zen pfaffen haben muot.
> swaz dîn ouge ûf erden siht,
> daz gelîchet sich dem priester niht.
> sîn munt die marter sprichet,
> diu unser flust zebrichet:
> ouch grîfet sîn gewîhtiu hant
> an das hœheste pfant
> daz ie für schult gesetzet wart:
> swelch priester sich hât sô bewart
> daz er dem kiusche kann gegebn,
> wie möht der heileclîcher leben?'
> (Pz 502,9–22)

Der Priester, so heißt es hier, unterscheidet sich dadurch von Allem, was an Dinglich-Kreatürlichem in der Welt zu sehen ist (*swaz dîn ouge ûf erden siht, / daz gelîchet sich dem priester niht*), dass er den Kreuzestod und die hieran gebundene Heilslehre mit dem Mund verkündet (*sîn munt die marter sprichet, / diu unser flust zebrichet*).[135] Nichts in der Welt, außer der *auctoritas* der Priester, hat die Eigenschaft, die Heilslehre zu verkünden. Diese Wendung bestätigt die aisthetische Kluft zwischen Schöpfung und Schöpfer und überbrückt sie zugleich durch die priesterliche *auctoritas* und die Realpräsenz Gottes in der Hostie (*daz hœheste pfant*). Sie erinnert zugleich an die bei Hugo

---

zent versucht es ihm zwar zu erklären, und Parzival sieht ein, daß er sündig ist, aber er ändert sich nicht" (ebd., S. 23). Angesichts des Umstandes, dass es – entgegen Haugs Darstellung – Parzival selbst ist, der sich Trevrizent als *man der sünde hât* vorstellt, erscheint es mir nicht haltbar davon auszugehen, dass Parzival in Hinblick auf die Sündenverfasstheit der menschlichen Existenz nicht lernfähig sei. Sie ist – das soll hier argumentiert werden – im Gegenteil Kern und Bedingung jeder Selbsterkenntnis. Vgl. zu dem in Rede stehenden *Parzival*-Vers mit Bezug zur Bußlehre Augustins bereits Wapnewski, Wolframs Parzival, S. 90 f.

135 Vgl. hierzu bereits Paulus Bernardus Wessels: Wolfram zwischen Dogma und Legende. In: Wolfram von Eschenbach. Hrsg. von Heinz Rupp. Darmstadt 1966 (Wege der Forschung 57), S. 232–260 (zuerst in: PBB 77 [1955], S. 112–135), S. 235 f., der den Vers mit Bezug auf die Beichtproblematik des *Parzival* als Anspielung auf das priesterliche Beichtgebet „Passio Domini nostri Jesu Christi sit semper in cordibus nostris" und damit auf die sog. ‚Schlüsselgewalt' des Priesters versteht. Im Beichtgebet des Priesters fällt Absolution und Verkündigung der Heilsgeschichte in eins, insofern die Passion Christi vergegenwärtigt wird.

von St. Viktor markierte Differenz, in welcher die Kreatur den Kreator zwar zu zeigen, nicht jedoch zu verkünden in der Lage ist.[136] Zudem charakterisiert die Figur Trevrizent Parzivals Versagen angesichts des Grals explizit als Versagen der fünf Sinne: *dô dir got fünf sinne lêch, / die hânt ir rât dir vor bespart* (Pz 488,26 f.).

V.2.1 Die Grenzen aisthetischer (Selbst-)Erkenntnis im *Welschen Gast* Thomasîns von Zerklære

Es lohnt sich, dasselbe Problem zunächst – kontrastiv – aus der Perspektive eines anderen Textes zu beleuchten, um zu zeigen, dass die Gegenstände, die im *Parzival* verhandelt werden, im Rahmen der volkssprachlichen, säkularen Literatur keineswegs ungewöhnlich sind, wenngleich vielleicht auch der Modus ihrer Diskursivierung außergewöhnlich sein mag: Im siebten Teil des *Welschen Gastes* des Thomasîn von Zerklære findet sich eine konzentrierte Darstellung der *septem artes*, welche im Rahmen einer Seelenlehre entfaltet und zudem an eine Lehre von den Sinnen und den Verstandeskräften sowie das Thema der Selbsterkenntnis – an eine christliche ‚Hermeneutik des Subjekts' (Foucault) – gebunden wird.[137] Wie ich im Folgenden zeigen möchte, kommt den literaten *pfaffen* im Zuge dessen eine autoritative Vermittlungsfunktion in der *aisthesis* der Laien zu, welche an Körperlichkeit gebunden ist; diese Körperlichkeit wird wiederum über Schönheit markiert.

Auch im *Welschen Gast* (WG) – wie beispielsweise bei Augustinus, Hugo von St. Viktor oder Alanus ab Insulis – sind die sieben freien Künste als transitorisch gekennzeichnet. Eingeleitet wird ihre Diskussion durch eine Verbindung zweier gnomischer Weisheitsformeln, nämlich des hippokratischen Aphorismus *vita brevis, ars longa*[138]

---

136 Vgl. hierzu oben Kap. V.1.3, S. 485.
137 Die Wissenschaftstheorie des *Welschen Gastes* ist aufgearbeitet bei Claudia Brinker-von der Heyde: Durch Bildung zur Tugend: Zur Wissenschaftslehre des Thomasin von Zerclære. In: Artes im Mittelalter. Hrsg. von Ursula Schaefer. Berlin 1999, S. 33–52. Dass es im Rahmen dieser „Wissenschaftslehre" auch um die Selbsterkenntnis des christlichen Subjektes geht, übersieht Brinker-von der Heyde indessen. – Mit der Seelenlehre aus dem VII. Buch des *Welschen Gastes* und ihrer Verbindung zu Alchers von Clairvaux Traktat *De spiritu et anima* beschäftigt sich in jüngerer Zeit Philipowski, Gestalt des Unsichtbaren, S. 60–66. – In jüngerer Zeit hat sich mit dem siebten Teil des *Welschen Gastes* Christian Schneider: Textstruktur und Illustrationsprinzipien im ‚Welschen Gast' des Thomasin von Zerklaere. In: PBB 139,2 (2017), S. 191–220, beschäftigt. – Vgl. zum siebten Teil des *Welschen Gastes* auch die umfassend angelegte Dissertation von Schanze, Tugendlehre und Wissensvermittlung, hier bes. S. 214–249. – Zur Idee einer Selbsthermeneutik vgl. die Vorlesungsreihe von Michel Foucault: Hermeneutik des Subjekts. 2. Aufl. Frankfurt a. M. 2011, welche zur thematischen Vorbereitung des zweiten und dritten Bandes von *Sexualität und Wahrheit* (Bd. 2: Der Gebrauch der Lüste, Bd. 3: Die Sorge um sich) gedient hat.
138 Überliefert bei Seneca: De brevitate vitae I.1 (zitiert nach: Seneca: Schriften zur Ethik. Die kleinen Dialoge. Lateinisch/Deutsch. Hrsg. u. über. von Gerhard Fink. Düsseldorf 2008): *Inde illa maximi medicorum exclamatio est vitam brevem esse, longam artem* (Übers. [Fink]: „Daher stammt jener Ausspruch des unvergleichlichen Arztes: ‚Das Leben ist kurz, weitläufig die Wissenschaft'").

und des Sokrates-Diktums „Ich weiß, dass ich nichts weiß" (*ipse se nihil scire id unum sciat*):[139]

> in dirre werlde niemen ist,
> der leben müge so lange vrist
> daz er eine kunst müge gar
> gelernen alliu sîniu jâr.
> dâ von spricht ein wîser man
> ‚ich weiz daz ich nimêre kann
> wan daz eine daz mir niht
> hie ze wizzen geschiht.'
> er seit wâr, wan sage mir waz
> man alsô wizz, man mügez baz
> wizzen: man vindet daz niht
> dar an ze wizzen niht gebricht.
> (WG Vv. 8871–8882)

Auch der größte Meister in der jeweiligen *ars* (vgl. WG Vv. 8933–8958) *möht nie vür wâr / jehen er kunde sîn kunst gar* (WG Vv. 8959 f.). Diejenigen, die in den niedrigsten Künsten befangen sind und glauben, alles zu wissen, verfehlen die Weisheit, indem sie ihre Nichtwissen mit Wissen verwechseln. Es wird das – erkenntnistheoretisch gewendete – Höhlengleichnis[140] bemüht:

> Ich will si zuo der bûren kint
> zeln, die nie ûz komen sint,
> und zel si ouch zuo dem der
> nie kom ûz einem karkær
> unde dem niemen hât geseit
> der werlde lenge noch ir breit.
> waz wesse der ob iht wære
> anderswâ der werlde mêre?
> alsam ist ouch umbe den man
> der deheine kunst enkan
> wan lantrehten nâch gewonheit,
> der weiz niht des wîstuomes breit,

---

139 Etwa Marcus Tullius Cicero: Über die Ziele des menschlichen Handelns/De finibus bonorum et malorum. Lateinisch/Deutsch. Hrsg., übers. u. komm. von Olof Gigon, Laila Straume-Zimmermann, München/Zürich 1988: *iubet igitur nos Pythius Apollo noscere nosmet ipsos* (Cicero: De finibus V.44; Übers.: „Also befiehlt uns der Pythische Apollon, uns selber zu erkennen."). – Auf die „Sokratische Erkenntnis" („Ich weiß, dass ich nichts weiß", traditionell: *scio quod nescio*) weist bereits Brinker-von der Heyde, Durch Bildung zur Tugend, S. 47, hin, nicht jedoch auf den Aphorismus des Hippokrates.
140 Es entspricht bspw. dem bei Gregor von Nyssa zu findenden Gleichnis vom Gefängnis. Vgl. dazu bspw. Wilhelm Blum: Eine Verbindung der zwei Höhlengleichnisse der heidnischen Antike bei Gregor von Nyssa. In: Vigiliae Christianae 28 (1974), S. 43–49, sowie ders.: Höhlengleichnisse. Thema mit Variationen. Bielefeld 2004 (Aisthesis Essay 22), zu Gregor von Nyssa hier insb. S. 17 f., 44 f., 81–89.

> weder sîn tiefe noch sîn hô
> und wænet volkommen sîn alsô.
> (WG Vv. 8977–8990)

Das Höhlengleichnis der christlichen Tradition betont die erkenntnistheoretische Trennung der Transzendenz von der Immanenz, welche im *Welschen Gast* mit den niederen, innerweltlichen und den höheren, auf die Transzendenz gerichteten Wissenschaften überblendet wird. Wer die diesseitige Welt sieht, kann nicht auf die jenseitige schließen. Analog: wer in den – immanenten – ‚Wissenschaften' verhaftet bleibt, vermag nicht die vollständige Weisheit zu erlangen. Der *Welsche Gast* bietet zwei unterschiedliche Lösungen.

(1) Zum einen gibt es eine ethische Lösung, welche – auch ohne rationale Erkenntnis – Weisheit durch richtiges Handeln substituiert:

> Der erkennt des sinns hœh tiefe breit
> der sich in dirre werlde beleit
> sô daz im niht enslîft der vuoz
> und daz er hôhe stîgen muoz.
> (WG 8991–8994)[141]

Wer sich alle Zeit so verhält, dass sein ‚Fuß nicht ausgleitet', der hat die Höhe, Tiefe und Breite *des sinns* bereits erlangt, der hat die *artes* vollgültig durch rechtgläubiges Handeln ersetzt. Die Position, dass die Wissenschaft mit Wohlverhalten gleichsetzbar, ja substituierbar ist, ist freilich theologisch gut abgesichert.

So bietet etwa Augustins reich rezipierte Schrift *De trinitate* als implizites Gegenstück zum eigenen Erkenntnisinteresse – und dem eigenen Erkenntnispessimismus entsprechend – geradezu die Blaupause für eine ‚Wissenschaft' ohne Wissenschaft, welche in einfältigem Glauben besteht. Dies kann direkt auf die Autorität der Heiligen Schrift (Iob 28,28) zurückgeführt werden, wie sie in *De trinitate* zitiert wird, in der Frömmigkeit (*pietas*) als ‚Weisheit' (*sapientia*) und Sündenvermeidung (*abstinere a malis*) als ‚Wissenschaft' (*scientia*) gewertet werden.[142] Ganz wie der *Welsche Gast* über-

---

[141] Den Fuß sicher zu setzen, sodass man nicht ausrutsche, sondern hochsteige, ist ein Rückbezug auf das Bild von der Himmelsleiter bzw. Tugendstiege, welches im vierten Buch des *Welschen Gastes* entwickelt wird; vgl. hierzu ausführlich Christoph Schanze: Himmelsleitern. Von Jakobs Traum zum ‚Welschen Gast'. In: Dichtung und Didaxe. Lehrhaftes Sprechen in der deutschen Literatur des Mittelalters. Hrsg. von Henrike Lähnemann, Sandra Linden. Berlin/New York 2009, S. 205–222.

[142] So ist Iob 28,28 in Augustinus: De trinitate XII.14.22, wiedergegeben als: *Ecce pietas est sapientia; abstinere autem a malis est scientia* (Übers. [Schmaus]: „Siehe, Frömmigkeit ist Weisheit, sich aber vom Bösen enthalten, ist Wissenschaft."). In der Vulgata lautet der Vers freilich anders: *ecce timor Domini ipsa est sapientia et recedere a malo intellegentia* (Übers. [Frank Oborski]: „Siehe, die Furcht vor dem Herrn, eben das ist Weisheit, und sich zurückhalten vom Bösen ist Einsicht."). – Andernorts heißt es in *De trinitate*: *Scientia ergo nostra Christus est, sapientia quoque nostra idem Christus est* (XIII.19.24; Übers. [Schmaus]: „Unsere Wissenschaft ist Christus, unsere Weisheit ist ebenfalls der gleiche Christus."

führt auch *De trinitate* die im Buch Hiob vorfindliche *scientia* der Sündenvermeidung in die Notwendigkeit eines Weltwissens, welches Sündenvermeidung überhaupt erst ermöglicht und das über exemplarisches, historisches Handlungswissen, über Nachahmung positiver Vorbilder und vermittels Belehrung durch negative Beispiele zu erwerben ist:

> Quamobrem quidquid prudenter, fortiter, temperanter et iuste agimus ad eam pertinet scientiam siue disciplinam, qua in euitandis malis bonisque appetendis actio nostra uersatur, et quidquid propter exempla uel cauenda uel imitanda et propter quarumque rerum quae nostris adcommodata sunt usibus necessaria documenta historica cognitione colligimus.
> (Augustinus: De trinitate XII.14.22)[143]

Damit formuliert *De trinitate* implizit geradezu den Ermöglichungsspielraum jener anderen, praktischen, auf Tugend und exemplarische Lehre gerichteten ‚Wissenschaft', die auf Erkenntnis falschen und Nachahmung richtigen Handelns ausgerichtet ist, wie sie der *Welsche Gast* zu seinem Programm macht, nicht jedoch auf die Erkenntnis der höchsten Prinzipien, wie sie die christliche Philosophie anstrebt. Genau jenes historische, aus exemplarischen Fällen generierte Handlungswissen versammelt der *Welsche Gast* im Anschluss in langen Exempelreihen als Substitut jener explizit abgewiesenen *septem artes*, die gleichwohl einführt und so als Folie der Subjektivierungsform des vom Text angerufenen Subjektes präsent gehalten werden.[144]

(2) Neben dem einfachen, aber erkenntnislosen, die Erkenntnis nur substituierenden Wohlverhalten gibt es jedoch andererseits auch im *Welschen Gast* den Fortschritt über die *septem artes* hinaus: An deren Studium schließt das Studium der eigentlichen Wissenschaften, von Naturlehre (*Physicâ*) und Theologie (*Divînitas*), an, also die Erkenntnis von allem Immanenten und die Erkenntnis von allem Transzendenten.[145] Auch

---

143 Übers. (Schmaus): „Daher gehört alles, was wir in Klugheit, Tapferkeit, Mäßigkeit und Gerechtigkeit tun, zu jener Wissenschaft oder Zucht, welche unsere Tätigkeit bei der Vermeidung des Bösen und bei dem Streben nach dem Guten verweilen läßt; zu ihr gehört auch alles, was wir an Beispielen, sei es zur Abschreckung, sei es zur Nachahmung, und an entsprechenden notwendigen Vorbildern für unseren Handel und Wandel in geschichtlicher Erkenntnis sammeln."
144 Zu den Exempelreihen des *Welschen Gastes* und der Technik des *bilde nemen* bei Thomasîn vgl. auch Michael Schwarzbach-Dobson: Exemplarisches Erzählen im Kontext. Mittelalterliche Fabeln, Gleichnisse und historische Exempel in narrativer Argumentation. Berlin/Boston 2018 (LTG 13), S. 123 f. – Zu Subjektivierungsformen im Rahmen von Technologien des Selbst im Anschluss an Michel Foucault vgl. überblicksartig etwa den Abschnitt zu „Technologien des Selbst/Selbsttechnologien" in: Ruoff, Foucault-Lexikon, S. 224–246, zum Christentum hier bes. S. 244 f. – Zum Zusammenhang von Christentum und Subjektivierung vgl. weiterhin den erst jüngst erschienenen Band: Foucault, Sexualität und Wahrheit 4.
145 Brinker-von der Heyde, Durch Bildung zur Tugend, S. 44: „Denn wenn auch Schulbildung auf artistischer Grundlage mehr war als nur Elementarkenntnis, so war sie doch keine Wissenschaft und galt spätestens seit dem 12. Jahrhundert in erster Linie als notwendige Grundausbildung für weiterführende Studien".

diese wird jedoch programmatisch sofort als Ethik auf das Subjekt zurückgerichtet, nämlich wiederum auf Leib (≙ *homo exterior*) und Seele (≙ *homo interior*):

> Diu Physicâ lêrt uns harte wol
> wie man sînen lîp behüeten sol.
> (WG Vv. 9077 f.)

> Divînitas lêrt harte wol
> wie man die sêle behüeten sol,
> daz man niht valle in die sunde
> mit bœsen werken zaller stunde,[146]
> und ob man drin gevallen sî,
> daz man bîht vür erzenî
> neme zehant: daz ist guot;
> sus ist diu sêle wol behuot.
> (WG 9085–9092)

Von dem weiten Feld der *Divînitas* interessieren im Rahmen der im *Welschen Gast* entwickelten Ethik nicht etwa spekulative Theologumena, sondern es interessiert nur dasjenige, was das handelnde christliche Subjekt – das heißt: seine Seele – direkt selbst betrifft. Auch hierbei dient ‚Schönheit' der Markierung von Körperlichkeit, wenn die beiden als Königinnen über die sieben *artes* personifizierten[147] Wissenschaften (*Physicâ* und *Divînitas*) in ihrer Ganzheit ausdifferenziert werden und nicht mehr in Hinblick auf die zwei Teile (Leib und Seele) des Menschen betrachtet werden:

> Nu merket, swaz ûf dem himel ist,
> dâ gît uns an kunst und list
> diu ie der künste vrouwe was,
> diu vil edel Divînitas.
> und swaz niderre ist dan der mân
> dâ gît uns kunst und list an
> diu schœne Physicâ, wen von ir
> erkennet man diu elemente vier.
> (WG 9123–9128)

Physicâ, welche einerseits den menschlichen Körper, aber anderseits überhaupt alle Kreatur ‚unterhalb des Mondes' erfasst, ist *schœne*, während die auf die Erkenntnis der Transzendenz gerichtete *Divînitas* als *edel* markiert wird.[148] Allerdings sind auch die

---

146 Im Rahmen des vierten Teils des *Welschen Gastes*, im Kontext der Tugendstiege, wird bereits im Hinblick auf das Leben ‚in dieser Welt' – als *saecularis*? – formuliert: *ez enmac niemen geleben | in dirre werlt sô gar ân sunde, | ern sünde zetelîcher stunde* (Vv. 4876–4878). – In diesem Zusammenhang ist m. E. auch an Parzivals Sündenbekenntnis zu denken, mit der die Figur sich dem Eremiten Trevrizent vorstellt (Pz 456,29 f.): *dô sprach er ‚hêr. nu gebt mir rât: | ich bin ein man der sünde hât.'*
147 Vgl. WG Vv. 9063–9070.
148 Es sei daran erinnert, dass sich auch im *Anticlaudianus* des Alanus ab Insulis zeigen lässt, dass mit dem stufenweisen Aufstieg der *artes*, d. h. mit ihrer zunehmenden Annäherung an die – jenseits

Ausführungen zu den beiden hohen Künsten im *Welschen Gast* begrenzt, weil sie das Maß dessen nicht überschreiten sollen, *daz der leie gereichen mac* (WG V. 9193). Der Umstand, dass es Begrenzungen der Erkenntnisfähigkeit des weltlichen Christen gibt, bedeutet umgekehrt, dass es eine begrenzte, dem Laien angemessene Menge von Wissen gibt. Zwar sei – wie historische Exempla (*Alexander, Ptoloméus, Salomôn, künec Dâvît, Caspâr, Melchjôr, Balthasâr, Julîus*) zeigten (WG Vv. 9209–9238) – früher die Bildung allgemeiner verbreitet gewesen (*Bî den alten zîten was | daz ein ieglîch kint las*; WG Vv. 9197 f.), jedoch bedeute andererseits Literalität nicht Weisheit:

> wænstu, swer wol lesen kann,
> daz er sî ein gelêrter man?
> ja ist der pfaffen harte vil,
> vür wâr ich iu daz sagen will,
> diu lesent daz si mugen sehen,
> und mugen doch des niht gejehen
> daz si iht verstên die schrift.
> (WG Vv. 9315–9321)

Wenn Buchstaben-Sehen mit dem wahren Lesen verwechselt wird, welches doch eigentlich ein Verstehen sein muss,[149] dann ist die leere Buchbildung unverständiger *clerici* nur eine andere Form von Höhle oder Gefängnis, aus der heraus die jenseitige Welt

---

der *artes*-Reihe erst wartende – Theologie eine Entkörperlichung in der Darstellung verbunden war. Dort jedoch ist Körperlichkeit über Gliedmaßen-*enumeratio* markiert; die *puella poli* ist zugleich die schönste und unkörperlichste der weiblichen Personifikationen im *Anticlaudianus*; vgl. hierzu oben, Kap. IV.2.2.2, S. 480–482.

149 In Hugos von St. Viktor *Eruditionis didascalicae libri VII* (Migne PL 176, Sp. 814 B) heißt es in einer analogen Wendung: *Quaemadmodum autem si illiteratus quis apertum librum videat, figuras aspicit, litteras non cognoscit: ita stultus et animalis homo, qui non percipit ea quæ Dei sunt (1 Cor. 11), in visibilibus istis creaturis foris videt speciem, sed intus non intelligit rationem. Qui autem spiritualis est, et omnia dijudicare potest, in eo quidem quod foris considerat pulchritudinem operis, intus concipit quam miranda sit sapientia Creatoris.* Diese Stelle hat gewisse Bekanntheit dadurch erlangt, dass sie sich bei Blumenberg, Lesbarkeit der Welt, S. 52 f., hier auch Anm. 40, zitiert findet, wo die nicht ganz akkurate Paraphrase lautet: „Wenn ein des Lesens Unkundiger das Buch vor sich liegen habe, erblicke er zwar die Zeichen, erkenne diese aber nicht als Buchstaben. So töricht sei der ungeistige Mensch, der in den sichtbaren Geschöpfen nicht den Anteil Gottes wahrnimmt, weil er zwar die Gestalt von außen sieht, ihren inneren Sinn jedoch nicht erkennt. Der geistige Mensch hingegen, der über alles urteilen kann, erblicke in der äußeren Schönheit des Werkes die innere bewunderungswürdige Weisheit seines Schöpfers." Blumenbergs übersetzende Paraphrase ist hinsichtlich der kreatürlichen Schönheit allerdings tendenziös, indem sie das Adverb *foris* adjektivisch übersetzt („äußere Schönheit"). Tatsächlich nämlich ist hier die Rede von der ‚äußerlich betrachteten Schönheit'. Diese wiederum kann auch allgemein die durch Anschauung erschlossene Wohleinrichtung der Kreatur meinen, welche bei Augustinus in das ‚Lob des Wurmes' (*laus vermiculi*) gefasst ist (vgl. hier: Kap. IV.3, S. 426), und muss nicht (kann aber), wie es sich bei Blumenberg liest, das oberflächliche Schönsein der Kreatur bedeuten. – Das *Didascalicon* Hugos von St. Viktor (6,4; S. 380,13–17) zitiert entsprechend die Heilige Schrift: *Rursum alibi dicitur: ‚Littera occidit, Spiritus autem vivificat', quia nimirum oportet divinum lectorem spiritualis intelligentiae veritate esse solidatum, et eum literarum apices, quae et perversae nonnumquam intelligi possunt, ad*

nicht verstanden werden kann. Dieses *verstên*, das über das reine Sehen hinausgeht, wird im *Welschen Gast* zu dem zentralen Begriff der Erkenntnis und ist zugleich begrenzt: *daz verstên ist niht gemeine* (WG V. 9328). Selbst derjenige, *der wol die schrift verstên kan*, wird von seiner *leckerheit* (≙ *voluptas*) in *müe unde leit* gebracht (WG Vv. 9340–9342). Wozu ist dann Gelehrtsein gut?

> der wol gelêrt ist: tuot er sunde,
> er gedenket zeiner andern stunde
> daz er tuot wider got
> und kumt wider ze sîme gebot
> dâ mit daz er bîhte gert:
> daz tuot selten der ungelêrt.
> (WG Vv. 9351–9356)

Gelehrtsein dient hier wiederum vor allem der Erkenntnis der Sünde und, im Anschluss, der Ermöglichung der Umkehr. Der ungelehrte Laie hingegen, der weiß, dass er kein Buchwissen hat, und daraus die Legitimation seiner Ignoranz gegenüber den Geboten Gottes ableiten zu können glaubt, indem er denkt, dass keine Sünde sei, wo das göttliche Gesetz unbekannt ist, irrt. Alles (immanente) Wissen, das man *in* der Welt habe, sei sinnlich erworben:

> Jâ hât ieglîch man und wîp
> vümf tür in sînem lîp.
> ein ist gesiht, diu ander gehœrde,
> diu dritte wâz, diu vierde gerüerde,
> die vümften ich gesmac heiz.
> swaz man in der werlde weiz,
> daz muoz in uns immer vür
> ze etlicher der vümf tür.
> (WG Vv. 9449–9456)

Wo die *aisthesis* der Laien mangels Bildung versagt – nämlich beim Lesen, das Voraussetzung für Verstehen und Erkenntnis der Sünden ist –, da überbrückt das Wort der Pfaffen dasjenige, was die Augen der Laien nicht leisten können:

> gêt ez dem pfaffn zen ougen in,
> sô gêt doch der selbe sin

---

quaelibet diverticula non inclinet (Übers. [Offergeld]: „An anderer Stelle heißt es: ‚Der Buchstabe tötet, der Geist aber macht lebendig' (2 Kor 3,6), denn es ist sicherlich vonnöten, daß der Leser der Heiligen Schrift fest in der Wahrheit der geistigen Deutung begründet ist und daß ihn die Züge der Buchstaben, die ebenfalls mitunter verkehrt gedeutet werden können, nicht auf irgendwelche Seitenwege ablenken.") – Die Unfähigkeit, hinter den Buchstaben den Sinn der Buchstaben zu erfassen und jenseits der literalen Sinnebene zu lesen, ist letztlich eine schrifthermeneutisch gewendete Ausweitung des topischen Argumentes, dass sehend blind sei, wer in den Geschöpfen den Schöpfer nicht erkenne. Vgl. hierzu Scheuer, Hermeneutik.

> den leien durch diu ôren[.]
> (WG Vv. 9445–9447)

> dâ von sprich ich, waz zeiner tür
> niene gêt dem leien vür,
> daz gêt im doch zer andern in,
> will er haben guoten sin.
> (WG Vv. 9461–9464)

> der leie sol durch der ôren tür
> lâzen die guoten lêre vür:
> sperret er der ôren tür vast,
> dar in kumt niht der lêre gast.[150]
> (WG Vv. 9469–9472)

Während Christoph Schanze die Auffassung vertritt, dass Thomasîn hier „im Prinzip gleichwertige Sinnes-‚Kanäle'"[151] annehme, ist doch die prinzipielle Konkurrenz der Sinne festzuhalten, die auch in Trevrizents Lob des Priesters (Pz 502,9–22) ganz ähnlich modelliert ist,[152] in welchem das Sichtbare in der Welt mit der Verkündigungsfunktion des priesterlichen Mundes kontrastiert wird. Während im *Welschen Gast* selbstständiges Schriftverstehen durch das Auge gegen homiletisches Geführtwerden durch das Ohr gestellt wird, kontrastiert der *Parzival* das Schweigen der Kreatur mit dem Sprechen mütterlicher (Herzeloyde), ritterlicher (Gurnemanz), laienbrüderlicher (Trevrizent) und zuletzt – in der Taufszene des Feirefiz – priesterlicher *auctoritas*. Hier wie dort bildet die Konkurrenz von ungeführtem Sehsinn (*visus*) und geführtem Hörsinn (*auditus*) die Grundlage.[153]

---

150 Dass die an dieser Stelle in Rede stehende Lehre hier ebenso wie das Buch, das von ihr Handelt, als Fremder – mhd. *gast* – bezeichnet wird, indiziert eine Konvergenz des Textes mit der Lehre, der man die Tür der Ohren nicht verschließen soll.
151 Schanze, Tugendlehre und Wissensvermittlung, S. 217.
152 Es sei zudem noch einmal an Pz 488,26 f. erinnert: *dô dir got fünf sinne lêch, / die hânt ir rât dir vor bespart*.
153 Auch im bereits besprochenen *Anticlaudianus* des Alanus ab Insulis ist es von den fünf Pferden, welche die Sinne sind, alleine das Pferd *auditus*, auf welchem die Prudentia in das Reich des Himmels vorzudringen vermag. Vgl. hierzu Kap. IV.2.2.2, S. 468 f. – Wie langlebig in der höfischen Laienbildung die Diskussion der Wertigkeit der verschiedenen Sinne (in Verbindung mit der Kammerlehre der Kognition) ist, zeigt sich bspw. bei Georg Philipp Harsdörffer: Frauenzimmer Gesprächspiele. Acht Bände. Hrsg. von Irmgard Böttcher. Tübingen 1968 (Deutsche Neudrucke. Reihe Barock 14), hier: Bd. 2, Nr. 72, S. 204–209. Auch hier wird die Sinneswahrnehmung besonders in Hinblick auf die Möglichkeit, Gott zu erkennen, diskutiert und auch hier erhält der Gehörsinn den Vorrang, insofern *die Erkäntnus Gottes durch das gehörte Wort erhalten und behalten wird*. Dem Geruchsinn wird die Funktion zugeschrieben, den Sehsinn in Frage zu stellen, *dadurch Gott sonderlich zu verstehen geben/ daß wir Menschen nicht allein an das Sichtbare unsere Gedancken binden; sondern vielmehr deß Unsichtbaren (massen wir den Geruch prüfen/ und nicht sehen/ noch betasten können) uns vergewisern sollen*. Im siebten Teil der *Frauenzimmer Gesprächspiele* wird – ganz ähnlich wie schon bei Augustinus (vgl. oben, Kap. V.1.3) – die

Die von den Dingen der Welt betäubten (WG V. 9613: *entslâfen*) und mit irdischen Gütern verstopften (WG Vv. 9545–9550) Sinne führen – laut *Welschem Gast* – dazu,

> daz bêde Imaginâtîo
> und ouch Râtîô sint verirret,
> daz ist daz der hûsvrouwen wirret.
> Ich mein die sêl, die küneginne,
> des lîbs[.]
> (WG Vv. 9548–9553)

Bereits im Zuge der Erörterung der zwei Arten von Arzneien, nämlich der körperlichen und der seelischen, welche *Physicâ* und *Divînitas* bereitstellen, war der Zusammenhang zwischen aisthetischer (hier: visueller) und seelischer Affizierung des Subjektes hergestellt worden:

> Swem in das ouge vellet iht
> sî lange ân erzenîe niht,
> wan sûmt er sich, er mac vil drât
> verliesen ez ouge daz er hât.
> niemen sol sîner sêle wunden
> heln dem priester, wan von sunden
> kumt dicke diu geschiht
> daz man nimt bîhte niht.
> (WG Vv. 9101–9108)

Es ist der menschliche Körper, dem auch die Sinne angehören, welcher eine Inklination zum Sündenfall hat: *Ez ist wâr daz ich schrîbe, / des wîbes unde mannes lîbe / sint zem valle bereitet gar* (WG Vv. 9671–9573).[154] Über diesen Leib müssen die Seele, als Königin des Körpers, und die vier Verstandeskräfte, als ihre *râtgebinne, meisterschaft* ausüben (WG Vv. 9579–9581). Die Seele folgt jedoch dem schlechten Rat des Körpers und der fünf Sinne, welche sie zu ihrem Schaden hinziehen (WG Vv. 9582–44). Dass der Körper zur Sünde bereit ist, liegt darin begründet, dass die Seele es ihm nicht verwehrt hat (WG Vv. 9620–9622). Das Thema der Psychomachie, des *bellum intestinum*, der Kampf zwischen der Seele, ihren Tugendkräften und dem Körper, wird angedeutet.

Der *Welsche Gast* rechnet indessen – wie es oben bereits angeklungen ist – mit einem begrenzt erkenntnisfähigen Subjekt, das die tiefgründige Lehre von Seele, Verstandeskräften, Körper und Sinnen und den elf *artes* (es wird eine synthetische Reihe

---

trügerische Eigenschaft der Sinne an einem optischen Phänomen diskutiert und gegen die Erkenntniskraft apriorischen Denkens, wie es die Mathematik ermöglicht, gesetzt; vgl. ebd., Bd. 7, S. 191 ff.

154 Es sei daran erinnert, dass in den Genesisauslegungen traditionell die Unterscheidung der Geschlechter in zwei – auserzählte, aber eben allegorische – Leiber traditionell als Abbild des ‚Menschen' in seiner Ganzheit, bestehend aus Leib (*homo exterior*/Eva) und Seele (*homo interior*/Adam), verstanden wird. Der Fall beider Geschlechter, die von der *Genesis* als körperliche Menschen erzählt werden, bedeutet dann, dass Leib und Seele *beide* Ursache am Sündenfall haben. Vgl. hierzu Kap. III.3.1.1, S. 165, Anm. 224, u. S. 182 f., sowie Kap. IV.1.1, S. 302–310.

hergestellt aus: Trivium, Quadrivium, *Divînitas* und *Physicâ*, *Decrête* und *Lêges*[155]) weder völlig verstehen kann noch will.[156] An dieses begrenzt erkenntnisfähige Subjekt richtet sich nun ein Rat, welcher derjenigen Reflexion auffallend ähnelt, die Parzival – *er küene, træclîche wîs* (Parzival 4,18)[157] – nach der Begegnung mit den Karfreitagspil-

---

155 *Decrête* und *Lêges* bezeichnen die beiden Rechte, das weltliche und das geistliche, vgl. WG Vv. 9151–9180.

156 WG Vv. 9663–9671: *Lîht daz ein man sprechen mac | ‚du hâst mir hiute disen tac | geseit von vil tiefen dingen, | von vier kreften, von vümf sinnen, | von einlef künsten: wie möht ich gar | wizzen die?*

157 Da ‚Weisheit' in Bezug auf die Figur Parzival eine aus verständlichen Gründen vieldiskutierte Kategorie ist, hat auch das Adverbium *træclîche* in diesem Zusammenhang einige Aufmerksamkeit erfahren. Nellmann, Parzival, S. 453, kommentiert Pz 4,18, indem er eine Sinnübersetzung gibt: „‚Er: tapfer, aber nur langsam klug werdend'. Die Formulierung bezeichnet sehr prägnant zwei Eigenschaften des Helden, von denen der Roman auf weite Strecken lebt." Bumke, Wolfram von Eschenbach, S. 148, formuliert mit Blick auf die Forschungsgeschichte des Verses: „Das ist fast immer so verstanden worden, daß der Erzähler sagen wollte, Parzival sei von Anfang an *küene* gewesen und erst ‚allmählich' (*traeclîche*) *wîse*. Daraus wurde geschlossen, daß der Weg von der *tumpheit* zur *wîsheit* das eigentliche Programm der Parzival-Darstellung ausmache, daß es in Wolframs Dichtung um die ‚Entwicklung' des Helden von der Torheit seiner Jugend-Verfehlungen zur Weisheit des Gralkönigs gehe. Der Text bietet allerdings wenig Anhaltspunkte für eine solche Deutung. Parzivals ‚innere Umkehr' bei Trevrizent – ein Hauptpunkt der Entwicklungs-These – ist eine unsichere Größe [...]. Gegen Ende der Dichtung verhält der Erzähler sich sehr wortkarg in Bezug auf den inneren Zustand seines Helden. Was er von ihm erzählt, taugt schwerlich als Beleg für einen innerlich Gewandelten, der das Ziel der *wîsheit* erreicht habe." Hierauf schließt bei Bumke eine Aufarbeitung der an das IX. Buch anschließenden Fehler Parzivals an, welche auf *tumpheit* zurückzuführen seien, und schließt den Bogen mit dem Kampf Parzivals gegen seinen Halbbruder Feirefiz, welchen er als „größte *tumpheit*" (ebd.) auffasst, um seine eigene Interpretation des Verses 4,18 zu folgern, dass Parzival keine Entwicklung durchmache (ebd.): „Offenbar ist es nicht der *wîse*, sondern der *tumbe* Held, der von Gott zum Gral berufen wird. Das Prolog-Wort *traeclîche wîs* wäre dann zu übersetzen: ‚gar nicht weise'." – Demgegenüber möchte ich vorschlagen, das adverbial modifizierte Adjektiv *traeclîche wîs* als konstante Eigenschaft Parzivals aufzufassen, welche allerdings nicht, wie Bumke es auffasst, *tumpheit*, sondern ‚eingeschränkte Fähigkeit zur Weisheit', ‚träge in Bezug auf Weisheit', also im engeren Sinne ‚torenhafte Weisheit' meint. Während *træclîche* ‚langsam' (als Entsprechung des neuhochdeutschen, physikalisch konnotierten Trägheitsbegriffs) stets nur insofern meint, als es über den Begriff der *acedia* an die ethische Verfehlung der *trâcheit* zurückgebunden ist, hat dieser Begriff im Mittelhochdeutschen zugleich eine seltenere Nebenbedeutung, welche jedoch im siebten Teil des *Welschen Gastes* – und nur in diesem Teil – vorkommt, nämlich diejenige der geistigen Trägheit. So wird *trâcheit* im Sinne der Sünde *acedia* hier ausdrücklich mit dem Toren in Verbindung gebracht, welcher sein eigenes Unwissen als Ausrede für seine moralischen Verfehlungen vor Gott, bemüht, indem er behauptet, es nicht besser gewusst zu haben: *von got ist unerkant der man | der durch sîn trâkeit niht enkan* (WG Vv. 9365 f.). In diesem Sinne verzeichnet auch das Wörterbuch von Benecke/Müller/Zarncke (BMZ) einen (allerdings späten) Beleg für *trêclîchen*, nämlich aus einem Text Hermanns von Fritslar zum Laurentius-Tag, in welcher das Adverb mit mangelnder Eloquenz (= mhd. *diu wolgespræche*) in Verbindung gebracht wird: *Und da antwertete her trêclîchen, wan her was nit wol gespræche* (zitiert nach Franz Pfeiffer: Deutsche Mystiker des vierzehnten Jahrhunderts. Erster Band. Hermann von Fritslar. Nicolaus von Strassburg. David von Augsburg. Leipzig 1845, S. 175, Z. 18). – Zum Auftreten des Epithetons ‚wîs' im *Parzival* vgl. bspw. Walter K. Francke: The Function of ‚wis' in the Characterization of Gahmuret, Gawan and Parzival. In: Modern Language Notes (MLN) 87,3 (1972), S. 409–418.

gern über Gott anstellt. Wer zu große geistige *trâkheit* hat, um die langen Mühen solcher Lehren auf sich zu nehmen (WG Vv. 9673 f.), für den gibt es im *Welschen Gast* eine ‚Abbreviatur' der Weisheit, welche eine dezidiert anti-aisthetische, *auctoritas*-geprägte ‚*descensus*-Erkenntnis' – an Stelle der *anagogé* – darstellt, die wiederum auf den Wortlaut des *symbolum*, des Glaubensbekenntnisses, referiert:

> wil du wîse sîn kurzlîche,
> sô habe geloubn und werc gelîche
> wol mit stæte nâch ir reht,
> sô ist dir der wec sleht
> der dich bringet hin zem sinne
> und zaller hande vreude gewinne.
> du maht den *glouben* lîhte hân,
> will du wol *gedenken* an
> got und an *sîne kraft*
> und wie *grôze meisterschaft*
> er hât *erzeiget* in *dirre werlde*,
> beidiu *oben und ûf der erde*.
> (WG Vv. 9675–9686)[158]

Für die Erlangung des Glaubens wird hier also eine Minimalbedingung formuliert: Das *gedenken* an Gott und seine *kraft* sowie *grôze meisterschaft* (*omnipotentia*) bilden das Zentrum, von welchem aus die Welt *beidiu oben und ûf der erde* (*caelum et terra*), die einem begegnet, als Zeichen verstanden werden kann, das seine Allmacht *erzeiget*.[159]

Bereits in Augustins fünfzehn Büchern *De trinitate* findet sich die einfältig-gläubige Annahme des einfach fasslichen Credos als – hier allerdings vorläufige – Alternative des irdisch-fleischlichen Menschen (*animalis homo*) zur Spekulation der *sapientes* einge-

---

158 Kursivierung von mir; F. D. S. – Der Text scheint mit *beidiu oben und ûf der erde* näher am apostolischen (*factorem caeli et terrae*) als am frühen nicäno-konstantinopolitanischen Glaubensbekenntnis (*visibilium et invisibilium creatorem/factorem*) zu sein.
159 Weitere Elemente des Glaubensbekenntnisses finden sich im *Welschen Gast* im Rahmen der Beichtlehre des 6. Buches, wenn dort die *driu dinc* namens *vorht, gedinge unde minne* (WG V. 8279) auf dasselbe zurückgeführt werden, denn: *der gute geloube gît | uns diu driu dinc zaller zît* (WG Vv. 8283 f.). Drei Elemente des Glaubensbekenntnisses (*der gute geloube*) werden im Folgenden berührt. Zu glauben hat man nämlich *die grôzen nôt | und daz er durch uns leit den tôt* (WG Vv. 8285 f.), *daz er zebrach die helle und erstuont dar nâch* (WG Vv. 8289 f.) und *daz er zem gerihte sol komen* (WG V. 8294), womit – inhaltlich, nicht ganz wörtlich – die Artikel 4–8 des apostolischen Glaubensbekenntnisses umfasst sind: *passus sub Pontio Pilato, crucifixus, mortuus, et sepultus, descendit ad inferos: tertia die resurrexit a mortuis; ascendit ad caelos; sedet ad dexteram Dei Patris omnipotentis: inde venturus est iudicare vivos et mortuos*. Die erkennbare Entsprechung *descendit ad inferos* – *er zebrach die helle* zeigt, dass der *Welsche Gast* sich am *symbolum apostolicum* orientiert. Im nicäno-konstantinopolitanischen Glaubensbekenntnis ist die ‚Höllenfahrt' Christi noch nicht enthalten. – Zu verschiedenen Fassungen des Glaubensbekenntnisses vgl. etwa den Anhang zu: Sancti Avrelii Avgvstini de trinitate libri XV. Bd. 2. Hrsg. von W. J. Mountain. Turnhout 1968, S. 558–563.

führt.[160] Nach langen und schwierigen Ausführungen zur Problematik von Substanz und Akzidenz in Hinblick auf die Trinität, heißt es am Ende des siebten Buches relativierend:

> [...] tres simul illae substantiae siue personae, si ita dicendae sunt, aequales sunt singulis: quod *animalis homo non percipit* [= 1 Cor 2,14]. Non enim potest cogitare nisi moles et spatia uel minuta uel grandia uolitantibus in animo eius phantasmatis tamquam imaginibus corporum. 12. Ex qua immunditia donec purgetur credat *in patrem et filium et spiritum sanctum, unum Deum* [= Symb. Rom.-Mediol. I,1.2.9.1.], *solum,* magnum, *omnipotentem* [edb.], bonum, iustum, misericordem, *omnium visibilium et inivisibilium conditorem* [= Symb. Nicaen., 3], et quidquid de illo pro humana facultate digne uereque dici potest.   (Augustinus: De trinitate VII.6.11–12)[161]

Wenn hier der sichere, unzweifelbare, über jede Spekulation erhabene Glaubensinhalt, der offenbar in Anlehnung an das Glaubensbekenntnis selbst formuliert ist, zu einem Hilfsmittel der noch Schwachen, aber zu Stärkenden, der noch Unreinen, aber zu Reinigenden, wird, so ist demgegenüber das kategorische Abweisen der spekulativen Theologie (*Divînitas*) als für Laien ungeeigneter Gegenstand im *Welschen Gast* umgekehrt zugleich die Anerkenntnis einer Säkularexistenz, welche im Zustand des einfältigen Glaubens verbleiben darf, ohne sich weiter zu ,verbessern'. Die Annahme und reflektierende Internalisierung des *symbolum* erschließen vollgültig die Symbolstruktur der Welt.

---

160 Es sei noch einmal an den einfachen Glauben als Voraussetzung für Erkenntnis erinnert, wie er sich in *De trinitate* bspw. schon in Buch VI.10.12, findet: *Qui uidet hoc uel ex parte uel per speculum in aenigmate* [I Cor 13,12] *gaudeat cognoscens deum et sicut deum honoret et gratias agat; qui autem non uidet tendat per pietatem ad uidendum, non per caecitatem ad calumniandum* (Übers. [Schmaus]: „Wer dies stückweise durch einen Spiegel und in Rätseln sieht, freue sich, daß er Gott erkennt, ehre ihn als Gott und sage Dank! Wer es nicht zu sehen vermag, der strebe durch Frömmigkeit zum Sehen, nicht jage er in Verblendung nörgelnden Einwendungen nach!"). Der schrittweisen, ,ent-deckenden' Erkenntnis auf der einen Seite wird also die Frömmigkeit derjenigen, die nicht erkennen können, entgegengestellt.

161 Unter Beigabe der Stellennachweise der zitierten Ausgabe. – Übers. [Schmaus]: „[...] vielmehr sind jene Substanzen oder Personen, wenn man so sagen darf, zusammen jeder einzelnen gleich – das versteht freilich der irdisch gesinnte Mensch nicht; denn er kann nur in Körpern und Räumen, sei es großen, sei es kleinen, denken, indem die Vorstellungen wie Bilder von Körpern in seiner Seele herumflattern. || 12. Bis er von dieser Unreinheit gereinigt wird, soll er glauben an den Vater, den Sohn und den Heiligen Geist, den einen, alleinigen, großen, allmächtigen, guten gerechten, barmherzigen Gott, den Begründer alles Sichtbaren und Unsichtbaren, und was sonst von ihm gemäß der menschlichen Schwachheit würdig und richtig gesagt werden kann." Das siebte Buch endet unter Beiziehung eines Schriftwortes in diesem Sinne: *Quod si intellectu capi non potest, fide teneatur donec inlucescat in cordibus ille qui ait per prophetam:* Nisi credideritis non intelligetis [Is 7,9] (*De trinitate* VII.6.12; Übers. [Schmaus]: „Wenn man das mit der Vernunft nicht fassen kann, so soll man es im Glauben festhalten, bis jener in den Herzen sein Licht leuchten läßt, der durch den Propheten sagt: ,Wenn ihr nicht glaubt, dann werdet ihr nicht einsehen.'"). Es sei an dieser Stelle noch einmal daran erinnert, dass Hugo von St. Viktor im Prolog zu seinen *Expositiones* über die ,Himmlischen Hierarchien' des Ps.-Dionysius konstatiert, dass die Kreatur den Kreator zwar zeigen, nicht jedoch das Auge erleuchten könne; vgl. Kap. V.1.4, S. 484.

V.2 cognosce te ipsum: Sinnliche Wahrnehmung und Bekenntnis — 513

Dieses *gedenken*, welches vom Gott des Glaubensbekenntnisses seinen Anfang nimmt, ist auch für Parzival zentral[162] und – zumindest im *Welschen Gast* – mit dem Glauben (im Sinne der Glaubensformel: *credo*, „ich glaube") noch nicht identisch. ‚Aisthetische' Gotteserkenntnis ist so gesehen immer Folge, nicht aber Ursache des Glaubens; sie ist die Vertiefung dessen, was zuvor bereits – im Modus des Bekenntnisses und Sakraments – angenommen worden sein muss.[163]

Auf ganz ähnliche – und doch auch ganz andere – Art wird auch die aisthetische Erkenntnis Jôsaphâts im bereits angesprochenen *Barlââm*-Roman Rudolfs von Ems[164] über das *symbolum* strukturiert. Denn hier bildet das Credo die Scharnierstelle zwischen den Fragen, die Jôsaphât stellt, ohne von der Immanenz oder seinen heidnischen Lehrern eine Antwort zu erhalten, und der Lehre Barlââms, die ihm die christliche Heils- und Weltlehre eröffnet. Barlââm kündigt Jôsaphât an, vom höchsten Kaiser zu sprechen, *den eine in einer drîvalt / diu menscheit anbeten sol* (Rudolf von Ems: Barlaam und Josaphat, Vv. 50,26 f.), und verdammt die Götzen der Heiden (Vv. 50,29–37). Er eröffnet seine Zusammenfassung der Heiligen Schrift und der Heilslehre *expressis verbis* mit einer Credo-Paraphrase, die zugleich an die Fragen anknüpft, die Jôsaphât an die Immanenz gerichtet hat und deswegen in eine Nacherzählung der Schöpfung und der an sie anschließenden *historia* umschwenkt:

> Einen got vil lobesamen
> *geloube ich*, einen in drin namen,
> den vater eine, eine das kint,
> den heilegen geist. die drîe sint
> ein got, eine ân endes tac,
> der âne anegenge ie phlac
> alles, des dû maht gesehen,
> und des ouch niemen kan verjehen:
> unsihtic, unverkêret,
> guot, reht, eine, gêret;
> sîn kraft unzalhaft unvürbrâht,
> sîn hôhiu witze unüberdâht;

---

[162] Zum Vergleich seien noch einmal die die auf Gott bezogenen Verse aus Parzivals Gedankenbericht angeführt: *alrêrst er dô gedâhte, / wer al die werlt volbrâhte, / an sînen schepfære, / wie gewaltec der wære* (Pz 451,9–12 [Hervorhebung von mir; F. D. S.]), welche gleichfalls auf das Glaubensbekenntnis (vgl. das apostolische *symbolum*: Credo in Deum, / Patrem omnipotentem, / Creatorem caeli et terrae) referieren. Vgl. Kap. V.1.5, S. 488 f.

[163] In der *Summa contra gentiles* des Thomas von Aquino heißt es etwa, die *meditatio* über die Werke Gottes sei zur Verstärkung des Glaubens nützlich: *Huiusmodi quidem divinorum factorum meditatio ad fidem humanam instruendam de Deo necessaria est* (Thomas von Aquino: Summa contra gentiles II,2; Übers. [Albert, Engelhardt]: „Das Nachdenken über die Werke Gottes ist nun notwendig, um den Glauben des Menschen in bezug auf Gott weiter zu vertiefen.").

[164] Vgl. Kap. V.1.5.

> der alliu dinc von nihte
> geschuof und gar berihte.
> (Rudolf von Ems: Barlaam und Josaphat 51,1–14; Kursivierung von mir, F. D. S.)

An dieses – bereits ausgeweitete – Credo kann umstandslos der Einsatz des Schöpfungsberichtes anschließen, an den wiederum der in der Heiligen Schrift abgelegte Lauf der Geschichte bis zur Erlösungstat Christi anschließen kann.[165] Erst vom *symbolum* ausgehend können die Fragen Jôsaphâts, die ohnehin bereits auf den Gehalt des Glaubenssatzes abzielten, im Folgenden richtig auf Gott hin perspektiviert werden. Anschließend an das Credo, das auch hier den Schlüssel liefert, kann die Immanenz, die dem Unwissenden nur Anlass zu Fragen bietet, dem Wissenden nun Anlass zum Lob des allmächtigen Schöpfers werden.

Die Erkenntnis der großen *meisterschaft* Gottes *in dirre werlde* (Welscher Gast) ist also an die Bedingung des rechten Glaubens gebunden. In einem rekursiven Prozess versetzt der im Credo angenommene (autoritative) Rechtglauben in die Lage, durch *gedenken* und Anschauung zu einem aus Einsicht gewonnenen Glauben zu gelangen, den man jedoch – mit dem *Welschen Gast* – *lîhte hân* kann und der den ‚geraden Weg' darstellt.[166]

Diese Erkenntnis der Welt wird in Thomasîns *Welschem Gast* nicht – wie in Rudolfs *Barlaam und Josaphat* – auf die Einrichtung des Makrokosmos, sondern auf den Mikrokosmos Mensch und die Physiologie des menschlichen Körpers bezogen. Anstelle der Sinne, von denen – so heißt es – noch viel gesagt werden könnte, wird der Fokus auf die organische Wohleingerichtetheit des Leibes und auf die wundersame Bindung der Seele an das Fleisch gelegt, was auch in den Mikrokosmos- und Genesis-Texten ein gewichtiges Argument für die Herrlichkeit Gottes darstellt:[167]

> nû lâze wir sîn sinne belîben
> von den ich möhte vil geschrîben,
> und merke waz man unde wîp
> wunders hânt an ir lîp
> von âdern unde von gebeine.
> du solt wizzen daz nîender eine
> âder ist überec; der lîp ist

---

[165] Im Wortlaut heißt es weiterhin: *zem êrsten geschuof sîn meisterschaft / himel und aller himele kraft / und ungeborner engel geist / ze sînes amptes volleist* (Rudolf von Ems: Barlaam und Josaphat, Vv. 51, 15–18). Auch hier werden – wie oben in Kap. II.3.1.2 angesprochen – in patristischer Tradition der Sturz der Engel in den Beginn der Schöpfungserzählung integriert, wie er bei Augustinus der Trennung von Licht und Finsternis entspricht.
[166] Die Metapher des geraden Weges, welche der ‚einfältige' Glaube dem christlichen Subjekt vorgibt, ist oben (vgl. den Beginn von Kap. V.2, S. 496) bereits im Zusammenhang mit Hugos von Sankt Viktor *Didascalicon* und Parzivals Irren durch den Wald der *âventiure* begegnet.
[167] Vgl. hierzu mit Bezug auf die *Cosmographia* des Bernardus Silvestris und weitere Texte Kap. IV.3.

harte wol geworht mit list.
daz diu sêl dar inne bestât
und doch ander natûre hât,
daz ist ein grôziu meisterschaft
die dar geleit hât gotes kraft.
(WG Vv. 9693–9704)

Der – funktionale, nicht etwa ‚schöne'! – Körper wird nun den *saeculares* zur Betrachtung anempfohlen, da man an ihm die höchsten Wunder sehen kann:

Sît er an uns daz hat getân,
sone sol dehein werltlîch man
des wunder hân, ob er an sich
behalten hât vil wunderlîch
wunder unde vil seltsân.
(WG Vv. 9705–9709)

Diese Wunder, die der *werltlîch man*, der Laie, an sich selbst bemerken kann, die ihn aber nicht *ver*wundern sollen, werden abgegrenzt von der hohen theologischen Spekulation über das Wesen Gottes (*swaz man seit von sîner gotheit*; WG V. 9711) und seiner Menschwerdung (*und ouch von der menscheit*; WG V. 9712).[168] Wenn hierfür die Erkenntnisfähigkeit, das *verstên*, nicht ausreicht, so soll man – und hier findet der Rückbezug auf den Glauben statt, den man *lîhte hân* kann (V. 9681) – in *einvalt* (= *simplicitas*) an die Wunder Gottes glauben, welche man am eigenen Körper beständig vor Augen hat:

swer aver niht verstên kann
daz man seit von sîner gotheit,
und ouch von der menscheit,
der geloube mit einvalt
diu gotes wunder manicvalt
unde kumt gewislîchen
zallen sinnen volleclîchen.
(WG Vv. 9710–9716)

Der *Welsche Gast* bietet so für eine bestimmte Klasse von Menschen, nämlich die *saeculares*, die nicht *verstên* können und – mit den Worten des *Parzival*-Prologs – *træclîche wîs* sind, eine alternative Form der ‚Erkenntnis' an. Diese führt über die Schritte der autoritativen Annahme des Glaubens, seiner ‚einfältigen' Reflexion, der Beherrschung der verführbaren Sinne durch die Seele und den so gewonnenen Zugang zur

---

168 Auf Theologisches referiert auch der *Parzival* in einer Figurenrede Trevrizents erkennbar, in welcher es heißt: *got heizt und ist diu wârheit* (Pz 462,25). Wenig später spricht Trevrizent von Gott als dem *wâren minnære* (Pz 466,1) und als *durchliuhtec lieht* (Pz 466,3). Dass Gott Wahrheit „heißt", Liebe oder Licht ist Teil der negativen Theologie, die mit der Ps.-Dionysius Areopagita-Schrift *De divinis nominibus* („Von den göttlichen Namen") ihren einflussreichen Hauptvertreter hat. Insofern die Trevrizent-Figur auf diese Konzepte stets nur am Rande referiert, ohne sie zu entfalten, markieren sie die Grenze desjenigen, was für Laien vermittelbar ist.

Kreatur zu einem vollgültigen Erkenntnis-Äquivalent, mit dem man *kumt gewislîchen | zallen sinnen*[169] *volleclîchen*. Die autoritativ – nämlich durch eine eng begrenzte Lehre von Gott – angeregte Erkenntnis ist dabei mustergültig als Zusammenfall von Selbst- und Gotteserkenntnis modelliert, insofern nicht *irgendein* Körper der immanenten Welt, sondern der *eigene* Körper zum Angelpunkt des Erkenntnisprozesses wird und die gelenkte *aisthesis* des körperlichen Selbst zur Anerkenntnis der Macht Gottes führt.[170] In einem weiteren Schritt wird das *verstên* auf eine ethisch ausgerichtete Selbsterkenntnis zurückgelenkt; hiermit beschäftigt sich das anschließende Teilkapitel.

V.2.2 *ob er sich erkennen wolde*: Die Wendung des *cognosce te ipsum* ins Exemplarische bei Thomasîn

Im *Welschen Gast* nun fällt die Erläuterung dieses Erkenntnisvorgangs mit dem appellativen Aufruf der *auctoritas* zusammen. Die *guoten lêre*, die der Laie *durch der ôren tür* einlassen soll und die ihm zugleich – wie oben bereits zitiert – ‚Fremde' sind (*der lêre gast*; vgl. WG Vv. 9469–9472), koinzidieren mit dem Fremden (dem Welschen Gast), als welcher der Text sich selbst inszeniert.[171] Die Theorie der *auctoritas* ist – in einem selbstreflexiven Moment – immer zugleich auch selbst bereits autoritativer Appell.

---

169 Mhd. *sin* hat – wie im Nhd. – die Doppelbedeutung von körperlichen Sinnen (*aisthesis*) einerseits und Bedeutung/Sinn/Verstand andererseits. Die letztere Bedeutung ist hier zu veranschlagen, obgleich es zuvor um ‚die Sinne' ging.
170 Diesen Aspekt teilt der *Welsche Gast* übrigens mit dem *cognosce te ipsum* des *Didascalicon* Hugos von Sankt Viktor, insofern auch hier auf die Selbstbeschränkung des Menschen als erkennendes Subjekt gepocht wird: *Immortalis quippe animus sapientia illustratus respicit principium suum et quam sit indecorum agnoscit, ut extra se quidquam quaerat, cui quod ipse est, satis esse poterat* (Didascalicon 1.1; S. 110,4–7; Übers. [Offergeld]: „Sein unsterblicher Geist aber, von der Weisheit erleuchtet, betrachtet seinen Ursprung und erkennt, wie unangemessen es für ihn ist, irgend etwas außerhalb seiner selbst zu suchen, wenn doch das, was er selber ist, ihm genug sein könnte.").
171 Es sei daran erinnert, dass der *Welsche Gast* den Erfolg der durch das Ohr vermittelten Lehre im Epilog an eine Gnadenlehre bindet, insofern der *bœse man* sie nicht zu fassen vermag: *swaz man im seit, | daz vert vür die wârheit | zeim ôren ûz, zem andern in* (WG Vv. 14717–14719). Der Hörer ist ein löchriger Sack, der nichts in sich halten kann, weil er *mit bœsem gedanc, mit valschem rât, | mit übelen werken und mit sunde* (WG Vv. 14730 f.) zerstochen ist und nur Gott diese Löcher stopfen kann: *ez enwelle unser herre got | verschieben mit sînem gebot | diu löcher dâ ez ûz gât: | sîn mac niht anders werden rât* (WG Vv. 14735–14738). Es stellt sich die Frage, ob man so weit gehen könnte, das ‚gebot des Herrn' nicht allein als gnadenhafte Intervention Gottes im einzelnen Subjekt aufzufassen, sondern als ‚christliches Gesetz' allgemein. Dann wäre es nicht unbedingt der direkte Eingriff Gottes, welcher befiehlt, die Löcher zu stopfen, sondern Gott, der durch die Potenz der christlichen Lehre im Allgemeinen wirkt, welche so zum Ausgangspunkt jeder Erkenntnis würde. – Die sprichwörtliche Rede, etwas gehe zum einen Ohr hinein und zum anderen hinaus, begegnet prominent auch in Wolframs von Eschenbach *Parzival* (Pz 241,25) im Rahmen des sog. Bogengleichnisses.

V.2 cognosce te ipsum: Sinnliche Wahrnehmung und Bekenntnis — 517

Auch in Augustins *De trinitate* wird die Erkenntnis des Selbst über die Anrufung des Subjektes *als* Selbst erzielt, auch hier fällt der Appell mit dem Text, welcher ihn erörtert, in eins. Wenn in Buch X *De trinitate* das *cognosce te ipsam* ausführlich diskutiert wird, heißt es über die Funktionsweise des *praeceptum*:

> Sed cum dicitur menti: *Cognosce te ipsam*, eo ictu quo intellegit quod dictum est *te ipsam* cognoscit se ipsam, nec ob aliud quam eo quod sibi praesens est. Si autem quod dictum est non intellegit, non utique facit. Hoc igitur ei praecipitur ut faciat quod cum praeceptum ipsum intellegit facit.
> (Augustinus: De trinitate X.9.12)[172]

So wie hier das Erfüllen und das Verstehen des Gebotes in eins fallen, so fällt auch die Erörterung des *praeceptum* mit dem Appell in eins; der Text selbst wird so zum Medium einer Selbsterkenntnis. Auf ganz ähnliche Art inszeniert sich auch der *Welsche Gast* als die von außen kommende Stimme, die immer wieder Modi des *sîn selbes verstên* induziert.

Aus dem delphischen Aufruf *cognosce te ipsum*, wie er im *Didascalicon* Hugos von Sankt Viktor oder in Augustins *De trinitate* begegnet, ist im *Welschen Gast* die Aufforderung an das laikale, nur begrenzt literate und zudem nur begrenzt erkenntnisfähige Subjekt geworden: „Erkenne die Größe Gottes an deinem fleischlichen Körper, welcher der sinnlichen Sünde zugeneigt ist." Diese Hermeneutik des Subjektes wird sofort mit fünf äußeren und fünf inneren Eigenschaften des Körpers in Verbindung gebracht, die selbst Adiaphora sind und die zu *untugent* führen können, sofern das Subjekt sich ihrer falsch bedient und sie nicht mithilfe der Seele zu kontrollieren weiß.[173] Unter diesen ist auch die *schœne* des Leibes, welche zu *übermuot* führen kann:

> diu tûbe ein schœner vogel ist
> und ist doch senfte zaller vrist.
> hât ein man ode ein wîp
> vlætigen und schœnen lîp,

---

[172] Übers. (Kreuzer): „Wenn man aber dem Geiste sagt: Erkenne dich selbst!, so erkennt er sich eben in dem Augenblick, in dem er das Wort ‚dich selbst' versteht; er erkennt sich aus keinem anderen Grunde als deshalb, weil er sich gegenwärtig ist. Wenn er aber dieses Wort nicht versteht, dann wird er auch nicht nach diesem Gebot handeln. Das also zu tun wird ihm geboten, was er eben tut, wenn er das Gebot selbst versteht."

[173] WG Vv. 9731–9742: *beidiu man unde wîp | hânt vümf dinc in ir lîp | und vümfiu ûzem lîp; vür wâr, | diu muoz diu sêle rihten gar, | ode si bringent gôze untugent | beidiu an alter an jugent. | diu vümf man imme lîbe treit: | sterk, snelle, glust, schœne, behendekeit. | ûzem lîbe hânt vümf kraft: | adel, mâht, rîchtuom, name, hêrschaft. | swer diu zehen niht rihten kann | mit sinne, der sol niht heizen man.* – Die Reihe der *bona corporis* und *bona fortunae* führt Schneider, Textstruktur, S. 200, auf eine entsprechende Einteilung bei Boethius (*De consolatio philosophiae*) zurück. – Vgl. hierzu auch Brinker-von der Heyde, Durch Bildung zur Tugend, S. 36 f. – Vgl. dazu Bumke, Höfische Kultur, S. 420, der die „römische Moralphilosophie", näherhin Cicero in Anschlag bringt, wenn er die entsprechende Thomasîn-Stelle (WG Vv. 9731–42) diskutiert.

> die vallenz zehant in übermuot,
> des ein vihe niht entuot.
> (WG Vv. 9781–9786)

Insofern wird die Erkenntnisfähigkeit des eigenen Körpers gegen die Gefährdung dieser Erkenntnisfähigkeit durch die Schönheit dieses Körpers deutlich markiert abgesetzt. Schönheit wird als Eigenschaft des aisthetischen Körpers begriffen, die einer ethischen Sorge und einer Formung durch Tugend bedarf:

> dâ von hân ich iu geseit,
> swer niht mit bescheidenheit
> diu zehen dinc berihten kan,
> ist baz ein vihe dan ein man[.]
> (WG Vv. 9787–9790)

Der törichte Mann, *der sich niht verstên kan* (WG V. 9767 f.; vgl. V. 9775 f.), wird zum Ziel der Sorge des Textes, die Regierung seines Körpers zum Gegenstand seiner eigenen Sorge.[174] An diesen Törichten richten sich auch die Exempel-Reihen in anderen Teilen des *Welschen Gastes*, von welchen man *bilde nemen* soll und die den Appell des *cognosce te ipsum* als Negativexempel solcher Herrscher ausformen, die wohl daran getan hätten, sich selbst besser zu erkennen.[175] Über König Nabuchodonosor wird beispielsweise gesagt:

> er wart ze vihe und az daz gras
> durch übermuot, daz er nien *enwolde*
> *sich erkennen, als er solde.*
> swer niht behaltet herren reht,
> der sol billîchen sîn kneht;
> swer niht enkan man wesen,
> der sol als ein vihe genesen.

---

174 Von ‚Sorge um sich Selbst' spreche ich hier in dem von Michel Foucault entwickelten Sinne, vgl. etwa ders., Sexualität und Wahrheit 3, u. ders., Hermeneutik des Subjekts. Vgl. zusammenfassend Ruoff, Foucault-Lexikon, S. 130–132, Kap. „Ethik des Selbst".

175 Es gibt im *Welschen Gast* mehrere weitere Stellen, die das „Erkenne dich selbst" explizit aufrufen: So heißt es im Kontext einer Diskussion der ‚Macht': *wirt mehtic ein bœse man, | der sich niht erkennen kan, | der wil danne rechen gar | daz man im tet vor mangem jâr* (WG Vv. 4429–4432; Hervorhebung von mir, F. D. S.). Im Kontext biblischer Exempel (Moses, Joseph, David) wird im sechsten Teil des *Welschen Gastes* (Kapitel 1 und 2) eine Diskussion von Weisheit und Unweisheit, von Tugend und Untugend entfaltet, welche darin zusammenläuft, dass nur der Tugendhafte Tugend und nur der Weise Weisheit erkennen kann, wobei Selbsterkenntnis und Erkenntnis von Tugend gegen Verblendung durch weltliche Güter ausgespielt wird: *wie solde erkennen ein man | daz er selbe nie gewan? | er kann sîn guot und sînen gwin | ahten, daz ist sîn bester sin. | ja erkennet er sich selben niht, | der ie was ein bœsewiht. | der wænt ein biderbe man sîn, | swenner spricht ‚deist alles mîn.' | seht alsô hât im sîn guot | gemachet blint sînen muot | daz er niht erkennen kann | waz mache ein tugenthafter man* (WG 7001–7012; Hervorhebung von mir, F. D. S.]). Über denjenigen, der über das Maß der Tugend hinaus lacht, heißt es: *ich mac des wol vür wâr gejehen | daz er lachet des er weinen solde, | ob er sich erkennen wolde* (Vv. 10408–10410; Sperrung von mir, F. D. S.]).

> von rehte wart zu vihe der
> der sich geschendet het sô sêr
> *daz er sich selben nicht erkande:*
> er wânde got sîn in sînem lande.
> (WG Vv. 10772–10781; Kursivierung von mir, F. D. S.).

Nicht nur ist es die Selbsterkenntnis, welche den Menschen von den übrigen Tieren unterscheiden soll (im Sinne eines ethischen Imperativs!),[176] sondern es ist zugleich Gott selbst, an dem sich der Mensch, der sich nicht recht erkennt, vergeht, insofern er sich selbst vergöttert. Die (Negativ-)Exempla des *Welschen Gastes* bieten also nicht einfach zu vermeidende Handlungsmuster, sondern sie verlängern zudem implizit den Appell, dem Gebot der Selbsterkenntnis zu folgen. In deren Zentrum steht – als Minimalforderung für denjenigen, dem die höchste, spekulative, jedoch durch ethisches Wohlverhalten substituierbare Wissenschaft nicht gegeben ist – die Anerkenntnis Gottes und der eigenen Sündhaftigkeit.[177]

Es bleibt festzuhalten, dass der *Welsche Gast* mit seiner Entfaltung des *gnothi seautón* dessen traditionellen Skopus in geradezu mustergültiger Weise ausschreitet.[178] So-

---

[176] Auch dies teilt der *Welsche Gast* mit dem *Didascalicon* Hugos von Sankt Viktor, zu dessen Beginn es – wie oben zitiert – heißt: *Sapientia illuminat hominem ut seipsum agnoscat, qui ceteris similis fuit cum se prae ceteris factum esse non intellexit* (Didascalicon 1.1; S. 110,2–4; Übers. [Offergeld]: „Die Weisheit erleuchtet den Menschen, so daß er sich selbst erkennen kann – denn er war den übrigen Geschöpfen gleich, solange er nicht erkannte, daß er als ein ihnen überlegenes Wesen geschaffen wurde."). – Auch bei Augustinus: De trinitate X.9.13, wird die durch das *cognosce te ipsam* induzierte Selbsterkenntnis explizit gegen den Leichnam (*cadauer*) und das Vieh (*pecus*) abgehoben und so die dem Menschen eigene, ihn vom Fleisch und den Tieren unterscheidende *ratio* verwiesen. – Das ‚Vieh'-Sein ist ein Standardvorwurf gegen die fleischlich-heidnisch Gesinnten, wie er sich entsprechend etwa auch in den weiterhin diskutierten Mohammeds-Viten findet; vgl. Kap. V.3.2.1.
[177] Zum Verfahren des *bilde nemen* im Kontext einer Theorie des Exemplarischen vgl. in jüngerer Zeit Schwarzbach-Dobson, Exemplarisches Erzählen im Kontext, S. 123 f.: „Relevanz für die funktionale Einbindung der Erzählungen in Thomasins didaktischer Argumentation scheint dem Begriff des *bilde nemen* zuzukommen, den Thomasin in zahlreichen Kontexten anführt. *Bilde* kann ebenso am Verhalten leibhaftiger Vorbilder wie an den *âventiuren* der arthurischen Literatur oder an den Taten biblisch-historischer Herrscher genommen werden. [...] Der Blick in die Geschichte ermöglicht eine Selbsterkenntnis, die auf *imitatio* (bei positiven Vorbildern) oder Abgrenzung (bei negativen Vorbildern) zielt." – Ich möchte hingegen noch stärker betonen, dass in der rekurrenten Formel „*sich erkennen*" ein Selbsterkenntnisprozess *vermittels* Exempla impliziert ist, welcher in der Tradition des *scito teipsum* steht und so – über Inversion – in schriftvermittelte Welterfahrung hinein verlängert wird.
[178] Alois M. Haas hat in zwei wichtigen und materialreichen Überblicksbeiträgen zur Wirkungsgeschichte des *gnothi seautón* von der Antike bis in die christliche Theologie gearbeitet, ohne auf den *Welschen Gast* Thomasîns Bezug zu nehmen, nämlich einmal: Alois Haas: *Et descendit de caelo* γνῶθι σεαυτόν (Juvenal, Satir. XI, 27). Dauer und Wandel eines mystologischen Motivs. In: ZfdA 108,2 (1979), S. 71–95, und erneut: ders.: Christliche Aspekte des ‚gnothi seauton'. Selbsterkenntnis und Mystik. In: ZfdA 110,2 (1981), S. 71–96. Beide Artikel ergänzend und ausbeutend, nicht jedoch substantiell überschreitend zudem Hermann Tränkle: ΓΝΩΘΙ ΣΕΑΥΤΟΝ. Zu Ursprung und Deutungsgeschichte des delphischen Spruchs. In: Würzburger Jahrbücher für die Altertumswissenschaft. N.F. 11 (1985), S. 19–31.

wohl die Herleitung aus dem sokratischen *scio quod nescio*[179] als auch die Verbindung, die zwischen der Mikrokosmos-Idee, der negativen Kontrastierung der *artes* mit der Selbsterkenntnis als höchster *ars* und einer dezidierten ‚Anti-Aisthesis', gestiftet wird[180] sowie nicht zuletzt der dezidierte Bezug zur „Sündenverfasstheit des menschlichen Ich"[181] sind – in der Gesamtschau der Tradition dieses Topos – keineswegs außergewöhnlich. Außergewöhnlich indessen ist einzig die spezifische, umfassende und dichte Rekombination der Elemente und der Umstand, dass dieser – ausnehmend frühe, groß-

---

179 Haas, Christliche Aspekte, S. 71 f., leitet – mit Platon – den Appell zur Selbsterkenntnis aus dem Wissen des Nichtwissens her: „Die [...] Relation zwischen wissendem Gott und dem einzig sein Nicht-Wissen wissenden Menschen gibt für die christliche Philosophie und Mystik ein Spannungsgefälle ab, in das sich die Formel des delphischen Gottes – ‚Gnothi seauton', ‚Erkenne dich selbst' – auf schöpferische Weise integrieren läßt. Denn die sokratische Eröffnung über das Wissen des Nichtwissens stellt kein für allemal erworbenes Fazit dar [...], sondern ist fruchtbare Initiation in die ‚Suche nach dem Wissen', die so oder so den Suchenden – als Subjekt und Objekt – zentral miteinbeziehen muß, soll sie nicht in neutralem – und daher unidentifizierbarem – Wissen versanden. Von daher drängt sich das delphische ‚Erkenne dich selbst' gebieterisch als Bedingung der Möglichkeit von Wissen und Suche nach dem Wissen auf."
180 Haas, Et descendit (1979), S. 72 f., führt diesen Zusammenhang konzise aus. Anhand einer Stelle aus Handschrift C der *Theologia Deutsch* (14. Jhd.) zeigt er den Zusammenhang zwischen einer Ablehnung der *artes*, einem ‚Antiphysizismus' und der Mikrokosmos-Idee: „Aus [der] über Heil oder Unheil entscheidenden Rückwendung der Seele in sich selbst resultiert eine bemerkenswerte Frontstellung gegen die Artes (‚Künste'), insbesondere gegen die Naturwissenschaften mit ihrer Wendung in die äußere Welt. Selbsterkenntnis und die damit verbundene Demut sind schon bei Tauler als *ein kunst do alle künste inne beslossen sint* [zitiert nach: Die Predigten Taulers. Hrsg. von F. Vetter (DTM 11). Berlin 1910 (Nachdruck Frankfurt a. M. 1968), S. 75, 28 f.; F. D. S.] konzipiert worden; hier wird diese Aussage, verbunden mit einem spezifischen ‚Antiphysizismus', wie er für den christlichen Sokratismus typisch ist, wiederholt. [...] So stark der Vorbehalt gegen die Erkenntnis der Natur von diesen Voraussetzungen her sich mit dem mittelalterlichen *Nosce teipsum* auch verbunden hat, so ergab sich doch in der Folge – über die Vermittlung der Vorstellung des Menschen als eines Mikrokosmos – ein erneutes Ausgreifen in die ‚Welt' unter dem Diktat des *Nosce teipsum* durch die Insinuation, daß der Mensch als Mikrokosmos den Makrokosmos widerspiegele" (ebd., S. 72 f.).
181 Haas, Et descendit, S. 77 f., weist bspw. auf das Vorkommen des *gnothi seauton* in einer Predigt Bernhards von Clairvaux (‚De diversis') hin: „Er möchte über die ‚Wege des Lebens' handeln, die in *confessio* und *oboedientia*, spezifische Begebenheiten und Verhalten des monastischen Lebens, erblickt. Tatsächlich handelt er in dieser Predigt im Wesentlichen aber nur über die *confessio*, deren Wegcharakter er in sieben Stufen ausfaltet: *cognitio sui* [Selbsterkenntnis; F. D. S.], *poenitentia* [Reue; F. D. S.], *dolor* [Schmerz; F. D. S.], *confessio oris* [Ohrenbeichte; F. D. S.], *maceratio carnis* [Abtötung des Fleisches; F. D. S.], *correctio operis* [Besserung des Handelns; F. D. S.], *perseverantia* [Ausdauer; F. D. S.]." – An anderer Stelle leitet Haas, Christliche Aspekte, S. 73–80, die christliche Tradition des *nosce teipsum* aus der Nachwirkung Augustins her (hier besonders: De vera religione XXXIX.72.202), welche er in den „über die Selbsterkenntnis vermittelte[n] Einblick in die Sündenverfaßtheit des menschlichen Ich" (ebd., S. 79 f.) zusammenlaufen sieht. Haas konstatiert: „Kein Zweifel, daß alle die genannten Motive der augustinischen Selbsterkenntnis durchs ganze Mittelalter über bis in die werdende Neuzeit bestimmend geblieben sind" (ebd., S. 80) und führt diese Tradition bis zur Ethik des Petrus Abaelardus (vgl. ebd., S. 80).

angelegte und konsistente – volkssprachliche Beitrag zu einer Hermeneutik des (säkularen) Subjekts in der Forschung bislang keine gewichtigere Rolle gespielt hat,[182] was mit einer anhaltenden Geringschätzung seines Autors Thomasîn zu tun haben mag.

Alois M. Haas führt – mit weitem, diachronem Blick – die beiden traditionellen Verständnishorizonte des *gnothi seautón* wie folgt aus:

> Schon in der Antike [...] lassen sich zwei Intentionen des *Nosce teipsum* klar auseinanderhalten: die eine zielt auf die sterbliche, kontingente Verfaßtheit des Menschen und macht ihm seine Hinfälligkeit klar; Resultat solcher Einsichtnahme ist die σωφροσύνη.[183] Die andere – insbesondere in der neuplatonischen Umdeutung (Plotin, Proklos) – nimmt das ‚Gnothi seauton' zum Anlaß einer umfassenden Askese, in deren Absicht die Hinführung der Vernunft zur Erkenntnis ihrer eigenen Göttlichkeit steht, da die Seele ‚in ihrem innersten Kerne eben Gott ist'. Die erste Fassung der Selbsterkenntnis wird christlich verschärft zur schmerzlichen Erkenntnis der Sündenverfaßtheit des menschlichen Ich, die zweite Auffassung wird notwendigerweise geschwächt zur Konzeption eines ‚Gott-ähnlich Werdens der Seele', der *capacitas Dei*.[184]

Demgegenüber bietet der *Welsche Gast* – wie in so vielem[185] – eine synthetische dritte Position an. Weder findet sich hier die radikale, von Haas „mystologische" genannte Dimension, in der „der Mensch [...] in seiner Selbsterkenntnis nichts anderes als die ihm innerliche, ‚himmlische' Imprägnierung [ratifiziert]",[186] noch gibt es eine radikal asketisch-stoizistische Wendung. Stattdessen wird eine praxeologisch anmutende Ethik modelliert, die auf ein säkulares, begrenzt erkenntnisfähiges Subjekt ausgerichtet ist, welches sich als Effekt von externer Menschenführung und interner Gewissenserforschung konstituiert, hierbei jedoch nicht der göttlichen *sapientia* in sich selbst nachspürt, sondern – im Angesicht seines unausweichlichen Sündigseins in der Welt – gut handeln und sich selbst gut regieren soll.

Damit steht der *Welsche Gast* einerseits frühen Reflexen der Rezeption des *gnothi seautón* nahe, welches zu Beginn durchaus noch die pragmatisch-ethische Di-

---

[182] Auch neuere Beiträge übersehen m. E. den Zusammenhang zur Tradition der Selbsterkenntnis. Vgl. z. B. jüngst Schanze, Tugendlehre und Wissenslehre, bes. S. 213–244.
[183] ‚Sophrosyne' bedeutet ‚Mäßigung', ‚Beherrschung' bzw. ‚Besonnenheit'.
[184] Haas, Christliche Aspekte, S. 81.
[185] Schneider, Textstruktur, S. 200, stellt bspw. fest, dass der *Welsche Gast* traditionelle Einteilungen und Systematiken immer wieder (re-)kombiniert und mischt. Vgl. dazu auch Schanze, Tugendlehre und Wissenslehre, S. 97–105. Bereits Christoph Cormeau: Art. Thomasin von Zerklaere. In: ²VL 9 (1995), Sp. 896–902, dort Sp. 900, schreibt über Thomasîn: „Er greift Gedanken und Begriffssysteme der zeitgenössischen Wissenschaft auf, aber er schreibt eine didaktische Summe für Laien; sein Interesse ist vortheoretisch, auf Beeinflussung der Praxis, nicht auf Vollständigkeit systematischer Unterscheidungen ausgerichtet. So sind traditionelle Begriffsreihen (Kardinaltugenden, Glücksgüter usw.) erkennbar [...], ihre Systematik ist aber der praktischen Lehre untergeordnet. Übersetzung und Umschreibung der lat. Fachbegriffe zielen nicht auf terminologische Schärfe [...]; so entstehen Bedeutungsverschiebungen zwischen verschiedenen Begriffsreihen."
[186] Haas, Et descendit, S. 72.

mension richtigen Alltagsverhaltens avisiert hatte,[187] bevor in der Verarbeitung durch Macrobius' Kommentar zu Ciceros *Somnium Scipionis* eine neuplatonische Reinterpretation Einzug gehalten hat, „nach der die höchste Seligkeit der Seele darin besteht, sich ihres Ursprungs und ihrer Herkunft zu vergewissern".[188] Zwar ist auch die Aufnahme dieser platonisierenden Selbsterkenntnis der Seele durch Augustinus, welchem Haas „schlechterdings grundlegende[n] Rang"[189] zuspricht, in den bereits diskutierten Traktat *De vera religione* als „Vorgang der Verinnerlichung" auf „Transzendierung" angelegt und die Selbsterkenntnis des Menschen „unverbrüchlich kombiniert mit der Gotteserkenntnis",[190] jedoch entwickelt der Traktat hier andererseits ein skaliertes Modell der Erkenntnis und – daran geknüpft – ein skaliertes Modell des Christseins. Haas weist auf „[d]ie bekannte Stelle aus ‚De vera religione'"[191] hin: *Noli foras ire, in te ipsum redi; in interiore homine habitat veritas, et si tuam naturam mutabilem inveneris, transcende et te ipsum* (Augustinus: De vera religione XXXIX.72.202; Übers. [Thimme]: „Geh nicht nach draußen, kehr wieder ein bei dir selbst! Im inneren Menschen wohnt die Wahrheit. Und wenn du deine Natur noch wandelbar findest, so schreite über dich selbst hinaus!"). Haas konstatiert, dass diese Selbsterkenntnis „nicht denkbar ohne Einschränkung des Forschungsdrangs, soweit er sich auf die Welt im physikalisch-geographischen Sinne erstreckt".[192] Diese „erkenntniskritische Haltung" benennt er als „Antiphysizismus",[193] mit welchem die Einkehr in sich selbst erkauft sei. Wenn es dann heißt: „Selbsterkenntnis ist nicht denkbar ohne Gotteserkenntnis",[194] dann ist Bumkes Umsetzung dieser Formulierung in seiner Blutstropfen-Monographie bereits herauszuhören.[195] Als historisches Urteil hält Haas fest:

> Der Prestigegewinn der menschlichen Person ist ungeheuerlich: Ihr und ihrer Selbsterkenntnis wird die ganze Schwere der Transzendenz überbunden: Das menschliche Ich richtig zu erkennen, heißt nichts anderes als den Ursprung dieses Ichs als dessen bleibenden und lebenspendenden

---

[187] Ebd., S. 75: „Hier [in einer Satire Juvenals; F. D. S.] heißt das *Nosce teipsum* nichts anderes als ‚Miß deine Fähigkeiten (im finanziellen, ökonomischen Sinn)!'". – Ruedi Imbach: Selbsterkenntnis und Dialog: Aspekte des philosophischen Denkens im 12. Jahrhundert. In: Aspekte des 12. Jahrhunderts. Freisinger Kolloquium 1998. Hrsg. von Wolfgang Haubrichs, Eckart C. Lutz, Gisela Vollmann-Profe. (Wolfram-Studien 16 [2000]), S. 11–28, zeigt materialreich die vielgestaltigen Interpretierbarkeit des *gnothi seautón* und weist unter anderem auf die Aufnahme bei Bernhard von Clairvaux (Predigt 36) hin, in welcher sich offenbar gleichfalls eine Wendung in praktische Ethik findet, insofern Bernhard „für ein Erkennen, das dem Handeln dient", plädiere (ebd., S. 21). Die Apostel, heißt es in dieser Predigt, hätten ihn nicht gelehrt, Platon oder Aristoteles zu lesen, sondern gut zu leben (vgl. ebd.). Inwiefern hier eine weitergehende (diskursive) Nähe zum *Welschen Gast* besteht, bliebe zu prüfen.
[188] Haas, Et descendit, S. 76.
[189] Haas, Christliche Aspekte, S. 73.
[190] Ebd., S. 74.
[191] Ebd., S. 73.
[192] Ebd., S. 74.
[193] Ebd.
[194] Ebd., S. 76.
[195] Vgl. hierzu die Einleitung zu Kap. V.2, S. 494–497.

Grund, d. h. als Gott, erkennen. Dieses unvordenkliche Einbefaßtsein des Sich-selber-Denkenden in die sein Erkennen, Sein und Wollen begründend tragende Transzendenz Gottes nenne ich eine mystische Konzeption des *Nosce teipsum*.[196]

Wenn Haas weiterhin konstatiert, „daß alle die genannten Motive der augustinischen Selbsterkenntnis durchs ganze Mittelalter über bis in die werdende Neuzeit bestimmend bleiben werden",[197] dann ist dem angesichts des allenthalben greifbaren Einflusses Augustins zwar einerseits sicherlich zuzustimmen, andererseits – mit Blick auf den *Welschen Gast* – gleichfalls zu konstatieren, dass die Vorstellung von der erkennenden, von Gott herstammenden, dem Menschen innewohnenden *sapientia* (und die implizite Selbstvergöttlichung) in der volkssprachlichen Ethik höchstens am Rande eine Rolle spielt. Ist die – im Wortlaut vorfindliche – Aufforderung zur Selbsterkenntnis im *Welschen Gast* zwar identifizierbar, so fehlt ihr die „mystische Konzeption" (Haas), die für ihre christliche Rezeption im Rahmen erkenntnistheoretischer Erwägungen der Theologie so entscheidend sind. Es ist diese ‚mystische' Dimension der Selbsterkenntnis, welche in Augustins *De vera religione* die *scientes* – als absolute Zielvorstellung einer idealen christlichen Existenz, die durch Einsicht erreicht wird – von den *credentes*, den bloß durch *auctoritas* glaubenden Christen, trennt. Auf diese letzteren aber zielen der *Welsche Gast* und, wie im Folgenden argumentiert werden soll, auch der *Parzival* ab.

V.2.3 Fazit und Ausblick: *ich bin ein man der sünde hât* (Pz 456,30) – Selbsterkenntnis als Fleischesmensch

Wie zu zeigen versucht worden ist, lenkt der *Welsche Gast* sinnliche Wahrnehmung und Erkenntnis auf eine Selbsterkenntnis des Subjektes *als* Geschöpf und *als* gnadenbedürftig um. Die Erkenntnis der Transzendenz wird dabei zurückgestellt und durch das Bekenntnis sowie eine praxeologisch ausgerichtete Ethik substituiert. Schon bei Augustinus ist implizit die Existenzform der *credentes* angelegt, wenn beispielsweise in den *De trinitate XV libri* der Vorzug einer Minimalerkenntnis des Selbst *als ein Beschränktes* artikuliert ist, das sich vor der Verirrung in all jenen weitschweifenden Wissenschaften hütet, die zwar die Dinge durchgründen, nicht aber zu Gott führen, sofern sie von ihm nicht seinen Ausgangspunkt nehmen. In *De trinitate* geschieht dies – wie auch im *Welschen Gast* – im Rekurs auf die spezifische Kombination des „Ich weiß, dass ich nichts weiß" einerseits mit dem *gnothi seautón* andererseits, wodurch Selbsterkenntnis auf eine Selbstbeschränkung und in den Vorgang des Gottsuchens umgelenkt wird:

> Scientiam terrestrium caelestiumque rerum magni aestimare solet genus humanum. In quo profecto meliores sunt qui huic scientiae praeponunt *nosse semetipsos*, laudabiliorque est *animus*

---

[196] Haas, Christliche Aspekte, S. 76.
[197] Ebd., S. 80.

cui nota est uel infirmitas sua quam qui ea non respecta uias siderum scrutatur etiam cogniturus aut qui iam cognitas tenet ignorans ipse qua ingrediatur ad salutem ac firmitatem suam.
(Augustinus: De trinitate IV.1.1)[198]

Es ist dieser Ansatz, welcher sinngemäß im *Welschen Gast* realisiert wird, der jedoch eine dezidiert andere Konsequenz zieht als Augustins *De trinitate*. Wenn der *Welsche Gast* die Reihe der *artes* und eine weitläufige Kognitionstheorie erst entfaltet, um sie dann als unwissbar und auch von den Weisen nicht restlos durchdrungen zurückzuweisen, so tut er nichts anderes, als mit ostentativ begrenzten Wissensbeständen eine Folie zu produzieren, auf der sowohl Wissen erworben werden als auch Nichtwissen einsichtig gemacht werden kann. Das Subjekt des *Welschen Gastes*, das sich über den Text einerseits Rudimente höherer Bildung aneignen kann, wird andererseits auf das Wissen um sein Nichtwissen zurückverwiesen, von dem aus es sich dem sicher glaubbaren, dem dreifaltigen, allmächtigen Schöpfer zuwenden kann.

Doch während der *Welsche Gast* eine praxeologische Ethik anschließt, gründet *De trinitate* auf die Anerkenntnis der eigenen Erkenntnisschwäche wiederum die Möglichkeit einer geführten, stufenweise weitergeleiteten, gnadenhaften Erkenntnis, sodass es schließlich über das in seiner geistigen Krankheit und Schwäche vom Heiligen Geist erweckte Subjekt heißen kann: *hunc ita egentem ac dolentem* scientia *non* inflat *quia* caritas aedificat [= I Cor 8,1] (De trinitate IV.1.1; Übers. [Schmaus]: „Wer so handelt und bereut, den bläht das Wissen nicht auf, weil ihn die Liebe erbaut."). Dies tritt als Möglichkeit im *Welschen Gast* aber nicht in den Blick und auch Parzivals ‚Selbsterkenntnis' ist nicht – wie Bumke es suggeriert hat – auf diese höhere Gotteserkenntnis ausgerichtet, sondern allein auf eine Gottes*anerkenntnis* und eine Selbsterkenntnis als sündhafte Kreatur.[199]

Das christliche Subjekt darf nicht in jene Falle gehen, die etwa der Prolog des *Anegenge* entwirft, wenn er das belehrende Ich dieses Textes auf die Gefahr hinweisen lässt, welche zu hohe Spekulation, zu tiefe Versenkung in die Geheimnisse Gottes (*diu gotes tougen*) oder der Trinität (*sich versenchen dar în, / wie die drî namen sîn*) für die *tumben* Laien bereithält und die Lehrenden in Haft für deren Seelenheil nimmt:

---

198 Kursivierung im lat. Text und in der Übers. von mir; F. D. S. – Übers. (Schmaus): „Vor dem Wissen um die irdischen und himmlischen Dinge pflegen die Menschen eine große Achtung zu haben. Dabei sind wahrlich diejenigen besser, die diesem Wissen das *Wissen um sich selbst* vorziehen, und *preiswürdiger ist ein Geist, dem die eigene Unkraft bekannt ist*, als einer, der, von ihr nichts wissend, die Bahnen der Gestirne durchschreitet, um sie kennenzulernen oder um das schon erworbene Wissen zu sichern, und dabei die Wege nicht kennt, die er beschreiten muß, um zu Heil und Kraft zu kommen."
199 Zu diesem Schluss ist auf anderem Wege – nämlich über eine Theorie zur Bedeutung des Grals bei Wolfram von Eschenbach aus dem Hintergrund der Alexander-Tradition – auch schon Friedrich Ranke: Zur Symbolik des Grals bei Wolfram von Eschenbach. In: Wolfram von Eschenbach. Hrsg. von Heinz Rupp. Darmstadt 1966 (Wege der Forschung 57), S. 38–48 (zuerst veröffentlicht in: Trivium 4 [1946], S. 20–30], hier S. 42–47, gekommen, der „Erkenntnis der Sündhaftigkeit" (ebd., S. 47) als Umschlagspunkt für Parzival annimmt.

> swer einen brunnen wolde graben,
> daz er ze gelten muose haben,
> swaz dar inne ertrunche.
> alle die nû dunche,
> daz ich ze tiefe welle graben,
> die wil ich gerne von dem schaden
> leiten hin dannen baz;
> ich râte ouch den tumben daz,
> daz sie sich des gelouben
> und in diu gotes tougen
> sô tiefe niht gedenchen,
> daz sie sich selben iht ertrenchen.
> ich will des geltes ledich sîn
> an allen den, die dar în
> ir gedanche gevellen( ),
> die daz ervorschen wellen( ),
> wâ got vor des genas,
> dô der entwederz was
> himel noch erde noch das lieht:[200]
> solche gedanche sint enwieht!
> und die sich versenchen( ) dar în,
> wie die drî namen sîn
> [...],
> swer nach solchem sinne,
> tiefe wil gedenchen,
> der mac sich selben wol ertrenchen!
> (Das Anegenge, Vv. 45–88)[201]

Der Effekt eines oberflächlichen Verständnisses von subtilen theologischen Problemen, wie sie der Engelssturz und die Entstehung von Gut und Böse darstellen, die in Herzeloydes Unterweisung alludiert sind (*sîn muoter underschiet im gar | daz vinster unt daz lieht gevar*; Pz 119,29 f.), wird entsprechend an der Parzival-Figur durchgeführt.[202] Deren Verständnis subtiler Gotteslehren von *liehtem sin* („Gott ist Schönheit",

---

200 Mit der Frage nach dem Zustand vor dem Einsetzen einer Immanenz und der hieran gebundenen Körper- und Zeitlichkeit sowie der prinzipiellen Undenkbarkeit dieser, dem fleischlich verhafteten Denken fremden Seinsform beschäftigen sich die Theologen immer wieder, so etwa in *De civitate Dei* Augustinus oder Johannes Scotus Eriugena in seinem *Periphyseon* (vgl. hierzu Kap. IV.1.3).
201 Zitiert nach: Das Anegenge. Hrsg. von Dietrich Neuschäfer. München 1969 (Altdeutsche Texte in kritischen Ausgaben 1).
202 Die beiden Verse deuten in dem als Reimwort exponierten *gar* m. E. auf eine umfassende Auslegung der Scheidung von ‚Licht und Finsternis' hin, wie sie hier beispielhaft in Kap. III.3.1.2, S. 176, erarbeitet worden ist. Die theologische Tradition hierzu ist eine, die sich stark vom Literalsinn der Entstehung von Licht und Finsternis löst und dabei zugleich Subtilitäten produziert, die dem sinnlich geprägten Denken zuwiderlaufen, an welches sich die Genesis-Erzählung in ihrer simplen raumzeitlichen Symbolisierung von Dingen, die jenseits von Raum und Zeit geschehen sind, richtet.

„Gott ist Licht") ist gänzlich von der Immanenz überformt und führt zu entsprechenden Fehlleistungen.[203]

Während das *cognosce te ipsum* bei Augustinus und Hugo ins Innere gerichtet ist und gleichsam den Geist (die *mens*) aktivieren soll, um ihn in die Lage zu versetzen, sich von allem Körperlichen freizumachen, richten sich der Appell des *Welschen Gastes* und der Erkenntnisweg Parzivals, der lernt, dass er auf seinem Weg *sîn selbes* begegnet ist, an das Äußere, an den Körper selbst, welcher zu allererst eingehegt werden muss. Wo die eine Ausrichtung (Augustin, Hugo von St. Viktor) einen ‚ungeheuren Prestigegewinn der menschlichen Person'[204] erzeugt, welche über ihre *mens* implizit geradezu deifiziert wird, produziert die andere (Thomasîn, Wolfram, Rudolf von Ems) einen Ansatz, in welchem das Leben im Fleisch (*secundum corpus uiuere*; Augustinus: De trinitate XIV.12.16) und in der Welt (etwa im Falle Parzivals) sowie die Erkenntnis dieses Fleisches und dieser Weltlichkeit selbst zum Modus eines gelungenen Lebensmodells werden dürfen.

Wenn im Folgenden der nicht ungefährliche Versuch unternommen werden soll, Parzivals Bekenntnis seiner Sünden und seines Gottesglaubens ähnlich aufzufassen wie die christliche Minimalerkenntnis, die der *Welsche Gast* entwirft und die bei Augustinus im Gegensatz von *scientes* und *credentes* vorgeprägt ist, so ergeben sich – über die wenigen offenbaren Bezugspunkte, wie sie oben angedeutet worden sind, hinaus – Fragen an den *Parzival*:

Während es – wie oben gesehen – schon vom Wortlaut des *Welschen Gast*es her problemlos möglich ist, ihn an die Tradition des christlichen *cognosce te ipsum* anzubinden, stellt sich für den *Parzival* die Frage, ob sich – über eine Verbindung zu einer allgemeinen ‚Erkenntnis'-Thematik hinaus – der Appell ‚Erkenne dich selbst' oder ‚Erkenne dein Selbst'[205] und seine Implikationen in ihm finden lassen. Joachim Bumke hat den Parzival mit dem Beginn des *Didascalicon* Hugos von Sankt Viktor in Verbindung gebracht und ich habe diese Perspektive in den *Welschen Gast* hinein verlängert, um zu zeigen, dass die (mangelhafte) Erkenntnisfähigkeit der *aisthesis* und die Bedeu-

---

203 Das Verkennen der Ritter im Wald wird explizit an diese Lehre Herzeloydes zurückgebunden: *der knappe wânde, swaz er sprach, | ez wære got, als im verjach | frou Herzeloyde diu künegîn, | do sim underschiet den liehten sin* (Pz 122,21–24).
204 Vgl. Haas, Christliche Aspekte, S. 76.
205 Mit Ivan Illich: Im Weinberg des Textes. Als das Schriftbild der Moderne entstand. 2. Aufl. München 2014 (original als: L'Ere du livre. Paris/Cuernavaca 1990), S. 27, welcher den Beginn von Hugos von Sankt Viktor *Didascalicon* diskutiert, ist zu fragen, welche semantische Dimension das *gnothi seautón* im Kontext des *Welschen Gastes* und des *Parzival* jeweils annimmt: „Die Tatsache allein, daß ein autoritativer Schlüsselsatz ein Jahrtausend oder länger immer wieder in unveränderter Form zitiert wird, ist jedoch keineswegs eine Garantie dafür, daß auch seine Bedeutung unverändert geblieben ist. Deshalb bin ich versucht, Hugos *seipsum* mit ‚dein Selbst' und nicht mit ‚dich selbst' zu übersetzen. | Das, was wir heute meinen, wenn wir in einem normalen Gespräch von ‚Selbst' oder von ‚Individuum' reden, ist eine der großen Entdeckungen des 12. Jahrhunderts." – Für den Hinweis auf diesen perspektivenreichen Text danke ich sehr Michael Schwarzbach-Dobson.

tung der *auctoritas* für eine Minimalerkenntnis in beiden Texten – bei allem Abstand derselben zueinander – ganz ähnlich modelliert sind. Diese *auctoritas*-basierte Minimalerkenntnis besetzt bereits in *De vera religione* eine – wenn auch randständige – Systemstelle. Es bleibt zu prüfen, ob der *Parzival* weitergehende Anhaltspunkte bietet, die ihn mit dem Diskurs von der Selbsterkenntnis verbinden.

Schon in Hinblick auf die Karfreitagserkenntnis – *ich bin ein man, der sünde hât* (Pz 456,30)[206] – zeigen sich Unähnlichkeiten zur ‚aisthetischen' Selbsterkenntnis, wie sie im *Welschen Gast* durchgeführt ist. Wenn Selbsterkenntnis auch mit der Erkenntnis des eigenen Fleisches zu tun hat, dann wäre zu fragen, warum Parzivals Körper, der doch so insistent als der schönste des Textes inszeniert wird, keine Rolle in dieser Selbsterkenntnis spielt, die zunächst ja doch eher ein Gottesbekenntnis und ein Schuldanerkenntnis ist; nicht zuletzt waren die Wahrnehmung körperlicher Schönheit und die ‚ästhetische' Erkenntnisfähigkeit des schönen Körpers ja der Ausgangspunkt der vorliegenden Betrachtungen. Insofern an den Aufruf des *gnothi seautón* eine Technik der Selbstprüfung und Gewissensführung geknüpft ist, bleibt zu eruieren, inwiefern diese Thematik sich auch in der Parzival-Figur reflektiert findet; dass sie von dem sich selbst als Sünder bezichtigenden, bekehrten Gotteshasser nicht zu trennen ist, ist dabei bereits zu erkennen. Zudem muss gefragt werden, warum – wenn der Karfreitagsmoment Parzivals Selbsterkenntnis sein soll – es noch fünf Jahre dauert, bis Cundrîe ihn findet und das Los des Grals auf ihn gefallen ist. Es ist zu diskutieren, wie der weitere Weg Parzivals bis zur Gralsberufung verstanden werden kann.

Im Folgenden soll vorgeschlagen werden, dass die Selbsterkenntnis Parzivals als Erkenntnis des Anderen an sich selbst modelliert ist, wobei das Andere in ein Homologieverhältnis mit dem Fleischlichen, dem Weiblichen, dem Schönen und dem Heidnischen tritt. Die Figur, in der diese Selbsterkenntnis ein letztes Mal an Parzival herantritt, bevor Cundrîe auftaucht und Parzival zum Gral ruft, ist dabei das verkörperte heidnische Andere, das in Gestalt seines elsternfarbenen *alter ego* Feirefiz zu ihm sagt:

mit dir selben hâstu hie gestritn.[207]
gein mir selbn ich kom ûf strît geritn,
mich selben het ich gern erslagn:

---

[206] Die Sünde wäre dann weniger im Sinne der in der Forschung vielfach diskutierten spezifischen Sünde Parzivals zu verstehen, als vielmehr in der allgemeinen Sündhaftigkeit des christlichen Subjektes, die etwa der *Welsche Gast* formuliert: WG Vv. 4876–4878: *ez enmac niemen geleben / in dirre werlt sô gar ân sunde, / ern sünde zetelîcher stunde.* – Vgl. analog etwa auch Augustinus: Confessiones I.7.12, wo die allgemeine Sündhaftigkeit eines jeden Kindes im Mutterschoß thematisiert ist.

[207] Bumke, Blutstropfen, S. 97 f., weist auf diese Stelle unter dem Gesichtspunkt der „Identitätsproblematik" hin.

done kundestu des niht verzagn,
dune wertest mir mîn selbes lîp.
(Pz 752,15–19)

Hiermit – so die These – schließt sich der Bogen, der mit dem Appell des grauen Ritters eröffnet worden ist, welcher den an Karfreitag voll gerüstet Einherreitenden ermahnt: *ob ir niht ein heiden sît, / sô denket, hêrre, an dise zît* (Pz 448,19 f.). Das ('sarazenische') Heidentum Feirefiz' und das potentielle Heidentum des gottfernen Parzival erscheinen damit als zwei Seiten derselben Medaille.

Die Forschung hat das Einssein, das in der Figurenrede des Feirefiz eingespielt wird, vielfach aufgegriffen und auf weitere Stellen des *Parzival*, in denen ‚Einssein' thematisch wird, bezogen. Dabei hat in der Regel der Aspekt der Verwandtschaft im Zentrum des Interesses gestanden.[208] Beate Kellner hat es im Sinne einer „universalen Genealogie" gedeutet, in der „jeder Heide mit jedem Christen verwandt ist."[209] Diese führt sie mit den Lehren Trevrizents auf den Brudermord zwischen Kain und Abel zurück (Pz 464,16–22)[210], welchen sie zum einen auf den vollzogenen Verwandtenmord an Ither, die Verwandtenkämpfe gegen Vergulaht und Gawan und schließlich gegen Feirefiz bezieht.[211] Bei Kellner geht dies mit der These einher, dass es auf diese Art im Text „Verschränkungen zwischen Christlichem, Heidnischem und Höfischem" gebe, die als „Hybride" bezeichnet werden müssten,[212] insofern es „zu Überblendungen

---

208 So in jüngerer Zeit bspw. Bent Gebert: Poetik der Tugend. Zur Semantik und Anthropologie des Habitus in höfischer Epik. In: Text und Normativität im deutschen Mittelalter. XX. Anglo-German Colloquium. Hrsg. von Elke Brüggen, Franz-Josef Holznagel et al. Berlin et al. 2012, S. 143–168, hier S. 159: „Insbesondere Freundschafts- und Verwandtenkämpfe wie [...] Parzivals Kampf mit Feirefiz zielen nicht auf die Überwindung oder gar Ausschaltung von Gegnern, sondern werden auf den Erweis von Vorbildlichkeit im Kontext von Freundschaft und Genealogie hin erzählt." – Schon Nellmann, Kommentar, S. 685, versteht Trevrizents Aussage, Parzival habe in Ither sein *eigen verch* (Pz 475,21) erschlagen, dahingehend, dass „Blutsverwandtschaft [...] bei Wolfram gern als Identität ausgedrückt [wird]. Die Verwandtschaft mit Ither ist allerdings recht weitläufig [...]. Bedenkenswert ist Mohrs Ansicht, die Verwandtschaft – die Wolfram gegen Chrétien neu eingeführt hat – sei hier in erster Linie symbolisch zu verstehen: als ‚Sinnbild der Brüderlichkeit der Menschen untereinander. (...). An dieser Brüderlichkeit ist Parzival schuldig geworden. Er hat, ohne es zu wollen, die Schuld begangen, die Kains Brudermord in die Welt gebracht hat' (Mohr 1951/52, S. 25*)". Der Verweis bezieht sich auf: Wolfgang Mohr: Parzivals ritterliche Schuld. In: Wirkendes Wort 2 (1951/52), S. 148–160, bei Nellmann zitiert nach dem Wiederabdruck in: Wolfgang Mohr: *Wolfram von Eschenbach*. Aufsätze von Wolfgang Mohr. Göppingen 1979 (Göppinger Arbeiten zur Germanistik 275), S. 14–36.
209 Beate Kellner: Wahrnehmung und Deutung des Heidnischen in Wolframs von Eschenbach ‚Parzival'. In: Wechselseitige Wahrnehmung der Religionen im Spätmittelalter und in der Frühen Neuzeit. 1: Konzeptionelle Grundfragen und Fallstudien (Helden, Barbaren, Juden). Hrsg. von Ludger Grenzmann. Göttingen 2009, S. 23–50, hier S. 40.
210 Vgl. ebd., S. 38 f.
211 Vgl. ebd., S. 40.
212 Ebd., S. 27.

des Christlichen und Heidnischen [komme], die nicht mehr in einer Dichotomie von ‚christlich' und ‚heidnisch' oder in einer Semantik von ‚gut' und ‚böse' auflösbar sind."[213]

Hier soll das Gegenteil erprobt werden: Zwar gibt es im *Parzival* und in anderen Texten fraglos eine wechselseitige Annäherung der Kategorien, welche zu einer Art von ‚Hybridisierung' führt, diese Überblendungen sind jedoch keineswegs als Überwindung der Kategorien zu verstehen, die in das hoch problematische Schlagwort der Wolfram'schen ‚Toleranz'[214] gefasst worden ist, sondern sie sind tatsächlich

---

213 Ebd. – Dieser Satz Kellners hat es auch in ein geschichtswissenschaftliches Überblickswerk geschafft, nämlich bei Hans-Werner Goetz: Die Wahrnehmung anderer Religionen und christlich-abendländisches Selbstverständnis im frühen und hohen Mittelalter (5.–12. Jahrhundert). Bd. 1. Berlin 2013, S. 202.
214 Man hat diese Toleranz stets an der Rede der Gyburc im *Willehalm* begründet. Rüdiger Schnell: Die Christen und die ‚Anderen'. Mittelalterliche Positionen und germanistische Perspektiven. In: Die Begegnung des Westens mit dem Osten. Kongreßakten des 4. Symposions des Mediävistenverbandes in Köln aus Anlaß des 1000. Todesjahres der Kaiserin Theophanu. Hrsg. von Odilo Engels, Peter Schreiner. Sigmaringen 1993, S. 185–202, hier S. 192, hat das „Etikett ‚Gyburgs Toleranzrede'" zurecht als „irreführend" bezeichnet. Über „Parallelen aus Kanonistik, Historiographie, Traktaten und Briefliteratur" (ebd., S. 202) zeigt Schnell, dass „Gyburgs Vorstellungen von der gemeinsamen Gottesgeschöpflichkeit von Heiden und Christen und das daraus folgende Schonungsgebot tatsächlich so singulär in der mittelalterlichen Literatur nicht sind" (ebd., S. 200). Gleichwohl kommt er zu dem Schluss, dass – hier selbstverständlich mit Bezug auf den Wolfram'schen *Willehalm* – das Besondere der Darstellung durch Wolfram darin liege, „eine theologische Position in ein bewegendes Drama menschlichen Leids" umzusetzen, „das an sich schon das Gefühl des Erbarmens provoziert. Gerade durch das Entwerfen von Schmerz und Trauer einer Frau zwischen Orient und Okzident vermag der Dichter einen Prozeß des Nachdenkens in Gang zu setzen. [...] Wolframs eindringliche Gestaltung eines gigantischen Ringens zwischen Christen und Nichtchristen auf dem Schlachtfeld macht nachdenklich, und damit wäre in einer Welt der Gedankenlosigkeit schon viel für das Verständnis zwischen Christen und Nichtchristen gewonnen" (ebd.). Dieses ‚Nachdenken' bleibt bei Schnell so letztlich ein Nachdenken über die ‚Nichtchristen', ein Reflexionsprozess, der auf die Erkenntnis des Anderen zielt. – Ganz besondere Blüten schlägt die (implizite) Toleranz-Idee bei Fritz Peter Knapp: *leien munt nie baz gesprach*. Zur angeblichen Buchgelehrsamkeit und zum Islambild Wolframs von Eschenbach. In: ZfdA 138 (2009), S. 173–184, der die Frage nach der ‚Buchgelehrsamkeit' des Verfassers Wolfram mit einem bedenklichen Bildungsoptimismus vom Tisch zu wischen bereit ist, da diese „sich zu allererst im Islambild Wolframs erkennen lassen [müsste]. Der Dichter hat offenbar in seinem ganzen Schaffen mit der Frage der Konfrontation der beiden Religionen, des Christentums und des Islams, gerungen. Die Erkenntnis der tatsächlichen Gemeinsamkeiten und Differenzen hätte sein ganzes Weltbild verändern müssen." Demgegenüber vgl. etwa den Appell zur Besonnenheit von Joachim Heinzle: Die Heiden als Kinder Gottes. Notiz zum ‚Willehalm'. In: ZfdA 123,3 (1994), S. 301–308. – Noch Barbara Sabel: Toleranzdenken in mittelhochdeutscher Literatur. Wiesbaden 2003 (Imagines Medii Aevi 14), stellt Wolfram von Eschenbach direkt neben John Locke und Voltaire, weil er „dem intoleranten Schwarz-Weiß-Denken der Zeitgenossen ein tolerantes Modell gegenüber" stelle (vgl. ebd., „Zusammenfassung und Schlußwort", S. 323); und Kreft, Perspektivenwechsel, S. 131, spricht ganz selbstverständlich für Wolfram von der „menschlichen Gleichwertigkeit von Heiden und Christen jenseits der Glaubensdifferenz". – Es soll hier also im Folgenden nicht um Wolframs ‚Toleranz' gehen, sondern vielmehr um die Frage, wie die Illusion von Toleranz entsteht.

vielmehr eine systemimmanente Funktion, welche bis in patristische Konstrukte des christlichen Glaubens zurückverfolgt werden kann. Die Interferenzen des Eigenen und des Anderen im christlichen Subjekt und im christlichen Kollektiv selbst sind Gegenstand des nachfolgenden, systematisierenden Exkurses (Kap. V.3), bevor in Kap. V.4 die Parzival-Figur als Trägerin verschiedener Formen des ‚Anderen' und der Kampf zwischen Parzival und Feirefiz als Parzivals Erkenntnis des heidnischen Selbstanteils analysiert werden und bevor anschließend – in Kap. VI – der Bereich der Schrift, der *ars* und der Dichtung selbst im Kontext von Fleischlichkeit und ‚Heidentum' betrachtet werden soll.

V.3 Exkurs: Das heidnische Fleisch und die fleischliche Häresie: Superpositionen des Eigenen und des Anderen als Subjektivierungs- und Kollektivierungsform

> ... *autrui me regarde et, comme tel, il détient le secret de mon être, il sait ce que je suis* ...
> (Sartre: *L'être et le néant*, S. 403)

Weil der christliche Diskurs von der Weltexistenz, vom sogenannten ‚fleischlichen' oder ‚körperlichen' Leben, massiv mit einem Diskurs vom ‚Heidnischen' umstellt ist,[215] sollen hier in Form eines ausführlichen Exkurses zunächst Funktionen des polymorphen Begriffs des ‚Heidnischen' aufgearbeitet werden. Hierdurch sollen die vielfältigen diskursiven Vernetzungen gezeigt werden, die zwischen dem christlichen Subjekt und dem ‚heidnischen' Anderen entstehen, in welchem das ‚Schöne', das ‚Fleischliche' und das ‚Heidnische' in ein Homologieverhältnis treten. Unter den Begriffen der *gentiles*, der *pagani* und der *heiden* versammelt sich ein vielgestaltiges Sprechen vom ‚Anderen', das zunächst disparat und heterogen erscheinen mag. Es soll hier im Folgenden jedoch demonstriert werden, dass die verschiedenen Ebenen, die zunächst voneinander unabhängig und unverbunden erscheinen, konstant überblendet werden. Gerade die fehlende systematische Trennschärfe der Bezeichnungen *heide*, *paganus* oder *gentilis*, in denen ethische (‚Sünder') und ethnische (‚*saracenus*') Dimensionen überblendbar werden, macht ihre besondere diskursive Produktivität aus und trägt zu ihrer Leistung im Rahmen christlicher Subjektivierung und Kollektivierung bei.

Bevor im abschließenden Teilkapitel V.4 gezeigt werden soll, wie im *Parzival* Wolframs von Eschenbach die verschiedensten Ebenen ‚des' Diskurses vom Heidnischen überblendet werden und mit der Schönheit des Körpers zu interferieren beginnen, sollen diese verschiedenen Ebenen hier zunächst anhand exemplarischer Analysen entwickelt werden. Dabei wird argumentiert, dass der Begriff des ‚Heidnischen' zunächst eine auf

---

215 Diese Verschränkung ist etwa durch den bereits mehrfach thematisierten Römerbrief-Vers Rm 1,25 autoritativ vorgeprägt, wo es heißt, dass die Heiden das Geschöpf vor dem Schöpfer verehren. Vgl. hierzu bereits ausführlich im Kontext von Augustins *De vera religione* Kap. V.1.3.

das christliche Subjekt und weiterhin auf das christliche Kollektiv gerichtete Implikation hat, mithin also sowohl als Subjektivierungs- wie auch als Kollektivierungsform dient. Die Narrationen, die diesem Subjektivierungs- und Kollektivierungsmodus angehören, formen entsprechend Superpositionen des ‚Eigenen' und des ‚Anderen' aus, die sowohl körperlich wie räumlich, sowohl ethisch (subjektbezogen) wie ethnisch (kollektivbezogen) organisiert sein können. Die Verbindung des ‚Eigenen' mit dem ‚Anderen' wird dabei als ko-emergent entwickelt. Das Andere, das das Eigene bedroht, entsteht zugleich aus diesem, droht es konstant zu usurpieren und ist zudem im Eigenen ständig ko-präsent, ja wird, weil es die Form der Lust annimmt, sogar beständig aktiv in den Bereich des Eigenen eingeholt.

Diejenigen Texte, die in der Forschung besonders auch in Hinblick darauf gelesen worden sind, wie sie Kulturkontakt und Fremderfahrung behandeln, und aus denen man die Sicht der Christen auf die Nichtchristen, besonders auch auf den Islam, herauszulesen versucht hat,[216] sollen hier probeweise einmal gelesen werden, als sei die Imagination des ‚Anderen' – die eine interkulturell operierende, an Postkolonialismus und Orientalismuskritik geschulte moderne Literaturwissenschaft an ihnen zu rekonstruieren versucht hat – niemals ihr Ziel gewesen.[217] Insofern folge ich Niklas Luhmanns

---

216 Programmatisch formuliert etwa Michael Stolz: Kulturelle Varianten. Religiöse Konfrontationen im Spiegel der Parzival-Überlieferung. In: Akten des XI. Internationalen Germanistenkongresses Paris 2005. ‚Germanistik im Konflikt der Kulturen'. Bd. 5: Kulturwissenschaft vs. Philologie? Hrsg. von Jean-Marie Valentin. Bern et al. 2008 (Jahrbuch für Internationale Germanistik. Reihe A. Kongressberichte 81), S. 153–158, hier S. 153, dass die „kulturwissenschaftliche Öffnung der Germanistik" ein „neues Interesse an der Erforschung von Fremderfahrungen" gebracht habe.
217 Auch der prominente Begründer der Orientalismus-Kritik, Edward W. Said: Orientalismus. 5. Aufl. Frankfurt a. M. 2017 (original: Orientalism. New York 1978), richtet seine Perspektive eher auf das europäische „Wissen über den Orientalen" (so der Titel eines Kapitels; ebd., S. 43–64) und die Einrichtung einer „imaginären Geographie", welche er unter das Schlagwort der „Orientalisierung des Orients" fasst (S. 65–90), als auf die Frage, wie der Orient als Grenzdiskurs den Okzident überhaupt erst konstituiert, gleichwohl Said diesen Aspekt mitdenkt (vgl. ebd., S. 16 u. 380). Dabei ist doch der von Said analysierte westliche Herrschaftsdiskurs über den Orient, welcher eine Macht- und Gewaltausübung begründet, untrennbar mit einer bestimmten Form der Selbststilisierung verbunden, welche die Herrschaftsausübung in der Fremde legitimiert. Es wäre – zumindest für das Hochmittelalter – einmal zu fragen, ob die Gewalt- und Herrschaftsausübung, welche mit den Kreuzzügen ins sogenannte Heilige Land getragen wird, nicht vielleicht als sekundärer Effekt, als Externalisierung einer internalisierten Subjektivierungsform verstehbar sind. Während Said nämlich bspw. davon ausgeht, dass „sich das Denken plötzlich mit einer völlig neuen Lebensform befassen muss – wie der Islam den Europäern im frühen Mittelalter erschien" – und die zeitgenössischen Verstehensversuche als Abwehrreflexe begreift, die „zum Beispiel den Islam als einen schalen Aufguss von etwas viel Älterem, indem diesem Falle dem Christentum" begreift, so darf nicht übersehen werden, dass die Abwehr eines ‚Heidentums' etwas ist, das dem Christentum nicht als Neues erscheinen kann, weil diese Abwehr bereits konstitutiver Bestandteil seiner selbst ist und dies auch im Rahmen einer älteren jüdischen „Religion der Wahrheit" war (vgl. Jan Assmann: Totale Religion. Ursprünge und Formen puritanischer Verschärfung. 3. Aufl. Wien 2018, S. 58–76). Ebenso wird sie Teil einer islamischen Wahrheitskonstruktion, denn: Das islamische Allerheiligste, die Ka'ba, ist auf den Fundamenten eines vorislamischen Hubal-Heiligtums errich-

Entwurf von Religion als selbstbezeichnendem System, der das ‚Andere' als Funktion des ‚Eigenen' auffasst, denn: Wenn „Religion zu jenen Sachverhalten [gehört], die sich selbst bezeichnen",[218] dann heißt dies auch,

> daß die Religion sich selber definiert und alles, was damit inkompatibel ist, ausschließt. Aber wie das, wenn es zum Beispiel um andere Religionen, um Heiden, um die civitas terrena, um das Böse geht? Selbstthematisierung ist nur mit Einschließen des Ausschließens, nur mithilfe des negativen Korrelats möglich. Das System ist autonom nur, wenn es mitkontrolliert, was es nicht ist. Angesichts eines solchen Sachverhalts kann Religion extern nur im Modus der Beobachtung zweiter Ordnung, nur als Beobachtung ihrer Selbstbeobachtung definiert werden – und nicht durch ein Wesensdiktat von außen.[219]

Als Beobachtung zweiter Ordnung verstehen sich entsprechend auch die vorliegenden Analysen, wenn sie den Zusammenhang zwischen dem Schönheitsdiskurs und dem Diskurs vom Heidentum untersuchen, welchen ich für einen zentralen Modus dieser Selbstbeobachtung halte.

Die Frage, welches Bild diejenigen Texte, welche Erzählungen über ‚Heiden' enthalten, von denselben entwerfen und wie sie sie wahrnehmen, ist dann aber vielleicht grundlegend inadäquat gestellt, denn die Texte – und dies betrifft auch die Wolfram'schen ‚Hybridisierungen' – dienen unter Umständen nicht so sehr der Reflexion und Erkenntnis des ‚Anderen', als die sie durchaus lesbar sind und analysiert wurden,[220]

---

tet und der Gebetsaufruf *Allahu akbar* bedeutet wörtlich nicht „Gott ist groß", sondern „Gott ist größer" und setzt sich – ähnlich dem Aufruf des JHWH im Dekalog: „Du sollst neben mir keine Götter haben" – von vorislamischem Polytheismus ab (vgl. Ekkehart u. Gernot Rotter: Venus – Maria – Fatima. Wie die Lust zum Teufel ging. Zürich/Düsseldorf 1996, S. 181 f.). Es ist durchaus ernst zu nehmen, wenn ‚der Islam' zunächst eben nicht als neu wahrgenommen wird, sondern – im Gegenteil – als etwas identifiziert, worum man immer schon gewusst hat, nämlich als Konkretisierung einer viel allgemeineren Gefährdung des Rechtglaubens, die als Häresie bzw. Heidentum begriffen wird. Aber während Said die Perspektive seines historischen Abrisses darauf zurichtet, dass (auch in literarischen Entwürfen) „die europäischen Vorstellungen von den Muslimen, Osmanen oder Arabern immer dazu [dienten], den zweifelhaften Orient zu kontrollieren" (ebd., S. 76), so kann demgegenüber gleichfalls plausibilisiert werden, dass die Entwürfe des ‚Heidnischen' im 12./13. Jahrhundert zugleich – und vielleicht primär – im Rahmen eines Machtdispositivs gelesen werden können, welches dazu dient, das christliche Subjekt zu konstituieren und zu kontrollieren und über diese Konstitution des Selbst eine (sekundäre) nach außen gerichtete hegemoniale Dynamik erhält.

218 Niklas Luhmann: Die Religion der Gesellschaft. Hrsg. von André Kieserling. 5. Aufl. Frankfurt a. M. 2018, S. 15.
219 Ebd.
220 Vgl. etwa Florian Schmitz: Der Orient in den Diskursen des Mittelalters und im „Willehalm" Wolframs von Eschenbach. Berlin 2018 (Beiträge zur Mittelalterforschung 32), der in einem diskurstheoretisch inspirierten Ansatz allerdings auch nach der „Vielstimmigkeit" des *Willehalm* in Bezug auf die Kategorie ‚Orient' fragt (vgl. ebd., S. 15–20 u. S. 371–387. Auch Schmitz zielt mit dieser „Vielstimmigkeit" darauf ab, dass hier – im Rahmen einer komplexen Dichtung – auch dem Anderen eine Stimme gegeben werden könne (ebd., S. 386): „Der ‚Willehalm' nutzt das verfügbare Weltwissen seiner Zeit, eine der Scholastik nahestehende Dialektik, die immer mehrere, zum Teil sich widersprechende Stim-

V.3 Exkurs: Das heidnische Fleisch und die fleischliche Häresie — 533

sondern zielen vielleicht vielmehr auf die Formierung des ‚Selbst'.[221] Das – im Kontrast zwischen der ‚negativen' Heidendarstellung bspw. im *Rolandslied* und der vermeintlich ‚positiven' (weil ‚höfisierenden') Heidendarstellung nach Wolfram – aufgeworfene Problem, wie zwei scheinbar so diametral einander entgegengesetzte Darstellungsmodi koexistieren können,[222] löst sich vielleicht, wenn man annimmt, dass die verschiede-

---

men zu Wort kommen lässt, die Präsentation komplexer Diskurse, um allen Dingen einen eigenen Wert und ein eigenes Recht zuzuweisen."

[221] Die Forschung – auch die historische – hat im Wesentlichen nach der Wahrnehmung der Anderen/Muslime/Heiden/Juden etc. *durch* die Christen gefragt. Dies ist auch die Perspektive von Uta Goerlitz, Wolfgang Haubrichs: Einleitung. In: Integration oder Desintegration? Heiden und Christen im Mittelalter. Hrsg. von Uta Goerlitz, Wolfgang Haubrichs. LiLi 156 (2009), S. 5–11. So geht beispielsweise auch Beate Kellner in ihrem bereits zitierten Beitrag vor (vgl. Kellner, Wahrnehmung und Deutung). – Auch der Historiker Goetz (Goetz, Die Wahrnehmung anderer Religionen), verfährt ähnlich. Obgleich der mehrbändige Ergebnisband, der im Rahmen eines Drittmittelprojektes verbunden mit mehreren Dissertationen und begleitenden Aufsatzpublikationen der Projekt-Beteiligten realisiert worden ist, im Titel das „christlich-abendländische Selbstverständnis" kontrastiv zur „Wahrnehmung anderer Religionen" setzt, bietet die dichte Materialfülle hauptsächlich Auskünfte über die Wahrnehmung anderer Religionen durch die Christen. Auch das Resümee (Kapitel 6: Vergleichende Schlußbetrachtungen: Wahrnehmung anderer Religionen und christliches Selbstverständnis, ebd., Bd. 2, S. 773–832) arbeitet hauptsächlich die Wahrnehmung durch die Christen auf. Es wird allerdings auch hier deutlich, dass eine Nähe zwischen den gänzlich ‚anderen' Muslimen, Juden und Heiden besteht, insofern zum einen die gewählten Terminologien häufig wenig trennscharf sind – Muslime können als Heiden bezeichnet werden – und insofern zum anderen die Abgrenzung zwischen Heidentum und Häretikern häufig nicht trennscharf ist. Das christliche Selbstverständnis wird hier nur insofern tangiert, als wiederum nach der Wahrnehmung der ‚Häretiker' oder der ‚schlechten Christen' durch *die* – man müsste wohl einsetzen: ‚guten' – Christen gefragt wird (vgl. ebd. S. 818). Festgehalten werden muss aber auch, dass Goetz aus seinen Quellen herausarbeitet, dass die Häresie – also der Abfall vom rechten, bereits besessenen Glauben – als schlimmer erachtet wird denn die vollständige Unkenntnis des wahren Glaubens (vgl. ebd., S. 800). Die christliche Subjektivierungsform indessen, die hier im Folgenden im Fokus stehen wird, spielt in dem von Goetz behandelten Rahmen keine Rolle. – Demgegenüber konstatiert Ralf Schlechtweg-Jahn: Die *heiden* als Machtdispositiv in mittelalterlichen Texten. Überlegungen zu Petrus Venerabilis, Wilhelm von Tyrus und Wolfram von Eschenbach. In: Gott und die *heiden*. Mittelalterliche Funktionen und Semantiken der Heiden. Hrsg. von Susanne Knaeble, Silvan Wagner. Berlin 2015 (bayreuther forum TRANSIT 13), S. 101–130, hier S. 130, in seinem Versuch, die Kategorie ‚heiden' (in einer mit Jürgen Link, Ursula Link-Heer: Diskurs/Interdiskurs und Literaturanalyse. In: LiLi 77 [1990], S. 88–99, erweiterten diskurstheoretischen Verortung nach Foucault) als Dispositiv aufzufassen: „In diesem Sinne findet in den mittelalterlichen Diskursen von den *heiden* streng genommen gar keine Begegnung mit dem Islam statt, sondern vielmehr eine Ausdifferenzierung der je eigenen Diskurse und damit auch der Diskurse vom Eigenen mit der Hilfe eines spezifischen *heiden*-Dispositivs vom Anderen."

[222] Beispielhaft bei Sonja Kerth: ‚Den armen Iudas er gebildot' – Feindbilder im ‚Rolandslied' des Pfaffen Konrad und im ‚Willehalm' Wolframs von Eschenbach. In: Mitteilungen des Internationalen Germanistenverbandes 42 (1995), S. 32–37. Basale Reflexe jenes Narratives, in welchem eine Entwicklung von einseitig negativer Heidendarstellung hin zu größerer „Differenzierung" konstatiert wird, dringt bis in die Geschichtswissenschaft, wenn Goetz, Wahrnehmung, Bd. 1, S. 363 f., der in der altgermanistischen Forschung traditionellen Auffassung folgt, dass das *Rolandslied* des Pfaffen Konrad ‚noch' „einseitig

nen Entwürfe des ‚Heidnischen'– etwa im *Rolandslied und* bei Wolfram – beide als Negativfolie des christlichen Selbst entworfen sind. Als Hohlform und Sammelkategorie des ‚Anderen' wird die Klasse des ‚Heidnischen' um denselben Kernbestand – nämlich: das christliche Subjekt – herum errichtet, den sie konstituieren muss, ist aber flexibel realisierbar.

Schon von ihrer Konstruktionslogik her muss unter der als Alterität entworfenen Klassenbezeichnung – ‚Heiden' – ein diffuses, vielgestaltiges Konglomerat des potentiell ‚Anderen' zusammenfallen,[223] um dem christlichen ‚Eigenen' Kontur zu geben. Das Heidenbild des *Parzival* und das des *Rolandsliedes* unterscheidet sich dabei nur graduell, nicht jedoch kategorial. Dass Heiden in einem Fall als *monstra*, im anderen Fall als ‚höfische' (Minne-)Ritter realisiert werden können, erklärt sich aus der – allerdings wiederum variablen – Bezugsgröße des christlichen Ritters, von der aus sie modelliert wer-

---

und traditionell verfährt" (ebd., S. 363) und die „spätere Epik Wolframs von Eschenbach" (ebd.) hiervon abhebt (vgl. Literaturhinweise ebd., Anm. 489). Obgleich hier in Hinblick auf Wolfram nicht von ‚Toleranz' die Rede ist, so baut die vorgängige Forschungsdebatte mit ihrer programmatischen, auf eine ‚fortschreitende' Entwicklungslinie zielenden Kontrastierung von *Rolandslied* und Wolfram'scher Epik doch wiederum auf der Toleranzthese auf. – Auch Goerlitz/Haubrichs, Integration, S. 6 f., konstatieren: „Erst der Kontakt mit den Moslems und die Auseinandersetzung mit dem Islam in Spanien und während der Kreuzzüge zunahm, entwickelte sich eine differenziertere Sichtweise auf das Heidentum, deren Vertreter nun [...] in je unterschiedlichem Ausmaß als mehr oder weniger gleichwertige Partner betrachtet werden konnten", und gehen dabei von einer – mehr oder weniger teleologischen – Entwicklung hin zu einer durch Kulturkontakt vermittelten „Aufwertung der Heiden" (ebd., S. 7) aus, wenn sie die verschiedenen Darstellungsformen des Heidnischen als „ältere und jüngere Konzepte des ‚Heiden'" (ebd.) fassen. Besonders für Wolframs *Willehalm* wird hier betont: „Als ‚Held' oder ‚Herrscher' gewinnt der ‚Fremde' vertraute Züge, und derartige, konzeptuell auf Gegenseitigkeit beruhende Zuschreibungen lenken den Blick vom religiösen Gegensatz weg auf andere Daseinsaspekte. Prinzipiell paritätisch verwendbare Begriffe wie diese ermöglichen Annäherung und signalisieren eine zumindest partielle, von der Religionszugehörigkeit absehende Integration der Heiden" (ebd., S. 7 f.). – Auch noch in einem älteren Forschungsbericht sieht Ursula Peters: Postkoloniale Mediävistik? Überlegungen zu einer kulturwissenschaftlichen Spielart der Mittelalter-Philologie. In: Scientia Poetica 14 (2010), S. 205–237, hier S. 216 f., zwei differente, prototypische Modi der Heidendarstellung „in Kreuzzugsepen" einerseits und „der verwandtschaftlichen Einbindung eines Feirefiz in die christliche Gralsfamilie" andererseits.

223 Zum diffus-vieldeutigen mhd. Lexem ‚*heide*' und zur entsprechend vielgestaltigen Reaktion der Forschung hierauf vgl. etwa Susanne Knaeble, Silvan Wagner: Gott und die *heiden* – Einleitung. In: Gott und die *heiden*. Mittelalterliche Funktionen und Semantiken der Heiden. Hrsg. von Susanne Knaeble, Silvan Wagner. Berlin 2015 (bayreuther forum TRANSIT 13), S. 9–26, deren methodischen Folgerungen hieraus (vgl. ebd., S. 17 f.) ich jedoch nur bedingt folgen möchte. Die Feststellung, dass das ‚Eigene' bzw. ‚das Christliche' realhistorisch im Mittelalter keineswegs ein monolithischer Block, keine weltkirchliche Einheitskultur, sondern dass „Religiosität vielmehr von Pluralität gekennzeichnet" gewesen sei (ebd., S. 17), widerspricht m. E. keineswegs der systematischen Beobachtung, dass monotheistische Diskurse – sowohl im Judentum als auch im Christentum oder Islam – konstitutiv über die Diskursposition des als Einheit *imaginierten* ‚Eigenen' charakterisiert sind. So „vielstimmig" (vgl. ebd., S. 18) ‚der' christliche Diskurs auch gewesen sein mag, so gilt doch diese Fiktion wohl für jede der vielen ‚realhistorischen' Einzelstimmen.

den. In beiden Fällen geht es nicht um die Erkenntnis dieses Anderen, sondern um die kontrastive Erkenntnis des sich als Christ subjektivierenden (ritterlichen) Individuums, das in das selbstreflexive Spannungsfeld unterschiedlich ausgerichteter, auf unterschiedliche Subjektparameter gerichteter Kontrastfolien versetzt wird: Während die monströsen und zu überwindenden Heiden den Anlass zu heldenhaftem Kampf und zur Heiligwerdung bieten, erscheinen die höfischen, den christlichen Rittern verähnlichten Kämpfer als Gradmesser der Nähe der Christen zum Heidentum, jedoch nicht – zumindest nicht allein – als Ausdruck einer positiven Nähe des Heidentums zum Christentum, wie die Forschung es oftmals verstanden hat.[224] Insofern sind beide Formen der Darstellung des ‚Heidentums' komplementäre Modi derselben, notwendig polymorphen Kategorie des Anderen, welches – als dem unimorphen christlichen Eigenen Entgegengesetztes – notwendig ein vielfältiges Spektrum umfassen muss und entsprechend vielgestaltig ausgeformt werden kann.[225] Mit Luhmann kann erklärt werden, warum ‚Toleranz' als Systemfunktion nicht anzunehmen ist, denn er konstatiert mit Blick auf einen modernen, auch komparatistischen Begriff von Religion: „Der Begriff der Religion scheint [...] ein Kulturbegriff zu sein, der Toleranz impliziert",[226] insofern in diesem Begriff verschiedene (Welt-)Religionen als prinzipiell gleichwertig analysiert werden. Dies widerspricht aber durchaus der Selbstwahrnehmung monotheistischer Religionen. Mit Jan Assmann kann flankierend argumentiert werden, dass die christliche „Religion der Wahrheit"[227] ‚Religion' eben nur im Singular dulden kann und alle anderen Religion*en* als Irrtum, als Häresie oder Heidentum, ablehnen muss. Häresie oder Heidentum aber – die in diesem exklusiven System gleichsam eine feste Systemstelle erhalten – kann sie, so soll hier argumentiert werden, nur als transitorisches Subjektstadium dulden (‚*tolerare*').

---

224 Ricarda Bauschke: Der Umgang mit dem Islam als Verfahren christlicher Sinnstiftung in *Chanson de Roland / Rolandslied* und *Aliscans / Willehalm*. In: Das Potenzial des Epos. Die altfranzösische Chanson de geste im europäischen Kontext. Hrsg. von Susanne Friede, Dorothea Kullmann. Heidelberg 2012, S. 191–215, perspektiviert die Heidendarstellung im *Willehalm* kritischer und verhaltener, insofern sich in der Zusammenschau der im Titel genannten Texte zeige, „dass Wolfram *literarische* Traditionen und Konventionen des Sprechens über Heiden und Diffamierens von Nicht-Christen aktualisiert. Neuartig ist zum einen Wolframs Wahrnehmung der Christen selbst bzw. die Ausformulierung dieser Position. Neuartig ist zum anderen die Würdigung der Heiden als *minne*-Ritter, doch auch dies impliziert nicht wirklich eine Aufwertung. Die Integration der Andersgläubigen in eine auf die weltliche *minne* bezogene Ritterideologie liefert zwar ein Identifikationsangebot für das christliche Publikum, dem die paganen Kämpfer dadurch den christlichen Streitern partiell ähnlich erscheinen. Indem aber stets die religiöse Dimension des Dienstes ausgespart bleibt, die *minne* mithin rein diesseitig auf Frauendienst ausgerichtet ist, ermöglicht auch diese Vergleichsoption nicht eine Annäherung, sondern eine erneute Entfremdung. Denn in der direkten Gegenüberstellung, die das *minne*-Motiv provoziert, fallen die Heiden umso deutlicher als Nicht-Christen ab."
225 Ähnliches konstatiert Schlechtweg-Jahn, Die *heiden* als Machtdispositiv, bes. S. 118–130.
226 Luhmann, Religion der Gesellschaft, S. 7.
227 Vgl. Assmann, Totale Religion, S. 58–76.

Insofern ist der ‚höfische Heide' vielleicht nicht prinzipiell eine von größerer Toleranz geprägte Darstellungsform des Heidnischen, sondern lediglich eine dem christlichen Eigenen programmatisch verähnlichte. Nichtsdestoweniger jedoch scheint – mit Manuela Schotte – zu gelten, dass der „mit der Verwendung des Begriffs *heide* aufgerufene Dualismus [...] unhintergehbar ist":[228]

> Die durch fehlende Taufe angezeigte Nichtzugehörigkeit zur christlichen Religionsgemeinschaft stellt in der mittelhochdeutschen Literatur das herausragende Kriterium für die Bezeichnung eines Menschen als *heiden* dar. Infolge dieses Zusammenhangs setzt die bloße Verwendung des Begriffs eine christliche geprägte Sichtweise voraus. Sie hat eine primäre Lenkung der (christlichen) Rezipienten zur Folge, denen eine bestimmte Betrachtungs- und Erkenntnisweise und damit Bewertung des Dargestellten nahe gelegt wird, wohingegen andere Rezeptionsweisen, welche die Heiden als solche in den Blick nehmen und nach ihrer Kultur fragen, zunächst nicht intendiert sind.[229]

Wenn das Grundproblem modernen, aufgeklärten, weltbürgerlich orientierten Handelns vielleicht als der Imperativ gefasst werden kann, sich selbst in seinem Gegenüber wiederzufinden,[230] das heißt: Aus einer Haltung der ‚Kompassion' heraus die Bedürfnisse

---

228 Manuela Schotte: Christen, Heiden und der Gral. Die Heidendarstellung als Instrument der Rezeptionslenkung in den mittelhochdeutschen Gralromanen des 13. Jahrhunderts. Frankfurt a. M. et al. 2009 (Germanistische Arbeiten zu Sprache und Kulturgeschichte 49; zugl. Univ.-Diss. Münster 2005), S. 45. – Schotte hat eine der wenigen Arbeiten vorgelegt, die – zumindest von ihrem theoretischen Setting her – dezidiert versucht, die Perspektive auf die Heidendarstellung umzukehren und diese so als ‚Spiegelfiguren' für die Darstellung des christlichen Eigenen zu begreifen. Während Schotte diese Perspektive in ihrer Einleitung mit Luhmann und Anderen sehr konsequent entwickelt, bleiben ihre Analysen zum Parzival (ebd., S. 51–101) einerseits doch stark auf die Darstellung der Heiden selbst gerichtet. Andererseits übernimmt sie gleichwohl Forschungsprämissen, die zu überdenken gewesen wären, wenn bspw. das „Minnerittertum" des Feirefiz (und des Gahmuret) als „positives Stereotyp" begriffen und so zu einem positiven „Spiegelbild Parzivals" (ebd., S. 74) gemacht wird. In Hinblick auf den Heiden Isenhart formuliert Schotte, dass „das literarische Potential des Heidenbegriffs [...] genutzt [werde], indem Heiden vorbildliche Charakterzüge und Handlungsweisen zugeschrieben werden, denen Gahmuret nicht genügt" (ebd., S. 67); Isenhart sei „als Spiegelfigur des christlichen Ritters gezeichnet, sodass der Bericht über sein Schicksal einen Anhaltspunkt für die Beurteilung Gahmurets bietet" (ebd., S. 65). In dieser Perspektive ist es Gahmurets Fehlverhalten als Minnender, welches mit Isenharts Leidensbereitschaft kontrastiert wird. Im Folgenden sollen Indizien dafür gesammelt werden, dass das sogenannte ‚Minnerittertum' Gahmurets und Feirefiz' nicht so unproblematisch ‚positiv' ist, wie es in der Forschung stereotyp verstanden wird. Es soll an späterer Stelle zudem gezeigt werden, dass die Inklinitation zum *amor carnalis* – ganz im Gegenteil – eine stehende Negativ-Zuschreibung des lateinischen Schrifttums an die (muslimischen) Heiden und an Mohammed selbst ist (vgl. hierzu im Folgenden V.3.2.1). Gleichzeitig lässt sich – in der Zusammenschau der vielfältigen Typen von Minnebeziehungen des *Parzival* – eine Präferenz für einen ‚asketischen' Minne-Typus plausibel machen (vgl. hierzu im Folgenden Kap. V.4, S. 568 f.).
229 Ebd., S. 23.
230 Unter dieser Perspektive reformuliert etwa Suzanne Conklin Akbari: Idols in the East. European Representations of Islam and the Orient, 1100–1450. Ithaca/London 2009, S. 196, die Anagnorisis zwischen Parzival und seinem Halbbruder Feirefiz, paradoxerweise aus der Perspektive des Heiden: „In

des*der Anderen zu antizipieren, ihre*seine Bedürfnisse und Wünsche zu berücksichtigen und anzuerkennen,[231] dann ist demgegenüber der Kern des Subjektbildungsvorgangs im Rahmen der paulinisch-patristisch geprägten christlichen Matrix[232] in

---

recognizing himself in the face of his brother, Feirefiz's Saracen identity begins to become subsumed into the Christian community".

231 So hat die US-amerikanische Philosophin Judith Butler: Raster des Krieges. Warum wir nicht jedes Leid beklagen. Frankfurt a. M. 2010 (original: Frames of War. When Is Life Grievable? London/New York 2009), versucht, einen Ansatz zu entwickeln, in welchem sie nach „Betrauerbarkeit" (*grievability*) fragt. Dass Butler in ihrem Buch vor allem die gegenwärtigen Begrenzungen dieser ‚Betrauerbarkeit' diskutiert, welche in einer globalisierten Welt zwischen den verschiedenen Kulturen bestehen, zeigt auch, dass das, was ich hier mutwillig als eine ‚aufgeklärte, weltbürgerliche Haltung' bezeichne, in der Gegenwart keineswegs Allgemeingültigkeit beanspruchen darf. Entsprechend soll andererseits das, was im Folgenden als „Subjektbildungsvorgang im Rahmen der christlichen Matrix" gekennzeichnet wird, bewusst nicht als ‚vormodern' ausgegeben werden. – Karl Bertau hat in seiner breit angelegten, transhistorisch, transeuropäisch und durchaus interkulturell orientierten Vorlesungsreihe *Schrift – Macht – Heiligkeit* die unangemessene und exklusive „Selbstverständlichkeit unseres Abendländer-Geschichtsbilds" in den Fokus gerückt und dabei die Möglichkeit formuliert, „einmal das Eigene vom fremden Anderen her erfahren" zu können (Bertau, Schrift – Macht – Heiligkeit, S. 10).

232 Es hat verschiedentlich Versuche gegeben, die – wie Beate Kellner schreibt – „monolithische" Einheitskultur des christlichen Mittelalters in Frage zu stellen (vgl. bspw. Kellner, Wahrnehmung und Deutung, S. 27). Dabei ist selbstverständlich zu konzedieren, dass das Christentum nicht als katholische Einheitsreligion imaginiert werden darf, sondern von internen Differenzierungsprozessen (von der einfach theologischen Kontroverse bis hin zum Schisma) geprägt ist, dass ‚das' Christentum lange Zeit nicht einmal die einzige Religion des ‚Abendlandes' war und dass „in der sogenannten weltlichen Dichtung religiöse Kommunikationsformen und -inhalte zu entdecken [sind], die einigermaßen weit entfernt von einer zeitgleichen Kirchentheologie situiert sind" (Silvan Wagner: Postmodernes Mittelalter? Religion zwischen Alterität und Egalität. In: Wie anders war das Mittelalter? Fragen an das Konzept der Alterität. Hrsg. von Manuel Braun. Göttingen 2013 [Aventiuren 9], S. 181–201, hier S. 186). Wenn jedoch Silvan Wagner davor warnt, sich „eine kirchentheologische Sichtweise und theologische Unterscheidungskategorien wie selbstverständlich zu eigen [zu machen]" und damit Gefahr zu laufen, „selbst Theologie (anstatt Literaturwissenschaft) zu betreiben" (ebd., S. 188), dann ist diese Kritik einerseits berechtigt, verwechselt andererseits vielleicht aber selbst ‚das Christentum' – im Sinne einer ideologischen und kulturellen Matrix – mit der Idee einer Einheitskirche: „Die selbstverständliche Dominanz kirchlicher Autorität und Sichtweise im adelig-höfischen Literaturraum erscheint jedoch für eine von Gegenpäpsten, dem Kirchenschisma und dem Investiturstreit geprägte Epoche ahistorisch: Das Kirchenbild einer umfassenden und rigide über die Einhaltung zentral kodifizierter Glaubensmaximen wachenden Institution entspricht eher der Papstkirche der Frühen Neuzeit" (ebd.). Eine Einheitskirche als Annahme für ‚das christliche Mittelalter' abzulehnen, muss nicht bedeuten, die Idee einer christlichen Matrix abzulehnen. Widersprechen möchte ich der Vorstellung, dass die „vom Klerus abweichende Ausbildung der Laien", wie Wagner schreibt, „nicht in die lateinische Schriftkultur eingebettet" sei (ebd.). Wie immer umwegig man sich die Laienausbildung auch vorstellen mag: Die Kompetenz der lateinischen Schrift – ganz gleich, ob volkssprachliche Dichtung oder lateinische Theologie in ihr aufgezeichnet wird – geht immer, und sei es über mehrere Vermittlungsstufen, auf einen irgendwie christlich geprägten Schriftbetrieb zurück, dessen ureigenste Kompetenz sie ist. Entsprechend soll hier argumentiert werden, dass alle – selbst schismatische oder häretische Absetzbewegungen – letztlich auf der Folie eines sehr kompakten ideologischen Kerns stattfinden, den ich als christliche Matrix bezeichnen möchte. Dass es keinen „wohlgeordneten Kosmos christlicher Religiosität" gibt, wie Wag-

diejenige Variante des *nosce teipsum* gegossen, die pointiert hieße: „Erkenne das Andere in dir!", und die dem christlichen Individuum so die unhintergehbare und unabschließbare Aufgabe stellt, dieses beständig emergierende, ja sogar vorgängige Andere in sich selbst zu identifizieren und unschädlich zu machen (vgl. Kap. V.2.3).

Entsprechend heißt es selbst im Prolog zu der Schrift *Contra sectam saracenorum*, die Petrus Venerabilis im Kontext der von ihm initiierten Koran-Übersetzung den islamischen Lehren widmet:

> Si quod forte haec de qua agitur scriptura aut interpretes non habuerit aut translata non profuerit, habebit saltem Christianum armarium etiam adversus hos hostes arma, quibus aut se muniat aut quibus, si forte ad certamen ventum fuerit, inimicos confodiat. Occurret fortasse volumen editum *cogitationibus occultis nostrorum*, quibus scandalizari possunt aliquam apud impios illos esse putantes pietatem et apud mendacii ministros aliquam credentes esse veritatem.
> (Petrus Venerabilis: Contra sectam saracenorum 20,1–9)[233]

Die Aufforderung, das Andere in sich selbst zu erkennen, ist – schon bei Augustinus – die notwendige Kehrseite zum mystologischen Anteil des Selbsterkenntnis-Imperativs: Wer die göttliche *sapientia*, die *apriori*-Prinzipien der Wahrheit, der Schönheit (*pulchritudo*) und der Mathematik in sich erkennen will, muss lernen, sie von dem zu scheiden, was diese transzendenten Anteile von sich selbst (und letztendlich: Gott) fernhält. Es muss also alles, was am Subjekt immanent ist, nämlich der Körper, seine Lüste und sogar das Denken selbst, sofern es durch sinnliche Wahrnehmung überformt und deswegen ‚körperlich' (*corporalis*) beziehungsweise ‚fleischlich' (*carnalis*) zu nennen ist,

---

ner schreibt (ebd.), heißt nicht, dass es nicht einen *un*geordneten Kosmos christlicher Religiosität gäbe, der gleichwohl als Ganzes – und selbstverständlich nur *ex post* – eben immer noch als ‚christlich' zu bezeichnen ist. Die – bei aller Binnendifferenzierung – verbindenden und verbindlichen Gemeinsamkeiten sind es, welche die Matrix bilden, nach der hier gefragt werden soll. Das heißt nicht, dass diese Matrix nicht von Fall zu Fall Diskursäußerungen produziert, die einander objektiv entgegenstehen oder transformierend wirken können; es bedeutet jedoch, dass sie gleichwohl den Ermöglichungsrahmen – den epistemischen Rahmen – für verschiedenste Diskursäußerungen bildet. Wenn hier also im Kontext der vorliegenden Analysen Augustinus neben mittelhochdeutsche Dichtung gestellt wird, dann gilt es nicht, in einem vermeintlich wohlgeordneten christlichen Kosmos die Abhängigkeit etwa einer Idee im *Parzival* von einer Formulierung in *De vera religione* zu postulieren – wie Wagner es nicht zu unrecht kritisiert –, sondern es gilt, die sehr verschiedenen Texte auf einen gemeinsamen epistemischen Hintergrund zu befragen, auf welchen nicht nur die erstaunlichen Ähnlichkeiten, sondern vielleicht sogar auch die nicht minder erstaunlichen Unterschiede dieser Enunziationen desselben Diskurses zurückführbar sind.

[233] Hier und im Folgenden zitiert nach Petrus Venerabilis: Schriften zum Islam. Hrsg., übers. u. komm. von Reinhold Glei. Altenberge 1985 [CISC Series latina 1], S. 30–225. Übers. (Glei; Kursivierung im lat. Text und in der Übers. von mir, F. D. S.): „Wenn also diese Schrift, um die es geht, zufällig entweder keine Übersetzer fände oder, übersetzt, nichts nützte, so hat doch wenigstens das christliche ‚Waffenarsenal' Waffen auch gegen diese Feinde, mit denen man sich verteidigen oder, wenn es einmal zum Kampf kommen sollte, die Feinde vernichten kann. Vielleicht kann dieses Buch auch, ist es erst einmal herausgegeben, *geheimen Gedanken der Unseren* begegnen, durch die sie zum Bösen verführt werden könnten: Indem sie etwa glauben, es gebe auch bei diesen Gottlosen noch eine gewisse Gottesfurcht, bei diesen Dienern der Lüge doch noch ein Fünkchen Wahrheit."

identifiziert und unterscheidbar gemacht werden, um zu demjenigen Anteil zu gelangen, der *nicht* körperlich, *nicht* fleischlich ist.[234]

Die Erkenntnis des Körpers als des – letztlich widerständigen und feindlichen – Anderen ist dabei das Negativ, aus welchem erst durch diejenige Belichtung, welche bei Augustinus einzig die *vera lux* leisten kann – die Erkenntnis der Seele, der *sapientia* – als Positiv hervorgehen kann. Die Erkenntnis der Seele, welche Haas bei Augustin – zurecht – so zentral veranschlagt, impliziert umgekehrt notwendig die Erkenntnis des Körpers.[235] Die Erkenntnis des Körpers und des Körperlichen beziehungsweise des Fleisches und des Fleischlichen – als weite Sammelkategorie, in die alles fällt, was der Kreatur verhaftet sein kann – erscheint nun zugleich als Minimalbedingung jener christlichen Selbsterkenntnis, wie sie die *credentes* kennzeichnet, die (noch) keine *sapientes* sind und Gott nicht durch die eigene *sapientia* begreifen können. Allerdings richtet sich die Erkenntnis des Körpers hier weniger auf die differentielle Erkenntnis der *sapientia*, wie sie Augustinus zum Ziel hat, als vielmehr auf die komplementäre Überführung des Fleisches in die Prozessform der christlichen Pastoral, der Sündenerkenntnis, der Beichte und der Buße sowie der Unterwerfung unter den allmächtigen Schöpfer und die Anerkenntnis seiner Größe, wie sie im *symbolum* inbegriffen sind. Dieser Fall liegt, wie ich zu zeigen versucht habe, sowohl dem antiphysizistischen beziehungsweise anti-aisthetischen und *auctoritas*-basierten Ansatz im *Welschen Gast* zugrunde als auch der mehrfach gestaffelten ‚Minimalkonversion' Parzivals (Kap. V.2).

Die Frage nach dem Anderen *im* Selbst, ist in Hinblick auf die Darstellung des Heidnischen in der mittelhochdeutschen Literatur bislang zu selten behandelt worden. Monika Schausten hat dies unter der Perspektive psychoanalytischer Theoriebildungen in Anlehnung an Julia Kristeva anhand von Wolframs *Parzival* und Heinrichs von Neustadt *Apollonius von Tyrland* probeweise getan.[236] Die psychoanalytische Perspektive ist – stärker als die orientalismuskritische und postkoloniale – diejenige, welche die Subjektposition des ‚Eigenen' ins Zentrum der Reflexion über das ‚Andere' rückt, weshalb sie für eine Analyse, die eher nach Selbstkonstitution denn nach Wahrnehmung des Anderen fragt, als die naheliegende Wahl erscheint.[237] Entsprechend soll die Ana-

---

234 Auf diese Art ist nämlich bei Augustinus der *homo exterior* gerade nicht auf den Leib an sich beschränkt, sondern auf alles Leibliche am Menschen ausgeweitet, das auch die ‚fleischlichen' Anteile des Denkens, des Verstandes und sogar der Seele mit umfasst. Vgl. hierzu etwa die Ausführungen zu *homo interior* und *exterior* im zwölften Buch *De trinitate*, wo es direkt zu Beginn heißt: *Quidquid enim habemus in animo commune cum pecore recte adhuc dicitur ad exteriorem hominem pertinere* (Augustinus: De trinitate XII.1.1; Übers. [Schmaus]: „Was immer nämlich wir in unsere Seele mit dem Tiere gemeinsam haben, von dem sagt man mit Recht, daß es zum äußeren Menschen gehört."). Vgl. auch Augustinus: De trinitate XII.12.17–XII.13.21.
235 Haas, Et descendit, S. 76.
236 Schausten, Suche nach Identität, S. 64–109, stellt das gleichnamige Kapitel ihres Buches gleichwohl auch unter die Perspektive „Sich selbst im ‚Anderen' wahrnehmen".
237 Diese Theoriebildungen sind – trotz eines gewissen „Essentialismus" (Schausten, Suche nach Identität, S. 68), durch welchen sie einen problematischen Universalisierbarkeitsanspruch behaupten,

lyse des Problems der Selbst- und daran anschließend der Subjektkonstitution, wie sie in der vorliegenden Arbeit fokussiert wird, leicht verschoben aus jener Richtung hergeleitet werden, die Michel Foucault unter der Perspektive der „Geständnisse des Fleisches" (*Histoire de la sexualité IV: Les aveux de la chair*) als Genealogie zu fassen gesucht hat.[238]

Bevor im Folgenden gezeigt werden soll, wie dicht im *Parzival* die Belege für die Präsenz des Heidnischen im Eigenen sind, wie dieses Heidnische in ein Homologieverhältnis zur – über Schönheit markierten – Körperlichkeit rückt, wie das Heidnische den Modus der Ähnlichkeit zum Eigenen beziehungsweise die Form des Höfischen annimmt (Kap. V.4), soll zunächst die soeben angedeutete, auf mehreren Ebenen beobachtbare ‚Abimisierung' des Eigenen und des Anderen im Subjekt verfolgt werden. Erst im Anschluss soll demonstriert werden, warum es ausgerechnet das Andere (Feirefiz, die Welt, die Dichtung) im Selbst sein soll, das hilft, sich selbst als das Andere zu identifizieren und damit seiner eigenen Einhegung, seiner eigenen Neutralisierung Vorschub leistet.

V.3.1 Das christliche Subjekt und sein heidnisches Fleisch: Christentum als verstetigte Überwindung des Anderen

Im Rahmen jener Subjektkonstruktionen, die rund um die Kontrolle des Fleisches entstehen, werden die Kategorien des Fleischlichen und des Heidnischen beziehungsweise Häretischen – schon etwa in Augustins *De vera religione* – in eine folgenreiche Homologie zusammengebunden:

> Haec enim ecclesia catholica per totum orbem valide lateque diffusa omnibus errantibus utitur ad provectus suos et ad eorum correctionem cum evigilare voluerint. *Utitur enim gentilibus ad materiam operationis suae*, hereticis ad probationem doctrinae suae, schismaticis ad documentum stabilitatis suae, Iudaeis ad comparationem pulchritudinis suae.
> (Augustinus: De vera religione VI.10.30)[239]

---

den Schausten an Kristeva mit Jeffrey Jerome Cohen: On Saracen Enjoyment: Some Fantasies of Race in Late Medieval France and England. In: Journal of Medieval and Early Modern Studies 31,1 (2001), S. 113–146, kritisiert – fraglos von heuristischem Wert (vgl. Schausten, Suche nach Identität, S. 69). Allerdings muss konstatiert werden, dass auch psychoanalytische Klassiker wie Arno Gruen: Der Fremde in uns. 13. Aufl. München 2018, keine generalisierbare oder transhistorisch übertragbare Theorie generieren.

238 Foucault, Sexualität und Wahrheit 4. – Foucault hat aufgezeigt, wie schon vor dem Christentum die Erkenntnis des Selbst an die Sorge um sich selbst gebunden worden ist (vgl. Foucault, Hermeneutik des Subjekts), womit er die Ursache für die Transformationsstufen bis in die christliche Pastoral hinein nachzuzeichnen gesucht hat (Michel Foucault: Die Regierung der Lebenden. Vorlesung am Collège de France 1979–1980. Aus dem Frz. von Andrea Hemminger. Frankfurt a. M. 2014).

239 Kursivierung im lat. Text und in der Übers. von mir; F. D. S. – Übers. (Thimme): „Diese katholische Kirche, kraftvoll und weithin über den Erdkreis ausgebreitet, geht mit allen Irrenden in der Weise um,

Die Heiden sind hier für die Gemeinschaft, die sich exklusiv als ‚katholisch' begreift,[240] das „Feld ihres Wirkens" (*materia operationis suae*) und die Häretiker die „Prüfung ihrer Lehre" (*probatio doctrinae suae*). Während die Kategorien hier zunächst noch säuberlich isoliert sind, werden sie im nächsten Schritt sofort ineinandergeschoben und in die Mitte der christlichen Gemeinschaft verlegt, zwischen die Pole der gänzlich Verworfenen und der Heiligen, in die stratifizierte Klasse der zu Bessernden:

> *31.* Alios ergo invitat, alios excludit, alios relinquit, alios antecedit, omnibus tamen gratiae dei participandae dat potestatem, sive illi formandi sint adhuc sive reformandi sive recolligendi sive admittendi. Carnales autem suos, id est viventes aut sentientes carnaliter, tamquam paleas tolerat, quibus in area frumenta tutiora sunt donec talibus tegminibus exuantur. *32.* Sed quia in hac area pro voluntate quisque vel palea vel frumentum est, tamdiu sustinetur peccatum aut error cuiuslibet, donec aut accusatorem inveniat aut pravam opinionem pertinaci animositate defendat. Exclusi autem aut paenitendo redeunt aut in nequitiam male liberi defluunt ad ammonitionem nostrae diligentiae aut schisma faciunt ad exercitationem nostrae patientiae aut heresim aliquam gignunt ad examen sive occasionem nostrae intelligentiae. Hi sunt exitus Christianorum carnalium qui non potuerunt corrigi aut sustineri.   (Augustinus: De vera religione VI.10)[241]

Der Traktat *De vera religione* definiert das ‚Andere' der *ecclesia catholica* zunächst als distinkte Gruppen, nämlich als Heiden (das Konglomerat der Poly- oder Pantheisten), als Häretiker und Schismatiker (bei Irrlehren dieselben Sakramente feiernd wie die Rechtgläubigen bzw. Irrlehren und andere Sakramente vertretend)[242] und als Juden (zwar zum einen allmächtigen Gott betend, jedoch nicht an das ewige Leben glau-

---

daß sie selber dadurch gewinnt, die Irrenden aber, wenn sie nur aus dem Schlaf erwachen wollen, zurechtgebracht werden. *Die Heiden dienen ihr als Feld ihres Wirkens*, die Häretiker zur Prüfung ihrer Lehre, die Schismatiker, um ihre Beständigkeit unter Beweis zu stellen, die Juden, um durch den Vergleich ihre Schönheit zu offenbaren."

240 Zum Begriff der „Katholizität" und zur semantischen Entwicklung des Epithetons „katholisch" von einem Universalitätsanspruch hin zu einem Rechtgläubigkeitsanspruch vgl. Peter Steinacker: Art. Katholizität. In: TRE 18, S. 72–80.

241 Übers. (Thimme): „*31.* So lädt sie [= die katholische Kirche; F. D. S.] die einen ein, schließt die anderen aus, läßt die einen hinter sich, geht den anderen voran. Allen aber erschließt sie die Möglichkeit, an Gottes Gnade Anteil zu bekommen, mögen sie nun bekehrt oder gebessert, wiederhereingeholt oder zugelassen werden. Die Fleischesmenschen dagegen in ihrer eigenen Mitte, das heißt die fleischlich leben oder gesinnt sind, duldet sie wie die Spreu auf der Tenne, die als Hülse zum Schutz des Getreides dient, bis dieses sich davon ablöst. *32.* Da nun auf dieser Tenne jeder nach eigenem Willen Spreu oder Getreide ist, läßt man eines jeden Sünde oder Irrtum so lange gewähren, bis sich entweder ein Ankläger findet oder bis er seine verkehrte Gesinnung hartnäckig verteidigt. Die Ausgeschlossenen aber kehren entweder bußfertig zurück, oder aber sie versinken, ihre Freiheit mißbrauchend, in völlige Verderbtheit und mahnen uns dadurch zu erhöhter Sorgfalt. Sie verursachen nämlich entweder eine Spaltung [= *schisma*; F.D.S.] und üben damit unsere Geduld, oder sie bringen eine Ketzerei [= *heresis*; F.D.S.] auf und geben dadurch Anlaß, unsere Einsicht zu prüfen und zu bewähren. Dahin kommt es mit den fleischlichen Christen, die weder gebessert noch geduldet werden konnten."

242 Die Kategorie der Häretiker ist – ebenso wie diejenige der ‚Heiden' – erstaunlich unbestimmt. So notiert bspw. Hans-Werner Goetz: What is Heretic in Christian Heresies? The Perspective of Early Medieval Catholic Authors. In: Millennium-Jahrbuch 10 (2013), S. 373–384, hier S. 374: „Even Augustine,

bend).²⁴³ Die Kategorien der Häretiker und Schismatiker werden im eben zitierten Passus umgehend als Potentialität in diejenige Christen verlegt, welche „fleischlich leben oder verstehen" (*Carnales, id est viventes aut sentientes carnaliter*).²⁴⁴ Die Anklage, welche den Irrtum dieses fleischlichen Lebens ans Licht bringt, der Appell dessen also, was an späterer Stelle des Traktates die *auctoritas* sein wird, bedeutet das Ende der ‚Toleranz', mit welcher die Gemeinschaft die ‚fleischlich Lebenden oder Denkenden' unter sich duldet. Das Fleisch des Christen, welches dem christlichen Subjekt selbst seinen Platz im Raster der sprachlichen Benennung als *Christianus carnalis* zuweist, ist der Prüfstein, auf welchem – in einer zeitlichen Entwicklung – Verstockung in Sünde oder Besserung zu ermitteln ist, wobei erstere notwendig in Häresie oder ins Schisma führt. Das Fleisch selbst ist hier also, sofern der *carnalis* sich nicht von ihm lossagt, als Ursache der Häresie gedacht.

---

who wrote most of his work opposing (certain) heretics, had to admit that it was often difficult to determine whether a doctrine was heretic."
243 Vgl. Augustinus: De vera religione V.9.25–28.
244 Was es heißt, ‚nach dem Fleisch zu leben', entwickelt auch Augustins: De civitate Dei XIV.2. In dieser Systematisierung findet eine bedeutende Homologisierung statt, welche einerseits in innere (geistige) und äußerliche (körperliche) fleischliche Sünden differenziert, andererseits aber so unterschiedliche Vergehen wie Wollust und Götzendienst bzw. Ketzerei explizit unter der Kategorie des ‚Fleischlichen' zusammenbindet: *[Q]uid sit secundum carnem uiuere (quod profecto malum est, cum ipsa carnis natura non sit malum) ut indagare possimus, inspiciamus diligenter illum locum epistulae Pauli apostoli quam scripsit ad Galatas, ubi ait:* Manifesta autem sunt opera carnis, quae sunt fornicationes, inmunditiae, luxuria, idolorum seruitus, ueneficia, inimicitiae, contentiones, aemulationes, animositates, dissensiones, haereses, inuidiae, ebrietates, comisationes et his similia; quae praedico uobis, sicut praedixi, quoniam qui talia agunt regnum Dei non possidebunt. *Iste totus epistulae apostolicae locus, quantum ad rem praesentem satis esse uidebitur, consideratus poterit hanc dissoluere quaestionem, quid sit secundum carnem uiuere. In operibus namque carnis, quae manifesta esse dixit eaque commemorata damnauit, non illa tantum inuenimus, quae ad uoluptatem pertinent carnis, sicut sunt fornicationes, inmunditiae, luxuria, ebrietates, comisationes; uerum etiam illa, quibus animi uitia demonstrantur a uoluptate carnis aliena. Quis enim seruitutem, quae idolis exhibetur, ueneficia, inimicitias, contentiones, aemulationes, animositates, dissensiones, haereses, inuidias non potius intellegat animi uitia esse quam carnis?* (Augustinus: De civitate Dei XIV.2; Übers. [Thimme]: „Um nun zu ergründen, was es heißt, ‚nach dem Fleische leben', womit sicherlich etwas Böses gemeint ist, obwohl die Natur des Fleisches an sich nicht böse ist, wollen wir sorgfältig jene Stelle aus dem Briefe des Apostels Paulus an die Galater ins Auge fassen, wo er sagt: ‚Offenbar aber sind die Werke des Fleisches, nämlich Hurerei, Unreinigkeit, Üppigkeit, Abgötterei, Zauberei, Feindschaft, Hader, Eifersucht, Zorn, Zwietracht, Ketzerei, Neid Trunksucht, Völlerei und dergleichen, wovon ich euch zuvor gesagt habe und sage noch zuvor, daß, die solches tun, werden das Reich Gottes nicht ererben.' Dieser eine Spruch des apostolischen Briefes, als Ganzes betrachtet und, soweit hier erforderlich, erwogen, genügt, die Frage zu beantworten, was es bedeutet, nach dem Fleische zu leben. Denn unter den Werken des Fleisches, von denen der Apostel sagt, sie seien offenbar, und die er aufzählt und verurteilt, treffen wir nicht nur solche an, die zur Fleischeslust gehören, wie Hurerei, Unreinigkeit, Üppigkeit, Trunksucht und Völlerei, sondern auch solche, welche wir als Geistessünden kennen, die mit Fleischeslust nichts zu schaffen haben. Denn wer sieht nicht ein, daß Götzendienst, Zauberei, Feindschaft, Hader, Eifersucht, Zorn Zwietracht, Ketzerei und Neid mehr Geistes- als Fleischessünden sind?").

Zum ‚Heidentum' wird das Fleisch und alles Fleischliche dabei, sofern es in götzenhafter Weise Gott vorgezogen wird. Heidentum und Häresie werden dieserart zu einer Systemstelle, die für die Entwicklung der Theologie des ‚Eigenen' konstitutiv wird, indem der christliche Glaube auf mehreren – überblendbaren – Ebenen als Überwindung von Vorgängigem konzipiert wird, nämlich als Neuer Bund gegenüber dem Alten Bund, als Überwindung des Polytheismus, als schrittweiser Aufstieg in die Erkenntnis, welcher zugleich *ex negativo* eine schrittweise Überwindung potentieller Häresien darstellt, als immer wieder stattfindende Umkehr des Subjekts (*conversio* bzw. *via perfectionis*) zwischen alltäglicher Sündenbefangenheit, Beichte und Buße.[245]

---

[245] Diese in die innere Systemik des Christentums gerichtete Perspektive auf die ‚Heiden' – muslimische und andere – findet sich auch anderen Orts in theologischen Texten des Hochmittelalters. Der Kampf gegen ein solches systemisches Heidentum ist, wie die sogenannte *Summa contra gentiles* des Thomas von Aquino zeigt, auch im 13. Jh. aktuell geblieben. Zwar hat man versucht, die *Summa* in einen Zusammenhang zum Kampf gegen den Islam zu setzen – und es werden in diesem Text, wie sich gleich zeigen wird, auch durchaus punktuell Invektiven gegen die *Saraceni* gefahren –, der inhaltliche Bezug der Ausführungen zu einem konkreten zeitgenössischen Islam ist im Ganzen betrachtet jedoch erstaunlich gering zu veranschlagen. Sie stellen vielmehr eine theologische Summe dar. Umso bezeichnender ist es, dass hier beständig theologische Darlegungen als Antwort auf ‚heidnische' oder ‚häretische' Gegenpositionen entwickelt werden, welche jedoch ohne erkennbare Herkunft bleiben. Die Einwände nehmen vielmehr die Position eines generellen ‚Heidentums' an, als dass sie konkret einer bestimmten Gruppe – wie beispielsweise islamischen Gelehrten – oder tatsächlichen Lehren und Praktiken zugeordnet werden könnten. Vielfach wird die bei Augustinus angestoßene Auseinandersetzung mit den Lehrmeinungen eines spätantiken Heidentums oder zeitgenössischer Häresien, die für diesen eine realpolitische Größe darstellten, perpetuiert. Dies lässt sich besonders gut anhand der letzten Kapitel des vierten Buches der *Summa* zeigen, die über die Auferstandenen und den Auferstehungsleib handeln und insofern eine Parallele zu Augustins *Gottesstaat* bilden. Der Kampf Augustins gegen die Häresien seiner Zeit wird in der *Summa* – mit direktem Bezug auf den *Gottesstaat* – weitergeführt, wenn es heißt: *Per hoc autem excluditur error quorundam antiquorum Gentilium [Pythagoricorum], qui credebant ‚eadem temporum temporaliumque rerum volumina repeti […]', ut Augustinus introducit in XII de Civ Dei [c. 13]* (Thomas von Aquino: Summa contra gentiles IV,82 [S. 494]; – Übers. (ebd.): „Hierdurch wird auch der Irrtum einiger alter Heiden [z. B. einiger Pythagoreer, Stoiker und Epikureer] ausgeschlossen, welche glaubten, ‚daß sich dieselbe Geschichte der Zeiten und zeitlicher Dinge wiederhole. […]', wie Augustinus zu Beginn des 12. Buches *Über den Gottesstaat* berichtet."). Es gibt in der *Summa contra gentiles* unspezifische Gruppenzuweisungen an „die Heiden", „die Muslime" und „die Häretiker", bspw.: *Per hoc autem excluditur error Iudaeorum et Saracenorum, qui ponunt quod in resurrectione homines cibis et venereis utentur, sicut et nunc. Quos etiam quidam Christiani haeretici sunt secuti* (Thomas von Aquino: Summa contra gentiles IV,83 [S. 504]; Übers. (ebd.): „Hiermit ist auch der Irrtum der Juden und der Sarazenen ausgeschlossen, welche behaupten, im Zustande der Auferstehung machten die Menschen von Speisen und Sexualverkehr genauso wie jetzt Gebrauch. | Ihnen sind auch gewisse christliche Häretiker gefolgt."). Die „gewissen christlichen Häretiker" sind jedoch keineswegs Zeitgenossen des Thomas, obgleich der Text zunächst suggeriert, sie seien der Meinung der Sarazenen gefolgt, sondern stammen wiederum aus einem unmittelbar anschließenden *Gottesstaat*-Zitat (vgl. ebd., S. 504: *ut Augustinus dicit, XX de Civitate Dei [c. 7]* [Übers. (ebd.): „wie Augustinus im 20. Buch *Über den Gottesstaat* sagt."]. Es bezieht sich auf die sogenannten „Chiliasten" bzw. „Millenarier". Der Kampf *contra gentiles* erscheint also auch in der *Summa* des Thomas vielmehr als ein transhistorischer Systemfaktor, insofern der Text

Diese Pose des Neuen, des Überwindens eines Vorausgehenden wird das Christentum im Folgenden – nicht zuletzt in der „zerdehnten Situation" (J. Assmann)[246] der auf Dauer gestellten Patristikrezeption sowie in der durch die Märtyrer-Legendarik perpetuierten Gründungssituation des Urchristentums – im Modus der ‚Gegenreligion' (J. Assmann)[247] verstetigen. Das heißt freilich nicht, dass sich nicht auch hier ein *argumentum ex auctoritate* entwickeln wird, welches an die Altehrwürdigkeit (nicht zuletzt der Patristik) gebunden ist; parallel jedoch wird der Überwindungscharakter des christlichen Bekenntnisses zum konstitutiven Teil der Theologie, des Sakramentes und des Ritus selbst. Gleichzeitig wird in dieser Überwindungsidee das zu Überwindende selbst konserviert, nämlich in seiner prototypischen Ausformung als vorchristliches, römisches Heidentum des Urchristentums, später wahlweise als äquivalentes muslimisches Heidentum. Es scheint nicht unangemessen, die Stoßrichtung solcher ‚Apologetik' – wie etwa in der *Summa contra gentiles* des Thomas von Aquino – viel allgemeiner zu veranschlagen und nicht, aufgrund zeithistorischer Nähe, der Verführung zu erliegen, sie vorschnell in eine direkte Beziehung zu Kreuzzugsbewegung und Heidenmission zu setzen, zu denen vielleicht eher eine indirekte Beziehung besteht. Gleichwohl auch ich die ‚dialogische' Struktur der christlichen Theologie sehe, möchte ich doch vorschlagen, diese Dialogizität – etwa im Sinne der scholastischen *Quæstio*[248] – als von vorneherein systemimmanent und damit letztlich ‚fingiert' zu begreifen. Die ‚interkulturelle Dimension' wäre dann vielmehr ein Systemeffekt als ein von außen an das System herantretender Faktor.

Peter Brown hat in seinen Vorlesungen zur Christianisierung des Römischen Reiches mit so viel Pathos wie Hellsichtigkeit ausgeführt, wie die realpolitische Durchsetzung des Neuen Bundes gegen die alte(n) Religion(en) ein Analogon in der Überwindung des *homo vetus* durch den *homo novus* in jedem Christen selbst findet und wie derart der Kampf gegen ein historisches Heidentum im Wiedererzählen der

---

weniger eine Missionsschrift als vielmehr eine Darlegung von Glaubenssätzen ist, welche sich an einem teils historischen und perpetuierten, teils hypothetisch-imaginären, aber systemkonstitutiven Anderen abarbeitet. Bezeichnend ist die anhaltende Forschungsdebatte, die – erfolglos – versucht hat, die *Summa* als Missionswerk mit einem konkreten historisch fassbaren, zeitgenössischen, heidnischen Adressatenkreis in Verbindung zu bringen; vgl. hierzu die Zusammenfassung der alten Kontroverse bei Rolf Schönberger: Thomas von Aquins ‚Summa contra gentiles'. Darmstadt 2001, S. 7–13.
246 Vgl. Assmann, Religion und kulturelles Gedächtnis, S. 124–147.
247 Vgl. Jan Assmann: Moses der Ägypter. München/Wien 1998, S. 20: „Ich möchte diesen Religionstyp ‚Gegenreligion' nennen, weil er alles, was ihm vorausgeht und was außerhalb seiner liegt, als ‚Heidentum' ausgrenzt." Zu diesem Religionstyp zählen alle drei abrahamitischen Religionen. Vgl. erneut Assmann, Totale Religion.
248 Anders fasst Imbach, Selbsterkenntnis und Dialog, S. 24–28, die „Praxis der Quaestio" auf, in der er eine genuin „interkulturelle Dimension" erkennen will, die als Reaktion auf den „Austausch mit der arabischen Welt und die Diskussion mit den Juden" entstanden sei (ebd., S. 25). Insofern bereichere „die Beunruhigung und die Störung durch den anderen und durch das Fremde das Denken als Dialog der Seele mit sich selbst" (ebd., S. 28).

V.3 Exkurs: Das heidnische Fleisch und die fleischliche Häresie — 545

Legendarik auf Dauer gestellt und – mit Foucault gedacht: als Appellstruktur und Subjektivierungsform – in die Subjektposition der ChristInnen selbst verlegt wird:

> Wir halten es für einleuchtend, daß die Christianisierung ein ermüdender, heroischer Kampf auf Erden gewesen sein muß gegen die unnachgiebigen, sich proteushaft wandelnden Einflüsse einer nicht bekehrten antiken Welt. Vor allem dank der Schriften der Generation Augustins hält sich im westlichen Kulturraum hartnäckig eine vorbelastete Erinnerung an die römische Antike – als wirksames Fragment einer ‚sich abkapselnden Geschichte'. Die christliche Gegenwart, dicht verfolgt von *antiquitas*, dem heidnischen Altertum, kam dem Grundanliegen des christlichen Mittelalters sehr nahe – die Antike als unendlich faszinierender Begleiter, dem man nicht entrinnen konnte, der einen Anflug Traurigkeit mit feinem Gespür für die Gefahren des Lebens verband, eine Synekdoche der menschlichen Natur im Schatten von Adams Fall.[249]

An anderer Stelle formuliert Brown: „Die nicht gefestigte Seele konnte [...] den dämonischen Mächten in vielerlei Weise opfern, ohne sich je einem heidnischen Altar zu nähern."[250] Genauso, wie – mit Jan Assmann gedacht – die monotheistischen Religionen sich prinzipiell von der Ethnizität lösen, um sich stattdessen als Monotheismus der Treue, der Konversion und der Wahrheit zu verstehen,[251] ist auch ihr konstitutives Anderes – das Heidentum der Untreue, der Verstockung und der Falschheit – nicht prinzipiell an eine klar umrissene Volksgruppe gebunden, sondern zugleich ein Zustand des Subjektes. Dabei ist schon die Taufe selbst als Überwindung dieses Grundzustandes von ‚Heidentum' im Subjekt verstanden,[252] der von den Gläubigen selbst verstetigt und

---

[249] Peter Brown: Autorität und Heiligkeit. Aspekte der Christianisierung des Römischen Reiches. Stuttgart 2016, S. 44, stellt die überarbeitete Fassung von drei Vorlesungen dar, die Brown 1993 in Cambridge gehalten hat.

[250] Ebd., S. 39. – Eine ganz ähnliche Perspektive entwickelt etwa auch Sean Murphy: Pagans Past and Present: Righteousness and Idolatry in Academic Discussions of Ancient Religion c. 1130–1230. In: Knaeble/Wagner, Gott und die *heiden*, S. 147–167 (hier besonders zu Wilhelm von Auvergne, ebd., S. 161–166), für die mittelalterliche Gelehrtenkultur, in welcher bestimmte Formen von geistiger Beschäftigung (Dichtung/Philosophie) und Weltverhaftetheit selbst als eine Art von ‚Heidentum' aufgefasst worden seien; vgl. hierzu im Folgenden Kap. VI.1.1, VI.1.2 u. VI.1.4.

[251] Vgl. hierzu wiederum Assmann, Totale Religion, S. 19, sowie zu Treue, Konversion und Wahrheit S. 29–76.

[252] Die berühmte Stelle aus Gyburgs sog. ‚Toleranzrede' verweist auf den Subjektzustand des Heidentums vor der Taufe: *swaz müeter her sît Even zît | kint gebären, âne strît | gar heidenschaft was ir geburt: | etslîchez der touf het umbegurt. | getouft wîp den heiden treit, | swie daz kint der touf hab umbeleit. | der juden touf hât sunder site: | den begênt si mit einem snite. | wir wâren doch alle heidnisch ê* (Willehalm 307,17–25). – Bereits Tertullian formuliert: *Fiunt, non nascuntur Christiani* (vgl. Tertullian: Apologeticum. Verteidigung des Christentums. Lateinisch und deutsch, hrsg., übers. u. erläutert von Carl Becker. 2. Aufl. München 1961, hier S. 120–124). – Zur theologischen Tradition der Rede Gyburgs vgl. besonders Schnell, Die Christen und die ‚Anderen' (1993). – Dass die Begriffe ‚Heide' und ‚Sarazene' in diesem Sinne austauschbar sind, zeigt sich vielleicht auch darin, dass der Protagonist im mittelniederländischen *Walewein*-Roman sein Gegenüber nach dessen Herkunft mit den Worten befragen kann, ob es jemals christlich getauft worden oder *noch* Sarazene sei (*So sect mi – het es tijt | waerdi noit ghedaen kerstijn | of sidi noch een sarrasijn?* – Zitiert nach: Penninc, Pieter Vostaert: Roman van Walewein. Mittelniederländisch – Neuhochdeutsch. Hrsg. und übers. von Johan H. Winkelman. Münster 2010 [Bibliothek

erhalten werden muss. Wie ChristInsein eine Leistung des/der einzelnen Gläubigen wird, wird HeidInsein ein Mangel des/der einzelnen Ungläubigen, ganz gleich, ob er/sie sich in einer Gruppe von Heiden im Reich der ‚Sarazenen' kollektiviert oder als SünderIn im Schoß der Kirche lebt.²⁵³

Die Erinnerung an ein frühchristliches Heidentum hallt in der Legendarik und der apologetischen Theologie massiv nach und ist auch für das Christentum konstitutiv, das um 1200 keinem anderen ‚Heidentum' mehr gegenübersteht als den Häretikern im Inneren und den (muslimischen) ‚Häretikern' an der Peripherie, die umstandslos in die alte Systemposition einrücken und die mit der Erinnerung aus dem Schriftarchiv überblendet werden.²⁵⁴

Der individuelle Aufstieg aus dem eigenen Heidentum und der eigenen Körperlichkeit wird so zur Aufgabe eines jeden christlichen Subjektes. Dieser Weg wird sogar der Heiligen Schrift eingeschrieben, die selbst als Medium eines Aufstiegs strukturiert wird, der durch Lektüre nachvollzogen werden soll. So prägt das, was Augustinus theologisch rechtfertigt, sogar den Text der Vulgata. Schon Hieronymus selbst rechtfertigt in seinem Prolog zu den Briefen des Apostels Paulus die von ihm gewählte Abfolge der Briefe, welche er in seiner Übersetzung entgegen ihrer Chronologie anordnet. In diesen belehre der Apostel diejenigen, „die dem Sklavendienst am Teufel und an der Götzenverehrung abgewonnen worden sind" (*a diaboli et idolatriae servitute edocet adquisitos*; Übers. von Andreas Beriger).²⁵⁵ Die Anordnung der Briefe werde von ihm, Hieronymus, entgegen der Abfolge ihrer Entstehung organisiert, *ut per singulas epistulas gradibus ad perfectiora veniretur* (700,17 f.; Übers. [Andreas Beriger]: „damit man stufenweise durch die einzelnen Briefe zum Vollkommenen gelangen kann"). Dieser stufenweise Aufstieg bewegt sich weg vom Körperlichen und hin zum Geistigen, weg vom

---

mittelniederländischer Literatur 5], Vv. 5310–5312). Einschränkend kann allerdings entgegengesetzt werden, dass Walewein dem in einen Fuchs verwandelten Prinzen Roges in ‚Indien' begegnet und damit vllt. ein impliziter Grund vorhanden ist, in diesem einen *sarrasijn* zu vermuten.

253 So stellt etwa Ralf Schlechtweg-Jahn, Die *heiden* als Machtdispositiv, S. 101–130, hier S. 124, in Hinblick auf den Brief *contra sectam saracenorum* des Petrus Venerabilis fest: „Petrus [gerät] in einen Strudel von jede Dichotomie aufhebenden Differenzierungen von Häresien und Ungläubigkeit, die es ihm letztlich unmöglich machen, *heiden* und Christen in der Immanenz eindeutig voneinander zu unterscheiden." In der Perspektive der vorliegenden Arbeit wäre hieran anschließend zu konstatieren, dass diese Überblendung keineswegs ein systematischer Mangel, sondern vielmehr konstitutiv für den *heiden*-Diskurs ist.

254 Ein ganz ähnliches, strukturell analoges Phänomen beschreibt Assmann, Totale Religion, S. 54 f., bereits für die Entwicklungen im Judaismus des 6./5. Jhs. v. u. Z.: „In dieser Zeit [...] gab es die kanaanäischen Völker gar nicht mehr, deren Vernichtung dem Bundesvolk als heilige Verpflichtung auferlegt wird. Was die biblischen Texte als kanaanitische Religion verteufeln, ist aller Wahrscheinlichkeit nach nichts anderes als die eigene Vergangenheit, das ‚hebräische Heidentum'. Der Begriff der Kanaanäer ist also symbolisch zu verstehen." Ähnliches lässt sich auch für den islamischen Monotheismus plausibel machen, vgl. Rotter, Venus – Maria – Fatima, S. 181 f.

255 Hieronymus: Prologus in epistulis Pauli Apostoli, 698,16 f.

Heidentum und hin zur Festigung im Rechtglauben.[256] Er muss durch jedes lesende Subjekt vollzogen werden.

Umgekehrt lebt im ‚Dienst an Venus' der ‚alte Götzenkult' weiter fort. Das – vorchristliche – Heidentum realisiert sich – analog zum sarazenischen Heidentum – in den *Venereæ*, wie es in der Rede der Natura im *Planctus naturæ* des Alanus heißt:

> Quia ergo iam dictum est quomodo totus orbis in nativae Veneris fere generali periclitatur incendio, nunc restat dicendum qualiter idem generalissimo gulositatis naufragatur diluvio quoniam gulositas est quasi quoddam *Venereae exsecutionis* prooemium et quasi quoddam ad consequens Venereum antecedens.
> Nota ergo quasdam *filias idolatriae veteris*, olim medullitus exstirpatae, in praesentia instanti suae matris imperium reparare conari et eam quibusdam praestigiosis carminibus redivivam a mortuis excitare. Quae meretricali officio, vultu phantasticae delectationis faciem dealbantes, suos amasios alliciendo fraudulenter illiciunt. Quae sub tristi laetitia, sub amica saevitia, sub hostili amicitia, tamquam Syrenes usque in exitium dulces delectationis melodiam facie tenus praeferentes, suos amatores *ad idolatriae perducunt naufragium*.
> (Alanus: Planctus naturae, Prosa 6, S. 144)[257]

---

256 Hieronymus: Prologus in epistulis Pauli Apostoli, 700,18–702,11: *Romanorum namque plerique tam rudes erant, ut non intellegerent Dei se gratia non suis meritis esse salvatos, et ob hoc duo inter se populi conflictarent. Idcirco illos indigere adserit confirmari, vitia gentilitatis priora commemorans. Coronthiis autem iam dicit scientiae gratiam esse concessam, et non tam omnes increpat quam cur peccantes non increpaverint reprehendit, sicut ait: ‚Auditur inter vos fornicatio', et iterum: ‚Congregatis vobis cum meo spiritu tradere huiusmodi Satanae'. In secunda vero laudantur et ut magis ac magis proficiant admonentur. Galatae iam nullius criminis arguuntur, nisi quod callidissimis pseudoapostolis crediderunt. Ephesii sane nulla reprehensione sed multa laude sunt digni, qui fidem apostolicam servaverunt. Philippenses etiam multo magis conlaudantur, qui nec audire quidem falsos apostolos voluerunt. Colosenses autem tales erant ut, cum ab Apostolo visi corporaliter non fuissent, hac laude digni haberentur: ‚Et si corpore absens sum, sed spiritu vobiscum sum gaudens et videns ordinem verstrum'.* – Übers. (Andreas Beriger): „Denn die meisten der Römer waren so ungebildet, dass sie nicht verstanden, dass sie durch die Gnade Gottes und nicht durch ihre eigenen Verdienste erlöst worden sind, und dass aufgrund dessen die beiden Völker miteinander stritten. Daher fügt er an, dass sie es nötig haben, gefestigt zu werden, indem er an die früheren Fehler des Heidentums erinnert. Den Korinthern aber sagt er bereits, dass die Gnade des Wissens gewährt worden sei, und er tadelt nicht so sehr alle, als dass er ihnen vorwirft, weshalb sie die Sünder nicht getadelt haben, indem er sagt: ‚Man hört von Unzucht unter euch,' und wiederum: ‚Nachdem ihr euch mit meinem Geist vereint habt, einen solchen Satan auszuliefern'. Im zweiten jedoch werden sie gelobt und dazu ermahnt, immer weitere Fortschritte zu machen. Die Galater werden bereits keines Verbrechens angeklagt, außer dass sie sehr gerissenen Pseudoaposteln geglaubt haben. Die Epheser nun haben keinen Tadel verdient, aber viel Lob, weil sie den apostolischen Glauben bewahrt haben. Die Philipper werden sogar noch viel mehr gelobt, da sie den falschen Aposteln nicht einmal Gehör schenken wollten. Die Kolosser aber waren so, dass sie – obwohl sie vom Apostel nie körperlich gesehen worden waren – dieses Lobes für würdig gehalten wurden: ‚Denn auch wenn ich mit dem Körper abwesend bin, bin ich doch mit dem Geist bei euch und freue mich und sehe eure Ordnung'."

257 Kursivierung im lat. Text und in der Übers. v. mir; F. D. S. – Übers. (Köhler): „Es ist ja schon gesagt, wie fast dem ganzen Erdkreis durch das Feuer der ursprünglichen Venus ein allgemeiner Brand droht. Jetzt muß noch gesagt werden, wie ihm durch eine allgemeine Sintflut an Gefräßigkeit Schiffbruch droht, denn die Gefräßigkeit ist wie ein Vorwort zu den *Ausführungen der Venus* und wie der Obersatz

Das Heidentum umstellt also in Folge der patristischen Theologie als ‚negatives Korrelat' (Luhmann) das christliche Subjekt und kann die Form der schönen Venus annehmen. Dies lässt die weltliche Liebe zu jener alten ‚Idolatrie' werden, welche noch die Gegenwart *sub gratia* mit dem ‚Heidentum' der Zeit *ante gratiam* verbindet. In der Lust an den *Venereae executiones* aber nimmt diese Idolatrie die Form des schönen, mithin des weiblichen Körpers an.

V.3.2 Narrative Superpositionen des Eigenen und des Anderen zwischen Subjektivierungs- und Kollektivierungsform

Es kann plausibilisiert werden, dass die anhand des *Welschen Gastes* analysierte Erkenntnis des Selbst als potentiell Heidnisches (vgl. Kap. V.2.1 u. Kap. V.2.2) im Sinne einer Subjektivierungsform lesbar ist, welche verschiedene Ebenen des Eigenen, nämlich individuelle und kollektive, konturiert. Und auch die genealogisch inszenierte Figurentriade Gahmuret – Feirefiz – Parzival (vgl. Kap. V.2.3) reiht sich in die vielgestaltige Reihe eines narrativen Modells ein, welches das Andere im Selbst über das Eindringen beziehungsweise die Einholung des Heidnischen in den Raum des Eigenen imaginiert. Hierbei soll ‚Selbst' als Subjektivierungskategorie – als Effekt des christianisierten Appells *cognosce teipsum* (vgl. Kap. V.2) und damit als konkretisierter Modus des Eigenen – verstanden werden, die auf das einzelne sich als Christ subjektivierende Individuum bezogen ist, dessen Subjektivierungsleistung gerade darin besteht, ein polymorphes Anderes (ein ‚Heidnisches', ‚Fleischliches', ‚Körperliches' ‚Weibliches' etc.) in sich zu identifizieren. Die Differenzkategorie des Anderen wird hier im Folgenden in ihrer – immer noch polymorphen – Konkretisierung als ‚das Heidnische' fokussiert, welches in ein allgemeiner konzeptualisiertes Eigenes (die christliche Herrschaftssphäre mit der Menge aller möglichen Formen von christlichen Subjekten) eindringt. Es zeigt sich, dass Narrative, die die Emergenz des Anderen im Selbst the-

---

zum Schlußsatz der Venus. | Achte also darauf: Einige *Töchter der Idolatrie, der Alten*, die bis aufs Mark ausgerottet schien, versuchen im gegenwärtigen Zeitpunkt die Herrschaft ihrer Mutter wiederherzustellen und sie mit verzaubernden Gesängen wie eine Wiederbelebte von den Toten zu erwecken. Diese, im buhlerischen Dienst, übertünchen das Gesicht mit dem Aussehen eines phantasievollen Ergötzens und verlocken so ihre Liebhaber und ködern sie trügerisch. Diese tragen mit trauriger Freude, zärtlicher Grausamkeit, feindseliger Freundschaft, den Sirenen gleich, bis zum Untergang süß, ein Lied des Ergötzens vor, dem Anschein nach, und verführen so ihre Lieblinge *bis zum Schiffbruch der Idolatrie.*" – Köhler, Natur und Mensch, S. 57–66, hat bereits auf den Zusammenhang zwischen *sensualitas* und Idolatrie hingewiesen, den der *Planctus* herstellt (vgl. ebd., S. 63). Er betont zurecht, dass *sensualitas* hier „nicht Sinnlichkeit der Erkenntnis, sondern die Gebundenheit des Menschen an ein ‚sinnenhaftes' Leben" meine (ebd., Anm. 19). – Die Warnung vor der Venus und der Gefräßigkeit konvergieren wiederum im ‚heidnischen Götzendienst', insofern hier im Hintergrund erneut der bereits thematisierte Zusammenhang von *gula* und *luxuria* zu veranschlagen ist. In Phil 3,18 f. werden diejenigen, deren Gott der Bauch ist (*quorum deus venter*) als Feinde Christi bezeichnet.

matisieren, mit denjenigen, die das Eindringen des Heidnischen in den Herrschaftsraum des Eigenen beziehungsweise die Grenzüberschreitung zwischen den Sphären thematisieren, homologisiert und überblendet werden.

V.3.2.1 Die Entstehung des Anderen aus dem Eigenen: Die mittellateinischen Mohammeds-Viten als diskursiver Kontext

Dieses kulturelle Phantasma, welches im Modus der Überblendung einerseits das Andere im Selbst verortet und zugleich andererseits das Heidnische sowohl als Vorstufe (phylogenetisch: heidnische Vorzeit, ontogenetisch: Taufe/*conversio*) wie auch als Regressionsstufe des Eigenen (phylogenetisch: Häresie, ontogenetisch: Sünde) imaginiert, strukturiert die Imagination des ‚sarazenischen' beziehungsweise ‚heidnischen' Raumes und des *heidensch orden* selbst, in welchen ja auch die Gahmuret-Figur im Verlaufe ihrer Ausfahrt zunächst eindringt und welcher in Form des Feirefiz eine Generation später in den Raum der Christen zurückkehrt.

Entsprechend finden sich in der lateinischen Tradition zahlreiche Konzeptualisierungen des ‚sarazenischen Heidentums' als christliche Häresie, die zugleich die christlichen Erzählungen vom islamischen Propheten Mohammed strukturieren, welcher in mehreren lateinischen Viten als christlicher Häretiker oder als Schüler eines Häretikers imaginiert wird.[258] Während die handschriftliche Überlieferung dieser Viten-Literatur nicht sehr breit ist[259] und sie erst relativ spät – beispielsweise mit dem auf das Jahr 1258 datierbaren *Roman de Mahomet* des Alexandre du Pont[260] – Eingang in die Volkssprache findet, lässt sich doch an Erzähldetails plausibilisieren, dass gleichartige Erzählungen in den Zentren volkssprachlicher Literatur um 1200 gut bekannt waren.

---

258 Eine gut erreichbare Leseausgabe einiger solcher Texte bieten jüngst: Medieval Latin Lives of Muhammad. Hrsg. u. übers. von Julian Yolles, Jessica Weiss. Cambridge (Mass.)/London 2018 (DOML 51), worin sich unter anderem die *Vita Mahumeti* Embricos von Mainz, die *Otia de Machomete* Walters von Compiègne, eine Mohammeds-Vita des Adelphus, der anonyme *Liber Nycholay*, sowie der anonyme Bericht *Hic incipit qualiter iniquus mahometus venit et a quibus et quo modo processit* finden. Die Texte werden im Folgenden unter Beigabe der englischen Übersetzung nach dieser Ausgabe zitiert. – Einen kurzen und historisch unterfütterten Überblick gibt Stephan Hotz: Mohammed und seine Lehre in der Darstellung abendländischer Autoren vom späten 11. bis zur Mitte des 12. Jahrhunderts. Aspekte Quellen und Tendenzen in Kontinuität und Wandel. Frankfurt a. M. 2002 (Studien zur klassischen Philologie 137), der sowohl die *Vita Mahumeti* Embricos von Mainz (ebd., S. 27–42) als auch die *Otia de Machomete* Walters von Compiègne (ebd., S. 51–60) behandelt. Vgl. zudem immer noch älteste Forschung, nämlich Richard Otto: Mohamed in der Anschauung des Mittelalters. In: Modern Language Notes 4 (1889), S. 11–15 u. 45–49.
259 Yolles/Weiss, Medieval Latin Lives, S. 583–588, verzeichnen für die Ende des 11. Jhs. entstandene *Vita Mahumeti* Embricos von Mainz 16 Hss., für die *Otia de Machomete* Walters von Compiègne (1. Hälfte 12. Jh.) zwei vollständige Hss. und ein Fragment, für die Mohammed-Vita des Adelphus (Mitte 12. Jh.) eine Hs., die in Trier liegt, für den *Liber Nycholay* (spätes 13. Jh.) zwei Hss. und für die anonyme Vita *Qualiter iniquus mohametus* (Ende 13. Jh.) ebenfalls nur eine Hs.
260 Alexandre du Pont: Le Roman de Mahomet. Hrsg., übers. und komm. von Yvan G. Lepage, Louvain/Paris 1996 (Ktēmata 14).

Dass der Kenntnisstand dabei hoch anzusetzen ist, zeigt sich nicht zuletzt darin, dass eine entsprechende Referenz im Herkunftsbericht Rennewarts in Wolframs von Eschenbach *Willehalm* im Modus der Anspielung verbleiben kann, wenn Rennewart sagt: *ich bin von Mechâ, | dâ Mahmeten heilikeit | sînen lîchnamen treit | al swebende âne undersetzen* (Willehalm 193,2–5).[261] Joachim Heinzle kommentiert: „Nach einer im Mittelalter (und darüberhinaus) verbreiteten Überlieferung schwebte der Sarg mit den Gebeinen Mohammeds frei in der Luft."[262] Dabei übersieht er, dass dieses Schweben, auf das die Rennewart-Figur hier referiert, zumeist in den Rahmen der Schilderung eines wundersam konstruierten, mit reichem Edelsteinschmuck besetzten Prunkgrabes eingelassen ist, in welcher – neben einem Epitaph – auch eine ausgeklügelte Konstruktion enthalten ist, die mit Hilfe von Magnetsteinen den Metallsarkophag des Mohammed in einem Schwebezustand hält, um seine Anhänger zu täuschen, wie es beispielsweise das Ende der *Vita Mahumeti* Embricos von Mainz erzählt. Es handelt sich bei dem schwebenden Sarg also keineswegs im einen allgemein „im Mittelalter verbreiteten" Glauben, sondern dieser wird dezidiert als Täuschung der Ungläubigen und damit als heidnischer Irrglaube inszeniert:

> Hic opus elatum solo, magnete paratum,
>   in medio steterat et velut arcus erat.
> Sub quem, portatur Mahumet tumuloque locatur,
>   qui, si quis quaerat, aere paratus erat.
> Et quia revera magnes sibi contrahit aera,
>   in qua rex iacuit tumba levata fuit
> et sic pendebat, quod vis lapidum faciebat.
>   Ergo, rudes populi prodigium tumuli
> postquam viderunt, rem pro signo tenuerunt,
>   credentes miseri per Mahumet fieri
> pondere res plena quod pendeat absque catena
>   nec sit pendiculum quod teneat tumulum.
> Hoc ubi viderunt stulti, Mahumet coluerunt,
>   gente quod in Libyca fecerat ars magica.

---

261 Der *Willehalm* wird hier nach der Leseausgabe Wolfram von Eschenbach: Willehalm. Nach dem kritischen Text von Werner Schröder ins Nhd. übers., komm. u. hrsg. von Horst Brunner. Stuttgart 2018 zitiert.
262 Kommentar zu V. 193,3–5 in: Wolfram von Eschenbach: Willehalm. Hrsg. von Joachim Heinzle. Frankfurt a. M. 1991 (Bibliothek des Mittelalters in vierundzwanzig Bänden 9), S. 969. – Yolles/Weiss, Lives of Muhammad, S. XXXV, Anm. 27, rechnen damit, dass das schwebende Grab entweder eine Erfindung Embricos sei oder bei diesem zuerst aufgezeichnet. John V. Tolan: Sons of Ishmael. Muslims through European Eyes in the Middle Ages. Gainesville et al. 2008, hier bes. S. 19–34 (Kap. „A Mangled Corpse. The Polemical Dismemberment of Muhammad"), auf den sich Yolles/Weiss hier beziehen, veranschlagt den schwebenden Sarkophag als Erfindung Embricos (ebd., S. 20: „that particular legend is a product of the Rhineland in the twelfth century").

> Sed nos errorum quia causas diximus horum,
>   Musa manum teneat! Et Mahumet pereat!
> (Embrico von Mainz: Vita Mahumeti, Vv. 1133–1148)²⁶³

Genau dieser Täuschung erliegt die Figur Rennewart, die glaubt, dass es *Mahmeten heilikeit* sei, welche dessen Gebeine, also den hier nicht eigens erwähnten Sarkophag, schweben lässt. Diese Sinnverschiebung ergibt sich freilich erst, wenn man nicht

---

263 Eine vollständige deutsche Übersetzung der *Vita Mahumeti*, die hier und im Folgenden zitiert wird, bietet Hotz, Mohammed und seine Lehre, S. 101–128: „Hier in der Mitte stand ein Kunstwerk schwebend über dem Boden, gemacht aus Magnetstein in Form eines Gewölbes. [1135] Unter diesem wurde Mahumet in einen Sarg gebettet getragen. Wenn jemand fragt: Dieser Sarg ist aus Erz. Und weil tatsächlich der Magnetstein das Erz anzieht, wurde der Sarg, in dem der König [= Mahumet, F. D. S.] lag, in die Höhe gehoben und schwebte. Das bewirkte die Kraft der Steine. [1140] Als die dummen Völker also das ‚Wunder' des Grabes gesehen hatten, hielten diese Toren die Sache im Glauben für ein Zeichen: Es geschehe durch Mahumet, dass ein Gegenstand von stattlichem Gewicht ohne Kette und Gehänge, das in halte, schwebe. [1145] Sowie die Einfältigen dies gesehen haben, verehren sie Mahumet. Das hat in Libyen die Arglist eines Magiers bewirkt. Weil wir indes nun von den Anlässen dieser Irrtümer Kunde gebracht haben, gebiete die Muse unserer Hand Einhalt und Mahumet soll ins Verderben gehen!" – Obgleich die im deutschsprachigen Raum entstandene *Vita Mahumetis* die am häufigsten überlieferte Mohammeds-Vita ist (vgl. hierzu Yolles/Weiss, Medieval Latin Lives, S. 583–588), scheint diese nicht die Vorlage für die Referenz auf den schwebenden Mohammeds-Sarkophag im *Willehalm* zu sein, da Rennewart das Grab ausdrücklich in *Mechâ* verortet, die *Vita* es jedoch in Lybien lokalisiert. Walters von Compiègne *Otia de Machomete* (1. Hälfte 12. Jh), die von Alexandre du Pont 1258 ins Altfranzösische übertragen worden sind (*Roman de Mahomet*), kennen des Grab gleichfalls und verorten es in Mekka, wobei sie zugleich eine Etymologie des Ortsnamens geben, welche auf die Unkeuschheit des polygamen Machomes zurückgeführt wird: *Instituens igitur operis mirabilis arcam, | intus eum posuit quam melius potuit. | Nam sicut fertur, ita vas pendere videtur, | intra quod Machomis membra sepulta iacent, | ut sine subiecto videatur in aere pendens, | sed nec idem rapiat ulla catena super. | Ergo si quaeras ab eis, qua non cadat arte, | fallentes Machomis viribus hoc reputant. | Sed vas revera circumdatur undique ferro | quadrataeque domus sistitur in medio, | et lapis est adamas, per partes quattuor aedis | mensura distans inde vel inde pari, | quo vi naturae ferrum sibi sic trahit aeque, | ut vas ex nulla cedere parte queat. | Sic igitur Machomen divo venerantur honore | et venerabuntur dum deus ista sinet. | Urbs, ubi dicuntur Machometis membra sepulta, | non sine portento Mecha vocata fuit: | nam Machomes immunditiae totius amator | moechiam docuit, moechus et ipse fuit* (Vv. 1061–1080; Über. [Yolles, Weiss]: „Therefore they made a coffin with amazing workmanship and put him inside as they were best able. For it is said that the container where Muhammad's limbs rest in burial seems to hang in such a way that it appears to be hanging in the air with nothing beneath it and no chain to pull it upward. Therefore, if you ask them by what craft it does not fall, they will mistakenly attribute this to Muhammad's power. But in truth the container is covered on all sides with iron, and it stands in the middle of a square building; and there is a diamond stone, at an equal distance from one side and the other in four parts of the building, which by the power of its nature attracts the iron in such a balanced way that the container is not drawn toward any part. Thus they venerate Muhammad with divine honor, and they will continue to venerate him as long as God allows it. | The city where Muhammad's limbs are said to be buried is called Mecca, and this is a portent, since Muhammad loved all sorts of uncleanness and taught adultery [= moechiam, F. D. S.] and was himself an adulterer [= Moechus, F. D. S.]."). – Vgl. zudem den *Liber Nycholay*, Nr. 20, der ebenfalls den magnetisch schwebenden Sarg als Täuschung der *simplices Saraceni* kennt.

davon ausgeht, dass hier ‚mittelalterliches Allgemeingut' wiedergegeben werde, sondern dass, im Gegenteil, auf einen besonderen – nämlich heidnischen – (Irr-)Glauben referiert wird, durch welchen Rennewart differentiell als getäuschter, törichter und später unentschlossen zwischen heidnischer und christlicher Lehre schwankender Heide konturiert ist.

Mohammed-Erzählungen wie die *Vita Mahumeti*, die also offenbar im historischen Umfeld des *Willehalm* als diskursive Folie durchaus vorausgesetzt werden dürfen,[264] inszenieren die Entstehung der heidnischen Lehre immer wieder als aus dem Christentum stammende Irrlehre, die auf einen enttäuschten Christen zurückzuführen ist, der sie als Rache ersinnt. Die Emergenz des Anderen aus dem Eigenen wird auf diese Art biographisiert und in den Modus eines exemplarischen Lebenslaufes überführt. So erzählt die *Vita* Embricos die Geschichte eines Mannes, der mit falscher Frömmigkeit lebt, welche er durch echte Askese demonstriert, und so als Wolf im Schafspelz unter dem Deckmantel falschen Glaubens versucht, das ‚Pontifikat' Jerusalems an sich zu bringen, schließlich trotz einer Warnung, die vom Himmel an den Kaiser ergeht, per Akklamation beinahe zum Patriarchen gewählt, dann jedoch enttarnt und verjagt wird. Er schwört nun Rache und gründet eine Irrlehre, deren erster Anhänger der Diener eines lybischen Konsuls, Mammutius, wird, welcher sich nach dem Tod seines Lehrers zum falschen Propheten aufschwingt.

Der anonyme *Liber Nycholay* schließlich macht aus der Figur des abgefallenen Christen sogar einen enttäuschten Papstamtsanwärter namens Nycholaus, der in den *artes* ausgebildet ist.[265] Dieser, vom altersschwachen Papst als Nachfolger ausersehen, verpasst den Zeitpunkt der Wahl, weil er in Spanien und der ‚Barbarei' als Missionar reist. Nachdem er zunächst fast die gesamte Welt bekehrt hat, sinnt er nun auf die Zerstörung des Christentums: *Unde post modum cogitavit quomodo Christianam religionem subverteret et novam sectam inveniret, praemeditatus fuit in corde suo contra Romanam Ecclesiam maximam controversiam.*[266] Die lange, sehr detailliert entwickelte Häresie (Liber

---

264 Zwar ist es nicht unmöglich, dass die Worte des Rennewart bereits auf eine unbekannte Vorlagenfassung der *Aliscans*-Geste zurückgehen, nichtsdestoweniger bedürfen sie, um im Kontext des *Willehalm* Sinn zu ergeben, eines Zielpublikums, das im entsprechenden diskursiven Kontext verankert und ihnen Sinn beizumessen in der Lage ist.

265 Diese Version der Herkunftsgeschichte Mohammeds schließt scheinbar an eine Tradition an, die bereits Petrus Venerabilis in seiner *Summa totius haeresis saracenorum* (3,4–8; in Glei, Petrus Venerabilis, S. 2–23) als sachlich falsch ablehnt: *Putant enim quidam hunc Nicolaum illum unum e septem primis diaconibus exstitisse et Nicolaitarum ab eo dictorum sectam, quae et in Apocalypsi Iohannis arguitur, hanc modernorum Saracenorum legem exsistere* (Übers. [Glei]: „Es glauben nämlich einige, er sei mit jenem Nikolaus, einem der ersten sieben Diakone, identisch, und die nach ihm benannte Irrlehre der Nikolaiten, die auch in der Apokalypse des Johannes verurteilt wird, trete jetzt wieder in dem eben genannten Gesetzbuch der Sarazenen in Erscheinung.").

266 Liber Nicholay, Nr. 7; Übers. (Yolles/Weiss): „Afterward he thought about how he might subvert the Christian religion and found a new sect, and devised in his heart great controversy against the Roman Church".

Nycholay Nr. 7–15), die dieser Text vorführt, mischt engmaschig christliche Glaubenssätze mit häretischen Abweichungen, indem Nycholaus, der später Machometus genannt wird (*qui Machometus dicitur* [Liber Nycholay, Nr. 1]), beispielsweise die Allwissenheit Gottes und die Jungfrauengeburt lehrt, gerade die Notwendigkeit der Beichte jedoch auslässt und stattdessen behauptet, man müsse sich einem Priester nur zeigen, um seine Sünden vergeben zu bekommen.[267]

Die *Otia* des Walter von Compiègne erzählen davon, wie der durchaus gläubige Machomes, der nie Christ genannt wird, einen Eremiten aufsucht, welcher in ihm jedoch die Besessenheit durch Dämonen erkennt, ihn mit derselben konfrontiert und fortschickt (Vv. 45–52). Machomes erhält für seine Zukunft prophezeit, dass er die Ehe zerstören, die Jungfräulichkeit schänden, die Beschneidung wieder einführen, die Taufe abschaffen und den ‚alten Adam' wiedereinsetzen werde (Vv. 53–70). Machomes, der die Worte des Eremiten bedenkt, fühlt nun den Dämon in sich erstarken (Vv. 77 f.) und gründet schließlich seine Häresie. Das Phantasma des aus dem Eigenen entstehenden Anderen ist in den *Otia* noch einmal radikal verstärkt, insofern Machomes hier zunächst ein gutwilliger Gläubiger ist, der nicht darum weiß, dass er von einem Dämon besessen ist, und der erst auf die Anrufung des von ihm aufgesuchten Eremiten hin immer stärker von diesem Dämon kontrolliert wird, dessen er sich, trotz seines Wissens um denselben, nicht erwehren kann. Der Abfall vom rechten Glauben wird hier als eine dem Menschen entzogene, gar von Gott zugelassene Fügung inszeniert, die dem willigen, aber leichtgläubigen Gläubigen uneinsichtig bleibt, die jedoch maßgeblich durch die Stimme einer *auctoritas* ausgelöst worden ist, die nicht über jeden Zweifel erhaben bleibt.[268] Auch hier schließlich wird Machomes als jemand inszeniert, der

---

[267] Auch in den *Otia* Wilhelms von Compiègne wird die Lehre des Machomes in diesem Sinne als Häresie gekennzeichnet. Er instituiert diese in einem öffentlichen Gebet, das zunächst christliche Lehren inkorporiert (Allmacht Gottes, Unbewegtheit des Bewegers, Menschwerdung und Kreuzestod Christi; Vv. 799–804), um dann in einem zweiten Schritt diese Lehren durch jene zu ersetzen, welche ihm angeblich der Erzengel Gabriel vermittelt habe (Vv. 805–810). Im Folgenden schafft er die Taufe ab, setzt die Beschneidung wieder ein, ‚tötet' das Abendmahl (Vv. 851–853) und führt schließlich die Vielehe ein (Vv. 1011–1026), in welcher ein Mann mit zehn Frauen und eine Frau mit zehn Männern verbunden sein kann, um möglichst große Fruchtbarkeit zu erzielen: ‚[...] *Sic gignis multos multis e matribus ille, | illa vel ex uno semine concipiet. | Nam si de tot erit natura frigidus unus, | alter erit calidus et sobolem faciet | sicque volente deo sine fructu nulla manebit | nec sterilis metuet arboris ulla rogum.*' (Vv. 1021–1026; Übers. [Yolles, Weiss]: „Thus the man will engender many from many mothers, and the woman will conceive perhaps from one seed. For if of so many men one should by nature be cold, another will be warm and will produce offspring, and thus, by God's will, no woman will remain without fruit, and no woman will fear being thrown on the pyre like a sterile tree.").

[268] Dass die Worte des Eremiten durchaus nicht über jeden Zweifel erhaben sind, thematisiert der Text in einem kurzen Abschnitt. Nachdem Machomes von dem Eremiten fortgeht, heißt es hier: *Abscendens Machomes et sancti dicta revolvens | innumeras animo fertque refertque vices: | nam de se sancto plus quam sibi credere coepit | et sicut mentem, sic variat faciem | iamque satis posset advertere quilibet illum | non proprii iuris esse, sed alterius: | daemon enim ducebat eum quocumque volebat | permissuque dei prospera cuncta dabat* (Otia Vv. 71–78; Übers. [Yolles, Weiss]: „As Muhammad departed, he weighed

weitreichenden Einblick in die heilsbringenden Wahrheiten des Christentums hat. In einer langen Rede (Vv. 441–564) legt er zunächst die wesentlichen Punkte des christlichen Glaubens dar, um sie dann als veraltet abzutun und durch neue Gesetze zu ersetzen, wobei ihm als Begründung der Sittenverfall dient, der – in so großer zeitlicher Distanz zur Passion Christi – unter den Christen Einzug gehalten habe.[269] Gottes Gnade, so die häretische Behauptung, habe Mitleid für die Härte der Bürde gehabt und deshalb das Gesetz erleichtert.[270]

Auch die *Summa totius haeresis Saracenorum* des Petrus Venerabilis (1. Hälfte 12. Jhd.)[271] gibt einen kurzen Lebensbericht, der faktische Wahrheit (*res gestae*

---

the holy man's words and brought them to his mind countless times, for he had begun to believe the holy man about himself more than he believed himself. As his mind changed, so his expression changed, and soon anyone would have been able to notice that he was not in control of himself, but rather another controlled him: a demon was leading him wherever it wished, and with God's permission the demon gave him good fortune in everything."). Hier scheint impliziert, dass einfältiger Glaube besser gewesen wäre, als dem Appell der *auctoritas* zu folgen. Ob das göttliche Zulassen des Vorganges eine Folge dieses ‚Abfalls' ist, wird nicht explizit. Zugleich wird weiterhin auf das uneinsehbare *praeiudicium* Gottes verwiesen (*O, divinorum scrutator iudiciorum | quis queat esse?* [Otia Vv. 93 f.; Übers. (Yolles, Weiss): „Who can fathom God's judgements?"]) und Machomes in eine Reihe mit Hiob (Otia V. 103 f.: *Sic Iob, sic Machomes, bonus hic, malus ille, fuerunt; | nunc habet hic requiem, sustinet ille crucem* [Übers. (Yolles, Weiss): „Thus Job, thus Muhamad: one was good, the other evil: one is at rest now, while the other bears the cross"]) und Lazarus (V. 111) gestellt.

269 Walter von Compiègne: Otia de Machomete, Vv. 529–540: *Sed quod habere solet noviter novus ordo statutus, | primitus ut vigeat, inde tependo ruat, | sic quoque religio decrevit christicolarum, | ut quae summa fuit, postea corruerit [...]. Virgo ruit vitio, castus adulterio. | Nemo fidem Christo promissam servat; amorem | nemo tenet castum; sic perit omnis homo* (Übers. [Yolles, Weiss]: „The Christians' observance was great while the law was newly received, while the order was new. But as usual when a new order is recently established just as it flourishes at first, afterward it cools down and collapses. [...] The virgin was ruined by vice; the chaste man by adultery. No one kept the faith promised to Christ. No one practiced chaste love; everyone was undone.").

270 Walter von Compiègne: Otia de Machomete, Vv. 543–546: *Sed tamen ex ipsa, qua praeditus est, pietate | consilium statuit ne penitus pereat. | Legis onus minuet, tollet baptisma, decemque | uxores unus ducere vir poterit* (Übers. [Yolles, Weiss]: „But nonetheless out of his native compassion he establishes a plan so that man not perish completely. He will reduce the burden of the law, he will abolish baptism, and one man will be able to marry ten wives.").

271 In: Glei, Petrus Venerabilis: Schriften zum Islam, S. 1–29. – Einen kurzen inhaltlichen Überblick über die *Summa* geben Mechthild Dreyer: Die Wirkkraft des Wortes: Zur Auseinandersetzung mit dem Islam am Beispiel von Petrus Venerabilis und Bernhard von Clairvaux. In: Revista Portuguesa de Filosofia 60,3 (2004), S. 621–632, und in jüngerer Zeit – systematischer, analytischer und stärker historisch ausgerichtet – Christian Saßenscheidt: Die Konstruktion des Anderen am Beispiel des Islam in der ‚Summa totius haeresis Saracenorum' des Petrus Venerabilis. In: Integration und Desintegration der Kulturen im europäischen Mittelalter. Hrsg. von Michael Borgolte, Julia Dücker, Marcel Müllerburg, Bernd Scheidmüller. Berlin 2011 (Europa im Mittelalter 18), S. 228–238.

[Summa 3,9]) gegenüber falschen, ebenfalls kursierenden Darstellungen wiederzugeben beansprucht.²⁷² Hier stammt Mahumetus nicht aus der Christenheit, sondern ist *Arabs natione* (Summa 4,5; Übers. [Glei]: „ein Araber") und zunächst noch *antiquae primum idolatriae cultor* (Summa 4,6; Übers. [Glei]: „zunächst ein Anhänger des alten Götzendienstes"), der – selbst von niederer Herkunft – durch Geschick zur Macht gelangt und, um König zu werden, eine Irrlehre erfindet. Diese Irrlehre jedoch wird nur deshalb zum Erfolg, weil ihm, der von geringer Bildung ist, in der Version der *Summa* ein aus der Kirche ausgestoßener Mönch namens Sergius zur Seite steht, der Nestorianer ist und *quod ei deerat supplevit* (Summa 6,7; Übers. [F. D. S.]: „was ihm fehlte, ergänzte"). Während Sergius zur neuen Irrlehre als Überbau eine (nestorianisch geprägte) Auslegung des Neuen und des Alten Testamentes beisteuert, greifen nun auch noch Juden in die Entstehung der neuen Lehre ein, um zu verhindern, dass Mahumetus im Kontakt mit den heiligen Schriften nicht doch ein echter Christ wird.²⁷³ Die neue Lehre erweist sich also in der *Summa* als eine Mischung aus Heidentum (Mahumetus), Häresie (Sergius, der Nestorianer) und Judentum,²⁷⁴ wodurch nicht zuletzt die unklare Haltung gegenüber der mal als Häresie mal als Heidentum klassifizierten Lehre eine aitiologischen Begründung bekommt.²⁷⁵

---

272 Noch die *Legenda aurea* (hier zitiert nach: Jacobus de Voragine: Legenda Aurea. Goldene Legende. Jacopo de Varazze. Legendae sanctorum. Legenden der Heiligen. 2 Bd. Einleitung, Edition, Übersetzung und Kommentar von Bruno W. Häuptli. Freiburg/Basel/Wien 2014 [Fontes Christiani]) wägt zwei konkurrierende Versionen gegeneinander ab. In der Vita des Papstes Pelagius (Nr. 181: *De sancto Pelagio papa*) ist in einen historischen Exkurs über die Könige der Langobarden und die Entwicklung der arianische Irrlehre auch ein längerer Abschnitt über Machumethus eingebaut, der zunächst von einem enttäuschten römischen Kleriker erzählt, welcher – wiederum aus Rache – mit Machumethus als Gehilfen eine Irrlehre stiftet, und dann die Erzählung vom verstoßenen Nestorianer Sergius dagegenstellt. Die *Legenda aurea* folgt hierin scheinbar recht einheitlich dem *Speculum historiale* (24,39–67) des Vinzenz von Beauvais (vgl. ebd., Bd. 2, S. 2361, Anm. 45).
273 Petrus Venerabilis: Summa totius haeresis Saracenorum 7,2–6: *adiuncti sunt Iudaei haeretico, et ne verus Christianus fieret dolose praecaventes, homini novis rebus inhianti non scripturarum veritatem, sed fabulas suas, quibus nunc usque abundant, Mahumeto Iudaei insibilant.* – Übers. (Glei): „[D]em Häretiker [traten] auch noch die Juden zur Seite. Sie trafen insgeheim Vorsorge, daß er kein echter Christ wurde; indem sie Muḥammad, der ja nach einer Neuordnung der politischen Verhältnisse trachtete, nicht etwa die Wahrheit der Schriften, sondern ihre Phantastereien einflüsterten, von denen sie ja bis heute mehr als genug haben."
274 Petrus Venerabilis: Summa totius haeresis Saracenorum 7,6–10: *Sic ab optimis doctoribus, Iudaeis et haereticis, Mahumetus institutus Alkoran suum condidit, et tam ex fabulis Iudaicis quam ex haereticorum neniis confectam nefariam scripturam barbaro illo suo modo contexuit.* – Übers. (Glei): „So belehrt von den bestmöglichen Lehrern – den Juden und Häretikern –, schrieb Muḥammad seinen Koran, indem er ein ebenso aus jüdischen Legenden wie häretischen Schwätzereien bestehendes Teufelswerk in der ihm eigenen barbarischen Weise zusammenstoppelte."
275 Die *Summa totius haeresis Saracenorum* (12) entscheidet die Benennungsfrage wie folgt: *Hos licet haereticos nominem, quia aliqua nobiscum credunt, in pluribus a nobis dissentiunt, fortassis rectius paganos aut ethnicos, quod plus est, nominarem, quia, quamvis de domino vera aliqua dicant, plura tamen falsa praedicant nec baptismati, sacrificio, paenitentiae vel alicui Christiano sacramento, quod numquam*

Gemeinsam haben alle Texte, dass ‚Mohammed' die Vielehe einführt und er sein Gefolge – oftmals in Verbindung mit der Installation eines Venus-Kultes[276] – ein der Lust verschriebenes Fleischesleben führen,[277] teils gar die Sodomie einführen lässt.[278]

---

ullus praeter hos haereticus fecit, communicant. – Übers. (Glei): „Wenn ich sie auch Häretiker nenne, weil sie ja ein paar Dinge mit uns gemeinsam glauben, wenn sie auch in den meisten Dingen von uns abweichen, so würde ich sie vielleicht doch richtiger als ‚Ungläubige' oder ‚Heiden' (was ein stärkerer Ausdruck ist), bezeichnen. Denn mögen sie auch einiges Wahre über den Herrn sagen, meistens predigen sie doch das Falsche; sie erkennen weder die Taufe an, noch das Meßopfer, noch die Beichte oder überhaupt ein christliches Sakrament, was noch kein Häretiker außer ihnen getan hat."
276 Der Venus-Kult wird in der christlichen Tradition zu einem der Kennzeichen des ‚muslimischen' Heidentums schlechthin.
277 Bereits bei Petrus Venerabilis wird dies an die Vorstellung von ‚Wollust mit schönen Frauen' gebunden. Das Paradies sei nach der Lehre Mohammeds ein Ort weltlicher Freuden, das in *Summa totius haeresis saracenorum* (9,2–11) nicht zufällig die Form des *locus amoenus* annimmt, welchen die lateinischen Poetiken als ‚zweites Paradies' und als Kausalursache für Wollust inventarisieren: *Paradisum non societatis angelicae nec visionis divinae nec summi illius boni, quod ‚nec oculus vidit nec auris audivit nec in cor hominis ascendit', sed vere talem, qualem caro et sanguis, immo faex carnis et sanguinis, concupiscebat qualemque sibi parari optabat, depinxit. Ibi carnium et omnigenorum fructuum esum, ibi lactis et mellis rivulos et aquarum splendentium, ibi pulcherrimarum mulierum et virginum amplexus et luxus, in quibus tota eius paradisus finitur, sectatoribus suis promittit* (Übers. [Glei; Hervorh. jeweils von mir, F. D. S.]: „Das Paradies besteht für ihn nicht in der Gemeinschaft mit den Engeln, auch nicht in der Schau Gottes, noch in jenem höchsten Gut, das ‚kein Auge gesehen und kein Ohr gehört hat und was in keines Menschen Herz gedrungen ist' [1 Cor 2,9]; vielmehr malte er es sich in seinen Wunschträumen als ein Paradies von Fleisch und Blut: genau so, wie er es für sich erhoffte. *Dort gebe es Fleisch zu essen und allerlei Früchte, Bäche von Milch und Honig und reinstem Wasser, es gebe wollüstigen Genuß der Liebe mit den schönsten Frauen und Mädchen*: So verspricht er es seinen Anhängern, und in solchen Dingen geht sein Paradies auf."). – Dass die ‚Sarazenen' das Paradies als Ort körperlicher Freuden imaginierten und mit geschlechtlicher Befriedigung verbänden, findet sich noch bei Thomas von Aquin: Summa contra gentiles IV,83 [S. 502].
278 Die *Vita Embricos* findet für den Grenzdiskurs der Sodomie eine Wortwahl, die derjenigen des *Planctus naturae* des Alanus ab Insulis eng verwandt ist: *Caeca fuit iuvenum, caeca libido senum, | quare plerumque sexum confundit utrumque | incertumque genus fecit iniqua Venus. | [...] | qui minus hoc timuit, sanctior ille fuit. | [...] | Dum tibi, Natura, rapuerunt vi tua iura, | femina quaeque parem, mas subigendo marem* (Vv. 792–804; Übers. [Yolles, Weiss]: „For this reason unjust Venus confused both sexes, more often than not, and made gender uncertain. [...] whoever was less inhibited, was holier. [...] While they stole from you, Nature, your laws by force, woman mounted woman, and man, another man."). Dass unter Aufrufung des *Natura*-Diskurses hier weibliche Sodomie figuriert, die insgesamt selten thematisch wird, mag als spezifische Referenz auf Röm 1,26 f. erklärbar sein, in welchem es – neben der Verwechslung von Kreatur und Kreator – über die Praktiken der Heiden auch heißt: *nam feminae eorum inmutaverunt naturalem usum in eum usum qui est contra naturam | [27]similiter autem et masculi* (Übers. [Jerusalemer Bibel]: „Ihre Frauen vertauschten den natürlichen Verkehr mit dem widernatürlichen: [27]ebenso [...] die Männer".), und damit Sodomie, welche aus zügelloser *luxuria* hervorgeht, als ‚heidnische' Sünde markiert. Wie auch im *Planctus naturae* sind Sodomie und Inzest hier die ultimative Konsequenz einer als Dammbruch inszenierten Wollust zwischen den Geschlechtern: *Ergo prurigo Veneris scelerum fit origo. | Africa dum temere polluitur Venere | sollicitans nuptas ruit effrenata voluptas | nullaque virgo fuit nubere quae potuit* (Vv. 785–787; Übers. [Yolles, Weiss]: „Thus the itch of sex [wört-

Auf unterschiedliche Weise inszenieren die Texte die invasive oder subversive Rückkehr der aus der Gemeinschaft des Christentums Abgefallenen als Andere ins Eigene und markieren sie über ihre (wollüstige) Fleischesexistenz. Der *Liber Nycholay* schließt mit der Erzählung von der Invasion der Sarazenen zu Zeiten Karls des Großen, in der sich seine Drohung gegen den an seiner Statt gewählten Papst erfüllt, dass er beweisen werde, wer der Größere sei: *Ego ostendam tibi, Iohannes, qui diceris papa Romanus, quis inter me et te maior erit in universo circulo orbis terrae* (Liber Nycholay Nr. 6).[279] Die *Vita* Embricos erzählt dieses Eindringen des Heidentums zwar nicht, hier jedoch spricht ‚Mohammed', nachdem er das Patriarchat von Jerusalem nicht erhalten hat, die Drohung aus, dass er „hundertfach vervielfältigt" (V. 183) wiederkehren werde, um der Kirche zu schaden, und dies wird umgehend auf den Zustand der Gegenwart (*hodie*, V. 190) bezogen, in welcher die Gefahr der *gens Mahumet parens* (V. 192) die Christenheit weiterhin bedrohe.[280] Der *Willehalm* Wolframs kennt – neben dem Irrglauben stiftenden Betrug des Mohammed-Grabes – auch dieses Moment der Mohammeds-Viten. Eine ganz ähnliche Usurpationsdrohung wird hier in Hinblick auf Terramêr, den gehörnten Ehemann Arabel/Gyburgs, und sein Gefolge formuliert:

> si wolden rechen herzen leit
> und al ir goten vüegen prîs.
> Oransche und Pârîs
> si gar zerstœren solten.
> dar nâch si vüerbaz wolten
> ûf die kristenheit durh râche.
> Terramêr den stuol dâ ze Ache

---

lich: *Venus*!, F. D. S.] was the origin of their sins. While Africa was recklessly defiled by Venus, unbridled sensuality rushed in tempting married women, and no virgin could be found whom one could take in marriage."). – In der Mohammed-Vita *Hic incipit qualiter* (dort Abschnitt Nr. 24) richtet Maomet eine Armee ein, in welcher die Kämpfer ihre Frauen nicht mitführen dürfen, wodurch er sie zum *habitus et mos sodomiticus* bringt, was die Männer künftig auch in Friedenszeiten beibehalten.
[279] Übers. (Yolles, Weiss): „I will show you, John, who call yourself the Roman Pope, which of us will be greater across the entire earth's globe."
[280] Embrico von Mainz: *Vita Machometi*, Vv. 183–194: ‚*Ipse reportabo, neque sic, sed centuplicabo. | Vestra sit eximia nunc licet ecclesia | sentiet illa minas nostras – patiendo ruinas: | cum sua posteritas victa mihi meritas | exsolvet poenas et – uti desidero, plenas.' | In quo praesagus – heu! – fuit iste magus. | Si quaeris testem, paganam respice pestem. | Cuius nequitiae signa manent hodie. | Nam gens exosa Christo, gens perniciosa, | gens Mahumet parens et ratione carens, | certat adhuc stultum defendere sedula cultum. | Cur perit illa, scio, perpete supplicio* (Übers. [Yolles, Weiss]: „‚I myself will come back, and not thus, but multiplied a hundredfold. Although your Church is great now it will nevertheless feel my threats – it will suffer great losses: since its vanquished posterity will pay to me the deserved punishment – in full, as I desire.' | Alas! In this the mage was prophetic. If you want a witness, look at the scourge of the pagans. The signs of the mage's wickedness remain today. For a people loathing Christ, a ruinous people, a people obeying Muhammad and lacking reason, strives stubbornly to this day to defend its foolish worship. For this reason, I know, they perish with eternal punishment.").

> besitzen wolde und dannen ze Rôme varn,
> sînen goten prîs alsô bewarn,
> Diu Jêsus helfe wolden leben,
> daz diu dem tôde wurde gegeben.
> sus wold er rœmische krône
> vor sînen goten schône
> und vor al der heidenschaft tragen.
> (Willehalm 339,28–340,11)

Die Usurpationspläne der Heidenschaft zielen hier wie dort auf die Übernahme des Zentrums der Christenheit, wobei im *Willehalm* – im Sinne der Zwei-Schwerter-Lehre – mit dem Kaiser in Aachen auch dessen weltlicher Repräsentant einbezogen wird. Verändert ist die Motivierung aus dem Inneren: Während es in den Mohammeds-Viten der abgefallene beziehungsweise ausgestoßene Häretiker ist, der in Gestalt seiner Anhänger zurückzukehren droht, ist es hier – in einer christianisierten Troja-Erzählung[281] – die Minne, welche mit Willehalm aus der Heidenschaft zurückkehrt und deren Süße den Christen nun sauer (vgl. Willehalm 12,30 f.) wird, weil sie die Scharen der Heiden ins Reich eindringen lässt.[282]

V.3.2.2 Das heidnische Gesetz diesseits des Meeres: Kreuznahme gegen das innere Heidentum im *Welschen Gast* Thomasîns von Zerklære

Aber auch die Umkehrung der heidnischen Bedrohung lässt sich beobachten. Wo die Mohammed-Viten die Herkunft des Anderen aus dem Eigenen erzählen, gibt es ebenso Texte, die die Verfehlungen im ‚Inneren' des Christentums mit dem (äußeren) Heidentum in Beziehung setzen. So wie für Augustinus die Heiden die *materia operationis* (das ‚Feld der Betätigung') der Kirche sind (vgl. Kap. V.3.1), verlegen spätere Autoren den Kampf ins Innere, und zwar einerseits ins Innere des christlichen Subjektes und andererseits ins Innere der Gemeinschaft der Christenheit.[283]

---

[281] Als solche sieht den Willehalm-Stoff auch schon etwa Joachim Heinzle: Wolfram von Eschenbach. Dichter der ritterlichen Welt. Leben, Werke, Nachruhm. Basel 2019, S. 193 f.

[282] Der *Dialogus miraculorum* (V.21) des Caesarius von Heisterbach kennt diese Bedrohung durch das Äußere gleichfalls als Folge einer aus dem Inneren stammenden Motivierung. In einem Zusammenschluss zwischen ‚Häresie' und ‚Heidentum' sind es hier die Albigenser, die den ‚heidnischen' König von Marokko zum Verbündeten haben, welcher mit einem gewaltigen Heer den Heiligen Stuhl einzunehmen droht. Gleiches gilt freilich für viele weitere Texte. Exemplarisch kann die in mehreren Versionen überlieferte Erzählung von Flore und Blanscheflur herangezogen werden, welche – auf der Folie eines aus dem christlichen Eigenen heraus entstandenen Anderen – das aitiologische Modell noch einmal invertiert, indem mit dem christlich-heidnischen Paar die Stammlinie zu Karl dem Großen gelegt wird, welcher – als späterer Überwinder des Heidentums – aus dem Heidnischen herstammt, welches selbst aus dem Christentum stammt.

[283] Zur *materia pugnae* bei Petrus Abaelardus vgl. bereits oben Kap. III.3.2.2, S. 206. Abaelard entwickelt eine Ethik, die sich entlang der Kategorie der Prüfung entfaltet und dabei sowohl das Äußere der Welt (hier konkreter: die Frau) als auch das Innere jedes Subjektes zur *materia pugnae* werden lässt,

V.3 Exkurs: Das heidnische Fleisch und die fleischliche Häresie — 559

Die schon bei Augustinus figurierende und bei Petrus Abaelardus wiederkehrende *materia* – im Sinne eines Anlasses, Gegenstandes oder Betätigungsfeldes zur Bewährung für den (kämpfenden) guten Christen – scheint ein derart stehend geprägter Terminus zu sein, dass sie auch in die Volkssprache vordringt. Auch hier, im Rahmen der Ethik des *Welschen Gastes*, ist das Andere, wiederum das Heidentum, Anlass zur Betätigung, nämlich der Betätigung im Kampf, welcher aber diesmal zunächst ein gänzlich externalisierter, ein literal zu nehmender ist:

> alsam mac sich bereden niht
> ein man dâ von, daz er giht
> daz got mac in kurzer vrist
> daz lant dâ sîn grap ist
> der kristenheit geben wol
> und daz erz tuot, ob er sol.[284]
> er hât *uns ze materge geben*
> *daz lant*, daz wir sulen leben
> ân muoze und ân trâkeit,
> daz wizzet vür die wârheit.
> (WG 11533–11542; Kursivierung von mir, F. D. S.)

Gleichwohl der Kampfaufruf zur Gewinnung des Heiligen Landes sich nach außen, gegen real existierende ‚Heiden' richtet, ist dieselbe Grundstruktur der Bewährung erkennbar, welche das Heidnische als Systemstelle der Formation des christlichen Eige-

---

anhand derer das (männliche) ethische Subjekt sich beweisen kann und muss. Die Frau wird dabei zu Gegenstand und Anlass von Bewährung, insofern sie Begehren auslöst. Die Veranlagung des Menschen zum Laster, das So-Sein (*talis esse*) wird gleichfalls als *materia pugnae* gefasst, der *consensus* als entscheidendes Moment der Sünde gänzlich internalisiert. Indem der Konsens zur Sünde bei Abaelard höher angesetzt wird als die Ausführung der Sünde, welche auch ohne Konsens geschehen kann, liegt hierbei die entscheidende Instanz der Bewährung im Inneren, im Geist, und nicht im Äußeren, in der Welt. Der Kampf des Christen und die Bewährung an der äußeren Welt findet im Christen selbst statt. Der Kampf gegen die Versuchungen der Welt ist vor allen Dingen auch ein Kampf gegen die innere Zustimmung zu dieser Versuchung.

284 Die Argumentation, man solle nicht glauben, Gott, der allmächtig sei, würde die Heiden schon vertreiben, wenn er es nur wünsche, sondern man müsse erkennen, dass ihre Bekämpfung Aufgabe der Christen sei, erscheint auch in einem Lied Albrechts von Johansdorf (*Die hinnen varn*, MF 89,21, hier: 89,25 f), das gemeinhin vor 1200 angesetzt wird. Der *Welsche Gast* und Albrechts Lied teilen dieses Argument mit der Kreuzzugs-Bulle ‚*Quia major*' Innozenz' III. aus dem Jahr 1213, in welcher jedoch das Schlagwort der *materia* nicht erscheint. Gleichwohl heißt es in der Bulle mit Bezug auf ein Zitat aus dem Matthäus-Evangelium: *Qui vult me subsequi ad coronam, me quoque subsequatur ad pugnam, quæ nunc ad probationem proponitur universis* (zitiert nach: PL 216, Sp. 817B). Auch in der Bulle wird der Kampf gegen die Heiden zugleich als Besserung des Inneren jedes Christen begriffen, der das Kreuz nimmt; vgl. Sp. 817C: *O quanta jam provenit utilitas ex hac causa! quam multi conversi ad pœnitentiam pro liberatione terræ sanctæ mancipaverunt se obsequio crucifixi, et quasi per agonem martyrii coronam gloriæ sunt adepti, qui forte in suis iniquitatibus periissent, carnalibus voluptatibus et mundanis illecebris irretiti!* – Auf einen möglichen Bezug zwischen dem Lied Albrechts und einem Brief Gregors VIII. hat bereits Georg Wolfram: Kreuzpredigt und Kreuzlied. In: ZfdA 30 (1886), S. 89–132, hier S. 112, hingewiesen.

nen begreifen kann, denn auch hier richtet sich der Appell von seiner Struktur her an ein christliches Subjekt, dem das Heidentum als Mittel gegen *otium* (*muoze*) und *acedia* (*trâkeit*) dient, sowie an ein kollektives – wiederum: realpolitisch gedachtes – christliches Inneres, das es zu konsolidieren gilt: Weil die Christenheit zerstritten ist, so heißt es im *Welschen Gast*, hat Gott das Heilige Land den Heiden zufallen lassen, auf dass sich die Christenheit gegen einen äußeren Feind vereine:[285]

> er [= Gott; F. D. S.] wil zebrechen unsern strît
> den wir hie zaller zît
> durch unsern übermuot begên
> und wil daz wir dar gên,
> dâ wir strîten âne üppekeit
> durch got und durch die kristenheit.
> (WG Vv. 11543–11548)

Allerdings findet auch hier umgehend eine internalisierende Wendung in die Gewissenslenkung des christlichen Subjektes statt, insofern sofort im Anschluss individuelle Weltabsage (V. 11559) gefordert wird. Die Ermöglichung des Heidenkampfes durch die Präsenz der Heiden im Heiligen Land wird selbst als Gnade Gottes aufgefasst, die demjenigen, der *manhaft* (V. 11563) ist und nichts als die – an sich sündhafte – Tätigkeit der Ritterschaft liebt, einen Anlass gibt, welcher diese Disposition in eine Tat des Rechtglaubens verwandeln kann (vgl. Vv. 11563–11566):

> nu merket an got grôze guot,
> daz man allergernest tuot
> und daz ins tiuvels dienst gert,
> daz hât got alsô gekêrt
> daz wir im mugen dienn dermite.
> (WG Vv. 11567–11571)

Das Land, um das gekämpft werden soll, dient dazu, den Weg ins Himmelreich und zu Gott zu einem geraden Weg zu machen. Wer dort umkommt und gebeichtet hat, wird errettet werden (WG Vv. 11589–11602). Hieran schließt wiederum eine – freilich auf einen Kreuzzugsaufruf verengte – kurze kreuzestheologische Abhandlung an, die auf eine *innere* Kreuznahme abzielt, welche *expressis verbis* den Lüsten des Leibes entgegengestellt werden soll. Dem inneren Kreuz folgen heißt, gerade *nicht* dem Leib und den Lastern zu folgen:

---

[285] In diesem Kontext kann auch die Auseinandersetzung des *Welschen Gastes* mit den Opferstock-Strophen Walthers von der Vogelweide gesehen werden. Deren Skepsis gegenüber der Kollekte für den Kreuzzug wird im *Welschen Gast* hart verurteilt und, wie Theodor Nolte: Papst Innozenz III. und Walther von der Vogelweide. In: Papst Innozenz III. Weichensteller der Geschichte Europas. Interdisziplinäre Ringvorlesung an der Universität Passau 5.11.1997–26.5.1998. Hrsg. von Thomas Frenz. Stuttgart 2000 S. 69–89, hier S. 78–81, argumentiert hat, in den Kontext von Ketzerei gestellt.

> swen Kristes zeichn gezeichen hât,
> den sol ouch kriuzen sîn kriuze
> daz man sîm lîbe volge niht.
> (WG Vv. 11624–11626)

> swer sîm geluste volget iht,
> der hât sîn herze gekriuzet niht.
> swer daz zeichn des kriuzes hât
> gestricket an sîne wât,
> daz ûzer zeichn bezeichent wol
> daz man das kriuze innen haben sol.
> (WG Vv. 11643–11648)

> man sol sich selben spannen gar
> an das kriuze, daz ist wâr,
> daz man sînen willen niht entuo,
> wil man dem kriuzer komen zuo
> der ze sînem vater sprach,
> dô im daz kriuz zu lîden geschach,
> diumüeteclîche und still,
> ‚niht als ich wil, [sô[286]] swie du wil.'
> (WG Vv. 11657–11664)

Die äußere Kreuznahme als Zeichen der inneren Kreuznahme wird geradezu in den Modus christusförmiger *compassio* überführt, insofern der *kriuzer* sich selbst aufs Kreuz spannen soll und Christus – im Umkehrschluss – selbst auch *kriuzer*förmig wird (Vv. 11660–11664). Es erfolgt ein Aufruf zum Martyrium, welcher wiederum zurückgebunden wird an die *materia* dieses Kampfes.

Diese wird nun jedoch in einer letzten, finalisierenden Wendung mit den Lastern, von welchen sich der *kriuzer* als Individuum lossagen muss, wenn er wahrhaft das Kreuz nimmt, und mit der Entzweiung der Christenheit als Kollektiv kurzgeschlossen:

> Got hât uns materge gegeben
> daz wir mugen von disem leben
> hin zim nâch marteræere wîs.
> swer dishalp mers hât niht prîs,
> daz er mit der untugende veht,
> den dunket guot der heiden reht.
> die enhabent zuo deheiner zît
> mit ir bœsem gluste strît.

---

[286] Rückerts Text liest hier – scheinbar fehlerhaft – *sî*, was keinen Sinn ergibt. Der Varianten-Apparat verzeichnet für Hss. GUDE: *niht als ich wil. sundern so din wille* (ebd., S. 482), was Mt 26,39 (*non sicut ego volo sed sicut tu*; Übers. [Gisela Meyer-Stüssi]: „nicht so, wie ich will, sondern so, wie du ⟨willst⟩") relativ getreu wiedergibt.

swer dishalp mers in volgen wil,
der schein in dort niht zu vil.
(WG Vv. 11679–11688)

Hier erscheint also ein direktes Analogon zu Abaelards *materia pugnae*, welche die Christen in sich selbst haben, und ein Bezug zu der Psychomachie, welche im *Welschen Gast* zuvor thematisch inkorporiert ist: Wer im Rahmen der christlichen Gemeinschaft nicht gegen seine Laster ficht, der heißt auch ‚diesseits des Meeres' *der heiden reht* gut.[287] Dieses heidnische Gesetz besteht – und die Belege für diese Auffassung des Islam sind Legion – in einem Hedonismus, der dazu führt, dass die ‚Heiden' zu keiner Zeit ihre Lüste bekämpfen (*die enhabent zuo deheiner zît | mit ir bœsem gluste strît*).[288] Das Laster und die Nachfolge des Fleisches, in Opposition zur *tugent* und zur Nach-

---

[287] Die polemisch gegen Fehlverhalten auf christlicher Seite gerichtete Umkehrung dieser Formulierung vom ‚heidnischen Recht' findet sich etwa in einem Exemplum aus dem *Dialogus miraculorum* des Caesarius von Heisterbach, in welchem ein proto-christlich argumentierender *paganus*, der Sohn Saladins, den Christen sündhaft ausschweifendes Fleischesleben vorwirft. Dies wird als *lex Christiana* beklagt (Dialogus miraculorum 4.15,13–15: *Quod abhorret Judaeus et quod exsecratur paganus, hoc quasi pro lege habet Christianus* [Übers. (Nosges, Schneider): „Was der Jude verabscheut und was der Heide verflucht, haben die Christen sozusagen als Gesetz."]). Der didaktische Vorwurf richtet sich freilich an die christliche Gemeinschaft und wird in der Dialograhmung des Exemplums deswegen als besonders gravierend formuliert, weil der Vorwurf hier von einem Heiden ausgesprochen werden kann, der sogar nach christlichen Maßstäben (handlungsethisch) gut lebt. Implizit wird hier das auch im *Welschen Gast* vorfindliche Argument aufgerufen, nach welchem Fleischesleben eigentlich *der heiden reht* ist. – In der Formel *dishalp mers* mag die afrz. Fügung des *outremer*, der Bezeichnung für christlich beherrschten Kreuzfahrerstaaten ‚jenseits des Meeres', anklingen.

[288] Im Liedkorpus Hartmanns von Aue ist eine Strophe überliefert, die auch schon Haubrichs, Bekennen und Bekehren, S. 135 f., heranzieht, in welcher dieselbe Forderung nach einer inneren Kreuznahme gestellt wird, ohne die die äußere Kreuznahme „auf der Kleidung" wertlos sei: *Dem kriuze zimet wol reiner muot | und kiusche site, | sô mac man saelde und alles guot | erwerben dâ mite | ouch ist ez niht ein kleiner haft | dem tumben man, | der sînem lîbe meisterschaft | nicht halten kan. | Ez wil niht, daz man sî | der werke dar under vrî. | waz touget ez ûf der wât, | der sîn an dem herzen niene hât?* (MF 209,25–36) Die Unfähigkeit, seinen eigenen Körper zu bemeistern, ist auch hier der Gegensatz zur Kreuznahme. Auch hier wird sie also implizit in ein Verhältnis zum Heidentum gesetzt. Das christliche Subjekt bedarf – im Rahmen dieser Strophe – also der Kontrolle des Fleisches. Und auch das oben angesprochene Lied Albrechts von Johansdorf (*Die hinnen varn*, MF 89,21–90,15) modelliert die Heiden im Heiligen Land einerseits als Anlass dazu, sich im Kampf um das Heilige Grab des Erbarmers selbst zu erbarmen, und andererseits als Anlass, sich Rechenschaft über die eigenen Sünden zu geben: *ich gedénke alsô vil manige naht, | ‚was sol ich wider got nu tuon, ob ich belîbe, | daz er mir genaedic sî?'* (MF 90,8–10) Hier nun wird der externalisierte Kampf gegen das Heidentum mit der internalisierten Verpflichtung zur Rechenschaft vor Gott und der im Herzen begangenen Sünde der Liebe zu einer Frau in Verbindung gebracht, welche zugleich in einen Bezug zur ‚Welt' gebracht wird, insofern das Ich sie ‚mehr als alles in der Welt' liebt; MF 90,11–15: *Sô weiz ich niht vil grôze schulde, die ich habe, | niuwan éiné der kume ich niemer abe. | alle sünde liez ich wol wan die: | ich minne ein wîp vor al der welte in mînem muote | got herre, daz vervâch ze guote!*

folge des Kreuzes, wird damit zu einem inneren Heidentum des fleischlichen Christen. Heidentum ist hier schließlich keine Frage der Geburt mehr, Heidentum ist eine Frage der Ethik.[289]

V.3.2.3 Die Präsenz der schönen Anderen im Eigenen: *Die Königin von Mohrenland* (Stricker)

Es kann im Vergleich plausibilisiert werden, dass die Logik der Superposition, welche konstant die Subjektivierungsformen und die Kollektivierungsformen des christlichen Eigenen einander überlagern lässt, auch in vernakularer Literatur in vielfältiger Weise vorhanden sind und die Motivierung der Narrationen durchzieht. Gezeigt werden kann hierbei, dass der Markierung von Körperlichkeit durch Schönheit und Schwärze eine besondere Rolle zukommt. In dieser spezifischen Verbindung findet sie sich auch in dem Reimpaarbispel *Die Königin von Mohrenland* des Strickers, in Wolframs *Parzival* und *Willehalm* oder Ulrichs von dem Türlin *Arabel* realisiert. Das sich jenseits des Meeres formierende Heidentum als aus dem christlichen Eigenen abgefallene Häresie ist dabei das Komplement zu demjenigen, der – erneut in den Worten des *Welschen Gastes* – *dishalp mers* nicht *mit der untugende veht* und der dieserart das Heidentum im Bereich des Eigenen realisiert, denn ihn *dunket guot der heiden reht* (WG Vv. 11679–11681). In dem Moment, da das ‚Heidnische' dabei die Form einer weiblichen Figur annimmt, wird ‚Schönheit' nicht allein zum Anlass der ethischen Bewährung angesichts des Weiblichen (vgl. Kap. III.3–5), sondern auch zur Verlockung des Heidnischen.

Eine Narration, wie sie das Reimpaarbispel von der *Königin von Mohrenland* (A 39) aus dem Stricker-Korpus bietet, führt die Thematik des ‚heidnischen' Lebens als ethische Dimension adeliger Existenz ein und markiert das ‚Heidnische' im Eigenen über eine rudimentäre räumliche und physiologische Ordnung. Dabei bringt sie *expressis verbis* Minne und weibliche Schönheit in Verbindung. Zugrunde liegt die – im Kontext der vorliegenden Arbeit im Fazit zu Kapitel II entfaltete – Idee von tugendhaftem Verhalten als Effekt einer Disziplinierung im Angesicht von körperlicher Schönheit, welche

---

[289] Dafür, dass unrechtes Handeln das christliche Subjekt dem Heidentum verähnlicht, gibt es auch andernorts Belege. Die bereits zitierte Stelle aus der *Mahnrede über den Tod* des sogenannten Heinrich von Melk (vgl. S. 470, Anm. 43) bezieht das Paulswort von den Heiden, die die Kreatur dem Kreator vorziehen, auf die Habgierigen der Gegenwart, welche als Sünder Götzendienst betreiben, insofern sie materielle Güter begehren: *sant Paulus, der gotes bot / sprichet, ditzes reichtum geirischaeit / sei der abgot schalchaeit* (Heinrich von Melk: Von des todes gehugde, Vv. 840–842). Der sündhafte Götzendienst am Geschaffenen lässt also auch hier das christliche Subjekt selbst heidnisch werden. – Es sei daran erinnert, dass die Verehrung der Kreatur und das Vergessen des Kreators in der Blutstropfenepisode an der Parzival-Figur durchgespielt wird, wo sie nicht im Kontext von Habsucht, sondern in Bezug zu einer anderen Form immanenten Kreatur-Begehrens (nämlich: Minne) steht. Hier wird Parzival freilich nicht *expressis verbis* als Heide benannt; der Referenzrahmen der Paulsstelle indessen bietet dieses Konnotat auch hier an.

hier jedoch als prekäre vorgeführt wird. Die Lehre, die im Auslegungsteil des Bispels gezogen wird, gibt Franz-Josef Holznagel wie folgt wieder:

> Früher zeigte die Welt ein von *vroude* und *ere* (V. 68) geprägtes Miteinander von Männern und Frauen: Die *riter* (V. 77) dienten für die *ere* der Damen (V. 80). Dann jedoch wurde die Welt damit *vercher*et (V. 88), *daz man verschamter wibe phlach*. Die Ursache des Werteverfalls ist ohne Zweifel in einem Fehlverhalten von Männern *und* von Frauen zu suchen: Ausgangspunkt ist die Existenz der *verscham*ten; allerdings wird es den Rittern als Defizit zugesprochen, dass sie nicht beständig gewesen seien, sondern sich den unehrenhaften Frauen zugewandt haben. Dieses Versagen der Männer zieht nun wiederum eine aus der Sicht des Sprechers überzogene Gegenreaktion der Damen nach sich. Diese weigern sich nämlich, selbst denjenigen Rittern zu danken, die ohne Zweifel den alten Normen verpflichtet sind. Da sich jedoch auch der rechte Dienst lohnen soll, das Entgegenkommen der Ehrbaren jedoch ausbleibt, müssen, so der Ich-Sprecher, auch die anständigen Ritter *unstæte* werden, obwohl solch ein Verhalten für diese eigentlich niemals in Frage gekommen wäre.[290]

Es muss hier betont werden, dass der Text – Holznagel übergeht dies – genau ausbuchstabiert, was es heißt *verschamter wibe* zu *pflegen*. Es ist nämlich der Beischlaf (das ‚Beiliegen'), der in ein Oppositionsverhältnis zu einem rechten Minneverhalten gebracht ist, welches als ‚hohe Minne' benannt wird: *swelch riter bi den gerne lach, / der wart zehoher minne enwiht / und enahte uf die vrowen niht* (Vv. 90–92). In direktem Bezug auf den Narrationsteil, der „seine Minnelehre in eine Sündenfallgeschichte einkleidet" (Holznagel),[291] wird der Beischlaf mit den tugendlosen Frauen als *das swartze heideniche leben* (V. 93) markiert. Dieses *hat sich manigem riter geben, / der hohe minne hat verchorn* (Vv. 94 f.).

Das Bispel erzählt entsprechend von einer Königin, die über ihre große körperliche Schönheit zugleich als Minneobjekt markiert ist.[292] An deren Reich grenzt das Reich einer heidnischen Königin, die über ihre schwarze Hautfarbe gekennzeichnet ist und die nun viele schwarze Frauen *in der vrowen chunichrich* (V. 25) sendet, *daz si da tougenlich / den ungelouben lert*en */ un*d *die riter da verchert*en (V. 26–28).[293] Die Schwärze ist hier als ethisches Zeichen markiert, denn: *swen si uber wunden, / daz er ir leben ane*

---

290 Holznagel, Minnebîspel aus dem Cod. Vindob. 2705, S. 244.
291 Ebd.
292 Vv. 5–9: *si het vrowen tugende gar, / rosen var und li⟨l⟩gen var / was ir vil minnechlicher lip: / si was ein wol gemachet wip, / ir lop erschal in elliu lant.*
293 Zur schwarzen Hautfarbe im vorliegenden Bispel vgl. den Beitrag von Salama, Die literarische Imagologie. – Im *Karl der Große*-Roman des Strickers findet sich zu Beginn ganz analog die literale, historisierte Version derselben Basiskonfiguration, in der die durch Schönheit verführerische Heidin die Integrität des Mannes bedroht, indem sie ihn zum Heidentum zu konvertieren versucht: Hier ist es die schöne Schwester des Heidenkönigs Marsilies, die in Spanien an der direkten Reichsgrenze lebt und in die sich der junge Karl verliebt. Sie, die wunderschön ist, will Karl zugleich zu ihrem heidnischen Götzendienst bekehren. Er, der jedoch erkennt, dass die Seelen der Heiden verloren sein müssen, bittet Gott um Hilfe bei dem Versuch, sie seinerseits zum Christentum zu bringen. Vgl. Karl der Grosse von dem Stricker. Hrsg. von Karl Bartsch. Quedlinburg/Leipzig 1857, Vv. 213–296. Von der Schwester des Marsilies wird indessen nicht erzählt, dass sie schwarz sei.

gie, / der wart swarz als sie (V. 30–32). Die Narration stiftet hier einen Zusammenhang, der vom Auslegungsteil nur noch beiläufig berührt wird, indem sie ethisch falsches, nämlich zügelloses ‚Minne'-Verhalten – konkreter: Beischlaf – mit *ungelouben* (V. 27) assoziiert und so als Handeln wider Gott fasst.[294] Durch die Unfähigkeit der tugendhaften Frauen, die Männer über *danch* (V. 115) an das Verhalten der ‚hohen Minne' zu binden, werden diese in den Beischlaf mit tugendlosen Frauen getrieben (vgl. Vv. 87–95):

> durch den vil ungefugen zorn
> wurden da gnuge heiden
> und begunden sich scheiden
> mit ir glouben von gote
> und von der kuniginne gebote.
> daz hite maniger verlan,
> wolt sis im gedanchet han.
> (Vv. 52–58)

Den „Sonderfall", den diese „diskursive Vernetzung" zwischen Erzähl- und Auslegungsteil des Bispels laut Holznagel darstellt,[295] reiht er „ganz eindeutig" in „die Tradition der höfischen Epik mit Orientmotiven", „so wie sie im ‚Straßburger Alexander', im ‚König Rother' oder auch in der Gahmuret-Handlung aus Wolframs ‚Parzival' bezeugt ist", ein.[296] Das Bispel übernehme dabei „lediglich einzelne Strukturelemente bekannter Handlungen und kombinier[e] sie neu".[297] Es übernimmt jedoch in seine allegorische Sinnkonstruktion auch – so soll hier argumentiert werden – eine diskursive Tiefenstruktur, die es einerseits explizit macht und auf deren präexistente Ordnung es andererseits aufsetzt. Das *swartze heideniche leben* (V. 93) ist eben eines, dass nicht im Orient stattfindet, sondern in der eigenen falschen Minnepraxis.[298]

---

[294] In diesem Sinne möchte ich Salama, Literarische Imagologie, S. 16, widersprechen, die die schwarze Hautfarbe einzig als Hinweis „auf eine ethische und geografische Herkunft" versteht. Hinweise für eine – wie auch immer oberflächliche – (Orient-)Geografie werden im Text jedoch an keiner Stelle konkret. Stattdessen betont das Bispel m. E. gerade die – gleichfalls allegorisch zu verstehende – Nähe der beiden Königinnenreiche zueinander. Auch der Umstand, dass die Männer, die mit den schwarzen Frauen schlafen, ebenfalls schwarz werden, zeigt, dass hier gerade nicht eine ethnische Dimension im Vordergrund steht; gleichwohl kann konzediert werden, dass die ethische Dimension, die hier markiert wird, auch auf die implizit mitgeführte ethnische Konnotation zurückwirkt, die ja in der Benennung der Schwärze als *mor var* (V. 24) vorhanden ist.
[295] Holznagel, Minnebîspel aus dem Cod. Vindob. 2705, S. 251.
[296] Ebd.
[297] Ebd.
[298] Diese Dimension grundiert auch solche Erzählungen, die Räume im Sinne einer ‚Orientgeographie' realisieren und die Einholung schöner heidnischer Frauen aus dem Raum des Anderen in den Bereich des Eigenen erzählen, und nicht zuletzt den Basisplot des *Willehalm* Wolframs von Eschenbach. Während einerseits markante Unterschiede festgehalten werden können – weder ist die ethisch-moralische Ausrichtung hier so eindeutig wie beim Stricker, noch ist die Andersheit in der Figur der Arabel/Gyburc hier über die (Haut-)Farbe markiert –, so lassen sich doch auch signifikante strukturelle Parallelen plausibel machen.

V.3.3 Fazit und Ausblick: Heidentum, Schönheit, Erkenntnis

Der Exkurs hat zu zeigen versucht, dass die Darstellung des ‚Heidnischen' über die ethnischen Dimensionen – in Überblendung räumlich-geographischer (‚Orient'), historischer (frühchristlicher Heidendiskurs) und physiologscher (‚Schwärze') Aspekte – einen ethischen Diskurs organisiert, der sich an das in der ‚Welt' lebende christliche Subjekt richtet. Unter dem Label des ‚Heidnischen' werden dabei heterogene Gegenstandsbereiche homogenisiert, insofern sie am ‚Eigenen' ausgerichtet und zusammengeschlossen werden. Im Anschluss an die Theologie der Apostelbriefe treten verschiedenste Typen – die sarazenischen Heiden, die Häretiker vergangener und gegenwärtiger Zeiten, der Vielfraß, dessen Bauch sein Gott ist (Phil 3,19), und der Mann, der die Schönheit der Frau seines Nachbarn begehrt – in eine Reihe. Dieser heterogene Diskurs vom Heidnischen bildet das polymorphe Korrelat des Eigenen und ist dabei zunächst nur peripher an einer Fremdwahrnehmung (etwa ‚des Islam') ausgerichtet. Vielmehr bildet er zugleich stets den Modus einer Subjektivierungsform aus, die das Eigene in Relation zum ‚Heidnischen' bringt, das dieses in vielfacher Weise umlagert. In diese Selbsthermeneutik des Subjektes ist das Heidnische in polymorpher Form eingelassen, insofern es die Gestalt alles weltlich Schönen annehmen kann, aber eben auch die Schönheit der als Frau imaginierten Schlange des Paradieses, *der sv̊zzer menschlich gelvst | Adam betrouc* (Ulrich von dem Türlin: Arabel *A, 64,8 f.). Das ‚Heidnische' ist damit ganz wesentlich über ein ‚Lust'-Prinzip semantisiert, zu dessen Auslöser und Marker wiederum Schönheit (der Dinge und des Körpers) wird.

Im Folgenden soll zunächst – wiederum am *Parzival* – gezeigt werden, wie diesem ‚Heidnischen' die ambivalente Kraft zugeschrieben wird, sich selbst zu überwinden, insofern es zur Ursache einer umwegigen Ereigniskette wird, welche zu *conversio* und Taufe führt. Im Anschluss daran wird im letzten Kapitel (Kap. VI) der Blick darauf gerichtet, dass das schöne Heidnische auch eine poetologische Dimension annimmt, insofern es sogar den Diskurs von (lateinischer wie vernakuklarer) Dichtung und deren Anspruch auf (eine stark beschränkte) Erkenntniskraft einerseits und eine ‚ästhetische' Lust andererseits grundiert.

V.4 Selbsterkenntnis als Kampf: Fleisch, Schönheit und Heidentum im *Parzival*

„*You need to remember that prophets always speak in metaphors. Sal Tlay Ka Siti isn't an actual place ... It's an idea. A metaphor.*" (Trey Parker/Matt Stone: *The Book of Mormon*)

Im *Parzival* Wolframs von Eschenbach ist die Superposition des Eigenen und des Anderen, die Überblendung eines ethischen wie ‚ethnischen' Heidendiskurses[299] im Sinne einer Erzählung von der Selbsterkenntnis des laikalen christlichen Subjektes als fleischlich-heidnisch mustergültig realisiert: Die Figur Parzival wird einerseits durch den gesamten Text hindurch massiv in ihrer Fleischesexistenz konturiert und andererseits mit verschiedenen Alter Egos umstellt,[300] welche sie – in verschiedenen Graden – an die Sphäre des Heidnischen anbinden, die wiederum besonders über Fleischlichkeit markiert ist. Ersteres geschieht über die Figur seiner Mutter, Herzeloyde, und die mütterliche Fleischesexistenz, letzteres über die Figur des Vaters, der jenseits des Meeres ins Land der Heiden vorgedrungen ist und dort Feirefiz gezeugt hat, welcher als elsternfarbener Heide zugleich einen Anteil Parzivals markiert, der schließlich in der Taufe neutralisiert wird.[301] In beiden Fällen wird die Fleischlichkeit – für die das Mittelhochdeutsche jedoch kein Lexem hat, wie es im lateinischen Diskurs das Epitheton *carnalis* darstellt – über die exorbitante Schönheit markiert, welche sowohl der Mutter, Herzeloyde, als auch dem Vater, Gahmuret, eigen sind und – in ganz besonderem Maße – auch auf den Sohn, Parzival, und seinen heidnischen Halbbruder, den ‚Minneritter' Feirefiz, übergeht.[302] Von besonderem Interesse sind hierbei zunächst die als Folien eingespielten Marienbilder sowie weitere Trans-

---

299 Vgl. hierzu den vorangehenden Exkurs, Kap. V.3.
300 Nicht nur wird Parzival als Verdopplung seines Vaters Gahmuret dargestellt, an dem er immer wieder gemessen wird, und erhält selbst eine Verdopplung in seinem schwarz-weißen Halbbruder, sondern die Figur des Vergulaht, der von besonderer körperlicher Schönheit ist, referiert – als enger Blutsverwandter – gleichfalls auf Parzival; zumindest nimmt Gawan ihn *expressis verbis* als *ander Parzivâl* wahr (vgl. Pz 400,15). Und auch Gawan selbst verdoppelt im Rahmen der sogenannten Gawan-Bücher Parzival insofern, als er immer wieder an Orte kommt, an denen Parzival bereits gewesen ist, und dort Aufgaben löst, die Parzival nicht in Angriff genommen hat. Gerade die zum Teil fast absurden *minneâventiuren*, die Gawan übernimmt, konturieren *ex negativo* Parzival, der – auf der Suche nach dem Gral – weitergezogen ist. – Dass Gahmuret, Gawan, Feirefiz und Keie als Kontrastfiguren zu Parzival in ein „Widerspiel von ,Typ' und ,Gegentyp'" eingebunden seien, konstatiert bereits Wapnewski, Wolframs Parzival, S. 66, der zudem auch Orgelûse als Widerpart von Condwîr âmûrs auffasst.
301 Bezeichnenderweise findet sich die Vorstellung der ursprünglichen Heidenschaft jedes Menschen (vgl. Kap. V.3.1, S. 545 f.) auch in der Taufszene des Feirefiz, wodurch diese auf ihre metaphorische Dimension hin transparent wird. Hier heißt es über den die Taufe an Feirefiz vollziehenden Priester: *dâ stuont ein grâwer priester alt, / der ûz heidenschaft manc kindelîn / och gestôzen hête drîn* [= „in die Taufe", F. D. S.] (Pz 817,8–10).
302 Zu Parzivals Schönheit gibt es seit Ingrid Hahns wegweisender Studie von 1975 (Hahn, Parzivals Schönheit; vgl. hier Kap. III.1.2, S. 125) eine breite Forschungsdebatte, die hier nicht zur Gänze nachvollzogen werden kann. Breit rezipiert ist zudem die Studie von Huber, Licht und Schönheit. Unter den

zendenzallusion und das Minnerittertum Gahmurets, Gawans und Feirefiz', das in der Forschung gemeinhin als Ausweis der Positivierung verstanden worden ist.

Dass Herzeloyde in der Still-Szene darüber reflektiert, dass auch Maria Christus gestillt habe (Pz 113,17–26), und entsprechend in die Marienposition versetzt ist, wodurch Parzival in die Christusposition rückt, hat man als Strategie der Exzeptionalisierung aufgefasst. Hanspeter Mario Huber geht in seiner einflussreichen Arbeit zur Verbindung von Licht und Schönheit im *Parzival* beispielsweise sogar so weit, von „Parzivals Nachfolge Christi" zu sprechen.[303] Dass Gahmuret auf seiner Fahrt als nicht erbberechtigter Zweitgeborener in den Orient zieht, sich dort der Minne verschreibt und einen Sohn mit einer Heidenkönigin zeugt, interpretiert er – wiederum eindeutig positiv – als Speerspitze einer Christianisierung, die sich in Feirefiz vollenden wird.[304] Die Neigung des Feirefiz zum ‚Minnerittertum' hat man als Strategie einer positivierenden Verähnlichung mit den christlichen Rittern verstanden. So hat beispielsweise Elke Brüggen in einem jüngeren Beitrag betont, es werde „großer Wert darauf gelegt, dass der heidnische Ritter seine blendende Rüstung dem Frauendienst verdankt [...], was die Gemeinsamkeiten zwischen westlicher und östlicher Kultur erneut unterstreicht und das exotische Element zusätzlich eindämmt."[305] Es gibt aber in all diesen Fällen – von einer alles ‚Höfische' zunächst einmal idealisierenden Forschungstradition abgesehen – keinen triftigen Grund, die genannten Elemente nicht auch – zumindest partiell – als negativierende Konnotationsfolien zu begreifen. Ob man Feirefiz' ‚Minnerittertum' als Positivierung oder Negativierung, als Annäherung an die Christen oder als prototypisch ‚heidnisches' Verhalten auffasst, entscheidet sich scheinbar daran, ob man das in ihrem Zentrum stehende Verhalten – positiv – als ‚Frauendienst' oder – negativ – als Ausdruck von heidnisch-fleischlicher ‚Wollust' versprachlicht.[306] Für beides indessen gibt es plausible Argumente, zumal *kiusche* immer wieder ein zentrales ethisches Problem des Textes ist, was sich nicht nur in Parzivals – aufgrund seiner Torheit als ‚zufällig' inszenierter – anfänglicher Jungfräulichkeit und in seiner – ebenso zufällig – keuschen Ehe ausdrückt, sondern

---

jüngeren ragt als besonders einschlägig James A. Schultz: Courtly Love, the Love of Courtliness, and the History of Sexuality. Chicago/London 2006, hier bes. S. 3–15, hervor.

303 Huber, Licht und Schönheit, S. 33.
304 Vgl. ebd., S. 30 u. 34.
305 Elke Brüggen: Belacâne, Feirefiz und die anderen. Zur Narrativierung von Kulturkontakten im ‚Parzival' Wolframs von Eschenbach. In: Figuren des Globalen. Weltbezug und Welterzeugung in Literatur, Kunst und Medien. Hrsg. von Christian Moser, Linda Simonis. Göttingen 2014 (Global poetics 1), S. 657–669, hier S. 679. – Gleichwohl sieht Brüggen, ebd., S. 679, auch, dass in der Inklination zur *minne* auch eine Nähe zum Heidentum selbst besteht: „[D]as Moment erotischer Attraktivität und sexueller Potenz, ein schon im Mittelalter zu belegendes Stereotyp in der Wahrnehmung und Darstellung des Orientalen, wird auf diese Weise deutlich entschärft." – Vgl. auch erneut Elke Brüggen: Schwarze Sonne. Verweigerte Musterhaftigkeit bei der literarischen Evokation weiblicher Schönheit in Wolframs Parzival. In: Poetiken des Widerspruchs in vormoderner Erzählliteratur. Hrsg. von Elisabeth Lienert. Wiesbaden 2019, S. 201–217.
306 Eine idealisierende Lesart wählt Alfred Raucheisen: Orient und Abendland. Ethisch-moralische Aspekte in Wolframs Epen *Parzival* und *Willehalm*. Frankfurt a. M. et al. 1997 (Bremer Beiträge zur Literatur- und Zeitgeschichte 17), S. 62–75, sowohl für Feirefiz als auch für Belacâne und den Bâruc.

zudem in Sigunes jungfräulicher Ehe und Witwenschaft zum Tragen kommt oder in den Problemfeldern, die an das fleischliche Begehren der als Parallelfiguren funktionierenden Herrscherfiguren Anfortas und Clinschor anschließen.[307] Daher sollen im Folgenden die in Rede stehenden Elemente auf ihre ambivalenten Potentiale hin befragt werden.

Es wird dabei grundlegend von einer starken Metaphorizität des Bruderkampfes ausgegangen, in welcher der schöne Feirefiz als Repräsentation des vom *Parzival*-Prolog entworfenen ‚elsternfarbenen Menschen' und damit zugleich als Repräsentation des schönen Parzival verstanden wird.[308] Parzival, dem in seinem seltsam mit ihm selbst identischen heidnischen Halbbruder ein Teil seiner selbst begegnet, welcher sich selbst so nachdrücklich als *alter ego* identifiziert, dass die Erkenntnis des Selbst und der Ruf des *nosce teipsum* in ihm in eins fallen,[309] dieser Parzival wird ja von dem pilgernden Kahenîs vor seiner ‚conversio' am Karfreitag mit den Worten angesprochen: *ob ir niht ein heiden sît, / sô denket, hêrre, an dise zît. / rîtet fürbaz ûf unser spor* (Pz 448,19–21).[310]

Der Bogen zwischen dem durch die Nichtachtung des Feiertages bedenklich dem Heidnischen angenäherten Parzival und der Erkenntnis seines heidnischen Selbstanteils im Anderen des als Selbst gedachten Halbbruders ist also von hier aus aufgespannt. In der Erkenntnis, in Feirefiz gegen sich selbst gekämpft zu haben, überwindet – so die These – die Figur Parzival zugleich den heidnischen Anteil in sich selbst und findet zum rechten Umgang mit ihrem ‚elsternfarben' Selbst. Es ist kein Zufall, dass im Anschluss an diese ‚Selbsterkenntnis', die die Grundlage der eigenen Bußfähigkeit bildet, zum einen Cundrîe erscheint und ihn zum Gral beruft und dass andererseits Feirefîz eine

---

307 Marina Münkler: Buße und Bußhilfe. Modelle von Askese in Wolframs von Eschenbach *Parzival*. In: DVjs 84 (2010), S. 131–159, hat darauf hingewiesen, dass asketische Lebensformen zentral in den *Parzvial* inseriert sind. Gerade der umgekehrte Ritter Trevrizent bietet eine gottbezogene Lebensform als Handlungsalternative an. Coralie Rippl: Erbaulicher Verfall? Interferenzen von höfischer Minne und christlicher Ehe-Allegorese am Beispiel Sigunes in Wolframs ‚Parzival' und ‚Titurel'. In: Die Versuchung der schönen Form. Spannungen in ‚Erbauungs'-Konzepten des Mittelalters. Hrsg. von Susanne Köbele, Claudio Notz. Göttingen 2019 (Historische Semantik 30), S. 199–244, hat in Bezug auf die Figur Sigune argumentiert, dass sich speziell an ihr „die spezifische Überblendung und Verdichtung der semantischen Felder pflanzlichen Wachstums, architektonischen Aufbauens und ehelicher Leibeseinheit in der biblischen Erbauungsbildlichkeit" (ebd., S. 239) wiederfinden lassen, dass hier jedoch – anders als in dem von ihr isolierten im geistlichen Bereich – zugleich „(wirkungs-)ästhetische Eigendynamiken" entstünden (ebd., S. 240).
308 Famira, Feirefiz, S. 274–276, hat vehement die Beziehung zwischen dem ‚elsternfarbenen' Menschen des Prologes, Parzival und Feirefiz bestritten. Die lebensweltliche Alternativinterpretation, dass Wolfram in Gestalt eines durch die Kreuzzüge verschleppten „Elsternegers" einer besonderen Form des Albinismus begegnet sein müsse, überzeugt allerdings wohl nicht mehr – und löst ja, nebenbei bemerkt, auch die symbolische Struktur des Textes nicht auf.
309 Hierauf hat auch schon Bumke, Blutstropfen, S. 97, hingewiesen.
310 Knaeble, Weg zur Erlösung, S. 384, tendiert – mit Bezug auf das Thema der *triuwe* (Pz 451,6–22) – ebenfalls dazu, die Referenz der Kahenîs-Figur auf Parzivals ‚Heidentum' Signifikanz zuzuweisen: „An dieser Stelle zeigt sich, dass das, was Parzival mit den Worten des Grauen Ritters gesprochen wieder vom Heiden zum Christen werden lässt, kein eigentlich im Inneren vonstattengehender psychischer Erkenntnisprozess, eben keine ‚innere Umkehr' ist."

Taufe erhält, womit zugleich der heidnische Selbstanteil Parzivals der Taufe zugeführt wird, welche für das Kind Parzival vom Text gar nicht erst erzählt worden ist.[311]

Der Weg dieser Selbsterkenntnis gerät dabei – im Kampf mit seinem *alter ego* Feirefiz – zu einer Art von Psychomachie, in welcher die Figuren- und Handlungsführung des Textes immer wieder spontan und kontrolliert ins Integumentale kippt und hinter der die Sinngebungsverfahren der zeitgenössischen lateinischen, allegorischen Dichtung deutlich erkennbar bleiben, ohne dass der Text jedoch deshalb vollständig hierin aufginge.[312] Dass nach der Trevrizent-Begegnung an Parzival keine „Veränderung seines religiösen Bewusstseins"[313] erkennbar ist – das zentrale Argument gegen die ‚Entwicklungsthese' –, liegt so gesehen auch daran, dass sich in der hier vorgeschlagenen Lesart

---

311 Früh, aber im Ganzen der *Parzival*-Forschung betrachtet nicht sehr einflussreich, hat Walter Johannes Schröder eine Lesart präferiert, die dieser Zuweisung des ‚Heidentums' an Parzival eine erhöhte Bedeutsamkeit zusprechen wollte. Dass der Text keine Taufe Parzivals erzählt, hat Schröder, Soltane, S. 30, als Indiz dafür aufgefasst, dass Parzival auch tatsächlich ein Ungetaufter sei und die Figur so in die Nähe zum Heidnischen gebracht (vgl. ebd.). Andernorts hat Schröder (Walter Johannes Schröder: Die Parzivalgestalt Wolframs von Eschenbach. In: ders.: *rede* und *meine*. Aufsätze und Vorträge zur deutschen Literatur des Mittelalters. Hrsg. von Gisela Hollandt, Rudolf Voss. Köln/Wien 1978 [zuerst in: Albert Schaefer (Hrsg.): Das Menschenbild in der Dichtung. München 1965, S. 83–102], S. 311–330, auf mögliche Überblendungen zwischen einem augustinisch geprägten Geschichtsmodell [ebd., S. 318: „das Zeitalter der ‚Natur', das Zeitalter des ‚Gesetzes', das Zeitalter der ‚Gnade'. Dem entsprechen: das Heidentum, das Judentum (Altes Testament), das Christentum (neues Testament)."] und einer Anthropologie des christlichen Subjektes hinzuweisen gesucht; vgl. ebd., S. 320: „Jeder einzelne Mensch wird als Heide geboren; er bedarf der Belehrung im Christenglauben (die Altes und Neues Testament umfaßt), um in der Taufe der Gnade teilhaftig zu werden. [...] Am Schicksal der Menschheit wird das Schicksal des Einzelmenschen deutlich. | Damit scheint mir ein Vorbild gegeben, das uns den eigentümlichen Bauplan der Parzivalgeschichte einsichtig macht. In den drei Abschnitten seines Lebensganges wird Parzival behandelt, zuerst als ob er ein Heide sei, sodann als ob er nach dem Gesetze lebe; schließlich ist er der christliche Ritter." Dass diese Gedanken keinen Anschluss gefunden haben, mag auch daran liegen, dass der Nachweis nicht zu erbringen ist, dass der Verfasser Wolfram ein solches Geschichts- und Anthropologiemodell überblendet hat. Im Rahmen der vorliegenden Studie steht daher auch nicht die Intention des Verfassers Wolfram im Zentrum – wie bei Schröder, der ebd., S. 323, fragt, „woher Wolfram diese Neukonzeption seiner Parzivalgestalt nahm" –, sondern es wird nach einer diskursiven Tiefenstruktur gefragt. – Im Ganzen muss darauf hingewiesen werden, dass in den *Enfances* häufig *keine* Taufe erzählt wird. Man vgl. nur Tristan oder Wigalois. Es stellt sich also die Frage, wie bedeutsam die nichterzählte Taufe Parzivals im vorliegenden Kontext ist.
312 Ulrich Ernst: Differentielle Leiblichkeit. Zur Körpersemantik im epischen Werk Wolframs von Eschenbach. In: Wolfram von Eschenbach – Bilanzen und Perspektiven. Eichstätter Kolloquium 2000. Hrsg. von Wolfgang Haubrichs, Eckart C. Lutz, Klaus Ridder. Berlin 2002 (Wolfram-Studien 17), S. 182–222, hat in Bezug auf die Körperdarstellung davon gesprochen, dass sich hier „gelegentlich residuale Formen der Allegorie und Allegorese konserviert" finden, und dies mit dem von ihm andernorts vorgeschlagenen Konzept der „analytischen Erzählform" in Verbindung gebracht (vgl. Ulrich Ernst: Formen analytischen Erzählens im *Parzival* Wolframs von Eschenbach. Marginalien zu einem narrativen System des Hohen Mittelalters. In: Erzählstrukturen der Artusliteratur. Forschungsgeschichte und neue Ansätze. Hrsg. von Friedrich Wolfzettel, Peter Ihring. Tübingen 1998, S. 165–198).
313 Bumke, Wolfram, S. 93.

V.4 Selbsterkenntnis als Kampf: Fleisch, Schönheit und Heidentum im *Parzival* — 571

Bumkes Satz bewahrheitet: Es „läßt sich auch die Auffassung vertreten, daß Parzival im 9. Buch keine ‚innere Umkehr' erlebt."³¹⁴

Versuche, Artusromane streng als christliche Allegorie beziehungsweise als christliches Integumentum zu lesen, sind in der Forschung unternommen worden und dürfen insgesamt sicherlich als gescheitert gelten.³¹⁵ Im Folgenden sollen jedoch solche Momente der Handlungssequenz ernstgenommen werden, die eine symbolische Überformung markieren, ohne sie indessen für den Text als Ganzes zu verabsolutieren. Anstatt sich einsinnig für oder wider eine religiöse Dimension, für oder wider eine ‚Umkehr', für oder wider ‚integumentale' Sinnstrukturen im *Parzival* zu entscheiden, sollen situativ die jeweils vom Text vergebenen Sinnangebote geprüft und so mögliche, flexible Momente spontaner Integumentalisierung beziehungsweise Allegorisierung oder Metaphorisierung einzelner Episoden und Handlungszüge nachvollzogen werden,³¹⁶ in welchen sich die Selbsterkenntnis eines Subjektes vollzieht,

---

314 Ebd.
315 Als Beispiel kann hier Hans Bayer: Art. Hartmann von Aue (ca. 1160/65–1210). In: TRE 14, S. 462–464, mit seiner Auffassung von Hartmanns von Aue *Erec* dienen, wenn es ebd., S. 462, heißt: „Das Handlungsschema des *Erek* [...] dient der Veranschaulichung der religiösen Wiedergeburt. [...] Die *Joie de la Curt* allegorisiert in Mabonagrin und seiner Freundin zugleich die morbide höfische Welt und die babylonische Gefangenschaft der Kirche." Während der Text selbst sicherlich keinen Anhaltspunkt für eine derartig weitreichende und absolut gesetzte allegorische Übertragung anbietet, so ist es auf der anderen Seite doch sicherlich ebenso richtig, dass der *Erec* zentrale christliche Normen und Werte verhandelt und zudem symbolisch überformte Episoden bietet. – In jüngster Zeit hat Claudia Kropik, Gemachte Welten, S. 204–212, unter Rekurs auf Kuhn, Erec, S. 144 f., den Begriff der Allegorie (und des Integumentums) für die *Joie de la Curt*-Episode vorsichtig wieder fruchtbar zu machen versucht, um ihn – im engeren Sinne – abzuweisen, insofern „in Kuhns Verständnis jede Dichtung, die thematisch als Aussage oder Stellungnahme zu einem allgemeineren Problem gelesen werden kann, als allegorisch bezeichnet werden müsste – eine Ausweitung des Begriffs, die man wird kaum akzeptieren können. Ohne der *Joie de la curt*-Episode ein punktuelles Ausgreifen ins Allegorische abzusprechen, würde ich deshalb dafürhalten, den ‚Erec' insgesamt im Bereich eines Illustrativen zu belassen, das zwar auch zu den Funktionen der Allegorie gehört, zuerst und vor allem aber Sache der literarischen Sinnvermittlung ist" (ebd., S. 206). – Dazu weiterhin Hugo Kuhn: Allegorie und Erzählstruktur. In: ders.: Liebe und Gesellschaft. Kleine Schriften 3. Hrsg. von Wolfgang Walliczek. Stuttgart 1980, S. 106–117 (zuerst in: Walter Haug [Hrsg.]: Formen und Funktionen der Allegorie. Symposion Wolfenbüttel 1978. Stuttgart 1979 [Germanistische Symposien. Berichtsbände 3], S. 206–218).
316 Hierzu soll – und kann – die breit geführte Debatte um mögliche integumentale Strukturen ‚höfischer Romane' (vgl. bspw. Christoph Huber: Höfischer Roman als Integumentum? Das Votum Thomasins von Zerklaere. In: ZfdA 115 [1986], S. 79–100, bzw. Getrud Grünkorn: Die Fiktionalität des höfischen Romans um 1200. Berlin 1994 [Philologische Studien und Quellen 129], oder Ulrich Ernst: Lüge, *integumentum* und Fiktion in der antiken und mittelalterlichen Dichtungstheorie: Umrisse einer Poetik des Mendakischen. In: Das Mittelalter 9,2 [2004], S. 73–100) nicht fortgeführt oder gelöst werden. Die vorliegenden Analysen möchten jedoch dafür werben, sich nicht hinter der Kategorie des ‚höfischen' Textes – in Opposition zum ‚geistlichen' – zu verschanzen, sondern stattdessen mit einer flexiblen und freien Anverwandlungen lateinischer Dichtungstechniken in volkssprachlicher Dichtung zu rechnen und hierbei einerseits eine größere Durchlässigkeit zwischen beiden Bereichen anzunehmen und andererseits eine substantielle Fundierung jeder Schriftlichkeit in lateinischer Bildung und Ausbildung. Insofern erscheint es mir auch nicht zielführend, einen strengen, theologischen Begriff des Inte-

dem der Text in den Worten Sigunes den (metaphorischen) Namen *rehte enmitten durch* (Pz 140,17) gibt.³¹⁷

---

gumentums in Dichtung zu suchen. Dass diese die Kriterien eines strengen Integumentum-Begriffs, wie er als Produkt einer nachträglichen Hermeneutik im Sinne der Kommentartraditionen entwickelt worden ist, verfehlen muss, darf sicher konstatiert werden. Es ist Fritz Peter Knapp wohl zuzustimmen, dass ein Integumentum dieser Art in volkssprachlicher Literatur, in den arthurischen Epen zumal, kaum vorzufinden ist, gleichwohl er selbst einräumt: „[I]ch [kann] natürlich nicht ausschließen, daß der eine oder andere Autor eines Höfischen Versromans sein eigenes Werk als irgendeine Art von Integumentum erscheinen lassen wollte" (Fritz Peter Knapp: Historie und Fiktion in der mittelalterlichen Gattungspoetik. Sieben Studien und ein Nachwort. Heidelberg 1997, S. 166). Indessen erscheint es mir überzogen, eine ‚para-integumentale' Sinndimension arthurischer Epen abzulehnen. – Vgl. zur Übertragung basaler hermeneutischer Modi auf ‚höfische' Literatur Hans Jürgen Scheuer: Hermeneutik der Intransparenz. Die Parabel vom Sämann und den viererlei Äckern als Folie höfischen Erzählens bei Hartmann von Aue. In: Das Buch der Bücher – gelesen. Lesarten der Bibel in den Wissenschaften und Künsten. Hrsg. von Steffen Martus, Andrea Polaschegg. Bern/Berlin/Brüssel et al. 2006 (Publikationen zur Zeitschrift für Germanistik N.F. 13), S. 337–359. Scheuer vertritt zudem dezidiert den Ansatz, die Differenz von ‚weltlich' und ‚geistlich' im Hinblick auf die Aussagedimension volkssprachlicher Literatur weniger absolut gegeneinander zu setzen. – Vgl. zudem Frank Bezner: *Latet Omne Verum?* Mittelalterliche ‚Literatur'-Theorie interpretieren. In: Text und Kultur. Mittelalterliche Literatur 1150–1450. Hrsg. von Ursula Peters. Stuttgart/Weimar 2001 (Germanistische Symposien. Berichtsbände [DVjs] XXIII), S. 573–611, der – hier in Hinblick auf den *Anticlaudianus* des Alanus ab Insulis und die Vergil- und Martianus-Kommentare des Bernardus Silvestris – für einen weiten Begriff des Integumentums wirbt, welcher sich einerseits darauf besinnt, spezifisch theologische Schrifthermeneutik nicht als ‚Literaturtheorie' (miss) zu verstehen, und andererseits Pragmatismus betreffs der Übertragung integumentaler Lesarten auf Dichtung anrät. Dieser habe seine Stärke darin, „dass sich eine neue Interpretation eines literatur(theorie)geschichtlichen Problems gerade dadurch ergibt, dass kein spezifischer – und nicht ein *einziger* – Ansatz aus dem Tableau des Vorhandenen ausgewählt, sondern am Problem selbst entwickelt wird" (ebd., S. 585). Zugleich macht Bezner (vgl. ebd., S. 601–609) deutlich, dass auch diejenigen Texte, welche die germanistisch-mediävistische Forschung gerne als Folie für das integumentale Verfahren heranzieht, um an ihnen die Andersartigkeit volkssprachlicher Epik zu erweisen – nämlich die ‚Allegorien' des Alanus und des Bernardus –, selbst nicht reibungslos aus dem theologisch fundierten Konzept des Integumentums erklärbar sind, welches nämlich im engeren Sinne einen Rezeptionsmodus für antike Literatur darstellt und keinen Produktionsmodus für eine ‚neue Poetik'. Schon in der Latinität sind also – beim Übergang von einem hermeneutischen, rezeptiven Verfahren in ein produktives, poet(olog)isches – basale Differenzen zu veranschlagen. Wenn man diese aber für die genannten ‚allegorischen' Texte in Kauf zu nehmen bereit ist, so ist es nicht einsichtig, warum die Übertragung ähnlicher Sinnbildungsverfahren in eine avancierte, sich an der Dignität des Lateinischen orientierende volkssprachliche Literatur nicht möglich gewesen sein sollte.

317 Die Etymologie des Namens *Parzivâl*, die Sigune gibt, ist in der Forschung als Idiosynkrasie Wolframs diskutiert worden. Nellmann, Parzival, S. 531, kommentiert: „Wolfram erklärt nur den ersten Teil des Namens („Mitten-durch"); Heinrich von dem Türlin (um 1230) versucht dagegen, den ganzen Namen zu übersetzen: ‚parce' sprichet ‚durch', ‚val' ‚ein tal' (Heinrich von dem Türlin: Diu Crône, Vv. 6390 f.)." Es stellt sich jedoch die Frage, ob dies einzig als Missverständnis Wolframs, dem Nellmann mit der vorgängigen Forschung erstaunlich viele Missverständnisse zutraut, zu begreifen ist oder ob hier nicht eine spezifische Verschiebung des engeren Wortsinnes auf eine allgemeinere Sinnebene vorgenommen wird. Ähnliches wäre in Hinblick auf die Therapieversuche zu konstatieren, welche die Gralsgemeinschaft dem verwundeten Anfortas – nach Auskunft Trevrizents im IX. Buch

V.4.1 Fleisch und Schönheit im *Parzival*

Es gilt zunächst zu klären, was das ‚Andere' im Selbst ausmacht, dem die Figur Parzival in ihrem Halbbruder begegnet. Zentrales Element dieses Anderen ist – so die These – seine Körperlichkeit, die auch hier über besondere Schönheit markiert ist.

Man hat – wie schon angeklungen – die marianische Stilisierung der stillenden Herzeloyde, welche die Figur ja selbst herstellt,[318] und die *ostentatio genitalium* des Kindes Parzival, welches – wie Christus in bildlichen Darstellungen der Geburtsszene – unnatürlich groß geboren wird, gemeinhin als Zeichen einer Nobilitierung, einer Stilisierung Parzivals zu einem zweiten Erlöser verstanden.[319] Schon der Umstand, dass die Größe des Kindes seine Mutter fast das Leben kostet (Pz Vv. 112,6–8: *diu vrouwe eins kindelîns gelac, / eins suns, der sölher lide was / daz si vil kûme dran genas*), gibt einen Hinweis darauf, dass diese Referenz auch als Kontrastfolie lesbar ist. Das Gebären in Schmerzen und unter Lebensgefahr ist nicht zuletzt Signum und Stigma der

---

(Pz 481,6–483,18) – hat angedeihen lassen; hiervon wird im Weiteren zu sprechen sein, vgl. dazu. Kap. V.4.2.

318 Pz 113,17–22: *[frou] Herzeloyde sprach mit sinne / ‚diu hœhste küneginne / Jêsus ir brüste bôt, / der sît durch uns vil scharpfen tôt / ame kriuze mennischlîche enphienc / und sîne triwe an uns begienc. [...]'*

319 Forschung zu der Mariensymbolik findet sich bspw. bei Susanne Knaeble: *sîn muoter underschiet im gar / daz vinster unt daz lieht gevar* – Herzeloydes Gottesbild in Wolframs von Eschenbach ‚Parzival'. In: Gottes Werk und Adams Beitrag. Formen der Interaktion zwischen Mensch und Gott im Mittelalter. Hrsg. von Thomas Honegger, Gerlinde Huber-Rebenich, Volker Leppin. Berlin 2014 (Das Mittelalter. Beihefte 1), S. 368–379, S. 372 f., Anm. 13, verzeichnet. Besonders prononciert hat Brinker-von der Heyde (Brinker-von der Heyde, Geliebte Mütter) sich für eine Lesart ausgesprochen, die gänzlich auf Idealisierung abhebt und Ambivalenzen kategorisch ausschließt: „Ambivalent ist die Schönheit der Protagonistinnen auch deshalb nicht, weil sie nie Selbstzweck ist, sondern immer auf das männliche Gegenüber wirkt [...]" (ebd., S. 100). Die Schönheit der bei ihr besprochenen Frauenfiguren bezieht sie in – oftmals problematischer Art und Weise und vielfach durch Rosario Assuntos Textstellensammlung (Assunto, Theorie des Schönen im Mittelalter), vermittelt – auf theologisches Schrifttum (Ps.-Dionysius Areopagita, Hugo von Sankt Viktor und andere). Vgl. hierzu bspw. Brinker-von der Heyde, Geliebte Mütter, S. 94–112, zu Herzeloyde bes. S. 102–106: „Die Verbindung von Demut und Mariennachfolge, die keineswegs ‚blasphemisch' zu verstehen ist, entspricht theologischer Tradition. Es gibt keinen Hinweis, der es erlaubte, hinter dem Text Ironie zu vermuten. Die fraglos positive Zeichnung Herzeloydes bleibt unangetastet und mündet in eine emphatische Seligpreisung" (ebd., S. 106). Jeßing, Blutstropfenepisode, S. 140, sieht in der marianischen Stilisierung der Herzeloyde-Figur gar eine Annäherung Parzivals an die Trinität. Wolfgang Haubrichs: Memoria und Transfiguration. Die Erzählung des Meisterknappen vom Tode Gahmurets („Parzival" 105,1–108,30). In: Erzählungen in Erzählungen. Phänomene der Narration in Mittelalter und Früher Neuzeit. Hrsg. von Harald Haferland, Michael Mecklenburg. München 1996 (Forschungen zur Geschichte der älteren deutschen Literatur 19), S. 125–154, hier S. 154, sieht Parzival durch Herzeloyde „in die Nähe der *Salvator*-Rolle" gerückt. Susanne Heckel: *‚die wîbes missewende vlôch'* (113,12). Rezeption und Interpretation der Herzeloyde. In: Schwierige Frauen – schwierige Männer in der Literatur des Mittelalters. Hrsg. von Alois M. Haas, Ingrid Kasten. Bern et al. 1999, S. 35–52, konstatiert, dass „die wiederholte Anspielung auf mariologische Muster bei der Darstellung Herzeloydes [...] eine negative Beurteilung ihres Verhaltens verhinder[e]" (ebd., S. 47) und sieht in der Analogie Maria – Herzeloyde und Jesus – Parzival letzteren als „Heilsbringer" (vgl. ebd., S. 49 f.).

postlapsalen Frauen, welches weder die prälapsale Eva zu erleiden gehabt hätte, noch die Gottesmutter Maria zu erleiden hatte.[320] Die später zu Bildformeln gerinnenden Elemente der Geburtsszene, die *lactatio*, die *ostentatio* und die Größe des Kindes, betonen das, was sie auch in der auf die Geburt Christi bezogenen Bildtradition betonen, nämlich: die wirkliche Fleischwerdung Gottes, auf welche auch Herzeloydes *soliloquium* selbst verweist, wenn sie sagt, dass Christus den Tod am Kreuz *mennischlîche* erlitten habe (Pz 113,21).[321]

Diese tatsächliche Menschwerdung im Fleisch ist im Falle Parzivals freilich nicht – wie im Falle Christi – durch die Gottesnatur des Kindes und die Erbsündlosigkeit der Mutter neutralisiert und demonstriert entsprechend nicht die Gnade, dass der allmächtige Schöpfer sich für die sündigen Menschen ins niedrigste Fleisch begeben hat.[322] Sie betont im Gegenteil, dass Parzival Teil jener fleischlichen Menschheit ist, der sich Gott in gnadenhafter Weise selbst verähnlicht hat, um für sie zu sterben. Anstatt die Bezugsetzung zwischen der Mutterschaft Herzeloydes mit der Mutterschaft Mariens als Nobilitierung und Gleichsetzung mit der Gottesmutter und dem Heiland zu lesen, kann sie vor dem Hintergrund des Wissens um die Einzigartigkeit der Menschwerdung Gottes auch kontrastiv aufgefasst werden und würde hierbei, indem sie das Modell der transzenden-

---

320 Die marianische Tradition verwendet viel Mühe darauf, den natürlichen Geburtsvorgang zu suspendieren. Bsp. hierfür finden sich u. a. in den *Drei Liedern von der Jungfrau* des Priesters Wernher, Vv. C²4098–4145 (Priester Wernher: Maria. Hrsg. von Carl Wesle. 2. Aufl. v. Hans Fromm. Tübingen 1969 [ATB 26]), oder im *Marienleben* Wernhers des Schweizers, Vv. 2597–2742, welches wiederum ziemlich genau auf die *Vita rhythmica*, Vv. 1744–1819, zurückgeht. Im Rahmen der anmaßenden Prüfung Mariens durch die beiden Hebammen Rachel und Salome wird eigens betont, dass an Maria keine Zeichen der Geburt zu finden seien, *Wan sunder das allaine: / Dú werde maget raine / Hät milch in ir brústen / Zetrosten des kindes lústen* (Wernher der Schweizer: Marienleben, Vv. 2723–2726).
321 Vgl. hierzu bspw. überblicksartig Klaus Schreiner: Maria. Jungfrau, Mutter, Herrscherin. München 1996, S. 196–201 (bes. das Kapitel „Maria, die Jesus stillte, als theologisches Argument und mystische Metapher"). – Die starke, aber vielleicht auch zu absolute These von Caroline Walker Bynum: Der Leib Christi im Spätmittelalter – Eine Erwiderung auf Leo Steinberg. In: dies.: Fragmentierung und Erlösung. Gender Studies. Frankfurt a. M. 1996, S. 61–108, bes. S. 66–70, dass die Genitalität Christi nicht als anstößig oder überhaupt als ‚sexuell' wahrgenommen worden sei, muss vielleicht – dialektisch – um die Perspektive ergänzt werden, dass es gerade die Exposition des Fleischlichsten selbst ist, welche die wahre Menschwerdung Gottes und erst so auch die „Mutterschaft" Christi zu erweisen vermag, wodurch das Genitale keineswegs entskandalisiert, sondern das Skandalon heilswirksam funktionalisiert wäre. Damit bin ich freilich eher bei der von Leo Steinberg: The Sexuality of Christ in Renaissance Art and in Modern Oblivion. New York 1983, vertretenen These, auf die Bynum reagiert. An Bynum hat die Forschung nicht zuletzt in Bezug auf Parzival angeschlossen; vgl. James A. Schultz, Courtly Love, S. 4 f. – Vgl. zur „Assoziation der Menschlichkeit Christi mit dem Weiblichen und dem Fleischlichen" auch Bynum: „Der weibliche Körper und religiöse Praxis im Spätmittelalter", in: dies., Fragmentierung und Erlösung, S. 148–225, hier bes. S. 174–179 (Zitat: S. 174).
322 Vgl. hierzu bspw. Monika Schausten: Maria lactans, Virgo mediatrix: Ikonographische Codierungen von Weiblichkeit. Bruchstücke zu ihrer Archäologie. In: dies. (Hrsg.): Das lange Mittelalter: Imagination – Transformation – Analyse. Ein Buch für Jürgen Kühnel. Göppingen 2011 (Göppinger Arbeiten zur Germanistik 763), S. 47–66, hier: S. 58–61.

ten Mutterschaft aufruft, zum Marker einer explizit immanenten Mutterschaft und einer ‚Menschheit', die eine Fleischlichkeit ist.[323] Die Schönheit Parzivals ist aus dieser Sicht eben auch eine – wie Bertau mit Ruh sagt – „adamitische Schönheit"[324], insofern es *expressis verbis* heißt, kein Mensch sei *sît Adâmes zît* (Pz 123,17) schöner gewesen als Parzival. Zwar ist es *diu gotes kunst* (Pz 123,13), die *mannes varwe* (Pz 123,16) an ihm gezeugt hat, aber ostentativ heißt es zudem: *des wart sîn lop von wîben wît* (Pz 123,18), wodurch seine Schönheit dem immanenten Lustprinzip unterstellt wird.

Die Tradition, die Muttermilch, welche in der Herzeloyde-Szene so eine eminente Rolle spielt, als Zeichen für die Fleischlichkeit des Kindes aufzufassen, ist verschiedentlich greifbar.[325] Sie findet sich beispielsweise im Traktat *Pro assumptione virginis* Hugos

---

[323] Auf die Differenz zwischen der Mutterschaft Mariens und jeder anderen, immanenten Mutterschaft, hat für Augustinus (*De sancta virginitate*) bereits Michel Foucault, Sexualität und Wahrheit 4, S. 393, hingewiesen: „Doch kann man nicht sagen, dass die Frauen, die verheiratet sind und Kinder haben, spiegelbildlich dazu die physische und geistige Mutterschaft Marias übernommen haben: Denn die Jungfrau Maria hat Christus aufgrund des Wirkens von Gott geboren; eine verheiratete Frau gebärt aufgrund der Natur menschliche Wesen, die keine Christen sind." – Vgl. Kap. V.3.1, S. 545 f., zum ‚heidnischen' Status jedes Neugeborenen.

[324] Karl Bertau: Über Literaturgeschichte. Literarischer Kunstcharakter und Geschichte der höfischen Epik um 1200. München 1983, S. 70, fasst die ‚adamitische Schönheit' Parzivals jedoch positivierend auf und stilisiert diesen, wiederum im Anschluss an Kurt Ruh, zu einer „Messias-Figur".

[325] Die *Parzival*-Forschung hat neben dem Stillen im Allgemeinen auch die Milch im Besonderen oftmals als religiös konnotierte Symbolik und als Annäherung des Protagonisten an die Transzendenz aufgefasst, insofern auch die Geburt Gottes und die Heilslehre der Kirche immer wieder mit Milch in Verbindung gebracht werde. Vgl. hierzu bspw. Patricia Ann Quattrin: The Milk of Christ: Herzeloydë as Spiritual Symbol in Wolfram von Eschenbach's ‚Parzival'. In: Medieval Mothering. Hrsg. von John Carmi Parson, Bonnie Wheeler. New York/London 1996, S. 25–39, die mit Bezug zu Augustins *Confessiones* den Bezug zur ‚geistlichen Milch', zur ‚Milch Christi' herstellt (ebd., bes. S. 28 f.). Die stillende Herzeloyde möchte sie entsprechend als „provider of spiritual as well as literal milk" (ebd., S. 29) verstehen. In dem Versuch, Herzeloyde auf diese Art als Spenderin geistlicher Versorgung aufzufassen und Parzivals Kindheit mit den bei Augustin zu findenden (geistlichen) Lebensaltern in Verbindung zu bringen, geht eine Entproblematisierung sowohl der ‚Lehren' Herzeloydes als auch des (‚geistlichen') Fortschritts Parzivals einher (vgl. ebd., S. 32–36). Zwar sieht auch Quattrin, dass es eine Nähe der Milch zu den sinnlichen und nur mittelbaren Anfangsstufen geistlichen Fortschritts gibt (ebd., S. 33), gleichwohl argumentiert sie, „that Herzeloydë reaches spiritual perfection for herself by the time Parzival leaves her" (ebd., S. 34). Entsprechend geht sie davon aus, dass auch Parzival schließlich zu einem *perfectus* werde (ebd., S. 36). Demgegenüber soll hier argumentiert werden, dass – nicht nur im ‚Parzival' – die Möglichkeit eines Lebens als *saecularis* und damit als ‚*homo imperfectus*' möglich wird und so die Überdehnung eines Modells geistlicher *perfectio* im Hinblick auf die Parzival-Handlung vermieden werden kann. – Quattrins Thesen sind verschiedentlich in die Forschung eingeflossen, so bspw. in jüngerer Zeit bei Stefanie A. Goyette: Milk or Blood?: Generation and Speech in Chrétien de Troyes' *Perceval, ou le Conte du grail*. In: Arthuriana 26,4 (2016), S. 130–151, hier S. 133, die die Idee, dass Herzeloyde „from the carnal to the spiritual" führt, kontrastiv gegen ihre Analysen des Chrétienschen *Perceval* setzt. – Allerdings muss im Gegensatz zu Quattrins Auffassung angemerkt werden, dass die von ihr herangezitierte ‚geistliche Milch' im Rahmen der (geistlichen) Lebensalter das zu überwindende Anfängerstadium der christlichen Existenz darstellt, welches zugleich das ‚fleischliche' ist. Der *sermo scientiae*, der die heiligen Geheimnisse (*sacramenta*) und das übrige Wissen umfasst, spricht auch hier

von Sankt Viktor, wo es in der Auslegung einer Hoheliedstelle – *Mel et lac sub lingua tua* (Cant 4,11)[326] – aus der ‚*descriptio membrorum*' der Braut heißt:

> Mel et lac sub lingua tua. Qui est *mel et lac sub lingua tua*? Hoc est Verbum Patris sub carne tua. Quare ergo ‚sub lingua'? Quia Verbum, ideo sub lingua. *Mel et lac sub lingua tua*: non supra linguam sed sub lingua, quia Verbum absconditum est, et ideo *mel et lac sub lingua tua*. *Mel et lac sub lingua tua*: sub lingua tua, sub carne tua; sub lingua tua quia uerbum; sub lingua tua quia absconditum. <u>Mel et lac, Deus et homo. Mel diuinitas, lac humanitas.</u> Mel de rore celo uenit quia diuina natura supra omnia est. <u>Lac de carne exprimitur quia humanitas deorsum assumpta est, de carne caro.</u> Ideo lac, non caro, sub lingua tua quia lac de carne non caro, sed de carne caro et tantum caro: non prima caro, sed de prima carne secundo caro, de carne ueter noua caro, de carne purganda hostia caro. Ideo *mel et lac sub lingua tua,* quia in

---

zu den *carnales*: His enim sunt necessaria, quibus ille prudentissimus servus tuus non potuit loqui quasi spiritalibus, sed quasi carnalibus, ille, qui sapientiam loquitur inter perfectos. Animalis autem homo tamquam parvulus in Christo lactisque potator, donec roboretur ad solidum cibum et aciem firmet ad solis aspectum, non habeat desertam noctem suam, sed luce lunae stellarumque contentus sit (Augustinus: Confessiones XIII.18.23; Übers. [Flasch, Mojsisch]: „Sie sind nämlich für die nötig, zu denen dein überaus kluger Diener nicht wie zu geistigen, sondern zu fleischgebundenen Wesen hat sprechen können, er der unter Vollkommenen die Weisheit verkündet. Doch auch der Mensch als bloßes Lebewesen, ein Kind noch in Christus und des Milchtranks bedürftig, sollte, bis er die Kraft besitzt, feste Nahrung zu sich zu nehmen, und sein Auge den Anblick der Sonne ertragen kann, sich in der Nacht nicht verlassen fühlen, sich aber mit dem Licht des Mondes und der Sterne begnügen müssen.). Die sieben geistlichen Altersstufen des *homo novus et interior et caelestis* finden sich auch in *De vera religione* (XXVI.49.134): *primam in uberibus utilis historiae, quae nutrit exemplis* (Übers. [Thimme]: „Die erste Stufe verlebt er gleichsam an der Mutterbrust [*in uberibus*] der heilsamen Geschichte, die ihn mit Vorbildern nährt."). Dies ist zugleich die Stufe der menschlichen – und: menschgewordenen! – *auctoritas*, die schon auf der zweiten Stufe durch vernünftige Erkenntnis zurückgelassen wird: *secundam iam obliviscentem humana et ad divina tendentem, in qua non auctoritatis humanae continetur sinu, sed ad summam et incommutabilem legem passibus rationos innititur* (ebd., Übers. [Thimme]: „Auf der zweiten [Stufe] beginnt er bereits das Menschliche dahintenzulassen und zum Göttlichen aufzustreben. Da birgt ihn nicht mehr der Schoß menschlicher Autorität, sondern mit den Schritten der Vernunft steigt er zum höchsten und unwandelbaren Gesetz empor."). Auch hier dient Milch also zur Markierung einer – zu überwindenden – Fleischlichkeit. In Hinblick auf die Lehren der Geistlichen, die dem Grad des geistlichen Fortschrittes der Belehrten entsprechen sollen, um diese nicht mit hohen theologischen Spekulationen zu überfordern, heißt es bei Augustinus: De vera religione XXVIII.51.141: *alimenta lactea large avidis pluribus atque instanter infundunt, validioribus autem cibis cum sapientibus paucis vescuntur* (Übers. [Thimme]: „Milchspeisen flößen sie reichlich und immerfort der Mehrheit ein, die aus Lernwilligen, aber noch Schwachen besteht; die kräftigere Kost aber teilen sie mit denjenigen, die schon weise sind"). Vgl. auch Confessiones XIII.22.32. Entsprechend heißt es in der Auslegung von Cant 4,11 (*mel et lac sub lingua tua*) bei Brun von Schönebeck: *also di milch vutit di kint, / da noch unvornumftik sint, / glicher wis vutit di vrie / uns mit eren genaden Marie* (Brun von Schönebeck: Das Hohe Lied, Vv. 2904–2907). – Auch hier kann man das christologische Argument umdrehen: In der Theologie ist gerade die Milch, die Christus trinkt, Ausweis der tatsächlichen Menschwerdung Gottes. Analog ist sie auch im Falle Parzivals Zeichen für dessen Existenz im Fleisch.

326 Übers.: „Milch und Honig ist unter deiner Zunge."

tua carne Deus homo et sub tua carne Deus et homo, unus Iesus Christus. *Fauus distillans labia tua, mel et lac sub lingua tua.*
(Hugo von Sankt Viktor: Pro Assumptione Virginis, S. 124,168–126,184)³²⁷

Die Identifizierung von Milch – überhaupt des Stillvorgangs – mit Menschlichkeit im Sinne von Fleischlichkeit ist dabei bedeutend älter.³²⁸

Während sie bei Hugo von Sankt Viktor auf die exzeptionelle, sündenfreie Geburt Christi und auf die Erneuerung des Menschen durch Christus und sein Fleisch bezogen wird, dient der Stillvorgang in den *Confessiones* des Augustinus dazu, die Fleischlichkeit und damit die Sündhaftigkeit des späteren Bekenners zu akzentuieren. Das Augustinus-Ich der *Confessiones* spricht zu Beginn des ersten Buches über die Dinge, an welche es sich zwar nicht erinnert, die es jedoch als Wahrscheinlichkeitswissen anneh-

---

327 Hervorhebungen durch Kursivierung entsprechend dem zitierten Text, Unterstreichung von mir; F. D. S. – Übers. (F. D. S.): „*Honig und Milch ist unter deiner Zunge. Was ist Milch und Honig unter deiner Zunge?* Dies ist das Wort des Vaters unter deinem Fleisch. Warum also ‚unter der Zunge'? Weil Wort, deshalb unter der Zunge. *Honig und Milch unter deiner Zunge:* nicht auf der Zunge, sondern unter der Zunge, weil das Wort verborgen ist, und deshalb *Honig und Milch unter deiner Zunge. Honig und Milch unter deiner Zunge:* unter deiner Zunge, unter deinem Fleisch; unter deiner Zunge, weil Wort; unter deiner Zunge, weil verborgen. Honig und Milch, Gott und Mensch. Der Honig ist die Gottheit, die Milch ist Menschheit. Der Honig kommt vom Tau des Himmels, weil die göttliche Natur über allem ist. Die Milch wird aus dem Fleisch herausgedrückt, weil die Menschheit nach unten hin angenommen ist, Fleisch vom Fleisch. Deshalb Milch, nicht Fleisch, unter deiner Zunge, weil Milch vom Fleisch nicht Fleisch ist, obwohl das Fleisch vom Fleisch ist und immer nur Fleisch ist: es ist jedoch nicht das erste Fleisch, sondern aus dem ersten Fleisch das neue Fleisch, vom alten Fleisch das neue Fleisch, vom Fleisch die läuternde Hostie Fleisch. Deshalb *Honig und Milch unter deiner Zunge*, weil in deinem Fleisch Gott Mensch ist und er unter deinem Fleisch Gott und Mensch, ein einiger Jesus Christus. *Deine Lippen sind eine tropfende Wabe; Milch und Honig ist unter deiner Zunge*.") – Vgl. die Ausführungen der Herausgeberin: L'œuvre de Hugues de Saint-Victor 2. Super Canticum Mariae. Pro Assumptione Virginis. De beatae Mariae virginitate. Egredietur virga, Maria porta. Eingeleitet, übers. und hrsg. von Bernadette Jollès. Turnhout 2000, S. 106: „*Mel et lac sub lingua tua, ce sera donc le Verbe incarné, Dieu et homme, caché sous la chair de la Vierge. Le triomphe et la suprématie de Marie sur toutes les autres créatures sont signifiés par le fin du verset 10: Odor unguentorum tuorum super omnia aromata.*" – Die Übersetzung von Cant 4,10 lautet: „der Duft deiner Salben ist köstlicher | als alle Balsamdüfte".

328 Vorläufer der Auffassung, die im Milchgeben ein Signum des Fleisches sehen, finden sich früh, so bspw. bei dem nach Augustinus allerdings kaum noch rezipierten Tertullian, in dessen *Ermahnung zur Keuschheit* (IX.5,41–43) es – Mt 24,19 zitierend – in Bezug auf den Jüngsten Tag heißt: *quo die vae illud super praegnantes et lactantes adimplebitur, id est maritos incontinentiae; de nuptiis enim uteri et ubera et infantes* (Übers. [Veit]: „An diesem Tag [= Jüngster Tag; F. D. S.] wird jenes ‚Wehe!' in Erfüllung gehen an den Schwangeren und Säugenden, also an den Eheleuten, die keine Enthaltsamkeit geübt haben, denn wegen der Heiraten kommt es zu Schwangerschaften, Milch spendenden Brüsten und Säuglingen."). – Vgl. zudem Helmut Dworschark: Milch und Acker. Körperliche und sexuelle Aspekte der religiösen Erfahrung. Am Beispiel der Bußdidaxe des Strickers. Bern et al. 2003 (Deutsche Literatur von ihren Anfängen bis 1700–40).

men muss und aus Erzählungen der „Eltern seines Fleisches" gehört hat (*audivi a parentibus carnis meae*):[329]

> Exceperunt ergo me consolationes lactis humani, nec mater mea vel nutrices meae sibi ubera implebant, sed tu mihi per eas dabas alimentum infantiae secundum institutionem tuam et divitias usque ad fundum rerum dispositas. [...] ex te quippe bona omnia, deus, et ex deo meo salus mihi universa. Quod animadverti postmodum clamante te mihi per haec ipsa, quae tribuis intus et foris. Nam tunc sugere noram et adquiescere delectationibus, flere autem offensiones carnis meae, nihil amplius. (Augustinus: Confessiones I.6.7)[330]

Die Vorsorge Gottes, welche sich für Augustinus in dem Umstand offenbart, dass die natürliche Ordnung der Schöpfung durch den Schöpfer so eingerichtet ist, dass sich die Mütter und Ammen ‚nicht selbst die Brüste füllen' müssen, hat ein Analogon in Herzeloydes Reflexion über ihre Muttermilch. Diese, so sagt Herzeloyde, kündige das Kind an, welchem sie vorausgeschickt werde, womit sie auf die Einrichtung der Weltordnung und die Fleischlichkeit des ungeborenen Kindes verweist:

> alsus sprach diu wîse
> ‚du bist kaste eins kindes spîse:
> di hât ez vor im her gesant,
> sît ichz lebende im lîbe vant.'
> (Pz 110,29–111,2)

Und auch der Abschied des von Karthago nach Rom aufbrechenden Sohnes, welcher in den *Confessiones* breit inszeniert ist, wird bei Augustinus zum Anlass, über die Mutter-Kind-Bindung als Erbe Evas zu reflektieren: *flebat et eiulabat atque illis cruciatibus arguebatur in ea reliquiarium Evae, cum gemitu quaerens quod cum gemitu pepererat* (Augustinus: Confessiones V.8.15; Übers. [Flasch, Mojsisch]: „[Sie] weinte und jammerte

---

[329] Durch die wiederholte Bezeichnung der Mutter als „Mutter meines Fleisches" (vgl. Augustinus: Confessiones I.11.17 u. II.3.8) wird die Differenz zwischen der gottgegebenen *mens*, mit der Augustinus Gott zu denken in der Lage ist, und dem Fleisch, das ihn im Irdischen zurückhält, betont. Auf dieselbe Spaltung referiert Hugo von Sankt Viktor, wenn er das Fleisch Christi aus Maria stammen lässt, es jedoch zugleich – durch die Gnade Gottes – erneuert, um es Gottes würdig zu machen. Der *Anticlaudianus* inszeniert – sofern man denn eine christologische Lektüre überhaupt akzeptiert und in Betracht zieht – dieselbe Spaltung, insofern die Seele des „neuen Menschen" als einziges Element direkt von Gott neu geschaffen wird. Während das Fleisch im Rahmen der Naturordnung entsteht, greift Gott hier, um Sohn zu werden, ein einziges weiteres Mal in die natürlichen Abläufe ein; vgl. hierzu Kap. IV.2.2.2.
[330] Übers. (Flasch, Mojsisch): „So empfing mich also das Wohlbehagen der Mutterbrust [*consolationes lactis humani*, wörtlich: „Tröstungen der menschlichen Milch"; F. D. S.]. Meine Mutter und meine Ammen füllten sich nicht von selbst die Brüste, sondern du warst es, der mir durch sie die Nahrung des Säuglings gab, wie es deiner Weltordnung entspricht und der bis ins letzte reichenden Verteilung deiner Schätze. [...] Denn alles Gute stammt von dir, Gott, und aus meinem Gott kommt mir alles Heil. Begriffen habe ich das erst später – als du es mir zuriefst durch all die Dinge hindurch, die du innen und außen verschenkst. Denn damals konnte ich nichts als saugen und wohlig ausruhen. Auch weinen konnte ich, wenn meinem Fleisch etwas nicht behagte, aber sonst nichts."

[...], und in diesen ihren Qualen trat die Hinterlassenschaft Evas zutage, die unter Seufzen das suchen musste, was sie unter Seufzen geboren hatte."). Hier wie auch im für Herzeloyde tödlichen Abschied Parzivals von seiner Mutter, dessen Schmerz die beinahe tödliche Geburt verdoppelt, wird ein fleischlicher Mensch geschildert; in den *Confessiones*, um die maximale Fleischlichkeit und die maximale *conversio* des Augustinus zu betonen, im *Parzival*, um den Sohn als Menschen vorzuführen, der als Fleischesmensch durch die Welt des Fleisches irrt. Wie das Augustinus-Ich wird also auch Parzival als Prototyp des fleischlichen Menschen, als Fleisch, geboren aus Fleisch, inszeniert, von dem zudem beständig betont wird, dass er die ‚Frucht einer Mutter' sei.[331] So sagt der Erzähler, als Parzival das erste Mal vor der Tafelrunde erscheint: *gehêrret noch gefriuwet | wart nie minneclîcher fruht* (Pz 148,24), und diese und ähnliche Formeln (‚Frucht sein'; ‚von einer Frau geboren sein'; ‚gesäugt worden sein') wiederholen sich durch den ganzen Text hindurch in großer Zahl, häufig in Verbindung zu Parzivals Schönheit.[332] Trevrizent

---

331 Man denke an die Fügung *fructus ventris* (Lk 1,42), die in das ‚Ave Maria' eingegangen ist. – Es ist wiederum der pilgernde graue Ritter, Kahenîs, der auf Parzivals Auskunft, *ich diende eim der heizet got* (Pz 447,25), entgegnet: ‚*meint ir got den diu magt gebar?* [...]' (Pz 448,2) und damit dem vielfachen Sprechen von fleischlicher Geburt (vgl. die folgende Anm.) die Exzeptionalität der Jungfrauengeburt entgegensetzt. – Auch bei Augustinus: De vera religione XI.22.62, findet sich das Sprechen von der „Frucht des Körpers": *Corpus ergo magis subiacet morti et ideo vicinius est nihilo; quapropter vita, quae fructu corporis delectata neglegit deum, inclinatur ad nihilum, et ista est nequitia* (Hervorh. hier u. i. d. Übers. von mir, F. D. S.; Übers. [Thimme]: „Der Leib unterliegt also dem Tode mehr und ist dem Nichts demzufolge benachbarter. Deswegen neigt sich ein Leben, welches an der Frucht des Leibes Geschmack findet und Gott vernachlässigt, dem Nichts zu. Das aber ist Nichtigkeit.").
332 Das ‚Geborensein' wird zu einer stehenden Wendung im *Parzival*, die hier – im Gegensatz zu anderen Texten, auch bspw. zum *Willehalm* – mit auffallender Häufung begegnet. So hat hier zuvor Ither das Geborensein Parzivals betont: ‚*gêret sî dîn süezer lîp: | dich brâht zer werlde ein reine wîp. | wol der muoter diu dich bar! | ine gesach nie lîp sô wol gevar.*' (Pz 146, 5–8). Am Hof des Gurnemanz bezeichnet ein Ritter Parzival als *werdeclîche fruht* (Pz 164,12). Als er mit einer Hermelindecke zugedeckt werden soll, wird diese *über sîn blôzen lîp* gedeckt und wiederum betont: *sô werde fruht gebar nie wîp* (Pz 166,15 f.). Und auch bei der Einkleidung nach dem Bad, bei dem Parzivals Schönheit das Verlangen der jungen Damen auslöst, seine Genitalien zu sehen (vgl. Pz 167,27–29), wird von allen Rittern seine Schönheit gepriesen, was schließlich auf die Betonung seines Geborenseins zuläuft: *der ritter ieslîcher sprach, | sine gesæhen nie sô schœnen lîp. | mit triwen lobten si daz wîp, | diu gap der werlde alsôlhe fruht* (Pz 168,24–7). Als Parzival neben Condwîr âmûrs sitzt und deren Schönheit über Jeschûte, Enîte, Cunnewâre und Isalde gehoben wird, da wird auch diese unter die Perspektive des Geborenseins einbezogen, wenn es über die beiden heißt: *ez wâren wol nütziu wîp, | die disiu zwei gebâren, | diu dâ bî ein ander wâren* (Pz 187,24–26). Der von Parzival bezwungene Orilus berichtet, dass *der küenste man | den muoter ie zer werlt gewan* (Pz 276,19 f.) sich als Roter Ritter bezeichne. Wenn Parzival über den Blutstropfen in Minneversunkenheit verharrt und Gawan zu ihm reitet, so wird dieser Minnewahn ausdrücklich mit seinem Geborensein und seinen Eltern in Verbindung gebracht und als von Generation zu Generation weitergereichtes Erbe charakterisiert, hinter dem sich das Prinzip der fleischlichen Prokreation im postlapsalen Diesseits verbergen mag: *dâ tet frou minne ir ellen schîn | an dem den Herzloyde bar. | ungezaltiu sippe in gar | schiet von den witzen sîne, | unde ûf gerbete pîne | von vater und von muoter art* (Pz 300,14–19). Als Parzival erneut im Kreis der Tafelrunde am Plimizœl sitzt, da sagt der Erzähler: *an disem ringe niemen saz, | der muoter brust ie gesouc, | des werdekeit sô lützel trouc* (Pz 311,10–12).

identifiziert später den mit Lucifer beginnenden Sündenfall der Ureltern Adam und Eva als Ursache für das prokreative Prinzip der fleischlichen Fortpflanzung mit den Worten:

> got worhte ûz der erden
> Adâmen den werden:
> von Adâms verhe er Even brach,
> diu uns gap an daz ungemach,
> dazs ir schepfære überhôrte
> unt unser freude stôrte.
> von in zwein kom gebürte fruht[.]
> (Pz 463,18–23)[333]

Nach der Karfreitagsbegenung verabschiedet sich Parzival vom grauen Ritter Kahenîs und dessen Familie und es heißt: *hin rîtet Herzeloyde fruht* (Pz 451,3), woraufhin Parzival das erste Mal der Allmacht des Schöpfergottes gedenkt (vgl. Pz 451,8–12). – Auch für andere Figuren wird immer wieder der Zusammenhang zu Mutterschaft hergestellt. Als Clamidê sich Cunnewâre überantworten muss, klagt er sein Los: *ich hân sô wirdic her verlorn, | daz muoter nie gebôt ir brust | dem der erkante hôher flust* (Pz 219, 16–18). Parzival selbst berichtet Sigune von seiner Eheschließung mit Condwîr âmûrs und von ihrer Schönheit, indem er schon von der Mutter als ‚menschliche Frucht' spricht, von der nie Schöneres geboren worden sei: *ûf erde nie sô schœner lîp | wart geborn von menneschlîcher fruht* (Pz 441,8 f.). Trevrizent wiederum identifiziert Parzival die Familie des grauen Ritters Kahenîs mit den Worten: ‚[...] *nie kiuscher fruht von lîbe | wart geborn dan sîn selbes kint, | diu iu dâ widergangen sint* (Pz 457,16–18). Die Liste ließe sich verlängern.

333 Und auch die Erde, die vor dem Brudermord Kains an Abel noch ‚Jungfrau' war, ist eine fruchtgebende Mutter: *diu erde Adâmes muoter was: | von erden fruht Adâm genas* (Pz 464,11 f.). – Es existieren – bspw. mit dem *Periphyseon* (IV,10) des Johannes Scotus Eriugena – theologische Traditionen, welche die Körper- und Fleischwerdung des Menschen *selbst* als Folge des Sündenfalls auffassen. Nach Johannes Scotus ist der – nicht-körperliche – Mensch bereits im Genesis-Vers des *fiat lux* enthalten. Die *lux* umfasse sowohl die Menge der Engel als auch den unkörperlichen Menschen, welcher dann mit der Scheidung von Licht und Finsternis bereits gefallen sei. Den Genesis-Text des Sechstagewerks unterwirft Eriugena einer radikalen Allegorese, in welcher der Literalsinn sich vollständig auflöst. Die Erschaffung des menschlichen Körpers ganz am Ende des Sechstagewerks bedeutet in dieser Lektüre seine innere Verbundenheit mit der Immanenz, insofern er als Mikrokosmos den Makrokosmos umfasst und beschließt. Der Mensch ist in dieser Auffassung „unter die Theile der Welt verteilt worden" und insofern ist Fleischlichkeit der geschöpflichen Welt ähnlich (Johannes Scotus Eriugena: Über die Einteilung der Natur, Bd. 2, S. 65). Diese Auffassung ist – mit Kurt Flasch: Eva und Adam. Wandlungen eines Mythos. 2. Aufl. München 2015, S. 41 – ein Gegenentwurf zu der weiter verbreiteten Allegorese Augustins, die den allegorischen Sinn der Genesis unter gleichzeitiger Beibehaltung des Literalsinns entwickelt. Die radikal allegorische Auslegung des Eriugena erscheint als Erbe der „östlichen Tradition": „Diese Denkart wurde im Westen nie herrschend; sie war in der Auseinandersetzung um Origenes längst als häresieverdächtig zurückgewiesen; 1210 wurde sie kirchenamtlich verboten" (ebd.). Vgl. zu Johannes Scotus Eriugena aus germanistischer Sicht jüngst etwa Bleumer, Paradies und Topos, S. 87 f.; vgl. zudem Flasch, Das philosophische Denken, S. 184–192. – Die Nähe des Menschen zur Erschaffung des (nicht-körperlichen) Lichtes ist gleichwohl in Augustins *De genesi ad litteram* (III.20.31 f.) schon sehr ähnlich vorgebildet.

V.4 Selbsterkenntnis als Kampf: Fleisch, Schönheit und Heidentum im *Parzival* — 581

Es ist besonders der leuchtend rote Mund Parzivals, der immer wieder exponiert wird, sowie sein strahlender, Anziehung auslösender, noch ‚bartlos'-junger Körper,[334] der unter der Rüstung beim Entkleiden und im Bade zum Vorschein kommt und – wie auch der Körper in der poetorhetorischen *descriptio membrorum* – in letzter Konsequenz auf sein Genital verweist. Im Kontext jener Episode, in der Parzival am Hofe des Gurnemanz entkleidet und von *juncfrowen* gebadet wird, fällt mehrfach in kurzer Folge die Formulierung, dass Parzival eine unvergleichliche Leibesfrucht sei (Pz 164,12; 166,16; 168,27), es werden sein Strahlen (Pz 167,18 f.), seine Beine (Pz 168,7) und die Röte seines Mundes (Pz 168,20) als Elemente seiner Schönheit thematisiert, in deren Kontext freilich die jungen Damen *gerne heten gesehn, / ob im dort unde iht wære geschehn* (Pz 167,27 f.). Als Parzival sich ein anderes Mal wäscht, wird wiederum auf seine helle Haut und seinen roten Mund verwiesen: *mit urloube er sich dô twuoc | den râm von im: der junge truoc | bî rôtem munde liehtes vel* (Pz 306,21–23).

Parzival erhält darüberhinaus eine kurze *descriptio superficialis*, die Mund, Haut, Kinn und Wangen umfasst, um Parzival als Ursache für weibliches Liebesverlangen darzustellen:

> als mir diu âventiure maz,
> an diesem ringe nieman saz,
> der muoter brust ie gesouc,
> des werdekeit so lützel trouc.
> wan kraft mit jugende wol gevar
> der Wâleis mit im brâhte dar.
> swer in ze rehte wolde spehn,
> sô hât sich manec frouwe ersehn
> in trüeberm glase dan wær sîn munt,
> ich tuon iu vonme velle kunt,
> an dem kinne und an den wangen:
> sîn varwe zeiner zangen
> wær guot: si möhte stæte haben,
> diu den zwîvel wol hin dan kan schabn.
> ich meine wîp die wenkent
> und ir vriuntschaft überdenkent.
> sîn glast was wîbes stæte ein bant:
> ir zwîvel gar gein im verswant.
> ir sehen in mit triwe enpfienc:
> durch die ougen in ir herze er gienc.
> (Pz 311,9–28)

---

334 Zur Bartlosigkeit vgl. etwa Pz 307,7. – Es sei daran erinnert, dass gerade die noch jugendlich-androgyne Schönheit in der *Ars versificatoria* des Matthäus von Vendôme von dem Gebot ausgenommen wird, männliche Figuren nicht stark körperlich zu beschreiben (vgl. hierzu Kap. IV.1.1, S. 295) und das entsprechend etwa im *Flore*-Roman der Protagonist, der eine umfangreiche *descriptio membrorum* erhält, im Bett für ein Mädchen gehalten wird, weil er noch so jung ist.

Es führt aber diese *descriptio*, die die prototypische poetorhetorische *conclusio* der Liebeserregung noch andeutet, gerade nicht zu einer Handlungssequenz, die etwa Beischlaf oder Zeugung beinhaltet, sondern sie geht unmittelbar dem Erscheinen der Cundrîe voraus, welche ihm nicht nur sein Versagen auf Munsalvæsche vorwirft, sondern auch Parzivals Schönheit negativ qualifiziert:

> ich wil ûf iwerem houbte swern,
> gît mir iemen des den eit,
> daz grœzer valsch nie wart bereit
> necheinem alsô schœnem man.
> (Pz 316,16–19)[335]

Dem roten Mund, der geradezu zum Signum Parzivals selbst wird, begegnet dieser zunächst an der schlafenden Jeschûte,[336] wo er wiederum im Zusammenhang mit der Gewalt der *minne* in Verbindung gebracht ist und eine *descriptio membrorum* einleitet:[337]

> si truoc der minne wâfen,
> einen munt durchliuhtic rôt,
> und gerndes ritters herzen nôt.
> innen des diu frouwe slief,
> der munt ir von einander lief:
> der truoc der minne hitze fiur.
> (Pz 130,4–9)

Die körperlichen Merkmale von Parzivals Schönheit begegnen also zunächst als Elemente weiblicher, lustauslösender Schönheit. Während in der Forschung oftmals argumentiert worden ist, dass das Schönheitsideal von Männern und Frauen sich prinzipiell

---

335 Auch Parzivals Schönheit scheint also mit einer ethischen Erwartungshaltung verknüpft und wird mithin zu seiner ‚Aufgabe', so wie auch diejenige des Protagonisten im Prosa-*Lancelot* es ist; vgl. hierzu Kap. III.5, S. 267, Anm. 475.

336 Vgl. zu Röte und Weiblichkeit in der in Rede stehenden Passage Brüggen, Farben der Frauen, bes. S. 218–225, sowie erneut dies., ir munt was rôt.

337 Brüggen, ir munt waz rôt, S. 394–396, hat im Sinne eines Formbewusstseins für die *descriptio membrorum* als kohärente „Passage" darauf hingewiesen, dass der gegen den Prätext Chrétiens neu eingeführten Beschreibung der Jeschûte eine erhöhte Signifikanz zugeschrieben werden müsse, weil sie „die längste Beschreibung einer Frau" (ebd., S. 395) im *Parzival* sei. Dieses Argument ist m. E. unberührt von der hier ausgeführten These, dass es – im Sinne der Poetorhetoriken, besonders der *Ars versificatoria* des Matthäus – neben der ‚Faral'schen Normalform' der Schönheitsbeschreibung weitere, kleinere Formen der *descriptio* gibt; vgl. Kap. IV.1.1. Es ließe sich argumentieren, dass etwa die Figur Parzival deswegen keine distinkte, großformatige *descriptio membrorum* benötigt, weil sie konstant deskriptive Kleinformen (Epitheta usw.) zugeschrieben erhält und die Parzival-Handlung so ohnehin zu einer deskriptiven Großform gerät. Im Sinne der in Kap. IV.1.2 ausgeführten Ausrichtung der *descriptio membrorum* auf die Erregung von ‚Lust' erhält freilich die Jeschûte-*descriptio* eine besondere Perspektive. – Brüggens Argument geht letztlich auf Hahn, Parzivals Schönheit (1977), S. 205 f., zurück, die schreibt, „daß bei Wolfram die descriptio körperlicher Schönheit nach den Regeln der Poetik fast ganz zurücktritt", womit zugleich eben eine ‚Normalform' der *descriptio* impliziert wird.

gleiche,[338] soll hier indessen plausibilisiert werden, dass Schönheit, auch wenn sie für männliche Figuren erzählt wird, prinzipiell weiblich markiert und deshalb über weibliche Attribute elaboriert ist.[339] Und auch das Strahlen Parzivals, der noch heller leuchtet als die *juncfrowen*, deren Glanz den Raum erleuchtet, als sie ihn baden (vgl. Pz 167,16–19), ist nicht zuletzt das Strahlen der Herzeloyde, die *den schîn [gap], | wærn erloschen gar die kerzen sîn, | dâ wær doch lieht von ir genuoc* (Pz 84,13–15).

Der Hinweis auf sein Genital,[340] auf die Milch der Mutter, auf ihre schmerzhafte Niederkunft und die schmerzliche Mutterliebe sowie die auffallend betonte Schönheit des *iuvenis* Parzival akzentuieren, dass mit Parzival, der schönsten ‚Frucht', die jemals eine Mutter gebar, ein prototypischer *homo carnalis* entworfen wird.[341]

---

[338] Einflussreich etwa schon bei Huber, Licht und Schönheit, S. 55, der argumentiert, „daß Wolfram nicht realistisch abbildet, sondern idealtypisch darstellt. Die Vorstellung eines idealen Typus ist sogar so stark, dass er für Frauen und Männer verbindlich ist."

[339] Es sei am Rande darauf verweisen, dass das Sprachinventar der mhd. *descriptiones* keine geschlechtlich differenzierenden Ausdrücke für Schönheitsattribute kennt. Ein Vokabular, das sich etwa auf die Muskulatur bezieht, wie sie sowohl in einem antiken wie auch modernen Männlichkeitsideal zentral sind, scheint nicht vorhanden zu sein. Über die hier nur genannte *kraft* Parzivals (Pz 311,13) oder etwa die ‚starken Gliedmaßen', die Gâwân in seiner Selbstbeschreibung nennt (Pz 366,21: *ich hân harnasch und starke lide*), sowie eventuell den Hinweis auf Parzivals Beine (Pz 168,7: *Avoy wie stuonden sîniu bein!*) geht die spezifische Beschreibung des körperlich im Kampf geübten Ritters nicht hinaus. Es wäre die Frage zu stellen, ob dieses ‚Schweigen' darauf hindeutet, dass eine spezifisch ‚männliche' Schönheit im mhd. Diskurs gar nicht gedacht werden kann, sondern auch männliche Schönheit *per se* als weibliche entwickelt wird, die entsprechend über ‚weibliche' Attribute, wie den roten Mund, gekennzeichnet wird. Die Vorstellung Hubers, Licht und Schönheit, S. 56, dass aufgrund starker Idealisierung für Frauen und Männer gleichermaßen nur ein verbindlicher Typus der Beschreibung ausgebildet worden sei, teile ich in ihrer Pauschalität daher nicht.

[340] Schultz, Courtly Love, S. 4 f., hat bestritten, dass es sich bei den ‚männlichen Gliedern', an denen Parzival liebkost wird (*er muose vil getriutet sîn, | do er hete manlîchiu lit*; Pz 112,26 f.) um Parzivals Genitalien handelt. Er argumentiert, dass der Plural – *manlîchiu lit* – bedeuten müsse, dass es sich hier um Parzivals Gliedmaßen handele, da der Penis – das *visellîn* (Pz 112,25) – notwendig im Singular stehen müsse. Zwar sind mhd. Wörter für den Penis im Singular, gerade jedoch für das lateinische Lehnwort *lit* übersieht Schultz, dass in der lateinischen Tradition das mehrteilige Geschlechtsorgan, bestehend aus Penis und Hoden, im Plural, als *membra*, adressiert wird. Vgl. hierzu beispielsweise schon die Diskussion der *membra genitalia* bei Augustinus, De civitate Dei, XIV.24. Auch in der *Cosmographia* des Bernardus Silvestris begegnet die ‚Pluralisierung' des männlichen Genitals, wenn dort von den Hoden als Zwillings-Genii die Rede ist (vgl. Kap. IV.3, S. 442).

[341] Noch in Konrads von Würzburg *Der Welt Lohn* wird die personifizierte Welt als Frau von immenser Schönheit dargestellt, die so schön ist, dass eine schönere *von wîbes brüsten nie geslouf* (V. 71); vgl. hierzu im Folgenden Kap. VI.1.4.

V.4.2 Heidentum im *Parzival*: Parzival tauft sein schönes Selbst

> „He will baptize me,
> He will hold me in his arms,
> And he will baptize me
> Right in front of everyone,
> And it will set me free
> When he looks into my eyes,
> And he sees just how much
> I love being baptized."
> (Trey Parker/Matt Stone: *The Book of Mormon*)

Die Forschung hat in der Taufe des Feirefiz einen Anteil gefunden, den sie ‚anstößig' oder zumindest ‚unernst' finden musste, weshalb man die Szene auch als „Taufburleske" benannt hat.[342] Man hat immer wieder darauf hingewiesen, dass der Antrieb, aus welchem sich Feirefiz taufen lässt, nicht der richtige sei. Der Antrieb ist hier das, was die lateinische Tradition als *amor carnalis* auffassen würde und was auch der Text selbst – *sine nomine* – auf vielfältige Art und Weise problematisiert.[343] Zugrunde liegt die erstaunliche Fähigkeit des Körperlichen, über Umwege das Richtige zu ermöglichen. Feirefiz wird über seine Körperlichkeit markiert, insofern er als heidnischer Minneritter inszeniert wird. Nicht nur wird seine reiche Ausstattung auf die heidnische Königin Secundille und

---

[342] Vgl. Joachim Bumke: Parzival und Feirefiz – Priester Johannes – Loherangrin. Der offene Schluß des *Parzival* von Wolfram von Eschenbach. In: DVjs 65 (1991), S. 236–264, S. 244. Erneut ders., Wolfram von Eschenbach, S. 121, wo Feirefiz ein „Zustand komischer Liebesraserei" attestiert wird: „Dabei wird das religiöse Motiv – Feirefiz soll sich taufen lassen – dem Liebeswunsch des Heiden so auffällig untergeordnet, daß die Taufe selbst wie eine Burleske wirkt." Auch Fritz-Peter Knapp: Von Gottes und der Menschen Wirklichkeit. Wolframs fromme Welterzählung *Parzival*. In DVjs 70 (1996), S. 351–368, hier S. 361 f., wundert sich, dass nach all den *minne*-bedingten Katastrophen, die der Text erzählt, nun die „irdische Liebe" die Lösung bringt. Er zitiert wiederum Bertau, Über Literaturgeschichte, S. 68, der vom „unernsten Ernst der geradezu betrunkenen Opernhaftigkeit des Schlusses" und von der „Komik bei der Bewerkstelligung der Taufe des Heidenbruders" (ebd., S. 69) gesprochen hat.

[343] Der Unterschied wird als *amor carnalis* in die Begrifflichkeit von *rehter* und *unrehter minne* umgemünzt, welche in der Volkssprache insgesamt freilich nicht terminologisch trennscharf ist. Der *Parzival* setzt programmatisch verschiedene Formen der *minne* gegeneinander, welche sich in Hinblick darauf unterscheiden, ob es zum Vollzug des Beischlafs kommt. Am einen Ende des Spektrums wären Sigunes jungfräuliche Ehe und inklusenhafte Witwenschaft und Parzivals demonstrativ durchgeführte, gleichwohl zufällige, nicht errungene Jungfräulichkeit sowie weiterhin seine abstinente Ehe anzusetzen, während am anderen Ende des Spektrums Clinschors heidnisches Minne-Prinzip steht, das jedoch zu seiner Kastration geführt hat, wie auch ein ‚fleischliches' Vergehen Anfortas an seinem Fleisch, genauer seinem Genital, verletzt hat. Dazwischen stünde etwa Gawan, dessen Begehren für die Schönheit Orgelûses geradezu schemagerecht zu ihrem Genital führt, welches die ‚Medizin' ist, die Gawans Leiden lindern kann (vgl. Parzival 643,9–644,1). Gawan, der ja zugleich ein *alter Parzival* ist, ist hier auch ein *alter Anfortas*, denn dieser hat ja seine Wunde im Fleisch als Folge des Dienstes um Orgelûse erlitten. Zu Sigune vgl. etwa Rippl, Erbaulicher Verfall.

die vielen anderen Damen, in deren Dienst er steht, zurückgeführt,³⁴⁴ sondern auch seine Taufe und damit sein Zugang zum Gral wird als Effekt seiner *minne* zur Gralsträgerin, Repanse de Schoye, inszeniert.³⁴⁵

Dies ist von besonderem Interesse, da der Text Feirefîz nicht zuletzt als Selbstanteil des so massiv über seine körperliche Schönheit markierten Parzival inszeniert und das Narrativ vom in die ‚*heidenschaft*' exilierten und als Anderes in die Christenheit zurückkehrenden Eigenen auf der erzählten Ebene des Kollektivs zugleich mit einer Dimension überschreibt, die auf die Subjektbildung des Einzelnen abhebt.³⁴⁶ Die feste Raumordnung, die Heidenschaft und Christenheit trennt, kollabiert auf metaphorischer Ebene, insofern die Christen sich frei in den Raum der Heiden hineinbewegen, sich Heiden am Artushof aufhalten, umstandslos die Sprachen der jeweils anderen beherrschen und sich höfische Pracht über heidnische Luxusgüter artikuliert.³⁴⁷ Die Vermischung der Bereiche geschieht eben nicht erst in dem Moment, als Feirefîz mit seinem Heer in diese Welt eindringt, sondern das ‚Diesseits' und das ‚Jenseits des Meeres' (Thomasîn)³⁴⁸ sind im *Parzival* immer schon überblendet. Insofern „Parzival in Feirefîz ein Stück seiner eigenen Identität gefunden hat",³⁴⁹ wie Bumke schreibt, vollzieht sich in ‚Bruderkampf' und Taufe zugleich der entscheidende Umschlag in Parzivals Weg.³⁵⁰

Zu Beginn des Kampfes zwischen Parzival und Feirefîz, beim Übergang des XIV. Buches zum XV., mehren sich im Text die Anzeichen dafür, dass das Folgende als eine Psychomachie aufgefasst werden kann.³⁵¹ Mit dem Beginn eines neuen Tages bei Parzivals Abreise (Pz 733,30) ergreift der Erzähler das Wort (Pz 734,1–735,4) und kündigt an,

---

344 Vgl. Pz 736,1–24.
345 Vgl. Pz 809,1–814,10.
346 Vgl. Kap. V.3.1 u. V.3.2.
347 Vgl. etwa Janfûse, die Heidin, am Artushof: Pz 327,21; höfische Kleiderpracht heidnischer Herkunft am Hofe Lyppauts: Pz 374,25–275,15; die Dame, die mit Malcrêatiure *heidensch* sprechen kann: Pz 529, 17–20. Mireille Schnyder: Heidnisches Können in christlicher Kunst. In: Literarische Säkularisierung im Mittelalter. Hrsg. von Susanne Köbele, Bruno Quast. Berlin 2014 (LTG 4), S. 150–173, hier S. 163, hat hinsichtlich der Gralsszene darauf hingewiesen, dass selbst die „kostbaren Gegenstände und Materialien, die rundherum aufgefahren werden, [...] alle eine fremde, heidnische Herkunft" haben und der Gral so mithin eine heidnische ‚Rahmung' durch Immanentes erhält.
348 Vgl. V.3.2.2, S. 562, inkl. Anm. 287.
349 Bumke, Wolfram von Eschenbach, S. 116.
350 In jüngerer Zeit hat vor allem Christiane Ackermann, Spannungsfeld von Ich und Körper, hier S. 196–206, die Perspektive stark gemacht, dass Parzivals Weg zu seinem Wiedersehen mit Condwîr âmûrs „über das Erfahren der eigenen Defizienz und der eigenen Fremdheit" (ebd., S. 198) führt. Ackermann konstatiert, dass „Identität, wie Parzivals Weg zeigt, mit einer Form der Entfremdung einher" gehe (ebd., S. 200). Diese Perspektive soll hier unter einem verschobenen Frageinteresse weiterverfolgt werden. – Mit dem Kampf zwischen Parzival und Feirefîz hat sich schon etwa Carl Wesle: Zu Wolframs Parzival. In: PBB 72 (1950), S. 1–38, hier S. 1–15, befasst.
351 Die Forschung hat schon früh das symbolische Potential des Kampfes zwischen Parzival und Feirefîz gesehen und Wesle, Zu Wolframs Parzival, S. 2f., hat versucht strukturelle Parallelen zum Kampf zwischen Erec und Mabonagrin in Hartmanns von Aue *Erec* plausibel zu machen, indem er „eine ganze Menge von Übereinstimmungen in Hauptzügen und Beiwerk" auflistet. Wenn man vielleicht auch so-

dass Parzival nun gegen einen *vogt ob allem strîte* antreten müsse, der *ein heidenischer man* sei, *der toufes künde nie gewan* (Pz 734,30–735,4). Die nachfolgende Kampf-Episode wird programmatisch als Auflösung inszeniert.[352] Der Kampf wird der entscheidende, der alles bislang Erzählte übertreffende sein (Pz 734,17: *ich sage alrêst sîn arbeit*). Für diesen Kampf wird Parzivals Schicksal seinem Herzen anbefohlen:

> nu bevilh ich sîn gelücke
> sîm herze, der sælden stücke,
> dâ diu vrävel bî der kiusche lac,
> wand ez nie zageheit gepflac.
> daz müeze im vestenunge gebn,
> daz er behalde nu sin lebn[.]
> (Pz 734,23–28)

Aber nicht nur gibt das Herz Parzivals die Stärkung, die er benötigt, um im Kampf gegen den ungetauften Heiden zu bestehen, sondern der Charakter der Psychomachie wird auch durch die metaphorische Spaltung Parzivals in ‚sich selbst und seinen hohen Mut' explizit gemacht (Pz 737,13–15: *Parzivâl reit niht eine: / dâ was mit im gemeine / er selbe und ouch sîn hôher muot.*). Der Zustand, in welchem Parzival sich selbst ‚selbander' ist, erhält sein Komplement in der ‚Identität' der Brüder:

> ieweder des andern herze truoc:
> ir vremde was heinlîch genuoc.
> nune mac ich disen heiden
> vom getouften niht gescheiden,
> sine wellen haz erzeigen.
> (Pz 738,9–13)[353]

Feirefiz erhält als heidnischer Anteil Parzivals seine Disktinktion erst in Parzivals Versuch, gegen ihn zu kämpfen. Das anschließende Bild ist – wie stets bei naturkundlichem Wissen im *Parzival* – auf markante Art um seine allegorische Sinndimension verkürzt:

> den lewen sîn muoter tôt gebirt:
> von sîns vater galme er lebendec wirt.
> dise zwêne wârn ûz krache erborn,
> von maneger tjost ûz prîse erkorn[.]
> (Pz 738,19–22)

---

weit nicht gehen mag, hier eine Abhängigkeit des *Parzival* vom *Erec* im engeren Sinne zu postulieren, so kann doch argumentiert werden, dass der symbolische Schlusskampf in der zeitgenössischen mittelhochdeutschen Literatur verfügbar war.

352 Pz 734,1–9: *Vil liute des hât verdrozzen, / den diz mær was vor beslozzen: / genuoge kundenz nie ervarn. / nu wil ich daz niht langer sparn, / ich tuonz iu kunt mit rehter sage, / wande ich in dem munde trage / daz slôz dirre âventiure, / wie der süeze unt der gehiure / Anfortas wart wol gesunt.*

353 Das gängige Verständnis dieser Passage, das auch durch die Übersetzung Spiewoks in Reclams Universalbibliothek geprägt worden sei, kritisiert Brüggen, Belacâne, Feirefiz und die anderen, S. 683 f.

Das Bild vom Löwen nimmt – im Anschluss an die Allegorese des *Physiologus* – traditionell Bezug auf den Tod Christi und seine Auferstehung am dritten Tag durch den Willen Gottvaters.[354] Hier wird der Kampf zwischen den beiden ununterscheidbaren Kämpfern also bereits mit dem Heilsgeschehen, nämlich dem Thema der Auferstehung, sowie der Technik der Allegorese verknüpft. Die beiden, die aus dem Lärm des nachfolgenden Kampfes geboren werden, sind also mithin als Auferstehende inszeniert.[355] Ohne dass der Text die lateinischen Begriffe der Fleischlichkeit oder der geistigen Auferstehung aufnehmen würde, rekurriert er doch erkennbar auf Wissensbestände dieser Tradition, welche die Kämpfe von Parzival/Feirefiz selbst als Ursache eines *erborn*-Werdens markieren, das über die geistliche Sinndimension des Löwen-Vergleiches mit der geistigen Auferstehung in Verbindung gebracht wird, die durch das Opfer Christi ermöglicht worden ist.[356] Der

---

354 In der Forschung hat mit das naturkundlich-allegorische Wissen über den Löwen mit der Tradition des *Physiologus* in Verbindung gebracht; vgl. Nellmann, Kommentar, S. 757. Christoph Gerhardt: Wolframs Adlerbild ‚Willehalm' 189,2–24. In: ZfdA 99 (1970), S. 213–222, hier S. 218 f., hat eine entsprechende Stelle im *Willehalm* auf die über Isidor von Sevilla laufende Tradition bezogen. Das Bild des Löwen ist dabei nicht einheitlich, insofern das Löwenjunge manchmal schläft (Isidor), manchmal tot ist (Physiologus), manchmal angehaucht (Physiologus), manchmal angebrüllt wird (Isidor). Demgegenüber wäre das Bild im *Parzival* und im *Willehalm* bereits eine Kombinationsform. Gerhardt, ebd., S. 222, hat versucht den *Physiologus* als Quelle für den Dichter Wolfram auszuschließen.
355 Den Einsatz als rein ‚weltliche Metapher', wie ihn etwa Gerhardt, Wolframs Adlerbild, S. 219, für den *Willehalm* veranschlagt, sehe ich nicht. Stattdessen möchte ich den Standpunkt vertreten, dass hier gezielt ein geistlicher Konnotationsbereich eröffnet wird.
356 Während die *Physiologus*-Tradition den Löwen direkt auf Christus bezieht, was sich nicht unmittelbar auf Parzival/Feirefiz übertragen ließe, findet sich schon bei Augustinus die Verbindung zwischen dem Heil der Christenheit/der Getauften und dem nach drei Tagen erwachten Löwen. Augustinus: De civitate Dei XVI.41, referiert auf das Wissen von den schlafenden Löwenjungen, ohne es noch einmal auszubuchstabieren, wie es der *Physiologus* tut. In dem in Rede stehenden Passus geht es um „das Christenvolk, in welchem der Gottesstaat auf Erden pilgert" (Übers. v. Thimme; *populum Christianum, in quo Dei ciuitas peregrinatur in terris*), und die leibliche Abstammung Christi. Diese, so heißt es, stamme aus dem Stamme Judas, des Sohnes Jakobs, welcher auch Israel genannt werde. Im Segen Jakobs über seine Söhne nun ist eine Passage enthalten, die die Verbindung zwischen dem Stamme Juda und Christus über das Bild des schlafenden Löwenjungen nach Gen 49,9 f. vermittelt: „‚[...] Juda ist ein junger Löwe, aus dem Keime bist du aufgestiegen, mein Sohn. Zum Schlaf hast du dich gelegt wie ein Löwe und wie ein Jungleu; wer wird ihn wecken? Nie wird's fehlen an Fürsten aus Juda und Heerführern aus seinen Lenden, bis das eintritt, was ihm hinterlegt ist. [...]'" (Übers. von Thimme; ‚[...] *Catulus leonis Iuda; ex germinatione, fili mi, ascendisti; recumbens dormisti ut leo et ut catulus leonis; quis suscitabit eum? Non deficiet princeps ex Iuda et dux femoribus eius, donec ueniant quae reposita sunt ei* [...]') Wenig später heißt es: „Wenn hier vom Schlafenden die Rede ist, so ist das eine Voraussage des Todes Christi, und die Nennung des Löwen zeigt an, daß er nicht unfreiwillig starb, sondern Macht über den Tod besaß." (Übers. von Thimme; *ubi et mors Christi praedicta est uerbo dormitionis et non necessitas, sed potestas in morte nomine leonis.*) Wenn in *De civitate Dei* XVI.41 weiterhin die Passion Christi und sein Opfertod diskutiert werden, so wird dies auf die Gemeinschaft der Christen zurückgelenkt, insofern es die Getauften sind, die das Geheimnis des Blutes kennen und das Kleid Christi „nichts anderes als die Kirche" (*quid est nisi ecclesia?*) bedeutet. Dieserart gehört das Bild vom schlafenden Löwen bei Augustinus also direkt in den Zusammen-

Kampf, um den es hier geht, wird so unter der Hand auch zu einem geistigen, eben zu einer Psychomachie.

Entsprechend kann auch eine Stelle, die in der Forschung traditionell auf das Thema der Genealogie bezogen wird, als direkte Ankündigung der metaphorischen Ebene verstanden werden:

> man mac wol jehn, sus striten sie,
> der se bêde nennen wil ze zwein.
> si wârn doch bêde niht wan ein.
> mîn bruodr und ich daz ist ein lîp,
> als ist guot man unt des guot wîp.
> (Pz 740,26–30)

Während die Forschung im ‚Ein-Leib-Sein' der Brüderbeziehung zumeist eine Akzentuierung genealogischer Aspekte veranschlagt hat, wird diese Identität der Brüder doch zugleich mit dem ‚Ein-Fleisch-Sein' der Ehe aufgeladen,[357] an welches in der patristischen Traditionslinie eben auch die Lehre von *homo interior* und *exterior*, die Spaltung des Subjekts in seinen geistigen und fleischlichen Anteil gekoppelt ist. So ist also mit dem Bezug auf die Einheit von Mann und Frau in der Ehe wiederum eine ‚psychologische' Dimension eingespielt, die die genealogische überschreibt. Während auf der Ebene der *histoire* die verwandtschaftliche Einheit von Brüdern eine eigene Bedeutung haben mag, eröffnet sich auf der Ebene des *discours* zugleich die Möglichkeit, Parzival und Feirefiz tatsächlich als *niht wan ein* zu lesen.

Dieser Zusammenfall wird dadurch verstärkt, dass Feirefiz' Dienst für Secundille mit Parzivals *minne* zu Condwîr âmûrs überblendet wird, denn es findet sich in Hinblick auf Feirefiz zweimal dicht hintereinander die auffällige Formulierung, dass *minne* etwas *condwiert*:

> durch der minne condwier
> ecidemôn das reine tier
> het im ze wâpen gegebn
> in der genâde er wolde lebn,
> diu küngîn Secundille[.]
> (Pz 741,15–19)

---

hang einer Aussage zum Sakrament der Taufe, in den es auch im *Parzival* gestellt ist, insofern es hier zu Beginn der Feirefiz-Passage steht, die mit dessen Taufe schließt.
357 Auf diese Überblendung hat auch schon Cora Dietl: Isold und Feirefiz. Fremde Spiegelbilder der Helden. In: Impulse und Resonanzen. Tübinger mediävistische Beiträge zum 80. Geburtstag von Walter Haug. Hrsg. von Gisela Vollmann-Profe et al. Tübingen 2007, S. 167–177, hier S. 173, hingewiesen.

V.4 Selbsterkenntnis als Kampf: Fleisch, Schönheit und Heidentum im *Parzival* — 589

Zuvor heißt es:

> diu minne condwierte
> in sîn manlîch herze hôhen muot,
> als si noch dem minne gernden tuot.
> (Pz 736,6–8)[358]

In der Thematik des ‚hohen Mutes' nun findet nicht zuletzt eine Überblendung zu Parzival statt, der ja als *er selbe und ouch sîn hôher muot* (Pz 737,15) reitet und daher *nicht eine* (Pz 737,13), sondern eben sich selbst ‚selbander' ist. Im vielfältigen Spiel aus Aufspaltung der Parzival-Figur und Überblendung der Halbbrüder wird derart ein Verständnishorizont erzeugt, der den Bruderkampf und – partiell auch die anschließende Taufe – als Metapher transparent werden lässt.

Die folgende Taufe des Feirefîz ist insofern zugleich die Taufe Parzivals. Schon Walter Johannes Schröder hat darauf hingewiesen, dass Parzivals Taufe in seiner Kindheit nicht erzählt wird, und auf diese Art versucht, die Worte des Grauen Pilgers, Kahenîs, ernst zu nehmen, der Parzival am Karfreitag fragt, ob er ein Heide sei.[359] Wenn auch das *argumentum e silentio* sicherlich kein belastbares ist, so fällt doch auf, dass zwar Parzivals Kindheit von Geburt an unter der Thematik der christlichen Unterweisung erzählt wird, in welcher zwar Fragmente verschiedenster Theologumena aufscheinen, dass dieses basalste aller Sakramente jedoch weder bei Hofe noch in der Entzogenheit der Wildnis thematisch wird, obgleich es – gerade in Bezug auf die Figur der heidnischen Belacâne und im Rahmen von Parzivals Geburt – zuvor mehrfach zentral eingespielt worden ist.

So wie auch für Belacâne die theologisch zweifelhafte Möglichkeit eines Tauf-Analogons entwickelt worden ist, so vollzieht sich im ‚Bruderkampf' auch Parzivals Taufe nicht erst in der auserzählten Taufe des Feirefîz, sondern in dem Moment, als Parzival gegen sein anderes Selbst zu kämpfen beginnt. Erst ab dem Beginn des Kampfes wird Parzival wiederholt differentiell als der *getoufte* benannt und so gegen Feirefîz abgesetzt, der wiederholt als der *heiden* bezeichnet wird. Hier heißt es im Abstand weniger Verse zweimal wortgleich: *der heiden tet em getouften wê* (Pz 739,23 u. 741,1) und dieser identische Vers rahmt diejenige Passage, in der Parzival und Feirefîz als Eins inszeniert werden (Pz 740,1–30). Parzival, der in diesem Kontext *beider dienstman*, nämlich des Grals und der Condwîr âmûrs, ist, ist der eine, der zweifältig ist, nämlich in geistlichem und fleischlichem Dienst steht, wohingegen der *heiden* nur der Minne zu Secundille dient (vgl. Pz 740,7–12).

Zwar hat Parzival seit seiner Begegnung mit Trevrizent Zutrauen zu Gott (vgl. Pz 741,26 f.), im Kampf jedoch entscheidet sich, ob es Condwîr âmûrs ist oder der Gral,

---

358 Auch Trevrizent hat zuvor dieses auffällige Wort in einer ähnlichen Formulierung in den Mund gelegt bekommen, als er über sein vergangenes Weltleben und seine damalige Herrin berichtet hat: *ir minne condwierte / mir freude in daz herze mîn: / durch si tet ich vil strîtes schîn* (Pz 495,22–24).
359 Vgl. Schröder, Soltane, S. 30.

der ihm Hilfe spendet (vgl. Pz 743,12 f. u. 740,19–22). Die *minne* zu seiner Gattin wird im Folgenden erprobt, denn Parzival nimmt zwar dadurch, dass er an seine Gattin *unt an ir werden minne* (Pz 743,26) denkt, an Kräften zu und bedrängt Feirefiz hart. Mit dem Schlag auf den Helm des Heiden bricht jedoch sein Schwert, was der Erzähler als Eingreifen Gottes markiert:

> got des niht langer ruochte,
> daz Parzivâl daz rê nemen
> in sîner hende solde zemen:
> daz swert er Ithêre nam,
> als sîner tumpheit dô wol zam.
> (Pz 744,14–18)

Das Schwert, mit dem Parzival kämpft und das nun zerbrochen ist, ist also das Schwert, das seiner *tumpheit* angemessen war. Dieses Schwert ist wirkungslos gegen den Heiden. Im Folgenden erkennen der Heide und der ‚Getaufte', dass sie Fleisch von einem Fleisch sind, was der Erzähler bereits exponiert hat: *ich muoz ir strît mit triwen klagen, | sît ein verch und ein bluot | solch ungenâde ein ander tuot* (Pz 740,2–4). Hier nun wird das Thema der ‚Fleischlichkeit' tatsächlich einmal greifbar.[360] ‚Identität' – im Sinne

---

360 Darüber hinaus ist das Thema der Generationalität im *Parzival* durchaus an das ‚Fleisch' geknüpft, insofern neben der gehäuft wiederkehrenden Formulierung von der ‚Frucht der Frauen' (*wîbes fruht*; vgl. Kap. V.4.1, S. 579, Anm. 332) mehrfach auch vom *verch* die Rede ist. So sagt Herzeloyde darüber, als sie mit Parzival Gahmurets Kind erwartet, dass sie mit dem Samen des Fleisches Gahmurets zugleich dessen eigenen Leib austrage: *ich trage alhie doch sînen lîp | und sînes verhes sâmen* (Pz 109,26 f.). In ihrem kurzen Soliloquium, in dem sie ihre Entscheidung selbst zu stillen begründet (Pz 113,18–26), ruft sie die Erinnerung an den Kreuzestod Christi auf, nur um diese sofort auf das Jüngste Gericht umzulenken und die Leib-Seele-Dichotomie aufzurufen: ‚*diu hœhste küneginne | Jêsus ir brüste bôt, | der sît durch uns vil scharpfen tôt | ame kriuze mennischlîche enphienc | und sîne triwe an uns begienc. | swes lîp sîn zürnen ringet | des sêle unsamfte dinget, | swie kiuscher sî und wære. | des weiz ich wâriu mære.*' Die Einheit allen Fleisches wird zudem im Kontext von Trevrizents Genesis-Erzählung thematisch, wenn es im Kontext der Sündenfallerzählung über die Erschaffung Evas heißt: *von Adâms verhe er* [= Gott; F. D. S.] *Even brach, | diu uns gap an daz ungemach, | dazs ir schepfære überhôrte | unt unser freude stôrte. | von in zwein kom gebürte fruht* (Pz 463,19–23). Im Kontext der Erzählung von Anfortas' Verwundung taucht der Begriff *verch* erneut auf: ‚*si enpfiengen jâmers soldiment: | daz sper in freude enpfuorte, | daz ir herzen verch sus ruorte. | dô machte ir jâmers triuwe | des toufes lêre al niuwe.*' (Pz 493, 10–14). Mehrfach fällt der Begriff des Fleisches im Kontext von Gawans Heilkunst im X. Buch des *Parzival*. Von Gawans sehr ‚fleischlichen' Heilkünsten setzt sich die Heilung des Anfortas ab, dessen Wunde im genitalen Fleisch mit ‚geistiger' Medizin beizukommen wäre. Die Gralsgesellschaft, die jedoch im ‚fleischlichen' Literalsinn verhaftet ist, schafft es nicht auf die ‚geistige' Medizin zu schließen, die sich hinter dem ‚Pelikan' und dem ‚Einhorn' eigentlich verbergen, sondern versucht mit dem literalen Fleisch und Blut der Tiere die Wunde des Anfortas zu heilen. Diese Wunde ist jedoch die Sünde des Fleisches selbst, der Anfortas mit seiner *minne* nachgegeben hat – vgl. hierzu im Folgenden S. 597 f. Welche Dimensionen diese ‚fleischliche' Minne hat, zeigt sich nicht zuletzt in Gawans *minne* zu Orgelûse, um derentwillen Anfortas sich die Wunde ja zugezogen hat. Denn: Orgelûse ist völlig ohne erkennbares Wohlverhalten schön – zu Schönheit ohne Tugend vgl. hier Kap. III.3.2.1 – und Gawans Streben erfüllt sich in der Erreichung ihres Genitals (vgl. S. 420).

V.4 Selbsterkenntnis als Kampf: Fleisch, Schönheit und Heidentum im *Parzival* — 591

von: Einheit – wird wieder aufgegriffen, wenn in den Worten des Feirefiz die – berühmt gewordenen – Anklänge an die Trinität fallen (Pz 752,8–10: *beidiu mîn vater unde ouch duo | und ich, wir wâren gar al ein, | doch ez an drîen stücken schein.*) und der Heide das *gnothi seautón*[361] für den ‚Getauften' formuliert:

> ‚[...] mit dir selben hâstu gestritn.
> gein mir selbn ich kom ûf strît geritn,
> mich selben hat ich gern erslagn:
> done kundestu des niht verzagen,
> dune wertest mir mîn selbes lîp. [...]'
> (Pz 752,15–19)[362]

Sogleich wird auch das Thema der Taufe wieder aufgenommen, denn mit den Freudentränen des Heiden beginnen seine Augen *wazzer rêren | al nâch des toufes êren* (Pz 752,25 f.).

Die Einheit von Parzival/Feirefiz wird durch die Vaterfigur in ein spezifisches Spannungsfeld von ‚Körperlichkeit' versetzt, denn Gahmuret, der – wie auch Gâwan und Vergulaht – ein *alter* Parzival ist und dessen *art* auf Parzival übergeht, wird über den von ihm bereisten heidnischen Raum und sein ‚Minnerittertum' semantisiert.[363] Die Figur Gahmurets reiht sich damit in die vielgestaltige Reihe eines narrativen Modells ein, welches das Andere im Selbst über das Eindringen beziehungsweise die Einholung des Heidnischen in den Raum des Eigenen imaginiert. Wie die oben analysierten Texte – die Mohammeds-Viten und das Stricker-Bispel von der *Königin von Mohrenland* – erzählt auch der *Parzival* die Geschichte der Verschränkung des Eigenen mit dem Anderen. Auch Gahmurets Erzählung ist die eines Übergangenen, der aus dem Raum des Eigenen ‚abfällt' und im heidnischen Anderen seinen Ort findet, von dem aus sein Nachkomme

---

361 Bereits Parzivals Kampf mit seinem *alter ego* Gâwân wird unter diese Perspektive gestellt. Hier ist es jedoch Parzival selbst, der in Gâwân sein *alter ego* erkennt, wenn er sagt: *ich hân mich selben überstriten* (Pz 689,5).
362 Bereits Dietl, Isold und Feirefiz, S. 173, formuliert in Hinblick auf den Passus: „Die Trinität spendet in der Rede des Heiden das Bild für die Einheit des gemeinsamen Ursprungs".
363 Arbeiten, die sich mit Gahmuret beschäftigen, sind: Haubrichs, Memoria und Transfiguration; Almudena Otero Villena: Los viajes de Gahmuret: *wunder, ger* y *minne*. In: Estudios Filológicos Alemanes 8 (2005), S. 133–151; Silvia Hermann: *ôwê, war jagt mich mîn gelust?* Überlegungen zur Relation von Raum und Identität in den Gahmuret-Büchern des ‚Parzival' Wolframs von Eschenbach. In: Studies in the Role of Cities in Arthurian Literature and in the Value of Arthurian Literature for a Civic Identity. When Arthuriana Meet Civic Spheres. Hrsg. von Cora Dietl, Claudia Lauer. Lewiston/Queenston/Lampeter 2009, S. 71–94; Hubertus Fischer: Tod unter Heiden. Gahmuret und Vivianz. In: Gott und Tod. Tod und Sterben in der höfischen Kultur des Mittelalters. Hrsg. von Susanne Knaeble, Silvan Wagner, Viola Wittmann. Berlin 2011 (bayreuther forum TRANSIT 10), S. 135–147; Bruno Quast: Leben als Form. Überlegungen zum mittelalterlichen Roman am Beispiel der Gahmuret-Figur in Wolframs von Eschenbach ‚Parzival'". In: ZfdPh 136 (2017), S. 325–341. – Quast sieht eine Beziehbarkeit von Feirefiz und Gahmuret, insofern „Gahmurets Sohn Feirefiz [...] ein ähnlich äußerliches Verhältnis zur Religion" habe wie jener (ebd., S. 334, Anm. 28). „Um Repanse de Schoye, die Gralsträgerin heiraten zu können, muss er sich taufen lassen. Er lässt den Akt über sich ergehen, ohne innerlich beteiligt zu sein" (ebd.).

mit einem Heer zurück in den Raum des Eigenen vordringt. Gahmuret praktiziert ein Minnerittertum im Raum des Minnerittertums.

Das heidnische Reich, in welches Gahmuret vorstößt, indem er das Meer überquert, trägt unverkennbar Züge der häretischen Irrlehre, durch welche es etwa auch in den lateinischen Mohammeds-Viten gekennzeichnet ist. Sie zeigt sich vor allem im Amt des Bâruc, der als eine Verschmelzung von weltlichem und geistlichem Oberhaupt herrscht:[364]

> im [= Gahmuret] wart gesagt, ze Baldac
> wære ein sô gewaltic man,
> daz im der erde untertân
> diu zwei teil wæren oder mêr.
> sîn name heidensch was sô hêr
> daz man in hiez den bâruc.
> er hete an krefte alsolhen zuc,
> vil künege wâren sîne man,
> mit krôntem lîbe undertân.
> dez bâruc-ambet hiute stêt.
> seht wie man kristen ê begêt
> ze Rôme, als uns der touf vergiht.
> heidensch orden man dort siht:
> ze Baldac nement se ir bâbestreht
> (daz dunket se âne krümbe sleht),
> der bâruc in für sünde
> gît wandels urkünde.
> (Pz 13,16–14,2)

Auffällig ist hierbei besonders, dass *Baldac* der Ort eines ‚Papsttums' ist, von welchem eigens betont wird, dass es seinen Anhängern richtig *dunket* (Pz 13,30), wodurch differentiell markiert ist, dass es sich hierbei um Täuschung handelt.[365] Die Fähigkeit des

---

364 Zu dieser Stelle vgl. ausführlich schon Nicole Müller: Feirefiz – Das Schriftstück Gottes. Frankfurt a. M. 2008 (Bayreuther Beiträge zur Literaturwissenschaft 30), S. 74–76.
365 Der Passus im *Parzival*, der das falsche Papsttum in *Baldac* erzählt, könnte relativ direkt von entsprechenden Passus in lateinischen Mohammeds-Viten inspiriert sein. Im *Liber Nycholay* etwa, der allerdings zuerst in einer Hs. des späten 13. Jhs. überliefert ist (vgl. Yolles/Weiss, Lives of Muhammad, S. xxix), findet sich – im Kontext von Mohammeds/Nycholaus' Tod und seinem die Sarazenen täuschenden Magnet-Wundergrab – eine erstaunlich ähnliche Passage, die berichtet, dass der Ort seines Todes und seiner götzenhaften Verehrung, *Baldaca*, das heidnische Äquivalent zu Rom sei. In diesem Text wird berichtet, dass die Sarazenen an eine Aufnahme des Leichnams in den Himmel glaubten und nur ein Fuß Mohammeds/Nycholaus' als Reliquie zurückgeblieben sei: [19] *Quare fecerunt arcam deauratam et in ea posuerunt pedem ipsum balsemando et aromatibus involvendo, et ita omnibus Saracenis caput est Baldacca sicut Roma caput est Christianis. Et sicut omnes Ecclesiae Romanae subiacent dignitati, sic omnes mixitae Saracenorum Baldacae sunt subditae potestati. Apud Romam est summus pontifex Christianorum et apud Baldaccam summus pontifex Saracenorum et vocatus est califfus.* [...] [21] *Quaemadmodum Christiani papam Romanum credunt vicarium Iesu Christi, sic Saraceni credunt califfum de Baldacca esse vicarium* (Übers. [Yolles, Weiss]: „For this reason they made a gilded casket and placed

Papstes, Sünden zu vergeben, die hier auch der *bâruc* ausübt (Pz 14,1 f.: *der bâruc in für sünde | gît wandels urkünde*), stellt im christlichen Diskurs das unverletzliche Alleinstellungsmerkmal des Papstes als Nachfolger Petri schlechthin dar und markiert die Anmaßung des heidnischen Oberhauptes.[366] Während die Forschung diese Ähnlichkeit gemeinhin als (positive) Verähnlichung der *heiden* verstanden hat,[367] dient sie in den zeitgenössischen Mohammeds-Viten zweifelsfrei dazu, die Häretiker negativ zu markieren und kann derart auch im *Parzival* als negative Kontrastfolie gelesen werden.

In diese heidnische Sphäre fügt sich Gahmuret umstandslos ein. Die Bedenken gegen die Verbindung mit der Heidenkönigin, die der Text ostentativ artikuliert, kann er beiseiteschieben. Nach seinem Tod, der ihn während der Rückkehr in die *heidenschaft* ereilt, wird ihm ein Grabmal errichtet, das – wie das Mohammedsgrab – Ort götzenhafter Verehrung wird:

---

the foot in it, after wrapping it in balsam and other balms, and so Baghdad [= *Baldacca*] is the capital for all Saracens, just as Rome is for the Christians. And just as all churches are subject to the dignity of Rome, so are all Saracen mosques subject to the power of Baghdad. In Rome there is the highest bishop of all Christians, and in Baghdad there is the highest bishop of all Saracens, who is called caliph. [...] [21] Just as Christian believe the Roman pope to be the vicar of Jesus Christ, so do Saracens believe the caliph of Baghdad to be a vicar."). Obgleich diese Passage von neutral-deskriptivem Charakter ist und – wie im *Parzival* – ohne eine scharfe Verdammung der sarazenischen Ordnung auskommt, kann im Gesamtkontext des *Liber Nicholay* kein Zweifel darüber bestehen, dass sie Teil einer negativen Charakterisierung heidnischer/häretischer Irrlehren ist. Die Eindeutigkeit der Vergehen gegen den einen Gott des Christentums und die Einzigartigkeit des Papstamtes macht hier wie dort vielleicht scharfe Polemik überflüssig.

366 Man vgl. hierzu bspw. die Papst-*descriptio* aus der *Ars versificatoria* (I.50,15 f.) des Matthäus von Vendôme: *Hic animas ligat et solvit solvendo, ligando | celestis partes opilionis agit* (Übers. [Knapp]: „Er bindet und löst die Seelen und spielt im Lösen und Binden die göttlichen Rollen des Hirten."), die die Sündenvergebung mit dem an Petrus gerichteten sogenannten ‚Schlüsselwort' Christi (Mt 16,19: *et quodcumque ligaveris super terram erit legatum in caelis | et quodcumque solveris super terram erit solutum in caelis*, Übers. [Jerusalmer Bibel]: „[W]as du auf Erden binden wirst, das wird auch im Himmel gebunden sein, und was du auf Erden lösen wirst, das wird auch im Himmel gelöst sein.") als Alleinstellungsmerkmal des Papstes betrachtet, an welchen alle immanente Sündenvergebung – auch durch Zwischeninstanzen (Bischöfe, Priester) – zurückgebunden bleibt (vgl. hierzu: Gustav Adolf Benrath: Art. Ablaß. In: TRE 1, S. 347–364, hier – mit Bezug zur später bei Thomas von Aquin kodifizierten Ablasslehre – S. 349. – Die Diskussion der mittelbaren Binde-/Schlüsselgewalt der Bischöfe etwa auch bei Petrus Abaelardus: Ethica § 74–83.

367 Vgl. etwa Dietl, Isold und Feirefiz, S. 172: „Hinter diese Schwelle erfährt er [= Gahmuret] nicht wirklich eine strukturelle fremde Welt. Was er im Orient vorfindet, sind Strukturen, die denen des Westens entsprechen, sie allenfalls an Perfektion übertreffen: Herrscht der Kaiser über einen Teil der Welt (Europa), so herrscht der Kalif (*baruc*) über die restlichen zwei Teile der Welt: Afrika und Asien". Auch Formulierungen wie die von Wolfgang Haubrichs, Memoria und Transfiguration, S. 153, der das Reich in Baldac als „heidnische Theokratie des Baruc" beschreibt, verschleiern mit ihrer neutral-technizistischen Sprache das implizite Skandalon.

> ez betent heiden sunder spot
> an in als an ir werden got,
> niht durch des kriuzes êre
> noch durch des toufes lêre,
> der zem urteilîchen ende
> uns lœsen sol gebende.
> (Pz 107,19–24)

In der Rede von Gahmurets Knappen wird ostentativ betont, dass diese Art der Anbetung dem christlichen Glauben zuwiderläuft und nicht dem Seelenheil dient.[368] Nicht nur wird hier – im Kontext des Todes von Parzivals Vater – das Thema der Taufe wieder eingeführt, das in Parzivals Kindheit ausgespart bleiben wird, sondern auch die ‚lösende' Kraft des christlichen Glaubens am Jüngsten Tag, welche bereits in der – falschen – Schlüsselgewalt des Bâruc thematisch geworden ist. Die Grablege *ze Baldac* (Pz 106,29) lässt ihn an demselben Ort bestattet werden, wo unter der ‚geistlichen' Aufsicht der Kalifen nach Auskunft einiger Mohammedsviten auch die Überreste Mohammeds götzenhaft verehrt werden.[369]

Der *art* Gahmurets, der ganz wesentlich über seine Nähe zur *heidenschaft* markiert ist, fällt zusammen mit seiner ‚Schönheit', seiner ‚lieblichen' Beschaffenheit, die in Belacâne *minne* bewirkt:

> der küneginne rîche
> ir ougen fuogten hôhen pîn,
> dô si gesach den Anschevîn.
> der was sô minneclîche gevar,

---

[368] Fischer, Tod unter Heiden, S. 140, gehört zu den Wenigen, die die Verehrung des Gahmuretsgrabes als Negativierung bzw. Ambiguisierung auffassen, wenn er formuliert, dass „dieser in heidnischer Erde bestattete Leib die Idolatrie der Heiden auf sich" ziehe, und konstatiert, dass der in fremder Erde ruhende Leib „deshalb vor abgöttischer Anbetung nicht geschützt" sei (ebd.): „Gahmurets vorbildliches Rittertum, in dem sich das Gedenken beider, der Christen wieder Heiden, treffen könnte, ist behaftet mit der Ambiguität von Idolatrie und Kreuzesglauben" (ebd.). – Die gegenteilige Position, die Gahmurets Minnerittertum und gar seine ‚Deifizierung' als – ausschließliche – Positivierung der Figur auffasst, hat jüngst nachdrücklich Quast, Leben als Form, vertreten, der über die Grablegung Gahmurets schreibt: „Das klingt nach einem sündenfreien Heiligen, der dort zu Grabe getragen und für andere sichtbar präsentiert wird" (ebd., S. 336). Quast sieht in Gahmuret „ein Ritterschaftsideal jenseits religiöser Fundierung propagiert" (ebd., S. 338) und fasst in diesem Kontext auch die Anbetung Gahmurets durch die Heiden als Glorifizierung, die „von beiden Seiten – von christlicher wie von heidnischer [– erfolgt]. Sie ist Ausdruck einer in Gahmuret inkorporierten Ritterschaft, die religiöse Differenz hinter sich lässt und insofern als Signum von Einzigartigkeit firmiert" (ebd., S. 338 f.).

[369] Auch Gahmurets Sohn Feirefîz wird – wie es im Bericht der Janfûse explizit heißt – als Gott angebetet (Pz 328,14). Götzendienst wird darüber hinaus im *Parzival* an dem prototypischen Negativbeispiel der christlichen Tradition durchgeführt, wenn berichtet wird, dass Flegetânîs, der väterlicherseits ein Heide gewesen sei, *an ein kalp | bette als ob ez wær sîn got* (Pz 454,2 f.). Hier wirft der Götzendienst die Frage des Erzählers auf, warum Gott die Heiden nicht von ihrem Irrglauben erlöst habe (vgl. Pz 454,4–8). – Nähere Übereinstimmungen zwischen dem Grab Gahmurets und dem Scheingrab Mohammeds vermag ich indessen nicht zu erkennen.

> daz er entslôz ir herze gar,
> ez wære ir liep oder leit:
> daz beslôz dâ vor ir wîpheit.
> (Pz 23,22–28)

Der Anblick Gahmurets lässt Belacânes *wîpheit*, ihre ‚weibliche Natur', zum Vorschein kommen, die bis dahin in ihrem Herzen verschlossen gewesen war, was konsequenterweise zum Verlust ihrer Virginität führt. Es ist dieser Anteil Gahmurets, Lust in Frauen auszulösen, der auch in der Figur Parzival wesentlich zum Tragen kommt und im Minneritter Feirefiz repräsentiert ist.

Insofern ist also in Parzival nicht nur die Fleischlichkeit seiner Mutter repräsentiert, die in seiner extremen Schönheit markiert ist, sondern auch die unentschlossen zwischen *heidenschaft* und Christenheit pendelnde Existenz Gahmurets. Dieser Anteil nun ist zugleich über Parzivals *alter ego* Feirefiz dargestellt, in dem die Mischung der heidnisch-schwarzen und christlich-weißen Existenz verkörpert ist. Die Erkenntnis dieses heidnischen Selbstanteils nun ist der Moment, auf den für Parzival die Forderung *cognosce te ipsum* zuläuft.

So wie die Erkenntnis seines heidnischen Selbstanteils damit koinzidiert, dass Parzival des Grals würdig wird, zielt auch die Erlösungsfrage, die Anfortas heilen kann, auf die Erkenntnis seines Fleisches. Das Vergehen, das die Ursache von Anfortas Leiden ist, ist über die genitale Verletzung, die Folge seines Minnerittertums ist, als fleischlich gekennzeichnet. In der Verdopplung des Anfortas-Schicksals mit der Kastration des heidnischen Zauberers Clinschor wird zudem die spezifisch ‚heidnische' Dimension konnotiert.[370] Die Selbsterkenntnis, die Parzival erlangt, und die Frage, die er Anfortas zu stellen gehabt hätte, zielen beide auf die Erkenntnis des heidnisch-fleischlichen Selbstanteils, welche zur Voraussetzung dafür wird, des Grals teilhaftig zu werden. Sie wird dabei freilich auch hier nicht im Sinne eines ‚Wissens' erzählt – und auch nicht im oben kritisierten Sinne Bumkes, nach welchem Parzival nicht weiß, „daß er in der Liebesversunkenheit vor den Blutstropfen etwas viel Wichtigeres über sich erkannt hat"[371] –, sondern die Neutralisierung des heidnischen

---

[370] Susan Tuchel: Kastration im Mittelalter. Düsseldorf 1998 (Studia humaniora 30), S. 207, stellt in Hinblick auf Clinschor den Vergleich zum kastrierten Petrus Abaelardus her: „Die Entmannung markiert den Wendepunkt in Clinschors Lebenslauf. Sie bewegt ihn allerdings nicht – wie beispielsweise seinen Leidensgenossen Abaelard – zur Einsicht in sein sündhaftes Leben. Stattdessen bringt er sich in den Besitz von Mitteln, die es ihm erlauben sich für seine Kastration zu entschädigen. Clinschor kompensiert die Strafe für sein individuelles Vergehen, indem er viele Mitglieder der höfischen Gesellschaft zu einem minnelosen Dasein zwingt." Auch die Lebensgeschichte Abaelards ist als Geschichte der Erkenntnis der Sündhaftigkeit des eigenen Fleisches *am* eigenen Fleisch *durch* die Gnade Gottes erzählt. Clinschor installiert stattdessen – wie der aus dem Eigenen abgefallene Häretiker Mohammed der lateinischen Mohammeds-Viten, der zudem etwa in der Vita *Qualiter iniquus mahometus venit* beim Versuch des Ehebruchs getötet wird (*Qualiter* 40) und Ehebruch als Lehre propagiert (*Qualiter* 2) – eine Gegenwelt.

[371] Bumke, Blutstropfen, S. 47.

Selbstanteils und seine Überführung in die Taufe werden in einem Kampf errungen, der vielfältige Markierungen der Metapher trägt.

An dieser ‚Erkenntnis' des göttlichen Erlösungswerkes angesichts der Sündhaftigkeit des Fleisches, die letztlich der Annahme der Sakramente gleichkommt, versagt in der Erzählung Trevrizents auch die Gralsgemeinschaft. Die im IX. Buch von Trevrizent referierten Heilungsmethoden der Wunden Anfortas' hat die Forschung bislang recht einsinnig in die biographische Erzählung vom illiteraten Laiendichter Wolfram integriert und sie als Zeugnis für eine indirekte Vermittlung lateinischen Wissens durch Dritte verstanden, das Wolfram sachlich fehlerhaft rezipiert habe.[372] Trevrizent erzählt:

>ein vogel heizt pellicânus:
>swenne der fruht gewinnet,
>alze sêre er die minnet:
>in twinget sîner triwe gelust
>daz er bîzet durch sîn selbes brust,
>unt læzt bluot den jungen in den munt:
>er stirbet an der selben stunt.
>[19] *do gewunnen wir des vogels bluot,*
>*ob uns sîn triwe wære guot,*
>*unt strichens an die wunden*
>*sô wir beste kunden.*
>daz moht uns niht gehelfen sus.
>ein tier heizt monîcirus:
>daz erkennt der meide rein sô grôz
>daz ez slæfet ûf der meide schôz.
>wir gewunn des tieres herzen
>über des küneges schmerzen.
>wir nâmen den karfunkelstein
>ûf des selben tieres hirnbein,
>*Der dâ wehset under sînem horn.*
>wir bestrichen die wunden vorn,
>und besouften den stein drinne gar:
>diu wunde was et lüppec var.
>(Pz 482,12–483,4; Kursivierung von mir, F. D. S.)

Während Nellmann für die Verse 482,12–18 die *Physiologus*-Darstellung des Pelikans heranzieht, nach welcher dieser seine toten Jungen mit Blut aus seiner Seite lebendig mache,[373] kommentiert er die Verse 482,19–22 – im Anschluss an Christoph Gerhardt[374] –

---

372 Nellmann, Kommentar, S. 688, formuliert: „Wolfram schöpft aus unterschiedlichen Traditionen […], die er eigenwillig – z. T. mißverstehend – verändert."
373 Vgl. Nellmann, Kommentar, S. 690.
374 Vgl. Christoph Gerhardt: Die Metamorphosen des Pelikans. Frankfurt a. M. 1979 (Trierer Studien zur Literatur 1), S. 96, Anm. 159.

mit den lapidaren Worten: „Verwendung von Pelikanblut als Heilmittel ist sonst nicht bezeugt."[375] Ähnlich verfährt er auch bei seinem Kommentar zum *monîcirus*.

In beiden Fällen übergeht Nellmann dabei die allegorische Dimension der beiden Tiere, die für die Tradition im Anschluss an den *Physiologus* so zentral ist und den Pelikan hier wiederum mit der Überwindung des eigenen, inneren Heidentums durch das Sakrament in Verbindung bringt.[376] Auf diese Art bleibt unbeachtet, dass das hier eingespielte naturkundliche Wissen vor allen Dingen geistliches Wissen sein müsste, das als hoch konventionalisiert, ubiquitär verbreitet und daher prinzipiell niedrigschwellig zu dechiffrieren gelten kann.

Berücksichtigt man die allegorische Dimension der beiden Tiere, so wird das, was in der Forschung zumeist als Missverständnis des Dichters Wolfram erscheint, als Missverständnis der Gralsgesellschaft erkennbar. Die Gralsgesellschaft versagt dezidiert an der geistlichen, auf die Transzendenz gerichtete Dimension der Zeichenbeziehung, die dem Pelikan und dem Einhorn unterlegt sind, wenn sie versucht, Anfortas mit dem literalen Pelikanblut zu heilen. Insofern der Pelikan nämlich für Christus steht, der sein Blut zur Heilung der Menschheit hergibt, um sie, die er zu sehr *minnt*, zu erretten, so wäre das Gnadenopfer Christi das Heilmittel gewesen, welches Anfortas' Leiden an der Folge seiner vom Fleisch verursachten Sünde hätte lindern können. Auch

---

375 Nellmann, Kommentar, S. 690. – Vgl. zu den Heilmitteln allgemein Arthur Groos: Treating the Fisher King (*Parzival*, Book IX). In: German Narrative Literature of the Twelfth and Thirteenth Centuries. Studies presented to Roy Wisbey on his sixty-fifth Birthday. Hrsg. von Volker Honemann et al. Tübingen 1994, S. 275–304. – Die – im Ganzen von einem ahistorischen Wissenschaftsbegriff geprägte – Einordnung der Heilungsversuche bei Bernhard Dietrich Haage: Prolegomena zu Anfortas' Leiden im ‚Parzival' Wolframs von Eschenbach. In: Würzburger medizinhistorische Mitteilungen 3 (1985), S. 101–126, als „abergläubische Praktiken" kann ich in dieser Form nicht teilen. – Vgl. zudem auch Richard Schrodt: Anfortas' Leiden. In: Festgabe für Otto Höfler zum 75. Geburtstag. Hrsg. von Helmut Birkhan. Stuttgart 1976 (Philologica germanica 3), S. 589–626.
376 Im *Physiologus* (hier zitiert nach: Der Physiologus. Griechisch/Deutsch. Übers. und hrsg. von Otto Schönberger. Stuttgart 2018; Kursivierung von mir, F. D. S.) lautet der Passus zum Pelikan: „Schön spricht David [Ps 101,7]: ‚Ich bin gleich einem Pelikan in der Wüste'. Der Physiologus sagt vom Pelikan gesagt, er liebe seine Kinder über die Maßen. Hat er nämlich die Jungen ausgebrütet und sind sie ein wenig gewachsen, hacken sie ihren Eltern ins Gesicht; die Eltern aber hacken zurück auf die Jungen und töten sie. Später aber tut es den Eltern der Kinder leid, und sie betrauern die Jungen, die sie getötet haben, drei Tage lang. Am dritten Tag nun reißt sich ihre Mutter die Seiten auf, und ihr Blut, das auf die toten Körper der Jungen herabtropft, erweckt diese wieder zum Leben. | So sprach auch der Herr bei Jesaja [Jes 1,2]: ‚Ich zeugte Söhne und erhöhte sie, doch sie sind von mir abgefallen.' Der Schöpfer aller Dinge hat uns erzeugt, und wir haben ihn geschlagen. Wie nun schlugen wir ihn? *Wir dienten der Schöpfung statt ihrem Schöpfer* [= Rm 1,25: „sie (= „die Heiden") beteten das Geschöpf an und verehrten es anstelle des Schöpfers"; F. D. S.]. Nun stieg unser Erlöser zum Kreuz empor und öffnete seine Seite; Blut und Wasser tropften herab zu Erlösung und ewigem Leben; das Blut, weil gesagt ist [Mt 26,27]: ‚Er nahm den Kelch und dankte', das Wasser aber zur Taufe der Buße." – Bezeichnenderweise zielt auch der *Physiologus*-Text mit Bezug auf Rm 1,25 wiederum auf die Überwindung eines eigenen, inneren Heidentums durch das Sakrament, insofern an Stelle der ‚Heiden' des Römerbriefes hier das kollektivierende ‚Wir dienten der Schöpfung' tritt.

die ‚Heilkraft' des Einhorns liegt eigentlich im Gnadenopfer Christi, dessen Geburt durch die Jungfrau Maria im Verhalten desselben bedeutet ist, und ist eigentlich eine spirituelle. Mit dem Verharren im ‚fleischlichen' Sinn des Wortes und dem Versuch, das Vergehen des Körpers mit Körperlichem (Pelikanblut, Einhornherz) zu heilen, erweist sich die Gralsgesellschaft als blind für die entscheidende Perspektive, das Blut Christi, mit dem dieser ‚wahre Pelikan' seine Jungen speist und welches im Messopfer präsent ist, zur Heilung heranzuziehen.[377]

Da nun in dieser Perspektive die misslingende Heilung als verpasste ‚spirituelle' Heilung erscheint, kann auch die Wunde des Anfortas, so körperlich sie erzählt wird, zugleich als aus dem Körper stammende ‚geistige Wunde' verstanden werden.[378] Zugleich fehlt hier die Erkenntnis der in der Kreatur abgelegten Signatur und das Verständnis dafür, dass das Pelikanblut nur auf das heilende Blut Christi *verweist*.[379]

---

377 Dass der Pelikan in den Worten Trevrizents seine Jungen speist, hat die Forschung mit Gerhardt, Metamorphosen des Pelikans, S. 31–35, als Besonderheit aufgefasst. Dies ist indessen keine so erstaunliche Variante, wenn man berücksichtigt, dass der *Physiologus* zwar berichtet, die Pelikanmutter reiße sich die Flanke auf „und ihr Blut, das auf die toten Körper der Jungen herabtropft, erweckt diese wieder zum Leben", dass dies in der Auslegung jedoch schon hier auf das eucharistische Blut des Sakraments übertragbar wird: „Nun stieg unser Erlöser zum Kreuz empor und öffnete seine Seite; Blut und Wasser tropften herab zu Erlösung und ewigem Leben; das Blut, weil gesagt ist [Mt 26,27]: ‚Er nahm den Kelch und dankte', das Wasser aber zur Taufe der Buße." Der Pelikan ist in dieser Tradition also von Anfang an auf das Engste mit den beiden Gnadensakramenten, dem Abendmahl und der Taufe, verknüpft. Dass der Pelikan in den Worten Trevrizents seine Jungen eben nicht besprengt, sondern speist, vereindeutigt die implizite Allegorese auf das Blut des Messopfers. Bezeichnend ist ja zudem, dass in der Version Trevrizents der Pelikan an der aus ‚zu großer *minne*' (Pz 482,14) geschehenen Hingabe seines Blutes stirbt, wodurch die Parallele zum Opfertod Christi – etwa gegen den *Physiologus* – noch einmal verstärkt ist. Diesen Vers sieht auch schon Groos, Treating the Fisher King, S. 283, als dezidierten Bezug zur allegorischen Dimension des Pelikans, zieht hieraus jedoch für die Interpretation keine Konsequenzen. Zu dieser Tradition vgl. Gerhardt, Metamorphosen, S. 29 f.
378 Ähnlich argumentiert auch schon Wapnewski, Wolframs Parzival, S. 69, der die „Hinweise auf die vergeblich zur Heilung herangezogenen Tiere als Hinweise auf die Krankheit, d. h. auf den Sündenstand des Amfortas" auffasst. Vgl. zu Anfortas' *„peccatum carnis"* ebd., S. 89. – Harold Bernard Willson: The Grail King in Wolfram's ‚Parzival'. In: The Modern Language Review 55 (1960), S. 553–563, hier bes. S. 560 f. Nellmann, Kommentar, hat diesen Beitrag nicht aufgenommen. In jüngerer Zeit liest Carola Redzich: Der Schmerz des Anfortas. Zu Wolframs poetischer Inszenierung eines augustinischen Theorems. In: Schmerz in der Literatur des Mittelalters und der Frühen Neuzeit. Hrsg. von Hans-Jochen Schiewer. Göttingen 2010 (Transatlantische Studien zu Mittelalter und Früher Neuzeit 4), S. 213–242, die Verwundung des Anfortas dezidiert ‚spirituell', nämlich im Kontext der Gnadenlehre des ‚Gottesstaates'.
379 Wie eingangs anhand von Hugo von Sankt Viktor gezeigt worden ist, ist die spirituelle Blindheit des Menschen in der immanenten *aisthesis* durch das Gnadenopfer Christi überbrückbar, welches die transzendente Wahrheit hinter der Immanenz sehen lehrt. In diesem Sinne erscheint der Pelikan noch in der *Goldenen Schmiede* Konrads von Würzburg (Vv. 468–483), in der es heißt: „*man sol dich* [= Maria; F. D. S.] *vür daz himelsnest | bezeichenlichen immer hân, | dâ der vogel Pellicân | ûz und în vil schône vlouc, | der bluot ûz sînem herzen souc, | dâ mite er mahte sîniu kint | lebende schiere, dô si blint | vor im lâgen unde tôt | […] | dâ mite er in vil schier entslôz | daz leben êweclichen dort.*" (Hervorhebung von mir; F. D. S.) Spirituelle Blindheit ist hier mit spirituellem Tod gleichbedeutend. Hier ist also eine

V.4 Selbsterkenntnis als Kampf: Fleisch, Schönheit und Heidentum im *Parzival* — 599

Indem die Gralsgesellschaft das naturkundliche Wissen *der arzetbuoche* (Pz 481,6) nicht der Allegorese zu unterziehen in der Lage ist, setzt sie Parzivals Verharren in der Anschauung der Kreatur auf anderer Ebene fort und zieht diese wiederum der höherwertigen ‚Medizin' des Schöpfergottes vor. Sie versucht anzuwenden, *swaz die wîsen arzt dâ für bejagent | mit fisiken liste* (Pz 481,14 f.), und übersieht, dass auch die Wunde des Anfortas eine allegorische Dimension hat, der mit dem Literalsinn vorchristlicher Medizin nicht beizukommen ist.[380] Neben der *Physicâ*, wie die Lehre von der Natur im *Welschen Gast* genannt wird, steht eben die Lehre von der *Divînitas*, die die Gesundheit der Seele lehrt.[381]

Das Fragegebot des Grals, der ja selbst mit dem Wunder der Eucharistie in Verbindung gebracht wird, ist erst Folge dieser misslingenden Heilungen. Die Frage, die zur Erlösung an Anfortas zu richten gewesen wäre, zielt auf die Erkenntnis dieses Zustandes als Sünder im Fleisch, welche ja – hier wie auch im *Welschen Gast* – der Anfangspunkt für Umkehr, Buße und Reue ist. Als Parzival sie schließlich stellt, ist die Antwort des Anfortas gar nicht mehr notwendig, weil Parzival sie schon aus der Erzählung Trevrizents erhalten hat. Anfortas wird an dem Körper restituiert, dessen Siechtum Zeichen für seine gleichermaßen leibliche wie spirituelle Krankheit war, und der sich als unübertrefflich schön, eben ‚fleischlich', erweist;[382] denn: *swaz Franzoys heizt flôrî | der glast kom sînem velle bî* (Pz 796,5 f.).[383]

---

enge Verbindung zwischen dem Pelikan und dem Thema der Erkenntnis vorhanden. Schon der *Physiologus* bringt ja dieses Thema mit der (‚heidnischen') Verehrung der Kreatur an Stelle des Kreators unter Bezug auf Rm 1,25 in Verbindung. Vgl. zudem weiterhin die Stellensammlung marianischer Pelikan-Bezüge bei Salzer, Sinnbilder, S. 58–60.

380 Dass es sich hier um vorchristliches Wissen handeln soll, ist markiert etwa durch den Zweig, den Eneas von der Sibille als Mittel gegen die Gefahren der Hölle erhalten hat (Pz 481,30–482,11). Hier wird zugleich der Speer, der Anfortas verletzt hat, mit den Feuern der Hölle in Verbindung gebracht. Die Gralsgemeinschaft stellt sich die Frage, *ob daz sper ungehiure | in dem helschen fiure | wær gelüppet ode gelœtet* (Pz 482,7–9). Dem wird allerdings nicht die christliche Heilslehre, sondern eben nur das Wissen der Sibille entgegengestellt. – Die kontrastive Behandlung von weltlich-heidnischer und geistlich-christlicher ‚Medizin' ist wiederkehrende Thema in der Legendarik und wird etwa in der Pantaleonlegende prominent gegeneinander ausgespielt.

381 Vgl. hierzu Kap. V.2.1, S. 505.

382 Vgl. hierzu Redzich, Schmerz des Anfortas, S. 239 f., die die Widerherstellung der Schönheit als „weder konsequent noch gerecht" (ebd., S. 239) begreift. „Es ist nicht einmal zweckmäßig, da er dem Frauendienst ein für allemal abgeschworen hat. Diese [...] birgt vielmehr das Potenzial für neue Verfehlungen der alten Art, worauf schon der Vergleich mit Absalom deutlich genug hinweist" (ebd.).

383 Das *vel*, die Haut, ist im *Parzival* als die leibliche Grenze markiert, die den Menschen beschließt. Gott, der *speculator cordis*, kann – in den Worten Trevrizents – auch durch die Haut hindurch in die Gedanken der Menschen dringen: *gedanc sich sunnen blickes wert: | gedanc ist âne sloz bespart, | vor aller crêatiure bewart: | gedanc ist vinster âne schîn. | diu gotheit kan lûter sîn, | si glestet durch der vinster want, | und hât den heleden sprunc gerant, | der endiuzet noch enklinget, | so er vom herzen springet. | ez ist dechein gedanc sô snel, | ê er vom herzen für das vel | küm, ern sî versuochet: | des kiuschen got genuochet* (Pz 466,16–28; Hervorhebung von mir, F. D. S.). Im Kontext der Allusionen auf die Lichttheologie, die an dieser Stelle eingespielt werden (Pz 466,1–3: *Von dem wâren minnære | sagent disiu*

Die Verletzung des Anfortas an der *heidruose sîn* (479,12) geschieht in einer Tjost, die er als Minneritter unter seinem Kampfruf ‚Amor' (*Amor was sîn krîe*; Pz 478,30) erleidet.[384] Es ist ausgerechnet ein Heide, der den Kampf sucht, weil er *was gewis, / sîn ellen solde den grâl behaben* (Pz 479,18 f.), und Anfortas mit einer Lanze an seinen Genitalien verletzt. Dieser Heide, der *durch des grâles kraft / streich* [...] *wazzer unde lant* (Pz 479,22 f.), verdoppelt nicht zuletzt Anfortas selbst, welcher ebenfalls glaubt für den Gral zu kämpfen, obgleich er mit *minne / ûzerhalp der kiusche sinne* (Pz 472,29 f.) gegen dessen Gebot verstößt. Anfortas quält der Schmerz seines verwundeten Fleisches, das eingeträufelte Gift der Lanze, die ihn als Minneritter getroffen hat.[385] Parzival, der seinen Onkel fragt: *œheim, waz wirret dier?* (Pz 795,29), hat gelernt, das Fleisch zu befragen, das sich als sein *alter ego* selbst an ihn gewandt hat, als es in Gestalt seines Halbbruders gesprochen hat: *mit dir selben hâstu hie gestritn* (Pz 52,15).[386] Die Erkenntnis derjenigen fleischlichen Verfehlung, von der nur die Gnade Gottes, das Opfer Christi, heilen kann, die Erkenntnis des eigenen Fleisches und seiner Gnadenbedürftigkeit sind es, welche die Gnade ermöglichen.

Erst im Kampf mit seinem eigenen ‚Heidentum' wird Parzival also zum Getauften; erst in der Taufe des heidnischen Selbstanteils wird auch diesem der Gral zugänglich.[387] Zwar war Parzival zuvor von Trevrizent an den Mund des Priesters verwiesen

---

süezen mære. / der ist ein durchliuhtec lieht[.]), kann angemerkt werden, dass schon bei Augustinus die *vera lux* Gottes zugleich auch die Erkenntniskraft ist, die dem Menschen selbst innewohnt und von der aus all seine (Gottes-)Erkenntnis ihren Ausgang nimmt, insofern sie nicht von den *corporalia* überlagert wird (vgl. etwa De trinitate IV.1.3 sowie weiterhin Buch VI).
384 Amor als Element heidnischen Rittertums begegnet etwa im *Willehalm*. Der Ritter Noupatris, welcher Vivianz tötet, stößt diesem ein Amor-Banner durch den Leib. Die Parallele zu Anfortas ist früh gezogen worden. Zur Forschungsgeschichte vgl. die Diskussion der Stelle bei Manfred Kern: Amors schneidende Lanze. Zur Bildallegorie in *Willehalm* 25,14 ff., ihrer Lesbarkeit und ihrer Rezeption im späthöfischen Roman. In: DVjs 72 (1999), S. 567–591, S. 573. – Im *Parzival* wird Amor noch zweimal im Rahmen der *minne*-Digressio des X. Buches (Pz 532,1–534,10) genannt, in welchem er als Bruder des Cupîdô und als Sohn der Vênus erscheint. Hier wird *rehtiu minne* von Vênus-*minne* abgegrenzt.
385 Im *Welschen Gast* ist die Metapher bezeugt, Unkeuschheit als Speer aufzufassen: *unkiusche ist ein brinnent sper* (WG V. 7461). Überhaupt ist für die Unkeuschheit die Basismetaphorik des Fleischperforierens (Dorn, Stachel) anzusetzen. – Nicht einsichtig ist mir die Deutung bei Schrodt, Anfortas' Leiden, S. 617, der „die Wunde als Symbol der Gottesnähe bzw. des Göttlichen selbst" begreift.
386 Die Forschung hat die Notwendigkeit der Frage gemeinhin als Geste der *caritas* verstanden. Vgl. schon früh etwa Wolfgang Mohr: Parzival und Gawan. In: Wolfram von Eschenbach. Hrsg. von Heinz Rupp. Darmstadt 1966 (Wege der Forschung 57), S. 287–318 (zuerst in: Euphorion. Dritte Folge 52 [1958]), hier S. 299.
387 Kathrin Chlench: Die Wahrnehmung göttlichen Wirkens im interreligiösen Kontakt am Beispiel des ‚Parzival' Wolframs von Eschenbach. In: Gottes Werk und Adams Beitrag. Formen der Interaktion zwischen Mensch und Gott im Mittelalter. Hrsg. von Thomas Honneger, Gerlinde Huber-Rebenich, Volker Leppin. Berlin 2014 (Das Mittelalter. Perspektiven mediävistischer Forschung. Beihefte 1), S. 63–76, hat die Sichtbarwerdung des Grals für Feirefiz durch seine Taufe im Anschluss an Bumke, Schneetropfen, mit der „augustinische[n] Vorstellung, dass durch die Taufe das göttliche Licht empfangen werde, das letztlich zu einem inneren Sehen und Verstehen befähige" (ebd., S. 70), in Verbindung gebracht.

worden, der erste Priester, dem er nun aber im Rahmen der Erzählung begegnet ist derjenige, der Feirefiz tauft. Es wird hier eigens noch einmal das angeborene ‚Heidentum' eines jeden Kindes vor der Taufe betont (vgl. Pz 817,8–10: *dâ stuont ein grâwer priester alt, / der ûz heidenschaft manc kindelîn / och gestôzen hête drîn.*). Die Taufe nun ist es, die für Feirefiz den Gral sichtbar werden lässt.[388]

Zur Taufe aber, die – wie hier argumentiert werden soll – die Erkenntnis und Überwindung des eigenen Heidnischen darstellt, welche notwendig ist, um – ganz im Sinne des *Welschen Gastes* – zu einer dem säkularen/laikalen Subjekt angemessenen Form der Gnadenfähigkeit zu gelangen, führt ausgerechnet das Fleisch selbst. Wie auch Parzival der fleischlichen *auctoritas*, des verkündenen Wortes des Priesters, bedarf, so ist es ein als ‚fleischlich' markierter Grund, der Feirefiz dazu bringt, sich taufen lassen zu wollen, nämlich sein Begehren für Repanse de Schoye.

Zwar führt im Parzival das *minne*-Begehren in eine Taufe, die ‚fleischlich' motiviert ist, diese hat aber dennoch perspektivisch in den angekündigten Taten und Nachfolgern des Feirefiz die Mission der Heidenschaft zur Folge. Es stellt sich die Frage: Warum sollte sich dieses Fleisch, das der Existenzmodus all dieser durch ihre Schönheit markierten Figuren ist, selbst offenbaren?[389] Warum versagt zwar die *aisthetische* Erkenntnis im Parzival auf allen Ebenen und führt andererseits doch die ‚Kreatürlichkeit' zur Umkehr? Es ist auch hier nicht so, dass die Kreatur von sich aus und unmittelbar Gott offenbart, aber: in Feirefiz offenbart sich die Kreatur zumindest selbst – in diesem Fall als heidnisch. Der Aufstieg zum Richtigen erfolgt so nicht über die Erkenntnis des Guten, sondern über die differentielle Erkenntnis der Immanenz, die sich schließlich offenbart.

Ich möchte einwenden, dass Chlenchs Argument zu differenzieren ist, ein Erkenntnisprozess bei Feirefiz sei „auf Basis der augustinischen Theorie" nicht zu erwarten, „denn schließlich fehlt ihm als Heiden das innere Licht des rechten Gottes" (ebd., S. 69). Die *vera lux* als Verstandeskraft wohnt jedem Menschen gleichermaßen inne, sie ist aber in verschiedenem Maße durch das fleischliche Denken des *homo interior* verschüttet. Am Endergebnis ändert dies freilich nichts: es bedarf auch dann der Taufe, um das innere Licht freizulegen.

388 Hier ist dann freilich auch das Ende der Psychomachie erreicht, die sich eben nicht mit dem gesamten *Parzival*-Text in Deckung bringen lässt, denn die Figur Parzival konnte den Gral ja zuvor bereits sehen, muss nach dieser Logik also getauft gewesen sein, als sie dem Gral auf Munsalvæsche das erste Mal begegnet. In Feirefiz würde dann nur der ‚blinde', heidnische Selbstanteil des getauften Parzival getauft.

389 Einer der Gründe, die schon Famira, Feirefiz, S. 272, gegen eine symbolische Lesart des Kampfes anführt, berührt genau diese offene Frage: „Wenn sich im elsternfarbigen Feirefiz wirklich das Abbild des zweifelnden Parzival zum Kampf stellt, wie Wapnewski annimmt, so müßte sinnvollerweise ein Anruf Gottes die letzte Hilfe in höchster Not sein." Die Funktion des Kampfes sieht er, ebd. S. 273, darin, dass Parzival zuletzt lerne, „in seiner diesseitigen Existenz als bisher unbesiegter Ritter eine Niederlage einzustecken. Daß er zu diesem Zeitpunkt des längst überwundenen *zwîvels* nicht Herr zu werden imstande sein soll, ist schlechthin als abwegig zu bezeichnen."

V.5 Fazit: Eine säkulare Ästhetik der Existenz

Denn auf dem Weg des Kampfes begegne ich dem Fleisch. Selbst wenn es erniedrigt wird, bleibt das Fleisch meine einzige Gewißheit. Nur mit ihm kann ich leben. Die Kreatur ist meine Heimatstatt. Deshalb habe ich diese absurde und aussichtslose Anstrengung gewählt.

(Albert Camus: *Der Mythos von Sisyphos*)

Das gegenwärtige Kapitel hat versucht, die heuristisch gewählte Isolierung des schönen Körpers wieder zu öffnen, allerdings nicht im Sinne jener ‚aphasischen Reihe', von der sie ihn eingangs zu lösen versucht hat (Kap. II), sondern in Richtung anderer Diskursfelder. Es ging darum zu zeigen, dass körperliche ‚Schönheit' nicht nur in Beziehung zu anderen *pulchra* zu denken ist – also etwa im Verhältnis zur ‚Natur', zur ‚Kunst' usw. –, sondern dass der Diskurs von körperlicher Schönheit auch von seinen diskursiven Rändern her zu denken ist. Es ist argumentiert worden, dass sich im christlichen Matrixdiskurs die durch ‚Schönheit' markierte Körperlichkeit, wie sie in Kapitel IV erarbeitet worden ist, mit anderen Diskursen verbindet, nämlich mit dem Diskurs vom Heidnischen, der wiederum zum konstitutiven Moment einer christlichen Subjektivierungsform geworden ist, die sich auch in literarischen Entwürfen christlicher Subjektbildung niedergeschlagen hat, wie sie der *Parzival* repräsentiert.

Es soll argumentiert werden, dass in der Matrix des christlichen Diskurses von Beginn an die Systemstelle des ‚*christianus carnalis*' entworfen war, die nun zugleich den Ermöglichungshorizont einer spezifischen laikalen Subjektivierungsform bildet. In dieser ist der *saecularis* in ganz spezifischer Weise über seine Körperlichkeit gekennzeichnet, deren poetorhetorisches Signum die körperliche Schönheit ist. Die in Kapitel III problematisierte Idee einer ‚Kalokagathie' muss von hier aus neu perspektiviert werden, insofern körperliche Schönheit so gesehen tatsächlich zum Marker laienadeliger Säkularexistenz wird, die gleichwohl immer gegen ihren problematischen ‚heidnischen' Selbstanteil abgegrenzt werden muss.[390] Es entsteht der paradoxe Effekt einer Säkularkultur, die sich einerseits als christlich begreift und aus dem autoritativen Rahmen der Latinität denkt, sich aber andererseits mit dem Faszinosum ‚heidnischer' Existenzformen selbst als laikal markiert.[391] Die vorgefundene Systemposition des normativen lateinischen Diskurses wird selbstbewusst usurpiert und anverwandelt.[392]

---

[390] Aus dieser Sicht wären etwa die Befunde von Schnell, Ekel und Ästhetik, erneut einzubeziehen, um die Frage nach einer ‚Ästhetik der Existenz' im Foucault'schen Sinne neu zu stellen.

[391] Von hier aus wird auch erkennbar, wie etwa die Schönheit Parzivals zum Erkennungszeichen seiner adeligen Identität wird (vgl. Pz 123,11–18) oder die Schönheit noch bei Hans Sachs die ständische Differenz markiert (vgl. zu den *Ungleichen Kindern Eve* Kap. III.2.2). Auch die monströsen (*Melusine*) und heidnischen (*Flore und Blanscheflur*) Aitiologien, die sich der christliche Adel gibt, sind vielleicht – ebenso wie eine ‚heidnische' Materialkultur – von hierher zu denken.

[392] Für die lateinische Literatur (am Beispiel der Allegorien des Bernardus, Alanus und Johannes de Hauvilla) hat dies Bezner, Wissensmythen, S. 69 f., pointiert herauszustellen versucht, der – gegen das Forschungsnarrativ von der ‚Autonomie der Literatur' und der ‚Renaissance des 12. Jahrhunderts' – konstatiert (ebd., S. 70): „Daß ‚das Literarische' im lateinischen 12. Jahrhundert zum – auch theoretisch

So nimmt es nicht wunder, dass körperliche Schönheit und Schönheitspraxis zum Signum einer auf die Welt (das *sæculum*) gerichteten Adelsexistenz werden,[393] die sich so zugleich ihren ‚heidnischen', ‚körperlichen', ‚weiblichen' Selbstanteil aneignen muss. Der anonyme anglo-normannische Kosmetik-Traktat *Ornatus mulierum* etwa gibt sich selbst eine Genealogie, die sein Wissen ins Heidentum, an eine sarazenische Dame, zurückbindet:

> Les auturs trai a testemunie
> Verté dirai senz essunie:
> Galien, Constantin, Ypocras ...
> Ne ublirai nul, seit aut seit bas,
> Ne ceo que ai apris a Mechine
> D'une dame que ert saratine, –
> Mires fu de sa lai,
> Mut fust valiant si ust fei, –
> Ne que a Salerne oï de Trote, –
> Dame que li ne crei est sote.
> (Ornatus mulierum, Prolog, Vv. 29–38)[394]

Der säkularen Existenzform ist in der christlichen Matrix zugleich immer die Aufgabe gestellt, das im Fleisch harrende Andere zum Eigenen auszuformen. Dies kann jedoch nur in einem Balanceakt zwischen Welt und Gott gelingen,[395] in welchem dem Subjekt unablässig die Aufgabe der Sorge um sein eigenes Fleisch übertragen wird, welches ihm zugleich zur Grundlage seiner Lebensform – im Sinne Agambens[396] – wird.

---

reflektierten – Raum eines hoch pluralen *Wissens* werden, daß Literarizität zeitgenössisch von *methodischen Standards der Verwissenschaftlichung* her gedacht werden kann, daß sich literarische Werke *in* ihren ästhetischen Strukturen philosophische-theologischen Ideen oder deren Naturalisierung verschreiben und schließlich Teil eines (von literarischen und nicht-literarischen Texten zugleich) gebildeten Raumes sozialer Diagnose werden, – all dies dann freilich gilt es zu tolerieren, ja mehr noch: zum Ausgangspunkt des Verständnisses mittellateinischer Literatur und ihrer Geschichte zu machen."

393 Zum Zusammenhang dieser ‚Ästhetik der Existenz', wie man sie nach Foucault nennen könnte, mit adeliger Existenz im laikalen und klerikalen Bereich vgl. schon Schnell, Ekel und Ästhetik, etwa S. 58, der Schönheit als verbindendes Merkmal der Adelselite auffasst.

394 Übers. (Ruelle): „Je prends à témoin les auteurs – Galien, Constantin, Hippocrate ... – que je dirai la vérité sans invoquer d'excuse pour m'en dispenser. Je n'oublierai aucun d'eux, grand ou petit, je n'oublierai pas davantage ce que j'ai appris à Messine d'une dame sarrasine, – elle était médecin des gens de sa religion, c'eût été une femme de grande valeur si elle avait eu la vraie foi, – ni ce que j'ai entendu dire à Salerne par Trote, – celle qui ne la croit pas est une sotte."

395 Vgl. als Stellensammlung: Klaus Hofbauer: Gott und der Welt gefallen. Geschichte eines gnomischen Motivs im hohen Mittelalter. Frankfurt a. M. et al. 1997 (Europäische Hochschulschriften, Reihe I 630).

396 Giorgio Agamben: Höchste Armut. Ordensregel und Lebensform. Homo sacer IV,1. 2. Aufl. Frankfurt a. M. 2016, definiert in anderem Zusammenhang die „Lebens-Form" („forma di vita") als „ein Leben, das mit seiner Form so innig verbunden ist, dass es von ihr nicht mehr unterschieden werden kann" (ebd., S. 9).

In diesem Sinne ist *Parzival* das im Modus der Dichtung problematisierte Modell einer Subjektivierungsform, in welcher das christliche, aber laikale Subjekt ganz über seine Existenz im Körperlichen (*verch, vel, schœne*) definiert ist, das es zugleich an sich selbst und im Gegenüber zu beherrschen lernen muss, um es in ein Verhältnis zu Gott und seinem Seelenheil zu bringen. Auf der anderen Seite gibt es sich dabei die Aufgabe, diese Subjektposition zu einer ‚Ästhetik der Existenz' eigenen Rechts auszubauen. An die Stelle geistlicher, auf Askese und Weltferne abzielender Lebensformen rückt für den Laienadel hierbei eine Selbststilisierung, in der das Verhältnis des Individuums zu sich selbst die Form „einer schöpferischen Aktivität"[397] annehmen kann. Dabei ist es in seinem prekären Status zwischen Welt und Gott immer zugleich mit seinem eigenen potentiellen Heidentum konfrontiert.

Nicht nur jedoch ist Feirefiz auf diese Art tatsächlich der metaphorische Selbstanteil Parzivals. Er verdoppelt als Figur zugleich noch einmal ins Extrem getrieben den Weg Parzivals zur göttlichen Gnade: Durch die Ansprache einer von außen an sie herantretenden *auctoritas* wird die Figur des Feirefiz zur Konversion gebracht und findet durch das Fleischlich-Kreatürliche, welches in ‚Repanse de Schoye' als Frau von großer körperlicher Schönheit repräsentiert ist, zur Taufe und zum ‚Inbegriff der Freude'.[398] Wenn also der über seine körperliche Schönheit markierte Heide Feirefiz der Selbstanteil des potentiell heidnischen ‚Fleisches' an Parzival wäre, der schließlich – an Stelle einer Taufe Parzivals zu Beginn – *pars pro toto* in die Taufe überführt wird, so bedeutete dies für die Darstellung der Heiden im Wolfram-Korpus auch: Wolframs Heiden sind – genauso wenig wie die Heiden des *Rolandsliedes* – ein Zeugnis von Toleranz, sondern ganz im Gegenteil Ausdruck eines extrem christianozentrischen Selbstentwurfes. Wenn ‚Heiden' als Folie des Eigenen entworfen werden, dann erhalten hier gerade nicht etwa realhistorische Muslime eine Darstellung im fiktiven ‚Anderen'. Indem in den Epen des Wolfram-Korpus ‚Heiden' dargestellt werden, werden die zeitgenössischen Muslime zum Verschwinden gebracht und durch ein Spiegelbild des Selbst ersetzt.[399] Das über seine Schönheit und Körperlichkeit markierte säkular-laikale Subjekt reflektiert in diesem ‚Anderen' zunächst sich selbst.

---

397 Vgl. Michel Foucault, Zur Genealogie der Ethik, S. 474, sowie Michel Foucault: Ästhetik der Existenz. Schriften zur Lebenskunst. 2. Aufl. Frankfurt a. M. 2008.
398 Zur möglichen Bedeutung des Eigennamens vgl. Karl Bartsch: Die Eigennamen in Wolframs Parzival und Titurel. In: Germanistische Studien. Supplement zur Germania 2 (1875), S. 114–159, hier S. 143.
399 Die hier vorgelegte Lesart ist insofern ein dezidierter Gegenentwurf zu Lektüren, die *cum grano salis* – wie etwa Raucheisen, Orient und Abendland, S. 62 – behaupten: „Den Orient beschreibt Wolfram im *Parzival* sehr wirklichkeitsnah." Ein Satz, wie bei Chlench, Wahrnehmung göttlichen Wirkens, S. 71, Anm. 40: „Der Begriff Heide wird überaus undifferenziert benutzt. Flegetanis' Vater wird als solcher bezeichnet, weil er ein Kalb anbetet, Feirefiz, dem eine polytheistische Religion unterstellt wird, wird ebenso tituliert, obwohl er eigentlich Moslem ist", verliert seine Grundlage, wenn man davon ausgeht, dass in Feirefiz eben *kein* Muslim imaginiert wird.

Zugleich jedoch wird diesem heidnisch-fleischlichen Selbstanteil eine geradezu erstaunliche Fähigkeit zur Selbstenttarnung beigelegt, denn es ist ja auch hier nicht so, dass die Kreatur – im Sinne einer *anagogé* – von sich aus und unmittelbar Gott offenbart, aber: In Feirefiz offenbart sich die Kreatur zumindest selbst – in diesem Fall als heidnisch. Der Aufstieg zum Richtigen erfolgt so nicht über die Erkenntnis des Guten, sondern über die differentielle Erkenntnis des Falschen, das sich zumindest selbst enttarnt und auch nicht die Gestalt des Monsters annehmen muss. Im folgenden und letzten Teil dieser Arbeit soll nun gezeigt werden, dass dieser erstaunlichen Fähigkeit der Immanenz zur Selbstenttarnung und beschränkten Einsicht in die Immanenz eine poetologische Dimension eignet. Zugleich wird die heuristische Trennung des schönen Körpers von den übrigen *pulchra* wieder aufgehoben. Die ‚aphasische Reihe', in welcher der schöne Körper neben die schöne Blume, die schöne Sitte, überhaupt die schöne Immanenz, die *species huius mundi*, tritt, wird von ihrer körperlich-heidnischen Dimension aus neu zu rekonstruieren sein.

VI Propädeutik, Poetik und Ästhetik – Fazit

Und von Prometheus wird erzählt, daß er wegen seiner grenzenlosen Vorliebe für das Denken im Kaukasusgebirge einem Geier ausgesetzt worden sei. Denn die Alten wußten, daß das wahre Gute nicht in der Geltung bei den Menschen liegt, sondern in einem reinen Gewissen verborgen ist, und daß diejenigen nicht wirklich Menschen sind, die ihr Herz an vergängliche Dinge hängen und ihr wahres Gut nicht erkennen.
(Hugo von Sankt Viktor: *Didascalicon* 3,14)

Der *Parzival* – so gelesen, wie ich es hier vorschlage – ist nicht der einzige Text, der eine Erkenntnis des Fleischlichen durch sich selbst modelliert. Ganz im Gegenteil scheint hier eine poetologische Grundfigur enthalten zu sein, die sich auch andernorts nachvollziehen lässt. Die enge Verwandtschaft des Fleisches mit der *aisthesis* stiftet diejenige beschränkte Form der Erkenntniskraft, die zum einen die Dichtung selbst für sich in Anspruch nimmt und die zum anderen die *sæculares* zum Zentrum ihrer Selbststilisierung werden lassen. Insofern gibt es zwar im Mittelalter vielleicht keine Ästhetik im Sinne Edgar de Bruynes, Rosario Assuntos oder Umberto Ecos (vgl. Kap. II.1); gleichwohl ist das christlich gedachte Fleisch der Ermöglichungsraum dessen, was auf Grundlage einer Theorie der ihm eigenen *aisthesis* zu einer Ästhetik werden wird.

Ziel dieses letzten Kapitels ist nun nicht, eine ‚Literaturästhetik' in dem Sinne zu gewinnen, wie etwa Walter Haug[1] sie angestrebt oder Manuel Braun[2] sie avisiert hat, sondern – zunächst viel basaler – Literatur im Ermöglichungsraum der *aisthesis* zu denken. Dabei soll zugleich auch – in einem letzten Schritt – wieder zusammengeführt werden, was aus heuristischen Gründen zunächst voneinander separiert wurde. Es soll also im Folgenden darum gehen, die schönen Körper wieder auf die übrigen *pulchra* der Immanenz zu beziehen und der Verbindung nachzuspüren, die jene „aphasische Reihe" stiftet, in der die schönen menschlichen Körper neben die übrigen als ‚schön' enunzierten Dinge treten können.[3]

---

[1] Vgl. etwa die Nutzung des Begriffes ‚Ästhetik' bei Walter Haug: Die ‚Theologisierung' höfischen Romans in Wolframs von Eschenbach ‚Parzival' und in der ‚Queste del Saint Graal'. In: ders.: Positivierung von Negativität. Letzte kleine Schriften. Hrsg. von Ulrich Barton. Tübingen 2008, S. 157–171, hier S. 158; vgl. zudem besonders: Haug, Gab es eine mittelalterliche Ästhetik? Vgl. zudem Christoph Huber: Merkmale des Schönen und volkssprachliche Literarästhetik. Zu Hartmann von Aue und Gottfried von Straßburg. In: Das fremde Schöne. Dimensionen des Ästhetischen in der Literatur des Mittelalters. Hrsg. von Manuel Braun, Christopher Young. Berlin/New York 2007 (Trends in Medieval Philology 12), S. 111–142.
[2] Vgl. Braun, Kristallworte.
[3] Vgl. hierzu Kap. II.1, S. 46–48.

VI.1 Die aphasische Reihe I: Die Kunst, die Dichtung, die Körper und das Heidentum

> But now I realize, I was just a simple country boy, seduced by a big city theory with all the variables in the right places. (Sheldon Cooper – The Big Bang Theory, S07E20)

Während die Erwähnung einer Befähigung in den *septem artes* oder in den ‚höfischen Künsten' im Rahmen mittelhochdeutscher Dichtung stets als positive Auszeichnung von Figuren verstanden worden ist, lässt sich zumindest für die Latinität deutlich zeigen, dass die *artes* zugleich untrennbar mit dem Fleischlich-Körperlichen verbunden sind, durch welches sie – zumindest: auch – negativ semantisiert werden. Im Rahmen dieser Studie ist versucht worden zu zeigen, wie der *Anticlaudianus* des Alanus ab Insulis aus den sieben freien Künsten eine Reihe konstruiert, die als transitorisches Fortschreiten von den weltlich-immanenten – und daher über stark körperlich elaborierte Figuren personifizierten – Künsten hin zu der eigentlichen Kunst, der Theologie, strukturiert wird, welche zwar von höchster Schönheit ist, der jedoch keine körperlichen Attribute mehr zukommen.[4] Entsprechend kann gezeigt werden, dass diejenigen, die Kenntnis dieser Künste haben, oftmals in ihrem weltlichen Leben dargestellt werden, wie es prototypisch für den Entwurf des weltlichen Scholaren in der Abaelard-Vita (*Historia calamitatum*) gilt. Den fleischlich markierten Künsten kommt so, wie dem Fleisch selbst, der Status einer – adiaphoren bis ambivalenten – Propädeutik zu.

VI.1.1 Der schöne Götze der weltlichen Gelehrsamkeit bei Alanus ab Insulis (*De clericis ad theologiam non accedentibus*)

Diejenigen, die mit den weltlichen Künsten umgehen und bei ihnen verbleiben, anstatt durch sie hindurch zur Theologie fortzuschreiten, verurteilt eine Alanus ab Insulis zugeschriebene Predigt über die Kleriker, die nicht bis zur Theologie selbst gelangen (*De clericis ad theologiam non accedentibus*). Die unikal überlieferte Predigt, die von Marie-Thérèse d'Alverny ediert worden ist, kann zudem illustrieren, wie präsent die Idee des heidnischen Anderen im Kontext des christlichen Eigenen ist.[5] Sie richtet sich gegen die Verblendung solcher Kleriker (*clerici* und *litterati*), die die *artes* nicht als Weg zur Theologie nutzen, sondern bei den ‚freien Wissenschaften' stehenbleiben und sie des Geldes und Ruhmes wegen ausüben, in der Theologie jedoch immer ‚Grundschüler'

---

4 Die Figur des Durchschreitens und Zurücklassens, die hier bemüht wird, durch die jeder neu gewonnene Schritt das vorherige obsolet werden lässt, kann vielleicht durch die – gleichwohl entfremdete – Metapher Wittgensteins illustriert werden, dass man die Leiter wegwerfen müsse, nachdem man über sie aufgestiegen ist (Wittgenstein: Tractatus logico-philosophicus 6.54).
5 Vgl. hierzu Kap. V.3.1.

bleiben (*in liberalibus scientiis cani, in theologia senes elementarii*⁶). Damit berührt sie offenbar jene Gruppe von Klerikern, denen prominent Joachim Bumke seine Aufmerksamkeit gewidmet hat und denen er eine besondere Rolle im Rahmen von Literaturproduktion zuweist, diejenigen nämlich, welche zwar als ‚Pfaffen' ausgebildet werden, die jedoch nicht im engeren Sinne geweihte Priester sind.⁷

Die ‚natürlichen Wissenschaften' werden ausdrücklich vor dem Vorwurf in Schutz genommen, dass Gott sie verdamme (*Non ideo dico quod Deus dampnat naturales scientias*). Stattdessen wird betont, dass sie von ihm wunderbar geordnet (*mirabiliter ordinatas*) und Dienerinnen der Theologie seien (*pedissecae theologie, ancillae celestis philosophie*). Der Vorwurf geht allein an die falsche Nutzung der Künste, die nur eine Brücke darstellen sollen, jedoch nicht einen Ort, an den man sich um seiner selbst willen bindet (*non ut ibi figamus pedem, sed ut faciamus pontem*). Es folgt eine tropologische Allegorese des ägyptischen Exils, in dem die Kinder Israels gezwungen werden, ohne das notwendige Stroh Ziegel herzustellen (Ex°5), wobei Ägypten als die Welt, der Pharao als der Teufel, die Kinder Israels als der Kleriker ausgelegt werden.⁸ Der Lehm steht hierbei für Wollust (*luxuria*), das Stroh für Eitelkeit (*vana gloria*) und die Ziegel für die *ira inueterata*: *Ira est, in hac Egipto, flumen vite carnalis. In hoc flumine Filii Hebreorum enecantur, filie ad vitam reseruantur.*⁹ Dieser Fluss des fleischlichen Lebens, so heißt es weiter, ist von den Hebräern, unter welchen die Allegorese die Kleriker versteht, zu überqueren. In Verbindung mit einer Jesaja-Stelle (Is 18,2) werden *naues de papiris facte* („Schiffe, aus Papyrus gemacht") zu den gebotenen Hilfsmitteln, den Fluss des fleischlichen Lebens zu überqueren. Diese gebrechlichen Schiffe wiederum werden sogleich als die Künste ausgelegt, welche jetzt nicht mehr als ‚natürliche', sondern als ‚fleischliche' Künste benannt werden (*Per naues istas intelliguntur carnales scientie que sunt vasa fictilia*). Papyrus indessen sei, so schreibe Isidor, ein Nilgesträuch, welches im Wasser wachse und eine schöne Krone habe, ein hartes Gras oder ein weicher Baum ohne Äste und Blätter, voller Leere und leer der Fülle (*nescio qua vacuitate plena, et qua plenitudine vacua*).¹⁰ Deshalb überrage das Papyrus den Strom und habe Schönheit, wie die weltliche Philosophie das fleischliche Leben überrage und dieses in trügerischer Weise schmücke (*sic terrestris philosophia supereminet carnali vite, eamque fallaciter exo⟨r⟩nat*). Das Gras sei hart, weil die *scientia naturalis* sicherer sei, die Theologie hingegen, der

---

6 Zitiert nach: Alain de Lille. Textes inédits, avec une introduction sur sa vie et ses œuvres. Hrsg. von Marie-Thérèse d'Alverny. Paris 1965, S. 274–278, hier S. 275. – Übers. (F. D. S.): „in den freien Künsten alt, in der Theologie greise Anfänger".
7 Vgl. Bumke, Höfische Kultur, S. 682 f., sowie Reuvekamp-Felber, Volkssprache zwischen Stift und Hof.
8 Vgl. D'Alverny, Textes inédits, S. 276.
9 Ebd., S. 277.
10 D'Alverny, ebd., Anm. 24, weist darauf hin, dass sich bei Isidor kein entsprechender Passus finde, wohl aber in der *Naturalis historia* des Plinius.

weiche Baum, zerbrechlicher. Gleichwohl werde die irdische Philosophie zusammen mit der Welt vergehen, während die Theologie in Ewigkeit bestehe (*Terrestris philosophia cum mundo transibit; theologia in eternum manebit.*). Die weltliche Philosophie sei wie ein Baum ohne Blätter und Früchte, die himmlische hingegen spende Schatten. In diesen ‚papierenen' Schiffen also versuchten die „Kleriker unserer Zeit" (*clerici nostri temporis*) den Fluss Ägyptens, welcher das fleischliche Leben ist, zu überqueren, was bedeute, dass sie ein fleischliches Leben führten. Der anschließende Satz ist korrupt und enthält offenbar eine Textlücke, bezieht jedoch interessanterweise das „fleischliche Wissen" auf heidnische Erzählungen (*fabulae ethnicorum*).

Der letzte Teil der Predigt widmet sich der Ausdeutung des „ägyptischen Flusses". Der Nil, auch Gyon (recte: Geon) genannt, wird in ein Verhältnis zum Euphrat und zum Jordan gebracht, wobei der Gyon das fleischliche Leben bezeichnet. Demgegenüber bedeute der Euphrat die Furchtbarkeit der Reue und der Jordan den Zustand der Rechtfertigung. Den ersten überquere man mit ‚papierenen Schiffen', den zweiten mit einer hölzernen Brücke, den Dritten mit geheiligten Füßen.

Deutlich wird, dass die freien, irdischen, fleischlichen *artes* in ein Aufstiegsmodell verspannt sind, in welchem sie als erste Vorstufe zu einem Stadium der Buße und Umkehr eingeordnet werden und in dem der Mensch die Künste hinter sich zurückzulassen in der Lage ist. Dieses Stadium, das mit der hölzernen Brücke über den Euphrat symbolisiert ist, stellt das Holz der Brücke als Medium dem ‚Papyrus' des weltlichen Wissens gegenüber. Dieses *lignum* spielt auf das Holz des Kreuzes an und eröffnet – ohne dies jedoch deutlich zu explizieren – den Bezug auf die gängige Holz-Typologie, wie sie die sogenannte Kreuzholzlegende auserzählt. Auch das Kreuz ist für das christliche Subjekt nur Vermittlungsinstanz, bevor es im Zustand der Rechtfertigung auf eigenen Füßen zu gehen in der Lage ist, auf denen es, über den Jordan gehend, das Land der Verheißung (die *terra promissionis*) erreicht.

Unabhängig von der Frage, ob die unikal überlieferte Predigt von Alanus ab Insulis geschrieben ist oder nicht, wird deutlich, dass sie ein wesentliches Thema mit dem *Anticlaudianus* teilt, nämlich: die begrenzte Reichweite der *septem artes*. Während der *Anticlaudianus* in der Forschung regelmäßig mit dem gesteigerten Bildungsoptimismus einer ‚Renaissance des 12. Jahrhunderts' in Verbindung gebracht worden ist und wird,[11] so erzählt der Text indessen, dass der Wagen, den die sieben körperlichen Künste erbaut haben und den die fünf körperlichen Sinne ziehen, nur bis an die Grenzen des Himmels vordringen kann. Prudentia, die Klugheit, gelangt, von der unkörperlichen Theologie geführt, nur mit dem Pferd Gehörsinn zu Gott. Damit weisen beide Texte dem weltlichen Wissen – und die Predigt *expressis verbis* auch: den ‚heidnischen Fabeln' – die Position einer Vorstufe zu allem Wissen zu, welche bereits Augustinus ihnen zugedacht hat. Dieser relationiert in seinem *De vera religione liber unus* die Lebensalter des Menschen (*infantia, pueritia, adolescentia, iuventas, senioritas, deterior*

---

11 Vgl. kritisch hierzu Bezner, Wissensmythen.

aetas) mit den Stufen christlicher Bildung auf dem Weg vom *homo vetus* zum *homo novus et caelestis*, wobei bereits auf der zweiten von insgesamt sieben Stufen, die der *pueritia* entspricht, der „Schoß menschlicher Autorität" zurückgelassen wird und die Vernunft „zum höchsten und unwandelbaren Gesetz" emporsteigt, während die erste Stufe, die der *infantia* entspricht, Belehrung über *historia* und *exempla*, also weltliche Bildung, beinhaltet (vgl. Augustinus: De vera religione XXVI.49.133–135).

Im *Planctus naturae*, der dem Anticlaudianus wohl vorangeht, ist eine entsprechende ‚Poetologie' ausformuliert, welche die poetische Form des *Planctus* selbst relativiert und in selbstgesetzte Schranken weist, wenn Natura selbst das Text-Ich fragt: *an umbratilibus poetarum figmentis quae artis poeticae depinxit industria, fidem adhibere conaris?* (Alanus: Planctus, Prosa 4, S. 112 f.; Übers. [Köhler]: „versuchst du, den schattenhaften Gebilden der Dichter, die mit Fleiß die Dichtkunst gemalt hat, etwa Glauben zu schenken?") Ausdrücklich wird hier auf Texte abgehoben, die vermittels der *ars poetica* verfasst worden sind. Ihnen wird die höhere, sekundäre Wahrheitsfähigkeit der tatsächlichen *philosophia* entgegengestellt, die als Steigerung das durch Dichtung vermittelte Wissen zu überbieten in der Lage ist und seine potentiell trügerische, weil in Metaphorizität befangene Sprache, zu „eliminieren": *Nonne ea quae in puerilibus cunis poeticae disciplinae discuntur, altiori discretionis lima, senior philosophiae tractatus eliminat?* (ebd.; Übers. [Köhler]: „Feilt denn nicht, was in der Kinderstube, im poetischen Unterricht gelernt wurde, eine reifere Behandlung, die Philosophie, mit einer schärferen Feile, der Unterscheidungskraft, aus?") Im Folgenden richtet sich Natura gegen solche Dichtung, die mit ihrer poetorhetorischen Kunstfertigkeit die Ohren trunken macht, um Lügen zu vermitteln.

Einerseits führt die poetologische Passage derart, wie Wetherbee zurecht argumentiert hat, auch für den *Planctus* selbst in eine aporetische Situation, insofern dieser genau jenen *ornatus*, den Natura kritisiert, zum eigenen Darstellungsmittel werden lässt.[12] Anders herum lässt sich indessen argumentieren, dass gerade durch diese Selbstreferenzialität auf die eigene *ars* und durch die offensive Abkehr von der Lüge der eigene Status als transitorisches Medium der Wahrheitsvermittlung markiert und

---

12 Wetherbee, Alan of Lille, S. xix–xxii, zieht noch intrikatere Verbindungen zwischen Sprache und Wahrheit: Insofern der Sodomie-Diskurs im *Planctus* mit Bezug auf Sprachmetaphern aus den Bereichen von Metrik und Grammatik realisiert wird, wird die sprachliche Faktur des Textes selbst zu einer Aporie. Ebd., S. xix: „In establishing an equivalent between rhetorical trope and homoerotic act, the Poet has implicated himself, for the linguistic *vitia* he condemns are of his own devising, and Nature herself cannot express her concern over the condition of sinful mankind without employing them." Weiterhin vermerkt er, dass – dem ambivalenten Status des *Planctus* entsprechend – diese Argumentation erneut gedreht wird: „Nature first notes the elaborate means by which poets seduce their audience into giving ear to false or dishonorable matter, then abruptly reverses herself: poets often employ an outer coating of falsehood, but beneath it the discerning reader will find ‚the mystery of deeper truth' (*secretum intelligentie altioris*)" (ebd., S. xx). Natura bilde in ihrer *descriptio*, so Wetherbee, selbst einen „poetic text" (ebd., S. xxi), von dem sie zugleich behaupte, dass sie dessen „Wahrheit" nicht garantieren könne, „because she is caught up in the very situation she condemns" (ebd.).

VI.1 Die aphasische Reihe I: Die Kunst, die Dichtung, die Körper und das Heidentum — 611

durch diese Markierung zugleich legitimiert wird. Der *Planctus* demonstriert so, dass er einerseits Einsichten in eine von Gott stammende, immanente Wahrheit bietet, dass er jedoch andererseits auf dem Weg zur Erkenntnis des Höchsten nichts weiter kann, als auf die notwendige Hinwendung zur höheren *philosophia* zu verweisen.

Von besonderem Interesse ist jedoch im vorliegenden Kontext der Umstand, dass das weltliche Wissen und die *ars poetica* auch in der in Rede stehenden Predigt *De clericis ad theologiam non accedentibus* mit heidnischem Götzendienst in Verbindung gebracht wird:

> Pro⟨h⟩ dolor, proh summa miseria, clericus qui deberet esse de sorte Dei [cui] paradisi funes ceciderunt in preclaris reliquit terram promissionis; cum mulieribus plangit pulc⟨h⟩ritudinem Adonidis, Israhelem deserit, in Egiptum descendit, etiam pro terrena ariditate celestem relinquit hereditatem, et pro tenebris Egipti, celestis patrie visionem.
> (Alanus ab Insulis: Sermo de clericis ad theologiam non accedentibus, S. 274)[13]

Im Falle der vorliegenden Predigt, darf die eigens erwähnte *pulchritudo* des götzenhaft verehrten Adonis (*cum mulieribus plangit pulc⟨h⟩ritudinem Adonidis*) besondere Aufmerksamkeit beanspruchen. Nicht nur wird hier die Tätigkeit des verirrten Klerikers etwa im Status eines Vergleiches auf den Götzendienst bezogen, sondern in der Formulierung der Predigt wird der Kleriker selbst zum Götzendiener, der mit den Frauen die Schönheit des Adonis beweint. Diese Schönheit jedoch scheint frei eingeführt. In der Vulgata lautet diese Stelle: *et introduxit me per ostium portae domus Domini quod respiciebat ad aquilonem / et ecce ibi mulieres sedeband plangentes Adonidem* (Übers. [Tobias Uhle]: „Und er führte mich hinein durch das Eingangstor des Hauses des Herrn, das nach Norden ausgerichtet war, und siehe, dort saßen Frauen, die Adonis betrauerten."). Von der Schönheit des Adonis ist hier nicht die Rede.[14]

---

13 Übers. (F. D. S.): „O Schmerz, o größte Not, der Kleriker, der zum Erbteil Gottes bestimmt sein müsste, dem das Los auf herrliches Land zufiel [Ps 15,6], gibt das Land der Verheißung auf; mit den Frauen beweint er die Schönheit des Adonis [Ez 8,14], verlässt er Israel, geht hinab nach Ägypten, auch verlässt er das himmlische Erbteil für die irdische Dürre, und für die Dunkelheit Ägyptens die Schau der himmlischen Heimat." – Das eingefügte Psalmwort (Ps 15,5 f.) lautet: [5]*Dominus pars hereditatis meae et calicis mei / tu possessor sortis meae / *[6]*lineae ceciderunt mihi in pulcherrimis / et hereditas speciosissima mea est.* (Übers. [Andreas Beriger]: „[5]Der Herr ist ein Teil meines Erbes und meines Kelches. Du bist der Besitzer meines Losanteils. [6]Die Lose sind mir für die schönsten ⟨Erbteile⟩ zugefallen; und der strahlendste Erbteil ist mein." Die *lineae* erklären sich dabei als Messschnüre, welche der Vermessung des Erbteils dienten.
14 Es gibt jedoch im Buch Ezechiel eine Beschreibung der Schönheit Jerusalems als Frau. Während auf das Pendant – die Beschreibung der Braut im Hohelied – im Zusammenhang mit der Entstehung der sogenannten ‚descriptio pulchritudinis' in der Forschung immer wieder hingewiesen worden, ist diese ‚negative' *descriptio* als Vorbild nicht in Betracht gezogen worden. Dies mag nicht zuletzt mit der in der Forschung fest verankerten Vorannahme zusammenhängen, dass in die ‚*descriptio pulchritudinis*' – mithin: die ‚Faral'sche Normalform' der Schönheitsbeschreibung – laudativen Charakters ist. Dieses Element des Laudativen hat man in der Brautbeschreibung des Hoheliedes erfüllt gesehen.

Die Schönheit des Götzen Adonis, die im biblischen Text keine Rolle spielt, in der Predigt des Alanus jedoch eingeführt wird, hat ihr *tertium comparationis* womöglich in einer spezifisch ‚ästhetischen' Eigenschaft jener inferioren *artes*, die die Grammatiker und Rhetoriker als ihren Götzen verehren. Die ‚Schönheit' von Grammatik und Rhetorik, die hier zugleich Element einer ‚heidnischen' Verehrung ist, wird diesen jedoch im Modus der Körperlichkeit beigelegt.

Signifikant ist dabei, dass sich dieser Diskurs gegen ein Heidnisches richtet, dass schon in den alttestamentlichen Schriften – wie der der Alanus-Predigt zugrundeliegenden Ezechiel-Stelle – in einem Innen verortet wird, von dem sich das Individuum – im Modus von Treue *und* Wahrheit – absetzen muss. Jan Assmann zeichnet das Bild einer historischen Entwicklung, welche von der Monolatrie, also der kultischen Verehrung eines ausgewählten Gottes unter vielen, die durch Treue gegen die Verehrung anderer Götter geschützt werden muss, zu einem Monotheismus führt, in dem es nur noch einen Gott gibt, der einzig mit Götzen falschen Aberglaubens konkurriert.[15] Insofern der „Einsichtige", dem sich der Gott eines Wahrheitsmonotheismus erschließt, durch Götzen abgelenkt werden kann, ist auch für ihn Treue erforderlich, wo höchste Einsicht (noch) nicht garantiert ist. Obgleich Assmann – für den alten wie für den neuen Bund gleichermaßen gültig – feststellt, dass man zu „den traditionellen, ‚heidnischen' Religionen [...] nicht konvertieren [kann]"[16], so ist gleichwohl umgekehrt gültig, dass man – aus mangelnder Einsicht – in eine als Heidentum markierte, falsche Existenz abgleiten kann, denn:

> Die Devise ‚Keine anderen Götter!' bleibt gültig, auch wenn an die Stelle der anderen Götter der Teufel, der Materialismus, die Sexualität, das Streben nach Macht und Reichtum und andere Verführungen dieser Welt treten, die dem einen Gott trotz all seiner Einheit und Einzigkeit Konkurrenz machen. Daher bedarf der exklusive Monotheismus dieser Semantik des Bruches, der Abgrenzung, der Konversion.[17]

In einem Monotheismus, der nur einen einzigen Gott kennt, müssen all die genannten ‚Verführungen dieser Welt' in eine Klasse fallen, die die Systemstelle des Götzen besetzt, und insofern den Status einer Idolatrie annehmen.[18] Es wird sich im Folgenden zeigen, dass dieser – ‚aisthetische' – Klassenzusammenfall nicht zuletzt – schon vor einer modernen ‚Ästhetik'! – die Ermöglichungsbedingung derjenigen ‚aphasischen Reihe' ist, die die Grundlage moderner Ästhetik bilden wird.

Die Beschreibung der personifizierten Jerusalem ist hingegen nicht laudativ, sondern im Gegenteil durch misogyne Topoi weiblicher Verderbtheit semantisiert, welche nicht zuletzt an den Aspekt der Täuschung gebunden werden (Ez 16). Jerusalem hat sich hier auf den Ruhm ihrer Schönheit verlassen und ist zur Hure geworden.
15 Assmann, Totale Religion, S. 32 f.
16 Ebd., S. 70.
17 Ebd., S. 71.
18 Vgl. Kap. V.3.1.

VI.1.2 Der heidnische Ursprung der *artes* bei Hugo von Sankt Viktor (*Didascalicon*)

Die Verbindung der Literatur und überhaupt der Schrift zum Heidnischen – mithin wiederum als Figur des heidnischen Anderen, das ins Eigene übergegangen ist – kann in vielfältiger Weise in Latinität und Volkssprache nachverfolgt werden. Nicht nur finden sich hier Schrift-Aitiologien, sondern immer wieder auch dezidiert die Verbindung zwischen der Schrift und dem schönen, heidnisch-fleischlich konnotierten Körper.

Das Buch, die Schrift, die Künste, der Körper und das Heidnische sind dabei eng zusammengedacht. Im *Didascalicon* Hugos von Sankt Viktor ist die Körpergebundenheit der Schrift im Schreibmaterial selbst präsent, wenn hier die Etymologie des lateinischen Wortes für das Pergamentblatt, die *membrana*, erläutert wird. Die heidnische Grundierung offenbart sich in der Herkunft des Wortes für Pergament: *Pergamenum dicitur a Pergamis, ubi inventum est. Dicitur etiam membrana, quia ex membris pecudum detrahuntur* (Hugo von Sankt Viktor: Didascalicon 4,16; Übers. [Offergeld]: „Pergament hat seinen Namen von der Stadt Pergamon, wo es erfunden wurde. Man spricht auch von ‚Häuten' (*membrana*), weil man sie von den Gliedern (*membra*) des Viehs nimmt."). Eine solche, in der Identität von Haut und Pergament begründete Beziehung der Schrift und des Schreibmaterials zum Körper klingt auch noch im *Parzival* nach, wenn das Phänomen der Mischung von Weiß und Schwarz auf der Haut des Feirefîz in den durch Parzival referierten Worten Ekubâs *als ein geschriben permint / swarz und blanc her unde dâ* (Pz 747,26 f.) dargestellt wird.[19] Es besteht hier also eine grundsätzliche Nähe des materialen Schreibprozesses zum fleischlichen Körper, der *membrana* zu den *membra*.

Neben dieser Präsenz des Körpers im Schreibprozess[20] gibt es auch eine prinzipielle Nähe der Schriftpraxis zum ‚Heidentum'. So wird im *Didascalicon* Hugos von

---

[19] Mit Feirefîz und seiner Beziehung zur Schrift hat sich in einer Einzelstudie Nicole Müller auseinandergesetzt. Müller stellt ganz explizit eine Beziehung zwischen Feirefîz als ‚Schriftträger' und der durch ihn späterhin durchgeführten Christianisierung Indiens im Medium der Schrift (*Feirefîz hiez schrîben / ze Indyâ übr al daz lant, / wie kristen leben wart erkant*, Pz 822,28–30) her (vgl. Müller, Feirefiz, S. 59). – Dietl, Isold und Feirefîz, S. 173, formuliert thesenhaft: „Nicht von ungefähr beschreibt ihn [= Feirefîz; F. D. S.] daher Parzival als schwarz-weiß wie ein beschriebenes Stück Pergament [...]. Er, der von sich aus den Dialog eröffnet, um dem Helden die Augen dafür zu öffnen, dass das Fremde und das Eigene eins und aus *einem* Ursprung entstanden sind, entspricht so dem Buch selbst, das diese Erfahrung vermitteln möchte."

[20] Aus völlig anderer Perspektive rekonstruiert etwa Christian Kiening: Zwischen Körper und Schrift. Texte vor dem Zeitalter der Literatur. Frankfurt a. M. 2003, hier etwa S. 7–31, den Zusammenhang zwischen Körper und Schrift für mittelhochdeutsche Literatur. – Gerade für den geistlichen Bereich ist der Konnex zwischen Körper und Schrift vielfach beschrieben worden. Hierzu hat etwa Urban Küsters eine Vielzahl von Beiträgen vorgelegt; vgl. bspw. Urban Küsters: Auf den fleischernen Tafeln des Herzens: Körpersignatur und Schrift in der Visionsliteratur des 13. und 14. Jahrhunderts. In: Körperinszenierungen in mittelalterlicher Literatur: Kolloquium am Zentrum für interdisziplinäre Forschung der Universität Bielefeld, 18. bis 20. März 1999. Hrsg. von Klaus Ridder, Otto Langer. Berlin 2002 (Körper, Zeichen, Kultur 11), S. 251–273. Die spezifische Körpergebundenheit ‚mystischer' Schreibpraxis späterer Zeiten, wie sie in Schwesternbüchern und Mönchsviten entsteht, möchte ich zwar einerseits auch aus diesem

Sankt Viktor die Genealogie der Schriftlichkeit in die heidnische Vorzeit zurückverlegt. Hier werden – im Anschluss an die *Etymologien* Isidors von Sevilla – die ägyptischen, aber eben auch die noch gebräuchlichen lateinischen Buchstaben auf heidnische Göttinnen (Isis, Carmenta) zurückgeführt und nur die hebräischen, chaldäischen und syrischen auf göttliche Inspiration (Mose, Abraham):

> Litterae Hebraeorum a Moyse per legem initium sumpsisse creduntur, Chaldaeorum et Syrorum per Abraham. Aegyptiorum litteras Isis invenit; Graecorum, Phoenices, quas Cadmus a Phoenice in Graeciam attulit. Carmentis, mater Evandri, quae proprio nomine Nicostrata vocabatur, Latinas litteras repperit.
> (Hugo von Sankt Viktor: Didascalicon 3,2)[21]

Auf gleiche Art ist die heidnische, vorchristliche Zeit, die Zeit *ante gratiam*, auch Ursprungsort/-zeit der Wissenschaften, der sieben freien Künste selbst, die noch immer gelehrt werden, und bringt ihre autoritativen Schriften hervor:

> Aegyptus mater est artium, inde in Graeciam, deinde in Italiam venerunt. In ea primum grammatica reperta est tempore Osiris, mariti Isidis. In ea quoque dialectica primum inventa est a Parmenide, qui civitates et coetus hominum fugiens in rupe consedit non modico tempore, sicque dialecticam excogitavit, unde et rupes Parmenidis appellata est. ‚Plato autem post mortem Socratis magistri sui amore sapientiae Aegyptum demigravit, ibique perceptis liberalibus studiis, Athenas rediit, et apud Academiam, villam suam, coadunatis discipulis, philosophiae studiis operam dedit.' [= Remigius von Auxerre, Commentum in Martianum Capellam 4] Hic primum logicam rationalem Graecis instituit, quam postea Aristoteles, discipulus eius, ampliavit, perfecit et in artem redegit. Marcus Terentius Varro primus dialecticam de Graeco in Latinum transtulit. Postea Cicero Topica invenit. Demosthenes, fabri filius, apud Graecos rhetoricae repertor creditur, Tisias apud Latinos, Corax apud Syracusas. Haec ab Aristotele et Gorgia et Hermagora in Graeco scripta est, translata in Latinum a Tullio, Quintilliano et Titiano. (Hugo von Sankt Viktor: Didascalicon 3,2)[22]

Ermöglichungshorizont heraus verstanden wissen; gleichwohl ist diese Praxis mit dem *hier* in Rede stehenden Analysegegenstand nicht eins zu eins zu verrechnen.

21 Übers. (Offergeld): „Die Buchstaben der Hebräer sollen von Mose und seinem Gesetz ihren Anfang genommen haben, die der Chaldäer und Syrer von Abraham. Die Buchstaben der Ägypter erfand Isis, die der Griechen erfanden die Phönizier, Kadmus brachte sie von Phönizien nach Griechenland. Carmentis, die Mutter des Evander, die mit ihrem eigentlichen Namen Nikostrata hieß, erfand die lateinischen Buchstaben."

22 Übers. (Offergeld): „Ägypten ist die Mutter der Wissenschaften, von dort kamen sie nach Griechenland und dann nach Italien. In Ägypten wurde die Grammatik erfunden zur Zeit des Osiris, des Gemahls der Isis. Und auch die Dialektik wurde dort erfunden, und zwar von Parmenides, der die Städte und die Gesellschaft der Menschen floh und sich lange Zeit auf einem Felsen aufhielt und so die Dialektik ersann, seitdem wird dieser Felsen der Fels des Parmenides genannt. ‚Auch Plato emigrierte nach dem Tod seines Lehrers Sokrates nach Ägypten, und nachdem er dort die freien Künste kennen gelernt hatte, kehrte er nach Athen zurück, versammelte Schüler um sich an der Akademie, seinem Hause, und widmete sich dort philosophischen Studien.' [= Remigius von Auxerre, Commentum in Martianum Capellam 4] Er lehrte als erster die Griechen die wissenschaftliche Logik, die später sein Schüler Aristoteles erweiterte, vervollkommnete und zu einer Wissenschaft ausarbeitete. Marcus Terentius Varro übertrug als erster die Dialektik ins Lateinische. Später fügte Cicero die Topik hinzu. Demosthenes, der Sohn eines Handwerkers, gilt als Erfinder der Rhetorik bei den Griechen, Tisias bei den Lateinern,

Wiederum wird die Herkunft der Künste mit dem Thema der Mutterschaft (*Aegyptus mater est artium*) markiert.²³ Zugleich wird in dieser Genealogie der freien Künste, genauer: der Künste des Triviums, die *translatio studii* mit der inhärenten Hierarchie der *artes* überblendbar.²⁴

Grammatik, Rhetorik und Dialektik, die niedersten der sieben Künste, sind nicht allein heidnisch, sondern ihre Herkunft ermöglicht zugleich, sie als die ‚ägyptische Finsternis' lesbar zu machen, als welche die Predigt *De clericis ad theologiam non accedentibus* des Alanus ab Insulis das Verhaftetsein der Grammatiker in der zum Selbstzweck erhobenen Grammatik kennzeichnet, nämlich: als das Weltleben und seine ‚Schönheit' selbst. Die ‚ägyptischen' Künste, die noch in der gegenwärtigen Christenheit blühen und mit der auf Gott gerichteten Theologie einen neuen, einen höheren Zweck erhalten haben, haben dieserart zwar die ‚ägyptische Finsternis' hinter sich gelassen, bleiben nichtsdestoweniger jedoch wesenhaft ‚ägyptisch'.

Wie die Technik der Schrift einerseits und die auf ihr basierenden *artes* andererseits so gehen auch die Inhalte der autoritativen Schriften, der philosophischen *auctoritates*, und ihre verborgenen Wahrheiten aus dem Heidnischen hervor. Diese Anverwandlung antiken Bildungsgutes durch den christlichen Diskurs – besonders im Modus der Allegorese – ist vielfach beschrieben worden.²⁵ Anschaulich wird sie etwa in den *Confessiones* des Augustinus, in denen das Augustinus-Ich berichtet, es habe die ins Lateinische übersetzten *libri platonici* gelesen, in welchen – in anderen Worten – gestanden habe: „Am Anfang war das Wort, und das Wort war bei Gott. Und Gott war das Wort", wodurch die im Beginn des Johannes-Evangeliums repräsentierte göttliche Offenbarungswahrheit zum Schlüssel für die verborgene Aussage der platonischen Lehre wird und die neutestamentliche christliche Lehre offen für platon(ist)ische Ideen.²⁶

Corax bei den Syrakusanern. Die Rhetorik wurde in griechischer Sprache behandelt durch Aristoteles, Gorgias und Hermagoras und ins Lateinische übertragen durch Cicero, Quintillian und Titian."

23 Die im *Didascalicon* ebenfalls eingeführten ‚mechanischen Künste' trifft derselbe Vorwurf in verschärfter Form, wenn sie hier als *adulterinae* (1,9 u. 2,20) bezeichnet werden. David F. Hult: Poetry and the Translation of Knowledge in Jean de Meun. In: Poetry, Knowledge and Community in late medieval France. Hrsg. von Rebecca Dixon, Finn E. Sinclair. Suffolk 2008 (Gallica 13), S. 19–41, hier S. 36 f., hat darauf hingewiesen, dass eine ältere Etymologie existiert, in welcher die *ars mechanica* vom lateinischen *moechia* (‚Ehebruch') abgeleitet wird, weil diese ‚Kunst' „höheres Wissen mißbrauche" (vgl. Schroeter-Reinhard, Die Ethica, S. 207). Es sei noch einmal daran erinnert, dass die Etymologie des Ortes ‚Mecca' bei Walters von Compiègne in den *Otia de Machomete* (1. Hälfte 12. Jh.) auf lat. *moechus* zurückgeführt wird; vgl. hierzu Kap. V.3.2.1).
24 Zur reichen Tradition dieser spezifischen Form der *translatio* vgl. die Anm. bei Offergeld, Didascalicon, bes. S. 226, Anm. 39. Zur Funktion der *translatio studii*, *imperii* und *religionis* allgemein vgl. Ulrike Krämer: *Translatio imperii et studii* – zum Geschichts- und Kulturverständnis in der französischen Literatur des Mittelalters und der frühen Neuzeit. Bonn 1996 (Abhandlungen zur Sprache und Literatur 98).
25 Vgl. etwa Hübner, Ältere deutsche Literatur, S. 299 f.
26 Augustinus: Confessiones, VII.9.13: *ibi legi non quidem his verbis, sed hoc idem omnino multis et multiplicibus suaderi rationibus, quod in principio erat verbum et verbum erat apud deum et deus erat verbum* (Übers. [Flasch, Mojsisch]: „Dort las ich nun, zwar nicht mit diesen Worten, jedenfalls aber genau das-

In dieser Funktion wird im *Parzival* durch Trevrizent *der parliure Plâtô* (Pz 465,21) aufgerufen, der – wie auch *Sibill diu prophêtisse* (Pz 465,23) – bereits vorausgesagt habe, *uns solde komen al für wâr | für die hôsten schulde pfant. | zer helle uns nam diu hôhste hant | mit der gotlîchen minne* (Pz 465,26–29), womit auf das Erlösungswerk der Passion referiert wird.

Gleichwohl ist dieser ‚Platonismus' nicht nur eine Lehre heidnischer Herkunft, sondern fortgesetzter Platonismus und unchristliche *artes*-Gelehrsamkeit werden zum veritablen Götzendienst und zu ‚ägyptischer' Finsternis. Vor Simplician, dem Bischof Roms und Lehrer des Ambrosius, berichtet Augustinus von seiner Lektüre der Platon-Übersetzungen des Victorinus, welcher sich im Alter zum Christen bekehrt habe. In der Paraphrase dessen, was Simplician ihm, Augustinus, über Victorinus offenbart habe, wird dieser Lehrer der freien Künste, besonders aber seine Verehrung *als* Lehrer, suggestiv in die Nähe zur heidnischen (römischen und ägyptischen) Götzenanbetung gerückt:

> [De] illo mihi narravit quod non silebo. Habet enim magnam laudem gratiae tuae confitendam tibi, quemadmodum ille doctissimus senex et omnium liberalium doctrinarum peritissimus quique philosophorum tam multa legerat et diiudicaverat, doctor tot nobilium senatorum, qui etiam ob insigne praeclari magisterii, quod cives huius mundi eximium putant, statuam Romano foro meruerat et acceperat, usque ad illam aetatem venerator idolorum sacrorumque sacrilegorum particeps, quibus tunc tota fere Romana nobilitas inflata spirabat populi Pelusiam et omnigendum deum monstra et Anubem latratorem, quae aliquando contra Neptunum et Venerem contraque Minervam tela tenuerant et a se victis iam Roma supplicabat, quae iste senex Victorinus tot annos ore terricrepo defensitaverat, non erubuerit esse puer Christi tui et infans fontis tui subiecto collo ad humilitatis iugum et edomita fronte ad crucis opprobrium.
>
> (Augustinus: Confessiones VIII.2.3)[27]

Die weltliche Verehrung des ‚Artisten' um der weltlichen Künste willen in die Nähe des heidnischen Götzendienstes zu rücken, hat also eine erkennbar lange Tradition. Auf gleiche Art wird auch in den verschiedenen Mohammeds-Viten die *artes*-Bildung der

---

selbe, mit vielen und verschiedenartigen Beweisen unterbaut: *Im Anfang war das Wort, und das Wort war bei Gott. Und Gott war das Wort.*").

27 Übers. (Flasch, Mojsisch): „Von ihm erzählte er mir etwas, das ich hier nicht schweigend übergehen will. Denn es gereicht deiner [= Gottes; F. D. S.] Gnade zu großem Ruhm, wie jener hochgelehrte Greis, der von allen freien Künsten eine tiefe Kenntnis besaß und der so viele philosophische Schriften gelesen und durchdacht hatte, der Lehrer so vieler edler Senatoren war, der sogar wegen seiner glänzenden Lehrtätigkeit für würdig gefunden wurde, dass man ihm auf dem römischen Forum eine Statue zu errichten gedachte – was bei den Bürgern dieser Welt als die höchste Ehre gilt –, die er tatsächlich erhielt, er also, der bis ins hohe Alter die Götzenbilder verehrte und an den gotteslästerlichen Riten teilnahm, denen damals fast der ganze römische Adel in seiner Aufgeblasenheit nachlief, seltsame Ungeheuer als Götter anbetend: vielgestaltige ägyptische Volksgottheiten und den hundsköpfigen Anubis, die einst gegen die römischen Götter Neptun und Venus und gegen Minerva die Waffen erhoben hatten und jetzt verehrt wurden, in eben dem Rom, das sie besiegt hatte, Gottheiten, die jener Greis Victorinus viele Jahre lang mit der Schreckenskraft seiner Worte verteidigt hatte, wie also dieser alte Mann sich nicht schämte, zum Sklaven deines Gesalbten zu werden, zum sprachlosen Kind deines Taufbrunnens, nachdem er das Haupt gebeugt hatte unter das Joch der Demut und die Stirn gesenkt vor der Schmach des Kreuzes."

späteren Heräsiestifter immer wieder prononciert betont. Sie ist hier als der Ermöglichungshorizont zu verstehen, die falsche Lehre überhaupt zu stiften und ihr Überzeugungskraft zu verleihen.[28]

Solche *artes*-Bildung wird auch noch in der Flegetânîs-Erzählung des *Parzival* aufgerufen.[29] Sie unterliegt prinzipiell dem typologischen Interpretationsschema: schon *in heidenischer schrifte* (Pz 453,13) wird die Gnade des Grals verkündigt, verstanden werden kann der Sinn dieser Schriften aber erst in der *interpretatio christiana* durch den christlichen Gelehrten Kyôt, dem *half daz im der touf was bî* (Pz 453,18).[30] Notwendige Bedingung ist neben der Taufe jedoch auch hier die Kenntnis der Grammatik, welche – wie im *Laborintus* – über das Erlernen des Alphabetes markiert ist: *der karakter â b c | muoser hân gelernet ê* (Pz 453,15 f.). Nur durch die Kombination beider Bedingungen, durch das Erlenen der *artes* und die Gnade der Taufe, kann der Sinn der Gralserzählung aufgedeckt werden:

> anders wær diz mær noch unvernumn.
> kein heidensch list möht uns gefrumn
> ze künden umbes grâles art,

---

28 Die Vita *Qualiter iniquus* (Nr. 8, S. 544 f.), weiß über die Ausbildung Mohammeds: *Igitur praedictus et maledictus Maurus coepit illum studiose scientiam et literaturam omnium linguarum docere; et ita coepit, operante diabolo quo plenus erat, praedictus Maometo cotidie in malo proficere* (Übers. [Yolles, Weiss]: „Accursed Maurus eagerly began to teach him science and literature of every language; and so Muhammad, at the instigation of the devil who filled him with his presence, began to make daily progress in evil"). In den *Otia de Machomete* Walters von Compiègne heißt es über Mohammeds Täuschungskünste, die ihn als Gläubigen erscheinen lassen, er sei an rhetorischer Fähigkeit ein zweiter Cicero: *talem se simulat, ut dicere vera putetur | cum dominam fallit falsa loquendo suam | rhetoricosque suis verbis miscendo colores | cum domina tamquam Tullius alter agit* (Walter von Compiègne: Otia de Machomete, Vv. 167–170; Übers. [Yolles, Weiss]: „[H]e pretended to be such a person so that he would seem to tell the truth while he deceived his mistress speaking lies, and, mixing the colors of rhetoric with his words, he spoke with his lady as if he were a second Cicero"). Die *artes*-Bildung des Häretikers Nycholaus erzählt der *Liber Nycholay* direkt zu Beginn: *Legimus in historiis Romanorum quod Nycholaus, qui Machometus dicitur, unus fuit de septem diaconibus cardinalibus Ecclesiae Romanae. Hic cum esset in grammatica, dialectica, et astronomia doctus ac in factis saecularibus eruditus et omnes diversas linguas loqui sicret, et neccesse esset ut post Constantini Imperatoris baptismum universis mundi nationibus evangelium manifestum fieret, Agabitus Summus Pontifex, qui tenebatur senectute decrepita, cum omnium cardinalium voluntate, Nycholaum in suum successorem elegit* (Liber Nycholay 1, S. 518 f.; Übers. [Yolles, Weiss]: „We read in the histories of the Romans that Nicholas, who is called Muhammad, was one of the seven cardinal deacons of the Roman Church. Since he was learned in grammar, dialectic, and astronomy, well versed in secular history, and knew how to speak different languages, and since for the gospel to be made manifest to all the nations of the world, Pope Agapetus, suffering from feeble old age, chose Nicholas to be his successor with the consensus of all the cardinals."). Genau die Sprachfähigkeit, die Nycholaus zum Verkünder des Evangeliums in der Welt prädestiniert, ermöglicht ihm später die Ausbreitung seiner als Rache gestifteten Häresie.
29 Unter anderen Gesichtspunkten thematisiert diese Passage jüngst Sablotny, Zeit und *âventiure*, S. 190–219.
30 Vgl. hierzu Chlench, Wahrnehmung göttlichen Wirkens, S. 70–72.

> wie man sîner tougen innen wart.
> (Pz 453,19–22)

Der *heidensch list* umfasst aber traditionell eben die *septem artes*, die für sich genommen zwar notwendige, nicht aber hinreichende Bedingung zur Erkenntnis der Gnade des Grals sind.[31] Zwar umfassen die Schriften des Flegetânîs, der eben ein *fisîôn* (Pz 453,25), aber zugleich durch seine Herkunft *ûz israhêlscher sippe* (Pz 453,27) an *Salmôn* (Pz 453,26) angebunden ist, prinzipiell das Wissen um das Heilswerk, sprechen jedoch von diesem nur arkan.

Der wesentliche, gnadenhaft gestiftete Einschnitt ist auch hier jener Moment, als *unser schilt | der touf wart fürz hellefiur* (Pz 453,28 f.).[32] Derjenige jedoch, der die ursprünglichen Gralsschriften verfasst hat, Flegetânîs, stammt *vaterhalben* (Pz 454,1) von einem Heiden ab, *der an ein kalp | bette als ob ez wær sîn got* (Pz 454,2 f.). Der Erzähler exponiert hier genau den Kontrast zwischen (‚heidnischer') Weisheit und Gottesferne als Theodizee-Frage:

> wie mac der tievel selhen spot
> gefüegen an sô wîser diet,
> daz si niht scheidet ode schiet
> dâ von der treit die hôhsten hant
> unt dem elliu wunder sint bekant?
> (Pz 454,4–8)

Die Frage danach, warum Gott die Heiden und Götzenanbeter nicht erlöst hat, gehört zu den traditionellen theologischen Problemen,[33] von welchen aus die Problematik der Gnade gedacht wird, und wird hier programmatisch auch in die Gegenwart verlängert (*scheidet ode schiet*).[34]

Es zeigt sich also, dass auch die Schriftlichkeit selbst sowie die auf ihr beruhende Reihe der weltlichen *artes* als ‚Anderes' gerahmt sind, das dem ‚Eigenen' inhärent ist, welches es zugleich ermöglicht und von innen heraus latent zu unterminieren droht.[35]

---

31 Differentiell wird eigens betont, dass Kyôt eben die Grammatik *ân den list von nigrômanzî* (Pz 453,17) erlernt. Der *heidensch list* ist also kein dubioses Sonderwissen.
32 Es sei daran erinnert, dass der menschgewordene Christus am Kreuz jenes Superzeichen darstellt, das bei Hugo von Sankt Viktor die Dechiffrierbarkeit aller *aisthesis* ermöglicht; vgl. Kap. V.1.4, S. 485.
33 Vgl. etwa wiederum Augustinus: De vera religione VI.11.33–35.
34 Der *Welsche Gast* Thomasîns von Zerklære beantwortet dieses Dilemma beispielsweise mit der Vorstellung, dass die Heiden im Plan Gottes eben den Gegenstand der Bewährung, die *materge* (Augustinus: *materia operationis*) für die Christen darstellen; vgl. etwa WG Vv. 11679–11688. Vgl. hierzu Kap. V.3.2.2, S. 559.
35 Auch von hier aus lässt sich vielleicht die Insistenz des Erzählers darauf, dass er *decheinen buochstap* (Pz 115,27) beherrsche, erklären. Die Ablehnung des Buchstabens, der Bücher und der Dichtung ist immer zugleich auch Teil einer angemessenen Rezeptionshaltung.

VI.1.3 Die Schönheiten der Dichtung: Fleischlichkeit und Weiblichkeit der *Philosophia* und der *Poesis* bei Matthäus von Vendôme (*Ars versificatoria*) und Eberhard dem Deutschen (*Laborintus*)

Die *artes* werden – als der schöne Götze der Gelehrsamkeit, dem die *clerici* huldigen – aber nicht nur über ihre heidnische, sondern eben auch über ihre weiblich-fleischliche Dimension markiert. Die *Philosophia* wird entsprechend in der *Ars versificatoria* des Matthäus von Vendôme nicht nur als Mutter der verschiedenen traditionellen Dichtungsgattungen, sondern auch als Personifikation von großer Schönheit im Modus der Fleischlichkeit implizierenden *descriptio membrorum* eingeführt. Hierbei wird jedoch gerade das ‚fleischliche' Potential dieser Körperlichkeit mit Epitheta der Keuschheit und Tugend kontrastiert und derart eingehegt. Die *descriptio mebrorum* der *Philosophia* funktioniert entsprechend anders als diejenigen der Marcia (Ars vers. I.55), Helena (I.56 u. I.57) und Beroe (I.58), die zuvor im Rahmen einer spezifischen, mikrokosmisch organisierten Anthropologie entwickelt worden sind.[36] Hier tritt die Gliedmaßenenumeration der Helena-*descriptio* mit ihrer fleischlichen Implikation neben die Keuschheitsepitheta der Marcia-*descriptio*. Die Verschiebungsoperationen, die in der spezifischen Nutzung der *descriptio mebrorum* für Allegorien stattfinden und die ich für den *Anticlaudianus* oder den *Planctus naturae* zu konturieren versucht habe, sind auch hier zu veranschlagen.[37] Gerahmt wird diese Prosa-*descriptio* der *Philosophia* zudem mit der *descriptio loci* (vgl. Ars vers. II.3) eines Schönheitsortes, der traditionell ebenfalls die Implikate der Prokreativität trägt:

> 4. In predicte venustatis loco Philosophia, ministrarum suarum stipata collegio, studio fallente laborem, ut odore florum multiphario pascatur plerumque floribus incumbere, plerumque gaudet evagari.
> 5. Hec igitur, nullius artificii picturata deliciis, quadam speciali prerogativa quasi divinam videtur expirare reverentiam et multimodis coniecturis humane nature fragilitatem fastidire: frontis severitas matronalis modestie rigorem pollicetur, virile supercilium nullo nutu petulantie prenuntio luxuriat; ardor oculorum directo et penetrabili procedens intuitu ad partes collaterales renuit obliquari; genarum vivida superficies, ypocrite coloris a se relegans adulterium, studiose mentis predicat exercitium; labia succinta sibi invicem modeste vicinantur, ne ex frequentia multiloquii presumant evagari, et tanta vultum eius venustat generositas quod ex legitimo mentis proposito facies informata vigore inexhausto fragilem naturam destinat diffiteri. Eius statura discretionis ambigue certo termino nequaquam potest circumscribi. Vestes eius, ut asserit Boetius, filis < sunt > perfecte tenuissimis, subtili artificio indissolubili materia, ad cuius habitum et proprietates explicandas humanum languescit ingenium, mendicat facundia, humana discretio offendiculum se pati profitetur. Hec siquidem dum disciplinalibus invigilat

---

36 Sie funktioniert im Übrigen auch anders als die *descriptio* der *Philosophia* in der *Consolatio Philosophiae* des Boethius, die offenbar den Traditionshintergrund der *Ars versificatoria* bildet. Bei Boethius trägt die Philosophie keinen Körper-/Schönheitsattribute. – Vgl. hierzu S. 621.
37 Vgl. Kap. IV.2.2.1 u. IV.2.2.2.

documentis et facundi pectoris delicias in artes alumpnas et pedissequas non cessat dispensare, inter ceteras boatu multiphario clamitans Tragedia
   proicit ampullas et sesquipedalia verba
et pedibus innitens coturnatis rigida superficie, minaci supercicilio [sic] assuete ferocitatis multiphariam intonat coniecturam.[38]
6. Huic Satira sede proxima vicinatur, ieiuna silentii, fronte prodiga verecundie, oculis indirectis mentis obliquitatem testantibus, labiis ex assidua garrulitate diffusis; que adeo suum pudorem presumit dispensare quod de corporis nuditate nequaquam erubescit.[39]
7. Tercia surrepit Comedia, cotidiano habitu, humiliato capite, nullius festivitatis pretendens delicias.[40]
8. Quarta
   pharetratos Elegia cantat amores,
favorali supercilio, oculo quasi vocativo, fronte expositiva petulantie, cuius labellula prodiga saporis ad oscula videntur suspirare; que ultima, procedens non ex dignitate sed potius ex inequalitate pedum, tamen in effectu iocunditatis stature claudicantis vindicat detrimentum, iuxta illud Ovidii:
   In pedibus vitium causa decoris erat.

---

38 Übers. (Knapp, inkl. ausgewählter Stellennachweise): „4. Am Ort von erwähnter Schönheit liebt es Philosophia, umringt vom Kreis ihrer Dienerinnen, ‚mit Eifer, der über die Strapazen hinwegtäuscht,‘ [Horaz, Satiren 2,212; Ovid, Metamorphosen 6,60] um sich am vielfältigen Duft der Blumen gütlich zu tun, oft auf den Blumen zu liegen, oft herumzuspazieren. | 5. So scheint sie, geschmückt mit den Reizen keiner Kunst, mit einem speziellen Vorrecht gleichsam eine göttliche Ehrfurcht [vgl. Boethius, De consolatione philosophiae 1, pr. 1] zu gebieten und sich aufgrund vielfältiger Ahnung vor der Schwäche der menschlichen Natur zu ekeln: Der Ernst der Stirne verspricht strenge Zurückhaltung der Matrone. Die männliche Augenbraue gibt keinerlei lasziven Wink, der Übermut verkünden würde. Das Brennen der Augen [vgl. ebd.] richtet den durchdringenden Blick geradeaus und weigert sich, auf Nebensächliches auszuweichen. Die lebensechte Oberfläche der Wangen, abgeneigt dem Ehebruch heuchlerischer Färbung, kündet die Aktivität des eifrigen Geistes. Die geschlossenen Lippen sind einander zuchtvoll benachbart, damit sie sich nicht herausnehmen, mit ständiger Vielrederei herumzuschweifen; und solcher Adel schmückt ihre Miene, weil aus legitimem Vorsatz des Geistes das mit unerschöpflicher Kraft [vgl. ebd.] begabte Antlitz beabsichtigt, die gebrechliche Natur in Abrede zu stellen. Ihre Gestalt von unklar bestimmtem Wuchs [vgl. ebd.] kann keineswegs mit klarer Bestimmung umgrenzt werden. Ihre Kleider sind, wie Boethius versichert, ‚aus feinsten Fäden und unzerstörbarem Material mit subtiler Kunstfertigkeit hergestellt.‘ [wörtl. nach Boethius, ebd.] Um ihre Erscheinung und ihren Charakter zu erklären, ermattet das menschliche Genie, geht die Beredsamkeit betteln, bekennt die menschliche Unterscheidungskraft, Behinderung zu erleiden. Während sie freilich auf die schulische Ausbildung bedacht ist und nicht aufhört, die Köstlichkeiten ihres redegewaltigen Inneren auf die Künste, die ihre Elevinnen und Dienerinnen sind, zu verteilen, läßt unter allen übrigen Tragoedia immer wieder mannigfaltiges Gebrüll ertönen und | ‚wirft schwülstige und ellenlange Wörter weg‘ [Horaz, Episteln 2,3 (=Ars),97] | und läßt, auf Füße in Kothurnen gestützt [vgl. Ovid, Amores 3,1,31], mit strenger Miene und drohend erhobener Augenbraue die vielfältigen Anzeichen gewohnter Wildheit donnernd ertönen." – Weiter in der folgenden Anmerkung.
39 Übers. (Knapp): „Ihr zunächst hat ihren Sitz Satira, enthaltsam beim Schweigen, mit einer Stirn reich an Sittsamkeit, mit schräg blickenden Augen, die den unaufrichtigen Geist bezeugen, und Lippen triefend von ständigem Geplapper. Sie nimmt sich vor, ihre Scham zu regulieren, daß sie über die Nacktheit des Körpers nicht errötet." – Weiter in der folgenden Anmerkung.
40 Übers. (Knapp): „Als dritte schleicht Comoedia herbei, in alltäglicher Aufmachung, mit gesenktem Haupte und mit Verzicht auf festliche Vergnügungen." – Weiter in der folgenden Anmerkung.

> Iste siquidem quatuor, qui in metricis modulationibus dominantur, dum alternatim de officiali contendunt epytheto quia
> > nulla fides metri sociis omnisque potestas
> > impatiens consortis erit,
> Elegia audita est michi propalare tripartitam versificatorie facultatis elegantiam.[41]
>
> (Matthäus von Vendôme: Ars versificatoria II.4–8)

Die Merkmale der Körperlichkeit, welche in der *descriptio superficiale* elaboriert werden, werden hier – anders als in den Beispiel-*descriptiones* der *Ars versificatoria* (I.50–58) – mit Tugend-Merkmalen der *descriptio intrinseca* kombiniert. Ein Schlüsselwort, welches die Körperlichkeit der *Philosophia* umbesetzt, ist etwa die *frons matronalis*, die die Verbindung zur *descriptio matrone* herstellt, wie sie in der *descriptio* der Marcia (Ars vers. I.55) repräsentiert ist. Während alle Merkmale der Körperlichkeit in der *Philosophia* durch Merkmale der Tugend eingehegt werden, ist mit den ‚Dienerinnen' der *Philosophia* – *Tragedia, Satira, Comedia, Elegia* – eine Reihe konstruiert, die mit der *Elegia* wieder ein Maximum körperlicher Attraktion zugeschrieben bekommt, da diese ja die Gattung der Liebesdichtung (etwa bei Ovid) ist, und in der *Satira* das vulgär Genitale der *Beroe-descriptio* (vgl. Ars vers. I.58) herangezitiert.

Zugleich aber sind die Dienerinnen der *Philosophia* insgesamt auch dem Prinzip der ‚Attraktion' unterworfen, insofern dieses für die Lernenden die Anziehungskraft an den Schulbüchern selbst darstellt (*facundi pectoris deliciae*), mithin den Zucker, der die Pille anziehend macht (Ars vers. II.5). Damit ist hier aber ein signifikanter Unterschied zu der im Hintergrund stehenden – und wörtlich zitierten – Beschreibung der *Philosophia* bei Boethius zu konstatieren. Diese, die dort zwar im Sinne des Matthäus von Vendôme eine *descriptio*, aber keine *descriptio membrorum* erhält, verdammt die Musen der Dichtkunst explizit als *scenicae meretriculae*, also als „Dirnen der Bühne" (Prosa 1). Demgegenüber wird die *Philosophia* der *Ars versificatoria* einerseits selbst stärker über körperliche Merkmale *de capite ad calcem* elaboriert und nimmt andererseits ein positiveres Verhältnis zur Dichtung ein, insofern sie beständig die „Köstlichkeiten ihrer Brust" an ihre vier „Schülerinnen und Dienerinnen" (*alumpnae et pedissequae*) austeilt. Die Körperlichkeit setzt sich in der Rede vom *ornatus* der Dichtung fort, denn: *Ex superficiali ornatu verborum elegantia est*

---

41 Übers. (Knapp): „Als vierte | ‚singt Elegia mit dem Kücher bewehrte Liebesgedichte,' [Ovid, Remedia amoris 379] | mit huldvoller Augenbraue, einem Auge wie ein Vokativ, einer Stirn, die Leichtsinn verrät. Ihre kleinen Lippen, reich an Wohlgeschmack scheinen nach Küssen zu seufzen. Sie trat als Letzte hervor, nicht der Würde halber, sondern vielmehr der ungleichen Länge der Füße wegen. Jedoch gleicht sie den Schaden ihrer hinkenden Gestalt mit einer fröhlichen Wirkung aus, gemäß den Worten Ovids: | ‚Der Defekt an den Füßen war der Grund der Anmut.' [Ovid, Amores 3,1,10] | Diese sind nämlich die vier, welche über die metrischen Gesänge herrschen, während sie abwechselnd über den offiziellen Titel streiten, weil | ‚den Gefährten des Metrums nicht vertraut wird und keine Macht einen Teilhaber dulden wird.' [Lucan 1,92f.] | Ich höre Elegia mir die dreifache Eleganz der Versemacherkunst verkünden."

in versibus, quando ex verborum festivitate versus contrahit venustatem et sibi graciorem amicat audientiam (Ars vers. II.11; Übers. [Knapp]: „Von dem äußeren Schmuck der Wörter kommt die Eleganz in den Versen, wenn der Vers aus der Festlichkeit der Wörter die Schönheit bezieht und sich die dankbarere Hörerschaft zum Freund gewinnt"). Schönheit der weiblich verkörperten Dichtung und das Thema des *ornatus mulierium* wird mit dem *ornatus verborum* enggeführt und – das zumindest suggeriert die *Ars versificatoria* – im Dienst der höheren Philosophie instrumentalisiert. Also solche findet sie sich auch im *Laborintus* Eberhards des Deutschen.

Der *Laborintus* Eberhards des Deutschen ist in der Forschung zumeist in Hinblick auf die in ihm enthaltenen poetorhetorischen Präzepte untersucht worden, welche er erkennbar aus der *Poetria nova* und damit – indirekt – aus der *Rhetorica ad Herennium* übernimmt.[42] Wie auch die *Poetria* hat der *Laborintus* selbst die Form eines *Carmen* in Versform und stellt eine kleine Allegorie dar, die erkennbar an die großen zeitgenössischen Allegorien angelehnt ist.[43] Diese Erzählung von den Leiden des Scholaren soll hier im Zentrum stehen.[44] Sie stellt das Geborenwerden des Grammatiklehrers dar, den die Schöpfungsinstanz der *Natura parens* im Leib seiner Mutter formt.

---

42 Der *Laborintus* wird hier wiederum mit Übersetzung nach der Edition von Justin Vollmann zitiert. – Unter den jüngeren Beiträgen zum *Laborintus* vgl. etwa Thomas Haye: Der *Laborintus* Eberhards des Deutschen. Zur Überlieferung und Rezeption eines spätmittelalterlichen Klassikers. In: Revue d'Histoire des Textes 8 (2013), S. 339–370. Zur breiten Rezeption des *Laborintus*, die auch dessen Kommentierung durch Nicolaus de Dybin in der zweiten Hälfte des 14. Jhds. einschließt, vgl. ebd., S. 340 f. Haye wertet neben jüngerer Forschung vor allem Worstbrock, Art. Eberhard der Deutsche, aus. Haye, ebd., S. 346, zählt 55 Hss. des *Laborintus* und zeigt, dass dieser besonders ab dem 14. Jahrhundert große Popularität im Schulbetrieb genossen zu haben scheint. Vgl. zudem Francisco Pejenaute Rubio: Las tribulaciones de un maestro alemán de escuela medieval vistas desde ‚El Laborintus' de Eberardo el alemán. In: Archivum. Revista de la Facultad de Filología, Universidad de Oviedo 54/55 (2004/2005), S. 105–138, der eine auszugsweise Übersetzung ins Spanische mit Kommentierung bietet. – Zu biographischem Wissen über Eberhard, für den man aufgrund von Andeutungen im *Laborintus* selbst und von Beischriften in dessen Hss. eine Ausbildung in Paris und Orléans sowie eine Lehrtätigkeit in Bremen und Köln angenommen hat, vgl. die in dieser Anm. aufgeführten Beiträge. Dieser biographischen Zuordnung zum deutschen Sprachraum sowie der fast ausschließlichen Herkunft der *Laborintus*-Textzeugen aus demselben verdankt Eberhard nicht zuletzt seinen Artikel im Verfasserlexikon.

43 Der *Laborintus* nennt in einer Liste der im Unterricht nützlichen Werke (V. 599–686) neben der *Cosmographia* des Bernardus Silvestris (Vv. 683 f.) und dem *Anticlaudianus* des Alanus ab Insulis (Vv. 661 f.) auch den *Architrenius* des Johannes von Hauvilla (Vv. 629 f.) sowie die *Ars versificatoria* des Matthäus (Vv. 675 f.). Eine Anspielung auf die *Poetria nova* mag in den Versen: *Ars nova scribendi speciali fulget honore, Rebus cum verbis deliciosa suis* (Vv. 665 f.; Übers. [Vollmann]: „Die neue Kunst des Schreibens erstrahlt in besonderem Ansehen, | angenehm in ihren Inhalten wie auch in ihren Worten."), enthalten sein.

44 Das Wenige, was Murphy, Rhetoric in the Middle Ages, S. 181 f., über den *Laborintus* zu sagen hat, wird dem Text kaum gerecht. Bereits William M. Purcell: The Labyrinth of Learning: Grammar, Poesy, Rhetoric, and Pedagogy in *Laborintus*. In: Rhetorica 11 (1993). S. 95–118, hier S. 98, konstatiert über den *Laborintus*: „It is written chiefly in the form of an allegory". Valérie Méot-Bourquin: Le part du maître. Remarques sur le *Laborintus* d'Évrard l'Allemand. In: Perspectives cavalières du Moyen Âge à la Renais-

Antithetisch zum *Anticlaudianus* wird hier jedoch kein *homo novus*, sondern geradezu der Prototyp des *homo vetus* geboren. *Natura parens* erschaudert bei der Erschaffung des *vir miser*, dessen Bestimmung es ist, *magister* zu werden. *Natura naturans* jedoch befiehlt die Ausführung des Werkes.[45] Obgleich *Natura parens* die Mühen (*labores*) im Schicksal des Lehrers voraussieht,[46] erschafft sie ihn doch im Leib der Mutter, welcher sie diejenigen Bücher eingibt, die die Prototypen seiner späteren Mühen enthalten (vgl. Eberhard: Laborintus, Vv. 41 f.).[47] Die Bücher, die sich der Mutter nachts im Traum „aufdrängen", sind die ersten Elemente der Grammatik, die Exempel des Donatus und die *Disticha Catonis* (vgl. Eberhard: Laborintus, Vv. 67–72).[48] Der Sohn wird geboren und schreit nicht – wie alle Knaben

---

sance. Melanges offerts à François Bérier. Hrsg. von Nicolas Boulic, Pierre Jourde. Paris 2013 (Rencontres 57), S. 19–48, hat – von einer Forschung ausgehend, die den *Laborintus* als Poetik verstanden hat – die Auffassung entwickelt, dass der Text keine – zumindest: nicht primär eine – Poetik ist und sieht eine Zweiteilung. Dem gegenüber möchte ich den *Laborintus* primär als Allegorie lesen. Dem ‚Erzählteil' des *Laborintus* widmet sich auch Carolina Ponce Hernández: La construcción retórica de los discursos en el *Laborintus* de Everardo el Alemán. In: Le *poetriae* del medioevo latino. Modelli, fortuna, commenti. Hrsg. von Gian Carlo Alessio, Domenico Losappio. Venedig 2018 (Filologie medievali e moderne. Serie occidentale 12), S. 195–203. Ponce Hernández zielt dabei stets auf die Frage, was der Verfasser Eberhard habe vermitteln wollen, und lässt die verschiedenen Ebenen der Allegorie außer Acht.
45 Zur Unterscheidung von *Natura naturans* und *Natura parens* – auch in Bezug auf die *Cosmographia* des Bernardus Silvestris – vgl. bereits Faral, Les arts, S. 338, Anm. zu V. 11.
46 Diese *labores* stellen weltliche Vorzüge (Reichtum, Bequemlichkeit, Ruhm) neben weltliche Nöte (Armut, Neid), die freilich unter der Perspektive der *vitia capitalia* allesamt eine ‚Mühsal' des Menschen darstellen, sodass dessen Leben in spiritueller Hinsicht zugleich zu lang (um sündfrei zu bleiben) und zu kurz (um zu büßen) ist. Vgl. Eberhard: Laborintus, Vv. 27–32: *Scribitur in stellis paupertas, copia rerum, / Vitae commoditas, acre laboris onus; / Scribitur in stellis famae discrimen, honoris / Culmen, livoris flamma, favoris amor; / Scribitur in stellis virtutis laus, vitiorum / Dedecus, aetatis longa brevisque mora* (Über. [Vollmann]: „In den Sternen wird geschrieben die Armut, die Fülle der Dinge, | die Bequemlichkeit des Lebens, die harte Last der Arbeit. | In den Sternen wird geschrieben die Gefahr der Verleumdung, der Gipfel | des Ansehens, die Flamme der Missgunst, die Liebe der Gunst. | In den Sternen wird geschrieben das Lob der Tugend, die Schande | der Laster, die lange oder kurze Zeit des Lebens.").
47 Was *Natura parens* der Mutter aushändigt, nimmt sie – wie es heißt – aus der *cella capitis anterior* (V. 42), also der vorderen Hirnkammer, die für die Sinneswahrnehmung und die *fantasia* zuständig ist. Die Kammernlehre wird in Hinblick auf den sich entwickelnden Knaben im Folgenden dargestellt. Vgl. Eberhard: Laborintus, Vv. 121–124: *Prima capit; media discernit; tertia rerum / Formas in thalamo posteriore tenet. / Fantasia sedet in prima; vis rationis / In media; terna vim memorantis habet. / Praegnantes facit has sensus impressio, radix / A quo totius cognitionis erit* (Übers. [Vollmann]: „Die erste erfasst, die mittlere unterscheidet, die dritte hält | die Formen der Dinge im hinteren Gemach fest. | Die Fantasie sitzt in der ersten, die Kraft der Vernunft | in der mittleren, die dritte enthält die Kraft des Erinnerns. | Schwanger macht diese der Eindruck der Sinneswahrnehmung, | von der die Wurzel aller Erkenntnis ihren Ausgang nehmen wird."). – Vgl. etwa Josef Leyacker: Zur Entstehung der Lehre von den Hirnventrikeln als Sitz psychischer Vermögen. In: Archiv für Geschichte der Medizin 19 (1927), S. 253–286, hier S. 255. – Zur Kammerntheorie vgl. Kap. IV.1.1, S. 306, u. IV.3, S. 439.
48 Die erste Übersetzerin des *Laborintus*, Evelyn Carlson (Carlson, Laborintus, S. 7) übersetzt den vom Bezug her uneindeutigen V. 43: *Nocte libros tractat*, interpretierend als: „At night the mother examines

sonst – in Erinnerung an den Namen des Urvaters Adam „a", sondern das „alpha" des Grammatikers (Vv. 77–80). Er liegt noch rot vom Blut der Mutter in der Wiege (Vv. 81 f.), als *Fortuna* erscheint. Sie stellt die Verkehrung der Hierarchien in Aussicht, die Erhebung der Nichtigen und den Sturz der Mächtigen sowie die Vorherrschaft der Blender, welche wahre Gelehrsamkeit nur vortäuschen und gleichsam mit dem Stamm des Baumes Schatten werfen, statt mit der Krone,[49] und welche Sklaven ihrer Liebe zum Geld sind (Vv. 89–118). Die Verstandeskräfte des Kindes, unterteilt in die drei Kammern des Hirns, beginnen sich zu entwickeln. *Philosophia* ruft ihre sieben Töchter, die *septem artes liberales* herbei. Sie formuliert die konstitutive Interdependenz, welche die Predigt *De clericis ad theologiam non accedentibus* als das Verhältnis von Herrin und Mägden gefasst hat: ohne *Philosophia* sind ihre Töchter (Grammatik, Rhetorik, Dialektik, Arithmetik, Geometrie, Musik und Astronomie) wertlos; gleichwohl sind sie die Voraussetzung für die ‚Philosophie' (vgl. Vv. 131–134).

Grammatica, die älteste der Töchter, spricht *Philosophia*, stehe mit ihren Brüsten voller Wissen an der Schwelle des Aufstieges zur ‚Philosophie': *Inter vos gradus est soror in limine prima / Primo, quae lactis ubera plena gerit* (Vv. 135 f.). *Philosophia* erläutert die Eigenschaften und Voraussetzungen der *Grammatica*, die vom guten Schulmeister abhängig ist (Vv. 137–156). Solange der Lernende noch das Alphabet selbst erlerne, bleibe ihr wahrer Wert verborgen; gleichwohl sei sie die notwendige Voraussetzung, um alle weiteren Wissenschaften zu meistern (vgl.Vv. 157–170). Der Knabe saugt nun aus der Brust der ältesten Schwester die Anfangsgründe der Sprache, beginnend mit ‚a' prägt sich ihm die Folge der Buchstaben ein und die Ordnung der Silben. Aus der zweiten, reichhaltigeren Brust trinkt er die Grammatik, welche das Zusammenspiel von Wort und Sinn sowie den Stil begründet (Vv. 171–192). *Grammatica*, die ‚Mutter der Sprache', ermahnt den Knaben, zuerst selbst Wissen zu erlangen, bevor er zu lehren beginne (V. 195: *Disce prius quam dogma seras*), selbst das Sehen zu erlangen, bevor er die Blinden zu führen versuche (V. 195 f.: *si ducere caecum / Vis, videas*), sich zuerst selbst zu beherrschen, bevor er andere anleite (V. 196: *primo te rege, deinde tuos*). Aufgabe des Lehrers sei es, die Samen für jeden Zweig des Wis-

---

the books." Justin Vollmann (Vollmann, Laborintus, S. 29) vereindeutigt anders: „Nachts studiert er [= der künftige *magister* im Traum der werdenden Mutter; F. D. S.] Bücher". Da es wenig später heißt: *Non matri praesens est cosmographia Platonis* (V. 65; Übers. [Vollmann]: „Nicht liegt der Mutter die Kosmographie Platons vor") tendiere ich dazu, die offenen pronominalen Bezüge des Passus im Sinne Carlsons zu verstehen und die Mutter als nächtliche Leserin der Bücher im Traum zu verstehen. Vollmann, ebd., S. 111, diskutiert dies explizit.

49 Den Nachweis dieser stehenden Wendung bei Okken, Kommentar zum Tristan-Roman, Bd. 1, S. 252–254. Neben dem *Tristan* (Vv. 4673–4675) erscheint sie auch in der *Ars versificatoria* des Matthäus von Vendôme (Prolog, 7), die sowohl Gottfried als auch Eberhard genutzt zu haben scheinen. – Man denke etwa auch an das Bild, welches die Predigt *De clericis ad theologiam non accedentibus* entwickelt (vgl. Kap. VI.1.1, S. 608), in welchem die weltliche Philosophie ein Baum ohne Früchte und Blätter ist, die Theologie jedoch ein Baum, der Schatten spendet.

sens zu legen (V. 197 f.), also nicht den vollen Umfang der *artes* abzubilden, wohl aber die Grundlage dafür zu schaffen, dass diese erlernt werden können. In der schon in *De vera religione* vorfindlichen Speisemetaphorik, die Lebens- und Lernalter überblendet, empfiehlt *Grammatica* älteren Schülern kräftigere und festere Kost zu füttern (vgl. Eberhard: Laborintus, Vv. 203 f.).[50] Sie gibt Empfehlungen für die Handhabung der Schüler und weist den künftigen Lehrer an, durch seine Worte zu ermahnen und durch das Vorbild eigener Rechtschaffenheit zu lehren (Vv. 215 f.). Die Schüler seien ganz nach ihren jeweiligen Bedürfnissen zu disziplinieren und zu unterrichten. Die Dichtung (*Poesis*), ihre Gefährtin, halte für jeden Typ von Schüler etwas Nützliches bereit, wodurch er zum Lernen angeregt werden könne:

> Cui frigescit amor studii, te flante calescit:
> Flagrantis fax est exagitanda tibi.
> Est aliter fortis, aliter fragili recreandus.
> Diversis durus, ingeniosus egent:
> Hic gaudet gravibus, hic planis; quid sit utrique
> Utile nostra comes fida, Poesis, habet.
> (Eberhard: Laborintus, Vv. 219–224)[51]

Diese Rolle der *Poesis* als Hilfsmittel, das dazu dient, die Liebe zum Lernen (*amor studii*) zu erhalten, als ‚Erfrischung' zu wirken (*recreans*) und Schüler aller Art zu erfreuen (*gaudere*), hat einen paradoxen Effekt.[52] Einerseits nobilitiert sie das Tun der ‚Dichter' und den Umgang mit Dichtung, wie ihn etwa die Predigt *De clericis ad theologiam non accedentibus* getadelt hat; andererseits fixiert sie diese Dichtung, die hier einen spezifischen Ort zugewiesen bekommt, der jenseits der *septem artes* und doch in Verbindung

---

50 Vgl. zur fleischlichen Semantik von Milch und Brust auch oben: Kap. V.4.1, S. 574–579. – Augustinus: De vera religione XXVIII.51.141: *alimenta lactea large avidis pluribus atque instanter infundunt, validioribus autem cibis cum sapientibus paucis vescuntur* (Übers. [Thimme]: „Milchspeisen flößen sie reichlich und immerfort der Mehrheit ein, die aus Lernwilligen, aber noch Schwachen besteht; die kräftigere Kost aber teilen sie mit denjenigen, die schon weise sind"). In *De vera religione* geht es allerdings bereits um die geistlichen Lehren selbst, nicht um die Anfangsgründe der schulischen Ausbildung. – Im *Planctus naturae* des Alanus klagt Natura ebenfalls über die hochmütigen Grammatiker, die noch an den Brüsten der Grammatik trinken und sich für fortgeschrittene Philosophen ausgeben: *alli, dum in artis grammaticae vagientes cunabulis eiusdem lactantur uberibus, Aristotelicae subtilitatis apicem profitentur* (Alanus: Planctus naturae, Prosa 7, S. 160; Übers. [Köhler]: „andere tun so, da sie in der Kinderstube der Grammatik sich an ihren Brüsten nähren und herumquäken, als könnten sie mit Schärfe aristotelische Unterscheidungen öffentlich vertreten").
51 Übers. (Vollmann): „Wem die Liebe zum Studium erkaltet, dem erwärmt sie sich, wenn du bläst, | die Fackel des Brennenden musst du erregen. | Auf unterschiedliche Weise müssen der Starke und der Zerbrechliche gekräftigt werden, | Unterschiedliches benötigen der Plumpe und der Geistreiche. | Dieser freut sich über Ernstes, jener über Flaches. Was beiden jeweils | zuträglich ist, besitzt unsere treue Gefährtin, die Poesie."
52 Vgl. zur Stellung der *Poesis* bei Bernardus Silvestris vgl. etwa Bezner, Latet Omne Verum, S. 603, sowie zu Bernardus und Hugo von Sankt Viktor wiederum ders., Wissensmythen, S. 53.

zu ihnen steht, im Bereich des Vorläufigen, des Transitorischen, eben als Hilfsmittel und Durchgangsstadium zur eigentlichen Lehre (*Philosophia*, Theologie). *Poesis* wird den sieben Töchtern der *Philosophia* als *comes*, als Gefährtin, hinzugesellt. Sie ist nicht eigentlich Teil derselben, sie enthält aber zugleich von Allem etwas, mithin also die ‚Samen' jenes Baumes, den der Lehrer, laut *Grammatica*, säen soll.

Diese Rolle bestätigt *Poesis* selbst zu Beginn ihrer folgenden Rede, die den größten Teil des Textes ausmacht und die eben auch all jene poetorhetorischen Präzepte umfasst, derenthalben der Text seit Faral als Poetik verstanden worden ist (vgl. Eberhard: Laborintus, Vv. 253–834):

> Excipit haec: ‚Una tibi pars ero magna laboris;
>   Expedit ut vires experiare meas.
> Est mihi materia quidquid capit ambitus orbis;
>   Ludit in obsequio Philosophia meo.'
> (Eberhard: Laborintus, Vv. 265–268)[53]

Die *Poesis* erhebt Anspruch auf die Immanenz selbst, die ihr Gegenstand (*materia*) sei, auf all das, was der Weltkreis umfasst (*quidquid capit ambitus orbis*), mithin auf das Scherzen (*ludere*) der *Philosophia*, also jene Teile des ‚Wissens', die nicht die Lehren von der Transzendez berühren.

Dies gilt, obgleich ‚Dichtung' in der langen *sermocinatio* der *Poesis* durchaus auch Gegenstände des christlichen Glaubens berührt, denn nicht nur exemplifiziert *Poesis* ihre Lehren anhand mehrerer, in ihre Rede inserierter geistlicher *carmina*, welche neben der allegorischen Narration und den poetorhetorischen Vorschriften eine dritte Ebene des *Laborintus* bilden,[54] sondern sie nennt zudem selbst Autoren, welche nützliche Dichtungen und Dichtungslehren bereitstellen, darunter religiöse wie den *Tobias* des Matthäus von Vendôme, die *Cosmographia* des Bernardus Silvestris und den *Anticlaudianus* des Alanus ab Insulis. Die lange Liste von ‚Dichtern' und ‚Dichtungen', die hier in die Rede der *Poesis* eingelassen ist, umfasst vielfach eben auch im weiteren Sinne religiöse, aber keine im engeren Sinne theologischen oder ‚wissenschaftlichen'

---

53 Übers. (Vollmann): „Sie fährt fort: ‚Ich allein werde einen Großteil deiner Arbeit ausmachen, | es ist nützlich, dass du meine Kräfte erprobst. | Stoff ist mir, was auch immer der Umlauf des Himmels umfasst, | die Philosophie spielt in meinem Gehorsam."

54 Hierin folgt der *Laborintus* erkennbar dem Vorbild der *Poetria nova*, welche ja die Wort- und Sinnfiguren im Anschluss an die *Rhetorica ad Herennium* in Form eines inserierten Beispielgedichtes vorführt, das – wie oben besprochen (vgl. Kap. IV.1.3) – von Engelssturz, Sündenfall und Heilsgeschehen handelt. *Poesis* führt sechsunddreißig Wortfiguren in einem Gedicht (*carmen*) über die Gnade Gottes (Vv. 441–522) und zwanzig Sinnfiguren in einem Gedicht über die Aufgaben des geistlichen Hirten (Vv. 523–596) vor. Obgleich thematisch unterteilt, sind beide Gedichte durchaus aufeinander zu beziehen und perspektivieren noch einmal die Aufgaben des Lehrers, der nicht zur Theologie selbst vordringt, indem sie zur ‚einfältigen' Annahme des göttlichen Heilswerkes und zur guten (Selbst-)Regierung ermahnen.

Schriften, nicht die *auctoritates* selbst, sondern Florilegien und poetische Verarbeitungen der durch sie verbürgten Wissensbestände.⁵⁵

Solche autoritativen Schriften werden jedoch im *Laborintus* explizit genannt: Als *Natura parens* der Mutter des Lehrers die Grundlagen der Rhetorik eingibt (Donatus, *Disticha Catonis*), wird eigens eine Aufzählung all jener theologischer und *artes*-bezogener Standardtexte geliefert, die über die Anfangsgründe der Grammatik und Rhetorik einerseits und die ‚poetische' Vermittlung ‚philosophischer' Inhalte andererseits hinausgehen und die Grundlagen der Philosophie sowie der Theologie bilden, welche auf die Ausbildung in den sieben freien Künsten folgen kann.⁵⁶

---

55 Die Liste der ‚Dichtungen' umfasst neben solchen dezidiert christlichen Dichtungen auch solche älteren, heidnischen Texte, welche in den Worten der Predigt *De clericis ad theologiam non accedentibus* als *fabulae ethnicorum*, als ‚Märchen der Heiden', gelten, nämlich: die *Disticha Catonis*, Theodolus, die Fabeln des Avianus und den Äsopus, Elegien des Maximianus, *Pamphilus*, *De raptu Proserpine* des Claudian, die *Achilleis* des Statius, das Werk Ovids, Horaz', Juvenals und Persius' sowie Vergil, die *Thebais* des Statius, Claudians *In Rufinum*, *De excidio Trojae* des Dares Phrygius, ‚Homer' (= *Illias latina*) und Martianus Capella: *De nuptiis Philologiae et Mercurii*. Von den christlichen Dichtern und Dichtungen werden empfohlen: Sidonius Apollinaris, *Geta* von Vitalis Blesensis, der *Architrenius* des Johannes de Hauvilla, die *Alexandreis* des Walter von Châtillon, Marbods von Rennes *De Gemmis*, der *Solimarius* des Gunther von Paris, *Macer floridus* (*De viribus herbarum*), die *Aurora* des Petrus Riga, *Carmen pasquale* von Sedulius, Arator: *Actibus Apostolorum*, Prudentius: *Psychomachia*, Alanus ab Insulis: *Anticlaudianus*, *De planctu naturae*, Matthäus von Vendôme: *Tobias*, *Ars versificatoria*, Alexander de Villa Dei: *Doctrinale*, Eberhard von Bethun: *Graecismus*, die Augustinus-Florilegien des Prosper, Boethius: *Consolatio Philosophiae* und Bernardus Silvestris: *Cosmographia*. – Zum Nachweis der Texte vgl. Faral, Les arts poétiques, S. 358–361. – Mit den betreffenden Versen des *Laborintus* hat sich näher Jean-Yves Tilliette: Un programme de lectures poétiques au XIIIe siècle: Évrard l'Allemand, ‚Laborintus', vv. 599–686. In: Filologia mediolatina. Studies in Medieval Latin Texts and their Transmission. Rivista della Fondazione Ezio Franceschini 24 (2017), S. 49–69, auseinandergesetzt. Besonders interessant ist in diesem Zusammenhang auch, dass die hier vorgestellte Liste durchaus Textverbünden zeitgenössischer Hss. ähnelt; vgl. ebd., S. 57 f.

56 Eberhard: Laborintus, Vv. 43–72: *Nocte libros tractat: non quinque volumina Legis, | Pneumate nec quae sunt emodulanda sacro; | Nulla videtur ei Tholomei pagina, caelum | Qua petitur, qua quis mente per astra volet; | Euclidis libri, numero ter quinque, figuris | Pleni, non assunt, quos geometer habet; | Non apparet ei codex Guidonis, in omni | Qui vocum genere dirigit artis opus; | Non praesentatur illi revolutio libri | Qui numeri vires dinumerando docet; | Non Ciceronis adest pingens sermonis honorem, | Cui rhetor servit, florida carta duplex; | Nullus Aristotelis codex apparet in illis, | Quem cudit gremio Philosophia suo; | Physica, naturae speculum, duce sub Galieno, | Quae flores, illi non tua scripta patent; | Non occurrit ei Gratiani pagina, lucri | Nutrix; membrana Justiniana latet; | Exponit quae non tenuis macraque Minerva | Somnia, quae somno Cipio vidit, abest; | Quae numerat geminos latet astrologia coluros, | Quinque parallelos signiferique gradus; | Non matri praesens est cosmographia Platonis | Nomine discipuli praetitulata sui; — | Primi versiculi sed cernit grammata, primam | Quae sibi turba viam discipularis habet; | Donatos vertit, lacrimarum fonte fluentes, | Qui dantur pueris post elementa novis; | Ille tenet parvos lacerata fronte Cathones: | Illos discipuli per metra bina legunt.* (Übers. [Carlson]: „At night the mother examines the books. The Pentateuch is not among them, nor those books celebrated because of the Holy Spirit. She sees not a page of Ptolemy wherein the heavens are studied and one may fly in thought among the stars. Euclid's books thrice five in number, filled with figures, which the geometer uses, are not there. No codex of Guido which influences all work of musical art appears. The volume which teaches the

Selbst Cicero, die *auctoritas* rhetorischen Wissens schlechthin, wird unter diejenigen Schriften eingeordnet, die die Mutter (bzw. der künftige *magister*) *nicht* liest, während *Poesis* dem Lehrer später die Lektüre solcher Werke anempfiehlt, die dessen Wissensbestände ‚verarbeiten', nämlich: die Poetorhetoriken (wie etwa die *Ars versificatoria* des Matthäus von Vendôme).

Von den eigentlichen *auctoritates* jedoch bleibt der Grammatik- und Rhetoriklehrer, der nur die Keime der wissenschaftlichen und theologischen Lehren zu legen hat, indem er die aus der Immanenz stammenden Freuden der Dichtung als Lockmittel für seine Studierenden nutzt, unberührt. Nicht zuletzt deshalb ist die ‚Arbeit' (*labor*), die dieser *clericus ad theologiam non accedens* hat, trotz aller ‚Lust', welche die Dichtung verspricht, zugleich eben auch eine ‚Mühsal' (*labor*).

Der *Laborintus* stellt mit seiner Verortung der Dichtung im System der Wissenschaft und im Verhältnis zur Theologie eine spezifische Anverwandlung jener inferioren Position dar, in welche die Orthodoxie sie drängen muss. Die Dichtung wird hier keineswegs aus dieser Position ‚befreit'; sie rückt vielmehr in jene inferiore Nische ein und usurpiert deren spezifischen Horizont, welcher ihr zum Ermöglichungsraum wird. Im Rahmen der traditionellen Beschränkungen wird hier ein ebenso beschränkter und ambivalenter Eigenwert der Dichtung ausgearbeitet.[57]

Auch dieses ‚andere' Potential wird mit dem Fleischlichen homologisiert. Albrecht Hagenlocher hat in einem wenig beachteten Aufsatz darauf aufmerksam gemacht,

---

nature of number in reckoning is not present to her. The two treatises of Cicero to whom the teacher of rhetoric is a slave, flowery and adorning the beauty of language, are not at hand. || No manuscript of Aristotle, him whom Philosophy forged in her own bosom, appears among them. Your writings are not revealed to her, O Physice [sic], mirror of nature, you who flourish under Galen's leadership. The page of Gratian, nurse of profit, does not meet her eye. Justinian's parchment remains hidden and that one which with neither paltry nor meagre wisdom discloses such dreams as Scipio saw in sleep, is absent. Astronomy, which considers the two colures and the five parallels and the signs of the Zodiac, is not in evidence. The mother has not access to Plato's cosmography which appears under his pupil's name. – But she sees the letters of the first little line pupils have as a 'first step.' She turns the pages of Donatus, abundant source of tears, given to boys fresh from the prime. That book with the torn binding contains the distichs of Cato: the pupils read them two lines apiece."). – Aus den o. g. Gründen habe ich mich an dieser Stelle gegen die Übersetzung Justin Vollmanns entschieden; vgl. dieses Kap., Anm. 48.

57 Entsprechend geht mir jedoch die Lesart von Tilliette, Un programme, S. 62–68, zu weit, der sich dem Narrativ von der Autonomie der Literatur anschließt, wenn er mit der These schließt, dass die im *Laborintus* thematisierten Dichtungen dem ‚Künstler' ermöglichten, sich als Demiurg zu verstehen (ebd., S. 68). Die Behauptung, dass man die im *Laborintus* aufgezählten Texte nach Kategorien ordnen kann, die Tilliette Alexander Neckam entlehnt, sodass sie den Fortschritt des Lernenden abbilden, sehe ich vom Text genauso wenig gestützt wie die finale These, dass „[l]e degré suprême de l'apprentissage" Poetik und Grammatik selbst sei (ebd., S. 62). Eine solche uneingeschränkte Aufwertung der ‚Literatur' kann ich im *Laborintus* nicht erkennen. Auch, dass im ‚Lehrer' des *Laborintus* das Schicksal eines „grammairien et martyr" erzählt sei, wie Tilliette: Le *Laborintus* d'Évrard l'Allemand, ou le roman familial d'un grammairien mélancolique. In: Le *poetriae* del medioevo latino. Modelli, fortuna, commenti. Hrsg. von Gian Carlo Alessio/Domenico Losappio. Venedig 2018, S. 225–256, hier S. 249, in einem weiteren Beitrag zum *Laborintus* schreibt, teile ich nicht.

dass der Buchstabe selbst als Element fleischlicher *luxuria* gedacht wird. Er hat plausibel gemacht, dass das *Hohe Lied* Bruns von Schönebeck den *Tobias* des Matthäus von Vendôme rezipiert hat,[58] in welchem es heißt: Ad quoscumque potest rivales, coniuge sensu | Postposito, meretrix littera flectit iter (Matthäus von Vendôme: Tobias, Vv. 2168 f.; Übers. [Marco Mattheis, Berlin]: „Die Dirne namens Buchstabe bahnt sich, nachdem sie ihren ehelichen Sinn abgestreift hat, ihren Weg zu was für Nebenbuhlerinnen auch immer sie kann.").[59]

Hierbei geht es um die Warnung „vor allzu viel rhetorischem Schmuck, vor der Verführung durch Tropen", der Matthäus „die *verborum macies* (V. 2159)", die ‚Magerkeit der Worte', gegenüberstellt.[60] Im *Tobias* ist eine deutliche Anlehnung an 2 Cor 3,6 (*littera enim occidit Spiritus autem vivificat*; Übers. [Caecilia-Désirée Hein]: „Denn der Buchstabe tötet, der Geist aber macht lebendig.") erkennbar,[61] wodurch die Ebene des Schriftsinns gegen die Oberfläche, den Schmuck der Schrift, ausgespielt wird. Der Vorwurf an weltliche Gelehrsamkeit sei, mit Hagenlocher, „im Literalen steckenzubleiben und in ihm eine Scheinwahrheit zu suchen. Diese Beschränkung im Buchstaben, gar seine rhetorische Ausschmückung ist in Matthäus' Gedankengang aber eine Hingabe an das Sinnliche, und das ist der Ausgangspunkt für die Metapher von der *meretrix littera*."[62]

Die geschminkte Hure ‚Buchstabe', die lust- und körperbezogene Dimension der Dichtung, die künstliche Schönheiten produziert, findet im *Hohelied* Bruns von Schönebeck nicht eins zu eins Aufnahme, wenn es dort heißt:

> horet alsus lesen di pfaffen:
> iz ist um di schrift also geschaffen,
> als um ein elich wip
> daz do treit doch velen lip
> und sich vremden mannen leget bi.
> wen ir[63] einer wenit daz im so si,
> so ist im vil lichte alsus.
> vremder munt git vremden kus.
> (Brun von Schönebeck: Das Hohe Lied, Vv. 952–959)

---

58 Vgl. Albrecht Hagenlocher: Littera meretrix. Brun von Schönebeck und die Autorität der Schrift im Mittelalter. In: ZfdA 118 (1989), S. 131–163.
59 Den direkten Bezug zwischen den beiden Texten zeigt der Umstand, dass das *Hohe Lied* die beiden Verse aus dem *Tobias* zitiert; vgl. Hagenlocher, Littera meretrix, S. 142 f., bes. Anm. 48.
60 Hagenlocher, Littera meretrix, S. 143.
61 Vgl. ebd., S. 144.
62 Ebd.
63 Hagenlochers Korrektur (*ir* statt *iz*) gegenüber dem Text bei Fischer; vgl. Hagenlocher, Littera meretrix, S. 140, Anm. 44.

Hier geht es nicht mehr um den ‚ästhetischen' Eigenwert der ‚schönen' Dichtung,[64] gleichwohl jedoch wird die Schrift auch hier als feilgebotener Leib imaginiert und damit massiv körperlich konnotiert.

Es kann auf diese Art gezeigt werden, wie auch ‚Dichtung' selbst – und zwar sowohl christliche als auch ‚säkulare' Dichtung! – in ein diskursives Netz versetzt wird, in welchem ihre ‚ästhetische' Spezifik tatsächlich über einen erhöhten Grad ‚aisthetischer' Fundierung an die Felder des Fleischlich-Körperlichen und seiner Lüste und damit auch des ‚Heidnischen' angebunden ist. Auch hier ist eine erhöhte Attribuierung von Körperlichkeit festzustellen, wie sie etwa in den milchreichen Brüsten der personifizierten *Grammatica* angelegt oder in dem Marker einer geradezu körperanalog gedachten ‚Schönheit' enthalten ist. Dieses Sprechen von ‚Schönheit', Schönheitspraktiken und Kosmetik ist eng an die metaphorische Rede vom Schmuck der Dichtung, vom *ornatus*, gebunden, der immer eng mit der Frage nach dem *ornatus mulerium*, dem Problem der künstlichen weiblichen Schönheit verbunden bleibt. Gekoppelt ist dies jedoch an eine ‚Regierung des Selbst' (V. 196: *primo te rege, deinde tuos*), die zugleich auf die Überwindung des als Makel markierten ‚Fleischlichen' zielt, dessen Lockungen – paradoxerweise – zunächst pädagogisch genutzt werden. Die Verantwortung für das fragile Gleichgewicht des Fortschritts in den Künsten durch Dichtung obliegt der Instanz des Lehrers.

VI.1.4 Die Selbstoffenbarung der Welt durch weltliche Dichtung: Konrads von Würzburg *Der Welt Lohn* und *der slecht weg zuo dem himelrich*

Ein Zusammenhang zwischen Körperlichkeit, Heidentum und Dichtung kann auch in der mittelhochdeutschen Literatur gezeigt werden. Diese Elemente sind in Konrads von Würzburg *Der Welt Lohn* in der Schönheit der personifizierten ‚Welt' eng miteinander verbunden. Dem Text eignet, wie Bruno Quast argumentiert hat, eine markante poetologische Dimension.[65] Quast arbeitet „ein im Hochmittelalter nachweisbares geistliches

---

64 Hagenlocher sieht bei Brun einen spezifischen Bezug auf die Materialität des Schriftmediums.
65 Bruno Quast: Lektüre und Konversion. Augustinus, Konrad von Würzburg, Petrarca. In: Geltung der Literatur. Formen ihrer Autorisierung und Legitimierung im Mittelalter. Hrsg. von Beate Kellner, Peter Strohschneider, Franziska Wenzel. Berlin 2005 (Philologische Studien und Quellen 190), S. 127–138. – Die Forschung hat sich mit Konrads von Würzburg *Der Welt Lohn* häufig motivgeschichtlich auseinandergesetzt, so etwa Gisela Thiel: Das Frau Welt-Motiv in der Literatur des Mittelalters. Univ.-Diss. Saarbrücken 1956; Wolfgang Beutin: Diu werlt bin geheizen ich. Zur Deutung einer Dichtung Konrads von Würzburg (,Der Welt Lohn'). In: Konrad von Würzburg. Seine Zeit, sein Werk, seine Wirkung (Tagung Würzburg 1987). Hrsg. von Horst Brunner. Jahrbuch der Oswald von Wolkenstein Gesellschaft 5 (1988/ 1989), S. 215–225; Thomas Bein: ‚Frau Welt', Konrad von Würzburg und der Guter. Zum literarhistorischen Umgang mit weniger bekannten Autoren. In: ‚*swer sînen vriunt behaltet, daz ist lobelîch'*. Festschrift für András Vizkelety zum 70. Geburtstag. Hrsg. von Márta Nagy, Lázló Jónácsik. Budapest 2001 (Abrogans 1 = Budapester Beiträge zur Germanistik 37), S. 105–115; in jüngerer Zeit Manfred Kern: Theater der Eitelkeit in Text und Bild. Frau Welt und Herr Mundus. In: Imaginative Theatralität. Szenische

Erzählschema, das die *conversio* mit geistlichen Lektüreerfahrungen verknüpft", heraus,[66] welches er modellbildend etwa durch die *Confessiones* Augustins vertreten sieht.[67] Dieses Grundmuster sieht er auch in *Der Welt Lohn* realisiert, denn dieser „thematisiert den Konnex von Lektüre und *conversio animi*."[68] Das poetologische Skandalon liegt freilich in der Übertragung dieses Musters auf weltliche Literatur:

> Gemessen an Augustinus, der auf eine mediale Vermittlung der göttlich gesteuerten Selbsterkenntnis durch das Erzählte bzw. Gelesene abhebt, begegnet man bei Konrad einer konzeptuellen Radikalisierung. Von einer göttlichen Partizipation am Prozeß der Selbsterkenntnis ist bei ihm keine Rede, er bindet die Ent-Täuschung auch nicht mehr an geistliche Erzählungen, sondern an weltliche Lektüre, an eine Begegnung mit dem Fiktionalen in Form der ins Außen des Textes projizierten Allegorie der Frau Welt. Dies bedeutet zweifellos eine unerhörte Aufwertung des Fiktionalen, freilich eines bei Konrad lehrhaft arretierten Fiktionalen.[69]

Die spezifische diskursive Formation, die dem zugrunde liegt, kann plastischer herausgearbeitet werden, wenn man den *Welt Lohn* Konrads von Würzburg[70] mit einem anonymen Posttext vergleicht. Dieser findet sich im Kontext einer Sammlung geistlicher Texte in deutscher Sprache, welche als *Oberrheinisches Erbauungsbuch* beziehungsweise als *der slecht weg zuo dem himelrich* benannt wird.[71] Der hier enthaltene *Weltlohn* ist von besonderem komparatistischen Interesse, denn einerseits stellt er einen direkten Retext zu Konrads von Würzburg *Der Welt Lohn* dar, aus dem er immer wieder einzelne Verse übernimmt, andererseits jedoch ist die Erzäh-

---

Verfahren und kulturelle Potenziale in mittelalterlicher Dichtung, Kunst und Historiographie. Hrsg. von Manfred Kern. Heidelberg 2013, S. 367–385.
66 Quast, Lektüre und Konversion, S. 131.
67 Vgl. ebd., S. 127–131.
68 Ebd., S. 131.
69 Ebd., S. 134 f.
70 Im Folgenden zitiert als „DWL" nach dem kritischen Text aus: Konrad von Würzburg: Der Welt Lohn. In Abbildung der gesamten Überlieferung, synoptische Edition, Untersuchungen. Hrsg. von Reinhard Bleck, Göppingen 1991 (Litterae 112), hier S. 58–60.
71 Der Text des hierin enthaltenen anonymen *Weltlohns* wird hier im Folgenden (als „AW") zitiert nach der Edition von Arnold Otto (Hrsg.): ‚der slecht weg zuo dem himelrich'. Ein oberrheinisches Erbauungsbuch. Edition und Kommentar. Berlin 2005 (Texte des späten Mittelalters und der frühen Neuzeit 42), S. 499–520. – Vgl. Arnold Otto, Burghart Wachinger: Art. ‚Der slecht weg' und das ‚Oberrheinische Erbauungsbuch'. In: ²VL 11 (2004), Sp. 1437–1441; hier Sp. 1437: „Fünf Hss., entstanden seit dem 2. Viertel des 15. Jh.s im oberrheinischen Raum, überliefern eine umfangreiche Kompilation von geistlichen Gedichten in Reimpaarversen, hier das ‚Oberrheinische Erbauungsbuch' [...]. Eine große Partie daraus trägt in drei Hss. [...] den Titel ‚Der slecht weg zů dem himelrich' [...], nur in einer [...] wird auch ein Ende dieser Partie markiert, ohne daß von den Texten her ein Einschnitt an dieser Stelle zwingend wäre." – Zuerst ediert und untersucht worden ist der AW von August Closs: Weltlohn, Teufelsbeichte, Waldbruder. Beitrag zur Bearbeitung lateinischer Exempla in mhd. Gewande nebst einem Anhang: De eo qui duas volebat uxores. Heidelberg 1934, sowie erneut ders.: Weltlohn. Das Thema: Frau Welt und Fürst der Welt. In: ZfdPh 105 (1986), S. 77–82. Vgl. auch Jürgen Geiss: Art. Weltlohn. In: ²VL 10 (1999), Sp. 838–840.

lung von Frau Welt hier völlig anders organisiert, insofern der Erkenntnisprozess durch eine je andere Art der ‚Ent-Täuschung' verursacht wird.

Der Welt Lohn Konrads erzählt von dem Ritter Wirent von Grâvenberc, der sein Trachten auf die Erlangung *werltlîcher êren* (DWL V. 9) gerichtet hat. Er wird *in allen tiuschen landen* (DWL V. 15) gelobt, ist *hübisch unde fruot, / schœne und aller tugende vol* (DWL Vv. 18 f.), trägt die beste Kleidung (DWL V. 25), übt die Jagd (DWL Vv. 26 f.), spielt Schach und Saiteninstrumente (DWL V. 28) und ist häufig auf Turnieren anzutreffen, wo er *nâch lobe ûf hôher minne solt* kämpft (DWL V. 35) und vielen Damen dient, die ihn hoch rühmen (DWL Vv. 30–49). Er, der sein Leben lang *werltlichiu werc* (DWL Vv. 48 f.) geübt hat, sitzt eines Tages allein in einer Kemenate, wo er *âventiure / […] von der minne* (DWL Vv. 56 f.) liest. Es erscheint eine Dame, die unvergleichlich schön ist, ganz nach dem Wunsch seines Herzens: *sô rehte minneclichez kint / ûz wîbes brüste nie geslouf* (DWL Vv. 70 f.). In ihrem Glanz erstrahlt der Raum (DWL Vv. 80–83). Wirent erschrickt ihretwegen und fragt die Dame, wer sie sei. Sie sagt daraufhin, er habe ihr sein Leben lang gedient, und stellt ihm den Lohn für diesen Dienst in Aussicht (DWL Vv. 101–156). Wirent ist hiervon erstaunt, *wan si der selbe jungelinc / mit sînen ougen nie gesach* (DWL Vv. 160 f.). Auf seine Nachfrage hin gibt die Dame ihre Identität preis: sie ist die Welt und Wirent hat ihr durch sein weltliches Handeln gedient:

> ‚[…] diu Werlt bin geheizen ich,
> der dû nu lange hâst gegert.
> lônes solt du sîn gewert
> von mir, als ich dir zeige nû.
> hier kumt er dir, daz schouwe dû.'
> (DWL Vv. 212–216)

Damit dreht sie sich um und verlässt ihn. Er sieht ihren von Schlangen, Kröten, Nattern, Eiterblasen, Ameisen und Fliegen bedeckten Rücken unter dem verfallenen Gewand, von dem ein schrecklicher Gestank ausgeht (DWL Vv. 217–239). Sein Herz sagt ihm, dass der verflucht sein müsse, der sich in ihrem Dienst befindet (DWL Vv. 243–247). Er nimmt das Kreuz, verlässt Frau und Kinder und zieht zum Kampf ins Heilige Land, wo er *an stæter buoze funden* wird (DWL V. 255). Er tut dies, damit seine Seele gerettet werde, wenn er stirbt (DWL Vv. 256–258). In einem kurzen Epilog nennt sich der Erzähler, Konrad von Würzburg, und ruft *alle die nu sint / dirre wilden werlte kint* (DWL Vv. 259 f.) auf, von der Welt abzulassen, um die Seele zu retten (DWL Vv. 259–274).

Dem gegenüber ist der anonyme *Weltlohn* (AW) im Modus einer allegorischen Traumvision gestaltet, in welcher auf einen Narrationsteil ein Teil mit allgemeinen verhaltensethischen Lehren und Zeitkritik folgt.[72] Damit schreibt sich der Text prinzipiell an

---

[72] Vgl. grundlegend Susanne Reichlin: Ordnungstransformation. *Der Weltlohn*. In: Erzählte Ordnungen – Ordnungen des Erzählens. Studien zu Texten vom Mittelalter bis zur Frühen Neuzeit. Hrsg. von

diejenigen Traumvisions-Texte heran, die die Forschung als ‚Minnrede' charakterisiert hat, wendet das Modell jedoch ins Geistliche. Auf einen allgemeinen gehaltenen Klage-Teil (AW Vv. 1–3: *Verlorn zit hat mich gesücht, | das ich so lange bin verrücht, | Gelegen in den sünden min.*), der sich gegen die Welt richtet (AW Vv. 8 f.: *Ach welt wie hastu mich ernert | mit diner valschen lere.*), folgt das überraschende Auftreten einer schönen Dame, welche ohne jegliche temporale oder lokale Konkretion eingeführt wird.[73] Erst im Anschluss an die *descriptio membrorum* derselben wird die zeitliche Bestimmung nachgereicht, wodurch die nachfolgende allegorische Erzählung dem Modus der Traumvision der Minnereden angenähert wird, denn es ist ‚eines Morgens vor der Mette'.[74]

Bezeichnend ist das Erschrecken des Erzählers und seine Bitte an Gott, ihn zu beschützen, welche das Auftreten der Dame einerseits bereits als numinos und ihre Schönheit als potentiell gefährlich markiert, andererseits aber auch zeigt, dass das Ich dieses Textes selbst diejenige Instanz anruft, die ihm helfen soll. Die Dame stellt sich ihm in einer Rede vor, die eng an *Der Welt Lohn* Konrads von Würzburg angelehnt ist (AW Vv. 92–113), und nimmt den Sprecher der Mahnrede mit auf ein Turnier *uff einen anger wonneklich, | der stet in maniger farwen rich | und auch mit blumen durch spreit* (AW Vv. 115–117), wobei die genaue räumliche Konkretion des Ortswechsels im Unklaren bleibt, ohne dass ein Übergang von einem Raum in den anderen erzählt würde.[75]

Auf dem *gewilde wit* (AW V. 144) ist ein *gestüle* (AW V. 148) errichtet, auf dem die Dame thront. Es wird den ganzen Tag turniert und gestochen, es gibt Musik und Tanz, Essen, Trinken, *faste zern, | dort ludern, spiln und schelten und swern* (AW Vv. 161 f.) und die Dame fragt den Erzähler: ‚*frünt lieber wie gefalle ich dir? | sich umb dich was man hier dichtet, | in mynem dienst das geschicht [...]*' (AW Vv. 166–168),[76] wodurch

---

Daniela Fuhrmann, Pia Selmayr. Berlin et al. 2021 (Trends in Medieval Philology 40), S. 37–59, hier etwa S. 41 f.

73 AW Vv. 53–80: *Es quam ein fraüwe mynneclich | Gezieret mit vil frauwen rich | wol vol ir lip und ir gewant. | was ich von frauwen han erkant, | der ubergulde waz sie gar, | Sy was also kumen dar | Ich weisz nut woher oder wie. | Da dorfte ich nit fragen sy. | Doch nam ich ire geberden war, | die waz in grossen zuchten gar, | und aüch do by gar wol gezogen. | Ir luckelin waren wider bogen. | Ir hor waz gel und syden var, | Nach wonsche wol gezieret gar. | Dar uff ein crone was wunneclich, | Gulden und von gesteine rich. | Ein samet grüne als ein grasz, | der duch und durch gefutert waz | mit hermen belchen gar meisterlich, | den drüg die fraüwe mynneclich. | Dar umb ein gortelin waz geleit, | daz waz wol drier finger breit | von golde und von gesteine, | Manig gut gesmeltze rein | Und auch von grossen perlin sin. | Es gap eins wieder ander schin, | Das mir myn augen da verging, | do ich den selben glast enpfing.*
74 AW Vv. 81–91: *das was eins morges gein dem dage, | vor metten zit als ich uch sage, | do ich die schonheit hatte gesehen. | Ich dachte: ‚was wil hie beschehen? | du hast doch dicke gehoret sagen, | wan es begunde schiere dagen, | das da it ungehures sij', | doch waz ich nit der sorgen fry. | Ich rieff got mit flisse an, | Der uns us noden wol gehelffen kan. | der det mir sin helffe schin.*
75 AW Vv. 126–143: *Ich sach in manichem cleide | velt, heide, anger und walt. | man sach auch manichen bronen kalt | Usz felsen dringen in den hagen. | Manig fogels stymme gen dem dage, | Die hatten freuden richen schal. | [...] | Dar waz ein ritter spiel gelacht, | Das solde weren als man sat | Auch durch des liechten meyen zit.*
76 Kursivierung im Original hier recte wiedergegeben.

die gesamte beschriebene weltliche Freude bereits als Attribut ihrer Schönheit summiert wird. Sie beschreibt als Bereiche ihrer Herrschaft drei Klassen von lebenden Wesen, nämlich die Vögel in den Lüften, die Tiere auf dem Land, wie wild auch immer sie seien, und die Fische im Wasser (AW Vv. 170–178), womit sie den ‚klassischen' Wirkungsbereich der prokreativ geordneten Immanenz absteckt, den bei Alanus ab Insulis *Natura* und ihre *subvicaria* Venus beherrschen. Den Beweis, dass der Dame alles untertänig sei, erbringt nun aber im Folgenden genau nicht das Verhalten der Luft-, Land- und Wassertiere, sondern dasjenige der Menschen, die dem Turnier beiwohnen.[77]

Die weltlichen Freuden, welche die Herrschaft der Dame über die ‚Tiere' beweisen, werden bis zur Vesperzeit bei Kerzenschein fortgesetzt. Es schließt eine lange Prolepse an:

> Der schimp der solde ein ende han,
> Als alle freüde müsz zurgan,
> Die man nach hat uff erden,
> Die musz vermischet werden
> mit jamer und mit hertzen leit
> Die frauwe die die crone dreit,
> Die wirt auch iemerlich gestalt,
> Sie und ir diener iung und alt.
> Ez ist ein krancke zü versiecht,
> Ir hoffart wert ummer nicht.
> Sy musz erfülen als ein mist,
> Der do smacket und verlegen ist.
> Do dis nit lenger sollte sin,
> Do kam ein alder pilgerin[.]
> (AW Vv. 197–210)

Der Pilger, der nun mit zwölf Knappen auftritt, befiehlt der Dame, ihre Krone abzusetzen und ihr Zepter fortzulegen (vgl. AW Vv. 221–238). Sie hebt ein Klagegeschrei an (AW Vv. 238–266), in dem sie sich selbst als die *welt* identifiziert (AW V. 249: *Ich bin die welt bescheiden*). Hierauf reißt sie sich die Kleider und die Krone vom Leib, und als sie nackt dasteht, wird sichtbar, dass ihr *lip waz behangen | Mit creden und mit slangen. | Sie waz so gar verwassen, | Ir fleisch die moden assen | So faste uff daz gebeine* (AW Vv. 275–279). Sie schreit, dass ihre Anhänger nun ihren Lohn erhalten werden, während Gott seinen Auserwählten eine Freude zuteil werden lasse, die ihnen vorbehalten bleiben werde (AW Vv. 285–290). Der Lustort zergeht und die Welt und ihre Anhänger sitzen in Schwefel und Feuer und klagen ihre Pein, in der ihnen jeder Tag wie tausend Jahre erscheint (AW Vv. 291–329). In der anschließenden Auslegung und Klage wird

---

77 AW Vv. 179–192: *was sie gebot daz muste sin, | daz wart an manigen dingen schin, | Manig knappe von dem wapen schrey: | ‚helm abe helm abe da lang me'. | iederman far an sin gemach, | Essen und drincken da beschach. | [...] | Dar nach hup ein hoferen sich | mit schonen frauwen mynneclich | Dort uff dem anger her und dar, | Sie lobeten wünneclichen gar. | Dantzen, reigen waz do vil, | Sie hatten maniger hande spil.*

die Handlung als allegorische Vorausschau auf das Jüngste Gericht transparent und mit diversen Ermahnungen und Zeitklagen verbunden.

Vergleicht man den Prätext, Konrads von Würzburg *Der Welt Lohn*, mit seinem Posttext, so muss vor allem ins Auge fallen, dass die Ursache der Erkenntnis hier wesentlich verändert ist.[78] Im anonymen *Weltlohn* ist diese im Sinne der Offenbarungswahrheit über das ‚Superzeichen', die Fleischwerdung Gottes und seines Kreuztodes, organisiert, wie sie schon bei Hugo von Sankt Viktor den Ausgangspunkt jeder Erkenntnis bildet:[79]

> Er schein den armen, wissent daz,
> Das sie erkenten des deste,
> Gerehtekeit und gewalt
> Die got hat uber iung und alt.
> Er det in auch zu der selben stunt
> In sinem grawen rocke künt,
> was er durch uns erlieden hat,
> Als es nach unverborgen stat,
> An siner zarter menscheit.
> (AW Vv. 331–339)

Durch diese Selbstoffenbarung Gottes in *siner zarter menscheit* rückt derjenige, der zum Zeugen seines – und sei es textuell vermittelten – Kreuztodes wird, implizit in die Thomas-Position ein (Io 20,29), welcher glaubt, *weil* er sieht:

> Er sprach: ‚sich myner wunden leit,
> Die ich durch uch enpfangen han.
> was ich uch gutes han getan,
> des hant ir mir gedancket nit,
> da von man üch in noden sicht.
> Ir gingent uff der schanden pat,
> die doch uch nach schaden mag.'
> (AW Vv. 340–346)

Während im Posttext die traditionelle Selbstverkündigung Gottes die *conversio* verursachen kann, die ‚Offenbarung' also an die Offenbarungswahrheit gekoppelt ist, welche

---

78 Die Auffassung von Reichlin, Ordnungstransformation, S. 41, dass die „Umkehr [] bereits vor dem Erzählbeginn stattgefunden" habe, weil der Text „mit der Reue eines Ich über sein früheres sündiges Leben" beginne, halte ich nicht für zwingend, da die Zeitordnung hier nicht eindeutig ist. Dem fingierten Moment, in dem das Ich aus der Position der Reue heraus spricht, kann die nachfolgende Erzählung von der vorhergehenden *conversio* m. E. zeitlich vorausliegen. ‚Erzählerzeit' und ‚erzählte Zeit' sind nicht identisch.
79 Vgl. Kap. V.1.4, S. 485 f.

über das Zeugnis der Apostel[80] und des Dichters[81] fortgesetzt werden muss, ist es im Prätext Konrads das zu Entdeckende selbst, das sich entdeckt. In ersterem wird die „Welt" von Christus enttarnt, wovon das Text-Ich letztlich nur berichtet, bei Konrad von Würzburg zeigt sie ihre wahre Natur aus freien Stücken.

Aber nicht nur die Ursache der Offenbarung, auch der Modus derselben ist im Posttext radikal anders. Die Schönheit der Welt im *slecht weg* erweist sich, als sie von Christus bloßgestellt wird, als Täuschung ihrer reichen Kleidung und ihrer Kosmetik, während die Welt bei Konrad vorne körperlich schön und hinten hässlich ist.[82] Hinter den zwei verschiedenen Konzeptionen der Frau Welt verbergen sich zwei unterschiedliche Diskursformationen. Im anonymen Posttext entdeckt die göttliche Selbstoffenbarung einerseits sich selbst und andererseits die Welt; im Prätext Konrads hingegen entdeckt die Kreatur sich selbst. Hierin ähnelt die Frau Welt Konrads von Würzburg strukturell dem Feirefîz-Kampf im *Parzival*, in welchem sich das Heidnische selbst als das Heidnische zu erkennen gibt. Zur Erkenntnis Gottes rufen beide, die Welt und Feirefîz, nicht. Wie der Ritter Wirent in Konrads *Welt Lohn* von der sich ihm entdeckenden Welt zu seinem Entschluss kommt, Frau und Kinder zu verlassen, um das Kreuz zu nehmen, wird vom Text nicht thematisiert. Zwischen dem Vorsatz, der Welt nicht mehr

---

80 Vgl. AW Vv. 373–380: *Das hant die zwolff wol bedacht, | Sie hant die warheit vollenbracht | mit guten wercken zu aller zit. | Sie hant in manigen landen wit | Geprediget und geleret | und sunder vil bekeret, | Die nie zu got werent komen, | Die sie dem tufen hant genomen.*

81 Vgl. AW Vv. 692–722.

82 Die bei Konrad repräsentierte Welt, die vorne schön und hinten verrottet ist, ist die bekanntere, die sich sowohl als Plastik am Wormser Dom (vgl. folgende Anm.) dargestellt als auch in anderen Dichtungen angespielt findet (vgl. etwa bei Walther von der Vogelweide, Ton 70: *Frô Welt, ir sult dem wirte sagen* [L 100,24], darin L 101,13: *dô ich dîn hinden wart gewar*). Der Herausgeber des *slecht weg zuo dem himelrich*, Arnold Otto, schreibt entsprechend in der kurzen Zusammenfassung, die er dem anonymen *Weltlohn* voranstellt, Frau Welt sei „vorn bildhübsch, von hinten jedoch bereits in Verwesung begriffen" (Otto Arnold, *der slecht weg*, S. 500) und reproduziert damit Konrads von Würzburg ‚Welt', jedoch gerade *nicht* die ‚Welt', die dessen Posttext imaginiert. Bezeichnend ist für den anonymen *Weltlohn*, dass die Schönheit hier eben *nicht* Essenz der Figur Welt ist, sondern Betrug. Die Kleidung verdeckt das Hässliche nur. Sie entspricht damit der alttestamentlichen Jezebel, die in der Predigtliteratur häufig als Figura der Welt – nicht als Allegorie oder Personifikation! – verstanden wird, die der Welt nur gleicht, nicht aber die Welt ist. Über sie heißt es in einer Predigt von der Erwählung des Menschen Folgendes: *dú welt ist gelich ainir vrôwn, uon der liset man in libro regum: Dú hiez Iesabel vnde enhæte niht naturlichir schöni vnde zierte si sich mit varwe und zoh die lúte an sich.* Der Prophet Elias, heißt es weiter, habe ihre Huld verloren. Als sie ihn töten lassen will, flieht er in die Wüste. Es folgt eine Allegorese der biblischen Ereignisse auf den *sensus anagogicus*, also auf die Bedeutung der Stelle für die Endzeit hin: *Hie bi ist dú welt bezaichinot. Ze gelichir wiz, alse dú kúnigin Iesabel die lúte an sich zoh mit gemachotir schöni, also tůt dú welt. Dú hat niht natúrlichir schöni. Si strichit abir valsche schöni ŭf: Daz ist zirganclichú schöni vnde vröde vnde hohuart, des libes gemach, gůt vnde ere vnde ellú dú uppichait, dú in der welte ist. Daz ist niht andirs wan ain verwili, daz húte ist vnde morne niht* (zitiert nach: Die St. Georgener Predigten. Hrsg. von Regina D. Schiewer, Kurt Otto Seidel. Berlin 2010 [DTM 90], Predigt Nr. 5, S. 29–38).

VI.1 Die aphasische Reihe I: Die Kunst, die Dichtung, die Körper und das Heidentum — 637

zu dienen, und dem Schritt, sich dem Dienst Gottes zu verschreiben, besteht kein expliziter Nexus.

Beide Texte, Wolframs *Parzival* und Konrads *Der Welt Lohn*, setzen die erstaunliche Kraft des Anderen, sich selbst als Anderes zu enttarnen und sich so unschädlich zu machen, in Szene. So wie Parzival jahrelang durch die Diegese irrt, hat auch der Ritter Wirent in *Der Welt Lohn* jahrelang weltlichem Treiben gefrönt, bevor sich ihm eines Tages die Welt offenbart. In beiden Fällen wird das Andere, das den Figuren selbstoffenbarend entgegentritt, mit dem ‚Heidnischen' einerseits und dem Körperlich-Schönen andererseits konnotiert,[83] denn *Der Welt Lohn* bringt ebenfalls das Thema der Taufe in Spannung zu heidnisch markierter Schönheit, wenn der Erzähler die Schönheit der Welt mit den Worten beteuert:

> ich spriche daz ûf mînen touf,
> daz si noch verre schœner was
> dan Vênus oder Pallas
> und alle die gotinne,
> die wîlent phlâgen minne.
> (DWL Vv. 72–76)[84]

Der langanhaltende Kontakt mit dieser ‚heidnischen' Welt ist hier selbst erkenntnisfördernd, wenn auch nur differentiell, insofern er nicht direkt zu Gott führt, wohl aber zur – negativen – Erkenntnis der Welt, von der aus die *conversio* überhaupt erst möglich wird.[85] So prekär diese Formation – in theologischer und pastoraler Hinsicht – ist, so optimistisch ist die zwar relative und stark beschränkte (Selbst-)Erkenntniskraft des Weltlichen doch in poetologischer Hinsicht.

Denn: Der anonyme *Weltlohn* weist dem Dichter- und Erzähler-Ich die traditionelle Rolle der Stimme der *auctoritas* zu, die um die Heilswahrheit bereits weiß und den Sünder anruft, und macht sich selbst zum verlängerten Arm der apostolischen Sendung, die wiederum auf eine minimale, aber notwendige Form der (innerweltlichen)

---

83 Zum Zusammenhang der Frau Welt-Thematik mit der Überwindung paganen Götzendienstes vgl. etwa den Aufsatz von Hinz, Venus – Luxuria – Frau Welt, S. 83–104, der aus kunsthistorischer Sicht eine Verbindung zu den symbolischen Steinigungen antiker Götterplastiken (dem ‚Trierer Heidenwerfen') durch Christen späterer Zeiten zieht, welche die aktive Überwindung des ‚Heidentums' in eine stark ritualisierte Performanz überführt haben.
84 Jan-Dirk Müller: Vesperzît. Zum Verhältnis von höfischem und religiösem Diskurs in Konrads von Würzburg *Der Welt Lohn*. In: Anthropologie der Kehre. Figuren der Wende in der Literatur des Mittelalters. Hrsg. von Udo Friedrich, Ulrich Hoffmann, Bruno Quast. Berlin/Boston 2020 (LTG 21), S. 193–210, sieht in diesen Versen jüngst eine Positivierung der „höfischen Vollkommenheit" ebenso wie er das Tun des Ritters Wirent als vorbildlich begreift (ebd., S. 195 f.).
85 Aus anderem Zusammenhang heraus hat Schnyder, Heidnisches Können, S. 150–173, argumentiert, dass (poetischer) Kunstfertigkeit eine Dimension des ‚Heidnischen' auch dann eigne, wenn sie – etwa in Konrads von Würzburg *Goldener Schmiede* – in christlicher Dichtung eingesetzt werde, um diese Anverwandlung ‚heidnischer' Kunstfertigkeit als Moment einer Säkularisierung zu bestimmen.

Ethisierung zielt.[86] Demgegenüber inszenieren *Der Welt Lohn* und der *Parzival* die differentielle Selbsterkenntnis der Welt als Leistung des weltlichen Mediums. Hier ist es das arthurische Narrativ, das demonstrativ alle Verbindungen zur Buchgelehrsamkeit der Latinität zu kappen vorgibt, dort ist es der Ritter, der den Namen eines weltlichen Dichters trägt (Wirent von Grâvenberc) und dem sich die ‚Welt' in jenem Moment offenbart, als er allein in der Kemenate *âventiure von der minne* liest,[87] womit er eigentlich dem Müßiggang frönt.[88]

Diese *Welt* Konrads jedoch und ihr Medium, die *âventiure von der minne*, unterscheiden sich von der *Welt* des Posttextes, insofern der spätere Text die Schönheit als Täuschung einer Welt erweist, die unter ihrer Maskerade, ihrem hurenhaften Aufputz, immer schon hässlich und verfault war. Demgegenüber ist Konrads Welt tatsächlich beides: sie ist vorne wirklich schön und hinten wirklich hässlich, beide Zustände koexistieren simultan, sie lösen einander nicht ab, keiner von beiden Zuständen ist ‚wahrer' als der andere, sondern sie sind beide Teil desselben Körpers. Die schöne Welt und ihre schönen Texte erhalten einen Eigenwert, der sich einerseits gegen sie selbst wendet, darin jedoch seinen eigenen Wert, seine eigene Funktionsweise, seine eigene, spezifische Faktur behauptet.[89]

---

[86] AW Vv. 716–720: *Das kann ich uch gewisen wol, | milde und barmhertzekeit | do myde sollent ir sin bereit. | und dar nach halden die gobot, | Also sie uns gat der werde got.*
[87] DWL Vv. 52–57: *sus saz der hôchgelobte | in einer kemenâten | mit fröuden wol berâten | und hæte ein buoch in sîner hant, | dar an er âventiure vant | von der minne geschriben.*
[88] DWL Vv. 58 f.: *dar obe hæte er dô vertriben | den tag unz ûf die vesperzît.*
[89] Die dichotome Axiologie kollabiert in den Allegorien indessen. Bezeichnend ist, dass die in den Weltlohn-Allegorien gefundenen Dichotomien, die Schön und Hässlich mit Gut und Böse homologisieren, in der Spannung zwischen Transzendenz und Immanenz in eine semiotische Aporie geführt werden. Das Schöne der Welt ist das zu Enttarnende, das eigentlich Böse, das eigentlich Hässliche. Dem, der das nicht erkennt, wird die ewige Strafe zu Teil und damit das Hässliche selbst – die apokalyptischen Mahnreden schildern die Qualen der Höllenstrafen ganz analog zur Rückseite der Frau Welt, offenbar auch in Anlehnung an die biblischen Plagen. Dem, der rechtschaffen und rechtgläubig war, winkt die Schönheit des Himmels. Hier, in der Ewigkeit Gottes, ist das Schöne wieder das Gute, das Böse wieder das Hässliche. Hier tanzen diejenigen einen Reigen und schmücken sich mit Blumenkränzen, die sich im Leben dieser lasziven Freude enthalten haben. Die geistliche Operation ist klar: sie funktioniert als Umbesetzung. Das Schöne des weltlichen Hoflebens wird umsemantisiert und zum Hässlichen, das Hässliche der Welt – das Leben des Märtyrers im gequälten, entstellten Körper – wird zum Schönen in der Hofhaltung Gottes. Diese Umsemantisierungsoperation trifft sich in der Figur der Frau Welt und sie entkommt ihrer eigenen Logik nicht. Müsste nicht eigentlich das Hässliche der Welt das Gute sein, wie etwa im gequälten Körper des Märtyrers, wenn das Schöne als das Falsche dargestellt werden soll? Indem das Schöne *durch* das Hässliche als falsch dargestellt wird, bleibt die grundlegende Semantik stabil: schön ist gut, hässlich ist böse. Die radikale Kreuzsemantisierung, so scheint es, führt nicht in die Umbesetzung der beiden Werte, sondern sie führt in die Stabilisierung dessen, was umbesetzt werden soll. In Konrads ‚Welt' lösen sich die Zeichenverhältnisse zwar nicht auf – die grundlegende Dichotomie bleibt auch hier stabil –, aber sie geraten im Hinblick auf das Weiblichkeitskonzept der höfischen Dame ins Changieren: sie sind untrennbar verbunden.

VI.1 Die aphasische Reihe I: Die Kunst, die Dichtung, die Körper und das Heidentum — 639

Es zeigt sich nun, dass Schönheit und Erkenntnis auf zwei unterschiedliche Arten in Beziehung zueinander gebracht werden, die sich nur an der Oberfläche ähneln, die aber dialektisch verknüpft sind. Auf der einen Seite steht die Erkenntnis *durch* die Schönheit der angeschauten geschaffenen, fleischlichen Dinge, auf der anderen Seite steht die Erkenntnis *durch* die als schön markierte Fleischlichkeit des anschauenden Subjektes selbst.[90] In einem allegorischen Text wie Konrads von Würzburg *Der Welt Lohn* artikuliert sich vielleicht – in aller Vorsicht – die optimistische Idee, dass man durch die Anschauung der Welt selbst zur Erkenntnis der Welt gelangen kann.[91] Während die Transzendenz sich – von gnadenhaften Zeichen abgesehen – nicht von selbst in den fleischlichen Dingen offenbart, kann die Anschauung der Welt zu einer differentiellen Erkenntnis der Immanenz führen, die zumindest in die Annahme des Glaubens – bei Konrad konkret: des Kreuzzeichens, im Parzival: die Annahme *Symbolums* und das Begehren der Taufe – führen kann. Es ist bei Konrad eben die Beschäftigung mit *âventiure von minne*, das Staunen über ihre götzenhafte Schönheit selbst und die anschließende Befragung der Welt, die zur Einsicht in ihre ‚Natur' führt. Es ist bei Thomasîn die Welt, die im exemplarischen Dichten über die Welt, Regeln erhält, welche zu einem besseren Leben in ihr führt und auf diese sehr beschränkte Weise dem säkularen Subjekt die Möglichkeit gibt, die handlungsethisch richtige Haltung zur Transzendenz einzunehmen. In allen Beispielen vervielfältigt sich dieser Art der heidnische Götze,

---

90 Diese wäre hier abzugrenzen gegen entsprechende, in der Forschung längst bemerkte und vielfach beschriebene Praktiken geistlichen Weltbezugs, wie er in Akten der Kontemplation und dem Versuch der Erfahrung Gottes in seiner – in diesem Sinne konnektiv zu denkenden – Fleischlichkeit zu sehen ist. Diese „spekulative Sinnlichkeit", die nun tatsächlich auf eine Gotteserkenntnis als Gottes*erfahrung* zielen mag und an Akte der Kontemplation, Askese und Ekstase, mithin an klösterliches Leben gebunden ist, hat in einem längeren Essay jüngst etwa Niklaus Largier (Largier, Spekulative Sinnlichkeit) beschrieben. Zu entsprechenden körper- und sinnenbezogenen Praktiken vgl. wiederum Bynum, Fragmentierung und Erlösung, hier bes. S. 148–225, den Beitrag „Der weibliche Körper und religiöse Praxis im Spätmittelalter". Es bliebe zu fragen, inwiefern diese ‚spekulative Sinnlichkeit' und die hier beschriebenen, ins Säkulare tendierenden *aisthesischen* Verfahren verwandt bzw. verschieden sind. Festzustellen bleibt m. E. vor allem, dass die Verfahren – wiewohl beide an der Sinnlichkeit und Körperlichkeit, also der *aisthesis* ausgerichtet – unterschiedlich funktionieren und in der Lage sind, sowohl einen je eigenen Weltbezug als auch eine differente Subjektivierungsform zu produzieren. Gerade der Bereich der geistlichen Literatur ist unter ‚ästhetischen' Gesichtspunkten betrachtet worden, so etwas jüngst in einem Sammelband von Susanne Köbele, Claudio Notz (Hrsg.): Die Versuchung der schönen Form. Spannungen in ‚Erbauungs'-Konzepten des Mittelalters. Göttingen 2019 (Historische Semantik 30), der die ‚geistliche' Perspektive produktiv auch auf ‚weltliche' Texte überträgt, so etwas in dem Beitrag von Coralie Rippl, Erbaulicher Verfall (ebd.), zum *Parzival*.

91 Diese Idee findet sich, wie in Kap. II.1, S. 25, diskutiert, bereits in den *Confessiones* Augustins, in denen die Suche nach Gott in der geschaffenen Immanenz in der Selbstoffenbarung der Schöpfung als Nicht-Gott kulminiert: *Et dixi omnibus his, quae circumstant fores carnis meae: ‚Dicite mihi de deo meo, quod vos non estis, dicite mihi de illo alliquid'. Et exclamaverunt voce magna: ‚Ipse fecit nos'* (Augustinus: Confessiones X.6.9; Übers. [Mojsisch, Flasch]: „Und ich sagte zu all diesen Dingen, die vor den Türen meiner Sinne [genauer: „meines Fleisches", F. D. S.] stehen: ‚Sagt mir etwas von dem Gott, der ihr nicht seid, sagt mir etwas über ihn!' Und sie riefen mit mächtiger Stimme: ‚Er hat uns gemacht!'").

welcher im *Didascalicon* Hugos von Sankt Viktor sein *gnoti seauton* aus dem delphischen Apoll-Tempel in die christliche Gegenwart hinüberruft und der mit diesem heidnischen Appell das christliche Subjekt ermahnt, seiner selbst im Verhältnis zu ihm gewahr zu werden.[92] Der schöne, hurenhafte Buchstabe usurpiert das Recht dieser schönen Aufgabe, die Immanenz als Immanenz zu markieren.

Das Signum der Welt und der Weltexistenz wird die Schönheit des Körpers. Der Zusammenhang von ‚Welt' und ‚Frau' lässt sich auch andernorts in der mittelhochdeutschen Literatur zeigen. Die diskursive Verbindung von weiblicher Welt und weltlicher Frau ist so stark, dass sie sich auch noch in scheinbar unbedeutenden Erzähldetails niederzuschlagen scheint. So gibt es etwa im *Wigamur* eine ganze Reihe von *descriptiones membrorum*, unter denen diejenige der Eudîs eigentümlich hervorsticht.[93] Im Anschluss an die Beschreibung ihrer Kleidung, wird nur kurz auf ihren Körper referiert, mit der eigentümlichen Formulierung: *beide hinden unde vorn | was sie miniclîch genuoc* (Wigamur, Vv. 1561 f.). Es nimmt nicht wunder, dass das *hinden*, das in keiner *descriptio membrorum* sonst einen Platz hat, hier eigens in Schutz genommen wird, denn: Die Welt nimmt in der Allegorie die Form einer *frouwe* an, aber: jede *frouwe* ist in ihrem Licht gesehen eben zugleich auch weltförmig.

VI.2 Die aphasische Reihe II: Das christliche Fleisch, die *aisthesis* und die Ästhetik

Der Ausgangspunkt der vorliegenden Arbeit war es, die verschiedenen ‚Schönheiten' der Welt heuristisch von der Schönheit des Körpers zu isolieren. Die in der modernen Ästhetik beständig überblendeten Kategorien Körper, Natur und Kunst, welche das Gesehene, Gehörte, Geschmeckte, Gerochene, Gefühlte umstandslos nebeneinander stel-

---

92 Vgl. hierzu Kap. V.2.
93 Zitiert nach: Wigamur. Kritische Edition – Übersetzung – Kommentar. Hrsg. von Nathanael Busch. Berlin/New York 2009. – Das Auftreten verschiedener Frauenfiguren wird hier als Steigerungsform organisiert, indem ihnen verschiedene Beschreibungsmodi zugeordnet werden. Piôles, die erste *schœne juncvrouwe*, der der Held begegnet, erhält eine stark verkürzte *descriptio*, die in vier Versen zunächst die Stoffe ihrer Kleidung beschreibt (Vv. 863–866) und erst danach in zwei Versen als einziges körperliches Merkmal der Schönheit ihren rosenfarbenen Mund nennt (Vv. 867 f.). Die zweite junge Dame, der er begegnet, Eudîs, erhält eine über dreißig Verse lange, aber ganz auf die Kleidung reduzierte *descriptio* (Vv. 1528–1560), die in die beiden Verse mündet: *beide hinden unde vorn | was sie miniclîch genuoc*, auf die keine weitere Charakterisierung ihres Körpers folgt. Hierin mag sich eine Anspielung auf die personifizierte Welt verbergen. Im Text schließt eine gestaffelte Reihe von Frauen an, von denen erst die letzte, die Königin Dinîfrogar, für die Wigamur einen finalen Kampf streiten muss, eine umfassende *descriptio* erhält, die alle *membra* des Körpers (Vv. 4905–4945) und der Kleidung (Vv. 4950–4968) umfasst und darüber hinaus um rhetorischen *ornatus* angereichert ist, wie die Personifikation der *vrouwe Schœn*, also der Frau Schönheit selbst. Es ist jedoch nicht diese Frau, die eine vollständige *descriptio membrorum* erhält, mit der der Held einen Sohn, Dulciwigar, zeugen wird, sondern die vorangehende vierte namens Dulciflur.

len, bilden – so ist argumentiert worden – eine ‚aphasische Reihe', wie diejenige aus der „chinesischen Enzyklopädie" bei Borges, die Foucault in der *Ordnung der Dinge* zitiert.[94] Diese Reihe als Kontinuum zu denken, die sich tatsächlich durch Partizipation an einer dahinterliegenden ‚Schönheit' konstituiert, ist auch gegenwärtig breit akzeptierter *common sense*. Die dahinterliegende essentialistische und ontologisierende Argumentation bleibt bestehen und erhält nur, je nach Observanz derjenigen, die sich um sie bemühen, ein anderes Ziel. Wie in Kapitel II argumentiert worden ist, gleichen sich die Ansätze Menninghaus', Scrutons und anderer[95] strukturell, wenngleich auch die verbindende, die Essenz stiftende Instanz – das Prinzip der höchsten Schönheit – für die Einen Gott (Augustinus), die Anderen die Gene (Menninghaus) und wieder Andere die ästhetischen Werte einer hochkulturellen Vergemeinschaftung gegenüber dem vulgären Fremden (Scruton) sind. All diese sehr unterschiedlichen Ansätze, selbst der ‚moderne', ‚naturwissenschaftliche' von Menninghaus, sind auf ihre je eigene Art um einen essentialistischen Schönheitsbegriff bemüht, dem – als maximale Gegenposition – nur die Vorstellung des Sprachspiels entgegengestellt werden kann, wie es hier unter Rekurs auf Wittgenstein und Foucault entwickelt worden ist.

Die Frage, warum all die völlig unterschiedlichen Gegenstände Anteil an derselben Schönheit haben sollten, ist keineswegs eine konstruktivistische. Schon der Sokrates im *Symposion* (5,4) Xenophons stellt sie: „Und wie ist es möglich [...] daß diese Dinge, die doch gar keine Ähnlichkeit miteinander haben, alle schön sind?". Er fragt dies im Anschluss an die Äußerung des Kritobulos, man finde Schönheit „auch an einem Pferd, an einem Rind und an vielen leblosen Dingen. Schließlich weiß ich ja, daß auch ein Schild, Schwert oder Speer schön sein kann" (Xenophon: *Symposion* 5,3).[96] Zum Schluss nun muss die Frage gestellt werden, wie das Sprachspiel organisiert ist, in dem sich all die Dinge, welche in der Welt als ‚schön' enunziert werden können, derart verbinden, dass diese schöne ‚Welt' ihrerseits wieder über den schönen weiblichen Körper personifiziert werden kann.

Die These, die hier versuchshalber zur Antwort gegeben werden soll, lautet: Es ist eine diskursive Verbindung, die den Zusammenhang zwischen dem schönen Körper, der schönen Brust, der schönen Blume, dem schönen Musikstück, dem schönen Götzen, dem schönen Wort, dem schönen Kaffee (Wittgenstein), dem schönen Pferd[97] stiftet. Es ist das christliche Fleisch, das die *sensibilia* in Opposition zu den *intelligibilia*

---

[94] Foucault, Ordnung der Dinge, S. 17.
[95] Etwa Han, Errettung des Schönen, oder Berzbach, Die Form des Schönen.
[96] Es muss aber daran erinnert werden, dass hier im Altgriechischen das Adjektiv *kalós* ohnehin eher die semantische Dimension von nhd. ‚gut' tragen mag, wie in Kap. III.1.1, S. 119 f. diskutiert worden ist. Entsprechend beantwortet Kritobulos die Frage des Sokrates mit dem Hinweis auf die kunstgerechte Fertigung und die daraus resultierende Eigenschaft, ihrem Verwendungszweck entgegenzukommen, ohne das im Rahmen des Dialoges ersichtlich würde, ob diese Definition Gültigkeit beanspruchen darf, denn Sokrates ironisiert das Argument der ‚Nützlichkeit', indem er im Folgenden alle ‚hässlichen' Eigenschaften seines Körpers, wie etwa seine weit auseinander liegenden Augen, als nützlich erweist.
[97] Vgl. etwa Wolfram von Eschenbach: Parzival, V. 605,17: *pherdes schœne*.

bringt. Die *sensibilia* werden gegenüber dem Fleisch in einer unifizierenden Klasse vereint, welche das polymorphe negative Korrelat zum göttlichen *nous* des *homo interior* bildet. Hier entsteht die Homologie, die den Körper neben die Blume, neben die Musik, neben den Götzen, den Kaffee, das Wort und das Pferd stellt und als schön ‚enunziert', insofern sie dieses Fleisch erfreuen und ‚er-götzen'.[98]

Die homologisierende Reihe, welche Gegenstände vereint, die eigentlich arbiträr sind, die jedoch gemeinsam haben, dass sie ‚Lust' auszulösen in der Lage sind, stellen etwa die *Confessiones* des Augustinus her:

> Etenim species est pulchris corporibus et auro et argento et omnibus, et *in contactu carnis* congruentia valet plurimum ceterisque sensibus est sua cuique accomodata modificatio corporum; habet etiam honor temporalis et imperitandi atque superandi potentia suum decus, unde etiam vindictae aviditas oritur: et tamen in cuncta haec adipiscenda non est egrediendum abs te, domine, neque deviandum a lege tua. (Augustinus: Confessiones II.5.10; Kursivierung von mir, F. D. S.)[99]

In contactu carnis entsteht die Klassengemeinschaft der *pulchra*. Entsprechend zitiert noch die *Historia calamitatum* des Petrus Abaelardus eine Stelle aus Hieronymus' *Adversus Jovinianum*, der über die Askese der alten, heidnischen Philosophen schreibt:

> ‚Per quinque sensus, quasi per quasdam fenestras, vitiorum ad animam introitus est. Non potest metropolis et arx mentis capi, nisi per portas irruerit hostilis exercitus. Si circensibus quispiam delectatur, si athletarum certamine, si mobilitate histrionum, si formis mulierum, si splendore gemmarum, vestium et ceteris huiusmodi, per oculorum fenestras animae capta libertas est, et impletur illud propheticum: ‚Mors intravit per fenestras nostras.' Igitur cum per has portas quasi quidam perturbationum cunei ad arcem nostrae mentis intraverint, ubi erit libertas? Ubi fortitudo eius? Ubi de Deo cogitatio? Maxime cum tactus depingat sibi etiam praeteritas voluptates, et recordatione vitiorum cogat animam compati et quodam modo exercere, quod non agit. His igitur rationibus invitati multi philosophorum reliquerunt frequntias urbium et hortulos suburbanos, ubi ager irriguus et arborum comae et susurrus avium, fontis speculum, rivus murmurans et multae oculorum auriumque illecebrae, ne per luxum et abundantiam copiarum animae fortitudo mol-

---

[98] Die hier suggerierte Nähe des ‚Ergötzens' zum ‚Götzen' ist freilich ein Taschenspielertrick. Etymologisch leitet sich ‚ergötzen' oder ‚ergetzen' von ahd. *irgezzen* her und ist mit ‚vergessen' verwandt. Demjenigen, der sich an einer Sache ergötzt, geht es also mithin wie Parzival, der sich angesichts der Blutstropfen vergisst. – Vgl. Art. ergetzen, ergötzen. In: Deutsches Wörterbuch von Jacob Grimm und Wilhelm Grimm. Bd. 3. E – Forsche. Fotomechanischer Nachdruck der Erstausgabe 1862. München 1984, Sp. 820–822.

[99] Übers. (Flasch, Mojsisch): „Schöne Körperdinge, Gold, Silber und dergleichen fesseln in der Tat das Auge, das Tastgefühl reagiert besonders stark im Fall unmittelbarer Berührung, und auch den anderen Wahrnehmungsorganen entspricht eine einem jeden jeweils angemessene Qualität an den Körperdingen; auch zeitgebundene Ehre sowie Macht, zu herrschen und eine überlegene Stellung zu behaupten, besitzen einen Eigenwert, woraus sich auch das Freiheitsverlangen herleitet: Aber in dem Bestreben, all das zu gewinnen, darf man sich von dir, Herr, nicht entfernen, nicht von deinem Gesetz abweichen."

lesceret et eius pudicitia stupraretur. Inutile quippe est crebro videre, per quae aliquando captus sis, et eorum te experimento committere, quibus difficulter careas. [...]'

(Hieronymus: Adversus Jovinianum II,8–9, in: Abaelard: Historia calamitatum, Z. 914–940)[100]

Zirkusspiele, Athleten, Schauspieler, die Gestalt der Frauen, die leuchtenden Juwelen, die prunkvollen Kleider, das Grün der Felder und der Bäume, das Zwitschern der Vögel, das klare Wasser und sein Rauschen, die ganze aphasische Reihe also: Alles, was sie zu erfreuen droht, ist Verlockung der fünf Sinne und zwingt die – heidnischen wie christlichen – Philosophen zur Selbstsorge, im Foucault'schen Sinne, und in eine Ethik der Askese.

Wenn Tatarkiewicz in seiner *History of Aesthetics* von 1971 (polnisches Original: 1962) schreiben kann: „the ancients, for the most part, considered beauty as an objective property which did not imply a subject",[101] und dem die Formel des Thomas von Aquino, *pulchra enim dicuntur quae visa placent* („schön werden die Dinge genannt, die angesehen gefallen"), entgegenstellt, so stellt sich die Frage, warum das ästhetische Subjekt ausgerechnet bei Thomas entstanden sein soll. Tatarkiewicz schreibt weiterhin: „[T]he idea of beauty as a relation emerged with the beginning of Christian aesthetics".[102] Wenn dem wirklich so wäre, so ließe sich vielleicht ableiten, dass es genau die ‚anti-aisthetische' – mit Alois M. Haas: die „antiphysizistische" – Grundhaltung der christlichen Matrixkultur ist, welche eine Ästhetik möglich gemacht hat, insofern sie – verspannt in eine Erbsündentheologie und eine hieran gekoppelte

---

100 Latein und Übers. zitiert nach: Abaelards ‚Historia calamitatum'. Text – Übersetzung – literaturwissenschaftliche Modellanalysen. Hrsg. von Dag Nikolaus Haase. Berlin et al. 2002, S. 1–101 – Übers. (Haase): „Es sind die fünf äußeren Sinne, durch die die Laster wie durch Fenster in die Seele eindringen. Der Herrschaftssitz, die Burg des Geistes kann nicht erobert werden, wenn das feindliche Heer nicht durch die Tore einfällt, Wenn einer sich an Zirkusspielen erfreut, am Wettkampf von Athleten, der Wendigkeit der Schauspieler, der Schönheit der Frauen, dem Glanz der Juwelen und Kleider und an ähnlichen Dingen, dann ist die Freiheit der Seele durch die Fenster der Augen erobert worden und es gilt das Prophetenwort: ‚Der Tod ist durch unsere Fenster eingetreten.' [= Ier 9,21] Wenn also sozusagen die Stoßtrupps durch diese Tore in die Burg unseres Geistes vorgedrungen sind, wo bleibt dann noch ihre Freiheit, wo ihre Kraft, wo der Gedanke an Gott? Vor allem, wenn sich das Gefühl [*tactus*; F. D. S.] auch vergangene Leidenschaften innerlich vor Augen führt, wenn es Laster in Erinnerung ruft und die Seele dazu zwingt, mitzufühlen und etwas auszuführen, was sie selbst nicht betreibt. Das sind Gründe, die viele Philosophen veranlaßt haben, den Trubel der Städte zu fliehen – und auch die gartenartigen Vorstädte mit ihren bewässerten Feldern, dem Blattwerk der Bäume, dem Gezwitscher der Vögel, dem sich spiegelnden Quellwasser, dem Rauschen des Baches und den vielen anderen Verlockungen für Augen und Ohren. Diese Philosophen wollten verhindern, daß die Kraft der Seele durch Luxus und materiellen Überfluß geschwächt und ihre Reinheit befleckt wird. Denn es ist nicht sinnvoll, immer wieder etwas vor Augen zu haben, was den Menschen irgendwann fesselt, und sich der Erfahrung von Dingen auszusetzen, von denen man sich nur schwer lösen kann. [...]"
101 Władysław Tatarkiewicz: History of Aesthetics. Bd. 2: Medieval Aesthetics. Berlin/Boston 2015 (original: 1970), S. 249.
102 Ebd.

Selbsttechnik der Beichte und der Buße – jenes Subjekt zur Verfügung gestellt hat, an dessen fleischlicher Außenhülle sich die verschiedensten Kreaturen aufzureihen beginnen, weil sie von der sinnlichen, der fleischlich-körperlichen Perzeption auf gleiche Art an die Seele weitergeleitet werden und hier denselben Effekt haben: die Ablenkung der Seele von Gott, die Hinlenkung des Sünders auf die Kreatur *secundum se*.[103] In diesem mehrfachen dichotomen Zusammenschluss wird der Erkenntnisfähigkeit Gottes durch den *nous* beziehungsweise den *homo interior*, welche zu den *intelligiblia* aufsteigen können, die *aisthesis* der Kreatur, der *sensibilia*, durch das Fleisch entgegengesetzt. In der großen Klasse der ‚Kreatur' fügen sich alle wahrnehmbaren Dinge homolog in die Opposition zum intelligiblen Kreator, dessen Gesetz um ihretwillen nicht missachtet werden darf; zum Nexus der beiden *opposita* wird das *per se* zweifältige Subjekt in seiner doppelten Ausrichtung als Zusammenschluss von *homo interior* und *exterior*. Erst in diesem Zusammenfall aller Dinge, lebendiger und lebloser Körper, in der Klasse der Kreatur am anderen Ende jener Axiologie, welche auf Gott zuläuft, entsteht eine Klassengemeinschaft durch das verbindende Merkmal der Schönheit als desjenigen, was den Sinnen gefällt.[104] In diesem Raster, zwischen Fleisch und Geist, entsteht das Subjekt, das seine *aisthesis* reflektieren und kontrollieren muss, das ebenso Rechenschaft über die Dinge ablegen muss, denen es in der Welt gegenüber tritt, als auch über die Art und Weise, auf die es ihnen begegnet. Im von der Erbsünde des Fleisches geschlagenen Subjekt entsteht auf ganz besondere Art der diskursive Schulterschluss zwischen der weiblichen Brust, der Blume und – in letzter Instanz auch – dem ‚schönen' Gott.

Entsprechend wird in der Genesis-Exegese, die das *Periphyseon* des Johannes Scotus Eriugena bietet, die Schlange selbst, zum Zeichen für alles, was fleischliche ‚Lust' ist, denn diese Schlange ist es, die durch Eva (*aisthesis*) Adam (*nous*) die Frucht bietet:

> Et ne mireris quod mixtim, ac ueluti *indiscrete*, et carnalis delectatio et astutia diabolica *in figura serpentis* significatur. Aliquando enim ipsum diabolum absolute coluber ille conformat, aliquando libidinosum deceptae ab eo carnalis animae (hoc est carnaliter uiuentis) appetitum, aliquando confuse et indistincte utrumque, et alterum in altero concatenatim insinuat. Nec immerito. Alterum enim sine altero separabiliter esse non potest. Vbicunque enim fuerit libidinosus animae

---

103 Vgl. Tatarkiewicz, History 2, S. 250.
104 Augustinus fasst die dem Kreator vorgezogene Kreatur (Rm 1,25) in *De vera religione* (XX.39.106) am Beispiel des Unterschiedes zwischen der Verehrung des „wahren Lichtes" im Gegensatz zur abergläubischen Verehrung des „körperlichen Lichtes" beiläufig in die Klasse der *cetera*, in welcher zusammenfällt, was Gott entgegensteht: *Neque cum eadem lux quae ad oculos pertinet, pro luce sapientiae quae ad mentem pertinet, colitur, ipsa fit malum, sed superstitio malum est, qua creaturae potius quam creatori servitur. Quod malum omnino nullum erit eum anima recognito creatore ipsi uni se subiecerit et cetera per eum subiecta sibi esse persenserit* (Übers. [Thimme]: „Auch dann wird das für die leiblichen Augen bestimmte Licht nicht zu einem Übel, wenn man es an Stelle des für den Geist bestimmten Weisheitslichtes verehrt, doch der Aberglaube, welcher statt des Schöpfers dem Geschöpf huldigt, ist ein Übel. Dies Übel aber wird gänzlich beseitigt, wenn die Seele ihren Schöpfer erkennt, ihm allein sich unterwirft und begreift, daß er ihr das übrige unterworfen hat.").

contuitus, ibi absque mora aderit immundi spiritus accessus. Vbicunque autem assit diabolicae astutiae introitus, ibi non deerit uniuersalis malitiae pruritus. In quocunque autem corporeo sensu (qui in figura mulieris ponitur) haec duo conuenerint, necessario illicitus esus illicitae escae, *hoc est materialium rerum pulchritudine sequetur abusio*, quae mortem animae infert. Cuius mortis mors corporis umbra est.

(Johannes Scotus Eriugena: Periphyseon IV,4668–4683)[105]

Es ist eine vielfältige Klasse von Dingen, welche die Lüste des Menschen auslösen, die unter dem Zeichen der ‚Schlange' als Bezeichnete unterschiedslos zusammenfallen. Die Schönheit der Immanenz, die *pulchritudo materialium rerum*, wird leicht Gegenstand des ‚Missbrauchs', der *abusio*. Es ist letztlich auch hier die Mahnung des Römerbriefes (Rm 1,25), die Kreatur nicht dem Kreator vorzuziehen, durch welche ein ungeheurer Klassenzusammenfall der *sensibilia* geschieht, die gegen die *intelligibilia* abgegrenzt werden, wie es Augustinus mustergültig ausschreibt.[106] Der göttlichen *sapientia* des *homo interior* steht die Klasse alles sinnlich Wahrnehmbaren entgegen; die Einheit des göttlichen Prinzips auf der einen Seite unifiziert die polymorphen Kreatur, die sich an der Außenseite der Sinne des christlichen Subjektes, dem *homo exterior*, aufreiht und auf ihn einzudringen droht.

Dieses Verhältnis von Innen und Außen, das entlang der Grenze des Fleisches organisiert ist,[107] bewirkt so die Homologisierung arbiträrer Pluralität und rückt alle Kreatur in die Position des Götzen. Diese polymorphe Klasse der *sensibilia*, in denen sich die *pulchra* als besonders gefährlich erweisen, fällt damit – um nochmals Jan Assmann zu zitieren – unter einen der wesentlichen Konstitutionsmechanismen des Monotheis-

---

105 Kursivierung im lateinischen Text und in der Übers. von mir; F. D. S. – Übers. (Noack II, S. 153): „Und wundere dich nicht, dass die fleischliche Lust mitsammt der teuflischen List *ohne Unterschied in der Gestalt der Schlange bezeichnet wird*; denn diese Schlange giebt bald dem Teufel selber Gestalt, bald der lüsternen Begierde der von ihm getäuschten fleischlichen, d. h. fleischlich lebenden Seele; bald beschleicht sie verworren und ununterschieden Beides und das Eine zugleich mit dem Anderen, und nicht mit Unrecht, da ja das Eine vom Anderen getrennt nicht bestehen kann. Denn wo ein lüsterner Blick der Seele sich zeigt, da öffnet sich sogleich der Zutritt des unreinen Geistes; wo aber ein Zugang der teuflischen List vorhanden ist, da wird auch der Kitzel der allgemeinen Bosheit nicht fehlen. In welchem leiblichen Sinn aber, der unter der Gestalt des Weibes verstanden wird, diese beiden sich vereinigen, da folgt nothwendig der verbotene Genuss der verbotenen Speise, d. h. der *Missbrauch der Schönheit der sinnlichen Dinge*, und dieser bringt der Seele den Tode, dessen Schatten der Tod des Leibes ist."
106 Bündig ausformuliert ist das Thema der Spaltung zwischen *senibilia* und *intelligibilia*, welche das gesamte augustinische Textkorpus durchzieht, schon in dem frühen Dialog *De magistro* (dort besonders Kap. 11–14), wo bereits die Gleichsetzung der *intelligentia*, der rationalen Kräfte des Geistes, mit jener Weisheit (*sapientia*) stattfindet, unter der Gott in der Person Christi verstanden wird.
107 Ein weiteres Mal sei an die Stelle aus den *Confessiones* Augustins erinnert: *Et dixi omnibus his, quae circumstant fores carnis meae: ‚Dicite mihi de deo meo, quod vos non estis, dicite mihi de illo alliquid'. Et exclamaverunt voce magna: ‚Ipse fecit nos'* (Confessiones X.6.9; Hervorh. v. mir, F. D. S.; Übers. [Mojsisch, Flasch]: „Und ich sagte zu all diesen Dingen, die vor den *Türen* meiner Sinne [genauer: „*meines Fleisches*", F. D. S.] stehen: ‚Sagt mir etwas von dem Gott, der ihr nicht seid, sagt mir etwas über ihn!' Und sie riefen mit mächtiger Stimme: ‚Er hat uns gemacht!'").

mus, „wenn an die Stelle der anderen Götter der Teufel, der Materialismus, die Sexualität, das Streben nach Macht und Reichtum und andere Verführungen dieser Welt treten, die dem einen Gott trotz all seiner Einheit und Einzigkeit Konkurrenz machen."[108] Die Einheit der Klasse, die nur existiert, weil sie dem ‚Einen' gegenüber als das ‚Andere' unifiziert wird, entspricht den Dingen, die sich entlang der Schwelle des aisthetischen Fleisches in Opposition zur Seele errichten. Die Abgrenzung von diesen fleischlichen Dingen lässt im Spannungsfeld zwischen der übergriffigen Welt und der Reue vor Gott das aisthetische Subjekt als ein büßendes, sich konstant prüfendes entstehen, welches eine Ethik im Verhältnis zu seiner *aisthesis* benötigt. Das christliche Fleisch, der *contactus carnis* (Augustinus: Confessiones II.5.10), ist der Geburtsort jener aphasischen Reihe, die bei Alexander Gottlieb Baumgarten die Einrichtung jener philosophischen Disziplin ermöglichen wird, die sich Ästhetik nennt und die seitdem von einem bestimmten Feld von Diskursen umgeben ist, welche an dieses Fleisch gekoppelt sind und welche noch Winfried Menninghaus in seinem Versuch einer evolutionsbiologisch begründeten Ästhetik reproduziert. Aus der eigentlich ‚aphasischen' Reihe, aus den arbiträren Gegenständen ist die ästhetische Reihe geworden.

Die ‚aphasische' Reihe ist damit aber von Beginn an auch in ein diskursives Feld verspannt, das Lust-Erzeugung und Prokreativität in Verbindung bringt. Die Lüste des Schönen sind einerseits notwendig und Teil des *ordo* der *natura*, andererseits jedoch – im Sinne einer Ethik der Selbstbeherrschung und der Theologie der Erbsünde – zu kontrollieren. Paradoxerweise wird dadurch Virginität zu einem Wert für sich, der Tugend impliziert, die wiederum selbst zu einem Attraktor wird. Die Homologie von Frau, Blume, Kunst und Natur im christlichen Fleisch entsteht also im Spannungsfeld eines Diskurses von (geschlechtlicher) Lust, den der Versuch, ‚interesseloses Wohlgefallen' zu reklamieren, wie ihn etwa noch Scruton[109] unternimmt, genauso zu negieren trachtet wie die Erotisierung der Jungfräulichkeit früherer Jahrhunderte.

Das christliche Fleisch grundiert auch jene Ethik, die sich *prima vista* säkular gibt. Die ästhetische Reihe stabilisiert sich nicht zuletzt im ‚Lust-Ort' der Rhetoriken, wie er schon bei Hieronymus den Gegenpol zur Selbstsorge der Asketen bildet und der noch im poetorhetorischen Zusammenhang zusammen mit der *descriptio membrorum* die Lusterzeugung plausibilisiert.[110] Diese festgefügte Reihe figuriert praktisch ubiquitär in den volkssprachlichen Literaturen.[111]

---

108 Assmann, Totale Religion, S. 71.
109 Vgl. hierzu Kap. II.1, S. 33.
110 Man vgl. nur das komisierte Beispiel der *Guten Fut*; Kap. IV.2.4, S. 418–420.
111 Als prägnantes Beispiel kann eine Walther-Strophe dienen, die ganz explizit den Zusammenhang zwischen den schönen Damen, der schönen ‚Natur' und der Erzeugung von ‚Lust' herstellt, der über den Blick organisiert ist, der die Gegenstände des Schauens als ‚Geschaute' vereint: *Durchsüezet und geblüemet sint die reinen frowen, / ez wart nie niht sô wunneklîches an ze schowen / in lüften, ûf erde noch in allen grüenen ouwen. / Lilien, rôsen, bluomen, swâ diu liuhten / in meien touwen durch daz gras, und kleiner vogelîn sanc, / daz ist gegen solher wunnebernden fröide kranc, / swâ man ein schœne frowen sihet; daz kann trüeben muot erfiuhten / Und leschet allez trûren an der selben stunt, / sô lieblîch lachet in*

Die schöne Frau wird auch hier in ein Verhältnis zu all jenen Naturerscheinungen gebracht, die bei Hieronymus die Philosophen zur Flucht antreibt, und hier als die höchste Steigerung derselben inszeniert. Der Mechanismus der Lusterzeugung wird zugleich von seiner eindeutigen theologischen Negativierung befreit, wenn *trûren* durch ihn gelöscht wird. Diese vorsichtige Positivierung ist jedoch in der Tat das ‚Positiv' zu demjenigen ‚Negativ', das die christliche Matrix bereitstellt; es ist selbst ein Effekt ihrer Diskurse. Dass der *trüebe muot* jedoch *erfiuhtet* wird, ist zwar nicht objektiv negativ besetzt, partizipiert aber über seine prokreative Konnotation doch am Diskursfeld der Latinität und steht erkennbar in der Nähe des *natura*-Diskurses.[112] Wie nun aber diese (weibliche) Schönheit des Körpers – und zwar durchaus gemeinsam mit den weiteren Elementen der ästhetischen Reihe – in ein Verhältnis zu einer Ethik der Selbstbeherrschung modelliert wird, habe ich in Kapitel III (an Walthers Ton 23; L 45,37–47,15: *So die bluomen ûz deme grase dringent*) zu zeigen versucht.

VI.3 Gâwâns Mantel: Fazit

Die vorliegende Studie hat einen weiten Bogen beschrieben und dabei versucht, zu einer Vielzahl von *common sense*-Positionen der Forschung eine diskursanalytisch grundierte *lectio difficilior* vorzulegen.[113] Sie ist ausgegangen von einer Kritik derjenigen klassischen mediävistischen Ästhetik, wie sie im Anschluss an Edgar de Bruyne, Rosario Assunto, Władysław Tatarkiewicz, Wilhelm Perpeet und Umberto Eco die literaturwissenschaftliche Mediävistik nachhaltig geprägt hat (vgl. Kapitel II). Sie hat dieser einen diskursanalytischen Ansatz entgegenzustellen beabsichtigt, der – mit Wittgenstein und Foucault – die Sprachspiele fokussiert, die die Ästhetik grundieren, und derart versucht, ein Bewusstsein dafür zu wecken, dass der von der Ästhetik –

---

liebe ir süezer rôter munt, | und strâle ûz spilnden ougen schiezen in mannes herzen grunt (Ton 11,IV; L 27,17).

112 Die ‚sexuelle' Konnation von *erfiuhten* liegt bei der von *betouwen*. An dem (in Kap. IV.2.1, S. 349 f.) bereits zitierten Beispiel aus Konrads von Würzburgs *Goldener Schmiede* kann dieser Zusammenhang illustriert werden, wo es an die Gottesmutter Maria gerichtet heißt: *dîn kürlichez bilde | von schœne was durchliuhtic, | und doch nie mohte fiuhtic, | von dir werden mannes brust, | sô daz unkiuschlich gelust | im wüehse von der klârheit dîn* (Goldene Schmiede, V. 1158–1163). Hier ist das Wortfeld ‚*erfiuhten*'/‚*fiuhtic*' – aus dem normativen Kontext abgeleitet – wohl negativiert.

113 Mit Eve Kosofsky Sedgwick: Paranoid Reading and Reparative Reading; or, You're So Paranoid, You Probably Think This Introduction Is about You. In: dies.: Novel Gazing: Queer Readings in Fiction. Durham et al. 1997, S. 1–37, ließe sich ein solcher Lektüremodus auch – im Anschluss an Paul Ricœur – als ‚Hermeneutik des Verdachts' (ebd., S. 4 f.) und als ‚Methodologie des Paranoiden' (ebd., S. 6) charakterisieren. Die vorliegende Studie muss sich den schon von Wapnewski, Wolframs Parzival, S. 113, antizipierten Vorwurf gefallen lassen: „es ist leicht, im Bereich des Richtigen zu bleiben, wenn man im Bereich des Allgemeinen bleibt."

im Sinne Rosenkranz'[114] – definierte Gegenstandsbereich solch Gegenstände in eine Reihe zusammenbindet, die – wiederum mit Foucault[115] – eine ‚aphasische' zu nennen ist. Anstatt das klassische ästhetische Feld zu befragen, in welchem der schöne Körper neben den schönen Gegenstand, die schöne Handlung, die schöne Natur etc. rückt, sind zwei gegenläufige Operationen vorgenommen worden. In einer heuristischen Setzung ist zuerst der schöne menschliche Körper aus der Reihe der übrigen *pulchra* isoliert worden, mit denen er gemeinhin stets überblendet wird, insofern etwa die Diskussion des schönen Kunstwerks um diesen herum entwickelt wird (Stichwort: Laokoon). Da dieser menschliche Körper, dem sich die Arbeit im Medium der Literatur widmet, ein erzählter Körper ist, ist in einem zweiten Schritt seine Einbindung in narrative – und das heißt eben auch: diskursive – Arrangements avisiert worden. In Hinblick auf die in den klassischen ‚ästhetischen' Arbeiten herangezogenen Stellen der lateinischen theologischen Tradition ist eine Re-Evaluation vorgenommen worden. Hierzu ist die Errichtung eines Systems binärer Ordnung beschrieben worden, in welchem jedoch im christlichen Kontext nicht allein homologe Dichotomien entstehen, sondern solche, die zudem wechselseitig integrierbar sind, sodass bei stabilen Basisoppositionen ein rekursives Spiel mit verschiebbaren axiologischen Besetzungen entsteht. Es galt hier vor allem auch zu zeigen, dass nicht jede theoretische oder theologische Äußerung zur ‚Schönheit' oder zum ‚Schönen' zugleich eine ästhetische Theorie im Sinne der sinnlichen Wahrnehmung des Schönen ist, da es eine Differenz zwischen der (transzendenten) Kategorie der *pulchritudo* und den (in der Immanenz begegnenden) *pulchra* gibt.

In Hinblick auf den schönen Körper erzählter Figuren ist die Arbeit drei großen thematischen Feldern gefolgt, die sich aus der Tradition der Forschung unmittelbar ergeben:

(1) Das erste thematische Feld stellt die Verbindung von körperlicher Schönheit und sogenannter ‚innerer Schönheit' dar (vgl. Kapitel III), die in der mediävistischen Germanistik häufig unter dem Schlagwort der ‚Kalokagathie' geführt worden ist, dar. Es ist argumentiert worden, dass nicht nur die sog. ‚innere Schönheit' dabei einen polyvalenten Wert darstellt, sondern dass auch das Konzept der ‚Kalokagathie' selbst hochproblematisch ist. Unter Rückgriff auf die antiken Grundlagen des Konzeptes –

---

[114] Rosenkranz, Ästhetik des Häßlichen, S. 5, bezeichnet Ästhetik als einen „Kollektivname[n] für eine große Gruppe von Begriffen [...], die sich wieder in drei besondere Klassen teilt. Die eine derselben hat es mit der Idee des Schönen, die zweite mit dem Begriff seiner Produktion, d. h. mit der Kunst, die dritte mit dem System der Künste, mit der Darstellung der Idee des Schönen durch die Kunst in einem bestimmten Medium zu tun. Die Begriffe, die zur ersten Klasse gehören, pflegen wir unter dem Titel der Metaphysik des Schönen zusammenzufassen. Wird aber die Idee des Schönen auseinandergesetzt, so ist die Untersuchung des Häßlichen davon unzertrennlich. Der Begriff des Häßlichen als des Negativschönen macht also einen Teil der Ästhetik aus. Es gibt keine andere Wissenschaft, welcher derselbe überwiesen werden könnte, und es ist also richtig, von der Ästhetik des Häßlichen zu sprechen."
[115] Vgl. Foucault, Ordnung der Dinge, S. 17–21.

insbesondere Xenophon – ist argumentiert worden, dass die *kalokagathía* der xenophontischen Tradition keine zentrale körperliche Dimension beinhaltet, sondern eine Tugendkategorie ist. Die Verwechslung erscheint dann als semantische, insofern das griechische ‚schön' (*kalós*) im Gegensatz zum lateinischen ‚schön' (*pulcher*) nicht dominant körperlich semantisiert ist. Demgegenüber ist in einer weiten historischen Reihe zu zeigen versucht worden, dass die zeichenhafte Gleichung von schönem Körper und Tugend zwar in der Neuzeit gut dokumentierbar ist (Lavater, Grimm'sche Märchen, Rassenlehre), dass sie hingegen in der Vormoderne dysfunktional ist (Hans Sachs: *Die ungleichen Kinder Eve*, Thomasîn von Zerklære: *Der Welsche Gast*, Genesis-Retexte und -Auslegungen). Damit ist indessen *nicht* gemeint, dass es – vereinfacht gesagt – in ‚der Moderne' keine schönen Figuren gebe, die untugendhaft, gar bösartig oder gefährlich wären – man denke nur etwa an den Archetyp der *femme fatale* – oder dass in ‚der Vormoderne' nicht auch Figuren gebe, die schön und zugleich tugendhaft sein können: das Gegenteil ist der Fall. Die These jedoch ist, dass der Modus der Ausarbeitung dieses ethischen Verhältnisses von körperlicher Schönheit zu ‚Tugend' als ‚Gleichung' – das heißt: als Zeichenverhältnis oder Einschreibung – ein Produkt moderner Physiognomik sein könnte, während der narrative Zusammenhang von Schönheit und Tugend in der Vormoderne der Aushandlungsort eines Diskurses der Selbstsorge im Sinne Foucaults ist. Nachdem zunächst der Begriff der ‚Kalokagathie' problematisiert worden ist, ist nun in einem zweiten Schritt argumentiert worden, dass die antike Tradition der *kalokagathía* Schönheit des Körpers und Tugend dieserart gleichwohl beständig aneinanderbindet, dies jedoch im Modus einer Aufgabe, die dem (männlichen) ethischen Subjekt gestellt ist, welches sich in *enkráteia* (Selbstbeherrschung) und *sophrosýne* (Besonnenheit) üben muss. Diese Diskursformation nun wird tatsächlich ins Christliche transponiert, wodurch Schönheit (besonders des weiblichen Körpers, aber auch des ‚weiblich' semantisierten männlichen Körpers) in der Ethik Augustins und Abaelards zu derjenigen *materia operationis* wird, an der sich das Subjekt beweisen kann. Der Anlass der Sünde wird zur Ursache der Tugend. Anhand dreier Bispel aus dem Stricker-Korpus, wiederum am *Welschen Gast* Thomasîns und zentral anhand von Hartmanns von Aue *Erec* ist der Versuch unternommen worden zu zeigen, wie die zugrundeliegende Struktur der Bewährung zu einer beständigen Koinzidenz von Tugend und Schönheit im Erzählen von Schönheit führt, ohne dabei dem Einen einen Zeichnungswert für das jeweils Andere zuzuweisen. Gerade unter der Perspektive der hier auftretenden Transzendenzbezüge und im Kontext der spezifischen Retextualisierungs-Operationen kann argumentiert werden, dass im *Erec* Hartmanns von Aue – stärker als bei Chrétien de Troyes – die Schönheit Enites zum Feld der Bewährung Erecs wird.

(2) Das nächste zentrale thematische Feld, das zu untersuchen war, stellt die poetologische Rahmung der Beschreibung körperlicher Schönheit dar, welche die Forschung in den mittellateinischen Poetiken (Matthäus von Vendôme, Galfred von

Vinsauf, Johannes von Garlandia) verortet hat (vgl. Kapitel IV). Im Sinne des gewählten, an Diskursordnungen interessierten Ansatzes sind diese Texte hier um ihrer selbst willen und nicht lediglich als dichtungspraktischer Steinbruch untersucht worden. Dabei ist besonders die aus der antiken Rhetorik stammende Argument-Struktur der *descriptio membrorum* ins Zentrum gerückt worden.[116] Die spezifische Form der *descriptio* stellt jedoch gegenüber den antiken Rhetoriken der Cicero-Tradition in den mittellateinischen Poetorhetoriken zum einen eine Neuerung dar und erhält zum anderen eine spezifisch neue anthropologische Rahmung. Die Poetiken geben modellhaft vor, dass die *descriptio membrorum* dazu dient, Lusterregung und daraus folgend den Beischlaf oder Willen zum Beischlaf zu plausibilisieren. Die gewonnenen Ergebnisse sind im Anschluss an Texten geprüft worden, die nicht von Beischlaf erzählen, nämlich anhand allegorischer Texte (Alanus ab Insulis: *Anticlaudianus*, *Planctus naturae*, Johannes de Hauvilla: *Architrenius*, Johannes von Garlandia: *Epithalamium Beate Virginis Marie*), an denen jedoch *ex negativo* gezeigt werden konnte, dass die *descriptio membrorum* hier nichtsdestoweniger das Implikat der Fleischlichkeit trägt. Anhand volkssprachlicher Allegorien – am *Roman de la Rose* und einer Minnerede des Meister Altswert – ist im Anschluss argumentiert worden, dass das fleischliche, auf Lusterzeugung zielende Implikat der *descriptio membrorum* sie zu einem Signifikanten für das weibliche Genital transformiert. In der Rückschau dieser Ergebnisse und unter Rückbezug auf die *Ars versificatoria* ist der Versuch unternommen worden zu zeigen, dass der *descriptio membrorum* der Poetorhetoriken eine spezifische Anthropologie eignet, welche die *Ars versificatoria* des Matthäus mit der *Cosmographia* des Bernardus Silvestris teilt. Unter dieser Perspektive hat sich gezeigt, dass die berühmte Beispielreihe verschiedener modellhafter *descriptiones* in der *Ars versificatoria* eine hochorganisierte Reihe ist, in der Elemente des Weltmodells von Mikrokosmos und Makrokosmos auf der Ebene der Figurenbeschreibung wirksam werden. Insofern die Poetiken produktionsanleitenden Charakter haben, bilden sie die Schnittstelle zwischen poetischer Praxis und christlicher Anthropologie und Kosmogonie.[117] Die Beschreibung körperlicher Schönheit hat – derart an einen diskursiven Rahmen zurückgebunden – jedoch einen Ort im Diskurs,

---

[116] Dass der *descriptio membrorum* eine Argumentstruktur eignet ist der Forschung in Ganzen freilich nicht unbekannt gewesen. Nach Hübner, Einführung, S. 292, „plausibilisiert die Schönheitsbeschreibung – als Konkretisierung des Personaltopos ‚natürliche Eigenschaften' – den Ausbruch sexuellen Begehrens; der Lustort plausibilisiert – als Konkretisierung des Handlungstopos ‚Gelegenheit' – die Erfüllung sexuellen Begehrens." Diese – dort in Hinblick auf den *Engelhard* getroffene Aussage – lässt sich generalisieren.

[117] Auch die Position Enites, im Zentrum einer Kosmosdarstellung auf ihrer Satteldecke, verbindet sie mit dem *movens* des *natura*-Prinzips, das in Lusterregung und damit in ihrer herausragenden Schönheit begründet liegt. Dies ist freilich eine etwas andere Aussage als die Formulierung Haiko Wandhoffs, Ekphrasis, S. 174: „Als *locus* für die Einstellung der kosmologischen *imagines* fungiert hier das Körperschema des Pferdes, das in seiner Ausrichtung als Damenpferd den höfischen Kosmos des Rittertums mit seinem neuen Konzept der höfischen Liebe repräsentiert, verkörpert durch die Frau als Lenkerin

der sie mit distinkten semantischen Valenzen versieht. Es kann abschließend argumentiert werden, dass ‚laudative Rede' – im Sinne einer poetorhetorischen Kategorie (*laus*) – nicht mit Positivierung verwechselt werden darf. Lobende Epitheta dienen der *descriptio*-Technik dazu, erzählerische Wahrscheinlichkeit (*verisimiltudo*) auf Ebene der *histoire* zu erzeugen, nicht jedoch notwendig dazu, ethische Bewertungen auf *discours*-Ebene vorzunehmen.

(3) Als letztes großes thematisches Feld ist – in Kapitel V – schließlich der Zusammenhang zwischen (körperlicher) Schönheit und Erkenntnis fokussiert worden. Damit löst die Arbeit freilich die eingangs getroffene, heuristische Unterscheidung wieder auf, die den schönen Körper von den übrigen ‚Schönheiten' trennt, indem sie zu einem klassischen Thema der ‚Ästhetik' zurückkehrt, die den Körper des Menschen mit den Körpern der Dinge zusammendenkt. Für die germanistische Mediävistik ist der Zusammenhang von Schönheitswahrnehmung und (Gottes-)Erkenntnis modellhaft und einflussreich durch Joachim Bumke vertreten worden, der in einem weiten, interdiskursiven Spektrum und unter Hinzuziehung lateinischer Theologie argumentiert hat. Von seiner Monographie zu den *Blutstropfen im Schnee* ausgehend war anhand des *Parzival* Wolframs von Eschenbach zu prüfen, wie das platonistische Modell einer *anagogé*, eines *raptus*-artigen *ascensus* der Erkenntnis, im Zusammenhang mit der Anschauung des schönen weiblichen Körpers steht. Entsprechend war auch hier die Aufarbeitung eines weiten diskursiven Kontextes notwendig. Neben Texten Hugos von Sankt Viktor (den *Expositiones in hierarchiam cœlestem* und dem *Didascalicon*) ist es hier vor allem wiederum der *Welsche Gast* Thomasîns, an dem sich diskursive Tiefenstrukturen aufweisen lassen, die denjenigen des *Parzival* frappierend ähneln. Es ist argumentiert worden, dass – in Anlehnung an Bumke – im *Parzival* zwar Erkenntnis und Selbsterkenntnis thematisch werden, dass diese jedoch nicht in der Blutstropfenszene realisiert werden. Stattdessen wird im *Parzival aisthesis* und – im weiteren Sinne – Verhaftung in der Immanenz immer wieder als Scheitern vorgeführt, gegen das die durch eine mehrfach gestaffelte Anrufung ausgelöste Umkehr gestellt wird. Diese Anrufung jedoch kommt – anders als etwa in der körperlos bleibenden, nicht zu verortenden Kinderstimme, welche Augustinus in den *Confessiones* das *Tolle, lege!* zuruft – aus der Immanenz. Sie nimmt die Gestalt der Mutter, des Höflings, des Laieneremiten, des Priesters, mithin: die Rolle der *auctoritas* an. Schönheit markiert indessen auch hier Körperlichkeit. Diese Körperlichkeit gerät jedoch – mit Agamben – gleichsam zur ‚Lebensform' (laien-)adeliger Existenz

---

und Leiterin im Zentrum, auf dem ‚Erden'-Sattel sitzend, umgeben von einem historischen Kosmos unvollkommener Liebespaare der überwundenen Vorzeit." Es ist m. E. weniger die symbolische Erhebung der Minnedame zur Herrin über das Universum, sondern – im Sinne der lateinischen Allegorien – eher das in ihr repräsentierte Prinzip der *subvicaria* Venus, mit welchem sie hier in Kontakt gebracht wird. Insofern das auf der Attraktion weiblicher Schönheit aufbauende Lustprinzip die Prokretion in der Immanenz antreibt, bildet Enites Schönheit tatsächlich das Zentrum des Kosmos.

selbst und wird wiederum über Schönheit als solche markiert. Die Anverwandlung der Systemstelle des *christianus carnalis* von beschränkter Erkenntnisfähigkeit (Augustinus) als säkulare Lebensform eigenen Rechts konvergiert mit der Selbststilisierung dieses fleischlichen Zustandes im Sinne einer ‚Ästhetik der Existenz'.[118] Die Verbindung der Schönheit des Körpers zur Transzendenz hingegen ist in der vorliegenden Arbeit probehalber relativiert worden, insofern auch deutlich markierte Transzendenz-Bezüge nicht notwendig und alleine positivierend sind. ‚Konnotative Ausbeutung' (im Sinne Warnings[119]) ermöglicht eben auch kontrastive Effekte.

Die Körpergebundenheit des Schriftmediums selbst, das so zugleich in eine Nähe zum Heidnischen aber auch zur Schönheit des Körpers gerät, ist anschließend in Kapitel VI unter erneutem Rückgriff auf die Poetiken (Matthäus von Vendôme: *Ars versificatoria*, Eberhard der Deutsche: *Laborintus*) dargestellt worden. Die Dichtung selbst, die im Verhältnis zur wahren Wissenschaft, der Theologie, transitorisch sein muss, erhält den Status einer Propädeutik, die einerseits wieder als körperlich-fleischlich und andererseits über ihre ‚ästhetischen' Qualitäten (etwa: den *ornatus*) als ‚schön' markiert wird. Gleichwohl behauptet sie in dieser marginalen Position ihr Eigenrecht als – jedoch eng begrenzt – erkenntnisförderndes Medium. Diese Erkenntnis zielt jedoch nicht etwa auf Gotteserkenntnis, sondern auf Erkenntnis der eigenen Existenz, die zur Voraussetzung jedes Fortschrittes wird. Der (heidnische!) Appell „Erkenne dich selbst!" wird derart zu der Aufforderung, sich der Immanenz zuzuwenden, wobei das Ziel, auf dieser Grundlage die Transzendenz zu ergründen, ein prekäres bleibt, welches gerade nicht notwendig aus der Anschauung der Immanenz folgt. Gleichzeitig rückt in der Immanenz alles, was über die Sinne ins christliche Subjekt dringt, in eine homologe Reihe ein. Die verschiedensten Gegenstände, die den Sinnen gefallen, stehen – im Verhältnis zu Seele und Gott – gleichwertig als ‚schön' nebeneinander, sodass an der Außenseite des christlichen Fleisches die Grundlage für das entsteht, was später die Disziplin der ‚Ästhetik' zu ihrem Gegenstand erheben wird. Es ging hier also darum, einen Gegenentwurf zur ‚Ästhetik' zu entwickeln und die einschlägigen Texte einmal nicht auf ihre Aussagen zur Produktion von Schönheit (Kunst/Künstler), zur Ursache der Schönheit (Metaphysik) oder zur Natur der Schönheit (Proportion, Symmetrie etc.) hin zu befragen, wie es de Bruyne, Assunto und Eco getan haben; stattdessen ist hier – im Sinne einer ‚Genealogie der Ästhetik' – die diskursive Rahmung der ‚*aisthesis*' selbst in ihrem christlichen Kontext fokussiert worden, um zu zeigen, wie die ‚Erfahrung des christlichen Fleisches' auch das Erzählen prägt.

Die Erkenntniskraft des Schönen hat sich unter dem gewählten Blickwinkel – zumindest im christlichen Rahmen – erheblich verkompliziert. Die reine, ungebrochene *aisthesis*, die sinnliche Wahrnehmung der schönen Immanenz, führt nicht von sich aus in die Transzendenz, sondern es ist die Stimme der *auctoritas*, welche die *pulchra* rastert

---

118 Zur ‚Ästhetik der Existenz' vgl. Foucault, Ästhetik der Existenz.
119 Vgl. Warning, Lyrisches Ich.

und potentiell zur Reflexion der *pulchritudo* führt. Der Erkenntnis geht das Bekenntnis voraus, das eine Ablösung von der *creatura* erzeugt, in der man sich nicht verlieren darf. Die Aufgabe, das Subjekt zur Selbsterkenntnis und zur Umkehr aufzurufen, hat indessen nicht nur die apostolische Sendung des Priesters inne, sondern auch die Dichtung beansprucht sie für sich. Ihre Erkenntniskraft ist jedoch, wie die alles Immanenten, begrenzt und indirekt. Insofern ist Gawans Mantel, den er über die Blutstropfen deckt, um die Versunkenheit Parzivals zu unterbrechen, nachdem er ihren Mechanismus reflektiert hat,[120] in der Tat nicht nur ein „Kunstgriff", wie Haug es genannt hat,[121] oder „pragmatisch" orientierte „Handlungskunst" beziehungsweise „List", wie Hasebrink es nennt.[122] Das Verhüllen der Blutstropfen ist viel mehr als dies: es ist eine autopoetische Geste.[123] Die Immanenz, in deren Anschauung das Subjekt verharrt, muss zunächst verhüllt werden, um den Sog der *aisthesis* zu unterbrechen und derart die Möglichkeit ihrer Reflexion überhaupt erst zu herzustellen. Nicht Anschauung des Schönen, sondern das Ende der Anschauung ermöglicht Erkenntnis und/oder Umkehr. Und es braucht eine souveräne Instanz, die – wie Gâwân durch seine eigene *minne*-Erfahrung, durch die er selbst jedoch nur zur Welt, nicht aber zum Gral gelangt – bereits exemplarisches (Welt-)Wissen hat, das sie zum Handeln befähigt,[124] um das Subjekt anzurufen. Am Ende aber bleibt doch auch in dieser Instanz der Anrufung die Paradoxie erhalten, dass in ihr die schöne Welt eine Lehre bereithält, die zumindest auf diese Welt selbst verweist und ermöglicht, sie zu überwinden, indem sie zwar nicht zur Erkenntnis von Höherem, aber immerhin zur Erkenntnis ihrer selbst führen kann. Weltliche Dichtung wäre dann der Mantel, der – zwischen Betrachtende und Welt geworfen – die reine Anschauung durchbrechen kann, gerade weil er ein artifizielles Gewebe ist.

---

120 Marina Münkler: Inszenierung von Normreflexivität und Selbstreflexivität in Wolframs von Eschenbach ‚Parzival'. In: Zeitschrift für Germanistik, N.F. 18 (2008), S. 497–511, liest Gâwâns Handeln im Verhältnis zu aristotelischer Erkenntnistheorie als Demonstration von Normsouveränität seinerseits.
121 Walter Haug: Die Symbolstruktur des höfischen Epos und ihre Auflösung bei Wolfram von Eschenbach. In: DVjs 45 (1971), S. 668–705, hier S. 690; erneut in: ders.: Strukturen als Schlüssel zur Welt. Kleine Schriften zur Erzählliteratur des Mittelalters. Tübingen 1989, S. 483–512.
122 Hasebrink, Gawans Mantel, S. 245.
123 Zur Poetologie des Verhüllens vgl. Franz Bezner: Vela veritatis. Hermeneutik, Wissen und Sprache in der Intellectual History des 12. Jahrhunderts. Leiden 2005 (Studien und Texte zur Geistesgeschichte des Mittelalters 85).
124 Hasebrink, Gawans Mantel, S. 244, schreibt: „In einem inneren Monolog rekonstruiert Gawan die Situation: Auch ihn habe die Minne bezwungen, so daß der Verstand von ihr besiegt worden sei. Erfahrung wird damit zum hermeneutischen Modell."

VII Literaturverzeichnis

1 Abkürzungsverzeichnis

ATB	Altdeutsche Textbibliothek.
BKV	Bibliothek der Kirchenväter.
CCCM	Corpvs Christianorvm. Contintuatio Mediaevalis.
CCSA	Corpvs Christianorvm. Series Apocryphorum.
CCSL	Corpvs Christianorvm. Series Latina.
CISC	Corpus Islamo-Christianum.
DOML	Dumbarton Oaks Medieval Library.
DTM	Deutsche Texte des Mittelalters.
DVjs	Deutsche Vierteljahresschrift.
GRM	Germanisch-Romanische Monatsschrift.
LiLi	Zeitschrift für Literaturwissenschaft und Linguistik
LMA	Lexikon des Mittelalters, Taschenbuchausgabe nach der Studienausgabe, München 2002.
LTG	Literatur ǀ Theorie ǀ Geschichte. Beiträge zu einer kulturwissenschaftlichen Mediävistik.
MTU	Münchener Texte und Untersuchungen zur deutschen Literatur des Mittelalters.
PBB	Beiträge zur Geschichte der deutschen Sprache und Literatur.
TRE	Theologische Realenzyklopädie, 36 Bd., hrsg. v. Gerhard Müller, Berlin et al. 1976–2006.
²VL	Die deutsche Literatur des Mittelalters. Verfasserlexikon, begründet Wolfgang Stammler, fortgeführt von Karl Langosch, 2., völlig neubearbeitete Auflage, hrsg. von Kurt Ruh et al., 14 Bd., Berlin et al. 1978–2008.
ZfdA	Zeitschrift für deutsches Altertum und deutsche Literatur.
ZfdPh	Zeitschrift für deutsche Philologie.
ZiG	Zeitschrift für internationale Germanistik.

2 Quellen

(Zur besseren Übersicht ist den Titeln der Editionen ein im Rahmen dieser Arbeit einheitlich genutzter Verfassername in eckigen Klammern vorangesetzt, sofern dieser im Titel in abweichender Form erscheint. In einigen Fällen ist zu besseren Auffindbarkeit zudem ein vereinfachter Kurztitel beigegeben worden, unter dem der Text in der vorliegenden Arbeit zitiert wird. Die alphabetische Ordnung richtet sich nach den als Kapitälchen gesetzten Verfassernamen oder – bei anonymen Texten – Titelbestandteilen.

Der Text der Vulgata des Hieronymus wird in der vorliegenden Arbeit stets nach zitiert nach: Biblia sacra vulgata. Lateinisch/Deutsch. 5 Bd. Hrsg. von Andreas Beriger, Widu-Wolfgang Ehlers, Michael Fieger. Berlin/Boston 2018. Die nhd. Übersetzung entstammt, sofern nicht explizit anders vermerkt, immer dieser Ausgabe, wobei die jeweiligen Übersetzer*innen in Klammern angegeben werden.)

[Petrus ABAELARDUS:] Abaelards ‚Historia calamitatum'. Text – Übersetzung – literaturwissenschaftliche Modellanalysen. Hrsg. von Dag Nikolaus Hasse, Berlin/New York 2002.
[Petrus ABAELARDUS:] Peter Abaelard: Scito de ipsum [Ethica]. Erkenne dich selbst. Übers. und hrsg. von Philipp Steger. Hamburg 2006 (Philosophische Bibliothek 578).
[ALANUS ab Insulis:] Alain de Lille: Anticlaudianus. Texte critique avec une introduction et des tables. Hrsg. von Robert Bossuat. Paris 1955 (Textes philosophiques du Moyen Âge 1).
[ALANUS ab Insulis:] Der Anticlaudian oder Die Bücher von der himmlischen Erschaffung des neuen Menschen. Ein Epos des lateinischen Mittelalters. Übers. von Wilhelm Rath. Stuttgart 1966 (Aus der Schule von Chartres 2).
ALANUS ab Insulis: De planctu naturae. Textus, Translatio una cum Annotationibus. Hrsg. von Johannes B. Köhler. Münster 2013 (Texte und Studien zur europäischen Geistesgeschichte, Reihe A, Bd. 2).
[ALANUS ab Insulis:] Alain of Lille: Literary Works. Hrsg. von Winthrop Wetherbee. Cambridge (Mass.)/London 2013 (DOML 22).
[ALANUS ab Insulis: Sermo de clericis ad theologiam non accedentibus. In:] Alain de Lille. Textes inédits, avec une introduction sur sa vie et ses œuvres. Hrsg. von Marie-Thérèse d'Alverny. Paris 1965, S. 274–278.
ALEXANDRE du Pont: Le Roman de Mahomet. Nouvelle édition, traduction, présentation et notes de Yvan G. Lepage. Louvain/Paris 1996 (Ktēmata 14).
Meister ALTSWERT. Hrsg. von Wilhelm Ludwig Holland, Adalbert von Keller. Stuttgart 1850 (Bibliothek des Litterarischen Vereins in Stuttgart 21).
[AMBROSIUS von Mailand:] Sancti Ambrosii opera. Pars prima qva continentvr libri Exameron, De paradiso, De Cain et Abel, De Noe, De Abraham, De Isaac, De bono mortis. Hrsg. von Karl Schenkl. Prag et al. 1897 (Corpvs Scriptorvm Ecclesiasticorvm latinorvm 32), Reprint New York/London 1962.
AMBROSIUS von Mailand: De paradiso. Übersetzung mit Erläuterungen zum Inhalt und zum literarischen Hintergrund. Hrsg. von Wolfgang Bietz. Siegburg 2013 (Studien zur Kölner Kirchengeschichte 17).
AMBROSIUS von Mailand: Über das Paradies. Übers. von Susanne Greiner. Freiburg i. Br. 2013 (Christliche Meister 55).
[AMBROSIUS von Mailand:] Des heiligen Kirchenlehrers Ambrosius von Mailand Exameron. Übers. von Johann Niederhuber. Kempten/München 1914 (BKV 17).
Das ANEGENGE. Hrsg. von Dietrich Neuschäfer. München 1969 (Altdeutsche Texte in kritischen Ausgaben 1).

ARISTOTELES: Eudemische Ethik. Übers. von Franz Dirlmeier. Darmstadt 1962 (Aristoteles: Werke in deutscher Übersetzung 7).
Aurelius AUGUSTINUS: Confessiones/Bekenntnisse. Lateinisch/Deutsch. Übers., hrsg. und komm. von Kurt Flasch, Burkhard Mojsisch. Stuttgart 2016.
Aurelius AUGUSTINUS: De civitate Dei libri I–X. Hrsg. von Bernard Dombart, Alfons Kalb, Turnhout 1955 (CCSL 47).
Aurelius AUGUSTINUS: De civitate Dei libri XI–XXII. Hrsg. von Bernard Dombart, Alfons Kalb, Turnhout 1955 (CCSL 48).
[Aurelius AUGUSTINUS: De genesi ad litteram:] Sancti Aurelii Augustini, Hipponensis Episcopi, Opera omnia. Bd. 3. Patrologia latina 34. Hrsg. von J.-P. Migne, Paris 1865, Sp. 245–486.
Aurelius AUGUSTINUS: De magistro/Über den Lehrer. Lateinisch/Deutsch. Übers. und hrsg. von Burkhard Mojsisch. Stuttgart 2010.
[Aurelius AUGUSTINUS: De trinitate:] Des heiligen Kirchenvaters Aurelius Augustinus fünfzehn Bücher über die Dreieinigkeit. Übers. von Michael Schmaus. München 1936/36 (BKV, 2. Reihe, Bd. 13/14).
Aurelius AUGUSTINUS: De trinitate libri XV. Hrsg. von W. J. Mountain. 2 Bd. Turnholt 1968 (CCSL 50/50,A).
Aurelius AUGUSTINUS: De vera religione. Über die wahre Religion. Lateinisch/Deutsch. Übers. u. mit Anm. vers. von Wilhelm Thimme. Stuttgart 2006.
Aurelius AUGUSTINUS: Epistvlae I-LV. Hrsg. von Kl. D. Daur. Turnhout 2004 (CCSL 31).
[Aurelius AUGUSTINUS: Briefe:] Des heiligen Kirchenvaters Aurelius Augustinus ausgewählte Briefe. Aus dem Lateinischen mit Benutzung der Übers. von Kranzfelder übers. von Alfred Hoffmann, Kempten/München 1917 (Des heiligen Kirchenvaters Aurelius Augustinus ausgewählte Schriften. Bd. 9–10; Bibliothek der Kirchenväter, 1. Reihe, Bd. 29–30).
Aurelius AUGUSTINUS: Über den Wortlaut der Genesis. De genesi ad litteram libri duodecim. Der große Genesiskommentar in zwölf Büchern. 2 Bd. Hrsg. u. übers. von Carl Johann Perl. München 1961.
Aurelius AUGUSTINUS: Vom Gottesstaat (De civitate Dei). Vollständige Ausgabe in einem Band. Übers. von Wilhelm Thimme. München 2007.
BARLAAM et Iosaphat, versión vulgata latina con la traducción castellana de Juan de Arce Solorceno (1608). Hrsg. von Óscar de la Cruz Palma. Madrid/Bellaterra 2001 (Nueva Roma 12).
BERNARDUS Silvestris: Über die allumfassende Einheit der Welt. Makrokosmos und Mikrokosmos. Übers. von Wilhelm Rath. 2. Aufl. Stuttgart 1989 (Aus der Schule von Chartres 1).
BERNARDUS Silvestris: Poetic Works. Hrsg. u. übers. von Winthrop Wetherbee. Cambridge (Massachusetts)/London 2015 (DOML 38).
Neue Jerusalemer BIBEL. Einheitsübersetzung mit dem Kommentar der Jerusalemer Bibel. Neu bearb. u. erw. Ausgabe, dt. hrsg. von Alfons Deissler u. Anton Vögtle, in Verbindung mit Johannes M. Nützel. 7. Aufl. Freiburg i. Br./Basel/Wien 1985.
(Hieronymus:) BIBLIA sacra vulgata. Lateinisch/Deutsch. 5 Bd. Hrsg. von Andreas Beriger, Widu-Wolfgang Ehlers, Michael Fieger. Berlin/Boston 2018.
Anicius Manlius Severinus BOETHIUS: Trost der Philosophie. Consolatio philosophiae. Lateinisch und deutsch. Hrsg. u. übers. von Ernst Gegenschatz, Olof Gigon. 6. Aufl. Düsseldorf 2002 (Sammlung Tusculum).
BRUN von Schonebeck: Das Hohe Lied. Hrsg. von Arwed Fischer. Tübingen 1893 (Bibliothek des Litterarischen Vereins in Stuttgart 198).
CARMINA Burana. Texte und Übersetzungen. Mit den Miniaturen aus der Handschrift und einem Aufsatz von Peter und Dorothee Diemer. Hrsg. von Benedikt Konrad Vollmann. Frankfurt a. M. 1987 (Bibliothek des Mittelalters 13).
CHRÉTIEN de Troyes: Cligès. Auf der Grundlage des Textes von Wendelin Foerster übers. u. komm. von Ingrid Kasten. Berlin/New York 2006.

Chrétien de Troyes: Erec et Enide. Erec und Enide. Übers. u. hrsg. von Albert Gier. Stuttgart 2007.
Chrétien de Troyes: Le Roman de Perceval ou Le Conte du Graal. Der Percevalroman oder Die Erzählung vom Gral. Übers. u. hrsg. von Felicitas Olef-Krafft. Stuttgart 2009.
Christherre-Chronik. Text der Göttinger Handschrift 2° Cod. Ms. philol. 188/10 Cim. (olim Gotha, Membr. I 88). Transkribiert von Monika Schwabbauer. Trier 1991.
[Marcus Tullius Cicero: De finibus bonorum et malorum:] Über die Ziele des menschlichen Handelns/De finibus bonorum et malorum. Hrsg., übers. u. komm. von Olof Gigon, Laila Straume-Zimmermann. München/Zürich 1988 (Sammlung Tusclum).
Marcus Tullius Cicero: De inventione – Über die Auffindung des Stoffes. De optimo genere oratorum – Über die beste Gattung von Rednern. Hrsg. u. übers. von Theodor Nüßlein. Düsseldorf/Zürich 1998.
Marcus Tullius Cicero: Gespräche in Tusculum. Tusculanae disputationes. Hrsg. u. übers. von Olof Gigon. 7. Aufl. Düsseldorf/Zürich 1998.
Marcus Tullius Cicero: Vom rechten Handeln. Hrsg. u. übers. von Karl Büchner. 4. Aufl. Düsseldorf/Zürich 2001.
Codex Karlsruhe 408. Bearbeitet von Ursula Schmid. Bern/München 1974 (Bibliotheca Germanica 16).
Charles Darwin: Die Abstammung des Menschen und die sexuelle Selektion. Eine Auswahl. Hrsg. von Ferdinand Fellmann, Bernard Wallner. Stuttgart 2012.
Charles Darwin: Die Entstehung der Arten durch natürliche Zuchtwahl. Übers. von Carl W. Neumann. Stuttgart 2005.
Charles Darwin: The Descent of Man, and Selection in Relation to Sex [nach der Erstauflage]. Hrsg. von John Tyler Bonner, Robert M. May. Princeton 1981.
Charles Darwin: The Descent of Man, and Selection in Relation to Sex, New edition, revised and augmented. New York 1875.
David von Augsburg (ab Augusta): De exterioris et interioris hominis compositione secundum triplicem statum incipientum, proficientium et perfectorum libri tres. Quaracchi 1899.
Deutsche Mystiker des vierzehnten Jahrhunderts. Erster Bd. Hermann von Fritslar. Nicolaus von Strassburg. David von Augsburg. Hrsg. von Franz Pfeiffer. Leipzig 1845.
Pseudo-Dionysius Areopagita: Die Namen Gottes. Eingeleitet, übers. und mit Anm. versehen von Beate Regine Suchla. Stuttgart 1988 (Bibliothek der griechischen Literatur 26).
Pseudo-Dionysius Areopagita: Über die himmlische Hierarchie. Über die kirchliche Hierarchie. Eingeleitet, übers. und mit Anm. versehen von Günter Heil. Stuttgart 1986.
[Eberhard der Deutsche: Laborintus:] Polykarp Leyser: Historia poetarvm et poematvm medii aevi decem, post annvm a nato christo cccc, secvlorvm. Halle 1721, S. 795–854.
[Eberhard der Deutsche:] Laborintus. In: Edmond Faral: Les Arts poétiques du XIIe et du XIIIe siècle. Recherches et Documents sur la Technique littéraire du Moyen Age. Paris 1924, S. 336–377.
[Eberhard der Deutsche: Laborintus:] Evelyn Carlson: The Laborintus of Eberhard. Rendered into English with Introduction and Notes. Dissertation (Master of Arts). Ithaca (New York) 1930.
Eberhard der Deutsche: Laborintus. Nach dem Text von Edmond Faral hrsg., übers. und komm. von Justin Vollmann. Basel 2020.
Meister Eckhart: Werke II. Predigten. Traktate. Hrsg. u. komm. von Niklaus Largier (Deutscher Klassiker Verlag im Taschenbuch 25).
Johann Nicolaus Forkel (Hrsg.): Musikalisch-kritische Bibliothek. Bd. 1. Gotha 1778.
Fvtilitates germanicae medii ævi ad fidem codicvm manv script. nvnc primvm editæ. Hrsg. von Franz Pfeiffer (?). [ohne Ort] 1864 (neu hrsg. von: Albrecht Classen, Peter Dinzelbacher: Futilitates Germanicae Medii Aevi redivivae. Erotisches und Obszönes in der Literatur des deutschen Spätmittelalters. Edition, Übersetzung und Kommentar. In: Mediaevistik 21 [2008], S. 139–157).

[GALFRED von Vinsauf:] Documentum de modo et arte dictandi et versificandi. In: Edmond Faral: Les Arts poétiques du XIIe et du XIIIe siècle. Recherches et Documents sur la Technique littéraire du Moyen Age. Paris 1924. S. 263–320.

[GALFRED von Vinsauf: Documentum de modo et arte dictandi et versificandi:] Geoffrey of Vinsauf. Documentum de modo et arte dictandi et versificandi (Instruction in the Method and Art of Speaking and Versifying). Übers. von Roger P. Parr. Milwaukee 1968.

[GALFRED von Vinsauf: Poetria nova:] In: Polykarp Leyser: Historia poetarvm et poematvm medii aevi decem, post annvm a nato christo cccc, secvlorvm. Halle 1721, S. 855–986.

[GALFRED von Vinsauf: Poetria nova:] Poetria nova of Geoffrey of Vinsauf. Übers. von Margaret F. Nims. Toronto 1967.

[GALFRED von Vinsauf: Poetria nova:] The Poetria nova and its Sources in Early Rhetorical Doctrine. Hrsg. von Ernest Gallo. Den Haag/Paris 1971.

[GEDIHTE von der physonomie. In:] Bernhard Schnell: ‚Gedihte von der physonomie'. Eine deutsche gereimte Physiognomie des 14. Jahrhunderts. In: Vom Mittelalter zur Neuzeit. Festschrift für Horst Brunner. Hrsg. von Dorothea Klein et al. Wiesbaden 2000, S. 369–390.

Die frühmittelhochdeutsche Wiener GENESIS. Hrsg. von Kathryn Smits. Berlin 1972 (Philologische Studien und Quellen 59; zugl. Univ.-Diss. Freiburg i.Br.).

Die Frühmittelhochdeutsche GENESIS. Synoptische Ausgabe nach der Wiener, Millstädter und Vorauer Handschrift. Hrsg. von Akihiro Hamano. Berlin/Boston 2016 (Hermea 138).

GEOFFREY of Monmouth: The History of the Kings of Britain. An Edition and Translation of *De gestis Britonum* (Historia Regum Britanniae). Latein/Englisch. Hrsg. von Michael Reeve, übers. von Neil Wright. Woodbridge 2007 (Arthurian Studies 69).

Die St. GEORGENER PREDIGTEN. Hrsg. von Regina D. Schiewer, Kurt Otto Seidel. Berlin 2010 (DTM 90).

GEREINT. In: Helmut Birkhan: Keltische Erzählungen vom Kaiser Arthur. Teil 1. 2. Aufl. Wien 2004, S. 177–244.

GERVAIS von Melkley: Ars poetica. Hrsg. von Hans-Jürgen Gräbener. Münster 1965.

[GERVAIS von Melkley: Ars poetica:] Gervais of Melkley's Treatise on the Art of Versifying and the Method of Composing in Prose: Translation and Commentary. Catherine Yodice Giles. Univ.-Diss. Rutgers University 1973.

[GILBERTUS Foliot:] Gilberti Foliot Episcopi Londinensis, Expositio in Canticum Canticorum una cum compendio Alcuini. Nunc primùm è Bibliotheca Regia in lucem prodiit, opera et studio Patrici Iunii. London 1638.

GOTTFRIED von Viterbo: Pantheon sive Universitatis libri qui chronici appellantur XX. Gedruckt bei Jacobus Parcus (Jakob Kündig). Basel 1559.

GUILLAUME de Lorris, Jean de Meun: Der Rosenroman. 3 Bd. Übers. und eingeleitet von Karl August Ott. München 1976/1978/1979 (Klassische Texte des romanischen Mittelalters in zweisprachigen Ausgaben 15,I/II/III).

Georg Philipp HARSDÖRFFER: Frauenzimmer Gesprächspiele. II. Teil. Hrsg. von Irmgard Böttcher. Tübingen 1968 (Deutsche Neudrucke. Reihe: Barock 14).

Georg Philipp HARSDÖRFFER: Frauenzimmer Gesprächspiele. IV. Teil. Hrsg. von Irmgard Böttcher. Tübingen 1968 (= Deutsche Neudrucke. Reihe: Barock 16).

Georg Philipp HARSDÖRFFER: Frauenzimmer Gesprächspiele. VII. Teil. Hrsg. von Irmgard Böttcher. Tübingen 1969.

HARTMANN von Aue: Erec. Hrsg. von Manfred Günter Scholz, übers. von Susanne Held. Frankfurt a. M. 2004 (Bibliothek des Mittelalters 5).

HARTMANN von Aue: Erec. Hrsg., übers. und kommentiert von Volker Mertens. Stuttgart 2012.

HARTMANN von Aue: Ereck. Textgeschichtliche Ausgabe mit Abdruck sämtlicher Fragmente und der Bruchstücke des mitteldeutschen ‚Erek'. Hrsg. von Andreas Hammer, Victor Millet, Timo

Reuvekamp-Felber. Unter Mitarbeit von Lydia Merten, Katharina Münstermann, Hannah Rieger. Berlin/Boston 2017.
Hartmann von Aue: Iwein. 4., überarbeitete Auflage. Text der siebenten Ausgabe von G. F. Benecke, K. Lachmann und L. Wolff. Übersetzung und Nachwort von Thomas Cramer. Berlin/New York 2001.
Hartmann von Aue: Gregorius. Armer Heinrich. Iwein. Hrsg. und übers. von Volker Mertens. Frankfurt a. M. 2008 (Bibliothek des Mittelalters 6; Bibliothek deutscher Klassiker 189).
Die Heidelberger Handschrift cod. Pal. germ. 341. Hrsg. von Gustav Rosenhagen. Berlin 1909 (DTM XVII).
Heinrich von Melk: Von des todes gehugde. Mahnrede von dem Tod. Hrsg. u. übers. von Thomas Bein, Trude Ehlert, Peter Konietzko et al. Stuttgart 1994.
[Heinrich von Mügeln:] Die kleineren Dichtungen Heinrichs von Mügeln. Zweite Abteilung. Mit Beiträgen von Michael Stolz. Hrsg. von Karl Stackmann. Berlin 2003 (DTM 84).
Heinrich von Neustadt: ‚Apollonius von Tryland' nach der Gothaer Handschrift. ‚Gottes Zukunft' und ‚Visio Philiberti' nach der Heidelberger Handschrift. Hrsg. von S. Singer. Berlin 1906, S. 331–452.
Henochbuch. In: Altjüdisches Schrifttum ausserhalb der Bibel. Übers. und erläutert von Paul Riessler. 2. Aufl. Heidelberg 1966 (1. Aufl. 1927), S. 355–451.
Johann Gottfried Herder: Schriften zu Philosophie, Literatur, Kunst und Altertum. 1774–1787. Hrsg. von Jürgen Brummack, Martin Bollacher. Frankfurt a. M. 1994 (Bibliothek deutscher Klassiker 105).
Hiltgart von Hürnheim: Mittelhochdeutsche Prosaübersetzung des ‚Secretum Secretorum'. Hrsg. von Reinhold Möller. Berlin 1963 (DTM 56).
[Horaz: Ars poetica:] Quintus Horatius Flaccus: Ars Poetica/Die Dichtkunst. Lateinisch/Deutsch. Übers. u. mit einem Nachwort hrsg. von Eckart Schäfer. Bibliographisch ergänzte Auflage. Stuttgart 2008.
Hugo von Sankt Viktor: Didascalicon de studio legendi. Studienbuch. Übers. u. eingeleitet von Thilo Offergeld. Freiburg/Basel/Wien et al. 1997 (Fontes Christiani 27).
[Hugo von St. Viktor: Eruditionis didascalicae libri VII. In:] Hugonis de S. Victore canonici regularis S. Victoris Parisiensis Opera Omnia. Bd. 2. Hrsg. von J. P. Migne. Paris 1854 (Patrologia Latina 176), Sp. 740–838.
[Hugo von Sankt Viktor: Expositiones in hierarchiam coelestem:] Hvgonis de Sancto Victore Svper ierarchiam Dionisii. Hrsg. von Dominique Poirel. Turnhout 2015 (CCCM 178).
[Hugo von Sankt Viktor: Pro Assumptione Virginis. In:] L'œuvre de Hugues de Saint-Victor 2. Super Canticum Mariae. Pro Assumptione Virginis. De beatae Mariae virginitate. Egredietur virga, Maria porta. Eingeleitet, übers. und hrsg. von Bernadette Jollès. Turnhout 2000, S. 112–167.
[Innozenz III.: Bulle ‚Quia maior'. In:] Innocentii III Romani Pontificis Opera Omnia. Bd. 3. Hrsg. von J. P. Migne. Paris 1855 (Patrologia Latina 216), Sp. 817–822.
[Jacobus de Voragine: Legenda aurea:] Iacopo de Varazze: Legenda aurea. Hrsg. von Giovanni Paolo Maggioni. 2 Bd. 2., überarb. Aufl. Florenz 1998.
Jacobus de Voragine: Legenda aurea. Goldene Legende. Einleitung, Edition, Übersetzung und Kommentar von Bruno W. Häuptli. Freiburg i.Br. 2014 (Fontes Christiani [ohne Band-Nr.]).
[Johannes von Garlandia:] Giovanni di Garlandia: Epithalamium Beate Virginis Marie. Hrsg., übers. u. komm. von Antonio Saiani. Florenz 1995 (Accademia Toscana di Scienze e Lettere ‚La Colombaria'. Studi CXXXIX).
[Johannes von Garlandia: Parisiana poetria. In:] Giovanni Mari: I trattati medievali di ritmica latina, Mailand 1899, S. 35–80.
[Johannes von Garlandia: Parisiana poetria:] The Parisiana Poetria of John of Garland. Hrsg. u. übers. von Traugott Lawler. New Haven/London 1974.
Johannes de Hauvilla: Architrenius. Mit einer Einleitung und Anm. hrsg. von Paul Gerhard Schmidt. München 1974.

JOHANNES de Hauvilla: Architrenius. Übers. u. hrsg. von Winthrop Wetherbee. Cambridge 1994 (Cambridge Medieval Classics 3).
[JOHANNES Scotus Eriugena: Expositiones in hierarchiam coelestem:] Iohannis Scoti Erivgenae Expositiones in ierarchiam coelestem. Hrsg. von Jeanne Barbet. Turnholt 1975 (CCCM 31).
[JOHANNES Scotus Eriugena: Periphyseon:] Johannes Scotus Erigena über die Eintheilung der Natur. 2 Bd. Übers. von Ludwig Noack. Leipzig 1870 (Philosophische Bibliothek 86).
[JOHANNES Scotus Eriugena: Periphyseon]: Iohannis Scotti seu Erivgenae Periphyseon. Liber Quartvs. Hrsg. von Eduard A. Jeauneau. Turnhout 2000 (CCCM 164).
Immanuel KANT: Die Kritik der Urteilskraft. Hrsg. von Manfred Frank, Véronique Zanetti. Frankfurt a. M. 2009.
KLEINERE DEUTSCHE GEDICHTE des 11. und 12. Jahrhunderts. Bd. II. Nach der Auswahl von Albert Waag. Neu hrsg. von Werner Schröder. Tübingen 1972 (ATB 72).
KONRAD von Megenberg: Das ‚Buch der Natur'. Bd. II. Kritischer Text nach den Handschriften. Hrsg. von Robert Luff, Georg Steer. Tübingen 2003.
KONRAD von Megenberg: Die Deutsche Sphaera. Hrsg. von Francis B. Brévart. Tübingen 1980 (ATB 90).
KONRAD von Würzburg: Engelhard. Hrsg. von Ingo Reiffenstein. 3. neubearbeitete Aufl. d. Ausgabe von Paul Gereke. Tübingen 1982 [ATB 17].
KONRAD von Würzburg: Der Welt Lohn. In Abbildung der gesamten Überlieferung, synoptische Edition, Untersuchungen. Hrsg. von Reinhard Bleck. Göppingen 1991 (Litterae 112).
KONRAD von Würzburg: Die goldene Schmiede. Hrsg. von Wilhelm Grimm. Berlin 1840.
KONRAD von Würzburg: Pantaleon. Bereinigter diplomatischer Abdruck und Übersetzung. Hrsg., übers. u. mit Anm. vers. von Thomas Neukirchen. Berlin 2008 (Texte des späten Mittelalters und der frühen Neuzeit 45).
Johann Caspar LAVATER: Physiognomische Fragmente zur Beförderung der Menschenkenntnis und Menschenliebe. Eine Auswahl. Hrsg. von Christoph Siegrist. Stuttgart 2004.
Gotthold Ephraim LESSING: Laokoon. Briefe, antiquarischen Inhalts. Hrsg. von Wilfried Barner. Frankfurt a. M. 2007 (Deutscher Klassiker Verlag im Taschenbuch 22).
Polykarp LEYSER: Historia poetarvm et poematvm medii aevi decem, post annvm a nato christo cccc, secvlorvm. Halle 1721.
LIBRI de nativitate Mariae. Libellvs de nativitate sanctae Mariae. Textvs et commentarivs. Hrsg. von Rita Beyers. Turnhout 1997 (CCSA 10).
Georg Christoph LICHTENBERG: Schriften und Briefe. Bd. 2: Aufsätze. Satirische Schriften. Hrsg. von Franz H. Mautner. Frankfurt a. M. 1983.
LUTWIN: Adam und Eva. Hrsg. von Konrad Hofmann, Wilhelm Meyer. Tübingen 1881 (Bibliothek des litterarischen Vereins in Stuttgart 153).
[MATTHÄUS von Vendôme: Ars versificatoria:] Matthaei Vindocinensis Ars versificatoria. Thesim proponebat Facultati Litterarum Parisiensi, von Louis Bourgain. Paris 1879.
[MATTHÄUS von Vendôme: Ars versificatoria:] Edmond Faral: Les Arts poétiques du XIIe et du XIIIe siècle. Recherches et Documents sur la Technique littéraire du Moyen Age. Paris 1924, S. 106–193.
[MATTHÄUS von Vendôme: Ars versificatoria:] Ernest Gallo: Matthew of Vendôme: Introductory Treatise on the Art of Poetry. In: Proceedings of the American Philosophical Society 118 (1974), S. 51–92.
[MATTHÄUS von Vendôme: Ars versificatoria:] Matthew of Vendôme. The Art of Versification. Übers. von Aubrey E. Galyon. Ames 1980.
[MATTHÄUS von Vendôme: Ars versificatoria:] Matthew of Vendôme. Ars versificatoria (The Art of the Versemaker). Übers. von Roger P. Parr. Milwaukee 1981.
[MATTHÄUS von Vendôme: Ars versificatoria:] Mathei Vindocinensis Opera. Bd. III: Ars versificatoria. Hrsg. von Franco Munari. Rom 1988 (Storia e Letteratura. Raccolta di Studi e Testi 171).

[MATTHÄUS von Vendôme: Ars versificatoria:] Matthaeus Vindocinensis: Ars versificatoria. Text nach der Ausgabe von Franco Munari. Übers. und mit Anm. und einer Einleitung versehen von Fritz Peter Knapp. Stuttgart 2020 (Relectiones 8).

[MATTHÄUS von Vendôme: Epistulae/Tobias:] Mathei Vindocinensis Opera. Bd. II: Piramus et Tisbe – Milo – Epistulae – Tobias. Hrsg. von Franco Munari. Rom 1982.

Das MINNESANGS FRÜHLING. Unter Benutzung der Ausgaben von Karl Lachmann und Moriz Haupt, Friedrich Vogt und Carl von Kraus bearbeitet von Hugo Moser und Helmut Tervooren. Bd. I: Texte. 38., erneut revidierte Auflage. Mit einem Anhang: Das Budapester und Kremsmünsterer Fragment. Stuttgart 1988.

Michel de MONTAIGNE: Essais. Sämtliche 107 Essais nach der ersten deutschen Gesamtausgabe von Johann Daniel Tietz. Frankfurt a. M. 2010.

Medieval Latin Lives of MUHAMMAD. Hrsg. u. übers. von Julian Yolles, Jessica Weiss. Cambridge (Mass.)/London 2018 (DOML 51).

NEUTESTAMENTLICHE Apokryphen. Hrsg. von Edgar Hennecke. Tübingen/Leipzig 1904.

Friedrich NIETZSCHE: Jenseits von Gut und Böse. Hrsg. von Claus-Artur Scheier. Hamburg 2013 (Friedrich Nietzsche: Philosophische Werke in sechs Bänden I; Philosophische Bibliothek 651).

L'ORNEMENT des Dames (Ornatus mulierum). Texte anglo-normand du XIIIe siècle. Hrsg. von Pierre Ruelle. Brüssel 1967 (Travaux de la Faculté de Philosophie et Lettres XXXVI).

[OVID:] P. Ovidius Naso: Metamorphosen. Lateinisch/Deutsch. Übers. u. hrsg. von Michael von Albrecht. Durchgesehene und bibliographisch ergänzte Aufl. Stuttgart 2010.

PASSIONAL. Hrsg. von Annegret Haase, Martin Schubert, Jürgen Wolf. 2 Bd. Berlin 2013 (DTM 91).

PENNINC, Pieter Vostaert: Roman van Walewein. Mittelniederländisch – Neuhochdeutsch. Hrsg. und übers. von Johan H. Winkelman. Münster 2010 (Bibliothek mittelniederländischer Literatur 5).

PETRUS Venerabilis: Schriften zum Islam. Hrsg., übers. u. komm. von Reinhold Glei. Altenberge 1985 (CISC Series latina 1).

PLATON: Menon. Übers. u. hrsg. von Margareta Kranz. Stuttgart 1994.

PLATON: Phaidros. Hrsg. u. übers. von Wolfgang Buchwald. München 1964 (Sammlung Tusculum).

PLATON: Timaios. Griechisch/Deutsch. Übers., Anm. und Nachwort von Thomas Paulsen, Rudolf Rehn. Stuttgart 2009.

PLOTIN: Ausgewählte Schriften. Hrsg., übers. u. komm. von Christian Tornau. Stuttgart 2011.

[In PRINCIPIO huius libri A]: The ‚In principio huius libri' Type A Commentary on Geoffrey of Vinsauf's ‚Poetria nova': Text and Analysis. Hrsg. von Marjorie Curry Woods. University of Toronto 1977.

PYRAMUS et Thisbe. In: Edmond Faral: Les arts poétiques du XIIe et du XIIIe siècle. Recherches et Documents sur la Technique littéraire du Moyen Age. Paris 1924, S. 331–335.

RATGEBER in gesunden und kranken Tagen. Ein Lehrbuch vom menschlichen Körperbau und ein ärztlicher Hausschatz für alle Krankheitsfälle unter Berücksichtigung der erfolgreichsten Naturheilverfahren. Unter Mitwirkung von Dr. med. Gehrmann, Dr. A. Haug, Dr. med. Kann, Dr. med. Wolf und anderer hervorragender Spezialisten herausgegeben von Dr. F. König, Bd. 1, 15. Aufl. Leipzig o. J. [1921].

RHETORICA ad Herennium. Hrsg. u. übers. von Theodor Nüßlein. 2. Aufl. Düsseldorf/Zürich 1998.

Der PHYSIOLOGUS. Griechisch/Deutsch. Übers. und hrsg. von Otto Schönberger. Stuttgart 2018.

[ROBERT Grosseteste:] Roberti Grosseteste Episcopi Lincolniensis Versio Caelestis Hierarchiae Psevdo-Dionysii Areopagite. Cum scholiis ex graeco svmptis necnon commentariis notvlisque eivsdem lincolniensis. Hrsg. von Declan Anthony Lawell, James McEvoy, James Santley McQuade, Turnhout 2015 (CCCM 268).

Karl ROSENKRANZ: Ästhetik des Häßlichen. Hrsg. u. mit einem Nachwort von Dieter Kliche. Stuttgart 2015.

[Hans SACHS:] Dichtungen von Hans Sachs. Erster Theil. Geistliche und weltliche Lieder. Hrsg. v. Karl Goedeke, Leipzig 1870.

Hans SACHS. Bd. 1. Hrsg. von Adalbert von Keller. Tübingen 1870 (Bibliothek des litterarischen Vereins in Stuttgart CII).
Hans SACHS. Bd. 9. Hrsg. von Adalbert von Keller. Tübingen 1875 (Bibliothek des litterarischen Vereins in Stuttgart CXXV).
Hans SACHS. Bd. 11. Hrsg. von Adalbert von Keller. Tübingen 1878 (Bibliothek des litterarischen Vereins in Stuttgart CXXXVI).
Hans SACHS. Bd. 25. Hrsg. von Adalbert von Keller, Edmund Goetze. Tübingen 1902 (Bibliothek des litterarischen Vereins in Stuttgart CCXXV).
[Hans SACHS:] Sämtliche Fabeln und Schwänke von Hans Sachs. In chronologischer Ordnung nach den Originalen hrgs. von Edmund Goetze. 2. Aufl. besorgt von Hans Lothar Markschies. 1. Band. Halle (Saale) 1953.
[Hans SACHS:] Sämtliche Fabeln und Schwänke von Hans Sachs. 4. Bd. Die Fabeln und Schwänke in den Meistergesängen. Hrsg. von Edmund Goetze, Carl Drescher. Halle (Saale) 1903.
Mittelhochdeutsche SANGSPRUCHDICHTUNG des 13. Jahrhunderts. Mittelhochdeutsch/ Neuhochdeutsch. Hrsg., übers. u. komm. von Theodor Nolte, Volker Schupp. Stuttgart 2011.
Hartmann SCHEDEL: Das Buch der Chroniken. Kolorierte und kommentierte Gesamtausgabe der Weltchronik von 1493. Nach dem Original der Herzogin Anna Amalia Bibliothek, Weimar. Hrsg. von Stephan Füssel. Köln 2018.
[SENECA: De brevitate vitae. In:] Seneca: Schriften zur Ethik. Die kleinen Dialoge, Lateinisch/ Deutsch. Hrsg. u. über. von Gerhard Fink. Düsseldorf 2008 [Sammlung Tusculum]).
Heinrich SEUSE: Deutsche Schriften. Im Auftrag der Württembergischen Kommission für Landesgeschichte hrsg. von Karl Bihlmeyer. Stuttgart 1907 (Nachdruck: Frankfurt a. M. 1961).
‚der SLECHT WEG zuo dem himelrich'. Ein oberrheinisches Erbauungsbuch. Edition und Kommentar. Hrsg. von Arnold Otto. Berlin 2005 (Texte des späten Mittelalters und der frühen Neuzeit 42).
[Der STRICKER:] Karl der Grosse von dem Stricker. Hrsg. von Karl Bartsch. Quedlinburg/Leipzig 1857.
Der STRICKER: Kleinere Dichtungen (in Auswahl). Die Kleindichtungen des Strickers. Gesamtausgabe in 5 Bänden. Hrsg. von Wolfgang Wilfried Moelleken et al., Göppingen 1973–78 (GAG 170,1–5).
Abt SUGER von Saint-Denis: De consecratione, kommentierte Studienausgabe. Hrsg. von Günther Binding, Andreas Speer. Köln 1995.
Die Predigten TAULERS. Hrsg. von F. Vetter (DTM 11). Berlin 1910 (Nachdruck Frankfurt a. M. 1968).
TERTULLIAN: Apologeticum. Verteidigung des Christentums. Lateinisch und deutsch. Hrsg., übers. und erläutert von Carl Becker. 2. Aufl. München 1961.
TERTULLIAN: Private und katechetische Schriften. Aus dem Lateinischen übers. von Heinrich Kellner. München 1912 [BKV 1. Rh., Bd. 7].
[TERTULLIAN: De cultu feminarum:] Tertullien: La Toilette des Femmes (De cultu feminarum). Einleitung, kritischer Text, frz. Übers. u. Komm. von Marie Turcan. Paris 1971 (Sources chrétiennes 173).
TERTULLIAN: De virginibus velandis. Übersetzung, Einleitung, Kommentar. Ein Beitrag zur altkirchlichen Frauenfrage. Hrsg. von Christoph Stücklin. Frankfurt a. M. 1974.
TERTULLIAN: De exhortatione castitatis. Ermahnung zur Keuschheit. Hrsg. u. übers. von Hans-Veit Friedrich. Stuttgart 1990 (Beiträge zur Altertumskunde 2).
[THOMAS von Aquino: Summa contra gentiles:] Thomae Aquinatis Summae contra gentiles libri quattuor. Hrsg., übers. u. mit Anm. vers. von Karl Albert, Karl Allgeier, Leo Dümpelmann, Paul Engelhardt, Leo Gerken, Markus Wörner. 4. Aufl. Darmstadt 2013 (Wiederauflage der Ausgabe in vier Bd.; Bd. 1: 1974, Bd. 2: 1982, Bd. 3.1: 1996, Bd. 3.2/4: 1996).
[THOMASÎN von Zerklaere: Der Welsche Gast:] Der Wälsche Gast des Thomasin von Zirclaria. Zum ersten Male hrsg. mit sprachlichen und geschichtlichen Anmerkungen von Heinrich Rückert. Quedlinburg/Leipzig 1852 (Bibliothek der gesammten deutschen National-Literatur 30).

THOMASIN von Zerklaere: Der Welsche Gast. Ausgewählt, eingeleitet, übers. und mit Anm. vers. von Eva Willms. Berlin/New York 2004.
TRIA SUNT: An Art of Poetry and Prose. Hrsg. von Martin Camargo. Cambridge (Mass.)/London 2019 (DOML 53).
ULRICH von Strassburg: De summo bono. Liber 2. Tractatus 1–4. Hrsg. von Alain de Libera. Hamburg 1987 (Corpus Philosophorum Teutonicorum Medii Aevi I,2(1)).
ULRICH von dem Türlin: Arabel. Die ursprüngliche Fassung und ihre Bearbeitung kritisch hrsg. von Werner Schröder. Stuttgart 1999.
[VINZENZ von Beauvais: De eruditione filiorum nobilium:] Vincent von Beauvais. Hand- und Lehrbuch für königliche Prinzen und ihre Lehrer, als vollständiger Beleg zu drei Abhandlungen über Gang und Zustand der sittlichen und gelehrten Bildung in Frankreich bis zum dreizehnten Jahrhundert und im Laufe desselben. Hrsg. von Friedrich Christoph Schlosser. Erster Teil. Frankfurt a. M. 1819.
[VINZENZ von Beauvais: De eruditione filiorum nobilium:] Vincent of Beauvais. De eruditione filiorum nobilium. Hrsg. von Arpad Steiner. Menasha (Wisconsin) 1938 (The Mediaeval Academy of America 32).
VITA beate virginis Marie et Salvatoris rhythmica. Hrsg. von A. Vögtlin. Tübingen 1888.
WALTHER von der Vogelweide: Werke. Gesamtausgabe. Band 2: Liedlyrik. Mittelhochdeutsch/Neuhochdeutsch. Hrsg., übers. u. komm. von Günther Schweikle. Zweite, verb. u. erw. Aufl. Hrsg. von Ricarda Bauschke-Hartung. Stuttgart 2011.
WALTHER von der Vogelweide: Leich, Lieder, Sangsprüche. 15., veränderte und um Fassungseditionen erweiterte Auflage der Ausgabe Karl Lachmanns. Aufgrund der 14., von Christoph Cormeau bearbeiteten Ausgabe neu hrsg., mit Erschließungshilfen und textkritischen Kommentaren versehen von Thomas Bein. Edition der Melodien von Horst Brunner. Berlin/Boston 2013.
Priester WERNHER: Maria. Hrsg. von Carl Wesle, 2. Aufl. von Hans Fromm. Tübingen 1969 (ATB 26).
Das Marienleben des Schweizers WERNHER. Aus der Heidelberger Handschrift hrsg. von Max Päpke, zu Ende geführt von Arthur Hübner. 2. Aufl. Dublin/Zürich 1967 (DTM XXVII).
WIGAMUR. Kritische Edition – Übersetzung – Kommentar. Hrsg. von Nathanael Busch. Berlin/New York 2009.
Die Gedichte des WILDEN MANNES. Hrsg. von Bernard Standring. Tübingen 1963 (ATB 59).
WIRNT von Grafenberg: Wigalois. Text der Ausgabe von J. M. N. Kapteyn. Übersetzt, erläutert und mit einem Nachwort versehen von Sabine Seelbach und Ulrich Seelbach. Berlin/New York 2005.
WOLFRAM von Eschenbach: Parzival. Studienausgabe. 2. Auflage. Mittelhochdeutscher Text nach der sechsten Ausgabe von Karl Lachmann. Übersetzung von Peter Knecht. Mit einer Einführung zum Text der Lachmannschen Ausgabe und in Probleme der ‚Parzival'-Interpretation von Bernd Schirok. Berlin/New York 2003.
WOLFRAM von Eschenbach: Parzival. Nach der Ausgabe Karl Lachmanns revidiert und kommentiert von Eberhard Nellmann. Übertragen von Dieter Kühn. Frankfurt a. M. 2006 (Deutscher Klassiker Verlag im Taschenbuch 7).
WOLFRAM von Eschenbach: Willehalm. Hrsg. von Joachim Heinzle. Frankfurt a. M. 1991 (Bibliothek des Mittelalters in vierundzwanzig Bänden 9).
WOLFRAM von Eschenbach: Willehalm. Nach dem kritischen Text von Werner Schröder ins Nhd. übers., komm. u. hrsg. von Horst Brunner. Stuttgart 2018.
XENOPHON: Kyrupädie. Die Erziehung des Kyros. Griechisch/Deutsch. Hrsg. und übers. von Rainer Nickel. München/Zürich 1992.
XENOPHON: Ökonomische Schriften, Griechisch/Deutsch. Hrsg. und übers. von Gert Audring. Berlin 1992 (Schriften und Quellen der Alten Welt 38).

XENOPHON: [Symposion:] Das Gastmahl. Griechisch/Deutsch. Übers. u. hrsg. von Ekkehard Stärk. Stuttgart 1988.

3 Forschungsliteratur

Christiane Ackermann: dirre trüebe lîhte schîn. Körperinszenierung, Ich-Präsentation und Subjektgestaltung im Parzival Wolframs von Eschenbach. In: Körperkonzepte im arthurischen Roman Hrsg. von Friedrich Wolfzettel. Tübingen 2007, S. 431–454.
Christiane Ackermann: Im Spannungsfeld von Ich und Körper. Subjektivität im „Parzival" Wolframs von Eschenbach und im „Frauendienst" Ulrichs von Liechtenstein. Köln/Weimar/Wien 2009 (Ordo 12).
Giorgio Agamben: Signatura rerum. Zur Methode. Frankfurt a. M. 2009.
Giorgio Agamben: Höchste Armut. Ordensregel und Lebensform. Homo sacer IV,1. 2. Aufl. Frankfurt a. M. 2016.
Suzanne Conklin Akbari: Idols in the East. European Representations of Islam and the Orient, 1100–1450. Ithaca/London 2009.
Gerd Althoff: Spielen die Dichter mit den Spielregeln der Gesellschaft? In: Mittelalterliche Literatur und Kunst im Spannungsfeld von Hof und Kloster. Ergebnisse der Berliner Tagung, 9.–11. Oktober 1997. Hrsg. von Nigel F. Palmer, Hans-Jochen Schiewer. Tübingen 1999, S. 53–71.
Leonid Arbusow: Colores rhetorici. Eine Auswahl rhetorischer Figuren und Gemeinplätze als Hilfsmittel für akademische Übungen an mittelalterlichen Texten. 2. Aufl. Göttingen 1963 (ursprünglich 1948).
Aleida Assmann: Im Dickicht der Zeichen. Frankfurt a. M. 2015.
Jan Assmann: Religion und kulturelles Gedächtnis. Zehn Studien. München 2000.
Jan Assmann: Das kulturelle Gedächtnis. Schrift, Erinnerung und politische Identität in frühen Hochkulturen. 6. Aufl. München 2007.
Jan Assmann: Totale Religion. Ursprünge und Formen puritanischer Verschärfung. 3. Aufl. Wien 2018.
Rosario Assunto: Die Theorie des Schönen im Mittelalter. 2. Aufl. Köln 1987.
Vera Bachmann: Stille Wasser – tiefe Texte? Zur Ästhetik der Oberfläche in der Literatur des 19. Jahrhunderts. Bielefeld 2013.
Martin Baisch: Zeichen lesen im höfischen Roman. In: Paragrana. Internationale Zeitschrift für Historische Anthropologie 21 (2012), S. 112–131.
Roland Barthes.: Das semiologische Abenteuer. Frankfurt a. M. 1988.
Karl Bartsch: Die Eigennamen in Wolframs Parzival und Titurel. In: Germanistische Studien. Supplement zur Germania 2 (1875), S. 114–159.
Wolfgang Bartuschat: Art. Gut, das Gute, das Gut. In: Historisches Wörterbuch der Philosophie. Bd. 3. Hrsg. von Joachim Ritter. Basel 1974, Sp. 937–972.
Ricarda Bauschke: Dominanz und Unterwerfung – Prüfung und Qualifikation. Tendenzen der Griseldis-Konzeption im deutschen und französischen Spätmittelalter. In: Die deutsche Griselda: Transformation einer literarischen Figuration von Boccaccio bis zur Moderne. Hrsg. von Achim Aurnhammer. Berlin 2010, S. 93–106.
Ricarda Bauschke: Der Umgang mit dem Islam als Verfahren christlicher Sinnstiftung in *Chanson de Roland/Rolandslied* und *Aliscans/Willehalm*. In: Das Potenzial des Epos. Die altfranzösische Chanson de geste im europäischen Kontext. Hrsg. von Susanne Friede, Dorothea Kullmann. Heidelberg 2012, S. 191–215.

Hans Bayer: Art. Hartmann von Aue (ca. 1160/65–1210). In: TRE 14, S. 462–464.
Thomas Bein: Orpheus als Sodomit. Beobachtungen zu einer mhd. Sangspruchstrophe mit (literar)historischen Exkursen zur Homosexualität im hohen Mittelalter. In: ZfdPh 109 (1990), S. 33–55.
Thomas Bein: Lebensalter und Säfte. Aspekte der antik-mittelalterlichen Humoralpathologie und ihre Reflexe in Dichtung und Kunst. In: Les Ages de la vie au Moyen Âge. Actes du colloque du Département d'études médiévales de l'Université de Paris-Sorbonne et de l'Université Friedrich Wilhelm de Bonn, Provins, 16–17 mars 1990. Hrsg. von Henri Dubois, Michel Zink. Paris 1992, S. 85–106.
Thomas Bein: Der ‚offene' Text – Überlegungen zu Theorie und Praxis. In: Quelle – Text – Edition. Ergebnisse der österreichisch-deutschen Fachtagung der Arbeitsgemeinschaft für germanistische Edition in Graz vom 28. Februar bis 3. März 1996. Hrsg. von Anton Schwob, Erwin Streitfeld. Tübingen 1997, S. 21–35.
Thomas Bein: ‚Frau Welt', Konrad von Würzburg und der Guter. Zum literarhistorischen Umgang mit weniger bekannten Autoren. In: ‚swer sînen vriunt behaltet, daz ist lobelîch'. Festschrift für András Vizkelety zum 70. Geburtstag. Hrsg. von Márta Nagy, Lázló Jónácsik. Budapest 2001 (Abrogans 1 = Budapester Beiträge zur Germanistik 37), S. 105–115.
Thomas Bein: Editionsphilologie. In: Literatur- und Kulturtheorien in der Germanistischen Mediävistik. Ein Handbuch. Hrsg. von Christiane Ackermann, Michael Egerding. Berlin/Boston 2015, S. 35–66.
Ingrid Bennewitz: Der Körper der Dame. Zur Konstruktion von ‚Weiblichkeit' in der deutschen Literatur des Mittelalters. In: ‚Aufführung' und ‚Schrift' in Mittelalter und Früher Neuzeit. Hrsg. von Jan-Dirk Müller. Stuttgart/Weimar 1996 (Germanistische Symposien. Berichtsbände XVII), S. 222–238.
Gustav Adolf Benrath: Art. Ablaß. In: TRE 1, S. 347–364.
Klaus Bergdolt: Art. Temperamentenlehre. In: LMA 8, Sp. 533 f.
Klaus Bergdolt, Gundolf Keil: Art. Humoralpathologie. In: LMA 5, Sp. 211–213.
Karl Bertau: Über Literaturgeschichte. Literarischer Kunstcharakter und Geschichte der höfischen Epik um 1200. München 1983.
Karl Bertau: Schrift – Macht – Heiligkeit in den Literaturen des jüdisch-christlich-muslimischen Mittelalters. Hrsg. von Sonja Glauch. Berlin/New York 2005.
Frank Berzbach: Die Form der Schönheit. Über eine Quelle der Lebenskunst. Köln 2018.
Wolfgang Beutin: Diu werlt bin geheizen ich. Zur Deutung einer Dichtung Konrads von Würzburg (‚Der Welt Lohn'). In: Konrad von Würzburg. Seine Zeit, sein Werk, seine Wirkung (Tagung Würzburg 1987). Hrsg. von Horst Brunner. Jahrbuch der Oswald von Wolkenstein Gesellschaft 5 (1988/1989), S. 215–225.
Frank Bezner: *Latet Omne Verum*? Mittelalterliche ‚Literatur'-Theorie interpretieren. In: Text und Kultur. Mittelalterliche Literatur 1150–1450. Hrsg. von Ursula Peters. Stuttgart/Weimar 2001 (Germanistische Symposien. Berichtsbände [DVjs] XXIII), S. 573–611.
Frank Bezner: Michel Foucault. ‚Ich' als Kalkül. Abaelards ‚Historia calamitatum' diesseits des Autobiographischen. In: Abaelards ‚Historia calamitatum'. Text – Übersetzung – literaturwissenschaftliche Modellanalysen. Hrsg. von Dag Nikolaus Haase. Berlin et al. 2002, S. 140–177.
Franz Bezner: Vela veritatis. Hermeneutik, Wissen und Sprache in der Intellectual History des 12. Jahrhunderts. Leiden 2005 (Studien und Texte zur Geistesgeschichte des Mittelalters 85).
Frank Bezner: Wissensmythen. Lateinische Literatur und Rationalisierung im 12. Jahrhundert. In: Reflexion und Inszenierung von Rationalität in der mittelalterlichen Literatur. Blaubeurer Kolloquium 2006. Hrsg. von Klaus Ridder. Berlin 2008 (Wolframstudien XX), S. 41–71.

Claus Blessing: Sacramenta in quibus principaliter salus constat. Taufe, Firmung und Eucharistie bei Hugo von St. Viktor. Wien/Münster 2017 (Österreichische Studien zur Liturgiewissenschaft und Sakramententheologie 8).
Hartmut Bleumer: Wahrnehmung literarisch. Ein Versuch über ‚Parzival' und ‚Tristan' In: Das Mittelalter 8 (2003), S. 137–155.
Hartmut Bleumer: Paradies und Topos. Metamorphosen eines christlichen Mythos in der deutschen Literatur des Mittelalters. In: Religiöses Wissen im vormodernen Europa. Schöpfung – Mutterschaft – Passion. Hrsg. von Renate Dürr et al. München 2019, S. 73–118.
Lothar Bluhm: Hans Sachs, Jacob und Wilhelm Grimm: *Die ungleichen Kinder Evas*. Zur Entstehungsgeschichte von KHM 180. In: Grimm-Philologie. Beiträge zur Märchenforschung und Wissenschaftsgeschichte. Hrsg. von Lothar Bluhm. Hildesheim/Zürich/New York 1995 (Schriftenreihe Werke der Brüder Jacob Grimm und Wilhelm Grimm 2), S. 43–57.
Wilhelm Blum: Eine Verbindung der zwei Höhlengleichnisse der heidnischen Antike bei Gregor von Nyssa. In: Vigiliae Christianae 28 (1974), S. 43–49.
Wilhelm Blum: Höhlengleichnisse. Thema mit Variationen. Bielefeld 2004 (Aisthesis Essay 22).
Hans Blumenberg: Die Lesbarkeit der Welt. 8. Aufl. Frankfurt a. M. 2011 (Erstauflage 1981).
Andrée Kahn Blumstein: Misogyny and Idealization in the Courtly Romance. Bonn 1977 (Schriftenreihe Studien zur Germanistik, Anglistik und Komparatistik 41).
Daniela Bohde: Die Physiognomik Johann Caspar Lavaters oder der Versuch das Unsichtbare sichtbar zu machen. In: Zwischen Sichtbarkeit und Unsichtbarkeit. Visualität in Wissenschaft, Literatur und Kunst um 1800. Hrsg. von Jürgen Kaufmann, Martin Kirves, Dirk Uhlmann. Paderborn 2014 (Laboratorium Aufklärung 24), S. 159–183.
Johannes Bolte, Jiří Polívka: Anmerkungen zu den Kinder- und Hausmärchen der Brüder Grimm. Bd. 3. Leipzig 1918 (Nachdruck Hildesheim 1992).
Pierre Bourdieu: Die männliche Herrschaft. 5. Aufl. Frankfurt a. M. 2010.
Pierre Bourdieu: Die Regeln der Kunst. Genese und Struktur des literarischen Feldes. 5. Aufl. Frankfurt a. M. 2010.
Pierre Bourdieu: Das Haus oder die verkehrte Welt. In: ders.: Entwurf einer Theorie der Praxis Frankfurt a. M. 2012.
Pierre Bourdieu: Die feinen Unterschiede. Kritik der gesellschaftlichen Urteilskraft. 22. Aufl. Frankfurt a. M. 2012.
Félix Bourriot: Kalos Kagathos – Kalokagathia. D'un terme de propagande de sophistes à une notion sociale et philosophique. 2 Bd. Hildesheim 1995.
Katharina Bracht: Vollkommenheit und Schönheit in der altkirchlichen Theologie. In: Vollkommenheit. Ästhetische Perfektion in Antike, Mittelalter und Früher Neuzeit. Hrsg. von Verena Olejniczak Lobsien, Claudia Olk, Katharina Münchberg. Berlin/New York 2010 (Transformationen der Antike 13), S. 13–43.
Johannes Brachtendorf: Die Struktur des menschlichen Geistes nach Augustinus. Selbstreflexion und Erkenntnis Gottes in ‚De Trinitate'. Hamburg 2000 (Paradeigmata 19).
Rüger Brandt: Kleine Einführung in die mittelalterliche Poetik und Rhetorik. Mit Beispielen aus der deutschen Literatur des 11. bis 16. Jahrhunderts. Göppingen 1986 (Göppinger Arbeiten zur Germanistik 460).
Manuel Braun: Kristallworte, Würfelworte. Probleme und Perspektiven eines Projekts ‚Ästhetik mittelalterlicher Literatur'. In: Das fremde Schöne. Dimensionen des Ästhetischen in der Literatur des Mittelalters. Hrsg. von dems., Christopher Young. Berlin/New York 2007 (Trends in Medieval Philology 12), S. 1–40.
Claudia Brinker-von der Heyde: Geliebte Mütter – Mütterliche Geliebte. Rolleninszenierung in höfischen Romanen. Bonn 1996 (= Studien zur Germanistik, Anglistik und Komparatistik 123).

Claudia Brinker-von der Heyde: Durch Bildung zur Tugend: Zur Wissenschaftslehre des Thomasin von Zerclære. In: Artes im Mittelalter. Hrsg. von Ursula Schaefer. Berlin 1999, S. 33–52.
Claudia Brinker-von der Heyde: Der implizite Autor als (Re)creator: Legimitations- [sic!] und Erzählstrategien im Schöpfungsbericht der ‚Wiener Genesis'. In: Gottes Werk und Adams Beitrag. Formen der Interaktion zwischen Mensch und Gott im Mittelalter. Hrsg. von Thomas Honneger, Gerlinde Huber-Rebenich, Volker Leppin. Berlin 2014 (Das Mittelalter. Perspektiven mediävistischer Forschung. Beihefte 1), S. 313–325.
Henning Brinkmann: Schönheitsauffassung und Dichtung vom Mittelalter bis zum Rokoko. In: DVjs 11 (1933), S. 230–250.
Karl Heinz Brock: Adel, Tugend und Geblüt. Thesen und Beobachtungen zur Vorstellung des Tugendadels in der deutschen Literatur des 12. und 13. Jahrhunderts. In: PBB 100 (1978), S. 423–457.
Ulrich Broich: Formen der Markierung von Intertextualität. In: Intertextualität. Formen, Funktionen, anglistische Fallstudien. Hrsg. von Ulrich Broich, Manfred Pfister. Tübingen 1985.
Peter Brown: Autorität und Heiligkeit. Aspekte der Christianisierung des Römischen Reiches. Stuttgart 2016.
Elke Brüggen: Die Farben der Frauen. Semantiken der Colorierung des Weiblichen im *Parzival* Wolframs von Eschenbach. In: Die Farben imaginierter Welten. Zur Kulturgeschichte ihrer Codierung in Literatur und Kunst vom Mittelalter bis zur Gegenwart. Hrsg. von Monika Schausten. Berlin 2012, S. 201–225.
Elke Brüggen: Belacâne, Feirefiz und die anderen. Zur Narrativierung von Kulturkontakten im ‚Parzival' Wolframs von Eschenbach. In: Figuren des Globalen. Weltbezug und Welterzeugung in Literatur, Kunst und Medien. Hrsg. von Christian Moser, Linda Simonis. Göttingen 2014 (Global poetics 1), S. 657–669.
Elke Brüggen: swie ez ie kom, ir munt was rôt. Zur Handhabung der *descriptio* weiblicher Körperschönheit im *Parzival* Wolframs von Eschenbach. In: Literarischer Stil. Mittelalterliche Dichtung zwischen Konvention und Innovation. XXII. Anglo-German Colloquium Düsseldorf. Hrsg. von Elizabeth Andersen, Ricarda Bauschke-Hartung, Nicola McLelland, Silvia Reuvekamp. Berlin/Boston 2015, S. 391–411.
Elke Brüggen: Schwarze Sonne. Verweigerte Musterhaftigkeit bei der literarischen Evokation weiblicher Schönheit in Wolframs *Parzival*. In: Poetiken des Widerspruchs in vormoderner Erzählliteratur. Hrsg. von Elisabeth Lienert. Wiesbaden 2019, S. 201–217.
Edgar de Bruyne: Études d'esthétique médiévale. Bd. II. L'époque romane. Brügge 1946.
Edgar de Bruyne: Études d'esthétique médiévale. Bd. III. Le XIIIe siècle. Brügge 1946.
Rüdiger Bubner: Art. Kalokagathía. In: Historisches Wörterbuch der Philosophie. Bd. 4: I–K. Hrsg. von Joachim Ritter, Karlfried Gründer. Darmstadt 1976, Sp. 681.
Friedemann Buddensiek: Die Theorie des Glücks in Aristoteles' *Eudemischer Ethik*. Göttingen 1999 (Hypomnemata 125).
Joachim Bumke: Parzival und Feirefiz – Priester Johannes – Loherangrin. Der offene Schluß des *Parzival* von Wolfram von Eschenbach. In: DVjs 65 (1991), S. 236–264.
Joachim Bumke: Höfischer Körper – Höfische Kultur. In: Modernes Mittelalter. Neue Bilder einer populären Epoche. Hrsg. von Joachim Heinzle. Frankfurt a. M. 1994, S. 67–102.
Joachim Bumke: Die Blutstropfen im Schnee. Über Wahrnehmung und Erkenntnis im ‚Parzival' Wolframs von Eschenbach. Tübingen 2001 (Hermea 94).
Joachim Bumke: Wahrnehmung und Erkenntnis im *Parzival* Wolframs von Eschenbach. In: Text und Kultur. Mittelalterliche Literatur 1150–1450, Hrsg. von Ursula Peters, Stuttgart/Weimar 2001 (Germanistische Symposien. Berichtsbände [DVjs] XXIII), S. 355–370.
Joachim Bumke: Wolfram von Eschenbach. 8. völlig neu bearbeitete Ausgabe. Stuttgart/Weimar 2004 (Sammlung Metzler 36).

Joachim Bumke: Höfische Kultur. Literatur und Gesellschaft im hohen Mittelalter. 11. Aufl. München 2005.
Joachim Bumke: Retextualisierung in der mittelalterlichen Literatur, besonders in der höfischen Epik. In: Retextualisierung in der mittelalterlichen Literatur. Hrsg. von Joachim Bumke, Ursula Peters. Berlin 2005 (ZfdPh Sonderheft 124), S. 6–46.
Joachim Bumke: Der ‚Erec' Hartmanns von Aue. Eine Einführung. Berlin/New York 2006.
Iris Bunte: Der *Tristan* Gottfrieds von Straßburg und die Tradition der lateinischen Rhetorik. Tropen, Figuren und Topoi im höfischen Roman. Marburg 2014.
Susanne Bürkle: Die *Offenbarungen* der Margareta Ebner. Rhetorik der Weiblichkeit und der autobiographische Pakt. In: Weibliche Rede – Rhetorik der Weiblichkeit. Studien zum Verhältnis von Rhetorik und Geschlechterdifferenz. Hrsg. von Doerte Bischoff, Martina Wagner-Egelhaaf. Freiburg i.Br. 2003 (Reihe Litterae 93), S. 79–102.
Susanne Bürkle: ‚Kunst'-Reflexion aus dem Geiste der descriptio. Enites Pferd und der Diskurs artistischer Meisterschaft. In: Das fremde Schöne. Dimensionen des Ästhetischen in der Literatur des Mittelalters. Hrsg. von Manuel Braun, Christopher Young. Berlin/New York 2007 (Trends in Medieval Philology 12), S. 143–170.
Nathanael Busch: Höfische Obszönitäten? Ein ‚Rosendorn'-Fund und seine Folgen. In: ZfdA 148 (2019), S. 331–347.
Martha Busenkell: Das Schönheitsideal innerhalb der deutschen erzählenden Literatur von der karolingischen bis zur staufischen Epoche. Bonn 1941 (Univ.-Diss., masch.-schriftl., Exemplar der Universitätsbibliothek Bonn).
Britta Bußmann: Wiedererzählen, Weitererzählen und Beschreiben. Der *Jüngere Titurel* als ekphrastischer Roman. Heidelberg 2011.
Judith Butler: Die Macht der Geschlechternormen und die Grenzen des Menschlichen. Frankfurt a. M. 2011.
Judith Butler: Raster des Krieges. Warum wir nicht jedes Leid beklagen. Frankfurt a. M. 2010.
Christel Butterweck: Art. Tertullian. 3. Nachwirkung. In: TRE 33, Lieferung 1/2, Berlin 2001, S. 93–107.
Caroline Walker Bynum: Der Leib Christi im Spätmittelalter – Eine Erwiderung auf Leo Steinberg. In: dies.: Fragmentierung und Erlösung. Gender Studies. Frankfurt a. M. 1996, S. 61–108.
Caroline Walker Bynum: Der weibliche Körper und religiöse Praxis im Spätmittelalter. In: dies.: Fragmentierung und Erlösung. Gender Studies. Frankfurt a. M. 1996, S. 148–225.
Caroline Walker Bynum: Materielle Kontinuität, individuelles Überleben und die Auferstehung des Leibes: Eine scholastische Diskussion im Mittelalter und heute. In: dies.: Fragmentierung und Erlösung. Geschlecht und Körper im Glauben des Mittelalters. Frankfurt a. M. 1996, S. 226–301.
Joan Cadden: The Meanings of Sex Difference in the Middle Ages. Medicine, Science, and Culture. Cambridge (USA) 1993.
Martin Camargo: *Tria sunt:* The Long and the Short of Geoffrey of Vinsauf's *Documentum de modo et arte dictandi et versificandi*. In: Speculum 74 (1999), S. 935–955.
Rüdiger Campe: Vor Augen Stellen. Über den Rahmen rhetorischer Bildgebung. In: Poststrukturalismus. Herausforderung an die Literaturwissenschaft. Hrsg. von Gerhard Neumann. Stuttgart/Weimar 1997 (Germanistische Symposien. Berichtsbände XVIII), S. 208–225.
Eva-Maria Carne: Die Frauengestalten bei Hartmann von Aue. Ihre Bedeutung im Aufbau und Gehalt der Epen. Marburg 1970 (Marburger Beiträge zur Germanistik 31).
Emmanuel Chapman: Saint Augustine's Philosophy of Beauty. New York/London 1939.
Mark Chinca: Der Horizont der Transzendenz. Zur poetologischen Funktion sakraler Referenzen in den Erec-Romanen Chrétiens und Hartmanns. In: Literarische Säkularisierung im Mittelalter. Hrsg. von Susanne Köbele, Bruno Quast. Berlin 2014 (LTG 4), S. 21–38.

Kathrin Chlench: Die Wahrnehmung göttlichen Wirkens im interreligiösen Kontakt am Beispiel des 'Parzival' Wolframs von Eschenbach. In: Gottes Werk und Adams Beitrag. Formen der Interaktion zwischen Mensch und Gott im Mittelalter. Hrsg. von Thomas Honneger, Gerlinde Huber-Rebenich, Volker Leppin. Berlin 2014 (Das Mittelalter. Perspektiven mediävistischer Forschung. Beihefte 1), S. 63–76.

William A. Christian: Augustine on the Creation of the World. In: Harvard Theological Review 46 (1953), S. 1–25.

Alexandru N. Cizek: Das Bild von der idealen Schönheit in der lateinischen Dichtung des Mittelalters. In: Mittellateinisches Jahrbuch. Internationale Zeitschrift für Mediävistik 26 (1991), S. 5–35.

Alexandru N. Cizek: Imitatio et tractatio. Die literarisch-rhetorischen Grundlagen der Nachahmung in Antike und Mittelalter. Tübingen 1994 (Rhetorik-Forschungen 7).

August Closs: Weltlohn, Teufelsbeichte, Waldbruder. Beitrag zur Bearbeitung lateinischer Exempla in mhd. Gewande nebst einem Anhang: De eo qui duas volebat uxores. Heidelberg 1934.

August Closs: Weltlohn. Das Thema: Frau Welt und Fürst der Welt. In: ZfdPh 105 (1986), S. 77–82.

Jeffrey Jerome Cohen: On Saracen Enjoyment: Some Fantasies of Race in Late Medieval France and England. In: Journal of Medieval and Early Modern Studies 31,1 (2001), S. 113–146.

Nathalie Coilly, Marie-Hélène Tesnière (Hrsg.): Le Roman de la rose. L'art d'aimer au Moyen Âge. [Paris] 2012.

Christoph Cormeau: Art. Thomasin von Zerklaere. In: ²VL 9 (1995), Sp. 896–902.

Kevin Corrigan: The Soul-Body Relation in and before Augustine. In: Reason, Faith and Otherness in Neoplatonic and Early Christian Thought. Hrsg. von Kevin Corrigan. Farnham 2013 (zuerst in: Studia Patristica 43). Teilband X, S. 59–80.

Thomas Cramer: Zur Motivation der Schuld-Sühne-Problematik in Hartmanns *Erec*. In: Euphorion 66 (1972), S. 97–112.

Thomas Cramer: Pulchritudo et bonitas. Faste, pouvoir et éthique dans la littérature allemande vers l'an 1200. In: Pouvoir et culture du IX^è au XIII^è siècle en France du nord, en Angleterre et en Allemagne. Actes du Colloque de Soissons (28–30 Septembre 1987). Hrsg. von Danielle Buschinger. Greifswald 1993 (Wodan 21), S. 81–94.

Peter Czerwinski: *per visibilia ad invisibilia*. Texte und Bilder vor dem Zeitalter von Kunst und Literatur. In: Internationales Archiv für Sozialgeschichte der deutschen Literatur (IASL) 25,1 (2000), S. 1–94.

Gilbert Dahan: *Nigra sum sed formosa*. Aux origines d'un stéréotype? L'exégèse de Cantique 1,5 (4) aux xiie et xiiie siècles. In: Au cloître et dans le monde. Femmes, hommes et sociétés (ixe-xve siècle). Hrsg. von Patric Henriet, Anne-Marie Legras. Paris 2000 (Cultures et civilisations médiévales XXIII), S. 15–32.

Patrick Gautier Dalché: Zeit und Raum. In: Das leuchtende Mittelalter. Hrsg. von Jacques Dalarun. Aus dem Französischen von Birgit Lamerz-Beckschäfer. 2. Aufl. Darmstadt 2006, S. 22–51.

Philip Davies: 'Kalos kagathos' and Scholarly Perceptions of Spartan Society. In: Historia 62,3 (2013), S. 259–279.

Deutsches Wörterbuch von Jacob Grimm und Wilhelm Grimm. Fotomechanischer Nachdruck der Erstausgabe 1862. München 1984.

Cora Dietl: Isold und Feirefîz. Fremde Spiegelbilder der Helden. In: Impulse und Resonanzen. Tübinger mediävistische Beiträge zum 80. Geburtstag von Walter Haug. Hrsg. von Gisela Vollmann-Profe et al. Tübingen 2007, S. 167–177.

Carolyn Dinshaw: Getting Medieval: Sexualities and Communities, Pre- and Postmodern. Durham/London 1999.

Mechthild Dreyer: Die Wirkkraft des Wortes: Zur Auseinandersetzung mit dem Islam am Beispiel von Petrus Venerabilis und Bernhard von Clairvaux. In: Revista Portuguesa de Filosofia 60,3 (2004), S. 621–632.

Reinhard Düchting: Sexualität in der Liebeslyrik der *Carmina Burana*. In: Sexualität im Gedicht. 11. Kolloquium der Forschungsstelle für europäische Lyrik. Hrsg. von Theo Stemmler, Stefan Horlacher. Mannheim 2000, S. 51–64.

Imke Dunkake, Thomas Kiechle, Markus Klein, Ulrich Rosar: Schöne Schüler, schöne Noten? Eine empirische Untersuchung zum Einfluss der physischen Attraktivität von Schülern auf die Notenvergabe durch Lehrpersonal. In: Zeitschrift für Soziologie 41,2 (2012), S. 142–161.

Helmut Dworschark: Milch und Acker. Körperliche und sexuelle Aspekte der religiösen Erfahrung. Am Beispiel der Bußdidaxe des Strickers. Bern et al. 2003 (Deutsche Literatur von ihren Anfängen bis 1700–40).

Umberto Eco: Kunst und Schönheit im Mittelalter. 8. Aufl. München 2011.

Daniel Eder: Der Natureingang im Minnesang. Studien zur Register- und Kulturpoetik der höfischen Liebeskanzone. Tübingen 2016 (Bibliotheca germanica 66).

Daniel Eder: Diskurstechniken literarischer Rede als Kunst der Möglichkeiten. Kulturwissenschaftliche Überlegungen zum Natureingang im Minnesang. In: Poetica 48 (2016), S. 23–58.

Brigitte Edrich-Porzberg: Studien zur Überlieferung und Rezeption von Hartmanns Erec. Göppingen 1994 (Göppinger Arbeiten zur Germanistik 557).

Margreth Egidi: Höfische Liebe: Entwürfe der Sangspruchdichtung. Literarische Verfahrensweisen von Reinmar von Zweter bis Frauenlob. Heidelberg 2002 (Beihefte zur GRM 17).

Otfrid Ehrismann: Enite. Handlungsbegründungen in Hartmanns von Aue ‚Erec'. In: ZfdPh 98 (1979), S. 321–344.

Otfrid Ehrismann: Eine Einführung in das Werk Walthers von der Vogelweide. Darmstadt 2008.

Karl Eibl: Rez. Josef H. Reichholf: Der Ursprung der Schönheit. Darwins größtes Dilemma. In: Arbitrium 30 (2012), S. 14–19.

Caroline Emmelius: Intertextualität. In: Literatur- und Kulturtheorien in der Germanistischen Mediävistik. Ein Handbuch. Hrsg. von Christiane Ackermann, Michael Egerding. Berlin/Boston 2015, S. 275–289.

Garrett P.J. Epp: Learning to write with Venus's Pen: Sexual Regulation in Matthew of Vendôme's *Ars versificatoria*. In: Desire and Discipline: Sex and Sexuality in the premodern West. Hrsg. von Konrad Eisenbichler, Jacqueline Murray. Toronto 1996, S. 265–279.

Ulrich Ernst: Der Antagonismus von *vita carnalis* und *vita spiritualis* im *Gregorius* Hartmanns von Aue. Versuch einer Werkdeutung im Horizont der patristischen und monastischen Tradition. In: Euphorion 72 (1978), S. 160–226 u. Euphorion 73 (1979), S. 1–105.

Ulrich Ernst: Formen analytischen Erzählens im *Parzival* Wolframs von Eschenbach. Marginalien zu einem narrativen System des Hohen Mittelalters. In: Erzählstrukturen der Artusliteratur. Forschungsgeschichte und neue Ansätze. Hrsg. von Friedrich Wolfzettel, Peter Ihring. Tübingen 1998, S. 165–198.

Ulrich Ernst: Differentielle Leiblichkeit. Zur Körpersemantik im epischen Werk Wolframs von Eschenbach. In: Wolfram von Eschenbach – Bilanzen und Perspektiven. Eichstätter Kolloquium 2000. Hrsg. von Wolfgang Haubrichs, Eckart C. Lutz, Klaus Ridder. Berlin 2002 (Wolfram-Studien 17), S. 182–222.

Ulrich Ernst: Lüge, *integumentum* und Fiktion in der antiken und mittelalterlichen Dichtungstheorie: Umrisse einer Poetik des Mendakischen. In: Das Mittelalter 9,2 (2004), S. 73–100.

Josef Eßer: Die Schöpfungsgeschichte in der „Altdeutschen Genesis" (Wiener Genesis V. 1–231). Kommentar und Interpretation. Göppingen 1987 (Göppinger Arbeiten zur Germanistik 455).

Gustav Falke: Der Pfau kommt ganz gut rüber. FAZ 231/2003, S. 41.

Helmut Famira: Feirefîz, der zweier varwe was. In: Seminar. A Journal of Germanic Studies 22 (1986), S. 267–276.

Edmond Faral: Les arts poétiques du XIIe et du XIIIe siècle. Recherches et Documents sur la Technique littéraire du Moyen Age. Paris 1924.
Edmond Faral: Le manuscrit 511 du ‚Hunterian Museum' de Glasgow. In: Studi medievali. Nuova serie 9 (1936), S. 18–119.
Werner Fechter: Absalom als Vergleichs- und Beispielfigur im mittelhochdeutschen Schrifttum. In: PBB 83 (1962), S. 302–316.
Ruth Finckh: Minor Mundus Homo. Studien zur Mikrokosmos-Idee in der mittelalterlichen Literatur. Göttingen 1999 (Palaestra 306).
Hubertus Fischer: Tod unter Heiden. Gahmuret und Vivianz. In: Gott und Tod. Tod und Sterben in der höfischen Kultur des Mittelalters. Hrsg. von Susanne Knaeble, Silvan Wagner, Viola Wittmann. Berlin 2011 (bayreuther forum TRANSIT 10), S. 135–147.
Rodney Fisher: Erecs Schuld und Enitens Unschuld. In: Euphorion 69 (1975), S. 159–174.
Kurt Flasch: Augustin. Einführung in sein Denken. 4. Aufl. Stuttgart 2013.
Kurt Flasch: Das philosophische Denken im Mittelalter. Von Augustin zu Machiavelli. 3. Aufl. Stuttgart 2013.
Kurt Flasch: Eva und Adam. Wandlungen eines Mythos. 2. Aufl. München 2015.
Michel Foucault: Archäologie des Wissens. 15. Aufl. Frankfurt a. M. 2011.
Michel Foucault: Ästhetik der Existenz. Schriften zur Lebenskunst. 2. Aufl. Frankfurt a. M. 2008.
Michel Foucault: Die Ordnung der Dinge. Eine Archäologie der Humanwissenschaften. 21. Aufl. Frankfurt a. M. 2009.
Michel Foucault: Die Ordnung des Diskurses. 13. Aufl. Frankfurt a. M. 2014 (= Antrittsvorlesung am Collège de France, 2. Dezember 1970).
Michel Foucault: Die Regierung der Lebenden. Vorlesung am Collège de France 1979–1980. Frankfurt a. M. 2014.
Michel Foucault: Hermeneutik des Subjekts. 2. Aufl. Frankfurt a. M. 2011.
Michel Foucault: Sexualität und Wahrheit 1. Der Wille zum Wissen. Frankfurt a. M. 1983.
Michel Foucault: Sexualität und Wahrheit 2. Der Gebrauch der Lüste. 10. Aufl. Frankfurt a. M. 2008.
Michel Foucault: Sexualität und Wahrheit 3. Die Sorge um sich. 11. Aufl. Frankfurt a. M. 2012.
Michel Foucault: Sexualität und Wahrheit 4. Die Geständnisse des Fleisches. Hrsg. v. Frédéric Gros. Berlin 2019.
Michel Foucault: Zur Genealogie der Ethik: Ein Überblick über die laufende Arbeit. In: Michel Foucault: Schriften in vier Bänden. Dits et Ecrits. Band IV. 1980–1988. Hrsg. von Daniel Defert, François Ewald. Frankfurt a. M. 2005, S. 461–498.
Walter K. Francke: The Function of ‚wis' in the Characterization of Gahmuret, Gawan and Parzival. In: Modern Language Notes (MLN) 87,3 (1972), S. 409–418.
Jesko Friedrich: Phraseologisches Wörterbuch des Mittelhochdeutschen. Tübingen 2006.
Ute Frietsch: Art. Die Ordnung der Dinge. In: Foucault-Handbuch. Leben – Werk – Wirkung. Hrsg. von Clemens Kammler, Rolf Parr, Ulrich Johannes Schneider. Stuttgart 2014, S. 38–50.
Karsten Friis-Jensen: The *Ars Poetica* in Twelfth-Century France. The Horace of Matthew of Vendôme, Geoffrey of Vinsauf, and John of Garland. In: Cahiers de l'institut du moyen-âge grec et latin, Université de Copenhague 60 (1990), S. 319–388.
Waltraud Fritsch-Rößler: *schœne unde guot*. Zur Kalokagathie. In: Ehre und Mut, Aventiure und Minne. Höfische Wortgeschichten aus dem Mittelalter. Hrsg. von Otfried Ehrismann. München 1995, S. 189–194.
Gerhard Fröhlich, Boike Rehbein (Hrsg.): Bourdieu-Handbuch. Leben – Werk – Wirkung. Stuttgart/ Weimar 2009.
Stephan Fuchs-Jolie: *al naz von roete* (*Tit.* 115,1). Visualisierung und Metapher in Wolframs Epik. In: Wahrnehmung im „Parzival" Wolframs von Eschenbach. Actas do Colóquio Internacional 15 e 16 de Novembro de 2002. Hrsg. von John Greenfield. Porto 2004, S. 243–278.

Daniela Fuhrmann: Ein eigennütziger *houptman der wâren zuht*? Die Ambivalenz der Ratgeber-Figuren in Wolframs ‚Parzival'. In: PBB 140,4 (2018), S. 458–488.
Kurt Gärtner: Art. Vita beate virginis Marie et Salvatoris rhythmica. In: ²VL 10 (1999), Sp. 436–443.
Kurt Gärtner: Art. Wernher der Schweizer. In: ²VL 10 (1999), Sp. 953–957.
Bent Gebert: Poetik der Tugend. Zur Semantik und Anthropologie des Habitus in höfischer Epik. In: Text und Normativität im deutschen Mittelalter. XX. Anglo-German Colloquium. Hrsg. von Elke Brüggen, Franz-Josef Holznagel et al. Berlin et al. 2012, S. 143–168.
Jürgen Geiss: Art. Weltlohn. In: ²VL 10 (1999), Sp. 838–840.
Constanze Geisthardt: Nichts als Worte: Die Problematik sprachlicher Vermittlung von Heil in Rudolfs von Ems ‚Barlaam und Josaphat'. In: Barlaam und Josaphat. Neue Perspektiven auf ein europäisches Phänomen. Hrsg. von Matthias Meyer, Constanza Cordoni. Berlin/München/Boston 2015, S. 101–139.
Irmgard Gephart: Das Unbehagen des Helden. Schuld und Scham in Hartmanns von Aue ‚Erec'. Frankfurt a. M. et al. 2005 (Kultur, Wissenschaft, Literatur 8).
Christoph Gerhardt: Wolframs Adlerbild ‚Willehalm' 189,2–24. In: ZfdA 99 (1970), S. 213–222.
Christoph Gerhardt: Die Metamorphosen des Pelikans. Frankfurt a. M. 1979 (Trierer Studien zur Literatur 1).
Annette Gerok-Reiter: Körper – Zeichen. Narrative Steuermodi körperlicher Präsenz am Beispiel von Hartmanns *Erec*. In: Körperkonzepte im arthurischen Roman. Hrsg. von Friedrich Wolfzettel. Tübingen 2007, S. 405–430.
Albert Gier: *Cil dormi et cele veilla*: ein Reflex des literarischen Gesprächs im Fabliaux. In: Zeitschrift für romanische Philologie 102 (1986), S. 88–93.
Sonja Glauch: Inszenierung der Unsagbarkeit. Rhetorik und Reflexion im höfischen Roman. In: ZfdA 132 (2003), S. 148–176.
Allison Glazebrook: Cosmetics and *Sôphrosunê*: Ischomachos' Wife in Xenophon's *Oikonomikos*. In: The Classical World 102,3 (2009), S. 233–248.
Robert Glendinning: Gottfried von Straßburg and the School-Tradition. In: DVjs 61 (1987), S. 617–638.
Ingeborg Glier: Art. Meister Altswert. In: ²VL 1 (1978), Sp. 319 f.
Uta Goerlitz, Wolfgang Haubrichs: Einleitung. In: Integration oder Desintegration? Heiden und Christen im Mittelalter. Hrsg. von Uta Goerlitz, Wolfgang Haubrichs. LiLi 156 (2009), S. 5–11.
Hans-Werner Goetz: Gott und die Welt. Religiöse Vorstellungen des frühen und hohen Mittelalters. Teil I, Band 2: II. Die materielle Schöpfung: Kosmos und Welt. III. Die Welt als Heilsgeschehen. Berlin 2012 (Orbis mediaevalis. Vorstellungswelten des Mittelalters 13.2).
Hans-Werner Goetz: Die Wahrnehmung anderer Religionen und christlich-abendländisches Selbstverständnis im frühen und hohen Mittelalter (5.–12. Jahrhundert). Bd. 1. Berlin 2013.
Hans-Werner Goetz: What is Heretic in Christian Heresies? The Perspective of Early Medieval Catholic Authors. In: Millennium-Jahrbuch 10 (2013), S. 373–384.
Dagmar Gottschall: Konrad von Megenbergs *Buch von den natürlichen Dingen*. Ein Dokument deutschsprachiger Albertus Magnus-Rezeption im 14. Jahrhundert. Leiden et al. 2004 (Studien und Texte zur Geistesgeschichte des Mittelalters 83).
Stefanie A. Goyette: Milk or Blood?: Generation and Speech in Chrétien de Troyes' *Perceval, ou le Conte du grail*. In: Arthuriana 26,4 (2016), S. 130–151.
Martin Grabmann: Des Ulrich Engelberti von Strassburg O. Pr. († 1277) Abhandlung De pulchro. Untersuchungen und Texte. Vorgetragen am 7. November 1925. In: Sitzungsberichte der Bayerischen Akademie der Wissenschaften. Philosophisch-philologische und historische Klasse. Jahrgang 1925, 5. Abhandlung. München 1926.
Peter Graf: Strahlende Schönheit als Leitlinie höfischer Vollendung. Eine Untersuchung zur Gestalt und Funktion des Schönen in den Romanen Chrétien de Troyes' [sic]. München 1974 (Univ.-Diss., maschinenschriftl.).

Ernesto Grassi: Die Theorie des Schönen in der Antike. Köln 1980.
Kathryn Gravdal: Ravishing Maidens. Writing Rape in Medieval French Literature and Law. Philadelphia 1991.
Jacob Grimm: Die ungleichen Kinder Evas. In: ZfdA 2 (1843), S. 257–267.
Arthur Groos: Treating the Fisher King (*Parzival*, Book IX). In: German Narrative Literature of the Twelfth and Thirteenth Centuries. Studies presented to Roy Wisbey on his sixty-fifth Birthday. Hrsg. von Volker Honemann et al. Tübingen 1994, S. 275–304.
Klaus Grubmüller: *Natûre ist der ander got*. Zur Bedeutung von *natûre* im Mittelalter. In: Natur und Kultur in der deutschen Literatur des Mittelalters. Colloquium Exeter 1997. Hrsg. von Alan Robertshaw, Gerhard Wolf. Tübingen 1999, S. 3–17.
Arno Gruen: Der Fremde in uns. 13. Aufl. München 2018.
Getrud Grünkorn: Die Fiktionalität des höfischen Romans um 1200. Berlin 1994 (Philologische Studien und Quellen 129).
Bernhard Dietrich Haage: Prolegomena zu Anfortas' Leiden im ‚Parzival' Wolframs von Eschenbach. In: Würzburger medizinhistorische Mitteilungen 3 (1985), S. 101–126.
Alois Haas: *Et descendit de caelo* γνῶθι σεαυτόν (Juvenal, Satir. XI, 27). Dauer und Wandel eines mystologischen Motivs. In: ZfdA 108,2 (1979), S. 71–95.
Alois Haas: Christliche Aspekte des ‚gnothi seauton'. Selbsterkenntnis und Mystik. In: ZfdA 110,2 (1981), S. 71–96.
Vivien Hacker: Die Konstruktion der weiblichen Natur als Domestizierung der Frau. Zu Aspekten der Weiblichkeit bei Nicolosa Sanuda, Niklas von Wyle und Albrecht von Eyb. In: Natur und Kultur in der deutschen Literatur des Mittelalters. Colloquium Exeter 1997. Hrsg. von Alan Robertshaw, Gerhard Wolf. Tübingen 1999, S. 139–149.
Harald Haferland: Höfische Interaktion. Interpretationen zur höfischen Epik und Didaktik um 1200. München 1988 (Forschungen zur Geschichte der älteren deutschen Literatur 10).
Albrecht Hagenlocher: Littera meretrix. Brun von Schönebeck und die Autorität der Schrift im Mittelalter. In: ZfdA 118 (1989), S. 131–163.
Ingrid Hahn: Parzivals Schönheit. Zum Problem des Erkennens und Verkennens im ‚Parzival'. In: Verbum et signum. Beiträge zur mediävistischen Bedeutungsforschung. Studien zu Semantik und Sinntradition im Mittelalter. Bd. 2. Hrsg. von Hans Fromm, Wolfgang Harms, Uwe Ruberg. München 1975, S. 203–232.
Ingrid Hahn: Zur Theorie der Personenerkenntnis in der deutschen Literatur des 12. bis 14. Jahrhunderts. In: PBB 99 (1977), S. 395–444.
Ingrid Hahn: Die Frauenrolle in Hartmanns ‚Erec'. In: Sprache und Recht. Beiträge zur Kulturgeschichte des Mittelalters. Festschrift für Ruth Schmidt-Wiegand zum 60. Geburtstag. Bd. 1. Hrsg. von Karl Hauck et al. Berlin/New York 1986, S. 172–190.
Andy Hamilton: Scruton's Philosophy of Culture: Elitism, Populism, and Classic Art. In: BJAesthetics 49 (2009), S. 389–404.
Byung-Chul Han: Die Errettung des Schönen. 4. Aufl. Frankfurt a.M 2016.
Burkhard Hasebrink: Gawans Mantel: Effekte der Evidenz in der Blutstropfenszene des ‚Parzival'. In: Texttyp und Textproduktion in der deutschen Literatur des Mittelalters. Hrsg. von Elizabeth Andersen, Manfred Eikelmann, Anne Simon. Berlin/New York 2005 (Trends in Medieval Philology 7), S. 237–247.
Verena Haser: Metaphor, Metonymy, and Experientialist Philosophy. Challenging Cognitive Semantics. Berlin et al. 2005.
Wolfgang Haubrichs: Die Anfänge. Versuche volkssprachlicher Schriftlichkeit im frühen Mittelalter (ca. 700–1050/60). Tübingen 1995 (Joachim Heinzle [Hrsg.]: Geschichte der deutschen Literatur von den Anfängen bis zum Beginn der frühen Neuzeit. Bd. I,1).

Wolfgang Haubrichs: Memoria und Transfiguration. Die Erzählung des Meisterknappen vom Tode Gahmurets („Parzival" 105,1–108,30). In: Erzählungen in Erzählungen. Phänomene der Narration in Mittelalter und Früher Neuzeit. Hrsg. von Harald Haferland, Michael Mecklenburg. München 1996 (Forschungen zur Geschichte der älteren deutschen Literatur 19), S. 125–154.

Wolfgang Haubrichs: Bekennen und Bekehren (*confessio* und *conversio*). Probleme einer historischen Begriffs- und Verhaltenssemantik im zwölften Jahrhundert. In: Aspekte des 12. Jahrhunderts. Freisinger Kolloquium 1998. Hrsg. von Wolfgang Haubrichs, Eckart C. Lutz, Gisela Vollmann-Profe (Wolfram-Studien 16 [2000]), S. 121–156.

Walter Haug: Die Symbolstruktur des höfischen Epos und ihre Auflösung bei Wolfram von Eschenbach. In: DVjs 45 (1971), S. 668–705, hier S. 690 (erneut in: ders.: Strukturen als Schlüssel zur Welt. Kleine Schriften zur Erzählliteratur des Mittelalters. Tübingen 1989, S. 483–512).

Walter Haug: Gebet und Hieroglyphe. Zu Bild- und Architekturbeschreibung in der mittelalterlichen Dichtung. In: ZfdA 106 (1977), S. 163–183.

Walter Haug: der aventiure meine. In: Walter Haug: Strukturen als Schlüssel zur Welt. Kleine Schriften zur Erzählliteratur des Mittelalters. Tübingen 1989, S. 447–463 (zuerst in: Peter Kesting [Hrsg.]: Würzburger Prosastudien, 2. Untersuchungen zur Literatur und Sprache des Mittelalters. Kurt Ruh zum 60. Geburtstag. Würzburg 1975 [Medium Aevum 31], S. 93–111).

Walter Haug: Warum versteht Parzival nicht, was er hört und sieht? Erzählen zwischen Handlungsschematik und Figurenperspektive bei Hartmann und Wolfram. In: ders.: Positivierung von Negativität. Letzte kleine Schriften. Hrsg. von Ulrich Barton. Tübingen 2008, S. 141–156 (zuerst in: John Greenfield [Hrsg.]: Wahrnehmung im „Parzival" Wolframs von Eschenbach. Actas do Colóquio Internacional 15 e 16 de Novembro de 2002. Porto 2004, S. 37–66).

Walter Haug: Die mittelalterliche Literatur im kulturhistorischen Rationalisierungsprozeß. Einige grundsätzliche Erwägungen. In: ders.: Positivierung von Negativität. Letzte kleine Schriften. Hrsg. von Ulrich Barton. Tübingen 2008, S. 14–30.

Walter Haug: Die ‚Theologisierung' höfischen Romans in Wolframs von Eschenbach ‚Parzival' und in der ‚Queste del Saint Graal'. In: ders.: Positivierung von Negativität. Letzte kleine Schriften. Hrsg. von Ulrich Barton. Tübingen 2008, S. 157–171.

Walter Haug: Gibt es eine mittelalterliche Ästhetik aus platonischer Tradition? In: ders.: Positivierung von Negativität. Letzte kleine Schriften. Hrsg. von Ulrich Barton. Tübingen 2008, S. 251–270.

Walter Haug: Das dunkle Licht. Lichtmetaphorik und Lichtmetaphysik bei Dionysius Areopagita, Johannes Scotus Eriugena und Nicolaus Cusanus. In: ders.: Positivierung von Negativität. Letzte kleine Schriften. Hrsg. von Ulrich Barton. Tübingen 2008, S. 271–285.

Walter Haug: Literaturtheorie im deutschen Mittelalter. Von den Anfängen bis zum Ende des 13. Jahrhunderts. Nachdruck der 2. Aufl. 1992. Darmstadt 2009.

Barbara Haupt: Literarische Bildbeschreibung im Artusroman – Tradition und Aktualisierung: Zu Chrestiens Beschreibung von Erecs Krönungsmantel und Zepter. In: Zeitschrift für Germanistik 9 (1999), S. 557–585.

Barbara Haupt: Der schöne Körper in der höfischen Epik. In: Körperinszenierungen in mittelalterlicher Literatur. Kolloquium am Zentrum für interdisziplinäre Forschung der Universität Bielefeld (18. bis 20 März 1999). Hrsg. von Klaus Ridder, Otto Langer. Berlin 2002 (Körper. Zeichen. Kultur 11), S. 47–73.

Thomas Haye: Der *Laborintus* Eberhards des Deutschen. Zur Überlieferung und Rezeption eines spätmittelalterlichen Klassikers. In: Revue d'Histoire des Textes 8 (2013), S. 339–370.

Susanne Heckel: ‚die wîbes missewende vlôch' (113,12). Rezeption und Interpretation der Herzeloyde. In: Schwierige Frauen – schwierige Männer in der Literatur des Mittelalters. Hrsg. von Alois M. Haas, Ingrid Kasten. Bern et al. 1999, S. 35–52.

Joachim Heinzle: Die Heiden als Kinder Gottes. Notiz zum ‚Willehalm'. In: ZfdA 123,3 (1994), S. 301–308.

Joachim Heinzle: Wolfram von Eschenbach. Dichter der ritterlichen Welt. Leben, Werke, Nachruhm. Basel 2019.

Sarah-Grace Heller: Light as Glamour: The Luminiscent Ideal of Beauty in the *Roman de la Rose*. In: Speculum 76 (2001), S. 934–959.

Karl Helm: Zu Heinrich von Mügeln. III. Heinrich von Mügeln, Heinrich von Neustadt und Alanus de Insulis. In: PBB 22 (1897), S. 135–151.

Silvia Hermann: ôwê, war jagt mich mîn gelust? Überlegungen zur Relation von Raum und Identität in den Gahmuret-Büchern des ‚Parzival' Wolframs von Eschenbach. In: Studies in the Role of Cities in Arthurian Literature and in the Value of Arthurian Literature for a Civic Identity. When Arthuriana Meet Civic Spheres. Hrsg. von Cora Dietl, Claudia Lauer. Lewiston/Queenston/Lampeter 2009, S. 71–94.

Carolina Ponce Hernández: La construcción retórica de los discursos en el *Laborintus* de Everardo el Alemán. In: Le *poetriae* del medioevo latino. Modelli, fortuna, commenti. Hrsg. von Gian Carlo Alessio, Domenico Losappio. Venedig 2018 (Filologie medievali e moderne. Serie occidentale 12), S. 195–203.

Otto Hiltbrunner: Exterior Homo. In: Vigiliae Christianae 5 (1951), S. 55–60.

Berthold Hinz: Venus – Luxuria – Frau Welt. Vom Wunschbild zum Albtraum zur Allegorie. In: Münchner Jahrbuch der bildenden Kunst 54 (2003), S. 83–104.

Klaus Hofbauer: Gott und der Welt gefallen. Geschichte eines gnomischen Motivs im hohen Mittelalter. Frankfurt a. M. et al. 1997 (Europäische Hochschulschriften, Reihe I 1630).

Ulrich Hoffmann: Arbeit an der Literatur. Zur Mythizität der Artusromane Hartmanns von Aue. Berlin 2012 (LTG 2).

Franz-Josef Holznagel: Der Weg vom Bekannten zum weniger Bekannten. Zur diskursiven Verortung der Minnebîspel aus dem Cod. Vindob. 2705. In: Dichtung und Didaxe. Lehrhaftes Sprechen in der deutschen Literatur des Mittelalters. Hrsg. von Henrike Lähnemann, Sandra Linden. Berlin/New York 2009, S. 239–252.

Christoph Horn: Kalokagathie. In: Staat und Schönheit. Möglichkeiten und Perspektiven einer Staatskalokagathie. Hrsg. von Otto Depenheuer. Wiesbaden 2005, S. 23–32.

Stephan Hotz: Mohammed und seine Lehre in der Darstellung abendländischer Autoren vom späten 11. bis zur Mitte des 12. Jahrhunderts. Aspekte Quellen und Tendenzen in Kontinuität und Wandel. Frankfurt a. M. 2002 (Studien zur klassischen Philologie 137).

Jules Houdoy: La beauté des femmes dans la littérature et dans l'art du XIIe au XVIe siècle. Analyse du livre de A. Niphus Du beau et de l'amour. Paris 1876.

Christoph Huber: Höfischer Roman als Integumentum? Das Votum Thomasins von Zerklaere. In: ZfdA 115 (1986), S. 79–100.

Christoph Huber: Die Aufnahme und Verarbeitung des Alanus ab Insulis in mittelhochdeutschen Dichtungen. Untersuchungen zu Thomasin von Zerklære, Gottfried von Straßburg, Frauenlob, Heinrich von Neustadt, Heinrich von St. Gallen, Heinrich von Mügeln und Johannes von Tepl. München 1988 (MTU 89).

Christoph Huber: Die personifizierte Natur. Gestalt und Bedeutung im Umkreis des Alanus ab Insulis und seiner Rezeption. In: Bildhafte Rede in Mittelalter und früher Neuzeit. Probleme ihrer Legitimation und ihrer Funktion. Hrsg. von Herfried Vögel et al. Tübingen 1992, S. 151–172.

Christoph Huber: Merkmale des Schönen und volkssprachliche Literarästhetik. Zu Hartmann von Aue und Gottfried von Straßburg. In: Das fremde Schöne. Dimensionen des Ästhetischen in der

Literatur des Mittelalters. Hrsg. von Manuel Braun, Christopher Young. Berlin/New York 2007 (Trends in Medieval Philology 12), S. 111–142.
Hanspeter Mario Huber: Licht und Schönheit in Wolframs ‚Parzival'. Zürich 1981.
Annemarie Hübner: Das Hohe Lied des Brun von Schonebeck und seine Quelle. In: Festgabe für Ulrich Pretzel zum 65. Geburtstag dargebracht von Freunden und Schülern. Hrsg. von Wolfgang Bachofer, Wolfgang Dittmann, Werner Simon. Berlin 1963, S. 43–54.
Gert Hübner: Frauenpreis. Studien zur Funktion der laudativen Rede in der mittelhochdeutschen Minnekanzone. 2 Bd. Baden-Baden 1996 (Saecvla spiritalia 34).
Gert Hübner: *evidentia*. Erzählformen und ihre Funktion. In: Historische Narratologie, mediävistische Perspektiven. Hrsg. von Harald Haferland, Matthias Meyer. Berlin/New York 2010 (Trends in Medieval Philology 19), S. 119–147.
Gert Hübner: Der künstliche Baum. Höfischer Roman und poetisches Erzählen. In: PBB 136,3 (2014), S. 415–471.
Gert Hübner: Ältere deutsche Literatur. Eine Einführung. 2. Aufl. Tübingen 2015, S. 235–265.
David F. Hult: Poetry and the Translation of Knowledge in Jean de Meun. In: Poetry, Knowledge and Community in late medieval France. Hrsg. von Rebecca Dixon, Finn E. Sinclair. Suffolk 2008 (Gallica 13), S. 19–41.
Bernhard Huß: Xenophons Symposion. Ein Kommentar. Stuttgart/Leipzig 1999 (Beiträge zur Altertumskunde 125).
Rainer Ilgner: Scito te ipsum – *Ethica nostra*. Zu Herkunft und Bedeutung des Titels von Abaelards Ethik. In: Theologie und Philosophie 72,2 (2001), S. 253–270.
Ivan Illich: Im Weinberg des Textes. Als das Schriftbild der Moderne entstand. 2. Aufl. München 2014 (original als: L'Ere du livre. Paris/Cuernavaca 1990).
Ruedi Imbach: Selbsterkenntnis und Dialog: Aspekte des philosophischen Denkens im 12. Jahrhundert. In: Aspekte des 12. Jahrhunderts. Freisinger Kolloquium 1998. Hrsg. von Wolfgang Haubrichs, Eckart C. Lutz, Gisela Vollmann-Profe. (Wolfram-Studien 16 [2000]), S. 11–28.
Andrea Imig: Luzifer als Frau? Zur Ikonographie der frauengestaltigen Schlange in Sündenfalldarstellungen des 13. bis 16. Jahrhunderts. Hamburg 2009.
Timothy R. Jackson: Typus und Poetik. Studien zur Bedeutungsvermittlung in der Literatur des deutschen Mittelalters. Heidelberg 2003 (Euphorion. Beihefte 45).
C. Stephen Jaeger: Cathedral Schools and Humanist Learning, 950–1150. In: DVjs 61 (1987), S. 569–616.
C. Stephen Jaeger: Die Entstehung höfischer Kultur. Vom höfischen Bischof zum höfischen Ritter. Berlin 2001.
Wolfgang Janke: Art. Schönheit. Platonisch-ästhetisch. In: TRE 30 (Berlin/New York 1999), S. 235–239.
Johannes Janota: wunter und wunne. Zur Poetik im Heptameron der ‚Wiener Genesis'. In: Mittelalterliche Poetik in Theorie und Praxis. Festschrift für Fritz Peter Knapp. Hrsg. von Thordis Hennings, Manuela Niesner, Christoph Roth et al. Berlin 2009, S. 21–28.
Benedikt Jeßing: Die Blutstropfenepisode. Ein Versuch zu Wolframs *Parzival*. In: *bickelwort* und *wildiu mære*. Festschrift für Eberhard Nellmann zum 65. Geburtstag. Hrsg. von Dorothee Lindemann, Berndt Volkmann, Klaus-Peter Wegera. Göppingen 1995 (Göppinger Arbeiten zur Germanistik 618), S. 120–143.
L. Peter Johnson: Parzival's Beauty. In: Approaches to Wolfram von Eschenbach. 5 Essays. Hrsg. von Dennis H. Green/L. Peter Johnson. Bern 1978 (Mikrokosmos 5), S. 273–294.
Marc-René Jung: Études sur le poème allégorique en France au moyen âge. Bern 1971 (Romanica helvetica 82).
Clemens Kammler, Rolf Parr, Ulrich Johannes Schneider (Hrsg.): Foucault-Handbuch. Leben – Werk – Wirkung. Stuttgart/Weimar 2014.

Satoshi Kanazawa, Mary C. Still: Is there Really a Beauty Premium or an Ugliness Penalty on Earnings. In: Journal of Business and Psychology 33,2 (2017), S. 249–262.
Roland Kany: Augustins Trinitätsdenken. Bilanz, Kritik und Weiterführung der modernen Forschung zu ‚De trinitate'. Tübingen 2007 (Studien und Texte zu Antike und Christentum 22).
Lenka Karfíková: ‚De esse ad pulchrum esse'. Schönheit in der Theologie Hugos von St. Viktor. Turnhout 1998 (Bibliotheca Victorina VIII).
Lenka Karfíková: Per visibilia ad invisibilia. Schönheit als Weg zu Gott bei Augustin und Hugo von Sankt Viktor. In: Von Augustin zu Abaelard. Studien zum christlichen Denken. Hrsg. von ders. Fribourg 2015 (Paradosis 58), S. 100–121.
Mark Kauntze: The Creation Grove in the *Cosmographia* of Bernard Silvestris. In: Medium Ævum 78,1 (2009), S. 16–34
Karina Kellermann: Entstellt, verstümmelt, gezeichnet – Wenn höfische Körper aus der Form geraten. In: Die Formel und das Unverwechselbare. Interdisziplinäre Beiträge zu Topik, Rhetorik und Individualität. Hrsg. von Iris Denneler. Frankfurt a. M. et al. 1999, S. 39–58.
Karina Kellermann: Der Körper. Realpräsenz und symbolische Ordnung. Eine Einleitung. In: Der Körper. Realpräsenz und symbolische Ordnung. Hrsg. von Karina Kellermann. Berlin 2003 (Das Mittelalter 8), S. 3–8.
Beate Kellner: Wahrnehmung und Deutung des Heidnischen in Wolframs von Eschenbach ‚Parzival'. In: Wechselseitige Wahrnehmung der Religionen im Spätmittelalter und in der Frühen Neuzeit. 1: Konzeptionelle Grundfragen und Fallstudien (Helden, Barbaren, Juden). Hrsg. von Ludger Grenzmann. Göttingen 2009, S. 23–50.
Beate Kellner: Naturphilosophie als Vision und integumentale Erzählung. Die Dame Natur in Alanus' ab Insulis ‚De planctu naturae'. In: Frühmittelalterliche Studien 54 (2020), S. 257–281.
Douglas Kelly: The Scope of the Treatment of Composition in the Twelfth- and Thirteenth-Century Arts of Poetry. In: Speculum 41 (1966), S. 261–278.
Douglas Kelly: The Conspiracy of Allusion. Description, Rewriting, and Authorship from Macrobius to Medieval Romance. Leiden/Boston/Köln 1999.
Gavin Kendall, Gary Wickham: Using Foucault's Methods. London/Thousand Oaks/New Delhi 1999.
Manfred Kern: Amors schneidende Lanze. Zur Bildallegorie in *Willehalm* 25,14 ff., ihrer Lesbarkeit und ihrer Rezeption im späthöfischen Roman. In: DVjs 72 (1999), S. 567–591.
Manfred Kern: Theater der Eitelkeit in Text und Bild. Frau Welt und Herr Mundus. In: Imaginative Theatralität. Szenische Verfahren und kulturelle Potenziale in mittelalterlicher Dichtung, Kunst und Historiographie. Hrsg. von Manfred Kern. Heidelberg 2013, S. 367–385.
Manfred Kern: Täuschend erotisch. Poetische Verstellung und metapoetische List im ‚Roman de la Rose'. In: Verstellung und Betrug im Mittelalter und in der mittelalterlichen Literatur. Hrsg. von Martin Baisch, Johannes Keller, Elke Koch et al. Göttingen 2015 (Aventiuren 7), S. 89–112.
Peter Kern: ‚Aller werdekeit ein füegerinne' (L.46,32) und *herzeliebe* bei Walther von der Vogelweide. In: *bickelwort* und *wildiu mære*. Festschrift für Eberhard Nellmann zum 65. Geburtstag. Hrsg. von Dorothee Lindemann, Berndt Volkmann, Klaus-Peter Wegera. Göppingen 1995 (Göppinger Arbeiten zur Germanistik 618), S. 260–271.
Sonja Kerth: ‚Den armen Iudas er gebildot' – Feindbilder im ‚Rolandslied' des Pfaffen Konrad und im ‚Willehalm' Wolframs von Eschenbach. In: Mitteilungen des Internationalen Germanistenverbandes 42 (1995), S. 32–37.
Claudia Kestenholz: Oberflächen. Physiognomisch-pathognomische Überlegungen zur Sichtbarkeit im Schönen bei Johann Joachim Winckelmann. In: Physiognomie und Pathognomie. Zur literarischen Darstellung von Individualität. Festschrift für Karl Pestalozzi zum 65. Geburtstag. Hrsg. von Wolfram Groddeck, Ulrich Stadler. Berlin/New York 1994, S. 76–94.
Peter Kesting: Maria-Frouwe. Über den Einfluss der Marienverehrung auf den Minnesang bis Walther von der Vogelweide. München 1964 (Medium Aevum 5).

Christian Kiening: Zwischen Körper und Schrift. Texte vor dem Zeitalter der Literatur. Frankfurt a. M. 2003.
Martin Kintzinger: Michel Foucault et le moyen âge. Une recherche de traces. In: Francia – Forschungen zur westeuropäischen Geschichte 39 (2012), S. 285–304
Racha Kirakosian: Intertextuelle Textilien. Imaginäre Kleider und Temporalität bei Alanus ab Insulis und Getrud von Helfta. In: PBB 142,2 (2020), S. 236–266.
Andreas Klare: Thomasins *unstete*-Begriff in Wort und Bild. In: Beweglichkeit der Bilder. Text und Imagination in den illustrierten Handschriften des „Welschen Gastes" vom Thomasin von Zerclaere. Hrsg. von Horst Wenzel, Christina Lechtermann. Köln/Berlin/Weimar 2002, S. 174–199.
Dorothea Klein: Geschlecht und Gewalt. Zur Konstitution von Männlichkeit im *Erec* Hartmanns von Aue. In: Literarische Leben. Rollenentwürfe in der Literatur des Hoch- und Spätmittelalters. Festschrift für Volker Mertens zum 65. Geburtstag. Matthias Meyer, Hans-Jochen Schiewer. Tübingen 2002, S. 433–463.
Dorothea Klein: Mittelalter. Lehrbuch Germanistik. 2. Aufl. Stuttgart 2015 (1. Auflage: 2006).
Jacob Klingner, Ludger Lieb (Hrsg.): Handbuch der Minnereden. 2 Bd. Mit Beiträgen von Iulia-Emilia Dorobantu, Stefan Matter, Martin Muschick, Melitta Rheinheimer und Clara Strijbosch. Berlin/Boston 2013
Paul Klopsch: Einführung in die Dichtungslehren des lateinischen Mittelalters. Darmstadt 1980.
Susanne Knaeble: Höfisches Erzählen von Gott. Funktion und narrative Entfaltung des Religiösen in Wolframs ‚Parzival'. Berlin/New York 2011 (Trends in Medieval Philology 23).
Susanne Knaeble: Auf dem Weg zur Erlösung – systemtheoretische Überlegungen zur Interpretation der ‚Karfreitagsbegegnung' in Wolframs Parzival. In: Mitteilungen des Deutschen Germanistenverbandes 58,4 (2011), S. 373–386.
Susanne Knaeble: *sîn muoter underschiet im gar/daz vinster unt daz lieht gevar* – Herzeloydes Gottesbild in Wolframs von Eschenbach ‚Parzival'. In: Gottes Werk und Adams Beitrag. Formen der Interaktion zwischen Mensch und Gott im Mittelalter. Hrsg. von Thomas Honegger, Gerlinde Huber-Rebenich, Volker Leppin. Berlin 2014 (Das Mittelalter. Beihefte 1), S. 368–379.
Susanne Knaeble, Silvan Wagner: Gott und die *heiden* – Einleitung. In: Gott und die *heiden*. Mittelalterliche Funktionen und Semantiken der Heiden. Hrsg. von Susanne Knaeble, Silvan Wagner. Berlin 2015 (bayreuther forum TRANSIT 13), S. 9–26.
Joachim Knape: Art. Mittelalter A. In: Historisches Wörterbuch der Rhetorik. Bd. 5. Hrsg. von Gert Ueding. Tübingen 2001, Sp. 1372–1384.
Joachim Knape: Verstand und Beredsamkeit. Petrarcas *Memorialbuch* und seine deutsche Rezeption. In: Francesco Petrarca in Deutschland. Seine Wirkung in Literatur, Kunst und Musik. Hrsg. von Achim Aurnhammer. Tübingen 2006 (Frühe Neuzeit 118), S. 59–90.
Fritz-Peter Knapp: Von Gottes und der Menschen Wirklichkeit. Wolframs fromme Welterzählung *Parzival*. In DVjs 70 (1996), S. 351–368.
Fritz Peter Knapp: Historie und Fiktion in der mittelalterlichen Gattungspoetik. Sieben Studien und ein Nachwort. Heidelberg 1997.
Fritz Peter Knapp: Das weibliche Schönheitsideal in den Liedern Oswalds von Wolkenstein. In: ZfdA 131 (2002), S. 181–194.
Fritz Peter Knapp: *leien munt nie baz gesprach*. Zur angeblichen Buchgelehrsamkeit und zum Islambild Wolframs von Eschenbach. In: ZfdA 138 (2009), S. 173–184.
Fritz Peter Knapp: Die Rezeption lateinischer Wissenschaft, Spiritualität, Bildung und Dichtung aus Frankreich. Hrsg. von dems. Berlin/Boston 2014 (Germania Litteraria Mediaevalis Francigena [GLMF] I), S. 217–242.
Susanne Köbele, Claudio Notz (Hrsg.): Die Versuchung der schönen Form. Spannungen in ‚Erbauungs'-Konzepten des Mittelalters. Göttingen 2019 (Historische Semantik 30).

Erich Köhler: Vorlesungen zur Geschichte der Französischen Literatur. Bd. 1,1. Hrsg. von Henning Krauß, Dietmar Rieger. 2. Aufl. Freiburg i. Br. 2006.
Gisela Ruth Köhler: Das literarische Porträt. Eine Untersuchung zur geschlossenen Personendarstellung in der französischen Erzählliteratur vom Mittelalter bis zum Ende des 19. Jahrhunderts, Bonn 1991 (Abhandlungen zur Sprache und Literatur 38).
Johannes Köhler: Natur und Mensch in der Schrift ‚De Planctu Naturae' des Alanus ab Insulis. In: Mensch und Natur im Mittelalter. Bd. 1. Hrsg. von Albert Zimmermann, Andreas Speer. Berlin/New York 1991 (Miscellanea Mediaevalia 21,1), S. 57–66.
Anna Köhn: Das weibliche Schönheitsideal in der ritterlichen Dichtung. Leipzig 1930 (Form und Geist 14; zugl. Univ.-Diss. Greifswald 1929).
Albrecht Koschorke, Susanne Lüdemann, Thomas Frank, Ethel Matala de Mazza: Der fiktive Staat. Konstruktionen des politischen Körpers in der Geschichte Europas. Frankfurt a. M. 2007.
Alexander Košenina: Literarische Anthropologie. Die Neuentdeckung des Menschen. Berlin 2008.
Ulrike Krämer: *Translatio imperii et studii* – zum Geschichts- und Kulturverständnis in der französischen Literatur des Mittelalters und der frühen Neuzeit. Bonn 1996 (Abhandlungen zur Sprache und Literatur 98).
Florian Kragl: Enites schöne Seele. Über einige Schwierigkeiten des höfischen Romans der Blütezeit, Figuren als Charaktere zu erzählen. Mit Seitenblicken auf Chrétien de Troyes und auf den *Wilhelm von Orlens* des Rudolf von Ems. In: Emotion und Handlung im Artusroman. Hrsg. von Cora Dietl, Christoph Schanze, Friedrich Wolfzettel, Lena Zudrell. Berlin/Boston 2017 (Schriften der Internationalen Artusgesellschaft 13), S. 117–152.
Andreas Kraß: Geschriebene Kleider. Höfische Identität als literarisches Spiel. Tübingen 2006 (Bibliotheca Germanica 50).
Andreas Kraß: Kritische Heteronormativitätsforschung (*Queer Studies*). In: Literatur- und Kulturtheorien in der Germanistischen Mediävistik. Ein Handbuch. Hrsg. von Christiane Ackermann, Michael Egerding. Berlin/Boston 2015, S. 317–348.
Annelie Kreft: Perspektivenwechsel. *Willehalm*-Rezeption in historischem Kontext: Ulrichs von dem Türlin *Arabel* und Ulrichs von Türheim *Rennewart*. Heidelberg 2014 (Studien zur historischen Poetik 16).
Claudia Kropik: Gemachte Welten. Form und Sinn im höfischen Roman. Tübingen 2017 (Bibliotheca Germanica 65).
Rüdiger Krüger: puella bella. Die Beschreibung der schönen Frau in der Minnelyrik des 12. und 13. Jahrhunderts. Stuttgart 1986.
Hugo Kuhn: Erec. In: Festschrift Paul Kluckhohn und Hermann Schneider zu ihrem 60. Geburtstag. Hrsg. von Wolfgang Mohr. Tübingen 1948, S. 122–147 (Wiederabdruck in: Hugo Kuhn: Dichtung und Welt im Mittelalter. Stuttgart 1959, S. 133–150).
Hugo Kuhn: Hartmann von Aue als Dichter. In: Der Deutschunterricht 5,2 (1953), S. 11–27.
Hugo Kuhn: Aspekte des dreizehnten Jahrhunderts in der deutschen Literatur. Vorgetragen am 5. Mai 1967. München 1968 (Bayerische Akademie der Wissenschaften. Philosophisch-historische Klasse. Sitzungsberichte 1967/5).
Hugo Kuhn: Wolframs Frauenlob. In: ZfdA 106,3 (1977), S. 200–210.
Hugo Kuhn: Allegorie und Erzählstruktur. In: ders.: Liebe und Gesellschaft. Kleine Schriften 3. Hrsg. von Wolfgang Walliczek. Stuttgart 1980, S. 106–117 (zuerst in: Walter Haug [Hrsg.]: Formen und Funktionen der Allegorie. Symposion Wolfenbüttel 1978. Stuttgart 1979 [Germanistische Symposien. Berichtsbände 3], S. 206–218).
Josef Yoitiro Kumada: Licht und Schönheit. Eine Interpretation des Artikels „De pulchro" aus der Summa de bono, lib. II, tract. 3, cap. 4 des Ulrich Engelbert von Straßburg. Würzburg [1966].
Konrad Kunze: Art. Arnsteiner Mariengebet. In: [2]VL 1 (1978), Sp. 498–500.
Konrad Kunze: Art. Lob der guten Fut. In: [2]VL 5 (1985), Sp. 869 f.

Urban Küsters: Auf den fleischernen Tafeln des Herzens: Körpersignatur und Schrift in der Visionsliteratur des 13. und 14. Jahrhunderts. In: Körperinszenierungen in mittelalterlicher Literatur: Kolloquium am Zentrum für interdisziplinäre Forschung der Universität Bielefeld, 18. bis 20. März 1999. Hrsg. von Klaus Ridder, Otto Langer. Berlin 2002 (Körper, Zeichen, Kultur 11), S. 251–273.

George Lakoff, Mark Johnson: Leben in Metaphern. Konstruktion und Gebrauch von Sprachbildern. 7. Aufl. Heidelberg 2011.

Günter Lanczkowski, Erhard S. Gerstenberger, Asher Finkel, Klaus Wengst, Adolf Martin Ritter, Raymonde Foreville, Hans Schwarz, Henning Schröer: Art. Glaubensbekenntnis(se). In: TRE 13, S. 384–446.

Thomas Laqueur: Auf den Leib geschrieben. Die Inszenierung der Geschlechter von der Antike bis Freud. München 1996 (zuerst als: Making Sex. Body and Gender from the Greeks to Freud. Cambridge [Mass.] 1990).

Niklaus Largier: Spekulative Sinnlichkeit. Kontemplation und Spekulation im Mittelalter. Zürich 2018 (Mediävistische Perspektiven 7).

Heinrich Lausberg: Handbuch der literarischen Rhetorik. Eine Grundlegung der Literaturwissenschaft. 3. Aufl. mit einem Vorwort von Arnold Arens. Stuttgart 1990 (1. Auflage 1960).

Christina Lechtermann: Berührt werden. Narrative Strategien der Präsenz in der höfischen Literatur um 1200. Berlin 2005 (Philologische Studien und Quellen 191).

Joël Lefebvre: Das Motiv der ungleichen Kinder Evas. Beobachtungen zur Funktion der Literatur im 16. Jahrhundert. In: Akten des VI. Internationalen Germanisten-Kongresses, Basel 1980. Bd. 4. Hans-Gert Roloff, Heinz Rupp. Bern 1980 (Jahrbuch für Internationale Germanistik, Reihe A 2), S. 12–18.

Christian Leibinnes: Die Problematik der Schuld und Läuterung in der Epik Hartmanns von Aue. Frankfurt a. M. et al. 2008 (Kultur, Wissenschaft, Literatur 20).

Thomas Leinkauf: Der neuplatonische Begriff des ‚Schönen' im Kontext von Kunst- und Dichtungstheorie der Renaissance. In: Neuplatonismus und Ästhetik. zur Transformationsgeschichte des Schönen. Hrsg. von Verena Olejniczak Lobsien. Berlin et al. 2007 (Transformationen der Antike 2), S. 85–116.

Charlton T. Lewis, Charles Short: A Latin Dictionary. Oxford 1879.

Josef Leyacker: Zur Entstehung der Lehre von den Hirnventrikeln als Sitz psychischer Vermögen. In: Archiv für Geschichte der Medizin 19 (1927), S. 253–286.

Ursula Liebertz-Grün: Kampf, Herrschaft, Liebe. Chrétiens und Hartmanns Erec- und Iweinromane als Modelle gelungener Sozialisation im 12. Jahrhundert. In: The Graph of Sex and the German Text: Gendered Culture in Early Modern Germany 1500–1700. Hrsg. von Lynne Tatlock. Amsterdam/Atalanta 1994 (Chloe 19), S. 297–328.

Elisabeth Lienert: Helena – thematisches Zentrum von Konrads von Würzburg ‚Trojanerkrieg'. In: Jahrbuch der Oswald von Wolkenstein Gesellschaft 5 (1988/1989), S. 409–420.

Konrad Paul Liessmann: Schönheit. Wien 2009.

Jürgen Link: Art. Dispositiv. In: Foucault Handbuch. Leben – Werk – Wirkung. Hrsg. von Clemens Kammler, Rolf Parr, Ulrich Johannes Schneider. Stuttgart/Weimar 2014, S. 237–242.

Jürgen Link, Ursula Link-Heer: Diskurs/Interdiskurs und Literaturanalyse. In: LiLi 77 (1990), S. 88–99.

Jean Loubier: Das Ideal der männlichen Schönheit bei den altfranzösischen Dichtern des XII. und XIII. Jahrhunderts. Halle 1890.

Niklas Luhmann: Liebe als Passion. Zur Codierung von Intimität. 11. Aufl. Frankfurt a. M. 2010.

Niklas Luhmann: Die Religion der Gesellschaft. Hrsg. von André Kieserling. 5. Aufl. Frankfurt a. M. 2018.

Henrike Manuwald: *Nu sprechent wie er was gestalt!* Der ‚Blick' auf Jesus im *Marienleben* Wernhers des Schweizers. In: Sehen und Sichtbarkeit in der Literatur des deutschen Mittelalters: XXI.

Anglo-German Colloquium London 2009. Hrsg. von Ricarda Bauschke, Sebastian Coxon, Martin H. Jones. Tübingen 2011, S. 311–330.

Matías Martínez, Michael Scheffel: Einführung in die Erzähltheorie. 9., erweiterte und aktualisierte Aufl. München 2012.

Marie-Sophie Masse: La description dans les récits d'Antiquité allemands (fin du XIIe-milieu du XIIIe siècle). Amiens 2001.

Marie-Sophie Masse: Von der Neugeburt einer abgenutzten Praxis: die *descriptio* in Gottfrieds *Tristan*. In: GRM N.F. 55 (2005), S. 133–156.

Marie-Sophie Masse: *man sol einem wîbe/kiesen bî dem lîbe/ob si zu lobe stât*. Zu Lob und Beschreibung der Frauenschönheit im ‚Erec'. In: Vom Verstehen deutscher Texte des Mittelalters aus der europäischen Kultur. Hommage à Elisabeth Schmid. Hrsg. von Dorothea Klein. Würzburg 2011 (Würzburger Beiträge zur deutschen Philologie 35), S. 151–171.

Friedrich Maurer: Der Topos von den ‚Minnesklaven'. Zur Geschichte einer thematischen Gemeinschaft zwischen bildender Kunst und Dichtung im Mittelalter. In: DVjs 27 (1953), S. 182–206.

Hartwig Mayer: ein vil vriuntlîchez spil: Erecs und Enites gemeinsame Schuld. In: Analecta Helvetica et Germanica. Eine Festschrift zu Ehren von Hermann Boeschenstein. Hrsg. von A. Arnold, H. Eichner, E. Heier, S. Hoefert Bonn 1979 (Studien zur Germanistik, Anglistik und Komparatistik 85), S. 8–19.

Christel Meier: Zum Problem der allegorischen Interpretation mittelalterlicher Dichtung. Über ein neues Buch zum ‚Anticlaudianus' des Alan von Lille. In: PBB 99 (1977), S. 250–296.

Christel Meier: Die Rezeption des Anticlaudianus Alans von Lille in Textkommentierung und Illustration. In: Text und Bild. Aspekte des Zusammenwirkens zweier Künste in Mittelalter und früher Neuzeit. Hrsg. von Christel Meier, Uwe Ruberg. Wiesbaden 1980, S. 408–549.

Gert Melville: The Body between Creation, Fall, Death and Resurrection. The Human Being and Corporal Life in the View of St. Augustine. In: Thinking the Body as Basis, Provocation, and Burden of Life. Studies in Intercultural and Historical Contexts. Hrsg. von dems., Carlos Ruta. Berlin/Boston 2018, S. 73–88.

Duncan M. Mennie: Die Personenbeschreibung im höfischen Epos der mhd. Epigonenzeit. Kiel 1933 (= Univ.-Diss. Kiel).

Winfried Menninghaus: Ekel. Theorie und Geschichte einer starken Empfindung. Frankfurt a. M. 1999.

Winfried Menninghaus: Das Versprechen der Schönheit. Frankfurt a. M. 2007.

Martin Antonius Menze: Heliodors ‚klassische' Ekphrase. Die literarische Visualität der Aithiopika im Vergleich mit ihren Vorläufern bei Homer und Herodot sowie ihrer Rezeption bei Miguel de Cervantes. Münster 2017 (Orbis antiquus 51; Univ.-Diss. Münster 2016).

Valérie Méot-Bourquin: Le part du maître. Remarques sur le *Laborintus* d'Évrard l'Allemand. In: Perspectives cavalières du Moyen Âge à la Renaissance. Melanges offerts à François Bérier. Hrsg. von Nicolas Boulic, Pierre Jourde. Paris 2013 (Rencontres 57), S. 19–48.

Volker Mertens: Enide – Enite. Projektionen weiblicher Identität bei Chrétien und Hartmann. In: Erec, ou l'ouverture du monde arthurien. Actes du Colloque du Centre d'Études Médiévales de l'Université-Jules Verne, Amiens, 16–17 janvier 1993. Hrsg. von Danielle Buschinger, Wolfgang Spiewok. Greifswald 1993 (Greifswalder Beiträge zum Mittelalter 3; Wodan 18), S. 61–74.

Volker Mertens: Enites dunkle Seite: Hartmann interpretiert Chrétien. In: Vom Verstehen deutscher Texte des Mittelalters aus der europäischen Kultur. Hommage à Elisabeth Schmid. Hrsg. von Dorothea Klein. Würzburg 2011 (Würzburger Beiträge zur deutschen Philologie 35), S. 173–190.

Katharina Mertens Fleury: Zur Poetik von *ratio* und *experientia* in der Blutstropfenszene im ‚Parzival' Wolframs von Eschenbach. In: Reflexion und Inszenierung von Rationalität in der

mittelalterlichen Literatur. Blaubeurer Kolloquium 2006. Hrsg. von Klaus Ridder. Berlin 2008 (Wolframstudien XX), S. 73–94.
Katharina Mertens Fleury: Zeigen und Bezeichnen. Zugänge zu allegorischem Erzählen im Mittelalter. Würzburg 2014 (Philologie der Kultur 9).
Paul Michel: ‚Formosa deformitas'. Bewältigungsformen des hässlichen in mittelalterlicher Literatur. Bonn 1976 (Studien zur Germanistik, Anglistik und Komparatistik 57).
James Miller: The Passion of Michel Foucault. New York 1993.
Jan Mohr: Agon, Elite und Egalität. Zu einem Strukturproblem höfischer Selbstkonzepte im Medium des Artusromans. In: DVjs 91,4 (2017), S. 351–377.
Wolfgang Mohr: Parzivals ritterliche Schuld. In: Wirkendes Wort 2 (1951/52), S. 148–160 (Wiederabdruck in: Wolfgang Mohr: *Wolfram von Eschenbach*. Aufsätze von Wolfgang Mohr. Göppingen 1979 [Göppinger Arbeiten zur Germanistik 275], S. 14–36).
Wolfgang Mohr: Parzival und Gawan. In: Wolfram von Eschenbach. Hrsg. von Heinz Rupp. Darmstadt 1966 (Wege der Forschung 57), S. 287–318.
Jan-Dirk Müller: *schîn* und Verwandtes. Zum Problem der ‚Ästhetisierung' in Konrads von Würzburg *Trojanerkrieg* (Mit einem Nachwort zu Terminologie-Problemen der Mediävistik). In: Im Wortfeld des Textes. Worthistorische Beiträge zu den Bezeichnungen von Rede und Schrift im Mittelalter. Hrsg. von Gerd Dicke, Manfred Eickelmann, Burkhard Hasebrink. Berlin/New York 2006 (Trends in Medieval Philology 10), S. 287–307.
Jan-Dirk Müller: Höfische Kompromisse. Acht Kapitel zur höfischen Epik. Tübingen 2007.
Jan-Dirk Müller: Episches Erzählen. Erzählformen früher volkssprachiger Schriftlichkeit. Berlin 2017 (Philologische Studien und Quellen 259).
Jan-Dirk Müller: Vesperzît. Zum Verhältnis von höfischem und religiösem Diskurs in Konrads von Würzburg *Der Welt Lohn*. In: Anthropologie der Kehre. Figuren der Wende in der Literatur des Mittelalters. Hrsg. von Udo Friedrich, Ulrich Hoffmann, Bruno Quast. Berlin/Boston 2020 (LTG 21), S. 193–210.
Nicole Müller: Feirefiz – Das Schriftstück Gottes. Frankfurt a. M. 2008 (Bayreuther Beiträge zur Literaturwissenschaft 30).
Christian Mueller-Goldingen: Untersuchungen zu Xenophons Kyrupädie. Stuttgart/Leipzig 1995 (Beiträge zur Altertumskunde 42).
Marina Münkler: Inszenierung von Normreflexivität und Selbstreflexivität in Wolframs von Eschenbach ‚Parzival'. In: Zeitschrift für Germanistik, N.F. 18 (2008), S. 497–511.
Marina Münkler: Buße und Bußhilfe. Modelle von Askese in Wolframs von Eschenbach *Parzival*. In: DVjs 84 (2010), S. 131–159.
James J. Murphy: Rhetoric in the Middle Ages. A History of Rhetorical Theory from Saint Augustine to the Renaissance. Berkeley/Los Angeles/London 1974.
Sean Murphy: Pagans Past and Present: Righteousness and Idolatry in Academic Discussions of Ancient Religion c. 1130–1230. In: Gott und die *heiden*. Mittelalterliche Funktionen und Semantiken der Heiden. Hrsg. von Susanne Knaeble/Silvan Wagner. Berlin 2015 (bayreuther forum TRANSIT 13), S. 147–167.
Eberhard Nellmann: [Kommentar zu Wolframs von Eschenbach ‚Parzival'.] In: Wolfram von Eschenbach: Parzival. Nach der Ausgabe Karl Lachmanns revidiert und kommentiert von Eberhard Nellmann. Übertragen von Dieter Kühn. Frankfurt a. M. 2006 (Deutscher Klassiker Verlag im Taschenbuch 7), Bd. 2, S. 443–790.
Stephen C. Nichols: Rethinking Texts Through Contexts: The Case of *Le Roman de la Rose*. In: Text und Kontext. Fallstudien und theoretische Begründungen einer kulturwissenschaftlich angeleiteten Mediävistik. Hrsg. von Jan-Dirk Müller unter Mitarbeit von Elisabeth Müller-Luckner. München 2007, S. 245–270.

Manuela Niesner: *schiltkneht* Enite. Zur gender-Transzendierung im ‚Erec' Hartmanns von Aue. In: ZfdPh 126 (2007), S. 1–20.

Theodor Nolte: Papst Innozenz III. und Walther von der Vogelweide. In: Papst Innozenz III. Weichensteller der Geschichte Europas. Interdisziplinäre Ringvorlesung an der Universität Passau 5. 11.1997–26.5.1998. Hrsg. von Thomas Frenz. Stuttgart 2000 S. 69–89.

Robert Norton: Racism, History, and Physiognomy: Herder and the Tradition of Moral Beauty in the Eighteenth Century. In: Ethik und Ästhetik. Werke und Werte in der Literatur vom 18. bis zum 20. Jahrhundert. Festschrift für Wolfgang Wittkowski zum 70. Geburtstag. Hrsg. von Richard Fisher. Frankfurt a. M. 1995 (Forschungen zur Literatur- und Kulturgeschichte 52), S. 43–54.

Peter Ochsenbein: Das Compendium Anticlaudiani. Eine neu entdeckte Vorlage Heinrichs von Neustadt. In: ZfdA 98 (1969), S. 81–109.

Peter Ochsenbein: Art. Heinrich von Neustadt. In: ²VL 3 (1981), Sp. 838–845.

Friedrich Ohly: Die Suche in Dichtungen des Mittelalters. In: ZfdA 94 (1965), S. 171–183.

Walter Ohly: Die heilsgeschichtliche Struktur in den Epen Hartmanns von Aue. Berlin 1958 (Univ. Diss FU Berlin).

Lambertus Okken: Kommentar zur Artusepik Hartmanns von Aue. Im Anhang: Die Heilkunde und Der Ouroboros von Bernhard Dietrich Haage. Amsterdam/Atlanta (GA)1993 (Amsterdamer Publikationen zur Sprache und Literatur 103).

Lambertus Okken: Kommentar zum Tristan-Roman Gottfrieds von Strassburg. Bd. 1. 2. Aufl. Amsterdam/Atlanta 1996.

Carolin Oster: Die Farben höfischer Körper. Farbattribuierung und höfische Identität in mittelhochdeutschen Artus- und Tristanromanen. Berlin 2014 (LTG 6).

Henning Ottmann: Politische Philosophie der Postmoderne (Foucault, Lyotard). In: ders.: Geschichte des politischen Denkens. Von den Anfängen bei den Griechen bis auf unsere Zeit. Bd. 4.2: Das 20. Jahrhundert. Von der Kritischen Theorie bis zur Globalisierung. Stuttgart/ Weimar 2012.

Arnold Otto , Burghart Wachinger: Art. ‚Der slecht weg' und das ‚Oberrheinische Erbauungsbuch'. In: ²VL 11 (2004), Sp. 1437–1441.

Richard Otto: Mohamed in der Anschauung des Mittelalters. In: Modern Language Notes 4 (1889), S. 11–15 u. 45–49.

Stephan Pabst: Fiktionen des inneren Menschen. Die literarische Umwertung der Physiognomik bei Jean Paul und E. T. A. Hoffmann. Heidelberg 2007 (Jenaer Germanistische Forschungen N.F. 21).

Jean-Marc Pastré: Typologie und Ästhetik: Das Porträt der Helena im ‚Trojanerkrieg' Konrads von Würzburg. In: Jahrbuch der Oswald von Wolkenstein Gesellschaft 5 (1988/89), S. 397–408.

Jean-Marc Pastré: Versuch einer vergleichenden Ästhetik: Die Kunst des Porträts bei Chrétien und einigen deutschen Bearbeitern des 12. und 13. Jahrhunderts. In: Chrétien de Troyes and the German Middle Ages. Papers from an International Symposium. Hrsg. von Martin H. Jones, Roy Wisbey. Cambridge/London 1993, S. 295–309.

Otto Penz et al.: Schönheit als Praxis. Über klassen- und geschlechtsspezifische Körperlichkeit. Frankfurt a. M./New York 2010 (Politik der Geschlechter-Verhältnisse 42).

Wilhelm Perpeet: Ästhetik im Mittelalter. Freiburg/München 1977.

Karl Pestalozzi: ‚Von der Harmonie der moralischen und körperlichen Schönheit.' Lavater und die schöne Gräfin Branconi. In: Ethik und Ästhetik. Werke und Werte in der Literatur vom 18. bis zum 20. Jahrhundert. Festschrift für Wolfgang Wittkowski zum 70. Geburtstag. Hrsg. von Richard Fisher. Frankfurt a. M. 1995 (Forschungen zur Literatur- und Kulturgeschichte 52), S. 31–42.

Ursula Peters: Postkoloniale Mediävistik? Überlegungen zu einer kulturwissenschaftlichen Spielart der Mittelalter-Philologie. In: Scientia Poetica 14 (2010), S. 205–237.

Katharina Philipowski: Die Gestalt des Unsichtbaren. Narrative Konzeptionen des Inneren in der höfischen Literatur. Berlin/Boston 2013 (Hermea N.F. 131).

Heinrich F. Plett: Evidentia. Zur Rhetorik der Präsenz in den *artes* der Frühen Neuzeit. In: Norm und Poesie: Zur expliziten und impliziten Poetik in der lateinischen Literatur der Frühen Neuzeit. Hrsg. von Roswitha Simons, Beate Hintzen. New York et al. 2013, S. 255–296.

Roberto De Pol: Schöne „vâlandinne" und femme fatale. Von Kriemhilds Schönheit. In: Beiträge zur Komparatistik und Sozialgeschichte der Literatur. Festschrift für Alberto Martino. Hrsg. von Norbert Bachleitner, Alfred Noe, Hans-Gert Roloff. Amsterdam/Atlanta 1997 (Chloe 26), S. 423–444.

Dom Henri Pouillon: La beauté, propriété transcendantale. Chez les scolastiques (1220–1270). In: Archives d'histoire doctrinale et littéraire du moyen age 15 (1946), S. 263–328.

William M. Purcell: Transsumptio: A Rhetorical Doctrine of the Thirteenth Century. In: Rhetorica 5 (1987), S. 369–410.

William M. Purcell: *Ars poetriae*. Rhetorical and Grammatical Invention at the Margin of Literacy. Columbia 1996.

Bruno Quast: *Getriuwiu wandelunge*. Ehe und Minne in Hartmanns ‚Erec'. In: ZfdA 122 (1993), S. 162–180.

Bruno Quast: *Diu bluotes mâl*. Ambiguisierung der Zeichen und literarische Programmatik in Wolframs von Eschenbach *Parzival*. In: DVjs 77,1 (2003), S. 45–60.

Bruno Quast: Lektüre und Konversion. Augustinus, Konrad von Würzburg, Petrarca. In: Geltung der Literatur. Formen ihrer Autorisierung und Legitimierung im Mittelalter. Hrsg. von Beate Kellner, Peter Strohschneider, Franziska Wenzel. Berlin 2005 (Philologische Studien und Quellen 190), S. 127–138.

Bruno Quast: Vom Kult zur Kunst. Öffnungen des rituellen Textes in Mittelalter und Früher Neuzeit. Tübingen 2005 (Bibliotheca Germanica 48).

Bruno Quast: Leben als Form. Überlegungen zum mittelalterlichen Roman am Beispiel der Gahmuret-Figur in Wolframs von Eschenbach ‚Parzival'". In: ZfdPh 136 (2017), S. 325–341.

Patricia Ann Quattrin: The Milk of Christ: Herzeloydë as Spiritual Symbol in Wolfram von Eschenbach's ‚Parzival'. In: Medieval Mothering. Hrsg. von John Carmi Parson, Bonnie Wheeler. New York/London 1996, S. 25–39.

Gerhard von Rad: Das erste Buch Mose. Genesis. Übersetzt und erklärt von Gerhard von Rad. 12. Aufl. Göttingen/Zürich 1987 (Das Alte Testament Deutsch, Teilbd. 2/4; 1. Aufl. 1949).

Friedrich Ranke: Zur Symbolik des Grals bei Wolfram von Eschenbach. In: Wolfram von Eschenbach. Hrsg. von Heinz Rupp. Darmstadt 1966 (Wege der Forschung 57), S. 38–48 (zuerst veröffentlicht in: Trivium 4 [1946], S. 20–30).

Christine Ratkowitsch: Descriptio Picturae: die literarische Funktion der Beschreibung von Kunstwerken in der lateinischen Großdichtung des 12. Jahrhunderts. Wien 1991.

Alfred Raucheisen: Orient und Abendland. Ethisch-moralische Aspekte in Wolframs Epen Parzival und Willehalm. Frankfurt a. M. et al. 1997 (Bremer Beiträge zur Literatur- und Zeitgeschichte 17).

Andreas Reckwitz: Habitus oder Subjektivierung? Subjektanalyse nach Bourdieu und Foucault. In: Pierre Bourdieu und die Kulturwissenschaften. Zur Aktualität eines undisziplinierten Denkens. Hrsg. von Daniel Šuber, Hilmar Schäfer, Sophia Prinz. Konstanz 2011, S. 41–61.

Carola Redzich: Der Schmerz des Anfortas. Zu Wolframs poetischer Inszenierung eines augustinischen Theorems. In: Schmerz in der Literatur des Mittelalters und der Frühen Neuzeit. Hrsg. von Hans-Jochen Schiewer. Göttingen 2010 (Transatlantische Studien zu Mittelalter und Früher Neuzeit 4), S. 213–242.

Josef H. Reichholf: Der Ursprung der Schönheit. Darwins großes Dilemma. München 2011.

Susanne Reichlin: Ordnungstransformation. *Der Weltlohn*. In: Erzählte Ordnungen – Ordnungen des Erzählens. Studien zu Texten vom Mittelalter bis zur Frühen Neuzeit. Hrsg. von Daniela Fuhrmann, Pia Selmayr. Berlin/Boston 2021 (Trends in Medieval Philology 40), S. 37–59.

Heimo Reinitzer: Über Beispielfiguren im *Erec*. In: DVjs 50 (1976), S. 597–639.

Bruno Reudenbach: Individuum ohne Bildnis? Zum Problem künstlerischer Ausdrucksformen von Individualität im Mittelalter. In: Individuum und Individualität im Mittelalter. Hrsg. von Jan A. Artsen, Andreas Speer. Berlin/New York 1996, S. 807–818.

Timo Reuvekamp-Felber: Literarische Formen im Dialog. Figuren der *matière de Bretagne* als narrative Chiffren der volkssprachigen Lyrik des Mittelalters. In: Lyrische Narrationen – narrative Lyrik. Gattungsinterferenzen in der mittelalterlichen Literatur. Hrsg. von Hartmut Bleumer, Caroline Emmelius. Berlin/New York 2011 (Trends in Medieval Philology 16), S. 243–268.

Timo Reuvekamp-Felber: Volkssprache zwischen Stift und Hof. Hofgeistliche in Literatur und Gesellschaft des 12. und 13. Jahrhunderts. Köln/Weimar/Wien 2011 (Kölner Germanistische Studien N.F. 4).

Klaus Ridder: Parzivals schmerzliche Erinnerung. In: LiLi 114 (1999), S. 21–41.

Coralie Rippl: Erbaulicher Verfall? Interferenzen von höfischer Minne und christlicher Ehe-Allegorese am Beispiel Sigunes in Wolframs ‚Parzival' und ‚Titurel'. In: Die Versuchung der schönen Form. Spannungen in ‚Erbauungs'-Konzepten des Mittelalters. Hrsg. von Susanne Köbele, Claudio Notz. Göttingen 2019 (Historische Semantik 30), S. 199–244.

Rupprecht Rohr: Die Schönheit des Menschen in der mittelalterlichen Dichtung Frankreichs. In: Schöne Frauen – Schöne Männer. Literarische Schönheitsbeschreibungen. 2. Kolloquium der Forschungsstelle für europäische Literatur des Mittelalters. Hrsg. von Theo Stemmler. Mannheim 1988, S. 89–107.

Lutz Röhrich: Art. Eva: Die ungleichen Kinder Evas (Aa TH 758). In: Enzyklopädie des Märchens. Bd. 4, Berlin/New York 1984, S. 569–577.

Heinz Rölleke: ‚Adam hackte das Feld, und Eva spann Wolle'. Ein bekannter Spruch in bislang unbekannten Zeugnissen. In: Jahrbuch für Volksliedforschung 44 (1999), S. 127–130.

Mario Roques: Les anges exterminateurs de Perceval. In: Fin du Moyen Âge et Renaissance. Mélanges de philologie française offerts à Robert Guiette, Anvers 1961, S. 1–4.

Ulrich Rosar, Markus Klein: Mein(schöner)Prof.de. Die physische Attraktivität des akademischen Lehrpersonals und ihr Einfluss auf die Ergebnisse studentischer Lehrevaluationen. In: Kölner Zeitschrift für Soziologie und Sozialpsychologie 61 (2009), S. 621–645.

Ulrich Rosar, Markus Klein, Jörg Hagenah: Physische Attraktivität und soziale Ungleichheit. Einige grundsätzliche Anmerkungen zu einem in der soziologischen Forschung kaum beachteten Prädikator sozialer Ungleichheit. In: Analyse & Kritik (1/2014), S. 177–207.

Fabio Roscalla: *Kalokagathia* e *kaloi kagathoi* in Senofonte. In: Xenophon and his World. Papers from a conference held in Liverpool in July 1999. Hrsg. von Christopher Tuplin. Stuttgart 2004 (Historia. Zeitschrift für Alte Geschichte – Einzelschriften 172), S. 115–124.

Ekkehart u. Gernot Rotter: Venus – Maria – Fatima. Wie die Lust zum Teufel ging. Zürich/Düsseldorf 1996.

Uwe Ruberg: Bildkoordination im ‚Erec' Hartmanns von Aue. In: Hartmann von Aue. Hrsg. von Hugo Kuhn. Darmstadt 1973 (Wege der Forschung 359), S. 532–560.

Francisco Pejenaute Rubio: Las tribulaciones de un maestro alemán de escuela medieval vistas desde ‚El Laborintus' de Eberardo el alemán. In: Archivum. Revista de la Facultad de Filología, Universidad de Oviedo 54/55 (2004/2005), S. 105–138.

Kurt Ruh: Höfische Epik des deutschen Mittelalters. Erster Teil: Von den Anfängen bis zu Hartmann von Aue. Berlin 1967 (Grundlagen der Germanistik 7).

Kurt Ruh: ‚aller werdekeit ein füegerinne' (Walther 46,32). Versuch einer anderen ‚Lesung'. In: ZfdA 114 (1985), S. 188–195.
Michael Ruoff: Foucault-Lexikon. 3. Aufl. München 2013.
Barbara Sabel: Toleranzdenken in mittelhochdeutscher Literatur. Wiesbaden 2003 (Imagines Medii Aevi 14).
Antje Sablotny: Zeit und âventiure in Wolframs von Eschenbach *Parzival*. Zur narrativen Identitätskonstruktion des Helden. Berlin/Boston 2020 (Deutsche Literatur. Studien und Quellen 34).
Edward W. Said: Orientalismus. 5. Aufl. Frankfurt a. M. 2017 (original: Orientalism. New York 1978).
Dina Aboul Fotouh Hussein Salama: Die literarische Imagologie dunkelhäutiger Frauen in Strickers *Königin von Mohrenland* (zw. 1210–1230). In: ZiG 6 (2015), S. 9–29.
Anselm Salzer: Die Sinnbilder und Beiworte Mariens in der deutschen Literatur und lateinischen Hymnenpoesie des Mittelalters. Linz 1893.
Ruth Sassenhausen: Wolframs von Eschenbach ‚Parzival' als Entwicklungsroman. Gattungstheoretischer Ansatz und literaturpsychologische Deutung. Köln/Weimar/Wien 2007 (Ordo 10).
Christian Saßenscheidt: Die Konstruktion des Anderen am Beispiel des Islam in der ‚Summa totius haeresis Saracenorum' des Petrus Venerabilis. In: Integration und Desintegration der Kulturen im europäischen Mittelalter. Hrsg. von Michael Borgolte, Julia Dücker, Marcel Müllerburg, Bernd Scheidmüller. Berlin 2011 (Europa im Mittelalter 18), S. 228–238.
Christoph Schanze: Himmelsleitern. Von Jakobs Traum zum ‚Welschen Gast'. In: Dichtung und Didaxe. Lehrhaftes Sprechen in der deutschen Literatur des Mittelalters. Hrsg. von Henrike Lähnemann, Sandra Linden. Berlin/New York 2009, S. 205–222.
Christoph Schanze: Schatten und Nebel. Die dunkle Seite des Artusromans. In: Aktuelle Tendenzen der Artusforschung. Hrsg. von Brigitte Burrichter, Matthias Däumer, Cora Dietl u. a. Berlin/Boston 2013 (Schriften der Internationalen Artusgesellschaft. Sektion Deutschland/Österreich 9), S. 187–207.
Christoph Schanze: Lacht Hartmann? Überlegungen zu einer ironischen Äußerung des Erzählers (*Erec*, V. 366–395). In: Ironie, Polemik und Provokation. Hrsg. von Cora Dietl, Christoph Schanze, Friedrich Wolfzettel. Berlin et al. 2014, S. 51–72.
Christoph Schanze: Tugendlehre und Wissensvermittlung. Studien zum ‚Welschen Gast' Thomasins von Zerklære. Wiesbaden 2018 (Wissensliteratur im Mittelalter 53; zugl. Univ.-Diss. Gießen 2015).
Monika Schausten: Suche nach Identität. Das „Eigene" und das „Andere" in Romanen des Spätmittelalters und der Frühen Neuzeit. Köln 2006 (Kölner Germanistische Studien N.F. 7).
Monika Schausten: Vom Fall in die Farbe. Chromophilie in Wolframs von Eschenbach ‚Parzival'. In: PBB 130 (2008), S. 459–482.
Monika Schausten: Ein Held sieht Rot: Bildanthropologische Überlegungen zu Wolframs von Eschenbach *Parzival*. In: Sehen und Sichtbarkeit in der Literatur des deutschen Mittelalters. XXI. Anglo-German Colloquium. London 2009. Hrsg. von Ricarda Bauschke, Sebastian Coxon, Martin H. Jones. Berlin 2011, S. 177–191.
Monika Schausten: Maria lactans, Virgo mediatrix: Ikonographische Codierungen von Weiblichkeit. Bruchstücke zu ihrer Archäologie. In: dies. (Hrsg.): Das lange Mittelalter: Imagination – Transformation – Analyse. Ein Buch für Jürgen Kühnel. Göppingen 2011 (Göppinger Arbeiten zur Germanistik 763), S. 47–66, hier: S. 58–61.
Fabian David Scheidel: *ich red von den fröwen, die da schantlich liebe zůlåssent*. Zur Konstitution und Funktion des Prosa-Korpus im *Codex Palatinus germanicus 119* der Universitätsbibliothek Heidelberg. In: ZfdPh 135 (2016), S. 59–88.
Fabian David Scheidel: Wahrheit und Gewohnheit. Zur Konventionalisierung des Nicht-Konventionellen bei Augustinus (*De trinitate libri XV*), Thomasîn von Zerklære (*Der welsche*

Gast) und Georg Philipp Harsdörffer (*Frauenzimmer Gesprächspiele*). In: Kunst und Konventionalität. Dynamiken sozialen Wissens und Handelns in der Literatur des Mittelalters. Hrsg. von Udo Friedrich, Christiane Krusenbaum-Verheugen, Monika Schausten. Berlin 2021 (Beihefte zur ZfdPh 20), S. 179–219.

Hans Jürgen Scheuer: Die Wahrnehmung innerer Bilder im ‚Carmen Buranum' 62. Überlegungen zur Vermittlung zwischen mediävistischer Medientheorie und mittelalterlicher Poetik. In: Das Mittelalter 8 (2003), S. 121–136.

Hans Jürgen Scheuer: Hermeneutik der Intransparenz. Die Parabel vom Sämann und den viererlei Äckern als Folie höfischen Erzählens bei Hartmann von Aue. In: Das Buch der Bücher – gelesen. Lesarten der Bibel in den Wissenschaften und Künsten. Hrsg. von Steffen Martus, Andrea Polaschegg. Bern/Berlin/Brüssel et al. 2006 (Publikationen zur Zeitschrift für Germanistik N.F. 13), S. 337–359.

Hans Jürgen Scheuer: *Receptaculum Amoris*. Annäherungen an den Topos Minne über das Konzept des mentalen Diagramms (Burkhard von Hohenfels, *KLD XI* – Konrad von Würzburg, *Das Herzmære*). In: LiLi 176 (2014), S. 149–170.

Ralf Schlechtweg-Jahn: Die *heiden* als Machtdispositiv in mittelalterlichen Texten. Überlegungen zu Petrus Venerabilis, Wilhelm von Tyrus und Wolfram von Eschenbach. In: Gott und die *heiden*. Mittelalterliche Funktionen und Semantiken der Heiden. Hrsg. von Susanne Knaeble, Silvan Wagner. Berlin 2015 (bayreuther forum TRANSIT 13), S. 101–130.

Wolfgang Schmale: Geschichte der Männlichkeit in Europa (1450–2000). Wien/Köln/Weimar 2003.

Elisabeth Schmid: Lüsternheit. Ein Körperkonzept im Artusroman. In: Körperkonzepte im arthurischen Roman. Hrsg. von Friedrich Wolfzettel. Tübingen 2007, S. 131–147.

Wolf Schmid: Elemente der Narratologie. 3. Aufl. Berlin/Boston 2014.

Florian Schmitz: Der Orient in den Diskursen des Mittelalters und im „Willehalm" Wolframs von Eschenbach. Berlin 2018 (Beiträge zur Mittelalterforschung 32).

Michaela Schmitz: Der Schluss des Parzival Wolframs von Eschenbach. Kommentar zum 16. Buch. Berlin 2012.

Claudia Schmölders: Das Vorurteil im Leibe. Eine Einführung in die Physiognomik. 2., durchgesehene Aufl. Berlin 1997.

Christian Schneider: Textstruktur und Illustrationsprinzipien im ‚Welschen Gast' des Thomasin von Zerklaere. In: PBB 139,2 (2017), S. 191–220.

Bernhard Schnell: ‚Gedihte von der physonomie'. Eine deutsche gereimte Physiognomie des 14. Jahrhunderts. In: Vom Mittelalter zur Neuzeit. Festschrift für Horst Brunner. Hrsg. von Dorothea Klein et al. Wiesbaden 2000, S. 369–390.

Rüdiger Schnell: Causa amoris. Liebeskonzeptionen und Liebesdarstellung in der mittelalterlichen Literatur. Bern/München 1985 (Bibliotheca Germanica 27).

Rüdiger Schnell: Kirche, Hof und Liebe. Zum Freiraum mittelalterlicher Dichtung. In: Mittelalterbilder aus neuer Perspektive. Diskussionsansätze zu amour courtois, Subjektivität in der Dichtung und Strategien des Erzählens. Hrsg. von Ernstpeter Ruhe, Rudolf Behrens. München 1985, S. 75–108.

Rüdiger Schnell: Abaelards Gesinnungsethik und die Rechtsthematik in Hartmanns *Iwein*. In: DVjs 65 (1991), S. 15–69.

Rüdiger Schnell: Die Christen und die ‚Anderen'. Mittelalterliche Positionen und germanistische Perspektiven. In: Die Begegnung des Westens mit dem Osten. Kongreßakten des 4. Symposions des Mediävistenverbandes in Köln aus Anlaß des 1000. Todesjahres der Kaiserin Theophanu. Hrsg. von Odilo Engels, Peter Schreiner. Sigmaringen 1993, S. 185–202.

Rüdiger Schnell: Sexualität und Emotionalität in der vormodernen Ehe. Köln et al. 2002.

Rüdiger Schnell: Die höfische Kultur des Mittelalters zwischen Ekel und Ästhetik. In: Frühmittelalterliche Studien 39 (2005), S. 1–100.

Rüdiger Schnell: Ekel und Emotionsforschung. Mediävistische Überlegungen zur ‚Aisthetik' des Häßlichen. In: DVjs 79 (2005), S. 359–432.
Rüdiger Schnell: Wer sieht das Unsichtbare? *Homo exterior* und *homo interior* in monastischen und laikalen Erziehungsschriften. In: *anima* und *sêle*. Darstellungen und Systematisierungen von Seele im Mittelalter. Hrsg. von Katharina Philipowski, Anne Prior. Berlin 2006 (Philologische Studien und Quellen 197), S. 83–112.
Rüdiger Schnell: *Curialitas* und *dissimulatio* im Mittelalter. Zur Interdependenz von Hofkritik und Hofideal. In: LiLi 41/161 (2011), S. 77–138.
Rüdiger Schnell, „*Gender* und Gesellschaft. Hartmanns ‚Erec' im Kontext zeitgenössischer Diskurse", in: ZfdA 140 (2011), S. 306–334.
Rüdiger Schnell: Der *queer turn* in der Mediävistik. Ein kritisches Resümee. In: Archiv für Kulturgeschichte 95 (2013), S. 31–68.
Rüdiger Schnell: Tod der Liebe durch Erfüllung der Liebe? Das *paradoxe amoureux* und die höfische Liebe. Göttingen 2018.
Mireille Schnyder: Heidnisches Können in christlicher Kunst. In: Literarische Säkularisierung im Mittelalter. Hrsg. von Susanne Köbele, Bruno Quast. Berlin 2014 (LTG 4), S. 150–173.
Manfred Günter Scholz: Walther von der Vogelweide. 2. Aufl. Stuttgart/Weimar 2005.
Anton E. Schönbach: Über Hartmann von Aue. Drei Bücher Untersuchungen. Graz 1894.
Rolf Schönberger: Thomas von Aquins ‚Summa contra gentiles'. Darmstadt 2001.
Manuela Schotte: Christen, Heiden und der Gral. Die Heidendarstellung als Instrument der Rezeptionslenkung in den mittelhochdeutschen Gralromanen des 13. Jahrhunderts. Frankfurt a. M. et al. 2009 (Germanistische Arbeiten zu Sprache und Kulturgeschichte 49; zugl. Univ.-Diss. Münster 2005).
Klaus Schreiner: ‚Hof' (*curia*) und ‚höfische Lebensführung' (*vita curialis*) als Herausforderung an die christliche Theologie und Frömmigkeit. In: Höfische Literatur. Hofgesellschaft. Höfische Lebensformen um 1200. Kolloquium am Zentrum für Interdisziplinäre Forschung der Universität Bielefeld (3. bis 5. November 1983). Hrsg. von Gert Kaiser, Jan-Dirk Müller. Düsseldorf 1986, S. 67–139.
Klaus Schreiner: Maria. Jungfrau, Mutter, Herrscherin. München 1996.
Walter Johannes Schröder: Die Soltane-Erzählung in Wolframs Parzival. Studien zur Darstellung und Bedeutung der Lebensstufen Parzivals. Heidelberg 1963.
Walter Johannes Schröder: Die Parzivalgestalt Wolframs von Eschenbach. In: ders.: rede und meine. Aufsätze und Vorträge zur deutschen Literatur des Mittelalters. Hrsg. von Gisela Hollandt, Rudolf Voss. Köln/Wien 1978, S. 311–330 (zuerst in: Albert Schaefer [Hrsg.]: Das Menschenbild in der Dichtung. München 1965, S. 83–102).
Richard Schrodt: Anfortas' Leiden. In: Festgabe für Otto Höfler zum 75. Geburtstag. Hrsg. von Helmut Birkhan. Stuttgart 1976 (Philologica germanica 3), S. 589–626.
Alexander Schroeter-Reinhard: Die Ethica des Peter Abaelard. Übersetzung, Hinführung und Deutung. Freiburg (Schweiz) 1999 (Dokimion 21).
Martin Schuhmann: *Li Orgueilleus de la Lande* und das Fräulein im Zelt, Orilus und Jeschute. Figurenrede bei Chrétien und Wolfram im Vergleich. In: Formen und Funktionen von Redeszenen in der mittelhochdeutschen Großepik. Hrsg. von Franz Hundsnurscher, Nine Miedema, Monika Unzeitig-Herzog. Tübingen 2007 (Beiträge zur Dialogforschung 36), S. 247–260.
Larissa Schuler-Lang: Wildes Erzählen – Erzählen vom Wilden. *Parzival, Busant* und *Wolfdietrich D*. Berlin 2014 (LTG 7; zugl. Univ.-Diss. Konstanz 2012).
Alwin Schultz: Quid perfecta corporis humani pulchritudine Germani saeculi XII^{mi} et XIII^{mi} senserit. Breslau 1866.

Alwin Schultz: Das höfische Leben zur Zeit der Minnesänger. 2 Bd., Bd. 1, Neudruck der Ausgabe 1889, Osnabrück 1965.
James A. Schultz: Courtly Love, the Love of Courtliness, and the History of Sexuality. Chicago/London 2006.
Armin Schulz: Schwieriges Erkennen. Personenidentifizierung in der mittelhochdeutschen Epik. Tübingen 2008 (MTU 135).
Armin Schulz: Erzähltheorie in mediävistischer Perspektive. Hrsg. von Manuel Braun, Alexandra Dunkel, Jan-Dirk Müller. Berlin 2012.
Ursula Schulze: *âmîs unde man*. Die zentrale Problematik in Harmanns ‚Erec'. In: PBB 105 (1983), S. 14–47.
Meinolf Schumacher: Gefangensein – *waz wirret daz?* Ein Theodizee-Argument des ‚Welschen Gastes' im Horizont europäischer Gefängnis-Literatur von Boethius bis Vladimir Nabokov. In: Beweglichkeit der Bilder. Text und Imagination in den illustrierten Handschriften des ‚Welschen Gastes' von Thomasin von Zerclære. Hrsg. von Horst Wenzel, Christina Lechtermann. Köln/Weimar/Wien 2002, S. 238–255.
Paul Schwarz: Die neue Eva. Der Sündenfall in Volksglaube und Volkserzählung. Tübingen 1973 (Göppinger Arbeiten zur Germanistik 77).
Michael Schwarzbach-Dobson: Rez. Iris Bunte: Der ‚Tristan' Gottfrieds von Straßburg und die Tradition der lateinischen Rhetorik. In: ZfdA 145 (2016), S. 241–246.
Michael Schwarzbach-Dobson: Exemplarisches Erzählen im Kontext. Mittelalterliche Fabeln, Gleichnisse und historische Exempel in narrativer Argumentation. Berlin/Boston 2018 (LTG 13).
Günther Schweikle: Minnesang. 2. Aufl. Weimar 1995.
Julius Schwietering: Natur und art. In: ZfdA 91,2 (1961), S. 108–137.
Roger Scruton: Beauty. Oxford 2009.
Roger Scruton: Schönheit. Eine Ästhetik. München 2012.
Eve Kosofsky Sedgwick: Paranoid Reading and Reparative Reading; or, You're So Paranoid, You Probably Think This Introduction Is about You. In: dies.: Novel Gazing: Queer Readings in Fiction. Durham et al. 1997, S. 1–37.
Walter B. Sedgwick: Notes and Emendations on Faral's *Les Arts poétiques du XIIe et du XIIIe Siècle*. In: Speculum 2 (1927), S. 331–343.
Christian Seebald: ‚Hermeneutischer Dialog': Rudolfs von Ems *Barlaam und Josaphat* und die Lehre der *bezeichenunge*. In: Sprechen mit Gott. Redeszenen in mittelalterlicher Bibeldichtung und Legende. Hrsg. von Nine Miedema, Angela Schrott, Monika Unzeitig. Berlin 2012 (Historische Dialogforschung 2), S. 285–306.
Andrea Sieber: Paradoxe Geschlechterkonstruktionen bei Ulrich von Liechtenstein. In: Ulrich von Liechtenstein. Leben – Zeit – Werk – Forschung. Hrsg. von Sandra Linden und Christopher Young. Berlin/New York 2010, S. 261–304.
Heinz Sieburg: Literatur des Mittelalters. Berlin 2010.
James Simpson: Sciences and the Self in Medieval Poetry. Alan of Lille's *Anticlaudianus* and John Gower's *Confessio amantis*. Cambridge/New York/Melbourne et al. 1995.
Otto Georg von Simson: Über das Religiöse in Wolframs ‚Parzival'. In: Wolfram von Eschenbach. Hrsg. von Heinz Rupp. Darmstadt 1966 (Wege der Forschung 57), S. 207–231 (zuerst veröffentlicht in: Arnold Bergsträsser [Hrsg.]: Deutsche Beiträge zur geistigen Überlieferung. München 1953, S. 25–45).
Kathryn Smits: Enite als christliche Ehefrau. In: Interpretation und Edition deutscher Texte des Mittelalters. Festschrift für John Asher zum 60. Geburtstag. Hrsg. von Kathryn Smits, Werner Besch, Victor Lange. Berlin 1981, S. 13–25.
Kathryn Smits: Die Schönheit der Frau in Hartmanns ‚Erec'. In: ZfdPh 101 (1982), S. 1–28.

Bernhard Sowinski: Parzival und Helmbrecht. Höfische Kalokagathie und bäurische Usurpation. In: *Von wyssheit würt der mensch geert . . .* Festschrift für Manfred Lemmer zum 65. Geburtstag. Hrsg. von Ingrid Kühn, Gotthard Lerchner. Frankfurt a. M. 1993, S. 117–127.

Andreas Speer: Kosmisches Prinzip und Maß menschlichen Handelns. *Natura* bei Alanus ab Insulis. In: Mensch und Natur im Mittelalter. Bd. 1. Hrsg. von Albert Zimmermann, Andreas Speer. Berlin/New York 1991 (Miscellanea Mediaevalia 21,1), S. 107–128.

Andreas Speer: *Kunst* und *Schönheit*. Kritische Überlegungen zur mittelalterlichen Ästhetik. In: Scientia und ars im Hoch- und Spätmittelalter. Hrsg. von Ingrid Craemer. 2. Halbbd. Berlin/New York 1994, S. 945–966.

Andreas Speer: Aesthetics. In: The Oxford Handbook of Medieval Philosophy. Hrsg. von John Marenbon. New York 2012, S. 661–684.

Ralf M. W. Stammberger: Die Theorie der Sinneswahrnehmung bei Hugo von Sankt Viktor und Bernhard von Clairvaux. In: Revista Portuguesa de Filosofia 60 (2004), S. 687–706.

Peter Steinacker: Art. Katholizität. In: TRE 18, S. 72–80.

Ralf-Henning Steinmetz: Fiktionalitätstypen in der mittelalterlichen Epik. Überlegungen am Beispiel der Werke des Strickers. In: Die Kleinepik des Strickers. Texte, Gattungstraditionen und Interpretationsprobleme. Hrsg. von Emilio González, Victor Millet: Berlin 2006 (Philologische Studien und Quellen 199), S. 79–101.

Christopher Stevens: Embracing Scruton's Cultural Conservatism. In: BJAesthetics 49 (2009), S. 371–388.

Julia Stiebritz-Banischewski: Hofkritik in der mittelhochdeutschen höfischen Epik. Studien zur Interdiskursivität der Musik- und Kleiderdarstellung in Gottfrieds von Straßburg ‚Tristan', Hartmanns von Aue ‚Ereck', der ‚Kudrun' und im ‚Nibelungenlied'. Berlin/Boston 2020 (LTG 19).

Michael Stolz: ‚Tum'-Studien. Zur dichterischen Gestaltung im Marienpreis Heinrichs von Mügeln. Tübingen et al. 1996.

Michael Stolz: Die Artes-Dichtungen Heinrichs von Mügeln. Bezüge zwischen ‚Der meide kranz' und dem Spruchwerk. Mit Texteditionen. In: Studien zu Frauenlob und Heinrich von Mügeln. Festschrift für Karl Stackmann zum 80. Geburtstag. Hrsg. von Jens Haustein, Ralf-Henning Steinmetz. Freiburg (Schweiz) 2002 (Scrinium Friburgense 15), S. 175–209.

Michael Stolz: Kulturelle Varianten. Religiöse Konfrontationen im Spiegel der Parzival-Überlieferung. In: Akten des XI. Internationalen Germanistenkongresses Paris 2005. ‚Germanistik im Konflikt der Kulturen'. Bd. 5: Kulturwissenschaft vs. Philologie? Hrsg. von Jean-Marie Valentin. Bern et al. 2008 (Jahrbuch für Internationale Germanistik. Reihe A. Kongressberichte 81), S. 153–158.

Ellen Strittmatter: Poetik des Phantasmas. Eine imaginationstheoretische Lektüre der Werke Hartmanns von Aue. Heidelberg 2013 (Studien zur historischen Poetik 15).

Peter Strohschneider: Institutionalität. Zum Verhältnis von literarischer Kommunikation und sozialer Interaktion in mittelalterlicher Literatur. Eine Einleitung. In: Literarische Kommunikation und soziale Interaktion. Studien zur Institutionalität mittelalterlicher Literatur. Hrsg. von Beate Kellner, Ludger Lieb, Peter Strohschneider. Frankfurt a. M./Berlin/Bern et al. 2001 (Mikrokosmos. Beiträge zur Literaturwissenschaft und Bedeutungsforschung 64), S. 1–26.

Basil Studer: Augustins *De trinitate*. Eine Einführung. Paderborn/München/Wien et al. 2005.

Władysław Tatarkiewicz: Geschichte der Ästhetik. 3 Bd. Basel/Stuttgart 1979 (Bd. 1: Die Ästhetik der Antike)/1980 (Bd. 2: Die Ästhetik des Mittelalters)/1987 (Bd. 3: Die Ästhetik der Neuzeit).

Władysław Tatarkiewicz: Geschichte der sechs Begriffe. Kunst, Schönheit, Form, Kreativität, Mimesis, Ästhetisches Erlebnis Frankfurt a. M. 2003.

Władysław Tatarkiewicz: History of Aesthetics. Bd. 2: Medieval Aesthetics. Berlin/Boston 2015 (original: 1970).

Helmut Tervooren: Schönheitsbeschreibung und Gattungsethik in der mittelhochdeutschen Lyrik. In: Schöne Frauen – Schöne Männer. Literarische Schönheitsbeschreibungen. 2. Kolloquium der Forschungsstelle für europäische Literatur des Mittelalters. Hrsg. von Theo Stemmler. Mannheim 1988, S. 171–198.

Helmut Tervooren: Minnesang, Maria und das ‚Hohe Lied' – Bemerkungen zu einem vernachlässigten Thema. In: Vom Mittelalter zur Neuzeit. Festschrift für Horst Brunner. Hrsg. von Dorothea Klein, Elisabeth Lienert, Johannes Rettelbach. Wiesbaden 2000, S. 15–47.

Helmut Tervooren, Thomas Bein: Ein neues Fragment zum Minnesang und zur Sangspruchdichtung. Reinmar von Zweter, Neidhardt, Kelin, Rumzlant und Unbekanntes. In: ZfdPh 107 (1988), S. 1–26.

Gisela Thiel: Das Frau Welt-Motiv in der Literatur des Mittelalters. Univ.-Diss. Saarbrücken 1956.

Jean-Yves Tilliette: Un programme de lectures poétiques au XIIIe siècle: Évrard l'Allemand, ‚Laborintus', vv. 599–686. In: Filologia mediolatina. Studies in Medieval Latin Texts and their Transmission. Rivista della Fondazione Ezio Franceschini 24 (2017), S. 49–69.

Jean-Yves Tilliette: Le *Laborintus* d'Évrard l'Allemand, ou le roman familial d'un grammairien mélancolique. In: Le *poetriae* del medioevo latino. Modelli, fortuna, commenti. Hrsg. von Gian Carlo Alessio/Domenico Losappio. Venedig 2018, S. 225–256.

Eva Tobler: Ancilla Domini. Marianische Aspekte in Hartmanns *Erec*. In: Euphorion 80 (1986), S. 427–438.

John V. Tolan: Sons of Ishmael. Muslims through European Eyes in the Middle Ages. Gainesville et al. 2008.

Hermann Tränkle: ΓΝΩΘΙ ΣΕΑΥΤΟΝ. Zu Ursprung und Deutungsgeschichte des delphischen Spruchs. In: Würzburger Jahrbücher für die Altertumswissenschaft. N.F. 11 (1985), S. 19–31.

Beatrice Trînca: *Parrieren* und *undersnîden*. Wolframs Poetik des Heterogenen. Heidelberg 2008 (Frankfurter Beiträge zur Germanistik 46).

Susan Tuchel: Kastration im Mittelalter. Düsseldorf 1998 (Studia humaniora 30).

Gert Ueding (Hrsg.): Karl-May-Handbuch. In Zusammenarbeit mit Klaus Rettner, 2. Aufl. Würzburg 2001.

Charu Uppal: Over Time and Beyond Disney – Visualizing Princesses through a Comparative Study in India, Fiji, and Sweden. In: The Psychosocial Implications of Disney Movies. Hrsg. von Lauren Dundes. Basel et al. 2019, S. 49–72.

Georg Usadel: Die Personenbeschreibung in der altdeutschen Epik bis Gottfried von Strassburg. Königsberg 1923 (Univ.-Diss., masch.-schriftl., Digitalisat des Exemplars Preußischer Kulturbesitz, MS 24/6289).

Hans-Jörg Uther: Schönheit im Märchen. Zur Ästhetik von Volkserzählungen. In: Lares 52,1 (1986), S. 5–16.

Hans-Jörg Uther: Handbuch zu den ‚Kinder- und Hausmärchen' der Brüder Grimm. Entstehung – Wirkung – Interpretation. 2. Aufl. Berlin 2013.

Gérard Verbeke: Éthique et connaissance de soi chez Abélard. In: Philosophie im Mittelalter. Entwicklungslinien und Paradigmen. Hrsg. von Jan P. Beckmann et al. Hamburg 1996, S. 81–101.

Almudena Otero Villena: Los viajes de Gahmuret: *wunder*, *ger* y *minne*. In: Estudios Filológicos Alemanes 8 (2005), S. 133–151.

Joseph Vogl: Art. Aussage. In: Foucault-Handbuch. Leben – Werk – Wirkung. Hrsg. von Clemens Kammler, Rolf Parr, Ulrich Johannes Schneider. Stuttgart/Weimar 2014, S. 225–227.

Joseph Vogl: Art. Genealogie. In: Foucault-Handbuch. Leben – Werk – Wirkung. Hrsg. von Clemens Kammler, Rolf Parr, Ulrich Johannes Schneider. Stuttgart/Weimar 2014, S. 255–258.

Frederick Ercolo Vokes, Hans-Martin Barth, Henning Schröer: Art. Apostolisches Glaubensbekenntnis. In: TRE 3, S. 528–571.

Annette Volfing: Heinrich von Mügeln ‚Der meide kranz'. A Commentary. Tübingen 1997 (MTU 111).

Benedikt Konrad Vollmann: *Pulchrum et verum convertuntur*. Zur Wahrheit des Ästhetischen in der Poetik des Mittelalters. In: Mittelalterliche Poetik in Theorie und Praxis. Festschrift für Fritz Peter Knapp. Hrsg. von Thordis Hennings, Manuela Niesner, Christoph Roth u.a. Berlin 2009, S. 169–178.

Rudolf Voß: Die Artusepik Hartmanns von Aue. Untersuchungen zum Wirklichkeitsbegriff und zur Ästhetik eines literarischen Genres im Kräftefeld von soziokulturellen Normen und christlicher Anthropologie. Köln/Wien 1983 (Literatur und Leben N.F. 25).

Petar Vrankić: Art. Symbolum. In: LMA 8, Sp. 358–360.

Silvan Wagner: Postmodernes Mittelalter? Religion zwischen Alterität und Egalität. In: Wie anders war das Mittelalter? Fragen an das Konzept der Alterität. Hrsg. von Manuel Braun. Göttingen 2013 (Aventiuren 9), S. 181–201.

Michael Waltenberger: Hermeneutik des Verdacht-Seins. Über den interpretativen Zugang zu mittelalterlichen Erzählwelten. In: Mitteilungen des Deutschen Germanistenverbandes 49 (2002), S. 156–170.

Haiko Wandhoff: *velden und visieren, blüemen und florieren*: Zur Poetik der Sichtbarkeit in den höfischen Epen des Mittelalters. In: Zeitschrift für Germanistik 9 (1999), S. 586–597.

Haiko Wandhoff: Ekphrasis. Kunstbeschreibung und virtuelle Räume in der Literatur des Mittelalters. Berlin/New York 2003 (Trends in Medieval Philology 3).

Haiko Wandhoff: Von der kosmischen Strahlung zur inneren Erleuchtung: Mikrokosmische Perspektiven einer Kulturgeschichte des Lichts. In: Licht, Glanz, Blendung. Beiträge zu einer Kulturgeschichte des Leuchtenden. Hrsg. von Christina Lechtermann, Haiko Wandhoff. Bern et al. 2008 (Publikationen zur Zeitschrift für Germanistik N.F. 18), S. 15–36.

Heiko Wandhoff: Schwarz auf Weiß – Rot auf Weiß. Heraldische Tinkturen und die Farben der Schrift im *Parzival* Wolframs von Eschenbach. In: Die Farben imaginierter Welten Zur Kulturgeschichte ihrer Codierung in Literatur und Kunst vom Mittelalter bis zur Gegenwart. Hrsg. von Monika Schausten. Berlin 2012 (LTG 1), S. 147–167.

Hermann Wankel: Kalos kai agathos. Universitäts-Dissertation. Würzburg 1961.

Peter Wapnewski: Wolframs Parzival. Studien zur Religiosität und Form. Heidelberg 1955.

Peter Wapnewski: Hartmann von Aue. 6. Aufl. Stuttgart 1976.

Marina Warner: Alone of all her Sex. The Myth and the Cult of the Virgin Mary. New York 1976 (übersetzt als: Maria: Geburt, Triumph, Niedergang – Rückkehr eines Mythos? München 1982).

Rainer Warning: Lyrisches Ich und Öffentlichkeit bei den Trobadors. Wilhelm IX. von Aquitanien: *Molt jauzens, mi prenc en amar*. In: Deutsche Literatur im Mittelalter. Kontakte und Perspektiven. Hugo Kuhn zum Gedenken. Hrsg. von Christoph Cormeau. Stuttgart 1979, S. 120–159 (erneut abgedruckt in: ders.: Lektüren romanischer Lyrik. Von den Trobadors zum Surrealismus. Freiburg i.Br. 1997, S. 45–84).

Hilkert Weddige: Einführung in die germanistische Mediävistik. 4. Aufl. München 2001.

Max Wehrli: Literatur im deutschen Mittelalter. Eine poetologische Einführung. Stuttgart 1984.

Heinrich Weisweiler: Die Ps.-Dionysiuskommentare ‚in Coelestem Hierarchiam' des Skotus Eriugena und Hugos von St. Viktor. In: Recherches de théologie ancienne et médiévale 19 (1952), S. 26–47.

Dieter Welz: Glück und Gesellschaft in den Artusromanen Hartmanns von Aue und im ‚Tristan' Gottfrieds von Straßburg. In: Acta Germanica 16 (1983), S. 7–23.

Horst Wenzel, „Partizipation und Mimesis. Die Lesbarkeit des Körpers am Hof und in der höfischen Literatur", in: Hans Ulrich Gumbrecht/Karl Ludwig Pfeiffer (Hg.), *Materialität der Kommunikation*, Frankfurt a. M. 1988.

Horst Wenzel, „Repräsentation und schöner Schein am Hof und in der höfischen Literatur, in: Hedda Ragotzky/ders. (Hg.), *Höfische Repräsentation. Das Zeremoniell und die Zeichen*, Tübingen 1990, S. 171–208.

Horst Wenzel: Hören und Sehen. Zur Lesbarkeit von Körperzeichen in der höfischen Literatur. In: Personenbeziehungen in der mittelalterlichen Literatur. Hrsg. von Helmut Brall. Düsseldorf 1994 (Studia humaniora 25), S. 191–218.

Horst Wenzel: Repräsentation und Wahrnehmung. Zur Inszenierung höfisch-ritterlicher Imagination im ‚Welschen Gast' des Thomasin von Zerclaere. In: Zeichen – Rituale – Werte. Internationales Kolloquium des Sonderforschungsbereichs 496 an der Westfälischen Wilhelms-Universität Münster. Hrsg. von Gert Althoff. Münster 2004 (Symbolische Kommunikation und gesellschaftliche Wertesysteme. Schriftenreihe des Sonderforschungsbereichs 496, Bd. 3), S. 303–325.

Horst Wenzel: Wahrnehmung und Deixis. Zur Poetik der Sichtbarkeit in der höfischen Literatur. In: Visualisierungsstrategien in mittelalterlichen Bildern und Texten. Hrsg. von Horst Wenzel, C. Stephen Jaeger. Berlin 2006 (Philologische Studien und Quellen 195), S. 17–43.

Carl Wesle: Zu Wolframs Parzival. In: PBB 72 (1950), S. 1–38.

Paulus Bernardus Wessels: Wolfram zwischen Dogma und Legende. In: Wolfram von Eschenbach. Hrsg. von Heinz Rupp. Darmstadt 1966 (Wege der Forschung 57), S. 232–260 (zuerst in: PBB 77 [1955], S. 112–135).

Wolfgang Wetzlmair: Zum Problem der Schuld im ‚Erec' und im ‚Gregorius' Hartmanns von Aue. Göppingen 1997 (Göppinger Arbeiten zur Germanistik 643).

Eva Willms: Liebesleid und Sangeslust. Untersuchungen zur deutschen Liebeslyrik des späten 12. und 13. Jahrhunderts. München 1990 (MTU 94).

Eva Willms: *Ez was durch versuochen getân*: Überlegungen zu Erecs und Enîtes Ausfahrt bei Hartmann von Aue. In: Orbis Litterarum 52 (1997), S. 61–78.

Harold Bernard Willson: The Grail King in Wolfram's ‚Parzival'. In: The Modern Language Review 55 (1960), S. 553–563.

Hartmut Wilms: Techne und Paideia bei Xenophon und Isokrates. Stuttgart/Leipzig 1995 (Beiträge zur Altertumskunde 68).

Johan H. Winkelmann: Florisromane. In: Höfischer Roman in Vers und Prosa. GLMF V. Hrsg. von René Perennec, Elisabeth Schmid. Berlin/New York 2010, S. 331–367.

Johannes Winzer: Die ungleichen Kinder Evas in der Literatur des 16. Jhs. Inauguraldissertation der hohen philosophischen Fakultät der königlichen Universität Greifswald. Greifswald 1908.

Ludwig Wittgenstein: Lectures and Conversations on Aesthetics, Psychology and Religious Belief. Oxford 1966.

Ludwig Wittgenstein: Vorlesungen und Gespräche über Ästhetik, Psychoanalyse und religiösen Glauben. Zusammengestellt und hrsg. aus Notizen von Yorick Smythies, Rush Rhees und James Taylor von Cyril Barrett. 2. Aufl. Düsseldorf/Bonn 1996.

Ludwig Wittgenstein: Tractatus logico-philosophicus. Logisch-philosophische Abhandlung. Frankfurt a. M. 1968.

Alois Wolf: Die ‚adaptation courtoise'. Kritische Anmerkungen zu einem neuen Dogma. In: GRM N.F. 27 (1977), S. 257–283.

Jürgen Wolf: Narrative Historisierungsstrategien in Heldenepos und Chronik – vorgestellt am Beispiel von ‚Kaiserchronik' und ‚Klage'. In: Wolfram-Studien 18 (2004), S. 323–346.

Werner Wolf: ‚Speaking faces'? Zur epistologischen [sic] Lesbarkeit von Physiognomiebeschreibungen im englischen Erzählen des Modernismus. In: Poetica 34 (2002), S. 389–426.

Ludwig Wolff, Werner Schröder: Art. Heinrich von Veldeke. In: ^{2}VL 3 (1981), Sp. 899–918.

Georg Wolfram: Kreuzpredigt und kreuzlied. In: ZfdA 30 (1886), S. 89–132.

Marjorie Curry Woods: Classroom Commentaries. Teaching the Poetria nova across Medieval and Renaissance Europe. Columbus 2010 (Text and Context).

Franz Josef Worstbrock: Art. Eberhard der Deutsche (Everardus Alemannus, Teutonicus). In: ²VL 2 (1979), Sp. 273–276.

Franz Josef Worstbrock: Dilatatio materiae. Zur Poetik des ‚Erec' Hartmanns von Aue. In: Frühmittelalterliche Studien 19 (1985), S. 1–30.

Daniel Wrana et al. (Hrsg.): DiskursNetz. Wörterbuch der interdisziplinären Diskursforschung. Frankfurt a. M. 2014.

Jan Ziolkowski: Alan of Lille's Grammar of Sex. The Meaning of Grammar to a Twelfth-Century Intellectual. Cambridge (Massachusetts) 1985 (Speculum Anniversary Monographs 10).

4 Online-Quellen

Cod. Vat. lat. 1311 (14. Jahrhundert): https://digi.vatlib.it/view/MSS_Vat.lat.1311 (aufgerufen: 12.12.2021).

Margarete Stokowski: Das wird so geil und gerecht: http://www.taz.de/Kolumne-Luft-und-Liebe/!5036495/ (aufgerufen: 28.01.2022).

Freundliche Aufnahme des Erzählers im Rosengarten durch die Jungfrau Bel Acueil: Handschrift Harley MS 4425, fol. 30^v: http://www.bl.uk/manuscripts/Viewer.aspx?ref=harley_ms_4425_fs001r (aufgerufen: 28.01.2022).

Schmiede der Nature aus Ms. français 1565: https://grammarrabble.wordpress.com/2014/06/26/on-the-public-highway-of-grammar-michael-a-johnson/ (aufgerufen: 28.01.2022).

Personen-, Verfasser- und Textregister

(Die Register erfassen die Nennungen von Texten und Personen/Verfassern sowie von Begriffen und Figuren an solchen Stellen, wo sie nicht ohnehin durch die Kapitelüberschriften klar ausgewiesen sind.)

Abaelardus → Petrus Abaelardus
Alanus ab Insulis 6, 56, 69, 116, 275, 329, 338–340, 354–363, 364–368, 374–383, 388–390, 393–395, 411, 412 (Anm. 352), 416 (Anm. 358), 421–423, 427, 431, 434 f., 437 f., 443, 499 (Anm. 133), 501, 508 (Anm. 153), 556 (Anm. 278), 572 (Anm. 316), 602 (Anm. 392), 607–612, 615, 622 (Anm. 43), 625 (Anm. 50), 626, 627 (Anm. 55), 634, 650
– Anticlaudianus 56, 69, 329, 335 (Anm. 178), 337 (Anm. 182), 339 f., 367, 369–383, 386, 390, 394, 413, 422 (inkl. Anm. 369), 441 (Anm. 417), 499 (Anm. 133), 505 f. (Anm. 148), 508 (Anm. 153), 572 (Anm. 316), 578 (Anm. 329), 607, 609, 610, 619, 622 (Anm. 43), 623, 626 f., 650
– De clericis ad theologiam non accedentibus (Predigt) 7, 382 (Anm. 283), 607–612, 615, 624 f., 627 (Anm. 55)
– De planctu naturae 69, 116, 275, 339 f., 348 (Anm. 207), 355–367, 368 f., 386 (Anm. 297), 389 (Anm. 301), 394, 401, 411–413, 416 (Anm. 357), 422, 427, 431, 434 (Anm. 402), 435, 437 (Anm. 410), 438, 443, 547, 548 (Anm. 257), 556 (Anm. 278), 610 f., 619, 625 (Anm. 50), 627 (Anm. 55), 650
Albrecht von Johansdorf (Die hinnen varn MF 89,21) 559 (Anm. 284), 562 (Anm. 288)
Alexandre du Pont (Roman de Mahomet) 549, 551 (Anm. 263)
Aliscans 535 (Anm. 224), 552 (Anm. 264)
Meister Altswert 413–416, 650
Ambrosius von Mailand 163, 182, 204 (Anm. 301), 350 (Anm. 211), 431–434, 439, 449 f., 616
Anegenge, Das 170 (Anm. 234), 176 (Anm. 250), 487 (Anm. 96), 524 f.
Aristoteles 81, 86 (Anm. 236), 118 (Anm. 78), 123, 136, 254, 265 (Anm. 471), 290 (Anm. 63), 408 (Anm. 346), 447 (Anm. 428), 491 (Anm. 107), 492 (Anm. 107), 522 (Anm. 187), 614 f. (inkl. Anm. 22)
Arnsteiner Marienlied 223
Assmann, Jan 57 (Anm. 177), 60 (Anm. 185), 531 (Anm. 217), 535 (inkl. Anm. 227), 544–546, 612, 645 f.
– Das kulturelle Gedächtnis 57 (Anm. 177)
– Totale Religion 531 (Anm. 217), 535 (inkl. Anm. 227), 544 (Anm. 247), 545 (inkl. Anm. 251), 546 (Anm. 254), 612 (Anm. 15), 645 f.
Assunto, Rosario (Die Theorie des Schönen im Mittelalter) 2, 12 f., 15–18, 23, 27, 62, 65, 73, 86, 110 (inkl. Anm. 53), 323 (Anm. 150), 455, 456 (inkl. Anm. 13), 473, 481 f., 491, 573 (Anm. 319), 606, 647, 652
Aurelius Augustinus 3 (Anm. 5), 6, 17 (Anm. 31), 19–31 (Anm. 79), 33 (inkl. Anm. 87), 63 f. (inkl. Anm. 190), 69, 73 (inkl. Anm. 206 f.), 74–81, 82 f., 84 (Anm. 230), 85, 86 (Anm. 236), 87 (inkl. Anm. 238), 88 (Anm. 239), 89, 91 (Anm. 246), 93, 104 (inkl. Anm. 39), 105 (Anm. 41), 106, 107 (Anm. 48), 119, 120, 121 (Anm. 85), 123 f. (inkl. Anm. 102), 128 f. 141 f., 162–164, 168, 173, 174 (Anm. 246), 176 (Anm. 250), 179, 185, 197 (Anm. 284), 205–208, 210, 258, 266 f., 295 (Anm. 79), 300 (inkl. Anm. 93 f.), 302 f., 307 (Anm. 106), 308 f., 330, 337 (Anm. 182), 350 (Anm. 211), 364 (Anm. 245), 365 (Anm. 250), 384 (Anm. 291), 415, 425–427, 434 f. (Anm. 403), 445, 447 (Anm. 428), 449 f., 452 f., 459 f., 462–464, 467 (Anm. 35 f.), 468, 470, 471 (Anm. 46), 474–481, 483, 485 (inkl. Anm. 92), 487 (Anm. 96), 488, 492 f., 495 f., 500 (Anm. 134), 501, 503 f., 506, 508 (Anm. 153), 511 f., 514 (Anm. 165), 517, 519 (Anm. 176), 520 (Anm. 181), 522–527, 530 (Anm. 215), 538 f. (inkl. Anm. 232), 540–543 (inkl. Anm. 245), 545 f., 558 f., 570 (Anm. 311), 575 (Anm. 323),

575 f. (Anm. 325), 577, 579, 587 f.
(Anm. 356), 598 (Anm. 378), 600 f.
(Anm. 383 u. 387), 609 f., 615 f., 618
(Anm. 33 f.), 625 (Anm. 50), 627 (Anm. 55),
630 (Anm. 65), 631, 639 (Anm. 91), 641 f.,
644 (Anm. 104), 645 f., 649, 651 f.
- Confessiones 22, 24–26, 28, 89, 179, 307
(Anm. 106), 308 (Anm. 106), 337
(Anm. 182), 350 (Anm. 211), 453 (Anm. 5),
460 (inkl. Anm. 20), 464 (Anm. 28), 477,
527 (Anm. 206), 576 (Anm. 325), 577–580,
583 (Anm. 340), 615 f., 631, 639 (Anm. 91),
642, 645 (Anm. 107), 646, 651 f.
- De civitate Dei 21, 28, 74–81, 82, 84
(Anm. 230), 87 (Anm. 238), 89, 94, 104
(inkl. Anm. 39), 176 (Anm. 250), 197
(Anm. 284), 207 f. (Anm. 309 u. 313), 365
(Anm. 250), 459, 463, 525 (Anm. 200), 542
f. (Anm. 244 f.), 583 (Anm. 340), 587
(Anm. 356)
- De doctrina christiana 173 (Anm. 243)
- De genesi ad litteram 93–95, 162, 415, 580
(Anm. 333)
- De magistro 120, 495 (Anm. 119), 645
(Anm. 106)
- De pulchro et de apto (verloren) 73
(Anm. 208)
- De Trinitate 30, 82, 121 (Anm. 85), 123 f., 205
f., 210 (S. 319), 303 (inkl. Anm. 99), 452,
464 (Anm. 28), 468, 474, 477–480, 483,
485 (Anm. 92), 487 (Anm. 96), 488
(Anm. 98), 495 f. (inkl. Anm. 121), 503 f.
(inkl. Anm. 142), 511 f., 517, 519 (Anm. 176),
523 f., 526, 539 (Anm. 234)
- De vera religione 6, 23, 27 (Anm. 68), 29 f.,
78, 87 f. (Anm. 238 f.), 91 (Anm. 246), 141,
302 f., 330, 384 (Anm. 291), 425 f.
(Anm. 377), 426, 452, 463 (Anm. 27), 467
(Anm. 35 f.), 474–476, 483, 492 f., 519
(Anm. 181), 522 f., 530 (Anm. 215),
540–542 (inkl. Anm. 243), 576 (Anm. 325),
579 (Anm. 331), 609 f., 618 (Anm. 33 f.),
625 (Anm. 50), 644 (Anm. 104)
- Epistula 3: Nebridio Augustinus 20

Barlaam und Josaphat (Stoff) 265 f. (Anm. 473),
489 (Anm. 102)
Baumgarten, Alexander Gottlieb 13 (Anm. 19),
646

Bernardus Silvestris 6, 275, 340, 421–445, 514
(Anm. 167), 572 (Anm. 316), 583
(Anm. 340), 602 (Anm. 392), 622
(Anm. 43), 623 (Anm. 45), 625 (Anm. 52),
626, 627 (Anm. 55), 650
Blumenberg, Hans (Die Lesbarkeit der Welt) 97,
487, 506 (Anm. 149)
Boethius 193 (Anm. 279), 356, 445, 517
(Anm. 173), 619 (Anm. 36), 620 (Anm. 38),
621, 627 (Anm. 55)
Borges, Jorge Luis 47, 641
Bourdieu, Pierre 3, 14, 48–74, 76 f. (Anm. 215),
103, 300, 357
- Das Haus oder die verkehrte Welt 103.
- Die feinen Unterschiede 3, 49.
- Die männliche Herrschaft 14 (Anm. 21), 72
(Anm. 204)
- Die Regeln der Kunst 3 (Anm. 11).
Brun von Schönebeck (Das Hohe Lied) 180 f.,
351 (Anm. 213), 355 (Anm. 221), 576
(Anm. 325), 629
de Bruyne, Edgar (Études
d'esthétique médiévale) 2, 15–19, 27
(Anm. 67), 29 (Anm. 72), 31, 65, 73
(Anm. 206), 86 (Anm. 235), 110 (Anm. 53),
299 (Anm. 89), 308, 309 (Anm. 110), 311
(Anm. 116), 473 f., 485 (Anm. 91), 491, 606,
647, 652

Carmina burana/Codex buranus 283 (Anm. 40),
306 (Anm. 103), 326, 362 (Anm. 243)
Chrétien de Troyes 15 (Anm. 23), 115, 134
(Anm. 152), 135, 198, 201 (Anm. 291), 203,
(Anm. 298), 213, 221, 225, 226 (Anm. 373),
227, 228 (Anm. 378), 230 (Anm. 382), 231
(Anm. 386), 232, 235–245, 249 f., 271, 287
(Anm. 58), 328 (Anm. 165), 361 (Anm. 239),
420, 448, 455–474, 528, 575, 582
(Anm. 337)
- Cligès 349 (Anm. 208), 420
- Erec et Enide 134 (Anm. 152), 198, 203
(Anm. 298), 213, 221, 225, 226 (Anm. 373),
227, 228 (Anm. 378), 230 (Anm. 382), 231
(Anm. 386), 232, 235–245, 249 f., 271, 361
(Anm. 239)
- Le Roman de Perceval ou Le Conte du
Graal 455–474, 528 (Anm. 208), 575
(Anm. 325), 582 (Anm. 337)
Christherre-Chronik 75 (Anm. 212)

Marcus Tullius Cicero 19 f. (inkl. Anm. 38), 21 f., 89 f. (inkl. Anm. 245), 150 (Anm. 41), 106 (Anm. 43), 107 (Anm. 47), 118 f. (inkl. Anm. 77, 79 f.), 121 (Anm. 85 u. 87), 252, 280, 289 f. (Anm. 63), 290 f. (Anm. 66), 292, 298 (Anm. 86), 301 f. (Anm. 95), 309, 320 f., 324 (Anm. 154), 331 (Anm. 172), 392 (Anm. 306), 445 (Anm. 427), 502 (Anm. 139), 517 (Anm. 173), 522, 614 f. (inkl. Anm. 22), 617 (Anm. 28), 627 f. (Anm. 56), 628, 650
- De inventione 89 f. (inkl. Anm. 245), 280, 292, 301 (Anm. 95)
- De officiis 89 f. (inkl. Anm. 245)
- De finibus bonorum et malorum 502 (Anm. 139)
- Tusculanae disputationes 19 f. (Anm. 38), 121 (Anm. 87)

Codex Karlsruhe 408 163 (Anm. 220), 416 (Anm. 359)
Codex palatinus germanicus 341 187 (Anm. 267).

Darwin, Charles 36–44, 47 (Anm. 138), 51, 53 (Anm. 165)
- Die Abstammung des Menschen (The Descent of Man) 44 (Anm. 132 f.), 51
- Die Entstehung der Arten (The Origin of Species) 43
Das Gänslein (Mære) 464 (Anm. 29)
David von Augsburg/ab Augusta (De exterioris et interioris hominis compositione) 304 (Anm. 99)
Ps.-Dionysius Areopagita 23 (Anm. 47), 83, 85, 86 (inkl. Anm. 236), 88 f. (inkl. Anm. 242), 89, 355 (Anm. 221), 426 (Anm. 377), 457 f. (inkl. Anm. 15), 460, 512 (Anm. 161), 525 (Anm. 168)
- De divinis nominibus 85 (Anm. 231), 86 (Anm. 236), 457, 525 (Anm. 168)
- De hierarchia cœleste 355 (Anm. 221), 426 (Anm. 377), 457 f. (inkl. Anm. 15), 460, 512 (Anm. 161)

Eberhard der Deutsche/Everhardus Alemannus (Laborintus) 6 f., 15 (Anm. 23), 69, 275, 276 (Anm. 11), 278 (Anm. 21), 279 (Anm. 25), 280, 283 (Anm. 40), 306 (Anm. 104), 324 (Anm. 153), 332 (inkl. Anm. 174), 337 (Anm. 182), 376 (Anm. 272), 382 (Anm. 283), 619–630, 652
(Meister) Eckhart 304 (Anm. 100), 355 (Anm. 221)
Eco, Umberto (Kunst und Schönheit im Mittelalter) 2, 11 f., 13 f., 16 f. (Anm. 30), 17–19, 22 (Anm. 43), 27 (Anm. 67), 65, 108 f., 111, 116, 118, 121, 134, 199, 260 (Anm. 461), 323 (Anm. 149), 473, 481 f., 491, 647, 652
Embrico von Mainz (Vita Mahumeti) 549 (Anm. 258 f.), 550–552, 556 (Anm. 278), 557

Flore und Blanscheflur-Stoff 334 (Anm. 178), 558 (Anm. 282), 602 (Anm. 391)

Galen 349, 445, 628 (Anm. 56)
Galfred von Vinsauf 6, 15 (Anm. 23), 19 (Anm. 36), 69, 133 (Anm. 149), 274, 276 (Anm. 11), 280–282, 286 (Anm. 54), 287 (Anm. 56 u. 58), 292 (Anm. 71), 300 (Anm. 93), 305 (Anm. 101), 306 (Anm. 104), 311–326, 330, 332, 337 (Anm. 182), 341, 384–386, 402 (Anm. 329), 429, 456 (Anm. 14), 649
- Documentum de modo et arte dictandi et versificandi 19 (Anm. 36), 274 (inkl. Anm. 6), 276 (Anm. 11), 280, 305 (Anm. 101), 318 (Anm. 139), 319 (inkl. Anm. 140), 320 f., 328 (Anm. 165), 335 f., 429, 540
- Poetria nova 69, 133 (Anm. 149), 274 (inkl. Anm. 5 f.), 276 (Anm. 11), 278–282, 287 (Anm. 56 u. 58), 297, 305 (Anm. 101), 306 (Anm. 104), 311–329, 332, 337 (Anm. 182), 341 (Anm. 191), 361, 383–386, 389, 402, 447, 456 (Anm. 14), 626 (Anm. 54)
Geoffrey of Monmouth (De gestis Britonum/Historia Regum Britanniae) 271 (Anm. 481)
St. Georgener Predigten 636 (Anm. 82)
Gereint 221 (Anm. 354)
Gottfried von Straßburg (Tristan) 9 (Anm. 7), 222 (Anm. 358), 282 (inkl. Anm. 36), 284 (Anm. 43), 296 (Anm. 79–82), 322 (Anm. 148), 624 (Anm. 49)
Gottfried von Viterbo (Pantheon) 75 (Anm. 212)

Harsdörffer, Georg Philipp (Frauenzimmer Gesprächspiele) 480 (Anm. 73), 508 (Anm. 153)
Heinrich von dem Türlin (Diu Crône) 171 (Anm. 238), 572 (Anm. 317)
Heinrich von Melk (Von des todes gehugde) 470 (Anm. 43), 563 (Anm. 289)
Heinrich von Neustadt 70, 370 f., 383–396, 539
– Apollonius von Tyrland 539
– Von gottes zukunft 70, 370 f., 383–396
Henochbuch 168–171
Herder, Johann Gottfried 101 (Anm. 23), 136 (Anm. 156)
Hieronymus 302, 546, 547 (Anm. 256), 642, 646 f.
– Adversus Jovinianum 642
– Biblia Sacra Vulgata 302, 546, 547 (Anm. 256)
Hippokrates 501, 502 (Anm. 140)
Hohelied (Canticum canticorum) 12, 130, 180–182, 188 (Anm. 269), 213–217, 220, 351 (Anm. 213), 382, 406 (inkl. Anm. 342), 425 (Anm. 375), 576, 611 (Anm. 14)
Holbein, Hans (Judas) 147
Horaz (Ars poetica) 280, 291 f., 311 (Anm. 115), 319, 321, 335 f., 372 (Anm. 266), 620 (Anm. 38), 627 (Anm. 55)
Hugo von Sankt Viktor 6, 7, 89 (Anm. 243), 110 (Anm. 53), 426 (Anm. 377), 441 (Anm. 417), 452, 458, 481–488, 494–496, 514 (Anm. 166), 516 (Anm. 170), 517, 519 (Anm. 176), 526, 573 (Anm. 319), 576–578, 598 (Anm. 379), 606, 613–618, 625 (Anm. 52), 640, 651
– Didascalicon 7, 494–496, 514 (Anm. 166), 516 (Anm. 170), 517, 519 (Anm. 176), 526, 606, 613–618, 640, 651
– Expositiones in hierarchiam coelestem 6, 110 (Anm. 53), 426 (Anm. 377), 458, 481–488, 651
– Pro Assumptione Virginis 441 (Anm. 417), 576–578

Innozenz III. (Bulle Quia major), Widmungsträger der Poetria nova Galfreds 324, 559 (Anm. 284), 560 (Anm. 285)

In principio huius libri A (Kommentar zur Poetria nova) 278 f., 322 f., 325, 329
Isidor von Sevilla (Etymologien) 19 (Anm. 36), 182 (Anm. 258), 476 (Anm. 60), 587 (Anm. 354), 608, 614

Jacobus de Voragine (Legenda aurea) 352, 555 (Anm. 272)
Johannes von Garlandia 6, 15 (Anm. 23), 69, 275, 276 (Anm. 11), 280, 283 (Anm. 40), 315 (Anm. 126), 330 (Anm. 169), 338, 340–354, 354 (Anm. 220), 370, 396, 422, 650
– Epithalamium Beate Marie Virginis 69, 275, 276 (Anm. 11), 330 (Anm. 169), 340–354, 354 (Anm. 220), 370 f. (inkl. Anm. 263), 396, 422, 650
– Parisiana Poetria 69, 275, 280, 283 (Anm. 40), 315 (Anm. 126), 650
Johannes von Hauvilla (Architrenius) 6, 69, 275, 339, 396–401, 413, 422, 602 (Anm. 392), 622 (Anm. 43), 627 (Anm. 55), 650
Johannes Scotus Eriugena 142 (Anm. 172), 163–166, 182, 330, 355 (Anm. 221), 435 (Anm. 406), 449 (Anm. 433), 451, 456–458, 481–488, 525 (Anm. 200), 580 (Anm. 333), 644 f.
– Expositiones in ierarchiam coelestem 355 (Anm. 221), 456–458
– Periphyseon (De divisione naturae) 142 (Anm. 172), 163–166, 182, 330, 435 f. (Anm. 406 f.), 449 (Anm. 433), 451, 486–488, 525 (Anm. 200), 580 (Anm. 333), 644 f.

Kant, Immanuel 34 (Anm. 98), 36, 46, 99
Pfaffe Konrad (Rolandslied) 114 (Anm. 64), 296 (Anm. 79), 448 (Anm. 430), 533 f. (inkl. Anm. 222), 604
Konrad Fleck (Flore und Blanscheflur) 89 (Anm. 243), 296 (Anm. 79), 334 (Anm. 178)
Konrad von Megenberg 427 (Anm. 379), 433 (Anm. 398), 446 (Anm. 428), 468 (Anm. 36)
– Buch von den natürlichen Dingen 427 (Anm. 379), 433 (Anm. 398), 446 (Anm. 428)
– Deutsche Sphaera 468 (Anm. 36)
Konrad von Würzburg 7, 59 (Anm. 179), 127 (Anm. 112), 138 (Anm. 161), 210 f., 289 (Anm. 62), 342 (Anm. 195), 349 f., 369

(Anm. 256), 394 f., 396 (Anm. 315), 448,
  583 (Anm. 341), 598 (Anm. 479), 630–640,
  647 (Anm. 112), 650 (Anm. 116)
- Der Trojanerkrieg 127 (Anm. 112), 289
  (Anm. 62), 448
- Der Welt Lohn 7, 394 f., 583 (Anm. 341),
  630–640
- Die goldene Schmiede 342 (Anm. 195), 349 f.,
  396 (Anm. 315), 598 (Anm. 479), 647
  (Anm. 112)
- Ein frouwe diu mit kiusche (Sangspruch) 210 f.
- Engelhard 59 (Anm. 179), 138 (Anm. 161), 650
  (Anm. 116)
- Pantaleon 369 (Anm. 256)
Kristeva, Julia 217 (Anm. 342), 539 f.
  (inkl. Anm. 237)

Lavater, Johann Caspar 96, 100 f. (inkl.
  Anm. 20 u. 23), 135, 136–149, 191 f., 649
Legenda aurea → Jacobus de Voragine
Lessing, Gotthold Ephraim 14, 136 f. (Anm. 156),
  207, 276 (Anm. 14), 288 (Anm. 60), 289
  (Anm. 62), 333 f. (Anm. 176), 335
  (Anm. 179)
- Emilia Galotti 207
- Laokoon 14, 288 (Anm. 60), 289 (Anm. 62),
  333 f. (Anm. 176), 335 (Anm. 179)
Leyser, Polykarp 279 (Anm. 25)
Liber Nicholay 552 (Anm. 266), 593 (Anm. 365)
Libri de nativitate Mariae 368 (Anm. 256)
Lichtenberg, Georg-Christoph 101 f. (Anm. 23),
  139, 149
Luhmann, Niklas 56 (Anm. 174), 76 (Anm. 215),
  351, 532 (Anm. 218), 535, 536 (Anm. 228),
  548
Lutwin (Adam und Eva) 163 (Anm. 219)

Macrobius 328 (Anm. 165), 522
Matthäus von Vendôme (Ars versificatoria;
  außerhalb Kap. IV) X, 6, 10 (Anm. 11), 11,
  14 (Anm. 22), 15 (Anm. 23), 19 (Anm. 33),
  69, 256 (Anm. 450), 273–450 (Kap. IV),
  581 (Anm. 334), 593 (Anm. 366),
  619–621, 624 (Anm. 49), 626, 627
  (Anm. 55), 628 f., 652
- Tobias 626, 627 (Anm. 55), 629
Mauss, Marcel 52
May, Karl 100

Menninghaus, Winfried 3 (Anm. 10), 36–49,
  53 f., 62 f., 98–100, 185, 641, 646
Mohammed (Prophet des Islam) 536
  (Anm. 228), 549–558, 593 f., 595
  (Anm. 370), 617 (Anm. 28)
- mlat. Mohammedsviten 7, 452, 549–558, 591
  f., 593 f., 595 (Anm. 370), 616
- Wundergrab/Sarkophag des Mohammed 469
  (Anm. 40), 592 (Anm. 365), 593 f. (inkl.
  Anm. 369)
Montaigne, Michel de (Essais) 104 (Anm. 39)

Nietzsche, Friedrich 3 f., 6 f., 32 (Anm. 81), 99
  (Anm. 14)

Origenes 23, 182 (Anm. 258), 381 f. (Anm. 283),
  449 (Anm. 433), 580 (Anm. 333)
Ornatus mulerium (L'Ornement des
  Dames) 159, 603
Ovid 106 (Anm. 43), 292 (Anm. 69), 295, 313
  (Anm. 121 u. 122), 319, 320 (Anm. 141), 342
  (Anm. 195), 366 (Anm. 251), 620 f., 627
  (Anm. 55)
- Ars amatoria 295 (Anm. 78), 319
- Heroides 295 (Anm. 78)
- Metamorphosen 292 (Anm. 69), 313
  (Anm. 121), 320 (Anm. 141), 620 (Anm. 38)
- Remedia amoris 621 (Anm. 41)

Passional 351 f., 396 (Anm. 315)
Paulus (Apostel) 15, 75, 174 (Anm. 247),
  440 (Anm. 415), 468 (Anm. 39), 470
  (inkl. Anm. 43), 491 (Anm. 107), 542
  (Anm. 244), 546
- An die Römer (Ad romanos)
  - Rm 1,18–23 468 (Anm. 39)
  - Rm 1,20 491 (Anm. 107)
  - Rm 1,25 463 (Anm. 27), 468 (Anm. 38), 470
    (inkl. Anm. 43), 486, 487 (Anm. 95), 530,
    563 (Anm. 289), 597 (Anm. 376), 599
    (Anm. 379), 644 (Anm. 104), 645
- An die Korinther I (Ad corinthios I) 174
  (Anm. 247), 478, 512 (Anm. 160), 524
- An die Korinther II (Ad corinthios II) 302,
  459, 463
- An die Philipper (Phil 3,18 f.) 440 (Anm. 415)
Petrus Abaelardus (Ethica/Scito te ipsum) 165 f.,
  182, 193, 195 f. (inkl. Anm. 281), 197

(Anm. 284), 206–208, 267, 520 (Anm. 181), 558 f. (Anm. 283), 559, 562, 593 (Anm. 366), 649
– Historia calamitatum 595 (Anm. 370), 607, 642f
Petrus Venerabilis 538, 546 (Anm. 253), 552 (Anm. 265), 554 f., 556 (Anm. 277)
Philon von Alexandrien 164 (Anm. 222)
Bruder Philipp (Marienleben) 390 (Anm. 305), 394
Physiologus 587, 596 f., 598 f. (Anm. 377 u. 379)
Platon (platonisch, Platonismus) 3, 7, 16, 21, 25, 27 (Anm. 67), 29, 31 (Anm. 80), 32 (Anm. 81), 33, 35, 73, 76 (Anm. 214), 81, 83, 86 (Anm. 236), 87, 107, 123 (Anm. 97), 124 (Anm. 102), 128 (Anm. 119), 136, 141, 202 (Anm. 295), 258 f., 259 (Anm. 460), 269 f. (Anm. 477), 323 (Anm. 149), 347, 407, 424, 454 (Anm. 7), 456, 471, 481, 492 (Anm. 110), 494, 520 (Anm. 179), 521 f., 615 f., 624 (Anm. 48), 627 (Anm. 56), 651
– Charmides 258 f., 269 f. (Anm. 477)
– Menon 492 (Anm. 110)
– Phaidros 492 (Anm. 110)
– Symposion 107, 136, 259 (Anm. 460)
– Timaios 76 (Anm. 214)
Plinius (Historia naturalis) 608 (Anm. 10)
Plotin 17 (Anm. 31), 69, 86 (Anm. 236), 105 (Anm. 41), 521
Priester Wernher (Driu liet von der maget) 574 (Anm. 320)
Priscian (Praeexercitamina) 290 (inkl. Anm. 66)
Prosa-Lancelot 267 (Anm. 475), 582 (Anm. 335)
Pyramus et Thisbe 276 (Anm. 11), 313 (inkl. Anm. 122 f.), 314 (Anm. 124), 358

Qualiter iniquus mohametus 549 (Anm. 258 f.), 557 (Anm. 278), 595 (Anm. 370), 617 (Anm. 28)
Quintillian 290 (Anm. 63), 332 (Anm. 173), 615 (Anm. 22)

Reinmar von Zweter (Sangspruch: Ein Adam, der ein Êven hât) 270 (Anm. 478)
Rhetorica ad Herennium 133 (Anm. 149), 280 f., 290 (Anm. 63 u. 66), 293 f., 300–302 (inkl. Anm. 95), 312, 314, 319 (Anm. 140), 323, 324 (Anm. 154), 326, 329 f., 341 (Anm. 191), 622, 626 (Anm. 54)

Robert Grosseteste 17 (Anm. 30), 456, 459
Roman van Walewein (Penninc, Pieter Vostaert) 545 f. (Anm. 252)
Rosenkranz, Karl (Ästhetik des Häßlichen) 1–3, 401, 648
Rudolf von Ems 296 (Anm. 79), 488–491, 513 f., 526
– Barlaam und Josaphat 488–491, 513 f., 526
– Der gute Gerhard 296 (Anm. 79)

Schedel, Hartmann (Weltchronik) 175 (Anm. 248)
Scruton, Roger 3 (Anm. 8), 14 (Anm. 22), 31–36, 45 f., 49–53, 98–100, 185, 641, 646
Seneca 23, 501 (Anm. 138)
Heinrich Seuse 491 (Anm. 107)
Shakespeare, William 37, 41, 273, 338
Sidonius Apollinaris (Theoderich-descriptio) 305 (Anm. 101), 429, 445, 627 (Anm. 55)
Sokrates 107, 119 f., 122, 136, 257–259, 269 f., 272, 502, 614 (Anm. 22), 641
Stricker 6 f., 60, 70, 135, 142 (Anm. 172), 179 f., 183, 184–197, 211, 266, 268, 452, 487 (Anm. 96), 563–565, 591, 649
– Das wilde Ross 184–197
– Der Käfer im Rosenhaus 184–197
– Die Bremse im Blütenhaus 184–197
– Die Königin von Mohrenland 452, 563–565, 591
– Karl der Große 564 (Anm. 293)
– Klage 142 (Anm. 172)
– Processus Luciferi 179 f.
– Von der Messe 487 (Anm. 96)
Suger (Abt von Saint-Denis) 466 (Anm. 33)

Tatarkiewicz, Władysław 2 f., 18, 73 (Anm. 206), 81 (Anm. 226), 87 (Anm. 238), 104 (Anm. 40), 106, 643 f., 647
Tertullian 23, 28, 168–174, 179, 197 (Anm. 284), 204, 205 (Anm. 303), 208 f., 271, 545 (Anm. 252), 577
Theologia Deutsch 520 (Anm. 180)
Thomas (Apostel) 487, 635
Thomas von Aquino 18 (Anm. 32), 28 (Anm. 71), 59 (Anm. 179), 81 (Anm. 226), 83, 87 (Anm. 238), 91 (Anm. 245), 355 (Anm. 221), 384 (Anm. 291), 441 (Anm. 417), 513 (Anm. 163), 543 (Anm. 245), 544, 556 (Anm. 277), 593 (Anm. 366), 643
Thomasîn von Zerklære (Der Welsche Gast) 6 f., 60 (Anm. 181), 70, 129, 130 (Anm. 125), 135,

183 f., 184–197, 205 (Anm. 302), 207 (Anm. 312), 211, 266, 268, 283, 333 (Anm. 176), 339 (Anm. 185), 382 (Anm. 283), 438 (Anm. 411), 452 f., 480 (Anm. 73), 499 (Anm. 131), 501–523, 526, 558–563, 585, 618 (Anm. 34), 639, 649, 651
Tizian (Venus von Urbino) 14 (Anm. 22), 102 (Anm. 33)
Tria sunt (anonyme Poetik) 274 f. (Anm. 6), 280 (Anm. 28)

Ulrich von dem Türlin (Arabel *A) 160–162, 563, 566
Ulrich von Straßburg (De summo bono: De pulchro) 69, 81–94, 106, 121 (Anm. 85), 462

Vinzenz von Beauvais 171 (Anm. 238), 173, 174 (Anm. 247), 204 f., 206
– De eruditione filiorum nobilium 173, 174 (Anm. 247), 204 f.
– Speculum historiale 555 (Anm. 272)
Vita beate virginis Marie et Salvatoris rhythmica 145, 352–354

Walters von Compiègne (Otia de Machomete) 549 (Anm. 258 f.), 551 (Anm. 263), 553 f. (inkl. Anm. 269), 615 (Anm. 23), 617 (Anm. 28)
Walther von der Vogelweide 10 (Anm. 11), 109 (Anm. 51), 121 (Anm. 89), 209 (Anm. 317), 215, 223, 259–265, 266 f. (Anm. 474 f.), 269 (Anm. 477), 270 (Anm. 478), 271 (Anm. 481), 350 (Anm. 211), 402 (Anm. 329), 560 (Anm. 285), 636 (Anm. 82), 646 f.
– Ton 1: Leich (L 3,1) 223
– Ton 11,IV: Durchsüezet und geblüemet (L 27,17) 350 (Anm. 211), 646 (Anm. 111)
– Ton 11,V: Vil süeziu frowe hôhgelopt (L 27,27) 270 (Anm. 478), 271 (Anm. 481)
– Ton 12,XVI: An wîbe lobe stêt wol, daz man si heize schœne (L 35,27) 266 f. (Anm. 474)
– Ton 12,XVIII: Diu cristenheit gelepte nie sô gar nâch wâne (L 33,31) 266 f. (Anm. 475)
– Ton 20: Ich hœre iu sô vil tugende jehen (L 43,9) 209 (Anm. 317)
– Ton 23: So die bluomen ûz deme grase dringent (Aller werdekeit ein füegerinne) (L 45,37, 46,10, 46,21, 46,32, 47,5) 259–265, 647
– Ton 52,X: Unmâze, nim dich beider an (L 80,19) 269 (Anm. 477)
– Ton 54,XI: Den dîemant, den edelen stein (L 80,35) 266 f. (Anm. 474)
– Ton 54,XIII: Wer sleht den lewen? (L 81,7) 265 (Anm. 471)
– Ton 70: Frô Welt, ir sult dem wirte sagen (L 100,24) 636 (Anm. 82)
Warner, Maria 147 (Anm. 185), 340 (Anm. 189)
Wiener Genesis 159 (Anm. 210), 175–179, 427–431, 433, 441 (Anm. 417)
Wigamur 640
Winckelmann, Johann Joachim 136 f. (Anm. 156)
Wirnt von Grafenberg
– Wigalois 236 (Anm. 407), 397 (Anm. 317)
– als literarische Figur (Konrad von Würzburg: Der Welt Lohn) 394, 632–638
Wittgenstein, Ludwig 4, 30 f. (inkl. Anm. 79), 35 (Anm. 98), 46, 48–51, 71, 607 (Anm. 4), 641, 647
– Lectures and Conversations on Aesthetics, Psychology, and Religious Belief 30 f. (inkl. Anm. 79), 35 (Anm. 98), 46, 48–51
– Tractatus logico-philosophicus 607 (Anm. 4)
Wolfram von Eschenbach 6 f., 9, 69 f., 111, 125 f., 160, 233 (Anm. 394), 236 (Anm. 407), 238 f. (Anm. 412), 282 (Anm. 36), 284, 334 (Anm. 177), 350, 420, 451–474, 494–501, 510 f., 523–530, 567–601, 637, 641 (Anm. 97), 647–653
– Parzival (außerhalb Kap. 5) 6 f., 69 f., 233 (Anm. 394), 236 (Anm. 407), 238 f. (Anm. 412), 282 (Anm. 36), 334 (Anm. 177), 350, 420, 451–474, 494–501, 510 f., 523–530, 567–601, 637, 641 (Anm. 97), 647–653
– Willehalm 160, 161 (Anm. 215), 529 (Anm. 214), 545 (Anm. 252), 550–552, 557 f.
– Grab des Mahmet 550–552
– Gyburc (Toleranzrede) 529 (Anm. 214), 545 (Anm. 252)

Xenophon 6, 117–123, 136, 252–259, 269 (Anm. 477), 272, 641, 649

Sach- und Figurenregister

Ablass 155, 593 (Anm. 366)
acedia (mhd. trâcheit;Todsünde) 510
 (Anm. 157), 560
Adam 150–155, 157–164, 175, 177, 180, 182 f.,
 206, 270 (Anm. 478), 304, 308, 327 f., 337,
 342, 389, 421, 427, 429 f., 433 (Anm. 400),
 434 (Anm. 403), 449, 455, 486 (Anm. 94),
 509 (Anm. 154), 545, 553, 566, 575, 580,
 590 (Anm. 360), 624, 644
– Adam als nous/homo interior 163 f.
 (inkl. Anm. 222), 182, 183 (Anm. 259), 206,
 304, 308, 337, 449, 486 (Anm. 94), 509
 (Anm. 154), 644
Adonis 258, 258 f. (inkl. Anm. 231), 611 f.
Ägypten 332 (Anm. 174), 390, 608 f., 611,
 614–616
anagogé 7, 107, 141 (Anm. 171), 464, 474–483,
 486, 488, 491, 492 (Anm. 110), 511, 605,
 651
Analverkehr 443
Anfortas (Figur in Wolframs von Eschenbach
 Parzival) 456 (Anm. 14), 569, 572 f.
 (Anm. 317), 584 (Anm. 343), 586
 (Anm. 352), 590 (Anm. 360), 595–600
Antichrist 390
aphasische/ästhetische Reihe 47 f., 63, 70,
 605 f., 607–647
Architektur 50, 276, 384 f., 456 (Anm. 14), 466,
 485 (Anm. 91)
ars/artes → septem artes liberales
ascensus 464, 473, 478–480, 482, 486, 651
auctoritas (bei Augustinus) 7, 27, 118
 (Anm. 77), 281, 394, 475–479, 481, 488,
 490, 498–500, 508, 511, 516, 523, 527,
 539, 542, 544, 553 f., 576 (Anm. 325), 601,
 604, 615, 627 f., 637, 651 f.
Auferstehungsleib 28 (Anm. 71), 309
 (Anm. 111), 392 (Anm. 306), 543 (Anm. 245)
Ave Maria 350, 351 (Anm. 213), 579 (Anm. 331)

Baldac/Baldacca (Bagdad) 592–594
Baum der Erkenntnis 164 (Anm. 223), 183
 (Anm. 259), 389, 486
Belacâne (Figur in Wolframs von Eschenbach
 Parzival) 568 (Anm. 306), 586 (Anm. 353),
 589, 594

Beroe (descriptio der B.; Matthäus von
 Vendôme: Ars versificatoria I.58) 286
 (Anm. 50), 292, 294 f., 310, 418, 435, 443
 (Anm. 423), 444, 619, 621
Betrauerbarkeit (grievability, Judith Butler) 537
 (Anm. 231)
Blume 27 (Anm. 67), 41, 43 (Anm. 131), 53
 (Anm. 165), 63, 141, 186–188, 209
 (Anm. 316), 213, 214 (Anm. 331), 215, 326,
 346 (Anm. 199), 350 (Anm. 211), 366
 (Anm. 253), 413–415, 451, 481, 605, 620
 (Anm. 38), 633, 638 (Anm. 89), 641 f.,
 644, 646
Biopolitik 100, 142

Callisto 292 (Anm. 69 f.), 294, 296 f., 299, 316
 (Anm. 132 f.), 321, 323 (Anm. 150), 361
 (Anm. 239)
cella pudoris 360, 362, 442 (Anm. 418)
clerici (pfaffen) 284, 506, 607–618, 619,
 624 f.
Clinschor (Figur in Wolframs von Eschenbach
 Parzival) 282 (Anm. 36), 569, 584
 (Anm. 343), 595
cognosce te ipsam (gnothi seautón) 480
 (Anm. 73), 494–523, 526 f., 548, 591, 595
Condwîr amûrs (Figur in Wolframs von
 Eschenbach Parzival) 454, 470, 493 f., 567
 (Anm. 300), 579 (Anm. 332), 580
 (Anm. 332), 585 (Anm. 350), 588 f.
conversio 7, 493, 498 (Anm. 129), 499
 (Anm. 131), 543, 549, 566, 569, 579, 631,
 635, 637
Credo 32 (Anm. 81), 155 f., 461 (Anm. 21), 486,
 489 (Anm. 102), 498, 499 (Anm. 131), 511,
 513 f.
Cundrîe (Figur in Wolframs von Eschenbach
 Parzival) 111 f., 121 (Anm. 89), 454, 497,
 527, 569, 582

Darwinismus 100, 104
Davus (descriptio des D.; Matthäus von
 Vendôme: Ars versificatoria I.53) 285
 (Anm. 50), 292, 294, 298, 311, 435, 439 f.,
 442–444
Defloration 188 f., 405 f.

demonstratio 290f. (Anm. 66), 296 (Anm. 79), 313, 326–337, 341 (Anm. 191)
descriptio (außerhalb von Kap. IV) 6, 10 (Anm. 10), 11 (Anm. 14), 15 (Anm. 24), 16, 19 (Anm. 33), 42 (Anm. 130), 55 f., 89 (Anm. 243), 125, 133, 135 (Anm. 154), 145, 159 (Anm. 210), 175 (Anm. 249), 180, 213, 225 (Anm. 370), 256 (Anm. 450), 272, 273–450 (Kap. IV), 456 (Anm. 14), 576, 581 f., 583 (Anm. 339), 593 (Anm. 366), 610 (Anm. 12), 611 (Anm. 14), 619, 621, 633, 640, 646, 650 f.
Disney 98, 100
Dispositiv (Foucault) 56–58, 60 f., 67, 364 (Anm. 245), 532 (Anm. 217), 533 (Anm. 221)

effictio 297, 314
Einfalt (simplicitas) 515
Einhorn (Allegorese) 590 (Anm. 360), 597 f.
Engelssturz 182, 330, 525, 626 (Anm. 54)
enkráteia 123, 256, 258 f., 262, 265 f., 515
„Erfahrung des Fleisches" (Foucault) 259, 652
Eva 149–166, 173, 182, 182, 183 (Anm. 259), 206 (Anm. 309), 304, 308, 327 f., 337, 342, 370 (Anm. 263), 375, 389, 449, 486 (Anm. 94), 509 (Anm. 154), 580, 644
– Eva als aisthesis 163 f. (inkl. Anm. 222), 182, 183 (Anm. 259), 206 (Anm. 309), 304, 308, 337, 449, 486 (inkl. Anm. 94), 509 (Anm. 154), 574, 644
evidentia 289 (Anm. 63), 290f. (Anm. 63 u. 66), 295f. (Anm. 79), 326 (Anm. 160), 331 (Anm. 172), 332 (Anm. 173)

femme fatale 37 (Anm. 113), 41 (Anm. 129), 549
Feuchtigkeit (fiuhte, fiuhtic) 349, 350 (Anm. 211), 646 (Anm. 111), 647 (inkl. Anm. 112)
Flegetânîs (Figur in Wolframs von Eschenbach Parzival) 594 (Anm. 369), 604 (Anm. 399), 617 f.

Gemälde → Malerei
Glas(-scheibe), (Fenster-)Glas 221–224, 581
gnothi seautón → cognosce te ipsam
Gottebenbildlichkeit 141 (Anm. 169), 142 (inkl. Anm. 172), 204 (Anm. 301)
Grabmal der Blanscheflur (Flore und Blanscheflur) 334 (Anm. 178), 335 (Anm. 179)

Grabmal des Mohammed 550–552
Grabmal des Ninus 313 (inkl. Anm. 121)
gula (eine der sieben Todsünden) 548 (Anm. 257)
Gyburc (Willehalm) 529 (Anm. 214), 545 (Anm. 252)

Helena (Gattin des Menelaus) 127 (Anm. 112), 160, 193 f., 285 f. (Anm. 50), 289 (Anm. 62), 292, 294 f., 297–299, 310 f., 316–319, 321, 323, 359–361, 365 f., 381, 400, 407, 425, 427, 430, 433, 435, 442 (Anm. 418), 444, 619
Hermeneutik des Subjekts/des Selbst (Foucault) 185, 195, 501 (Anm. 137), 517, 518 (Anm. 174), 521, 540 (Anm. 238), 566
herzeliebe 263 f.
Hippolytus (Exempel der Keuschheit) 207 (Anm. 84), 311, 320 (Anm. 144), 321, 358 f., 381, 422 (Anm. 368), 444
Hirnkammern → Ventrikellehre
homo interior (novus, caelestis)/exterior (vetus, terrenus) 24 f., 114, 162 (Anm. 217), 245 (Anm. 427), 300–309, 337, 362–364, 369 (Anm. 256), 373, 385, 404, 435, 437 (Anm. 410), 445, 447, 449, 505, 509 (Anm. 153), 539 (Anm. 234), 588, 601 (Anm. 387), 642, 644 f.
Homologie 71, 76, 78, 107 f., 269, 304, 337, 357, 527, 530, 540, 642, 646
hortus conclusus (Ct 4,12) 405, 406 (Anm. 342)

Idolatrie 470 (Anm. 43), 546–548, 555, 594 (Anm. 368), 612
Integumentum 571 f. (inkl. Anm. 315 u. 316)
interpretatio christiana 617
intrinseca linea cordis (Galfred von Vinsauf: Poetria nova) 385
Iwein (Hartmann von Aue) 232 f., 235, 246
Iwein-Fresken (Burg Rodenegg) 335 (Anm. 179)

Jeschûte (Figur in Wolframs von Eschenbach Parzival) 465 f., 579 (Anm. 332), 582
Jungfräulichkeit (Virginität) 34, 37, 41, 46, 208–210, 223 f., 349, 377, 405 f., 553, 568, 584, 595, 646
Jüngstes Gericht/Jüngster Tag 390 f., 590 (Anm. 360), 635

Kalokagathie (außerhalb von Kap. III) 6, 76 (Anm. 214), 338, 347, 354, 602, 648 f.
Kammernlehre des Hirns → Ventrikellehre
Karfreitag 497, 510, 527 f., 569, 580 (Anm. 332), 589
Konsenssünde (Petrus Abaelardus: consensus mali) 165, 195, 197 (Anm. 284), 206, 559
Kreuzholzlegende 389, 394, 609
Kreuznahme (innere und äußere) 558–563

lascivia 347 f., 349 (Anm. 209), 350 (Anm. 11), 355, 356 (Anm. 227), 396 (Anm. 315), 407 (Anm. 345)
Lebensalter (nach Augustinus) 269 (Anm. 477), 302, 476, 575 (Anm. 325), 609
Licht
– fiat lux (Gen 1,3) 142 (Anm. 172), 176 (Anm. 250), 580 (Anm. 333)
– Lichttheologie 455, 459, 466 (Anm. 33), 599 (Anm. 383)
– lux corporalis 86
– vera lux 87, 456, 488 f., 539, 600f. (inkl. Anm. 383 u. 387)
‚Lob des Wurmes' (laus vermiculi; Augustinus: De vera religione) 30 (Anm. 76), 88 (Anm. 239), 258, 426 (Anm. 378), 483, 506 (Anm. 149)
locus amoenus 171 (Anm. 239), 313 (Anm. 121), 397, 556 (Anm. 277)
Lucretia 122 (Anm. 95), 207 (Anm. 309), 208, 400, 403 (Anm. 334)
Luzifer 175 f., 180–182, 189, 327, 330, 463

Magnificat (Lk 1,46–55) 218, 223
Malerei 14 (Anm. 22), 75 (Anm. 212), 204 (Anm. 301), 288 (Anm. 59), 289 (Anm. 62), 334 f., 408 (Anm. 346)
Manichäismus 73 (Anm 208), 78 (Anm. 218), 427 (Anm. 379)
Mantel der Natura (Alanus ab Insulis: Planctus naturae) 359 (Anm. 232), 387, 431
Mantel Gâweins (Wolfram von Eschenbach: Parzival) 647–653
Marcia, Gattin des Cato (Matthäus von Vendôme: Ars versificatoria I.54) 256 (Anm. 450), 282 (Anm. 36), 285 (Anm. 50), 292–299, 310, 362, 379 (Anm. 276), 417, 435, 443 f., 447, 619, 621

materia operationis/pugnae; mhd. materge (als ethische Kategorie) 197–203, 206–208, 213 232, 267, 540 f., 558 f., 561 f., 618 (Anm. 34), 649
Matrix, christliche 59 (Anm. 179), 72 (Anm. 205), 451 f., 537 (Ann, 231 u. 232), 602, 647
Mekka (Mecca, Mechâ) 550, 551 (Anm. 263), 615 (Anm. 23)
Milch
Monotheismus der Treue/der Wahrheit (J. Assmann) 545, 612

negative Theologie 382 (Anm. 284), 457 (Anm. 15), 515 (Anm. 168)
nigra sum sed formosa (Ct 1,4) 130 (Anm. 130), 220, 223
nomina propria/specialia 317, 323, 357–360, 362, 364, 435
notatio 293 f., 297, 299 f., 314, 328, 341, 447

Orpheus (als Sodomit) 366 (inkl. Anm. 251)
Outremer (Kreuzfahrerstaaten) 562 (Anm. 287)

Papyrus 608 f.
Pelikan (Allegorese) 590 (Anm. 360), 596–599
Penis 583 (Anm. 340)
Pergament 107, 613
pfaffen → clerici
Pfau 14, 38–41, 43 (Anm. 131), 53 (Anm. 164), 418
Plâtô (Figur in Wolframs von Eschenbach Parzival) 616
Porträt 16 (Anm. 28), 288f. (inkl. Anm. 60–62), 306 (Anm. 103), 312 (Anm. 119), 333, 334 (Anm. 178), 408 (Anm. 346)
pronominatio 321 f.

Rennewart (Figur in Wolframs von Eschenbach Willehalm) 469 (Anm. 40), 550–552
Repanse de Schoye (Figur in Wolframs von Eschenbach Parzival) 585, 591 (Anm. 363), 601, 604

Satteldecke der Enite 650 (Anm. 117)
Schlüsselgewalt des Papstes 500 (Anm. 135), 593 (Anm. 366), 594, 621
Schmiede der Natura 389 (Anm. 301), 409

Selbsthermeneutik (Foucault) → Hermeneutik des Subjekts/des Selbst
septem artes liberales 337 (Anm. 182), 501, 504, 607, 609, 618, 624 f.
Sigûne (Figur in Wolframs von Eschenbach Parzival) 569, 572, 580 (Anm. 332), 584 (Anm. 343)
Sodomie 356–358, 363, 365, 366 (Anm. 251), 367, 394, 411, 443, 556, 610 (Anm. 12)
sophrosýne 123, 258 f., 265 f., 521, 649
Sprachspiel (Wittgenstein) 4, 71, 104, 138 (Anm. 161), 451, 641, 647
Symbolum → Credo
Symmetrie 1–7, 17 (Anm. 31), 48 (Anm. 141), 652

'Toleranzrede' der Gyburc (Willehalm) → Gyburc
translatio (rhetorische Technik) 320 f.
transsumptio (rhetorische Technik) 320
Trevrizent (Figur in Wolframs von Eschenbach Parzival) 493, 497–500, 505 (Anm. 146), 508, 510 (Anm. 157), 515 (Anm. 168), 528, 569 (Anm. 307), 570, 572 (Anm. 317), 579, 580 (Anm. 332), 589, 590 (Anm. 360), 596, 598–600, 616

Ulixes 285 (Anm. 50), 292, 294, 298, 306–308, 310, 362 f., 435, 438 f., 447
ut pictura poesis (Horaz: Ars poetica, V. 362) 288 (Anm. 60), 291 (Anm. 67), 336

Ventrikellehre 290 (Anm. 63), 306 f., 362, 427, 431, 439, 623 (Anm. 47)
vita brevis ars longaque 501
Vulva 360 (Anm. 236), 364, 401–420

Wirent von Grâvenberc (Figur in Konrads von Würzburg Der Welt Lohn) 394, 632–638
Wurm → 'Lob des W.s' (bei Augustinus)

Zeuxis 407, 413

Erratum zu:
Kapitel I „Einleitung: Über Maß und Symmetrie, Maßlosigkeit und Polymorphie"

in: Fabian David Scheidel
Schönheitsdiskurse in der Literatur des Mittelalters
Die Propädeutik des Fleisches zwischen ‚aisthesis' und Ästhetik

Erratum

Der erste Satz der Einleitung wurde in der ursprünglichen Version des Kapitels fehlerhaft wiedergegeben. Die korrigierte Version lautet:

So „unbestimmt und schwankend" (Crousaz) der Gehalt des Wortes ‚schön' auch sein mag, so banal erscheinen doch in der Regel die – teils nur impliziten – Definitionen, die auf eine Abstraktion allgemeingültiger Prinzipien der ‚Schönheit' zielen. Karl Rosenkranz bringt in seiner Ästhetik des Häßlichen (1853)[2] das Schöne als Gegenstück zum Komischen in Stellung, zwischen welche er das ‚Hässliche' als „Mitte" setzt.